Encyclopedia of Urban & Territorial and Architectural History of Japan

日本
都市史・建築史
事典

都市史学会
編

edited by
Society of Urban & Territorial History

丸善出版　　　　Maruzen Publishing

序　文

　本書は日本の建築と都市の歴史を古代から現代まで通覧することができる，わが国初の日本都市史・建築史事典である。

　都市史についてはすでに高橋康夫・吉田伸之・宮本雅明・伊藤毅編『図集 日本都市史』（東京大学出版会）が1993年に刊行されていたが，本書は前近代の都市に主力を注いだため，近代以降の都市はほとんど触れておらず，続編がまたれるところであった。

　建築史については，古くから中村達太郎『日本建築辞彙』（丸善）が建築の伝統的な部材名を知るための重要なソースを提供していた。また天沼俊一が編んだ『日本建築史図録』（星野書店）も貴重な辞典的役割を果たしていたが，広く流布していたわけではない。その意味では日本建築学会編『日本建築史図集』（彰国社），『近代建築史図集』（同）が現在に至るまでもっとも多くの読者層を集めて版を重ねてきた定本ともいうべき書であったが，教科書としての性格上，コンパクトさを重視し，日本建築史の通史としても用語集としてもやや不十分な構成にとどまっていたことは否めない。日本建築史の辞典としてはそれ自体を専門に扱った書はなく，読者は『国史大辞典』（吉川弘文館）の建築の項目を拾い読みするしか方法がなかったのである。

　さて，日本都市史・建築史いずれも定番としてのモデルになるような類書がなかったため，本書を企画するにあたっては，すべて最初から組み立てていく必要があった。企画の基本的な方針は時代を古代・中世・近世・近代・現代と大きく5つの時代に分け，それぞれの時代を専門とし，いま一線で活躍中の建築史研究者および日本史研究者を編集委員としてお願いし，それぞれの時代に必要な専門用語を建築史・都市史の双方から洗い出してゆく作業を行った。この作業は当初，難航を極めるものと予想されたが，編集委員会を頻繁に開催することによって，比較的早い段階で一通りのラインアップが出揃うことになった。日本史と建築史の密接な連携が本書の第一の特徴である。本書の第1章から第5章がそれにあたる。

　本書の第二の特徴は，都市史を総合的に扱うためには，日本史・建築史のみならず，都市計画史とまちづくり，都市民俗学，土木史，歴史地理学，考古学の分野における知識が欠かせないと考えたことである。そのため都市工学，民俗学，土木，地理学，考古学の専門家でなおかつ都市や建築に造詣の深い編者を選び出し，編集委員として加わっていただくという方針を早い段階から決めていた。幸運なことに本企画の趣旨を理解して各分野をリードする専門家の協力を得ることができることになり，6章以降はこうした専門分野ごとの都市史・建築史にかかわるキーワードをできるだけ個々の分野の視点を尊重し，時代を追ってピックアップしたものである。

　専門用語の切り出しは順調なスタートを切ったが，次なる課題はそのテーマにふさわしい執筆者を探し出すことであった。この段階がもっとも時間と労力を要することになったが，編集委員会と丸善出版の努力で執筆者の検索と原稿依頼が無事終了する日をようやく迎えることができた。14名の編者と総勢200名を超える各分野の第一級の研究者による合計270項目におよぶ専門用語がここに体系的に整理されることになったわけである。

　本書は上記のような経緯で成立した独自性の高い書であるが，そこには一定の歴史的背景があったことに触れておく必要がある。

　編集委員長をつとめる伊藤は建築史分野のなかから都市史の研究をスタートしたが，ちょうど1970

年代から 1980 年代にかけてのその時期は都市史が学際的分野として成長しつつある躍動期でもあって，建築史からは野口徹，高橋康夫，玉井哲雄，藤森照信などが実証的な都市史研究の成果を蓄積し始めていた。すでに伊藤鄭爾や小寺武久，西川幸治，内藤昌などの先駆的な都市史研究の基礎はあったが，1970 年代から 80 年代の分厚い都市史研究の蓄積を見逃すことができない。

　一方，日本近世史では吉田伸之が江戸の都市史研究の水準を格段に推し上げつつあり，中世史では社会史の流行もあって，日本史分野全般において都市史研究に大きな光が当てられた時期がこの時期と重なる。

　学際的共同研究の画期になったのが，高橋康夫・吉田伸之編『日本都市史入門Ⅰ〜Ⅲ』（東京大学出版会，1989〜1990 年）であったことは疑いなく，この出版企画を契機として学際的研究者集団である都市史研究会が活動を開始した（1990〜2013 年）。

　都市史研究会は『年報都市史研究』（山川出版社）を毎年発行しつつ活動を展開させ，その延長上に 2013 年 12 月西洋史や東洋史など他分野の研究者が参加して，わが国最初の「都市史学会」が創設された。都市史研究会にかかわった当時の若手研究者はすでに斯界の第一人者として活躍しており，彼らの多くが今回の出版企画の中核を支えているといってよい。

　企画の最初期段階で，日本史と建築史からそれぞれ時代別に編者を選び，次に都市計画，土木史，民俗学，地理学，考古学から編者をお願いすることにしたが，ほぼ全員が何らかのかたちですでに研究交流のある方ばかりであったのは，上記のような都市史研究の学際的な流れがあったからに他ならない。そのような理由から本書を「都市史学会編」というかたちで世に問うことは研究の歴史的な流れから判断しても妥当であると考える。

　さて，本書は日本の都市と建築の通史的かつ多角的な事典であり，それ自体はわが国最初の試みとして意義深いものと自負するが，その構成についても細心の注意を払っている。時代別の 1〜5 章と分野別の 6〜10 章は構成的には統一し，大項目（7, 8, 10 章はなし）→中項目→小項目の順に叙述が行われている。

　大きな流れを先に知りたい場合は，まずは概説のみを通読することによって各時代の都市と建築の概要を理解することができる。概説のなかで特に興味をもった事項について調べたい場合は，中項目に入っていただきたい。中項目には建築史・都市史の重要項目が解説されている。小項目は中項目を理解するうえで不可欠な用語の説明である。このように概要から細部まで段階的に各章が構成されているため，読者はその順番だけを頭に入れて本書を縦横無尽に使いこなすことができるよう構成されている。

　本書はまた辞書としての役割も十分意識してつくられている。日本建築史，都市史で調べたい語があったとすれば，まずは索引にあたられたい。索引は当該の語を中心的に扱っている箇所を指示し，そこから知識を横に広げていくことが可能である。

　建築史分野は意匠・部材などに特殊な専門用語が多数登場する。そのため本書の巻末には付録として日本建築の基礎知識，近代洋風建築の基礎知識という図入りのグロッサリーを準備したので大いに活用していただきたい。この部分を眺めるだけでも建築史の主要な基礎知識が身につくはずである。

　本書は編者・執筆者はもとより丸善出版の総力を挙げて数年の歳月をかけて完成させた渾身の一冊である。単なる研究者のみならず今後の建築や都市，まちづくりにかかわる学生や社会人にも愛される書として長く使われ続けることを切に願う。

　2018 年　初秋

編集委員長　伊　藤　　毅

編集委員一覧

編集委員長

伊 藤　　毅　　東京大学名誉教授
　　　　　　　青山学院大学総合文化政策学部　教授

編集幹事

岩 淵 令 治　　学習院女子大学国際文化交流学部　教授
岩 本 通 弥　　東京大学大学院総合文化研究科　教授
北 村 優 季　　青山学院大学文学部　教授
高 橋 慎一朗　　東京大学史料編纂所　教授
中 川　　理　　京都工芸繊維大学デザイン・建築学系　教授
山 岸 常 人　　京都大学名誉教授
　　　　　　　京都府立大学文学部　特任教授

編集委員

青 井 哲 人　　明治大学理工学部　教授
石 田 潤一郎　　京都工芸繊維大学名誉教授
　　　　　　　武庫川女子大学生活環境学部　客員教授
岩 本　　馨　　京都工芸繊維大学デザイン・建築学系　准教授
北 河 大次郎　　東京文化財研究所保存科学研究センター　室長
谷 川 章 雄　　早稲田大学人間科学学術院　教授
中 島 直 人　　東京大学大学院工学系研究科　准教授
藤 田 裕 嗣　　神戸大学大学院人文学研究科　教授

（五十音順，2018 年 7 月現在）

執筆者一覧

第1章 古　代

網　　伸　也	近畿大学文芸学部
井　上　信　正	太宰府市教育委員会
小笠原　好　彦	滋賀大学名誉教授
小　倉　慈　司	国立歴史民俗博物館
鐘　江　宏　之	学習院大学文学部
川　本　重　雄	近畿大学建築学部
北　　康　宏	同志社大学文学部
北　村　優　季	青山学院大学文学部
黒　田　龍　二	神戸大学大学院工学研究科
小　岩　正　樹	早稲田大学理工学術院
坂　上　康　俊	九州大学大学院人文科学研究院
佐　藤　　信	大学共同利用機関法人　人間文化研究機構
宍　戸　香　美	奈良女子大学大和紀伊半島学研究所古代学・聖地学研究センター協力研究員
積　山　　洋	大阪市博物館協会大阪文化財研究所
十　川　陽　一	山形大学人文社会科学部
鶴　見　泰　寿	奈良県立橿原考古学研究所附属博物館
冨　島　義　幸	京都大学大学院工学研究科
中　村　順　昭	日本大学文理学部
西　本　昌　弘	関西大学文学部
西　山　良　平	京都大学名誉教授
箱　崎　和　久	奈良文化財研究所
橋　本　義　則	山口大学人文学部
馬　場　　基	奈良文化財研究所
古　川　淳　一	青森県環境生活部
増　渕　　徹	京都橘大学文学部
丸　山　　茂	元跡見学園女子大学
宮　川　麻　紀	帝京大学文学部
村　田　健　一	元文化庁文化財部
森　　哲　也	九州大学大学院人文科学研究院専門研究員
山　岸　常　人	京都大学名誉教授　京都府立大学文学部特任教授
李　　陽　浩	大阪歴史博物館
渡　辺　晃　宏	奈良文化財研究所

第2章　中　世

岩　本　　　馨	京都工芸繊維大学デザイン・建築学系
上　島　　　享	京都大学大学院文学研究科
上　野　勝　久	文化庁文化財部
宇佐見　隆　之	滋賀大学教育学部
及　川　　　亘	東京大学史料編纂所
大　澤　研　一	大阪歴史博物館
大　野　　　敏	横浜国立大学大学院都市イノベーション研究院
大　村　拓　生	関西大学非常勤講師
落　合　義　明	大東文化大学文学部
河　内　将　芳	奈良大学文学部
川　本　重　雄	近畿大学建築学部
鍛　代　敏　雄	東北福祉大学教育学部
黒　田　龍　二	神戸大学大学院工学研究科
桜　井　英　治	東京大学大学院総合文化研究科
鋤　柄　俊　夫	同志社大学文化情報学部
鈴　木　沙　織	青山学院大学非常勤講師
関　　　周　一	宮崎大学教育学部
高　木　久　史	安田女子大学文学部
高　橋　慎一朗	東京大学史料編纂所
高　谷　知　佳	京都大学大学院法学研究科
辻　　　浩　和	川村学園女子大学文学部
冨　島　義　幸	京都大学大学院工学研究科
中　澤　克　昭	上智大学文学部
永　村　　　眞	日本女子大学名誉教授
仁　木　　　宏	大阪市立大学大学院文学研究科
野　村　俊　一	東北大学大学院工学研究科
浜　島　一　成	日本大学理工学部
藤　田　盟　児	奈良女子大学生活環境学部
藤　本　頼　人	文部科学省初等中等教育局
松　井　直　人	京都大学非常勤講師
山　岸　常　人	京都大学名誉教授
	京都府立大学文学部特任教授
山　田　邦　和	同志社女子大学現代社会学部

第3章　近　世

荒　木　裕　行	東京大学史料編纂所
井　田　太　郎	近畿大学文芸学部
伊　藤　　　毅	東京大学名誉教授
	青山学院大学総合文化政策学部
今　岡　謙太郎	武蔵野美術大学造形学部
岩　田　浩太郎	山形大学人文社会科学部

岩　淵　令　治	学習院女子大学国際文化交流学部
岩　本　　　馨	京都工芸繊維大学デザイン・建築学系
上　野　大　輔	慶應義塾大学文学部
宇佐美　英　機	滋賀大学名誉教授
大久保　純　一	国立歴史民俗博物館
大　野　　　敏	横浜国立大学大学院都市イノベーション研究院
小　野　健　吉	和歌山大学観光学部
金　行　信　輔	都市史研究家
岸　川　雅　範	神田神社（神田明神）
黒　田　龍　二	神戸大学大学院工学研究科
小　林　文　雄	山形県立米沢女子短期大学日本史学科
小　松　愛　子	東京大学大学院人文社会系研究科研究員
斎　藤　善　之	東北学院大学経営学部
沢　山　美果子	岡山大学大学院社会文化科学研究科客員研究員
渋　谷　葉　子	徳川黎明会徳川林政史研究所
下　田　桃　子	成蹊中学・高等学校教諭
杉　本　史　子	東京大学史料編纂所
杉　森　哲　也	放送大学教養学部
髙　橋　元　貴	東京大学大学院工学研究科
髙　屋　麻里子	筑波大学システム情報系研究員
髙　山　慶　子	宇都宮大学教育学部
竹ノ内　雅　人	Council on East Asian Studies, Yale University
谷　　　直　樹	大阪市立住まいのミュージアム　大阪くらしの今昔館
多和田　雅　保	横浜国立大学教育学部
中　村　利　則	京都造形芸術大学大学院客員教授
鳴　海　祥　博	元和歌山県文化財センター
日　塔　和　彦	元東京藝術大学客員教授
藤　澤　　　彰	芝浦工業大学建築学部
藤　村　　　聡	神戸大学経済経営研究所
藤　本　仁　文	京都府立大学文学部
麓　　　和　善	名古屋工業大学大学院工学研究科
牧　　　知　宏	住友史料館
水　田　　　丞	広島大学大学院工学研究科
森　下　　　徹	山口大学教育学部
渡　辺　浩　一	国文学研究資料館

第4章　近　代

青　井　哲　人	明治大学理工学部
石　川　祐　一	京都市文化財保護課
石　田　潤一郎	京都工芸繊維大学名誉教授
	武庫川女子大学生活環境学部客員教授
岩　本　葉　子	総合地球環境学研究所

内 田 青 蔵	神奈川大学工学部	
梅 宮 弘 光	神戸大学大学院人間発達環境学研究科	
小 野 芳 朗	京都工芸繊維大学デザイン・建築学系	
川 島 智 生	京都華頂大学現代家政学部	
木 方 十 根	鹿児島大学学術研究院理工学域工学系	
小 林 丈 広	同志社大学文学部	
清 水 重 敦	京都工芸繊維大学デザイン・建築学系	
砂 本 文 彦	神戸女子大学家政学部	
高 木 博 志	京都大学人文科学研究所	
田 中 禎 彦	文化庁文化財部	
中 川 　 理	京都工芸繊維大学デザイン・建築学系	
中 嶋 節 子	京都大学大学院人間・環境学研究科	
西 川 英 佑	Project Manager, Sites Unit, ICCROM	
西 澤 泰 彦	名古屋大学大学院環境学研究科	
野 村 正 晴	関西大学環境都市工学部	
速 水 清 孝	日本大学工学部	
原 田 敬 一	佛教大学歴史学部	
藤 原 惠 洋	九州大学大学院芸術工学研究院	
堀 田 典 裕	名古屋大学大学院工学研究科	
牧 　 紀 男	京都大学防災研究所	
町 田 祐 一	日本大学生産工学部	
松 山 　 恵	明治大学文学部	
水 田 　 丞	広島大学大学院工学研究科	
三 宅 拓 也	京都工芸繊維大学デザイン・建築学系	
矢ヶ崎 善太郎	京都工芸繊維大学デザイン・建築学系	
山 形 政 昭	大阪芸術大学芸術学部	

第5章　現　代

青 井 哲 人	明治大学理工学部	
五十嵐 太 郎	東北大学大学院工学研究科	
石 榑 督 和	東京理科大学工学部	
市 川 紘 司	明治大学理工学部	
門 脇 耕 三	明治大学理工学部	
木 多 道 宏	大阪大学大学院工学研究科	
佐 藤 美 弥	埼玉県立文書館	
祐 成 保 志	東京大学大学院人文社会系研究科	
砂 本 文 彦	神戸女子大学家政学部	
田 中 禎 彦	文化庁文化財部	
戸 田 　 穰	金沢工業大学建築学部	
中 川 　 理	京都工芸繊維大学デザイン・建築学系	
中 島 直 人	東京大学大学院工学系研究科	
南 後 由 和	明治大学情報コミュニケーション学部	

速　水　清　孝　　日本大学工学部
牧　　　紀　男　　京都大学防災研究所
松　田　　　達　　武蔵野大学工学部
山　崎　幹　泰　　金沢工業大学建築学部

第6章　都市計画史とまちづくり

饗　庭　　　伸　　首都大学東京都市環境学部
秋　田　典　子　　千葉大学大学院園芸学研究科
秋　本　福　雄　　九州大学名誉教授
有　田　智　一　　筑波大学システム情報系
加　藤　仁　美　　東海大学工学部
嘉　名　光　市　　大阪市立大学大学院工学研究科
川　西　崇　行　　早稲田大学理工学術院
五　島　　　寧　　横浜市港湾局
杉　崎　和　久　　法政大学法学部
鈴　木　伸　治　　横浜市立大学国際総合科学部
田　中　暁　子　　後藤・安田記念東京都市研究所
田　中　　　傑
中　島　　　伸　　東京都市大学都市生活学部
中　島　直　人　　東京大学大学院工学系研究科
中　野　茂　夫　　大阪市立大学大学院生活科学研究科
西　成　典　久　　香川大学経済学部
初　田　香　成　　工学院大学建築学部
藤　井　さやか　　筑波大学システム情報系
真　野　洋　介　　東京工業大学環境・社会理工学院

第7章　都市民俗学

岩　本　通　弥　　東京大学大学院総合文化研究科
重　信　幸　彦　　東京理科大学工学部非常勤講師

第8章　土木史

阿　部　貴　弘　　日本大学理工学部
上　島　顕　司　　国土交通省国土技術政策総合研究所
大　沢　昌　玄　　日本大学理工学部
尾　﨑　　　信　　愛媛大学防災情報研究センター
小野田　　　滋　　鉄道総合技術研究所
片　山　健　介　　長崎大学大学院水産・環境科学総合研究科
北　河　大次郎　　東京文化財研究所
鈴　木　　　淳　　東京大学大学院人文社会系研究科
知　野　泰　明　　日本大学工学部
中　井　　　祐　　東京大学大学院工学系研究科
中　村　晋一郎　　名古屋大学大学院工学研究科

原		剛	軍事史学会顧問
福 島	秀	哉	東京大学大学院工学系研究科
山 口	敬	太	京都大学大学院工学研究科

第9章 歴史地理学

安 藤	哲	郎	滋賀大学教育学部
上 島	智	史	奈良工業高等専門学校
牛 垣	雄	矢	東京学芸大学教育学部
小野田	一	幸	神戸市立博物館
門 井	直	哉	福井大学教育学部
古 関	大	樹	京都女子大学非常勤講師
柴 田	陽	一	摂南大学外国語学部
島 本	多	敬	立命館大学文学部
塚 本	章	宏	徳島大学大学院社会産業理工学研究部
鳴 海	邦	匡	甲南大学文学部
長谷川	奨	悟	佛教大学宗教文化ミュージアム
藤 田	裕	嗣	神戸大学大学院人文学研究科
渡 辺	理	絵	山形大学農学部

第10章 考古学

石 井	克	己	渋川市文化財調査委員会
谷 川	章	雄	早稲田大学人間科学学術院
萩 原	三	雄	帝京大学文化財研究所
橋 本	博	文	新潟大学人文学部
比田井	克	仁	中野区立歴史民俗資料館
堀 内	秀	樹	東京大学埋蔵文化財調査室
八重樫	忠	郎	平泉町役場
山 路	直	充	市立市川考古博物館

付録1 日本建築の基礎知識

岸	泰	子	京都府立大学文学部
小 岩	正	樹	早稲田大学理工学術院
登 谷	伸	宏	京都府立大学文学部特任准教授

付録2 近代洋風建築の基礎知識

石 川	祐	一	京都市文化財保護課
石 田	潤一郎		京都工芸繊維大学名誉教授
			武庫川女子大学生活環境学部客員教授
松 下	迪	生	博物館明治村

(章ごとの五十音順, 2018 年 7 月現在)

凡　　例

1.　構　成

　大項目・中項目・小項目から構成されている。

　大項目は各章の目次および柱（本書では奇数ページのノンブル（ページ番号）の左に記した）に項目名のみを記した。

　中項目および小項目で解説し，中項目と小項目で見開き2ページとした。

2.　大・中・小項目の位置付け

①　大項目には各章のおおよその流れを示す事項を表記した。

②　各章のおおよその流れを知りたい場合は，各章の冒頭に掲げた「概説」を通読されたい。

③　中項目は見出し項目で，各章の建築史・都市史を代表する事項を掲げた。

④　中項目の説明で欠かすことのできない用語を中項目から抽出して小項目として解説した。

3.　中・小項目の付記事項

①　中項目と小項目の間に罫線を引いて両者を区別した。

②　中項目の本文中の太字は，小項目として解説のあることを示す。

③　小項目は中項目で言及されている順に配列した。

4.　目　次

　1ページに本書全体の目次を掲載したが，各章の詳細な目次は各章の冒頭に掲げた。

5.　参　照

　関連項目の参照は（⇨○○）で示したが，本書は見出しが五十音配列ではないので，○○は索引で検索されたい。

6.　参考文献

　小項目の末尾の参考文献は中・小項目全体の参考文献であるが，紙幅の関係で主要なものに限って掲載した。

7.　その他

　本事典は時代区分では古代から現代まで，また時代区分のほかに都市民俗学や歴史地理学など幅広い分野を取り上げているので，各分野の慣習を優先し，必ずしも表記（見出しの立て方，参考文献の表記など）を統一していない。

中項目

太字は小項目として解説のあることを示す

234　第3章

町と町屋

　近世都市の基盤となった町は，複数の町屋敷という細胞によって構成されていた。町屋敷は町に存在する宅地（＝屋敷）の意味であり，本来この宅地上に建つ建築とのセット概念であった。町屋敷は道に面することが原則で，奥に向かって細長い敷地形状をもち，これらが街路を挟んで両側に建ち並ぶことによって一つの町が成立する。すなわち，間口の広狭を除けば，おのおのの町屋敷は原則として町の中心を通る道にかならず口を開くことができるという点で均等な条件にある。こうした定式化した町が広範に分布したのが近世都市の一般的な姿であった。

　町を物的側面からみれば，町屋敷を含めて次のような共通要素が見いだせる。①町屋敷（建家＋宅地），②基幹施設（道，上下水道，井戸，芥箱，雪隠），③維持管理施設（木戸，番屋，会所，火消道具・用水，高札）。

　これらの諸施設は町の共同生活に密接に関わるものであって，維持管理は町中の構成員が公平に負担した。近世中期以降の不在地主の増加と，専業のサービス業者の成立によって，直接的な労働力提供は貨幣で代替されるが，共同負担という原則は変わらなかった。

町屋敷の配置と町並

　町屋敷の土地利用の形態もまた近世には定式的なシステムを確立していた。町屋の主屋は街路に接道することが原則とされ，しかも表構えの意匠や階高は町触や町式目によって厳しく規制された。例えば京都の複数の町では町屋敷を合筆し合計3軒分になることを禁止した町式目を残している。街路側に土蔵を設置することや3階建ての町屋を禁じた町もあり，近世に入ると倹約禁止令とともに町屋の表部分の派手な意匠を制限した。

　主屋の奥には通風・採光のための空地＝坪庭をとり，さらに奥には離れ・土蔵・納屋などの付属屋が配される。敷地利用の定形化は，町屋敷が櫛比することと無関係ではなく，各町屋敷がほぼ同様の敷地利用するかぎり，通風・採光などの条件を均等に享受することができるが，1戸でも違った配置をとればその影響は直ちに隣接家屋に及ぶことになる。

　町と町屋の定式化したシステムは，都市居住のスタンダードとして定着し，つねに再生産可能な構造をもつものとして，都市の拡大や高密化に対応しうる居住形式を確立していた。こうした町の空間構造は町のルールに従うという意味で「町並」という語が使われた。町並はもう一つ，町に準ずる地区のことを「町並地」と呼ぶことがあったが，いずれも町という一定のスタンダードを有

する空間が確立していたことを物語っている。

京都の町屋

　とはいえ各地の町屋を比較すると，上記の共通点を超えてさまざまな個性が読み取れる。以下，近世の三都である京都・大坂・江戸の町屋を例にとり概観したい。京都の町屋は，中世以来の伝統を下敷きに形成されたもので，全国的な範となった。京都の町屋は，原則として玄関から奥につながる通りにわ（土間）に沿って居室が1列に並ぶものが多く，道からみてミセ・ナカノマ・オク（ザシキ）の各室がつながる。文化年間の町の連続平面が復元できる中京の指物屋町の場合，東西道路の竹屋町通を中軸として，均等な町屋敷が並び，それぞれ類似した平面・配置構成をとっていた。京都では町式目によって町屋の表構えのデザインは「町並」に従うべく規制されており，また町屋敷の合併にも厳しい住民の目が光っていた。近世中後期，三井その他の大店の町屋敷で大規模な間口をもつものも登場したが，街路側に「町並之棚」を設けるなどして，原則として町のルールに従った。

　京都の町屋の真髄は，街路に面した表構えではなく，奥の居住空間の充実にあって，町屋の奥深くに設けられた茶室や土蔵座敷には数寄屋のデザインが入念に施され，京都町人の洗練された感覚がいかんなく発揮された。京都町屋の頂点はこうした意味で「表屋造」にある。表屋造とは街路に面するミセと奥の居住空間との棟を分けたもので，町の原理に従う表と，より良質な居住環境を追求する奥とが，物的に分節した形式をとる。これは共同体としての町に住まいつつも個々の生活空間を充実させるという二つの要請を共存させることに成功した解決策であって近世町屋の一つの到達点ともいうべきものであった。京都の二条陣屋と通称される旧小川家住宅（重要文化財）はこの代表例である。ただし，京都は幕末の動乱で元治の大火を被っており，市中の多くの町屋はこの時焼失してしまった。京都の中心部，下京にある杉本家住宅（重要文化財）は京都の豪商の大型町屋の構成をよく残す事例として知られているが，元治の大火で焼け，明治3年（1870）に再建されたものである。

大坂の町屋

　大坂の町屋は，基本的に京都の町屋の影響を受けたもので，平面・配置ともに類似の構成をとる。『守貞謾稿』は京都・大坂・江戸の町屋の違いについて述べているが，京都と大坂は一体的に扱われ，通りにわをもたない小規模なものを「小戸」，通りにわをもつ一般的な町屋を「中戸」，表屋造となる大規模な町屋を「巨戸」と呼んでいる。また2階の壁面と1階の壁面が揃う京坂の町屋を「大坂建」と呼び，2階の外壁が3尺後退する江戸のそれとの違いを指摘している。

　大坂と京都の町屋は共通点が多いが，異なる点も認められる。たとえば明治19年（1886）に作成された『建家

大項目

都市の建築と施設　235

取調図面帳』に基づく研究によると，大坂には通りにわタイプだけでなく，前土間型，切り庭型，裏土間型など多様な類型が存在していた。裏土間型は長屋形式のものが多く，大坂で大量に建設された借家建築の存在を示している。京都や江戸でも多くの借家が建てられたが，大坂では居住者の回転がことのほか速く，地借（土地だけ借りて上物は自分でつくる）の多い江戸とは異なる独特の借家文化を形成した。

大坂には早くから「裸貸」と呼ばれるシステムが成立していたことも注目に値する。裸貸とは町屋の建具や畳を取り払った状態で借り主に貸すシステムで，借り主の意向に応じて建具や畳を調達した。そのためには建具や畳が高度に規格化されていることが前提となるが，大坂では現在いうところの「スケルトン・インフィル」，つまり建築の躯体と中身とを分離してフレキシブルに建築を転用するような方法がすでに近世でみられたのである。大坂は京都に比べて近世を通じて同業者町が多かったことも特徴で，道修町，升屋町など同業者の店が建ち並ぶ景観も大坂特有のものであった。

江戸の町屋

天正 18 年（1590）にスタートする江戸城下建設が徐々に進むにつれ，上方からも多くの商工業者が江戸に移り住むようになり，伊勢や近江の商人が江戸に進出した。初期の江戸の都市景観を描いた『江戸図屏風』などをみると，表長屋の存在や城郭風デザインをもつ角地の町屋の存在が目を引くが，江戸中期になると初期特権町人は姿を消す。それに代わって「現金掛値なし」の店前売りを前面に打ち出した新興商人が台頭する。彼らは本拠を上方に置きつつ，江戸の膨大な都市需要の下で富を蓄積する。近江出身の白木屋，伊勢出身の越後屋はその代表例で，彼らは本町通りや日本橋通りに巨大な店舗を構え，次第に大店の建ち並ぶ景観が形成された。江戸の大店は京都とは異なり，隣接する町屋敷を合併した大規模な屋敷間口を示すものが多く，麹町五丁目の岩城升屋や通旅籠町の下村大丸の間口は 36 間にも達した。通一丁目の大村白木屋は，日本橋通りに間口京間 15 間の店舗を置き，屋敷は裏の町境を越えて平松町にまで及んでいる。内部は仕切りのない大空間＝「みせ」が中心にあり，奥には商品や書類などを保管する蔵が林立する。ここには番頭以下，百数十人の奉公人が厳格な規律の下で働いた。駿河町の三井越後屋は駿河町の北側に間口 35 間の本店（宝暦期），南側に間口 21 間半の向店を構え，18世紀後半の奉公人数は計 520 人に及んだ。

小項目

木　戸

木戸は町の両端に設けられた門で，夜の四ツ時（10時）になると閉じられ，不審者の出入りを防止した。木

中項目と小項目の区切り

戸閉鎖後の通行人は潜りを抜けて一々町送りされた。木戸は中世末期に都市の自衛防御施設として創出されたものであるが，近世に入ると幕府の治安維持の一翼を担った。木戸の形態は京都烏帽子屋町の場合，両側に袖壁をもつ門柱 2 本の間に 2 枚の扉を観音開きに吊り，その 1枚に潜りを設ける。4町が接する四ツ辻には，どの町にも属さない空間ができる。ここで捨て子などの問題が生じた場合，各町協議のうえ事後処理にあたった。

町会所

町の寄合の場所として町内に設けられた町屋を町会所という。京都の町会所は，通常会所家，堂・祠，土蔵からなり，会所家では寄合・町汁などの町政が行われ，町の重要書類である水帳・宗旨人別帳・証文類は土蔵に保管された。町会所には火見櫓が併設されるものもあった。『守貞漫稿』には大坂の会所屋敷に設置された火見について，「京坂の俗は櫓と云ず，常に半鐘を名とす」とある。町会所は町中持，すなわち町が共同で所持する町屋敷であって，その維持管理も町中が共同であたった。

軒　下

町の空間で公私の区別が時々問題になるのが，町屋正面の軒（庇）下の空間である。ここは公儀地の場合と私有地と見なされる場合の両方があり，京都や大坂のように公儀地である場合には軒下を私有化して町屋を街路部分に張り出していく行為はしばしば見られ，町触によって禁じられた。

土蔵造

江戸特有の町屋形式とされる土蔵造が許可されたのは享保 5 年（1720）以降のことで，頻発する火災に対処するために建物そのものを不燃化することに目的があった。しかし土蔵造の町屋はこうした防火機能だけでなく，商人の経済力を誇示する建築表現として定着し，大きな箱棟をもつ黒漆喰の重厚な土蔵造が建設された。土蔵造は店（見世）蔵造とも呼ぶように，町屋のミセ機能を特化させたものといってよく，町屋の特異な成長の結果生まれたものである。江戸の町屋は当初固有の類型をもたなかったが，近世中期以降，対大火的配慮もあって江戸特有の土蔵造の町屋を成立させる。京都・大坂で抑制された町家のデザインは，江戸ではむしろ規制を解き放った，富を誇示するような傾向を示した。

参考文献

高橋康夫，吉田伸之，宮本雅明，伊藤毅編著『図集 日本都市史』東京大学出版会，1993.
伊藤毅『町屋と町並み』山川出版社，2007.

〔伊藤　毅〕

目　　次

第 1 章　古　代 ………………………………………………………… 2
　　　　　編集委員：北村優季，山岸常人
第 2 章　中　世 ………………………………………………………… 92
　　　　　編集委員：高橋慎一朗，山岸常人
第 3 章　近　世 ………………………………………………………… 182
　　　　　編集委員：岩淵令治，岩本馨，伊藤毅
第 4 章　近　代 ………………………………………………………… 270
　　　　　編集委員：中川理，石田潤一郎
第 5 章　現　代 ………………………………………………………… 358
　　　　　編集委員：青井哲人
第 6 章　都市計画史とまちづくり ………………………………… 422
　　　　　編集委員：中島直人
第 7 章　都市民俗学 …………………………………………………… 475
　　　　　編集委員：岩本通弥
第 8 章　土木史 ………………………………………………………… 506
　　　　　編集委員：北河大次郎
第 9 章　歴史地理学 …………………………………………………… 538
　　　　　編集委員：藤田裕嗣
第 10 章　考古学 ……………………………………………………… 573
　　　　　編集委員：谷川章雄

付録 1　日本建築の基礎知識 ………………………………………… 598
　　　　　編集委員：山岸常人
付録 2　近代洋風建築の基礎知識 ………………………………… 619
　　　　　編集委員：石田潤一郎

索　引 …………………………………………………………………… 649

（詳細な目次は各章の冒頭に掲載）

第1章　古　代

編集委員：北村優季，山岸常人

古代都市史の概説……………………………………………………（北村優季）4
古代建築史の概説……………………………………………………（山岸常人）8

歴代遷宮と大和王権の拠点

飛　鳥……………………………………………………………（西本昌弘）12
宮の造営…………………………………………………………（鶴見泰寿）14
饗宴・苑池・生産………………………………………………（馬場　基）16
難　波……………………………………………………………（積山　洋）18
斑　鳩……………………………………………………………（北　康宏）20

東アジアの王都と対外関係

近江遷都と東アジアの都市…………………………………（小笠原好彦）22
古代山城…………………………………………………………（坂上康俊）24

都城の成立

藤原京と律令国家………………………………………………（馬場　基）26
平城京と奈良時代の諸京……………………………（渡辺晃宏，積山　洋）28
苑池の展開………………………………………………………（佐藤　信）30
京の内部空間……………………………………………………（宮川麻紀）32
都市における神祇と仏教………………………………………（小倉慈司）34

地方支配の深化と実態（地方支配の拠点）

国　府……………（鐘江宏之，坂上康俊，中村順昭，井上信正，森　哲也）36
地域社会への浸透－郡司と郡家………………………………（中村順昭）38
辺境支配の展開－東北地方の城柵……………………………（古川淳一）40

平安京の成立と貴族社会

平安京の構造……………………………………………………（網　伸也）42
平安京の変質……………………………………………………（宍戸香美）44
貴族邸宅の展開…………………………………………………（西山良平）46
祭礼と経済………………………………………………………（西山良平）48
郊外への展開……………………………………………………（増渕　徹）50

古代の寺院

古代寺院の伽藍配置···································（小岩正樹）52

主要堂舎···（小岩正樹）54

飛鳥時代様式···（箱崎和久）56

奈良時代の建築·······································（箱崎和久）58

古代寺院の源流·······································（箱崎和久）60

神社建築の形成過程

神社の成立と制度·····································（丸山　茂）62

神社建築の形成·······································（黒田龍二）64

神社建築成立に先立つ関連建築遺構···················（黒田龍二）66

新仏教（真言・天台）の導入その空間

真言密教···（冨島義幸）68

天台教学と密教·······································（冨島義幸）70

顕密仏教の展開·······································（冨島義幸）72

寝殿造

寝殿造の形成とその変遷·······························（川本重雄）74

寝殿造住宅の形態·····································（川本重雄）76

寝殿造と儀式···（川本重雄）78

寝殿造の生活···（川本重雄）80

宮殿の建築

大極殿と朝堂(院)·····································（李　陽浩）82

内　裏···（橋本義則）84

古代建築技術の特質

古代建築の技術的特徴とその変化·······················（村田健一）86

古代の建築造営組織···································（十川陽一）88

歴史時代建築の前段階

竪穴建物と掘立柱建物·································（箱崎和久）90

古代都市史の概説

飛鳥の形成

　日本列島では縄文時代や弥生時代から人びとが定住し，すでに大規模な集落を形成していたことが知られている。この流れは古墳時代にも継続し，王権の所在地と見なされる拠点集落も確認される。三輪山の麓に広がる奈良県纏向遺跡では，広範囲な地域から土器が搬入されたことが実証され，それが王権の所在地と呼ぶにふさわしい性格を備えていたことを物語っている。同遺跡は約 100 ha の規模をもつとされるが，ただ，全体の境域は依然として不明確な点が多く，またその中心となる居館の存在も，一部でその候補地が確認されているものの，明確になっているわけではない。

　これに対し，6 世紀末から 7 世紀になると，推古天皇や蘇我馬子・厩戸皇子（聖徳太子）などを中心に国家体制が整備され，中国大陸との国交も開始された。それに伴ってこの頃には，現奈良県の飛鳥を中心とする地域に宮殿や寺院が集中的に営まれるようになった。飛鳥は奈良盆地東南部の狭隘な土地であったが，大規模な木造建築を集中的に造営し，それらを一定の計画性のもとに配置した空間が確認されるのは，日本ではこの時期が初めてのことである。この頃には大和王権の骨格が形成され，飛鳥を中心に権力の拠点となる空間が形成されていったのである。

　ところで，律令制以前の時代にあっては歴代遷宮の慣行が存在し，天皇が居住した宮は一代ごとに建て替えることを原則としていた。その点で宮を中心とする政治空間は安定性を欠いていたことになるが，宮がほぼ飛鳥の範囲に固定して営まれた 6 世紀末以降になると，そこは大和王権による全国支配の拠点となっていく。こうした木造建築については，飛鳥寺が百済からの技術者が参加してつくられたように，礎石を用いた木造建築の手法や屋根材である瓦の製造などの点で，朝鮮半島や中国の技術があってはじめて実現したものであった。おそらく土地の測量技術なども大きな影響を受けたはずで，明確な都市空間が成立するにあたっては，こうした技術の導入が大きく作用したものと思われる。礎石と瓦を用いた建築はそれまでの日本になかった新しい様式であるが，ただそれは単に文化が伝播したというだけでなく，日本の政治の体制にも影響を与えた。たとえば，小墾田宮では正殿を中心として，その南側に広場と臣下の建物が造成されたが，それは大王と臣下との君臣関係を明確にする空間を出現させることになった。また，海外からの外交使節を迎えるにあたっては，礼の観念に基づいた外交儀礼を執行する舞台となっていく。おそらくこの時期には，日本列島のさまざまな場所で有力豪族を中心とする集落が形成されたと想像されるが，多数の人工的施設で構成された都市的空間は，まず政治を主導した大和王権によって形成され，そして中国大陸や朝鮮半島との交渉の中で生まれたのである。

東アジア世界の動乱

　しかし，この時期とくに 7 世紀後半は東アジア世界の動乱期でもあった。朝鮮半島では唐と新羅の連合軍によって百済と高句麗が相次いで滅亡し，統一新羅が成立する。日本（倭）は従来百済と友好関係を結んでいたが，そのため，百済の復興を目指して援軍を送るものの白村江の戦いに敗れ，朝鮮半島からの撤退が決定的となった。

この敗戦以降，日本では唐や新羅の侵攻に備え，大宰府に水城をつくったほか，大野城や基肄城などを造営し，さらに瀬戸内海沿岸から近畿にかけて次々に古代山城が造営された。また，これに続く壬申の乱（672）も，一面では日本における権力再編の動きと解することもできる。さらに，この乱に勝利した大海人皇子すなわち天武天皇は，急速に国家体制を整備し臨戦体制を整えていった。天武朝の時代は，それまで畿内の有力豪族に分散していた権力を天皇に集中し，それによって天皇を中心とする国家体制を生み出すが，やがてそれは飛鳥浄御原令に結実する。

このように，7世紀には朝鮮三国と日本との関係が動揺しながらも，相互に密接な関わりをもたざるを得なかったが，それぞれの国では王都が建設され，それを拠点に支配が展開された。ただ，同じ王都といってもその形式は国ごとに異なっており，それはいずれも隋・唐の都城とも一致していない。飛鳥の空間構成がさまざまな点で中国や朝鮮の影響を受けたことはまちがいないが，基本的には日本側で取捨選択をし，日本の実情に見合った都市空間が形成された。ただ，朝鮮半島では都城の本格的調査が実施されたのは比較的最近のことである。両者の関係については，今後も慎重に注目していかなければならない。

都城の成立

8世紀初頭になると大宝律令が制定された。またその直後には，約30年ぶりに遣唐使の派遣が再開され，ここに律令国家は完成期を迎えた。そしてその前後には，大宝令の制定とほぼ時を同じくして藤原京や平城京が造営される。大宝律令には条文の中に京の規定が設けられ，朱雀大路を中心に東側を左京，西側を右京として，それぞれを左右の京職が支配することとなっていた。また，基本的に大路に囲まれた区画を坊とし，それらの東西の配列を条と称している。律令にはこのほかにも多くの京に関する規定があるが，律令は京の存在を前提として編纂された法体系であった。ところで，藤原京への遷都は持統8年（694），平城京への遷都は和銅3年（710）であるので，前者は飛鳥浄御原令に，後者は大宝律令に対応した京ということになろう。

藤原京は十条十坊からなる正方形の条坊プランが提示されて有力視されている。これに対して，平城京は九条八坊の条坊を基本とし，その東側に二条から五条まで，それぞれ三坊分の外京が附属する。平城京は約2,500 haの規模になるが，これを纏向遺跡やそれ以前の三内丸山遺跡・吉野ヶ里遺跡などと比べると，いかに巨大であったかが実感されよう。平城京は中央北端に天皇の住居や政治施設を集約した宮城を配置し，そこからまっすぐ南に朱雀大路が伸びて都城の中軸線としたが，こうした空間構成は，今日では唐の長安をモデルとして計画されたとする見方が有力である。たしかに平面プランを参照する限り，それは同時代の唐における陪都洛陽や州県城とまったく異なっており，長安との類似性が顕著である（ただし面積でいえば外京を除いた平城京の規模は長安城の4分の1程度でしかない）。このことはおそらく，日本の律令が朝鮮半島の諸国でなく，唐の律令を母法としていたことと対応するものと考えられる。ただ，平面プランだけに着目し，平城京を唐風文化導入の結果とする理解では，平城京の意義を的確に評価できないのではなかろうか。

日本では藤原京や平城京を造営するにあたり有力豪族を京に集住させたが，それによって豪族は在地との関係を切り離され，天皇に仕える貴族・官僚となった。別の見方をすれば，都城は畿内豪族を集住させる舞台になったのであり，天皇を頂点とする君臣関係を強固にすることで，律令国家体制の確立を根底で支えていた。都城を造営

することは人と人との関係を変え，国家体制の転換と密接に結びついていたのである。このほか，日本では8世紀半ばになると，首都平城京とは別に，しばしば副都が置かれたことも忘れてはならない。聖武天皇の時代には難波京が副都として造営されたほか，740年代には恭仁京や紫香楽宮などが造営され，天皇が一時的に平城京を離れることもあった。また8世紀後半には由義宮や保良京が設けられている。これらは「複都制」と称され唐の影響を受けたものとされるが，存続期間が短い例が多く，その実態も一部を除くと不明な点が多い。

地方支配の進展

　古代国家は都城を拠点として支配を実行し，その範囲は日本列島のほとんどの地域に及んだ。五畿七道制によって全国を「国」に分けるとともに，中央との関係性を基準に七道という行政機構を設けたが，これによって京に集中する国郡制が成立した。いわゆる中央集権体制が整えられていったのである。その際，地方には国ごとに国府を，国の下の行政単位である郡には郡家（郡衙）が置かれ，それぞれの支配の拠点になった。またこの時期には，国府・郡家と中央を結ぶ交通路も急速に整備されている。

　国府は中央から派遣された国司が常駐した施設で，当時の交通路に沿っておかれる場合が多い。1970年代までの学説では，国府は方八町と呼ばれる一定の範囲を占め，方格地割が施行された，都城の縮小版だと考えられていた。しかし，全国で発掘調査が増えるとそれに対する疑問が呈されるようになり，大宰府などの例を除くと，国府には都城のような条坊は存在しなかったとする見方が現在では大勢を占めている。国府は政務を行った政庁や国司の居住地である国司館を中心とし，その周囲に一定のさまざまな建物が分布するのが一般的形態であった。

　これに対し，郡司の役所であった郡家の造営は8世紀になって本格化し，発掘調査で全容が判明した事例も少なくない。郡家には政庁のほか倉庫群である正倉が近辺につくられるのが一般的で，稲穀を収めた倉庫は国府ではなく郡家に設けられた。律令には班田農民から徴収した田租を地方に貢納することが定められているが，その田租はまさに郡家に蓄えられたのである。ここには，意外に質素な国府のあり方と，在地社会の生産物を集積した郡家の充実ぶりが見てとれる。

　この一方で，律令国家の支配に服さない土地すなわち辺境の地には，特別に城柵が設けられた。文献史料によれば，その地域は九州南部や東北地方に集中し，とくに後者の場合は長い対立と戦闘の歴史があったが，その対立はやがて9世紀初頭，坂上田村麻呂や文室綿麻呂らを中心とする征討軍によって一応の決着がつくことになった。城柵には東国を中心に広い範囲で柵戸が徴発され，現地に移配されている。また，その構造も堅牢な構造物で囲続されることが多く，軍事的対立が色濃く反映したことが特色である（なお，東北地方ではこれ以降も活発な動きがあり，各地で有力な勢力が台頭すると，その内部の対立が激しさを増していった。「防御性集落」が東北地方北部や北海道でつくられたのは，そうした不安定な状況の一面を示している）。

　こうして，奈良時代には平城京を中心とする中央集権体制が確立し，その支配が全国に浸透する。地方からは物品税である調・庸が貢納され，また衛士や仕丁として農民が上京した。それは地方の生産物や人的資源が都城に集約されることを意味したが，それが天皇や中央貴族の富として蓄積された。その一端は優美な正倉院宝物などに見ることができるが，近年では長屋王邸のように，発掘調査で邸宅そのものが判明する事例も存在し，集められた富の大きさを目の当たりにすることができる。また，

京内の邸宅に注目すると，多くの建物のほか，曲線で形成された苑池が発見され，すでに庭園が造成されていたこともわかっている。平城京の庭園は人工的に再現した自然の景観であって，そこには「自然」から隔離された空間に暮らした貴族の意識を垣間見ることができるが，ともかくも，このような富を基礎としてこの時代にはいわゆる天平文化が開花していった。

平安京とその変質

　8世紀末になると長岡・平安遷都が実施され，支配の拠点は京都盆地に移っていく。長岡京は現長岡京市・向日市に造営されたが，平城京と難波京を統合した性格をもち，その意義は小さくない。しかし長岡京はわずか10年で廃棄される。これに対して延暦13年（794）に遷都のなった平安京は，これ以後千年にわたって首都としての地位を保持し，現京都市の母体となった。この長い期間に都市京都は次第に変貌していったが，しかしその基本となったのは律令制支配に基づく都城の形式であった。中央北端の平安宮（大内裏），朱雀大路を境に左京右京が設けられたことなどはいずれも平城京の時代の形式を受け継いでいる。ただし10世紀以降になって律令制の支配機構が変質すると，それと歩調を合わせるように平安京も姿を変えていった。この時期には右京の衰退が目立ち，代わって左京の北部に貴族の邸宅が集中するが，さらにそれは京の東を流れる鴨川を越えて広がっていった。また京の支配の末端に位置した坊令・坊長（ほうとね）が没落し，保刀禰の活動が目立つようになる。籍帳を通じて支配された京戸（きょうこ）もその実態が失われていった。加えて11世紀以降になって里内裏がつくられると，平安宮（大内裏）の果たす役割も小さくなっていく。摂関時代には後世に名を残す著名な貴族邸宅が造営され，左京北部には諸司厨町（しょしくりやまち）（官衙町）が集中したが，右京の衰退が決定的になって，朱雀大路を中心軸とする左右対称の都市構造は失われた。しかし，この時期には御霊会などの民間の祭祀が隆盛を迎え，また郊外には寺院や葬地などの宗教的空間が広がっていった。それは中世の京都につながる新たな変化でもある。これ以後当初の平安京のプランは姿を消し，律令制下の都城の伝統は途絶えることになった。

　しかし，直線道路をつくりそこに計画的に建築を配置するという原理は，平泉や鎌倉，さらにはさまざまな城下町などで採用され実現されていく。もしも平城京や平安京のような都城が存在しなかったなら，はたしてそのような景観は存在したのだろうか。その意味で古代における都市は，その基本構成に強い影響を与え，都市形成の歴史の原点というべき役割を果たしたのである。

参考文献

鬼頭清明『日本古代都市論序説』法政大学出版局，1977.
岸俊男『日本古代宮都の研究』岩波書店，1988.
北村優季『平安京―その歴史と構造』吉川弘文館，1995.
佐藤信，吉田伸之編『都市社会史』（『新体系日本史6』）山川出版社，2001.
小澤毅『日本古代宮都構造の研究』青木書店，2003.
西山良平『都市平安京』京都大学学術出版会，2004.
佐藤信『古代の地方官衙と社会』（『日本史リブレット8』）山川出版社，2007.
五味文彦，杉森哲也編『日本の歴史と社会』放送大学教育振興会，2009.
北村優季『平城京成立史論』吉川弘文館，2013.

［北村　優季］

古代建築史の概説

建築物の始原

　日本列島に人が棲むようになって以降，彼らは，何らかの覆いを設けて自然の脅威から身を守り，日々の生活を営んでいたであろうことは想像に難くない。当初，それがいかに稚拙なものであろうとも，それが建築物であり，日本建築の始原となるものであった。ただしそれはおそらく日本列島固有の形式や構造をもつのではなく，東アジアや，さらには世界共通の形式であったはずである。われわれはその先史時代の建築物を，教科書を通じて，竪穴住居と高床倉庫という用語で長らく学んできた。しかしここ数十年の発掘調査による先史時代の建築遺構に関する情報の増加によって，この曖昧な用語は是正されるに至っている。

　先史時代の建築物は基本的には掘立柱を用い，その上に屋根を支持する小屋組を組む。その建築物内の生活面に着目すると，地表面より低い位置（竪穴式），地表面（平地式），地表面より高い位置に床を張る（高床式）などの類型がある。建物の外形で見れば，壁が立ち上がる形態と，屋根を地面に伏せたような形態がある。これらの組み合わせが先史時代の建築形式を規定していた。それらは，柱・梁・束・扠首などの限られた部材を簡便な手法で結合した，技術的には簡易なものであり，機能による建築形式の差異もほとんど見られなかった。

古代建築の黎明

　こうした状況が１万年以上続いた後，６世紀になって，それまで列島になかった建築技術が大陸・半島から持ち込まれた。それは仏教の伝来とともに，建築技術者が渡来したことによる。もたらされた技術の主要な特徴は，礎石・組物・瓦の使用であり，それらを組み合わせながら精緻な計画と施工の下に，中国・朝鮮半島の建築に類似した建築がつくられた。この技術によって，飛鳥寺に始まる寺院建築の造営が開始されることになる。

　古代以降の日本建築として語られる建築の構造形式と意匠の基礎は，６世紀後半に日本列島に根を下ろしたものである。そしてそれは中国の諸制度や様々な文化の導入の一環としてもたらされたものである。しかし６世紀に突然，諸文化の半島からの流入が生じたわけではない。それ以前からも大陸・半島との交流があり，５世紀代になってヤマト王権が成立し，文化が組織的・包括的に把握・受容されるようになったと指摘されている。

　実際，建築技術についても，４世紀末の家形埴輪（三重県石山古墳・大阪府美園１号墳など）に組物の要素である斗が描かれていて，断片的にではあれ，組物を用いる建築技術が日本にもたらされていたことを知ることができる。

　また，建築技術とともに，大規模で規格性のある土木工事を行う技術が並行して導入されていたことにも留意したい。土木技術は都城造営の基盤となったばかりでなく，規格性の高い施設形態と建物配置をもつ寺院や宮殿の造営を可能にした。方位を基準とする測量技術の進展は，地形や地域固有の社会的条件に制約されることなく，列島に普遍的な造営の基準を与えることにもなった。

古代前半の建築

　8世紀初頭までに導入された技術を踏まえて，新たな建築類型がつくり出され，それが建てられていった。その類型は，寺院・宮殿・神社である。とりわけ寺院は畿内から地方へと，急速にその数を増大させていった。

　飛鳥時代の寺院は，その伽藍配置や建築技法に百済・高句麗・新羅の諸要素を混在させていた。飛鳥寺式・四天王寺式・川原寺式などと名称が付けられているように，伽藍配置は多様であった。建築様式についても，通常参照される法隆寺金堂を基準としてみると，山田寺・四天王寺などではそれとは異なる様式・技法が用いられていたことが知られている。同時代の大陸・半島の特定の建築様式は，正確に，かつ包括的に日本に移入されたわけではなかった。そもそも法隆寺金堂の様式ですら，後漢から唐までの各時代の要素が混在したものであった。幾度となく，様々な情報が流入し，渡来人の援助を得つつ，日本国内で新技術を咀嚼し，日本の寺院建築の形に仕上げたのであろう。

　7世紀後半の川原寺造営では，瓦の文様や使用尺度，平面構成などに他の飛鳥時代寺院とは異なる要素が現れる。8世紀初頭の薬師寺東塔では建立時期に大きな差のない法隆寺五重塔とはまったく異なる組物が用いられた。すなわち唐の新たな文物の影響が指摘できる。

　神社建築は，寺院よりは遅れて，律令制の形成と並行して具体化してくる。神祇祭祀の制度の確立に伴って，神社建築はまず伊勢神宮において創出された。その建築形式はあえて寺院建築とは異なる，それまで日本列島に根付いていた形式・技法を再用した。具体的には掘立柱や棟持柱を使用し，組物・瓦を使用しないなどの技法である。類似した6世紀以前の技法は，限られた神社において採用されながら，神社建築という建築類型は緩慢に広がっていったと推定される。

　宮殿も律令制の確立過程と対応して整備されていく。その初期の飛鳥宮では，7世紀中期の飛鳥岡本宮から7世紀後期の飛鳥浄御原宮に移行する間に，施設の方位が変わり，機能別の区画を構成するようになり，大極殿に比定される建物も出現する。それらは発掘遺構でしか知ることができないので，具体的な建築的特質は確認はできないものの，その規模，基壇の石敷などに明らかな建築技術の進展を窺わせている。

古代後半の建築

　8世紀中期以降は，引き続き新たな大陸と半島の建築様式・技術が移入される一方で，日本の中で建築技術を咀嚼し，自らの手中に収めてゆく時代となる。

　薬師寺東塔と，それより建立年代の降る東大寺法華堂や唐招提寺金堂などとの間には，様式・技法上の差異がある。この差は大きなものではないが，この間にも建築技術が随時移入されていたことを暗示する。このような技術・様式の変化に影響したと推定される最も顕著な出来事は道慈の帰国である。養老2年（718）に唐から帰国した僧である道慈は，その後，大安寺造営に関わり，唐の西明寺を模して造営に当たった。廻廊に羅漢像を描き，僧房は特異な配置をとり，塔を廻廊外に設けるなど，既存の造営計画に変更を加えたと推定されており，ここで新たな唐の建築意匠・技術がもたらされた可能性は高い。

　このような海外からの影響を踏まえながら，技術・様式の精緻化が進行する。それは木割，組物の形式などに顕著に見られる。法隆寺西院の建築部材の木太いプロポー

ションから，唐招提寺金堂のようなやや細めのそれへ変化することや，整然とした組物の斗の配列の方式の追求などがそれに当たる。この変化は奈良時代を超えて平安時代まで継続する。

古代後半に，建築のプロポーションの整備や，組物の規則的配列の創出とそれを踏まえた建物の設計方式の規格化が，緩慢ながら進んでゆく。ただし大枠では8世紀までに輸入された海外の建築形式の基本は変化することなく中世前期まで続いてゆくともいえる。これを和風化と呼び，奈良・平安時代の建築様式を和様と呼ぶ。永承7年（1052）に建てられた平等院鳳凰堂の建築形式・意匠は，まさに和風化の到達点を示すものである。

一方，神社建築が流布してゆくのもこの時期である。建築物そのものの様相について，確たる実態をつかむ材料はきわめて少ないが，9世紀に入ると一定程度の数の神社に施設が存在し，その維持・管理が国の施策として恒常的課題となっていた。この時期の神社本殿はなお中世のように定型的ではなく，自然信仰の施設や先史時代建築の残滓を引きずっていた。

なおこの時期の史料に，堂と呼ばれる宗教施設が散見される。『日本霊異記』『東大寺諷誦文稿』などによれば，堂は村の有力者によって造営・維持され，正規の僧が常住しないことなどが特徴である。この建築的な特質は窺い知ることができないが，発掘調査でとくに東日本で顕著に検出される村落内の仏教施設から推察されるように，最上層の建築とは異なる建築の広がり，および中世の惣堂・村堂などとの歴史的関連性を考える上で見落とすことはできない。

中世への移行

技術的・意匠的な変化が乏しい古代後半において，建築の内部空間の意味と空間構成に着目すると，大きな変化が徐々に起こることになる。

寺院建築に関しては，9世紀初頭の仏教の変質が重要である。周知のように，この時期，空海による真言宗，最澄による天台宗（宗は現代的な意味での宗派ではない）の2種の新たな仏教が，中国仏教を摂取して成立する。通常，密教の導入と称して，奈良仏教からの飛躍と捉えられてきた。しかしこの「新仏教」は，奈良時代後半の仏教の定着過程の延長として理解されるべきである。それ以前の仏教受容は表面的・形式的であり，寺院は国家や都城の荘厳装置として存在していればよかったが，8世紀後半から，徐々に仏教の教義の内容への理解が進み，それを踏まえて修学と化他（仏教の功徳を他に及ぼす）のための法会が整備されるようになる。さらに僧侶の修学の程度を示す僧侶の階梯が明確に形成される。空海・最澄やその教団の活動はそうした仏教受容の深化を踏まえ，さらにそれを展開させるものであった。

こうなると，寺院空間は僧侶の修学活動・宗教的実践活動の場として，実質的な意味をもつようになる。真言・天台両教団はそれぞれの教義と法会に対応した建築空間を生み出した。密教修法のための宮中真言院，密教伝授のための灌頂堂，天台教学の修得のための常行堂などがその具体的建築である。教義・法会だけでなく，それを実践する僧団組織の形成も重要な要因となる。寺家の確立と，寺僧集団組織の多様化・階層化は，それに対応した仏堂や依拠する施設を要求することになる。

このような仏教界の動向を踏まえて，寺院建築空間は大きな変容を遂げることになる。中世仏堂形式と呼ぶ建築空間の出現がそれであり，同様の空間の構成は遅れて住宅・宮殿にも普及することになるが，これはむしろ中世の項に譲ることにする。

古い技術の併存

　さてこのような古代後期の建築の歴史過程は，和様と呼ぶ建築様式の定着過程でもあるが，ではそれが日本列島に一律に普及したのかというと，そうではない点に注意したい。先史時代の建築技術は，歴史時代に入っても細く長く残存していた。明確な例は竪穴建物で，奈良時代の下野薬師寺では竪穴建物が僧房として使われていたし，そもそも竪穴建物は近世まで命脈を保つ。棟持柱は伊勢神宮の社殿に使われて，そのまま現代まで継承される。

　こうした明らかな特質以外に，先史時代の建物は木割が大きい，つまり柱間寸法に対する柱径の比率が大きいという特質がある。紀元前1世紀の池上曽根遺跡の大型建物などがその典型で，上記比率は0.16〜0.39，8世紀末の唐招提寺金堂は0.13である。奈良時代以降，木割の大きな建物は消滅するかにみえるが，長岡京東院の正殿はこの比率が0.27，発掘調査で検出された出雲大社の鎌倉時代初頭の本殿は0.47と，例外的に古風な木割が遺存する。古墳時代までは長方形断面（「ごひら」と呼ぶ）の柱や桁・梁が使われることがあるが，飛鳥・奈良時代にもその伝統が残存する。8世紀以降は寺や宮殿の主要な建物は，桁行柱間数が奇数になる。しかし飛鳥時代の寺院講堂（山田寺・法隆寺など）のほか，地方の寺院の主要建物（福島上人壇廃寺・米山寺跡など）では8・9世紀まで桁行が偶数柱間数の建物が見られる。このような古式な技法がどのように使い分けられたのかは定かではないが，新しい技術が普及しても，古い技法が遺存するのは当然ともいえよう。

　なお，日本の建築は木造の軸組構造であり，石・煉瓦・版築を用いた組積造の建築技術は定着しなかったことは特筆すべきである。中国では組積造や木造と組積造の混構造の建築が多数建てられた。その影響はわずかで，飛鳥時代の石敷の舗装や，飛鳥水落遺跡の地中梁のように石を用いる建築もあったが，その程度にとどまって流布はしなかった。版築も限られた建物の基礎にのみ用いられた。その後は，中世後期の城郭建築に再び見られるだけである。

参考文献

村田治郎『法隆寺建築様式論攷』中央公論美術出版，1986.
宮本長二郎「奈良時代における大安寺・西大寺の造営」（『日本古寺美術全集6』）集英社，1983.
宮本長二郎『日本原始古代の住居建築』中央公論美術出版，1996.
上島享「平安初期仏教の再検討」『仏教史学研究』40巻，2号，1997.
山岸常人「木工と寺工－古代建築技術確立の前後」（『列島の古代史5』）岩波書店，2006.
丸山裕美子「帰化人と古代国家・文化の形成」（『岩波講座日本歴史2』）岩波書店，2016.
山岸常人「神社建築の形成過程」『史林』98巻，5号，2015.
藤本誠『古代国家仏教と在地社会』吉川弘文館，2016.

［山岸　常人］

飛　鳥

　飛鳥は奈良盆地東南部の地名。明日香とも書く。現在
は高市郡明日香村の西部と橿原市の東南部のかなり広い
地域を飛鳥と称しているが，本来は飛鳥寺付近から明日
香村川原や島庄に至る間の，飛鳥川右岸を中心とする低
い丘陵に囲まれた範囲をさす。『坂上系図』によると，
応神朝に渡来した倭（東）漢氏の祖阿智使主は檜隈に居
地を賜り，仁徳朝に同族がさらに集まり来たると，ここ
に今来郡が建てられた。雄略朝には百済献上の手末才
伎を倭漢氏に託して飛鳥の上桃原・下桃原・真神原に居
住させた（『日本書紀』雄略天皇7年（463）条）。今来
郡はのちに高市郡に統合されたらしい。このように5世
紀以降，飛鳥は倭漢氏系渡来氏族の集住地として開発が
進められたが，6世紀以降，蘇我氏がここに進出して，
渡来氏族を配下に収めるようになる。

　蘇我稲目は小墾田や豊浦（向原）に家をもち，豊浦の
家はのちに日本最初の尼寺豊浦寺となった。島大臣と
呼ばれた蘇我馬子は飛鳥川の傍らに家を有し，その墓は
桃原に造営された。馬子は真神原において崇峻元年
（588）から飛鳥寺の造営を開始し，これが推古4年（596）
に完成すると，子息の善徳を寺司に任命した。593年に
即位した推古天皇が豊浦宮や小墾田宮などを王宮とした
のは，推古が蘇我氏系の天皇であることをよく示してい
る。推古は馬子や聖徳太子の協力を得て政治改革を進
め，朝庭・庁・大門などを備えた小墾田宮を整備
した。明日香村の雷丘東方遺跡では「小治田宮」，奥
山廃寺では「少治田寺」と書いた墨書土器が出土してお
り，この付近に推古の小墾田宮や小治田寺（大后寺）が
存在していたことが判明した。

　大化元年（645）に蘇我本宗家が滅亡すると，飛鳥寺
は王家に接収され，飛鳥一帯は王宮の地として再整備が
はかられた。飛鳥には早く允恭天皇の遠飛鳥宮，顕宗
天皇の近飛鳥宮が営まれたが，推古朝以来，持統天皇
が持統8年（694）に藤原京に遷都するまでの約100年
間，飛鳥に王宮が次々に営まれた。すなわち舒明天皇の
飛鳥岡本宮，皇極天皇の飛鳥板蓋宮，斉明天皇の後
飛鳥岡本宮，天武天皇の飛鳥浄御原宮などである。こ
れら飛鳥諸宮の遺構は飛鳥寺南方の飛鳥宮跡において確
認されており，ほぼ同一の場所に繰り返し造営されてい
た。このように7世紀の約100年間，飛鳥は古代国家の
政治的中枢として機能し，遣隋使・遣唐使が持ち帰った
律令制などの新知識をもとに，この地を中心に中央集権
国家の建設が進められた。

磐余から飛鳥へ

　『古事記』『日本書紀』に記された歴代天皇の宮室名は，
その漢字表記こそ異なるが，所在地についてはほぼ一致
している。実在性について問題の少ない応神天皇以降の
宮室は，仁徳天皇の難波高津宮，反正天皇の丹比
柴籬宮など，難波・河内方面に営まれた例もあるが，
履中天皇の磐余稚桜宮，清寧天皇の磐余甕栗宮，継
体天皇の磐余玉穂宮，用明天皇の磐余池辺双槻宮など，
磐余に宮室を設けた例が多い。磐余には5・6世紀の王
宮が多く営まれた。このほか，石上に宮を置いた安康
天皇・仁賢天皇，磯城に宮室を置いた欽明天皇，他田に
宮を置いた敏達天皇，倉梯に宮を置いた崇峻天皇，泊瀬
に宮を置いた雄略天皇・武烈天皇などの場合も含めて考
えると，応神天皇以降の王宮は大和の三輪山の周辺に集
中していることがわかる。

　応神以前の天皇に関しても，崇神天皇の磯城瑞垣宮，
垂仁天皇の纏向珠城宮，景行天皇の纏向日代宮など
は，いずれも三輪山西麓の纏向付近に営まれたと伝えら
れる。纏向には掘立柱建物を主体とする3世紀の都市的
な集落遺跡である纏向遺跡が存在する。三輪山西麓の小
地名であった磯城郡の「ヤマト」が，やがて大和の国名
となり，さらに日本国へと拡大してゆくことは，この地
がヤマト政権発祥の地であったことを物語っていよう。

　纏向や磐余にはヤマト政権の宮室が多く営まれたか
ら，これらの地と河内・難波・山背・伊賀・紀伊などを
結ぶ道路が古くから発達していた。そうした古道を直線
的に整備したのが大和の古道であり，7世紀前半の推古
朝頃には横大路や下ツ道などが整備されていたと考えら
れる。古道の交差点を衢というが，衢は人と物が集中
する場所であったから，市や駅家などの商業・交通施設
が置かれ，境界祭祀の場所ともなった。大和の衢には海
石榴市衢・軽衢などがある。7世紀に飛鳥に宮室が
次々に営まれたのは，歴代遷宮の伝統によるものである
が，7世紀後半になると，飛鳥のなかでもほぼ同一の場
所に宮を造替するようになり，その伝統に変質がみえ始
める。こうして藤原遷都・平城遷都とともに歴代遷宮の
伝統は表面上は終焉を迎えることになるのである。

磐　余

　奈良県桜井市西部から橿原市東部にかけての地域を広
く称する古地名。大和の平野部から宇陀の山間部に入る
場所にあたる。石村・石寸・伊波礼とも書く。『日本書
記』神武即位前紀には，旧名は片居または片立であった
が，磯城の八十梟帥が屯聚（集まって，満ちて）居た
ので，磐余と改めたなどとある。神功皇后の磐余稚桜
宮，履中天皇の磐余稚桜宮，清寧天皇の磐余甕栗宮，継
体天皇の磐余玉穂宮，用明天皇の磐余池辺双槻宮など，

4世紀から6世紀まで多くの宮殿が磐余に営まれたと伝える。『日本書紀』履中紀には磐余市磯池，継体紀・用明紀には磐余池がみえ，用明天皇は磐余池上陵に葬られた。大津皇子の訳語田舎は磐余池の近くにあり，刑死の際に磐余池の堤で作歌している。『万葉集』には石村山・石村の道がみえ，『延喜式神名帳』では十市郡に石村山口神社がある。磐余池は香具山東北麓の桜井市池之内，橿原市東池尻町付近に想定され，東池尻・池之内遺跡では6世紀後半築造の池と堤が見つかっている。

三輪山

奈良盆地東南部の桜井市にある標高467.1mの円錐形の山。御諸山（三諸山）ともいう。古来，国作りの神である大物主神のいます聖なる山として信仰された。西麓には『延喜式神名帳』にみえる大神大物主神社が鎮座する。記紀神話によると，大国主神（大物主神・大己貴命）の幸魂奇魂と名のる神が，吾を大和の青垣の東の山の上に祭れば，ともに国作りを成し遂げんと言うので，この神を御諸山の上に鎮座させたという。『日本書紀』崇神紀には国内で疫病が流行した際に，陶邑の大田田根子を祭主として大物主大神を祭ると，国中の疫病が終息したとある。三輪山に鎮座する大物主神は国家の経営を助け，国家に平安をもたらす守護神であった。山中や山麓には磐座・磐境と称する祭祀巨石遺跡があり，5世紀頃の銅鏡・勾玉などの祭祀遺物が出土している。一帯で出土する須恵器は，大田田根子の出身地とされる陶邑で生産されたもので，崇神紀の祭祀伝承との関わりが注目される。

大和の古道

古代の大和には，上ツ道・中ツ道・下ツ道の3本の南北道と，横大路という東西道が存在した。上中下三道は約2.1km間隔で並行に走る。下ツ道は奈良盆地の中央を走る基幹道路で，のちに平城宮の朱雀大路となる。稗田から五条野丸山古墳に至り，さらに紀伊へ向かう。北は那羅山を越えて山背へ向かう。中ツ道は平城京東京極大路のほぼ延長線上にあり，村屋を経由，香具山麓を縫って，飛鳥へ向かう。上ツ道は南は箸墓を通り，安倍寺の東で山田道に接続，山田寺・雷丘を通り，軽に至る。『日本霊異記』巻頭説話にみえる阿倍山田前の道である。耳成山の南を通る横大路は，東は墨坂を越えて，伊賀・伊勢に通じ，西は二上山の大坂を越えて，河内・難波に向かう。『日本書紀』推古21年（613）11月条の「難波より京に至る大道を置く」は横大路の設定と関わる記事とされる。上中下三道は飛鳥を中心に設定されているようなので，7世紀前半には存在した可能性が高く，発掘調査でも一部そのことが確認されている。

衢

衢は道の分岐点をいう。大和では古道の交差点に衢が発達した。石上衢は上ツ道と竜田道の合流点，現在の天理市櫟本町付近にあった。海石榴市衢は上ツ道と横大路の交差点，現在の桜井市金屋付近に想定される。隋使裴世清は海石榴市衢に迎えられ，善信尼らは海石榴市亭で刑罰を受けた。『万葉集』巻12，2951・3101に「海石榴市の八十の衢（術）に」とあり，多数の道路が分岐する地点であった。軽衢は下ツ道と山田道の交差点，現在の橿原市丈六付近に想定される。『日本霊異記』巻頭説話には，磐余から阿倍・山田前の道を走って軽諸越の衢に至ったとある。軽には軽市もあった。当麻衢は横大路が河内から大和に入った地点にあり，壬申の乱ではここで戦闘が行われた。衢は人々が多く集まるところなので，市が発達し，駅家などの交通施設が置かれ，ここで刑罰も行われた。また邪霊の侵入を阻止する岐の神（道祖神）が祭られた。

歴代遷宮

7世紀までの天皇は代替わりごとに新たな宮を営んで移った。こうした慣行を歴代遷宮という。宮名と天皇名とは不可分の関係にあり，たとえば斉明天皇は後岡本宮御宇天皇と呼ばれた。歴代遷宮が行われた理由については，①父子別居の慣習により，皇子宮が新天皇の宮となった，②前天皇の死穢を避けるため，③宮殿建築の耐用年限による，などの説が唱えられている。7世紀後半にはこの慣行に変化が現れ，斉明ははじめ皇極時代の板蓋宮に入り，のち舒明天皇の岡本宮と同地に後岡本宮をつくった。中大兄皇子は母の後岡本宮で称制し，天武天皇は壬申の乱後に後岡本宮に入り，その南に浄御原宮を造営した。発掘調査によると，これら板蓋宮・後岡本宮・浄御原宮などはほぼ同地に重層的に造営されている。藤原遷都後には明確な歴代遷宮は終焉を迎えたが，平城宮内では代替わりごとに内裏・東院・中宮院・西宮などを移動することが行われていた。

参考文献

八木充『古代日本の都』講談社，1974.
岸俊男『日本古代宮都の研究』岩波書店，1988.
前田晴人『日本古代の道と都』吉川弘文館，1996.
吉川真司「小治田寺・大后寺の基礎的考察」『国立歴史民俗博物館研究報告』179巻，2013.
木下正史編『飛鳥史跡事典』吉川弘文館，2016.

［西本　昌弘］

宮の造営

『日本書紀』『古事記』によれば天皇は代替わりごとに宮を造営し，「飛鳥岡本宮御宇天皇」（舒明天皇）というように宮号が天皇の呼称にもなった。崇峻5年（592）に推古天皇が豊浦宮に即位して以来，飛鳥地域に天皇の宮が造営されるようになり，推古天皇の小墾田宮（603〜）に続いて舒明天皇が「飛鳥岡の傍」に宮を造営してからは「飛鳥○○宮」と名付けられた宮が連続してつくられ，しばらくの間「飛鳥」の地に固定されるようになった。すなわち，飛鳥岡本宮（630〜636），飛鳥板蓋宮（643〜655），飛鳥川原宮（〜656），後飛鳥岡本宮（656〜672），飛鳥浄御原宮（672〜694）である。持統8年（694）12月の藤原宮遷都までは基本的に飛鳥に宮が造営された。このほかに天皇の宮ではないが飛鳥宮に隣接して島宮も存在した。

天皇の宮は単なる御在所ではなく，群卿らが伺候して朝政などを行う場としても機能したことから，宮の構造には当時の権力や制度などが何らかの形で反映されていると考えられる。宮を構成する基本的な要素は，小墾田宮の場合は南門を入ると朝庭があり，その脇に庁がある。朝廷の奥には大門があり，その中に天皇の御所である大殿があったことが『日本書紀』推古16年（608）8月や推古18年（610）10月，舒明即位前紀の記事などから知られる。天武・持統朝の飛鳥浄御原宮の場合はより複雑であったらしく，宮の施設の名称や用途についてさらに詳しくみえている。

飛鳥宮造営の労働力については飛鳥板蓋宮造営の記事が『日本書紀』にあり，皇極元年（642）9月に「国国の殿屋材を取らしむべし。東は遠江を限り，西は安芸を限りて，宮造る丁を発せ」という詔が出されている。こうした徴用は舒明天皇の百済大寺・百済宮造営に際しても「西の民は宮を造り，東の民は寺を作る」と『日本書紀』舒明11年（639）7月の記事にあることから，広範囲から労働者を徴発して造営にあたることが宮の造営では一般的に行われたらしい。

飛鳥宮の遺構は昭和34年（1959）に実施された，吉野川分水建設の事前調査で初めて確認され（調査は奈良国立文化財研究所），それをうけて，奈良県立橿原考古学研究所が昭和35年（1960）から実施している発掘調査によって詳細が明らかになっている。飛鳥宮跡は3時期の重複する遺構からなり，古いものから順にⅠ期・Ⅱ期・Ⅲ期に分けられ，状況がもっとも明らかになっているⅢ期遺構はさらにⅢ-A期とⅢ-B期に細分される。A期は斉明朝，B期は天武・持統朝の遺構と考えられ，代々

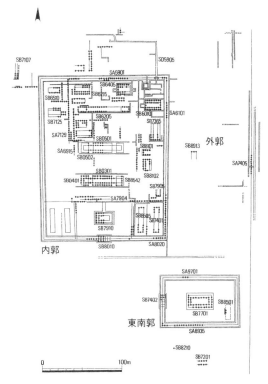

飛鳥宮跡遺構図（Ⅲ-B期）

の飛鳥宮はほぼ同じ場所に造営されたことになる。

これらのうち最も実態が明らかになっている後飛鳥岡本宮・飛鳥浄御原宮の構成は，内郭と呼ばれる長方形の区画が中心的施設で，掘立柱塀で囲まれた中に大型建物がならぶ。そして飛鳥浄御原宮段階になると内郭の東南に東南郭（エビノコ郭）と呼ばれる別の区画が加えられる。また内郭北西側には苑池が設けられた（⇨飛鳥京苑池遺構）。

遺構は掘立柱建物，石敷き，礫敷き，石組み溝などからなる。舗装の違いによって各区画の性格の違いが表現されているとみられ，天皇の居所であった内郭では，南門・大型建物・南北棟の脇殿により構成される南区画では礫敷き舗装，大型建物が南北に並ぶより内向きである北区画では石敷き舗装が施される。掘立柱建物は柱掘り形や抜き取り穴により検出され，柱穴内に柱根が残存する場合と抜き取られている場合とがある。藤原宮へ遷る際の廃絶に伴う作業で，柱抜き取り穴や石敷き舗装は山土によって覆われ整地されている。

飛鳥宮跡は「史跡伝飛鳥板蓋宮跡」として史跡指定を受けて保護され（2016年に「史跡飛鳥宮跡」に変更された），現地には飛鳥宮跡最終段階の遺構が一部復元整備されている。

小墾田宮

推古天皇（在位 592〜628）の宮。推古 11 年（603）10 月に豊浦宮から遷った。その所在地は，かつては明日香村豊浦の古宮土壇周辺と考えられていたが，雷丘東方遺跡の発掘調査で奈良時代末の井戸跡から「小治田宮」と墨書された土器が出土したことにより，明日香村雷付近であることが確定した。飛鳥時代の宮の遺構はまだ確認されていないが，『日本書紀』推古 18 年（610）10 月の記事によれば，小墾田宮は南門の奥に朝庭があり，その傍らに庁があったらしい。

推古天皇崩御後も小墾田宮は存続し，斉明天皇の即位直後には瓦葺の宮を造営する計画が立てられたが中止となった。その後も施設は維持されたようで，『続日本紀』には淳仁天皇・称徳天皇が天平宝字 4 年（760）・天平神護元年（765）に行幸したことがみえ，調庸を納める大規模な倉庫も備わっていたこともわかる。

飛鳥板蓋宮

皇極天皇（642〜645）の宮。皇極元年（642）に「諸国から材木を集め，遠江から安芸までの国からは人夫を徴発せよ」との詔が出され造営された。飛鳥板蓋宮という宮号は，当時板葺屋根の建物が珍しかったことによるものとみられる。皇極 4 年（645）には乙巳の変の舞台となり，蘇我入鹿が暗殺された。なお『日本書紀』には「大極殿」「十二通門」などがみえるが，後世の潤色であろう。皇極天皇は斉明元年に重祚して再び飛鳥板蓋宮に入るが，火災に遭ったために飛鳥川原宮を経て後飛鳥岡本宮へと宮をあらためた。

飛鳥宮跡（明日香村岡）の II 期遺構が飛鳥板蓋宮に比定され，正方位の柱列・石組み溝などの区画施設に囲まれていたことが判明している。しかし遺構が III 期遺構と重複することから十分な調査が行われていないため，飛鳥板蓋宮の中枢部分は明らかでない。

飛鳥川原宮

斉明天皇（655〜661）の一時的な宮。斉明元年（655）の冬に飛鳥板蓋宮が火災に遭い宮を飛鳥川原宮に遷し，翌年に後飛鳥岡本宮に遷るまで使用された。『日本書紀』白雉 4 年（653）是年条にみえる飛鳥河辺行宮も同じ宮の可能性がある。

川原寺（明日香村川原）は天智天皇が母斉明天皇の冥福を祈り川原宮跡に建立したとする見解が有力である。飛鳥川を挟んで飛鳥宮の西方にある川原寺の発掘調査では下層遺構で石敷きと石組み暗渠を検出しており，川原宮に関わるものと考えられている。

飛鳥浄御原宮

天武天皇（672〜686）・持統天皇（686〜697）の宮。『日本書紀』天武紀上には，壬申の乱後に岡本宮の南に造営したものが飛鳥浄御原宮であると記される。『日本書紀』天武紀下，持統紀には，大極殿，大安殿，外安殿，内安殿，向小殿，庁，朝堂，御窟殿など，飛鳥浄御原宮の殿舎名が詳しく記されている。なお，宮号が正式に決定されたのは朱鳥元年（686）のことで，天武天皇の病気平癒を祈願して朱鳥改元と同時に行われた。

飛鳥宮跡 III 期遺構は内郭・外郭・東南郭（エビノコ郭）から構成され，III-B 期の遺構が飛鳥浄御原宮に該当する。これは III-A 期（後飛鳥岡本宮）の遺構に東南郭（エビノコ郭）などを増設したものである。内郭は南北 197 m，東西 152〜158 m の長方形に柱列で囲まれ，南辺中央に南門があり内郭中軸線上には 3 棟の大型建物が南北にならび，周囲にも建物が配置される。外郭は内郭の東方・北方の区域で，比較的小規模の掘立柱建物や石敷きや礫敷きが見つかっている。東南郭（エビノコ郭）は内郭の東南に位置し，東西 9 間，南北 5 間の大型掘立柱建物の周囲を東西 94 m，南北 55 m の柱列が巡り，門は南面ではなく西面に設けられる特異な配置である。

島　宮

島宮は天皇の宮としては使用されなかったが，7 世紀から 8 世紀にかけて長期にわたり存続した。その始まりは蘇我馬子の邸宅で，飛鳥川の傍の邸宅につくられた庭の池に島があったことから「島大臣」と呼ばれたと『日本書紀』推古 34 年（626）の記事にある。壬申の乱（672）の前後には大海人皇子が島宮に入っており，東宮的な位置付けともみられる。天武朝には『万葉集』巻 2 の挽歌（167〜193）にもみえるように草壁皇子の宮として利用され，持統 4 年（690）3 月には島宮の稲 20 束が京・畿内の 80 歳以上に給された。天平勝宝 2 年（750）2 月に島宮奴婢 83 人を大和国金光明寺（東大寺）に施入しており（『大日本古文書』3-359），島宮の活動は 8 世紀後半まで続いた。島宮所在地と推定される島庄遺跡（明日香村島庄）では発掘調査によって石組み方形池や 7 世紀の掘立柱建物群が見つかっている。

参考文献
奈良県教育委員会『飛鳥京跡一・二』1971，1980.
奈良県立橿原考古学研究所『飛鳥京跡 III 〜 VI』2008，2011，2012，2014.
岸俊男『日本古代宮都の研究』岩波書店，1988.
小澤毅『日本古代宮都構造の研究』青木書店，2003.
林部均『古代宮都形成過程の研究』青木書店，2001.
鶴見泰寿『古代国家形成の舞台　飛鳥宮』新泉社，2015.

［鶴見　泰寿］

饗宴・苑池・生産

　皇極〜持統朝，王宮の周辺には饗宴空間や苑池が整備され，生産拠点も集約されるようになっていった。
　饗宴は重要な政治的・外交的行為であった。飛鳥時代の饗宴の場には，大王の宮殿ではなく，専用の空間が用いられることがあり，特に飛鳥寺と飛鳥川に挟まれた空間は重要な儀礼・饗宴空間として用いられた。この地域には，南から飛鳥寺西方遺跡・水落遺跡（漏刻跡）・石神遺跡が並んでおり，飛鳥寺西方遺跡では広大な砂利敷き広場空間が，石神遺跡では石敷や導水施設を伴う空間が確認されている。これらは，斉明朝以前に利用されたと考えられる。
　『日本書紀』の記述や，石組溝・井戸や須弥山石といった遺跡の状況から，聖樹（槻木）や水（湧水・水流）が儀礼・饗宴に必須だった様子が窺われ，樹木や水が儀礼・饗宴や服属といった場面で重要な役割（霊的・呪術的な力）を担っていたと考えられる。こうした水と儀礼との深い関わりは，酒船石遺跡の様相からも窺うことができる。ただし，儀礼の内容や，樹木や水の役割については，水と王権の関係を農業・灌漑の観点から指摘する見解などもあるが，具体的な様相を解明するには至っていない。
　なお，飛鳥寺西方遺跡・石神遺跡という二つの儀礼・饗宴空間に挟まれた場所に水落遺跡＝漏刻が位置する点からは，当時の人々が「水を用いて時間を区切る」ことに，特別な意義を見いだしていたと感じられる。
　儀礼・饗宴における水の役割は，天武朝以降にも受け継がれ，苑池が儀礼・饗宴空間として整備された。島庄遺跡の方池などは，苑池とみるか貯水池とみるか，議論が分かれる。本格的に整備された最初期の苑池として確実なのは，飛鳥京苑池である。苑池の意匠は，朝鮮半島の影響が指摘され，比較的直線的な岸の形状や，石積み護岸が特徴的である。導水施設をはじめとして流水を含めた水のコントロールには目を瞠るものがある。また，池周辺に建物群が展開する様子からは，饗宴・儀礼の場が「広場」から徐々に建物内へと移っていく様子を示しているといえるであろう。また，中島の意匠変更なども含め，奈良時代的なあり方への変化の端緒を見いだすことができる。
　また，手工業生産の点でも，天武・持統朝に大きな画期が確認できる。大規模な手工業生産遺跡である飛鳥池遺跡は，各種金属工房やガラス工房を，地形を巧みに利用しながら集約的に配置した一大コンビナートの様相を呈する。このコンビナートが，宮殿の近隣で操業していたこと，また宮殿の移転に伴って操業を停止していった状況は，各氏族集団などに属していた手工業生産を，大王・天皇が本格的に掌握し，再編成することに成功しつつあった状況を端的に示すものと評価できよう。飛鳥池遺跡を，恒常的な官営工房の成立とみるか，飛鳥寺という寺院を媒介とした生産の集約とみるかについては議論もあるものの，大王・天皇周辺への生産（技術・資源・製品など）の集中という点において，天武朝より前の時期とは大きく段階が異なることは確実である。

飛鳥寺西方遺跡

　飛鳥寺西門の西側に広がる砂利敷きの広場空間。水落遺跡の南にあたる。石組みの溝・導水施設などを伴うが，建物は希薄で，仮設的建物しか検出されていない。広大な広場空間と考えられる。斉明朝期の遺構群を中心とする。
　飛鳥寺西の槻木の広場に該当すると考えられ，さらに飛鳥池西方の須弥山構築もこの空間と考える見方もある。この場合，当遺跡北側の水落遺跡のさらに北に位置する，石神遺跡との役割や時期の違いなどを考える必要がある。

石神遺跡

　飛鳥寺の西北，水落遺跡の北，阿倍山田道の南方に位置する。明治35年（1902）に須弥山石と石人像が掘り出された。
　遺構群は，7世紀半ば（斉明期）・7世紀後半（天武期）・7世紀末（藤原宮期）の3時期に大別できる。とりわけ，7世紀半ばには，広大な石敷広場・石組大溝・井戸，建物群が計画的に配置され，須弥山石や石人も，

図1　石人像
［奈良文化財研究所『あすかの石造物』p.7, 飛鳥資料館, 2000］

これらの一部であったと考えられる。飛鳥寺西方・甘樫丘東方の須弥山（『日本書紀』斉明3年（657）7月辛丑条，同5年3月甲午条）関連の施設群である可能性が高い。東北地方で生産されたとみられる土器類も多量に出土しており，蝦夷の饗宴に用いられたともみられる。水や噴水施設を伴う服属・饗宴施設であった。

7世紀後半には官衙的様相を強め，石神遺跡の中心より北側，山田道との間の地域では，当該期の木簡も多量に出土している。

酒船石遺跡

丘陵頂部には酒船石があり，丘陵の斜面部分に四重の石垣・石段が巡る。丘陵周辺，裾の谷部には，亀形石造物を中心とした，導水施設を伴う区画が展開する。丘陵部分と丘陵周辺の関係は正確には分からないが，いずれも石造品を中心とし，水と関連する施設とみられることから，一連の施設であった可能性が考えられる。

なお，亀形石造品周辺の導水遺構は，5時期（Ⅰ期7世紀半ば・Ⅱ期7世紀後半・Ⅲ期7世紀末・Ⅳ期9世紀・Ⅴ期9世紀後半）にわけられるとする。

飛鳥京苑池遺構

飛鳥浄御原宮の北西に隣接し，同宮と飛鳥川の間に位置する。渡堤によって南北に分断された二つの池を中心とする苑池遺跡。

池の平面形状は，南池は五角形，北池は四角形で，護岸は石積みで直線的な形状を呈する。池底にも敷石を施す。南北池を画する渡堤には木樋が通り，両池間で通水する。南池には中島および石積みが築かれる。中島は，当初は直線的な外周であったものを，曲線的に改修している。南池の南には，石造物による導水施設を伴う。

中島周辺および南池東岸・西岸では柱穴が確認された。桟敷状の施設が設置されたか。また，苑池全体は塀によって区画されており，南池東方で大型の門も近年検出された。

飛鳥池遺跡

飛鳥寺の東南の谷間に立地する。大きく北地区と南地区にわかれ，谷の開口部に近い北地区には官衙風建物が展開し，谷の奥にあたる南地区には工房群が広がる。北地区は，隣接する飛鳥寺東南禅院との関わりが深いともみられる。

南地区はさらに東西の谷に分岐し，東の谷筋は金・銀・ガラス工房，西の谷筋は銅・鉄工房が配置される。斜面をひな壇状に造成して工房を展開し，排水は谷部に

図2　飛鳥池遺跡
［奈良文化財研究所『飛鳥池遺跡』p.3，飛鳥資料館，2000］

落とし，廃棄物を沈下させながら浄化して下流に排出する。こうした谷地形の高低差を巧みに利用するあり方は古代工房の典型ということができる。工房の操業は，7世紀後半から8世紀初頭だが，7世紀後半～末が最盛期。

和同開珎に先立つ銅銭富本銭が鋳造されていたことは特に有名だが，その他にも様々な製品がつくられていた。上述の北地区の様相から，飛鳥寺もしくは飛鳥寺東南禅院の附属工房とみる見方と，膨大な生産量や銭貨の鋳造，また出土木簡にみられる製品支給先の広がりから，国家附属の官営工房とみる見方がある。

日本古代社会では，公私の峻別は難しい部分もあるが，飛鳥寺附属の工房であったとしても，その運営などは国家的な関与があったと想定され，官営工房的性格を有していたことは確実であろう。

参考文献

木下正史編『飛鳥史跡事典』吉川弘文館，1988．
今泉隆雄『古代宮都の研究』吉川弘文館，1993．
小野健吉『日本庭園の歴史と文化』吉川弘文館，2015．

［馬場　基］

難波

古代史上の難波

淀川・大和川という近畿の二大河川の河口部に位置した難波は，水陸交通の結節点として西日本各地と畿内を結ぶ物資流通拠点であり，さらには瀬戸内から朝鮮半島・中国大陸までつながる対外交流・交渉の拠点であった。古代の難波は一貫して畿内の表玄関であった。

大化前代

上町台地上に開発が及ぶのは古墳時代中期の5世紀前半であり，台地北端部に初期須恵器の上町谷窯や巨大な法円坂倉庫群が相次いで出現する。難波宮下層遺跡の登場である。法円坂倉庫群は，大型で画一的なクラが16棟，整然と並んでおり，その規模，中国的な正方位の設計などからみて，当時の倭王権が建設したクラである。大和から九州，朝鮮半島にいたる物資の流通センター（兵站を含む）であったとみられ，水運と不可分であった。これが難波津の始まりである。そのためには，淀川と大和川の水が集まる河内湖から大阪湾へ抜ける水路の整備が不可欠であった。これが難波堀江である。

5世紀後半，倉庫群の地は居住域となり，竪穴建物が現れる。6世紀に建物は掘立柱建築に変り，増えていく。6世紀前半には朝鮮半島の伽耶土器，6世紀後半以後には新羅土器と百済土器の出土が目立つようになる。6世紀末以後，建物数は大きく増加し，大型建物群も現れて7世紀中頃まで大規模な集団的居住が続く。7世紀第一四半期には四天王寺などの寺院建設も始まる。

『日本書紀』には，継体6年（512），百済使が滞在した難波館がみえ，欽明22年（561）には難波大郡にて百済・新羅などの使者を次序している。大郡は外交機関であり，館はその館舎である。安閑元年（534），難波屯倉が置かれ，王権の直接支配の画期となった。敏達6年（577）には百済から渡来した経論・律師・禅師・比丘尼・呪禁師・造仏工・造寺工らを難波大別王寺に安置した。推古16年（608）に隋使裴世清，舒明4年（632）には唐使高表仁を難波津で迎えている。7世紀前半の難波は倭国屈指の国際都市であった。

飛鳥・奈良時代（難波宮と難波京）

7世紀中頃の東アジアでは，唐・新羅と高句麗・百済が対立し，644年，唐は高句麗征討を開始，東アジアの戦争が始まる。これに連動し，国際社会で生き残るための倭国の権力集中が大化改新と難波遷都であった。

大化元年（645），乙巳の変で即位した孝徳が遷都を断行し，難波は大化改新の舞台となった。白雉3年（652）9月に難波長柄豊碕宮（前期難波宮）が完成する。倭国

図1　前期難波宮
［積山洋『古代の都城と東アジア』清文堂出版，2013］

で初めて中国的な軸線プランを採った大規模な宮室である。しかし同5年，孝徳が没し，翌年（655），飛鳥還都となった。

天武6年（677），摂津職が設けられ，2年後には龍田山・大坂山に関が置かれて難波に羅城（実態不明）が建設される。天武12年（683），「都城・宮室は一処に非ず，必ず両参造らむ。故にまず難波に都せむと欲す」と複都制の詔が出され，この時期に条坊制の難波京建設が一定の進展をみせるが，朱鳥元年（686），正月に難波宮で火災が発生，9月に天武が没し，複都制は沙汰止みとなる。

神亀3年（726），聖武天皇は長柄豊碕宮の地に，藤原宇合を造営長官として後期難波宮（⇒平城京と奈良時代の諸京）の造営に着手する。天武朝で失敗した複都制の再興とされる。天武朝で中断した難波京域の建設も進み，天平6年（734），宅地班給にいたる。同12年（740），恭仁遷都となり，同16年（744），難波遷都が計画され，2月には難波を皇都とする勅が出されたが，聖武は紫香楽宮（甲賀宮）へ去る。

平安時代

延暦3年（784）の長岡遷都では，難波宮を解体・移築して長岡宮を造営したことが，瓦の移動により知られる。同12年（793）の太政官符では「難波大宮すでに停む」として摂津職は摂津国に格下げされた。こうして難波は衰退したとされてきたが，発掘調査では，難波津と四天王寺を核として遺構・遺物は絶えることがなく，それぞれ中世に連続している。

難波津

『日本書紀』応神22年条，仁徳30年条に「大津」とみえるのが初見史料であり，「難波大津」のことである。考古学的には法円坂倉庫群の出現を以て難波津の成立とみる。難波津の位置については諸説がある。①地名考証から大阪市中央区三津寺付近（千田稔），②地形環境の

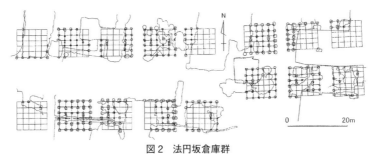

図2 法円坂倉庫群
[大阪市文化財協会『難波宮址の研究』第9, 1992]

考察から同区高麗橋付近（日下雅義），③遺構・遺物から同区と北区の高麗橋～天神橋両岸地域（松尾信裕）などのほか，④法円坂倉庫群に直近の中央区・北区天満橋東隣を初期の難波津とし，第二次難波津を高麗橋～天神橋付近（積山洋）とする見解もある。この地は，中世にも遺構・遺物が多く発見され，その名も「渡辺津」となり，また熊野街道の起点となった。

堀江

「難波堀江」のこと。初見史料は『日本書紀』仁徳11年条で，「冬十月，（難波高津）宮の北の郊原を掘り，南の水を引き，以て西の海に入れぬ。因りて以てその水を号けて堀江という」とある。淀川デルタが南進する一方で，上町台地西縁の難波砂州が北進し，両者が接近すると河内湖の水はけが滞る，そこで人工的に排水路を整備したのが堀江（現在の大川）である。『日本書紀』欽明13年（552）10月条，敏達14年（585）3月条などには物部守屋が仏像を難波堀江に棄てさせたとあり，難波の地は仏教の導入を巡る攻防の最前線であった。8世紀には行基が堀江に架橋し（『行基年譜』天平13年（741）記），9世紀には堀江川に「船橋」が設けられていた（『文徳実録』仁寿3年（853）10月戊申条）。

難波館

難波にあった外国使の宿泊施設の総称。初見史料は『日本書紀』継体6年（512）12月条で，百済使が滞在していた。新羅使や高句麗使，隋使に供される館もあった。『日本書紀』欽明22年（561）是歳条に「難波大郡に於いて諸蕃を次序」した際，新羅使の地位が百済使より低かったため，新羅使が「怒りて還り，館舎に入らず」とある。『日本書紀』推古16年（608）4月条には「難波高麗館」とあり，またこのとき隋使裴世清のために「新館」を建設している。『日本書紀』舒明2年（630）是歳条には「難波大郡及び三韓館を修理す」とあり，『日本書紀』皇極2年（643）3月条では「百済客館堂」が火災に遭っている。館舎の類例は大和の阿斗河辺館，山背の相楽館，長門の穴門館，筑紫の筑紫館など各地にあり，うち難波と筑紫には外交機関としての「大郡」が

あり，館と一対の関係にあった（のちの鴻臚館）。

前期難波宮

大阪市中央区法円坂では前後二時期の宮跡が発見され，そのうちの古い宮殿遺構（東西約650m・南北650m以上）が前期難波宮で，白雉3年（652）に完成した難波長柄豊碕宮である。建築様式は掘立柱式で，南門－朝集堂－朝堂院－内裏へと続く中心部は中国的な左右対称プランであるが，朝堂院は倭国独自の臣下の空間である。前期難波宮の特徴は，①内裏における前殿・後殿の成立（推古朝小墾田宮の「大殿」が公的な前殿と私的な後殿に分化），②大規模な朝堂院の成立（官僚制），③中心部の東西に官衙域を設ける，④以上を中国的な軸線プランで統合，⑤京域の建設（ただし未完）などである。斉明元年（655）の飛鳥還都後も存続したが，朱鳥元年（686）正月，火災により中心部を焼失した。

摂津職

摂津国に替わって置かれた特別行政機関で，『日本書紀』天武6年（677）10月条に「内大錦下丹比公麻呂を摂津職大夫とす」とあるのが初見。養老令制下では大夫（長官）は正五位上相当で，他の国司より高く，平城京の左右京職よりは低い。その職掌は国司と同じものが多いが，①市廛，②度量の軽重，③道橋，④津済，⑤上下の公使，⑥舟具の検校など異なるものがあり，経済や水運・交通に関わる項目が目立つ。このうち①～③は京職にも共通するが，④～⑥は摂津職独自の職掌で，難波の地の性格が窺われる。また摂津職は難波宮を管理していたともされる。所在地は不明だが，「播」の墨書土器が出土した中央区石町が候補地となっている。

参考文献

積山洋『古代の都城と東アジア―大極殿と難波京―』清文堂, 2013.
積山洋,「大化前代の難波―難波宮下層遺跡を中心に―」『市大日本史』30巻, 2015.

[積山 洋]

斑　鳩

大和国平群郡，現在の奈良県斑鳩町の法隆寺周辺地域の総称で，矢田丘陵の東南麓，富雄川右岸にあたる。『日本書紀』用明元年（585）正月壬子条に「是の皇子，始め上宮に居しき。後に斑鳩に移る」とあるのが文献上の初見で，聖徳太子が斑鳩宮を造営して移り住み，没するまでそこに居した。大和盆地の北西端から龍田道を越えて河内・難波に通じる交通の要衝であり，東西3km，南北3kmの範囲に寺院や宮が集中して営まれた。斑鳩宮・岡本宮・中宮・飽波葦垣宮などの諸宮の造営に伴って周辺の大規模開発も進み，斑鳩寺（法隆寺）・中宮寺・法起寺・法輪寺など聖徳太子に関わりのある寺院も建立されている。

政務の行われる飛鳥の小墾田宮との間には筋違道が設定され，今日でも統一地割を斜めに切る太子道と称する直線道路の痕跡が残っている。また，斑鳩宮（上宮王院）の前から西は難波にぬけ，東は北の横大路を経て都祁山の道につながる龍田道は，『日本霊異記』下巻第16に「大和国鵤鶴の聖徳王の宮の前の路より東を指して行く。その路は鏡の如し。広さ一町ばかり。直きこと墨縄の如し」とみえるように，整備された官道として後世にも残り続けた

文献史料では，聖徳太子が単に宮を移したとだけ記されているが，この地に移ったのは妃の膳菩岐岐美郎女の本貫地だったからであり，外交を担う聖徳太子にとって膳氏がその職務上の必要から蓄積してきた交流ネットワークやコミュニケーション能力を活用する意図もあったと思われる。

『高橋氏文』によると，膳氏は孝元天皇の子大彦命の孫にあたる磐鹿六雁命が，景行天皇の東国巡幸の供膳に奉仕して膳臣の姓と膳大伴部を賜ったことに始まり，武蔵国造や安房国造の名に膳大伴部が，若狭国造には膳臣の名が確認される。令制下においても海部を統括する安曇連とともに内膳奉膳の職を世襲している。また外交の使者に抜擢されたこともある。

『聖徳太子伝私記』には「或云く，高橋の妃。此の妃，少壮たりし時，紺の衣服を着て高橋に遊ぶ。〈高橋は，葦垣の東，富河の辺に在り〉太子橘寺より還り給ふに，此の女を御覧じて，食し寄せて妃と為し給ふ」と見え，膳妃との出会いは二次的な出来事のように描かれているが，法輪寺や法起寺が存在するあたりには後期古墳が近接して存在し，一つのまとまった地域をなしている。法輪寺の別称「御井寺」も豪族居館の存在を暗示する。もともと天皇の食膳を掌る伴造氏族の膳氏（天武13年

（684）に高橋氏と改姓）の拠点であり，大阪湾から大和に入る天皇供御の食料の集積地であった可能性も想定される。

膳氏のもう一つの拠点は，現在の天理市櫟本町膳史，小倉山の南西にあったと推定される膳部寺とその周辺であり，平尾山と高橋山の間を流れる高橋川（現在の高瀬川）に沿ったこの地域も同じく高橋邑とよばれ，『神名帳』の高橋神社もこのあたりに存在した。この大和盆地の東の集積地と対をなすのが，西の斑鳩の地なのであろう。

斑鳩地域の地割の特徴として，基本条里とは異なる偏向した方格地割が残っていることがあげられる。筋違道・龍田道・若草伽藍の方位に近似する西に約20度振れるものと，現在の法隆寺の伽藍およびそれに関連する西に約8.5度振れるものの2種類が確認されている。東院下層遺跡（斑鳩宮），若草伽藍，筋違道，寺田，すなわち飛鳥時代の「宮」「寺院」「交通」「条里」が一体のものとして把握される興味深い事例であって，ミヤケ設定に伴う方格地割の都市の設定とそれに付随する田地開発といった都市的性格が想定される。ただし，最近の調査では偏向地割の方位が必ずしも一系統ではないことが判明しており，広範囲の面的分布を疑問視する意見も提出されている。文献史料を覆う太子信仰というフィルターの克服とともに，この複雑な様相を呈する文化空間をどのように理解するか，今後の検討にゆだねられている。

斑鳩宮

聖徳太子の王宮で，推古天皇9年（601）に興され，605年に居したと『日本書紀』は記す。没後は山背大兄に継承されるが，皇極天皇2年（643）に蘇我入鹿の襲撃をうけて焼亡。その位置は，『法隆寺東院縁起』が奈良時代の僧行信による斑鳩宮跡地における上宮王院建立を伝えることから，東院伽藍周辺と想定されてきた。昭和14年（1939）の舎利殿・絵殿・伝法堂修理に伴う発掘調査では，当初の東院七丈屋のさらに下層から焼土・土器・瓦とともに幅約7mの無庇掘立柱建物跡2棟，井戸・溝・杭・隣接建物の一端・小屋が発見され，下層遺跡の方位は現伽藍よりさらに西に16度振れており，若草伽藍の方位と近似することから，斑鳩宮の一部と推定された。昭和62年（1987）の発掘では掘立柱建物跡3棟を確認，宮の範囲は二町四方と想定されている。ただし，近年の調査は若草伽藍との間に平均8度の差があることを指摘している。

斑鳩寺（法隆寺）

用明天皇が病気平癒のため発願，丁卯年（推古15年

(607))に推古天皇と聖徳太子が完成させたと金堂薬師像光背銘は記す。『日本書紀』天智天皇9年（670）4月壬申条の「夜半之後，災二法隆寺一。一屋無レ余」という記事をめぐって，明治期から再建・非再建論争が繰り広げられたが，明治20年（1887）に四天王寺式伽藍配置の下層遺構が検出，出土瓦も7世紀初頭で天武朝以降の再建が確定した。金堂の釈迦三尊像や薬師像は建物とのアンバランスからみて再建時に持ち込まれた可能性もある。壁画は敦煌莫高窟初唐絵画と共通点を有する白鳳期の貴重な作例である。なお，平成13年（2001）の年輪年代測定で塔心礎を推古2年（594）伐採とする結果が出て議論を呼んだが，五重塔には推古32年～天智2年（624～663）伐採部材，金堂・中門に天智6年～天武14年（667～685）伐採部材の使用が確認されている。平成16年には南大門前で若草伽藍のものとみられる焼けた壁画片が出土している。

法隆寺東院

夢殿・伝法堂を中心とする一画で，斑鳩宮跡の荒墟を嘆いた僧行信が春宮阿倍内親王（孝謙天皇）に奏聞し，天平11年（739）に上宮王院として造立，太子生前御影の救世観音像が安置されたと『法隆寺東院縁起』は説明する。9世紀に道詮が復興，11世紀以降は法隆寺に吸収され，東院と位置付けられる（『法隆寺別当記』）。天平宝字5年（761）の『上宮王院縁起資財帳』には，法華経講読料施入・法華修多羅開始など阿倍内親王の信仰を示す記事とともに当時の資財が具体的に記され，院地は東西47丈南北52丈，瓦葺八角仏殿・檜皮葺回廊・檜皮葺門2棟・檜皮葺屋3棟・瓦葺講堂（橘夫人施入，現伝法堂）・瓦葺僧坊2棟から構成されていたことが知られる。解体修理で当初の姿に復元された伝法堂は，切妻造の化粧屋根裏，身舎に廂を付すもので，奈良時代の貴族邸宅を考えるための貴重な遺構である。

法輪寺

斑鳩町三井にあり，三井寺・御井寺・法琳寺とも。『聖徳太子伝私記』は，推古天皇30年（622）に聖徳太子の病気平癒のため膳妃を大施主として山背大兄と由義王が建立，膳氏の後裔高橋朝臣が寺務を預ると記す。膳氏の家記を用いた『上宮聖徳太子伝補闕記』は，斑鳩寺被災後衆人が寺地を定めえず，百済の聞（開ヵ）法師・円明法師・下氷君雑物が建立したとするが，蜂岡寺などと併記されているように，天智9年（670）の火災後の法隆寺僧の移住・整備を意味するのであろう。境内から7世紀半ばの瓦が出土，伽藍下層から掘立柱穴が検出されている。木造薬師如来坐像・虚空菩薩立像は，止利様式の飛鳥仏や百済観音を意識した白鳳期擬古仏。瓦は法隆寺式で西院伽藍よりわずかに新しい。平成18年（2006）に7世紀後半の文字瓦が出土，最古の寄進瓦とも評価されている。三重塔は心礎が地中に存在し，雲形肘木が古風で，法隆寺塔に次ぐ古体を示す。

特殊条里

法隆寺周辺に残る偏向地割。昭和37年（1962）に田村吉永が初めて注目して法隆寺の寺辺所領の地割と解し，1983年には岩本次郎が筋違道（太子道）・龍田道・若草伽藍の方位に近似する西に20度振れるものと，現法隆寺伽藍のように西に8.5度振れるものの2種類が存在することを指摘，前者を7世紀初頭の上宮王家の開発，後者を7世紀末から8世紀初頭の膳氏の開発によるものと説明した。最近まで斑鳩地域の広範囲にわたるもので，宝亀3年（772）の条里施行によって周辺特殊地割となり，12世紀の正南北統一条里の施行により地表面から姿を消したと考えられてきた。しかし，平成19年（2007）の奈良文化財研究所による再計測の結果，西に20度振れる遺構は若草伽藍跡と法起寺下層遺構に限られ，東院伽藍下層の斑鳩宮推定遺構も方位が異なる事実が確認され，広汎な分布については再考が求められている。

参考文献

奈良県立橿原考古学研究所附属博物館編『聖徳太子の遺跡―斑鳩宮造営千四百年―』（特別展図録第55冊），2014.

奈良六大寺大観刊行会編『奈良六大寺大観 法隆寺（補訂版）』岩波書店，1999―2001.

奈良文化財研究所『法隆寺若草伽藍跡発掘調査報告』（『奈良文化財研究所学報』第76冊），2007.

大橋一章『斑鳩の寺』（『日本の古寺美術15』）保育社，1989.

堀池春峰「山辺の道の古代寺院と氏族」（同『南都仏教史の研究 下，諸寺篇』法蔵館，1982.初出1961）

山本崇「斑鳩の歴史的・地理的特質―道・宮・地割」（本郷真紹編『和国の教主聖徳太子』）吉川弘文館，2004.

[北 康宏]

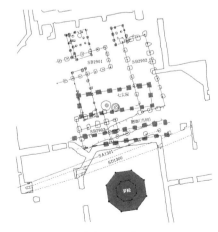

東院下層遺構図

■：東院伽藍， □：斑鳩宮跡A期， ▣：斑鳩宮跡B期

近江遷都と東アジアの都市

7世紀後半の東アジアでは、589年に隋が北朝と南朝を統一し、長安に大規模な大興城を造営し、中央集権的な国家を樹立した。しかも、二代目の煬帝は、大業元年(605)に東の洛陽にも都城を造営し、複都制を採用した。しかし、煬帝は3度の高句麗遠征に失敗し、また黄河と江南を結ぶ大運河の建設に財政を費やし、反乱を招いた。618年、隋を倒して唐が建国した。唐は隋の大興城をそのまま修築して長安城とした。この長安城は、宮城・皇城・外郭城から構成され、宮城・皇城を中央北端部に配する形態の都城であった。しかも、貞観18年(644)、太極宮の北東の城外に大明宮が設けられ、高宗以後は宮城として使用された。また隋の洛陽城も東都として踏襲し、複都制を採用した。

唐の長安城は、関中平野の東南に位置し、南は秦嶺山脈があり、防御に適した地だった。また洛陽城は、城内を黄河の支流の洛水が東西に貫流し、大運河によって江南から大量の食糧を漕運しうることから、政治都市の長安城の食糧や諸物資の不足を補完しうる都城であった。

一方、朝鮮半島では、北に高句麗、南半の西に百済、東に新羅の三国が鼎立していた。高句麗は大同江の流域の平壌城を王都とし、百済は錦江の流域の泗沘を王都としていた。また、新羅は建国して以来、慶州の地を王都とし、金城の王京が営まれた。しかし、7世紀後半には、それまで続いてきた三国が鼎立し抗争する状態から激変することとなった。

660年(斉明6)7月、百済の王都の泗沘城は、唐と新羅の連合軍に攻められ、百済は滅亡した。そこで、日本は百済の遺民とともに、百済の復興をはかることにした。661年(斉明7)正月、斉明は筑紫から派遣する兵士らを激励するため、難波津から出港した。3月末に筑紫の那大津に到着し、5月には朝倉橘広庭宮に入ったが、7月に朝倉宮で没した。中大兄皇子は、即位することなく称制し天智天皇となった。その後、百済王子の豊璋が百済に戻り、663年(天智2)3月、日本は兵士27,000人を派遣した。8月、錦江河口の白村江で、日本・百済の連合軍と唐・新羅の連合軍との戦いが行われた。しかし、日本・百済の連合軍は大敗した。しかも唐・新羅が日本へ進攻する危機が高まった。

そこで、対馬、壱岐、筑紫などに防人と烽を設け、筑紫に水城を築いた。さらに百済の遺臣を派遣し、長門に朝鮮式の山城を築き、筑紫にも大野城、基肄城を築かせた。一方、天智5年(666)1月、高句麗が日本に使節を派遣し、10月にも唐が高句麗へ征討を開始したので、再び高句麗の使者が来日した。このような状況のもと、天智6年(667)3月、天智は飛鳥から近江大津宮に遷都した。11月には、大和に高安城、讃岐に屋嶋城、対馬に金田城を築いた。天智7年(668)7月にも、高句麗の使者が来朝し、唐・新羅による進攻を伝えている。しかし、10月、高句麗は内紛もあり、唐・新羅によって滅ぼされた。

その後の朝鮮半島では、670年(天智9)、唐と新羅の間に戦端が開かれた。翌年(天智10)正月、劉仁願は李守真を日本に派遣し、新羅への参戦の打診を行った。11月には、郭務悰が百済の難民と倭国の捕虜など2,000人を対馬に送還している。新羅が唐軍を半島から駆逐したのは、676年のことだった。

天智は、なぜ飛鳥から近江大津宮に遷都したのか、その要因には、これまで諸説がだされている。ここは西に比叡山の急峻な山があり、要害の地であった。琵琶湖畔の港津に位置するので、広大な東国と諸物資を流通させ、経済的な一層の発展をはかりうるところであった。さらに、外交面では、大津宮遷都の前後には、唐・新羅の連合軍による侵攻を受ける高句麗から使者が頻繁に派遣され、高句麗に対する対応も、きわめて重要な課題となっていたものとみてよい。とりわけ、高句麗との対応は、使者が越前に訪れるので、飛鳥の地では地理的にみて、対応し難いものであったであろう。

さて、7世紀後半に造営された後飛鳥岡本宮、近江大津宮、飛鳥浄御原宮の宮都は、いずれも瓦類は出土していないので、殿舎、宮城門、宮垣に瓦葺しないものであった。屋瓦は、長年月の使用に耐えうる屋根素材ながら、初めて屋瓦が葺かれた宮都は、7世紀末に造営された藤原宮であった。それまでの宮都は、歴代遷宮制がとられていたので、瓦葺を志向しなかった。藤原宮の瓦葺は、宮の周囲に中国的な条坊を配した都城であり、歴代遷宮制を廃することによって実現した。

大津宮錦織遺跡の内裏正殿跡

平壌城(高句麗)

平壌城は高句麗の王都である。『三国史記』高句麗本

紀の長寿王15年（427）条に，「都を平壌に移す」とあり，また平原王28年（586）条に，「都を長安城に移す」とある。前者は前期平壌城と呼び，北朝鮮のピョンヤン特別市の東北5km以上隔てた清岩里土城，安鶴宮・大城山城が候補地となっている。後期平壌城の長安城は，現在の平壌市街地とみなされているが，同一かどうかは諸説がある。大同江と普通江が囲む三日月形の地に，石積した城壁をめぐらす。城壁内は，北から北城，内城，中城，外城に区分され，石積城壁で仕切られていた。現在の平川区域にあたる外城には，主軸が北で東に偏した方格地割の痕跡が残る。これまで城壁から4個の刻字城石が見つかっている。1964年に見つかったものは，「卦婁蓋切小兄加群自此非東廻上口里四尺治」と刻まれ，城壁築造の担当者で，小兄の位にある加群は，卦婁蓋切に属し，東周りに口里4尺を構築したと理解される。その他のものも，築造担当者と工事区を記し，「己酉年」「己丑年」などと刻んでいる。これらは長安城に遷都した前後の566年，589年と考えられている。

金城（新羅）

新羅の王京。新羅は建国から935年に滅亡するまで，一貫して慶州を王都とした。初めは金城を王宮とし，後に月城を王城とした。このうち初期の金城は，京域を有するような規模ではなく，月城に移って計画的な王京がつくられたとみなされている。統一新羅の時期には，『三国史記』地理志1に，王都の長さ3,075歩（約5.4km），広さ3,018歩（約5.3km）あったとしている。新羅王京の復元には，これまで藤島亥治郎（1930年），尹武炳（1987年），さらに田中俊明（1988年）らによる案がある。藤島は東西8里，南北8条，尹武炳は『三国史記』地理志1に記す「三五里」を35坊と解し，城東洞遺跡を北宮とみなして東西・南北6坊に復元する。また田中は東西・南北9坊9里に復元する。しかし，これらの案の京域の外にも方格地割がみられるので，新羅王京は一時的に全体を施工したものでなく，数次にわたって拡大されたとみなす考えが強くなっている。

泗沘城（百済）

韓国，忠清南道扶余郡扶余邑の市街地の北にある扶蘇山城とその南に設けられた王城。北側は錦江が流れ，自然の要害をなす。泗沘城は，538年から百済が滅亡した660年までの三国時代の泗沘の王城である。王宮は扶蘇山の南側に，扶蘇山城と一体をなしていたとみられる。王宮に関連する官北里遺跡から，石で護岸した方形蓮池などが検出され，瓦・土器・陶硯・木簡などが出土している。王宮の背後にある扶蘇山城は，王宮と一体に営まれたもので，西北の送月台と東南の迎月台からなる。送月台の頂部に泗沘楼，迎月台に軍倉址がある。山城はそれぞれの峰をめぐる鉢巻式山城と，外側の城壁をつないでめぐる包谷式山城からなる。この扶蘇山城から，泗沘の王都を囲む羅城が東西に延びていたとみなされるが，現状は東羅城のみ確認されている。東羅城は全長6.3kmあり，版築し基部を石積した土塁をなしている。

大津宮

天智6年（667）3月，飛鳥から近江に遷都した宮都。所在地は長く錦織，南滋賀，滋賀里などの諸説があった。しかし，1974年以降，大津市錦織遺跡から大型の掘立柱式の南門跡，その北で四面庇付の内裏正殿などが検出され，ここに大津宮の内裏が存在したとみなされている。南門には複廊がつき，その東北，西北に板塀による方形区画が伴っている。朝堂院の存在は不明。南に三井寺前身寺院，北に南滋賀廃寺，崇福寺跡，穴太廃寺などの寺院跡がある。これらのうち崇福寺は，『扶桑略記』に天智天皇が遷都した翌年，大津宮の西北山中に建立したことを記す。『日本書紀』は近江京と記すが，条坊をもつ京は存在しなかった。天智天皇が没した翌年，壬申の乱（672年）で近江朝廷側が敗れ，廃墟になった。

長安と洛陽（唐）

長安は，前漢代，隋・唐代に都城が置かれたところで，中国陝西省西安市にある。唐の長安城は，隋の大興城を修築したもので，宮城・皇城・外郭城から構成されていた。外郭城の城壁は，東西9,721m，南北8,651mで，東西南の各面に3門，北面に11門があった。外郭城の中央北端に皇帝の居所を含む宮城と官庁街の皇城を配した。外郭城は，中央を南北に通る朱雀門街によって左街・右街に二分され，それぞれに東市，西市が置かれた。644年に大明宮が設けられ，高宗以後は，ここが宮城として使用された。遣唐使らは，ここの含元殿で皇帝との謁見が行われ，麟徳殿で饗宴が催された。

唐の洛陽城は，河南省洛陽市にあった都城である。隋の煬帝の命で宇文愷が造営した。外郭城の西北端部に宮城・皇城が偏して設けられた。外郭城の中央部を東西に洛水（洛河）が貫流し，黄河につながっていた。長安城は南に秦嶺山脈があり，防御に優れた政治都市，洛陽城は江南から大運河によって大量の食糧や諸物資が漕運され，経済的に優れた都市だった。隋・唐はいずれも複都制を採用した。

参考文献

村田治郎『中国の帝都』綜芸舎，1981.
中尾芳治，佐藤興治，小笠原好彦編『古代日本と朝鮮の都城』ミネルヴァ書房，2007.

［小笠原 好彦］

古代山城

　白村江の敗戦(天智2年(663))の後,唐・新羅の侵攻を恐れ,7世紀後半に西日本各地に造営された『日本書紀』に関係記事が見える山城と,ほぼ同時期に造営されながら文献には見えない山城遺構との総称。かつては,前者を,その造営に百済からの亡命者を起用した点と,構造の類似とから朝鮮式山城と呼び,後者については,造営の時期・目的が不明である点から,神籠石(系山城)と呼び分けていたが,調査の進展に伴い,現在では,造営技術の共通性,配置の全体構想からみて,両者を,ほぼ同時期に造営された古代山城と一括してとらえるようになっている。

　『日本書紀』に造営や修繕の記述がある古代山城には,金田城・大野城・基肄(椽)城・鞠智城・長門城・屋島城・高安城・稲積城・三野城・茨城・常城があるが,このうち長門・稲積・三野・茨・常城の五城は,遺構が確認されていない。長門城と大野・基肄城の造営の際には,それぞれ答㶱春初と憶礼福留・四比福夫という亡命百済人を派遣している。実際に,大野城主城原地区の柱穴からは天智4年~9年頃(665~670)に比定される百済系単弁八弁軒丸瓦が,また,鞠智城からは百済系の銅造菩薩立像が出土しているので,これらの山城が朝鮮諸国で発達した築城技術,特に百済の技術によって造営されたことは疑いない。また,金田城や鬼ノ城の城壁に見られる「雉」(方形の突出部)も,朝鮮三国の山城に由来する。

　『日本書紀』に記載のある古代山城の構造の特徴は,盆地や谷を抱えた山の稜線に沿って,石塁や版築の土塁などの城壁をめぐらし,盆地・谷の開口部は,城壁で塞いだうえで城門(水門が設けられることもある)を設け,城内の平坦部には,稲穀や武器を収納する倉庫や管理棟等の建物を配置するというものである。『日本書紀』に記載のない山城についても,おおむねこれらの特徴を備えているが,実戦上の意義がわかりにくい構造・配置のものもあり,すべてが完成されたものかも疑問である。

　大野城の麓から「遠賀団印」「御笠団印」の印章が出土しているので,8世紀の山城には軍団兵士が,7世紀にはその前身の兵が詰めていたと見られるが,8世紀に入る頃には唐・新羅の侵攻の恐れもなくなり,高安城のように廃城(701年)とされるところや,金田城のようにほとんど8世紀の遺物が出土しないところ,鞠智城のように9世紀には不動倉が置かれるなど,本来の造営目的とは異なる用途に用いられるところも現れた。しかし,大野城では8世紀に入ってから城門が礎石建になり,また,山上に四天王を祀って新羅との緊張が高まるたびに祭祀を催すなど,なお造営当初の目的が意識されたところもあった。

金田城

　長崎県対馬市所在の古代山城。対馬島に西側から入る浅茅湾の奥に,南から突出した城山に所在。『日本書紀』天智6年(667)11月条に,大和の高安城,讃岐の屋島城とともに造営が命じられたとあるが,その後の史料には見えない。標高275mの峻険な岩山を利用し,山頂から北北東に延びる稜線と東側山腹とを,自然の絶壁をも利用しつつ,全長約2.5km,高さ6~7mの石垣で囲って城壁とする。東面の城壁には,北から一ノ城戸・二ノ城戸・三ノ城戸と呼ばれてきた所があるが,一ノ城戸は城門ではなく,朝鮮三国で「雉」と呼ばれる方

1	**高安城**	7	讃岐城山	13	阿志岐山城	19	帯隈山神籠石
2	播磨城山	8	永納山城	14	**基肄城**	20	おつぼ山神籠石
3	大廻小廻山城	9	鹿毛馬神籠石	15	杷木神籠石	21	雷山神籠石
4	鬼ノ城	10	御所ヶ谷神籠石	16	**鞠智城**	22	**金田城**
5	石城山神籠石	11	唐原山城	17	女山神籠石		
6	**屋嶋城**	12	**大野城**	18	高良山神籠石		

古代山城分布図
ゴシックは『日本書紀』に見える山城。なお,『日本書紀』見える長門城,茨城,常城,稲積城,三野城は遺構未確認。

形の突出部であることが，城壁東南隅の調査から明らかになり，一方で南面の城壁には，新たに南門が検出された。二ノ城戸は奥行き3間，礎石建の構造，南門は段差をもつ奥行き3間，礎石建で，懸門構造らしい。両門出土の炭化物と須恵器は7世紀ないし8世紀初頭の年代を示すが，検出された礎石建の遺構が造営当初のものか疑問もある。二ノ城戸から三ノ城戸にかけての鞍部には，土塁と門礎（ビングシ門）とが2層見つかり，また付近の平坦部と東側斜面，および城壁東南隅付近では，掘立柱建物や目隠し塀らしい遺構が検出されている。

大野城

大宰府政庁の北の四王寺山につくられた，福岡県大野城市・太宰府市・宇美町にまたがる，博多湾側からの侵攻に備えた古代山城。『日本書紀』天智4年（665）に，基肄城と同時に，同じ亡命百済人を派遣して築城されたことが見える。四王寺山の尾根線に版築の土塁を，谷部には百間石垣・大石垣・北石垣などの石塁を設けることで，全長約6.5kmの外郭線をつくっており，北と南とでは土塁が二重になっている。土塁には太宰府口・坂本口・水城口・宇美口など，計9ヵ所の城門が開けられ，太宰府口城門I期は，大野城築城時のもので掘立柱・唐居敷の八脚門，II・III期は，規模は小さくなるが礎石建で瓦葺となり，II期は8世紀前半のものである。城内には増長天・八ツ波・猫坂・主城原・村上・尾花・御殿場・広目天の8礎石群約70棟があり，そのほとんどは穀物・武器を収納した倉庫と見られる。

基肄城

大宰府政庁の南約8km，佐賀県基山町（一部福岡県筑紫野市）所在の，有明海側からの侵攻に備えた古代山城。『日本書紀』天智4年（665）に，大野城と同時に，同じ亡命百済人を派遣して椽城が造営されたことが見え，『続日本紀』文武2年（698）5月には基肄城の修繕記事があり，『万葉集』8には神亀5年（728）に「記夷城」に大伴旅人らが遊んだとある。標高400mを超す基山と北峰（坊主山）との稜線に沿って総延長4.2kmの土塁をめぐらす。土塁には北帝門・東北門・東南門が設けられ，南に開く谷部には，水門・南門（？）を設けた石塁が残っている。城内には6群40棟以上の礎石建物（多くは倉庫）が検出されている。

鞠智城

熊本県山鹿市（一部菊池市）所在の古代山城。『続日本紀』文武2年（698）5月に大野・基肄両城と同時の修理記事が見えるので，白村江の敗戦（天智2年（663））後まもなくの築城と考えられ，出土した土器の年代もこれに合う。崖と土塁とで外郭線をなし，堀切・深迫・池

の尾の三門が確認されている。55haの敷地には，八角形建物や総柱の倉庫を含む72棟の建物が検出されており，「秦人忍□五斗」木簡のほか，百済系の銅造菩薩立像も出土している。熊本平野を臨む立地から，大宰府の南方の守り，ないしは兵站基地と考えられているが，『文徳実録』天安2年（858）6月によれば城内に不動倉が設けられており，用途には変遷があった。

鬼ノ城

岡山県総社市所在の古代山城。古代の交通の要衝に臨む標高403mの鬼城山頂直下の平坦部に，総延長約2.8kmに及び東西南北に掘立柱の門をあけた版築土塁（基底部は列石）をめぐらし，谷部には計6ヵ所に水門を備えた石垣を設けている。城内には総柱の礎石建物（倉庫）7棟が確認されており，また西門には角楼（雉）が設けられている。関連する文献史料はないが，遺物からは7世紀第4四半期から8世紀にかけての築城と考えられている。

水　城

白村江の敗戦直後，天智3年（664）に築かれたことが『日本書紀』に記されている防衛施設。福岡県太宰府市・大野城市所在。博多湾側から内陸部へと入る地峡部を流れる御笠川を跨いで，長さ約1.4km，幅約80m，高さ約10mの土塁を造成し，その前面（博多湾側）に最大60m幅の濠を設け，水を湛える構造であった。土塁は大きく上下二層に分かれ，下成土塁からは5月中旬～7月中旬に伐採された樹枝を用いた敷粗朶や杭列が，版築で築かれた上成土塁からは堰板の柱穴や改築の痕跡が検出されている。土塁の東西端に門があり，東門には博多に，西門には鴻臚館に向かう官道が通っていた。西門は7世紀後半に掘立柱式の1間の冠木門様のものがつくられた後，8世紀初めに礎石建の八脚門へと改築されている。土塁には内濠から外濠への導水施設として少なくとも3本の木樋が埋設されていた。ただ，湛水の仕組みについては未解明の部分が大きい。中世のモンゴル襲来の際にも防衛線とされたと伝える。

参考文献

美津島町教育委員会『金田城跡 I・II』2000，2003.
対馬市教育委員会『特別史跡 金田城跡 III・IV』2008，2011.
基山町『基山町史』上巻，2009；同『基山町史』資料編，2011.
熊本県教育委員会『鞠智城跡 II』2012，同『鞠智城跡 II』論考編1・2，2014.
総社市教育委員会『古代山城 鬼ノ城』1・2，2005，2006.
九州歴史資料館編『水城跡』上・下，2009.
小田富士雄編「特集 西日本の「天智紀」山城」『季刊考古学136』2016.

[坂上 康俊]

藤原京と律令国家

　藤原京（持統8年（694）〜和銅3年（710））は日本最初の本格的な都城である。文献には「新益京」とみえる。藤原京の呼称は，喜田貞吉による。京域は，東西・南北約5.3kmの方形。この内部に，方形の条坊区画を10条・10坊で施工する。中央四坊分に藤原宮が位置する。宮を京の中央に配置する計画は，『周礼』の造営思想の影響によると考えられている。藤原宮の中心的な建物は大極殿である。大極殿など中枢の建物には瓦葺が採用された。宮殿に瓦葺きが用いられた初例である。

　条坊の規格は平城京と同様で約533m。条坊呼称は，小治町・林坊などの固有名を用いたとみられる。道路の規格は，大路が約16m，条間路が約9m，小路が約7m。朱雀大路は幅24mと他の大路よりは幅が広いものの，平城京朱雀大路の約3分の1の規模に留まる。また，朱雀門のすぐ南の日高山丘陵部分の朱雀大路は明瞭ではなく，宮南面に伸びる儀礼空間としての朱雀大路の卓越性は十分に確立されたものとはいいがたい。京内では，宮の北側に市が想定され，これも『周礼』の影響であろう。京内は位階に応じて宅地班給が行われ，官人の京への集住が促された。

　藤原京造営に先立つ先行条坊が確認されており，『日本書紀』の天武紀の「新城」関連の遺構と考えられる。造営は天武の崩御により一時頓挫するが，持統4年（690）に宮地の視察，同6年（692）に鎮祭を行い，同8（694）年に遷都。木材は近江・田上山から，宇治川―木津川―奈良山―佐保川と水系を用いて輸送された（『万葉集』）他，瓦も各地で生産されて（最も遠い場所では讃岐国宗吉瓦窯）運ばれた。先行条坊を壊して運河が掘削され，造営過程に応じて付け替えを繰り返していたことが明らかにされている。

　日本古代国家は，体系的法典たる律令を中国から継受し，これを軸とした支配体制による国家＝律令国家を目指した。大宝元年（701）成立の大宝律令は，律と令を兼ね備え，中国律令に遜色ない体系性を有する法典である。大宝律令の本文は伝わらないが，奈良時代前半の養老律令では，律約500条・令約950条からなる。

　律令国家は，国内では強力な中央集権制を，国外には唐を「隣国」とする一方，新羅を「蕃国」とする日本を中心とした中華主義をとった。京は，実務的には中央官司機構の官衙空間，およびそれを支える居住・流通などの都市機能で律令国家を支えると同時に，天皇による全国支配，中華としての権威を空間的・可視的に示す舞台装置・儀礼空間としても重要な役割を有していた。

　藤原京は本格的な都城ではあるが，当時の中国都城の主流である北闕型ではなく，また地形的に宮が低くなり，朱雀大路の卓越性が確立しておらず，また京内への集住も不十分であったとみられるなど，都城設計・造営や運営の未熟さも目立つ。こうした歴史的課題故に短命に終わったと考えられよう。

藤原宮

　藤原京の中央に位置する。東西約925m，南北約910mの方形で，宮域を区画する大垣は掘立柱塀。大垣の内外に濠を伴い，外濠と条坊道路の間には外周帯と呼ばれる空閑地が存在するのが特徴。各面にそれぞれ三つの門が開き，氏族名にちなんだ門号が付けられていた。南北中軸線上には南から朝集殿院・朝堂院・大極殿院・内裏が並ぶ。朝集殿院は独立した南門をもたず朱雀門に直結し，東西幅は朝堂院よりやや狭い。大極殿と内裏は内裏外郭で囲繞される。

　十二堂の朝堂は礎石建・瓦葺。第一堂のみが四面廂で他は切妻，第一堂のみ土間で他は床張りと想定されるなど，第一堂の特殊性が際立つ。中枢区画の外側には官衙域が展開するが，発掘調査が実施されているのは一部分に留まる。官衙域の建物は掘立柱で，長い建物（長舎）が目立ち，建て替えが確認されている。大宝令制定に伴う官司機構の改編・充実に伴う建て替えとみられる。

大極殿

　東西7間南北2間の身舎に四面廂が付く。建物規模は東西約45m，南北約21m。東西約120m，南北約160mの回廊によって囲繞される（大極殿院）。大極殿院の南側には閤門がひらく。閤門の基壇規模は東西約40m，南北約14mで，藤原宮全体の中央に位置する。

　朝堂院内の大極殿閤門南面で，中心軸線条に1基，その両側に三角形状に東西各3基，計7基の柱穴が確認された。『続日本紀』大宝元年正月朔日条にみえる幢幡遺構（宝幢3基・四神旗4基）であろう。この位置・配列は藤原宮独特で，平城宮第一次大極殿では磚積擁壁壇上に，第二次大極殿院では大極殿院閤門北側（大極殿院内）に，それぞれ東西一列に7基並ぶ。幢幡は重要な荘厳装置であり，儀礼の様相と直結する。藤原宮大極殿における独特の様相は，その歴史的到達点の一端を示すといえよう。

　なお藤原宮大極殿の建物は，平城宮第一次大極殿・恭仁宮大極殿・山背国分寺金堂に移築・利用された。

　大極殿は太極＝北極星＝世界の中心を意味し，排他的な天皇の占有空間である。日本では，内裏前殿が発展して独立したもので，飛鳥宮のエビノコ郭が最初の大極殿と見られているが，南側に臣下の伺候・朝参空間たる朝堂院を伴う構造は藤原宮大極殿が初。なお，藤原宮の構

造では，大極殿に御した天皇は大極殿院閤門を介して臣下と向き合うことになるため，大極殿閤門が儀礼的にも重要な意義をもつ。

宅地班給

遷都に先立つ持統5年（691）に宅地班給が実施され，右大臣四町・直大弐（四位相当）以上二町など位階に応じた宅地が京内に与えられた。「班給」は分かち与えるの意であり，農民への口分田班給と性格的に共通する。すなわち，天皇による全国土空間とその頂点たる都城空間の一元的支配を貫徹させた上で，天皇が全国民をその支配空間内に配置する行為である。そして，位階に基づく恩沢・身分差を，宅地の狭小によって可視的に表現したものでもある。皇族・貴族・官人らを京内に配置した点からは，彼らの都城への集住政策といえる。こうした観点からは，農地と都城の地割り（条里制・条坊制）が，いずれもグリッドパターンである点は注目される。

なお，鎌倉や近世城下町では「班給」という語が使われない点は，この概念の歴史的特性を示すといえよう。

平城京以降の都城では，宅地は相伝・売買されている。こうした実態から，宅地班給のもつ意義についてはさらに検討を深めるべき課題も存する。なお，平城京・平安京に宅地班給記事がないことは旧京の宅地を引き継いだためであろうとされている。

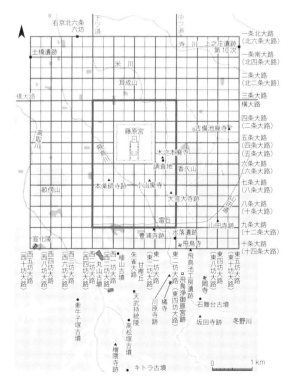

藤原京と調査位置

律令と京

律令法での支配には，制度運用知識・統治技術・儀礼など，法律条文以外に多くの要素が必要であった。日本古代社会には，これらのすべてが備わってはいなかった。そこで，古代日本社会の実情に応じた取捨選択や，新たな技術・知識の習得・体得などが必要となった。都城の整備もこの律令法導入に伴う整備の一環である。京は，律令国家を具現化する中心的舞台装置である。

日本では，京内は通常の地方行政（国−郡−里（郷））とは異なる（左右）京職−坊令−坊長という特別行政区で管轄された。これは，唐長安城が基本的に万年県・長安県という一般的な地方行政組織で管轄されたこととは大きく異なる。京職大夫の官位相当は正五位上で摂津大夫や衛府督と同等で，大国守（従五位上）より高い。

藤原京は浄御原令下で造営されたが，大宝律令が制定・施行された都城でもある。藤原宮内では大宝律令制定に伴う官衙の改造が確認されている。一方，大宝律令も「京」を前提として制定されており，条文中に「京官」「坊垣」などの語句が見られる。また，坊令数を96人としており，これは10条10坊の京域のうち4坊分を宮が占めるという，藤原京の実態を反映している。

一方，藤原京段階において，京内外の別を視認できるような区画施設の有無については不明である。

五畿七道

日本古代の行政区画。畿内は，ウチツクニとも呼ばれ，ヤマト王権の本拠地の伝統をひくともいわれる。後に五ヵ国（大和・摂津・河内・山背・和泉）から構成されることから「五畿」とも。この畿内から放射状に伸びる6本の主要交通路（東海・東山・北陸・山陰・山陽・南海）と九州を巡る交通路（西海）が七道。天武朝に七道沿いに評を「国」に編成し，中央から国司＝クニノミコトモチを派遣する体制が成立したと考えられている。七道は国々を束ねる広域行政区画でもあり，たとえば全国への命令は，道ごとに文書が作成され，各国へ伝達された。

七道の道路は，切り通しなども伴う大規模で幅員の大きい直線道路である。整備時期は天武朝頃と見られる。破格の規模は，道路空間が天皇直属の空間で，都城との直結を体感させる効果を狙ったもの。広域行政区画は唐の道制・新羅の州制なども存在するが，京を起点とする交通路がその役割を果たしている事例はない。広域行政区画編成の点からも，道路空間の特徴からも，七道制は天皇とその居所たる京を頂点に，全国を空間的に直結・収斂させる体制を支えたということができる。

七道は，京からの支配を全国に伝え，全国の富・労働力・情報を京に集中させ，律令国家の中央集権支配を実現し，京の都市化をもたらした。　　　　　［馬場　基］

平城京と奈良時代の諸京

　平城京は和銅3年（710）から延暦3年（784）まで，あしかけ75年にわたる古代日本の首都。藤原京遷都からわずか16年で再び遷都が断行された背景には，大宝2年（702）に約30年ぶりに派遣された遣唐使がもたらした唐の最新の情報があるとみられる。大和盆地南部の南が高い立地から，盆地北部の北が高い立地へ，また京中央に宮城を置く構造から，京北端に置く構造へなど，唐との断交状態で造営した藤原京の不備を改め，唐長安城にならった都づくりを急いだ結果である。

　平城京は，7世紀に設けられた大和盆地を南北に縦断する3本の幹線道路のうち，西端の下ツ道を中軸線として設定された。下ツ道を拡幅して朱雀大路とし，京南端に羅城門を設ける。京北端に平城宮を置き，南面中央に朱雀大路に向かって朱雀門が開く。

　朱雀大路の東が左京，西が右京で，それぞれ四坊までの街区を設ける（この部分は唐長安城の外郭線をそれぞれ2分の1に縮めて90度回転させた形状）が，左京は二条から五条までに限り東に七坊まで張り出す特異な構造をもつ。南北は完成形態としては羅城門の位置からみて九条までだが，当初左京側のみ十条までの条坊が施工されていたらしい（藤原京が十条十坊だったことが影響している可能性がある）。

　大路に区画された東西方向の並びを条，南北方向の並びを坊と呼び，四周を大路に区画された一辺約530mの区画も坊と呼ぶ。平城京の条坊の基準線は道路幅を考慮せずに設けられているため，幅の広い道路に面した宅地ほど面積が狭くなり，面積は一定ではない。各坊は，基本的に東西3本（条間小路，同北小路，同南小路），南北3本（坊間小路，同東小路，同西小路）の道路によって，さらに16に分割される。その一つひとつを坪（町）と呼び，例えば左京三条二坊七坪のように称するが，8世紀段階にはまだ坪の番号呼称は用いられていなかった。藤原京では坊が固有名で呼ばれた例があり（小治町・林坊など），平城京でもその可能性がある。条には坊令（諸国の郡司に相当。平安京では条令）が，また坊には坊長（諸国の里長に相当）が置かれ，行政実務を担当した。

　平城京の宅地の班給基準は明らかでない。しかし，藤原京が平城京に匹敵するかそれ以上の規模だったことが明らかになった結果，遷都に伴って新たに京の住民を設定する必要はなかったとみられるから，班給基準が知られないのはむしろ当然であろう。

　平城京の時代は，天平12年（740）から天平17年（745）まで恭仁，難波，紫香楽への相次ぐ遷都の時期をはさん

で二分される。この間を彷徨の五年と呼ぶことがあるが，平城京が廃止されたわけではなく，留守官司をはじめ，平城京における一定の官司活動は継続していた。天平9年（737）の天然痘流行による藤原四子政権の崩壊，天平12年（740）に藤原広嗣の乱の勃発などの政情不安を避けるため，平城京から脱出をはかったとみるよりも，壬申の乱における曽祖父天武の足跡をたどった上での恭仁遷都の際の行程に象徴されるように，複都制など聖武天皇のより積極的な意図を読み取るべきである（平城京は聖武即位を目指して造営された都だったが，聖武の平城京に対するシンパシーはそれほど高くない）。

　天平17年（745）の平城還都後にも，離宮を核として都城造営が企図されたことがある。一つは近江国勢多郡の保良宮，もう一つは河内国若江郡の由義宮で，いずれも孝謙太上天皇（称徳天皇）に関わるものである。短期間に終わったため実態はなお明らかでないが，前者は北京，後者は西京とも称され，平城京とならぶ複都としての性格をもたせようとしたらしい。後者には，難波宮所管の摂津職にならって河内国を改編した河内職も置かれた。

　このほか，吉野，和泉，小治田，飽波などの離宮があり，その管掌のために，吉野監（大倭国吉野郡を監に改組），和泉監（和泉国を監に改組）を特に設けた時期もあった。

　延暦3年（784）の長岡京への遷都のあと，平城京が完全にその命脈を絶つのは，続く平安京への遷都後に起こった平城太上天皇の平城京への還都計画が薬子の変によって挫折してからであり，9世紀末には宅地や道路が田畑と化した様子が知られている。　　　　［渡辺晃宏］

平城宮

　唐の長安城の太極宮にならい，平城京の北端中央部に設けられた宮城。他の都城の宮城がすべて方形であるのに対し，平城宮は約一辺約1kmの方形のうち，東面の北から約750mにだけ，東へ約250m分の張り出しが付くという特異な構造をもつ。その背景には，一義的には大極殿機能の分割をはかるために朱雀門北と壬生門北の2ヵ所に中枢区画を設けたことで不足した官衙区画の確保がある。加えて平城京造営以前からある大和盆地の幹線道路下ツ道を拡幅して朱雀大路とし，ここに正門朱雀門を設けるとともに，その延長線を対称軸とする宮南面の対称性の維持をはかるための苦肉の策が，特異な宮東南隅の切り欠き構造だったとみられる。天平17年（745）の平城還都後，大極殿機能は東区の第二次大極殿に統合されるが，第一次大極殿院跡地には太上天皇宮として西宮が設けられ，結果的に二つの中枢区画は維持された。官衙域も恭仁遷都までの奈良時代前半と平城還都後の奈良時代後半とで大きく様相を変えており，後半の

官衙配置は長岡宮を経て平安宮に受け継がれていった。

[渡辺 晃宏]

恭仁京

　山背国相楽郡に造営された都城。天平12年(740)に平城京から遷都。宮城は左京の東北隅部に位置し，その南を流れる泉川（今の木津川）が京の中心を貫くように西流し，右京は鹿背山の西側に展開していた。唐の東都，洛陽との地勢の類似が注目される。京の復元案は足利健亮の先駆的な説と，木津と下ツ道・中ツ道・上ツ道を有機的に捉える岩井照芳の新説がある。大極殿は平城宮から移築したことが『続日本紀』に見え，発掘調査で平城宮中央区の大極殿（第一次大極殿）を移築したことが明確になった（回廊は東西両面のみ移築）。その北方には内裏区画が東西二区画あり，東が聖武天皇の内裏，西が元正太上天皇の太上天皇宮とされる。当初は本格的な都城として計画されたが，離宮として造営が始まった紫香楽宮にその地位を奪われ，天平17年(745) 5月の平城還都をもって歴史的な役割を終えた。大極殿はのちに山背国国分寺金堂として再利用された。　[渡辺 晃宏]

後期難波宮

　神亀3年(726)10月より，藤原宇合を知造難波宮事として前期難波宮と同じ位置に造営された。天平4年(732) 3月，工事が一段落する。中心部の北に置かれた内裏は掘立柱建築で，周囲を複廊で囲み，南部中央にはさらに塀などによる区画を設け，正殿（高床式）と前殿を置く。その南の「大極殿」院・朝堂院は礎石建ちで，重圏文軒瓦を葺いた建築である。「大極殿」院は複廊の中に凝灰岩壇上積基壇を設け，その上に桁行7間・梁行2間の身舎に四面廂の正殿を置く。朝堂院は築地で囲まれた内部に8堂の朝堂を配す。中心部の東方には小石敷きの区画が南北に並んでおり，礎石建物があった。西方には東面に二つの五間門を配した塀の区画があり，のちに築地に建替えられている。その南には官衙風の殿舎が並んでいた。延暦3年(784)，長岡遷都とともに殿舎は解体され，長岡宮に移築された。　[積山 洋]

紫香楽宮

　近江国甲賀郡に造営された離宮。天平14年(742)，造離宮司を任じて造営を始め，天平15年(743)の3ヵ月に及ぶ行幸の折には，大仏造立の詔を出し，東海・東山・北陸三道の調庸を紫香楽宮に納めさせるなど，単なる離宮としての位置付けを逸脱するようになる。天平17年(745)正月には新京と称し，また大楯鉾を建てて正式に紫香楽宮への遷都を宣言，法都（仏法の都）としての体裁を整えるに至る。しかし，まもなく周辺で山火事が頻発するなど政情不安が起こり，同年5月，聖武天皇は体骨柱を立てるまでに及んだ大仏造立を放棄して平城京に還都し，5年に及ぶ平城京からの移転は終止符を打った。遺跡は信楽盆地北端に位置する宮町遺跡がその中枢であることが，7,000点に及ぶ出土木簡から確定しており，礎石の残る甲賀寺跡とみられる遺跡にかけての広範囲に展開していたと考えられている。

[渡辺 晃宏]

第一次大極殿

　奈良時代前半の平城宮大極殿。朱雀門北の中央区に設けられた大極殿院の正殿。奈良時代後半の平城宮の大極殿は，壬生門北の東区に新たに造営されたため，両者を第一次大極殿，第二次大極殿と呼んで区別する。それらは単に位置が異なるだけではない。第二次大極殿を含め藤原宮から長岡宮までの大極殿は，内裏外郭の正殿の位置にあり，内裏外郭南門としての大極殿閤門を隔てて南の朝堂院に正対する。これに対し，平城宮第一次大極殿は，前面に広大な広場空間を伴う独立した空間を構成し，日本の大極殿の歴史の中できわめて特異な建物である。唐長安城大明宮の含元殿を模したともいわれ，礎石建物の中国風の儀式空間を，掘立柱建物の日常政務空間から独立させた，大極殿機能の分割の様相を呈する。後の大極殿儀式のうち，元日朝賀・即位式・外国使節との謁見などに限った用途に供されたとみられる。藤原宮大極殿を移築したもので，恭仁遷都に伴い恭仁宮へと再度移築された。

[渡辺 晃宏]

参考文献

奈良文化財研究所『図説平城京辞典』柊風舎，2010.
足利健亮「恭仁京プランの復原」（足利健亮『日本古代地理研究』大明堂，1985. 初出は1969, 1973）
岩井照芳「恭仁京の復元―泉津の下津道を起点とした都市計画―」『古代文化』64巻，1号，2012.
小笠原好彦『大仏造立の都・紫香楽宮』（『シリーズ「遺跡を学ぶ」020』）新泉社，2005.
積山洋『東アジアに開かれた古代王宮・難波宮』（『シリーズ「遺跡を学ぶ」095』）新泉社，2014.

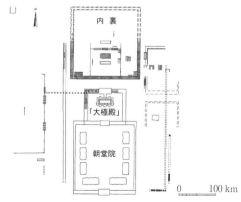

後期難波宮復元配置図

苑池の展開

　日本古代における苑池は，園池を中心とした庭園とそれを鑑賞する建物群などからなり，離宮や儀式・宴遊の場として利用された庭園施設である。苑池のあり方や意匠・構造・作庭技術などは，はじめ中国・朝鮮半島から伝えられ，次第に日本化していったものと考えられている。

　古墳時代の城之越遺跡（三重県伊賀市）では，祭祀のための遺構ながら，湧水地の石組み・貼石護岸や立石の配置など，のちの作庭技術につながる技法が窺える。

　古代には庭園を「シマ」（島）と称したが，『日本書紀』推古34年（626）5月条の蘇我馬子の伝記には，馬子が飛鳥川の傍らの邸宅に小池を開き，小島を池中に置いたことから，「島大臣」と呼ばれたという。島は，中島をもつ人工の園池がある庭園をさす。馬子の庭園は，のちに草壁皇子が住む島宮となり，『万葉集』の草壁皇子への挽歌群に島宮の園池の姿が詠まれている。この7世紀初の園池は，石舞台古墳近くの島庄遺跡（奈良県明日香村）で，発掘調査によって見つかった。池は，玉石を2mほど垂直に積んだ護岸をもつ1辺42mの方形池であり，池底は石敷きであった。方形池のあり方は，蘇我馬子が百済の技術を導入して飛鳥寺を建立したように，朝鮮半島から伝わった作庭方法であろう。

　7世紀半ばの飛鳥京跡苑地は，飛鳥宮跡の西北に位置する飛鳥川右岸の段丘上に営まれた人工の池を中心とした庭園施設である。石積み護岸をもつ南池・北池からなり，両池は幅5mの渡堤をはさんで，木樋でつながっている。五角形の南池は，南北55m，東西65mで水深は約30cmと浅く，池底に川原石を敷き詰め，池内に石積みの島が配されており，観賞用の園池とされる。かつて，出水の酒船石と呼ばれる噴水装置のある石造物が出土している。長方形の北池は，54m×36mで水深は約4mの実用的な池と見られる。『日本書紀』天武14年（685）条に見える白錦後苑にあたるか。新羅では674年に文武王が宮内に池を穿ち山をつくり花草を植えて珍禽奇獣を養ったという（『三国史記』）ように，倭でも珍しい鳥獣，樹木や薬用植物などが苑池で養育されたのであろう。

　奈良時代になると，平城京において，**平城宮東院庭園**や平城京左京三条二坊宮跡庭園などの庭園が多く営まれる。離宮のほか貴族邸宅からも，園池をもつ庭園の遺構が見つかっている。自然環境から離れて人工的構造物が密集する都市ができ，そこに多くの都市住民が生活するようになると，海浜や山林などの日本列島の自然景観を人工的にコンパクトに表現した庭園が，都市で営まれるようになったといえよう。

　これら奈良時代庭園の意匠の中心は島をもつ園池であり，導水・排水施設によってゆるやかに水が流れる構造である。水深の浅い池底には扁平な玉石や礫が敷き詰められ，岸はなだらかな勾配で小礫が敷かれた州浜となる。池の汀線は岬・入り江が連続して屈曲する曲線であり，池辺に土や石で築山が築かれ，岬の先端などに景石として山石が立てられたりする。池中には蓮や水生植物が植えられ，池の周辺には松・梅・柳などの樹木や草花が植栽される。日本列島の白砂青松の自然景観を人工的に縮小再現した意匠で，四季おりおりに草木を鑑賞できるようにはかられている。また，池に臨む建物も計画的に配置され，遠方の山々を借景として取り込んでいた。

　平安時代になると，平安京内の神泉苑のような公的儀式が行われる池泉庭園施設や，嵯峨太上天皇が譲位後に住んだ嵯峨院の苑池（今日の京都嵯峨の大覚寺大沢池）など，大規模な園池をもつ庭園が営まれている。京内の貴族邸宅の寝殿造の中にも，園池を中心とした庭園が営まれて池に臨む釣殿が建てられるなど，庭園と一体化した居住様式が貴族に広まった。『作庭記』は，池・島・橋・遣水・滝・泉・前栽などの意匠や石の用い方などを記した，この時代の造庭書である。船遊び用に，池の水深は深くなった。また，園池を中心に仏国土を表現した浄土庭園と一体で建てられた平等院鳳凰堂のような寺院建築も，見られるようになる。平泉の毛越寺・観自在王院や無量光院などの浄土庭園も，同様といえる。

　中世以降には，園池がより抽象化されて，京都龍安寺の石庭のように石によって海・池が表現される石庭が営まれるようになる。安土桃山時代は，醍醐寺三宝院庭園のような建物から観賞する庭園が営まれる一方，小空間を利用して簡素に抽象化された茶庭もつくられる。近世には，大規模な池泉回遊式庭園が営まれるようになる。京都の桂離宮・修学院離宮のような離宮庭園や，大名庭園として岡山の後楽園（岡山市），水戸の偕楽園（水戸市），金沢の兼六園（金沢市）などが名高い。いずれも，園池，島，築山の各所に樹木，草花石造物，石などを配しており，中国や日本各地の景勝地・由緒地などを模した景観を観賞しながら歩けるように園路が整備されている。

平城宮東院庭園

　特別史跡平城宮跡の東側に張り出した地区が東院である。この東院の南側は東宮と称され，称徳天皇時代には東院と呼ばれて，東院玉殿が建築され饗宴が催されている。また光仁天皇の楊梅宮やその南池もここに位置した。東院の南東部では大規模な庭園が見つかり，園池を中心に建物群が配された宴遊空間となっていた（特別名勝）。園池は逆L字状で，汀線ははじめ直線的であったが，奈良時代中頃に岬や入り江が屈曲する曲線状に改め

られた。北岸には石組みの築山，池中には中島が配され，岬の先には景石が立つ。浅い池底から岸にかけて，なだらかな勾配で小礫を敷き詰めた州浜がある。奈良時代に日本化する庭園の意匠や技術が知られた。西岸には池に臨む中心建物が築かれ，池にせり出す露台から東岸に向けて橋がかかる。史跡整備により，奈良時代後半の園池・建物が復原整備された。

宮跡庭園
（みやあとていえん）

平城京の左京三条二坊六坪（奈良市）に位置する奈良時代の庭園の遺跡で，特別史跡・特別名勝。昭和50年（1975）の発掘調査で明らかになった。条坊のひと坪を占め，園池を中心に，建物や塀が計画的に配置されていた。園池は北から導水してS字状に蛇行してゆるやかに南に流れ，水深の浅い池底には扁平な玉石が敷き詰められていた。池岸は岬や入り江が連なる曲線状で，拳大の玉石を敷き詰めたなだらかな州浜や山石の景石が配されていた。西側には池に臨む南北棟の大規模な掘立柱建物があり，東方の春日山を借景としていたと考えられる。奈良時代庭園の意匠や作庭技術が具体的に知られたほか，花粉分析で松・梅などの樹木の存在がわかった。木簡・瓦から公的性格をもつ大規模な園遊施設として，平城京左京三条二坊宮跡庭園と名付けられた。園池は遺存した玉石をそのままに補って露出展示し，建物を復原するなど史跡整備が行われた。

松林苑
（しょうりんえん）

平城宮跡の北側に付属する，広大な離宮的苑池の遺跡。『続日本紀』には，天平元年（729）から同17年（745）にかけて聖武天皇が3月3日，5月5日などの節会で群臣に対する饗宴をしばしばここで開いたことが見え，松林・松林宮・北松林・松林倉庫とも記す。宴のほか騎射なども行われた。四周を囲んでいた築地塀の痕跡が西部の南辺・西辺によく遺っており，出土した瓦から，平城宮と一体で営まれたことが知られた。西部の塩塚古墳東南部の発掘調査では，礎石建物や礫敷・井戸などの遺構も見つかった。規模は，はじめ東西0.5km，南北1kmと推定されたが，東辺の築地痕跡が見つかり東西1.8kmの広大な規模と推定されるに至った。佐紀盾列古墳群の一部や水上池などの水面を取り込み，いくつかの苑池を含む大規模な施設となる。中国の都城において宮城北に配された禁苑にならった施設とみられる。

南　苑
（なんえん）

古代の平城宮に関わる公的な庭園施設の一つ。『続日本紀』には，神亀3年（726）から天平19年（747）にかけて南苑の記事があり，聖武天皇が南苑において仁王経の講説，騎射，叙位や饗宴などの諸行事を開催している。

南苑の名から園池をもつ庭園施設であり，年中行事や饗宴の際の儀礼・宴遊の場となったことが知られる。神亀4年の記事では，北方の楯波池から吹いた強風によって南苑の樹木が折れていることから，樹木を植栽していた。また，講説や叙位などの儀式を行うための宮殿建築群も存在し，騎射に必要な広い空間も備えていた。関野貞は平城宮中軸の初期大極殿の南方に南苑を推定したが，発掘調査では検出されていない。ほかに，平城宮の西南隅や東院庭園など，比定地については諸説がある。

雁鴨池（アナプチ）
（がんおうち）

韓国慶尚北道慶州市にある，統一新羅時代の王都に営まれた離宮の庭園遺跡。月池（ウォルチ）とも。王宮である半月城の東に位置して広大な人工の池があり，池に臨む臨海殿などの宮殿建築が配されている。『三国史記』の文武王14年（674）の記事に，宮内に池を穿ち山をつくり，花草を植え珍禽奇獣を養ったと見える。昭和50年（1975）に発掘調査され，池の構造や建物群など東西200m・南北180mの規模をもつ離宮庭園の全貌が明らかになった。木船・仏像・金銅製品，遊戯具や木簡など大量の遺物が出土して，宮廷生活の具体像も知られた。池の西・南には臨海殿などの建築が面し，方形に加工された花崗岩の石積みで直線的に護岸され，他面は屈曲する曲線的な汀線をもち，周囲に小山が築かれる。池中に三つの島がある。新羅滅亡後に遺跡化したが，今は発掘調査成果に基づく史跡整備が行われて優美な園池や建物が復原され，世界文化遺産ともなった。

参考文献

小野健吉『日本庭園の歴史と文化』吉川弘文館，2015.
大韓民国文化部文化財管理局編（西谷正ほか訳）『雁鴨池　発掘調査報告書』学生社，1993.
高瀬要一「飛鳥時代・奈良時代の庭園遺構」『日本造園学会誌』61巻，3号，1998.
奈良県立橿原考古学研究所『発掘された古代の苑地』学生社，1990.
奈良県立橿原考古学研究所「松林苑跡」（『奈良県史跡名勝天然記念物調査報告』第64冊）1990.
奈良県立橿原考古学研究所『飛鳥京跡苑地遺構調査概報』学生社，2002.
奈良文化財研究所「平城京左京三条二坊六坪発掘調査報告」1975.
奈良文化財研究所『平城宮発掘調査報告XV 東院庭園地区の調査』2003.
奈良文化財研究所飛鳥資料館「東アジアの古代苑池」（『飛鳥資料館 図録』第44冊）2005.
奈良文化財研究所「平安時代庭園の研究」『研究論集』17，2011.

［佐藤　信］

京の内部空間

平城京の構造

　平城京には，京南端から平城宮までを結ぶ朱雀大路というメインストリートが通っていた。これは幅約74mで，京内最大の広さをもつ道路である。朱雀大路は南から北へゆるやかな上り坂となっており，京の入り口から前方の朱雀門や平城宮までを見通すことができる直線道路であった。また，朱雀門前は朱雀大路とそれに次ぐ幅約37mの二条大路が広場を形成し，儀礼空間となっていた。

　一方，平城京の入り口には羅城門と羅城が築かれていた。羅城門は京の南面に開かれた正門であり，羅城は羅城門の両側に築かれた塀である。羅城門に接続する部分の羅城は掘立柱塀で，門から離れていくと築地塀となっていた。以上のような京内の設備は，京へ来訪する外国使節や蝦夷・隼人，公民などを圧倒する目的でつくられ，京を他所から隔絶した空間として演出していた。

　平城京は朱雀大路を中心に，東側の左京と西側の右京に分かれていた。京内は道路によって碁盤の目状に区画され，東西方向の道路として北から順に一条大路から九条大路までが，南北方向の道路として朱雀大路を起点に東西それぞれ一坊大路から四坊大路までが走っていた。大路に囲まれた区画は坊といい，その東西の並びを条という。平城京の基本形は縦長の長方形であるが，二条から五条では左京の東に三坊分張り出し，外京と呼ばれるこの空間には興福寺などの寺院が配置された。また，右京二坊から四坊には，一条の北に二坪分拡張された北辺坊があり，奈良時代後半に西大寺や西隆寺が配置された。他方，左京南辺には，天平2年（730）頃まで十条が存在したことが発掘調査で判明している。京内には河川も流れ，秋篠川を直線的に改修した西堀河や，佐保川分流の東堀河が市を貫通する運河となっていた。また，京内の道路には側溝が並走し，雨水を排水する機能を果たした。

京内の住宅

　平城京には主に官人が集住し，政府から班給された宅地に居住したと考えられる。京内は大路によって532m四方の坊に区画され，各坊は東西・南北3本ずつの小路で133m四方の坪に16分割されていた。官人は位階に応じた広さの土地に居住し，貴族の宅地は1坪（1町）以上である場合が多い。

　貴族の住宅として著名なのは長屋王邸であり，その邸宅跡から出土した長屋王家木簡から貴族の生活実態を知ることができる。長屋王邸は左京三条二坊に所在し，4

町もの大規模な邸宅が営まれた。その北には藤原麻呂邸が隣接し，後に法華寺となる藤原不比等邸，左京四条二坊の藤原仲麻呂邸なども宮城に近い場所に所在した。なお，一般的に大路に面して邸宅の門を開くことは禁じられていたが，彼らのような三位以上の貴族はそれを許されていた。

　京内には下級官人や庶民の小規模住宅も営まれ，1坪を16区画以上に分割して宅地利用された。正倉院文書には下級官人が月借銭という借金を官司に申請する文書があり，そこでは彼らの住宅が担保とされ，所在地も記されている。また，発掘調査で兵衛府の兵衛の官舎と考えられる建物も確認されている。小規模住宅の事例からは，下級官人や京住民（京戸），その他の京滞在者の生活実態を明らかにすることができる。

京内の諸施設

　京内には，諸官司の運営や京内での生活を支える東西市が置かれていた。左京八条三坊に東市，右京八条二坊に西市が設置された。東西市は律令制に基づいて政府が設置した市であり，貨幣流通や物価調整などの政策にも利用されていた。諸国の貢納物からなる律令国家財政には不可欠の存在で，官司や官人が政府から分配・給与された物品を必要物資に交換する場として重要な意味をもった。

　東西市は坪ごとに区画され，店舗が並ぶ3坪と，市司が置かれた1坪から構成されていた。また，東市を東堀河，西市を西堀河が貫通し，運河として利用されていた。東市には相模国の調邸と呼ばれる施設が近接し，そこでは地方から運ばれてきた貢納物の保管や必要物資の交易が行われた。他の諸国の調邸も市の近くに並んでいたと考えられる。さらに，長屋王家木簡にみえる「店」のように，酒食を売る店舗も近接し，衛士や仕丁，貢納物運搬者など地方からの滞在者の生活を支えた。また，西市付近の右京八条一坊には工房遺跡があり，市周辺の鍛冶・漆工房の製品が市で売られた。

　この他，京内には役所も置かれた。官司の多くは宮城内に置かれたが，左右京を管理するとともに東西市司を管下に置く左右京職や，官人養成官司の大学寮は宮城外に置かれ，平安京になると外国使節を迎接するための鴻臚館が朱雀大路の両側に設置された。発掘調査では，右京二条三坊から造酒司と推測される遺跡も検出されている。また，松本宮・大原宮・梨原宮などの離宮や，それに伴う苑池も京内に存在した。

朱雀大路

　京南面の羅城門から宮南面の朱雀門までを結ぶメインストリートである。藤原京では丘陵や川に阻まれて見通しがきかず，幅も約25mにすぎなかった。これに対し，

平城京の朱雀大路は幅約23mの下ツ道を拡幅してつくられ、一直線かつ幅約74mで他の大路からは隔絶した広さであった。朱雀門前は大きな広場となっており、儀式空間として使用された。また、羅城門から朱雀門へは上り坂となり、平城宮が壮大に見える仕掛けがなされていた。こうしたつくりは、外国使節や蝦夷・隼人、公民たちが通ることを意識したもので、都城を荘厳化する装置であった。なお、朱雀大路の左右両端には側溝があり、その外側には築地が延々と続いていた。築地には坊門が開いていたが、それは各条を東西方向に走る坊門小路との交点に建てられた。また、大路の両側には唐の長安城と同じように、柳や槐などの街路樹も植えられていた。

羅城と羅城門

本来、羅城は京を囲む城壁である。しかし、羅城が京の四周を囲む長安城とは異なり、日本の羅城は羅城門両側、すなわち京南面のみに存在したとされる。そのため、京の南面中央に開く「羅城門（京城門）」の名称も、羅城がそこにしかなかったことを示す。発掘調査でも、羅城門から東一坊大路までの区間で掘立柱塀が、京南面の西端で築地の痕跡が確認され、平城京南面における羅城の存在が明らかにされた。そこに開いた羅城門は、正面が桁行7間、側面が梁行2間の建物で、両端各1間は壁、中の5間に扉がついている。礎石建で瓦葺、重層の建物であり、平城京最大の門とされている。日本の都城は外部からの防衛機能が低く、京内の各坊を囲む坊城もない開放的なつくりとなっていた。そのため、羅城は京内外の区別を明確にし、京を訪れた外国使節などを威圧する視覚的効果を狙ってつくられたと考えられる。

長屋王邸

720年代に右大臣、ついで左大臣として政治を主導した長屋王の邸宅である。平城京左京三条二坊一・二・七・八坪に所在した。710～720年頃には約6万m²の敷地を、長屋王と家族が居住する内郭と、家政機関などが置かれた外郭とに分けて使用している。その後、建物の改作を経て、神亀6年（729）に長屋王の変が起きた後は光明皇后宮となった。なお、邸宅の南にある宮跡庭園との関連は不明である。邸宅跡からは長屋王家木簡が出土し、その年代は平城京遷都直後の710～717年頃である。それによると、邸宅には長屋王とその妻の吉備内親王および彼らの子たち、吉備内親王の妹の氷高内親王（後の元正天皇）、長屋王の姉妹やその他の妻妾が同居していた。また、宮廷の官司に類似した様々な部署の運営

や、長屋王の父高市皇子から継承した邸宅および所領の経営など、私的な経済基盤に支えられた貴族の豪奢な生活実態も明らかになった。

小規模住宅

京内に居住した下級官人や庶民の住宅である。平城京には宅地班給の史料がないが、官人たちは位階に応じた広さの土地を班給されたと考えられる。貴族の住宅は平城宮付近に多く、小規模住宅は宮城から離れた場所に位置する傾向にあるが、画一的ではない。正倉院文書には、1坪を64分割にした64分の1町の宅地の例があるが、発掘調査で検出された例では、東西に細長い32分の1町が最小単位である。ただし、いずれも人口増加により宅地が細分化していった奈良時代後半の事例であり、本来は16分の1町を基準として、掘立柱塀や生垣などで区画して居住していた。発掘調査では左京八条三坊や九条三坊、右京八条一坊で住宅跡が確認され、掘立柱塀で区画された各宅地内に数棟の掘立柱建物や井戸、各宅地へ取り付く道路が確認された。敷地内には建物が散在しており、当時の農村における家屋配置との共通性も見られる。

東西市

律令制導入により置かれた政府管理下の市である。大宝令制定により藤原京に置かれ、遷都とともに平城京に移転した。市は毎日正午から日没まで開かれ、市人が生活必需品や奢侈品を販売する店舗が並ぶ。政府から分配される中央貢納物を必要物資に交換する場であり、官司運営や京での生活に不可欠であった。知恩院蔵「平城京市指図」や旧薬師院文書の相模国調邸関連史料によれば、平城京東市が左京八条三坊五・六・十一・十二坪、西市が右京八条二坊五・六・十一・十二坪に所在し、右京西部が丘陵地のため左右対称でなかった。発掘調査によれば各坪は築地で区画され、東市跡の六坪からは隅櫓や広場が検出された。市は左右京職の管下の東西市司が管理し、その役所と刑罰執行に使う広場も市の中にあり、六坪の遺跡はこれにあたる可能性がある。東西市の十一・十二坪を南北に貫く東・西堀河は運河として利用された。

参考文献

井上和人『古代都城制条里制の実証的研究』学生社、2004.
渡辺晃宏「平城京と貴族の生活」（『岩波講座 日本歴史 第3巻』）、岩波書店、2014.

［宮川 麻紀］

都市における神祇と仏教

都城と寺院

都城の成立は，神仏の信仰に新たな展開をもたらした。国家体制護持の役割を担い，法会開催の場でもあった寺院は，その当初より王宮の近くに置かれることが多く，天武天皇9年（680）には「京内廿四寺」が存在したことが知られる（『日本書紀』）が，藤原京においては天武天皇の発願により造営が開始された薬師寺に加え，大官大寺（高市大寺，のちの大安寺）が京内に条坊制に則った伽藍配置をもち，近辺に所在した川原寺（弘福寺）とともに官大寺とされる。これに京域内に存在し，大寺に准じる存在とされた飛鳥寺（法興寺，のちの元興寺）を加えて，四大寺と称した。なお，藤原京の人口の1〜2割が僧尼であったとの推測がある。

四大寺は川原寺を除き，平城遷都に伴って，新都にも建設されることになる。『続日本紀』には霊亀2年（716）5月に大安寺（「元興寺」と記すのは誤り），養老2年（718）9月に法興寺を遷すとの記事が見え，薬師寺も養老2年に伽藍を移したとの記事が『薬師寺縁起』に見える（実際にはそれ以前より移転が進められていたと推測される）。この他にも紀寺など豪族の氏寺が移転し，さらに藤原氏の氏寺興福寺が置かれた。平城京外京は非官寺を置くために設けられたのではないかとの説がある。

やがて国分寺建立構想が浮上すると，外京に東接する地に東大寺が建設され，盧舎那大仏像が造立された。ついで称徳天皇の代には西大寺が設けられ，奈良時代末には東大寺・興福寺・元興寺・大安寺・薬師寺に西大寺と法隆寺を加えた七寺院が七大寺と呼称されるようになる。

神祇信仰の展開

神祇信仰の面では，第一に新たな祭祀が生まれたことが挙げられる。神祇令によれば，6月と12月には道饗祭が行われることになっていたが，これは京城の四隅の路上が祭場とされていた。都城の成立による人口の集中は疫病の流行に対する不安を招き，道饗祭が都城における恒例祭祀として組み込まれることになったのであろう。朱雀門にて親王以下官人にいたるまでの穢れを祓う大祓も行われた。宮城の四方外角にて行われる恒例祭祀には鎮火祭がある。これは火災を防ぐために卜部が火を鑽って祭るものである。防火も都市における重要課題の一つであった。

この他，『延喜式』には，恒例祭祀として羅城において穢れを祓う羅城御贖，内裏や宮殿などの御溝水を祭る御川水祭があげられ，臨時祭祀としては宮城四隅の疫神祭，蕃客が入京する前に京城の四隅にて行う障神祭などが見える。また宮殿等殿舎を祓い清め災異を予防する大殿祭も行われた。

都城そのものに関わる祭祀ではないが，祈年祭や月次祭・新嘗祭で行われる「班幣」も，都城と密接な関わりをもつ。律令制の整備に伴い，全国の神社を奉祀するために，神祇官が管轄する全国神社の神職は，宮中の神祇官まで毎年幣帛を受け取りに来て持ち帰り，奉斎神に奉ることが求められた（⇨官社制）。ただし実際にこの班幣制度がどの程度機能したかは疑いもあり，実際に参集する神職は畿内の神社が大部分であったようである。なお人形や土馬・人面墨書土器・銭貨・斎串など都城で行われた祭祀遺物の出土が確認されている。

様々な事象を契機に神社が創始されることは少なくないが，平城京においては藤原氏の氏神として春日大社が外京東方に設けられた。ただし寺院のように遷都に伴って神社が移されて新都に建設されるようなことは，平城京段階まではなかった。これは平城京に勤務する官人も本拠地は旧来のままであったこと，またこの時期の神社は祭祀のたびに赴くものであって，祭祀の便宜のために居住地の近くに設置するという発想がなかったことによる。長岡京遷都の際には春日の祭神を分祀した大原野神社が設けられるようになったが，それでも都から離れた山の麓に置かれており，鎮守としての意味合いが強いといえる。

神社の鎮座については神威を恐れて遠隔地に祀るという考え方もある。皇祖神を祀る伊勢神宮は畿内から離れた伊勢の地に置かれ，天皇の近親たる未婚の皇女が斎宮（斎王）として派遣された。その宮殿もまた斎宮と呼ばれ，斎宮寮と呼ばれる官司が設置された。8世紀後半には斎宮周辺域に方格地割に基づく区画が形成されるようになる。

都城と地方との交通は，また様々な祭祀の場を生み出した。『常陸国風土記』には伝馬使が鹿島の大神を遥拝してから常陸国に入ることが記されているが，神坂峠に代表されるような通行の際に安全を祈る祭祀は各地で行われた。

東大寺

聖武天皇が神亀5年（728）に亡くした皇子の追善のために建てた金鍾山房と，光明皇后が皇太子となった阿倍内親王のために天平10年（738）頃より建立が進められた福寿寺という二つの山岳寺院が前身となり，天平14年（742）に大養徳国国分寺として金光明寺が誕生した。その後，当初紫香楽に造立予定であった盧舎那大仏が当寺につくられることになり，寺域の造成が進み，大仏鋳造が開始された天平19年（747）には寺号が東大寺

と改められた。やがて大仏の完成に加え日本初の戒壇院が置かれ、華厳根本道場、六宗兼学の場として、諸寺の筆頭の位置を占めるに至る（平安期には天台・真言を加えて八宗兼学を標榜）。一切経として光明皇后発願の五月一日経などが具備され、光明皇后より献納された聖武天皇の遺品が正倉院に伝えられた。境内には宇佐八幡神を勧請した手向山八幡宮が鎮座する。

興福寺

『興福寺流記』所引旧記によれば、天智天皇8年(669)に中臣鎌足室 鏡 女王が鎌足の病気平癒を祈願して山階に釈迦像を安置したのが起源で、のち厩坂に移し、平城遷都後に平城京の現在地に移り伽藍を建立したという。養老4年(720)10月に造興福寺仏殿司が置かれた（『続日本紀』）のが六国史における初見。鎌足が創始したとされる維摩会はやがて会場を興福寺に固定し、宮中の御斎会、薬師寺の最勝会とともに南京三会と称されて、維摩会の講師を勤めることが僧綱への一階梯と位置付けられた。日本法相宗第三伝の一人新羅僧智鳳は慶雲3年(706)の維摩会において講師を勤め、その後、興福寺では法相宗研究が栄えた。

道饗祭と大殿祭

道饗祭は、『令義解』によれば、外よりやって来る鬼魅が京師に入るのを防ぐために、卜部が京城四隅の道のほとりにて鬼魅を迎え饗しさえぎる祭祀。もてなすことによって道を通ってやって来る疫神の侵入を防ごうとする祭祀は、律令制以前より朝鮮半島の影響を受けて存在していたとみられる。『続日本紀』には疫病の流行に際して臨時に行った事例が見えるが、これは『延喜式』における京城四隅疫神祭や八衢祭などに相当すると考えられる。

大殿祭は天皇などが利用する殿舎を言祝ぎ、災異を予防する祭祀で、新嘗祭などの前後や行幸時などに行われた。「ほかい」とは望む結果が得られるような言葉を唱え神に祈ること。『古語拾遺』は、元来は御門祭とともに忌部氏が掌る祭祀であったとする。

春日大社

藤原氏の氏神で、鹿島神宮の祭神健御賀豆命と香取神宮の祭神伊波比主神、枚岡神社祭神の天之子八根命及び比売神を祭神とする。

古くから御蓋山に対する信仰が存在し、8世紀前半にはその麓で遣唐使派遣の際の祭祀が行われ、東大寺山堺四至図では西麓が「神地」とされているが、春日社としての成立時期については諸説あり、定かでない。8世紀後半には春日祭が成立した。長岡京遷都後には大原野神社、平安京遷都後には吉田神社が成立したが、その後も藤原氏第一の氏神としての地位を保ち、9世紀には斎王にならって藤原氏より斎女が任じられることがあった。10世紀以降、氏長者の春日詣、天皇行幸も実施され、また若宮祭の創始等、興福寺との一体化が進んだ。

斎宮（伊勢）

皇祖神を伊勢の地に奉遷した垂仁天皇皇女倭姫命の宮がその起源と伝えられているが、天武天皇皇女大来皇女の頃より制度が整備される。斎王は6月・12月の月次祭と9月の神嘗祭の三節祭に神宮に赴いて祭祀に奉仕し、普段は神宮より約15km離れた斎宮（現三重県、明和町の明野原台地上。国史跡「斎宮跡」）に居住した（9世紀には一時期、度会郡の離宮院に移転したことがある）。斎宮には斎王に奉仕する斎宮寮が設けられ、奈良時代後期には1区画方400尺よりなる東西7列、南北4列の方格地割が形成された。斎宮は斎王の居所である内院、斎宮寮の長官がいる中院、官司が置かれた外院よりなり、いずれも檜皮葺・茅葺であった。内院からは神殿と見られる遺構が見つかっており、また土馬やミニチュア土器・人面墨書土器などの祭祀遺物も出土している。

神坂峠

美濃国から信濃国に抜けるルートの一つで、恵那山と富士見台の間の峠。標高差が1,000m以上あり難所として知られる。伊那谷南部における馬匹生産開始とともに重視されるようになり、古代には信濃坂と呼ばれ東山道とされた。縄文時代以降、中世にいたるまでの祭祀遺跡が峠および麓（杉の木平遺跡）に存在する。峠では遺構として積石や集石が確認され、石製模造品・勾玉・管玉の他、土師器や須恵器・灰釉陶器などが出土している。石製模造品の石材は緑泥片岩や結晶片岩で、信濃国側で製作されたと考えられる。最澄は通行者のために峠の東西に広済院・広拯院という布施屋を設けた。信濃国側麓の園原は、そこに生えているとされた箒木とともに歌枕として名高い。

参考文献

吉川真司『聖武天皇と仏都平城京』（『天皇の歴史02』）講談社，2011.

虎尾俊哉編『訳注日本史料 延喜式 上』集英社，2000.

市澤英利『東山道の峠の祭祀 神坂峠遺跡』（『シリーズ「遺跡を学ぶ」044』）新泉社，2008.

［小倉 慈司］

国　府

　国府は，諸国の行政のために国ごとに設けられた機構である。そこでは，中央から派遣された官人が国司として行政を担当したほか，それを支える諸国出身の雑任たちがさまざまな実務を担っていた。さらに，必要に応じて国内の物資が集められ，流通・経済の中心でもあった。国府付近には多くの人々が集住してさまざまな面で一国の拠点となり，都市的景観を呈していたと考えられる。

　国府には，宮城における大極殿や朝堂院に相当する，官人の執務や儀礼のための施設がつくられ，「国庁」と呼ばれる。国庁は南を正面とした中心建物の正殿と，正殿の東西に配置された南北方向に長い脇殿とが，コの字型に配置され，それらに囲まれた正殿南側の空間が庭（広場）となる。そしてその全体が塀で方形に囲まれており，中央官庁にも広く共通する建物配置の構造をとる。こうした共通する構造を大枠ではとりながらも国によって微妙に違いはあり，正殿の前に正殿よりやや小規模な前殿が置かれている場合や，正殿の後ろに同じくやや小規模な後殿が置かれる場合もあった。こうした建物配置の平面プランには地域的類似性も見られる。肥前国庁は大宰府政庁の構造とよく似て規模を小さくした形状であり，西海道諸国の国庁は大宰府政庁を縮小した構造になっている可能性がある。また，隣国どうしの伊勢国庁と近江国庁は建物の規模・配置が酷似しており，計画段階での密接な関係が考えられる。

　国府には，国庁のほか，国司官人の宿舎となる館，実務施設の曹司，手工業品を生産した工房，文書や武器などを納めた倉庫などがあったとみられる。また，周辺に交易のための市も存在したと考えられる。

　国府の造営開始年代は，8世紀第2四半期とする見方と，7世紀末から8世紀初頭とする見方が出されている。ただし，いずれの場合でも7世紀後半に地方行政単位の「国」が成立した時期より遅れることになり，成立当初の「国」の行政官がどのような拠点をもっていたのかはまだよくわかっていない。

　行政上の都合や自然災害などのさまざまな理由により，国府を移転させ，それまでの場所を離れて新たな立地で国府を建設した場合もあったと考えられる。筑後国府では，これまでの発掘調査の結果，3度ほどの国府移転が想定されている。

　かつて国府跡は，周防国府跡の地割などを根拠にして，国庁を中心としたそのまわりに，都城を縮小したような方形の国府域が想定されていた。しかし，下野国府などの調査によって方格地割の存在が疑視されるよう

になり，むしろ方形の国府域をすべての国府に想定することは難しい。武蔵国府では，大国魂神社の地とみられる国庁の周辺に，地形に合わせて寺院・諸施設や道路が立地しており，住居跡も濃密に分布している。このほかにも常陸国府など国庁・国分寺・国分尼寺の位置関係が判明している事例もあり，今後の発掘調査の進展によって都市的機能の解明が進むと考えられる。また，中世には府中として展開するものも多いが，古代から中世への変遷のあり方も，今後の解明に俟つところが多い。

　地方の中で国府より上位の機構にあたるのが大宰府である。西海道諸国を統括し大陸との外交窓口でもあった大宰府は，最大の地方官司でありその所在地は最大の地方都市であった。発掘調査により，諸国の国庁より大規模な政庁や，政庁南側に東西路と南北路が交差する街区が広がっていたことがわかっている。また，外交使節が滞在する鴻臚館も大宰府の管轄下にあった。鴻臚館は政庁跡から北西15kmの距離にあり，博多湾の海浜に臨む地に立てられた。大宰府の機能は，政庁から離れた博多湾沿岸地域とも一体になって運営されたといえる。

［鐘江 宏之］

筑後国府

　久留米市所在の令制筑後国の国府。4期にわたる変遷が明らかになっている。I期は7世紀末の前身官衙の時代から8世紀半ばまで古宮地区に営まれ，築地・大溝で区切られた防御的性格の強い区画内に掘立柱建物の政庁・曹司が認められている。II期は枝光地区に営まれ，礎石建・瓦葺の政庁で国司館を伴っていたが，純友の乱の余波で焼失する。III期は朝妻地区に当時の大宰府政庁より大規模に営まれ，遣水遺構を伴った国司館を伴う。IV期は延久5年（1073）以後横道地区に営まれ（『高良記』），仁治2年（1241）筑後国検交替使実録帳に現状が記されている。一般的には10世紀になると国府は衰滅するのに対して，その後の国府の姿を追うことのできる貴重な事例として知られている。　　　　［坂上 康俊］

下野国府

　栃木市（下野国都賀郡）に所在する国府の遺跡。中枢部の国庁遺跡が思川右岸の栃木市田村町字宮ノ辺で確認されている。東西・南北各約95mの板塀・築地で囲まれた方1町の国庁域で，南の中央に南門がある。中央北部に推定される正殿は現在の宮目神社の場所にあたり遺構は未確認だが，国庁の中央に7間（22.2m）×2間（5.4m）の前殿，東西に各16間（45.0m）×2間（4.8m）の脇殿があり，前殿の南は広場となっている。8世紀前半の1期，8世紀後半の2期，9世紀の3期，10世紀前半の4期までの変遷があるが，基本構成はほぼ維持された。

南門から南進する直線道路があり，付近に国司館，倉庫，曹司などと推定される建物群が存在している。8世紀後半の遺構から約5,200点の木簡・削り屑や，100片以上の漆紙文書などの文字資料が出土していて，国府の行政を考える上で全国的にも重要な史料となっている。

　　　　　　　　　　　　　　　　　　［中村　順昭］

武蔵国府

　府中市（武蔵国多磨郡）に所在する国府の遺跡。多摩川左岸の河岸段丘に位置する。大国魂神社の東に隣接する地域で検出された2棟の大型東西棟建物が国庁の中心的な建物とみられ，8世紀前半から数回の建て替えを経て10世紀末頃まで存続した。そこを中心に約100m四方の区画溝が検出され，この方1町が国庁と推定されている。また大国魂神社の西で7世紀末から8世紀初期の国司の館とみられる建物が検出され，初期国府の一部として注目される。そのほか周辺に曹司や国司館など多様な建物群があり，また東西2.2km，南北1.8kmの範囲に竪穴建物が集中し国府集落と推定されている。その集落域の東部には多磨寺と多磨郡家の存在が指摘され，武蔵国のなかで有力な古墳が存在する北武蔵ではなく，南武蔵に国府が置かれた成立事情や，中世の府中への展開過程など，今後の調査・研究が期待される。

　　　　　　　　　　　　　　　　　　［中村　順昭］

大宰府

　大宰府は，太宰府市に所在した，西海道9国3島を管轄し，日本の外交・軍事に携わった律令官司である。「天下之一都会」（『続日本紀』）と記された大宰府は，7世紀末に1区画250大尺（約90m）四方の設計線型の条坊区画を備え，8世紀には北辺に政庁，その前面に朱雀大路，また客館も設けたことが遺跡で確認されている。平安時代中～後期の『観世音寺文書』『宇佐大鏡』には，条坊を「郭」と呼び，南北22条，左郭12坊，右郭8坊の範囲を記し，左右の「郭司」の存在，条坊路の大路・小路の呼称，条坊東端が「京極大路」などと呼ばれたことを記す。この外側にも正方位条里が広がり，天智朝に築かれた水城・大野城・基肄城（『日本書紀』）がこれを囲むよう外郭として配された。その範囲は南北10km，東西7～8kmに及ぶ。このように大宰府は単なる官司・軍事拠点ではなく，宮都同様の本格的な都城制を備えたところに特徴がある。　　　　　　　　　　［井上　信正］

鴻臚館

　古代の迎賓施設。史料上，大宰府，難波，平安京における存在が知られるが，考古学的に中心部の様相が判明しているのは大宰府鴻臚館（福岡市中央区城内に所在）である。これは，『日本書紀』持統2年（688）2月己亥条を初見とする筑紫館（つくしのむろつみ）が平安初期に改称したもので，外国使節や日本の遣外使節の宿泊・滞在に利用されたが，これらの往来が減少するとともに，外国商人の滞在の場として貿易の拠点へと変化した。発掘調査により東面する北館・南館区画の存在と（建物遺構は第Ⅰ～第Ⅲ期で確認。第Ⅱ期に掘立柱建物から瓦葺建物へと変化），第Ⅰ期（7世紀後半），第Ⅱ期（北館は8世紀中頃～後半，南館は8世紀前半～後半），第Ⅲ期（8世紀後半～9世紀中頃），第Ⅳ期（9世紀後半～10世紀前半），第Ⅴ期（10世紀後半～11世紀前半）の変遷が想定され，大宰府～水城西門経由の官道が施設の東側に至ると考えられる。なお，大宰府条坊内の「客館」については文献史料上の徴証を確認できない。　　　　　　　　［森　哲也］

参考文献

木下良『国府』教育社，1988.
条里制・古代都市研究会編『古代の都市と条里』吉川弘文館，2015.
『久留米市史』12，1996.
井上信正「特論　大宰府条坊研究の現状」（太宰府市教育委員会『大宰府条坊跡44―推定客館跡の調査概要報告書』太宰府市の文化財第122集）2014.
井上信正「大宰府」（条里制・古代都市研究会編『古代の都市と条里』）吉川弘文館，2015.
菅波正人「鴻臚館跡調査の概要」『条里制・古代都市研究』31巻，2016.
池崎譲二，大庭康時，吉武学，菅波正人「史跡　鴻臚館跡（鴻臚館跡23）―北館部分の調査(2)―」（『福岡市埋蔵文化財調査報告書』1326），2017.

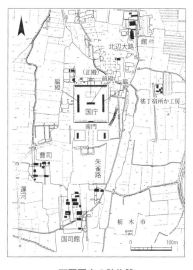

下野国府の諸施設

［大橋泰夫「東海道　下野」（条里制・古代都市研究会編『古代の都市と条里』）p.114，吉川弘文館，2015］

地域社会への浸透―郡司と郡家―

　7世紀中葉、いわゆる大化改新によって、それまでの国造などによる地方の人民や土地の支配を改めて、全国的に評の行政区分がつくられた。評には、評督・助督あるいは評造と呼ばれる官人が置かれ、それまでの国造・伴造・県稲置などが評の官人に任命された。評は、大宝元年（701）の大宝律令で郡と改められ、大領・少領・主政・主帳の四等官で構成される郡司が置かれた。郡司には現地の人が採用され、特に大領と少領には譜第という家柄が重視された。郡司には官位相当がなく、終身官であるべきものとされ、また大領・少領には任命と同時に位階が与えられるなど、ほかの官職と異なる特色があった。地方の伝統的な支配力を持つ豪族を行政機構に取り込んでいく仕組みとして設定されたのが郡司の職で、律令制による中央集権的な国家は、この郡司の伝統的な支配力に依存して成り立っていた。

　郡司の行政施設が郡家・郡衙と呼ばれる。郡衙の語は、国衙の語にならい役所の意味の「衙」の文字を用いた研究上の用語だが、奈良・平安時代の史料では郡家あるいは単に郡と書かれている。「コホリノミヤケ」の訓もあり、郡家の方がふさわしい。郡家の具体像を示す文献史料は乏しいが、郡家と推定される遺跡は早くに常陸国新治郡家などで見つかっていた。特に1970年代に静岡県の御子ヶ谷遺跡が、ほぼ確実な郡家遺跡と判明し、「志太郡衙跡」として国史跡に指定され、その頃から各地で郡家遺跡が多く発見されるようになった。郡家遺跡の事例が増加するに伴い、郡家の構造に共通性・企画性があったことが分かってきた。多くの郡庁では板塀などで方形に区画された中に、柱間7間程度の大きな正殿とその南の広場（庭）を挟んで東西に脇殿が左右対称にあり、「コ」の字型あるいは「品」字型の配置をとっている。それに近接して正倉の倉庫群が総柱の掘立柱で並び、郡司の館や曹司・厨と呼ばれる官舎建物群が存在する。また付近には寺院が存在することも多く、祭祀遺構が見られることもあり、美濃国武儀郡家とされる岐阜県の弥勒寺東遺跡は、これらの要素をほぼすべてもつ遺跡の代表例である。

　また行政機関であることから、木簡、墨書土器などの文字資料や硯・刀子などの文房具、官人の身分標識である銙帯（帯金具）などが出土することが多い。長野県の屋代遺跡群や静岡県の伊場遺跡は、いずれも出土木簡から郡家に関連する遺跡であることが判明した。この二つの遺跡は7世紀後半の評制段階から9世紀まで続いた遺跡で、その木簡群は評から郡への律令制形成過程を探る上でも重要な史料である。ほかにも愛媛県の久米官衙遺跡群など、7世紀後半の評家から8世紀以降の郡家に続く遺跡は各地で見つかっているが、7世紀前半までさかのぼる事例は現在のところ確認されず、評制施行が地方行政において大きな変化であったことを示している。

　郡家の立地は、豪族の拠点とみられる地域に所在することが多いが、付近に豪族の拠点が見られない場合もあり、その場合は大領と少領との力関係などから、双方の拠点から離れた場所に行政施設としての評家・郡家が新たに設けられたと考えられる。また下野国河内郡では栃木県下野市の多功遺跡と宇都宮市・上三川町の上神主・茂原遺跡の二つの遺跡が郡家の様相をもっていて、そのように一郡内に二つ以上の郡家的な遺跡が見つかる例が増えている。その場合には一方が郡家、他方は郡家別院（郡家の出先機関）と推定されるが、郡家と別院の識別は難しい。郡司はそもそも大領と少領という二つの有力豪族から構成されているので、それぞれが行政の拠点を構えていた場合も考えられる。また郡司は主政・主帳もあり、そのほか税長・田領などの郡雑任も行政に関与していて、彼らが活動する施設も想定される。また大領・少領の譜第郡司氏族も8世紀後半にはいくつかの家に分かれているので、一郡内の行政が多元的であったことも推測される。

　郡家遺跡は多くが9世紀には衰退して、10世紀以降に続かない。文献史料からも、9世紀には擬任郡司が増え、譜第氏族が分裂するなどで正員郡司の地位や支配力が相対的に低下し、それとともに国司による地方行政が大きく変化したと推定されている。その一方で長元3年（1030）の「上野国交替実録帳」はすでに郡家の機能は衰退したと考えられる時期の史料だが、郡の官舎の欠損に関する記載は、遺跡から知られる8・9世紀の郡家の様相と対応するところもある。しかし消滅した建物に代わる新たな建物についての記載はなく、郡家衰退後の地方官衙の様相については、ほとんど未解明な状態である。

上神主・茂原遺跡（下野国河内郡家）の想像復元図
［栃木県上三川町ホームページ］

志太郡衙跡

　藤枝市にある駿河国志太郡家の遺跡。遺跡名は御子ヶ谷遺跡。大井川の形成する三角州の北縁丘陵地に位置し，30棟の掘立柱建物と，板塀，石敷道路や井戸が見つかっている。建物は8世紀前半から9世紀前半にかけて3期にわたり，方位をそろえて整然と配置されている。遺跡の西半部に中心的建物と脇殿的建物があり，東半部には8世紀後半以降の正倉あるいは雑舎とみられる建物が密集している。東辺と南辺に板塀がめぐり，東南隅には柵で区画された庇付きの建物がある。多数の墨書土器が出土し，そのなかには「大領」「志太少領」「主帳」「志太厨」などの墨書があり，本遺跡が郡家の正庁・館・厨などの何かにあたり，郡家の一部分であることが確実視されている。ほかに緑釉陶器・灰釉陶器，漆器など上質な遺物があり，人夫の召集などに関する木簡も出土している。国史跡に指定され，復元整備されている。

正　倉

　律令制下における官衙や寺院などの公的な倉庫。諸国では郡ごとに置かれた穀物倉。天平年間の諸国正税帳から諸国での正倉の数や規模，利用状況などが窺える。収納物によって，不動穀倉，動用穀倉，穎稲倉，糒倉，粟倉など，壁材により甲倉（校倉），板倉，丸木倉，土倉などがあり，屋根は瓦葺，檜皮葺，草葺，板葺などがあった。多くは掘立柱の高床式建物で，数棟が整然と並ぶことが多い。郡家の重要な構成要素だが，一郡内に複数箇所で正倉群が存在することもあり，郡家の別院と考えられている。郡司が管理したが，9世紀には税長が管理にあたることが多くなった。8世紀後半に，正税の着服や管理者の失脚をはかった放火が起こり，正倉神火と呼ばれている。これに対し，延暦10年（791）には新造の倉は10丈（約30m）以上離すこと，延暦14年（795）には郷ごとに分散して倉を造ることが命じられた。

屋代遺跡群

　千曲市の千曲川右岸の自然堤防上に位置する縄文時代から近世にかけての集落や水田跡などからなる複合遺跡。7世紀から9世紀にかけて流路から100点以上の木簡や，多量の木製祭祀具などが出土した。木簡には郡司に関わるものが多く，遺跡の東南に近接して信濃国埴科郡家が存在したと推定される。木製品など祭祀関係遺物が大量に出土していて，郡家の西北隅での祭祀と関わるとも考えられている。郡符木簡に屋代郷長里正宛ての木簡と余戸里長宛ての木簡とがあり，郡符木簡が宛先で廃棄されずに差出側に戻っていたと推定され，また木簡の

廃棄に際しての加工処理が見られるなど，木簡の使用・廃棄方法に関するさまざまな知見を与えている。また隣郡の更科郡司などに宛てた信濃国符木簡や，「信濃団」など軍団に関わる木簡，論語の木簡など多彩な内容の木簡群で，地方行政のあり方を考える上での貴重な史料である。

伊場遺跡

　浜松市に所在する弥生時代から平安時代の複合遺跡。特に7世紀後半から10世紀初頭までは，遠江国敷智郡家およびその前身の評家と推定される官衙遺跡。近接する城山遺跡・梶子遺跡・梶子北遺跡・中村遺跡などとあわせて伊場遺跡群という。郡家の中心となる郡庁や正倉の遺構は未確認で，雑舎にあたる建物遺構が多数見つかっている。大溝から100点以上も木簡が出土して，その木簡の内容から遺跡が郡家（および評家）の一部であることは確実視されている。木簡には「淵評」や「駅評」など7世紀後半の評制段階のものがあり，評家から郡家へと展開する過程を考える上で重要である。また駅家に関わる木簡や墨書土器が多く，郡家と駅家との関係も注目されるなど，郡家の多様な側面を窺わせている。なお，遺跡保存を求めて起こされた伊場遺跡訴訟があり，文化財保存の歴史の上でも特筆される遺跡である。

上野国交替実録帳

　上野国の国司交替に際して，前任国司から後任国司に渡される「不与解由状」の草案。長元3年（1030）の文書と推定されている。残簡が九条家本『延喜式』（東京国立博物館所蔵）の紙背文書として伝存している。国司が管轄する官物・官舎・神社・寺院などの欠損や破損状況を記す。その中に国内各郡の官舎の無実（実態がなくなっていること）に関する項目があり，各郡の正倉・郡庁・館・厨家などについて，無実の状況が建物1棟ごとに記載されている。館が一館・二館のように番号を付して称し，それぞれ宿屋・向屋・副屋など共通する書き方がされるが，建物名称は郡ごとに小異があり，かつて存在した建物をよく伝えたものとされている。当時に存在した建物は記載されないので，郡家の全容を示すものではないが，郡家の構成を知る上で貴重な手掛かりとなる史料である。『平安遺文』『群馬県史・資料編4』などに所収。

参考文献

山中敏史『古代地方官衙遺跡の研究』塙書房，1994.
条里制・古代都市研究会編『日本古代の郡衙遺跡』雄山閣出版，2009.

［中村　順昭］

辺境支配の展開―東北地方の城柵

　城柵は古代の東北・北陸地方で律令国家により設置された軍事・行政の機能を併せもつ施設・組織。律令制以前にヤマトの王権は各地の豪族を国造に任じて地方を支配していたが、東北日本で国造を任じたのは今の宮城県南部から新潟県中部より西・南の地域に限られており、これより東・北は、蝦夷あるいは蝦狄と位置付けられた人々の居住する地域であった。城柵はこうした蝦夷の勢力圏を中央の支配に組み込んでいくために、前線につくられ、軍事・行政機能だけでなく、柵戸と呼ばれる移民による開拓の拠点、蝦夷の服属儀礼の儀式空間といったさまざまな役割を負うものであり、律令国家の支配が拡がるにつれ、徐々に北につくられるようになる。

　城柵は、かつて前線の砦のような軍事的施設としてのみ理解されていた。こうしたさまざまな役割が明らかになったのは、現在までに多くの城柵遺跡が発掘調査された成果による。具体的には中央部に政務・儀式空間である政庁があり、ここには都の大極殿・朝堂のミニチュア版のように正殿・脇殿がコの字型に配され、人々が居並ぶことのできる空間を取り囲んでいた。これは日本各地に営まれた国府の政庁と変わらぬ構成である。ただし、城柵の政庁は政務・儀式だけではなく、蝦夷が貢物を献上し、禄物や宴を賜る服属儀礼が行われた場でもあったと考えられている。政庁の周囲には実務的な役所の建物の区域もあり、さらにそれら全体を取り囲む外郭が築かれていた。外郭は防御的な機能も有していたが、多賀城をはじめ、壮麗な外郭南門と築地塀を営む城柵もあり、城柵までやってくる蝦夷を威圧するがごとき舞台装置としての機能ももっていた。また、外郭の外側に道路が配され、居住域や役所が拡がる城柵遺跡もみられる。

　城柵がつくられるようになったのは、7世紀半ばの大化改新直後、律令制成立期のことで、現新潟県中・北部に渟足柵、磐舟柵が置かれ、ここを拠点に阿倍比羅夫が東北地方日本海側、秋田、能代あたりまで遠征している。8世紀前半、東北地方太平洋側の陸奥国では陸奥国府の置かれた多賀城をはじめ牡鹿柵、色麻柵、玉造柵、新田柵、日本海側の出羽国では出羽柵、秋田城が営まれ、律令国家の支配はさらに北進した。しかし、現宮城県北部から岩手県南部にいたり、蝦夷の抵抗は強固なものとなり、宝亀5年（774）から弘仁2年（811）にかけて東北三八年戦争の時代となる。延暦16年（797）に征夷大将軍となった坂上田村麻呂は現岩手県南部に胆沢城、北部に志波城を築き、胆沢城には多賀城から鎮守府を移して、北方支配の拠点とした。同じ頃、出羽国に築かれた城柵遺跡に払田柵跡があるが、文献に見える城柵のいずれであるかは諸説分かれる。弘仁2年文室綿麻呂は志波城を移して徳丹城を築いたが、政策転換もあり戦争の時代は終わる。

　その後も胆沢城には鎮守府が置かれていたが、その名からイメージされる軍事・軍政的な機能だけではなく陸奥国府に準じ先に記した城柵の諸機能を果たしていた。胆沢鎮守府の支配を介して、馬や鷹羽、アザラシの毛皮など北方世界の産物が交易によって京の都へ運ばれ、貴族に珍重された。10世紀中頃から11世紀にかけて東北地方北部から北海道南部にいわゆる防御性集落が盛んに営まれた背景には、こうした交易による利益を巡る争乱があったことも窺える。

　11世紀前半から半ばにかけて北上川流域の奥六郡、胆沢よりも北、今の盛岡市あたりまでを安倍氏が支配するようになる。安倍氏は蝦夷に由来する名である俘囚の長とも称されるが、鎮守府の官人が土着したものともみられ、鎮守府との関係において勢力を拡げ、胆沢城の近隣に位置する鳥海柵を拠点とした。安倍氏は前九年合戦で滅び、代わって出羽国の豪族で俘囚主と称される清原氏が勢力を伸ばし、鎮守府将軍となる者も現れたが、一族の内紛である後三年合戦で滅び、勝利した藤原清衡が奥州藤原氏の栄華の基礎を築くこととなる。

多賀城

　陸奥国府が置かれた城柵で、神亀元年（724）に大野東人によって築かれたとされる。これ以前の陸奥国府は郡山遺跡（仙台市）II期官衙であったとみられる。多賀城跡は多賀城市に所在し、大きく4時期の変遷がある。第I期は創建時、第II期は、天平宝字6年（762）藤原朝獦により修築されたもの。宝亀11年（780）、伊治呰麻呂の乱の折、城内には兵器・食糧が備蓄されており、城下で暮らす人々は争って城内に逃げ込もうとしたが、結局蝦夷の略奪と焼き討ちに遭う。第III期はそこから再建したもので、第IV期は貞観11年（869）の貞観地震からの復興とされる。多賀城城外には南門から南に延びる南北大路をはじめ規則的に道路が走り、方格地割が形成され、国司の館なども置かれていたことが近年の発掘調査により明らかになっている。

秋田城

　天平5年（733）出羽柵を秋田村高清水岡（秋田市）に移転して創建された最北の城柵。これ以前の出羽柵は山形県庄内地方にあったとみられるが詳細は不明。天平宝字4年（760）には秋田城の名称が初見する。秋田城は律令国家の支配領域の北辺に位置し、日本海交流また対津軽・北海道の拠点となった。秋田城に出羽国府が移

されたかどうかについては肯定・否定の両説ある。創建から延暦年間まで秋田城に出羽国府が置かれたとする説，出羽国府は一貫して庄内地方にあり，秋田城には国司四等官（守・介・掾・目）の介以下の誰かを城柵に派遣する城司制が行われていたとみる説である。いずれにせよ秋田城はその後も10世紀中頃まで維持されており，廃絶した後も出羽城介，秋田城介の官職名は受領に準じる職，武家の名誉職として続く。

胆沢城

延暦21年（802）に征夷大将軍坂上田村麻呂によって造営された城柵で，奥州市に所在する。政庁に南門と前門がある特徴がある。鎮兵を管掌する機関である鎮守府が置かれた。蝦夷の族長アテルイの降伏と入京，処刑も同年のことである。鎮守府は多賀城に陸奥国府と併置されていたが，胆沢城造営当初から遅くとも弘仁2年（811）頃までには胆沢城に移されたらしい。胆沢城造営の翌年に志波城が築かれ，弘仁2年に徳丹城に移されており，その間は志波城に鎮守府が置かれた可能性もある。胆沢鎮守府は陸奥国北部の支配の拠点となり，前九年合戦の一方の主役である安倍氏の登場もそれを背景とするものであったらしい。

払田柵跡

大仙市・美郷町に所在する9世紀初めに創建され，10世紀後半頃まで存続した城柵遺跡。外柵，外郭，政庁の三重構造をもつ。外柵で囲まれた範囲は90万m²近くに及び，最大級の城柵遺跡である。外柵や外郭の材木塀で一部の角材が残っており，年輪年代測定により延暦20年（801）伐採というデータが示されている。明治30年代の遺跡発見以来，文献にみえるどの城柵にあたるのかの議論があり，河辺府あるいは雄勝城に比定する説，また，年輪年代測定の結果により両説を修正した延暦23年（804）以降の河辺府説，第二次雄勝城説が示されているが，いずれも定説となるには至っていない。

防御性集落

城柵支配の衰退した10世紀半ばから奥州藤原氏の支配の確立する12世紀初め頃までの東北地方北部および渡島半島において，壕を巡らせるなど防御的な機能をもつ集落が多く営まれており，防御性集落と総称されている。都の貴族から鷹の羽や毛皮，馬，昆布など北方世界の産物は珍重され，交易，交流が盛んになり，利益も大きく，国司や鎮守府の官人らと在地豪族，在地豪族同士，さらに北方世界の住人との間で軋轢が生じたことの反映とみられる。おもな防御性集落遺跡として青森市浪岡の高屋敷館遺跡，八戸市の林ノ前遺跡があげられる。高屋敷館遺跡は幅8m，深さ5.5mという空壕とその外側に築かれた土塁によって110m×80mの集落全体が囲まれたものである。林ノ前遺跡は丘陵斜面に住居跡や土坑が壇状に連なり，丘陵頂部を環壕がめぐる。戦いの痕跡とされる人骨や鉄鏃が出土している。

鳥海柵

11世紀前半に陸奥国の奥六郡（胆沢，江刺，和賀，紫波，稗貫，岩手）を支配した安倍氏の拠点である柵の一つで，岩手県金ヶ崎町に所在する。前九年合戦の初め，天喜5年（1057）に安倍頼時が源頼義との戦いの際，流れ矢に当たり死去したところであり，合戦の終わり，康平5年（1062）には安倍貞任・宗任兄弟らが衣川柵から鳥海柵へ，さらに厨川柵へと敗走し，貞任は厨川で戦死する。『陸奥話記』などにみられるこうした戦いの記録ばかりでなく，発掘調査では四面庇付きで土壁・床張りとみられる掘立柱建物跡が検出されている。建物跡は胆沢城跡と平泉の柳之御所遺跡と比較してそれらの中間に位置付けられるもので，政務，儀式の場であり，安倍氏の奥六郡支配の中心であったと考えられる。

［古川　淳一］

古代東北地図
●：城柵，▲：防御性集落遺跡，■：安倍・清原氏関連遺跡
［伊藤博幸「東北の動乱」（青木和夫，岡田茂弘編『古代を考える　多賀城と古代東北』）p.263，吉川弘文館，2006を改変］

平安京の構造

　平安京は桓武天皇が延暦13年（794）に遷都した，日本の最後の古代都城である。東西約4.5km，南北約5.2kmの長方形で，南辺中央の羅城門から朱雀大路が南北に通り，北辺中央に大内裏（平安宮）が造営された。京城は朱雀大路によって左京と右京に分かれ，大路と小路によって方形の街区（町）がつくられているが，町の大きさがすべて400尺（約120m）四方の正方形に統一されている。

　前代の都城は，1町の規模が大路と小路の幅に規定されるために統一的な大きさをもたないという矛盾を造営計画に内包していた。例えば，平城京では正方形の造営計画線から道路幅をとるため，幅の広い道に面する町ほど狭くなり，全体として1町の面積が不均一となっていた。平安京はこのような造営計画の矛盾を改善し，高い測量技術を駆使して京全体のプランを作成して京城を造営していったのである。

　ところで，平安遷都を遡る延暦3年（784）に，桓武天皇はまず長岡京への遷都を行っている。しかし，長岡京造営は10年で頓挫し平安遷都を断行する結果となった。長岡京から平安京への遷都を行った理由として，造営の遅れを刷新するため，早良親王の怨霊を恐れたため，自然災害に見舞われて造営が頓挫したため，地形的に都市機能が整備できなかったため，といった説が提示されている。しかし，都城の構造からみると，長岡遷都は造営準備が整わない段階での急いだ遷都だったため宮と京の造営計画に大きな齟齬が生まれ，造営誤差が新王権の正都としての体裁を保つに耐えられないところまで露呈してしまったことが大きな要因と考えられる。

　これに対し，平安京は遷都の3年前から全体の設計を始めたと推測でき，平城京造営と同様に十分な準備期間をもって造営が進められた。造営官司も造宮使（職）に一本化しており，均一な宅地幅と計画的に配された大路・小路幅を考慮した，緻密な計算に基づく特殊な基準線によって宮城の規格が決定され，条坊を造営することができたのである。

　また，平安京は京極の設定が当初から明確に意識されていた。とくに南京極については，羅城門の早い段階での造営が想定でき，東寺・西寺の位置関係も南京極からの景観を意識した配置となっている。また，東西二寺だけでなく堀川や東西市を全体プランの中でシンメトリーに配置しており，均一な条坊とともに整然とした都城の空間構造そのものが，桓武朝という新王権の象徴的側面を誇示するものであった。

　なお，天皇の園林施設である神泉苑が，宮内や北郊ではなく宮城の南東に隣接して造営されており，嵯峨朝以降には後に累代の後院と称された冷然院や朱雀院が宮城周辺に造営される。これらの京内離宮は，天皇の仮の御在所あるいは上皇や皇太后の御所としてだけでなく，平安貴族文化の重要な舞台として造営・整備された。また，宮城内では諸施設が京内と同じ造営計画で造営され，二官八省や被官の曹司も朝堂院や内裏の周辺に整然と配置されていたが，これら諸司に仕える雑任官人の宿所である諸司厨町（官衙町）も京内に当初から設けられていたようである。

　このように，平安京の造営は桓武天皇が理想とする都城の現実化を目指したものということができる。しかし，当初段階は宮城とともに朱雀大路の周辺諸施設や大・中規模邸宅といった都城の景観に関わる地域が優先的に造営され，京周辺地域の一般的な小規模宅地や道路の整備はなかなか進まないのが実態であった。さらに，正方形の均一な町の形成には成功したが，町の閉鎖性は非常に弱く，市街地化されない地域も多く残る結果となった。このような現実が，結果的に路面部への居住空間の侵食あるいは京内の耕地化を促し，古代都城を内面から崩壊させていったのである。

大内裏（平安宮）

　平安宮の規模は東西約1.15km，南北約1.38kmの縦長の長方形で，南面中央の朱雀門を入ると正面が朝堂院となる。平安宮の朝堂院では前代の宮にみられる大極殿閣門がなく，龍尾壇を設けるだけで大極殿院と朝堂院が一体化している。これらの変化は，大極殿と朝堂院が政務から離れて構造的にも儀礼的空間へ移ったことを示しており，実質的な政務は京の条坊原理によって配置された宮内諸司や，内裏で執り行われた。また，内裏外郭は大極殿院を包括することなく，独立して朝堂院の北東に配置しており，天皇の日常政務の場として内裏内郭が独立しているのが特徴である。さらに，大極殿閣門での朝儀の伝統を受けて，国家的あるいは公的性格の強い饗宴の場として，朝堂院の西に新たに豊楽院が造営されている。近年の発掘調査によって正殿である豊楽殿の構造と変遷が明らかになり，豊楽殿は平城宮第二次大極殿が移築された可能性が高くなった。

長岡京

　延暦3年（784）に桓武天皇が，平城京から最初に遷都した都城である。長岡宮の構造は，平安宮と同様に縦長の長方形に復原されてきたが，宮が立地する向日丘陵の地形を考えると，定型化した長方形プランで宮城を想定できない。長岡遷都は非常に急がれた特殊な遷都だっ

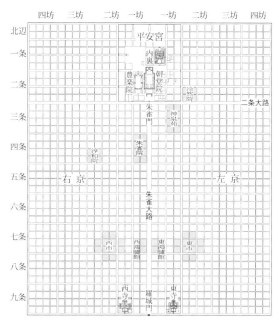

平安京全体図

たため，向日丘陵の斜面をいかに合理的に宮城として造営するかが重要課題であり，実態としては向日丘陵に規制されて宮城プランが変則的にならざるを得ない状況であった。さらに，京域の造営は宮とは別の基準で行っていたようで，実態として条坊構造に多くの矛盾が見受けられる。なお，朝堂院の西で内裏の複廊跡が新たに発見されたことにより，遷都当初は宮城の最も高所に西宮，その東に難波宮から移築した朝堂院が造営されたが，延暦8年（789）には朝堂院東の一段下がった東宮に遷御するという，宮城中心部の特異な造営過程も明らかになりつつある。

神泉苑

平安宮の南東に造営された広大な敷地を有する京内禁苑である。延暦19年（800）7月の行幸が初見で，桓武天皇だけでなく平城・嵯峨・淳和・仁明天皇と歴代の天皇が好んで行幸し，曲宴や節会などの様々な儀礼が行われた。神泉苑の構造については，文献史料にみられる堂閣の記載から，正殿が「乾臨閣」と呼ばれる重層建物であること，乾臨閣の東西に楼閣建物が建てられていたこと，苑池に臨んで「釣台」と呼ばれる建物が設けられていたこと，「東瀧殿」と呼ばれる建物が苑池東方に存在し遣水から池に水を落とす滝が設けられたことがわかる。また，敷地の東北部には「神泉」と呼ばれる豊かな湧水があり，現在でも二条城の堀の水を湛えている。発掘調査はあまり行われていないが，苑池北岸に関わる施設の一部と遣水遺構を確認した。なお，神泉苑の成立過程については，長岡宮の禁苑である南園の性格を継承したと考えられており，宮との位置的関係からもその類似性が指摘できる。

後　院

後院とは内裏に対する補助的あるいは予備的な御所と考えられており，天皇の私的な所領や財物を管掌する機関でもあった。譲位後に上皇の御在所として後院が宛てられるのも，このような後院の機能の一つとして考えれば理解しやすい。後院の史料上の初見は，承和2年（835）3月に備前国御野郡の空閑地を「後院勅旨田」にした記載で，承和年間には「後院牧」や「後院開田」の設置もみられる。また，仁明天皇は承和9年（842）4月には内裏修理のため冷然院に遷御しており，仁明朝の初めに冷然院が後院として定められたのが後院の初例だと考えられている。これに対し，後院の機能を分けて考え，前者はあくまで「御院」であり，「後院」は天皇の財産を管轄する御倉町的存在だったものが，後に「御院」も管轄するようになり同一視されていったとの意見もある。

諸司厨町

諸官司に所属する雑任官人や，諸国から上番してきた課役民の宿所として，京内に設置された居住地である。『拾芥抄』には「諸司ノ厨町」として多くの官衙町の所在地が掲載されており，右京よりも左京の東北部，とくに平安宮の東に多く集中していた。官衙町の構造は不明であるが建物も含めた土地全体が官司の所有下にあり，「厨町」と称するように小型建物群で構成された下級官人の生活空間だったと考えられる。史料上の初見は大同3年（808）10月の左衛士坊失火の記載で，平安遷都当初から存在した可能性が高く，墨書土器などの検討から長岡京期にはすでに官衙町が形成されていたと推定されている。なお，官衙町との関連を示す遺物として，木工町推定地である左京三条二坊二町から「木屋」線刻をもつ9世紀中頃の緑釉陶器皿が出土している。

参考文献
財団法人古代学協会・古代学研究所編『平安京提要』角川書店，1994．
山中章『長岡京研究序説』塙書房，2001．
西山良平，鈴木久男編『恒久の都平安京』（『古代の都3』）吉川弘文館，2010．
網伸也『平安京造営と古代律令国家』塙書房，2011．
國下多美樹『長岡京の歴史考古学研究』吉川弘文館，2013．

［網　伸也］

平安京の変質

　10世紀，以前から進行していた律令支配機構の変質・解体が決定的なものとなっていく。戸籍制度は形骸化し班田が停滞，税制度は土地を賦課対象とするものに変化した。中央財源の減収で官人給与体系や官司財政に変革が起こり，王臣家や諸司は独自の財源を求め地方社会へ勢力を伸張させた。富裕農民層の成長で地方では郡司の支配力が低下。各国の支配や徴税などを一身に担う国司の受領化が進展した。また国際関係の変化を受けて外交方針が排外的な方向に転換し，都城を対外的に荘厳する必要性が低下した。このような時代状況のなか，平安京は様々な面で変質し中世都市の原型が準備された。以下，空間構造と支配機構にわけてその変化をみていく。

空間構造の変化

　平安京遷都以降，貴族らは主に左京北部に1町規模の敷地の邸宅を築いたが，一般の住人は四行八門制に基づく32分の1町を基準とする小規模宅地に居住した。その分布は当初は京の南半に偏っていたが，10世紀中頃から北部へも進出し貴族邸宅と混在するようになる。慶滋保胤の『池亭記』（天元5年（982）頃成立）には「東京四条以北，乾艮二方，人人貴賤と無く，多く群聚する所なり」とある。

　また保胤は平安京の変容に関して「予二十余年より以来，東西二京を歴見るに，西京人家漸く稀にして殆ど幽墟に幾し」と描写し，20年余りの間に「西京」すなわち右京が衰退していったと記す。しかし近年の右京域の発掘調査によれば，大規模な貴族邸宅は9世紀中に，中小規模の宅地は10世紀後半にその多くが廃絶するが，七条大路沿いなどの特定の地域には小規模宅地の跡が集中して確認できるといい，右京が全域的に荒廃したわけではない。ただし右京域には元来湿潤な地も多く，次第に耕地化が進んで王臣家の荘園も形成された。

　一方の左京では，天徳4年（960）以降たびたび内裏が火災に見舞われたため，里内裏が相次いで営まれた。以後次第に平安宮の衰退が進み，大内裏にあった諸機能が宮外官衙や里内裏へと移行する。それに伴い左京へ都市機能が集中し，人口が増え市街地が拡大していった。平安中期まで手付かずであった七条以南の左京南東部に街区が形成され，11世紀末には白河など京郊外へも都市域が拡大する。また人家の密集する都市特有の災害である火災や，左京に隣接する鴨川の洪水などに際しては，時代が下るにつれ左京での被害が拡大するが，それは左京への人口集中のあらわれでもあった。

　また，平安京の内部を区画する大路・小路は，宅地や耕地に侵食され付け替えられつつもその配置を大きくは変えておらず，遷都以来の形は維持された。その一方で，道路に直接間口を開く町屋型建物が登場し，平安時代後期には交通路を軸とした町みなが形成されていった。

支配機構の変質

　平安京内の空間構造に変化が起きるなかで，京内の住人や支配機構にも変質がみられた。京内の行政は左右京職が司るが，京職の管轄下にある京内住人としては，京の戸籍に付された京戸がまずあげられる。9世紀には，諸国の戸籍に属していた下級官人が京の戸籍に貫附される京貫の事例が急増する。従来，下級官人は在地社会と密接な結びつきを維持していたが，地方社会の変化もあって，平安京で京戸となった官人は在地とのつながりを失い京の住民として定着していく。

　さて10世紀になると坊内に保の制度が形成され，京職の配下で京内行政の末端を担った坊令・坊長が機能不全となり，代わって王臣家の家司らが保長に任命されて治安維持などにあたった。さらに11世紀には，保長に代わり保刀禰が登場する。保刀禰は諸司や有勢家とは関わりなく，保内の有力な者が任命された。諸司や王臣家は9世紀以来，道路清掃を義務付けられ，保長を出すなど京内支配や秩序維持に組み込まれてきた。しかし11世紀には従来の身分秩序に変革が起き，一部の貴族に特権が集中して中級官人の没落が進む。特権を得た貴族は京内支配から離脱し，京職らに対抗する存在ともなった。12世紀には院や摂関家が京内の職能民らを編成・従属させ，京職や検非違使の支配は弱体化した。その一方で庶民層では「在地」と呼ばれる地縁関係が成立し，その証判が土地売買などで公的な効力を発揮するようにもなった。

　このように支配機構が変質して庶民層を中心に地域社会の形成が進み，空間構造も左京を中心に市街地が拡大し町屋が展開するなどの変化をみせる。朱雀大路を軸に均質な左京・右京が展開するという理念的枠組みは失われ，都城としての平安京は変質するが，京内では地域社会が成長していき，中世都市「京都」へと変貌を遂げていく。

四行八門制

　平安京の地割の制度。京内の各坊は16の町に分割され，40丈（約120m）四方の町の内部は東西4行・南北8門の32の区画に分割された。32分の1町の区画は東西10丈・南北5丈で，戸主と称された。この制度については『口遊』や『掌中歴』にみえる。戸主は庶民層の宅地割の標準的単位で，数戸主にわたる宅地も形成された。発掘調査でも，四行八門制による地割の遺構が確認されている。四行八門制による宅地表示の初見は延喜12年（912）の「七条令解」であるが，長岡京でも10丈×5丈の宅地割の存在が文書や発掘調査で確認でき，

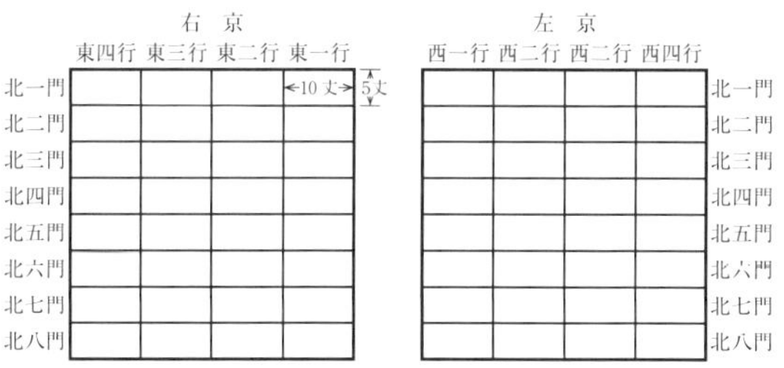

右京　　　　　　　　　　　左京
東四行 東三行 東二行 東一行　西一行 西二行 西三行 西四行

[Figure: 四行八門制 grid with 北一門～北八門 labels on both sides, "←10丈→" and "5丈" annotations]

四行八門制

［角田文衛監修, 古代学協会・古代学研究所編『平安京提要』
p.105, 角川書店, 1994］

すでに平安京遷都時には四行八門制に則った宅地割が存在していたと推測される。この宅地割が終焉を迎える12世紀には, 条坊制や四行八門制に基づく宅地面積や場所の表示も消滅し, 固有の道路名称による表示へと転換した（⇨平安京の構造）。

里内裏（里第）

大内裏の外に設けられた天皇の仮の居所。今内裏, 里内ともいう。天延3年（976）内裏焼亡に際し円融天皇が遷御した藤原兼通の堀川第を嚆矢とする。天徳4年（960）の内裏焼亡時に居所となった冷然院は, 累代の後院であるので里内裏には含まれない。以後, 内裏炎上の際には公卿などの邸宅である里第を内裏再建までの臨時の居所とし, 11世紀以降は内裏火災時以外にも用いられるようになった。里内裏となる邸宅では内裏になぞらえるための修造が行われ, のちには土御門烏丸殿など初めから内裏にならって造営される里内裏もあった。院政期には内裏と里内裏が併存し, かつ里内裏の利用が常態化する。内裏の使用頻度や意義は相対的に低下して荒廃が進み, 嘉禄3年（1227）の焼失後は再建されなかった。その後, 元弘2年（1332）に光厳天皇が即位した土御門東洞院殿が里内裏として定着していき, 現在の京都御所へと引き継がれている。

大路と小路

平安京内には, 条・坊を区切る道と宮城門に達する道である大路が東西・南北にはしり, 大路と大路の間には縦横各3本の小路が通り, 大路・小路の両側には側溝が掘られ街路樹が植えられた。朱雀大路に面した坊には坊城として築垣が設けられ, 坊城と坊間小路が交わる地点には坊門が開いていた。京南辺の九条大路では, 羅城門の左右の一部に羅城として築垣が設けられた。『延喜式』左右京職には「朱雀路広廿八丈」などとあり, 以下大路の幅は二条大路が17丈, その他は12丈・10丈・8丈で, 小路の幅は4丈であった。大路・小路の固有の道路名称は10世紀前半から出現し, 後半にかけて徐々に定まっていったとみられる。この時期には道路に面して町屋が出現し始める一方, 宅地による路面の侵食や, 右京域での耕作地の拡大などに伴う路面の耕地化が進み, 12世紀にはその一部が巷所と称された（⇨町のかたち）。

京戸

左京・右京の戸籍に付された戸。京戸には貴族から一般百姓まで幅広い階層が含まれ, 戸籍に基づき口分田が班給された。ただし京内に口分田は存在せず, 畿内諸国を中心とする京外での班給であった。そのため自ら耕作しない場合は, 口分田を賃租に出すなどしていたとみられる。加えて税制上, 京戸の庸は免除され, 調は畿内と同様に畿外の半分であった。また京戸は貨幣と強く結び付いており, 調や雑徭では銭納が行われた。このように京戸は, 他の諸国の戸とは異なる特殊な性質を有する存在であった。9世紀には下級官人の京貫が進み, 京戸に占める官人の割合が増していく。9世紀末には京戸の語が王臣家や有力官人を指す用例がみえるなど, 語義に変化も現れた。9～10世紀にかけて全国的に戸籍制度の崩壊が進行するなか, 京でも戸籍の形骸化が進み, 京戸の枠組みは次第に実体を失っていったとみられる。

保と保刀禰

保は平安京内の行政単位。平安京の各坊内は16の町に分かれ, 4町で保を構成する。昌泰2年（899）には保や保長に関する制度が整備され, 4保で1坊のいわゆる京保の制が成立したとみられる。保長は, 京職の配下にあった坊令・坊長が, 王臣家の権威におされて果たせなくなっていた機能を補完する存在であった。保長には保内に所在する王臣家・院家・諸司の家司や六位官人などが任命され, 京職の管轄下で治安維持などの活動にあたった。11世紀になると保長の存在に代わり, 保刀禰が登場する。保刀禰は一つの保に4名程度が任命された。その際, 保内に所在する有勢家や諸司とは無関係に, 雑任官人や下級の国司など保内の有力な者が官位・官職に関わりなく補任され, 検非違使のもとで治安維持や行政全般に従事した。京保は右京では11世紀から, 左京でも12世紀には実体を失い, 13世紀には消滅した。

参考文献

角田文衛監修, 古代学協会・古代学研究所編『平安京提要』角川書店, 1994.

北村優季『平安京―その歴史と構造―』吉川弘文館, 1995.

市川理恵『日本古代の京職と京戸』吉川弘文館, 2009.

西山良平, 鈴木久男編『恒久の都 平安京』（『古代の都 3』）吉川弘文館, 2010.

奈良女子大学古代学学術研究センター「都城における坪・町と小規模宅地の検証」『都城制研究5』2011.

西山良平, 鈴木久雄, 藤田勝也編『平安京の地域形成』京都大学学術出版会, 2016.

［宍戸 香美］

貴族邸宅の展開

9世紀前半の貴族邸宅

都城の貴族邸宅は一町（40丈四方）が原則とみられる。10世紀以前は文献史料が寡少で、発掘調査に大幅に依存するから、一町規模宅地こそが主要な素材である。

平安京右京一条三坊九町は8世紀末から9世紀初頭まで。北半のやや西寄りに東西棟の正殿と、東西棟の後殿、東西に南北棟の脇殿各2棟が南北に建つ。四脚門の南門は鷹司小路に開き、正門である。九町は十数年で廃絶し放置されるので、伊予親王が候補とされる。大同2年（807）伊予親王は謀叛の疑いで幽閉され服毒死する。四脚門は「大臣家ニハ四足アリ。…。親王家、右ニ同ジ。」（『海人藻芥』）とあり、大臣家・親王家の格式である。

右京三条三坊五町は一町規模と推定され、南東部には東西棟建物と、西側に南北棟がある（図）。出土の土器類の型式は平安京Ⅰ期新（810〜840年）に位置付けられる。北側の溝は北門の南北中央に位置する。五町の北西部では、東西棟が見つかり、南側に溝（北三・四門界）があり、東側の溝は邸宅内を区画する溝である。五町の東隣の四町では、東西棟と、その左右にほぼ同規模の南北棟が配置され、コ字型である。建物群の位置は北西部に片寄るが、四町でおさまるとされる。四町と五町は関連する可能性がある。

五町では大型建物群が北西部と南東部などの区画に複数立地し、平城京長屋王邸の内郭を想像させる。五町から猿投窯産の緑釉陶器がまとまって出土するが、猿投窯の緑釉陶器生産は嵯峨天皇周辺に関連する。また、五町は「栖霞寺領」と記録されるが（『拾芥抄』『西京図』）、栖（棲）霞寺の前身は嵯峨源氏・左大臣源融の栖霞観である。五町は嵯峨天皇周辺に収束し、その居住形態を示唆する。

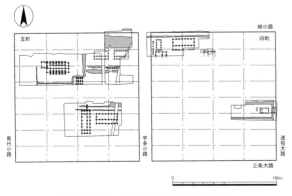

平安京右京三条三坊四・五町遺構配置図
［作図：南孝雄］

9世紀後半の貴族邸宅

右京六条一坊五町は9世紀中頃、西側4分の1に小径が通り、宅地は東側4分の3町である。南北中央南寄りに柵列があり、南側は正殿域、北側は雑舎域とみられる。正殿は四面庇の東西棟で、西側の四面庇南北棟の西脇殿と廊で結ぶ。後殿は東西棟、後殿東側に南北棟の東北脇殿、東北脇殿の南側に南北棟の東南脇殿（四面庇）があり、3棟は廊でつながる。後殿は造り付けの床跡から土間とされる。

右京では、邸宅の立地や配置はしばしば湿地に規制される。正殿域では東西棟1棟・南北棟2棟の四面庇建物があり、平安京の最古の事例である。四面庇の南北棟は寝殿造の東西対の成立と関連する。正殿と西脇殿、後殿と東北脇殿・東南脇殿は廊で連結し、主要建物を連絡する廊の最古の事例である。右京六条一坊五町は寝殿造に接近する。正門の位置は不詳である。

右京三条二坊十六町は一町規模の邸宅。9世紀後半に造営され、園池は10世紀後半まで存続する。園池から「齋宮」などの墨書土器が出土し、京中の伊勢斎王家とみられる。コ字型配置とは異質で、北半では西寄りの園池を中心に比較的大型の建物群が配置される。南半の小型建物群は雑舎群と推定される。野寺小路沿いの東門は大規模な四足門で、西側の道祖大路は流路と化すため、東門が正門と想定される。

この邸宅は900年前後に再整備されるが、その要因は斎宮卜定とみられる。柔子内親王は宇多天皇の内親王、母は贈皇太后藤原胤子、醍醐天皇の同母妹、寛平9年（897）、伊勢斎宮に卜定される。十六町は斎宮柔子内親王の斎王家で、「人の家」を借用する可能性がある（または自邸）。

右京一条三坊九町など右京の邸宅群、藤原良相の西三条第・源融の河原院など、9世紀造営の邸宅の多くは一・二代で廃絶・移転し、継続使用される邸宅はきわめて少ない。一方、閑院・堀河院・枇杷第などは、摂関家中枢に伝領され例外的に継承される。公卿や親王の子孫は父の地位を保てず、広大な邸宅の維持は困難とみられる。

小野宮邸

小野宮の本第は大炊御門南・烏丸西の方一町で、藤原実頼から養子（孫）の実資に伝領される。実資以降、代々女系で継承され、その典型とされるが、当時は男女子の分割相続が一般的である。財産処分では財主の意志が優先され、実資は実頼と同居し小野宮を譲与され、実資は財産の大半を娘千古に譲与するとみられる。

長徳2年（996）の焼亡以降，本第を再建し，西地に姉尼君の家を新築する。寛弘年間（1004〜1012）初めに北対が完成し，最初に移徙する。長和2年（1013）西対に移徙し，寛仁3年（1019）寝殿に移徙する。治安3年（1023）念誦堂が完成し，以後も千古の結婚準備のため，著裳前年の治安3年から東対を修理し東廊を新築する。西宅は尼君の没後（寛仁3年（1019）），藤原経任や娘千古と藤原兼頼夫婦のための家とする。

河原院

河原左大臣源融の邸宅，東六条院と同一とみられる。『源氏物語』の六条院四町から，六条四坊の十一〜十四町の四町説が妥当とされる。一方，東六条院四町（東京極西）に河原院四町（鴨川西岸）拡張説が根強い。源融の死後，河原大納言源昇から宇多上皇に譲渡され，故藤原時平女の京極御息所褒子が置かれる。宇多上皇は（中）六条院（六条北・東洞院西）から河原院に通うとみられる。

延長4年（926），融の亡霊が悪趣の拷問の合い間に，河原院への愛着から時々息うので，宇多法皇は融の滅罪のため諷誦を修する。宇多上皇・褒子の死後，河原院は昇の子適また適の子安法師に返還されるとみられる。寛平8年（896），融の周忌に以前からの希望で東京両家を「禅定」に資させ，延長4年（926）宇多法皇は年来禅定の閑居とする。かたゐ翁（在原業平）が河原院を愛で，「塩釜にいつか来にけむ」と詠み，陸奥国の塩竈の景観を模してつくり，海水を汲み入れ池に湛えるとされる。

一条院

一条院（大宮院・一条大宮院）は一条大路南・大宮大路東の二町，うち東町の一町は本院に付属の東納・別納。本院の一条院は一条摂政藤原伊尹から婿の異母弟一条太政大臣藤原為光に，為光姫君の寝殿の上から前信濃守佐伯公行が買得し，長徳4年（998）東三条院藤原詮子に献上される。長保元年（999），平安宮内裏が焼亡し，一条天皇は母后詮子御所の一条院に遷御する。一条天皇の時代に一条院は長保元年から寛弘8年（1011）まで四度里内裏とされ，第三次里内裏では南中門などが造営され，朝儀は平安宮内裏により近い形式で実施される。天喜4年（1056）一条院は平安宮内裏を模造し（内裏躰），冷泉院を移築し再建され，後冷泉天皇の里内裏とされるが，康平2年（1059）焼亡する。

一条院東町は藤原道長が所有し，一条院内裏に付属の建物群に提供されるとみられる。中宮藤原彰子の中宮別納庁，摂政藤原道長や摂政頼通の直廬，東宮敦良親王の春宮庁など，公的に使用される。

西宮（源高明）

源高明の邸宅。『拾芥抄』「諸名所部」では四条北・朱雀西とされる。しかし，尊経閣文庫本など古写本の「西京図」では，右京四条一坊十一・十二町が西宮，その北側と西側の十町・十三〜十五町は西宮領である。

兵衛佐上倭（綾）主は四条北・皇嘉門西の居住に不向きの湿地一町余を少額で買取り，難波の葦を湿地に敷き，土をかけ屋をつくる。その南の町（右京四条一坊十二町）は大納言源定の家で，定は北側を買取り，南北二町にひろげる。これが西宮である。この邸宅は定から男の右大弁唱，女の醍醐天皇女御源周子，男女の源高明・雅子内親王に伝領されるとみられる。安和2年（969）源高明が大宰権帥に左遷され，西宮家は焼亡し，雑舎二・三だけが残る。近地の門客数十家がまとまって去る。近地の門客数十家は北側と西側の西宮領の一画を構成するとみられる。

源氏物語（の邸宅）

光源氏の最初の本邸は二条院である。源氏が須磨に退居し，二条院は紫の上に贈与されるとみられる。源氏が須磨・明石から帰京し，二条院は手狭のため，父の桐壷院の遺産の二条院東院を改築する。源氏は大堰山荘の明石の君などを「集い住ませ」ようと，六条・京極あたり秋好中宮伝領の旧邸（母六条御息所の旧宅）あたりを，四町占めて六条院をつくる。西南の町は秋好中宮の旧宮で，そのまま中宮が住む。東南は源氏と紫の上が住み，東北は花散里，西北の町は明石の方の住まいである。東南は春，西南は秋，西北は冬，東北は夏の情趣を主とする。伝領の原則からすると，秋好中宮こそ六条院の真の主人であり，六条院の比類ない華麗な繁栄は六条御息所への鎮魂である。仏伝では王子の釈迦が複数の妻をもち，三時殿もしくは四時殿に季節ごとに住まわせ，その季節の順序が「春秋冬夏」に相当する。六条院の「春秋冬夏」の四季の順は仏伝に準拠するとみられる。

参考文献

藤田勝也「平安京の変容と寝殿造・町屋の成立」（『シリーズ都市・建築・歴史2 古代社会の崩壊』）東京大学出版会，2005.

西野悠紀子「平安初期における邸宅の伝領について」（『平安京の住まい』）京都大学学術出版会，2007.

吉田早苗「小野宮第」（高橋康夫ほか編『平安京の邸第』）望稜舎，1987.

目崎徳衛「宇多上皇の院と国政」（『貴族社会と古典文化』）吉川弘文館，1995.

詫間直樹「里内裏一条院の沿革と構成」『書陵部紀要』62巻，2011.

玉上琢彌「源氏物語の六条院」（高橋康夫ほか編『平安京の邸第』）望稜舎，1987.

［西山　良平］

祭礼と経済

平安京遷都と祭礼

　延暦3年（784），長岡京に遷都し，賀茂社に遷都の由を告げ，また賀茂上下二社と松尾・乙訓二神に叙位する。延暦12年（793），賀茂神に遷都を告げ，延暦13年，鴨・松尾神に近郡ゆえ加階し，平安京に遷都する。平安京遷都以降，賀茂社・松尾社の地位が上昇する。

　承和年間（834～848）から平安京近辺の賀茂・松尾など特定数社奉幣が出現し，仁寿2年（852）から稲荷社も奉幣される。9世紀後半には賀茂・松尾・稲荷を中心に数社を加えるが，社数は固定されない。昌泰（898～901）・延喜年間（901～23）に祈雨奉幣と祈年穀奉幣のため十六社制が確立するとされる。11世紀の前・中期に二十二社が確定するが，平安京周辺の古社では，石清水（式外社）・賀茂と，御旅所祭祀の松尾・稲荷・北野（式外社）・祇園（式外社），王権の外戚神の平野・大原野（式外社）・吉田（式外社）・梅宮，祈雨神の貴布禰社である。祇園社は式外社であるが，延喜20年（920），藤原忠平が咳病を除くため祇園に奉幣し，これ以降，祇園天神堂・祇園寺神殿・祇園寺感神院が頻出する。

　御霊の祟りは天皇や皇太子に現象し，貞観5年（863）神泉苑御霊会は突然に出現する。天徳2年（958），疾疫が多発するので，西寺御霊堂・上出雲御霊堂・祇園天神堂などで仁王般若経を転読する。10世紀には，御霊会は随時的に継続する。

御旅所祭祀の成立

　正暦・長保年間（990～1004）に大規模な疫病が流行する。正暦から長和年間（990～1017）に北野船岡・紫野・絹（衣）笠岳・花園で疫神のため御霊会を修し，神輿や神殿をつくる。疫神信仰が基底で，明確な霊格の観念はない。紫野の御霊会は今宮神社の5月9日御霊会に定着し，（上）出雲寺御霊会で童部が闘乱するが，8月18日の日付から上御霊祭の前身とみられる。11世紀初頭以降，御霊信仰は平安京に定着する。紫野御霊会では御輿をつくるので，巡幸儀礼が推定される。

　稲荷祭・松尾祭・祇園祭・北野祭など，御旅所祭祀は天延2年（974）以降，長和4年（1015）までに成立する。御旅所祭祀では，京外の本社から神輿が京内の御旅所に神幸し，神霊を更新し還幸する。京中住人の祭礼で，公家は本社祭を重視する。現代京都の氏子区域は大略平安後期に定められるとみられる。

　天慶元年（938），石清水本宮の道俗数千人が山科新宮を壊し棄てて霊像を本宮に移し奉り，同年，京中大路・小路の岐神・御霊は奇怪とされる。11世紀末まで京中

の堂舎を禁制するが，その影響の可能性がある。一方，正暦から長和年間には，御霊会に木工寮・修理職・諸衛などが奉仕する。稲荷社御旅所には神主が補任され，神体が垂迹し，固有の宗教活動が推定される。祇園社や稲荷社・松尾社は大規模な疫病を契機に，京中の固有の信仰を御旅所に組織するとみられる。

　稲荷祭は左京七条付近の住人が主催し，松尾祭は西七条住人が催行する。七条は11世紀初め（稲荷祭の催行），西七条は11世紀前半（西七条刀禰）に成立し，七条には鍛冶師・鋳物師や細工が集住し，西七条には細工が居住する。

市町から町小路へ

　平安京では東市・西市が物流の中枢である。延暦13年（794）の平安京造京式には条坊図が推定され，内町・外町が計画されるとみられる。東市は51店，西市に33店がある。毎月15日以前は東市，16日以後は西市に集うとされる。承和9年（842）には西市で錦綾などを交易するが，百姓がことごとく東に遷り，市店がすっかり空しい。

　西市周辺の発掘調査では，右京七条一坊十四町は西市東側外町であるが，市関連の遺構・遺物は認められない。東市・西市の設計と実際の造営はズレる可能性がある。西市外町周辺の宅地は多様であり，右京一般と同じく，9世紀前半・中頃から利用され，10世紀前半に廃絶する。

　12世紀に，三条・町，四条・町，七条・町など町小路は物流の中心に発展する。七条・町は稲荷祭の左京七条に該当する。左京八条三坊周辺は七条・町の南方で，中世の鋳造工房の中核である。鋳造関連遺跡は東西は油小路から室町小路，南北は塩小路から梅小路に高い密度で分布する。11世紀中葉以後，七条以南保長・細工の金集百成，藤原教通の七条細工，花枝蝶鳥方鏡の鋳型がみられるが，七条・町の北東は荒畠である。11世紀後半から12世紀前半に左京南東部（西洞院以東・七条大路以南）は急速に開発される。

　町小路北部の中心は三条・町，四条・町である。12世紀には四条・町に切革坐棚，三条・町と錦小路・町に綿本座がみられる。

　七条・町は稲荷祭，三条・町や四条・町は祇園祭の区域で，御旅所祭祀の成立と対応する。

御霊会

　貞観5年（863），近頃の疫病は御霊が起こすとされ，京・畿内から外国では御霊会を修し，仏を礼し経を説く。今年春初から咳逆（風邪）が流行し，朝廷も平安京の神泉苑で御霊会を修す。御霊は六前，すなわち崇道天皇（早良親王，桓武天皇の同母弟・皇太子），伊予親王（桓武の第二子），藤原夫人吉子（伊予親王の母），観察使藤原仲成，橘逸勢，文室宮田麻呂（従者に謀反を密告される）であ

る。すべて謀反の張本人とされ，不慮の死を遂げる。六前の御霊は桓武天皇から嵯峨天皇・仁明天皇の王位継承の過程で失脚し，貞観5年の御霊会はそれを鎮魂する。政治的なイベントにほかならず，御霊の背景は疫神である。10世紀以降，御霊会は疫神を慰撫する。正暦5年（994），北野船岡で疫神のため御霊会を修し，長和4年（1015），疫病が流行するので，花園今宮の御霊会があり，神殿を建立し疫神を祀る。御霊会の基底は疫神である。

稲荷祭

稲荷神は山城国紀伊郡の式内社で，その起源は稲の穀霊信仰である。稲荷祭では3月中午日に神輿が御旅所に神幸し，4月上卯日に還幸するが，寛弘3年（1006）4月9日に稲荷祭に闘乱が出来する。4月8日が上卯日で，9日の闘乱は稲荷祭の還幸に起因するとみられる。10世紀末・11世紀初めには，稲荷祭が左京七条大路を中心に遂行される。御旅所は梅小路（八条坊門）・猪熊と七条・油小路にあり，梅小路・猪熊の上・中社の旅所には神主が補任され，神体が垂迹する。固有の宗教活動が推定されるが，神主補任は稲荷本社・左京七条村民・後院細工所（別当藤原忠綱，建永元年（1206）頃以降）と変遷するとされる。神主は柴守長者の子孫で，長者の宅地が稲荷本社に寄進され御旅所とされるとみられる。稲荷神は東寺の鎮守神で，近世の還幸には神輿が南大門から入り，金堂の前で法要を受ける。

祇園祭

祇園社（八坂神社は明治初年以後）は疫病鎮めの神で，伝統的な神や仏と違う新しい神格である。延長4年（926），祇園天神堂を供養する。承平5年（935），祇園寺（観慶寺）を定額寺とするが，仏堂に薬師や観音など，神殿に天神（牛頭天王）・婆利采女・八王子を安置する。貞観年中（859〜877），常住寺の円如が建立するとされ，神仏が習合する。天慶5年（942），祇園寺感神院に東遊・走馬を奉り，天徳2年（958），祇園天神堂に疾疫多発のため仁王般若経を転読する。天神堂すなわち祇園寺神殿・感神院である。天延3年（975）6月15日，円融天皇の疱瘡御祈の報賽のため，祇園臨時祭が始まる。祇園祭は6月7日に神幸，14日が還幸で，15日の臨時祭は祇園祭を前提に遂行される。祇園祭は天延2年に成立するとみられる。高辻・烏丸の大政所旅所と冷泉・東洞院の少将井旅所があるが，各々に旅所神主がおり，前者には牛頭天王と八王子の2基の神輿，後者に婆利采女の神輿が神幸し，還幸する。大政所旅所は，天延2年，助正を神主，その居宅を旅所とし，神主は十三代相続するとされる。保延2年（1136），少将井旅所を寄せられ，婆利采女の神輿が巡幸する。旅所神主は神輿を迎える住人を統率し，祭礼を指導するとみられる。

賀茂祭

賀茂祭には，藤原京の時代から，「当国の人」を除き騎射を禁止するなど，山城国内外から多くの人々が参加する。天平神護元年（765）以前に上賀茂（賀茂別雷）社から下鴨（賀茂御祖）社が独立し，延暦12年（793）に賀茂大神に遷都を告げる。弘仁10年（819）に賀茂祭は「中祀」の勅祭に格上げされ，同じ頃，賀茂斎院が設置される。賀茂祭は古く稲の豊穣祈願の祭りから平安京地主神に転換する。賀茂祭は下鴨社・上賀茂社が共通に祭祀を挙行し，4月（旧暦）中午日に神迎えのミアレの神事がある。2日後の中申日に山城国司監察の国祭，翌日の中酉日が勅使参向の勅祭である。勅祭当日の行事に宮中の儀・路頭の儀・社頭の儀がある。路頭の儀は天皇の御所から下鴨社・上賀茂社に宣命や幣物と勅使の行列が進み，社頭の儀では神職が幣物を本殿に納める。宣命は内蔵頭が奏上し，天皇の内廷祭祀の性格が強い。ミアレの神事の翌日（中未日）に警固の儀，路頭の儀などの翌日（中戌日）に解陣の儀があり，騎射の禁止や薬子の変が背景とみられる。

市　町

平安京東市（西市）は左京（右京）七条二坊の三〜六町の内町とその東西南北に二町ずつの外町の十二町とされる。東市（西市）は左京（右京）七条二坊五町に東市司（西市司），六町が市屋とみられる。市人は市町に居住し，毎年籍帳に登録される（市籍人）。市町には市人以外も居住し，地子を市司に進める。右京七条二坊十二町（西市西側外町）の発掘調査では，平安前期の井戸などから「承和六貫文」などの付札木簡，承和昌宝34枚ほか53枚が出土する。右京八条二坊八町（南側外町）では，南北小径と東西脇径を検出し，間口1丈8尺の仮設市舎が想定され，平安前期に比定される。右京八条二坊二町（南側外町に南接）では「買物□□」「謹解　申請借銭事」などの木簡が出土し，諸官司の物資保管施設とする見解がある。外町は10世紀成立説があるが，発掘調査の成果では，平安京造営当初から整備されるとみられる。また，10・11世紀には遺構・遺物は稀に検出されるにすぎない。

参考文献

岡田荘司『平安時代の国家と祭祀』続群書類従完成会，1994.
五島邦治『京都　町共同体成立史の研究』岩田書院，2004.
西山良平「御霊信仰論」（『岩波講座 日本通史5』）岩波書店，1995.
岡田精司『京の社—神と仏の千三百年—』塙書房，2000.
西山良平，鈴木久男，藤田勝也編著『平安京の地域形成』京都大学学術出版会，2016.

［西山　良平］

郊外への展開

　左右対称性を基本理念とする設計として出発した平安京は，10世紀に入る頃から次第にその姿を変える。10世紀末に著された慶滋保胤の『池亭記』はその変容を語る史料として名高いが，保胤は右京が居住地として放棄されつつある状況と，左京の人口・人家の稠密化を対比的に記し，さらに左京域が東京極や北辺を越えて鴨川畔や北野・北山方向に拡大するようすを描写している。10世紀以降，左京域の二条大路以北の条坊が東方に延長され，鴨川に近い地域に法興院や法成寺を中心とした街区が形成された。11世紀後半になると，この延長部の鴨川東方域の白河に院御所や六勝寺が建立される。一条以北の開発はこれより幾分早まるとされるが，鴨川と北野天満宮との間に武者小路・北小路・今小路・五辻などの東西道路が開かれ，貴族の邸宅や寺院，庶民の家屋が営まれた。

　こうした京の変化は，机上の都市設計が土地条件（地形）や住民構成・人口など諸々の理由で現実に対応する姿に変化していったことを示すものであるが，都市構造の変化は同時に都市を支える論理の変化であり，都市内部のみならず都市と周辺地域の機能連関の変化をも意味するものでもある。とくに平安京の場合は王城都市であるだけに，都市構造と政治的論理が密接に連関しており，摂関期における左京二条以北への貴族邸宅の集中，11世紀後期以降の白河を中心とした鴨東の開発などはその事例として理解できる。

　京と密接な関係をもちながら，早い段階から郊外への展開がみられたのが寺院群である。京内の寺院規制の厳しい平安京においては，寺院は京郊外あるいは周辺の山地に営まれ，京を取り囲むように寺院群が存在し，それらは平安前期に東西両寺を頂点として王城を鎮護する寺院群として編成された。これに対し10世紀に入る頃から御願寺が発展するが，仁和寺が宇多上皇の院御所的な場として機能し，その後に四円寺が相次いで営まれるなど，御室から嵯峨野の地域はとくに顕著な発展を示した。藤原氏の木幡の墓所も仁和寺に類似した事例といえる。木幡の墓所は道長の時代に一門の菩提寺としての浄妙寺が創建されるなど整備されたが，この作業によって京中の邸宅群と別業の宇治，墓所の木幡の結合がはかられたともいえ，頼通以降の藤原一門の結集の地としての宇治の機能を決定的なものにしたと考えられる。寺院と葬地の問題は，京と近郊の機能の分担あるいは結合の観点から，平安京の都市構造・政治構造に接近する可能性をもつ事例といえよう。

　京の拡大のもう一つの要素は皇族・貴族たちの別業の展開である。嵯峨野・宇治・北山・山科などは平安前期から別業の存在が確認されるが，とくに前二者は嵯峨院（大覚寺）や平等院のように政治的にも大きな意味をもった別業が営まれるなどし，次第に京と一体の機能をもつ地域へと発展した。『池亭記』が示すように平安京の残映としての狭義の京域は縮小したといえるかも知れないが，必要な機能を分散させつつ，近郊地域とより緊密に結びついて，京は自身の空間を拡大していくといえる。

鴨川と葛野川

　鴨川は京の東隣を南流，葛野川は京の西方郊外から南西部を南流し，ともに京南方の鳥羽付近で合流して宇治川に合した。鴨川は京に隣接するだけに，区域の性格が京の構造を反映する。内裏や貴族邸宅が集中する二条以北の鴨川は，天皇・斎王・貴族の禊・祓の場として王城や支配者の清浄性を保持するために用いられることが多く，庶民の多い三条以南は放牧地や賑給の場あるいは葬地として利用された。鴨川はしばしば氾濫を起こし京に被害を与えるため，治水を担当する防鴨河使が置かれて鴨川堤防の管理などを担当したが，当初は京の東辺全域に及んでいた堤防は10世紀末には六条以北までしか維持されなくなっていったらしい。葛野川は丹波からの木材などの物資を京に運ぶ，重要な物流の河川で，梅津・桂津・佐比津など幾つもの河岸があった。鴨川同様に当初は斎王の禊の場でもあったが，9世紀前期にはその役割を鴨川に譲り，治水を受けもつ防葛野川使も9世紀中期には廃止されている。

四円寺

　10世紀末から11世紀後期にかけて，円融天皇直系の天皇を願主として仁和寺の周辺に創建された，円融寺（願主円融天皇）・円教寺（一条天皇）・円乗寺（後朱雀天皇）・円宗寺（後三条天皇）の四御願寺の総称。天皇・院の旧臣や子孫を参加者とする願主の追善仏事の執行が主たる役割で，仏事の運営は蔵人所・後院が担当した。円融寺の創建には，仁和寺に居室を営み上皇として政治的影響力を保持した宇多天皇（上皇）を範とする円融天皇の政治的姿勢が背景にあるとされ，また四寺のうち最大の規模を有した円宗寺は鎮護国家の法会である最勝会や法華会を修する役割が付与されるなど，院政期の六勝寺につながる性格が指摘される。

鳥辺野，木幡

　鳥辺（部・戸）野は東山・阿弥陀峰の西麓斜面，ほぼ六条から九条の鴨川対岸にあたる地域に営まれた葬地で

ある。平安京の誕生に伴って出現した京近郊の葬地の中で最大のもので、皇族・貴族から庶民に至る広い範囲の人々が葬られた。五条通の延長部にあたる現在の松原通から清水坂に至る地域が鳥辺野の入口であり、ここには六道珍皇寺や空也が建立した御堂（西光寺、のちの六波羅蜜寺）などの祭祀施設が営まれ、中世には埋葬を担当する非人集団の所在地ともなった。

木幡は藤原基経の点地に始まる藤原北家一門の墓所とされるが（（『本朝文粋』所収「木幡寺鐘銘幷序」）、『延喜式』では冬嗣とその妻も宇治に葬られており、冬嗣の埋葬を契機として墓所化したと考えられる。道長はここに三昧堂・多宝塔などをもつ浄妙寺を創建し、墓所の総祭祀施設とした。現在、かつての墓所の一部は宮内庁所管の宇治陵に治定され、また宇治市教育委員会によって木幡小学校の敷地から浄妙寺の遺構が検出されている。

西ノ京

平安京大内裏西方の地域。ただし11世紀までの史料に現れる「西京」「西ノ京」は一般に左京（東京）に対する右京の意で、西ノ京をさす語ではない。『池亭記』の記述はその代表で、『源氏物語』で夕顔の住む「西ノ京」も同様である。『梁塵秘抄』に収める霊験所歌には、嵯峨野の法輪寺に参詣する道筋として「内野通りの西の京」を経由する節があり、平安末には旧大内裏西方をさす西の京の呼称が成立していたことが窺われる。発掘調査でも中御門小路周辺には平安後期に至るまで道路や築地が維持されていたことが確認されており、一条北辺大路から二条大路間の街路が、京西郊に開発された御所的機能をもつ仁和寺・四円寺や、嵯峨野・嵐山との主要な通路として機能したことが背景にあると考えられる。

清水寺

平安京東南郊に創建された山林寺院。「清水寺縁起」（群書類従本・続群書類従本）によれば、延暦年間に坂上田村麻呂が開創し、延暦24年（806）には寺地を与え

られ、弘仁元年（810）には鎮護国家の道場と位置付けられたという。開創者田村麻呂はこの寺地に隣接する宇治郡の墓所に葬られ、西野山古墓がそれにあたると考えられている。平安京と緊密な結びつきをもつ寺として創建されたことは確実であり、田村麻呂の埋葬伝承や承平年間に多聞天・持国天の造立が発願されたことなどからは、王城の北方～東方守護の役割を与えられていたと考えられる。平安中期以降は観音霊場として信仰をあつめ、『源氏物語』『枕草子』『今昔物語集』など多くの文学作品にも参詣地として描写されている。東京極大路から五条で鴨川を渡り清水坂を経由するのが主要な参詣路であった（『梁塵秘抄』）。

参考文献

高橋康夫『京都中世都市史研究』思文閣出版、1983.

山田邦和「都の葬地」、山本雅和「平安京の変貌」（『古代の都3 恒久の都平安京』吉川弘文館、2010.

金田章裕編『平安京―京都 都市図と都市構造』京都大学学術出版会、2007.

宇治市教育委員会「木幡浄妙寺跡発掘調査報告」（「宇治市文化財調査報告 第4冊」）1992.

平岡定海「四円寺の成立について」（『日本寺院史の研究』）吉川弘文館、1981.

佐々木宗雄「王朝国家期の仏事について」（『日本王朝国家論』）名著出版、1994.

関口力、平田泰「平安京の寺院」（『平安京提要』）角川書店、1994.

遠藤基郎「摂関期の天皇家王権仏事」（『中世王権と王朝儀礼』）東京大学出版会、2008.

渡辺直彦「防鴨河使の研究」（『日本古代官位制度の研究』）吉川弘文館、1972.

朧谷寿「平安時代の鴨川」（『平安貴族と邸第』）吉川弘文館、2013.

増渕徹「鴨川と平安京」（門脇禎二、朝尾直弘編『京の鴨川と橋 その歴史と生活』）思文閣出版、2001.

〔増渕 徹〕

古代寺院の伽藍配置

　伽藍とは，サンスクリット語のサンガラーマの音写である「僧伽藍摩」に由来する。もとは仏教集団を指す僧伽（サンガ）が，修行を行う清浄な土地を意味していたが，建築群を備えた場合は寺院建築群をさす。また，「伽藍縁起」というように，寺院組織そのものをさして伽藍と呼ぶ場合もある。

　伽藍をかたちづくる建築の配置は，中心軸，各堂舎の前後関係対称性，囲繞性などの秩序に基づきながらも多様性が見られる。

　まず，伽藍は南を正面とすることが基本であり，この正面から奥に延びる軸を基本に堂舎は配置される。伽藍の中心には塔や金堂といった寺院における主要堂舎が置かれ，その種類は以下のように分類される。

　飛鳥寺は，日本で最初に公式に営まれた寺院であるが，その伽藍配置は，塔を中心に三棟の金堂が東西北の三方を囲む。韓半島の清岩里廃寺と類似する配置であり，これを飛鳥寺式と呼ぶ。次いで，塔，金堂，講堂が南北に一列に並ぶ事例に四天王寺と山田寺があり，飛鳥寺式から東西二棟の金堂が省略されたかのようであるが，金堂と講堂が回廊で隔てられるものを山田寺式，隔てられないものを四天王寺式と呼ぶ。また，金堂と塔が東西に並ぶ事例として法隆寺西院伽藍や法起寺が挙げられ，金堂が東，塔が西のものを法隆寺式，その逆を法起寺式と呼ぶ。ほか，金堂の前に双塔が東西に並ぶ事例に薬師寺があるが，平城京に移転する以前の藤原京の本薬師寺も同様の配置であり，これを薬師寺式と呼ぶ。これ以外にも，金堂の前面東西に塔と堂が並ぶ川原寺や，塔と対称の位置に建物がない大官大寺などの事例も見られる。

　回廊は，これら主要堂舎群を囲むように配置され，内外の区画を明瞭に隔てる。飛鳥寺のように金堂とその背後の講堂との間に回廊を通し，講堂を回廊区画内に含まない事例が古いと見られるが，四天王寺や薬師寺のように回廊が講堂の側面に接続することで講堂の正面が回廊内区画に含まれる事例もあり，あるいは川原寺や興福寺，東大寺のように回廊が金堂の側面に接続する事例も生じる。なお，大安寺や東大寺は双塔式だが，金堂を囲む中心部の回廊の外に塔が独立して設けられるため，これらをそれぞれ金堂院，塔院と呼ぶ。

　回廊の正面には中門が設けられ，また回廊の外には講堂以外にも僧房や食堂などがあり，寺院全体の正面としては南門もしくは南大門が置かれた。

　このように伽藍配置は，一定のルールを下敷きとしながらも，堂舎の種類と位置関係，区画などの組み合わせにより，多様性が認められる。その背景には，教学上の解釈と機能性すなわち執り行われる法会の性格があることが窺える。

　ただし，上記は官大寺や都城内寺院のように伽藍配置の構成が明瞭に把握しやすい事例であり，地方寺院や国分寺，小規模寺院，地形の制約を受ける寺院，または平安期などはその限りではない。天台・真言の密教は山上伽藍を営むが，その配置は自然地形の影響を受け，平地伽藍の状況とは異なる。また，浄土教の流行に伴い，西方極楽浄土の教主である阿弥陀如来を奉る阿弥陀堂が重視されたり，苑池を内に伴う伽藍が設けられ，奈良時代の寺院とは様相を異にする例も登場する。

　なお，上記に示した伽藍構成は，堂舎の存亡を含め，現在までに当初の配置関係の姿を留めているとは限らない。したがって，伽藍配置の把握には，現存遺構以外にも発掘調査による確認や，同時に「流記資財帳」に記載される堂舎との照合が求められる。

　なお，伽藍とは上記の宗教上重要な建築群や領域に対する呼称であり，ほかに政所などの寺務を司る施設が周囲にあり，これら敷地全体としては寺地や寺域といった呼称を用いる。また有力な寺院は寺領を有するが，これはかならずしも寺院の周囲に拡がるとは限らない。

金　堂

　寺院の堂舎の中で本尊を安置する建築をさす。中国における仏殿に相当する。伽藍の構成として複数の金堂がある場合は，位置関係により，中金堂，東金堂，西金堂などと呼ぶ。主要な堂舎となるため，伽藍配置として中心的な位置に置かれる。平安時代からは本堂や中堂の語が用いられ始める。

講　堂

　寺院の堂舎の中で仏法を講じるための建築をさす。伽藍の中心軸上に設けられるが，金堂の北方にあたる背後に位置し，金堂とは回廊により隔てられるか，回廊が接続する。金堂より正面柱間が多く，規模が大きくなる。

回　廊

　屋根に覆われた廊状の建物であり，主要な堂舎群を囲うことで内外を区画する。梁間が1間のものを単廊，2間のものを複廊と呼び，単廊では，外側が連子窓のある壁，内側が吹放ち，複廊では，中央を壁と窓，両側を内外に吹放ちとする。回廊は時代とともに複雑化し堂舎に接続する渡廊や軒廊も登場する。その場合，間をつなぐ動線の機能を果たすこととなるが，吹放ちであるため，法会の際には僧侶の着座の場ともなる。

古代の寺院　53

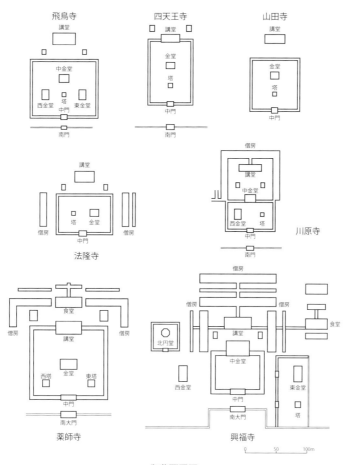

伽藍配置図
［筆者作図］

中門・南大門

　中門は主要堂舎を囲う回廊に設けられた門，南大門は寺域の南正面に置かれた門であり，一般にいずれも伽藍中心軸上に位置する。隔離と通行のための門扉が設けられるが，現存する法隆寺中門は重層建築であり金剛力士像が安置されるなど，宗教上重要な堂舎であった。南大門とは南門から派生した語であり，南正面を飾る，規模の大きい南門の意であり，奈良時代以降に呼称された。中門・南門は仏門と総称され，それ以外の門は僧門と呼んだ。

食　堂

　寺院の堂舎の中で僧侶が斎食をするための建築をさす。斎食とは正しい決められたときにとる食事であり，通常正午となっていた。食堂は講堂の東方や北方に設けられ，講堂もしくは僧房と廊にて接続する。僧侶が集まって一斉に食事をとるため，講堂と同規模もしくはより大きい。堂内には賓頭盧尊者あるいは文殊菩薩が安置される。

流記資財帳

　寺院の資産が記録された目録。寺院の縁起が合わさる場合は縁起并流記資財帳となる。内容は，仏像，経典，堂舎，仏具をはじめ，寺領，雑具，奴婢などが，数量とともに細かく列挙されたもの。律令政府による仏教政策として，官寺・定額寺は作成と政府への提出が命じられ，これによって寺院が監督されると同時に，資財の散逸を防ぐための管理運用に寄与した。平安時代に入ると国司の交代する6年に一度，または4年に一度作成されたが，平安中期以降は次第になくなり，私的な資財帳に変わっていった。現在，内容を窺うことのできるものとして，元興寺，大安寺，法隆寺西院のものが著名である。

参考文献

工藤圭章『唐招提寺』（『奈良の寺 18 金堂と講堂』）岩波書店，1974.
工藤圭章『古寺建築入門』岩波書店，1984.

［小岩　正樹］

主要堂舎

寺院建築のなかにおいて，何をもって主要な堂舎とみるかは，その寺院が依拠する教義による。例えば，三宝である仏法僧への尊崇にて成道が体現されると考える場合，三宝の解釈は多々あるものの，堂舎としては仏舎利，仏像，仏典，僧尼と，これらによる法会が関係すると考えられ，主要堂舎としては，塔，金堂，講堂，**僧房**が，挙げられよう。

仏塔は，仏舎利を奉安するための構築物であり，古代インドにおけるストゥーパが中国へ伝わり，卒塔婆と音写されたものが略されて，塔婆もしくは塔と呼ばれた。日本へは韓半島を経て仏教が伝わると同時に多重木塔として伝わり，飛鳥寺をはじめとする寺院に建てられた。多重塔には，三重塔や五重塔といった層塔と，二重以上は各重を短い柱として屋根が重なるように見える簷塔があるが，伽藍内で主要な堂舎と位置付けられる塔は前者の層塔のかたちで建造され，かつては七重塔や九重塔も存在した。仏塔が伽藍にて主要堂舎と目されるのは仏舎利への教義上の解釈に基づくものであり，仏舎利は，舎利容器に入れられ，塔の心礎や心柱，相輪に納められた。伽藍内でも配置関係から中心的な存在であったことが窺え，飛鳥寺では三金堂で囲われた中心に位置し，四天王寺や山田寺では中心軸上に置かれ，法隆寺や法起寺では金堂と並列していたが，やがて金堂のほうが重要視され，中心の位置は金堂に代わり，塔は場合によっては金堂から離れた位置に設けられるようになった。それは，国家鎮護を担う仏教の性格により，仏舎利の礼拝よりも，金堂にて執り行われる法会のほうを重視した可能性を示唆している。

金堂は，寺院の本尊仏を安置する建築であるが，飛鳥時代の金堂は，桁行3間・梁間2間の身舎に，四面に庇を有する三間四面の堂，すなわち正面5間・側面4間の事例が多く，また重層とする事例が多く見られる。平面は大きくなく，身舎の空間は須弥壇が占めるため，厨子的な性格を帯びるという指摘がある。白鳳時代から奈良時代にかけて，平面規模が大きくなり，正面を7間や9間とする金堂も建造された。平城京の諸大寺では，重層とするのが通例であり，組物は三手先として，軒を深くし，大きな屋根を擁する。

塔と金堂は，太い柱や深い軒をもち，最上級の三手先組物を備え堂内を荘厳する。場合によっては裳階を付加するなど，寺院の堂舎のなかでもより特別な建築としてつくられた。

なお，塔と金堂に準ずる建築として円堂が挙げられる。円堂は，室内に像を安置する建物ではあるものの，それ単体の形状として六角や八角の平面をもっており各面が正面と見なせるため，仏塔の持つ四方の等方位の性質になぞらえて，実在した人物の供養と関係して建造された。伽藍配置としては，金堂と離れて独立した院となるものが多い。

講堂は，僧侶が集会して仏典の講読や説法を行うための堂舎である。本尊を中央に安置し，その左右に講師が講経するための高座の論議台が置かれ，聴僧も左右に分かれる。そのため堂内の広さが求められ，金堂よりも平面規模が大きくなることが一般的である。諸大寺のなかでは創建当初の講堂が現存するものとして，平城宮の東朝集殿を改築して用いた唐招提寺の講堂が挙げられ，法隆寺西院の大講堂は平安時代の再建であり，さらに正面8間から9間へ拡張されたものの，当初位置を踏襲する。いずれも金堂の背後にあたる北方に置かれ，単層の建築である。組物も大斗肘木や出三斗といった三斗組より簡易なものであり，金堂との差別化がはかられている。伽藍配置上も回廊の外に置かれた。

鐘楼と**経蔵**は，それぞれ梵鐘と経典を収める建築であり，講堂に近い位置に設けられ，多くは講堂の前面にあたる南方左右に，金堂を廻る回廊の外に置かれた。なお，経蔵は伽藍中心部から離れた位置に，**校倉造**にて建造されたものもある。寺院の宝蔵として，経典や寺宝が保管された。

また，僧侶は寺院内にて共同生活を営むため，止住するための専用の建物を必要とし，これを僧房と呼ぶ。伽藍配置上，僧房は講堂の近くに設けられ，部屋が連続する長い建築となるが，伽藍中央域を囲うように複数棟配されるのが一般的である。

また，僧侶の共同生活に関係するものとして，ほかに食堂も挙げられる。食堂は講堂の北方や東方の，僧房の間やその外側に置かれ，僧房と軒廊などで接続する。一斉に食事をとるため，食堂に入堂する前に参集する必要があり，その場所としては前廊や細殿が用いられた。東大寺では講堂の東にあり，僧房と東廊下でつながれ，大炊殿を有し，回廊と中門に囲まれた食堂院を構成していた。

以上を鑑みるに，主要堂舎は建築単体の意匠や構造としても，伽藍内での位置や接続関係としても，何らかの形で教義に関係していることが分かる。これは逆に上記の要素から仏教寺院の教義上の性格や各寺の特徴を読み取れることを示している。

僧 房

寺院内にて僧侶が起居する建築であり，部屋が連続して桁行の長い形態をとる。僧坊とも記すが，房は部屋，坊は区域を意味するため，厳密には一区画をさす場合は

図1　元興寺極楽坊禅室（奈良県奈良市，鎌倉前期）
［撮影：伊藤毅］

図2　栄山寺八角堂（奈良県五條市，室町時代）
［撮影：伊藤毅］

前者，集合としての建築全体をさす場合は後者となろうが，両者は混用される。僧房は講堂の近くに配置され，その位置の方角により，東室や北室などと呼ばれる。三面僧房とは，講堂の三方向を僧房が囲う形式である。大寺院では梁行40尺前後の大房と，梁行十数尺の小子房が同じ桁行で一対として建てられる。平安時代以降，子院（私僧房）が一般化し，やがて僧房はその本来の機能を失って消滅する。現在僧房の遺構として，法隆寺東室・西室・妻室，元興寺極楽坊禅室，唐招提寺東室などが知られているが，いずれも僧房として使われているものはない。

鐘楼・経蔵

両者は異なる機能の建築であるが，古代寺院においては，ともに南北棟として，相対するかたちで伽藍中心軸に対称に配置されることが多く，通常桁行3間・梁間2間となる。講堂の前面に置かれることが一般的であるが，講堂前面が金堂を囲う回廊内に取り込まれる四天王寺や薬師寺では，鐘楼と経蔵は講堂の後方に設けられている。

鐘楼は梵鐘を懸け吊るすための建築であり，梵鐘はその音によって行事の合図や時報，あるいは音色による悟り・迷いの打破を僧侶へ伝える。法隆寺西院には，平安時代の再建ではあるものの2階建ての楼造の鐘楼があり，古代の形式を伝えるものとして重要である。鐘楼は，平安時代以降は伽藍配置上は一定の傾向がなくなり，形式としても四方が吹放ちとなり，楼造ではない袴腰を持つものが登場する。

経蔵は，経典を収納する建築であり，楼造の場合は経楼とも呼ぶ。古代寺院においては，経典の講読の出納のために講堂の近くに置かれた可能性がある。唐招提寺は鼓楼と呼ばれる中世建造の舎利殿があるが，もとは同位置には同規模の経楼があったと見られる。

円堂

平面が八角形や六角形である八角堂もしくは六角堂のことをさす。円形平面ではないが，一般的な四辺形平面と比べ，それ以上の多辺形が円に準ずると見なされたために，円堂と呼ぶ。屋根も八角形もしくは六角形の平面に応じた形状となり，柱や組物などの部材も必ずしも直角でかたちづくられない。著名な遺構として，八角堂では法隆寺夢殿，同西円堂，栄山寺八角堂，興福寺北円堂，同南円堂，広隆寺桂宮院本堂など，六角堂では頂光寺地蔵堂，鹿苑寺地蔵堂が挙げられる。

校倉

校倉造でつくられた蔵を校倉という。三角形断面の校木を井籠状に横に重ねて内部の空間をつくる。高床造とすることで，古代における官衙や邸宅，寺社の収蔵の一形式として，板倉とともに使用された。校木は壁でありつつ屋根を支える構造体となるため，互い違いに組まれる校木の結合部は複雑な仕口で加工された。著名な遺構として，東大寺正倉院北倉と南倉，新田部親王邸の倉を利用した唐招提寺経蔵，同宝蔵，東大寺本坊経庫，手向山八幡宮宝庫などが挙げられる。

高麗尺・大尺・小尺

長さの単位。高麗尺は高麗で使用されたとされる尺度であり，曲尺の1尺1寸7分6厘（約356mm）を1尺とする。大尺と小尺は唐尺とも呼ばれ，中国の唐代に使用された尺度で，日本では，大宝令にて大尺と小尺の制を定め，田地などの測量用（測地尺）には大尺（高麗尺）を，その他の常用尺は小尺（唐尺）を用い，大尺は小尺の1.2倍の長さとした。平城遷都後の和銅6年（713）には，この大尺を廃して，小尺に統一する。特に天平年間に使用された尺を天平尺と呼ぶが，尺の長さは時代や個々の造営尺により若干の相違が見られるため，呼称と実長との対応関係について注意する必要がある。

参考文献

奈良六大寺大観刊行会編『奈良六大寺大觀　補訂版』岩波書店，1999．
鈴木嘉吉『古代寺院僧房の研究』中央公論美術出版，2016．

［小岩　正樹］

飛鳥時代様式

　飛鳥時代とは，6世紀末の飛鳥寺の創建から，和銅3年（710）の平城遷都までをいう。この時代の現存建築は，奈良県斑鳩町の法隆寺西院およびその周辺の寺院の諸建築，すなわち法隆寺の金堂，五重塔，中門，回廊，および工芸品の玉虫厨子，法起寺三重塔にほぼ限られる。法隆寺西院の建築については，いわゆる**法隆寺再建非再建論争**があり，現在では再建であることがほぼ確実となった。すなわち，法隆寺西院伽藍は，7世紀後期から8世紀初頭の建立となる。これらは，柱に著しい膨らみ（エンタシス）があり，雲斗・雲肘木の組物を用い，隅の組物は45度外方向にしか挑出せず，大斗の下には皿板があり（皿斗），肘木には笹繰があって肘木の曲線が鋭い，といったその後の建築には現れない特徴があり，これが飛鳥時代の建築様式と考えられてきた。

　日本最初の本格的仏教寺院である**飛鳥寺**は，その建立に百済の工人が関与していることが『日本書紀』などにみえる。発掘調査によって，伽藍配置は塔の三方を金堂が囲う，一塔三金堂式の伽藍配置であることが判明した。この形式は，清岩里廃寺（金剛寺）や定陵寺など，高句麗に見られる。また，東・西の金堂は二重基壇であり，下成基壇上に礎石を備えていた。この形式は発掘遺構でも類例は少ないが，清岩里廃寺や新羅の皇龍寺，統一新羅の四天王寺など，朝鮮半島には類例がある。

　また，山田寺の発掘調査でも，重要な知見が得られた。金堂は，身舎・廂とも桁行3間，梁間2間で，身舎と廂の柱が1：1に対応する，現存建築には例のない平面をもつことが判明した。身舎桁行両脇間の柱間寸法が狭くなるため，法隆寺西院の諸堂に見られる，組物が隅45度外方向のみに挑出する構造との親近性が説かれている。東面回廊の発掘調査では，11世紀中期の土石流によって，7世紀半ば頃に建立された回廊が倒壊したままの状態で出土した。法隆寺西院回廊と比較すると，柱にエンタシスのあることのほか，全体の形式はよく似るが，大斗の下には皿板がなく，肘木に笹繰はあるものの，法隆寺よりもやや長いといった特徴のあることが判明した。扉口の構造も法隆寺とは異なる。

　そのほか大阪市の四天王寺講堂（7世紀後期）の発掘調査では，現存する古代建築には実例のない古代の隅扇垂木の痕跡が確認されている。以上のような発掘遺構から，現存建築で知られる以上に，古代建築は多様であることが実証された。

　昭和32年（1957）〜34年に発掘調査が行われた川原寺では，塔と西金堂が東西に相対し，その奥に中金堂が南面する一塔二金堂形式の伽藍配置を確認した。ここで確認した中金堂の平面は，隅の柱間が法隆寺や山田寺ほど狭くなく，小尺を用いた設計とみられること，軒丸瓦に初唐代の様式が認められる複弁八弁蓮華文を用いること，そういった形式が後代に引き継がれていくことなどから，最新の建築技術や様式で建立されたとみられる。

　7世紀における最大の建築は，（文武朝）**大官大寺**の金堂で，桁行9間，梁間4間の規模をもち，藤原宮大極殿と同大であることが判明した。大官大寺の前身は，舒明11年（639）に舒明天皇が発願した百済大寺で，高市大寺（天武朝大官大寺）に移され，さらに文武朝大官大寺へと移築・再建を繰り返したが，いずれも九重塔を備えた国家の筆頭寺院であった。百済大寺の造営は，国内的には蘇我氏への対抗，国外的には朝鮮半島の動乱のなかで，百済弥勒寺，新羅皇龍寺といった各国の国家寺院への対抗の産物であった。百済大寺跡（吉備池廃寺）の塔の基壇は，645年に完成した新羅皇龍寺九重塔（平面方7間）とほぼ同規模である。これらの建立にも，最新の建築技術が用いられたと考えられる。

　天武9年（680）に発願された**薬師寺**は，持統8年（694）に遷都される藤原京の条坊に則って寺地を占め，回廊内に二塔一金堂を配する薬師寺式伽藍配置で建立された。和銅3年の平城遷都とともに寺籍も移るが，この藤原京の薬師寺を本薬師寺と呼び，奈良県橿原市に遺跡を残す。発掘調査により，本薬師寺と（平城）薬師寺は，伽藍配置が同じであるばかりでなく，少なくとも金堂，東塔，西塔の平面が同じであることが判明し，本薬師寺の建築形態が（平城）薬師寺に踏襲されたと考えられる。すなわち現存する天平2年（730）建立の東塔の形態は，7世紀後期（白鳳時代）の様相を示すと考えられる。

　東塔の様式は，柱にわずかなエンタシスをもち，三手先組物は，二手目に横方向をつなぐ通肘木がないため支輪をもたず，軒小天井を一面に張る，鬼斗を用いないなど，唐招提寺金堂（宝亀11年（780）頃，奈良市）の三手先組物とは異なり，海竜王寺五重小塔（8世紀前半，奈良市）に先行する。

　このほか，天武14年の仏教奨励の詔により，地方に多くの寺院を生み出したと考えられる。発掘調査により，これらは，法隆寺式もしくは法起寺式の伽藍配置をもつものが多く，またそれらの建築についても，情報が蓄積されてきている。

法隆寺再建非再建論争

　『日本書紀』天智9年（670）4月癸卯朔壬申条の，「法隆寺が火災に遭い，一つの建物も余すところなく焼けた」，という記事をめぐり，明治中期から昭和初期にかけて，現在の西院伽藍が7世紀前期のもの（非再建）か，

火災後の再建かを論点とした研究者間の論争。建築史学者の関野貞は，西院の建築が，薬師寺東塔などよりも古い高麗尺を用いて設計されていることを根拠に，非再建論を展開した。これに対し，文献史学者の喜田貞吉は，古い礎石を再用して再建すれば，古い尺度が現存建築にも現れると反論した。

昭和14年（1939），若草伽藍と呼ぶ四天王寺式伽藍配置をもつ寺院跡が，西院伽藍の東方で発掘され，これが火災で焼けた法隆寺と考えられるに至った。平成13年（2001）と平成14年には，金堂と五重塔の部材の年輪年代測定が行われ，その解釈をめぐって議論が続いている。

飛鳥寺

奈良県明日香村に所在する日本最初の本格的仏教寺院。蘇我氏の氏寺として創建され，法興寺とも称した。崇峻元年（588）には百済より仏舎利とともに寺工・露盤工・瓦博士などが来日して造営が開始され，推古4年（596）には完成したことが『日本書紀』などの記事から判明する。大化元年（645）の乙巳の変による蘇我本宗家の滅亡以後，天武9年（680）には国の大寺に列せられた。和銅3年（710）の平城遷都に伴い，平城京左京四・五条七坊の元興寺に寺籍を移した。昭和41年（1966）国指定史跡。

飛鳥寺の法灯は現在の安居院に引き継がれており，昭和31年〜32年に発掘調査が行われた。中金堂は現在の安居院の位置にあり，地下式心礎をもつ塔の他，東・西金堂，梁間3間の中門，桁行8間の講堂などが発見された。

山田寺

奈良県桜井市の丘陵東麓に所在する寺院跡。蘇我倉山田石川麻呂の発願により，舒明13年（641）に創建され，皇極2年（643）に金堂・回廊建立，天武5年（676）に塔完成，天武14年に講堂の丈六仏が開眼して完成した。この丈六仏が興福寺蔵旧山田寺仏頭である（大正10年（1921）国指定史跡，昭和27年国指定特別史跡）。

伽藍配置は一塔一金堂の四天王寺式に近いが，北面回廊が講堂の前面で閉じるのが特徴である。特異な平面をもつ金堂，倒壊した回廊のほか，地下式心礎をもつ塔，桁行8間の講堂，方3間の宝蔵，棟通りの柱が小さな八脚門である南門などが発見された。蓮弁彫刻をもつ礎石や，金堂階段側面羽目石に象られた彫刻，巨石をくりぬいてつくった灯籠など，高い石造技術により，造営されたことがわかる。

川原寺

奈良県明日香村に所在し，斉明天皇の飛鳥川原宮の跡地に建立されたと考えられる寺院跡。弘福寺とも称し，創建年代は660年代と考えられている。7世紀後半には四大寺として大官大寺・薬師寺・飛鳥寺とともに厚遇さ

れたが，和銅3年（710）の平城遷都の際には飛鳥の地にとどまった。大正10年（1921）国指定史跡。

昭和32年〜34年とその後の散発的な発掘調査により，特異な伽藍配置のほか，南門より規模が大きな東門，身舎に柱間装置を入れて廂を開放とする中金堂，鎌倉時代の心礎の下に半地下式の創建心礎を発見した塔，講堂の3方をめぐり，その間取りが判明する僧房，中金堂の北西に巨大な礎石を利用した鐘楼もしくは経楼などの遺構が発見されている。

大官大寺

奈良県明日香村に所在する寺院跡。舒明11年（639）発願の百済大寺の後身寺院。百済大寺の遺跡は平成9年（1997）〜13年の発掘調査で発見された吉備池廃寺（奈良県桜井市，平成14年国指定史跡）で，法隆寺式伽藍配置をとり，巨大な金堂と九重塔，中門，回廊，僧房などの遺構を検出した。天武2年（673）に移されて高市大寺と称したが，天武6年に大官大寺と改称された。これを天武朝大官大寺とも称する。この遺跡は，平成29年現在，所在不明。さらにこれを移したのが，遺跡を残す大官大寺で，文武朝大官大寺とも称する。

文武朝大官大寺は，『扶桑略記』和銅4年（711）条に，火災の記事があり，1970年代の発掘調査で，金堂，講堂，九重塔，中門，回廊の遺構を検出し，造営中に火災に遭ったことが確認された。平城遷都ともに左京六・七条四坊の大安寺に寺籍が移る。大正10年国指定史跡。

薬師寺

平城京右京六条二坊（現在の奈良市）に建てられた寺院。天武9年に天武天皇が発願し，藤原京（現在の奈良県橿原市）に営まれた薬師寺（本薬師寺）を前身とし，和銅3年の平城遷都とともに現在地に移った。伽藍配置や堂塔の規模の相似から，本薬師寺から薬師寺への移築説もあったが，発掘調査による出土瓦の検討から，およそ否定されてきている。

天平2年（730）に建てられた東塔は，各重裳階つきの三重塔で，他例のない形態だが，11世紀に書かれた『薬師寺縁起』には，金堂は「二重二閣」，講堂も「重閣」と記され，やはり裳階つきとみられる。境内堂塔の発掘調査により，金堂，西塔，中門，回廊，講堂，食堂，僧房が外観復元されている。

参考文献

奈良文化財研究所『法隆寺若草伽藍跡発掘調査報告』（『奈良文化財研究所学報』第76冊），2007.
山岸常人「木工と寺工－古代建築技術確立の前後－」（『専門技能と技術』（『列島の古代史5』））岩波書店，2006.

［箱崎　和久］

奈良時代の建築

　和銅3年（710）に遷都された平城京では，平城宮の宮殿をはじめ，飛鳥や藤原京から移された寺院が建設された。また，奈良時代初頭には藤原氏の氏寺として**興福寺**が建立されたが，ほどなく官寺に列せられ，奈良時代前半には，大安寺・薬師寺・元興寺・興福寺の四大寺が，王権の内廷的な仏教行事を行う寺院であった。奈良時代中期以降，平城京の東郊外に東大寺が創建され，さらに新薬師寺・法華寺・西大寺・西隆寺・秋篠寺などが平城京の内外に建てられた。これらの官寺は，やはり国家的な仏教行事を行ったが，すべてが大寺の扱いを受けたわけではなく，天平宝字9年（765）の西大寺創建後は，東大寺・興福寺・元興寺・大安寺・薬師寺・西大寺の京内六大寺に法隆寺を加えた7ヵ寺が七大寺として史料に現れる。

　このような官寺とは別に，平城京内には多数の寺院があった。奈良時代の五重小塔と西金堂を残す海竜王寺は，平城京以前から当地にあった寺院であり，**唐招提寺**は新田部親王の旧宅を鑑真が賜り，天平宝字3年に創建した私寺である。このほかにも，文献に見える寺院，発掘調査で明らかになった寺院などからみると，奈良時代末期には平城京はさながら仏教都市の様相を呈していた。

　平城京の官寺は，相対的に寺域および建物の規模が大きく，元興寺と西隆寺（尼寺）を除いて，塔を2基備えるのが特徴である。薬師寺は前代の伽藍配置を踏襲したため，回廊内に塔を配するが，奈良時代の国分寺を含む官寺では，塔を回廊の外に置き，中門，金堂，講堂を中軸線上に南北に並べて，中門と金堂を囲んで金堂院を構成するのが一般的である。伽藍中心部の建築は，基壇上に建ち，板床を張らない土間で，礎石上に柱を立て，屋根は本瓦葺とするのが通例である。金堂や講堂は，身舎・廂の構成をとり，内部に須弥壇を構えて比較的大きな仏像を置く。また，回廊は中央官寺では梁間2間の複廊とする場合が多い。

　奈良時代の資財帳などにみえる堂塔規模の表記は，例えば，大安寺の金堂が「長十一丈八尺　広六丈　柱高一丈八尺」と表現されるように，建物全体の桁行・梁間の規模と，柱高で表されており，五間四面のように，身舎の桁行柱間と廂の数を示す，いわゆる間面記法による建物規模の表記は平安時代に降る。

　平城京における官寺の中心建築で，現存するのは薬師寺東塔（天平2年（730））のみだが，後世に柱配置を踏襲して建てられた堂塔や，資財帳などの文献資料，現地に残る遺跡などから，当時の建築を窺うことができる。宝永6年（1709）に再建された現在の東大寺大仏殿は，創建当初の桁行両端各2間を省略した桁行7間，梁間5間，寄棟造，本瓦葺の建築で，現存する部分は奈良時代の柱配置を踏襲している。柱間寸法は，身舎梁間が78尺（23.4m），桁行中央間が30尺（9.0m）に及ぶ。創建期における東大寺の建築の雄大さは，現存する転害門や正倉院正倉から窺うことができる。

　奈良時代の本格的な金堂・講堂は唐招提寺に現存する。法隆寺東院夢殿は，別院の金堂であり，東院伝法堂はその講堂にあたる。板床をもつ伝法堂は，解体修理に伴う調査の結果，天平宝字5年の資財帳に見えるように，もとは住宅建築であったものを移築増築したことが証明された。東大寺法華堂は，正堂の正面に別棟の礼堂を設けた形式で，現在の礼堂は鎌倉時代の建立であるが，平安時代以後，中世の仏堂へと発展する形態を考える上で重要である。このほかの金堂に相当する現存建築は，栄山寺八角堂と海竜王寺西金堂がある。

　塔は薬師寺東塔のほか，海竜王寺五重小塔，元興寺極楽坊五重小塔，室生寺五重塔，当麻寺東塔が現存する。その他の奈良時代の現存建築は，法隆寺東大門，法隆寺食堂，新薬師寺本堂のほか，唐招提寺宝蔵・経蔵をはじめとする方3間前後の規模の校倉が4棟現存する。このうち新薬師寺本堂は，本来中心的な建物ではなく，食堂のような堂を後世に転用したものと考えられている。

　一方，天平13年3月に国分寺建立の詔が発せられ，各国に国分寺と，国分尼寺の建立が命じられた。各地に残る遺跡によって，その実態を知ることができる。上総国分寺・上総国分尼寺では，政所院・厨院など，寺院付属施設の一部の建築群も明らかになっている。

興福寺

　和銅3年（710）の平城遷都とともに，藤原氏の氏寺として平城京左京三条六坊に創建された。養老4年（720）には造興福寺仏殿司が置かれて円堂院（北円堂）が建てられ，以後，天皇や皇后による造営が相次ぎ，官寺に列せられた。その後，伽藍の中心部は7回の火災に遭いながらも再建を繰り返してきた。現存建築は13世紀の北円堂，三重塔，15世紀の東金堂，五重塔，大湯屋，18世紀の南円堂がある。

　発掘調査により，火災後の堂塔の再建は，基本的には，創建当初の礎石を再用してきたことが判明した。このため，東金堂，五重塔も，奈良時代建築の平面や木割をとどめている。また，「興福寺建築諸図」（東京国立博物館蔵）という享保2年（1717）の火災前後の実測図あるいは復興計画図とみられる図面から，失われた堂塔の様相を知ることができる。

官寺

　伽藍の造営や維持の費用を国家がつかさどる寺院を官寺と呼ぶ。造営にあたっては，臨時の官職である造寺司を組織するもので，天武2年（673）の造高市大寺司，大宝元年（701）の造薬師寺司が初期の例である。天武9年（680）4月の勅に「官司治むる国の大寺二，三」とみえ，「大寺」と類似する用語として用いられている。

　『延喜式』玄蕃寮には，大寺，国分寺，有食封寺，定額寺の等級がみえるが，30年など期間を限って食封を受ける寺院は，狭義には官寺と呼びにくい。平城京とその近郊には東大寺を筆頭として官寺が並立したが，平安京では東寺と西寺の2寺のみが置かれた。地方では各国国分寺のほか，筑紫観世音寺（現太宰府市），下野薬師寺（現下野市）には，僧が受戒する戒壇が置かれたため，官寺の扱いとすることが多い。

大寺

　大寺の語は，舒明11年（639）に舒明天皇が発願した百済大寺が初見で，狭義には王権の発願による寺院の尊称である。地方寺院の出土文字資料などにも大寺の語が見え，広義には当該寺院内や地域内での尊称として用いられた。狭義の大寺は，藤原京時代には四大寺として，大官大寺・薬師寺・川原寺・飛鳥寺が現れ，奈良時代前期には，大安寺・薬師寺・元興寺・興福寺がそれを継承した。奈良時代後期には七大寺と見え，先の四大寺に，東大寺・西大寺・法隆寺を加えたものをさす。さらに神護景雲4年（770）4月には十二大寺，『延喜式』には十五大寺と見える。仏教的な機能の上では諸寺や地方寺院などと変わらないが，大寺として挙げられた際の法会は，王権の内廷的な治病や追善供養を主としており，王権の護持を目的とした寺院として機能することがあった。

西大寺

　称徳天皇が天平宝字8年（764）に発願し，平城京右京一条三坊に創建された官寺。鎌倉時代には戒律復興の拠点寺院であった。現存する建築は，いずれも江戸時代以降のものだが，宝亀11年（780）勘禄の「西大寺資財流記帳」から，創建当初の建築を知ることができる。ここには講堂の記載がなく，薬師金堂と弥勒金堂の二つの金堂が挙げられており，火炎形などの華やかな装飾で飾られていたらしい。『日本霊異記』には八角七重塔を四角五重塔に計画変更した記事があって，発掘調査によってそれが確認された。また，板石を2枚並べた薬師金堂のものとみられる基礎地業が発見され，さらに回廊の遺構の一部を検出したことによって，伽藍中心部の様相も判明してきた。食堂院の具体的な様相が判明した点も重要な成果である。

西大寺薬師金堂の礎石下基礎地業
［奈良文化財研究所］

唐招提寺

　新田部親王の旧宅を鑑真が賜り，天平宝字3年（759）に平城京右京五条二坊に創建されたと伝える私寺。奈良時代の本格的な金堂と講堂のほか，校倉造の経蔵と宝蔵を残し，また鎌倉時代の鼓楼と礼堂は，奈良時代の経楼と僧房の位置に建っており，塔や回廊が失われているものの，奈良時代寺院の境内の雰囲気をよく残している。

　金堂は桁行7間，梁間4間，寄棟造で，三手先組物をもち，大棟には奈良時代の鴟尾をあげていた。正面1間を吹き放しとするが，発掘調査によってその両脇には複廊が取り付くことが判明している。講堂は桁行9間，梁間4間，入母屋造で，平城宮の朝集堂を移した文献資料があり，解体修理による調査と平城宮跡の発掘でそれが証明された。

国分寺

　鎮護国家のために国ごとに建立された寺院。天平9年（737）の釈迦三尊造像の勅から一連の令が下され，天平13年（741）3月のいわゆる国分寺建立の詔では，国ごとに僧寺と尼寺の建立を命じている。広義にはこの2寺を総じて国分寺と呼ぶ。

　古代の建物が現存する例はないが，発掘調査により，当時の各地域では最大級の寺院が営まれたことがわかってきた。伽藍配置は塔を回廊の外に独立させて建てる場合が多く，金堂は桁行7間，梁間4間が標準的な規模である。国分寺には七重塔の造塔が命じられているが，一辺の規模が9m（30尺）を超える相模，上野，陸奥，遠江，豊後などの塔は，現存最大の東寺五重塔よりも平面が大きく，七重塔が建てられていた可能性がある。

参考文献

狩野久編『古代を考える　古代寺院』吉川弘文館，1999．
鈴木嘉吉『飛鳥・奈良建築』（『日本の美術』No. 196）至文堂，1982．

　　　　　　　　　　　　　　　　　　　　　［箱崎　和久］

古代寺院の源流

　大陸の仏教建築は，漢代（B.C.206～A.D.220）末から記録に現れる。その後，魏・晋・南北朝時代（220～581）には，洛陽城（現在の河南省洛陽）や長安城（現在の陝西省西安）で仏寺の建立が次第に増えた。とりわけ，北魏王朝（386～534）は仏教を積極的に取り入れ，493年までの帝都平城（現在の山西省大同）では，この時期に雲崗石窟がつくられている。493年に遷都した洛陽城における寺院の様相は，『洛陽伽藍記』に詳しい。そのなかで有名なのが，洛陽城内に建てられた九層の浮図（塔）をもつ**永寧寺**であり，発掘調査によりその実態が明らかとなった。洛陽近郊にはこの時期に，龍門石窟の開鑿が始まる。

　この時期の木造建築は現存しないが，嵩嶽寺塔（河南省登封，523年）などの塼塔や，旧山西省朔州崇福寺石造九重小石塔（466年，現在は台湾国立歴史博物館蔵），義慈恵石柱（河北省定興，570年頃）などの石造品のほか，雲崗・敦煌・麦積山・龍門・天龍山・南北響堂山などの各石窟寺院の彫刻や絵画に見える木造建築を模した表現などから，この時代の寺院建築を窺うことができる。

　大陸における現存する最古の木造建築は，桁行3間，梁間3間の規模をもつ南禅寺大殿（山西省五台，782年）である。小寺であったため会昌の廃仏（845年）を免れたもので，本格的な規模の仏殿としては，同じ五台山に所在する**仏光寺大殿**（857年）が最古である。このほか唐代の現存建築には，広仁王廟大殿（山西省芮城，831年）・天台庵大殿（山西省平順，9世紀）などがある。

　隋・唐代（581～907年）の建築資料としては，懿徳太子墓・李寿墓のような陵墓の内部に描かれた壁画に見える建築表現のほか，唐長安城大明宮含元殿や臨徳殿，隋唐洛陽城の明堂や天堂などの発掘成果などから，大規模な宮殿建築の一端を知ることができる。中国における寺院遺跡の発掘調査成果は，唐長安の青龍寺や西明寺などがあるものの，全体として少ない。この頃の寺院建築を知る資料に，慈恩寺大雁塔（陝西省西安）の初層南面入口上部アーチ部分の石材（まぐさ石）に線刻された仏殿図（704年頃）がある。この仏殿図は，陵墓壁画に描かれた建築とほぼ共通し，宮殿建築と仏教建築のあいだで，建築様式上の区別はなかったことが理解できる。

　一方，韓半島は，漢王朝の滅亡後，高句麗・百済・新羅を中心とする，いわゆる三国時代がつづくが，唐と新羅の連合軍が，660年に百済を，668年に高句麗を滅ぼし，676年には韓半島の唐の勢力を取り除いて新羅が半島を統一した（統一新羅）。韓半島最古の木造建築は，12世紀末頃の鳳停寺極楽殿（慶北安東）や13世紀頃の浮石寺無量寿殿（慶北栄州）で，三国時代や統一新羅時代の建築は，宮殿建築については不分明なものの，古墳や石造物のほか，発掘調査による遺構や遺物などから知ることができる。

　高句麗には，4～7世紀の古墳壁画が多数あり，なかには双楹塚（5～6世紀）のような，皿板つきの大斗（皿斗）をもち，人字形割束の中備を用いるなどの描写をもつものもある。高句麗の寺院建築については，土城里廃寺，上五里廃寺，定陵寺，清岩里廃寺（金剛寺）などの発掘調査事例がある。いずれも塔を囲んで東・西・北に金堂を配する一塔三金堂の伽藍配置をもち，塔は八角平面とするのが特徴である。

　百済の寺院の伽藍配置は，一塔一金堂を南北中軸線に並べる，いわゆる日本の四天王寺式伽藍配置をもつ場合が多く，軍守里廃寺・陵山里廃寺・王興寺・定林寺・扶蘇山廃寺など，現在の忠南扶餘地域で特徴的にみられる。また扶餘地域の木塔は地下式心礎をもつ場合が多く，定林寺には百済時代の五層石塔を残す。現在の全北益山には，武王（在位600～641年）が弥勒寺を建立した。中門・塔・金堂を南北一直線上に並べた院を東西に3院並べ，背後に講堂一棟と僧房を置いた他例のない伽藍配置をもつ。百済時代の西院石塔が残っており，解体修理中の2009年には，639年の銘をもつ舎利奉迎記が発見された。益山地域の木塔は地上式の心礎をもつ。

　新羅を代表する寺院が，真興王（在位540～576）が創建した**皇龍寺**で，645年に九重木塔を建ててほぼ完成した。634年に創建された芬皇寺には，石塔の最下重が現存する。統一新羅の寺院は，二塔一金堂を回廊で囲う，日本の薬師寺式伽藍配置をもつ，四天王寺・感恩寺・望徳寺・千軍洞廃寺などが建てられ，現在もその遺跡を残す。新羅の宮殿建築は明確でないが，東宮跡では園池遺構（月地。かつては雁鴨池と呼ばれていた）を伴い，発掘調査により建物と園池が明らかとなり，肘木や卍崩し高欄などの建築部材も出土している。

　新羅・統一新羅時代の木造建築は現存しないが，石製品の加工技術が発達し，石塔や石灯籠を初めとする多数の石造物が残されている。なかでも石造のドーム天井を築いた石窟庵，天体観測台である瞻星台，釈迦塔と多宝塔という2基の石塔と，石造の橋（階段）を残す**仏国寺**などが，その代表である。

永寧寺

　北魏孝明帝の母，霊太后胡氏が，洛陽城（現在の中国河南省洛陽）に建立した仏教寺院。467年，北魏の献文帝が，帝都である平城（現在の中国山西省大同）に，七重塔を備えた永寧寺を建立するが，493年に洛陽に遷都すると，516年に改めて永寧寺が創建された。519年に

は九重塔が建てられ，仏殿は洛陽城の大極殿のようだったという。九重塔は，『水経注』の記載によれば，地面から露盤下までの高さは49丈（推定約134m）というが，534年に落雷を受け焼失する。『洛陽伽藍記』には，上階から景色を眺めた記事がある。

洛陽の永寧寺塔跡は，発掘調査により，基壇一辺が38.2mであることが判明した。また，初重平面は方9間で，中央部方7間に日干し煉瓦を積んで心とし，柱筋の交点すべてに柱を立て，外周1間に木造の屋根をかけた構造と考えられる。

仏光寺大殿

中国山西省五台に所在する仏光寺の東部高所に西面する建築で東大殿ともいう。仏光寺は五台山十大寺に列する重要寺院で，857年再建の大殿は，その中心建築であり，本格的な木造建築としては大陸最古の事例である。

桁行7間，梁間4間，寄棟造で，内槽・外槽の2周の柱配置をもち，柱は内槽・外槽とも同高とする。内部は支輪を折り上げた格天井で小屋を隠し，前方のみに持ち送る四手先の偸心組物と虹梁による構造をもつ。軒まわりの組物は尾垂木2本を用いた双抄双下昂（四手先）で，中備は簡略化された双抄（尾垂木のない二手先）で，木割りが太く，詰組への過渡的形態を留める。

平面形式は，日本の古代建築における身舎・廂の平面の原型といえ，内部空間は日本の唐招提寺金堂や興福寺東金堂と類似する。

慈恩寺大雁塔

中国陝西省西安にある七重の方形塼塔。704年頃に十層で再建され，933年頃には七層に改められ，さらに明代に外壁を厚い塼で覆う改修が施された。

初重南面中央入口上部のアーチ部分の石材（まぐさ石）には，桁行5間，寄棟造の仏殿の線刻画がある。仏殿は基壇上に建ち，蓮弁を象った礎石上に柱を立て，柱上には二重の頭貫を通し，組物は双抄（尾垂木のない二手先）とし，中備は人字形間束と間斗束を重ねる。軒は二軒で地垂木を円形，飛檐垂木を角形，隅のみを扇垂木とし，大棟両端には鴟尾をあげる。このように描写は写実的で，陵墓の建築壁画とともに，現存建築がない唐代前期の建築を知る上で重要である。

清岩里廃寺（金剛寺）

北朝鮮平壌特別市清岩里に所在する高句麗時代の寺院遺跡。他の高句麗寺院跡と同様，一塔三金堂型式の伽藍配置をもつが，そのなかでも建物規模が大きく，遺構の遺存状況が比較的よい。出土遺物や小字名などから，『三国史記』高句麗本記に，498年の創建と見える金剛寺の遺跡と考えられる。

発掘調査は朝鮮古蹟研究会によって1938年に行われ，一辺が10.2m前後をはかる八角木塔跡と，その北に，桁行32.5m，梁間19.2mの基壇規模をもつ中金堂が発見され，また桁行23.5m，21mほどの東金堂と西金堂，八角木塔の南には玉石敷きの参道と門がある。いずれも柱配置は判明しないが，八角木塔は二重基壇で下成基壇に礎石をもつ。

皇龍寺

韓国慶尚北道慶州市に所在し，553年に真興王によって創建された新羅護国のための大寺院である。566年には第一次伽藍が完成するが，その後も改修が加えられ，584年には中金堂が建ち，645年には九重木塔が建って第二次伽藍が完成する。さらに8世紀中頃以降に，九重木塔の前方左右に鐘楼と経楼が建てられるとともに，中門が南方に移動して第三次伽藍となった。

伽藍配置は，中門・塔・中金堂・講堂を南北一直線上に並べ，中金堂の両脇に東西二つの金堂を南面させた特異なもので，遺跡には礎石をよく残している。中金堂は桁行9間，梁間4間，柱間寸法が約5.0m等間で，古代韓半島最大の建築である。また仏像の台石もよく残しており，中金堂内部の様相を彷彿とさせる。九重木塔は『三国遺事』によると，百済の名匠阿非智を招聘して建立したもので，心礎のほか，方7間の柱筋すべてに礎石を配した平面をもつ。

仏国寺

韓国慶尚北道慶州市郊外に所在する寺院で，528年に創建されたが，現在見られるものは，統一新羅時代の751年に再建された伽藍と考えられる。伽藍は東西2院からなり，東院にはいずれも石造の多宝塔（東塔）と釈迦塔（西塔）を残している。このほか，現在は大雄殿・紫霞門・泛影門・極楽殿などの木造建築が建つが，これらは礎石とその配置に統一新羅再建時の様相を残すものの，建物は壬申倭乱（豊臣秀吉による文禄の役：1592～1593）の焼き討ち後に建てられたものである。さらにこれらの伽藍の前方には，上下2段の石壇が築かれ，東西2院の中軸線上に，青雲・白雲橋（東院），蓮華・七宝橋（西院）と呼ばれる石製の橋（階段）を渡している。これらは統一新羅時代の高い石材加工技術を示すものとして重要である。

参考文献

中国建築史編集委員会編，田中淡訳編『中国建築の歴史』平凡社，1981.

尹張燮著，西垣安比古訳『韓国の建築』中央公論美術出版，2003.

［箱崎 和久］

神社の成立と制度

　神社の成立は，第二次世界大戦以前は日本の神話とともに古いものであったが，次第にその成立を新しく考える説が生まれている。

　「神社」の語は『日本書紀』以下の国家が編纂した六国史では天武天皇13年（684）に初例として現れ，以後，そのほとんどの用例がまず国家の名簿に登録された神のための宗教施設（官社）であったが，一方で奈良時代後半には在地にある官社ではない神の社を「神社」と呼ぶようにもなっていた（『続日本紀』神護景雲2年（768）8月庚申条，東大寺越中国開田図の射水郡鹿田庄）。今日では日本の「神」の成立の画期を明確にできないこともあって，神社を狭くは神を祭る建物に限定するものから，祭祀者と場所が一定ならば施設の存在を求めないもの，社地の一定しない自然崇拝を含めるものまで，研究者により説があり，その成立の考察も異なる。

　戦前には神や神社の成立に関する学術研究は憚られて，『古事記』と『日本書紀』の神話と史的な記載をそのまま史実としてきたが，そのなかで，神道史の宮地直一は「代表的神社の歴史的活動の跡により一般神社の歴史が形造られた」（「神社概説」1930）とし，一方で神道考古学の大場磐雄は「原始神社」として磐座・神奈備・磐境の例を蒐集していた（『神道考古学論攷』1943）。また民俗学の柳田國男は在地の神社の初源を中世の農耕儀礼の変化に求め（『神道と民俗学』1943），津田左右吉は村落の呪術的な祭祀の場所が一定化して神社の場所となると考えていた（『日本古典の研究 上』1946）。

　一方，建築史では早く明治34年（1901）に伊東忠太の「日本神社建築の発展」で神社の成立が言及されて，神社建築の原型は住居にあり，神籬（無建築・大神神社）→神社宮室無別（大社造・出雲大社）→神社宮室有別（神明造・伊勢神宮）の順に形成されるとし，戦前の建築史で通説の位置を保った。

　第二次世界大戦の終了後，昭和24年（1949）に福山敏男は『神社建築』を著し，民俗学と神道考古学の成果を総合して，「極めて古い時代に」農耕儀礼を通じて，神籬・磐境→神殿のない神社→仮設の神殿→常設の神殿の順に神社が形成されるとした。この説は，戦前の，有力な神社の社殿の成立を優先する通念を反転させるもので，結果として神社の成立の経緯の歴史は列島の民族とともにあることとなり，建築史以外にも広く影響した。また，神社の成立の考察を建築の成立以前に広げた。

　この福山説に修正を試みたのが渡辺保忠・稲垣栄三で，ともに主張にとどまるものであるが，渡辺は仏教建築の影響と人格神の観念の成立ののちに神社が神殿をもち，在地よりは国家の建設が先行するとし（『伊勢と出雲』1964），稲垣は独自の歴史観から神社建築の成立には伝統尊重の意識の高揚が必要で，大化改新から壬申乱後にいたる期間が「最初の，決定的に重要な時期」であるとした（『神社と霊廟』（『原色日本の美術 第16巻』）1968）。また林一馬は神社の建設は天武天皇以降の国家による建設に始まることを示唆した（「神社神殿の成立とその契機」『建築雑誌』No.1175, 1981）。

　その後，筆者は林の指摘を受けて以下のことを述べている。史料・遺構に，天武朝以前に神を祭った施設が存在する明証のないこと，天武朝に始まる官社制以降，施設の維持管理が国司の職掌とされていることから，官社の指定に伴い社殿が国家から建て与えられたことが神社建築および国家の制度である神社の始まりであるとし，また『風土記』から在地の神は多く祟り神で親和的な関係にはなく，また天武朝以前は在地や氏族の神は神宝が国家に接収されて石上神宮に合祀されていたとする。

　奈良時代には官社の加列に伴い国家により神社が建設され，**式年造替**で国家が維持したものもあったが，一般には施設維持の責任が国司にあり財源の手当が伴わなかったことから奈良時代の末頃から官社の退廃が問題となり始め，9世紀にはその趨勢が止めようもなくなる（官社の具体的な施設とその退廃は出雲国**青木遺跡**にみることができる）。桓武朝以降国家は官社の中から**名神社**を指定して国家祭祀の再建をはかるが，このとき仏僧に神を供養させることが制度的に導入されて，以後の神社は大勢として神仏を祭る施設となる（広義の**神仏習合**）。以後，国家による支弁救済がないにもかかわらず施設を維持した神社は国家に替わる維持基盤を得ていたはずで，それは在地の信仰であり，祭祀する氏族の経済力であったであろう。官社は名神制を経て，地方では国司が主導権をもつ**神階社制**，さらには一宮制へと変化し，中央では宮寺も含んだ二十二社制へと，限られた神社を対象とする制度へ改まってゆく。

官社制

　神祇官の神名帳に記載されて祈年祭の班幣に預かる神社が官社で，そのことで全国の神社を国家が統括する体制を官社制という。天武天皇により構想されたことが考えられ，班幣や「官社」の語の出現は遅れるが，天武天皇10年（681）の「詔畿内及諸国，修理天社地社神宮」は官社制が神社の修理（新築）を伴うことを示唆する。官社は遙任赴任した国司が任国の平安を祈願するとともに，国家的災害の鎮定や天皇などの病気平癒も祈る施設で，国家により建設された，国分寺に先行する宗教施設のネットワークである。本殿内には天皇の内印のある官

社加列の符が納められていたであろうから，在地の神とともに天皇に関係する神格を祭るものであったことが考えられる。山岸常人は官社の建築形式に定型がなかったとする（「神社建築の形成過程」2015）。

式年造替

式年は，律令の施行細則である式に年限が定められている意味で，それが拡大して，決まった年の意とし，定期的に神社の新造や修理を行う恒例として用いられる。神座の移動を伴うので式年遷宮ともいう。その創始が奈良時代に遡るのは伊勢（社伝では持統天皇の治世）・住吉・香取・鹿島の4社で，宇佐神宮は10世紀後半，下賀茂社は長元9年（1036），春日社は15世紀初頭に降る。多くの神社は破損に応じて不定期に造替するものであった。式年をいうことが国司などの許可や援助を得るに都合がよいため，後に多くの神社が主張して認められることもあったと考えられる。

青木遺跡

出雲市東林木町に位置する遺跡で神社と考えられる遺構（Ⅳ区SB03）を含む。その根拠は，方形貼石区画の中に単独で建てられて周囲との隔絶性のあること，墨書土器の「美社」「美談社」の記載と以下の建築上の特徴による。掘建柱の2×2間，各辺が3m強で東西が少し長い総柱の建物で，中心柱が傑出して太く深いことから大社造に類似する形式と考えられている。木簡の検討から，神亀3年（726）～天平8年（736）に建設され，建て替えはなく，9世紀前半に柱が切断され廃棄された。墨書から美談神社（官社）の可能性が高い。同遺構の西の2棟（SB02・04）と南の1棟は少し後れて建てられ，前者は倉か神社か判断が分かれている。神社であれば倉形式の神社で，形式の多様性の一例となる。

神仏習合

神と仏は官社制の発足当初は別のものであったが，早く奈良時代初期から両者は次第に近接して入り混じり（神仏混淆）平安時代中後期には両者が一体と考えられる（本地垂迹説）ようになる。従来この状態を総称して神仏習合と呼ぶが，厳密には本地垂迹説以降が対応する。その先駆とされるのは神社に付属する神宮寺の建設で，平安時代初期に，選ばれた名神の国家祭祀が中心となると，神前読経が盛んに行われ，名神のための政府から度牒を交付された僧も定められて，神仏の関係は国家体制としても密接なものとなる。特に僧の主管する神社は宮寺と呼ばれ，石清水八幡宮・祇園社・北野社など大きな勢力をもち，拝殿・回廊・楼門などの導入で（仏教儀礼のために必要とされた）神社建築の変化を主導した（井上充夫「拝殿の起原について」1959）。なお吉田一彦は，日本の神仏習合は中国仏教の神仏習合思想（神身離脱・護法善神）の導入により開始され，その思想により神宮寺の建設・神前読経が行われたとする（『日本における神仏習合思想の受容と展開』2005）。

神 階

神に与えられた位階で神位ともいう。奈良時代の例は少なく，平安時代初期から中央では朝廷に関係の深い（後の二十二社制に至る）神社への授与が行われ，承和年間以降（835～）地方社への授与が増加し国司申請のものが現れる。これは官社制の衰退に伴うもので，嘉祥4年（851）には官社非官社を問わず全神社に正六位上以上の位階が与えられ，貞観年間以降（859～）非官社への授与が急増する。これは国家が官社非官社による格付けに替えて神階を導入したことを示し，この過程で全神社が国家（国司）の掌握対象となる。国司は申請や国司の裁量による借位の神階の授与で，すでに中央から切り離された在地祭祀を統制した。これを神階社制という。総社，一宮制の前段階とされる。

参考文献

福山敏男『神社建築』小山書店，1949（『神社建築の研究』中央公論美術出版，1984に再録）
丸山茂「八・九世紀の神社造営－宮社としての神社の成立とその衰退－」『建築史学』68巻，2017．

[丸山 茂]

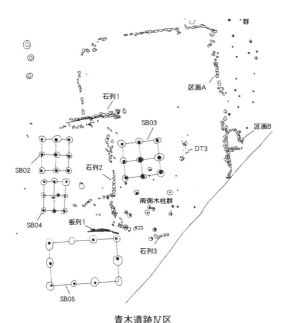

青木遺跡Ⅳ区
［島根県教育庁埋蔵文化財調査センター編
『青木遺跡Ⅱ（弥生～平安時代編）』2006］

神社建築の形成

　神社の成立事情は各社それぞれである。また，成立時の様相は基本的に不明であるから，それに伴う神社建築の形成を述べることは容易ではない。従って，日本建築史の記述では，伊勢神宮などの起源が古い神社を取り上げている。それらの神社に現存する本殿は新しく，出雲大社本殿は江戸中期，春日大社，上賀茂神社，下鴨神社，住吉大社は幕末，伊勢神宮は 2013 年の建替である。しかし，それらはおよそ奈良時代以前の古い形式を伝承していると考えられている。

　伊勢神宮正殿の神明造は，掘立柱，棟持柱，直線的な屋根など，著しく古式である。その形式の年代観は，式年遷宮制を定めた 7 世紀末からさらに土器絵画，家形埴輪，家屋紋鏡などとの比較によって，古墳時代に遡及できる。明治時代以後，伊勢神宮は国家管理となって祭式の古儀を失った部分があるが，建築形式の伝承と豊富な文献史料から，奈良時代の祭儀を知ることができる。主要なものは，正殿床下の心 御柱の前で行われる床下祭祀（地面での祭祀），御饌殿で行われる献饌祭祀，斎王と勅使を中心とした奉幣祭祀である。これらから正殿は宝物，幣帛を納入する建物であることがわかる。

　出雲大社本殿の大社造も，近くの青木遺跡（島根県出雲市）には 8 世紀前期の大社造類似遺構があり，また記紀にみえる出雲大社の形成はそれ以前と考えられるから，奈良時代以前に遡ると考えられる。しかし，それは柱配置にとどまり，屋根の弛みや，屋根の構造などは新しい技術である。柱配置が古いほか，殿内の壁，神座の位置と向きは，現存する中世以後の一般的な本殿には見られない特異な形であり，平面も古式を伝えると推定される。江戸時代の史料から，殿内では国造を中心とする座配に従って神主らが着座し，献饌が行われたことがわかる。国造は神に代わって献饌を受けたと考えられる。

　住吉大社本殿は住吉造で，直線的な屋根をもち，建物内部が前後二室に分割されている。そして，室町時代には掘立柱だったという伝承がある。この形状は大嘗宮正殿に似ており，古代の宮廷建築の形を伝えると解されている。確証はないが，奈良時代以前の形式と考えても矛盾はない。

　春日大社本殿の形式は春日造で，ここで取り上げた本殿の中では小型であり，本体の正面に庇が付くことが大きな特徴である。柱が掘立柱ではなく，土台の上に建つ構法も注目すべき点である。社伝にいう神社の創始（神護景雲 2 年（768））に対して，それより以前の絵図（天平勝宝 7 年（756））に「神地」と書かれた土地が春日大社の敷地に相当するらしいことが重要である。そこでは奈良時代に諸種の神祭りが行われたことが『続日本紀』に記されている。春日大社は神祭りの地を独占する形で建設されたといえる。その神祭りは時に応じて行われたもので，神の常在する恒久的な神殿を前提とするものではなかったであろう。春日大社の建物と祭祀は，その社地の祭祀のありかたを引き継いでいる可能性がある。

　上賀茂神社，下鴨神社本殿の流造は，本体の正面に庇が付き，土台建である点が春日大社と共通する。上賀茂神社では，葵祭の前にミアレ神事が行われる。この神事は神社から北方に 500 m ほど離れた野原で行われ，古い祭祀の形を残すと推定される。神事では，榊の枝葉で囲った祭場に神霊を招き，神社に迎える。これは神社に神を迎えることを強調する祭である点で，神社が建設された当時の神観念を推測させる。それは，1ヵ所にとどまる偶像の如きものではないことを表しており，現在も祭は同じ神観念のもとに行われていること自体が重要である。

　八幡神は九州宇佐の地方神であったが，奈良時代に東大寺創建に貢献して中央に知られ，貞観 2 年（860）には平安京に迎えられて石清水八幡宮となった。宇佐神宮と石清水八幡宮の社殿は八幡造と呼ばれ，切妻造平入の社殿が前後に 2 棟並ぶ特異な形式である。八幡社はその後全国で数多く建設されたが，八幡造の社殿はごく少数である。

　古い起源をもつ大社では，建物の様相も祭儀のあり方もそれぞれ異なり，千差万別といってもよい。これに対して，中世以降は村落組織が発展し，村落あるいは郷単位の神社が形成されるが，その一方で祭儀と祭祀施設には一般性をみることができる。本殿形式に関しては流造と春日造が数多く建設された。さらに近代には神道国教化政策の下で神社の公的管理が行われた。神社は時代に合わせて，その姿を変えている。

　本殿形式については，ここで触れたもの以外にも多くの種類があるが，それらは一般性をもつものと，その神社に限られるものに大別できる。流造，春日造，入母屋造は屋根形式を基本とした分類で，広範囲に分布する。大社造は島根県を中心に分布し，その周囲には隠岐諸島の隠岐造，岡山県の中山造など，妻入の大型本殿形式が分布するが，関連性は判明していない。神明造は神宮周辺と伊勢信仰の分布地，御厨の地に分布するほか，近代には各地で建設されている。大鳥造は大鳥神社（大阪府），日吉造は日吉大社（滋賀県），祇園造は八坂神社（京都府），浅間造は浅間信仰の主要神社（静岡県，山梨県）に限られる特殊な形式である。

伊勢神宮

伊勢市に所在する神社である。正式名称は神宮で、皇大神宮（内宮）と豊受大神宮（外宮）を中心に125社からなる。日本神話における皇室の祖先神である天照大神を主祭神とし、古代から別格かつ最高の社格をもつ神社である。現在地に神宮が形成された年代に関する確証はないが、内宮の神域から古墳時代（5世紀）の祭祀遺物が出土している。中心建物である正殿は、付属建物、門、塀などとともに20年ごとに建替えられる。この制度を式年遷宮といい、持統天皇4年（690）に始められたと伝え、2013年で62回を数える。正殿は神明造の本殿形式で、平面は桁行3間、梁間2間、切妻造、平入、直線的な屋根、棟持柱などの特徴をもつ。柱は掘立柱で、日本古来の千木、鰹魚木をあげ、逆に組物など新しい仏教建築で使用される意匠は使用しない。装飾においても各種金具、高欄上の五色の居玉など独特のものがある。神宮の建築形式は仏教建築移入以前の建築形式を今に伝え、最も古い本殿形式に属する。

出雲大社

出雲市に所在する神社で、明治4年（1871）までは杵築大社と呼ばれた。日本神話で大きく扱われる大国主命を祭神とする。少なくとも奈良時代には出雲国造神賀言奏上という朝廷への服属儀礼を行っていた。現在の本殿は延享元年（1744）の造替である。本殿形式は大社造で、平面は方2間、中央に柱があり、切妻造、妻入である。出入口は向かって右柱間にあり、神座は右奥に設けられ、左方を正面とする。神明造とともに最も古い本殿形式に属し、古来より祭祀者である国造が本殿内で祭祀を行うことが明らかな点に大きい特色がある。また巨大な本殿の伝承があり、出雲大社境内遺跡で発見された鎌倉時代の本殿の柱は最大直径約1.4mの杉の巨木3本を束ねたもので、平面は1辺が13.4m前後と推定される。また、8世紀の青木遺跡（出雲市）では、柱配置が出雲大社本殿と同一で、奈良時代の神社本殿と考えられる遺構が発見された。

住吉大社

大阪市に所在する神社である。本殿は西の大阪湾を向いて建つ4棟で、東から第一、第二、第三殿と並び、第三殿の北に第四殿が並ぶ。第一殿は表筒男命、第二殿は中筒男命、第三殿は底筒男命、第四殿は比売神を祀る。前三神は海の神である。やはり、奈良時代以前に起源がある神社である。現在の本殿は文化7年（1810）の造替である。本殿形式は住吉造で、桁行4間、梁間2間、切妻造、妻入である。屋根は直線的で、縁はなく、板垣で本殿の間近を囲い、正面に鳥居を設ける。本殿の

内部は正面から2間の柱筋に扉を設けて、前後2室に区切っている。平面形式は天皇の代替りの儀式が行われる大嘗宮正殿に類似しており、その形式は古代王権の祭祀施設の一類型とされる。

春日大社

奈良市に所在する神社である。古代国家の形成において主導的役割を果たした藤原氏の氏神で、鹿島神宮（茨城県）の武御甕槌命、香取神宮（千葉県）の経津主命、牧岡神社（大阪府）の天児屋根命、比売神の四柱を祭神とする。前二柱は東国の国家祭祀の対象とされた武神であり、枚岡の神は藤原氏の出身地の神とされる。これらの神々に対応する本殿を4棟並立する。現在の本殿は文久3年（1863）の造替である。本殿形式は春日造で、平面は方1間、切妻造、妻入の身舎の正面に庇が付く。柱は土台の上に建て、屋根は弛みと反りをもつ。伊勢神宮、出雲大社の本殿形式に比べて、形式として新しく、奈良時代に形成されたものとされる。春日大社では神護景雲2年（768）の創祀と伝えるのに対して、天平勝宝8年（756）の東大寺山堺四至図に、御蓋山山麓に「神地」と記した方形が描かれており、古くからの神祭の地に神社を建設したと考えられる。

上賀茂神社、下鴨神社

京都市に所在し、鴨川に沿って上流に上賀茂神社、下流に約3km離れて下鴨神社が鎮座する。山城国に本拠をもつ古代豪族賀茂氏が奉祭した神で、創始の時期ははっきりとしない。『続日本紀』文武2年（698）の賀茂祭の条が早い記事である。上賀茂神社は賀茂別雷神、下鴨神社は賀茂御祖命、賀茂玉依姫命を祀る。平安京の造営に際して、賀茂社を国家的祭祀の対象としたが、そのとき二つの神社に分立したものとされ、本来の賀茂社は上賀茂神社である。現在の本殿は両社とも文久3年（1863）の造替である。上賀茂神社では本殿と権殿、下鴨神社では東本殿と西本殿が並立する。4棟は、いずれも同形式の三間社流造で、桁行3間、梁間2間の身舎の正面に同じ幅の庇が一連の屋根として付く。柱は土台の上に建てること、屋根は優美な屋弛みと反りをもつことは春日造と共通している。

参考文献

黒田龍二『神社 建築と祭り』（『国宝と歴史の旅4』）朝日新聞社、2000.

黒田龍二「古墳時代から律令時代における神社成立の諸相」『古代文化』65巻、3号、2013.

山岸常人「神社建築の形成過程」『史林』98巻、5号、2015.

［黒田 龍二］

神社建築成立に先立つ関連建築遺構

　古い伝統をもつ神社の形成過程は様々であること，すなわち一般的な法則はないことを「神社建築の形成」の項で述べた。これは神社建築成立に先立つ関連遺構を探る際の大きい障害である。したがって，現存の神社と類似した遺構の検出だけでは，その形成過程は十分には明らかにはならないだろう。次に，一般的な神社本殿の代表ともいえる流造と春日造本殿は土台建であるがゆえに，地面に痕跡を残さない。すなわち，柱穴を中心とする発掘技法では検出することができないのである。さらに本質的な問題は，神祭りのあり方である。賀茂神社と春日大社は本殿ができる以前には，恒常的な施設なしで神祭りを行っていたとみられる。そして，現在も大神神社（奈良県）のように本殿をもたない神社がある。大神神社は出土遺物から古墳時代には存在したと考えられるが，本殿はない。また，伊勢神宮などの古式な神社祭祀から，神祭りを行った後は神饌，土器などは別の場所に廃棄し，重要な捧物は倉に格納するのが本来のあり方と推定できる。したがって，遺物を中心とした発掘技法で，神祭りの中心部を探り当てることは難しい。このような限界を認識したうえで，神社の形成に関連するとみられる遺構について述べることとする。

　鳥羽遺跡（8～9世紀，群馬県）は，掘立柱建物が堀と柵によって厳重に囲われる点で，伊勢神宮のような何重にも柵で囲われた神社のあり方に類似する。宮本長二郎は，桁行2間，梁間2間の本体の周囲に縁を回した形と考え，本体を切妻造，妻入として出雲大社本殿に類似の形に復元した。大社造の特質は，建物の中央に柱があることと，神座が本殿正面に対して90°横を向く平面であるが，ここでは中央の柱がない。全体として神社の可能性が高い青木遺跡（8世紀，島根県）には，桁行2間，梁間2間で，中央に柱があり，正面扉が向かって右柱間にあったと推定される遺構がある。それは大社造の特質を備えた確実な遺構であるが，中央に柱がある方2間の遺構はさらに古い時期のものがいくつか発見されている。青木遺跡は大社造の形成年代の下限を示し，大社造本殿は8世紀以前に成立していたといえる。

　金貝遺跡（8～9世紀，滋賀県）は流造本殿と関連する遺構で，上賀茂神社本殿の柱配置を参考にすると，階下の高欄親柱を含んだ柱配置と同一形態である。これを神社本殿とみたとき，流造の基本として土台をどのように理解するかが問題となろう。

　宮の平遺跡（奈良県）は丹生川上神社旧境内で，本殿の基壇は，8世紀の最下層から5時期が確認されることが判明した。8世紀に集石遺構が形成され，それを含む形で11世紀から12世紀に長方形の敷石が形成される。12世紀末から13世紀には本殿が建てられた。本殿は桁行が3間で，三間社流造か，あるいは小社殿が2棟建っていたらしい。以上は現存の神社本殿に関連する可能性をもつ遺構である。

　次いで，直接的に神社に結び付くとは限らないが，関連性を考慮すべき遺構をあげる。

　池上曽根遺跡（前1世紀，大阪府）の大型建物は拠点集落の中心で，正面に掘られた井戸を使った祭祀を行ったであろう。このような大型建物は内部が祭祀，政治，生活などに使用されたと考えられる。

　伊勢遺跡（1～3世紀，滋賀県）はヤマト王権成立の前段階の地域的な王権の拠点と推定される。遺構は，中心部の建物群と，その周囲に円環状をなして並ぶ6棟の独立棟持柱建物群からなる。

　纒向遺跡（3～4世紀，奈良県）で2009年に発見された大型建物Dを含む建物群は，初期ヤマト王権の王宮である可能性が高い。大型建物Dは殿内を使用する建物で，池上曽根遺跡の大型建物と似た性格をもつと推定される。殿内を使用する神社本殿では出雲大社本殿があり，独立棟持柱建物Cについては伊勢神宮との関連を指摘する説がある。邪馬台国論争では近畿説の有力候補地と考えられる。

　松野遺跡（5～6世紀，兵庫県）は古墳時代の遺跡で，独立棟持柱建物と総柱建物を柵で囲み，入口は柵を食い違いとするなどの特徴がある。

　極楽寺ヒビキ遺跡（5世紀，奈良県）は，古墳時代の特異な遺構である。金剛山東麓の見晴らしのよい台地に立地し，濠と柵で囲まれた中に，板状柱の方2間部分と周囲を囲む柱列からなる遺構がある。筆者は，この地域の大豪族である葛城氏の墳墓とみられる室宮山古墳から出土した家形埴輪との類似に注目して，直弧文を施した板状柱の方2間の本体に縁を回す建物に復元した。復元形態は呪術的な性格をもち，後に神社となったかも知れない遺構である。この他にも多様な遺構があり，古墳時

図1　極楽寺ヒビキ遺跡　大型板状柱建物（復元：黒田龍二）
〔奈良県立橿原考古学研究所『極楽寺ヒビキ遺跡　奈良県文化財調査報告書122』口絵，2007〕

代には神社となる可能性を秘めた多くの施設が存在したといえる。

鳥羽遺跡

前橋市にある平安時代の複合遺跡である。特に注目されるのは8世紀から9世紀にかけての鍛冶工房に付随する建築遺構で、その形態と国府に近い立地とから、神社の遺構とされる。遺構は掘立柱建物を柵と三重の堀で囲む形態で、年代は8世紀中葉から9世紀とされる。掘立柱建物は二重の柱列からなり、内側2間×2間、外側3間×3間である。柵は内側から一重と二重の堀の間にある。

池上曽根遺跡

和泉市と泉大津市にまたがって所在する。近畿地方を代表する弥生時代中期の拠点的大集落で、その中心施設は弥生時代最大級の大型建物と巨大な井戸、その他の付属施設からなる。大型建物は東西19.2m、南北6.9mで26本の柱をもち、うち17本の根元が腐らずに残っていた。井戸は大型建物の中央を通る南北中心軸上にあり、直径2.3mの楠を割り貫いたもので、この形式では国内最大である。柱の年輪から判断された伐採年代は紀元前52年で、遺構の年代はその頃と考えられる。大型建物は独立棟持柱を両端にもつ。この形式から、当初は高床で四周に板壁や扉などをもち、切妻屋根の神明造に似た形が想定された。しかし、実大で復元された建物は、高床で平側には板壁がない屋根倉風で、復元案は一様ではないことを示している。

伊勢遺跡

守山市に所在する弥生時代後期の集落の遺跡である。注目されるのは遺跡の東半部分で検出された特殊な建物群で構成される遺構である。中心部に二重の柵に囲まれた方形区画と、その内部の大型掘立柱建物群があり、それらを囲んで直径約220mの円環をなす6棟の掘立柱建物群がある。これらが造営された時期は中心部が2時期、円環状にならぶ建物も2時期からなるが、全体として何らかの関連性をもって形成されたものとみられる。他の遺跡にみられない顕著な特徴は、円環状に並ぶ建物群で、これらは桁行5間、梁間1間の独立棟持柱建物であり、一定の規格をもっている。この建築群は、各建物に対応する小地域がこの地で統合ないし組織化されたことを示すと考えられる。円環状に並ぶ建物群は類例がなく、建物の規格性の高さとともに、高度な技術と思考が窺えるのだが、その意味は現段階では分からない。

纒向遺跡

桜井市にある古墳時代前期の遺跡で、1971年の第一次調査以来、2016年現在も180次を超える調査が継続されている。遺跡は3世紀に出現し、4世紀に栄えた大集落で、成立期の前方後円墳を含むこと、出土土器は九州から関東に至る他地域の土器が15から30%を占めること、農工具はほとんど出土せず、土木用工具が多いことなどの特色がある。なかでも2009年に発見された東西の直線軸上に並ぶ3棟の掘立柱建物群は類例がなく、この時期最大級の大型高床建物D、両妻に棟持柱をもつ建物C、他1棟からなる。大型建物遺構は半分が欠失しているが、桁行4間、梁間4間、床面積は約240 m^2 に復元できる。

松野遺跡

神戸市長田区に所在する。主要遺構は5世紀末から6世紀初頭の方形の柵で囲まれた掘立柱建物群である。主要部分は二重柵で囲われている。内側の柵は東南面に出入り口があり、柵を食違いとした形態である。その中央付近に3間×2間の総柱で、両妻に棟持柱をもつ建物（SB05）がある。その東北に並ぶ4間×3間の総柱建物（SB06）は東北面にテラスがあったらしい。西には3間×2間の総柱建物（SB04）がある。宮本長二郎は、構造形式と機能を整理して、SB05とSB06を祭式、招宴、望楼のなどの機能をもつ通し柱・横板壁形式とし、SB04を穀物収納などの付属建物の機能をもつ板校倉形式に復元した。そして、SB05の形式を伊勢神宮正殿の祖型、SB06を家屋文鏡の高殿と同一形式とした。

参考文献

黒田龍二「発掘遺構からみる神社の成立」（『橿原考古学研究所論集』）16巻、2013．
黒田隆二『纒向から伊勢出雲へ』学生社、2012．

［黒田 龍二］

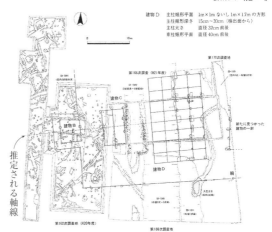

図2　纒向遺跡遺構配置図（桜井市教育委員会）
166・168・170次調査区内は主要な遺構のみを表示。
［黒田龍二『纒向から伊勢・出雲へ』p.20、学生社、2012］

真言密教

　平安時代初頭，唐の青竜寺で学んだ空海（774〜835）により体系的な密教が導入され，真言密教が確立される。空海の密教は『大日経』・『金剛頂経』を根本経典とし，そこに説かれている仏の世界を絵画として表現したものが胎蔵界と金剛界からなる両界曼荼羅（両部曼荼羅ともいう）である。空海はこの両界曼荼羅をもって密教法会である灌頂と修法を始めた。すなわち高雄での灌頂と，宮中での後七日御修法である。こうした灌頂・修法のための仏堂は，灌頂堂（灌頂院）あるいは真言堂（真言院）と呼ばれ，『年中行事絵巻』後七日御修法の場面（図1）に見るように，両界曼荼羅が東西向かいあわせに懸けられた。

　後七日御修法は，奈良時代からの鎮護国家仏事である大極殿での御斎会とまったく同じ正月8日から14日の7日間，宮中真言院で修された。空海は東大寺にも修法の道場として真言院を創建し，南都における真言密教の拠点とした。灌頂については，師から弟子に密教の法を授け，阿闍梨の位を与えるための伝法灌頂と，僧尼はもとより，在俗の男女・童子にまで開かれた結縁灌頂がある。結縁灌頂は，世俗社会に開かれた密教法会として後世に大きな広がりをみせ，なかでも東寺灌頂院での結縁灌頂は平安時代から江戸時代まで連綿と修された。

　こうした密教法会を整える一方，空海は高野山金剛峯寺で「毘盧遮那法界体性塔」と呼ばれる新たな思想・形式の塔の建設を始めた。空海の意図は，この塔を東西2基建立し，それぞれに胎蔵界・金剛界の諸尊を安置することで，高野山上に両界曼荼羅という密教の根本世界を立体的な曼荼羅として顕現することにあった。このうちの東塔は高さ16丈（48m）とされる巨大なもので，後世には高野山の中心として両界曼荼羅を象徴し，根本大塔と呼ばれるようになった。

　さらに平安京でも，空海は建設事業の滞っていた東寺を賜り，真言密教寺院として造営を進めた。平安遷都とともに国家の寺院として創建された東寺は，中門・回廊を備えた金堂を中心に，その背後に講堂・食堂，東に五重塔を配置した奈良時代からの伝統的な伽藍形態をとる。空海に委ねられてからは，講堂には金剛界五仏・五菩薩・五大明王という密教の諸尊が，五重塔にも金剛界曼荼羅の四仏が安置され，伝統的な形式の建築に密教の羯磨曼荼羅すなわち立体曼荼羅が構成された。くわえて金堂の西には灌頂院も建立されるなど，真言密教の伽藍として整えられていったのである。とくに東寺五重塔（図2）が密教の塔として建設されて以降，醍醐寺五重塔（天暦5年（951））や西明寺三重塔（鎌倉時代後期）にみるように，奈良時代からの伝統的な形式である層塔にも密教の塔として建立されるものが現れる。密教は日本の仏教建築のあり方にも大きな影響を与えたのである。

両界曼荼羅

　両界曼荼羅は，『大日経』に基づく東の曼荼羅である胎蔵界曼荼羅と，『金剛頂経』に基づく西の曼荼羅である金剛界曼荼羅からなる。胎蔵界と金剛界いずれの曼荼羅も大日如来とその四方の四仏からなる五仏を中心に，個性豊かな多く仏・菩薩が取り巻いて構成されている。両界曼荼羅は絵画として描かれる場合と，仏堂や塔に彫刻として安置し，あるいは柱絵・壁画として描くことで，立体曼荼羅として造立される場合があった。宮中真言院や東寺灌頂堂などでは，東に胎蔵界曼荼羅，西に金剛界曼荼羅を向かい合うように懸けて，その前に修法・灌頂のための法具や供物を置いた大壇，阿闍梨の座である礼

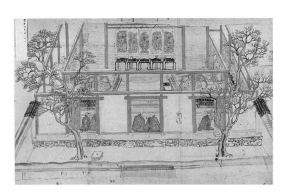

図1　『年中行事絵巻』巻6，後七日御修法の場面
[小松茂美編『年中行事絵巻』（『日本絵巻大成8』巻6）田中家蔵，中央公論公新社，1977]

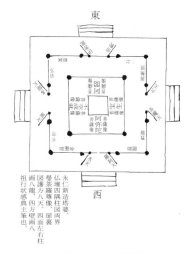

図2　『東宝記』所収　東寺五重塔指図（書き起し）

盤などを備える。また、塔はもとより、両界曼荼羅の大日如来あるいは五仏、三十七尊を彫像で安置し、立体曼荼羅を構成する仏堂も建立され、そこでも供養法すなわち修法が修された。

宮中真言院

唐から帰朝した空海は、唐で鎮護国家のための修法が修されていることにならい、日本でも宮中で鎮護国家のための修法を修することを願い出、それが許され、毎年正月8日から14日まで、後七日御修法を修することになった。そのための建築として、大極殿の背後に宮中真言院が設けられた。宮中真言院では『年中行事絵巻』に見るように、東に胎蔵界曼荼羅、西に金剛界曼荼羅が向かい合って懸けられ、それぞれの前に大壇が設けられる。ただし、胎蔵界と金剛界は隔年で交互に修され、『年中行事絵巻』の場面では、東の大壇上に舎利塔が安置され、その前に礼盤や脇机も整えられているので、胎蔵界の年であったことがわかる。後七日御修法は応仁の乱で一時中断されたものの、今日でも東寺灌頂院を会場として修され続けている。

高野山根本大塔

空海が高野山を賜り造営を始めたとき、まず建立すべきものとして「両部曼荼羅」と2基の「毘盧遮那法界体性塔」とをあげている。これら2基の塔は空海によっては完成されず、後世、高さ16丈の東塔と8丈の西塔として完成された。このうちの東塔である根本大塔の形式は円筒形の塔身の上に四角い屋根をかけた宝塔をもとに、初重に裳層をつけたもので、それまでの伝統的な五重塔や三重塔など層塔とはまったく異なる形式であった。密教では仏を通例の仏像の姿として現すだけでなく、梵字という文字や、三昧耶形(さんまやぎょう)とよばれる象徴的な

図3　根来寺大塔初重内部
[撮影：冨島義幸]

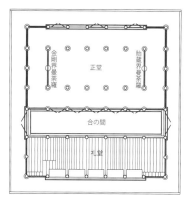

図4　東寺灌頂院平面図
[作図：冨島義幸]

形でも表現するが、大日如来の三昧耶形が宝塔なのである。「毘盧遮那法界体性塔」はその建築形態も大日如来を象徴するものであった。高野山大塔はいく度も焼失・再建されており、現在の建物は昭和12年(1937)に再建されたものである。こうした根本大塔の形式を継承するのが根来寺大塔(多宝塔、永正10年(1513)図3)である。初重の内部に入ると内陣は円筒の形をしており、ここに連子を設けることで、この内部の円筒形が本来の外観であったこと、すなわちこの形式が宝塔に裳層を付けることで成立したことを示している。

東寺灌頂院

東寺では承和10年(843)、毎年春秋二季に鎮護国家の灌頂が始められ、そのための建築として灌頂院が建立された。現在の建物は寛永11年(1634)の再建。平面構成は手前の礼堂、その後ろの合の間、さらに奥の正堂からなる(図4)。礼堂の正面が開放的な蔀戸であるのに対し、正堂では外に面してまったく窓を設けておらず、きわめて閉鎖的な空間になっている。正堂内部では、両界曼荼羅が向かい合わせに懸けられる。伝法灌頂、結縁灌頂いずれにおいても、灌頂を受ける前に三昧耶戒道場で受戒し、つづいて目隠しをされて大曼荼羅壇に入り、敷曼荼羅に投華し、その華の落ちた場所の仏と結縁する。東寺灌頂堂で受者ははじめに礼堂において三昧耶戒を受け、その後正面から正堂に入り両界曼荼羅の前の大壇に敷かれた敷曼荼羅に投華する。礼堂・正堂からなる建築構成は、こうした灌頂の次第にも適合していた。

参考文献
藤井恵介『密教建築空間論』中央公論美術出版, 1998.
冨島義幸『密教空間史論』法藏館, 2007.

[冨島 義幸]

天台教学と密教

　山林に身をおいて修行するため比叡山に登った最澄（767〜822）は，延暦 7 年（788），薬師如来像を刻んで根本薬師堂を建立し，一乗止観院と名付けた。根本中堂の始まりである。二代座主である円澄（771〜836）は釈迦堂を中心とする西塔，三代円仁（794〜864）は横川に根本観音堂（首楞厳院）を創設し，根本中堂を中心とする東塔と，西塔・横川の三塔からなる比叡山の組織が成立した。

　最澄は天台教学に傾倒し，正統な中国の天台を学ぶべく延暦 23 年（804）に入唐，天台山の修善寺などで天台教学を学び，菩薩戒を受けた。帰朝した最澄は『法華経』を根本経典とし，全国の 6 ヵ所に千部法華経を安置する塔を建立する，いわゆる六処宝塔院を計画した。このうちの近江宝塔院は総持院・東塔院，山城宝塔院は西塔院とも呼ばれ，それぞれ比叡山の東塔・西塔に属した。また，法華経に説かれる，すべての人は等しく成仏できるという一乗思想を主張し，南都の諸宗と対立した。天台宗の教団を確立すべく，延暦寺に戒壇院を新設することを宿願とし，最澄の入滅の直後に戒壇新設の勅許が下り，翌年には延暦寺の寺号が与えられた。

　また，最澄は帰朝を待つわずかな間，密教も学んでいた。空海よりも 1 年早く帰朝した最澄は，宮中で密教の祈禱や灌頂を修し，その功により大同元年（806）天台宗として独立することを許され，2 人の年分度者を与えられた。このうち 1 人は止観業（天台教学）を，1 人は遮那業（密教事相）を学ぶこととされた。

　止観業では『摩訶止観』を修学し，そこに説かれる四種三昧を実践した。このうちの常行三昧は阿弥陀如来の念仏を説くもので，そのための建築として比叡山に常行堂が建立された。また，円仁（794〜864）が唐の五台山から伝えた念仏は，常行堂で不断念仏として修された。良源（912〜985）や源信（942〜1017）の時代には阿弥陀信仰の隆盛にともない，常行堂は阿弥陀如来の極楽浄土への往生を祈る不断念仏のための建築として天皇・貴族に受け入れられ，平安時代後期には京の御願寺や氏寺に数多く建立された。

　一方，空海が帰朝し，最新かつ体系的な密教がもたらされると，最澄は高雄山で空海から灌頂を受けるなど，密教を積極的にとり入れようとしたが十分にはかなわなかった。つづく円仁は唐で密教を学び，金剛・胎蔵の両部大法に加え，蘇悉地の大法をもたらし，三部大法という天台独自の密教を掲げた。また，新たな鎮護国家の修法として熾盛光法を導入し，これを修する道場として比叡山に惣持院を建立した。このように法華経を根本経典とするところに本格的な密教が導入されると，円珍らによって円密一致，すなわち法華経の教えと密教が一体であることを説く教義が展開された。

　さらに，天台教団は平安時代中期を中心に藤原摂関家と結びついて，五壇法や七仏薬師法などの修法を盛んに修した。こうした修法は，しばしば絵画や彫刻の本尊を住宅などに鋪設して修されたが，その一方で藤原忠平の法性寺や藤原道長の法成寺などの氏寺では，五壇法のために五大明王像を安置する五大堂，七仏薬師法のために七仏薬師像を安置する薬師堂など，修法の本尊となる仏像を安置する仏堂も建立された。

　また，比叡山の仏教は天台教学や密教のみならず，浄土信仰や本覚思想・禅などさまざまな思想をとり入れ，法然や親鸞，栄西・道元など鎌倉新仏教の祖師となる僧を輩出するなど，日本仏教史上に占める意味はきわめて大きい。

比叡山根本中堂

　比叡山延暦寺のもっとも中心となる仏堂で，最澄によって創建された一乗止観院にはじまる。その伽藍は檜皮葺五間の根本薬師堂を中心に，北の同じく檜皮葺五間文殊堂，南の檜皮葺五間の経蔵からなっていた。円珍は元慶 6 年（882）から仁和 3 年（887）にこれら 3 棟の堂を一つの九間四面の仏堂に統合したが，承平 5 年（935）の火災で焼失した。再建は良源によってなされ，天元 3 年（980）に供養された。七間の薬師堂を中心に，北の二間の文殊堂，南の二間の大師堂からなり，庇や中門・回廊を設け，現在見るような形式が成立した。その後，元亀 2 年（1571）の織田信長による比叡山焼討で焼失し，

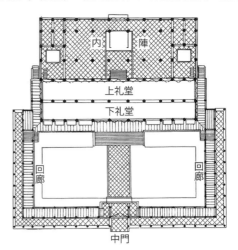

図 1　比叡山根本中堂平面図
［国宝延暦寺根本中堂修理事務所『国宝延暦寺根本中堂及重要文化財根本中堂廻廊修理工事報告書』国宝延暦寺根本中堂修理事務所，1955 に加筆］

しばらくは仮堂を構えていたが，寛永19年（1642）に現在の根本中堂（図1）が再建・供養された。堂内は内陣を土間，礼堂を板敷とするところは古代的な形式といえ，上礼堂と下礼堂をそなえる独特の構成は，平安時代中期の良源による改造によって成立したと考えられている。

四種三昧

『摩訶止観』に説かれる常坐三昧・常行三昧・半行半坐三昧・非行非坐三昧をいい，最澄が天台法華宗をひらいたとき，止観業の年分度者の修行として課した。最澄は四種三昧院の建立を意図したが，在世中は法華三昧堂の建立しかかなわなかったと考えられている。法華堂は『法華経』に基づく半行半坐三昧，すなわち法華三昧のための建築である。また，常行三昧は阿弥陀仏を本尊として90日間その周囲を行道し，口には阿弥陀仏の名号を唱え，心には阿弥陀仏の姿を観想するもので，後世の阿弥陀信仰の隆盛に大きな影響を与えたとされる。天台寺院では常行堂と法華堂を組み合わせて建立することがしばしばあり，現在の延暦寺常行堂・法華堂（文禄4年（1595）再建）は左右に並び立ち，後方を回廊でつないだ，いわゆる担い堂と呼ばれる形式をとっている。

常行堂

『摩訶止観』に説かれる四種三昧の一つである，常行三昧のための建築。常行三昧では念仏しながら阿弥陀の周囲を行道する。常行堂はこうした行法に相応しく，阿弥陀如来を本尊とし，平面形式は一間四方の母屋の周囲に庇をまわし，さらにその外側に孫庇をまわした方五間の求心的な構成をとる。中央の母屋の柱を取り巻くように，瑠璃壇と呼ばれる一段高い行道路が設けられるのも

図3　比叡山東塔絵図（惣持院部分）
［京都国立博物館蔵］

特徴的である。最初の常行堂は円仁によって東塔に建立されたと考えられており，後に西塔・横川にも同様の形式の常行堂が建立された。円仁は唐の五台山から曲調をつけた念仏をもたらし，これも不断念仏として常行堂で修された。平安時代中期頃になると，京の貴族は比叡山に登り，三塔の常行堂で修される不断念仏を聴聞した。さらに藤原道長の法成寺や白河天皇の法勝寺など京の天皇・貴族寺院に常行堂が建立され，そこでは比叡山三塔の僧侶を招いて不断念仏が修された。

惣持院

惣持院は，最澄が天台の根本教典である法華経をそれぞれ千部安置するために計画した六処宝塔院の一つ，近江宝塔院にはじまる。貞観4年（862），円仁によって完成された惣持院は，比叡山東塔絵図（鎌倉時代中期）に見るように，多宝塔を中心として，その東に灌頂を修する灌頂堂，西には熾盛光法のための真言堂が建てられた。中心の多宝塔は，千部法華経と両界曼荼羅のうちの胎蔵界五仏を安置し，法華経と密教が一体であることを説く円密一致の天台教学を象徴する建築であった。その形式は，比叡山東塔絵図を見ると，上層に通例の多宝塔に見られる亀腹がなく，しかも方形である。これは天台特有の形式と考えられ，もと住吉大社神宮寺の西塔であった切幡寺大塔（徳島県，元和4年（1618）建立）は，この形式を伝える唯一の遺構として貴重である。

参考文献

塚本善隆「常行堂の研究」（『塚本善隆著作集7』大東出版社，1975．
藤井恵介「最澄・円仁と天台密教空間」（『密教建築空間論』）中央公論美術出版，1998．

［冨島　義幸］

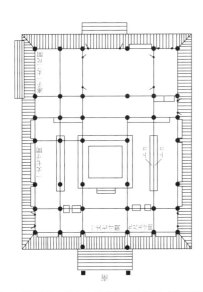

図2　『門葉記』所収　横川常行堂指図（書き起こし）

顕密仏教の展開

　平安時代初頭，奈良時代からの伝統的な仏教である顕教の土壌に，新たな体系的な密教がもたらされ，さらには古代の律令体制の崩壊によって，仏教のあり方そのものに大きな変化がおこった。

　顕教における鎮護国家のもっとも重要な法会である御斎会は，毎年正月8日から14日の7日間，毘盧遮那仏を大極殿の高御座に安置し，『金光明最勝王経』を講説する。この期間，大極殿は東大寺大仏殿と同じく，毘盧遮那仏の空間へと化す。それに対して空海は，大極殿の後方に宮中真言院を設け，まったく同じ期間に，両界曼荼羅をもって鎮護国家の修法である後七日御修法を修した。このことにより，顕教にならぶ鎮護国家仏教としての密教の位置づけが示されるとともに，顕教の最高の仏である毘盧遮那仏と，密教の教主である大日如来が鎮護国家を担う仏として併置されることになった。

　顕密の併置はやがて顕密融合へと展開し，教学面では例えば天台宗では円珍らによって法華経と両界曼荼羅を一体と説く円密一致の教学が展開された。建築的な事象としては，塔には密教の大日如来と，顕教の塔の安置仏である四方浄土変四仏を組み合わせた顕密融合の両界曼荼羅五仏が安置された。大日寺五智如来像（奈良県，平安時代後期）は，こうした顕密融合の五仏の姿を今日に伝えている。また，藤原道長の法成寺や白河天皇の法勝寺では，金堂の中尊として，東大寺毘盧遮那仏のように千釈迦を現した蓮華座に坐す大日如来が据えられた。これは顕教の毘盧遮那仏と密教の大日如来を統合した仏と考えられる。平安時代後期，東大寺では大仏を「大日」と呼んでおり，こうした顕密からなる東大寺の仏教は，大仏を毘盧遮那仏とみなして顕教僧が長日最勝王講を，同じ大仏を両界曼荼羅（両界の大日如来）とみなして密教僧が長日両界供養法を修する鎌倉再建大仏殿として顕現した。

　教団としては，奈良時代からの華厳宗・律宗・法相宗・三論宗・成実宗・倶舎宗からなる六宗に，平安時代の新たな天台宗と真言宗が加わり八宗となった。密教では師から弟子へ直接教えを伝える師資相承を基本としていた。真言宗では醍醐寺を中心とする小野流と，仁和寺を中心とする広沢流を根本両流として，そのもとに数多くの法流が成立していった。天台宗でも，唐で密教を学んだ円仁・円珍らによって法流が形成され，後に円珍門流は比叡山を離れて園城寺に移った。

　国家と顕密仏教の関係においては，9世紀後半になると，顕教では講経法会である興福寺維摩会・宮中御斎会・薬師寺最勝会の南京三会に出仕することが僧綱になるた

めの条件となるなど，僧侶の国家的な昇進制度が整えられた。平安時代後期には，京でも法勝寺大乗会と円宗寺法華会・最勝会からなる北京三会（天台三会）が成立した。密教では，院権力を背景として結縁灌頂が盛んに修されたが，とくに尊勝寺・最勝寺・東寺・仁和寺観音院の結縁灌頂は勅願四灌頂として，その小阿闍梨は僧綱に任じられるよう定められ，顕教の三会に対する密教僧の国家的な昇進制度となった。

　その一方で，平安時代中期以降，天台宗では藤原師輔の子尋禅が座主となり，真言宗でも白河天皇の皇子が仁和寺に入寺し覚行法親王となるなど，有力寺院は貴種の入寺により門跡寺院として国家とのつながりを深め，荘園の施入により力をつけていった。さらに末法到来を思想的背景として，天皇・貴族による造寺・造仏，顕密の諸法会は隆盛をきわめ，王権と仏教を車輪の両輪のごとくとらえた王法仏法相依相即の思想が広がり，寺社は中世社会の中で自立した有力な権門としての地位を確立していった。

顕密体制

　黒田俊雄は，1975年に提唱した顕密体制論において，中世には国家権力と顕密仏教すなわち八宗からなる体制仏教が，車輪の両輪のごとく王法仏法相依相即の関係にあったとし，こうした国家と有力寺社からなる体制を顕密体制と呼んだ。中世には顕密仏教こそが主流であり，法然や親鸞，日蓮らの鎌倉新仏教は異端と位置づけられた。顕密体制論では，顕密主義における共通の基盤は鎮魂呪術的な信仰であり，密教こそが中世のあらゆる宗教を統合する核であったとする。これは鎌倉新仏教を中世仏教の中心ととらえる，それまでの歴史観からの大きなパラダイム転換といえる。しかし，密教の定義が明確でないとの批判に端的に現れているように，顕密体制論は思想的に大きな課題を残しており，近年では顕密体制の核を両界曼荼羅という密教理念に見いだそうとする説もある。

御斎会

　毎年正月8日から14日に宮中大極殿で修された法会。神護景雲2年（768）に始められたとされる。顕教の鎮護国家法会の中でもとくに重要なもので，三会の一つとして僧侶の国家的な昇進制度に位置づけられた。御斎会において大極殿は，毘盧遮那仏を中心として四天王が護持する，東大寺大仏殿と同じ仏教空間と化した。春秋の季御読経も，大極殿に本尊毘盧遮那仏と脇士菩薩を鋪設し，御斎会に准ずる形態で行われた。平安時代の大極殿は，この他にも千僧御読経が修されるなど，仏教空間としての重要な意味をもっていた。

図1　御斎会場面
［小松茂美編『年中行事絵巻』（『日本絵巻大成 8』巻 7）田中家蔵，中央公論新社，1977］

醍醐寺

東大寺で空海の弟子真雅を師として出家，願暁らに三論・法相・華厳を学んだ聖宝が，貞観 16 年（874），笠取山山頂に准胝観音・如意輪観音を安置する草庵を建立したことに始まる。伽藍はこの山上伽藍である上醍醐と，西麓の下伽藍からなる。下醍醐の五重塔は天暦 5 年（951）の建立，初重内部に両界曼荼羅諸尊を描いた初期の密教の塔として貴重である。開祖聖宝の法流は小野曼荼羅寺に継承されて小野流と呼ばれ，弟子達によって勧修寺流・金剛王院流・三宝院流など六流に分かれていった。醍醐寺に伝わる醍醐寺文書聖教は，こうした法流や密教の教相・事相はもちろん，建築・法会のあり方を知る上でもきわめて重要な史料である。

仁和寺

聖宝の醍醐寺を中心とする小野流に対して，益信の仁和寺を中心とした法流を広沢流と呼ぶ。仁和寺はとくに天皇家との結びつきが強く，後三条天皇の円宗寺など天皇御願による四円寺が設けられ，また白河天皇の皇子である覚法が入寺し，法親王となって以来，仁和寺の法親王は御室と呼ばれ，天皇・院の仏教界における分身として顕密仏教の頂点に立った。後には応仁の乱で伽藍が焼失・荒廃したが，近世初頭，覚深法親王によって再興され，現在の金堂はこのとき紫宸殿を移築したものである。

園城寺

園城寺の創建は白鳳時代にさかのぼり，円珍が天台座主 5 世となったとき当寺を賜り，灌頂道場とした。天台座主職をめぐる円仁門徒との対立から，円珍門徒は比叡山を下りて園城寺に移ったのである。比叡山の山門に対して，園城寺を寺門と呼ぶ。唐院には円珍が唐からもたらした経典・法具が納められ，伝法灌頂を修する灌頂堂（寛永元年（1624）再建）をそなえる。伽藍は山門との対立や戦火によりたびたび焼失し，さらに豊臣秀吉に

図2　『春日権現験記絵』巻 11，興福寺維摩会場面
［冷泉為恭他（模）「春日権現験記絵（模本）巻第十一（部分）」興福寺維摩会場面］
［東京国立博物館蔵，Image: TNM Image Archives］

よって破却され，現在の金堂は慶長 4 年（1599）に再建されたものである。

三　会

平安時代前期に成立した顕教僧の昇進制度。10 月に興福寺維摩会で講師を務めた僧が翌年正月の宮中御斎会で講師となり，さらに 3 月の薬師寺最勝会で講師を務め，これら三会の講師を経験することが僧綱に任じられる条件となっていた。薬師寺最勝会は，天長 7 年（830）から講堂で修された。興福寺維摩会も和銅 7 年（714）から講堂で修され，このため興福寺講堂は「維摩堂」とも呼ばれた。一方，平安時代後期の京では，法勝寺大乗会と円宗寺法華会・最勝会を合わせた北京三会（天台三会）が成立する。法勝寺大乗会の会場となったのは講堂，円宗寺の二会も講堂で修されており，これら御願寺の講堂は奈良時代からの講堂の性格を継承しているといえる。

参考文献

黒田俊雄『日本中世の国家と宗教』岩波書店，1975.
冨島義幸「建築と景観の統合―中世顕密主義のコスモロジーと両界曼荼羅―」（苅部直，黒住真，佐藤弘夫，末木文美士編『岩波講座　日本の思想 7』）岩波書店，2013.

［冨島　義幸］

寝殿造の形成とその変遷

藤原京の建設と宅地の班給

持統8年（694）の藤原京遷都に先立って，持統5年（691）に京内の宅地が官人に班給された。『日本書紀』によれば，このとき，右大臣に4町，直広弐以上に2町，大参以下に1町，勤以下は上戸に1町，中戸に半町，下戸に4分の1町と，身分に応じた宅地が与えられた。この1町の広さは約120m四方で，以後，日本の古代都市では4町四方の16町を一坊として条坊が整えられた。

平城京の都市住宅

古代の都市の中に建てられた住宅については，平城京内で行われた発掘によって，その建物配置などが明らかにされている。平城宮の東南に位置する平城京左京三条二坊では，4町の敷地を占める長屋王邸（図1）とされている屋敷や，1町の敷地を柵列で二つに分けた屋敷などが確認されている。これらの奈良時代の貴族住宅に共通するのは，屋敷地を柵列によって区画し，南面する建物を中心に構成されている点で，寝殿造に見るような寝殿と東西の対つまり東西棟の正殿と南北棟の東西脇殿で構成される建物配置は見られない。また，渡殿や中門廊のような廊状の建物も平城京の貴族住宅ではない。

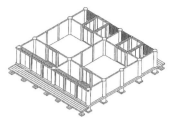

図2 元興寺極楽坊禅室復元図
[奈良県教育委員会編『元興寺極楽坊本堂・禅室及び東門修理工事報告書』1957 より作図]

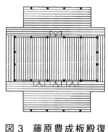

図3 藤原豊成板殿復元平面図（関野克案）
[鈴木嘉吉「古代建築の構造と技法」（『奈良の寺2』）岩波書店，1974]

奈良時代の住空間

法隆寺西院の東室や元興寺極楽坊禅室（図2）は，奈良時代の住坊の空間を伝える貴重な遺構である。一つひとつの単位は複数の部屋で構成され，各部屋は壁と扉，連子窓で囲われた閉じた空間となっている。藤原豊成板殿（図3）は，「正倉院文書」に残る移築時の詳しい記録から復元されたもので，扉と連子窓，壁で囲われた正面5間・側面3間の閉じた母屋と広い開放的な庇で構成されている。奈良時代の住空間は，寝殿造の住空間に比べて閉鎖的な空間が広い面積を占めるのが特徴である。

寝殿造の成立

寝殿造については，平安時代の文学作品に寝殿や対という言葉が多く登場することから，寝殿と対で構成される建物配置ばかりが注目されてきたが，東三条殿の復元平面図（図4）に見るとおり，奈良時代の貴族住宅の柵列に替わって渡殿や中門廊で庭を区画していた点にも着目すべきである。そして，正殿と脇殿の構成に加えて，廊・渡殿によって正殿・脇殿をつなぎ，南庭を囲う形式であることを考慮すると，寝殿造は天皇の宮殿である内裏と共通する点が最も多いことに気がつく。また，その内部空間が庭に向かって開放されている点も宮殿や官衙の正殿と共通する。以上の点を勘案すれば，寝殿造は内裏をモデルとして成立したと考えるのが最もふさわしい。9世紀の中頃を境にして，宮中の節会は五位以上の貴族しか参加できない内裏でもっぱら開催されるようになる。そして，それを補うために，太政官の官人であれば六位以下でも参加できる大臣邸の正月大饗が成立した。この新しい宴会場となった大臣邸は，宮中の宴会場である内裏紫宸殿の一郭に準じた建物構成になったのである。

「如法一町家」と里内裏

こうした内裏に準じた大臣邸の建物群を平安時代後期の貴族は「法の如き一町の家」と呼んでいる。また，こうした屋敷は内裏に倣って建てられていたがゆえに，平安宮内裏が火災などで失われたときには宮殿，つまりは里内裏として利用することも可能であった。

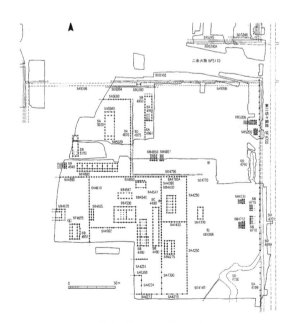

図1 長屋王邸宅跡遺跡
[佐藤信，西弘海，山本忠尚，松村恵司，山岸常人，田中哲雄編『平城京左京二条二坊・三条二坊発掘調査報告』奈良文化財研究所，1984]

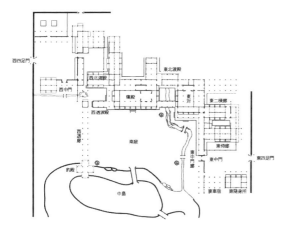

図4 東三条殿復元平面図（川本重雄案）

長屋王邸

平城京左京三条二坊一・二・七・八の4町を占めた奈良時代の邸宅。長屋王の名を記した木簡が出土したことから長屋王邸跡とされている。柵列によって敷地はいくつかの郭に分けられ，中央内郭には東西7間・南北5間の正殿が建てられていた。柱間は10尺もしくは9尺と想定されている。

藤原豊成板殿

奈良時代の貴族藤原豊成（704～766）が紫香楽に造営した屋敷の建物の一つを，石山寺に移築し，その食堂とした。「正倉院文書」にその移築部材の目録があり，それによって豊成邸時代の建物が復元されている。正面5間・側面3間の母屋の外周には扉が4ヵ所，連子窓が2ヵ所に設けられ，その他の部分には板壁が巡っている。正面と背面に吹き放しの庇があったとする復元と前面にのみ庇があったとする復元がある。

如法一町家

藤原宗忠（1062～1141）の日記『中右記』に見られる理念的な寝殿造像を表す表現。『中右記』に「法の如き一町の家，左右の対中門など，あい備ふるなり」「東西の対，東西の中門，法の如き一町の作りなり」と記されている通り，寝殿の東西に対と中門を構えていることが「如法」の条件であった。ただし，実際に「如法一町家」と表現された邸宅を見ると，東西の対の一方は対代や対代廊であるので，左右対称というわけではなかった。

東三条殿

平安京の二条南西洞院西の2町を占めた邸宅。藤原良房（803～872）の時代から藤原氏の屋敷であったとされ，その後摂政・関白家の屋敷の一つとして伝領された。平安時代を通して東三条殿は何度も焼失再建を繰り返したが，長久4年（1043）に藤原頼通（992～1074）によって再建された東三条殿は，その後仁安元年（1166）の火災まで120年以上の間存続した。頼通の子藤原師実（1042～1101）の時代以後，東三条殿は摂関家一族の儀式専用の邸宅となり，主要な儀式はほとんどここで行われるようになった。西面に泉があるため，「如法一町家」にいう西対を欠くが，正月大饗にも里内裏にも対応できる屋敷であった。東三条殿が焼失した後，摂政藤原基房は閑院を再興するが，その平面は東三条殿のものにきわめて近い。閑院は正月大饗が行われた最後の貴族住宅であり，その後焼失するまで里内裏として利用されている。

平安京右京一条三坊九町遺跡

平安時代初期の邸宅跡。1町の敷地の中に正殿と後殿，それぞれの東西脇殿が整然と並んで確認され，寝殿造の寝殿・北対・東西対・東西北対からなる建物構成の原型として注目された。宇多院に隣接する場所であることから，皇族の屋敷跡とする見方があるが，官衙の可能性も否定できない。

参考文献

奈良文化財研究所編『平城京長屋王邸宅と木簡』吉川弘文館，1991．

関野克「在信楽藤原豊成板殿復原考」『日本建築学会論文集』3号，1936．

川本重雄「寝殿造の成立と正月大饗」『日本建築学会計画系論文集』729号，2016．

［川本 重雄］

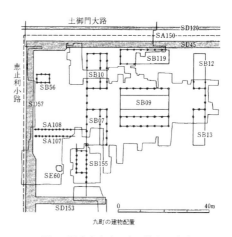

図5 平安京右京一条三坊九町遺跡
［平良泰久『月刊文化財』242号，pp.25～32，1983］

寝殿造住宅の形態

寝殿造とは

　寝殿造といえば寝殿と東西の対が左右対称に整然と建つ建物配置を思い浮かべるが、平安京内の発掘事例を見る限り、そうした事例はほとんど確認できない。『中右記』の記事「東西の対、東西の中門、法の如き一町の作りなり」から左右対称な建物配置を寝殿造の理想像とする考え方もあるが、そもそも建物配置は敷地の広さや家主の社会階層によって変わるものであるから、杓子定規にそれを当てはめようとすると、寝殿造はなかったというような極論になりかねない。「寝殿造とは」という問題を考えるためには、一旦、建物配置の問題を離れて、平安時代の貴族住宅の中に建つ個々の建物の特徴を見ていくことが必要である。

　それでは、寝殿造の特徴は何かといえば、それは壁や窓がほとんどない開放的な列柱空間の建物で構成されているという点である。そして、この列柱空間を障屛具で区画し、座具や調度を置くことで、機能に応じた空間をつくり出していく、それが寝殿造の文化であった。また、寝殿造では、この開放的な内部空間を外部と隔てるために蔀・半蔀が発展し、内部空間を仕切るために引き違い戸である遣戸が誕生するが、これらはいずれも日本固有の建具であった。特に遣戸は、その後の日本住宅に広く普及し、襖や障子で仕切って部屋をつくる書院造の前提となった。

寝殿の形態

　寝殿造を構成する建物は、古代の寺院建築と同様に、中央部の母屋から屋根を延長して、庇・孫庇（蔀が庇の外側に設けられる場合は弘庇、孫庇では蔀はその外側に設置される）を設け、空間を拡大していく。このうち母屋と庇の間には床の段差はなかったが、孫庇になると長押1段分床が低くなる。天井が外に向かって段々低くなっていくためである。寝殿造には天井がなかったという誤解があるようだが、11世紀前半の記録から母屋は組み入れ天井だったことがわかり、庇・孫庇の部分は社寺建築の事例から考えると、屋根の傾斜と垂木を見せる化粧屋根裏であっただろう（図1）。また、11世紀以前の寝殿や対ではその母屋の一部を扉と板壁で囲って、塗籠と呼ばれる部屋を設け、そこを寝所や財産を守る場所として利用している。一方、平安時代の後半になると、平清盛の六波羅泉殿の寝殿のように母屋の棟の位置に当たる中央にも柱を立てる総柱の建物が見られるようになる（図2）。

寝殿造の建物構成

　寝殿造の邸宅は、敷地の四周に築地を巡らし、通りに

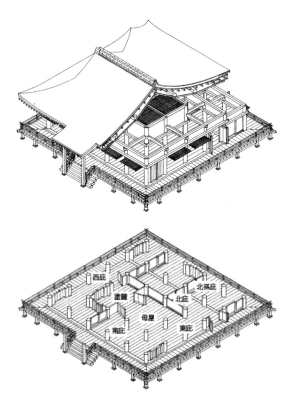

図1　寝殿造の母屋・庇・孫庇（太田静六案）

面して複数の門を開いていた。東三条殿の例（p.77、図3）でいえば、東西の四脚門、東北の棟門、北小門などがあった。東面の正門である東四脚門を入ると、南側に牛車を入れる車宿と外出時の随身が詰める随身所が、北側に家人の詰め所となった侍廊があり、さらにその北の二棟廊に主人と家人とが対応した外出居がある。西側に南庭に通じる中門とその南北に延びる中門廊があって、庭儀が行われる南庭を囲う。そして、この南庭に面して寝殿と東対が並んで建てられる。寝殿とその周辺の建物の間には、渡殿や透渡殿が建っている。透渡殿は吹き放しの廊であるのに対し、渡殿の方は前面の簀子縁を通路とし、蔀で囲った内部は居所としても利用される。

寝　殿

　寝殿造住宅の正殿に当たる建物で、主人や家族の居所として用いられるほか、正月大饗や任大臣大饗などの儀式が行われた。寝殿の平面は、梁間2間、桁行3間から6間の母屋の四周に庇が巡り、部分的に孫庇や弘庇が設けられる形式である。柱間寸法は10尺を基準とするが、儀式時に座が対座で設けられる庇では奥行きが12尺を越えていた。ただし、この柱間寸法は、平安時代後期以降には縮小する傾向があり、母屋の柱間が8尺から6尺のものも確認できる。

寝殿の四周には縁（簀子縁もしくは榑縁）が巡り，南面には階が設けられる。縁と建物内部との境は，出入口として利用することを前提とする箇所には板扉を設置し，その他の部分には半蔀を釣った。また，北面などでは舞良戸を用いる場合もあったと考えられる。内部の間仕切りは御簾や垂布などの障屏具や襖障子が利用された。板敷の床は梁間方向に設けるが，寝殿造の床の構造は仮設的な性格が強く，対や渡殿では床を外した記録も残されている。

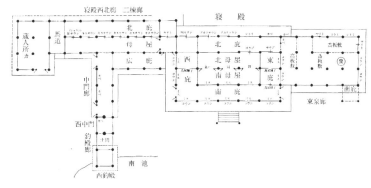

図2　六波羅泉殿復元平面図（太田静六案）
［太田静六『寝殿造の研究』吉川弘文館，1987］

対

寝殿の東西や北方に建てられた副屋で，東北の対，西北の対などもある。寝殿が東西棟の建物であるのに対して東西の対や東北・西北の対は南北棟であったと考えられる。対のうち南庭に面して建つ東西の対は，主人や家族の居所として，また臨時客などの儀式の場所として利用された。特に対の南面は出居と呼ばれ，ここで来客との面談などが行われた。北面の対は，女房などの局として利用されるものが多い。

塗籠

寝殿や対の母屋の一部を扉や壁で囲って部屋としたもの，寝殿造以前の壁や扉で囲われた閉鎖的な屋内空間の名残と考えられる。清涼殿の夜御殿と呼ばれる塗籠では，その中に御帳を立て，枕元の二階棚に御剣と神璽を並べ，御帳の南北西三方に女房が座るための御座を敷いている。

二棟廊

寝殿造において寝殿や対をつないだり，これらの建物から付属屋として延長されたりする廊には，梁間1間のものと梁間2間のものがある。梁間1間のものは透渡殿・中門廊のように原則通路であるが，梁間2間の廊は様々な機能をもっている。二棟廊は，この梁間2間の廊の総称と考えればよく，実際はその機能に応じて渡殿，侍廊，随身所などの名前で呼ばれた。

中門廊

南庭への入り口である中門より南北に延びた廊で，北側を中門北廊，南側を中門南廊と呼ぶ。中門廊は梁間1間の単廊形式の廊で，南庭の側を開放し，外側は上部に連子窓を設けた壁とする。寝殿造住宅ではほとんど見ることのできない壁と窓がここにあるのは，この中門廊が

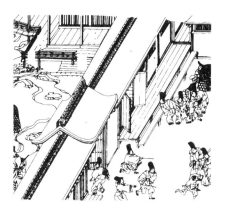

図3　中門と中門廊
［『年中行事絵巻』（東京国立博物館所蔵の写真から描き直し）］

南庭とそれに面して建つ寝殿・対の一郭を，周りから区画するための回廊にその起源があるからで，外部との境界を明示するため壁になっている。

中門廊北廊には床が設けられ，南庭側にも外側にも縁が設けられる。この中門北廊は，寝殿や対に昇殿するときの玄関の機能をもち，中門北廊の南端には外側に面して出入口の扉があるほか，南面（中門内）には昇殿のための小板敷もある。寝殿造住宅には他にもいくつかの昇殿場所があり，身分に応じて昇殿場所が分かれていた。この中門廊に見られる扉と連子窓は，光浄院客殿など近世の書院造においても中門という形で継承されるが，それは身分に応じた玄関という中門廊の役目がその後長く受け継がれたことを示している。

参考文献

太田静六『寝殿造の研究』吉川弘文館，1987.
川本重雄『寝殿造の空間と儀式』中央公論美術出版，2005.

［川本　重雄］

寝殿造と儀式

寝殿造の儀式空間

　寝殿造は儀式のための住まいで，寝殿や対など寝殿造を構成する主要な建物は，庭儀が行われる南庭に向かって開放された列柱空間の建物となっている。これは，古代の儀式が庭と一体になった空間で行われるため，儀式の舞台として利用される主要殿舎はこの庭儀の場である庭に向かって開放されている必要があったからである。さて，貴族住宅における主要な儀式は，南庭に面した寝殿とその東西に建つ対などで行われる。そして，儀式の性格・参列者によって寝殿の母屋，南庇あるいは対の母屋，南庇，南弘庇などが使い分けられていた。

寝殿の儀式

　大臣邸では，寝殿を舞台にして正月大饗や任大臣大饗が行われる。また，引っ越しである移徙の儀では，寝殿に寝所などが設定されるし，娘が皇后に冊立される立后の本宮の儀では，寝殿に倚子が据えられ，その御所となる。後の二者は，寝殿を儀式時の居所として象徴的に使用した事例であり，寝殿が屋敷の中心殿舎として特別な意味をもっていたことを示している。一方，寝殿で行われた宴会である正月大饗・任大臣大饗に共通していえることは，その座席の順序が律令制度の官職の秩序によって決定されていることである。

対の儀式

　対では年頭に行われる臨時客などの宴会，子女の元服・着裳などの私的行事が行われたほか，移徙や立后のときに臨席した人々に対する宴会などがここで行われた。座席の席順は，宮中での議定に参加する公卿（大臣・大納言・中納言・参議），天皇の日常の場である清涼殿への昇殿が許された殿上人，内裏に入場できる諸大夫（五位以上）の序列によって決定される点が特徴である。10世紀以降，律令制度の変容によって，それまでの位階と官職に基づく秩序は崩れ，それに替わったのがこの公卿・殿上人・諸大夫の秩序であった。対の儀式は10世紀後半に整えられているから，そうした新しい秩序が反映されているのである。

正月大饗

　大臣が年頭にその屋敷で開いた宴会。藤原良房の時代に始まったと考えられる。9世紀の中頃以降，宮中での宴会は，天皇即位時に行われる豊明節会を除いて，すべて内裏で行われるようになった。皇居である内裏へは五位以上の者でなければ入場することが許されないので，六位以下の官人は，その結果，宮中の宴会に参加できないことになってしまった。これを補ったのが正月大饗で，そのため，蘇甘栗使と呼ばれる勅使が，宴会のデザートに相当する蘇と甘栗を携えて来ること，皇子である親王が垣下と呼ばれるホスト役を務めることなど，正月大饗は公的な宴会の色彩が濃い。最初は毎年正月に各大臣

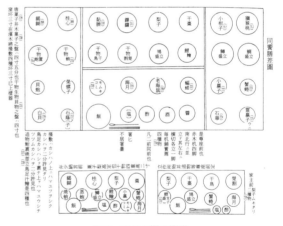

図2　正月大饗の饗膳
[『類聚雑要抄』巻第一]

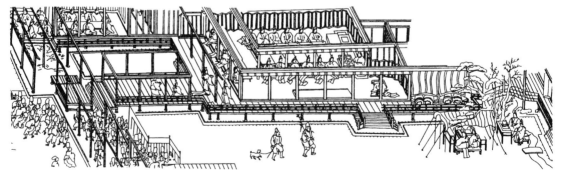

図1　正月大饗
[『年中行事絵巻』別本巻第二（東京国立博物館所蔵の写真から描き直し）]

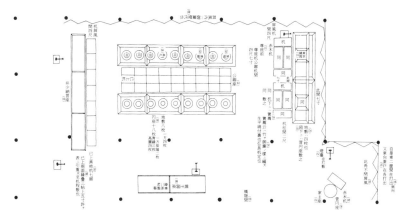

図3 正月大饗の座の配置
[『類聚雑要抄』巻第一]

の屋敷で開催されていたが，11世紀以降は大臣家に祝い事があるときにだけ開かれるようになり，次第に開かれなくなっていった。そして，嘉応3年（1171）に太政大臣藤原基実が閑院で開いた正月大饗が，その最後となった。

任大臣大饗

大臣に初めて任官したとき，太政大臣に就いたときに，大臣がその屋敷で開いた宴会。正月大饗が尊者や公卿の座を寝殿の母屋に設けるのに対して，任大臣大饗ではこれらの宴座を南庇に設けることから庇の大饗ともいう。正月大饗とは異なり，私的な慶事であるため，勅使である蘇甘栗使による蘇と甘栗の下賜はないし，南庭での鷹飼・犬飼の入場や舞楽の上演なども行われない。参列者の座は寝殿の側面の庇に設けられる弁と少納言の座が，正月大饗では北を上座とするのに対して，任大臣大饗では南庇の公卿座から連続する空間として捉えられるため，南を上座とする。それ以外の座の配置は正月大饗に準じている。

正月大饗は嘉応3年（1171）に閑院で開かれたのを最後に行われなくなったが，任大臣大饗はその後も続けられ，足利義教が永享4年（1432）に室町殿で行った例も知られている。

臨時客

摂関邸などで正月に行われた宴会。正月大饗では主賓に対して請客使を遣わすが，臨時客では請客をせず不時に訪れた客をもてなすために臨時客と呼んだという。宴座は，対の南庇に主人と公卿の座・南弘庇に殿上人の座がそれぞれ設けられる。11世紀以後，正月大饗に替わって正月の宴会の主役となった。

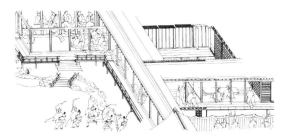

図4 臨時客
[『年中行事絵巻』巻第六（図1と同様，描き直し）]

『類聚雑要抄』

『類聚雑要抄』は，平安貴族の生活文化を知る上で欠かせない史料である。本書は四巻からなり，巻第一は儀式のときの饗饌の内容と座の配置に関する資料を，巻第二は移徙（転居）・婚礼のときの室礼に関する資料をそれぞれまとめたものである。一方，巻第三は永久3年（1115）に内大臣藤原忠通が五節の舞姫を献上したときの定文，巻第四は藤原師実と源麗子の婚礼時に製作された家具調度の目録である。その内容は主として摂関家に関するもので，摂関家の儀式を滞りなく準備するための資料集であったと考えられる。この『類聚雑要抄』を編纂したのは，その記述内容から判断して藤原親隆で，摂関家の家司となった親隆が久安2年（1146）頃に作成したと考えられる。

参考文献

川本重雄，小泉和子編『類聚雑要抄指図巻』中央公論美術出版，1998．
川本重雄『寝殿造の空間と儀式』中央公論美術出版，2005．

[川本 重雄]

寝殿造の生活

寝殿造の室礼

　寝殿造は、正月大饗などの儀式に対応できるようにつくられた住まいであったから、主要な建物は儀式が行われる庭に向かって開かれた開放的な列柱空間であった。したがって、寝殿造では、儀式の場も生活の場も、この儀式用の列柱空間の中につくられることになる。簾や垂布、几帳や屏風を使って列柱空間を区画し、その中に座具や膳具、調度を並べて機能に合わせた空間をつくるのである。

寝殿指図

　『類聚雑要抄』巻第二に収められた移徙（家移り）の際の寝殿指図は、寝殿の中に生活空間をつくる方法を示している。この指図によれば、寝殿には3ヵ所の寝場所と座所が設けられていた。一つは、寝殿の母屋に据えられた御帳を中心に南庇と母屋にまたがるものである（図1）。寝所である御帳には南に枕が二つ並べられ、その御帳の西の母屋と南庇にそれぞれ御座が敷かれ、東側に装束や夜具を掛ける衣架が置かれている。二つの御座については、御座の横の棚に収められているものを比較すると、母屋の御座の横の厨子棚には、香壺筥や櫛筥、薬筥など収納用の筥が収められているのに対し、南庇の御座の横の二階棚には火取や唾壺、硯筥といった実用的な用具が並んでいる。おそらく、南庇の御座の方が主として利用されたのだろう。

　一方、北庇にある二つの生活空間は、いずれも北庇の柱間2間を占めてつくられている。指図において南北方向に畳2帖を敷いている場所が寝所、その西側の東西方向に畳を敷いている場所が座所である。「源氏物語絵巻」横笛の巻（図2）は、この北庇に設けられた夕霧夫妻の居室を北孫庇の方から見たもので、長押1段分の床の段差は庇と孫庇の境を表している。御簾と垂布で囲った北庇に幼子に乳をふくませる雲井の雁と夕霧、乳母が描かれ、孫庇に女房が控えている。

　ところで、『落窪物語』が落窪の姫君の居所について、「落窪なる所の、二間になるになむ住ませ給ひける。」と記しているとおり、寝殿北庇に見られる柱間2間の空間は、寝殿造における居住空間の基本単位といってよいものであった（柱間寸法は約3mであったから、柱間2間分だといっても4畳半が二つ）。したがって、『台記』久安6年（1150）12月30日条に藤原頼長の子兼長や師長が厩舎の南妻や中門南廊をその居所としたことが記されているとおり、渡殿でも廊でもどこでも居室を設けることができた。

出居・内出居・外出居

　主人の接客場所として使われたのが出居である。東三条殿の場合、東対南庇に設けられたものを南面出居と呼び、公卿や殿上人との接客に用いられ、東対東孫庇の内出居は物忌みのときなどの接客に、二棟廊に設けられた外出居は家司などとの対応に用いられたと考えられる。主人の座の畳を奥に客座の畳を縁に近い端に、向かい合わせに敷いたが、内出居と外出居では主人の座の左右の向かい側にだけ畳が敷かれ、主人の座の正面には客座はなかった。

侍廊・台盤所

　貴族に仕える家人や女房を管理する事務所・宿所が侍廊と台盤所である。『類聚雑要抄』に収められている東

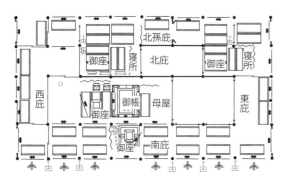

図1　東三条殿移徙寝殿指図
[『類聚雑要抄』巻第二]

図2　「源氏物語絵巻」横笛

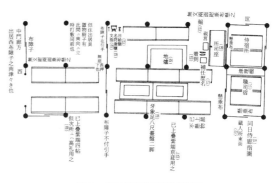

図3　東三条殿移徙侍廊指図
[『類聚雑要抄』巻第二]

寝殿造 81

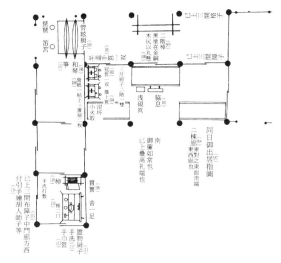

図4 東三条殿移徙外出居指図
[『類聚雑要抄』巻第二]

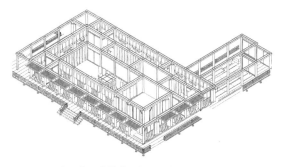

図5 東三条殿移徙時の寝殿の室礼復元アイソメ図

三条殿の侍廊の指図（図3）によれば，所司の座の前に名簿と硯が置かれ，誓約書を収めた名符唐櫃，出勤表である日給簡などがここに収められている。

障屏具と障子

寝殿造では仕切りとして様々な障屏具が用いられた。最も広く利用されたのは御簾，簾で，簾の中で縁の付いたものを御簾と呼ぶ。三位になり伊予簾から御簾に変えたとする記録があるので，御簾は高い身分の屋敷で用いられる高級品であった。御簾は建物の外周や母屋と庇の境などには必ずこれを内法長押から懸け，垂らしたり，適当な高さまで巻き上げたりして，仕切りとした。御簾は光も風も通すのでこれを遮りたいときは，その内側に壁代・引帷などの布の垂布を垂らした。几帳はこの布を垂らした衝立で，高さ4尺のものと3尺のものがあり，御簾

の内側に立てたり，座や枕元に立てたりして，目隠しとして使われた。屏風には，5尺屏風のように儀式場などの周囲に立て巡らすものと，座に脇に立てる4尺屏風があり，御産のときには産所を8尺の屏風で囲ったりした。

清涼殿の年中行事障子や昆明池障子，荒海障子のような衝立障子も使われており，これが柱間に固定化されて押障子と呼ばれる柱間にはめ込むパネル式の障子が生まれ，10世紀後半には引き違いになった遺戸も成立する。

座臥具

寝殿造の板敷の床の上には，先ず弘筵・狭筵と呼ばれる筵を敷き詰め，その上に各種の敷物を敷いた。帖（畳）は長方形の敷物で，座所にも寝所にも用いた。御帳の場合は，2枚の帖を地敷として並べて敷き，その上に御帳を立て，中央に厚さ3寸ほどの中敷と呼ばれる帖を敷き，さらに表筵を加えて寝場所とした。上には衾と呼ばれる夜着を被る。座所の場合も地敷となる帖を敷いて，その上に帖や正方形の茵，円形の円座などを敷いて座とした。ただ，帖をそのまま座として利用することも多い。

室礼（装束）

障屏具や座臥具を用いて，寝殿造の住まいの中に生活や儀式のための空間をつくることを室礼，鋪設，装束などと呼んだ。正月大饗のような大規模な宴会の場合には，前日に殿舎の装束を行っている。

釣殿

寝殿造の邸宅において，池に面して建てられた吹き放しの建物，中門廊の南端などに置かれた。庭を愛でながらの遊芸の場所として，池に浮かべた舟に乗船する場所などに使われた。

作庭記

平安時代の庭園書，藤原頼通の子橘俊綱の作といわれる。寝殿造の庭園のつくり方について，石の立て方，寝殿から池までの距離，中島の位置や形，滝や遣り水のつくり方などについて詳しく述べられている。

参考文献

川本重雄，小泉和子編『類聚雑要抄指図巻』中央公論美術出版，1998．

［川本 重雄］

大極殿と朝堂（院）

　古代の日本では7〜8世紀における新たな中央集権体制の出現に伴って，それまで散在していた政務・儀式機能を1ヵ所に集約することで合理的・効率的な政治システムの運用を目指し，かつそこに参集した人々に為政者の威や徳を示すために大規模な宮殿が営まれた。その中で政務・儀式を行う際の中枢的な施設が大極殿（院）と朝堂（院）である。天皇の居所である内裏に対して，大極殿は天皇の出御空間として，朝堂（および朝庭）は臣下が着座・列立する空間として機能した。そこでは朝政・告朔などの政務，即位・朝賀・外国使節の謁見などの国家的な儀式や節宴などの饗宴が行われた。

　史料上における「大極殿」の初出は『日本書紀』皇極天皇4年（645）条の飛鳥板蓋宮であり，次いで天武天皇10年（681）条の飛鳥浄御原宮などにみえる。「朝堂院」の初出は『日本後紀』延暦11年（792）11月条の長岡宮であり，大極殿・朝堂（朝庭）・朝集堂の三つの部分をあわせた広義の意味をもつ。平安宮では『日本紀略』弘仁9（818）4月条にみえる殿閣・諸門の唐風名称への改正に伴って八省院と改称された。

配　置

　古代の宮殿では政務・儀式の集中に伴って，それらを整序するための新たな手法として，正方位を志向する軸線の設定や左右対称の建物配置，建築類型の多様化と各建物の巨大化など，それまでには見られない手法が出現した。その中で大極殿と朝堂院はそれぞれが門をもつ院を形成し，軸線上に南北に並ぶ点が特徴的である。

　大極殿院は中央に大極殿を置き，周囲を複廊や築地塀で囲繞するとともに，南に閤門（南門）を開く。元来，一郭内部では臣下を入れての饗宴なども行われたが，飛鳥浄御原令制定以降は天皇の独占空間として機能した。また，多くの宮殿では大極殿の背後に，出御のための侍候空間として後殿を配置する。平安時代の『内裏儀式』には天皇自らが後殿から大極殿に歩いて登壇する出御方法が記されており，この方法は前期難波宮（難波長柄豊碕宮，7世紀中頃）にまでさかのぼる可能性が高い。

　朝堂院は中央に広大な朝庭を置き，その周囲三方を朝堂で取り囲む配置で，さらに周囲を複廊や築地塀で囲繞するとともに，南に門を開く。庭を中心とする配置は，口頭決済による朝政のあり方，儀式・告朔における臣下の列立などを前提としたもので，史料上の原型は推古朝小墾田宮にみられ，遺構では前期難波宮で確認される。朝堂の数は，前期難波宮では計14堂（または16堂），藤原宮では計12堂で，平城宮東区上層・下層，平安宮

もこれを踏襲したが，後期難波宮およびそれを移築した長岡宮は計8堂，平城宮中央区朝堂院は計4堂である。平安宮朝堂では，史料から堂ごとの官司・職の割り当てが知られ，東西第1堂が最も高位で，かつ建物規模も他とは異なる。同様の様子は前期難波宮から認められ，古くにさかのぼる制度と考えられる。

変　遷

　元来，大極殿は内裏付属の天皇の出御空間（前殿）という役割を担ったが，延暦8年（789）に長岡宮内裏が東の東宮に移転して以降，内裏との結びつきが減少し，平安宮では朝堂院との間の閤門が廃止され，龍尾壇上に位置する朝堂院の正殿となる。内裏との分化は，天皇聴政と朝参・朝政とが制度的に分離したこと，公卿の内裏伺候が一般化したことによるとみられている。また，史料では平城宮の儀式で天皇が出御する空間は，朝賀・即位・告朔などを行う際の大極殿と節会・射礼・賜宴などを行う際の大極殿閤門とに分かれるが，後者は平安宮朝堂院の西に独立した豊楽殿で行われるようになる。ただ，平城宮でも早い時期から中央区・東区が並立することから，すでに用途を異にして使用していた可能性がある。

その他

　平城宮朝堂院では，東区で5時期（元正・聖武・淳仁・光仁・桓武），中央区で1時期（称徳）の大嘗宮遺構が検出された。史料では平安宮朝堂院の東・西第2堂の間に大嘗宮が設営されたことがみえ，制度とともにその位置も平城宮までさかのぼることが知られた。また，儀式に用いる旗竿（幢旗）遺構が，藤原宮朝堂院，恭仁宮朝堂院，平城宮西宮，平城宮東区大極殿院，長岡宮大極殿院で見つかっている。藤原宮を除き，いずれも等間隔で東西一列に7基並び，1基が3本の柱からなる。

大極殿

　古代宮殿の中心建物。元日朝賀・即位・蕃客朝拝などの国家的な儀式に際し天皇が出御した。建物内部に天皇が着座する高御座を置く。古くは内裏の南端に位置する前殿として出現し，その原型は前期難波宮で確認され，正面9間の規模で南の朝堂院と対峙する。その構えは後の大極殿でも踏襲され，平安宮に至って正面が11間に拡張された。なお，藤原宮以降は梁行が4間で共通し，基壇上に立つ瓦葺・礎石建物となる。平城宮中央区大極殿は『続日本紀』天平15年（743）12月条の記事，および発掘調査で判明した平面規模などから恭仁宮への移築が推定される。平安宮大極殿は造営当初の姿が不明だが，保元3年（1158）修造から安元3年（1177）焼失以前の姿が『年中行事絵巻』御斎会の巻にあり，基壇上に建つ入母屋造・礎石建物として描かれる。

宮殿の建築　83

古代宮殿配置の変遷

朝集堂（唐招提寺講堂）

朝参する官人の侍候施設。朝集殿ともいう。朝堂院の南に位置し、中央に庭を挟んで東西に建つ。平城宮・平安宮では周囲に築地塀・回廊を巡らせて院を形成する。史料上の初見は弘仁 6 年（815）であるが、遺跡では前期難波宮から確認される。ほかに藤原宮、平城宮東区上層でも確認されるが、平城宮中央区・東区下層、後期難波宮、長岡宮では確認されていない。南北棟の切妻造とし、規模は前期難波宮が桁行 19 間以上、藤原宮が桁行 15 間、平城宮東区上層が桁行 9 間、平安宮が桁行 9 間となる。なお、唐招提寺講堂は『招提寺建立縁起』・『延暦僧録』および蟇股・頭貫の墨書番付などにより平城宮東朝集堂を移建したことが知られる。平面規模が平城宮の発掘成果とも一致し、元来は桁行 9 間・梁行 4 間の切妻造で、側面と背面両端間以外は開放であった。

豊楽殿

平安宮豊楽院の正殿。国家的饗宴の場として 9 世紀前半には節会・大嘗会・蕃客への賜宴などに用いられたが、9 世紀後半以降、大嘗会を除く各節会は内裏（紫宸殿）などで行われた。豊楽院は朝堂院の西隣に位置し、北に天皇が出御する豊楽殿と清暑堂（後殿）、前庭に諸臣が着座する四朝堂を東西に配置し、周囲を回廊で繋いで南に門を開く。完成は延暦 18 年（799）〜大同 3 年（808）の間と推定され、康平 6（1063）年 3 月の焼亡以降は再建されなかった。豊楽殿の規模は発掘調査によって桁行 9 間・梁行 4 間の四面庇付礎石建物と推定された。

朱雀門

古代宮城における南面中央の門。史料上の初見は大化 5 年（649）であるが、当時の呼称かは不明。藤原宮では和銅 3 年（710）に朱雀路の名がみえることから既に存在したものと思われる。平城宮では、出土木簡や『法曹類林』の記載から「朱雀門」「大伴門」の双方の呼称が使われたことが知られる。平安宮では重閣御門とも呼ばれ、弘仁 9（818）年 4 月にみえる唐風門号への改正により、宮城南門が朱雀門、朝堂院南門が応天門となった。平面は、前期難波宮、藤原宮、平城宮が桁行 5 間・梁行 2 間で共通し、平安宮では桁行 7 間・梁行 2 間の規模で、12 世紀末頃の成立とされる『伴大納言絵巻』には重層・入母屋造として描かれる。

平城宮東院

「東宮」（皇太子の居所）、「東院」（宮内離宮）に比定される遺構で、平城宮東張出部の南半に位置する。史料には天平勝宝 6 年（754）における「東院」での賜宴や、神護景雲元年（767）における瑠璃瓦を用いた「東院玉殿」の建造などがみえる。宝亀 4 年（773）に完成する「楊梅宮」もこの地に比定され、楊梅宮安殿では踏歌・白馬の節宴、朝堂では出羽蝦夷俘囚への饗宴などが行われた。発掘調査では、西北部で倉庫をはじめとする掘立柱建物群の頻繁な建て替え、東南隅部で庭園遺構（東院庭園）、中心軸南面で正門（推定建部門）などが確認されたが、中枢施設の検出には至っておらず、内部では頻繁な空間利用の変化があったとみられる。

参考文献

福山敏男編『大極殿の研究：日本に於ける朝堂院の歴史』平安神宮、1955．
岸俊男『日本古代宮都の研究』岩波書店、1988．

［李　陽浩］

内裏

　内裏は，複数の内裏図や『年中行事絵巻』，『大内裏図考証』などによって，平安宮での規模や構造をおおよそ知りうる。しかし「内裏図」も『年中行事絵巻』も描くのは院政期の内裏であり，『大内裏図考証』にも問題が多い。

　平安宮の内裏は，天皇の空間とキサキの空間から構成される。天皇の空間はさらに天皇の公的空間と私的空間に分けられ，またキサキの空間は皇后宮と後宮からなる。

　天皇の公的空間には天皇が朝儀・政務で出御する紫宸殿があり，南庭の東西に宜陽・春興両殿と校書・安福両殿が建つ。天皇の私的空間には天皇が日常起居する仁寿殿があり，紫宸殿と露台で連接され前庭をもたない。仁寿殿の東西には綾綺・温明両殿と清涼・後涼両殿，後に承香殿がある。綾綺・清涼両殿は天皇の御在所ともなり，承香殿はキサキの居所ともなった。温明殿に女官の中枢内侍所が置かれ，神鏡などが奉安されたのに対し，後涼殿には天皇に近侍する男官の蔵人所が置かれる。

　一方，皇后宮には皇后の公私両空間を併せもつ常寧殿が置かれ，南に前庭，後方に皇后宮職庁の置かれる貞観殿がある。東西には宣耀・麗景両殿，登華・弘徽両殿が相対し，天皇の公私両空間と同じような空間構造をとる。また内裏東北・西北両隅には東西棟建物のみの後宮が置かれ，東に昭陽・昭陽北両舎と淑景・淑景北両舎，西に飛香・凝華・襲芳の三舎がある。東南隅は御輿宿・朱器殿のある収納空間で，西南隅には蔵人所管下の所々などが置かれ，天皇の内裏での生活を支えた。

　このような平安宮内裏の基本構造は，遷都当初にさかのぼらず，嵯峨のとき，弘仁6年(815)7月橘嘉智子の立后によって内裏に皇后宮が加えられた際に生まれ，さらに同9年4月平安宮の殿閣・諸門号を唐風に改め，額を掲げたことを契機として固定された。また橘嘉智子立后を機に，皇后宮と後宮が並存するに至り，皇后を頂点とし後宮や女人，内外命婦らからなる後宮組織も構築された。

　構造が固定された内裏は，そののち嵯峨から淳和まで構造に対応した機能を果たしたが，9世紀後半に機能が大きく変わった。最大の要因は内裏での天皇の居所の変更にあった。天皇の居所は本来仁寿殿にあり，紫宸殿，常寧殿とともに中軸線を形成し，内裏は東西対称性をもち，天皇の動線は南北方向にあった。しかし仁明が仁寿殿を避け清涼殿に移居し，宇多以降居所が清涼殿に定まると，天皇は清涼殿で東面するに至り，天皇の動線は東西方向に変更され，内裏の東西対称性も崩れた。これによって皇后宮も後宮も本来の機能と異なるようになり，特に内裏西北隅の後宮が皇后・中宮の居所とされるようになる。また淳和以降，醍醐まで6代皇后を冊立しない天皇が続き，皇后宮は本来の主人を失い天皇の生母皇太后が居所とするようになった。このようにして平安文学作品にも記されたような内裏の状況が現れることとなった。

　一方，奈良時代末期から公卿の侍臣化が進み，公卿による日常的聴政の場が中重の東中門建春門の東に位置する外記庁に，また公卿議定の場が陣座に設けられるようになり，中軸線以西の空間は清涼殿を中心に公卿や昇殿が許された貴族たちだけが入りうる制限された空間となったのに対し，以東の空間は公卿のみならず執務によって弁史や外記たちも参入できる空間に変化した。内裏は天徳4年（960）以降15度の焼亡と再建を繰り返したが，安貞元年(1227)再建中の焼亡を最後に放棄され，ついに内野と称されるようになった。

　内裏の構造固定化以前，遷都当初の平安宮内裏はそれと異なり，建物の様式も違っていた可能性が高く，平安宮内裏の基本構造は奈良時代末の平城宮にさかのぼる。

　内裏はヤマトの大王の大宮までさかのぼるが，直接的には大内にある。大宮の遺跡はまだ確認されず，所在や構造も明らかでない。7世紀初め推古の小墾田宮が『日本書紀』に描かれ，宮をめぐる二重の垣には南門と閤門が開き，閤門の中が天皇の占有空間大内である。なかには大庭が広がり，女性の宮人が近侍する大王の居す大殿がある。大内は7世紀後半斉明の後飛鳥岡本宮で遺跡として確認されるが，構造や機能は明らかでない。

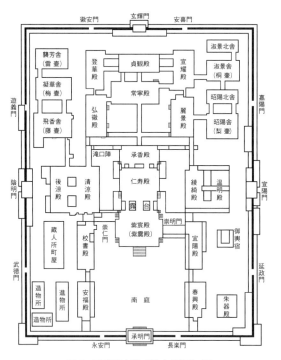

図1　平安宮内裏［橋本義則作成］

宮殿の建築　85

　大王が天皇と称されるようになる7世紀末頃，大内は内裏と表記され，やがてダイリと音読されるようになる。内裏は中国に倣った漢語であるが，中国での用例は多くない。日本最初の宮都「藤原」京では藤原宮が営まれたが，内裏の遺跡は破壊され構造を知り得ない。内裏の構造が分かるのは平城宮においてである。平城宮の内裏は6期の変遷をみせ，各々が特徴的な構造をもつ。

　遷都当初，内裏は東西棟建物だけで構成され，中軸線上中央と南に前庭をもつ巨大な建物2棟が建てられ，天皇の公私両空間を構成する。次いで，2棟の中心建物に南北棟建物が付属し，これらを掘立柱の塀や廻廊で囲い天皇の二つの空間を明確に区別する。この構造が奈良時代の内裏の基本となり，恭仁宮の内裏も同様であった。奈良時代中頃，内裏の四周を囲う施設が掘立柱塀から築地廻廊に変更され，以後内裏は築地廻廊で囲繞されるが，基本構造に変化がなく，天皇の公私両空間を中心に周囲に宮人たちが天皇に奉仕するための空間が配置される。

　内裏の構造が大きく変化するのは奈良時代後期に至ってで，光仁のとき，天皇の空間の北に皇后宮が置かれ，桓武になって皇后宮両脇に後宮が置かれ，固定化以後の平安宮内裏の基本構造が出現し，内裏は天皇の占有空間から天皇と皇后・後宮たちが同居する空間となる。

　しかし皇后をもたなかったり，皇后と死別した天皇もいたため，常には皇后が在位しておらず，皇后宮は主人を欠いたり，皇后宮自体を欠くこともあって，内裏には天皇の占有空間としての性格が残った。平城宮で生まれた内裏の新たな構造は長岡宮を経て平安宮に継承され，平安宮内裏は奈良時代末頃の構造を基本的に受け継いで成立したが，それが固定される嵯峨まで時が必要であった。

図2　平城宮内裏の変遷

『年中行事絵巻』

　12世紀後半，後白河上皇の命で制作された絵巻。元来60巻あったと推定されるが，原本は焼失し，伝存するのは，江戸時代初期後水尾天皇の命で住吉如慶・具慶父子が模写した彩色のあるものと諸家に伝わる白描の模本のみで，全貌は不明である。しかし，上皇による朝儀再興と関わり，その場である内裏の建物や儀式・政務の様子が詳細に描かれ，院政期の内裏研究には欠かせない。

『大内裏図考証』

　寛政度の内裏復興に際し，江戸幕府は老中松平定信をして，有識家裏松光世（1736～1804）が著した『大内裏図考証』の考証に従い，平安時代の様式を基に復元したといわれる。光世は内裏図などに加え平安時代の古記録など文献史料を博捜しているが，その考証は復元を目的としたため，内裏の変化という歴史的視点を欠く。

紫宸殿

　南大殿・紫震殿・南殿などともいうが，名称・用字には歴史的変遷がある。紫宸殿には天皇が朝儀や政務に当たって出御する御帳が身舎に置かれ，原則天皇出御のもと朝儀・政務が行われた。南面には大きな南階が設けられ，天皇が正式に内裏を出入するとき，乗御の御輿がここに着けられた。南庭はこれらのときに臣下が列立する場となった。宜陽殿と結ぶ軒廊の南には左近衛府の陣があり，公卿が陣定を行うための陣座が置かれた。

清涼殿

　西涼殿とも。本来，仁寿殿の付属建物であったが，天皇起居の建物となった後，身舎には天皇が日夜過ごす昼御座と夜大殿を中心に，念持仏を安置する二間が設けられ，東庇には天皇が臣下に謁し執務するための御座，東孫庇には臣下の座が置かれ，様々な行事には東庭も用いられた。西庇には天皇が沐浴する御湯殿，御手水のための御手水間，朝食を摂る朝餉間，また後宮に続く北庇にキサキが控える藤壺上御局・弘徽殿上御局，女房の詰所台盤所，南庇には侍臣が侍候する殿上間が置かれた。

京都御所

　内裏廃絶後，天皇は里内裏を転々としたが，元弘元年（1331）土御門東洞院第が光厳即位以後の正式の皇居とされ，現在地に皇居が定まった。中世にも戦乱などによって土御門内裏は度々焼亡し，天皇家の権威が衰えるなかで規模を縮小，構造を変えながらも近世の権力者たちによって修造・維持された。現在の京都御所は安政元年（1854）焼亡後，寛政度の内裏を模して再興されたが，平安時代の内裏の規模・構造と大きく異なる。

参考文献

橋本義則『古代宮都の内裏構造』吉川弘文館，2011.

［橋本　義則］

古代建築の技術的特徴とその変化

　6世紀末に大陸の建築技術が伝来するまでわが国の建築は掘立柱構造であった。伝来した建築は礎石の上に柱を立てる，まったく別の構造原理を有するもので，寺院建築，宮殿建築という新たな種類の建築とセットで伝来した。

　奈良，平安時代を通じて，日本の気象や風土などにあうよう取捨選択されるとともに，構造的にも意匠的にも施工的にも独自の展開をし，その後の建築の礎を築いた。ここでいう古代建築はこの時代の建築のことをさす。この時代の建築は校倉建築なども存在するが，基本的には柱と梁などを組み合わせた構造である。構造的な役割をもつ**構造材**と建具など構造とは関係ない**造作材**の2種類からなる。

　鎌倉時代以降に用いられる貫がなく，横力に対しては太い柱や土壁などで対応した。また，大寺の本尊は丈六仏であり，建物の規模が大きく，柱間間隔も広い。

　中世以降の建築で見られる桔木のような補強材がなく，各材そのものが構造やその他の役割をもち，装飾あるいは見せかけのものがない。材を組み合わせるために材の要所に継手，仕口が施される。継手は建物の規模を大きくするために必要なものであるが構造的には弱点となる。そのため塔婆など重層建築においては継手の使用が制限される。したがって，建物の規模は当時調達できた木材の長さで規定され，例えば当時の塔の初重規模は特殊なものは除きおおむね1辺7m前後に限られる。

　飛鳥時代の金堂は奈良時代のものよりひとまわり小さく，かつ同規模である。法隆寺金堂のように大斗上の<ruby>枡肘木<rt>はかりひじき</rt></ruby>上に数段の<ruby>通肘木<rt>とおしひじき</rt></ruby>を井桁に組む構造であったためと考えられる。つまり，構造と材料の制約が当時の金堂の規模を均一化した要因と考えられる。

　奈良時代になると井桁構造から脱し，<ruby>虹梁<rt>こうりょう</rt></ruby>や通肘木などを追加することで継手部分の弱点を克服し，格段に大きな金堂を実現させた。

　平安時代になると，国風化が一気に進む。床が組まれ，さらにこれまでは建具を吊り込むための造作材であった長押が建物の四周に廻され，構造材となったことから軸部が固められ，横力に対する構造要素であった土壁も必要条件ではなくなり板壁が出現する。屋根には檜皮や板など植物性材料で葺かれるものが増えた。もはや外見的にも構造的にも大陸のものの面影はない。

構造材

　建築は内部に居室などを有する構築物であり，鉛直荷重はもちろん地震や台風などの横荷重に対しても耐えられる必要がある。建物を構成する材にはこの役目をもつ構造材ともたない造作材の2種類に分類でき，古代建築においては材のほとんどが構造材である。造作材も構造以外の役割をもっており，飾りだけのものは原則としてない。構造材としては柱，梁，組物，小屋束，母屋，垂木などがある。

造作材

　床材，建具，敷居・鴨居，高欄など構造的役割をもっていない材。奈良時代の長押は扉などを建て込むための造作材であったが，平安後期になり四周に廻され，構造材化する。このように時代によって役割が変化する部材もみられる。また，桔木などの補強材の出現により，中世以降構造材と造作材に二分することが難しくなる。たとえば，軒のように構造材と造作材の中間的な性格の部材も現れる。

継　手

　建物を構成する主要な材料は木材であるが，自然の産物であり，運搬上その他の理由から長さには限界がある。このため，ある一定の規模を越えると木材と木材を継ぐための工作が必要となる。この工作を継手という。古代で用いられる継手のほとんどは鎌継である。継手の位置は柱あるいは束の筋で設けられ，継手の補強のため下に添え木（<ruby>実肘木<rt>さねひじき</rt></ruby>）を入れることがある。

仕　口

　複数の部材をある角度をもって接合する際に材に施される工作のこと。柱と桁のように垂直材と水平材，組物の肘木のように水平材と水平材などのように接合の形態は多様で，それぞれに適した工作が施される。時代とともに種類が増えるとともに精緻さを増す。機能的には柄差しや相欠など材と材を組み合わせて構造体をつくるもの，渡り腮のようにズレを防ぐものに区分できる。

井　桁

　「井」形に材を組み立てる工作あるいはその材のこと。建築においては校倉が代表的なもので，<ruby>校木<rt>あぜき</rt></ruby>を井桁に組む。材の途中に継手を設けられないので規模には限界があるが，構造的にはとても堅固で安定している。飛鳥寺金堂など飛鳥時代の金堂は法隆寺金堂と同じような井桁構造と考えられ，奈良時代金堂とはまったく異なる。

参考文献
村田健一『伝統木造建築を読み解く』学芸出版社，2006.

［村田　健一］

古代建築技術の特質　87

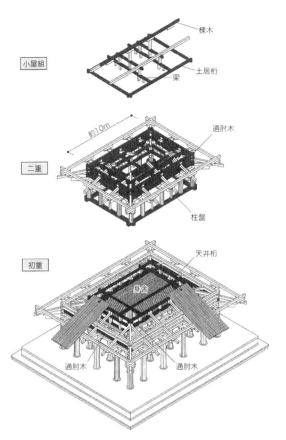

図1　法隆寺金堂の架構図
墨塗りの横材は継手のない一丁材

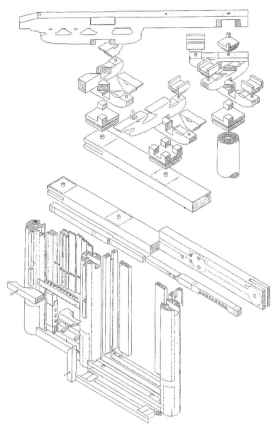

図2　法隆寺五重塔初重の部材組み合わせ詳細図
［法隆寺国宝保存委員会『國寶法隆寺五重塔修理工事報告』1995］

図3　唐招提寺金堂（奈良県，天応元年（781）頃建立）
床は土間，長押は建具の入るところだけに打たれる。屋根は本瓦葺

図4　白水阿弥陀堂（福島県，永暦元年（1160）建立）
床が張られ，長押は四周に廻されている。屋根はとち葺

古代の建築造営組織

　ここでは，古代を通じて行われた都城・寺院などの造営を担った組織や技術者について概観する。古代の日本においては，都に限定しても，7世紀の飛鳥開発，藤原京，平城京，難波宮，恭仁京，紫香楽宮，長岡京を経て平安京造営にいたるまで，遷都に伴う造営が継起的に行われた。こうした造営事業の担い手となる組織は，国家の行政機構たる官司である。これらによって，多くの建築物が世に生み出されたことはいうまでもないが，そのほかにも労働力を徴発する体制の構築や技術の蓄積・伝播など，様々な社会的役割を果たした。

　律令国家の官制の中で，建築に関わる官司としては木工寮がある。木工寮は，木作を営構し，材木を採ることを職掌とするが（職員令），大規模造営に対応できるような規模では設置されておらず，むしろ造営の行政面を担当する官司であったとみられる。こうしたなか，都城や宮殿などは，もっぱら律令に規定のない令外官司によって担われた。たとえば，奈良時代を通じて宮殿の造営には造宮省が設置された。また都城全体の計画や造営には，造平城京司といった臨時の官が設けられている。さらに寺院についても寺院ごとに造寺司が設けられた。なかでも東大寺造営を掌った造東大寺司は，正倉院文書によってその実像がよく知られている。このような令外官司による造営については，大宝律令が制定されたばかりの『続日本紀』大宝元年（701）7月戊戌条の太政官処分において，「造宮官は職に准ず。造大安・薬師二寺官は寮に准ず」と，造宮・造寺に関わる官司が令外官として扱いが定められているように，当初から律令制には組み込まれなかった。このことは，宮殿や寺院の造営が臨時の事業であること，さらにはいずれも天皇と密接に関わって行われた事業であることに基づくと考えられる。律令の中には，労働力徴発などの点においても臨時の事業を遂行するための規定が存在しないが，積極的に造営に参加した者には天皇からの叙位や賜物などが与えられており，大規模造営を行うことで人々の意識を都・寺院を通じて天皇に収攬し，労働力や物資の徴発などの点において，国家の支配をより広範囲に展開させる役割を果たしたとみられる。

　その後，造宮省は，桓武朝に天皇周辺の官司が再編される中で廃止され，長岡京は造長岡宮使，平安京は造宮使によって造営された。造宮使はのちに造宮職に改変され，平安京の造営を進めたが，延暦24年（805）の徳政相論によって軍事と造作が国家の大きな負担となっていることが指摘されるに伴い廃止され，大規模造営の時代は終わりを迎える。ただ，その後ほどなくして修理職というやはり令外官が設置され，規模を拡大した木工寮とともに，宮殿・都城の維持管理にあたることとなる。

　さて，こうした造営事業の遂行には技術者の存在が不可欠である。造営官司には長上工・番上工を中心とした技術者が所属し，その分野も木工だけではなく，瓦工や，建築に必要な道具の生産や維持を行う鍛冶など多岐にわたり，総合工房としての性格も有した。

　古代の日本には，中国でみられるような士農工商の身分区別はなく，飛騨工といった特殊な場合を除けば，さまざまな技術分野において工人の素養をもつものが散在していた。これらについては，民衆支配の基本となる戸籍や，徴税の台帳たる計帳を作成する際に，国司が直接確認をして中央に報告することとなっていた。こうした地方に散在する技術をもつ者などが，匠丁や仕丁として都に上番することで，彼らが中央で学んだ技術を地方に持ち帰るなど，技術が伝播してゆく場合もあった。また瓦工などは，一つの造営が終わると瓦の范とともに他の現場へ移動する場合もあり，瓦生産の技術・様式も地方を含む諸方面へと展開していった。

　さらに，これらの造営官司は国家的な組織であることもあり，遷都や造都が収束した後も，都に技術者を定着させる役割を果たした。平安中期以降に京内に成立する官衙町（官司の宿舎といった付属施設）を中心として，大工以下の技術者が定着し，院宮王臣家など権門の生産を支え，都の生産を担っていった。これらが，中世京都における座へと展開してゆくものと考えられる。

木工寮

　宮内省被官の造営官司。木工が配属されているが，八世紀においては造営そのものよりも，労働力を動員する雇役の行政手続きという事務的な職掌が中心であった。また，官司間で融通される木工を差配するために高度な技術力をもつ工人を抱え，その融通の中心でもあった。すなわち，造宮省や造東大寺司などの令外の造営専当官司とは別に労働力全般の徴発に当たり，徴発後の工人支配・運用をも掌る，造営事業の行政面における要であった。平安時代になると，造宮省や鍛冶司などの統廃合によって組織が拡大し，承和2年（835）年には，木工・土工・瓦工・轆轤工・檜皮工・鍛冶工・石灰工の各種工人を抱えて現業的な性格を強め，国家的造営の中心となっていった。『延喜式』においても木工のみならず，鉄製品・壁・瓦など多岐にわたって造営・生産と関わる職掌が規定されている。

造宮省

　宮殿造営を担った令外官。大宝元年以前から存在した

造宮官が造宮職となり，さらに平城京造営頃に省に昇格・再編されたと考えられる。奈良時代の都は基本的に平城京を中心とするが，難波宮・恭仁京など複数の都が並存する副都制をとる時期も多い。そのようななか，造宮省は主都の宮殿造営を中心に担ったが，一時的に官司を分割して造離宮司として紫香楽宮の造営なども行うことがあった。また，長官である卿には，天皇に近い官人などが任ぜられる傾向もみえる。桓武朝の延暦元年（782）に「宮室は居むに堪え」との理由で造宮省は廃止となり（『続日本紀』），造宮省の工人たちは木工寮に配置換えされることになる。ただし，その後相次いで行われた宮殿造営には造長岡京使・造宮使・造宮職といった令外官が設けられていることなどから，このときの廃止は天皇周辺官司の再編によるものであったとみられる。

造寺司

寺院の造営にあたる官。初期の例としては，皇極朝の百済大寺造営時に寺司が設置され，大宝元年（701）の時点でも「造大安・薬師二寺官」の存在がみえていることから，寺院ごとに造営を専当する官が置かれていたことが確認できる。造寺司の中で最大級の規模を誇るのは，奈良時代の造東大寺司である。令制の省に准ずる格を有し，管理を掌る政所を中心に，造営を実行する造仏所・造物所・木工所・絵所・鋳所・造瓦所などに加え，写経事業を担当する写経所なども備えた。さらに出先機関を設置して，石山寺や香山薬師寺の造営などにも当たったほか，材木などを調達する山作所を各地に有し，東大寺の封戸や荘田などの経営にも関わった。延暦8年（789）3月に廃止され（『続日本紀』），その後は規模を縮小して，東大寺造寺所や東大寺修理所へと継承された。

修理職

京内・宮内諸施設の修理・造営にあたった令外官。内裏の修造によって木工寮が繁忙となったため，弘仁9年（818）に設置された。天長3年（826）に廃止となり木工寮に併合されたが，寛平2年（890）以降，木工寮の繁忙によって再設置された。その後は木工寮とともに，内裏を中心とした宮城などの造営や維持管理を担う存在となった。また修理職の官衙町である修理職町は，平安京左京一条三坊三・四・五・六町にあり，修理職官人が居住していたことから手工業者の居住区として発達した。修理職町はその後も商工業の拠点であり，後に商業座ができる大きな要因となった。なお，関係の近い官司として，奈良時代後半に設置されていた修理司や，天長〜寛平の修理職不在の期間に京内の坊城整備のために置かれた修理左右坊城使，11世紀以降に任命が散見する修理宮城使などがある。

長上工・番上工

官司内における工人の種別。基本的にはフルタイムで出仕するものが長上工，パートタイムで分番するものが番上工。長上工の下に複数の番上工が付随し，工房的な集団を形成する場合もあった。また，長上工は「工を知る者」を集めた木工寮工部が主な出身母体で，天平宝字6年（762）の田上山作所告朔（『大日本古文書』五－83）に「長上七人〈木工等の作物を教え廻らす〉」とあるように，技術教習の機能も有したとみられる。特に8世紀には，木工なら木工部門の工人を抱える木工寮・造宮省・造東大寺司などの官司が，必要に応じて相互に長上工を出向させ，その技能を出向先で教習することにより，技術労働力の再生産を担っていたと考えられる。

飛騨工

飛騨国から里ごとに10人選ばれて都に出仕する技術者。賦役令斐陀国条によれば，出仕に当たっては調庸が免ぜられることとなっていた。飛騨は山国であることから木工をよく輩出したともみられるが，飛騨から徴発された正確な理由ははっきりしない。都では，木工寮・造宮省・修理職などの官司に出仕し，『延喜式』の規定では100人，奈良時代の実例でも80人程度の出仕が確認できる。ただし，平安以後は飛騨工の逃亡が相次ぎ，承和元年（834）には都へ上った者たちが逃亡して帰郷しないため，飛騨工の確保が困難であるとの訴えもみられる（『類聚三代格』）。こうして次第に飛騨工の差発は行われなくなったが，『新猿楽記』にみえる飛騨出身の大夫大工のように，卓越した技術をもつ工人として伝説的な存在となっていった。

大工

「だいく」とも。国家の造営事業における，長上工よりも上の立場の技官であり，建築や木工分野に限らず山陵造営などにも設けられた。また，舒明11年（639）の百済大寺造営や，和銅元年（708）に設置された造平城京司には「大匠」という官名もみえる。平安時代には，木工寮や修理職などの官司に所属する工人たちの中で中心となる存在を特に大工と称するようになり，内裏などの造営にあたることはもちろん，藤原道長の法成寺造営など貴族の事業も請け負った。また10世紀以降になると，大工の下には長（長上工と番上工の中間層として発生した工長が転換したもの）や連といった技術者が属して階梯的な集団を形成するようになり，座の形成期における工匠群の基礎的な単位をなした。　　　　［十川陽一］

参考文献
十川陽一『日本古代の国家と造営事業』吉川弘文館，2013.

竪穴建物と掘立柱建物

　人びとが日常的に生活する住居建築で現存するもの
は，近世民家が現れる 17 世紀まで，その数はきわめて
少ない。文献や絵画資料で住居の様相を知ることができ
る場合もあるが，具体的には考古資料に頼る必要があ
る。発掘調査で検出される遺構からは，先史時代の住居
の平面を知ることができる反面，屋根などの上部構造に
ついての情報はきわめて限られる。また建築部材，絵画
土器や家形埴輪といった建物が表現された考古遺物など
からも，建築的な情報を得ることができる。

　発掘調査で検出される住居関連遺構は，竪穴建物（住
居）と掘立柱建物である。竪穴建物（住居）とは，地表
を掘り下げて床面をつくった建物をいい，竪穴の床面や
そこに置かれた遺物を留めるのが特徴である。ただし，
竪穴を伴う遺構が必ずしも住居とは限らず，工房や倉庫
などの機能を想定できる場合もあることから，『発掘調
査のてびき―集落遺跡発掘編―』（文化庁文化財部記念
物課，2010）では，竪穴建物と呼ぶこととしており，こ
こではそれにならう。

　一方，掘立柱建物とは，地面に掘った穴の中に建物の
軸部となる柱の根元を入れ，そのまわりの空隙を埋め戻
して柱を固定した軸組構造の建物をいう。したがって，
この二者は基準とする概念が異なり，竪穴建物も通常は
掘立柱をもつ。竪穴建物に対する用語としては，平地建
物と呼ぶべきだが，日本考古学では，これを掘立柱建物
と呼び習わしている。

　竪穴建物は，先史時代においては普遍的な住居の型式
であり，青森県八戸市の根城では 17 世紀の竪穴建物の
検出例もある。竪穴建物は主として上部構造に伴う外観
から，伏屋式と壁立式に分けられる。伏屋式は屋根の下
端が地面に達し，軒下空間がない構造であるのに対し，
壁立式は屋根と地面との間に壁をもつ形態で，軒下空間
をもつ。伏屋式に復元された古い例に，静岡市の登呂遺
跡があるが，近年の再発掘調査によって，竪穴建物とは
呼びにくい構造であることが判明した。また伏屋式の構
造でも，茅葺ではなく，葺いた茅の上に土をかぶせた土
葺の場合もある。岩手県一戸町の御所野遺跡では，焼失
竪穴建物が土葺の構造であることが実証され，その後，
土葺による竪穴建物の復元整備例も増えてきた。

　竪穴建物では，縄文時代前期から中期にかけて，東北
地方を中心として長径が 10 m を超えるロングハウスと
呼ばれる遺構が検出されている。壁立式の復元整備例に
青森市の三内丸山遺跡（縄文時代前期～中期；約
5500～4000 年前）があり，伏屋式の復元例としては，

富山県朝日町の不動堂遺跡の遺構がある。

　掘立柱建物は，床の高さによって，床面を地面とする
土座，地表面に床板を受ける丸太を並べるなどした平地
床，それよりも若干高い位置に床を設けるが，床下を生
活空間として利用できない揚床，床下を生活空間として
利用できるほど床を高くした高床に分類できる。必ずし
も住居の機能をもつとは限らず，倉庫や工房，家畜小屋
といったさまざまな用途に用いられる。その中でも，柱
筋の交点すべてに同径の柱が立つ総柱と呼ばれる平面形
式をもつ場合，現存する唐招提寺宝蔵（8 世紀）のよう
な倉庫建築との類似性から，高床の倉庫と考えることが
多い。また建物の両側面（短辺）中央外側に独立棟持柱
をもつ場合，その立地や周囲で検出される同時期の他の
遺構との関係，出土遺物などを踏まえつつも，伊勢神宮
の諸建築との親近性から，神聖な建物と解釈されること
もある。掘立柱建物は素朴な構造であり，その始原は明
確でないが，縄文時代には現れ，奈良時代には天皇が住
む内裏でも用いられた一般的な構法であった。平安時代
以降，社会階層が高い人びとの住宅に礎石建物が用いら
れるようになるが，関東や東北では 17 世紀頃までは普
遍的に用いられ，その後次第に姿を消した。

　先史時代および古代の集落の発掘事例では，竪穴建物
と掘立柱建物，塀や柵，井戸などの構築物とともに，水
田や畠などが発見されるが，通常は旧地表面が削平さ
れ，特に掘立柱建物の場合，当時の床面の情報は失われ
ていることが多い。そのなかで，群馬県渋川市の金井下
新田遺跡（6 世紀初頭）や黒井峯遺跡（6 世紀中頃）では，
榛名山の噴火による軽石で集落の建物が埋没し，当時の
集落の建物構成や生活の様相が再現できる事例である。

　出土建築部材からは，当時の建築の細部技法を知るこ
とができる。掘立柱建物の高床をつくる構造は，出土建
築部材によって，屋根倉式，造出柱式，分枝式，添束
式，大引貫式に分けられる。古墳時代の家形埴輪は，立
体的な造形として注目できるほか，土器や銅鐸，鏡など
に刻まれた建物から，建物の形状を知ることができる。
奈良県佐味田古墳出土の鏡（4 世紀頃）には，竪穴建物，
土壇にのる建物，楼閣風の建物，高床倉庫の四つの建物
が刻まれており，当時の建築を知る上で重要である。

登呂遺跡

　静岡市南郊の低湿地に立地する弥生時代後期（1 世紀
頃）の集落と水田の遺跡。昭和 18 年（1943）に発見さ
れ，先史時代住居の発掘および建物復元の先駆的な事例
である。昭和 27 年国特別史跡指定。2000 年前後の再発
掘調査によって，建物遺構に対する従来の解釈が変更さ
れた。

　遺構は表土下の少なくとも 2 時期の洪水堆積層に覆わ

れ，建物遺構は東西にのびる微高地上に立地するが，地下水位が高いことから，建物の周囲に掘った溝（周溝）の内側に土を盛り上げて堤状とし（周堤），板を立て並べて内壁とする構造をもつ。つまり，地面を掘りくぼめておらず，厳密には竪穴建物とはいえない。ただし，内部には4基の柱穴があり，柱上に梁と桁を組んで垂木を周堤に挿した伏屋式の竪穴建物のような外観をもつと考えられる。

なお，かつての住居の上部構造の復元には，円形に近い平面に柱を4本もつ構造の共通性から，昭和13年（1938）に関野克が復元した『鉄山秘書』高殿の図が参考とされた。

御所野遺跡

岩手県一戸町の山間部に所在する縄文時代中期後半（4500～4000年前）の大規模な集落を中心とする遺跡。馬淵川東岸の河岸段丘上に立地し，東から北に弧状に続く標高150～200mの台地の東と西に，竪穴建物を中心とする住居群が広がる。平成5年（1993）年国指定史跡。

西側の集落からは多数の竪穴建物が発見され，そのうちいくつかは火災による炭化材が残る焼失住居である。精緻な発掘調査により，屋根の構造材を組んだのち，土をかぶせて土饅頭状の外観とする土葺の竪穴建物であることが判明した。遺跡整備の過程では，復元した竪穴建物を焼失させる実験を行い，その倒壊状況が発掘遺構と合致することを確かめている。このような発掘調査と遺跡整備に伴う実験により，焼失竪穴建物が土葺であることが実証された。

御所野遺跡の復元竪穴建物

不動堂遺跡

富山平野東縁の朝日町に所在する縄文時代中期初頭から中葉（約5500年前）の集落遺跡。1970年代の発掘調査で，20棟を超える竪穴建物が発見された。遺跡中央部で発見された竪穴建物は，長径約17m，短径約8m，深さ20cmの東西に長い楕円形の竪穴をもち，昭和48年（1973）の発見当時は，日本最大の竪穴建物として注目を集めた。床面中央には，4基の石囲い炉が長軸線上に規則正しく配置され，集落内で特別な機能をもつ建物と推測される。昭和49年国史跡指定。

長径が10mを超える長大な竪穴建物は，ロングハウスとも呼ばれ，三内丸山遺跡（青森市）では，32×10mの規模をもつ建物がみつかっている。東北地方を中心とする縄文時代前期から中期（約7000～4500年前）の遺跡で発見されることがあり，不動堂遺跡の大形竪穴建物は，平成29年（2017）現在，ロングハウス分布域の南限に近い。

黒井峯遺跡

群馬県渋川市を流れる吾妻川北岸の台地上に位置する古墳時代後期（6世紀中頃）の集落遺跡。榛名山二ッ岳を形成した火山の爆発による軽石と火山灰の堆積で，建物や垣などが建ったまま埋没した。また畑や水田，道路など古墳時代の地表面がそのまま発見されたため，日本のポンペイとも称されている。平成5年国指定史跡。

集落は，竪穴建物と掘立柱建物の数棟がセットとなり，垣や道路で隔てられた空間をなし，一つあるいは複数の世帯で形成された単位と考えられる。畑の様相から噴火の時期は初夏と判明するが，掘立柱建物には土器などの生活用具が出土するのに対し，竪穴建物からはわずかしか出土しないため，埋没時は，掘立柱建物を日常の住まいとしていたことが判明した。すなわち竪穴建物と掘立柱建物で，季節による住み替えがなされていた可能性の高いことが判明したのである。

家形埴輪

古墳から出土する形象埴輪のうち，住居をかたどったものを家形埴輪という。一つの古墳から複数がほぼ同位置で出土する場合があり，建物群の構成や配置についての情報を得ることができる。群馬県伊勢崎市の赤堀茶臼山古墳（5世紀中期）では，計8基の家形埴輪が群をなして出土し，豪族居館の屋敷構成を知ることができた。

家形埴輪がかたどる住居の形式には，平屋建物，高床建物，伏屋式建物の3種があり，この順に出土例も多い。表現しているのは住宅と倉庫が多く，倉庫は開口部が一つしかないのが特徴である。発掘調査で発見される柱は，一般的には円柱だが，家形埴輪の柱は長方形断面で表現されることがある。極楽寺ヒビキ遺跡（奈良県御所市，5世紀）では長方形断面の柱が検出されており，家形埴輪の造形が埴輪独特の表現でなく，建物の細部を忠実に表現している可能性もある。

参考文献

宮本長二郎『日本原始古代の住居建築』中央公論美術出版，1996.
浅川滋男編『先史日本の住居とその周辺』同成社，1998.

［箱崎　和久］

第2章 中 世

編集委員：高橋慎一朗，山岸常人

中世都市史の概説……………………………………………………（高橋慎一朗）94
中世建築史の概説……………………………………………………（山岸常人）98

交 易 都 市
　対外交易……………………………………………………………（関　周一）102
　津・湊・泊…………………………………………………………（宇佐見隆之）104
　陸上交通と宿………………………………………………………（落合義明）106
　水上交通と川湊……………………………………………………（藤本頼人）108

政 治 都 市
　館・政庁と都市……………………………………………………（鋤柄俊夫）110
　武士と都市…………………………………………………………（松井直人）112
　京　都………………………………………………………………（山田邦和）114
　城下町………………………………………………………………（仁木　宏）116

宗 教 都 市
　門前と境内…………………………………………………………（鍛代敏雄）118
　僧坊都市……………………………………………………………（岩本　馨）120
　寺内町………………………………………………………………（大澤研一）122
　聖　地………………………………………………………………（中澤克昭）124

自治と支配
　町………………………………………………………………………（河内将芳）126
　町のかたち………………………………………………………（及川　亘，岩本　馨）128
　都市民の負担………………………………………………………（高谷知佳）130
　治安維持と防災……………………………………………………（大村拓生）132

商人・職人
　店と行商……………………………………………………………（桜井英治）134
　都市の諸職…………………………………………………………（辻　浩和）136
　邸宅と寺社の造営………………………………………………（鈴木沙織，浜島一成）138
　都市民と富…………………………………………………………（高木久史）140
　都市民の主従関係…………………………………………………（松井直人）142

中世寺院の展開

中世寺院の特質……………………………………………（永村　眞）144

中世仏堂……………………………………………………（山岸常人）146

山林寺院……………………………………………………（山岸常人）148

王権と寺院…………………………………………………（冨島義幸）150

鳥羽殿と法住寺殿…………………………………………（冨島義幸）152

浄土思想……………………………………………………（冨島義幸）154

技術の変化

中世初期の技術革新………………………………………（大野　敏）156

大仏様………………………………………………………（大野　敏）158

禅宗様………………………………………………………（上野勝久）160

禅院の伽藍…………………………………………………（野村俊一）162

新和様・折衷様

新和様・折衷様の展開……………………………………（山岸常人）164

律衆とその建築活動………………………………………（山岸常人）166

中世後期の住居

寝殿造の変容………………………………………………（川本重雄）168

書院造の成立………………………………………………（藤田盟児）170

書院造の形態………………………………………………（藤田盟児）172

諸権門の住宅………………………………………………（藤田盟児）174

中世の神社，堂と社

中世の神道とその思想……………………………………（上島　享）176

中世の神社と信仰…………………………………………（黒田龍二）178

建築生産と工匠

中世の建築造営組織………………………………………（浜島一成）180

中世都市史の概説

中世都市の諸類型

　古代や近世と異なって，中世を代表するような都市類型を提示することは非常に困難である。古代における典型的な都市類型は，奈良・京都などの都城（宮都）であり，近世の場合は，江戸をはじめとする各地の城下町であった。中世には，古代の都城そのものは衰退しつつあり，その一方で城下町の原型はようやくその姿を見せ始めたにすぎない。都城と城下町は，公権力の拠点とした巨大な政治都市であり，それに相似するものを典型的な都市とするならば，中世の都市は非常に限定的なものとならざるをえない。

　しかし，中世には逆に，巨大政治都市の範疇に入りきらない中小都市が多数存在していた。そうした中小都市は，研究用語としては「町」・「町場」・「都市的な場」などと表現されているが，中世の「都市」を示す同時代語としては，津・湊・泊・宿・市・町があげられる。

　そのほか，少数ではあるが，京都，鎌倉などの首都機能を担う巨大政治都市や，古代の国府に由来する地方政治都市が存在した。また，領主的な性格も兼ね備えた大寺社の門前には，宗教都市が形成された。こうした政治都市・宗教都市の領域は，京中・洛中・鎌倉中・府中・府内・寺中・寺内など，「中」「内」を付して呼ばれることが特徴である。このことは，中世の政治都市・宗教都市が，領主館や寺社の中心伽藍という核をもつ，同心円状の集落であり，塀などの境界装置によって囲まれた屋敷型建築からなる，という景観的特性の反映でもある。

　ただし，中世の政治都市・宗教都市は，単独で都市機能をもつというよりは，交易都市としての機能を併せもつことによってはじめて都市として成り立っていた。すなわち，中世都市の基本的性格は交易都市であった。大多数は水上・陸上交通の結節点に誕生した中小の交易都市であったが，政治都市・宗教都市の性格を兼ね備えた大規模な交易都市もあったのである。

交易都市

　中世の交易都市の代表的なものとして，市（市場・市庭）がある。もともと中世の市は，決まった市日にのみ開催される定期市であった。したがって，市は持続的な集落ではなく，都市そのものではない。しかし，市の敷地・施設を管理する住人や，金融業者の住居，問屋，商人の泊まる宿屋，酒屋・餅屋をはじめとする常設の店舗などが，市の周囲に展開して町場を形成し，「市町」すなわち小都市となっていた。

　こうした「市」をはじめ，「宿」，「津」，「湊」，「泊」といった言葉で中世の史料に現れ，恒常的な物流が行われた中小の交易都市が，13世紀の後半から14世紀にかけて，各地に登場し，やがて隣接する都市が相互に結びつき，地域内外の流通ネットワークが形成された。さらに15〜16世紀には，市・宿・湊などの中小都市が大量に出現し，戦国大名や武家がそれらに積極的に関与するなかで，地域経済圏が発展していった。湊・宿などの中小都市の存在は，中世社会のなかで大きな位置を占めていたのである。

中世都市史の概説　95

　公家・武家・寺社などの領主（権力）は，それぞれの支配システムを通じて中世の交易都市の求心力の源となり，持続力を支える存在であった。領主が拠点を構え，直接的に支配・関与し，比較的大規模な都市となっている場合，交易都市としての性格をベースにもちながらも，政治都市もしくは宗教都市としてとらえることができる。

　なお，交易都市のすべてが中小の都市だったわけではなく，堺・博多のように対外交易の要となるような大都市も存在していた。

政治都市

　政治都市の先駆的形態としては，摂関家の拠点である宇治や奥州藤原氏の拠点平泉をあげることができる。中世前期における政治都市の実例には，各地の府中や守護所，宇都宮・熊谷・河越・足利・世良田・安芸沼田など有力武士の拠点都市がある。さらに，中世後期の政治都市としては，守護城下町や戦国城下町があげられる。そして最大級のものが，首都としての機能をもつ京都や鎌倉であった。

　京都や鎌倉は，国家権力の中枢が存在する都市，いわば「首都」機能をもつ都市として，その求心力は圧倒的なものがあり，列島各地からの年貢や物資が集中する，巨大な交易都市でもあったのである。

　中世京都は，古代の平安京隣接地域に形成された，複数の小都市を内包していた。それは，中世には朝廷以外の多様な政治権力が，新たに政治・経済の拠点を設けるようになった結果である。中世の京都は，公家（朝廷）の本拠地ともいえる平安京の条坊制の枠内，「洛中」が中核部となっていた。洛中の周囲には，白河・鳥羽・六波羅・法住寺殿・嵯峨・右京（西京）など，「辺土」と総称される小都市群が付随する構造となっていた。辺土の各都市は，政治都市として整備されるが，もともとは交通の要所という性格が強く，実は交易都市としての性格がベースとなっていた。

　室町時代以降も，首都京都では，新しい政治権力によって辺土に新たな小都市が形成された。室町殿（花御所）や北山殿を核とする地域の整備が，それにあたる。

　一方，幕府の本拠地鎌倉においても，都市中核部（鎌倉中）の周囲に小都市が付随するという構造がみられたが，京都とは異なって幕府以外の異質な政治権力が拠点を構えるようなことがなかったため，かなり限定的なものであった。鎌倉の外港である六浦（金沢）や，武蔵方面への出入口に位置し，得宗の邸宅・建長寺などが設けられた山内がそれに該当する。

　各地の守護所から発展した守護城下町などをもとに，16世紀には，戦国大名によって戦国城下町が整備されてゆく。これらの城下町は，近世の城下町の原型ではあったが，必ずしもストレートに近世城下町へ連続していたわけではない。

宗教都市

　宗教都市とは，寺社などの宗教施設を核としつつ，門前を含むその周縁に商工業活動を営む住宅を付属させた都市である。宗教都市の実例としては，奈良や，山科・大坂などの寺内町，近江坂本・根来・日光・平泉寺など，15〜16世紀に登場する大規模僧坊群を備えた「僧坊都市」などをあげることができよう。

　比較的早い事例である奈良は，古代の都城である平城京の外京部分に成立した一大宗教都市である。長岡京への遷都により，役所や役人は奈良を去り，旧平城京域は衰退するが，11世紀頃から，東大寺・興福寺（春日社）・元興寺などの周辺に，寺僧の僧坊や末寺が展開した。また，大寺院に関連する職人・商人（俗人）も集住し，宗教

都市奈良が誕生した。当時の史料に見える職業として，大工・仏師・紙屋・酒屋・鍋屋・薬屋・旅館などがある。

　また，巨大都市京都の内部に含まれる，嵯峨や東山といった地域も，多くの寺院・僧坊群が集中し，関連する俗人の集住する空間であり，宗教都市としての性格を備えていた。

　一方，15〜16世紀になると，各地の寺社において，僧坊が大規模に集中して建立されるようになる。例えば，越前の平泉寺では，尾根上に中心伽藍が位置し，その両側の北谷・南谷に僧坊群が形成された。現地調査の結果からは，中世の僧坊の数は300〜600にのぼるものと推定されている。

　そもそも，宗教都市が形成された要因には，寺社が本来もつ信仰の場・聖地という性格が，人々を引き付ける求心力となったことはもちろんである。くわえて，中世の寺社に特徴的な領主的性格による，経済的な求心力も背景にあった。寺社には人や物の流通を促進する機能があったのである。

　とりわけ15〜16世紀になって，大規模僧坊群の形成，すなわち僧坊都市の形成が顕著となった理由としては，寺院の経済活動と密接に関わる半僧半俗の職人的下級僧侶（堂衆，行人，承仕，公人など）が，独立した僧坊を構え，それを私的財産として相伝するようになったからということが考えられる。

自治と支配

　京都や鎌倉などの巨大政治都市は，中核部（京中・鎌倉中）とそれに付随するいくつかの小都市に分けることができるが，中核部の内部は支配者によってさらにいくつかの地域に分けられていた。

　中世京都の洛中では，「保」と呼ばれる行政区分が朝廷によって導入され，それぞれの保を担当する保検非違使（保官人）が，治安維持や裁判などを受け持った。この保の制度は，鎌倉時代中頃に鎌倉にも導入され，保奉行人（保司奉行人）という幕府の役人が保ごとに置かれて，治安維持や支配を担当した。各地の守護所・府中などでも，京都・鎌倉にならって「保」の制度が導入されていたと思われる。

　しかしながら，これら政治都市における「保」は，領主が支配・管理のために便宜的に設置した区分であり，現実の住民の地縁的まとまりとはほぼ無関係のものであった。京都・鎌倉における実際の地縁的まとまりは，「町」であった。京都では，15世紀には道を挟んだ両側を一つのまとまりとする「町」（両側町）が形成される。この両側町は，近世には都市自治の基礎単位となるが，成立段階の京都の町は，あくまでも空間的なゆるやかなまとまりにすぎず，強固な共同体として確立するのは16世紀以降とみられる。

　鎌倉では，幕府法によって町屋の設置が許可されていた場所が，代表的な「町」だったのではないかと思われるが，そのなかでも「町」という字のものがつくものとしては，大町・小町・米町（穀町）・魚町があげられる。

　一方，鎌倉時代以降，京都および京都近郊の交易都市・宗教都市を中心に，寺社によって編成された都市内の保が広くみられる。祇園社領の葱町保・瓜町保・芹町保，北野社領の西京七保，松尾社領の西七条六保，宇治の一番保から十番保，大山崎十一保，醍醐寺門前の醍醐十保などである。これらは，もともとは寺社が住民を組織し，神役・寺役を賦課するための領域単位であったが，戦国期には町に類似した地縁的共同体の性格をもつようになったと考えられる。

なお，中世都市の自治は，町や保などの地縁的共同体に基盤を置く事例のみではなかった。堺の会合衆や京都の法華一揆など，信仰を核とする共同体を基盤とする場合もあった。

商人・職人

都市の交易機能を支えていたのが，商人・職人の活動であり，その活動の舞台となったのが「町屋」である。中世の町屋は，道に沿って立地し，店の機能を兼ね備えた，都市の庶民住宅であった。町屋を拠点にしてさまざまな商売を行う商人が，交易都市の中心的な住人といえる。

また，都市においては，領主や寺社，有力民によって大規模な建設・造営事業が間断なく行われていた。したがって，土木工事を担うための専門の業者・職人も，都市には必須の存在であった。交易を直接行う商人のみならず，交易機能を担う交通に携わる，馬借・車借・牛飼などの人々も，都市住人の中心的存在であった。さらには，人身売買を生業とする「人商人」といった者までが，都市を徘徊していたのである。

中世の都市には，多様な商人・職人が存在しており，住人の多様性こそが中世都市の重要な特徴でもあった。京都や鎌倉などの大都市には，鍛冶町，魚町などといった一種の同業者町が存在していたが，大都市は，さまざまな職種の同業者町を内包することで，一段と顕著な多様性を保持することになった。

都市におけるさまざまな商人・職人の生き生きとした活動の様相は，都市を特徴づける要素として，『職人歌合』のような文学作品や，『洛中洛外図屏風』などの美術作品の主要な題材となっていったのである。

参考文献

網野善彦『中世都市論』（『網野善彦著作集 第13巻』）岩波書店，2007．
伊藤　毅『都市の空間史』吉川弘文館，2003．
佐藤　信，吉田伸之編『都市社会史』（『新体系日本史6』）山川出版社，2001．
高橋慎一朗『中世都市の力』高志書院，2010．
高橋慎一朗「中世都市論」（『岩波講座日本歴史 第7巻』）岩波書店，2014．
藤原良章「中世の市庭」（『講座日本荘園史3 荘園の構造』）吉川弘文館，2003．

［高橋　慎一朗］

中世建築史の概説

　平安時代中期の 10 世紀から徐々に時代は変化し，古代を脱して，中世と区分される時代に移行してゆく。あえて区切れば 11 世紀末の院政の開始が中世の開始と位置づけられるが，様々な点で，摂関期やそれ以前からの変化は，時代の大きな転換として捉えられねばならない。建築史学では，60 年代以降の歴史学の飛躍的展開を無視して，古い歴史観のままの，武家による鎌倉幕府成立からを中世とみる見方が続いてきた。すなわち古い観念に固定的に追従してきた。したがって，治承の兵火後の大仏様の出現は，政治史上の中世社会成立と連動する現象として位置づけられてきたが，そのような歴史観に批判的な目を向けることはなかった。もちろん建築の歴史を政治史の区分に一致させる必要はないが，近年の歴史学の理解は，かつてのように政治史的な視点だけではなく，宗教史・文化史的視点も融合されているので，建築史分野における時代区分についての再検討は不可欠である。

　中世社会の理解として，黒田俊雄の提起した権門体制論と，それと対になる宗教史理解の枠組である顕密体制論は，批判はあるものの，重要である。天皇の下に公家・武家・寺家の各権門が役割分担しながら，補完し合って国家を形成していたのが日本の中世社会であった。寺家は，顕密の諸宗を兼学する僧侶集団から構成され，この顕密仏教の勢力が宗教界の中核として活動するとともに，国家の機構の一翼を担うものともなっていた。旧来のいわゆる鎌倉新仏教は中世の宗教の中核をなすものではなかった。

　寺院社会は個々の寺院や僧団によって，八宗のいずれを重視するか程度の差はあるが，顕密兼学・八宗兼学を旨とし，顕密諸宗の教学の修学と相承を行い，それに基づく多様な法会を勤修した。神信仰は顕密仏教の展開と不即不離の関係で宗教の体を獲得した。

　中世後半には禅宗が独自の教団組織を築くようになり，顕密教団とは異なる寺院社会をつくり上げるとともに，禅宗の社会的普及によって，近世以後の日本文化の基調を形成する重要な基盤となる。戦国時代には新仏教教団の組織も確立し，日本の宗教文化にさらに新たな要素を付け加えることになる。すなわち，顕密仏教が宗教界の中核を占め，神信仰はこれと不即不離の関係を保つ中で，中世後期になると禅宗を含む新仏教が展開してゆく。このような大きな見取り図の下で，中世の建築の歴史も理解されねばならない。

中世の建築空間

　中世の寺院建築はまさにこの顕密仏教の展開と不可分の関係にあった。顕密仏教の教義・法会・僧団組織に対応して，外陣・内陣・後戸など，性格の異なる空間を統合した中世仏堂の空間が形成された。顕密の僧団組織の活動の場としては山林寺院が選ばれた。中世の寺院建築の第一の特質は中世仏堂と山林寺院の展開にある。学侶・堂衆・聖・公人など，寺院を構成する様々な社会集団が山林寺院に立地する中世仏堂を舞台に活動を展開した。修験などの独特の修学・修行形態もこの場があってこそ生まれたものである。

ところで中世仏堂を特徴づける建築内部空間の分化は，住宅でも同様に生じることになる。寝殿造住宅において，それは住宅空間の用途と対応させる形で押障子や遣戸を活用して空間分化が始まり，武家の儀礼や生活形態に対応させた一定の空間的特質を備えた書院造へと展開してゆく。

　寺院や住宅のこのような変化は，まさに中世社会の形成と時期が重なる。そしてこの建築の内部空間の変質こそ，古代の建築とは一線を画す重要な指標である。

技術革新の第一段階

　建築空間の変化は社会や文化の変化と対応するが，その背景としての技術も当然のことながら無視できない。中世仏堂の成立には，野小屋の技術の考案が不可欠であった。この野小屋という中世前期の技術革新は，大陸の技術とは無縁に生まれたことに注目したい。中国でも11世紀頃から内部空間を区分してゆく動きがあるが（例えば浙江省保国寺大殿・遼寧省奉国寺大雄殿），野小屋の考案にはついにいたらなかった。ただし，この日本独自の野小屋の考案を，単純に遣唐使廃止後の国風文化発展の成果と見るべきではないだろう。唐の滅亡を契機とした東アジア世界全体の胎動や，奝然や成尋の活動に代表されるような，唐以後の日本と中国社会との交流も踏まえて評価すべきである。

技術革新の第二段階

　空間の変化と対応した技術革新とは別に，まったく異なる要因から中国に範を求めた技術革新が，12世紀末から出現する。それが大仏様と禅宗様である。東大寺の復興のために重源や陳和卿・伊行末らの技術者・商人の知識の融合として，福建省周辺の建築技術を輸入し，再編したとされるのが大仏様であり，禅宗の体系的導入とともに日本に持ち込まれたのが禅宗様である。

　両様式には差があるが，共通する重要な特徴は，長押を用いず貫を多用する点と，部材の端部，すなわち木鼻に繰形を付ける点である。これらは和様にはなかった技法であり，強固な建築構造をつくり上げるのにきわめて有効であった。和様では柱をつなぐのに長押を使うが，これは柱に釘で打ち付けたものなので，台風や地震の力が作用した場合，建物の変形を防ぐ力は貫に比べて格段に低いからである。貫の考え方を敷衍して，いろいろな部材の結合部で部材の端部を突出させることが多くなるため，その突出した木鼻に装飾を付けるのが木鼻の繰形である。これが他の部位でも援用され，あるいは様々な部位に同様の装飾的細部を付けることによって，建物の装飾化が進行した。構造的な強化と装飾化をもたらしたのが大仏様・禅宗様である。このような技術上の革新をもたらしたにもかかわらず，大仏様は重源個人とのみ直結し，禅宗様は禅宗寺院内部で閉鎖的に用いられたため，両様式導入当初は，その技術的特質は，直ちには日本建築全体に波及しなかった。

咀嚼された技法・意匠

　中国からの新技術の到来に次ぐのが，新技術の咀嚼とその折衷，さらに変容の段階である。新和様・折衷様がそれであり，13世紀後半以降に展開する。大仏様・禅宗様の特質が理解され，それを自由に使いこなしてそれぞれの建物に応じた形式・構造・意匠をつくり出せる時代が到来した。それは中世末期から近世にいたるまでの，折衷を基調とする日本建築の様式を決定づける。

中世末期の動向

ところで禅宗は14世紀以降，幕府との密接な関係の下で，勢力を拡大してゆき，禅宗寺院では中国禅宗寺院を模した伽藍・建築を定着させる。寺僧の生活形態，法会などの際の唐音の使用などとともに，独自の禅宗建築が近世に至るまで継承される。

中世末期にいたると，15世紀以降に教団組織が確立する浄土宗・浄土真宗・日蓮宗などの新仏教諸宗でも，教団確立とともに宗派独自の建築形態が現れる。その初期の真宗本堂が照蓮寺本堂（岐阜県　永正元年（1504）頃），浄土宗本堂が知恩院勢至堂（京都市　享禄3年（1530））で，中世仏堂の形態を踏まえつつも，近世のそれぞれの宗派の本堂がもつことになる特質を備えている。中世末期の寺院建築としては新たな展開が生じていることを示す。

神道の隆盛

中世はまた神道思想の隆盛期である。古代には神仏習合の思想が中国からもたらされており，10世紀には本地垂迹説が成立する。神像も9世紀から徐々につくられるようになる。本地垂迹説を基調として，中世には神祇信仰の理論化と，それを踏まえた儀礼の整備が行われる。伊勢神道・両部神道・山王神道などの名で呼ばれる（ただし近世の呼称）が，まとまった教団組織をもつわけではない。しかしそれら神道思想は顕密仏教の教義と深い結びつきをもち，顕密寺院の中で相承される教説の一部となっていた。

ただしこのような神道思想の展開が，神社建築にどのように反映したのかは明らかではない。『年中行事絵巻』（12世紀後半成立）に描かれた梅宮社や今宮社などは，春日造もしくは流造の本殿の前に，庭を挟んで拝殿や庁の建物が立ち並び，配置も建築形式も今日われわれが目にする神社と何ら変わるところがない。この頃までに神社本殿形式は流造・春日造が主流となっていた。そして重要なことは，こうして定型化した神社本殿形式が，その後ほとんど変化することなく現代まで墨守され，しかも寺院建築の形態を取り込むことも，少数の例外を除いてなかったことである。

伊勢神宮が仏教用語の使用や僧侶の参詣を拒否したにもかかわらず，天照大神は大日如来と習合したし，神社において社僧が読経し，あるいは講説をするなど，仏教によって神を祀ることはありふれた状況であった。にもかかわらず神社本殿の形式の独自性が保たれた理由は定かでない。

なお，中世後期には，神社建築の細部意匠に寺院建築で用いる要素が取り込まれるようになるといわれている。古い歴史を持つ伊勢神宮・出雲大社・春日大社や上賀茂・下鴨神社が組物などを用いないことから生じた説であるが，いずれも現在の社殿は近世に建てられた復古的な姿であるので，中世前期以前に神社建築に組物を用いなかったという証拠にはならない。また複合形式の社殿が増えてゆくという指摘もあるが，それとて定型的な神社社殿の形式を踏まえたものであった。

住宅の中世

寝殿造住宅が変容して書院造が形成される過程は，公家社会の儀式形態から武家社会の儀礼への変容が大きく関与した。その変化は，既存の空間を分割して，それぞれの部分を生活や儀式などの用途に応じた空間として使うという段階，弘御所・会所などの新たな建物が付け加わり，生活の主体がそちらに移ってゆく段階との二段階の変

容をたどった。

　この過程で注目すべきは，まず住宅の柱間寸法の縮小である。ほぼ 10 尺の柱間が中世後期の書院造では 6 尺 5 寸に縮んでゆく。これに伴い内法高・天井高なども連動して縮小すると想定されるので，住宅建築の空間の容量が縮小化してゆく過程だともいえる。これは人間の身体にあった規模の空間をつくり出す過程だといえるが，その際，固定的な建具で分割し，そこに人間関係の秩序を示すと同時に，空間を飾る装置である床・棚・書院からなる座敷飾を，これも固定的につくり付ける。機能的な意味とは別に，即物的な建築空間そのものも変質していった。

　その一方で庶民住宅の展開もあった。都市の住宅である町屋は中世初頭から出現し，『年中行事絵巻』などに描かれているように，12 世紀後半には近世の町屋に近い形態（とはいえいささかの隔たりもあるが）が完成している。村落部の住宅，すなわち農家は絵画史料では大雑把な概形しか知り得ず，発掘遺構では明確な平面形式を確定できないために，確たる史実は知りがたい。しかし中世末期の 15 世紀には現存最古の箱木家住宅（神戸市）が建てられており，近世農家の形式はそれ以前に成立していた。

　住宅とは，それを利用する（居住する）社会階層とその生活形態に応じ，建築空間，建築構造，内部の設備などがそれぞれ多様に変化する建築類型である。したがって住宅の時代的変化を捉えるには，藤田盟児が指摘するように住宅の形式の再定義が求められている。

近世への連続性

　以上のように中世は時間的に長いために，建築の歴史においてもいくつかの段階を経て，変化を遂げてゆく。古代から中世への変化は大きいが，中世後半における変化は，そのまま近世の建築を形成する基盤になっている。折衷様が硬直化して近世の建築様式の基調となっているし，檀那寺としてどの町や村にも見られる新仏教の寺院の本堂形式も中世の後期に生み出される。中世の書院造は近世の武家住宅だけでなく幅広く普及し，庶民住宅の規範にもなってゆく。

　最後に，このような中世の建築の変化を支えたものとして，建築物をつくり上げるための大工技術と大工道具の変化も忘れてはならない。規矩術の体系化，大鋸と台鉋の考案，もしくは移入は，中世後期からの技術革新には欠かすことのできないものであった。緻密な設計案に基づいて，思いのままの規格で自由に製材し加工する技術は，中世前期までの現場あわせを前提とした荒っぽい計画と，割って製材することから始まる加工技術とは格段の差があった。この生産技術の変革は，中世中期に入ってからの現象である。

参考文献

黒田俊雄『日本中世の国家と宗教』岩波書店，1975.
山岸常人『中世寺院社会と仏堂』塙書房，1990.
川本重雄「寝殿造と書院造」（『シリーズ都市・建築・歴史 2 古代社会の崩壊』）東京大学出版会，2005.
藤田盟児「主殿の成立過程とその意義」（『シリーズ都市・建築・歴史 3 中世的空間と儀礼』）東京大学出版会，2006.
上島　享『日本中世社会の形成と王権』名古屋大学出版会，2010.
伊藤　聡『神道の形成と中世神話』吉川弘文館，2016.

[山岸　常人]

対外交易

　北宋が成立した10世紀以降，中国人海商は，貿易相手国に拠点をつくり貿易を行う住蕃貿易を展開した。11世紀半ば，中国人海商たちを迎え入れる窓口となったのは，博多であり，唐房が形成された。商船を経営する有力な海商は，綱首とよばれた。海商たちは，九州の寺社や，京都の貴族や寺社などの権門と結びつき，資金の提供を受けながら商船を経営した。高級舶来品である唐物は，権門のもとにもたらされ，彼らの権威の象徴（威信財）になった。活発に日中間を往来した商船には，僧侶が乗船することが多く，中国の聖地を巡礼している。中国からは物品の他に，寺院建築・石造物の技術なども日本にもたらされた。

　13世紀，ユーラシア大陸では，モンゴル（元朝）が台頭した。日本はモンゴル（元朝）と戦争をする一方，大陸との間の商船の往来は，むしろ活発になり，日中の禅僧の往来も頻繁に行われた。14世紀前半には，建長寺船や天竜寺船のような寺社造営料唐船が日中間を往来した。

　1350年以降，倭寇（前期倭寇）が朝鮮半島や中国大陸を襲撃した。中国大陸では，1368年に朱元璋が明朝を建国して皇帝になった（太祖，洪武帝）。洪武帝は，一般の中国人が海上に進出することを一切禁止する海禁政策をとり，周辺諸国の国王に対して朝貢をよびかけ，明皇帝の冊封をうけた国王使のみに貿易を許した。南朝の征西将軍懐良親王が日本国王に封じられたものの，実質的な交渉はなされなかった。応永8年（1401），足利義満は祖阿・肥富を明の建文帝に派遣し，翌年日本国王に封じられ，日明貿易が開始された。兵庫（兵庫県神戸市）・堺（大阪府堺市）や博多は，遣明船の出航地として栄えていく。

　1392年に李成桂が建国した朝鮮王朝は，倭寇を制圧できる勢力の通交を幅広く認めたため，室町幕府のみならず，守護や国人，商人・僧侶やもと倭寇だった人々が，それぞれ使節を派遣している。朝鮮からは，高麗版大蔵経や木綿などがもたらされた。朝鮮王朝との関係で重要な役割を果たしたのは，対馬であった。博多や対馬の人々は，通交権益を維持ないし拡大するために，通交名義人と実際の派遣者が異なる偽使を創出した。

　明との関係を最大限に利用したのが，琉球である。琉球は，明・高麗や朝鮮王朝・日本，シャムなどの東南アジア諸国との中継貿易を行った。

　16世紀，中国人密貿易商を中心とする後期倭寇が活発に活動した。中国の舟山諸島の双嶼や瀝港（列港）を拠点にしながら，銀の獲得を主たる目的として日本に来航した。16世紀後半には，九州の城下町や港などに，唐人町が形成された。またポルトガル人やスペイン人（南蛮人）は，堺や大友氏の城下町である豊後府内（大分県大分市）などにおいて南蛮貿易を行い，東南アジアや中国の商品が持ち込まれた。そのため，琉球は，東南アジア諸国との貿易が衰退し，明や島津氏との貿易に依存するようになった。

博多

　福岡市に位置する，中世日本最大の国際貿易港。11世紀中頃，鴻臚館が廃絶し，その東側の博多が貿易の拠点になった。12世紀初頭，博多浜と息浜が陸橋状に埋め立てられた。中国人海商が居を構え，日本人女性を妻とした。彼らの居住地区は「唐房」とよばれ，博多浜の西側に位置したものと思われ，中国風の軒平瓦や，井戸の側壁に転用された結い桶などが出土する。13世紀以降，息浜は急速に都市化し，モンゴル軍に対する防衛のために13世紀後半に築かれた石築地（元寇防塁）に沿って町並みが形成された。明・朝鮮王朝・琉球との貿易の

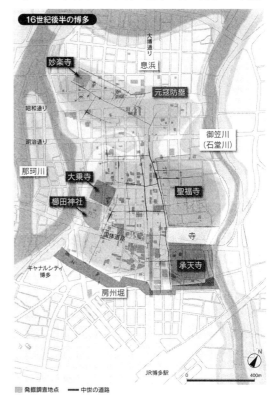

16世紀後半の博多
［福岡市博物館『FUKUOKA－アジアに生きた都市と人びと：福岡市博物館常設展示公式ガイドブック』p.71, 2013］
［福岡市博物館蔵］

拠点でもあり，偽の日本使節・琉球使節を朝鮮に派遣して貿易を行った。16世紀，しばしば兵火に巻き込まれ，天正8年（1580），肥前の龍造寺氏により壊滅的な打撃を受けた。天正15年(1587)，豊臣秀吉の命令によって整然とした区画（太閤町割）がつくられ，近世都市に変貌した。

唐坊

12世紀以降に成立した中国人居留地に対する呼称。中国では，唐における新羅人居留地を「新羅坊」，宋代のイスラム教徒を中心とする外国人居留地を「蕃坊」と呼んだことがもとになった造語とみられる。「唐」は中国，ないしは広く異国を意味し，「坊」は町・市・店・場・部屋を意味する。初見は，西教寺蔵『両巻疏知礼記』上巻奥書に，永久4年（1116），大山船の龔三郎船頭房が「博多津唐房」において同書を書写したというものである。博多の場合，部屋・宿・住まい・建物を意味する「房」を一貫して使用している。博多以外では，福岡県・佐賀県・長崎県・鹿児島県・山口県において「とうぼう」という地名が確認されており，現在は「当方」「当房」「東方」などと表記されている。

堺

大阪平野中南部の陸上交通の中心に位置し，大坂湾に臨む港町。かつてのラグーン（潟湖）を利用して，砂浜に小規模な船を引き上げていたとみられ，大船は沖合に停泊したものと考えられる。考古学の調査が進み，周囲を堀で囲まれた「堺環濠都市遺跡」という呼称が定着している。14世紀後半に都市の建設が始まり，15世紀後半〜16世紀前半，堺商人は，明や琉球との貿易を担うようになった。16世紀，模鋳銭を鋳造し，その鋳型が出土している。16世紀後半，「高麗茶碗」と呼ばれる朝鮮陶磁器が流入する一方，鉄砲の生産も行われた。17世紀初期，朱印船貿易の拠点となり，供膳具を中心とした中国陶磁器や，コンテナの役割を果たした東南アジア産陶磁器がもたらされた。元和元年（1615），大坂夏の陣で，大火災にみまわれた。

対馬

朝鮮半島から約50km に位置する，朝鮮との境界の島。前近代を通じて，朝鮮半島との間に活発な交流が行われた。鎌倉時代初期に，武藤氏（少弐氏）が対馬守護職および対馬地頭職を，地頭代を宗氏が務めた。南北朝時代以降，宗氏が対馬島主・対馬守護になる。倭寇の拠点であるとともに，朝鮮王朝に対して多数の使船を派遣した。宗氏は，使船に対して文引（路引）という渡航証明書を与える権限を朝鮮王朝から付与された。15世紀中頃〜16世紀，通交名義人と実際の派遣者が異なる偽使を多数派遣した。また15世紀，対馬島民の一部は，朝鮮領内の薺浦（乃而浦）・富山浦（釜山浦）・塩浦という三つの港（三浦）に居留した（恒居倭）。

琉球

14世紀，中国福建産の粗製白磁が宮古・八重山群島から沖縄本島にかけて流通し，沖縄本島では中山・山北・山南という三つの勢力（三山）が形成された。1372年，琉球国中山王察度は，弟の泰期らを明に派遣し，その後も使節を派遣して馬と硫黄を献じた。それに対抗して，山南王・山北王が相次いで朝貢使を明に派遣した。その後，三山を統一した中山王尚巴志に始まる第一尚氏や，クーデターによって国王になった第二尚氏の使節が頻繁に明に入貢し，貿易を行った。貿易港は那覇であり，その一角の久米村には，外交・貿易を担当する中国人が居住した。琉球は，高麗や朝鮮王朝・東南アジア諸国の他，畿内や博多・南九州にも来航し，中国産の唐物や東南アジア産の胡椒・蘇木などをもたらした。

日宋・日元貿易

北宋との貿易では，白磁や青磁，天目茶碗などの陶磁器がもたらされたほか，絹織物や薬などが輸入されている。北宋で大量に鋳造された銅銭（宋銭）が博多にもたらされ，日本の各地で使用されるようになる。日本からは火薬の原料になる硫黄や，砂金・水銀・真珠・刀・扇などが輸出された。日元貿易においては，海商が日中間を往復させていた貿易船に，日本からの一往復に限って「造営料唐船」の看板を掲げさせる形態がとられた。その一つが，大韓民国全羅南道新安郡の道徳島沖においてひきあげられた沈没船（新安沈没船）である。鎌倉や京都の禅宗寺院は，絵画や陶磁器などの唐物を得た。

参考文献

荒野泰典，石井正敏，村井章介編『日本の対外関係』第3〜5巻，吉川弘文館，2010〜2013．
小葉田淳『中世南島通交貿易史の研究』日本評論社，1939（刀江書院より復刊，1968；増補版，臨川書店，1993）．
上里隆史『海の王国・琉球―「海域アジア」屈指の交易国家の実像―』（洋泉社歴史新書y）洋泉社，2012．
朝尾直弘，栄原永遠男，仁木宏，小路田泰直『堺の歴史―都市自治の源流―』角川書店，1999．
大庭康時『中世日本最大の貿易都市 博多遺跡群』（『シリーズ「遺跡を学ぶ」61』），新泉社，2009．
大庭康時，佐伯弘次，菅波正人，田上勇一郎編『中世都市・博多を掘る』海鳥社，2008．
柳原敏昭『中世日本の周縁と東アジア』吉川弘文館，2011．
佐伯弘次編『中世の対馬―ヒト・モノ・文化の描き出す日朝交流史―』（『アジア遊学』177）勉誠出版，2014．
森克己『新編 森克己著作集』全5巻，勉誠出版，2008〜2015．

[関 周一]

津・湊・泊

　津，湊，泊はそれぞれ現在の「港」を意味し，川岸や海岸に位置する。場所により特定の名称が用いられる。湊は「水門」を意味し，深い入り江や河川を利用した河港に用いられることが多い。これに対し，津は一般的な港に用いられ，泊も同様である。ただし，現在に残る地名では，泊は北海道，青森，沖縄と佐渡を有する新潟に多く残され，島嶼部との関わりが推測される。津・湊・泊には，その港の利便性や後背地との関わりによって，港町が成立する。

　日本中世の代表的な港としては，鎌倉時代前期の貞応2年（1223）に成立を仮託し，兵庫・土佐浦戸（高知市）・薩摩坊津の代表者がつくったとされる日本最古の船に関する法規『廻船式目』に載せられる三津七湊がある。三津は安濃津，博多津（福岡市），堺津（大阪府）であり，七湊は越前三国湊（福井県坂井市）加賀本吉湊（石川県白山市），能登輪島湊（石川県），越中岩瀬湊（富山市），越後今町湊（新潟県上越市），出羽土崎湊（秋田市），津軽十三湊である。七湊は，京の日本海側の外港にあたる小浜・敦賀から北の日本海航路の主要港を示しており，これらの港が繁栄した時代などを考慮して『廻船式目』の実際の成立は室町末から戦国時代にかけてと考えられている。なお三津については，堺に代えて坊津をあげるものもある。

港町の構造

　港には，渡船，荷の上げ下ろしや保管業務のための業者である問・問丸が発生した。また商品流通の発展により，モノや人が集まり，輸送業者の馬借（⇒馬借・車借），卸売業者，小売業者などが集まり，港町を形づくって行く。一方で，整備を行うため関が設けられ，通行税や入港税が徴収された。その利権を求めて荘園と同様に支配権が発生することになり，兵庫津における東大寺，興福寺・春日社のような領主を生んだ。伊勢桑名が「十楽の津」として知られるように，武家権力を排除したいわゆる自治都市もみられ，港町は城下町とは異なり，経済的に誕生した都市であったといえよう。しかし，荘園制の衰退による寺社権力の衰えもあり，武家権力も港の特権に着目し，港町に拠点をおく領主も現れる。

港町研究の進展

　中世の非農業民に着目し，中世都市を論じた網野善彦は，海上や河川交通が交通体系の基本であった明治以前は，現代では孤立していると考えられている島嶼部にある津，泊こそが交通の要衝として非常に繁栄した都市および都市的な場であったとし，港町が日本中世における代表的な都市の一つであると位置づけた。またその点が，都市の大部分が城下町となる近世都市とは異なる中世都市の特性である。

　そして港町が都市として注目されることになった契機の一つに，1961年に始まった草戸千軒町遺跡（広島県福山市）（⇒草戸）の発掘がある。13世紀後半から16世紀初頭にかけての集落跡そして数々の遺物は，当時の集積地としての港町の力強さを示し，畿内以外でも中世都市が幅広く存在していたことを知らしめた。また，もう一つの注目の契機となったのは『兵庫北関入船納帳』の発見である。従来知られていた文安2年（1445）正月2月分に加え，3月以降のものが林屋辰三郎によって発見され，通行税の収納帳簿ほぼ1年分がそろい，1,900隻を超える船が東大寺領兵庫北関（神戸市）に入船したことが明らかになった。これにより瀬戸内海の港町の規模や産物が明らかになり，港町への関心が一層進んだ。その後，金沢文庫文書に残される，武蔵品川に関わる「湊船帳」の研究などを通じて港町の研究が全国的に広がったといえる。

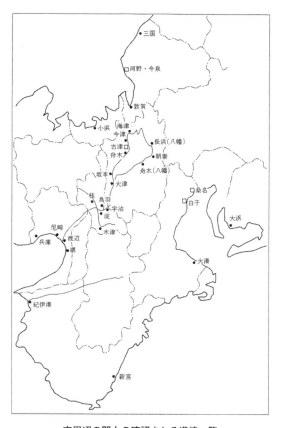

京周辺の問丸の確認される港津一覧
●：史料上も問（丸）と確認できるもの，□：問（丸）とは出てこないが存在が確実なもの

坊 津

　薩摩国河辺郡（鹿児島県南さつま市）の東シナ海に面する港，またはその町。6世紀創建と伝えられる龍巌寺（後の一乗院）がその名の由来という。唐の僧鑑真が奈良時代に上陸した場所がこの北部と考えられ，遣唐使の寄港地と伝えられる。地名そのものは鎌倉時代からみえ，北条得宗家被官がこの地の代官であった。室町期に入ると島津氏の支配下で日明貿易や琉球渡海の基地として発展し，東南アジアからの南蛮船も入港し，九州では博多と並ぶ港となった。近世に入ると寛永年間（1624～1644）の鎖国令により衰えたが，一方で薩摩藩の密貿易の基地となり，享保年間（1716～1736）の一斉取り締まりにより漁港となった。

安濃津

　伊勢国安濃郡（津市）の安濃川・岩田川河口付近にあった港，またその町。11世紀にはすでに確認されるが，江戸時代に入ると「津」と呼ばれるようになり安濃津の用例は減る。中世の三津の一つ。鎌倉から室町時代にかけて安濃津御厨がみえることから伊勢神宮へ魚貝を納めていたことが確認される。室町期から永禄11年（1568）の織田信長の侵攻までは国人領主長野氏が影響力を及ぼしており，警固関が設けられていた。大永2年（1522），荒野となっていることを連歌師宗長が記していることなどから明応7年（1498）の地震によって壊滅し，江戸期の中心となる岩田川北岸へ町が移ったとされているが，否定する説もあり実態は明らかではない。

十三湊

　青森県五所川原市に中世にあった港，またその町。現在の地名は十三。岩木川河口の十三湖と下流の前潟の間の砂洲に発達した。北海道と結ぶ本州側北端の港として，中世の日本海側を代表する七湊にもあげられる。地名が確認できるのは，14世紀に下るが，1991～1993年に行われた国立歴史民俗博物館による学術調査を契機に12世紀後半から15世紀半ばまでの港町であることが判明した。鎌倉期から支配した安藤氏は永享4年（1432）に戦いに敗れ北海道へ落ちており，このことが，前潟の土砂の沈殿とともに衰退に影響したと考えられる。江戸時代は西廻り航路の上方廻米が鰺ヶ沢からとなったため，鰺ヶ沢への中継港となった。

小 浜

　若狭国遠敷郡（福井県小浜市）の地名。古代の国府が近隣にあり，京都の日本海側の外港として敦賀とともに栄えたと伝えられるが，地名そのものの初見は鎌倉末期の乾元2年（1303）であり，今富名の港としてこの頃から発展したと考えられる。南北朝期には，港での関税徴収や問丸が確認され，室町期には，博多から津軽までの日本海交易だけでなく，東南アジアからの南蛮船も寄港する。16世紀に入ると領主の武田氏が在住するようになり，背後の後瀬山城が整備され城下町としての様相をみせ始め，江戸初期まで木下氏，組屋氏などが初期豪商として活躍した。また江戸期には酒井氏12万石の城下町として栄えた。

兵庫津

　摂津国菟原郡（神戸市兵庫区）の港，またその町。奈良時代に行基が築いたとされ，平安末に平清盛が日宋貿易の拠点として整備をした大輪田泊に起源をもつ。12世紀初めから兵庫荘があったことから平安末頃より兵庫津，兵庫嶋と呼ばれるようになった。建久7年（1196）重源が東大寺大勧進として港整備のための徴税を認められ，その後延慶元年（1308），東大寺が徴税権を得る。『兵庫北関入船納帳』は文安2年（1445）のこの徴税台帳の一つと考えられる。日明貿易の拠点としても栄えたが，応仁の乱で戦火に巻き込まれ，遣明船の拠点が堺に移ったことにより衰えた。17世紀後半になると，西廻り航路の発達により繁栄を取り戻し，幕末の神戸港開港へと受け継がれる。

問・問丸

　荘園の年貢運送などを行う職の一つ。また中世に，重要な港などに存在した商品の運送，保管，中継，売買に従事した業者。初見は平安後期で，京周辺の港あるいは渡河点であった山城国桂，淀，木津に確認される。荘園からの年貢運送に関わる史料に多く見られ，運送の長い区間を担うものと港での荷継程度を行うものがいたと考えられる。鎌倉末頃からは年貢運送だけではなく，その販売や関銭の代理徴収，商品の運送・中継などを行う。また流通の発展につれて，特定物資の卸売りを主たる業務とし，戦国大名と結びつくものもあった。独占的になったものは座とともに楽市楽座令で禁止され衰えたが，卸売など特定の業務のみに特化し問屋として成長するものもあった。

参考文献

豊田武『中世日本の商業』（『豊田武著作集 第二巻』）吉川弘文館，1982.
林屋辰三郎，燈心文庫編『兵庫北関入船納帳』中央公論美術出版，1981.
中世都市研究会編『津・泊・宿』新人物往来社，1996.
宇佐見隆之『日本中世の流通と商業』吉川弘文館，1999.
宮本雅明『都市空間の近世史研究』中央公論美術出版，2005.

[宇佐見 隆之]

陸上交通と宿

　中世においては，武士や貴族をはじめ庶民に至るまで，様々な目的のもと，多くの場所へ往来するようになった。また，馬借や車借のような物資輸送を業とした者が登場するようになり，遠隔地から年貢や公事などの物資が為政者（荘園領主や武士ら）のもとに運ばれるようになった。この要因として，国府間あるいは諸国と京とをつなぐ古代の七道とは違って，多数の道が列島各地に張り巡らされるようになったことがあげられる。現在，「鎌倉街道」と称される道が全国各地に残るが，それは主要な街道や枝道，支線などが中世以降多くつくられた名残なのであろう。特に往来の盛んな道には関所が設けられることがあり，通行税が徴収された。

中世道の成立と展開

　12世紀の終わり，源頼朝が鎌倉に幕府を開いたことにより，鎌倉を起点とした新たな交通網が整備されていった。「いざ鎌倉」という言葉があるように，御家人は本拠地から鎌倉を目指すために「鎌倉大道」を通ったり，幕府の使節などは朝廷との交渉ごとのために東海道を利用したりした。承久の乱，蒙古襲来を経て鎌倉幕府の支配は西国へも及ぶが，特に弘安の役の戦況は，いち早く山陽道を通じて六波羅・鎌倉へと届けられ，幕府は次第に全国の陸上交通網を掌握するようになったと考えられる。

　また，鎌倉幕府は街道における夜討ち・強盗の取り締まりを沿道の守護や地頭たちに命じている。しかも，御家人たちの同族間ネットワークにより宿を管理しあうことで，近隣の宿まで旅人を安全に送り届けること（宿送）が可能となった。さらに中世道の整備・維持は，幕府から道沿いの住人たちに命じられていて，後の戦国大名の法令にも同様の命令が見えている。

　南北朝の動乱を経て，戦争が日常化していくと，軍勢の移動が頻繁になった。当時の軍忠状（中世の武士が合戦における自分の功績を書き上げ，上申した文書）を手掛かりにすると，武士たちが戦いのためにどのような道を通って，どこの戦場に出向いたか，よく理解できる。彼らは，主に街道を通り，河川を渡河する際には，橋を渡ったり，渡河地点の渡において舟橋（浮橋）や瀬渡りという方法で移動したりした。

　15世紀末以降，戦国大名の領国経営が進められていくなか，既存の道とは別に，大名の本城と各地の支城をつなぐ，新たな道が開通された。しかし，こうした道を利用して，軍勢や物資を移動させる際，難儀する場合があり，大名らは道中安全を確認してから移動したり，あるいは案内者を雇いながら，他国を通過するなどしていた。そのため，大名は伝馬手形（伝馬の使用を許可・命令する文書）を発給し，宿の問屋に対して公用の荷物を無賃として，領国内の通過に便宜を与えていった。

宿の建設

　中世の街道には多くの宿が存在した。宿の類型としては，Ａ：武士居館・城の近くに存在する宿営地，Ｂ：交通集落としての宿がある。Ａは有事の詰め所としての役割があり，領主館に依存する形で，商業ないし工業的な場でもあった。Ｂは旅人の宿泊を目的とした営業的旅館を中心とする一種の交通集落のことで，一般的な宿のイメージといえばＢといえよう。多くのＢ宿は，旅人が足を止めやすい，山麓や渡河点に成立した。宿を構成する要素として，①多くの民家の集住，②厩や蔵（米銭や兵糧米など備蓄）の存在，③宿次用の馬の常備，④信仰の場としての寺院や堂（宿泊施設としても利用），⑤裕福な宿の長者（有徳人）の存在，⑥宿近くの河原における定期的な市（市庭）の開催があげられよう。

　こうした中世の宿が絵画資料に描かれた例として尾張国萱津宿があげられる。また地中から発掘された宿の例として，福島県郡山市の荒井猫田遺跡や埼玉県毛呂山町の堂山下遺跡があげられる。いずれの遺跡も街道に沿って掘立柱建物が確認され，町屋が形成されていたと考えられる。加えて，他の地域から運ばれた土器やけがき針などの遺物の出土から，様々な商・職人の存在を連想させる。

　ただ，中世の道は，変動する場合があり，近くに新たな道が開通すると，それに伴って，在家が移転し，旧道の宿が廃れ，新たな宿が建設された。その際，公権力の許可が必要な場合が多かった。

　他方，宿は，周辺の村落よりも富の蓄積される場として著名であったことにより，しばしば武士らの競合・争いの場になった。特に中世後期以降，宿は合戦の舞台や軍勢の集合場所として見え，軍事行動を支える場へとなっていったのである。次第に隣接する宿同士の連携は失われ，政治的・社会的な混乱とともに，継続が困難になった宿もあったようである。

街道と宿

　交通上重要な道路，主要な道路を街道とすると，文献史料ではよく「大道」と記される。ただし中世においては，幹線道路のような街道でも固定化されておらず，複線性・変動性という点に特徴があった。また険阻な山道や崖道，川そのものを街道として利用した場合もあった。古代や近世の道とは違い，中世の街道は道幅も狭く（おおむね約4m），地形に規制され，必ずしも直線道路とはいえないという形態であった。

中世を通じて宿は，単に自然発生的に生まれた交通集落ではなく，多くは幕府や在地領主が意図的に取り立てたものであった。周辺領主・百姓たちの申請に基づき，鎌倉幕府や戦国大名という公権力の許可により，浪人などを招致して新宿建設がなされた。

関 所

関所とは，交通の要所に設置され，徴税するための場所。中世における関所は，軍事・警察的目的というよりは経済的目的のために，荘園領主である有力な寺社などが独自に設置した場合が多かった。通行税としての関銭は，主に寺社の修造費用に使用された。また，鎌倉期には律僧が関料徴収にあたっていたことも知られ，これら関銭と神仏の関係は，坂や道の境界において，通行する人々から神仏に捧げる初穂を要求する行為に淵源があろう。一方で，関所の濫立は，旅人の往来や物資の運搬・搬入の支障となり，馬借らによる関所撤廃の一揆が起こることがあった。そこで，朝廷や幕府は守護等にあてて過書（通行許可証）を発給し，商工業者らの通行のために関銭免除を認めたことがあった。

橋・渡

建久9年（1198），稲毛重成によって相模川に架けられた橋は，源頼朝はじめ東海道を上洛する将軍や庶民も往来した。その橋脚が，大正12年（1923）の関東大震災の影響により，神奈川県茅ヶ崎市の水田から出現していて，現在，国指定史跡として保存されている。その他，欄干や擬宝珠も備えた立派な橋もあったが，その維持管理には多額の費用がかかった。他方，板を複数枚並べて，川や溝の上を渡した粗末な板橋も中世の絵巻物に描かれている。また船をつなぎ並べ，上に板を渡して橋とした舟橋（浮橋）により渡河したことが知られる。なお，冬場は水量が低下するため，徒歩で渡河する（瀬渡り）方法が可能となり，臨時的な渡し（渡河地点）も増加した。

市（市庭）

宿では三斎市や六斎市のような定期市が開かれた。鎌倉期成立の「一遍聖絵」には，備前福岡市と信濃伴野市が見え，市の開催日か，そうでない日かを対照的に描いている。後者の市には人影がほとんどなく，寂寞たる風景に写る。また，建永元年（1206），熊谷直実は，熊谷宿の村岡市に高札を建てて，自身の往生を予言した。それは，多くの人々が集う市において，専修念仏を広く宣伝する意味もあったことであろう。

ところで，市は河原などの空閑地において開催される場合が多かった。市の開催にあたって，市神を勧請し，山伏ら宗教者を主催者として，連雀商人たちを集い，市祭を行っていた。そうした市庭の空間構成については，近世に書写された「連雀之大事」などが参考になる。

萱津宿

尾張国に存在した宿（現在の愛知県海部郡甚目寺町）。14世紀頃描かれた，鎌倉円覚寺蔵富田庄絵図の上部に萱津宿の様子が描かれている。絵図には，円聖寺・千手堂・光明寺・大師堂とその門前在家が東海道沿いに連続していて，宿の景観が確認できる数少ない資料である。寺内には広い境内に複数の建物が見え，そこが宿泊場所として利用されていたのではないか，とする見解もある。仁治3年（1242）成立の『東関紀行』には，筆者が京都から鎌倉に行く途中，「萱津の東宿」の前を過ぎた際，大勢の人たちが集まって，里中に響き渡るほどの大声で騒ぎ立てる様子が記され，その日はたまたま市の日にあたっていたこともわかる。恐らく宿は川を挟んで東西に分かれていたものと思われる。

荒井猫田遺跡

郡山市安積町にあった，13世紀〜16世紀まで存続した遺跡。両側側溝をもつ，幅約10mの道が南北方向に発見されていて，中世の奥大道跡と想定されている。道の両側には，掘立柱建物，区画溝などが確認されており，町屋の跡と考えられている。また館跡や木戸・旧河道・橋脚も発見されており，同遺跡は陸上交通と水上交通の結節点に位置した宿の跡とする説が有力である。なお，その他の事例として，埼玉県毛呂山町の堂山下遺跡もあげられる。同遺跡は，鎌倉街道上道と越辺川との交差点の段丘面に位置しており，側溝付きの幅約4mの道に沿って町屋が並び，町屋の背後には墓域や寺社が想定されている。文献史料に見える武蔵国苦林宿の跡と比定される。

参考文献

榎原雅治『中世の東海道をゆく』（中公新書）中央公論新社，2008.
齋藤慎一『中世を道から読む』（講談社現代新書）講談社，2010.
湯浅治久（佐藤和彦編）「中世的「宿」の研究視角」（『中世の内乱と社会』）東京堂出版，2007.
藤原良章，飯村均編『中世の宿と町』高志書院，2007.
児玉幸多編『日本交通史』吉川弘文館，1992.
国立歴史民俗博物館編『中世商人の世界』日本エディタースクール，1998.
藤原良章『中世のみちと都市』山川出版社，2005.

［落合 義明］

水上交通と川湊

列島をとりまく海上交通

文献史料上には現れにくいものの、列島内外の人やモノの移動において、水上交通が重要な役割を果たしたとはいうまでもない。

かつて中世の交通といえば、ことに前期に関しては、荘園・公領の貢納物の輸送を軸とした「都鄙間交通」が主流と考えられていた。だが近年の考古学の発掘成果は、文献史料のみでは明らかにしえない、列島をとりまく多様な海上の交易ルートの存在を明確に示した。各地の遺跡からは、中世の早い段階から活発に展開された地域間の交流の跡を物語る遺物が、豊富に出土している。

例えば尾張産の渥美焼は、中世初期に平泉を中心とした東北北部にも流通し、同じく尾張産の常滑焼も、北海道南部から瀬戸内・九州南部にまで広く及んでおり、太平洋海運の展開や、それとの瀬戸内海交通の接続が見て取れる。また越前焼や能登産の珠洲焼なども、日本海の交易路を介して津軽海峡を越え、北海道南部に至ったことが知られている。さらに中国や朝鮮から輸入された陶磁器が、博多などの貿易港から列島各地に運ばれたことも踏まえれば、中世の海上交通路は、列島内外の諸地域をさまざまな形で結んでいたのであり、「都鄙間交通」はその一要素に過ぎないのである。

このような海上交通の担い手には、港湾や沿岸地域を拠点とする梶取・水主のほか、太平洋海運における伊勢神宮や熊野神社など、交易路に影響力をもつ寺社に奉仕して特権的に往来した神人集団、朝廷の官司に属し、その保護のもと諸国を遍歴した「廻船鋳物師」などの供御人があげられる。また沿岸部の所領の中には、その立地条件から廻船を重要な基盤とするものもあった。列島をめぐる活発なモノの動きは、彼らのような存在に支えられていたといえよう。

河川・湖沼の交通と地域

海上交通で運ばれた物資は、主要な港湾から枝分かれして目的地に向かい、一方で内陸部の所領から中央に送られる貢納物も、多くは最寄りの港湾まで運ばれ、海上ルートに乗せられた。こうした海上交通と目的地、生産地とのアクセスに欠かせないのが河川の交通である。

西国から京都へ送られる物資の多くが淀川を遡上し、奈良への物資はさらに木津川を遡った。また北陸からの物資は、琵琶湖の水運を利用された。地方でも、複数国にまたがる水上交通路であった九州の筑後川や関東の利根川、各国の主要河川や湖沼が、地域の重要な流通路として機能した。

これら河川・湖沼の交通においても、琵琶湖水運の要衝である堅田を拠点とした鴨社供祭人などのように、漁労とも結びついた供御人・神人集団がその担い手として存在感をみせたが、特に中世前期には、地域の水上交通における国衙の役割も重視される。

院政期の加賀国衙の管掌事項に、水陸交通に関する内容が多く含まれたのをはじめ、国衙の分掌に「船所」が存在したり、国衙のもとに梶取が組織された事例もみられるが、その機能は海上のみならず河川に及ぶ場合もあった。また鎌倉期に阿波の吉野川に置かれた関所には阿波国衙が深く関与し、丹波では大堰川の「川関」が「国領」とされるなど、国衙が主要河川に関所を設置し、河川交通を管理した事例も確認できる。さらには、越後の荒川や三面川のように、河川そのものが国衙領とされ、河川の生業と交通が掌握される場合もあった。

国府が内陸部に所在する国では、河口部に国津が置かれたり、武蔵の多摩川のように河口付近に国衙領が集中する例があり、一方沿海部に国府がある安芸の大田川水系など、内陸部につながる主要河川流域の要衝が国衙領として押さえられた例もある。これらも、河川交通の掌握をはかる国衙の姿勢の表れと見なせよう。

地域を支える川湊

河川の流域には、物資の中継・集散地となる多くの川湊が存在した。淀川の淀・渡辺や木津川の木津など、文献でも著名な例もあるが、文献に恵まれない地域でも、福山市の草戸千軒町遺跡、南さつま市の持躰松遺跡、徳島市の川西遺跡など、発掘によりその姿が明らかになったものも多い。また内陸部の河川沿いには、各地で津・浜・浦などの地名がみえるが、それらのうちには川湊の記憶を伝えるものも少なくないと考えられる。

淀が京都の外港的機能をもち、渡辺が熊野参詣の陸路の起点でもあったように、川湊は陸路との結節点としての性格ももつ。陸路の渡河点に形成された宿にも、川湊の機能を備えたものは少なくなかったと思われる。それゆえ、淀の魚市や「一遍聖絵」の備前福岡市など、川湊と直結する市の例も多く、また川湊の遺跡からは、多彩な経済活動の痕跡が確認されている。すなわち川湊は、地域の経済的な重心としての役割も担ったのである。

梶取・水主

中世に物資の水上輸送にあたる船の長が梶取、その指揮下にある船員が水主である。史料上では荘園年貢の輸送を請負う業者として現れる事例が多いが、遠隔地間を往来して交易を行う者も少なくない。例えば筑前の沿海部にあった野介荘は、梶取らによる廻船での塩の交易を重要な基盤とし、また伊豆走湯山に灯油料を奉仕した梶取集団は、諸国の関銭免除の特権を得て広域的な交易

を展開した。さらに鎌倉幕府の執権北条師時の梶取であった肥後国宇土荘住人右衛門三郎重教は，交易のため肥前の五島列島にも赴いており，対外貿易への関与も想定される。したがって，多くは年貢輸送の担い手と遠隔地交易を行う商人の性格を併有し，都鄙間・地域間の物流を支える存在であったと考えられる。

淀　川

各地の荘園・公領から，瀬戸内海航路などを経て領主が集住する京都や奈良に向かう物資や，熊野・高野など寺社参詣に赴く人々が往来する大動脈である。河口近くの渡辺や江口，流路沿いの禁野や楠葉，山崎，京都への荷揚げ地となる淀など，流域の要衝には多くの津が形成され，馬借・車借や問丸といった業者や，遊女などの拠点として繁栄する一方，鎌倉期以降，通航量の増大に着目して関銭を徴収する「河上関」も多数設置された。こうした要衝に拠点を置いて淀川交通に強い存在感を示した者に，石清水八幡宮に属して遡上する船を曳航し，その権威を背景に，物資の輸送や商業活動における種々の特権を付与された御綱引神人があった。

堅　田

琵琶湖西岸の都市的集落で，平安末期には下鴨社領の御厨となり，鮮魚を納入する供祭人が，琵琶湖内の広範囲で特権的な漁業活動を展開した。中世後期には自治が行われたが，その中心となった「所番頭」「殿原衆」は，この供祭人の系譜を引くとみられる。

一方で北陸と畿内を結ぶ湖上交通の要衝にもあり，古くは平安後期に「堅田渡」で酒直の徴収が行われていたことが知られるが，鎌倉期には得宗被官の安東蓮聖と結んだ山僧が，金融をめぐる問題から越中国石黒荘の年貢輸送船を点定する事件が起き，得宗勢力の当地への関与も注目される。さらに南北朝期には奥島・坂本などとともに湖上関が置かれ，山門の影響下で関銭を徴収するなど，湖上交通に影響力を発揮した。

草　戸

備後国を流れる芦田川の河口近く，内陸部の国府と瀬戸内海とを結ぶ古くからの河川交通の要所に，13〜15世紀を中心に展開した港湾集落である。故地にあたる草戸千軒町遺跡からは，他地域・国外からもたらされた陶磁器・石材などが豊富に出土するとともに，塗師・鍛冶・番匠といった手工業者の道具や製品，商業・金融業の活発な取引を示す木簡，闘茶や聞香など遊興関係の木製品など，都市内部の多様な生業の展開を示す遺物が豊富に出土した。文献史料には恵まれないものの，これらの遺物によって，瀬戸内海の海上交通を通じた広域的な物流とも結びつきながら，地域の流通・経済の核として機能

したと場としての性格が明らかになっている。

万之瀬川と持躰松

薩摩半島から東シナ海に注ぐ万之瀬川下流左岸の加世田別符には，旧河口付近に「唐坊」地名が存在し，日宋貿易の拠点としての性格が古くから注目されていた。その流域に所在する持躰松・芝原などの遺跡からは，12〜13世紀を中心とする中国産陶磁器，13〜14世紀の国内の他地域産の焼物類などが大量に出土し，交易物資の集荷・荷揚げを行う港湾であったとみられる。

周辺には，地域の中心勢力であった阿多氏とみられる領主の居館（小薗遺跡），寺社，商人の集住地，市場などが所在し，それらが河川や陸路によって結ばれていた。すなわち，この一帯は太平洋の交易路，南西諸島から中国に連なる交易路の結節点，かつ南九州における地域の消費・流通の拠点として機能したと考えられる。

川西遺跡

徳島市上八万町，園瀬川旧流路の湾曲部にあった鎌倉〜室町時代の川湊遺跡である。石積護岸の遺構は国内最古の事例で，補修・増築を繰返し長期にわたり維持された。上流の山間部で伐採された木材の集荷・出荷の場とみられる一方で，出土遺物からは木材・木製品や金属製品などの加工・生産の場としての性格も窺える。また出土した木製品には，生活用具・木簡のほか遊興具・祭祀具・仏具も含まれ，都市的な場の営みを考える材料としても重要である。関連する文献史料は皆無だが，所在地の八万は国衙領と推定され，河口部の流通拠点から国府に至る陸路と河川交通が接する要衝という立地からは，国内および周辺地域の水上交通に存在感を示した阿波国衙との深い関係が想定される。

参考文献

網野善彦『日本中世都市の世界』筑摩書房，1996.
網野善彦「中世前期の都市と職能民」（『日本の中世6　都市と職能民の世界』）中央公論新社，2003.
近藤玲「徳島市川西遺跡について」（『第31回中世土器研究会公開シンポジウム「瀬戸内の河海からみる中世物流の世界」資料集』）2012.
島田豊彰「中世所領八万の流通と交通」（『中近世土器の基礎研究25』）2013.
新城常三『中世水運史の研究』塙書房，1994.
鈴木康之『中世瀬戸内の港町　草戸千軒町遺跡』新泉社，2009.
藤本頼人『中世の河海と地域社会』高志書院，2011.
藤本頼人「河川交通とその担い手」（『水の中世』）高志書院，2013.
柳原敏昭『中世日本の周縁と東アジア』吉川弘文館，2011.

［藤　本　頼　人］

館・政庁と都市

　律令国家による最後の都城となった平安京が，その盟主の拠点を京外に設けることによって大きく姿を変えた院政期は，古代東北の政治・軍事の中心を担った多賀城と，筑前国にあって軍事と外交および西海道の九国三島を総管した大宰府にとっても，大きな変化の時期だった。しかもその変化はそれだけにとどまるものではなかった。ほぼ同じ時期に，日本列島の一部の地域では，平泉・伊豆韮山・宇治・福原に代表される新しい形の地域拠点が姿を現し始めた。それが鎌倉時代以後に全国各地にひろがっていった，国府や府中および守護所や城下町に代表される政治都市の始まりの姿であった。

　このような中世の政治都市について，豊田武は「中世に於ける城下町の起源は領主の邸宅にある」として戦国期の城下町にいたるまでの変遷を整理し，原田伴彦は，封建領主の居館の周辺に都市的聚落が形成される中世前半の都市と，経済活動の中心地に封建武士階級が集中して形成される中世後半の都市とに整理し，松山宏は「政治・軍事に大きな比重をおくが，経済・交通・宗教などについても，権力を握っている層が，支配的地位を守るために共に手を携え，居を占めることが契機となって成立する」とし，その特徴を，一国支配の権力機関である「国守・守護の城館」に加え，「一国規模の信仰を集めうる寺社」「隔国間ないし外国船の入港する港津」「幹線に沿う宿駅，市あるいは町」および「商業の活境の予想されるもの」のうち，いずれかをもっているものとして具体的に示した。

　したがって中世の政治都市とは，一義的には国守や守護に代表される地域の盟主による政治的な拠点ではあるが，それだけではなく，その体制を支えた経済の中心地でもあり，さらに中世の政治は鎌倉新仏教を代表する宗教と不可分の関係にあったため，地域における文化の中枢としての役割も担った場所だったことになる。

　例えばその萌芽的な姿を，発掘調査などによって研究の進む12世紀後半頃の福原にみれば，立地は山陽道から分かれて北へ向かう現在の有馬街道と湊川沿いで，祇園社を仰ぐ山麓と，そこに隣接する微高地を中心に，楠・荒田町遺跡などで見つかった断面三角形の溝で囲まれた館群が築かれ，さらにそれらの館群を取り巻く街割りも整えられ，一方湊川を下れば大輪田泊につながるという空間構造が推定されている。清盛が遷都を企てた福原は，山陽と畿内との境界ゾーンにあたる湊川に沿って，平氏政権の中枢施設としての館群と，日宋貿易の重要拠点となった港とがつながった政治都市だったことになる。

　その結果，萌芽期の中世政治都市の景観的な特徴を整理すると，①断面三角形の溝などで囲まれた館を中心に，②幹線道路を取り込んだ固有の街区をもち，③隣接地に広域的な流通と交易の機能を担う施設と，④地域を代表する寺社をもった空間，とまとめられることになり，これらの特徴は，斉藤利男が指摘したように，固有の街区をもち水陸交通の要衝にあった平泉や，さらに六浦に続く街道と滑川に隣接して造営された鎌倉の大倉幕府周辺でも見られることが知られる。

　ただしこのような中世政治都市の中でも，その象徴として，あらゆる種類の情報ネットワークの核となり求心力となったのが館であったことはいうまでもない。

　院政期から鎌倉時代の館の姿は，「一遍聖絵」に描かれた「筑前の或る武士の館」や「大井太郎の館」から推測されるように，方形の敷地で生け垣や塀および溝などで囲まれた中に，広い前庭に面して主屋が建つ姿を特徴とする。玉井哲雄はその情景から寝殿造の影響を想定し，五味文彦は館と市が密接な関係にあったことを指摘している。また吉田歓は，『今昔物語集』に登場する平安時代の武士居館の姿を，ある程度の防禦機能を備えつつも軍事要塞としては脆弱であったと読解している。

　遺跡の断片的な情報も，概ねこれらの情景を肯定している。しかし鎌倉時代以前の，館全体の姿が見られる遺跡は実際はきわめて少ない。それは，これらの館が室町時代以降も盟主の本拠地として利用されることが多いため，その際に様々な改変が加えられ，鎌倉時代以前の姿が見えづらくなってしまうことによる。館遺跡の研究にとって，特に注意すべき点である。

　なお院政期の館の平面形については，平泉の柳之御所遺跡や福島県の陣が峯城のように，不定形の事例もあり，その源流は一つではなかったことがわかる。

　このような院政期から鎌倉時代の館に対し，遅くとも南北朝期には，大規模な堀と土塁で囲まれた館が列島の広い範囲で姿を見せるようになる。さらにおよそ15世紀後半以降になると，大分県の大内館や岐阜県の江馬館など，館の構造が室町殿と対比される例や，一乗谷中枢部のように，館を取り巻く都市の構造も室町殿を中心とした上京に対比される例も見られ，館は地域の政治拠点の核としての性格を一層強める。ただし一乗谷を全体で見た場合，政治拠点の中枢を構成する朝倉館と城戸ノ内に加え，一乗谷川を下った足羽川との合流点には，経済拠点の中枢を担った安波賀があり，その空間構造は先に示した福原と共通していることがわかる。

　なお遺跡との関係では，これまで見てきたような特徴的な遺構群に加え，複数の地業層の存在は，地域拠点としての相対的な価値を検証する資料となり，「威信財」と評価される遺物の検討は，館の住人と館の性格を，より具体化するための重要なテーマとされている。

多賀城と大宰府

　11〜12世紀の多賀城周辺は，政庁を中核に国衙機能を集約した官庁街が，新たな都市的空間として丘陵上に形成され，12世紀以降になり沖積地の自然堤防上に進出した在地領主居館がそれらと連携することで，陸奥の本拠地として沖積地の開発や国衙領の積極的な経営にのりだすようになったと考えられている。

　古代の大宰府は11世紀中頃の政庁建物の廃絶によって終焉を迎えるが，鎌倉時代に入ると関東から下向した武藤氏が少弐を兼ね北部九州を代表する政治都市に姿を変える。観世音寺の南には御笠川と併走して，天満宮安楽寺に向かう博多・大宰府往還が通り，観世音寺東の御所ノ内地区は道路・築地・倉などの発見により，守護館のあった場所と推定され，その南東部一帯に街区が形成されていたと考えられている。

平　泉

　安倍氏の理念の延長線上にあった清衡期から大きく変化した基衡期に，平泉はその南辺を東西に横断する直線道路を基軸として，毛越寺と観自在王院そして東西の直線道路と直交した1辺400尺の方形街区が整備される。これは京都の白河がモデルとされる。一方秀衡期には，鎮守府将軍の補任と連動するように柳之御所遺跡が政庁として整備され，さらに平等院と同様の伽藍配置の無量光院が造営される。その結果，平泉館（柳之御所遺跡）と加羅御所とあわせた秀衡の拠点が完成する。また観自在王院の南で発見された高屋跡は「都市の威信財」ともみられている。このような平泉の姿は，京都の白河や鳥羽を意識した「首都性」と対比され，さらに衣川地区は，交通商業集落と「衣川館」とを併せ持った「平泉の副都心」とも考えられている。

宇　治

　藤原道長の別邸を寺院に改めた頼通の平等院で有名な宇治が，政治都市として大きく姿を変えたのは忠実の時代であった。平等院の西側には方格街区が整備され，摂関家の本拠地として成楽院小松殿をはじめとする，複数の邸宅が建ち並んでいたと考えられる。また叡尊の宇治橋再興に象徴されるように，宇治の大きな特徴は水陸交通の要衝という点にもあり，それを背景として中世の宇治が担った軍事的な役割も注目されている。

府　中

　古代の国府は形を変えながら鎌倉時代以降も地域の政治拠点として存在した。石井進は，義江彰夫がまとめた中世の国府についての性格を踏まえながら，そこが公家・武家を含めた一国行政の中枢であること，さらに交易・流通の拠点としても大きな役割を果たしていた点を指摘している。その国府に代わり，およそ建武年間を画期として史料に登場するのが府中である。府中は，在庁官人層の積極的な関わりと，建武新政による国司・守護の補任を契機として誕生した新しい政治都市で，そこでは国衙機構の諸施設や屋敷群が発達し，守護勢力が拠点を置き，交通と物流の中心となることで有力社寺とその門前の市と町が繁栄し，港や宿の性格をもった周辺地域も含み，地域を代表する都市として中世を通じて発展した。また水陸交通の要衝に位置した府中域で守護所が置かれた場合は，戦国大名の城下町へとつながる状況もみられた。

参考文献

豊田武「城下町の成立」（『日本の封建都市』）岩波書店，1952.

原田伴彦「政治関係都市」（『中世における都市の研究』）大日本雄弁会講談社，1942.

松山宏「府中の成立」（『日本中世都市の研究』）大学堂書店，1973.

松山宏「中世都市の諸類型」（『中世城下町の研究』）近代文芸社，1991.

斉藤利男「荘園公領制社会における都市の構造と領域，歴史学研究」534号，1984.

玉井哲雄「武家住宅」（『絵巻物の建築を読む』）東京大学出版会，1996.

五味文彦「『一遍聖絵』の都市の風景」（『都市と商人・芸能民』）山川出版社，1993.

吉田歓「中世城館の成立」（『日中古代都城と中世都市平泉』）汲古書院，2014.

古川一明「11.12世紀の陸奥国府と府中」（『都市のかたち』）山川出版社，2011.

山村信榮「中世大宰府と『一遍聖絵』の世界」（『一遍聖絵を歩く』）高志書院，2012.

羽柴直人「政権都市としての平泉」（『政権都市』）新人物往来社，2004.

八重樫忠郎「平泉藤原氏の蔵と宝物」（『中世人のたからもの』）高志書院，2011.

斉藤利男『平泉　北方王国の夢』講談社，2014.

野口実「中世前期における宇治の軍事機能について」『研究紀要』22号，京都女子大学宗教・文化研究所，2009.

義江彰夫「平安末・鎌倉時代の国府・府中」『国史学』143号，1991.

石井進「中世的な地方政治都市としての国府」（『古代から中世へ』）新人物往来社，1995.

小川信『中世都市「府中」の展開』思文閣出版，2001.

［鋤柄　俊夫］

武士と都市

日本中世都市の特徴の一つに，武士と都市との密接な関係が挙げられる。その関係には，大まかに，国府・郡衙や守護所など地方の政治拠点を基盤にその周辺地域を整備・拡張するケースと，京都などの既存都市の内外に拠点を設定し，都市への干渉を深めるケースとがあった。以下，このような二つのあり方に注目して，武士と都市との関わりをみてゆきたい。

地方都市の掌握と整備

武士の主導により発展した中世都市の代表格が鎌倉である。治承4年（1180），当地に入った源頼朝により大倉御所が造営され，以後，鎌倉幕府の政権都市として，鶴岡八幡宮の整備，参詣道若宮大路の造成，「保」制度の導入，商業地「町屋」の設置といった施策が，一定の計画性のもとで推進された。幕府滅亡後も，鎌倉府の本拠地として東国における政治的中枢の地位を保ったが，鎌倉府の衰退とともに都市的景観を喪失していった。

中世後期，武士の主導によって成立し，時に都市的景観を備えたものとして守護所があげられる。とりわけ15世紀半ば以降，各国において守護権力の伸張がみられるなか，守護は管国の要地に守護所を設けて分国支配の拠点としていった。その中枢には守護家当主が居住した方形居館があり，周辺には家臣の屋敷地や商業地，寺社地などが設けられた。

これらは武家権力の強い主導によって発展をみた都市の例といえようが，例えば鎌倉の幕府御家人は鎌倉にのみ軸足を置いていたわけではなく，一族のなかで本貫地や京都など複数の拠点をもつ者もあった。また守護所についても，代替わりごとに移動を繰り返すなど，地域ごとに多様な実態があり，その構成を類型化，ないし一般化することには慎重を要する（⇒府中）。

武士と京都

武士の成立契機としては，①中央貴族の出身である豪族の国府進出（東国において顕著），②国衙の主導による郡司層の在庁官人化（畿内近国・西国において顕著）が重視されてきたが，近年は③京都における軍事貴族の武士（京武者）化に注目が集まり，武士と京都とが本来的に密接な関係を有していたことが指摘されている。京武者のなかでも伊勢平氏は，院・朝廷を宗教権門の強訴から守護する役割を担い，さらに保元・平治の乱に勝利して，他の京武者や地方武士を統制下においた。彼らの拠点は洛東六波羅の地に置かれ，平家政権を確立した清盛の代には大幅に施設が拡張された。

平家政権滅亡後の京都には，京武者に加え，京都大番役を務めるため一時的に上京してくる鎌倉幕府の御家人も在住するようになる。彼ら京都で活動した武士の総称を一般に在京武士と呼ぶ。しかし承久の乱後，後鳥羽上皇に従った京武者や在京御家人は処罰され姿を消した。代わって六波羅に洛中の警固や西国支配のための機関として六波羅探題が置かれ，京都では在京人と呼ばれた幕府御家人や六波羅探題の被官が活躍した（⇒篝屋）。鎌倉幕府の滅亡後，京都の武士人口は前代以上に増加した。内乱を経て室町幕府が体制的に安定化してゆくなか，武士は京都の中枢たる洛中に進出・定着するとともに，京都内外の治安維持や徴税といった幕府による京都支配の実務に関与した。しかし，応仁・文明の乱によって有力守護は分国へ下向し，恒常的に在京する武士は，その数を大幅に減少させた。

中世京都において武士は常に住民層の一角を構成していた。しかし，鎌倉幕府は武士の洛中進出を控えさせようとする動きをみせ，また，室町期の京都でも寺社本所が武士への土地貸与を忌避するような動きをみせる。中世京都は，武士を「抱え込みつつ統御」するための方策に腐心し続けたといえる。

中世における武士と都市

以上からみえる武士と中世都市との関係の特徴として，武士は時々の政治情勢の影響を即時的に都市へ反映させるという点があげられる。創造するにせよ破壊するにせよ，中世武士は都市の内部構造や都市そのものの存立に劇的な変化をもたらす存在であった。

中世の鎌倉
[高橋慎一朗『武士の掟』p.19, 新人物往来社, 2012]

鎌倉

　神奈川県南部三浦半島の基部一帯を指す地名。古代からの要地であったという。源氏とのつながりが深く，源頼義は石清水八幡宮の分霊を当地に勧請し，源義朝も先祖相伝の館を所有したと伝わる。治承4年（1180），源頼朝によって八幡宮が現在地に移され，鶴岡八幡宮の基礎が築かれるとともに，その東方に大倉御所が造立された。また，2年後には参詣道である若宮大路が建造され，政権都市としての整備が着々と進められていった。元来，鎌倉は多くの山が複雑に入り組んだ地形を特徴とし，寺社や武士の館は，谷と呼ばれる山間部に分布した。しかし13世紀半ば以降，政治中枢は平野部へ移動。若宮大路を都市の基軸としつつ，商業地である「町屋」が鎌倉内各地に成立していった。幕府は，家地単位として戸主を設定し，保の制度を整えて保奉行人を置くとともに，それらを地奉行に管理させた。なお，鎌倉には多くの幕府御家人が集住したが，定住に至らず一時の滞在先として宿館を置くに留まる者もあった。幕府滅亡後も鎌倉府が置かれるなど東国の中心的都市としての機能を果たしたが，鎌倉府の衰亡とともに農漁村的景観を呈するようになった。

守護所

　守護が管国行政の拠点とした当該国所在の居所・機構をさす語。鎌倉期における守護所の様態については不明な点が多いが，国衙と守護の関係が密であった筑前・豊後などでは，守護所が国府域付近に設けられる場合のあったことが知られる。15世紀後半以降には，各国守護の拠点において周防大内氏館・甲斐川田館などの大規模な方形居館が確認されるようになる。また，尾張清洲の御園市場・中市場のように周辺域に市が置かれるケースもあり，守護所とその周辺はしばしば都市的な様相を帯びた。さらに16世紀前半以降，いくつかの守護所は，計画的な町割りや武士の集住地，居館（城）とその周辺一帯を囲う惣構などを備えた戦国期城下町へと展開してゆく。ただし，守護所の構成・由来はそもそも多様であり，国衙内部やその近傍に設定される場合もあれば，国府外の要害地に置かれたり，守護の交替に伴って場所が移動したりする場合もあった。なかには単なる守護の居所として評価すべき守護所も少なくない。したがって，その実態は列島諸地域の地理的条件や歴史性を踏まえて検討される必要がある。

六波羅

　京都市東山区鴨川東岸のうち五条末から六条末一帯をさす地名。もとは平安京の最大の葬地鳥辺野に隣接するもの寂しい地で，六波羅蜜寺や珍皇寺などの寺院が多く立地していた。12世紀初頭，平正盛が「私堂」を建設して以来，平家は当地との結びつきを強めた。特に清盛の代には，平家の軍団の駐屯地となった上に，清盛自身が居住した「泉殿」，渋谷越を扼する地にあった嫡子重盛の「小松殿」などの邸宅が成立するなど，平家の一大拠点として栄えた。しかし，平家が没落すると六波羅一帯は没官され，源頼朝が上洛した建久元年（1190）には，頼朝の宿所が造立される。さらに承久の乱後，六波羅探題が設置されると，六波羅は鎌倉幕府による洛中警固および西国支配の拠点として重要な意味をもつに至る。鎌倉時代の六波羅には，南北両探題府の他，在京人や探題被官の邸宅が建ち並ぶ一方，多数の寺院や念仏聖が活動した堂，仏師・工らの居所もみられた。鎌倉幕府が滅亡すると武家の空間としての六波羅は再び廃絶する。しかし諸寺院は存続し，芸能興行が行われるなど，六波羅は新たな空間的特質を帯びていった。

在京武士

　中世の京都において活動がみられる武士の称。承平・天慶の乱後，その鎮圧に貢献した武将の子孫を中心に，京都や東国において武芸を世襲する「兵の家」が確立していった。特に京都では「兵の家」のなかから伊勢平氏・河内源氏が台頭をみせ，院政期には権門の暴力装置たる京武者としての地位を確立し，権門寺院による強訴対応などに活躍した。その後，保元・平治の乱などの政争を経て，平家政権が成立するにいたる。平家政権が短命に終わり，鎌倉幕府が成立すると，京都では京武者に加え，幕府の編成をうける西国御家人，京都大番役のため一時的に在京する東国御家人らが活動したが，承久の乱によって主要な京武者は姿を消すこととなった。以降の京都では，在京人と呼ばれた幕府御家人の他，六波羅探題に伺候する探題被官などが活動した。鎌倉幕府が滅亡すると，建武政権，そして室町幕府の成立に伴い在京する武士の人数は増加し，有力守護やその被官，幕府直臣らの拠点が多数形成された。しかし，応仁・文明の乱の結果，在京守護のほとんどが下国し，以後，在京武士の主要部分は解体していった。

参考文献

秋山哲雄『北条氏権力と都市鎌倉』吉川弘文館，2006.
高橋慎一朗『中世の都市と武士』吉川弘文館，1996.
仁木宏『空間・公・共同体』青木書店，1997.
元木泰雄『武士の成立』吉川弘文館，1994.

［松井　直人］

京都

中世の京都

中世京都は，古代都城としての平安京が変化した都市である。平安時代中期以降になると平安京の右京から上級貴族の邸宅が減少し，さらに平安時代後期になると庶民の家すらが減少し，右京の過半は都市的景観を失っていった。その一方で平安京左京は隆盛をきわめ，これが中世京都の中核となっていく。鎌倉幕府が成立した後も，京都は依然として貴族政権である朝廷や寺社権門の所在地であるとともに，鎌倉をはるかに上回る巨大都市であり続けたのである。

中世京都の商工業空間

現在のJR京都駅からその北側付近は平安京左京八条三・四坊にあたっており，ここは鎌倉時代から南北朝時代にかけて顕著な発展を遂げたところである。そこには「七条町」や「八条院町」と呼ばれる空間が含まれていた。「春日権現験記絵」にはこの地にあった土倉，また「病草紙」にはこの付近に居住していた富裕な借上の女房の姿が描かれている。この地での発掘調査では，鎌倉時代から南北朝時代にかけて鋳造関係遺構や，鋳型（刀装具，仏具，鏡，銭など）や坩堝といった遺物が見いだされており，金属工業が盛んに行われていたことを知ることができる。また，鎌倉時代の大量の漆器や箸を出土する遺跡はそうした品を扱う商店の存在を現しているし，南北朝時代の埋納銭は富裕な商人の居住の証である。こうした遺構・遺物は，中世京都に新たに登場した商工業地帯の実像を現している。

京郊の様相

平安時代中・後期以降，平安京の郊外には新しい都市区画が続々と誕生する。仁和寺を中核とした御室。法勝寺をはじめとする寺院群と院御所からなる白河。大規模な院御所であった鳥羽，法住寺殿，嵯峨（亀山殿）。藤原氏摂関家の権門都市としての宇治，武家権門としての平家の邸宅群からなる六波羅。祇園社門前や東福寺門前（法性寺八町）といった寺社境内。これらは，平安京の「衛星都市」と評価することができよう。

平安時代の平安京においては，墓地・葬地は平安京郊外の鳥部野（鳥辺野）や蓮台野に営まれており，平安京内に人を葬ることは禁止されていた。しかし，鎌倉時代にはいると平安京左京の南部においては，市街地の近隣においても墓地が営まれるようになる（東本願寺前古墓群など）。こうした墓地のことを「七条町型墓地」と称している。

上京と下京

14世紀中葉に誕生した室町幕府は，それまでの武家権門の本拠である鎌倉ではなく，京都を拠点とした。これにより京都は，公武両政権の所在地となったのである。足利氏の将軍御所は当初は京都市街地の南部の三条坊門小路の周辺に存在していたが，三代将軍義満は平安京の北郊である室町頭北小路に「花の御所」と俗称される新たな将軍御所を建造した。これをきっかけとして，平安京左京の北端からその北側にかけて広がる「上京」が政治都市として発展していくことになる。それに対して，平安京左京の四条大路を主軸とする地域は「下京」として，経済都市としての意義を大きくしていく。都市構造の点からいうと，下京は平安京の条坊制による整然とした都市区画を引き継いでいたのに対して，上京は平安京の南北道路の延長道路を基軸としてそこに任意の東西道路を敷設しており，平安京のような徹底した都市計画があったわけではない。また，上京には相国寺，下京には等持寺という，大規模な臨済禅の寺院が建立されていく。

15世紀に勃発した応仁・文明の大乱は，都市としての京都に大きな被害を与えた。ただ，幕府の所在地であるとともに武家の集住地であった上京が壊滅的な打撃を受けたのに対して，一般の都市民を主としていた下京は乱の被害が軽微で済んでいたようであり，応仁・文明の大乱によって京都のすべてが廃墟になってしまったわけではないことは注意しておかねばならない。ともあれ，応仁・文明の大乱によって京都の都市構造は大きく変化した。上京と下京の分立が著しくなり，その両者が戦国時代の京都の都心部としての意味を強くする。上京と下京はその周囲に堀や塀からなる防御施設としての「惣構」を巡らしており，一見するとそれぞれが独立した都市のようなイメージを強めた。戦国期京都の惣構の遺構は数ヵ所で発掘されているが，そのうち平安京左京五条四坊二町跡（洛央小学校敷地）で見いだされた堀は，幅6m，検出の深さ2mで，検出された総延長は50mに及んでいる。

白河

平安京から鴨川を隔てた東側（京都市左京区岡崎）に「白河」がある。白河上皇は承暦元年（1077）にここに法勝寺を建立した。法勝寺の金堂は裳階付きの7間四面堂，八角九重塔（永保3年〈1083〉落成）は高さ82m（27丈）という巨大なものであった。白河には「六勝寺」と総称される法勝寺，尊勝寺（堀河天皇御願），最勝寺（鳥羽天皇御願），円勝寺（待賢門院御願），成勝寺（崇徳天皇御願），延勝寺（近衛天皇御願）のほか，得長寿院などの多くの寺院が建立された。尊勝寺の九体阿弥陀堂

は東西6間・南北15間以上という長大な建造物であり，観音堂は南北6間・東西2間（約33m×約19m）の建築物であったことが発掘調査によって判明している。円勝寺は3基の三重塔が並ぶという他に例のない構造をもっている。得長寿院は平忠盛が白河法皇のために造進した三十三間堂である。白河は平安京の条坊制にならった都市区画をもっていた。平安京の造営尺が1尺＝29.847cm，中軸線の方位が国土座標の北から0度14分27秒西に振れているのに対して，白河の造営尺は30.1～30.3cm，方位は0度30分～0度50分東に振れていると推定される。

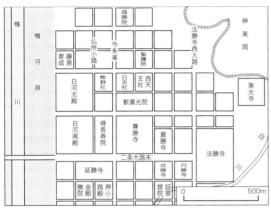

白　河
［筆者作成］

鳥　羽

応徳3年（1086），白河上皇は平安京の南郊（京都市伏見区竹田）の鳥羽の地に鳥羽殿（鳥羽離宮）の造営を開始した。鳥羽殿は完成時には東西1km，南北800m以上に及ぶという広大なものであり，一つの都市と呼ぶにふさわしい。鳥羽殿は，南殿（証金剛院を付設）・北殿（勝光明院を付設）・東殿および泉殿（安楽寿院・成菩提院を付設）・田中殿（金剛心院を付設）・馬場殿（城南寺（城南宮）を付設）という五つの大きな部分からなっていた。離宮の中央には自然の湿地を利用した広大な池がつくられていた。田中殿に付属する金剛心院（久寿元年（1154）供養）の釈迦堂は3間四面堂，九体阿弥陀堂は9間四面堂であった。釈迦堂の地業は，礫と粘土を交互に版築して高さ1m以上に堅く積み上げている。白河に造営された寺院は堂塔伽藍を備えた密教系寺院であったのに対して，鳥羽殿につくられた寺は阿弥陀堂を中心とする浄土教系の御堂であった。鳥羽殿の東殿には3基の塔が築かれ，それが白河・鳥羽・近衛各天皇の陵に宛てられていた。白河天皇陵の三層塔（成菩提院）は周囲に幅8.5mの濠をめぐらした一辺56mの方形区画をもち，その中央に塔を置いている。

内裏と公家町

平安時代を通じて天皇の正式の御所は平安宮内裏（「大内」）とされていたが，平安時代中期以降，天皇は実際には里内裏に居住することが多くなった。里内裏には通常の貴族邸宅としての寝殿造のものと，大内にならった建築様式を採用し，南庭に池をもたない「内裏造」のものがある。鎌倉時代前期に大内が廃絶してからは，鎌倉時代前期には閑院が，また鎌倉時代後期には二条富小路殿が正式の内裏となった。閑院ではその周囲が大内裏に見立てた特別区画とされており，これは「陣中」と呼ばれていた。13世紀前半以降には，天皇の御所は土御門東洞院殿（土御門内裏）に固定される。これを江戸幕府が拡張したものが現在の京都御所である。平安時代から鎌倉時代にかけての貴族邸宅は，平安京左京の北半部を主としつつも，左京の全域に点在していた。室町時代には京都の上京に将軍御所の室町殿や天皇の土御門内裏が存在したから，上京が公家や武家の集住地となった。豊臣秀吉は内裏の周辺に公家を住まわせるという政策をとり，「公家町」が形成されるようになった。京都御所をとりまく京都御苑はこうした公家町の跡地である。

「洛中洛外図屛風」

京都の中心部と周辺部を鳥瞰図的に描いた屛風が「洛中洛外図屛風」である。戦国時代から江戸時代までに描かれた約170点の存在が確認されている。史料上の初見は，永正3年（1506）に越前国主の朝倉貞景が土佐光信に描かせたものである（『実隆公記』）。現存する「洛中洛外図屛風」は，その景観年代によって戦国期，江戸初期，江戸中期から後期の3種に分類することができる。戦国期「洛中洛外図屛風」は，国立歴史民俗博物館（歴博）甲本（町田家本，景観年代（以下同）16世紀前葉），東京国立博物館（東博）模本（16世紀中葉の早い段階），上杉家本（16世紀中葉の新しい段階），歴博乙本（高橋家本）（16世紀後葉）の四つが知られている。歴博甲本は現存のものとしては最古の景観年代を示す。東博模本は江戸時代の写しだけが残されている。上杉家本は狩野永徳の作で，織田信長が上杉謙信に贈ったという伝承をもっている。歴博乙本は4種の戦国期「洛中洛外図屛風」の中で最も景観年代が新しい。なお，戦国時代の京都を描いた絵画史料としては，洛外だけを描いた太田記念美術館蔵「洛外図屛風（京名所図屛風）」なども重要である。

参考文献
山田邦和『京都都市史の研究』吉川弘文館，2009．
角川文衛監修，古代学協会・古代学研究所編『平安京提要』角川書店，1994．

［山田　邦和］

城下町

　戦国城下町（戦国期城下町）は，おおむね16世紀第二四半期に確立するが，その成立過程については二つの学説がある。一つは，主に建築史学や歴史地理学で唱えられてきたもので，中世武士の居館を起源と考える。イエ支配権，主従制支配権が強い武士の館が中心にあり，周囲に家臣屋敷，領民の住屋が建つ同心円構造がイメージされる。この構造がそのまま大きくなったのが戦国城下町で，家臣たちや直属商工業者は大名の主従制支配権によって集住させられた。ただし，商職人の多くは無縁・楽の理念を重視して大名の主従制空間内に住むことを嫌い，周縁の市場に居住した。戦国城下町はこうした二元性を特色としたが，織田信長の近江安土以降，主従制が一層強くなり，城下町の町場全体を楽の空間とすることで一元的な近世城下町が成立した，とする。

　もう一つは，1990年代以降台頭してきた学説で，守護所の存在を前提として重視する。考古学や文献史学で主に支持されている。守護所は守護の支配拠点で，15世紀末以降，急速に発達する。国府・国衙の公的支配権を継承し，しばしば府中・府内と呼ばれる。守護所には，守護館の他に一族・家臣の館も建っていたが，いずれも平地の方形居館であり，守護館は顕著な卓越性をもたなかった。守護所が戦国城下町に発展する過程で家臣団集住は進むが，それは支配システムの進化に伴って家臣が合議・裁判を行い，家老・奉行として行政文書に署判する必要が生じたからである。

　戦国大名権力を主従制の単純な発達から解くのではなく，公的支配を重視し，「公儀」として中近世移行期の権力を説明しようとする研究動向も作用して，近年は後者の学説が有力である。ただし，実際には，主従制と公権が複雑にからみながら権力は求心性を高めていったため，こうした大名権力のあり方に左右されて城下町は多様な形態をとった。

　戦国城下町は，①山城，②山下の大名居館，③家臣団屋敷，④寺社，⑤町場・市場から構成された。大名の政治（合議・裁判や対面・宴会）の場は②にあり，①は籠城用の施設である場合も多い（周防山口，豊後府内，越前一乗谷など）。しかし摂津芥川，河内飯盛，近江観音寺などでは①が主たる政治の場であった。織田信長の美濃岐阜では，政治の場として①，②を適宜使い分けていた。①に大名の政治や生活の場があることで，大名と家臣・領民との間の「上下」関係が可視化された。城下町には③があったが，戦国時代にいたっても正妻や嫡子は家臣の本領にあった城館で暮らしており，多くの家臣の

本拠は大名の城下町に移動していなかったと考えられている。

　城下町固有の⑤が発達する事例は必ずしも多くない。豊後府内や越前一乗谷では比較的大きな⑤が形成されたが，阿波勝瑞では小規模であった。美濃井口（のちの岐阜）は長良川の港町を⑤として取り込んだものであった。この他，若狭小浜や能登府中などでは港町を，播磨坂本や因幡天神山などでは宗教都市を城下町の⑤としている。また豊後府内の沖の浜，阿波勝瑞の撫養・木津のように，離れた場所に外港をもつ城下町も多い。

　実際のところ戦国城下町の空間構造は多様であった。阿波勝瑞は①をもたなかった。最後まで①が籠城用であった周防山口，豊後府内，甲斐府中（甲府，武田氏）にも共通するが，守護所以来の平地方形居館の伝統を重んじ，また大名権力が強力で他国からの侵略を想定する必要がなかったからであろう。摂津芥川・河内飯盛は①に政治空間があるだけで⑤を伴わなかった。城主である三好氏は京都・堺などの商人と関係が深く，経済流通が活発な地域であったので城下町を造営するまでもなかった。このことは逆に，城下町の建設が領国経済の活性化のために大きな役割を果たしたことを示す。相模小田原が卓越した規模となったのは，南関東における経済流通の核となるよう北条氏が強くてこ入れしたからであろう。

　ただし，戦国城下町の卓越性，求心性を過度に強調することはできない。戦国時代には港町が発達し，城下町より人口が多いものも多かった。また宗教都市（「山の寺」（僧坊都市）・寺内町）や宿も独自の発展を遂げていた。大名の一族や有力家臣はそれぞれの本拠で城下町を経営していた。このように城下町は中世都市の中の一類型にすぎなかった。16世紀末，豊臣政権下の大名は家臣団集住を徹底し，町場の規模を拡大して，領国における城下町の中心地機能を高めた。かつての戦国城下町の多くは放棄され，新たな場所に近世城下町が建設されてゆく。

山　口

　山口市。山口盆地の北東寄り，一の坂川扇状地に立地。守護大内氏は15世紀半ばに山口に守護所を造営し，弘治3年（1557）に滅亡するまで移転せず。大内氏館は東西約120m，南北約150mの方形居館で，北隣に築山屋形が置かれ，家臣団屋敷は城下に分散していたと推定されている。大殿大路，竪小路，石州街道などの直線道路が都市内から郊外にいたる道路網を構成。主要な町場は石州街道沿いに営まれた。今八幡宮，高嶺大神宮なども城下町の重要な構成要素であった。周辺には七尾山城などが築かれた。弘治3年以降，毛利氏が山口に入り，

旧大内氏館を寺院に変え，山城である高嶺城を整備した。

豊後府内

　大分市。大分平野の西端で，中心部は大分川左岸の自然堤防上に立地。国衙や，鎌倉時代の初期守護所を継承したと推定されている。21世紀になって発掘調査が進み，「府内古図」をもとに詳細に復元されている。14世紀から徐々に町並みが発展し，南北方向4本，東西方向5本程度の直線道路による方格地割を特徴とする。中心部に大友氏館が立地するが，顕著な家臣屋敷は周辺にはない。町並みには町屋が櫛比し，通りの端に木戸門が設けられ，祇園御霊会が挙行されるなど，京都に似た都市社会のあり方が認められる。万寿寺，キリシタン教会などの宗教施設も興隆。約2km北の沖の浜は別府湾に臨む外港であった。南方の台地上に防備をととのえた上原館があり，大分川右岸や上流には家臣の居館が立地した。西に約8km離れた高崎山城も整備している。天正14年（1586），薩摩島津氏の侵攻によって府内は焦土と化し，慶長7年（1602）には近世府内（大分）城下町に中心地機能は移された。

一乗谷

　福井市。福井平野の南東で，平野から山一つ隔てた谷間に立地。守護所は府中（越前市）にあったが，守護斯波氏を追放した朝倉氏が15世紀中葉に一乗谷を支配拠点にし，16世紀になると城下町整備を進めた。谷の中央部に朝倉氏館が位置し，周辺に一族や家臣団の屋敷が散在していたと想定されている。また寺院，町屋，商職人屋敷なども建ち並んでいた。谷の東側には一乗山城が構えられていた。谷の入口には土塁・石積みからなる上城戸・下城戸が設けられていたが，城戸の外側にも城下町は展開。特に下城戸北側の足羽川付近には安波賀地区が広がり，大寺院や市町・川港が立地していた。天正元年（1573），朝倉氏が織田氏に敗れて滅ぶと一乗谷も焼亡した。1970年代以降，発掘調査が進められ，国の特別史跡に指定。一乗谷朝倉氏遺跡資料館が設けられ，武家屋敷や町並みの立体復元事業が行われる。なお，織田氏は北の庄（福井市）に一国支配の拠点を移し，同地はのち福井と名を改めて近世城下町として発展してゆく。

岐阜

　岐阜市。長良川左岸の自然堤防上に立地。もともとこの地域の中心地は，円徳寺（浄泉坊）・金神社などの門前町であった加納と，長良川の港町である井口であった。守護土岐氏は15世紀後半，加納に近い革手（岐阜市）に守護所を置いた。土岐氏館（革手城）の他，船田城，加納城などの方形居館が連立した。土岐氏は16世紀初頭，守護所を長良川右岸に移したが，1530年代には大桑（山県市）に遷移。同じ頃，土岐氏を下克上した斎藤氏は稲葉山に城を構え，麓に居館を構築する。斎藤氏は井口に新たに東西道路を通して城下町として掌握した。永禄10年（1567），斎藤氏を追放して稲葉山城・井口に入った織田信長はこの地を岐阜と改名し，山下の居館を大改造した。慶長5年（1600），関ヶ原合戦の前哨戦で岐阜城は落城し，翌々年には加納（岐阜市）に近世城下町が成立したため，岐阜は在郷町になった。

阿波勝瑞

　徳島県藍住町。徳島平野の東北寄り，旧吉野川右岸の微高地上に立地。細川氏の守護所が15世紀末までに秋月（阿波市）から移ってきた。吉野川下流域ならびに撫養・木津（鳴門市）などの港湾を外港として掌握するため。勝瑞は，方格地割を残す西勝地地区と，勝瑞城や発掘調査で確認された城館群が広がる東勝地地区からなる。東勝地の城館群は16世紀初頭以降，本格的に整備され，堀によって画され，庭園を伴う複数の居館が築造。正貴寺など多くの寺院も立地したが，町場は小規模だった。これら全体を「守護町勝瑞」と呼称する。旧吉野川対岸（鳴門市）まで広義の城下町に含める説もある。戦国末期の三好氏は最後まで山城を築かず，土佐長宗我部氏の圧力が高まると勝瑞城を構築した。天正10年（1582），長宗我部氏に攻め滅ぼされて以降，勝瑞は放棄され，吉野川一支流の河口部である徳島に近世城下町が建設され，一国の中心地は移った。

小田原

　小田原市。足柄平野の南端で，箱根の山並みが相模湾にいたる先端部付近に立地。明応4年（1495），伊豆の北条早雲が小田原城を奪った。16世紀初頭，北条氏は小田原を本拠として関東進出を本格化するとともに，城下町の整備を始めた。城郭は八幡山丘陵を主郭部として平地へと拡張。家臣団屋敷もあったが，家臣の多くは集住していなかったと考えられている。町場は東海道沿いに発展し，外郭部には寺院が並んでいたとされる。城下町を囲繞して土塁や水堀・空堀からなる惣構が構築され，総延長10kmに及んだ。北条氏の拠点にふさわしく関東では圧倒的な規模を誇る。天正18年（1590），豊臣秀吉に攻められ北条氏は降伏。関東の中心は江戸に移るが，小田原は近世城下町として継続した。

参考文献

内堀信雄，鈴木正貴，仁木宏，三宅唯美編『守護所と戦国城下町』高志書院，2006.

[仁木　宏]

門前と境内

「門前」は，イエズス会宣教師編『日葡辞書』（邦訳版）「Monjen. モンゼン（門前）」の項に「寺院の門外にある家々」と見えるとおり，主に寺社門前の家屋敷のことである。寺院の坊舎・伽藍は，寺内（郭内）または寺中（寺内と房中）と呼ばれた。中世都市史では，門前は寺内と対比され，門前町と寺内町の異同が論じられてきた。

「境内」は，寺内と同義で大門によって境内と境外との境界が設定される場合と，寺中，門前郷町，集落や田畠・荒野・山林などを寺社領として包含する空間概念としても用いられ，寺社に隣接する郷町が門前町ないしは境内町と称された。さらに「寺家近辺」「寺社近辺」が略称され，境内の境界域が「寺辺」「社辺」といわれた。

石清水八幡宮や北野社および嵯峨などの「境内」は，寺辺・社辺までを抱え込んだ寺社の領域を知らしめた。例えば東寺境内の場合，寺内の伽藍，門前・寺辺（八条院町十三所など）による境内都市を構成した。寺辺は，学衆（伝法会衆）方が地子を徴収し，東寺の進止権が及ぶ所領だった。奈良の元興寺郷のように，巨大な伽藍が衰退し寺内・境内に町屋が簇生されることも多かった。また京都や奈良に見られるように，門前町の集合体といった都市の組成に鑑み，はやくから複合的門前町との指摘がなされ，境内都市コンプレックス論の前提となった。

「寺家並びに町」や「社家並びに町」と記されたように，門前には寺家・社家と有機的に結ばれた町屋敷があった。戦国期の真宗や日蓮宗の寺院によって創出された寺内町は「寺内惣構」と号され，堀や土塁をもって寺院と町を囲繞した。城郭のごとき防御性の高い境内都市ということができる。公武の権門，守護・戦国大名は，寺内や門前，境内を不入地として安堵し，家屋敷の地子や国役（棟別銭など）を免除した。進止権に関わる課役徴収は，宗教領主としての寺社の裁量であり，寺家や社家への御用奉公，祭祀役や夫役（労働）の馳走負担が門前・境内の在家・地下人に課された。寺社の門前・境内の場合，その郷町の土地・屋敷および所領・所職に対する処分権である進止，また理不尽な暴力・武力の濫用によって発生した刑事事件に関する警察・裁判・処刑などの一連の処理に及ぶ検断は，原則的に寺家や社家が掌握した。広域な境内には別の地主や主人が存在しており，寺社領主が一円的に知行していたわけではないが，寺法や社法が優先される「寺辺」までが法的実効性のある境内範囲と考えられる。

寺院法としては，治承5年（1181）奈良の興福寺「寺辺新制」が寺辺の初見である。学衆（僧綱から円堂衆）と禅衆（東西金堂に属す堂衆）の過差を禁止，違反者は寺中追放とある。権門寺社内の死罪は，殺生禁断と穢忌避の観点から禁止された。鎌倉期以降，守護不入が保障された寺社境内は，別当・検校・院主らが主人として検断を掌握した。南北朝・室町期，主に寺僧集団（学侶方や行人方）が検断の執行権を分掌するが，別当・検校および寺務方（沙汰所など）の許可が必要であり，寺内の雑役民や境内の郷民に対する「自由の検断」は規制された。寺務と検断は，寺僧集団の談合による寺中寄合制が確かめられる。

寺社領主は，門前・境内・寺辺の暴力のコントロールに努めた。元暦2年（1185）神護寺の文覚起請文に，私心の刀杖・甲冑は禁止，ただし大衆が許可した場合は寺中・寺外ともに可能とある。弘長2年（1263）太政官牒は，南都七大寺とくに興福寺別当（大乗院・一乗院の両門跡）による寺辺かつ国中の悪党優遇を停止した。実際には別当による悪党の組織化が推し進められた。鎌倉後期の法隆寺では，悪党のごとき異類異形の寺中・寺外，市中の経廻は追放と見えるが，一方で三輩（学道衆）の許認可制が認められ，学侶方が暴力を統制していたことがわかる。東寺境内でも「寺家被官の輩」が所在し，寺家が境内・寺辺の地下人を被官化していた。石清水の場合，家来・御内といった主従契約が僧・俗の間で結ばれた。社務検校・別当に就く田中・善法寺ら祠官家は，坊人・供僧らの社僧を社務や家政に組織した。祭祀や荘園所務を任せ，なお境内の殿原衆（地下侍・有徳神人）を被官とし，所領・所職の代官・奉行を務めさせた。

室町・戦国期には，自治都市の発展にあわせて，寺社門前の境内都市においても，郷町連合による「惣中」が組織された。寺社への諸役は惣中による地下請となり，検断権については境内自治に分掌され，寺社の領主検断と境内惣中の地下検断（内済を含む）との補完関係が成立したのである。

石清水

石清水八幡宮寺と門前の八幡（京都府八幡市八幡・橋本）は，山上山下を包括する境内都市である。本社の社頭，護国寺などの堂塔，社僧の坊舎が林立する山上，頓宮・高良社・極楽寺などの宿院，放生川東側，北の八幡総門（大門）から南に走る街路，淀川左岸の橋本といった八幡郷町，神領の集落・田畠が山下と称された。13世紀前半，守護不入の郷が知られ，14世紀初頭に常盤郷・科手郷・金振郷・山路郷の内四郷（境内四郷・神境四郷）を基盤に境内都市が成立した。郷内には市場・紺座・城内・森・志水・薗といった町が分立した。

15世紀半，寺辺の外四郷（美豆郷・際目郷・生津郷・

川口郷）が成立し，16世紀には内四郷と連帯して「八幡惣中」が組織された。慶長5年（1600）八幡八郷宛の徳川家康禁制は，神領境内の守護不入と検地免除を保障している。石清水の人的構成は，社務・別当ら祠官中，供僧坊人ら山上衆，神主・禰宜・神人中，八幡境内郷中に大別できる。

西京と北野社

鎌倉期に西京七保（京都市中京区西ノ京）と称され，北野社の下司・沙汰人が支配する都市的な場となった。北野社領以外に仁和寺・曼殊院（北野社別当）門跡領や公家領などがあった。北野社は西京神人（主に酒麹神人）の身分を保障し，酒役などの課役負担，検断の権能をもって人身的に支配した。嘉慶元年（1387）幕府は酒麹の独占権を認め，洛中の麹室を破却させた。室町期には酒屋・土倉，車借らが集住し，洛中に準じて侍所の管轄権が及んだ。文安元年（1444）の麹騒動で西京は焼かれたが，応仁・文明の乱では惣中の自治を組織し防衛した。

北野社は，南門・東門と築垣に囲繞された社頭区域，主に社頭の南東側に広がる門前境内区域とに分けられる。社頭の門前馬場，東門への導線となる北小路と南小路，北へ延びる北辻子，明徳の乱戦没者慰霊の経堂，その東側導線となる今小路，南西辺の貝川の地域が町場として発展し，社辺の西京を含む境内都市が成立した。

嵯峨

亀山殿の惣門前路西側は院御所，清凉寺に通じる嵯峨朱雀（出釈迦）大路と惣門前路の間に院近臣・女房・僧侶が，大路東側は武家や土倉らが居住した（「山城国嵯峨亀山殿近辺屋敷地指図」京都市右京区嵯峨）。建武2年（1335）後醍醐天皇が亀山殿跡に臨川寺を創建，尊氏・直義が夢窓疎石を開山として天龍寺を造立，康永4年（1345）落慶した。

15世紀の天龍寺門前境内は「造路」と「天下龍門」東側，出釈迦大路に面して街区が北側に延び，約180の寺庵や800余りの在家があった（「山城国嵯峨諸寺応永鈞命絵図」）。清凉寺・大覚寺門跡領や日野家領も含まれ，臨川寺西北辺に在家が混在した。

応永32（1425），33年の北野社酒屋交名帳によれば，洛中洛外342軒の内16軒が嵯峨にある。天文19年（1550）12月幕府は，大覚寺雑掌に「嵯峨境内」土倉に対する愛宕社神事灯明料を命じた。嵯峨は，清凉寺・大覚寺門前，天龍寺・臨川寺門前の複合的な境内都市である。

奈良

奈良は，寺社門前境内の郷町複合体（都市コンプレックス）としての「寺社の都」である。12世紀東大寺天害門・中御門辺の西里や興福寺の東里に町屋が建てられ門前郷が成立した。13世紀興福寺の四面郷から南都七郷＝寺門七郷（南大門郷・東御門郷・北御門郷・穴口郷・西御門・不開門郷，新薬師寺郷）に発展した。14世紀には寺中伽藍域から寺辺域を含む境内都市が成立し（「七日念仏講番衆札」），15世紀に小（枝）郷が簇生した。

地下人は興福寺が賦課した在家役（祭祀・掃除・土木・交通の雑役）を奉仕し，大乗院門跡の鎮守天満社の小五月会では，間口に応じた小五月銭が徴収された。郷民に対する検断（貸借・徳政の裁判や盗犯・博奕の取締，処刑など）は，興福寺の衆徒（大乗院・一乗院の被官僧）の代表である「衆中」が握っていた。戦国期，念仏風流などの年中行事を紐帯として，郷町連合の「奈良惣中」の自治組織が形成された。

善光寺

長野は，北ノ門・東ノ門・東大門・西大門・西ノ門など12町で構成された善光寺門前の境内都市である。定額山善光寺は四門四621と称され，東門が善光寺，南門が南命山無量寿寺，北門が北空山雲上寺，西門が不捨山浄土寺といわれた。

藤原定家の『明月記』に「善光寺近辺後庁と号す，眼代等の居所たり」（安貞元年〈1227〉9月25日条）と見え，在庁が隣接する境内都市であった。鎌倉後期には，境内寺辺に止宿の坊舎が建てられ，門前には病人や乞食が雲屯した。南大門の西光寺や十念寺に隣接して談義所が設けられ，「一遍上人絵伝」に描かれた通り，琵琶法師・絵解法師らの僧侶・雑芸人，善光寺に奉職する仏師や彩色師，鋳物師や番匠大工らの職人が境内に居住した。西門の西側に延びる桜小路には，遊女や白拍子の遊興街があった。室町期には，「日本国の津にして，門前市を成し」（『大塔物語』）といった門前境内の光景を呈した。

参考文献

網野善彦『日本中世都市の世界』筑摩書房，1996.
安田次郎『中世の奈良』吉川弘文館，1998.
鍛代敏雄『戦国期の石清水と本願寺』法藏館，2008.
山田邦和『日本中世の首都と王権』文理閣，2012.
黒田俊雄編『寺院法』集英社，2015.
瀬田勝哉『変貌する北野天満宮』平凡社，2015.
牛山佳幸『善光寺の歴史と信仰』法藏館，2016.
中世都市研究会編『「宗教都市」奈良を考える』山川出版社，2017.

［鍛代 敏雄］

僧坊都市

　日本中世の宗教都市の一類型で、僧坊（「僧房」とも）が大規模に集合して都市的景観を呈するにいたったもの。15～16世紀を中心に全国各地に形成され、商工業や金融業も栄えた。

寺院僧坊の変容と僧坊都市の形成

　古代寺院において、僧坊は七堂伽藍（塔・金堂・講堂・鐘楼・経蔵・僧坊・食堂）の一つとされ、僧侶の止住する空間であった。とくに講堂の東側・北側・西側に3棟を設けた三面僧坊が典型的な形式であり、これを伽藍僧坊という。ところが平安時代以降、寺院社会が複雑化を遂げていくにつれて、僧坊が伽藍から離れ、院家（組織・地位・活動を伴う居住施設）や子院（院家以外の私的居住施設）において独立した僧坊が成立するようになる。やがてこれらは相伝や売買の対象として私有化され、門流の拠点として独自の宗教活動が行われるようになるなど、寺院内の小寺院としての性格を強めていく。建築的にも、築地塀に囲まれた檜皮葺ないし板葺の屋敷型住居は、瓦葺の長屋建築であった古代伽藍僧坊からは大きく変容したものであった。中世後期の大寺院には、これら小寺院的独立僧坊を多数内包し、さまざまな経済活動も繰り広げられる宗教都市へと成長するものがあった。これを僧坊都市と呼ぶ。

顕密寺院の僧坊都市

　中世の顕密系大寺院には僧坊都市として発展したものが多い。天台宗の総本山である比叡山延暦寺は伽藍僧坊をもたず、僧侶は院家や子院の僧坊に止住していた。僧坊は東塔・西塔・横川の3地域（3塔）にまたがる計16の「谷」に広く分布し、山上には現在史料で確認できるだけでも400の堂舎・僧坊が建ち並んだという。さらに叡山麓の東坂本・西坂本には山上生活を支える拠点が形成され、とくに前者は近江国最大規模の都市として発展をみるが、元亀2年（1571）に織田信長により叡山ともども焼き払われた。このほか近江の百済寺、越前の平泉寺、下野の日光山など、大規模僧坊群をもつ天台寺院は全国各地に確認される。

　一方、真言宗の高野山は、摂関・院政期からその規模を拡大し、中心部の壇上伽藍から周辺部の谷々へと開発が進められ、やがて僧坊都市へと成長を遂げる。一方高野山大伝法院の覚鑁は金剛峯寺との対立の末に保延6年（1140）に山を下り、根来の地に移る。根来寺もまた15～16世紀に僧坊都市として発展し、発掘調査で明らかになっただけでも数百以上の敷地が造成されたことが明らかになっている。この大規模僧坊群は門前の商工業町である西坂本とともに宗教都市根来を構成したが、その繁栄も天正13年（1585）の豊臣秀吉軍との戦いで終止符を打たれることになる。

　顕密系の僧坊都市については参詣曼荼羅に描かれるものも少なからずあり、築地塀に囲まれた僧坊の描写も散見されるなど、中世末期の空間構造と景観を知る上で重要な史料となっている。

禅宗寺院の僧坊都市

　禅宗寺院の独立僧坊のことを特に塔頭という。これは師僧の墓（塔）の頭に僧坊を設けて供養を行ったことから呼ばれたもので、門弟により相続され、門派の拠点となっていった。塔頭についても大規模に集合して都市的景観を見せるものもあったが、その代表例といえるのが中世の嵯峨である。応永33年（1426）の『山城国嵯峨諸寺応永鈞命絵図』には、臨済宗の大寺院である天龍寺・臨川寺を核として周辺一帯に塔頭が分布し、街区の表層部には在家（商工業者の居住地か）が建ち並ぶという、複合的な中世禅宗僧坊都市の景観を見ることができる。

坂本

　比叡山の麓に形成された僧俗の居住地で、京都側（京都市左京区高野・修学院・一乗寺付近）を西坂本、近江側（大津市坂本付近）を東坂本といった。ここでは特に後者を取り上げる。東坂本は10世紀以降発展をみせ、大きく六箇条（近世の上坂本）と三津浜（同下坂本）の二つの地区に分けられる。六箇条は延暦寺と日吉社（日吉大社）の門前としての性格を有し、社家屋敷や衆徒（寺僧）の坊舎が建ち並んだ。またその東側には衆徒の支配下にある「在地人」の居住地が広がっていた。一方、三津浜はその名の通り琵琶湖岸の津に由来した町場で、東国・北国から京都への物資輸送の拠点をなしていた。このように中世坂本は日吉社と僧坊群を中心に、商工業

図1　現在の坂本
［撮影：岩本　馨］

を担う「在地人」の町場が複合した宗教都市として繁栄し，織田信長により焼き討ちされるまで数千軒規模の在家を抱える繁栄を謳歌した。

平泉寺

　福井県勝山市の白山神社はもと平泉寺と呼ばれ，白山信仰の拠点として繁栄した山岳寺院であった。寺伝では泰澄という奈良時代の僧の開基とされるが，確実な史料に登場するのは12世紀以降であるという。このころ平泉寺は比叡山の末寺となり，山門の権威のもとで勢力を拡大したとみられる。中世末期の平泉寺の空間構造については，元禄年間（1688〜1704）に描かれた復元図から窺うことができる。これによると，中心部の東西方向に神道系，南北方向に仏教系の堂舎が建ち並んで伽藍を構成し，これを挟むように南谷（図2）・北谷と呼ばれる僧坊の区画があった。絵図には「南谷三千六百坊」，「北谷二千四百坊」と記され，実際の坊数はその10分の1程度であったとみられるが，それでも中世最大規模の僧坊都市であったといえる。発掘調査の結果からは，平泉寺に居住していたのは僧侶だけにとどまらず，商人や職人の居住の痕跡も見られ，また境内周辺部には市町が存在して住民の生活を支えていたことが明らかになってきている。このような繁栄を誇った平泉寺も，天正2年（1574）に一向一揆の攻撃を受けて灰燼に帰した。

図2　平泉寺南谷の石畳と僧坊跡
［撮影：岩本　馨］

日　光

　中世東国の僧坊都市の代表例が日光山である。天平神護2年（766）に勝道が開創したとする寺伝は傍証を欠くものの，遅くとも平安時代末には天台系の有力山岳寺院となっており，中世後期には東国有数の宗教都市（僧坊都市）として繁栄したと考えられる。この中世日光山の空間構造を伝える史料として，近世の模本ではあるが，「日光山古絵図」が残されている（大阪市立博物館編『社寺参詣曼荼羅』平凡社，1987所収）（⇨参詣曼荼羅）。同図からは，大鳥居の手前一帯（現在の輪王寺付近か）に，築地塀に囲繞され門を有する僧坊が群集する僧坊都市としての景観を見ることができる。これら僧坊は参詣者のための宿坊を提供し，また商工業や金融業にも関与したと考えられている。また僧坊群に混じって在家も存在していたらしい。さらに日光山の「坂本」にあたる鉢石には町場が開かれており，市町として商工業者が居住していた。このように中世の日光山は，境内の大規模な僧坊群と，門前における町場とが複合した宗教都市をなしていたのである。

高野山

　和歌山県伊都郡高野町。高野山は弘仁7年（816）に真言宗の開祖空海が開いた山岳寺院である。その後10世紀には一時衰微するが，11世紀以降の高野山信仰の広まりとともに，摂関家や院の支援によって勢力を取り戻し，堂塔の復興もなされていく。13世紀末の景観を描いた「高野山山水屏風」には，中心部に金剛峯寺（壇上伽藍），大伝法院，金剛三昧院の三勢力が鼎立し，周辺に聖の別所が存在するという空間構造を見ることができる（その後大伝法院は根来に移転）。この頃参道である町石道が整備されたこともあり，以後庶民の参詣者も増え始め，その受け皿として宿坊機能を提供する子院僧坊が簇生し，高野山は僧坊都市として発展していくことになる。高野山は南北朝期や戦国期の戦乱に対しては中立を保ったため，近世に至るまで日本最大級の寺院としての立場を保ち，正保3年（1646）の『高野山絵図之帳』によれば，当時の高野山は「高野十谷」と呼ばれる谷々に計1,865軒の子院が林立する巨大僧坊都市であったことがわかる。

参考文献

武覚超『比叡山諸堂史の研究』法藏館，2008.
海津一朗編『中世都市根来と紀州惣国』同成社，2013.
下坂守『京を支配する山法師たち』吉川弘文館，2011.
宝珍伸一郎「白山信仰の拠点寺院　越前平泉寺の景観」『山岳修験』48号，2011.
山陰加春夫『中世の高野山を歩く』吉川弘文館，2014.
山岸常人『中世寺院の僧団・法会・文書』東京大学出版会，2004.
高橋慎一朗『中世都市の力』高志書院，2010.

［岩本　馨］

寺内町

寺内町とは

寺内町とは，町場が寺内，すなわち寺院境内に含まれる場合において，その町場部分，あるいは寺院をも含んだ全体をさす用語として使用される。中世では浄土真宗の本願寺を本山に戴く寺院に多くみられ，法華宗寺院でも京都や尼崎で事例がある。史料用語としては「寺内」と表記される。「寺内」自体は顕密寺院でも境内をさして使用されるが，真宗寺院ではその範囲が町場まで拡大したところに特徴がある。真宗に寺内町が出現した背景の一つとして，本願寺第8代蓮如の「御文」（文明7年（1475））ほかに登場する仏法領が想定される。仏法領とは仏法の教えが浸透し，信心をもつ人々の結集体である。それが空間として現出すれば教義的には寺院・町場の垣根がない一体的な空間とみなすことができるのである。真宗寺院，とりわけ本山本願寺の経済構造が荘園を前提とせず，流通・金融経済に立脚していたため，物資や貨幣の交換行為が日々の寺院運営に不可欠だった点もあげられる。本願寺膝下地域での生産力の高まりも地域流通の拠点となる寺内町の出現を促す要因となった。

寺内町の展開

寺内町は15世紀の終わり頃より主として畿内，中部・北陸地方で出現した。事例の多い真宗寺内町は本山系とそれ以外の在地寺内町に大別することができる。本山系寺内町は文明3年（1471），宗主を退いた蓮如が下向し，積極的な布教を開始した越前国吉崎が濫觴となった。寺内町は交通の要衝に成立する事例が多く，吉崎も日本海に通じる北潟湖に面した港津の旧集落に寄生するようにやや距離をおいて建設されたが，本坊と町場が山の上下にわかれており空間の一体性に乏しかった。蓮如は文明10年（1478），山城国山科に本願寺を建設した。この山科本願寺は山科七郷の有力な農民層の支持のもと建設され，当地の政治・軍事・経済上の中心地となった。山科は同心円状の求心的な空間構造をもち，周囲を土塁で囲み，さらに武家勢力が課す税の免除や徳政令は適用除外という経済特権を獲得し，寺内町として高い水準に達した。山科が天文元年（1532），天文法華の乱で焼き討ちに遭うと本願寺は大坂へ移転した。

大坂は第11代顕如が門跡となって権門勢家と関係を深め，全国に多数の末寺・門徒を有する一大社会集団本願寺の本拠地として衆目を集める存在となった。それを背景に大坂が獲得した経済特権は一家衆寺院を核とした寺内町，さらにはその下位にあった寺内町へと適用され，寺内町ヒエラルキーが形成されたのは他の宗教都市にはみられない大きな特徴である。

織田信長との戦争により天正8年（1580）本願寺は大坂を去り，紀州鷺森，和泉貝塚を経て同13年に摂津中島（天満）へ移転した。これは豊臣秀吉が大坂城下町建設の一環として指示したもので，寺内町が独立した都市ではなく政権都市の一部として意図的に組み込まれた点，天正17年（1589）の秀吉政権による寺内掟作成や検地実施により本願寺の領主権が著しく制約された点で寺内町としては大きな転換期となった。

本願寺は天正19年（1591）の京都改造に伴って京都七条へ移転を命ぜられ，再び寺内町が形成された。本山系以外の在地寺内町では本願寺宗主の兄弟が住持となり教団拡大の藩屏となった一家衆寺院，あるいは地域の拠点寺院として設定された御坊寺院を核として形成された事例が多い。摂津富田，河内枚方・招提・久宝寺・富田林・大ヶ塚，和泉貝塚がその代表だが，既存の都市に真宗寺院が進出し，他宗寺院と並存して複核的な都市空間が形成されることもあった。在地寺内町の多くは近世には在郷町へ転じ，富田林や大和今井は重要伝統的建造物群保存地区に指定され寺内町の歴史的景観を伝えている。

町と空間プラン

寺内町を構成する町は，山科で「八町ノ町」が文献に登場するものの実態は明らかでなく，具体像が見えるのは大坂である。大坂には六つの親町と四つの枝町が存在し，親町は規模に応じて役負担を行っていた。また信仰集団である講も町単位での運営がみられた。寺内町の空間プランは在地寺内町については残存の絵図から近世の状況は検討可能だが，久宝寺での発掘調査では絵図との齟齬が確認されており，絵図の姿をそのまま中世へ遡らせることはできない。街区寸法については大坂・中島（天満）ともに宅地奥行10間の記録があることから（『天文日記』『言経卿記』），街区奥行は20間と推定され，富田林・貝塚と共通する点が注目される。大坂には加賀の城作りが出入りし，本願寺は地方御坊建設に積極的に関与していることから，寺内町プランの伝播・共通性が想定される。

尼崎

尼崎（兵庫県尼崎市）は北から伸びた伊丹台地の南にできた砂堆列のうち，もっとも南に立地した砂堆上に12世紀以降に段階的に形成された多角複合的な都市空間である。元来ここは神崎川・淀川の河川交通と瀬戸内海の海上交通の結節点で，12世紀にはまず大物・辰巳の港湾集落が形成され，14世紀になると辰巳の西方，南北方向の街道と東西方向の大道が交わる辻に面して大覚寺が創建され，門前には市庭・湯屋が置かれた。15

世紀には大覚寺の西方に法華宗本興寺が開かれその西側に門前町が誕生したが，16世紀には隣接する尼崎惣社の貴布彌神社の門前を組み込みながら寺内が形成され，諸役免許・徳政免許の特権を獲得した。さらに市庭の南東には同じ法華宗長遠寺が寺内を構え，大物では寺内を志向したと推測される大物惣道場が破却・再建の動きもあり，諸権門が独自に建設した都市空間の集合体として戦国期尼崎が形づくられた。

山 科

山科（京都市山科区）は本願寺第8代蓮如によって文明10年（1478）に造営が開始され，天文元年（1532）に法華宗徒らによって焼亡するまで存続した。山科盆地の扇状地の突端部に建設された。寺内を描いた絵図や土塁などの残存遺構から御影堂・阿弥陀堂があった第一郭，本願寺一家衆や有力坊主衆が居住したと推定される第二郭の二重構造が復元され，町場については西側に隣接する野村西中（小）路を含め周囲に分散していた可能性がある。この構造は段階的に形成され，蓮如期は第一郭のみで，実如期になって第二郭まで拡大した。寺内住人には塩・酒・魚などを商う町人がいたほか，本願寺に直属する職人たちの存在も想定される。各郭は土塁（当初築地塀）・堀で囲われ，高さ7mに達する土塁が一部現存する。土塁の折れはきわめてよく発達しており戦国時代屈指の防御施設を備えた都市と評価される。国史跡「山科本願寺跡及び南殿跡」に指定されている。

大 坂

大坂（大阪市中央区）は天文元年（1532）の山科焼き討ちに伴い本願寺の所在地となった。故地は上町台地の北端部，現在の大阪城本丸・二ノ丸エリアと推定されるため遺構確認はできていない。空間構成は諸説あるが，本願寺を中心に北町・南町・西町・清水町・北町屋・新屋敷の六つの親町が取り囲んでいたと推定される。大坂は明応5年（1496），蓮如建立の坊舎が濫觴で，大坂御坊を経て本願寺へ移行したため段階的に空間整備が進み，寺内町は台地上から北の大川・大和川方面へ拡大を遂げた。先行して存在した生国魂神社と神宮寺の法安寺もその過程で包摂した。町はそれぞれに塀や木戸・櫓・番屋で囲われ，寺内町全体も惣構により防御されていた。油屋・塗師・番匠・宿屋や金融に携わる商人，摂津・河内の村落名を屋号とする住人が居住し，地域経済の拠点であった。永禄5年（1562）の火災では2,000戸が焼

失している。

貝 塚

貝塚（大阪府貝塚市）は大阪湾に迫る段丘上の願泉寺および海岸低地（砂堆）を中心とする町場から構成された寺内町。願泉寺は本願寺第10代証如の代の天文19年（1550），雑喉屋藤右衛門ら直参衆によって支えられた御坊寺院（「海塚坊」）を濫觴とする。その後天正11年（1583）から13年までの貝塚本願寺時代を経たのちに卜半氏に留守職が命じられ，さらに慶長15年（1610）に「卜半寺内」として諸役免許が認められて明治4年（1871）まで存続した。近世の絵図によると寺内は海以外の三方を河川・濠・土居によって囲まれていた。低地部では発掘調査で16世紀とされる寺内の推定原初集落が確認されており，近世では紀州街道が貫通し北之町・西之町・南之町が存在した。また段丘上には願泉寺のほか門前5ヵ寺・中之町・近木之町が立地した。寛文3年（1663）再興の願泉寺本堂他は国指定重要文化財。

枚 方

枚方（大阪府枚方市）は淀川の左岸の枚方丘陵の北辺部に位置する寺内町。永正11年（1514），本願寺第9代実如によって開創されたと伝える枚方御坊を起点として形成され，永禄2年（1559）には本願寺一門の実従が当坊に移住し，自らの寺号である順興寺を冠した。順興寺は寺内の中ではもっとも南に位置したと推定され，その前面に東から上町・蔵谷・下町の三町が存在し，順興寺の裏手（東南方向）や淀川方面への出入口となる三矢口付近には寺内を取り巻く土居が想定される。住人としては寺院関係者のほか商人・金融業者・水運業者などが確認され，実際三矢口近くからは16世紀の甕倉が出土している。住人の中には枚方近隣の農村や富田（高槻市）・淀（京都市）などの淀川流域の都市出身者が含まれており，枚方寺内が周辺農村や都市と密接な関係のもとに存立していたことがわかる。

参考文献

峰岸純夫，脇田修監修，大澤研一，仁木宏編『寺内町の研究』（全3巻）法藏館，1998.
草野顕之『戦国期本願寺教団史の研究』法藏館，2004.
藤本誉博「中世都市尼崎の空間構造」『地域史研究』111号，2011.

［大澤　研一］

聖地

　信仰や特殊な伝承によって神聖視され、崇拝の対象とされる一定の場所。原始・古代以来、秀麗な山・島・森、奇異な巨岩や古木・巨樹、湖・池・沼、井泉などが神の居場所として神聖視された。祖霊祭祀や他界観とも関わり、例えば山岳の聖地は、人の死後、その霊魂は山の彼方に赴くという山中他界観と深く関係している。また、偉大な修行者や英雄にゆかりの地、先祖・開祖の墓所なども聖地とされ、実際には自然景観と諸建造物とが一体となって聖地を形成している場合が多い。中世にはそうした聖地を核として都市あるいは都市的な場が形成される場合もあった。比叡山や高野山、白山平泉寺といった大規模な僧坊都市だけでなく、各地の聖地・霊場にも都市的な場が少なくない。人々の心身を癒やした温泉も聖地であったが、そこは湯治場・温泉街として都市化する可能性を秘めていた。

　聖地には、古歌に詠まれたりして、その名が多くの人に知られてきた「名所」も多く、古代からの連続面も認められるが、中世に形成された聖地も多い。中世以降の聖地に特徴的なのは、巡礼と札所である。11世紀には観音霊場の巡礼が現れ、縁起や霊験説話が生成された。やがて三十三所といった巡拝コースも設定され、戦国時代には各地で一般化する。また、熊野に赴いて修行をした僧が参詣の先達を務める、院政期には上皇が頻繁に熊野に詣で、中世後期には「蟻の熊野詣」といわれるほど熊野参詣者が多くなった。こうした参詣者が当時の旅行者に占める割合は小さくなかったと考えられる。

　中世の聖地のなかには、近世以降忘れ去られてしまったところも多く、近世以降も人々の参詣を受け入れた聖地の多くは、景観・建造物に改変があった。中世の景観・構造を知るための史料として貴重なのは、絵巻物などの絵画であろう。13世紀末の「一遍聖絵」は、精緻な画風で風景や人々の生活を描いており、社会史の史料としてもよく利用される。熊野や高野山、四天王寺といった古代以来の聖地だけでなく、善光寺や空也上人ゆかりの市屋のように平安後期以降に信仰を集めるようになった聖地、伊予の菅生岩屋のようなローカルな聖地まで描かれている。高野山の奥ノ院、聖徳太子の墓といった様々な墓・墓所も聖地であった。また、この絵巻物に描かれたことで、一遍ゆかりの地として時宗の聖地と化した所もあったと考えられる。

　中世後期〜近世の聖地を知る上で不可欠の絵画史料は、**参詣曼荼羅**である。景観・建造物はもとより、参詣する人物の姿や様々な名所・行事も描いており、描写さ

那智参詣曼荼羅（室町時代）
〔正覚寺（和歌山県新宮市）蔵〕

れた情報が豊富で、史料的な価値が高い。参詣曼荼羅の作例としては、熊野や高野山、伊勢のように全国的に知られた聖地を描いたものが多いものの、地方の聖地を描いた作例もあり、それらは**在地霊場**の姿を伝えている。大寺社の荘園の場合、荘内の地勢がすぐれ景色のよい土地＝「勝地」に末寺・末社を造営し、荘園支配のセンターとしたが、そのなかには地域の霊場となったところも少なくない。また、小さな札所や在地領主の祈願所なども聖地だったといえよう。

　聖地は軍事とも密接な関係があった。修験山伏が各地に様々な情報をもたらし、軍事的に利用されたことはよく知られているが、神仏の加護が期待され、祈禱・呪詛も重要な戦力と考えられていた中世には、信仰の対象である山などの聖地に城を構築することも多く、寺院の城郭化もめずらしくなかった。城郭化しても、寺院・神社としての機能が失われるわけではなく、軍事と信仰が共存していた。中世後期、恒常的に維持される城が現れてからもこの傾向は続き、聖地と一体化していた拠点的な城も少なくない。こうした**聖地としての城**の歴史、とりわけ城下町と近世城郭の成立過程でどのような変化があったかについては未解明の部分が多く、今後の研究課題である。

巡礼と札所

　巡礼は、聖地を巡る参詣の旅、およびその旅をする人。「順礼」とも。平安後期、寺門派の僧による観音霊場の巡礼が始まり、やがて西国三十三所が選定された。それを模した坂東三十三所などの観音霊場、弘法大師信仰に基づく四国八十八ヵ所なども設定され、戦国時代には一

般化。全国66ヵ国の聖地に法華経を一部ずつ奉納する六十六部のように，コースや対象寺社が明確に決まっていない巡礼もあった。巡礼の対象地を「札所」とも称した。参拝に際して札を納める習俗があったためで，札には「奉順礼西国三十三所」といった名称や願い事，住所，姓名，年月日などが記された。木札を堂内の柱・扉・壁に釘で打ちつけることが多かったため，札所に参詣することを「打つ」とも称した。

「一遍聖絵」

時宗の開祖とされる一遍の遊行（諸国教化行脚）を描いた絵巻。全12巻（48段）。絹本著色。歓喜光寺（六条道場）伝来，清浄光寺（遊行寺）蔵。第7巻のみ東京国立博物館蔵。国宝。建長3年（1251）春，一遍が旅立つ場面から，正応2年（1289）の入滅までを描く。正安元年（1299）8月23日（一遍の祥月命日）の奥書によれば，詞書は聖戒，絵は法眼円伊，外題は世尊寺経尹の筆であるが，絵は複数人の筆，詞書の筆跡も4人の寄合書（分担執筆）。聖戒は，一遍の弟子の一人で，京都に六条道場を開いた。公家社会との関係によって，この豪華な絵巻物を制作できたものと推測される。一遍を描いた絵巻としては，このほかに宗俊編「一遍上人縁起」（「一遍上人絵詞伝」，写本のみ伝来）がある。

墓・墓地

埋葬または納骨し，死者を祀る場所。中世には「墓」，「墓所」と称され，「墓地」・「墓場」の語は一般的ではなかった。土盛あるいは石積の塚が多く，墓標や垣が設けられることもあった。墓標は供養塔の影響をうけて，層塔・宝塔・宝篋印塔・五輪塔などが多用され，角石棹形が普及するのは近世以降。僧侶の墓標には卵塔形が多く用いられた。墓が設けられた場所は，丘の上や山の中腹，谷の奥の小高いところなど，見晴らしのよい場所が選ばれたものの，墓地には強固な不可侵性が認められ，私的土地所有の根拠にもなったため，実用的な土地利用とも関連した。殺害現場あるいは殺害された者の所縁の地を「墓所」として取得し得たことも知られている。

参詣曼荼羅

人々が神社仏閣に参詣する様子を描いた絵画。多くは室町後期から近世にかけて，聖・御師・巫女が携帯して布教する際に掲げて絵解きをするために制作された。これ以前，本地垂迹思想に基づいて，春日・八幡・熊野・山王などの宮曼荼羅が描かれ，礼拝に用いられていた。そこに参詣者の姿を書き加えて成立したものと考えられるが，参詣曼荼羅の多くは宮曼荼羅よりも名所絵・世俗画的な要素が強い。周囲の山野河海や植生，社殿・仏堂，回廊・鳥居・橋といった建造物のみならず，様々な参詣者や行事を描く。宮曼荼羅同様，上方左右に日輪・月輪を描くものが多い。代表的な作例は，熊野那智参詣曼荼羅，伊勢参宮曼荼羅，富士曼荼羅，高野山曼荼羅，八坂法観寺曼荼羅など。

在地霊場

霊場は，神仏の霊験あらたかな場所，神仏を祀っている聖なる地。「霊域」，「霊地」とも。その地域の他界観や先祖観とも関わって，霊場の存在形態や規模は多様。古墳や古代寺院など古代以来の聖地が，中世にも在地霊場と化して人々の信仰を集めたところ，荘園領主の影響下にあった荘郷鎮守や在地領主の祈願所を兼ねているところも少なくない。経典を埋納した経塚や供養塔を伴う場合もある。本末関係のある地方寺社の多くは，在地に本寺・本社を模した霊場を構成しようとした。例えば，宮城県名取市の熊野社は，高館丘陵北東麓の名取川辺，岩口上にある熊野新宮社，その上流の五反田にある熊野本宮社，名取平野を見下ろす高館吉田の字館山にある熊野那智神社の三社からなる。

聖地としての城

中世前期の城・城郭は，戦闘に際して臨時に構築された。屋敷（館）を城郭化することもあったが，信仰の対象であった山＝聖地に構築されることも多く，寺院を城郭化することもめずらしくなかった。15世紀以降，各地に日常的に維持される城も出現するが，城に聖地性を求める傾向に変わりはなかった。例えば，北海道上ノ国の勝山館は，城主一族の祖先を葬った夷王山の麓に位置し，中腹には墳墓群，本丸には館神八幡宮が祀られ，入口には上国寺が建つ。新潟県長岡市北部の金峰神社（蔵王堂）は古志郡随一の霊場であったが，南北朝期に城郭が構えられ，その後，同郡の中心的な城として発達を続け，都市化した。こうした城の聖地性は，近世城郭の一部にも継承されたと考えられる。

参考文献

笠松宏至，「墓所」の法理，『日本中世法史論』東京大学出版会，1979.
新城常三『新稿 社寺参詣の社会経済史的研究』塙書房，1982.
浅野清編『近畿地方を中心とする霊場寺院の総合的研究』元興寺文化財研究所，1985.
中野豈任『忘れられた霊場』平凡社，1988.
東北中世考古学会編『中世の聖地・霊場』高志書院，2006.
中澤克昭「戦国・織豊期の城と聖地」（齋藤慎一編『城館と中世史料』）高志書院，2015.

［中澤　克昭］

町

町とは何か

町とは、中世から近代にかけて都市を構成した基礎的かつ地縁的な単位を意味する。また、村落において村が一個の共同体ととらえられたことに対応して、町も町共同体として理解されている。

このような意味での町の存在が最初に確認できるのは、京都である。具体的には、街路を挟んで両側に家屋敷が建ち並び、その両端に釘貫や木戸が構えられていた様子が、戦国時代の京都を描いた「洛中洛外図」などから見てとることができる。また、このことは文献史料でも確認することができる。例えば、釘貫や木戸を「町の囲い」と呼び、町外からの襲来に対して、町に居住し、家屋敷を所有する町人・町衆が一体となって備えたことが知られている（『言継卿記』）。

このように、町は、戦国という時代にあって、まずは自衛組織として登場することになる。また、それと並行するかたちで、京都では、町同士が喧嘩する事例も確認されるようになる（『言継卿記』）。ここからは、個別町における自衛意識と共同体意識があいまって高まっていく様子が見てとれよう。

町―町組―惣町

町同士の喧嘩は、さまざまなかたちで収束したと考えられるが、特徴的なのは、「上下京宿老地下人」や「上京中宿老共」といった集団が「口入」「中分」などとして調停に乗り出してくると収束するという事例が確認できる点である（『言継卿記』）。ここに見える「上下京」とか「上京中」とは、個別町の上位に位置する惣町と呼ばれるものを意味する。

このように、京都では、個別町と惣町の存在がほぼ同時期に確認される一方、その中間にあたる町組の存在が遅れて見られるのが特徴的である。したがって、京都では、個別町が複数集まって町組をつくり、その町組が複数集まって惣町を形成するといったプロセスを経たものではないと考えられる。

実際、中世における町組の全貌を示す、戦国最末期、元亀年間の史料（『上下京御膳方御賄月賄米寄帳』など）でも上京に五組、下京に五組と整然としたかたちで現れる。また、天正年間に公権力と個別町との中間に位置す

図2　「洛中洛外図屏風」（上杉本左隻第三扇）
［米沢市上杉博物館蔵］

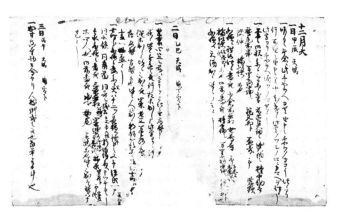

図1　『言継卿記（大永7年（1527）12月1日条）』
［東京大学史料編纂蔵］

る町代という役人が町組単位に設置されたことからも，より人為的な組織であったと考えられる。

　一方，個別町では，宿老や年寄を中心に町の運営が進められたが，下京で行われた祇園祭山鉾巡行と町の会計である町入用とのあいだには，近世中後期になるまで接点を見いだすことはできないとされている。中世の町共同体と祭礼の担い手とがかならずしも一体ではないという点には留意しておく必要があろう。

町共同体

　中世以降の村を村共同体ととらえることに対応して，町も共同体ととらえるようになった研究史を踏まえた上で使われる学術上の概念である。その成立は，もっとも早い事例が確認できる京都においても，戦国時代と考えられており，村共同体よりかなり遅れるという特徴がみられる。

町人・町衆

　ともに個別町に居住する人々をさす言葉として中世の史料に登場する。ただし，京都では，すでに室町時代に「ちやうにん」と読んだことが確認できる（『北野天満宮史料』）。したがって，町衆という言葉より町人のほうが先行する。戦国最末期，近世初頭にあたる天正年間の史料（『冷泉町文書』）が残される京都の冷泉町では，町共同体の構成員を町衆とよび，それ以外を町人と呼んだ。ただし，一般的にいえば，近世，町共同体の構成員を町人と呼ぶ。一方，町衆は，「大坂・堺の町衆」（『好色一代女』）とみえるように，近世，都市全体を町とよんだことに対応して「まちしゅう」と呼ばれることもあった。

町組

　個別町が複数寄り集まった組織を町組と呼んでいる。京都では，すでに戦国時代にその存在を確認できる。この町組の上には，惣町と呼ばれる組織も存在した。したがって，個別の町共同体や町組が存在する京都では，町―町組―惣町という重層構造が見られることになる。戦国最末期の元亀年間に京都では，惣町である上京の下に五組の町組が，また，同じく下京の下に五組の町組が存在したことが確認できる。

町入用

　村入用に対応するかたちで，個別町における会計を意味する。町では，その運営に関わって，さまざまな負担や配分が行われ，それらが大福帳など帳簿に記載された。京都でも最古の大福帳を伝える『冷泉町文書』からもそのことを窺うことができる。

祇園祭

　旧暦の6月7日，14日（現在，7月17日，24日）に京都で行われる祭礼。中世では，祇園会と呼ばれた。南北朝・室町時代以降，祭礼は，神輿が御旅所に渡る神輿渡御と山や鉾が下京の町中を移動する山鉾巡行の二つの祭事によって構成されるようになった。このうち，戦国時代になって個別町が直接関わるようになったのが山鉾巡行である。かつては，「町衆の祭」とみなされていたが，近年では，室町幕府や延暦寺，そして祇園社（八坂神社）との相互関係のなかで存立していたことに注目が集まっている。

図3　「洛中洛外図屏風」（上杉本右隻第三扇）
［米沢市上杉博物館蔵］

参考文献
河内将芳『中世京都の民衆と社会』思文閣出版，2000．
河内将芳『中世京都の都市と宗教』思文閣出版，2006．
仁木宏『京都の都市共同体と権力』思文閣出版，2010．
河内将芳『祇園祭の中世』思文閣出版，2012．

［河内　将芳］

町のかたち

　平安京などの条坊制による街区は，基本的に1辺1町（約120m）の正方形の土地を1区画として成り立っていた。官衙や貴族の邸宅はそれを1区画または2・4・8区画利用した。庶民の宅地は四行八門，すなわち1区画を東西4行，南北8門，都合32分割して利用し，それぞれの宅地の出入り口は南北の街路にのみ面していた。

　中世前期の京都においても，基本的に1町四方の街区は踏襲されたが，その土地利用には変化がみられるようになる。主要街路を宅地・耕地として取り込んだ巷所が広範に形成されるようになり，これにより低湿な地勢により早くに廃れた右京では農村化に拍車がかけられ，都市化の進んだ左京でも条坊制による街区の崩れる地域が現れた。また新たに開発された左京の一条北辺や都心の密集地域では，条坊とは関係なく辻子を通して開発を行ったため，条坊制の実質は失われていったが，一方で都市の中心部から外れた地域では，14世紀初頭の東寺領の「八条院町所在注文」（「東寺百合文書」）に見られるように，条坊と四行八門による土地の所在表示が中世前期を通じて残ったところもある。

　それぞれの1町四方の街区では，南北だけでなく東西の街路にも面して，間口が狭く奥行きの深い短冊状の町屋が並ぶようになった。このように町屋が四面に展開するものを四丁町と呼ぶ。都市空間は街路との関係を中心に把握されるようになり，土地の所在表示も街区の町名と土地の面する街路名を組み合わせ，併せてその土地が街路から見て東西南北のどの方角に面しているかを表すようになった。四丁町では，辻子を通すことにより内部を稠密に宅地として利用する場合もあるが，そうでなければ中央部に空閑地が残る場合もあり，ここは畑地として利用するほか，共同の井戸や便所が設けられるなど公共的課題の解決のために利用した。

　南北朝期以降しばしば戦乱に巻き込まれた京都では，公家・武家の邸宅や周辺の集落に，釘貫や木戸などからなる構と呼ばれる防禦設備が設けられるようになり，中世後期の京都を特徴づける都市景観の一つとなった。京都全体が灰燼に帰した応仁・文明の乱の時期には，各所に構が構築されるようになり，公家・武家の政治の中心であった上京，商工業を中心に栄えた下京は，それぞれに全体を囲繞する惣構を構築した。16世紀の京都の景観を描いたとされる「洛中洛外図屏風」（⇨京都）歴博甲本や上杉本では，上京・下京それぞれの惣構が描かれ，その間には水田も描かれており，上京・下京は室町通りのみで接続される別々の都市であったことが見てとれる。特に下京では構とともに外縁部に堀と強固な土塀によって要害化した寺院を配置し，都市全体が要塞化されている様子がよくわかる（図1）。これらの構・惣構は，天下統一を果たした豊臣秀吉による都市改造（洛中の城下町化）によってその意義を失い姿を消した。

　また，共同井戸の設置や構の構築などの公共的課題は，地縁的な都市共同体の形成を促し，都市のかたちにも影響を与えた。それらの最小の単位が町共同体（⇨町）であるが，その多くは街路を挟んでその両側に短冊状の町屋が建ち並ぶ両側町の形態をとった。町ごとに街路の両端に木戸を設けて街路そのものを町の中に取り込み，その内側は街路も含めて町共同体により管理された。豊臣秀吉による都市改造は，京都に初めて総合的な都市計画を導入するものであったが，新たに画一的に突抜を通して創出された町割でも，両側町の形態が踏襲された。奈良では街路の交差点を中心として四方に一つの町が展開する場合もあるが，江戸やその他の地方都市も含めて，両側町は近世都市の個別町の主流として引き継がれてゆくことになる。　　　　　　　　　　［及川亘］

巷所

　平安京の条坊間の街路を耕地化または宅地化したもの。史料上の初見は永久3年（1115）で，すでに平安時

図1　「洛中洛外図屏風」（歴博甲本右隻第2〜4扇）
［国立歴史民俗博物館蔵］

代末期には恒常化した巷所が出現していたことが知られる。朝廷は京職を通じて巷所を禁止する政策をとったが、巷所の増大は右京や左京南部の農村化をうながし、左京の市街化の進んだ地域においても条坊制の解体の要因となった。巷所は平安京の街路に展開したことから本来は所当免除の土地であったが、鎌倉時代末期にはそれまで巷所を制限する立場にあった左右京職が本所として所領化し、左右京職をそれぞれ相伝した坊門家・中御門家が巷所から地子を徴収して家産とするようになり、巷所の禁止政策は放棄された。また他の荘園領主による囲い込みも進み、東寺領巷所のように京職の本所職を排除して一円支配が実現する場合もあった。豊臣秀吉の京都改造とともに、巷所はもとの条坊内部の土地と同質化して消滅したと考えられるが、小字名として明治期まで名残を留めていたところもある。　　　　　〔及川　亘〕

辻子

平安時代の「十字」という言葉に由来し、図子・厨子などとも書き、「ずし」と発音する。都市の発展とともに大路・小路といった主要街路に囲まれた区域の内部を再開発する際に、新たに通された路地をさす。京都のほかに鎌倉や奈良などでも見られ、都市の稠密化の指標ともなる。辻子は10世紀の平安京ですでに見られるようになるが、条坊制とは関係なく通され、遺構の上でも条坊制の四行八門の宅地割の小径と重なることはない。辻子を利用した開発は古代都市の条坊制を解体させ、辻子は中世都市京都を代表する景観の一つとなった。近世初期の京都や奈良の再開発で現れる突抜、江戸の新道も同種のものである。

『七十一番職人歌合』には遊女として「たち君」と「つし君」が描かれるが、「たち君」が道ばたに立って客を引いたのに対して、「つし君」は辻子に店を構えて営業した。その姿は「洛中洛外図屏風」(⇨京都)諸本にも描かれ、繁華街の喧噪をしのばせる。　　〔及川　亘〕

町屋

「町家」とも。接道性と沿道性を併せもつ都市住宅をいう。平安時代にはすでに存在したと考えられ、当時は「小屋」、「小家」などと呼ばれていた。平安末期成立の「年中行事絵巻」(⇨内裏)には、平安京の街路沿いに多くの町屋が建ち並ぶ景観が描かれている。これらは間口2〜5間程度の規模で、切妻の板屋根と網代の腰壁の外観を有し、内部には通り庭の描写が見える。祭礼の場面では臨時の桟敷として利用されている描写もあり、町屋が街区の境界装置であると同時に街路へと開かれた建築であったことがわかる。「一遍聖絵」(⇨聖地)をはじめとする中世の絵巻物には、京都のみならず鎌倉などの地方都市の町屋景観が多く描かれており、意匠にも多様性

図2　「洛中洛外図屏風」(林原美術館隻第1扇)
〔林原美術館蔵〕

があった。さらに16世紀の『洛中洛外図屏風』(⇨京都)になると、二階建て町屋や卯達屋根など、中近世過渡期の町屋景観を見ることができる。現存する町屋遺構としては、一般に奈良県五條市の栗山家住宅(慶長12年(1607))が最古とされるが、京都市の川井家住宅の主要部材は16世紀に遡る可能性があり、調査の進展が俟たれる。　　　　　　　　　　　　　　　〔岩本　馨〕

釘貫・木戸

本来、釘貫(針貫とも)は関所などに防禦施設の一部として付随する柵をさす。防禦力を強化した出入口である木戸(城戸)や櫓などと組み合わせて利用された。すでに南北朝期の京都では、戦乱に対応して公家・武家や寺社などの都市領主が邸宅・境内の周囲に臨時に設置した釘貫がみられ、応仁・文明の乱の前後には常設化されるものも現れた。当初は都市領主が設置主体であったが、天文年間頃には個々の町共同体(⇨町)によっても設置されるようになる。町共同体にとって釘貫・木戸は防禦施設であるばかりでなく、その町の顔とも呼べるものであり、その維持費用は町入用(⇨町)の主要な支出項目の一つとなっている。「洛中洛外図屏風」(⇨京都)歴博甲本や上杉本には、上京・下京のみならず、粟田口・吉田・西の京などの周辺諸村についても、釘貫・木戸や堀を備え集落全体を囲続する構が描かれ、元和年間に景観年代の下る勝興寺本や林原本などには町ごとの釘貫・木戸が描かれる(図2)。　　　　　　　　〔及川　亘〕

参考文献

高橋康夫『京都中世都市史研究』思文閣出版、1983.
川嶋将生『中世京都文化の周縁』思文閣出版、1992.
馬田綾子「東寺領巷所―荘園領主による都市支配の一考察―」『日本史研究』159号、1975.
後藤紀彦「辻君と辻子君」『文学』52巻、1983.
今谷明『戦国期の室町幕府』角川書店、1975.
伊藤毅『町屋と町並み』山川出版社、2007

都市民の負担

　日本の中世都市は，都市内外の多様な権力によって人的・空間的に分権支配されるという特徴をもち，京都や奈良といった畿内先進地域の大都市ほどその傾向が顕著であった。こうした分権支配のもと，都市に居住する者，商業を営む者など，広い意味での都市民が，多様な権力から負担を課されたり免除を得たりしていた。以下では中世京都を中心として概観する。

商業・流通をめぐる負担

　中世の商人は，大寺社に所属して一定の負担と引き換えに様々な特権を与えられることが多かった（神人と呼ばれる）。これに対し12〜13世紀，朝廷官司は，京都における「寄宿交易」への賦課を試みる。すなわち，どこに所属する商人であれ，京都という場で行った商行為に対して一律に負担を負わせようとしたのである。この賦課は画期的であったが，どれほど存続したかは不明であり，のちには朝廷官司も大寺社と同様，商人を所属させる主体となった（供御人と呼ばれる）。室町幕府も，京都の金融業者に，土倉・酒屋役と呼ばれる一律の賦課を行ったが，その前段階に，金融業者らの多くが所属した延暦寺を政治的に抑え込まなければならなかった。中世を通して，商業・流通については，都市という「場」より，「人」を対象とした支配方式が主であったといえる。

居住者の負担

　京都への人の集中が進むとともに，院政期には，一時的な滞留である寄宿や道路の勝手な開発である巷所の増加などが問題化する一方，官町の整備や寺社境内の一円領化など諸権門の土地の集積が始まった。鎌倉・南北朝期には定住も増加し，居住者への賦課もみられ始めた。

　都市に居住する人々の負担として，居住地の直接の領主に対して定期的に納めた地子がある。また，寺社修造・朝廷や室町幕府の諸行事の費用として臨時に賦課された地口銭と棟別銭がある。地口銭は道路に面した間口の尺を基準として，棟別銭は家屋の棟数に対して課せられる。地口銭・棟別銭の賦課・免除についての最終決定権は，朝廷，のちに幕府が握り，康正2年（1456）の造内裏役など，段銭と同様の重要な国家的用途の経費となる場合は洛中全域で重点的に賦課した。

　徴収については，地子は徴収者である領主に居住者が納め，戦国期には居住者による地縁的な町共同体が納入を行った。棟別銭は，康正2年の造内裏役では，徴収者である幕府が奉行人を派遣して居住者から直接徴収した例がみられる。これに対し地口銭は，徴収者である幕府と居住者の間に領主が立ち，免除を求めたり一括納入を

請負ったりした。こうした多様な徴収形式からは，権力による都市民の掌握や都市民のつながりのあり方，またその変化などを見いだすことができる。

過剰な賦課の可能性

　その他，祭礼に関連する賦課や有徳銭などが都市民の負担としてあげられる（⇨有徳人）。中世都市においては，多様な権力によって種々の名目で負担が併存し，臨時のものも多かった。応仁・文明の乱中の奈良で，戦費のために有徳銭や相撲銭などが繰り返し課されたように，こうした名目の賦課の積み重ねは，上限のない過剰な負担となることもあった。賦課を避けるため，都市民はいずれかの権力と結びついて免除を受けたり礼銭を出すことによって負担を軽減するという手段をとった。

　都市民の負担について，西欧中世などでは都市法にその定量化がしばしば盛り込まれていたが，日本中世の多様な権力による人的・空間的な分割支配のもとでは，都市法による負担の総量規制はできなかった。都市民もまた，多様な権力と個別に結びつくことで負担を軽減した。

都市法，そして近世都市へ

　16世紀になると，こうした支配と負担のあり方が変化し，多くの都市で，単一の権力とある程度成長した都市との双務的な都市法がみられるようになる。東海から関東では，市場や宿が，治安維持・賦課の定量化・軍勢寄宿の制限などを内容とする禁制を，礼銭と引き換えに戦国大名から得た。近畿では，一向宗の寺内町が大坂を基準とした特権を権力から認められた。城下町においては，従来の町場の繁栄を前提としつつ，さらに人々を集めるため，楽市楽座令をはじめ都市民の負担を軽減する政策が権力から発せられた（⇨楽市）。

　京都においても，多様な権力と都市民との錯雑した結びつきが，政権と地縁的共同体との関係に収束していった。応仁・文明の乱後，京都は上京・下京に分かれて稠密化し，上京・下京・個別町などの地縁共同体が，幕府からの法令の宛所となる。戦国期の三好政権下では，政権が共同体に対して包括的な安全保障を行い，共同体が政権の法を遵守するという双務的な関係を明示した禁制が発せられた。こうした関係は，近世において町が行政の大部分を請負う原型になる。

　最終的に京都における多様な負担を一元化したのが豊臣政権である。都市民がそれぞれの領主に対して負担していた地子は，天正11年（1583）に町の指出検地によって収取者・負担者が確定され，天正19年（1591）年に地子免許によって廃止された。これにより地子負担者は家持として政権に一元的に把握され，政権に対してのみ負担を負うことになった。多様かつ錯雑した，中世の都市民の負担のあり方の終焉である。

寄宿

　中世都市における寄宿には二つの側面がある。一つは軍勢の駐留，また一つは都市で活動するが未だ定住に至らない人々の滞在である。

　前者は軍勢の移動という外在的な要因によって生じる問題であり，鎌倉期から戦国期までみられ，その都度，権力が自らの軍勢に対し，法や禁制という形で，寄宿する都市への狼藉を禁じて治安を守った。

　後者は，都市の本質の一つである開放性・流動性によって生ずる，いわば内在的な問題であり，例えば京都では，朝廷やその官司が，中世前期の新制により家主を通した寄宿人の把握を命じたり，13世紀の「寄宿交易」すなわち都市における商行為に対して所属や定住に関わらない一律の賦課を試みたりしていた。また寄宿人が罪を犯した場合，在地法では「寄宿の科」すなわち寄宿させていた主人は自動的に責任を負わされたが，鎌倉・室町幕府の法は，犯罪者と知って匿うなどの過失があった場合に責任を限定した。鎌倉後期以降，都市への人々の定住が増加するが，流入・流出もまた絶えず，それに対する治安維持や賦課は都市の課題であり続けた。

地子

　都市における地子（屋地子）は，土地の居住者がそれぞれの地主（領主）に対して支払うものである。

　京都についてみると，平安京においては土地に本来負担文言がなかったが，院政期には，新制によって寄宿・巷所が規制され，同時期に権門寺社が境内を神領化するなど，都市民の集住化とともに土地の把握と整備の動きがみられ，土地の経済的価値の向上がうかがえる。

　こうした動きを背景に，正確な始期は不明ながら，鎌倉後期以降，地子の賦課がみられ始め，以降，地子は土地領主の重要な収入であり続ける。建武政権は諸領主の洛中地子を停止して一元的な土地掌握を試みたが，実現しなかった。室町幕府のもとでは，多くの守護や武士が在京し，彼らも土地領主への地子負担者であった。しかし，応仁・文明の乱や戦国期には地子が武士に押領され，混乱の中，地縁的な共同体が土地領主への地子納入を担うようになる。

　豊臣政権下，天正11年（1583）に個別町の指出検地，天正19年（1591）に地子免許が行われ，諸領主を介在させることなく政権が一元的・直接的に居住者を把握し，役を賦課することとなり，地子は終焉を迎える。

地口銭

　地口銭は，京都や奈良において，土地の居住者に対し，道に面する間口に応じて課され，尺別10文が通常である。用途は，寺社の修造や祭礼・朝廷や室町幕府の諸行事などであり，賦課や免除を決定する権限は当初は朝廷にあったが，康暦2年（1380）頃より幕府が掌握した。

　京都についてみると，地口銭の始期は不明であるが，元亨2年（1322），稲荷社祭礼の財源として洛中五条以南の氏子圏への賦課が初見である。その後，朝廷や幕府の承認や関与のもとに，延文5年（1360）頃から洛中全域に臨時に課されてゆく。

　洛中の諸領主は，徴収を通して，幕府に自らの頭越しに居住者を直接掌握されるおそれがあったため，例えば東寺は自らの所領注文を作成して免除を求めたり，所領における徴収を請け負ったりなどした。

　康正2年（1456）の造内裏役地口銭以降は，段銭や棟別銭と同じく，内裏や伊勢神宮の造営など，朝廷や幕府の重要な財源として，ほぼ免除されなくなった。しかし文明18年（1486）の内裏修造役地口銭が最後となる。

都市法

　中世都市は，多様な権力によって，賦課・検断・商業統制など行政の諸局面で，人的・空間的に分割支配され，一つの権力によって空間全体を支配する法が定められることはほとんどなかった。特に前期には，京都に対しては新制，鎌倉に対しては御成敗式目追加に都市に関する内容があるのみで，それも行政機能を網羅する内容ではない。全体への法を欠く都市では，多様な権力や集団それぞれの法や相互調整が秩序を保った。

　16世紀，単一の権力が都市の治安や繁栄を保証し，都市が法を遵守するという，双務契約的な都市法が発せられるようになった。その多くは権力主導というより都市が権力に礼銭を払って得たものであり，東海から関東において戦国大名から市場や宿に宛てた禁制，畿内において一向宗の寺内町に一律の特権を認めた法などがあげられる。城下町の楽市楽座令も，先行する市町を包摂しつつ拡大をはかるものが多かった。多様な権力と都市民の関係が残っていた京都でも，三好政権以降，政権と地縁的共同体の双務契約的な安全保障関係に収斂した。これが近世権力のもとで地縁的共同体が都市行政を請負うことにつながる。

参考文献

網野善彦『中世都市論』（『網野善彦著作集13』）岩波書店，2007（初出1976）．

佐々木銀弥『日本中世の都市と法』吉川弘文館，1994．

仁木　宏『空間・公・共同体』青木書店，1997．

高橋慎一朗『中世の都市と武士』吉川弘文館，1996．

馬田綾子「洛中の土地支配と地口銭」『史林』60巻，4号，1977．

松井直人「南北朝・室町期京都における武士の居住形態」『史林』98巻，4号，2015．

［高谷　知佳］

治安維持と防災

　戦国期以前の中世都市において，治安維持と防災について多少なりとも検証可能なのは，京都および鎌倉幕府期の鎌倉という政権所在地のみというのが現状である。そこでは個別領主支配の制約を受けながらも，公権力による都市政策として，刑事事件への対処（検断），街路の整備，防火・治水といった公共機能に対する関与を確認することができる。

　平安京を前身とする京都では，10世紀半ばに保刀禰が成立し，令制において都市行政を管轄していた左右京職に編成されるとともに，同じ頃に都市警察権を掌握した検非違使のもとで夜行・犯人逮捕などの治安維持活動にも従事するようになった。検非違使は火災現場への参仕も義務づけられるようになり，鴨川の治水に関わる臨時官職である防鴨河使にも多数任用されている。

　保刀禰は関連文書に記される官職から京職・検非違使の官人ではなく，地域の有力者が末端に編成された存在とされるが，12世紀前半でその史料の痕跡は見えなくなる。同じ頃に保検非違使（保官人）という職制が見えるようになり，都市支配全般の権限を京職に代わって検非違使が掌握する一環として，官人が配置されたと考えられている。当該期に京周辺に多数建立された御願寺にも寄検非違使が設置され治安維持に当たる一方で，官衙・権門領への検非違使の入部を禁止する事例もみられ，必ずしも一元的な治安維持体制が実現していたわけではなかった。また当該期に頻発する寺社強訴に際しては，検非違使に任じられていない在京武士も院権力によって動員され，平安京への入京を阻止すべく防衛ラインが引かれていた。

　12世紀半ばの保元の乱・平治の乱によって，検断を担当する検非違使に任じられていた武士の構成は伊勢平氏が中心となり，検非違使別当も平氏もしくは関わりの深い貴族が独占することになった。治安維持・防火に際して検非違使に任じられていない平氏の活動も確認されるようになるなど，武士への依存が高まり，その延長線上に内乱期の後白河法皇による源義経の検非違使補任，源頼朝が派遣した北条時政による京都守護が位置づけられる。ただしその後も京中の治安維持権限は公家側にあり，検非違使が犯罪人の追捕を行い重犯については鴨河原で幕府に引き渡されることもあった。もっとも検非違使の火災への出動が見えなくなるなど力量は低下し，公家側が直接在京武士を動員することも度々で，承久の乱における軍事動員につながる。

　承久の乱後も検非違使は存続するが，その治安維持機能の低下は否めず，残存史料が豊富なこともあって治安はかなり悪化していたように見える一方で，土倉など有力商工業者が盗賊に対して自衛措置をとっていた事例も確認できる。そして嘉禎4年（1238）将軍九条頼経の上洛，検非違使別当補任を契機に篝屋の設置が決定された。その翌々年の延応2年＝仁治元年（1240）には，幕府が六波羅探題に篝辻ごとの松明を保官人を通じて在家から徴収するよう命じている。同年には鎌倉でも保々奉行人に対して，都市の治安維持に関する「盗人事」など八ヶ条の徹底が周知されるとともに，辻々で篝火を焼き，保内在家が結番を定めて勤めるよう命じられており，京都・鎌倉という公武両政権の首都における治安維持体制が幕府主導で決定された。鴨川堤の築造も畿内近国の御家人役とされるなど，当該期京都の都市機能維持に幕府の役割は不可欠となっていた。なお幕府法をモデルとした豊後大友氏の「新御成敗状」によると，豊後府中にも保という制度があり，治安維持・景観保全に関する都市法が確認できるが，どこまで実態を有していたのかについては議論がある。

　その一方で，検非違使の都市行政機能は鎌倉後期に紛失状証判が不可欠になるなどむしろ強化され，警察機能もまったく失われたわけではなかった。とりわけ建武政権瓦解後の北朝は検非違使組織の充実をはかり，初期室町幕府もそれを容認していた。詳細は不明なものの当該期に活動が確認できなくなる篝屋とともに，検非違使も，侍所の警察機能を補完していたと思われる。しかし観応の擾乱以後は何度も京都が争奪対象になったことで，すでに建武期からみえる敵方への闕所が繰り返された，検非違使の機能は急速に弱体化する。貞治6年（1366）には検非違使庁始における免者のための囚人は侍所から引き渡されるのが「近例」になっていたことが知られ，応安2年（1369）には博奕禁止・身分による衣服規制などを記した制札が，侍所頭人である土岐義行の署判で発せられている。室町期にも儀礼的存在として検非違使は存続し，獄町の知行権も有していたが，実質的な機能は14世紀後半の間に喪失し，夜行も侍所が直接働きかけるようになった。

　その一方で鎌倉後期の紛失状で近隣住民の証判が不可欠になっていたように，萌芽的な住民組織の活動も都市の治安維持において考慮する必要がある。当該期から頬と称される一町の街路に面した片側町が諸史料で一般的となるが，報復として頬全体が放火されている例が見られ，連帯責任が問われたものと思われる。町人が捕縛した犯人を侍所に突き出すなどの事例なども確認されるようになるなど，一定の自治的な機能を果たし治安維持活動もそこに含まれていたと考えられる。

火災と防火

木造家屋が密集する都市において火災は深刻な災害となった。とりわけ比較的余裕をもって計画された平安京の街路を侵食して家屋が密集した中世京都では度々の大火に見舞われている。12世紀までの京都では検非違使が火災に対して出動し、里内裏など重要な建物を守るために風下の家屋を壊して延焼を防ぐ破壊消防を行っていた。しかし鎌倉期以後は検非違使の活動は見えなくなり、通常の火災でどのような対応がなされたかは不明で、記録では延焼範囲が示されるのみとなる。ただし内裏・院御所火災では北面・大番・六波羅などの武士が対処し、鎌倉将軍・室町将軍邸など重要施設の火災でも武士が出動し、破壊消防の記録も確認される。

貴族の場合は相伝の文書が重要だったため、多少なりとも耐火機能を有した土蔵建設、緊急持ち出し用の文車での文書管理、延焼のおそれの少ない郊外の寺院などに預けるといった対策がされていた。火災・盗難予防のために土蔵に物資が預けられる事例が確認され、それを運用することで土倉として金融機能も有していた。

水害と治水

平安京の東を画する鴨川の管理は防鴨河使の役割で、検非違使が任じられることも多かったが、その経費調達は中世的な体制に転換することなく12世紀前半で断絶し、院政期に対岸の白河の開発が進められたため京側の堤防のみを高くするという手段もとれなくなり、上流が薪山となり保水能力が低下していたこともあって、白河上皇の三不如意の一つに「賀茂川の水」があげられている。

鎌倉期には幕府が畿内近国の御家人役として鴨川堤役を課すようになっていたことが知られる一方で、12世紀半ばから祇園橋（四条橋）・清水橋（五条橋）が常設の橋として出現する。これらが対岸の寺社名で呼ばれているのは管理責任が寺社にあったためで、堤の維持にも関与していたと思われる。鎌倉期の貴族の日記に水害記事が少ないのも、実態の反映というよりもそうした管理体制に規定された側面もある。なお大阪湾岸の尼崎でも寺院が堤防を負担していたことが知られ、鎌倉など各地の律宗寺院とあわせて、室町期までの治水においては公武権力より寺社勢力の果たす役割が大きかった。

保と検非違使

令制下の保は四町をまとめた単位で、保刀禰はそこに居住する有力者が選任されるものだった。それに対して保検非違使（保官人とも呼称）の保については、暦応4年（1341）の「制法」に一条から二条の間の東西大路ごとに計5名・二条から九条までに同じく計7名、合わせて12名の人名が見えるのが、その詳細を示す唯一の史料である。左京を東西大路ごとにくくる観念は保検非違使の見える白河院政期から確認されるが、当初から12領域に区分されていたかは明確ではなく、鎌倉後期に見える保務は三条大路で区分された2名のみで、両者の関係も詳らかにすることはできない。

保元以後の公家新制では在家・寄宿人調査が保検非違使に命じられており、それが実効性を伴うものであったかどうかも不明だが、鎌倉後期には紛失状に検非違使証判が不可欠となるなど、地口銭の賦課対象となる都市住民の掌握が進められていったものと思われる。院政期には治安維持全般も担当していたと考えられるが、篝屋設置以後は、犯人逮捕は武士の担当となり、保検非違使は住宅・資材の差し押さえという分掌関係が成立した。なお鎌倉で文暦2年（1235）を初見にみえる保々奉行人は区分の基準は不明なものの、京都の保検非違使をモデルにしたものとされる。

篝　屋

篝屋は嘉禎4年（1238）将軍九条頼経の上洛、検非違使別当補任を契機に設置が決定され、敷地の確保、造営用途の調達、検非違使との分掌関係などの調整がはかられた。また常駐する人員を明確化するため、京都大番役の免除や所職の給与などの特権が与えられた在京人が成立し、六波羅探題の指揮下で洛中警固を担当した。寛元4年（1246）の九条頼経失脚に伴い幕府は篝屋停止を持ちかけているが、これは後嵯峨上皇に政治制度整備を求める政治的な駆け引きだったと評価されている。

鎌倉後期には京都住民にも存在が定着したようで、敵対勢力の逮捕や強盗乱入の事実確認を保篝に求めている事例もみられる。『太平記』には「四十八箇所ノ篝」とあるが、同時代史料で確認できるのは46である。立地は大路の交点が多数を占め、西は大宮大路から東は平安京外の東朱雀大路まで、南の九条大路から北は一条大路を超えた京外の安居院大宮まで確認され、「一遍上人絵伝」巻七には四条京極に立地した篝屋が描かれている。建武新政を風刺した「二条河原落書」には篝屋の荒廃した状況が記されているが、逆に京都の治安維持にとって必要不可欠な存在であったことがわかる。暦応4年（1341）にも徴証があり初期室町幕府でも存続したようだが、観応の擾乱で最終的に廃絶したものと思われる。なお鎌倉にも篝屋は存在していた。

参考文献

五味文彦編『都市の中世』吉川弘文館，1992.
大村拓生『中世京都首都論』吉川弘文館，2006.

[大村　拓生]

店と行商

店売りと行商は古代から現代まで一貫してみられる売りの代表的な二形態である。

タナからミセへ

いわゆる店・店舗に相当するものは古代からあり、漢語では「店」「肆」「廛」などと表記されたが、和訓は「イチクラ」（『倭名類聚抄』・『観智院本類聚名義抄』・『伊呂波字類抄』」など）であり、詳しい形状は不明ながら物品の貯蔵・販売施設をさした。平城京・平安京の東西市には「肆」（『養老令』）や「廛」（『延喜式』）と表記された品目別の店舗があり、8世紀の長屋王家木簡にも東西市外の店舗とみられる「店」「西店」などの文字が散見される。平安時代に入ると、『宇津保物語』（藤原の君）に「空車に魚・塩積みてもてきたり、預どもよみとりて、たなに据ェて売る」とあるように、商品を陳列する台である「タナ」が現れ、これには「棚」のほかに「店」の字があてられた。中世初期の京都では、衰退した平安京の東西市に代わり、三条、四条、七条などに繁華街が生まれたが、そこでは住居の前に棚を出して商品を陳列した簡素な店舗が軒を連ねていた。これらは町座とも呼ばれ、12世紀半ば頃の四条町には切革座の棚が確認される。平安末の「年中行事絵巻」には、方杖の付いた上下開閉式の棚が描かれていて、屋内に格納できる仕組みであったことがわかるが、中世の絵巻物にはこのような仮設的な棚から常設的な棚まで数種類の形態が見られる。これらは「見せるための棚」の意から「ミセダナ（見世棚）」（『庭訓往来』・『文明本節用集』・『北条五代記』など）とも呼ばれた。「ミセダナ」は「ミセ」または「タナ」とも略称されたが、「ミセ」に「店」の字をあてるのは戦国時代以降とみられる。

中世末期になると、屋外に突き出した棚で販売する形態から、屋内に商品を並べ、客を中に入れて販売する「ミセノマ」形式に変化し、入口に家紋や屋号を染めた長暖簾や看板を掲げる風習も一般化した。いわゆる商家の誕生である。「洛中洛外図屏風」には、上京の立売付近や下京の室町通り沿いなどに、そのような店舗が建ち並ぶ様子が描かれている。近世中期になると、店舗内を複数の売場に分け、各担当者が営業成績を競う、百貨店に近い大型店舗も現れた。

地方の宿や町には定期市の市日にだけ建てられる仮設の店舗である市見世（店）と常設店舗である内見世（店）が存在した。市見世はしばしば権利化して市座ともよばれた。中世末～近世初期には商人頭が市座の割当てを差配していた例もみられるが、楽市では市座の存在は否定

された。一方の内見世も、必ずしも家主自身が商売を営んでいたわけではなく、店舗部分を外来商人に貸し出して見世賃をとる貸店舗が多かった。この店舗と住居の空間的分離は江戸時代の表店と裏店の関係にも引き継がれ、商人が店を借りて商売を営む表店と、零細な都市民の居住空間である裏店に分かれた。店借・店子など、商売とは直接関係のない、単なる住居を意味する「店タナ」の用法もここに由来するとみられる。

振売から行商へ

一方、固定した店舗をもたず、商人が天秤棒や桶などで商品を運搬し、売り歩く形態を行商というが、これはおそらく近代以降の語であり、中世には振売・立売・里売、近世には振売・連雀・棒手振などの呼称が一般的であった。移動性の高い商人には、古代以来、「商旅」などと呼ばれた遠隔地商人や遍歴商人がいるが、彼らのなかには市や貸店舗で販売していた者や卸売業者も含まれるから、すべてが行商と一致するわけではない。行商（人）とは移動性の高い商人のうち、とくに小売業に従事し、得意先への訪問販売を主たる業態とするものをさす。移動距離という点では、生魚売のように、せいぜい日帰りの範囲で商う近距離型と、近世以降の富山売薬商人のように長期間にわたり、船や馬なども利用しながら諸国を移動する遠距離型とに分けられる。決済は現金のほか、物々交換や、とくに得意先をまわる場合は掛売りも少なくなかった。

『倭名類聚抄』や『今昔物語』に「ヒサギメ（販女・販婦）」が見えるように、古来、女性が多いのも行商の特徴であり、中世の京都で鮎を頭上の桶に入れて商った桂女や、薪・柴・炭などを売り歩いた大原女はとくに有名である。桂女が天皇に桂川の鮎を貢納する桂供御人でもあったように、彼らのなかには供御人として天皇と特別な関係をもつ者もいた。近世・近代の漁村では、夫が漁に出て、妻が行商で魚を売り歩く夫婦間分業が広く行われていたが、近代になると、地域ぐるみで遠国や中国大陸まで出かけていって呉服や缶詰などを商う大規模な行商もみられた。

市座・町座

座には、商人・職人・芸能民などの同業者組織をさす用法と、市や町における商人の販売座席、簡素な店舗をさす用法とがあり、後者はとくに市座、町座と呼ばれた。市座は主に地方の定期市に見られたもので、市日にだけ建てられる仮設の店舗（市見世）、またはその設営場所が占有権化したものをさす。大抵の定期市では市頭と市末が決まっており、市頭により近い場所が上席とされた。狂言には先着順で席を決めていたという話も出てくるが、実際には多くの市で固定化、権利化が進んだもの

と思われる。14世紀の「備前西大寺観音院境内古図」には魚座や筵座，鋳物座などが見える。戦国時代になると，畿内近国では物権化が進んで売買の対象にもなったが，中間～辺境地域では商人頭・商人司などとよばれた有力商人がその割当てを差配していた例もみられる。一方の町座は，鎌倉の材木座や博労座など，地方都市にも存在したが，京都の町座がよく知られている。それらは三条～四条を中心に発達し，四条町には12世紀半ば頃すでに切革棚が存在した。室町～戦国期に立派な店構えの商家が増えてくると，町座の称は次第に衰退した。

商人頭

戦国～江戸時代初期，大名の領国内において諸商人を統率した有力商人。商人司・商人親方ともいった。領国内の商人を組や仲間に組織し，定期市を支配したほか，商人に対して一定の警察・裁判権を有し，盗賊の取締りなど，街道の平和維持にも貢献した。大名に対しては物資の調達や直轄領の管理など，代官としての役割を果たし，さらに関所手形の発行や荷留品の検閲などの権限を与えられていた例もみられる。領国内に一人だけ任命されている場合と複数が割拠している場合とがあった。駿河の友野氏や尾張の伊藤氏，会津の簗田氏などが知られるが，全国的にみると畿内近国に少なく，中間～辺境地域に多い。畿内では平等性原理に貫かれたヨコ型の組織形成（座）が優勢であったため，1人の商人頭が多数の商人を束ねるような，家父長制的な商人組織は根づかなかったとみられる。商人頭の支配は楽市の理念とは相容れないものであったが，戦国大名は商人頭の重用と楽市政策とをしばしば併用した。ただ江戸時代に入ると，楽市政策の徹底を求める町共同体との対立や，定期市それ自体の衰退などによって，多くが没落していった。

楽　市

戦国大名や織豊政権が宿場町や城下町の繁栄を目的に発した楽市令（楽市・楽座令）によって創出ないし安堵された開放的な市場。権力の手が及ばない聖域・平和領域とされた。固定した販売座席である市座がなく（楽座・無座），住人や来訪者には不入権・課税免除権・徳政免除権などが認められたほか，押買や債務の取り立て，逃亡下人の追及などの暴力行為も禁じられた。楽市令の目的はこのような優遇条項を掲げることで商人の来市を促すことにあった。各地の湊町や寺内町には自生的に形成されてきた楽市場があり，それが戦国大名の楽市令にモデルを提供したとする説が有力である。そのような楽市場としては，自由都市・堺や十楽の津と呼ばれた伊勢の桑名などが知られるが，一方では楽市をすべて戦国大名の創出とみて，在来の楽市場の存在を否定する見解もある。ただ，地方の市や湊町は外来商人に多くを依存していたため，彼らの来市を妨げるような過度の搾取や暴力は本来的に忌避されていた。したがって，直接「楽市」の称をもたない場合でも，中世の市や湊町は少なからずそれに近い性質をもっていたことは間違いない。

振売・立売

振売とは中世～近世における行商の一般的呼称であり，その名は天秤棒に商品を提げて売り歩く業態に由来するが，桂女や大原女などが商品を頭上に載せて売り歩いたのも振売である。中世において，とくに農村部に向けた振売は里売とも呼ばれた。14世紀頃，京都の祇園社綿座神人は，店舗商売に従事していた本座神人と振売・里売に従事していた新座神人に分かれていた。売りの形態によって異なる同業者組織に編成されていた例である。新座神人は「綿里商人」とも呼ばれた。近世には連雀・棒手振とも呼ばれ，農村部への海産物や日用品の供給に大きな役割を果たしたが，江戸では明暦4年（1658）に幕府が振売の調査を行い，翌年，鑑札を発行して，その所持者にのみ営業を許した。一方の立売も，振売と同様，固定した店舗をもたず路上での呼び売りが主な業態であったとみられるが，所見は少なく，しかも中世に限られている。応安2年（1369）には京都四条町での立売を禁じる法令が室町幕府から出されているが，15世紀後半頃の宇治六斎市では座売の市場課役10文に対し，立売は半額の5文で商売が許されていた。

参考文献

高橋康夫，吉田伸之編『日本都市史入門Ⅰ～Ⅲ』東京大学出版会，1989～1990．
後藤　治「中世の都市における店舗の建築」『国立歴史民俗博物館研究報告』113集，pp.149-166，2004．

［桜井　英治］

『長谷雄草子』の店舗
［永青文庫蔵］

都市の諸職

　人・物・情報の交通の結節点である都市には，多様な職業が存在する。例えば職人歌合には，「道々の輩ども」として様々な職業者が描かれる。同じ京を舞台とする13世紀の『東北院職人歌合』五番本では10職種，16世紀の『七十一番職人歌合』では142職種の職業が見える。都市の発展に伴う職業の多様化が窺えよう。

網野善彦の研究とその影響

　こうした都市や諸職について，戦前には商業史・文化史で論じられたが，戦後，農業生産が中世史研究の主たる関心になると等閑視されるようになった。特に，共同体の狭間に存在し，生産に関わらない商業や金融，流通，芸能などは軽視された。こうした状況を一変させたのは，網野善彦の研究である。「非農業民」の広範な存在に着目した網野は，彼らのうち，天皇や寺社などの権力と結びついて自らの「芸能」（能力）を奉仕し，課役免除などの特権を得た人々を「職人」と呼んで，得分権としての「職」と関連付け，国家的な民衆支配論を展開した。網野説で注目されるのは，諸国往反の特権を得て遍歴する「職人」に注目し，彼らの定住を都市形成の重要な核と位置付けた点である。「職人」と都市との間に強い結びつきを見いだした網野は，彼らの集住地である市・津・泊・宿などを「都市的な場」と呼び，その特質を「無主」「無縁」であることに求めた。都市的な場は無主であるがゆえに，そこで生活する「職人」や，彼らの職能は，天皇や神仏との関係を本源的に有するという。網野の指摘を受け，中世都市論や諸職研究は急速に進展した。しかし網野は後に，特権をもたず，広域の遍歴を行わない「職能民」の広範な存在に気付き，「職人」は「職能民」の一部にすぎないと述べるようになる。これに伴って，晩年には「遍歴から定住へ」という図式も撤回した。都市の諸職をどのように位置付け直すかは，今後の研究に委ねられている。

諸職研究の現在と今後の展望

　網野説への批判として，天皇や神仏との関係を強調するのではなく，職能民の固有性に目を向けるべきだとする声が聞かれる。近年の諸職研究の動向も，こうした批判と底通する。

　第一に，職能民集団と権力との関係の多様性が再検討されている。鋳物師に関しては，市村高男・桜井英治らによって在地鋳物師の実態把握が進み，朝廷や東国政権と結びつくのは特権的な一握りの鋳物師集団にすぎないことが明らかにされた。15世紀になると，鋳物師集団の中から小集団が自立し，地域権力と個々に関係を結ぶ

ようになる一方，競合の激化によって課役免除や調停への要求が高まり，従来の鋳物師集団が共同組織的な性格を強めていくとされる。馬借・車借の場合，下坂守らが山門と馬借との密接な関係を明らかにした。一方で彼らは15世紀以降，自らの権益のために山門に対して土一揆を起こすなど，独自の行動も見せ始める。この時期には地方でも権力と特権的に結びつく馬借が見られる一方，それに対抗的な馬借が出現しており，集団結合・統制の弱さが指摘される。遊女・白拍子をめぐっては，筆者らによって，朝廷との関係が見直され，寺社との関係などが明らかにされる一方，そうした支配関係に収まらない独自の営業活動についても指摘されている。茶屋・一服一銭に関しても，家塚智子・橋本素子らによって，寺社と茶屋との密接な関係が明らかにされる一方で，15世紀以降，茶屋が寺社以外の都市領主と結びつく動きが指摘される。声聞師と畿内諸権門の関係は詳細に論じられているが，特に興福寺や大乗院・一乗院両門跡との関係は史料も多く，15世紀における専業職能集団の自立と支配体制の再編過程が注目を集めている。このように，職能集団の側の主体性に着目することで，権力との関係変容，特に15世紀における変容過程が明らかになりつつある。

　第二に，職能民側の視点から，職能論そのものが問い直されつつある。近年，三枝暁子らが，非人・河原者・散所非人などの職掌の重なりを指摘し，職能から身分や集団を分類することの危険性を指摘している。散所非人の一種である声聞師は，特に多様な奉仕を行っており，権力に特定の「芸能」を奉仕するという職能民像とは乖離する。また声聞師の芸能は，犬神人や曲舞々，猿楽者などの芸能と重なり合う。遊女の場合も，その生業は複合的であり，時期によって生業の比重が変化する。特定集団が排他的・固定的に特定の職能を帯びるわけではない。視座を職能民側に据えることで，こうした生業の複合性と，その変容，諸職の相互関係などを捉えることが可能となる。

職人歌合

　様々な職業の者が歌合を行うという趣向で書かれた作品群の総称。「職人歌合」の語は近世初期以降。左方と右方に一人ずつ関連する職人を配し，「恋」「月」「花」「述懐」などの歌題に沿って，それぞれが自らの職業に関連する語を交えて歌を詠み，優劣を定める判詞がつく。和歌自体は貴族が職人になり代わって詠んだものであるが，各時代に存在した職業や職業イメージを知る上で重要な史料となる。歌仙絵形式で各職人の絵が示される点も貴重。京の東北院を舞台とし建保2年（1214）の年紀をもつ『東北院職人歌合』を皮切りに，弘長元年（1261）

鎌倉鶴岡八幡宮が舞台の『鶴岡放生会職人歌合』，明応3年（1494）の『三十二番職人歌合』，明応9年（1500）末頃の『七十一番職人歌合』などが残る。

鋳物師

鉄製品・青銅製品の鋳造・販売を行う職人・商人。梵鐘や燈爐，鍋，釜などを生産し，また自らそれらを売り歩いた。銅細工や鍛冶とは区別される。鋳物師は原料鉄・砂鉄のほか，燃料の木炭や鋳型用の粘土・砂を大量に必要とするため，特定の地方に集住して集団を形成することが多かった。なかには，権力と結びついて自由通行権などの特権を獲得し，広範な遍歴活動に乗り出す集団もあった。12世紀後半に蔵人所と結びついた左方・右方燈爐供御人が著名であるが，それ以外の諸権門に所属する集団も多い。15世紀以降は，原材料や燃料の商品化が進んだことを受けて，都市部に居住する鋳物師が増加した。またこの時期には，集団内小集団の自立化が進むなど，地方でも再編の動きが起こっている。

馬借・車借

馬や荷車による運搬業者。駄賃をとって輸送を行ったほか，米・塩・樽などの物資の買付・販売も行うことがあった。初見はいずれも11世紀後半の『新猿楽記』と見られる。馬借は大津・坂本，車借は鳥羽・白河や西京，泉木津などを主たる本拠地とし，後には各地で所見する。このうち坂本の馬借は，もともと日吉社に奉仕し神馬を使役する集団であったため，同じく日吉社を産土神とする比叡山衆徒から，年預職を通じて支配を受け，しばしば山門の尖兵としての軍事的行動を行った。15世紀以降には，自分たちの権益を守るため，日吉社の神威を帯びた存在として独自に嗷訴，閉籠，土一揆の主体となることがあった。『日葡辞書』が馬借を「一揆，暴動」と定義するのはこの点に由来する。

遊女・白拍子

いずれも売春を行う女性芸能者。遊女は9世紀後半を初見とする。売春のほかに和歌や歌謡を行い，交通の要衝に集住して客をとったほか，旅宿も提供した。召されて京に上ることも多い。11世紀半ばまでには廳次制に基づく集団を形成している。またこの頃から今様を主要な芸とするようになり，津泊の遊女と，宿の傀儡子とに分化した。13世紀後半以降，売春の要素が強まると，遊女・傀儡子の区別がなくなり，都市部の遊女屋としての所見が増加する。近世遊女につながるのはこの系統である。一方白拍子は，売春のほかに白拍子舞を生業とした。12世紀半ばに京で出現し，後に地方にも広がって

いったと見られる。都市部で宅を構えていたことは知られるが，その集団・組織については所見に乏しい。

茶屋・一服一銭

茶店は，店舗を構える見世売りと，移動式の居売り・振売りに分けられ，前者を茶屋，後者を一服一銭と呼ぶ。「一銭」は銭一文，あるいは「一銭匙」による計量の意。もともと茶屋は宗教行為として修行者をもてなす「接待所」から発展したもので，南北朝期には一般の参詣者にも茶湯を振る舞うようになった。茶屋が寺社の門前に構えられることが多いのはそのためで，茶屋の経営者も寺社の公人や僧形の者が多かった。寺社周辺の散所との関係も指摘されている。茶屋は勧進活動にも携わり，なかには都市領主の役徴収を代行する者も見られた。また早くから博打・籤取など遊興の場として用いられ，遊女に接待させる茶屋もあった。15世紀後半には寺社を離れて街中に進出するなど，次第に世俗化を強めた。

声聞師

散所非人のこと。またはその一種。「声聞」は仏弟子，求道者をさすが，「唱聞師」「唱門師」「聖聞師」などとも表記される。起源は俗法師とも民間陰陽師ともいわれるが不明。生業は多様で，陰陽道などの呪術や卜占，毘沙門経などの読経，千秋万歳・曲舞・猿楽などの芸能に従事した。所見は14世紀後半頃から。各地に存在したが，京都では北畠・柳原など地域ごとに集団化し，その内部に小犬党などの小集団があった。奈良では，自律的な声聞師集団が奈良中の惣座や国レベルのつながりを形成し，五ヶ所・十座といった公事動員機関を通じて興福寺に掌握された。15世紀以降の都市化と社会的分業の進展に伴って，久世舞座や陰陽師集団，石築地座などの職能集団が惣座から自立し，再編が進んだ。

参考文献

網野善彦『網野善彦著作集 第8巻』岩波書店，2009.
網野善彦『職人歌合』（『平凡社ライブラリー』）平凡社，2012.
市村高男「中世の鋳物師の集団と集落」（網野善彦編『職人と芸能』）吉川弘文館，1994.
桜井英治「天皇と鋳物師」（網野善彦ほか編『岩波講座 天皇と王権を考える 第3巻 生産と流通』）岩波書店，2002.
下坂守『中世寺院社会と民衆』思文閣出版，2014.
辻浩和『中世の〈遊女〉』京都大学学術出版会，2017.
家塚智子「中世茶屋考」『立命館文学』第605号，2008.
橋本素子「中世の茶屋について」『洛北史学』第11号，2009.
三枝暁子「中世後期の身分制論」（中世後期研究会編『室町・戦国期研究を読みなおす』）思文閣出版，2007.

［辻 浩和］

邸宅と寺社の造営

中世の建設工事は、公家や武家の邸宅、寺社、庭園、城郭などが主なものであった。そのためこれらの建築工事に従事した様々な職人（以下「建築工」と略記する）が活躍した。なかでも造営において主力になり、すべての建築工を統括する役割を負ったのが番匠である。また、屋根に瓦を葺く職人（瓦師）や、檜皮を葺く職人（檜皮師）、土で壁を塗る職人（壁塗）なども邸宅や寺社の造営において重要な役割を担った。

例えば、建久4年（1193）の石清水八幡宮の修理では、木工（番匠）83人・檜皮工（檜皮師）100人、壁工（壁塗）6人などが参加したことがわかる（『大日本史料』四・四）。邸宅の例では、嘉吉3年（1443）土御門殿の造営に、木工大工（番匠大工）・檜皮大工・鍛冶大工・壁塗大工・石作大工が携わった（『康富記』）。なお、中世において、工事の指導工は大工と称され、番匠の指導工は番匠大工、そのほかの建築に関わる職人の指導者においても、檜皮大工や壁塗大工などと呼ばれた。16世紀初期頃に成立した職人歌合である『七十一番職人歌合』の冒頭には番匠・鍛冶・壁塗・檜皮葺がおかれ、そのことからも邸宅・寺社などの造営において、この4種の職人工が基本的な建築工であったことが窺える。

鎌倉時代における建築技術の分散

これら建築に関わる番匠・檜皮師・鍛冶師・壁塗・瓦師など、寺社に雇われて働く職人は雇用主たる寺院などから大工職（⇒中世の建築造営組織）という地位に任命されることによってはじめてその作事に携わることができた。そして、鎌倉時代は中央の造営官庁（木工寮や修理職⇒古代の造営組織）に集中されてきた技術が分散し、中央の建築工の地方への進出や交流が活発に行われた時代でもあった。

そこで、東大寺大工を例に建築工の地方における活躍をみてみたい。例えば、嘉元4年（1306）の備後浄土寺金堂の大工は東大寺大工八重宗遠であった（『浄土寺文書』）。瀬戸内海沿岸地方は、現存する中世建築に大仏様の影響が著しい地域とされ、その背景には東大寺大工の地方への進出・活躍が活発であったことが考えられる。このように、鎌倉時代は中央の建築工が地方で活躍することで地方の寺社造営に影響を与え、逆に地方の建築工が中央に上って新しい技能を取得して帰ることもあった。そのため、13世紀末頃から地方建築のなかに、新しい内容をもつ優れた作品が次々と生まれた。

室町時代における邸宅・寺社の造営

京都に室町幕府が開かれると、足利尊氏・義満によって天龍寺や相国寺が創立され、旧来の寺社建築も幕府の援助によって復興されている。また、義満から代々の将軍は、室町殿、北山殿、東山殿（⇒書院造の形態、書院造の成立）などの大規模な将軍邸宅を次々に造営した。そのため、幕府の庇護を受けて京都の造営に進出する多くの建築工が現れ、なかでも禅宗寺院の工事に携わる者が幕府と密接な関係をもった。例えば、天龍寺の建築工がその例にあたり、彼らは永徳2年（1382）の足利家菩提寺相国寺造営の番匠大工も勤めている。15世紀の後半を過ぎると、幕府による社寺造営の例は減少し、将軍邸宅に関わる建築工の記事が増える。八代将軍義政による文明14年（1482）からの東山殿造営には幕府の建築工が活躍しており、この最上位の者は御大工と呼ばれていた。

また、室町時代において注目すべきことは禅宗の影響で作庭（植樹配石）が盛んになったことである。この作庭に従事する人々が河原者の中から現れ、内裏や公家・武家邸、寺社の庭の造作に携わった。一方、畿内の寺社を中心にその石垣を築造する技術者集団（穴太）が現れるのも室町時代であった。やがてこの技術者集団は、安土桃山時代に安土城など城郭の石垣普請で活躍することとなる。

［鈴木 沙織］

番匠

現在の大工にあたる木造建築工事に従事した中世の職人。番匠は古代に都に上り営繕に服した番上工に由来する呼び方で、木工とも呼ばれた。番匠の語は中世末期に衰退し、近世では大工と呼ぶのが一般的になる。中世初期までは木工寮や修理職、東大寺や興福寺など特定の官衙や大寺に属したが、他の寺社へ出向き作業をすることもあった。鎌倉時代後半には特定の寺社に属さない番匠が増え、雇用主から大工職に任命されて作事に携わるようになった。大工職は、本来優れた技術をもつ番匠を補任

番匠の図
［前田育徳会尊経閣文庫蔵『七十一番職人歌合』］

したが，中世後期には得分権化し，権利をめぐる相論が多発した。なお，番匠には座がほとんど発達せず（奈良を除く），ピラミッド型の組織形態をとっていたといわれる。『東北院職人歌合』（曼殊院本），『七十一番職人歌合』には，それぞれ二番・一番に置かれ，最も基本的な建築工として早くから定着していたことがわかる。　　［鈴木　沙織］

檜皮師

　檜皮を重ねて屋根を葺く職人。檜皮工・檜皮葺ともいう。一般の町屋は主に板葺であったが，神社・貴族の邸宅は檜皮葺が多く，これらが檜皮師の活躍の場となり，壁塗と共に番匠についで重要な建築工であった。『小右記』長和3年（1014）に檜皮工の大工佐伯徳益が寝屋の檜皮を葺き，すでに檜皮師の指導者にあたる檜皮大工の存在を確認できる。15世紀には番匠と同様に寺社は有力な檜皮師を大工職に任じるようになった。そのため大工職に関して相論が頻発しており，京都で永享2年（1430）相国寺大工職をめぐって檜皮師孫次郎と孫九郎が争っているのはその一例である（『御前落居記録』）。一方奈良では，室町時代に興福寺・大乗院・一乗院のそれぞれに専属の檜皮座が存在した。大乗院檜皮座の内部構成は入座年齢階梯制の﨟次制をとり，一﨟が自動的に大工職に補任されたため大工職の相論は発生しなかった。　　［鈴木　沙織］

壁　塗

　現在の左官にあたる中世の職人。古代では土工と呼ばれたが，平安中期から鎌倉時代にかけて，壁塗・壁工などの名称が頻出し，中世ではこれらが左官工事の一般的な呼称となった。本格的な左官工事（白堊上塗まで施す）は寺院などの建築に始まり，平安中期には寝殿造にとり入れられた。『明月記』によれば，嘉禄2年（1226）藤原定家の住宅上棟において番匠・檜皮師・壁塗が禄を賜っており，すでに建築工の中でも番匠などに次ぐ重要な位置を占めていたことがわかる。土工から壁塗への呼称の変化は，壁塗が左官工事の最終行程である上塗をも行い，左官工事の主導性を確立したことに照応する。土壁は優れた耐火性をもち，倉庫建築・中世城郭にも多用されたことから，中世後期には土倉や城郭の建設において壁塗の活躍の場が広がった。なお，近世初期には左官とも呼ばれ，その後，壁塗に代わり左官の呼称が定着した。　　［鈴木　沙織］

庭と河原者

　河原者は中世において卑賤視された人々の身分的な呼称。非課税であった河原などに住み，死牛馬の始末，屠殺，皮はぎ，清掃，死人の葬送，犯罪人の処刑や作庭，各種の土木作業など，当時の支配者層に賤業とみなされた生業に携わった。室町期には禅宗思想を背景とする作庭が盛んになり，河原者のなかから庭樹・庭石の採訪，栽樹・石組の作業に熟達した山水河原者が輩出し，内裏や寺社の作庭で活躍した。河原者が作庭に関わった記事では，『満済准后日記』応永20年（1413）のものが早い例である。彼らは庭者ともよばれたが，庭者の語が登場するようになるのは15世紀前半以降とされる。八代将軍足利義政に寵愛された善阿弥，孫の又四郎はその代表であり，善阿弥の作品には慈照寺（銀閣寺）や奈良興福寺大乗院の庭などがあげられる。しかし，その多くが戦乱などによって破壊されてしまった。　　［鈴木　沙織］

穴太衆

　中世の延暦寺に隷属し，道路普請などの工事に従事した穴太（近江国滋賀郡）散所法師のなかから輩出した石積み技術者。江戸時代には，幕府をはじめ諸藩に仕え，諸城郭の石垣構築に指導的な役割を果たした。石積み技術者としての活動は，『山科家礼記』長享2年（1488）に足利義政山荘東山殿造営に関わって登場する「あなうのもの」の記事が初見である。『兼見卿記』天正5年（1577）の記事では醍醐寺境内清滝権現の石垣普請に従事した後，伊勢へ下っており，この頃から穴太を拠点として畿内の寺社や城郭を中心に広範囲に活動した。その前年から始まった織田信長の安土築城に参加し，豊臣政権に仕える姿（『駒井日記』）も確認でき，天正11年（1583）からの大阪築城にも関わった。また，駿府城・江戸城などの築城にも参加したとされる。その石垣造営技術は穴太積みと呼称されるが，未だ不明な点も多い。　　［鈴木　沙織］

中世の造営組織

　鎌倉時代前期では，木工寮・修理職より木工が派遣され，公家の邸宅や寺社の工事を行う。東寺では，修理職小工を惣大工に，小工の末工を修理大工に任命して工事にあたらせた。13世紀末，寮・職に属する木工は合わせても15名に満たず，逆に有力寺社には100人以上の木工が属し，それら以外の寺社や公家には，1人ないし複数の木工が属した。15世紀では，寮・職に属する木工の活動は史料上見いだせず，代わりに，寺社内部に成立した造営方などの造営組織に属する木工の活動が盛んとなる。他方，公家の邸宅については，摂関家である近衛家では，御大工給田を設定して木工を召し仕うものの，中小貴族である三条西家などでは，幕府や寺社に属した木工などを賃金労働者として使用する。　　［浜島　一成］

参考文献

大河直躬『番匠』法政大学出版局，1971.
桜井英治『日本中世の経済構造』岩波書店，1996.
中村博司「「穴太」論考」『日本歴史』694，2006.

都市民と富

　都市民の定義はいろいろあろうが，本項では非農業的な人口集積における居住者という面を重視する。日本中世の都市民は主に政治支配者層や商人・職人によって構成されるが，非定住性の商人・職人もいるので，商人・職人即都市民ではない。

　富が集中するのは都市に限らないが，都市には富が集中している，というイメージが一般にある。日本中世における理由の一つが，都市に居住する政治支配者層による収奪（貢納）が都市以外に必ずしも再分配されないことにあろう。

　もう一つ，日本中世に限定されない理由もある。仮に，経済成長に伴い，ある人の所得が倍増したとして，その人の消費カロリーが倍増するわけではないので，その人の所得に占める食費の比率は低下する（エンゲルの法則）。いい換えれば，所得が増えると，商品一般に対するその人の需要の総量は増えるが，内訳としては，必需的食料品以外の財・サービスへの需要が増えるので，必需的食料品への需要の増加率は所得の増加率より低く抑えられることになる。

　これをマクロ的かつ雑にいい換えれば，経済が成長すると，農業部門の所得の増加率は，農業以外，例えば商工業部門の増加率に比べて低く抑えられることになる。このことは，経済成長下では一般的に，非農業的人口集積すなわち都市に富が集中する傾向にあることを意味する。

　ただし，ある都市における富の蓄積の全量が増えたとしても，都市民一人ひとりすべてにとって所得が増えているとは限らない。都市民内部で所得格差が大きくなっている可能性もあるからだ。つまり平均は富の分配の実態を必ずしも意味しない。むしろ分配・偏在の実態の時期的特徴を明らかにすることが歴史学の役割である。むしろ分配・偏在の実態の時期的特徴を明らかにすることが歴史学の役割である。

日本中世の都市的致富主体
　日本中世において富裕層（とくに都市の）は一般に**有徳人**と呼ばれた。これに関連して，日本中世には有徳銭という，一定以上の財産をもつ者に対する富裕税があった。富める者が支払うべし，経済的に富める者は喜捨を行い貧者を救済すべし，という有徳思想が前提にある。またその背景には現実としての富の偏在，そして富の平準化・再分配を求める社会意識がある。徳政も，有徳人による窮民救済要求という，平準化意識・機能への期待の文脈で近年は解釈されている。

　日本中世の致富主体には様々なパターンがある。酒屋・土倉は都市定住的なそれの代表例である。ともに本業たる酒造業・倉庫業に加え，金融業により致富をしたことが知られる。

　14世紀末以後，室町幕府は酒屋・土倉に営業税を課して恒常的財源とした。都市京都に存在する商業部門の富への課税に幕府財政が依存を深める，その走りである。前述の理由で都市に富が集中する傾向があることと，徴税に関するコストパフォーマンスからみて，地方・農業への課税よりも経済合理的であるといえる。なお徳政一揆は有徳思想に基づき土倉をしばしば襲撃した。

　15世紀以降の京都の有徳人の中では**法華衆**のプレゼンスが大きい。現世利益を説くその教義が都市の商工業者の支持を得た。

　京都以外の定住的致富主体の例に宿の長者がいる。中世前期に見られ，旅宿集落を統括することで富を得た。

　都市と地方を往返または遍歴する致富主体の例に**神人・供御人**がいる。例えば大山崎神人は石清水・離宮八幡宮に属し，灯油の原料（荏胡麻）仕入，製造，販売の独占特権を得てその業に従事した。当時，遠隔地交易は寡占状態にあり，利益率は高かったと考えられる。なお灯油は主に都市で消費される商品であり，その点で大山崎神人は都市とくに京都の富に寄生する性格が強い。

　これらを包括的に理解するために有益な致富主体の例が，室町期京都を代表する酒造業者・柳酒屋である。製造量・品質は他を卓越しており，柳酒屋が納める酒屋役は将軍家家政財源のうちの多くを占めた。15世紀末に柳酒屋を継承する中興家は土倉も経営していた。柳酒屋の先祖は京都での法華宗最初の檀徒と伝えられる。彼ら俗人系酒屋・土倉など法華衆の支援により，京都には数々の法華宗寺院が創建・再建された。こういった俗人系土倉・酒屋が15世紀後半から16世紀にかけて新興・隆盛する一方で，他の神人・供御人系座商人と同様に，日吉社神人などの系譜を引く旧来の延暦寺系土倉のプレゼンスがトレードオフ的に低下する。

　なお本項目で挙げた致富主体には女性も目立つ。酒屋・土倉を経営した例（柳酒屋主人が女性だったこともある），遊女が集住した美濃青墓宿で遊女自身が長者を務めた例，近江粟津橋本供御人が「女商人」と呼ばれた例などがある。

有徳人

　富裕者の意。有得人とも書き，有福人とも呼ばれる。「徳」は「得」に通じ，ともに銭・米など主に動産的富を指す。身分的には凡下（庶民）である。土倉・酒屋と

いった，金融業者・商人・地主などとして致富した，中世における貨幣経済の広がりとともに現れた階層が目立つ。領主身分の致富に対しては有徳の語は使われない。

この語の背景には福徳一致思想がある。経済的富者には徳が備わっている（致富していれば心にゆとりが生まれる），または備わっていなければならない，という中世的な倫理観であり，致富を肯定する風潮である。これを前提に，有徳人による寺院への寄進がしばしば現世利益目的で行われた。

なお有徳人の語には短期に致富した者（現在でいう成金）を揶揄・賤視する含意もあるともいわれる。

酒屋・土倉

酒屋は酒造業者，土倉は倉庫業者である。中世にはそれぞれが相互に兼業し，かつ動産を担保とする金融業も営むことが多く，13世紀以後は金融業者の含意で土倉の語が使われるようになる。酒屋が先か土倉が先か（酒屋が致富したので金融業に進出したのか，土倉が致富したので酒造業に進出したのか）という問題があるが，土倉が預託されている遊休米を酒造に活用した，という説明が合理的で面白い。

それぞれ酒屋・土倉以外も兼業した。領主に対し年貢などを担保に融資することもあった（荘園年貢の徴収を請け負うことで回収）。また彼らは土地を集積し，地主として致富することもあった。

座はつくらず，特定の本所へ専一的に必ずしも従属しなかったが，戦国期には「上下京酒屋土倉」と記されたように，地縁的・職縁的に結合した。徳政・土一揆との対抗などが契機である。

法華衆

日蓮の教義の信者集団（出家・在家とも）。当初東国で広まったその教義が京都にも広まるのは13世紀末からである。当初の檀徒は公武領主層・上層町人だったが，15世紀末には庶民層一般に普及した。

法華衆には他宗派の教義も信仰する者もいたが，日蓮自身は法華経以外への信仰を否定していた。既成仏教権門の中心である延暦寺は他宗派との融和を拒む教義を問題視し，14世紀以降，法華宗寺院をしばしば弾圧した。

対して，京都の法華衆は15世紀後半以後，武力防衛を行うようになる。幕府はその武力を頼んで京都の検断を委ねたり，一向一揆を鎮圧することもあったが，その

存在を危険視するようになった。天文5年（1536），延暦寺や武家政治権力の武力攻撃を受け，在京法華宗寺院は壊滅した（天文法華の乱）。これ以後法華衆は武力闘争路線を放棄する。

宿の長者

神人（後述）でない職能民集団の長の例。宿とは旅宿が集中する集落のこと。長者とは人的集団を統括する（本来は公式の）職名のこと（なお後述する神人の統率者も「長者」と呼ばれることがあった）。宿を統括したのが宿の長者である。

宿は10世紀頃記録に現れる。水運（海・川）・陸運の要地やその接点に，旅行者への物資供給のための市などと結びつき形成され，発達した。単なる旅宿の集合体や臨時的な市と異なり，「宿在家」と呼ばれた非農業的職能民が定住した，都市的性格の強い集落である。宿の長者は守護などにより公式に補任された。

宿の人的集団の統括者としての「宿の長者」は14〜15世紀頃に消滅したと推測されている。

神人・供御人

神人とは神社の下級神職のこと。本来は神主・宮司のもとで神事・社務の補助などにあたった。10世紀末に登場する。供御人とは本来は天皇の供御（食糧）の貢進を行う人・集団のこと。神人より遅れて12世紀初めに登場する。

諸地方を遍歴する商人・職人が，神社・諸官司へ物資・サービスなどを提供する代わりに，神人・供御人の称号と，国家的課役や関銭・津料などの免除（つまり自由通行権）などの特権を得て，また下位組織として座を形成し，仕入・販売などの独占権を主張して，企業活動に従事した。

神人になるにあたっては，権門がもつ武力とそれに基づく威圧交渉力（強訴など）への期待もあった。特権的取扱対象外の商品も扱うことも多くあった。神人・供御人を兼帯，つまり複数の権門に従属することもあった。

参考文献
河内将芳『日蓮宗と戦国京都』淡交社，2013.
桜井英治「中世・近世の商人」（『流通経済史』）山川出版社，2002.

[高木　久史]

都市民の主従関係

　中世の都市民の多くは，官司・諸権門に編成され，その保護を受けることによって自らの存立を保った。一方で，様々な事情によってそれら諸権力との関係から離脱する者もおり，時に彼らは都市の社会構造に大きな動揺をもたらす存在ともなった。以下では，主に京都を素材に，都市民の主従関係のあり方とその展開について述べる。

都市民の編成とその特徴

　中世京都とその周辺では，朝廷官司や諸権門などがそれぞれに都市住民を編成して様々な形で奉仕を求めた。編成を受けた都市民は特定の身分集団に属することとなったが，その代表的なものの一つが公人・雑色とよばれる集団であった。例えば室町幕府は，それまで検非違使庁が使役してきた「四部下部」とよばれる集団を政所公人，侍所雑色・小舎人として再編成し，京都支配などに関わる様々な雑務に使役した。その後，彼らは近世に所司代の管轄下に置かれた「四座雑色」に連続してゆくとされる。

　一方，都市には個別の権力と主従関係を結ぶ人々もおり，彼らは被官と呼ばれた。都市民は，他の住民との間に発生したトラブルを主従関係によって回避することができた。ただし，京都ではそのような関係が相互に網の目のように結ばれており，時には小規模な小競り合いが上位権力を巻き込む大規模な闘争事件に発展することもあった。よって，没落のリスクを回避するため，住民のなかには複数の奉公先をもつ者もいた。

編成からの離脱者

　上記のように，都市民は様々な身分・属性を得ていたが，その立場は必ずしも不変でなく，編成主体や都市民側の事情によって流動することもあった。例えば，仕えるべき主人を一時的に喪失した状態となった者は牢人と呼ばれ，しばしば新たな所属先を求めて都市に滞留した。牢人の増加や横行は都市の治安を乱すものと捉えられ，室町幕府は彼らを取り締まる命令を発した。

　都市における人的関係が流動性を帯びるなか，権力によって編成され，寺社への放火，財宝の強奪などの形で京都社会に著しい損害を与えることとなったのが，応仁・文明の乱時における活動で著名な歩兵集団足軽である。その出自は都市民や都市近郊農民が中心であったが，その徴募の際には一定の身分のある僧や武士までもこれに加わる動きをみせている。「足軽化」の契機は都市とその周辺の人々に比較的広く存在していたといえよう。

　以上のように，中世京都には，公人・雑色のような近世にまで連続する一定度固定的な身分集団が存在した一

図1　足軽討ち入りの様子
[『真如堂縁起』(応仁の乱　足軽乱入場面)]
[真正極楽寺(真如堂)蔵]

方，多くの都市民と権力の間で結ばれた個別的な被官関係については，相応の可変性が内包されていたと考えることができる。

都市における中世的主従関係の終焉

　そのような中世都市における流動的な主従関係は，やがて統一権力によって把握・整理されることとなる。すでに戦国期には三好氏が町共同体との結びつきを強め，「非分狼藉」と称される乱暴行為を抑止する動きを見せていた(⇒町共同体)。その後，個別的な主従関係に基づく自力救済行為の禁圧を目指す豊臣政権は，京都に居住したすべての被官(奉公人)・牢人について，奉公人はその主人が，牢人は政権が，直接的に管理統制する体制をつくった。さらに兵と商・工の分離が進行するなか，徳川期には，奉公人の町中居住が禁止され，牢人についても「牢人改め」が実施されてその身元が把握されることとなった。近世の町は，町人の把握は行った一方で武士の人別管理権限をもたなかったため，都市における武士の把握・管理は，近世権力の重要な政策課題であり続けることとなった。

公人・雑色

　公人とは，中世において公権を分有した権力機構の末端に属して諸役に服した者をさす語，雑色とは，古代の官僚機構や諸家において雑務にあたった「雑色人」に由来する語で，いずれも中世には，広く諸官司，公家・武家・寺家などの権門に属し，様々な役を務める人々をさした。例えば室町幕府の「公人」は，政所に属して，将軍家の家政における雑事や幕府奉行人奉書の伝達，諸国への使者などを務め，また「雑色・小舎人」は，侍所に属して，犯罪者の逮捕や没収家屋の破却，祇園会の警固

などに従事した。いずれも鎌倉期の検非違使の編成下にあった「四座下部」に由来する人々とされ，室町期には，河原に居住した非人集団を使役することもあった（⇒庭と河原者）。彼らへの給付は地頭御家人役・守護役などの国家的財源によって賄われたが，時代が下ると諸公事免許の特権を与えられて諸商売に従事する様子が顕著となる。それは彼らの活動拠点が下京に集中する傾向にあったこととも関係していよう。近世には「四座雑色」として京都所司代の管轄下におかれ，江戸幕府による京都支配の末端を担った。

被官

もとは律令制下において上級の官庁に属する下級官庁やその官人をいう語であったが，次第に官司のみならず，公家・武士・寺僧・神官と主従関係にあった従者を広くさす言葉になった。とりわけ多様な権力が割拠した中世京都では，都市民はこれら諸集団のいずれかに所属して自らの生命と生業を守ろうとした。例えば文明11年（1479），下京の梅酒屋小原が「嫁敵討」として侍所所司赤松氏の被官を殺害する事件が起きたが，小原は室町幕府の有力者斯波氏の陪臣であり，また山名氏被官の垣屋氏・塩屋氏とも親類であったことから，赤松方の報復を逃れることができた（『晴富宿禰記』）。一方，応永26年（1419）には，番衆関口氏被官の元結屋と三条家青侍の下女との喧嘩を発端に三条家と関口氏が市街戦を展開するにいたったように（『看聞日記』），被官関係の存在が大規模な闘乱につながることもあった。そのため，都市民のなかには1人の人物が2人の主人をもつ「諸方兼参」の状態となり，複数の権力から保障を得ようとする者もみられた。このように，都市における主人・被官の関係は，時に複線化・多元化した。

牢人・浪人

領地や地位・俸禄を失って落魄することを「牢籠」といい，牢籠している人すなわち牢籠人が縮まって牢人の

語が生まれたとされる。中世においては，一時牢人となったとしても従来の身分を完全に喪失するわけではなかったため，主人がいない一時的な状態をさす語と考えるのが実態的である。政変・戦争などにより奉公先を失った牢人は，捲土重来を期しつつ，新たな縁を求めて都市に寄生する傾向をみせた。京都では，文安5年（1448），「諸国牢籠人」が「所々を徘徊」する状況となっていることを受け，幕府は，彼らが集会していればそれを報告させるとともに，彼らを寄宿させた場合には家主を処罰せよとの命令を発している（『東京国立博物館所蔵文書』）。都市における牢人の滞留を押しとどめようと権力が対策を講じていたことがわかる。また，その背景には寛正3年（1462）の徳政一揆の大将蓮田兵衛が「牢人ノ地下人」であったように（『新撰長禄寛正記』），牢人が都市の治安に大きな影響を及ぼす存在であったことも影響していた。

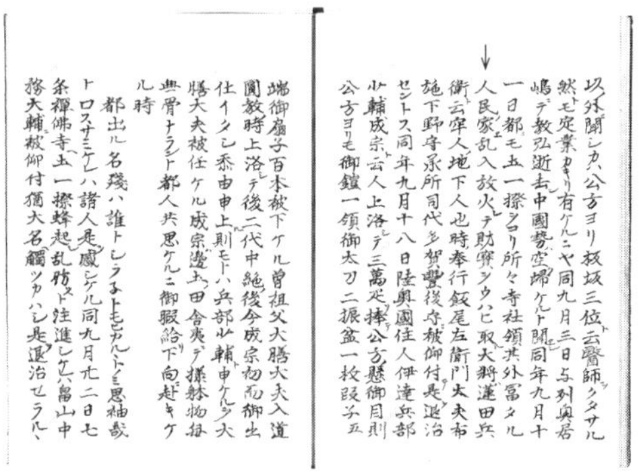

足軽

中世，ゲリラ・かく乱戦法に特別の役割を担った兵をさす語。言葉自体は『平家物語』『太平記』などにも登場する。特に応仁・文明の乱期における活躍が有名で，「洛中洛外の諸社・諸寺・五山十刹・公家・門跡」を「滅亡」させ，「火をかけ」，「財宝をみさぐ」ったといい（『樵談治要』），乱世を象徴する新たな存在として支配者層に大きな衝撃を与えた。その構成は，「山城ヤセ侍共一党，足白（足軽のこと）と号し，土民の如く蜂起す」（『大乗院寺社雑事記』）とあることから，土一揆の構成員との混同・類似が認められ，都市民や都市周辺の農民など様々な人々からなっていたと考えられる。足軽の特徴として，本項冒頭にあるような非倫理的行動が目を引くが，時に「精鋭の徒」とも評され，また，骨皮道賢などの足軽大将によって動員・引率された点から，一定度組織化された集団とする見方もある。また，編成された当初から食糧は現地調達が前提とされている場合もあった。これらに鑑みるならば，上記のような足軽のあり方は，当該期における政治・社会矛盾によって生み出された側面があるといえよう。

参考文献

佐藤進一「室町幕府論」（『日本中世史論集』）岩波書店，1990.
清水克行『喧嘩両成敗の誕生』講談社，2006.
仁木 宏「被官・奉公人・牢人」（『日本都市史入門Ⅲ 人』）東京大学出版会，1990.
丹生谷哲一「室町幕府の下級官人」（『増補 検非違使』）平凡社，2008.
早島大祐『足軽の誕生』朝日新聞出版，2012.
東谷 智「近世前期の京都における武士」（宇佐美英機，藪田貫編『都市の身分願望』）吉川弘文館，2010.

[松井 直人]

図2 『新撰長禄寛正記』にみえる牢人の記事
[肥前島原松平文庫蔵]

中世寺院の特質

　古代より受容・発展を遂げた仏法が，中世を通して多彩な展開を遂げる中で，仏法相承の拠点としての寺院もまた多彩な様相を見せた。奈良・平安時代に公家の崇敬を承けて創建され，さらに鎌倉時代には武家の外護のもとに存続した南都・北嶺の諸大寺や洛中外の門跡，鎌倉に生まれた諸寺院は，時代が下るにつれて次第にその寺勢を失うものの，中世を通して公家・武家を護持する機能を果たし，寺院社会の中では高い寺格を守り続けた。またこれら諸寺院では，奈良時代以来の南都六宗に加え，平安時代に請来された天台・真言両宗という顕・密八宗が相承され，鎌倉時代以降に広まる念仏・禅律・法華を掲げた寺院とは一線を画した。

　広大な寺域をもつ南都・北嶺などの諸寺院は「寺家」とも呼ばれ，創建以来の由緒を拠り所に，時の権力者の外護のもと，その存続がはかられた。「寺家」は多数の寺僧を擁し，寺域内には寺僧が止住する「院家」が建ち並んだ。また大規模な伽藍を維持し多くの寺僧の寺内止住を支えるため，「寺家」には別当・座主などを長官と仰ぐ経営組織が整えられ，維持の財源として寺領庄園などを保有しその経営に当たった。

　奈良時代に創建された諸寺院は僧綱の管理下におかれ，個々の寺院には三綱が補任され，その運営ための三綱所が設けられていたが，別当・座主といった寺職は見られなかった。しかし平安時代以降の諸寺院には，寺家別当を中心に三綱が加わる寺務組織として政所（公文所など）が設けられ，この組織が伽藍の維持と寺僧の止住，さらに寺院固有の宗教行事としての諸法会の開催を担ったのである。

　寺院を拠点とする寺院社会では，戒律と寺法によって寺僧集団（「衆徒」，「大衆」）の統制と維持がはかられ，原則としてその利害に関わる問題は，集会の場で「多分の理」により意思決定がなされていた。別当や三綱という寺職も，本来ならば集会における寺僧集団の合議により推挙され，これを公家が補任する定めであったが，時代とともに専ら公家・武家が補任するようになった。しかし集団的な意思をもつ寺僧集団は，集会を円滑に開催するため，その代表者として「五師」を選出し，集団としてのまとまりを維持した。そこで寺僧集団の代表者としての「五師」，その中で年番の代表者となる「年預五師」（年預）は，「衆徒」の集団的な意思を背景にして寺務組織への発言力を強化し，さらにその前面に立ち寺僧集団に関わる寺内運営や寺領経営に介在するようになった。少なくとも鎌倉後期以降の多くの諸寺院では，「五

師」に率いられた寺僧集団が強固な発言力をもち，従来の寺務組織に代わって寺家経営の実務を担い，年預五師は寺家経営の責任者としての役割を果たした。

　さて平安時代後期より，諸寺院に止住する寺僧集団では，出自や師僧の立場に従って階層分化が進むようになる。特定の堂宇に止住しその維持を任務とする寺僧は「堂衆」と呼ばれ，その一方で三面僧坊や寺内の「院家」に止住し主に教学活動を主務とする「学侶」という階層に分かれ，各々が自ら果たす宗教的な機能を拠り所に，その集団的なまとまりを維持した。両者は寺内で止住する場を異にし，例えば南都東大寺では，「堂衆」は法華堂・中門堂に拠り，各々法華堂衆と中門堂衆と呼ばれ，学侶は三面僧坊と「院家」を拠点とした。

　寺内に止住する寺僧集団とりわけ「学侶」は日常的に修学活動に従い，その形態も「兼学」という方法をとった。また寺僧は「本寺」・「本宗」により社会的な立場を示すが，自ら寺僧職をもち止住する寺院を「本寺」，自らの得度にあたり師僧が属した宗を「本宗」とした。しかし寺僧の修学は「本宗」に限られるものではなく，他宗を「兼学」することが一般的であった。寺僧が生活し修学する「院家」は，宗の教学が相承される拠点でもあり，「兼学」は他宗を相承する他の「院家」に師僧を求めて実現する。この寺僧の「兼学」とは別に「寺家」の「兼学」がある。寺内では特定の宗の教学を相承する「院家」が並立し，その全体で複数の「宗」を擁する「寺家」の「兼学」が成り立つ。東大寺では古代より「八宗兼学」を掲げるが，特定の「宗」を相承する「院家」の全体によって「八宗」の相承を主張し得たわけである。

　諸宗の修学活動の成果は，諸寺院において年中行事として，また臨時に催される法会において寺内外に顕示された。奈良時代以来の諸寺院では，時代とともに新たな法会の勤修形態（法要）が登場し，聖俗の多彩な願念に応えたわけで，この法会こそ寺院が存続するために不可欠な世俗社会との接点となった。仏・法・僧の一体的な表現である法会こそ，諸寺院が自ら相承する仏法を寺内外に示す場であり，この法会に寺院の特徴的な姿が見いだされることも首肯できる。

寺家と院家

　「寺家」には，寺院の法人的な立場，寺院の空間，寺院の経営組織やその長官という語義が史料上に確認される。特に寺院の法人としての立場を表現する「寺家」は，世俗の願念を受けて創建され存続した由緒のもとで，伽藍と寺僧集団を維持し，固有の仏法相承を寺内外に表明する役割を負った。一方，「寺家」の空間内にあって，寺僧が止住し諸宗を相承するという役割を果たすことから，自立的な継承が許されたのが「院家」である。「院

家」は寺域内に特定の区画を占める子院・塔頭のみならず、三面僧坊などの一坊という形態をとる場合もあったが、いずれも院主・坊主が独自に運営・継承を行う、寺域内の小寺院という形をとり、諸「宗」相承の拠点となったのである。

別 当

「寺家」を運営する寺務組織の頂点にある長官の立場をさし、諸寺院によっては座主・長者・検校など様々な呼称があった。奈良時代において、「別当」は本官に対する別当官として、限定された任務を果たす役職にすぎなかったが、平安前期より寺内統制や伽藍修造を任務として、その寺職が公家から補任されるようになった。特に奈良時代には寺家経営を担っていた三綱を配下に置いて、別当は政所を構成して自らの職務を果たした。しかし鎌倉時代以降、寺僧集団の発言力が強化されるなかで、次第に実務的な影響力が低下し、由緒ある南都・北嶺の諸寺院では、高い僧階をもつ他寺僧が名誉職として補任されるようになり、別当が寺内に常住しないという現象も生まれた。

年 預

南都・北嶺の諸寺院では、寺僧集団の利害や、時に「寺家」の存続に関わる問題については、すべての寺僧が出仕する集会において合議された。その集会を開催し運営する立場が、寺僧集団の中から選任される「五師」である。「五師」の起源は、僧伽（比丘集団）の出発点となる、釈尊の5人の弟子に由来すると考えられるが、実際に寺院社会に登場するのは平安中期以降のこととなる。この「五師」の中から年ごとに輪番で代表に就いたのが「年預五師」（年預）であり、単に集会の議長役にとどまらず、寺僧集団の意向を受け、その利害を端緒にして寺家の運営に介入し、さらには政所の実務にも強い発言力をもつようになり、次第に寺家経営の責任者という立場を占めるに至った。

学侶と堂衆

諸寺院において寺僧集団が階層分化を遂げるには様々な契機がある。創建期より堂塔の維持や本尊の日常的な供養には、堂宇に固有の寺僧が必要であった。また寺院の本来的な機能である仏法相承を担う寺僧も不可欠な存在である。このように寺内で果たす機能の違いに、階層分化の根源があった。そして前者は「堂衆」、後者は「学侶」と呼ばれ、寺内では前者が後者の下方におかれた。

しかし階層分化が固定化するには、各々の階層が自らの立場に一定の存在意義を確信する必要がある。「堂衆」が自ら「学侶」の下座にありながら、その劣位を受け容れた最大の理由は、日常的な修善の活動に基づき、受戒において戒和上・十師を勤めるという、「学侶」には果たせない固有の機能の継承にあった。

八宗兼学

東大寺は平安時代より「八宗兼学」を掲げ、南都六宗に真言・天台を加えた八宗の相承を主張した。特に真言・天台両宗については、公家の意向を受けた空海による東大寺真言院の創建と、最澄に先んじた鑑真による天台宗の初伝を強調した。寺僧による「院家」を拠点とした修学活動により「八宗」の教学が相承され、その全体が「寺家」による「八宗兼学」となった。しかし平安院政期にはもはや「八宗兼学」の実体は失われ、実質的には寺僧のほとんどが三論・華厳両宗に属し、倶舎・法相・戒律と真言宗を兼学・兼修していたにすぎない。しかし東大寺が敢えて「八宗兼学」にこだわり続けたのは、本朝に伝来した仏法が漏れることなく寺内で相承されたとする由緒に他ならない。

法 会

諸寺院が相承する仏法を、最も可視的に顕示する場こそが法会である。寺院社会を構成する仏・法・僧という三要素が、本尊・次第・職衆という形をとって現れる法会には、出仕する寺僧と聴聞する僧俗の姿が見られ、参じたすべての僧俗により法悦が共有された。檀越の様々な願念を承けた諸寺院では、多様な勤修形態（法要）によってその実現がはかられ、檀越はその願念の実現という宗教的な果実を期待した。諸寺院では仏教受容の過程で様々な法要が登場し、奈良時代には読経・講経と悔過・説戒が勤修されたが、平安時代以降には論義・竪義という問答や密教修法、さらに念仏という多様な法要が登場し、東大寺の修二会や華厳会、比叡の念仏など、寺院固有の法会も定着するようになった。

参考文献

奈良女子大学古代学学術研究センター設立準備室編『儀礼にみる日本の仏教－東大寺・興福寺・薬師寺－』法藏館, 2001.
国立歴史民俗博物館編『中世寺院の姿とくらし－密教・禅僧・湯屋－』（『歴博フォーラム』）山川出版社, 2004.
永村眞『中世東大寺の組織と経営』塙書房, 1989.

［永村 眞］

中世仏堂

　古代の仏堂の空間と，中世の仏堂の空間は大きく異な
る。古代の仏堂は基本的に内部が一体の空間であって，
区分されていることはない。復原された薬師寺金堂の内
部はそのことをよく示す。中世の仏堂は建具や壁でいく
つかの部屋（空間）に区分されている。

中世仏堂の成立　　このような古代から中世への変化は
緩慢に起こった。8世紀前半の東大寺法華堂や8世紀後
期の西大寺十一面堂院や四王院には礼堂があった。しか
し，後の時代ともより密接につながる形が現れるのは9
世紀以後で，寛平2年（890）の「広隆寺資財交替実録帳」
に記される広隆寺金堂・講法堂がその古い例となる。実
際の建築遺構では永暦2年（1161）に改修された当麻寺
曼荼羅堂が現存最古の完成された姿をもつ。

中世仏堂の形式　　このような中世の仏堂に一般的な形
式を「中世仏堂」と呼ぶ。その内部空間は，建物の前半
部に外陣（礼堂）があり，その後方に内陣，さらにその
後方に後戸が，建物の両側面には脇陣と総称している
様々な役割の小部屋がある。これらが集まって一体の建
物となっている。外陣と内陣の境，外陣・内陣と脇陣の
境は格子戸や板戸で仕切られ，内陣と後戸の境には来迎
壁がある。

　内陣には須弥壇が設けられ本尊が安置される。後戸に
は本尊以外の仏神が祀られたり，閼伽棚が付設されたり
する。脇陣には護摩壇が置かれたり本尊以外の仏神が安
置される。特に後方の脇陣は倉庫（**堂蔵**）となっている
ことが多い。

仏堂内部の用途　　内陣は本尊を安置する空間である。
外陣にも臨時で仏像・仏画などの礼拝対象を安置するこ
とがある。外陣と内陣はともに僧侶が法会を執り行う場
である。概説書に見られるような外陣は俗人のための，
内陣は僧侶のための場という区分は，中世の実態ではな
い。外陣で行う法会と内陣を使う法会があり，同一の法
会でもそれを構成する法要ごとに両者を使い分けること
があった。また法会に出仕する僧侶の階層や役割に応じ
て，内陣・外陣が使い分けられた。後戸は本尊へ備える
供花や閼伽など，会場の荘厳の準備，出仕僧の饗応など，
法会の準備であり，法会の場となることもあった。
脇陣は内陣・外陣と同様，法会の場の一端を担う場合も
あり，祈願の僧俗の参籠の場でもあった。堂蔵は一般的
な仏具・調度やその寺にとって重要な文書・重宝などの
特別な保管の場であった。

　これらの場は僧侶が占有するが，俗人も参入は可能で
あった。ただし精進潔斎をして，寺僧の許諾の下で初め
て，参拝・祈願・聴聞が許された。不特定の参拝者が気
安く堂内に入って参拝するようになるのは戦国時代に
なってからである。

中世仏堂成立の背景　　平安時代以降，仏教への理解が
深まるとともに，真言・天台の両教義の導入もあって，
法会の種類が増加し，それぞれの法会の構成が複雑に
なっていった。一方で，寺院内部は律令制の弛緩ととも
に，僧侶組織の階層分化や多様化が進んだ。法会と僧団
組織の多様化が，法会において使用する場を複数設ける
ように求めたと推定される。そのことは中世の法会記録
によって知ることができ，具体的な使い分けは寺により
異なっていた。そうした法会には下級の僧侶や半俗の公
人などが支援要員として参加した。彼らの法会準備の場
が後戸である。中世仏堂の空間構成は，中世の寺院社会
の組織構成と法会を中心とした宗教活動の実態に対応し
て産み出されたものであった。

中世仏堂の技術的背景　　中世仏堂は上述のような平面
構成をとるために，建物の奥行が深い平面となる。古代
の建物は身舎と庇から構成され，身舎の奥行は2間が構
造的な限界となるため，原則として奥行4間以上の建物
はつくることができなかった。これを打破したのが野小
屋である。中国では野小屋は使用されないので，日本に
おける独自の考案と考えられる。これによって柱配置と
屋根を支える構造は切り離され，自由に柱を配置できる
ようになった。用途に応じた内部空間をつくることがで
きるようになったのである。

　代表的遺構である当麻寺曼荼羅堂は，永暦2年の改造
以前の建物形態の変遷が解明されている。平安時代初頭
に五間四面の建物として建てられ，その後，孫庇をつけ
て礼堂を設けた。これは初源的な中世仏堂の形式であ
る。広隆寺金堂等も同様な形態であった。永暦2年にそ
れまでの部材をほとんど残しつつ，野小屋を用いて現状
の形式に改修された。以上の過程は中世仏堂の形成過程
を具体的に示すものである。

中世仏堂

　「中世仏堂」の呼称は必ずしも学界で定着していない。
同じ形式の仏堂をさすのに，「密教本堂」「中世和様仏堂」
「礼堂付仏堂」などの用語が使われている。「密教本堂」
は最も流布している用語だが，この形式が密教の教義や
儀式と関連あるかのごとく誤解されているので適切でな
い。「中世和様仏堂」は建築様式に力点をおいた用語で，
内部空間に着目したものではない。「礼堂付仏堂」は即
物的には最も的確ではあるが，礼堂が仏堂とは別にある
という含意の用語で適切でない。しかし，「中世仏堂」
とて，中世の禅宗建築を除外していること，「中世仏堂」
の形式が近世にも用いられていることなど，用語上の矛

盾を含んでいることなどから，万全な用語ではない。しかし中世に最も普遍的な形式としてここでは「中世仏堂」を使っている。

本　堂

古代の寺院では中心的な仏堂は金堂と講堂であった。中世になると一般的には本堂という呼称に変わる。中世の仏教界にとっては金堂・講堂という区分はもはや意味がなく，主たる法会の場たる中心的な建物，つまり本堂が一つあればよく，そこが様々な宗教的活動を担うようになったのであろう。一方で国分寺などのように古代以来の伝統を受け継ぐ寺などでは金堂・講堂の呼称が残ることもある。

後　戸

仏堂背面の戸は後戸と呼ばれるが，その戸の周辺の来迎壁後ろ側の空間も後戸と呼ばれた。後戸については，芸能史の分野から，芸能の守護神にして障礙神でもある摩多羅神が祀られた特別な霊力のある場であることが解明されている。後戸に祀られる特別な由緒ある仏神は，摩多羅神以外にも，東大寺法華堂の執金剛神，興福寺東金堂の釈迦，北野天満宮の舎利塔など，いくつか知られる。こうした信仰は各時代に様々な要因で創出され，その後，説話が附随して中世から近世の宗教世界を豊かなものとした。

堂　蔵

堂蔵は仏堂の背面隅の一郭に設けられることが多く，時には天井を張って2階にも設けることがある（当麻寺曼荼羅堂・滋賀西明寺本堂）。堂蔵の壁は，板壁に縦桟を打ち付けて，容易に打ち破られないようにつくり，その鍵は特別な役職や，複数の管理者の関与でのみ開けられるよう，厳重に管理されていた。堂蔵にはその寺院の由緒や権利を保証する重書，祖師の著述などのほか，中世後半になると年貢米なども保管されていた。日常的な管理のために，堂蔵の壁や柱に墨書で出納覚えが記されていることもある（滋賀常楽寺本堂）。

参考文献

山岸常人『中世寺院社会と仏堂』塙書房, 1990.
黒田龍二『中世寺社信仰の場』思文閣出版, 1999.
岡田英男『日本建築の構造と技法』思文閣出版, 2005.
服部幸雄『宿神論』岩波書店, 2009.

［山岸　常人］

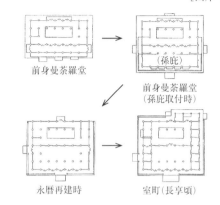

図1　当麻寺曼荼羅堂平面変遷図
［岡田英男『日本建築の構造と技法』思文閣, 2005］

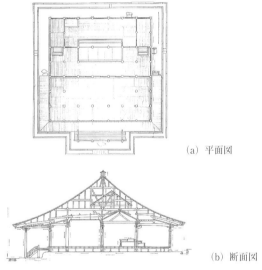

図2　西明寺本堂
［『国宝西明寺本堂他一棟修理工事報告書』滋賀県教育委員会, 1982］

図3　西明寺本堂の堂蔵（左）と後戸の堂蔵
右図の左手の戸と右手上部の戸の奥が堂蔵［撮影：山岸常人］

山林寺院

　古代の寺院はほとんどが平地に建てられ，整った伽藍配置をもっていた。一方で，奈良時代から山林修行を行う僧侶がおり，山間に寺庵を営み，修学・修行に励んでいた。大和比曽寺の自然智宗はその著名な例である。平地の古代寺院でも，周辺の山間に別に寺院を営んで修行の場としていた事例は遺跡や遺物から多数知られ，両者が連動していたとみられている。たとえば備前国分寺は修行の場である熊山遺跡とその麓の香登廃寺と連携していたと推定されている。ただし国分寺と周辺山林寺院の関係は，瓦や土器などの遺物によって，物資調達の上での関連が認められるものの，僧侶の往反まで確認できる事例は限られる。10世紀頃に消滅する寺とその後まで存続する寺があるように，中世前期の山林寺院にも性格の差があった可能性があった。それは寺を支えた檀越や寺の宗教活動の差異に起因すると思われる。

　平安時代に入ると平地での寺院造営は減少し，山間とはいわないまでも丘陵地を利用して寺院を営むことが一般化する。山林修行への希求だけでなく，俗塵から離れて寺を営むことが徹底していったことも関係しよう。こうした山間部・丘陵地に営まれた寺を山林寺院・山岳寺院・山の寺などと呼んでいる。ここでは山林寺院の語を用いる。

　山林寺院は，地形上の制約から平地のような整った伽藍配置をとることができない。また寺院の経営基盤が多様なため，そこに建てられる建物も，古代のような定型的な形式ではなくなる。古代寺院では講堂後方に設けられた三面僧房に僧侶が止住した。棟割長屋の公務員住宅に寺僧が住んでいたと譬えられる。しかし中世には僧侶の住房として院家（現代では塔頭・子院・坊と呼ぶことが多い）が一般化する。院家はいわば一戸建て分譲住宅である。堂塔と院家が山林寺院の構成要素であり，神社も併設されることが多く，建築物を伴わない経塚や行場も伴う。これらの施設が，地形を造成して尾根筋や谷筋に配された。施設の配置は主として尾根筋を使う場合と谷筋を使う場合とがある。堂塔の中心となるのは本堂・塔であるが，霊山への信仰が重視されるような寺院では，神社の拝殿の規模が大きく，寺域内でも中心的な存在となる例もある（福井県平泉寺）。院家は，傾斜面を造成して平坦地をつくり，塀などで囲み内部に住房や持仏堂を設ける。院家の区画の数は寺によって千差万別で，多い例では滋賀県百済寺で200あまり，平泉寺では600を超える。谷ごとに院家が集団を構成していた寺院もある。

　こうした中世の山林寺院は，建物は失われて，堂塔や院家の遺跡として残されていることが多く，主として考古学的調査の手に委ねられている。静岡県大知波峠廃寺の建物遺構のように礎石配置から10世紀に野小屋の存在を推定できたような遺跡もある。しかし実は，現存する中世や近世の寺院の建物はその多くが山林寺院のものであって，中世の状況はそれらの堂塔から具体的に窺い知ることができる。ただし中世の院家の遺構は残っていない。

　山林寺院独特の建築形式としては懸造（かけづくり）が挙げられる。京都市清水寺本堂や奈良県長谷寺本堂は規模も大きく著名である。ただしこれらは中世から存在はしたが，現在の建物は近世に建て替えられている。中世の遺構としては鳥取県三仏寺投入堂・大分県龍岩寺奥院礼堂・鳥取県不動院岩屋堂などがある。いずれも岸壁にすがり付いて建って，同じ懸造でも清水寺本堂などとは地形との関係が異なる。

　山林寺院は修験道との関係を指摘されることが多いが，宗派としての修験道は近世になって成立するものである。中世にも修験はあるが，それは山野を巡って修行をすることを意味した。修験とは顕密僧の修行活動の一部であって，単独の宗派や固有の教団としての行為ではない。験力が増せば祈禱の能力も上がる。そのための修行が修験であった。したがって，顕密僧は山林に修学と修行の場をもつのが当然であった。その意味で，山林寺院とは中世の顕密寺院の活動の場にほかならない。

平泉寺

　福井県勝山市にあった天台宗寺院。明治以後は神仏分離によって白山神社となっている。霊峰白山への加賀・越前・美濃の3方向からの信仰のうちの越前側の拠点で，白山信仰を広めた泰澄が開いたとされる。12世紀以降は諸種の史料でその活動が確認され，戦国期には絶大な勢力を誇った。九頭竜川沿いの丘陵地に約1km四方の広大な寺地をもち，大講堂・三十三間拝殿・大塔など多数の堂舎と，記録の上では6,000と記される数の院家があったことが，「中宮白山平泉寺境内絵図」や平泉寺跡の地形からも知ることができる。二つの谷とそれを挟む尾根筋に院家が広がり，史料上も北谷と南谷に分かれていた。寺辺には市や職人の居住の場もあった。地形測量と発掘調査で，寺地周囲には堀や土塁が設けられ，寺地内の道路は石敷，院家の区画は石垣があったことが知られている。

百済寺

　滋賀県東近江市にある天台宗寺院。近隣の西明寺・金剛輪寺とともに，湖東三山と称される。聖徳太子の開創

と伝えるが，史料上は11世紀以降に確実に活動していたことが確認できる。大きく二つの谷筋があって，谷筋とそれに沿う尾根上に院家の平坦面がつくられている。15・16世紀の記録では北谷・東谷・西谷・南谷に学生と堂衆の院家がそれぞれ300あった。谷には学生と堂衆が混在したが，院家敷地の形状・規模で，どちらに所属したかは判別しがたい。本堂は江戸時代の慶安3年（1650）の再建で，谷筋の奥の最も小高い位置に立地する。背後の山の上に塔跡の礎石が残る。中世後期の規模の大きな山林寺院の一例である。

大知波峠廃寺

静岡県湖西市にある山林寺院遺跡。遠江・三河国境の低い山脈の頂部近くに立地する。10世紀中期に始まり11世紀後期に廃絶，12世紀に規模を縮小して再興され15世紀まで存続する。七間堂・五間堂など10棟の建物と，大岩の下の涌水地と池，岩陰祭祀遺構などがある。出土土器に墨書のあるものが多く，そこで行われた法会の実態や，その法会を通じて麓の村落社会との密接なつながりが窺える。また礎石配置から，孫庇をもつ五間堂，野小屋を用いた七間堂が確認され，10世紀中期にすでに野小屋の技術が中央から伝わっていたことが知られ，建築技術の変革を知る上で貴重な例である。

懸造

懸崖造・舞台造ともいう。傾斜面に平坦地を造成し建物を建てる際，崖下部分にまで張り出して床を設け，それら全体に屋根を懸ける形式である。したがって，張り出した部分の床下には束柱を立てて床より上の構造を支えることになる（石山寺本堂・峰定寺本堂・笠森寺観音堂など）。また岩窟など，崖に貼り付くように建物を建てる場合もあり，この場合は建物の後半部はつくらず，岩壁が屋根や壁の代わりとなる。仏堂・神社本殿・拝殿に用いられ，景勝地に建てる住宅にも用いられる（日吉大社摂社三宮神社および牛尾神社・醍醐寺清滝宮拝殿）。

参考文献
『佛教藝術』「山林寺院の考古学的調査　西日本編」, 2002.
同，「山林寺院の考古学的調査　東日本編」315号, 2011.

［山岸　常人］

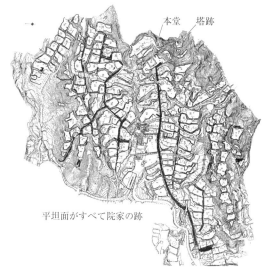

図1　百済寺の院家の区画を示す地形図
［東近江市教育委員会『百済寺遺跡分布調査報告書Ⅱ』2003］

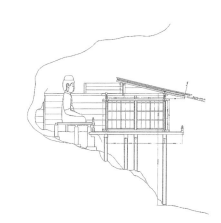

図2　龍岩寺奥院礼堂断面図
［文化庁］

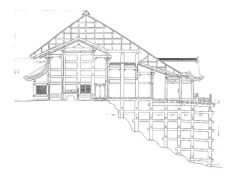

図3　清水寺本堂断面図
［文化庁］

王権と寺院

　平安時代の京では藤原忠平の法性寺（延長7年（929）），兼家の法興院（正暦元年（990）），行成の世尊寺（長保3年（1001））など藤原摂関家の氏寺が相次いで建立された。摂関政治の頂点を極めた道長は九体阿弥陀堂を中心とした無量寿院を創建し，それを拡張して治安2年（1022），法成寺として供養した。道長の息子頼通も永承7年（1052），宇治に平等院を創建する。一方，天皇家においても円融天皇の円融寺（永観元年（983）），後三条天皇の円宗寺（延久2年（1070））などからなる四円寺，白河天皇の法勝寺（承暦元年（1077））を筆頭とする六勝寺など，多くの御願寺が創建された。これらの氏寺・御願寺では，本堂や金堂を中心に，阿弥陀堂や薬師堂，五大堂など多様な堂塔をそなえていた。なかでも藤原道長の法成寺と白河天皇の法勝寺は，建築・伽藍の規模，堂塔の多様さからみてもきわだつ伽藍であった。

　創建時の法勝寺は建築・安置仏ともに法成寺にならっており，金堂のきわめて特徴的な形式の中尊大日如来像も継承していた。すなわち，いずれも定印を結ぶ胎蔵界大日如来像なのであるが，蓮華座には東大寺大仏殿毘盧遮那仏に特徴的な千釈迦を現し，顕教の毘盧遮那仏と密教の大日如来を統合した尊格であった。しかし，永保3年（1083）に高さ27丈（約81m）の八角九重塔を建立すると，法勝寺の独自性が明確になる。大極殿にも匹敵する規模の金堂に胎蔵界五仏を，八角九重塔には金剛界五仏を安置し，伽藍の中心に密教の両界曼荼羅が顕現したのである。

　法勝寺では，金堂で密教の胎蔵界供養法が修され，五大明王を安置する五大堂では五壇法，北斗曼荼羅を木像の立体曼荼羅として安置した北斗曼荼羅堂では北斗法が修されるなど，密教の仏堂において密教修法が修された。一方，講堂では大乗会をはじめとする顕教の講経法会が修され，こうした意味において法勝寺講堂は古代伽藍の講堂の意味を継承する仏堂といえる。常行堂や阿弥陀堂では不断念仏が修されたが，阿弥陀堂では加えて法華八講という顕教法会や，九壇阿弥陀護摩という密教修法も修されていた。このように毘盧遮那仏と大日如来を統合した尊格を安置する金堂のもと，顕密の多様な仏を安置した堂塔が統括される，まさに顕密仏教を体現する伽藍であったといえよう。

　また，大江匡房（1041〜1111）『後三条天皇御即位記』を初見として，即位式において天皇は金剛界大日如来の智拳印を結び，大日如来の垂迹として大極殿の高御座に

つくという思想が現れ，これは即位灌頂と呼ばれる。大極殿は御斎会においては毘盧遮那仏を安置し東大寺大仏殿と同じ仏教空間と化したが，即位式においては法勝寺金堂と同じ大日如来を中心とする仏教空間ともなったのである。仏の世界の中心である大日如来＝毘盧遮那仏に，即位灌頂によって日本の中心である天皇が結びつけられていった。法勝寺八角九重塔の八角形という日本の塔にめずらしい形式は高御座と共通し，金剛界大日如来を安置する九重塔は，金剛界大日如来として天皇が坐る高御座のイメージとかさなる。大日如来を中心とする両界曼荼羅は中世王権の宗教的イデオロギーの基盤をなし，両界曼荼羅を掲げた法勝寺伽藍はまさに中世王権の象徴であったといえる。

　こうした王権と両界曼荼羅の関係は後世にも継承され，室町将軍足利義満が禅院である相国寺に建てた七重塔は，初重には金剛界五仏，二重には胎蔵界大日如来を安置して両界曼荼羅を象徴した。この七重塔は旧来の院政権力の象徴である法勝寺八角九重塔に対抗し，義満の「室町の王権」の正統性を示すものであった。

法成寺

　藤原道長は摂関として栄華を極める一方，病に冒され死の淵をさまよった。寛仁3年（1019），病状が回復に向かうと無量寿院の造立を発願，はやくも翌日には造営を開始した。寛仁4年（1020）に9体の阿弥陀如来像を安置する無量寿院を供養すると，金堂をはじめ五大堂・十斎堂・三昧堂を加え，治安2年（1022），寺院名も法成寺と改めて供養した。供養会は准御斎会とされ，後一条天皇の行幸もあった。その後も薬師堂を供養し，塔の建設も始めている。道長の精力的な建設・造仏によって姿を現した法成寺は，当時の京では他に例を見ないほど多種多様な仏をそなえた大伽藍であった。しかも，その中尊は古代の鎮護国家仏教の象徴というべき東大寺毘盧遮那仏と，密教の教主である大日如来を融合した仏で，まさに時の最高権力者による大伽藍の創建というのがふさわしい。

法勝寺

　もともと白河には，藤原氏累代の別業である白河院が営まれていたが，この別業を師実が白河天皇に献上し，法勝寺が造営された。白河では院政権力のもと，堀河天皇の尊勝寺，鳥羽天皇の最勝寺，待賢門院の円勝寺，崇徳天皇の成勝寺，近衛天皇の延勝寺が相次いで建立され，これらは合わせて六勝寺とよばれた。六勝寺の筆頭にして最大の伽藍である法勝寺では，創建当初，金堂・阿弥陀堂・常行堂・法華堂・五大堂・薬師堂があったが，これらはいずれも法成寺から継承された仏堂である。法

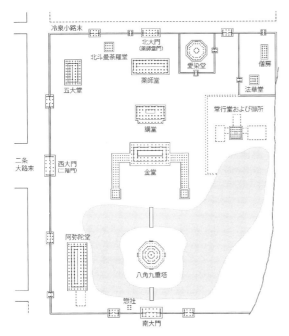

図1　法勝寺伽藍復元図
[冨島義幸作成]

図2　相国寺七重塔復元コンピュータグラフィックス
[復元考証：冨島義幸，CG制作：竹川浩平]

勝寺が独自性を現すのは，金堂の南，池の中島に巨大な八角九重塔を建てたときで，巨大な金堂と八角九重塔により伽藍，ひいては京の都市空間のなかに密教の両界曼荼羅を掲げることになった。

なお，八角九重という新奇な形式には，仏宮寺釈迦塔にみるような中国の塔が影響していたとみる説もあるなど，中世仏教については宋・遼の仏教との関係も注目されている。

法華八講

法華経を八座で講説する法会で，延暦15年（796）に勤操が石淵寺で修したのが最初とされる。藤原道長没後に追善法会として無量寿院（法成寺阿弥陀堂）において修されてからは，円宗寺講堂で後三条天皇の追善，法勝寺阿弥陀堂で白河天皇，尊勝寺講堂では堀河天皇の追善など，追善法会として広く修された。後に室町幕府によって室町将軍の追善仏事として等持寺仏殿で修され，義満が相国寺を創建すると，八講のための建築として中心伽藍の南の一郭に八講堂が設けられた。室町幕府の八講は「武家八講」ともいい，ここには公家の参列が求められ，室町将軍の顕密仏教・公家に対する権威を示す場としても重要な意味をもった。

相国寺七重塔

足利義満が応永6年（1399）に建立した相国寺七重塔は360尺（約109 m）とされ，日本建築史上知られる木造の塔の中でもっとも高い。相国寺伽藍の東に独立した一郭を構え，その伽藍は回廊・中門・楽門をそなえた東大寺大仏殿に通じる形式であったと考えられる。武家の禅宗寺院相国寺の塔であるにもかかわらず，この七重塔は密教の両界曼荼羅を象徴した。さらに，供養会は御願寺になぞらえ，公家の主要メンバーと東大寺・興福寺・延暦寺・東寺など南都北嶺の有力権門寺院の僧侶を参列させ，義満は願主として法皇のごとく振る舞うとともに證誠も勤め，自らが公家と顕密仏教界の頂点に立つことを示した。この七重塔と，武家八講・結縁灌頂を修する八講堂からなる相国寺の顕密仏教空間は，法勝寺など旧来の院を中心とした王家と顕密仏教からなる体制を擬した，「室町の王権」の御願寺と呼ぶことができよう。

参考文献

冨島義幸「白河－院政期「王家」の都市空間」（院政期文化研究会編『院政期文化論集3 時間と空間』）森話社，2003.
冨島義幸「塔・曼荼羅・王権－法勝寺八角九重塔と相国寺七重塔の意義をめぐって－」（長岡龍作編『仏教美術論集5』）竹林舎，2014.
冨島義幸「相国寺七重塔とその伽藍」（桃崎有一郎，山田邦和編『室町政権の首都構想と京都』）文理閣，2016.

[冨島　義幸]

鳥羽殿と法住寺殿

平安時代後期の京では，平安京の東，さらには鴨川を越えて市街地が拡大した。白河では二条大路の延長である二条大路末を中心に，白河院政権力を背景として六勝寺や院御所が建立され，条坊街区をそなえた市街地が形成された。さらに京の南でも朱雀大路を鳥羽作道として延長し，鴨川と桂川が交わる鳥羽の地に，白河院政の拠点として鳥羽殿が造営された（図1）。その事業は大規模なもので「都遷りが如し」（『扶桑略記』応徳3年（1086）10月20日の条）といわれるほどであった。

鳥羽で最初に造営されたのは南殿で，ここには証金剛院が付属していた。鳥羽ではほかにも成菩提院や勝光明院，安楽寿院，金剛心院といった寺院が建立された。ただ，寺院といっても白河の六勝寺のような金堂を中心とする大伽藍ではなく，鳳凰堂にならった勝光明院阿弥陀堂をはじめ，九体阿弥陀堂・釈迦堂などの仏堂，経蔵（宝蔵），三重塔などの堂塔が，広大な園池の周辺に配置されていた。なかでも，白河上皇の証金剛院と鳥羽上皇の勝光明院は「華麗を究め，荘厳を尽くす」（『玉葉』建久3年（1192）10月2日の条）と賞賛された。勝光明院跡から発掘された孔雀型飾金物（図2）は，中尊寺金色堂須弥壇の同金物（図3）に通じる優れたもので，建築が失われた今日でも，その優美なさまを窺うことができる。

また，鳥羽では白河天皇の成菩提院や鳥羽天皇・近衛天皇の安楽寿院など，天皇の墓所が含まれていることも

図2　鳥羽勝光明　図3　中尊寺金色堂須弥壇（西南壇）
　　　院跡出土孔雀　　　孔雀型飾金物
　　　型飾金物　　　　　［中尊寺蔵］
［京都市埋蔵文化財研究所蔵］
　　［冨島義幸撮影］

特徴的である。白河天皇・鳥羽天皇は三重塔，近衛天皇は多宝塔と，いずれも塔が墓となっていた。

白河院・鳥羽院に続く後白河院は，白河や鳥羽ではなく，七条大路の鴨川を越えた延長である七条大路末を中心に，法住寺殿（南殿）・七条殿（北殿）や蓮華王院を建立し，自らの拠点とした。この辺りは，もともと平治の乱で敗れた藤原通憲（信西）の邸宅があった場所である。

法住寺殿は，鳥羽と同じく広大な園池を中心に，その周囲に南殿の寝殿や最勝光院の御堂などを配置していたと考えられている。「年中行事絵巻」朝覲行幸の場面には，寝殿の南に広大な園池をそなえ，左右に東中門・東対・泉殿が並ぶさまが描かれている。法住寺殿には小御堂（懺法堂）や不動堂などがあり，七条殿には念仏堂も建てられていた。後白河院は四天王寺西門での念仏に篤い信仰を抱いており，北殿の念仏堂はこの四天王寺西門にあった念仏堂を模したものであった。長寛2年（1164）には蓮華王院本堂（三十三間堂）が創建され，のちの承安3年（1173）には建春門院によって最勝光院も創建された。また，法住寺殿には後白河天皇と建春門院の墓となった2棟の法華堂があり，鳥羽と同じく墓所としての性格もそなえていた。

このように平安時代後期には，白河・鳥羽や東山はもちろん，平安京の周辺には多くの寺院が造営され，それに伴って数多くの塔が建立された。この時期の京にいかに多くの塔が立っていたかは，平安京周辺の塔百基を巡礼した百塔参りによっても知ることができる。林立する塔のほとんどは，旧京域の外側に立っていたが，これは平安京の建設当初，桓武天皇の政策により東寺と西寺以外の寺院の建設が認められておらず，こうした観念が平安時代後期にも継承された結果といえよう。平安京の東，白河に林立する法勝寺を筆頭とした六勝寺の塔は，院政という中世の王権を象徴していた。百塔参りの景観には，古代の平安京からの伝統と，中世都市としての京への都市的・宗教的な変化が表象されていたといえよう。

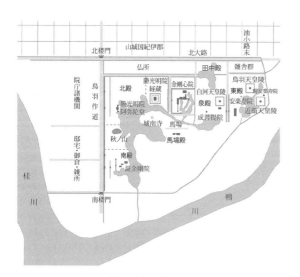

図1　鳥羽殿復元図
［京都渡来文化ネットワーク会議編『鳥羽離宮跡を歩く』京都三星出版，2017所収図に加筆］

勝光明院

勝光明院は，鳥羽上皇が保延2年（1136）阿弥陀堂を供養したことに始まる。『長秋記』にはその造営過程が詳しく記され，鳳凰堂にならうべく大工や仏師を宇治平等院に派遣したことや，安置仏や内部荘厳の決定には仁和寺御室である覚法法親王が深く関与していたことが知られる。建築として興味深いのは屋根で，造営過程では屋根を木瓦葺にすることが記され，実際発掘調査では瓦が見いだされず，平泉の中尊寺金色堂（天治元年（1124）建立）と同じく木瓦葺であったことが考えられる。

安楽寿院

鳥羽院が保延3年（1137）に阿弥陀三尊を安置する阿弥陀堂を建立したことに始まり，さらに三重塔，丈六の九体阿弥陀如来像を安置する阿弥陀堂，不動堂などが建立された。安楽寿院には，鳥羽院が生前から自らの墓，そして皇后である美福門院の墓として2基の塔を建立しており，三重塔はそのうちの鳥羽天皇のものである。ただし美福門院の遺骨は高野山に渡されたため，もう一つの塔は近衛天皇の墓となった。現在，安楽寿院の近衛天皇陵に立つ多宝塔は慶長11年（1606）の再建であるが，墓としての塔のあり方を伝えている。

勝光明院経蔵（宝蔵）

鳥羽上皇が，宇治平等院の経蔵を模して造立した。仏像や聖教，和漢の典籍，楽器などを納めた宇治の経蔵は摂関家の権威の象徴であり，白河院をはじめ鳥羽院・後白河院と歴代の院は宇治行幸に際してこの経蔵を開扉して宝物を叡覧した。復権をめざす王家にとって，宇治の経蔵は越えなければならない存在で，鳥羽院が模倣した意味もここにあったと考えられる。空海ゆかりの飛行三鈷・御遺告をはじめとする「往代の重宝」（『本朝世紀』久安2年（1146）8月23日条）を納めた勝光明院経蔵（宝蔵）は王家の権威の象徴となった。後の蓮華王院にも宝蔵が設けられ，『年中行事絵巻』や高雄曼荼羅などの重宝が納められ，後白河院の権威の象徴となっていた。

蓮華王院

蓮華王院では長寛2年（1164），丈六の千手観音と等身の千手観音千体を安置する本堂が供養された。その建築は三十三間四面という長大なもので，鳥羽院が長承元年（1132）に建立した，丈六の聖観音像と千体の等身聖観音を安置する得長寿院にならったものである。蓮華王院にはこのほかにも，不動堂や北斗堂・五重塔・宝蔵・総社が建立されている。現在の三十三間堂は，創建堂が建長元年（1249）に焼失した後，文永3年（1266）に再建されたものである。なお，三十三間堂の方位が平安京の方位に比べて若干東に振れているが，この方位は愛宕郡の条理制地割に合致しており，法住寺殿周辺での都市計画を考えるうえで興味深い。

百塔参り

平安時代後期の貴族藤原忠親（1131〜95）の日記である『山槐記』には，藤原経宗や忠親自身が，三日間で京の百基の塔を巡礼した記事が現れる。治承3年（1179）の巡礼では，初日は一条周辺を東に行き，法成寺，浄土寺，白河周辺をまわって40基，二日目は粟田口から白河周辺で42基，三日目は五辻北辺から広隆寺へとまわり28基，三日間の合計は120基に及ぶ（図4）。これらには小塔や石塔が含まれていたことも考えられるが，平安時代の記録を見ていくと，後期の京周辺での寺院造営の隆盛に伴って，実に多くの塔が建立されている。なかには高さ約81mとされる法勝寺八角九重塔を筆頭に，東寺五重塔やそれに匹敵する尊勝寺東西五重塔のような大規模な塔もあり，数多くの塔によって荘厳された中世の京の景観がイメージできよう。

参考文献

杉山信三『院家建築の研究』吉川弘文館，1984.
古代学協会・古代学研究所編『平安京提要』角川書店，1994.

［冨島 義幸］

図4 京の塔と百塔参り［冨島義幸作成］
●は記録に現れる平安時代の塔

浄土思想

　平安時代には阿弥陀信仰が隆盛し，多くの阿弥陀如来像が造立され，阿弥陀堂が建立された。さらに阿弥陀来迎図などの絵画作品が描かれ，迎講も行われた。阿弥陀堂で特に多く建てられたのは一間四面堂で，天治元年（1124）奥州の藤原清衡が建立した中尊寺金色堂はその代表的な現存遺構である。一方，寛仁4年（1020），藤原道長が建立した無量寿院阿弥陀堂（後の法成寺阿弥陀堂）は，9体の阿弥陀を安置する十一間四面の長大な仏堂であった。こうした阿弥陀堂は**九体阿弥陀堂**と呼ばれ，後も白河天皇の法勝寺や堀河天皇の尊勝寺など建立が相次いだ。また，法成寺や法勝寺には池が設けられ，こうした園池と一体になった伽藍も数多く造営された。その代表は藤原頼通が天喜元年（1053）に建立した**平等院鳳凰堂**，藤原秀衡が平泉に創建した無量光院である。阿弥陀堂は「浄土教建築」，池をそなえた伽藍は「浄土教伽藍」と呼ばれ，平安時代を代表する建築文化とされてきた。

　平安時代の仏教は，初期の空海・円仁らによる密教の導入と隆盛に始まり，良源・源信による天台「浄土教」の発展から後期の「浄土教」の隆盛へと語られるのが通例である。これは末法到来，古代律令制の崩壊に伴う貴族の没落などの思想的・社会的背景のもと，「厭離穢土」つまり穢れた現世を捨てて「欣求浄土」，来世の極楽往生を願う「浄土教」が隆盛するという，浄土教中心史観に基づいている。

　しかし，平安時代後期には阿弥陀信仰の隆盛と並行して，密教修法がますます盛んに修され，貴族の氏寺や天皇の御願寺には五大堂や薬師堂のような密教の仏堂，さらには密教の大日如来や両界曼荼羅五仏を安置する塔が数多く建立された。さらに白河天皇の法勝寺では，巨大な金堂と八角九重塔により，伽藍の中心に密教教義の根本をあらわす両界曼荼羅が掲げられるなど，実態はこれまで描かれてきた歴史像と齟齬している。こうした問題の原因は，建築史学はもとより日本史に関わる諸学が「浄土教」という概念を正しく理解せず，それを拡大解釈していったところにある。

　そもそも「浄土教」は，法然の専修思想，すなわち口称念仏のみで阿弥陀如来の極楽浄土に往生できるとする思想の成立過程を描くなかで形成された近代の概念である。浄土教中心史観では，密教を現世利益の呪術と位置付け，それを払拭することで「浄土教」が確立されるとする。しかし，この「浄土教」概念を平安時代に適用することは，例えば「浄土教建築」の代表である法勝寺や尊勝寺の阿弥陀堂（九体阿弥陀堂）で，密教修法である九壇阿弥陀護摩が修されていたという史実から否定されなければならない。

　また，建築史学では仏堂の前に池がある伽藍を，堂塔の本尊や信仰によらず「浄土教伽藍」としてきた。これは法成寺など池のある伽藍に，仏の世界としての「浄土」を見いだそうとする形式論であり，本来の思想としての「浄土教」とは別概念である。こうした「浄土教」概念の履き違えは，例えば法成寺・尊勝寺とも九体阿弥陀堂は「浄土教建築」なのだが，池のある法成寺は「浄土教伽藍」で，池のない尊勝寺は「浄土教伽藍」ではないという矛盾を生む。さらに法成寺で池をとりまく五大堂や薬師堂は現世利益のための仏堂で，平泉の「浄土教伽藍」の代表とされる毛越寺でも，金堂の安置仏は現世利益の薬師如来である。こうした伽藍に「浄土教」を冠するのであれば，［密教＝現世利益の呪術］を否定する「浄土教」の大前提が崩れてしまう。

　歴史概念として平安時代の仏教をとらえるならば，密教と対置されるのは顕教であって「浄土教」ではない。平安時代後期に数多く建立された阿弥陀堂は，この時代の特徴的なものであるが，それらは「浄土教」として語るべきではなく，顕密仏教の一部として位置付け直されるべきであろう。

迎　講

　迎講は阿弥陀聖衆来迎，すなわち臨終のときに阿弥陀と菩薩たちが極楽浄土から迎えに来るさまを演じる法会で，源信が始めたとされる。源信没後間もない長久4年（1043）頃に書かれた『本朝法華験記』によれば，源信は「弥陀迎接の相」を構えて，「極楽荘厳の儀」をあらわし，これを迎講と呼んだ。『山門堂舎記』など延暦寺の記録には，比叡山横川の首楞厳院に金色丈六の阿弥陀仏を安置する花台院を建立し，ここで毎年迎講を修したとされる。そこでは菩薩聖衆が伎楽を奏で，結縁した人々は，あたかも生きたまま極楽浄土に参詣したかのように思ったという。迎講は後世にも盛んに行われ，当麻寺の練供養はその様を今日に伝えている。

九体阿弥陀堂

　9体の阿弥陀如来像を安置する阿弥陀堂。9体の阿弥陀は，『観無量寿経』に説かれる九品往生になぞらえたとされる。平安時代後期には京を中心に多くの九体阿弥陀堂が建立されたが，今日では唯一，浄瑠璃寺本堂を残すのみである。これまで中尊寺金色堂など一間四面の阿弥陀堂は，同じく求心的な平面構成をとる常行堂から展開したものといわれてきたが，常行堂を特徴付ける不断念仏が法勝寺や尊勝寺の九体阿弥陀堂において修されて

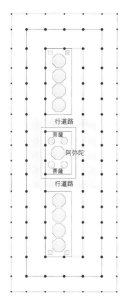

図1　尊勝寺阿弥陀堂空間構成概念図
[冨島義幸「九体阿弥陀堂と常行堂」『佛教藝術』283号, 2005]

いたことは見落とせない。特に尊勝寺阿弥陀堂では、中央に常行堂の本尊と同じ阿弥陀五尊を安置し、その周囲には行道路を設け、堂の中央にはまさに常行堂の空間が構成されていたと考えられる（図1）。常行堂は、建築形式のまったく異なる九体阿弥陀堂へと展開していた。さらに11世紀末からは、法成寺や法勝寺・尊勝寺などの九体阿弥陀堂で、密教修法である九壇阿弥陀護摩が修されていた。阿弥陀堂では、不断念仏や読経、阿弥陀法など顕密の行法によって来世の極楽往生が祈られたのである。

平等院鳳凰堂

　左右に楼閣を載せた回廊をそなえ、園池の中島に立つ鳳凰堂は、当麻曼荼羅などの阿弥陀浄土図に描かれた極楽浄土を現世につくりだしたものとされる。『観無量寿経』には、極楽往生するための方法として、極楽浄土のさまを想い描く観想念仏が説かれており、鳳凰堂の外観はこうした観想念仏のためのものと理解される。一方、堂内では密教の両界曼荼羅に現れる定印阿弥陀を中心に、内陣小壁の52体の雲中供養菩薩像が取り巻き、周囲の扉と壁には『観無量寿経』に説かれる九品往生の図が描かれている。本尊阿弥陀如来像の胎内に納められた心月輪は、密教修法である阿弥陀法のなかの正念誦という作法と一致しており、修法の本尊ともなっていたことが考えられる。さらに雲中供養菩薩像には密教の金剛界曼荼羅の菩薩の名前が墨書されているものがあり、本尊である定印阿弥陀如来像とともに密教の金剛界系の阿弥陀曼荼羅を構成していたとする説もある。

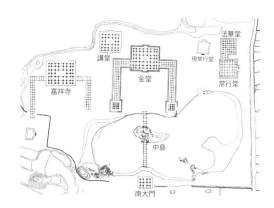

図2　毛越寺遺跡図
[藤島亥治郎編『平泉－毛越寺と観自在王院の研究』東京大学出版会, 1961所収図に加筆]

平　泉

　平安時代後期には地方の有力者による寺院造営も盛んで、平泉では奥州藤原氏により多くの堂塔が建立された。中尊寺金色堂は初代清衡が建立した阿弥陀堂で、中央の須弥壇の中には清衡の遺体が安置され、後に後方左右に二代基衡・三代秀衡の遺体を納める須弥壇が増設されている。平泉の諸寺は、二代基衡の毛越寺（図2）、基衡の妻の観自在王院、三代秀衡の無量光院など、京の寺院にならって池をそなえることも特徴的である。『吾妻鏡』に「ことごとく宇治の平等院を模した」とされる無量光院では、発掘調査で鳳凰堂と同じ形式の遺構が確認されている。近年の発掘調査では、阿弥陀堂前の州浜と池にまたがって舞台とみられる方形の遺構が見いだされた（図3）。

図3　無量光院復元コンピュータグラフィックス
[復元考証：冨島義幸, CG制作：竹川浩平・平泉町]

参考文献

井上光貞『日本浄土教成立史の研究』山川出版社, 1955
冨島義幸「浄土教と密教－平安仏教の理解をめぐって－」『日本歴史』No.728, 吉川弘文館, 2009.
冨島義幸『平等院鳳凰堂－現世と浄土のあいだ－』吉川弘文館, 2010.

[冨島　義幸]

中世初期の技術革新

　古代日本に導入された仏教建築は，①基壇上に礎石建の柱を建てる，②垂木を二重に差し出す工夫や組物採用により深い軒出を形成する，③前項②により形成された大きな屋根を瓦葺とし耐久性と豪華さを備える，④軒と屋根に優美な反りと曲面をつくる，⑤軸組は柱の太さと厚い漆喰塗り壁で支える，⑥木部は装飾と防腐効果を兼ねた塗装を行う，などにより永遠性と記念性を兼ね備えた高度な木造建築文化を示した。

　その後，古代の仏教建築は日本人の造形感覚による咀嚼を経て和様と呼ばれる建築様式を形成する。そして12世紀末以後に中国から新たに伝来した建築文化（大仏様・禅宗様）は構造手法と細部意匠に新手法を示し，和様にそのエッセンスが吸収される。そうして仏教建築は中世・近世を通じてわが国の建築文化を主導してきた。

　ところで大仏様・禅宗様がもたらした，①貫による軸組強化，②挿肘木や詰組など多様な組物手法，③藁座吊の桟唐戸，④木鼻装飾，などが注目されがちであるが，和様の形成過程における平安時代中期以降の建築技術の革新も重要である。その代表事例が野小屋構法と枝割整備で，その後の日本建築に深く影響する点で貫構法導入に勝るとも劣らない。野小屋の成立は複合的空間を一連の屋根にまとめる手法に貢献し，桔木による軒先の構造補強手法へ展開した。枝割の整備は，垂木の寸法と割付が組物寸法と密接に関連することにより，いわゆる「六枝掛」手法へ至り，木割術の根幹をなす。

　まず野小屋構法について，その成立背景をみてみよう。仏教建築の屋弛みは，垂木の継手部や地垂木・飛檐垂木の取り合い部において，垂木勾配を変えることによって生じる折線をもとに形成する。ただし折線のままでは滑らかな曲線にならないので，実際は瓦の葺土で調整する。しかし垂木の勾配差が大きい場合は，葺土厚が増えてしまうので垂木上に簡易な下地を設ける作例（法隆寺東院伝法堂）が現れた。

　一方，地垂木勾配と飛檐垂木勾配は，軒を見上げた場合に軽やかに見えること，すなわち垂木勾配が先端ほど緩くなる意匠が望まれる。しかし，日本のような多雨地域で屋根勾配を緩くすると雨漏りを招きやすい。伝法堂のような屋根下地処理は，極端な屋根傾斜の変化を避けて雨漏りを防ぐ目的もあったと考えられる。平安時代になると庇の梁行柱間寸法が身舎のそれより大きくなるので，地垂木勾配を緩くするか身舎柱高を上げることが考えられるが，身舎柱を高めることは資材的制約が大きい。そして床張の仏堂の普及は，地垂木勾配を緩めて内部空間を穏やかに創出することを歓迎したであろう。

　このような状況のもと，法隆寺大講堂（正暦元年（990））の再建工事において，地垂木・飛檐垂木の上にまったく別の屋根をかけ，その上に瓦を葺く手法が採用された。この手法は伝法堂の手法と異なり，垂木傾斜を緩くしたい意匠的要求と，屋根傾斜を強くして雨仕舞を強化したい機能的要求，の相反する要求を同時に解決する巧妙な方法である。

　こうして日本の仏教建築は，10世紀末までに野小屋を生み出して軒と屋根の分離を果たし，地垂木や飛檐垂木は意匠材的性格を強め化粧垂木と呼ばれるようになる。そして野小屋の重要な応用事例として，複合的空間を一つ屋根として処理する方法が当麻寺本堂の永暦2年（1161）改造に示される。すなわち内外陣を有する奥行の深い仏堂成立に大いに貢献した。また，野小屋の成立は，天井裏における梁組の工夫により柱配置に自由度を与え，身舎・庇構成に束縛されない間取りを可能にして中世住宅の発展に寄与する。さらに野小屋の応用として「桔木」と呼ぶ構造補強材を挿入し，化粧垂木上の荷重を負担する工夫が現れる。これにより化粧垂木は軒出を深くすることが容易となり，組物により手先を伸ばすことは不要となる。そのため中世以後の仏堂建築は，中国からの最新技法を導入した禅宗様建築を除き，三手先組物のような複雑豪華な形式を採用する例が減少する。

　このように，野小屋構法の出現は，軒と屋根の分離による化粧垂木の意匠化進展や桔木挿入による軒の出の拡大に寄与した。あわせて平面と小屋組構造の分離にも寄与し，仏堂建築をはじめ神社本殿や住宅建築における複合的空間創出に大きな役割を果たした。

　垂木割は，奈良時代や平安時代前期におけるおおらかな意匠感覚を経て，一定の整備感を求めること（枝割）が行われ始め，総柱間や丸桁総間における枝割の統一に至る。そして枝割整備に追随して，軒見上時における組物の寸法体系と枝割に規則性を見いだす動きが生まれる。本来，垂木は屋根荷重を支える役割，組物は垂木を介して屋根荷重を柱に伝達しているので，垂木と組物の寸法体系は各々の役割に応じたものであった。しかし野小屋出現により化粧垂木の意匠化が進むと，軒見上時の一体的な整備感への要求が強まる。その結果，枝割と組物寸法は「六枝掛」成立に至り，柱間と枝割を基本とした建築寸法体系（木割術）の整備へ向かっていく。

野小屋（野屋根）

　一般に建築で「野（の）」といえば「仕上げていない」ことを意味し，その対義語は「仕上げている」ことを意味する「化粧」である。ただし日本の伝統的木造建築の場合，軒下に露出する「化粧屋根」の上に実際の屋根を

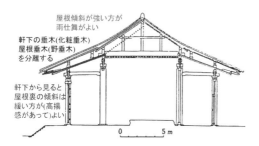

図1　法隆寺大講堂梁行断面図（正暦元年（990））
［法隆寺國寶保存委員會編『國寶法隆寺金堂修理工事報告書』
法隆寺國寶保存委員會，1956をもとに加工］

図2　法隆寺夢殿の比較断面図（左：鎌倉，右：当初）
［鈴木嘉吉「古代建築の構造と技法」（鈴木嘉吉，渡辺義雄
『奈良の寺2　東院伽藍と西院諸堂』）岩波書店，1974］

重ねる二層構造を平安時代に生み出し，見え隠れとなる上部の屋根下地を「野屋根」と呼ぶ。本格的な野屋根確認最古例は法隆寺大講堂（正暦元年（990））で，下から見える垂木勾配はできるだけ緩やかに構え，実際の屋根はできるだけ雨水処理に有利な勾配を獲得し優美な屋弛みを実現する。その結果，化粧屋根の上に野屋根を支える小屋組が成立することになり，これを野小屋と呼ぶ。

桔木

桔木は野小屋内に挿入された構造材である。野小屋創出の結果，軒（化粧垂木）と屋根下地（野垂木）との間に隙間がうまれた。法隆寺大講堂はこの空間が軒・屋根分離以上の意味をもたないが，側柱上方位置を支点として桔木とよぶ長尺材を天秤状に挿入して軒先の屋根荷重を支えることにより，化粧垂木や軒出は自由度を増す。すなわち三手先などの複雑な組物に頼らずに深い軒が可能となる。法隆寺夢殿の鎌倉時代の改造において桔木採用により本来の軒出の4割増しほどに拡張した事例が好例である。ただし，桔木は支点奥に十分余地がないと機能しないので，塔のような建築では十分な効果を発揮しにくい。したがって中世以後の仏堂建築は簡易な組物で深い軒を形成する傾向が認められるが，塔建築は三手先形式が維持される。なお，初期の桔木は屋根荷重を受けるのが目的で，軒出は自重を支えることを目安に定める。その後，茅負や飛檐垂木を桔木で吊り上げる手法が現れると，垂木の材寸に不相応な深い軒の出も可能になる。

枝割

枝割は一定の規則性をもつ垂木配列を意味する。例えば法隆寺金堂（7世紀末頃）は柱心総間を高麗尺1尺（約36 cm）の垂木割で定め，柱心位置に垂木を配するか振り分け（手挟むという）とする。ところが室生寺五重塔（平安初期）初重の垂木配列を見ると，垂木数自体が各面同一とは限らず，各面の垂木配列も均一でないが，優美な軒の姿を感じるはずである。そして平安時代前期までの仏教建築における垂木配列は，室生寺五重塔のよう

に全体のバランスを重視したおおらかな造形感覚が認められるものが多い。また，垂木が実際に屋根荷重を受けることを前提としているため，その造形は力強い。

一方，桔木の普及により軒下に露出する垂木は次第に構造材の意味が薄れ，垂木配列へのこだわりを推進し，軒造形は洗練されていく。すなわち柱や丸桁の位置を基準として垂木配置をそろえる観福寺本堂内宮殿（宝治4年（1248））や，垂木1枝寸法を5寸で統一（長寿寺本堂，12世紀末）したり2尺三つ割を1枝として各柱間を偶数尺間にとる（大報恩寺本堂，嘉禄3年（1227））などして柱間全体を統一する工夫が認められる。そして枝割の最も整備された形式として六枝掛に至る。

六枝掛

六枝掛は，垂木六枝分の外幅が組物三斗分の外幅と正しく一致する状態を呼ぶ。枝割と組物の寸法体系を関連付けると，軒を見上げた際の整備感が増すので，軒反りや軒下曲面の造形的な美しさに精緻さが加わる。この傾向を強く希求するのが12世紀末～13世紀の傾向といえる。その結果，①垂木2枝が柱心に振り分けに配置される（手挟む）こと，②垂木2枝が組物の手先および拡がり寸法と一致すること，の双方を満たすことにより，三斗における各巻斗配置と枝割が正しく一致するものが現れ（蓮華王院本堂，文永3年（1266）），垂木六枝分と三斗がきれいにそろう。ここにおいて枝割と組物寸法の関係は大いに整備感を増す。さらに巻斗幅と垂木二枝外幅をそろえること（太山寺本堂，嘉元3年（1305））により，垂木と組物の関係は究極の整備感（六枝掛）を有するに至る。

参考文献

大森健二『社寺建築の技術―中世を主とした歴史・技法・意匠―』理工学社，1998．
浅野清『日本建築の構造』（『日本の美術245』）至文堂，1986．
工藤圭章「古代の建築技法」（『文化財講座　日本の建築2　古代Ⅱ・中世Ⅰ』）第一法規，1976．

［大野　敏］

大仏様

　大仏様は，12世紀末期の日本に現れた建築様式をさす。具体的には治承4年（1180）の東大寺焼き討ち後の伽藍再建事業において，初代大勧進を務めた俊乗坊重源（1121～1206）が，宋人陳和卿の技術協力を得て生み出した一連の建築が示す特徴をさす。その最大の作例であった東大寺大仏殿が永禄戦火により失われているため，代表的遺構は播磨大部荘別所に建立した浄土寺浄土堂（建久5年（1194））と東大寺南大門（正治元年（1199））の2棟である。両者に共通する主な特徴は，①挿肘木と貫を多用した軸組強化，②挿肘木により柱頂以下に組物を構成，③中備（柱間中間の荷重伝達装置）に遊離尾垂木採用，④円形断面虹梁と円束による架構，⑤扁平な垂木を用いて隅扇垂木軒を形成し垂木先端は鼻隠板を打つ，⑥野屋根を持たない屋根構造，⑦単純な刳形による木鼻装飾を多用，⑧藁座で扉を釣り込む（浄土堂は桟唐戸も残る），である。

　以上の特徴は，豪快かつ合理的な構造手法と，木鼻や藁座釣桟唐戸のように構法・意匠の双方に注目すべき要素を併せ持つ。この点が大仏様の大きな魅力といえる。

　一方，浄土堂と東大寺南大門を比較すると，肘木上の斗配置・軒反りの有無・虹梁を重ねる手法に差異があり，浄土堂は宋風が色濃く，南大門は周辺の既存建築への配慮が認められる。上記以外の大仏様遺構である醍醐寺経蔵（昭和19年（1944）に焼失）と東大寺開山堂（正治2年（1200））は，小規模のため浄土堂や南大門の豪快さに及ばないが，経蔵は檜皮葺の採用に日本の伝統的な建築要素を有し，開山堂は中国建築の古式要素である双斗を用いる点から見て，大仏様は禅宗様のような強い様式規範をもたず，重源と陳和卿により中国南方（福建省あたり）の建築手法を主体として中国建築の古制や日本的趣向も適宜取捨選択して建築されたと考えられる。

　なお，東大寺法華堂礼堂は，8世紀中期建立の正堂正面に付設されていた礼堂を鎌倉時代に再建したもので，再建の際に野小屋を設けて正堂・礼堂の屋根を一体化した。礼堂の再建時期は重源在世中の正治元年（1199）説と，重源没後の文永元年（1264）説がある。礼堂の建築的特徴は，①組物は頭貫を挿肘木として柱上に出組を構成し大仏様木鼻を付す，壁付は蟇股状部材と実肘木に大仏様木鼻を施す，②中備は間斗束で，上段の蟇股状部材と実肘木に大仏様木鼻を施す，③木鼻は大仏様系である，④内部架構は二重虹梁大瓶束形式を基本として大虹梁上中央に板蟇股を配し，蟇股と大瓶束上に大斗を介して通肘木を挿入して巻斗で二重虹梁を受け，上下の大瓶束はそれぞれ通肘木を指し通す，⑤桟唐戸は框組が単純で上部に連子枠を設け，藁座で釣り込む，などの特徴をもつ。すなわち外観における天平創建正堂との意匠バランスと，内部における禅宗様・和様・大仏様の混在をどのように捉えるかによって正治説と文永説の見解が分かれる。建設年代はともかく，大仏様の影響を有する点において，法華堂礼堂は栄西建立の東大寺鐘楼（承元年間（1207－1210））とともに重要な大仏様関連遺構である。

　大仏様は重源没後に急速に作例が減少するが，貫構法や木鼻装飾および桟唐戸形式は和様建築の中に広く影響を与えた。また，本格的な挿肘木組物は東福寺山門（応永12年（1405）頃）・東寺金堂（慶長11年（1606））・東大寺大仏殿（宝永6年（1709））のような大規模な建物で使用されてきた。

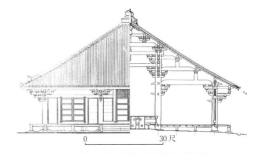

図1　浄土寺浄土堂　正面図・断面図
［国宝浄土寺浄土堂修理委員会『国宝浄土寺浄土堂修理工事報告書』1959をもとに加工］

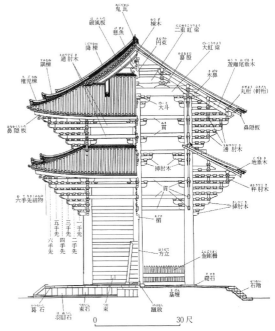

図2　東大寺南大門側面図・断面図
［鈴木嘉吉，工藤圭章『東大寺南大門』（『不朽の建築5』）毎日新聞社，1988］（スケールは筆者付加）

大勧進

　勧進の本義は人々に仏道を勧めて社寺・仏像の建立や修繕などのため支援を募ることである。大勧進は寺院建立のことをつかさどる役を意味し，東大寺鎌倉再興の初代大勧進・俊乗房重源には大仏再鋳や大仏殿再建をはじめ再興にかかる難事業が託された。

重源と「南无阿弥陀仏作善集」

　重源は，醍醐寺において真言密教を学び，後に法然に師事した。東大寺の治承法難の際は69歳で高野山にあったが，入宋3度（自称）の経験を見込まれて東大寺鎌倉復興の初代大勧進を任される。この復興事業は，国家の疲弊と混乱，資金と資材の不足，技術的困難が伴う厳しいものであったが，頼朝の支援，宋人技術者・陳和卿の技術力，重源の指導力と別所経営力により建仁3年（1203）東大寺総供養を成し遂げた。重源はこうした事蹟を振り返って「南無(无)阿弥陀仏作善集」を記し，建永元年（1206）86歳で没した。「南無(无)阿弥陀仏作善集」は，重源が七別所ほかにおいて仏像・仏画・五輪塔などをつくり，念仏を勧め，阿弥陀仏号を授け，常行堂や湯屋を建て，架橋・港湾修築・道普請など精力的に活動したことを伝える。

陳和卿

　宋人技術者（生没年不詳）。東大寺再建事業において重源の技術的補佐役として大きな役割を果たした。

　「東大寺伽藍供養記」は，東大寺鎌倉復興事業が天平創立期と比較して優れている点として，①高度で迅速な鋳造技術（大仏像や大湯釜など），②軒支柱を不要とする堅固な建築構造，③鍍金技術，④造営労務者に対する福利厚生（大湯屋・水車整備による健康増進と食事準備の合理化）などを指摘するが，いずれも和卿の力量に負うものであろう。建久6年（1195）東大寺供養の際に，源頼朝は重源を介して陳和卿に面会を求めていることは，和卿の実績の重要性を示すものである。その後，建保4年（1216）源実朝の求めに応じて唐船建造を行うが，完成した唐船はうまく進水せず浜で朽ち果てたと伝える。また，東大寺から資材横領として訴えられている。このように後半における伝聞は芳しくないが，日本における和卿の貢献の高さは揺るがない。

浄土寺（大部荘）

　極楽山浄土寺は，重源が，元々東大寺領の播磨国加東郡大部荘に開いた別所である。境内は，南北に鎮守八幡神社参詣軸を構え，東西軸に薬師堂・阿弥陀堂（浄土堂）を配し，2軸の交差部に放生池を設け，八幡信仰と浄土

教思想が深く関わり合った構成を見せる。創建時の唯一の遺構である浄土堂（1192，国宝）は，方3間の各柱間が20尺と大きく，大仏様建築の代表例である。永正14年（1517）再建の薬師堂（重文）も，規模・挿肘木・宝形屋根など外観形状は浄土堂に類似するが，柱間は5間で内部は内外陣に分割して天井を設けるなど差異がある。なお浄土堂八幡宮拝殿（室町前期・重文）は，大胆な虹梁大瓶束架構や花肘木などの装飾を備えるなど，意欲的な建築である。

栄西（ようさい，えいさい）

　栄西（1141〜1215）は備中国（現岡山県）出身で，2度の渡宋を経たのち正治2年（1200）鎌倉に寿福寺を，建仁2年（1202）京都に建仁寺を開き日本に禅宗をもたらした。また「喫茶養生記」を著したことでも名高い。大仏様との関わりは，東大寺第二代大勧進（建永元年（1206）〜承元4年（1210））時代の鐘楼再建が注目される。この建築は方1間だが，重量26トンの大鐘を吊るために柱間約7.6mの規模で，軸部や梁組に大仏様色を濃厚に示す。全体として特異な建築様式を示す。すなわち，大仏様要素として木鼻付の貫を多用し，円形断面虹梁と木鼻刳形モチーフの蟇股状部材を使用する架構がある。一方，挿肘木は採用せず，組物は柱上に設ける。加えて組物は小天井が和様を示すが，詰組構成や肘木先端を加工した尾垂木形状は禅宗様建築の影響といえる。強い軒反りも禅宗様の影響で，隅木下に挿入した巨大な持ち送り刳形は大仏様意匠で，垂木配置は和様の2軒平行垂木である。こうした3様式混在の建築様式は，建仁寺創建に際し禅・真言・天台の兼学を標榜して旧仏教に配慮した栄西の姿勢に通じるものである。

別　所

　別所は寺域内の空閑地や領主のいない空閑地など未開発の地を占定して設けた宗教施設を意味し，開発した土地は地子・雑役などの免除特権が与えられ，本寺の布教活動や経済基盤を支える拠点の役割も果たした。東大寺の復興事業にあたり，大勧進俊乗房重源は，東大寺別所，高野新別所，摂津渡部別所，播磨大部荘の別所（浄土寺），備中別所（浄土寺），周防別所（阿弥陀寺），伊賀別所（新大仏寺）の七カ所を設け，東大寺復興勧進の拠点とするとともに，自らの念仏布教の実践を行った。

参考文献

伊藤延男『鎌倉建築』（『日本の美術198』）第一法規，1982.
奈良国立博物館編『東大寺のすべて』（解説図録），奈良国立博物館，2002.

［大野　敏］

禅宗様

禅宗様の導入

平安時代末期には日宋貿易とともに文化交流が盛況になり、禅宗が中国より伝来し、日本に定着していった。その教義とともに伝えられたのが南宋の建築様式であって、これを禅宗様（唐様）という。建築様式としての禅宗様は、建仁2年（1202）の建仁寺創立より徐々に伝来し、専修の禅宗寺院である建長5年（1253）の建長寺創立にいたって本格化した。木割書を通覧すると、和様・大仏様・禅宗様という三大建築様式は中世末期までにほぼ現在のような区分がなされており、すでに様式的な差異が明確に認識されていたと思われる。

禅宗様仏殿の構造細部

禅宗寺院の中心建築である仏殿は基本的に方形平面であり、床を瓦・石・甎などを敷いた土間とし、裳階付の形式であることが最大の特徴である。構造細部を整理すると、柱は上下に粽があって、下に礎盤を用い、貫を多用した軸組とし、柱頂部に台輪を廻らす。柱や梁などは断面が細い部材で構成し、虹梁は長方形断面で、水平材だけでなく、湾曲した形状の海老虹梁を用いる。裳階は平行垂木とするが、主屋は放射状に配列した扇垂木を用いる。組物は横に広がりがある配列で、それらを中備に相当する柱と柱の間にも配置した詰組とする。肘木の曲線は円弧となり、拳鼻をつけ、二手先や三手先などには強い反りのある尾垂木を組み込む。尾垂木は外側だけでなく、内側の上方にも延ばし、その上端部で身舎桁を受ける。

建具は縦桟と横桟を組んだ桟唐戸を用い、貫に取り付けた藁座で吊る。欄間には波形連子（弓欄間）、窓や入口には花頭曲線の枠を用いる。頭貫木鼻、台輪木鼻、拳鼻、実肘木には曲線を組み合わせた繰形を施し、虹梁には下面に錫杖彫や欠眉、側面端部に袖切などを彫り、装飾的な要素を多用する。内部は主に間仕切のない空間で、虹梁や組物などの架構を見せるとともに、主屋に鏡天井を設けて周囲を化粧屋根裏とし、細部も含めて上方へ立ち登るような空間を創出している。

禅宗様の系譜と展開

禅宗様は、伽藍の制式と同じく導入された南宋の建築様式との直接的な関係が見られるが、同様に南宋から導入された大仏様と異なる点が多い。栄西が造営に携わった東大寺鐘楼に見るように、南宋の建築も多様な地域性があったと思われる。また禅宗様は大仏様と違って、時の権力による庇護だけでなく、地方の守護や有力豪族など幅広い禅宗の受容のもと、全国的に広く分布し、かつ年代的にも連続している。例えば、東村山・正福寺地蔵堂と鎌倉・円覚寺舎利殿がほぼ同規模・同形式であるように、全国に普及した禅宗様には画一性が認められる。しかし、禅宗様は鎌倉時代の様相が不明確で、典型的な禅宗様建築が完成したのは室町中期である。また、大仏様はある意味で建物の規模や形式に拘泥していないが、禅宗様は完成度が高くなるほど、規模や形が典型化し、全体として、繊細かつ精緻な意匠と造形になる。

現存する禅宗様建築

現存する禅宗様建築は、14世紀以降のものである。建築年代が明確な事例には、元応2年（1320）功山寺仏殿（山口）（後世の改造あり）、嘉暦2年（1327）善福院釈迦堂（和歌山）、南北朝の永保寺開山堂（岐阜）、応永14年（1407）正福寺地蔵堂（東京）、応永15年安国寺経蔵（岐阜）、応永22年清白寺仏殿（山梨）、そして規模最大級を誇る天文9年（1540）不動院金堂（広島）（山口香積寺から移築された仏殿）などがある。禅宗寺院でも塔が建てられたが、現存する禅宗様のものは鎌倉後期の安楽寺八角三重塔（長野・上田盆地）が唯一である。なお、中世五山の仏殿は鎌倉と京都に残っていないが、元亀4年（1573）の「円覚寺仏殿造営図」（鎌倉市所蔵）からその全容を把握できる。

禅宗様仏殿

主屋規模と裳階の有無を基準として、方5間裳階付、方3間裳階付、方3間、方1間裳階付に大きく分類される。方5間裳階付の類型は五山仏殿に限られ、内部構成も礼拝空間と仏の安置空間からなるのに対し、他の類型は規模的に著しい格差があり、内部も2本の来迎柱を立てる単純な空間である。中規模禅宗様仏殿の典型として、長く円覚寺創建の鎌倉後期（13世紀後期）の建築とされてきた円覚寺舎利殿は、現在、正福寺地蔵堂と同時期、15世紀初期の建築と確定している。

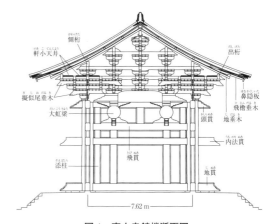

図1　東大寺鐘楼断面図

［上野勝久「中世仏堂の空間と様式」（『日本美術全集 第7巻 運慶・快慶と中世寺院』）小学館，2013］

東大寺鐘楼

第二代東大寺大勧進の栄西（1141～1215）が承元年間（1207～10）頃に建てた。壇正積基壇に建ち，桁行と梁間が同じ規模の正方形で，入母屋造で本瓦葺の屋根は強い反りがある。四方吹放し形式の鐘楼としては最古，一辺7.62mの規模も最大級である。太い円柱を貫で強固に固めた軸組や，大虹梁を直交させた架構などは，古代になかった斬新な技術といえる。柱上とその間にも配した詰組の組物は禅宗様と同じであるが，巻斗を密に並べた特異な手法の四手先組物，他に類をみない肘木先端につけた擬似尾垂木などは，典型的な禅宗様には見られないものである。

円覚寺舎利殿

弘安4年（1281）創建の円覚寺は，「円覚寺境内絵図」（鎌倉市所蔵）から鎌倉末期の伽藍がわかり，境内奥に三重の華厳塔，北西に舎利殿があった。舎利殿は，正式には正続院昭堂であって，方3間裳階付の形式である。規模・形式とも応永14年（1407）の正福寺地蔵堂と酷似しており，建築年代は様式から15世紀初期頃と推定される。落ち着いた外観に比べ，内部は詰組の三手先組物，尾垂木尻持ち送り架構や扇垂木など，中央の鏡天井に向けて立ち登る躍動感がある。繊細かつ精緻な意匠で，禅宗様成熟期の代表的存在である。

永保寺開山堂

永保寺は正和2年（1313）に夢窓疎石が同門の元翁本元とともに庵居したことに始まる。無際橋を架けた北の大池に面して観音殿，大池西方に開山堂が建つ。夢窓と元翁を祀る開山堂は，東の昭堂と西の祠堂を相の間で連結した複合建築で，昭堂から相の間を通して直接祠堂の頂像を礼拝できる優れた空間構成をもつ。方1間裳階付の祠堂は簡素なつくりになるが，方3間の昭堂は三手先の詰組で，内部と背面の柱を虹梁大瓶束で省略し，巧妙な架構と精緻な細部を併せもつ本格的な禅宗様である。寺伝では祠堂が貞和3年（1347）頃，昭堂が文和元年（1352）頃の建立とされているが，最近の調査から，建築年代が若干さかのぼる可能性もある。

安楽寺八角三重塔

安楽寺は鎌倉後期に入宋僧樵谷惟僊を開山として禅宗寺院となった。八角三重塔は塔の初重に裳階を付けた外観であるが，構造的には八角堂の上に三重の屋根を載せた形式である。八角堂式の初重は主屋と裳階からなり，ともに出組の詰組で，床を張った主屋は小型の詰組で天蓋状の一段高い天井をつくる。上重は二重尾垂木付の本格的な三手先の詰組である。八角平面の塔として，かつ純粋な禅宗様の塔として，現存唯一の中世建築である。建築年代は鎌倉後期とされているが，最近の調査から，正応2年（1289）頃の可能性が示されている。

円覚寺仏殿造営図（鎌倉市所蔵）

鎌倉円覚寺大工の高階家に伝わる円覚寺仏殿造営図と地割之図と差図の2枚は，永禄6年（1563）の火災後の再建のために作成された。地割之図は実物の10分の1，差図は33分の1（おそらく10分の1の3割か，100分の1の3倍）の縮尺である。地割之図は内部の空間構成，部材の寸法から構造や装飾の細部に至るまで，的確に表現されており，室町末期の五山仏殿が壮大感と記念性を有していたことがわかる。この2図は立体的かつ空間的に正規禅宗様の五山仏殿の実像がわかる唯一の史料である。

参考文献

太田博太郎『社寺建築の研究』岩波書店，1986.
関口欣也『中世禅宗様建築の研究』中央公論美術出版，2010.

［上野　勝久］

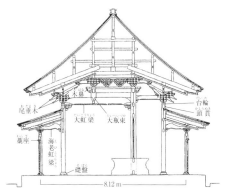

図2　円覚寺舎利殿梁間断面図
［神奈川県教育委員会『国宝円覚寺舎利殿：修理調査特別報告書』神奈川県教育委員会文化財保護課，1970］

図3　円覚寺舎利殿外観
［撮影：上野勝久］

図4　永保寺開山堂外陣
［撮影：上野勝久］

禅院の伽藍

　中世日本における黎明期の禅院は，まず京都と鎌倉を中心に，渡海経験をもつ日本僧の活躍により，禅一辺倒ではなく顕密仏教の要素と混交しながら胎動した。栄西（1141〜1215）開山の建仁寺では，重閣講堂や僧堂など禅院特有の建築と並行し，真言院・止観院などの真言宗・天台宗系の建築も完成した。円爾（1202〜1280）開山の東福寺では，仏殿の立柱を事始めに，のちに僧堂や説法を行う法堂，主に読書や喫茶をする衆寮，住持が居住する方丈，厨房にあたる庫裏（別称「庫院」）など禅院特有の建築が整備された。一方で，灌頂堂という真言宗系の建築に両界曼荼羅が安置され，五重塔に密教の五智如来像がまつられ，東西廻廊に真言八祖や天台六祖の行状が描かれもした。

　のちの13世紀中頃に転機が訪れる。北条氏による手厚い外護を契機に，鎌倉に本格的な禅院が登場した。建長寺に蘭渓道隆（1213〜1278）が，円覚寺に無学祖元（1226〜1286）が南宋から開山として迎えられると，中国大陸から新しい建築のデザインがもたらされ，もっとも重要な修行に坐禅が位置付けられた。多くの渡来僧や禅文化が直輸入され，建築と儀礼ともに本場仕込みの修業環境が実現したのである。

　「建長寺伽藍指図」によれば，山門（三門）が仏殿に，僧堂が庫院にそれぞれ対面し，仏殿の後ろに法堂や方丈，山門の前方に浴室や西浄（便所）などが建ち並んでいた。建長寺は南宋五山の径山寺を規範に創建されたが，南宋五山などの建築・什器・儀礼を日本の留学僧が記録した「大宋諸山図」は，三門と仏殿が，庫院と僧堂が対面するさまを表し，「建長寺伽藍指図」に見る禅院特有の伽藍配置と類似することを今に伝える。一方で僧堂と庫院の背後にも建築が連なるなど，中国と日本双方の伽藍配置に違いがあったことも教えてくれる。

　のちには亀山上皇が檀越の南禅寺や，足利氏が檀越の天龍寺や相国寺が開かれるなど，禅宗は公武との接近を進め，顕密仏教の儀礼をも適宜摂取しながら広く展開した。伽藍の周辺では塔頭が増加し，方丈や仮山水が整備され，景や境などの境致が制定されるようになり，そのインパクトは時の為政者の生活圏にまで及んだ。足利将軍家の邸宅だった室町殿をはじめ，金閣が聳える北山殿（現鹿苑寺），銀閣が聳える東山殿（現慈照寺）など，禅院の環境をモデルに制作された場も少なくない。

　禅院の制度も整備が進んだ。鎌倉時代から室町時代にかけて五山・十刹・諸山の位からなる五山制度が幕府により定められ，禅僧たちは五山の住持を目指し修行に励

んだ。この制度のもと，五山派の禅院は末寺も含め全国に数千もの数が展開するまで伸張した。妙心寺派・大徳寺派といった林下も含めるとその数はさらに上る。

　また，足利尊氏・直義は，夢窓疎石（1275〜1351）の勧めのもと，全国に安国寺・利生塔を制定し仏舎利を奉安した。元弘以来の戦死者を弔うことが主たる建前だが，禅宗の勢力を活用することで幕府の威令を広く示し，民衆の心を捉えるという狙いもあったようだ。

　このように，禅院は武家や公家の信頼を勝ち取り，五山制度のもとその数を増やし，清規をもとにした修業環境として伸長した。のちには茶道や庭園・立て花といった日本文化を生み出す場の一翼を担うようにもなった。

　虎関師錬（1278〜1346）はこの五山の条件として檀位（檀越の位），巨搆（禅院の規模），久創（禅院の歴史）を挙げている。なかでも檀位は禅院と檀越との密な関係について，巨搆は建築などの設備投資が重要だったことを教えてくれる。禅院の伽藍は修行生活の機能を満たすのみならず，社会的ステータスを表徴する役目も果たしたのである。

建長寺伽藍指図

　火災で消失した東福寺の再建のため，元弘元年（1331）に京都東福寺の大工越後が作成した建長寺の伽藍配置図。現状のものは享保17年（1732）に書写したものである。建長寺が正和4年（1315）の焼失後に再建されたときの状況を表しており，惣門・山門・仏殿・法堂・方丈が縦軸上に並び，僧堂と庫院が横軸上で対面している。南宋五山の特徴を取り入れた伽藍配置が日本において実現したことが窺える。

大宋諸山図

　南宋五山の建築・什器・扁額・儀礼などを日本の留学僧が記録した実測野帳。原本の製作年次は淳祐7年（1247）から宝祐4年（1256）の間と推定される。天童山景徳寺の伽藍配置図は，縦軸上に山門・三世如来殿（仏殿）・法堂・寂光堂・大光明蔵・方丈が列び，横軸上に庫院と僧堂が対面するほか，さらに横軸上の奥にも諸寮などさまざまな建築が連なるさまを伝える。

塔頭・方丈

　塔頭は塔所とも呼ばれ，もとは高僧などを葬る墓所として存在したが，のちに住持を退いた高僧が隠居する庵居を兼ねるようになった。方丈は住持の住房のことで，五山では一般に法堂の後方に造営され，大方丈・小方丈と分棟にすることもあった。また，塔頭ではのちに中心の建物として造営されるようになった。しばしば瀟洒な庭園と併せて造営され，各室が障壁画で飾られた。

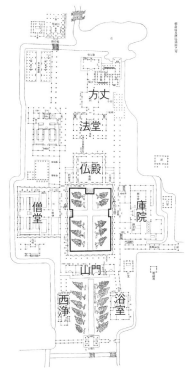

建長寺伽藍指図
〔神奈川県教育委員会『神奈川県文化財図鑑』(建造物篇) 1971 所収のものに加筆〕

東福寺・大徳寺・妙心寺の塔頭に方丈の遺構が数多く現存する。京都・東福寺竜吟庵方丈は嘉慶元年（1387）の建立となる現存最古の方丈で、入母屋屋根のこけら葺、6間取りの方丈形式をとり、両端の柱間に蔀戸を用いるなど、寝殿造にも通じる構成を一部にとどめる。

仮山水・境致

禅院では山水をモデルに多くの芸術が花開いた。現在にまでインパクトを与える枯山水は、平安期に編纂された『作庭記』にその初出を見るが、禅僧は黎明期の日本の五山叢林では禅院の風景を仮山水と呼んでいた。のちに一条兼良の撰と伝える『尺素往来』では、この仮山水の一範疇に、泉様や遣水様などと併せて枯山水様を位置付けるに至った。

他方、禅院では境内の人目を惹く実在の建築や庭園などに命名した境致が流行した。建長寺の建長寺十境や建仁寺の東山十境、天竜寺の天竜寺十境のほか、中国洞庭湖南方の山水を表した瀟湘八景のように、ときに数を定めて詩文が詠まれた。

五 山

中世に朝廷・幕府が中国・南宋代のものにならって定めた禅院の格式。五山・十刹・諸山という寺格で編成され、これら五山派はそのほかの林下と区別された。

五山は最上の寺格を示す五つの官寺で、紆余曲折ののち建武年間には第一南禅寺（大徳寺と同格）、第二東福寺、第三建仁寺、第四建長寺、第五円覚寺と制定された。のちに室町幕府が成立すると、京都と鎌倉の禅院を対象に、第一建長寺・南禅寺、第二円覚寺・天龍寺、第三寿福寺、第四建仁寺、第五東福寺、準五山浄妙寺と、それぞれ鎌倉五山と京都五山が定められるに至った。

安国寺・利生塔

南北朝時代に設定された寺院政策の一つ。元弘以降の争乱による戦没者の弔霊と天下太平を祈るため、国ごとに寺院一宇と塔婆一基が計画された。室町幕府開創後、夢窓疎石の進言のもと、足利尊氏と直義の発願により進められ、貞和元年（1345）には幕府の要請のもと、各国の寺塔を安国寺・利生塔と称することが勅許された。

安国寺・利生塔はそれぞれ66国2島に計画され、民心慰撫とともに、守護統制という政治的役割も果たした。前者は多くが五山派禅院に、後者は禅・律のほか天台・真言などの旧仏教寺院にも設置・設定された。

清 規

禅院での日常の修行や作務の次第を明文化したもの。僧衆を組織し寺院を運営するための共同体理念の一つとしても機能した。中国唐代に百丈懐海（749～814）が大小乗の戒律などのもと定めた『百丈清規』に始まるといわれる。宋代に編纂された現存最古の『禅苑清規』は、日本の五山叢林で広く参照されたほか、道元（1200～1253）が編纂した『永平大清規』にも大きな影響を与えた。日本では清拙正澄（1274～1339）による『大鑑清規』のように渡来僧が編纂した事例のほか、各寺院で置文や壁書と併せ各種が記され、のちには『百丈清規抄』のように抄物として流布した事例も散見される。

参考文献
太田博太郎『社寺建築の研究』（『日本建築史論集3』）岩波書店、1986.
川上 貢『禅院の建築―禅僧のすまいと祭享』中央公論美術出版、2005.
関口欣也『五山と禅院』中央公論美術出版、2016.
今枝愛真『中世禅宗史の研究』東京大学出版会、1970.
松尾剛次『日本中世の禅と律』吉川弘文館、2010.
野村俊一「『五山十刹図』制作・将来者再考」『佛教藝術』336号、2014.
野村俊一「仮山水としての西芳寺―中世禅院における山水の枠組みをめぐって」（天野丈雄監修『禅からみた日本中世の文化と社会』）ぺりかん社、2016.

〔野村 俊一〕

新和様・折衷様の展開

鎌倉時代前期に日本にもたらされた二つの様式のうち、大仏様は重源の死（建永元年（1206））とともに使用されなくなり、禅宗様はもっぱら禅宗寺院において採用された。しかし両様式のもつ利点や新奇な構造・意匠は、和様に取り入れられるようになり、大仏様・禅宗様とも異なる独特の構造や意匠の建物を生み出すことになる。和様と大仏様が融合したものを新和様、さらに禅宗様の要素も加味されたものを折衷様と呼んでいるが、その区別は厳密ではない。

大仏様の導入は、貫の積極的利用と木鼻の繰形の採用から始まる。12世紀末の重源在世中から南都周辺（元興寺極楽坊禅室の改修など）で建物の一部に大仏様の技法の採用が見られるようになり、13世紀前半には南都で広がりを見せる（元興寺本堂・法隆寺東院礼堂など）。それが奈良周辺から地方に波及するのは13世紀後半で、光明寺仁王門（京都府綾部市）、明通寺本堂・三重塔（福井県小浜市）、本山寺本堂（香川県三豊市）などが知られる。奈良周辺では長弓寺本堂・般若寺楼門のような意欲的な作例も生まれて、単に大仏様の要素を取り込むだけではなく、大仏様を踏まえた創意工夫を凝らした構造や意匠が産み出された。

初期の元興寺本堂（寛元2年（1244））は、頭貫・内法貫・足固貫を用いて外部には長押を打たず、頭貫には大仏様特有の木鼻を付け、桟唐戸を藁座で吊り、出組組物を小屋内部から引き付ける横架材を入れ、装飾的な蟇股を中備とするなどが特徴である。盛期の長弓寺本堂（弘安2年（1279））では、長押を用いるが頭貫木鼻は大仏様木鼻を装飾化したものを付け、外陣には梁行の長さ3間の虹梁2本を入れ、内陣では来迎壁の柱筋を側周りとずらして従来ではあり得ない架構を組み、複雑な繰形のついた双斗や木鼻・持送・蟇股を堂内各所にちりばめる。般若寺楼門では、柱を内部だけ立ち上がらせた片蓋として、外部にはその片蓋柱に組物を挿肘木で組み、組物間は壁も通肘木も分厚い板を重ねた箱のような構造にしている。いずれも大仏様の構造的特性を咀嚼して、自由な構造をつくり出すところにいたっている。

禅宗様は日本への導入が13世紀中期なので、その影響も遅れて13世紀末となる。戦災で焼失した松生院本堂（和歌山市　永仁3年（1295）建立）は禅宗様の組物と架構を用いた特異な遺構で、折衷様の初期の例となる。これ以後約1世紀間、折衷様の建物が瀬戸内沿岸地域を中心に多数建てられる。明王院本堂（広島県福山市　元応3年（1321））、浄土寺本堂（広島県尾道市　嘉暦2年（1327））、本山寺本堂（岡山　観応元年（1350））、鶴林寺本堂（兵庫県加古川市　応永4年（1397））などが代表例である。東国では遺構が少なく、鑁阿寺本堂（栃木県足利市　正安元年（1299）、15世紀初頭改修）がある。

明王院本堂は外部に台輪や禅宗様独特の意匠の木鼻・拳鼻を使う一方、外陣では大仏様風の虹梁や双斗を用いる。圧巻は外陣の輪垂木天井であるが、この出所はもはや様式的に特定できないし、双斗の肘木には禅宗様風の繰形がついて、さらに外陣虹梁上には木の芽・葉を象った拳鼻も使われるなど、融合とアレンジはとどまるところを知らない。

折衷様は禅宗様の要素が顕著ではあるが、大仏様の要素との判別は容易ではない。しかもただ各様式の要素を混在するというより、架構や細部意匠に創意工夫を凝らして、個性的な建築空間をつくり出しているところに特質がある。それはとりわけ14世紀代に顕著な現象であり、それ以後は定型化してゆく。したがって室町時代以降、近世に至るまでの建築の様式は、基本的にはすべて折衷様ではあるが、室町時代以降は折衷様の範疇には含めない。

新和様・折衷様をつくり出した背景として、律衆の僧侶の活動と、それに同行した南都の工匠の関与がある。さらに泉涌寺俊芿の南宋からの文化の移入や、由良興国寺（和歌山県）に始まる臨済宗法燈派の教線展開とも関わると推定される（⇨律衆とその建築活動）。

図1　元興寺本堂［撮影：山岸常人］

長弓寺

奈良市西部の生駒山東麓、富雄川沿いにある真言宗寺院。行基の開創と伝えるが、12世紀に入っての動向が信頼できる史実である。現在の本堂は、その棟木銘によって弘安2年（1279）に棟上された。その際の建築工匠は南都系、供養の職衆には叡尊の弟子が含まれ、西大寺の律衆によって復興されたことが認められる。

図3　鶴林寺本堂外陣 ［撮影：山岸常人］

図2　長弓寺本堂の外陣（上）と内陣（下） ［撮影：山岸常人］

明王院

　福山市の芦田川西岸にある真言宗寺院。中世には門前に草戸千軒と呼ばれる港湾都市が広がっており（現在は芦田川に埋もれる），明王院は常福寺と呼ばれて草戸千軒と密接な関わりがあった。「西大寺末寺帳」にも記された律衆配下の寺院であった。本堂は元応3年（1321），五重塔は貞和4年（1348）の建立で，特に前者は大仏様と禅宗様が混在した傑出した折衷様の遺構である。また禅宗様の要素の導入の要因として，臨済宗法燈派が近隣の鞆浦の安国寺（金宝寺）を開いたこととの関係が想定される。その意味で折衷様形成の重要な地理的位置を占める。

浄土寺

　尾道市にある真言宗寺院（沿革⇒律衆とその建築活動）。本堂は嘉暦2年（1327），多宝塔が元徳元年（1329），阿弥陀堂が貞和元年（1345）に建てられた。いずれも大仏様の影響の濃い折衷様の遺構である。嘉元4年（1306）供養の本堂の前身堂（金堂）は東大寺大工が手掛けていることが確認され，上記3棟も奈良県内の新和様の遺構と類似点が多く，前身堂に引き続いて南都系の大工が関わったと推定される。

鶴林寺

　加古川市にある天台宗寺院。草創は古代に遡り，法隆寺の荘園があったとの記録もあるが，平安時代以降の聖徳太子信仰の興隆と相俟って，寺勢を伸ばした。境内には天永3年（1112）に建てられた太子堂，それに続いて建てられた常行堂，応永4年（1397）の本堂，続いて建てられた鐘楼・行者堂など，中世の堂宇が多く残される。特に本堂は折衷様の末期の代表的遺構である。禅宗様の海老虹梁や渦を複雑に組み合わせた拳鼻などの細部意匠にその特徴がよく現れている。行者堂も同趣の建物である。弘安8年（1285）に西大寺叡尊が来訪しており，その縁によって，律衆系の技術者がこれらを建てたと推定される。

観心寺

　河内長野市にある真言宗寺院。空海が唐から帰朝後に本尊如意輪観音を安置したと伝えるが，実質はその孫弟子真紹が寺基を固めたようである。元慶7年（883）の資財帳が残り，現在の境内は14世紀以降に再興された姿である。金堂は正平15年頃（1360）の再建，建掛塔は文亀2年（1503）に建てられながら，完成しなかった三重塔の初層である。金堂は折衷様の遺構で，双斗や独特の絵様の使用が顕著である。内陣に両界曼荼羅を描く板壁がある点は，金剛寺金堂と並ぶ独特な点で，曼荼羅を重視する真言密教の建築空間の特徴を伝える。

参考文献

鈴木嘉吉「南都の新和様建築」（『大和の古寺　3』）岩波書店，1981.
永井規男「十三世紀における南都興律とその建築活動―新和様建築の形成に関する試論―」『佛教藝術』68号，1968.
山岸常人『塔と仏堂の旅』朝日新聞社，2005.

［山岸　常人］

律衆とその建築活動

　戒律の遵守は古代より僧侶となるには不可欠の要件であったが，平安時代に入って，戒律の遵守や戒学の修学を軽視する傾向が増加した。12世紀から13世紀にかけて，南都における教学復興の流れの中で，戒律の修学や律書の将来・収集などが徐々に盛んとなった。実範・貞慶・俊芿・覚盛・叡尊らがその立役者であった。こうした動きを一般に戒律復興と称している。特に西大寺に止住した叡尊は，嘉禎2年（1242）に東大寺法華堂（後に大仏殿に改変されて記録される）で自誓受戒を行い，以後，法華寺・家原寺などの諸寺で授戒を普及していった。それは古代とは異なる授戒方式であり，復興との表現は妥当ではなく，新たな仏教のあり方を創出した一派とみてよいだろう。

　こうした戒律復興運動は，覚盛の拠った唐招提寺，円照・凝然が拠り所とした東大寺戒壇院など，様々な派があった。それらのうち活動が社会的な広がりをもったのが叡尊と彼の依拠した西大寺の僧団であった。叡尊およびその門流の僧侶たちは，広く僧・俗に戒律を授けるべく各地に赴いた。しかしそれは戒律の弘通だけにとどまらず，文殊・釈迦・舎利・聖徳太子などに関わる信仰や真言密教など，多様な仏教思想と信仰を流布させるものであった。

　そうした宗教活動と連動して，各地の荒廃した寺院を再興し，港湾・橋・道路などの公共的な土木事業や非人救済などの福祉活動にも尽力した。社会事業と律衆僧団の組織展開とが表裏一体となっていたのである。こうした活動を通じて西大寺は14世紀末に全国に200を超える末寺を擁するようになっていた（「明徳2年西大寺末寺帳」）。

　具体例をあげると，尾道浄土寺は備後国大田荘の倉敷地にあった寺であるが，叡尊門下の定証によって復興され，嘉元4年（1306）に西大寺第二代長老信空の来臨の下，供養が行われた。丹後国分寺は建武元年（1334）に再建されるが，それに関わった同寺の長老宣基は叡尊の門下であり，金堂再建供養の出仕僧も西大寺の律衆が多数含まれていた。

　徳治2年（1307）に，西大寺末寺善養寺の尊海が大勧進を務め，西大寺の実専が奉行代を務めて，岡山県成羽川の水運の難所であった笠神の瀬を開鑿した。魚住（明石市）や福泊（姫路市）の港湾修築やその勧進のために，叡尊弟子の性海や顕尊が関わった。多くの場合，公共的事業と寺院の再興は連動して行われた。

　一方，忍性は叡尊の弟子で，関東に下って律法の弘通に務め，極楽寺を拠点としつつ，三村寺・称名寺など，関東の寺院復興にも関わった。

　律衆の活動は，南都の工匠を伴っていた。建築工匠は寺院堂宇の建設に携わり，伊派・大蔵派と称される石工は石造塔や仏像の造立だけでなく，土木工事にも関与した。新和様・折衷様の建築様式・技法の伝播と考案には南都の建築工匠の働きが大きかった。たとえば前述の尾道浄土寺金堂再建の大工八重宗遠が東大寺大工と称されていたのは，最も顕著な例である。そのほかにも南都の大工やその一族と推定される事例は多い。

　ところで，泉涌寺の俊芿もまた戒律の興隆に尽くした僧であった。南宋に渡って天台と律を中心に学び，関係経典を大量に持ち帰った俊芿は，嘉禎2年（1226）に泉涌寺を完成させる。貞慶・覚盛・叡尊らは俊芿やその門弟たちから戒学を学んでおり，西大寺系の律衆の教団に大きな影響を与えた。しかし泉涌寺の堂宇は，俊芿の著した「泉涌寺殿堂房寮式目」などによると，宋の寺院をかなり忠実に模したことが知られる。俊芿の時代の建築遺構は現存しないが，「東山泉涌律寺図」などから，禅宗様の要素も交えるものの，禅宗様とは異なる部分もあったとされている。

　俊芿と泉涌寺は禅宗様の導入だけでなく，和様への影響から，折衷様の形成の背景を考える上で注目すべき位置にある。

叡　尊

　建仁元年（1201）～正応3年（1290）。密教を修学するとともに，戒の受持を重視し，西大寺に入り，嘉禎2年（1242）に自誓受戒を行った。その後全国の寺院の復興，非人・乞食の救済，広く僧俗への授戒を行った。また弘長2年（1262）には関東に下り，釈迦堂を拠点として，忍性らと協力し戒律の弘通に努めた。同年西大寺に戻り，文永元年（1264）からは光明真言会を始め，西大寺配下の諸僧や外護者の結集の場とした。元寇に際して祈祷をするとともに，西国をも巡り寺院復興や布教を行い，戒律だけではなく，幅広い信仰を流布した。「金剛仏子叡尊感身学正記」がその自伝である。

西大寺末寺帳

　西大寺の律衆は西大寺や極楽寺を拠点として全国に活動を展開した。その活動を知る史料として「西大寺末寺帳」がある。複数の末寺帳が残されているが，明徳2年（1391）の奥書があるものは，後の追記もあるが，西大寺から直接住持が任命された寺を書き上げている。「西大寺坊々寄宿末寺帳」は永享8年（1436）の光明真言会に際して，末寺が寄宿する坊ごとの一覧である。律衆の活動の展開状況を知り，建築史の上では新和様・折衷様

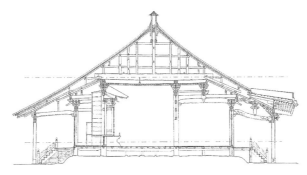

図1 鑁阿寺本堂断面図
［東京芸術大学大学院美術研究科編『鑁阿寺本堂調査報告書』足利市教育委員会, 2011］

の展開を知る拠り所となる。

忍性

建保5年（1217）〜嘉元元年（1303）。西大寺で叡尊から受戒し、律学の興隆と非人救済などに当たった。関東に下って、三村寺に住し、叡尊を関東に招くのに尽力した。北条重時に請われて、多宝寺に住み、鎌倉極楽寺の開山となり、鎌倉にて非人・病人などの救済を行い、あるいは様々な祈祷を行い、永福寺・大仏（浄泉寺）などの別当となって鎌倉の仏教界を先導した。一方で摂津多田院を経営し、叡尊没後の西大寺の運営にも当たった。さらに火災後の般若寺の復興、「東征伝絵巻」の唐招提寺への施入など、多くの事跡を残す。没後その遺骨は極楽寺・竹林寺・額安寺に分けて安置され、極楽寺には巨大な五輪塔の忍性の墓が残されている。

極楽寺

鎌倉市にある真言律宗の寺院。北条氏一族の重時が忍性を招いて別業に寺をつくり、重時の死後、文永4年（1267）に忍性を開山として律院極楽寺とした。忍性は終生、この寺に止住し、東国の律衆の拠点となった。「極楽寺絵図」は近世の作だが、往時の極楽寺境内の様子を窺わせる。

称名寺

横浜市にある真言律宗の寺院。鎌倉幕府第二代執権北条義時の孫実時が、六浦の地に居館を構え、その邸内の持仏堂を称名寺と称した。文永4年（1267）、忍性の推挙によって下野薬師寺の僧審海が開山となり、律院として展開することになった。元亨3年（1323）の「称名寺絵図」によって鎌倉時代の伽藍が窺われる。多数の古文書・聖教が伝来し、神奈川県立金沢文庫に保管されている。

鑁阿寺
（ばんなじ）

足利市にある真言宗寺院。源氏の一流足利氏が居宅と

した地を、12世紀末に足利義兼（鑁阿）が寺とした。本堂は正安元年（1299）に建てられ、応永14年（1407）から永享4年（1432）に、ほとんどすべての柱や軒から上の部材を取り替える大改修が行われた。正安建立当初は柱が現状より細かった。禅宗様仏殿の形式を忠実に反映した折衷様の建物であり、鎌倉時代後期の禅宗様と、東国における様式の折衷の両面を知る上で重要な遺構である。なお東日本の折衷様として他に大善寺本堂（山梨県、弘安9年（1286））があり、これは禅宗様の要素が稀薄である。

参考文献

和島芳男『叡尊・忍性』吉川弘文館, 1959.
松尾剛次『勧進と破戒の中世史』吉川弘文館, 1995.
蓑輪顕量『中世初期南都戒律復興の研究』法藏館, 1999.
箱崎和久「泉涌寺伽藍に見る南宋建築文化」『アジア遊学122 日本と《宋元》の邂逅』1999.

［山岸 常人］

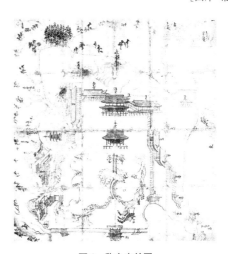

図2 称名寺絵図
［『称名寺の庭園と伽藍』（2009年特別展図録）］
［称名寺蔵（神奈川県立金沢文庫保管）］

寝殿造の変容

寝殿造から書院造へ

　日本の住まいは，寝殿造から書院造へと変容を遂げる。この変容のプロセスを考えるとき，大きく三つの課題について考える必要がある。一つ目の問題は，内部空間の問題である。寝殿造では開放的な大列柱空間があって，これを障屏具で仕切って儀式や生活の空間をつくるが，書院造では襖や障子で仕切られた部屋があり，儀式時には部屋の境の襖を外して大空間をつくる。内部空間の発想が逆転するのである。二つ目の問題は，内部空間と庭との関係である。寝殿造では寝殿の南に庭儀のための庭がつくられ，庭と内部空間が一体となって儀式が行われる。これに対して書院造における対面などの儀式は室内で完結し，庭は観賞用の空間になる。そして，三つ目は，住宅を構成する建物が時代とともに変化していくことである。つまり，寝殿造の寝殿・対に代わって弘御所・会所・対面所といった，新しい名称の建物が中世に次々と登場する。

遣戸の発明と内部空間の変容

　そもそも寝殿造は正月大饗のような大儀式に対応するために成立したものであったから，日常的な生活空間に合致する建物では決してなかった。また，大臣邸以外のつまり大饗を行わない邸宅では大空間は不必要であった。したがって，寝殿造が貴族住宅に広く普及していく前提として，住空間をつくるための新しいシステムの成立があった。それは，2枚の建具の引き違いによって開閉する遣戸の発明である。「遣戸」は，管見によれば10世紀末に書かれた『落窪物語』以後登場する言葉で，11世紀初めに書かれた『源氏物語』では頻出する。したがって，遣戸は10世紀の後半に発明されたと考えられる。遣戸の発明に先立って，紫宸殿の母屋と北庇の間を

図1　「源氏物語絵巻」早蕨に描かれた押障子

図2　「源氏物語絵巻」東屋（一）に描かれた遣戸

仕切るはめ込み式の賢聖障子（この形式を押障子と呼んだ）が9世紀の末に成立しているので，このはめ込み式の押障子から遣戸が発明されたと考えてよいだろう。

　遣戸が発明されることで，列柱空間を障屏具に加えて襖や明障子，舞良戸などで仕切るようになり，この列柱空間の中に遣戸を用いて住まいをつくるシステムが普及していった。建具をスライドさせるためには，建具の背を人体寸法に合わせる必要があるので，遣戸の採用によって寝殿造の柱間寸法は縮小していった。

拝礼から対面へ

　鎌倉時代までは，内裏や摂関の屋敷では年頭や儀式の最初に，庭に整列して行う拝礼が行われ，鎌倉幕府でも庭に着座して将軍との拝謁が行われていた。ところが，15世紀以降拝礼は行われなくなり，それに代わって御礼や御目見えと呼ばれる対面儀礼が年頭などに行われるようになった。これらの対面儀礼は，上座と下座の距離が確保できる奥行きのある屋内空間で行われたから，寝殿造に見るような屋内と庭との強いつながりは見られなくなっていった。

弘御所・侍・会所

　平安時代の末頃から，それまでの寝殿造では見ることのできなかった建物名称が確認されるようになる。弘御所は，鎌倉時代の内裏や院御所に見られる建物で，天皇や上皇が出御して会合や評定が行われた。侍は，鎌倉幕府において儀式や宴会が行われた場所で，将軍出御の下，御家人達も集まって儀式が行われた。鎌倉幕府の草創期には二十五間・十八間といった長大な侍が建てられている。

　会所は，遊芸の会合場所として鎌倉時代から見られる建物名称である。室町将軍邸では，寝殿は仏教行事などの場所として使用され，会所が対面などの社交儀礼の場となった。

弘御所

　平安時代末の後白河上皇御所以後，院御所や内裏に建

中世後期の住居　169

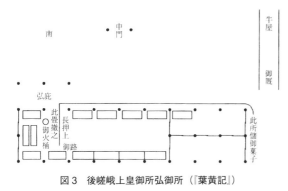

図3　後嵯峨上皇御所弘御所（『葉黄記』）

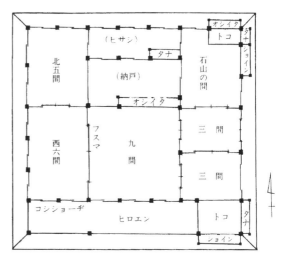

図4　足利義政東山殿復元平面図（川上貢案）
［川上貢『日本中世住宅の研究』墨水書房，1967］

てられた建物で，和歌会などが開かれ，後鳥羽上皇御所の弘御所には『新古今和歌集』の編集を行う和歌所も置かれた。鎌倉時代後半の後嵯峨上皇御所では，院の評定所という議決機関もここに置かれた。弘御所の特徴は，上皇や天皇の出御する場が設けられていることで，後嵯峨上皇御所の弘御所には上段が設けられていたことが確認できる。

会所

遊芸の寄合や会合を開いた場所あるいは建物のこと。鎌倉時代初めから「会所」は見られるが，室町時代の将軍邸において会所は重要な建物となった。室町幕府では武家と公家という二つの異なる社会秩序への対応が求められ，公家社会の秩序に縛られた寝殿以外の場所で公家・武家別々に対面儀礼を行った。それが会所であった。復元により，八代将軍足利義政の東山殿の会所の平面などが知られている。

対面所

臣下との対面（御礼・御目見え）を行う場。室町将軍邸では，会所などが対面の場所となっていたが，足利義政の時代に対面専用の対面所が登場する。対面は室町時代以降，武家・公家を問わず，謁見儀礼の中心となったから，近世住宅の対面所や大広間，書院に，対面空間は継承されていく。

小寝殿

南北棟の東西の対の代わりに建てられた寝殿に比べて小規模な東西棟の建物。平安時代後半以降，小寝殿，対代，対代廊など，小規模な寝殿や対を表す名称が記録に登場するようになる。建物の桁行・梁行が小さくなったということも考えられるが，柱間寸法が縮小した建物と考えることもできる。

常御殿
つねごてん

室町将軍邸において，将軍の日常の居所として使用された建物。寝殿造では，寝殿や対などの建物が儀式と日常生活両方に対応していたが，室町時代の将軍邸では，機能に応じた種々の建物が建てられるようになっていく。寝殿や公卿座，中門廊といった寝殿造以来の列柱空間が，仏教行事や将軍が公家として行う儀式の場，公家用の出入口として残される一方，遣戸で仕切って部屋をつくる会所や常御所が謁見の場や生活空間とされた。

晴と褻
け

平安時代末以降，住宅空間の方向性や，公的な場所と私的な場所を分けるのに使われた空間概念。晴の空間とは儀礼や接客が行われる公的な空間，褻の空間とは日常生活に当てられる私的な空間を指す。晴と褻はその後の日本住宅を理解する概念としても広く用いられている。

参考文献
川上貢『日本中世住宅の研究』墨水書房，1967．
川本重雄『寝殿造の空間と儀式』中央公論美術出版，2005．

［川本　重雄］

書院造の成立

　中世社会が誕生する契機は，平安時代に紙幣経済に転じた中国の北宋の経済発展がわが国にも及び，鎌倉時代初期の歌人藤原定家が日記に「銭の病」と記したような経済発展が訪れたことにあると考えられる。これにより力を増大させた武士団は，平氏による短期政権に続き，鎌倉幕府の設立にいたるが，そのような社会の変化の中で人々の関係性や価値観に変化が生じた。これが書院造という建築様式が誕生した理由と考えられる。

書院造の定義

　書院造の成立を語る上では，まず書院造という建築様式を定義しなければならない。従前の定義は，論者によって要素の種類や成立時期に違いがあるが，角柱を用い，床に畳を敷き，障子・襖，板戸などの建具で仕切り，水平な吊り天井で覆い，格式が高い部屋には床の間や違棚，付書院などの座敷飾を設ける，いわゆる和室の様式であるとする点は共通する。

　しかし，ヨーロッパの美術史で議論され，その後は建築史にも用いられている様式という概念の定義は，こうした形式要素の羅列では十分でなく，形式要素の組み合わせ方である形式関係と，そこから生まれる性格的特性という意味での品質という，具体性，関係性，精神性の三つのレベルの特徴を定めなければならないとされている。なぜなら，形式要素の多くは他文化や前代にも存在し，形式関係は変種が存在するので，品質を定めなければ，それらに対応できないからである。

座敷の誕生

　そこで，書院造の空間の品質は何かという課題に答えようとすると，それは座敷と呼ばれる空間が誕生したときの使い方に示されていると考えられる。書院造の部屋を座敷と呼ぶことは現代まで続くが，座敷という空間概念が成立した時期を探ると，北条重時が1260年頃に子息に宛てて書いた「極楽寺殿御消息」の中に「酒の座敷」における礼儀や，「長押の面に竹釘打つべからず。畳の縁踏むべからず。さえ（敷居）の上に立たず」という座敷での作法を述べていることに行きあたる。つまり，座敷という空間概念は鎌倉時代中期に酒宴の場として成立したのである。

　では，なぜ鎌倉武士の住宅で座敷が成立したかというと，鎌倉後期の幕府奉行人である中原政連が，執権の北条貞時に宛てた諫め状の「平政連諫草」に，身体を養生するため「早く連日の酒宴をあい止め」るように進言し，連日の酒宴になる理由として「或いは勝負の事といい，或いは等巡の役といい，かれこれ用捨しがたく皆ともに召し加えられば，何の時か休む時あるべき」と述べている。このように鎌倉の上層武家住宅では，闘茶，歌会，双六，博打などの「勝負の事」や「等巡の役」という持ち回りで連日のように酒宴が開かれ，そのための場として座敷という様式が成立したと考えられる。

座敷の性質

　わが国で集団で何かするときには，酒宴が欠かせない。公武寺社の諸勢力が入り乱れ，物事を寄合で決するようになった中世社会では，酒宴の重要性が高まり，それまで同席できなかった諸身分の人々が集う貴賤同座の空間が必要とされた。そこでの勝負事や和歌管弦などの遊芸を交えた酒宴を通じて生まれる連帯感から，中世の動乱を乗り越えていく新しい秩序をつくり出す機能が「酒の座敷」には求められていたのである。

　このことから座敷の品質も定まってくる。たとえば弘長3年（1263）2月に連署の北条政村が常磐別邸で開いた和歌会では，席次は歌の勝負次第と定められ，政村に勝った御家人は，政村が自分の下座に座るといたたまれず逃げ出したが，引き戻された。このように座席と身分の強固な結びつきを壊し，同座の平等性を現実化する機能が「勝負の事」にはあった。そのための空間である座敷は，座の平等性を目指して，同一の畳を敷き詰めにして，それまでは畳の違いで示されていた身分差を消し，全面に天井を貼ることで母屋と庇の違いによる身分差も隠した。そうして均質化し，巡る四季や理想郷が描かれた襖絵や庭園に囲まれた空間で，勝負や遊芸に夢中になることで，身分と因習にとらわれた前代の世界を離れて，新たな関係に基づく平等の場を一時的にせよ創出しようとした。

　このように座敷という書院造の空間が目指した品質

『蒙古襲来絵詞』（安達泰盛邸）
[三の丸尚蔵館蔵]

は，平等性であったと考えられる。この平等性が，さらに先鋭化したものが数寄屋の空間であったと考えられるので，ここで定義した書院造の様式は，数寄屋も含めることができる。また，こうした建築様式の品質は，高度に統一化された社会では他のジャンルにも共通して現れるとされる。たとえば連歌の盛行や，構成員の平等性を示す円形の署名形式である傘連判状が誕生し，それが近世を通じて存続した事実は，書院造の品質が他のジャンルと共通し，近世まで存続したことや，傘連判状の署名の関係を空間化したといえる追い廻し敷きの座敷も書院造に含めてよいことなどを示している。

障子・襖

　古代には角材を組んだ格子や板に布や紙を張り，目隠しに用いた建具や家具をすべて障子と呼んだ。そのうち屏風や衝立は中国から輸入されたので，飛鳥・奈良時代から存在し，平安時代の清涼殿で使われた昆明池障子や年中行事障子が有名である。平安時代になると柱間に障子を固定して壁パネルとしたものが出現し，板障子のものでは紫宸殿の賢聖障子や法隆寺東院絵殿の太子絵伝を描いた板壁が初期のものである。一方，組格子に布や紙を張った壁パネルを貼付壁と呼び，書院造にも継承された。10世紀頃になると障子の上下を鴨居と敷居で挟んで，引き違いに動かせる遣戸（障子）が生まれた。四周に軟錦と呼ぶ布を廻していたので寝具の衾に似ており，衾（襖）障子と呼ばれた。襖には10世紀以降，大和絵が描かれることが多くなったが，鎌倉時代になると軟錦を略して画面を広げ，宋伝来の水墨画を描くものが現れた。また，平安時代末期には格子の片面だけに白紙や生絹を貼り，採光を可能にした明り障子も出現し，南北朝頃にその下部を板張りにした腰高障子が出現した。

吊り天井

　古代の木造建築は，中国や朝鮮半島から伝来したので，基本的に天井はなかった。最初の天井は，角材で格子を組み，その上に板を張った組入れ天井で，角材の端が梁や斗供に組み込まれていたので構造体の一部をなしていた。平安時代に天井といえば，これをさし，仏堂や寝殿造の塗籠，釣殿，庇の間などにつくられた事例がある。平安末期になると梁もしくは梁に架けた吊木受けに吊木を取り付け，それで格子や竿縁などを吊り支え，それに天井板を乗せて張る格天井や竿縁天井が生まれ，鎌倉時代から広く普及した。

座敷飾（床・棚・書院）

　平安末期から中国の宋より輸入する唐絵唐物は人気があったが，鎌倉時代になると禅宗の普及も手伝って大量に流入し，それらを展示する座敷飾が誕生した。座敷飾の種類には，押板，違棚，付書院，帳台構，床の間などがある。押板は，軸装で輸入された唐絵を飾るために掛軸を掛ける壁と，その前に香炉や花瓶を置く板を一体的に造作したもので，奥行きが浅い厚板を床から浮かせて設置する。これを模したのが蹴込床である。違棚は，寝殿造で使われていた棚家具が唐物道具を飾るのに相応しかったので，それを模して棚板とその上下に天袋や地袋を設けたものである。付書院は，出文机という明り障子付きの出窓風の机を，その設置場所の一つであった禅院の住持の書斎の名である書院とともに，書籍や文具の飾り棚として座敷に取り込んだものである。その際に書斎にあった寝室への出入口形式である帳台構も，書院風の座敷飾として座敷に取り込まれた。以上は南北朝頃には出現し，室町時代に様々な形式が試行錯誤された。その際に貴人席として一段高く床を設けた上段は，「とこ」と呼ばれており，これが茶室で縮小されて床の間になるのは近世である。座敷飾の演出や飾り道具の管理と鑑定を担当したのが，阿弥号を名乗る同朋衆であり，座敷飾の記録である「君台観左右帳記」や「御飾書」を残した能・芸・相阿弥や，千利休の祖父の千阿弥，立花の立阿弥らが有名である。

追い廻し敷き

　部屋の四周に沿って畳を敷き，中央は板床のままにする畳敷きの形式。畳は，もともと皮，布などを折りたたみ糸で固定した座具であり，平安時代に藁を結い固めた床に藺草を編んだ畳表を取り付けて，端部を縁布で包む現在の畳形式が生まれた。その頃の畳は座具であったので，意匠，規模，位置が使用者の身分と連動しており，人の動きを制限していた。鎌倉時代になって連歌や闘茶など貴賤同座で席の交替が必要な遊びを含めた宴会が流行すると，同じ畳を部屋の四周に回し敷いた追い廻し敷きと呼ばれる形式に変化した。鎌倉時代の上層武士住宅は追い廻し敷きが多く，小さな部屋では敷き詰められていた。こうした書院造の普及に連動して，鎌倉時代から畳職人が増え，畳の価格も低下した。

参考文献

川本重雄「寝殿造と書院造―その研究史と新たな展開を目指して」（『シリーズ都市・建築・歴史2 古代社会の崩壊』）東京大学出版会，2005.
M. シャピロ，E. H. ゴンブリッチ著，細井雄介，板倉壽郎訳『様式』pp.7-11，中央公論美術出版，1997.
藤田盟児「鎌倉前半期における上層武家住宅の実態と変遷過程」『建築史学』第53号，2009.

［藤田　盟児］

書院造の形態

　書院造の様式でつくられた空間の定義と性質は前項（⇒書院造の成立）で述べた。ここでは，書院造でつくられた部屋や建物の種類と，その具体的な形態について述べる。

デイと座敷

　平安時代末期から武家住宅の主屋には，デイと呼ばれる広い客室があった。デイは，中世を通じて武士や名主の住宅で接客室として使われ，近世の上層民家に継承されて現在に至る。

　鎌倉時代の武家住宅のデイが，どのような形態であったかを明示する史料はないが，将軍邸の寝殿の復原や執権邸の史料および同時代の絵画史料から判断すると，桁行梁行とも三間の九間と呼ばれる正方形の部屋が多く，寝殿造の出居とは違う空間であったと判断される。前項で述べているように1250年頃に出現した座敷も，中世を通じて九間が多いので，初期の書院造の空間である九間の座敷はデイから生まれたと考えられる。

会所の誕生

　室町時代になると上層住宅にデイは見えなくなり，代わって会所が出現する。たとえば，足利尊氏とともに室町幕府を開設したバサラ大名の佐々木道誉は，南朝方に追われて京の自邸を退出する際に，客室である六間の会所に唐物飾りを行い，寝室と遠侍にも調度を整えさせて，占拠に来た武士を遁世者に応接させたと『太平記』に記されている。

　このような会所は，鎌倉時代後半に武家社会で闘茶や唐物数寄が流行すると，遊びの賭け物である唐物を展示する座敷飾りを備えた座敷が出現し，それが会所と呼ばれる建築類型になったと推測される。

　鎌倉時代の会所の建物は残されていないが，鎌倉の今小路西遺跡では鎌倉後期の会所と推定される遺構が見つかっており，12間の広い部屋と付属室で構成されていたと推測される。これと似た平面形式が，室町初期に醍醐寺の座主が京都で使っていた**法身院**の指図（図1）に描かれた会所に見える。この会所の主座敷は九間で，その奥側に「ヲシ棚」と書かれた押板をもつ2種類の「床」が設置されており，計12間となるので，今小路西遺跡の会所遺構の主座敷と同規模である。

　会所の最古の遺構と考えられる建物が，後醍醐天皇が逃れた吉野の**吉水神社書院**に残されており，伝承から義経潜居の間と呼ばれている。規模は佐々木道誉邸の会所と同じ六間で，奥に幅2間の押板を設置し，右側面にも長い押板を廻して付書院と棚を設けた上段があり，法身院の会所に似た形式関係を示している。このような上段を当時は「とこの間」と呼び，これが茶室で小型化したものが近世の床の間である。正面の押板と側面の棚や書院の押板を同じ高さで巡らすのは，室町時代の『祭礼草子』に描かれた七夕法楽の飾り方に似ており，空間を2方向から荘厳する座敷空間の一体性に対応した室町時代らしい形式だと考えられる。**慈照寺東求堂の同仁斎**（図2）も違棚と付書院の棚板を同高にするとともに畳を敷き詰め，猿頬天井とし，室境は襖障子，外周は舞良戸と明障子を組み合わせ，縁床から切目長押，敷居，鴨居，内法長押，小壁，天井長押，蟻壁と積み上げる正規の書院造様式である。

　文明9年（1477）に書かれた奈良興福寺の禅定院の会所の指図は，九間座敷を2室並べ，続き間座敷としている。このような同規模の部屋を並べる続き間は室町時代になって普及した。

主殿の誕生

　ところで園城寺の光浄院や勧学院の客殿のように，近世初頭の遺構が残る主殿は，室町中期には寺院の院家や

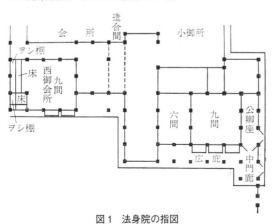

図1　法身院の指図
［太田博太郎『日本住宅史の研究』岩波書店，1984］

図2　慈照寺東求堂同仁斎
［撮影：藤田盟児］

鎌倉公方邸の主屋として使われているが，室町初期の法身院の指図で会所の隣りに描かれている小御所が，早い時期の主殿と考えられる。

同時期の主殿の遺構は残らないが，東福寺の塔頭である竜吟庵方丈は，同じ頃の客殿であり，外周の一部に蔀戸と妻戸を残しつつ多くは舞良戸と明り障子の組み合わせであり，広い部屋は追い廻し敷きであるが，その他の部屋は畳を敷き詰め，慈照寺東求堂と同じ書院造の意匠をもっている。

今小路西遺跡

鎌倉の御成小学校の校庭から発掘された上層武家住宅を中心とする遺構。遺跡の北半で検出された住宅遺構は，新田義貞の鎌倉攻略で焼亡したと推定される最上層の御家人住宅である。建物は多くが礎石建で，4間から5間の正方形に近い平面形をもち，約7尺等間のグリッド上に柱を配置している。その中には主屋や御成御殿と推定されている建物があるが，屈曲溝の西側には高級輸入磁器類で飾られた宴会用と推定される建物があり，会所と推定されている。一方，発掘区の南半で検出された南側屋敷の主屋は，中門のような突出部をもつ7尺等間の礎石建建物であり，伏見宮洛外御所や愛宕坊寝殿などの主屋に近い平面形式ではないかと推測され，主殿の早い事例である可能性もある。

法身院

法身院は，日野俊光の子で，足利尊氏の側近として南北朝期に三宝院門跡の地位を確立した賢俊が，暦応5年（1342）に行った伝法灌頂の会場として初出し，中流公家や足利義満や義政の子弟に相承され，院主は醍醐寺座主と東寺長者を兼任することが通例であった。

前ページの図は，今小路師冬の子で法身院准后と呼ばれた満済が，東寺長者に就任し，応永17年（1410）に行った東寺拝堂のための吉事儀礼の記録に描かれた指図で，雁行形に接続された小御所と会所が描かれている。九間の主室を中心に中門などで構成された小御所と，九間の主室に押板や「床」と記す上段を具えた会所は，主殿と会所のごく初期の形式を示すと考えられる。この小御所と，15世紀後半の仏地院の主殿などとの違いは車寄せ妻戸の位置くらいであるが，前面の広庇に柱が1間ごとに立つのは東福寺の竜吟庵方丈よりも古い形式を示し，14世紀の主殿の形態を示すと考えられる。奥に接続された会所も後の室町将軍邸に建てられた会所より単純な平面形式で，14世紀の会所の姿を示すと考えられる。

吉水神社書院

金峯山寺を中心とする吉野山は，熊野神社まで続く大

峰奥駈道の入り口であり修験道の聖地である。建武3年（1336）に尊氏と対立した後醍醐天皇が身を寄せると，正平3年／貞和4年（1348）に四条畷で敗れるまで，南朝の所在地になった。

吉水神社の書院は，近代の神仏分離以前は吉水院と呼ばれる金峯山寺の執行の住房で，後醍醐天皇の宿所にもあてられた。文禄3年（1594）に豊臣秀吉の花見の旅館となり，玉座の間から北側を増築したが，義経潜居の間より南側は柱間寸法6尺8寸，柱面は約7分1と，南北朝期前後の標準値を示し，後醍醐天皇の在所中に建てられた可能性もある。

義経潜居の間には幅2間の押板のほか，それと同じ高さの棚板を廻す違棚と付書院が具わる上段がある。同時期の法身院の指図に描かれた会所や，永享2年（1430）3月17日に義教が花見のために訪れた金剛輪院の常御所兼会所にも同類の上段があるので，室町時代初めの会所の座敷飾の形式を示すと考えられる。

慈照寺東求堂

臨済宗相国寺派の慈照寺は，足利義政の隠棲所であった東山山荘を，延徳2年（1490）に菩提寺としたものである。文明17年（1485）に建てられた持仏堂は4室で構成され，西南に義政の持仏であった阿弥陀三尊を祀る仏間がある。義政は「東方の人，念仏して西方の浄土に生まれるを求む」の意を込めて「東求堂」と命名し，桟唐戸，連子窓，折上小組格天井の仏堂風の意匠でまとめた。他の3室は書院造の座敷である。

東南の四畳は，聴聞所などに使われたらしく，その北側に「同仁斎」の額をかけた四畳半の書斎がある。天井に「御いろりの間」の墨書があったので，相阿弥の御飾書にみえる「四畳半敷御囲炉」と一致し，囲炉裏を設けた会所座敷または茶室として使われたと考えられる。その違棚は，板が厚く，筆返しがなく，地袋の板が付書院の板と同高で，天袋はないなど，吉水神社書院の義経潜居の間の座敷飾りと共通性が高く，近世のものとは異なる。北西の六畳の間は，奥の壁に夢窓疎石の墨跡を懸け，椅子を置いたと御飾書に見えるので，唐様室礼の接客室であったと考えられる。義政は村田珠光と通じており，同仁斎は唐物数寄の闘茶から侘び茶への転回期にあった茶道を偲ぶ唯一の遺構である。

参考文献

太田博太郎『日本住宅史の研究』岩波書店，1984．
藤田盟児「中世住宅の空間構成の変遷（中世庭園の研究―鎌倉・室町時代―）」『奈良文化財研究所 学報』第96冊・研究論集18，2016．

［藤田　盟児］

諸権門の住宅

中世社会は，古代や近世と異なり権門勢家と呼ばれる公家・寺家・武家の三者の支配層が，役職や領地を分け合って分有する体制をとっていた。それら三者の権門の住宅は，公家が執政，寺家が護持，武家が守護を担当したことから異なる機能をもっていた。また辿ってきた歴史や文化の違いもあり，公家における寝殿，寺家における御堂，武家におけるデイや侍所のように異質な施設もあった。しかし，基本的には荘園を経済基盤として，家司，坊官，管領などの執事を筆頭とする被官人が家産を管理運営していた点で同じ経済構造をもち，大きくみれば類似した建築構成をもっていた。

公家住宅

中心となる殿舎を寝殿と呼ぶことは公家住宅の伝統であり，他の権門も模倣しているが，鎌倉時代中頃から寝殿造の伝統は弱くなり，代わって書院造が誕生し発展した。そうした中で中世の公家生活に必要な機能や使用法の変化に応じた常御所や小御所，弘御所などが普及し，家政機構の拡充に応じた侍廊などの発達もみられる。

中級公家の代表として鎌倉時代初期の歌人である藤原定家の一条京極邸を見ると，図1のように短い中門廊を付けた略式寝殿を中心に，公家生活に必要最低限の施設で構成されていた。

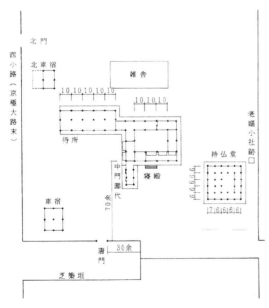

図1　藤原定家の一条京極邸
[藤田盟児「藤原定家と周辺住民の居住形態」『日本建築学会計画系論文報告集』第448号，1993]

寺家住宅

寺家の住宅は，通常は院家と呼ばれ伽藍の周囲にあることが多いが，別項（⇒書院造の形態）にみえる法身院のように京内に設けられる院家・里坊も増加した。

院家の建築構成の特徴は，中心殿舎が仏事に用いられる堂舎であり，女性用の殿舎がないことであるが，永続的な組織と筆記者を備えていたので，指図と呼ばれる図面類が豊富に残る。例えば，鎌倉時代と室町時代の上層住宅の全貌を窺うことができる史料として，延暦寺の青蓮院門跡の住宅で，京の岡崎にあった鎌倉時代中期の三条白川房と，奈良の興福寺の二大院家である大乗院が室町時代に本坊としていた禅定院の指図類がある。前者は図2のように仏堂を中心とする寝殿造であり，後者は小御所を中心として庭園に堂社や会所を散在させた書院造である点に，時代の趨勢が現れている。一方，鎌倉時代に導入された禅宗寺院は，院家に相当する塔頭を発達させ，主屋として方丈建築が誕生した。

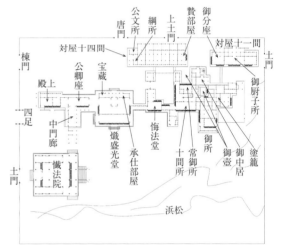

図2　三条白川房の指図
[作図：藤田盟児]

武家住宅

第三の権門である武家の住宅は，前二者に比べて変化が大きく，別項（⇒書院造の成立）で示すように書院造という新しい住宅様式を形成する原動力になった。とはいえ京都に幕府を開いた足利将軍家は，大臣や大納言家として公家社会にも参加したので，花の御所とも呼ばれた室町殿は，第六代将軍の義教のときの指図によれば，南西の一画に寝殿を中心とする公家住宅と同様の施設を設けていた。しかし，その反対側は会所と庭園による書院造の空間になっていた。

室町時代の住宅史は，座敷で構成された会所，主殿，方丈などが寝殿に代わる中心建築として諸権門の住宅に普及して行く過程として描けるが，例えば南北朝を合一

し，諸権門の頂点に立った足利義満が造営した北山殿は，寝殿造と書院造，会所と堂社，寝殿造庭園と禅宗式庭園などの公武和漢を組み合わせた邸宅で，その多様性は，金閣という建築に象徴的に示されている。

一条京極邸

鎌倉初期の歌人である藤原定家は，貞応年間（1222〜1223）から一条大路と京極大路の交差点の外側，つまり洛外に居を構えた。『明月記』によれば，定家が買得した敷地は四行八門制に即しており，洛中の地割りが適用されていた。京都御所に近い当地は，鎌倉初期にはすでに北の方まで家屋が密集し，定家も含めた権門領主層の邸宅に混じって，所領を給付されるか売買地を安堵された地主層である，定家の家人や寺社の僧侶らが宅地を構え，そうした在家の中に寄宿する輩や，許可なく家を建てて六波羅探題に排斥された番匠のような商工業者，下人らの多様な都市民が居住していた。

一条京極邸の主な建築は，嘉禄2年（1226）に建てられた三間四面の寝殿と，その東の持仏堂，西の侍所，北の小雑舎，南北にあった車宿と門であったが，寛喜2年（1230）に南端を車寄とした中門廊代を寝殿に増築し，翌年には南縁と高欄，3段の南階を追加して公卿の住宅として体裁を整えた。また，嘉禄3年（1227）には定家に仕えた女房によって，一条京極邸の南隣に桟敷と門が複合した門屋が建てられ，定家の路頭見物や方違の宿所に使われていた。

三条白川房

延暦寺の青蓮院門跡は，天皇家出身の法親王を迎え入れることが多かった最上層の院家で，嘉禎3年（1237）に再建された施設の全貌が『門葉記』に掲載されている。図2はそれらを集成したものである。同図に見える三条白川坊は，密教の修法である熾盛光法を行うために寝殿の位置に熾盛光堂を建てており，その影響で通常の院家に建てられる寝殿と常御所が東にある小御所に集中している。「十間所」と記された広い部屋には母屋と庇の区別がない。しかし，全体は外周に幅1間の庇を巡らせた寝殿造の空間構成をもち，当時の院家建築はまだ寝殿造であったことを示している。

禅定院

奈良の興福寺には一乗院と大乗院があり，この両門跡が興福寺内を管轄していた。このうち平重衡の南都焼き討ちで本所を失った大乗院は，元興寺の別院である禅定院に本所を移した。それが現在までつながる大乗院（庭園）である。

興福寺蔵の「肝要図絵類聚抄」に書写された指図類を見ると，鎌倉時代末期の寝殿は，寝殿造を基本としながら7尺間の角柱，追い廻し敷きの着座形式，車寄せ妻戸がある中門廊を使うなど，主殿の要素が混入した建築であった。室町時代になると宝徳3年（1451）の焼失後に再建された姿は『大乗院寺社雑事記』に詳しく，主屋は下小御所と呼ぶ主殿で，敷地東半を占める大池に臨む亭や橋，堂社などを設けた南都随一といわれる庭園があった。文明9年（1477）に計画された会所は，押板や付書院を具えた九間の続き間座敷で，会所の発展形を示している。また，尋尊の後見職であった坊官の居所である成就院も，主殿と会所で構成されていた。

室町殿

室町幕府の第三代将軍義満は，永和4年（1378）に北小路室町に東西幅1町，南北幅1町半の邸宅を新造した。これが花の御所と呼ばれ，室町殿として将軍の名称にもなるほど世に知られた邸宅である。

室町殿は，西を晴向きとして，そちらに寝殿造の諸施設を配置し，東側には小御所，観音殿（勝音閣），会所泉殿などを配置していた。その東側には，永徳元年（1381）の後円融天皇の行幸記である『さかゆく花上』によれば，1町余りの広い池があり，この景観が北山殿に継承されたと考えられる。義満の子である義教は，永享3年（1431）に室町殿を継承し，寝殿の前まで広がっていた池を縮小して，「永享四年七月二十五日室町殿御亭大饗指図」に描かれたような寝殿造の空間とし，東側に残した庭園空間に3棟の会所を建てた。永享4年に池の北岸に最も頻繁に使う南向会所を建て，その翌年には池の南岸にあった観音殿の近くに北向きの会所泉殿を追加し，さらに翌年には厩の近くに新造会所も建てている。

参考文献

川上　貢『日本中世住宅の研究（新訂）』中央公論美術出版，2002.

藤田盟児「主殿の成立過程とその意義」（『シリーズ都市・建築・歴史3　中世的空間と儀礼』）東京大学出版会，2006.

［藤田　盟児］

中世の神道とその思想

「神道」という概念をどう定義するのかは，立場により異なる。原始以来の日本固有の信仰形態とすることも可能だが，ここでは「神道」そのものが歴史的に形成され，時代や社会のなかで変化するものだと捉えたい。そして，「神道」は日本中世において新たに生成され，確立を遂げたと考える。

古代において，「神道」という語は神の権威やそのはたらき，神としての地位，神そのものなどの意で使用されていた。もちろん，神々への深い信仰はあったが，独自の教義や体系的な信仰・儀礼の秩序は未整備で，独自の「宗教」としては未熟で，「神祇信仰」「神祇祭祀」と呼ぶのが適切である。このような「神祇信仰」が宗教性を帯び体系的な教義をもつには，仏教の論理性が必要だった。

中世社会が形成される10世紀中葉より，古代とは異なる新たな神祇秩序が形成され，同時に，神仏習合も新たな段階に入る。このような，神祇信仰を取り巻く社会的な変化が思想面にも影響を与え，仏教の論理を取り入れた「神道」の形成が進む。一例として，伊勢神宮周辺での神道思想の形成について確認しておく。12世紀末に『三角柏伝記』『中臣祓訓解』といった両部神道の著作が成立する。これらは伊勢神宮の内宮・外宮を密教の胎蔵界・金剛界に配当するという発想が基幹にあり，仏教の世界観のもと，伊勢神宮を地上に出現した曼荼羅と見立てた。神宮周辺の僧侶により生み出されたこのような思索は，神宮の神官にも影響を与え，外宮の禰宜度会氏により伊勢神道が形成される。外宮の祭神豊受大神は天照大神の供膳神とされ，外宮は内宮より格下に置かれていたが，内宮と外宮が同格たることを主張するのが伊勢神道である。そこでは両部神道における両界不二の論理が利用されたが，やがて仏教色を排除していく動きが進む。このように，仏教の論理を利用しつつ，独自色を強めることで神道思想として確立を遂げ，「神道」と呼ぶべき宗教ができあがった。

このような中世の神道思想は神官や僧侶といった一部の思想家により思索されたもので，宗教者たちの間には一定の広がりはみられるものの，中世に生きた人々にまで広く浸透したわけではなかった。村の鎮守に手を合わせる人々の信仰は，かかる神道思想とはほとんど無縁であった。以下，中世人の信仰を支えた中世の神祇秩序について叙述する。

10世紀中葉，天慶の乱直後から急速に形成が進む中世の神祇秩序は，祭祀主宰者たる天皇のもと，都とその

周辺の主要社からなる二十二社と，各国の国鎮守を頂点に構成される諸国の神社秩序からできている。全国の官社への班幣という律令祭祀の理念の維持は難しく，朝廷の祭祀対象は主要社への奉幣へと変化する。10世紀中葉には奉幣使の派遣は都とその周辺の十六社となり，その後の加増を経て，11世紀末には二十二社に固定する。二十二社は朝廷による祭祀秩序という側面が強いが，中世に生きた人々と直接関わるのが，各国で展開した国鎮守を頂点とする神社秩序である。

10世紀中葉以降，地方の神祇祭祀は国司（受領）に委ねられた。国司は任国に赴任すると，国内神名帳に基づき，任国内の神社に赴き神拝を行った。国司の初任神拝で最初に訪れ国内で最も崇敬された神社が国鎮守で，「一宮」と呼ばれることもあった。また，国内を巡る初任神拝を簡略化するため，11世紀末頃から国府周辺に惣社ができ，そこには神名帳に記された国内の神々すべてが勧請された。

国内の神々は国鎮守（一宮）を頂点に神名帳に記載された神々が序列化され，一宮に対して二宮・三宮との呼称も使われた。かかる秩序を規範として，各郡の鎮守も明確となり，郡内の神社も序列化がなされ，その末端には村の鎮守が位置付けられた。例えば，疫病が流行した際には，国鎮守では国内の疫病消除を祈る仏教儀礼や祭祀が営まれ，国内の人々が多く参集した。それは郡鎮守や村鎮守でも同じで，国―郡（郷）―村という各領域を宗教的に護持する体制ができた。各領域は重層化しており，人々は複数の鎮守を信仰しており，このような秩序は各神社の祭祀圏に対応し，現在もその一部を確認することができる。

中世の人々が著した起請文には，彼らが誓約をなした神仏の名が記されており，神々について体系的な記載がなされる場合には，村鎮守・郡鎮守・国鎮守，さらには王城鎮守（二十二社をさす）の順で記されている。国内の神祇秩序の先には二十二社が位置付けられており，中世の人々が信仰した神々の世界は彼らがもった世界観や国土観をも形づくる契機となったのである。

二十二社や国鎮守をはじめとする中世の代表的な神社では，神仏習合が進展するのが特徴である。都の主要社では，10世紀末より神に対する法楽として本殿近くで講経法会が営まれ，11世紀初頭には仏塔や経蔵といった仏教施設が境内に建立される。そして，11世紀末には神社内に社僧組織が現れ，中世神社は神官と社僧により構成されるのが一般的な形となる。このような動きは本地垂迹思想の進展と軌を一にするものといえる。ただ，神仏習合の度合いは神社によって異なり，伊勢神宮の境内では仏法が忌避された反面，石清水社は「八幡宮寺」と呼ばれ，古代より仏教色が強い。

二十二社

　中世に朝廷が直接祭祀の対象とした神社で，総称して「王城鎮守」と呼ばれることもある。官社すべてに班幣を行う古代の律令祭祀の理念を維持することが難しくなり，9世紀末・10世紀初頭より特定の神社に勅使を派遣する奉幣が行われるようになった。対象社は徐々に固定し，10世紀中葉の天慶の乱後には，十六社に定まった。つまり，伊勢・石清水・賀茂・松尾・平野・稲荷・春日・大原野・大神・石上・大和・広瀬・龍田・住吉・丹生・貴布禰社で，山城・大和国の主要社と両国の水源の神を中心とする。10世紀末の一条朝では，梅宮・吉田・広田・祇園・北野社が加わり二十一社となり，加増された神社の多くは藤原氏と関わる。そして，11世紀末には日吉社を含め，二十二社が確立する。二十二社は伊勢神宮を頂点に諸社が序列化されており，遣わされる奉幣使の人数とその位階により各神社の格付けは明確である。このような祭祀秩序は室町期まで維持され，二十二社が中世の朝廷祭祀秩序の基幹となった。

一　宮

　国司（受領）が国内で最も重視した神社が国鎮守で，それを「一宮」と呼ぶこともあり，その呼称は平安後期より史料上に見える。『今昔物語集』には，国内で疫病が流行した際に，国鎮守においてその消除を目的とする法会が営まれ，そこに国内の人々が参集した話がある。一国内を宗教的に護持する法会や祭祀が営まれたゆえ，国の鎮守として広く国内の人々の崇敬を得たのである。そのため，国内の武士は流鏑馬を奉納し，国鎮守は国内の武士が結集する場ともなった。かかる性格を反映して，国鎮守の再建（遷宮）の経費は，国内の荘園・公領を論ぜず賦課される一国平均役で賄われることが多かった。国鎮守（一宮）になったのは，古代以来，国内で最も権威のある神社であった場合が多いが，国府周辺の神社が選ばれることもあった。例えば，尾張国では熱田社ではなく，真清田社が一宮とされており，国鎮守（一宮）が定まっていった平安後期における国司と神社との関係を反映したものといえる。国鎮守の祭礼は国司が主導し，神祇祭祀とともに，当時，都で行われていた講経法会なども営まれ，国鎮守は法会の会場としても機能する。境内にも仏塔をはじめとする仏教施設が建立され，神官と社僧により構成される中世神社としての特徴を明確にしていく。

惣　社

　惣社は大きく分けて2種類あり，一つは全国の国府周辺に所在する社，もう一つは寺院の伽藍内に祀られたもので，いずれも平安後期に成立する。前者は11世紀後半より史料上に姿を現す。国司（受領）が祭祀対象とした神社名を記載した国内神名帳に基づき，新任の国司は任国内の神社を神拝してまわった。この初任神拝を簡略化するため，国内神名帳に記された神社をすべて1ヵ所に勧請したのが惣社で，国府周辺に建立されることが多い。一方，寺院内に建立された惣社は12世紀初頭から史料に見え，承安5年（1175）2月に建立が始まった蓮華王院の惣社宮はその具体的な様子が知られる。宝殿には二十一社（二十二社より伊勢を除く）と，日前国懸・熱田・厳島・気比の各社が勧請され，各社の本地仏の図像が正体として祀られた。王城鎮守と国土の四方の神を勧請することで，日本のすべての神々が来臨していることを象徴したものと考える。さらに，都市平泉には，平安末期に惣社が祀られており，諸国の国府にあった惣社を参考にして，都市の鎮守としての機能を果たしたものと推測される。

本地垂迹

　中世になり，神仏習合が新たな段階を迎えたことを示すのが本地垂迹思想の展開である。本地垂迹とは，日本の神々の本地（本体）は仏であり，神とは仏がこの世で仮の姿を現したものだとする。このような考え方は僧肇『注維摩詰経』や智顗『法華玄義』などに見える「本迹」という考え方に基づくとされ，日本でも九世紀中葉には神は仏の垂迹とする事例がみられる。そして，11世紀中葉になると具体的な神と仏との対応関係が示される。つまり，宮中清涼殿の二間に詰め，天皇の身体安穏を祈念した護持僧は毎夜，二十一社を勧請し，その「本地呪」を唱えたという。これが本地垂迹の確立と評価できる。11世紀末には，大日如来と天照大神とが同体で，天照大神の本地が大日如来とする考え方が定着した。さらに，12世紀に入ると，神々に対する具体的な本地仏の比定が進むことになる。本地垂迹思想に基づき，仏がその威光を和らげ，神となって俗塵にまみえて人々を救済するという和光同塵の思想も生まれ，中世の神観念の一つとして社会にも浸透した。

参考文献

吉田一彦「日本における神仏習合思想の受容と展開」『仏教史学研究』47巻，2号，2005.
上島享『日本中世社会の形成と王権』名古屋大学出版会，2010.
伊藤聡『神道とは何か』（中公新書）中央公論新社，2012.
伊藤聡『神道の形成と中世神話』吉川弘文館，2016.

［上島　享］

中世の神社と信仰

　古い建築史の認識では鎌倉，室町時代を中世とする。これは禅宗様，大仏様の移入という建築技術および様式の変化を重視した定義である。しかし，建物の技術と様式を日本史上の時期区分としての中世に直結させてよいかどうかは疑問である。中世の神社について建築と社会との関連を重視するなら，神社建築の存在理由すなわち使用法と，それに応じた形態が問題となる。中世に隆盛期をもった神社を中世的な神社とするなら，第一に地域と社会階級を超えた信仰の広がりをもつ神社，第二に中世社会の根幹をなす荘園制下での在地の神社が相当する。これを前提とすれば，神社における中世の起点は平安時代にあると考えられる。

　幅広い信仰を集めた神社の代表例として，日吉大社，八坂神社，北野天満宮がある。日吉造本殿は9世紀末に本殿形態を整えた。八坂神社は延長4年（926）には本殿と礼堂が存在し，久安4年（1148）にはそれをまとめて現在に近い形になった。北野天満宮の石の間造の形態は文暦元年（1234）以前にできていた。一方，在地の荘園が中世を通じて存在した領域型荘園となったのは11世紀後半とされる。よって，10世紀から11世紀に神社の中世の起点があるとしてもよいのではないだろうか。以下に，各神社の中世的様相をみておく。

　日吉大社，八坂神社，北野天満宮に共通する特徴として，まずは地域と社会階級を越えた信仰を集めた点がある。上層階級のほか，日吉大社では社会の最下層の人々も神社に籠り，宮籠と呼ばれた。上層階級は彼岸所という住宅風の祈禱所で祈願した。下層階級の籠り場は本殿の床下で，下殿と呼ばれた。北野天満宮，八坂神社でも幅広い階層に門戸が開かれていた。熊野三山も同様である。これら中世の神社信仰は，強い神仏習合色を帯びていた。神仏習合思想は古代の律令制下ですでに始まっているが，本地垂迹説を基礎に発展した山王神道，両部神道，それに対する伊勢神道，吉田神道などの中世神道は，仏教と両立あるいは反発する神社の理論となっていった。神仏習合は教理面だけではなく，権門寺院との政治的，経済的結びつきからも生じ，これらの神社は権門寺院と強固な関係をもち，その庇護と荘園とを経済基盤としていた。

　八坂神社は，牛頭天王の厄神信仰と一体的に陰陽道の色彩を強め，祇園信仰を全国に広めた。本殿形態も古来の神社と違い，中世仏堂形式である。北野天満宮の石の間造は，桃山時代に豊国廟で採用され，江戸時代には日光東照宮の形式である権現造となった。これも神社建築

の形式ではなく，人を神として祀った建物の形式と理解できる。さらに北野天満宮では本殿の背面庇に仏舎利を祀り，後戸の信仰の形態をとった。従来の神社信仰を越える発想によって，天満宮は隆盛を迎え，その信仰が全国に広がった。

　このような神社のあり方は全国の著名大社の運営においても一般的である。安芸国一宮である厳島神社の古来の形態は判明しないが，宮島に現在のような社殿が建設されたのは権門すなわち平家の寄進と政治的助力による。このような大規模で特異な形は，一宮をはじめとする地域の大社で多く建設されている。神社本殿としてきわめて特殊な形態である吉備津神社（備中）の比翼入母屋造もそのような類例である。

　一方，荘園の管理運営に関連して，現地には住民と土地支配の拠点としての荘園鎮守社があり，荘園の単位となる村落には村落鎮守社があった。村落鎮守社では宮座が神社と村の運営にあたり，宮座は変質しつつも近世村に引き継がれ，現在も活動しているところが多くある。御上神社は『古事記』に「御上祝」がみえる古社で，『延喜式』の名神大社である。この古代豪族が崇めた神は，やがて興福寺関係の寺社一体の神社となり，江戸時代には延暦寺傘下の神社となった。御上神社は三上山に対する古代信仰の神社として著名であるが，現在も伝承されている古い祭りは，中世の宮座行事である。明確に中世における神社の位置付けを示す史料はないが，中世村落の行事とその空間をよく伝えることに注目すべきである。起源の古い新しいを問わず，在地の神社はこのような社会情勢のなかを生き延びてきた。

日吉大社

　滋賀県大津市に所在する。『古事記』に神名がみえ，『延喜式』の名神大社，二十二社に名を連ねる大社である。比叡山延暦寺の鎮守社となることで，際立った勢力をもった。現在の社殿は，織田信長の比叡山焼討ちで焼失後，桃山時代から江戸初期に再建された建物が中心である。西本宮以下上位三社の本殿形式は，三面庇すなわち桁行3間，梁間2間の身舎の正面と両側面に庇をもつ日吉造という独特の本殿形態で，9世紀末にできたと考えられる。この形態は同じく延暦寺末の北野天満宮に影響を与え，それが発展して八坂神社の形態を生んだ。日吉社の中核をなす山王七社の本殿は本殿床下に下殿と呼ばれる床下祭場をもつ。下殿では神仏習合の祭祀，籠りが行われ，下層民も籠っていた。

熊野三山

　和歌山県の熊野本宮大社，熊野速玉大社，熊野那智大社をいい，前二社は『延喜式』の大社である。院政期に

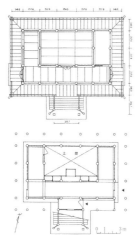

西本宮(大宮社)本殿床上・床下平面図

は法皇、上皇の熊野参詣が百回を超え、広く貴顕衆庶の熱狂的な信仰を集めた。本宮はもと熊野川の中州に鎮座したが、明治22年(1889)に洪水に遭い、流出した社殿を修理して近くの山の中腹に再建した。本宮の中心社殿3棟は享和元年から文化7年(1801〜1810)、那智大社の中心社殿5棟は嘉永4年から7年(1851〜1854)の再建になる。熊野三山の特徴を示す本殿形式は、正面1間、奥行3間で奥の2間を内陣、正面側1間を外陣とし、妻入で正面に向拝をつける点で共通するが、本宮証誠殿は入母屋造、那智は切妻造である点が異なる。縁下にはさらに籠縁があり、縁下に籠ったらしい。日吉大社にも同様のものがある。両社は神社信仰の中世的なあり方を示す点で重要である。

八坂神社（祇園社）

京都市に所在する。神社の起源は貞観18年(876)と伝える比較的新しい神社であるが、『延喜式』の名神大社、二十二社に列する。日本の神ではなく、朝鮮半島から渡来した牛頭天王を主祭神とする。行疫神として全国的な広がりをもち、祇園祭は屋台を出す全国の祭礼に大きい影響を与えた。本殿は大規模な入母屋造本殿で、現本殿は承応3年(1654)年に建設された。初期には日吉造を思わせる3間3面庇の本殿と桁行5間の拝殿が並立する北野天満宮と似た形態だったが、久安4年(1148)には大規模な入母屋造本殿となっていた。また、側面には局、背面には後戸がつくられ、中世仏堂形式と変わらない形態となった。

厳島神社

広島県佐伯郡に所在する。安芸国一宮である。神社の起源は確かな伝えがないが、平清盛が崇敬し、造営したことにより、現在見る大規模な社殿群の基礎がつくられた。本殿は両流造の希少な形式である。両流造は、流造が前面庇だけであるのに対して、背面にも庇を付けた形式である。平面形式は7間4面庇で、屋根形式とは対応していない。本殿の前にはほぼ同規模の拝殿があり、さらに祓殿がある。本殿は元亀2年(1571)に造替された。本社本殿と同形式の摂社客人社には平安時代の部材が残る。瀬戸内海の小島である宮島の砂浜に建設された社殿群は、満潮時には床下まで水没して海上社殿となることで著名である。この立地については、神聖な宮島の陸地に社殿を建てることを避けたという見方が強い。一方で、本地仏である観音は海との関連が深く、清盛はその浄土を海上に具現したという見方もある。

御上神社

滋賀県野洲町に所在する。『延喜式』の名神大社で、秀麗な三上山の西麓に社殿を構える。本殿は建武4年(1337)頃に建設され、入母屋造本殿の代表作とされる。中央1間四方を身舎、その四面を庇とする平面形式だが、床高は中央、その正面と側面、背面全体の順に低くなる。この本殿について、太田博太郎は三上山に対する拝殿が本殿化したものと考え、入母屋造本殿の成立を論じた。これに対して筆者は、三上山は本殿の背後ではなく、横方向にあること、背面庇は床高を低くした蔵であることを指摘し、平地に神霊を迎えた本殿であるとした。神社信仰と本殿の成立は宗教の本質的な問題であり、屋根形式と安易に直結させるべきではない。

床下祭祀

神社本殿において、一般的には使用されない床下で祭祀が行われ、それが信仰上も重要な意味をもつ事例がある。最も古い事例は伊勢神宮正殿で、少なくとも奈良時代から幕末まで、床下で祭儀が行われた。祭儀は、深夜、床下の心御柱の前での童女による御饌供進である。日吉大社本殿には床下に下殿と呼ばれる室があり、本地仏を祀り、祭の前夜に神職が籠った。群主神社本殿（兵庫県香美町、応永15年(1408)）、島田神社本殿（福知山市、文亀2年(1502)）、日出神社本殿（豊岡市、15世紀後期〜16世紀中期）は、床下が煤けており、島田神社には焚火の跡がある。日出神社では正月に子供が籠ったと伝承する。この籠りの行事は、江戸時代には籠堂に移ったらしい。床下籠りの原理あるいは一般論はなお未解明であるが、神社信仰における本質的な問題を含むと考えられる。

参考文献

黒田龍二『中世寺社信仰の場』思文閣出版、1999.
黒田龍二「神社本殿の床下籠りと籠堂」（祭祀史料研究会『祭祀研究と日本文化』）塙書房、2016.

［黒田 龍二］

中世の建築造営組織

中世では、修理職や木工寮（⇨古代の建築造営組織）が依然として存在するものの、その官司としての活動は14世紀で終了する。また、室町幕府の作事組織は、15世紀の30年代頃には形成されていたが、将軍御所などの造営を中心に、内裏や洛中・洛外の主要寺社を管轄するのみである。さらに、古代における造寺機関であった造寺司を縮小した造寺所があるものの、造寺所の工房は小人数の建築工匠で構成されるにすぎない。そのため、造国制において、造寺所は他の国々と同じく工事の一部を分担するのみである。

ところで、12世紀末期より外部の僧侶（勧進僧）によって、寺社の工事が請負われるようになり、受領国司に代わって勧進僧が工事を主導する寺院知行国制が始まる。さらに、13世紀中期には、造営費に関銭や棟別銭を充てることが始まるとともに、寺社が自前で造営組織を編成し、上述した造営費や造営料所をもとに工事を行うようになる。それら造営組織の成立時期や構成員などは各々異なるが、僧侶や神官などによって構成される工事管理組織と、それに支配される工匠組織からなる。以下、主要寺社における工事管理組織を概観し、さらに、大陸から伝えられた二つの宋様式（⇨大仏様、禅宗様）を採用して、伽藍の復興・創建を行った東大寺と禅宗寺院を取り上げ、造営組織の変遷とその特色について述べる。

主要寺社における工事管理組織

顕教寺院である興福寺や法隆寺では、寺内の律院（唐院・新坊、北室）が造営活動を行い、その開始した時期は、興福寺が14世紀中期、法隆寺が14世紀前期である。なお、春日大社の造営は、興福寺両律院が分担して行う。また、密教寺院である東寺や高野山では、僧侶の集会組織が造営活動を行う。東寺ではこうした集会組織を造営方と呼び、14世紀後期より活発に活動する。

一方、神社では、伊勢神宮において、11世紀末より作所と呼ばれる組織が存在し、内・外宮の区別なく、工事に精通した1〜2名の神官が作所奉行に任命され、小作所と呼ばれる神官が作所奉行を補佐する。なお、式年遷宮が中断した時期、十穀聖が活動するが、十穀聖は主に資金面を担当し、工事の主体は作所とその配下の工匠組織が担う。また、石清水八幡宮や祇園社でも13世紀末には、作所の活動が確認できる。さらに、15世紀前半期から、賀茂御祖神社・石清水八幡宮・北野天満宮において、神官などを構成員とする造営方の活動が始まる。

東大寺　造東大寺司を縮小した造寺所は、11世紀中頃には、寺内造営組織である修理所に改組される。修理所は、修理目代を中心に、木工方・瓦工方などの各目代僧で構成され、その下に木工・瓦工などの工匠組織が従属する。また、造寺所に属する工匠が官工であるのに対し、修理所に属する工匠は寺家に身分的に属する寺工である。この時期、工事における工匠の編成組織として「大工・長・連」が採用される。

治承4年（1180）の平重衡による焼討の翌年、重源が大勧進職に就任し、修理所の機能とその組織の一部を継承した勧進所が設置される。勧進所が寺内の工事の大部分を行い、修理所は築垣・大門の修理などを行う。この復興工事中の13世紀初期、木工の座である本座と新座がつくられ、ほぼ同じ時期に「大工・引頭・長・連」が採用される。

13世紀中期に、寺内の戒壇院配下の律院である油倉が勧進所を吸収し、以後、15世紀後期にかけて造営組織として活動する。また、13世紀末には大工職が成立し、本座・新座の一臈あるいは統率者が大工職を得、勧進所ならびに政所より大工職補任状が発給される。そして、南北朝以降、木工座大工職の補任権は大勧進を兼帯した戒壇院方丈の許に帰し、以後、木工座は戒壇院の支配を受ける。

禅宗寺院　鎌倉時代に創建されたため、官営工房である造寺所の系譜上にたつ修理所は存在しない。しかし、修造司と呼称される、伽藍の創建・再建工事および塔頭の工事などに関与する造営専門の役僧が存在した。修造司は、13世紀中期にはすでに存在しており、この修造司を構成員に組み込んだ造営方と呼ばれる造営組織が、14世紀中期には活動を始める。造営方は、造営料所の管理、造営費用や造営材木の調達、木工の作料の下行、損色を含む設計図書などの管理などを行う。

禅宗寺院、特に五山十刹では、住持以下の僧侶の交流が活発である。その影響であろうか、五山寺院の造営方の間で建築資材の貸借が行われ、有力な木工が複数の五山寺院およびその塔頭の大工職を所持する。また、禅宗寺院では、有力僧が評議などにより造営奉行に選ばれ、15世紀前半期には、禅宗寺院以外の寺社の造営工事に関与するが、これは主として工事における資金面を担当する。

造国制

平安時代前期に、木工寮・修理職という中央建設官司の施工面における職掌を国衙に分担させるという形で始まる。一つの建築物を2ヵ国以上で分担する場合を「所課国」、1ヵ国単独で担当する場合を「造国」あるいは「功国」という。「造国」において、造営の功に対して官職

を与えることを「成功（じょうごう）」という。また，平安時代後期より知行国制の広まりとともに，造国として知行国を採用する「知行造国」が採用される。そして，鎌倉時代初期の大寺院の造営，例えば東大寺再建や東寺諸堂修理に，「寺院知行国制」が採用される。この「寺院知行国制」は，勧進僧に国務権を与えて1国を知行させ，それをもとに造営を行わせる。「造国」との違いは，その主体者が中小貴族ではなく勧進僧という点。東大寺では，重源が大勧進職となり，周防・備前両国を知行国とし，東大寺内に勧進所を設置して造営活動の拠点とする。

座

　朝廷・貴族・寺社の保護を受け，顧客や仕事場を確保するための独占権を得た商工業者などの同業者団体。建築工匠の座は，鍛冶が12世紀初期，木工が13世紀初期より史料上確認できる。木工の座は，南都では東大寺・興福寺・春日大社において顕著な活動が見いだせるが，山城では法成寺・祇園社・石清水八幡宮にしかその活動は見いだせない。寺社は，自らの造営組織の技術的側面を座に担わせるなど，座を造営組織の補助的な機構とみなした。座は，寺社の建築工事へ優先的に参加できるだけでなく，座の上位者には，課役免除の特典が与えられる。座の内部は，入座以降の経過年数すなわち年﨟（ねんろう）を基準にした年功序列であり，座に加わるのも座構成員の子弟に限られる。15世紀以降，神社の工事への奉仕などを通じて，座の構成員の中から特定身分が生まれ，報酬や役目を特定身分たちの間で決めるなど，木工の自治的組織へと変化する。

大工・引頭・長・連

　工事現場における木工などの階層的名称で，12世紀半ばから15世紀にかけて採用される。10世紀から12世紀にかけては，「大工・長・連」が採用され，大工や長は，寺社から給田などを与えられるなど日常の身分的な組織であり，それに基づいて賃金や祝儀が支給される。一方，「大工・引頭・長・連」は，工事現場ごとに編成され，この階層組織に基づいて賃金や祝儀が支給される。この組織は，大工と引頭（もしくは長）といった有力工匠層と，それぞれの有力工匠に統率された小工匠集団の臨時の結合体といえる。小工匠集団は，家父長を中心とする家族労働を主体とし，それに若干の隷属労働力を加える。しかし，大工の固定化に伴い，「大工・引頭・長・連」は，次第に日常的な階級組織に移行する。そして，引頭・長・連が大工の血縁者によって包括され始めると，この組織編成そのものが名目化し，単なる儀式や賜禄時の組織となる。

大工職

　建築工匠が，本所の朝廷・寺社などにおいて工事を請負うための独占的権利，13世紀後期に成立。本所とは本来関係をもたなかった建築工匠が，本所との関係を確立・強化しようとした要求などにより成立。その対象物として，特定地域内の建物または特定の建物があげられ，所有形態として，座がもつ場合・2人または複数の建築工匠がもつ場合・建築工匠個人がもつ場合がある。本所に補任料を支払った後に，補任状の交付を受け大工職に任命されるのが原則。しかし，応仁の乱以降，建築工匠の側では，大工職を譲渡可能な物権とみなし，一度任命されれば，その権利は永代のものと考え，子孫への譲与や，他人への売却・質入れを行い，それに伴い大工職相論も頻発。16世紀初期，室町幕府は大工職を撤廃して寺社の自由雇用権を認める方針を法令化し，さらに，豊臣政権は大工職撤廃令を出すものの，伊勢神宮など一部の寺社に大工職は残存する。

損　色

　養老令の「色目」にその語源を発し，「破損色目」の簡略語と推定される。鎌倉時代末期を境に，その意味する内容が異なる。平安時代では，「破損調査書」あるいは「破損目録」として，政府あるいは寺社により作成された公式文書。この損色を作成するのは，実際には，木工寮の下級技術者や，寺社の建築工匠である。鎌倉時代末期には，その目録としての語意には変化がないものの，その性格や内容に変化が生じ，室町時代では見積書の意味に使用される。鎌倉時代中期より室町時代にかけて，木工・壁工などの建築工匠が生産者として独立した地位を確立してくると，破損調査をする者と修理工事に携わる者が同一人となる。そして，建築のような需要の限られた注文生産においては，生産者の増加によって注文の争奪が生産者の間でみられるような場合，見積書の作成を通して生産費の抑制あるいは生産者の選択を行うことも可能。

参考文献

永村眞『中世東大寺の組織と経営』塙書房，1989.
浜島一成『中世日本建築工匠史』相模書房，2006.
桜井英治『日本中世の経済構造』岩波書店，1996.
大河直躬『番匠』（『ものと人間の文化史 5』）法政大学出版局，1971.
永井規男「歴史のなかの建築生産システム」（古川修，永井規男，江口禎『新建築学大系44　建築生産システム』）彰国社，1982.
川上貢『日本建築史論考』中央公論美術出版，1998.
浜島一成『伊勢神宮を造った匠たち』吉川弘文館，2013.

［浜島　一成］

第3章　近　世

編集委員：岩淵令治，岩本　馨，伊藤　毅

近世都市史の概説……………………………………………………（岩淵令治）184
近世建築史の概説……………………………………………………（伊藤　毅）189

城と城下町　政治都市

三都と直轄都市……………………………………………………（杉森哲也）194
城下町………………………………………………………………（森下　徹）196
武家地………………………………………………………（渋谷葉子，森下　徹）198
寺社地………………………（下田桃子，小松愛子，上野大輔，竹ノ内雅人）200
町人地………………………………………………………………（髙山慶子）202

在方町　流通，宗教

港　町………………………………………………………………（斎藤善之）204
門前町………………………………………………………………（多和田雅保）206
市町と宿場町………………………………………………………（多和田雅保）208

都市社会

都市域の拡大と変容………………………………（金行信輔，牧　知宏）210
治安維持……………………………………………………（藤本仁文，牧　知宏）212
インフラストラクチャーと環境…………（岩淵令治，金行信輔，藤村　聡）214
災害と都市問題………（渡辺浩一，沢山美果子，牧　知宏，岩田浩太郎）216

都市民

武士と江戸………………………………（杉本史子，渋谷葉子，荒木裕行）218
商　人………………………………………………………………（宇佐美英機）220
身分的周縁…………………………………………………………（竹ノ内雅人）222

都市文化

祭礼と興業……………………………（小林文雄，岸川雅範，今岡謙太郎）224
出版文化……………………………………………………………（大久保純一）226
都市の自画像………………………………………………………（井田太郎）228

都市の建築と施設

城郭と陣屋…………………………………………………………（伊藤　毅）230

武士の住宅……………………………………………………（髙屋麻里子）232
町と町屋………………………………………………………（伊藤　毅）234
都市施設………………………………………………………（岩本　馨）236

建築生産と技術

建築生産………………………………………………………（谷　直樹）238
建築設計・施工………………………………………………（麓　和善）240
建築装飾（彫刻・彩色・塗装・金具）………………………（鳴海祥博）242

神社と霊廟

権現造…………………………………………………………（藤澤　彰）244

寺社の近世化

江戸の大寺院…………………………………………………（髙橋元貴）246
民衆信仰と寺院………………………………………………（岩本　馨）248
在地社会と神社・寺院………………………………………（黒田龍二）250
書院造の成立と展開…………………………………………（中村利則）252

近世住宅と庭園

数寄屋造と庭園………………………………………………（中村利則）254
茶　室…………………………………………………………（中村利則）256
大名庭園………………………………………………………（小野健吉）258

民家の成立と展開

中世の民家……………………………………………………（大野　敏）260
近世初期の民家………………………………………………（大野　敏）262
民家の類型と地域性…………………………………………（日塔和彦）264
民家の技術的成熟……………………………………………（日塔和彦）266

近代の前夜

産業・対外施設………………………………………………（水田　丞）268

近世都市史の概説

　近世は，今日につながる都市がつくられた「都市の時代」であった。将軍や大名などが政治・経済を集中させるために計画的につくった**城下町**と，商品流通の発展によって成長した**在方町**は，ともに共通する社会のしくみや文化をもった。

城下町

　近世城下町は，豊臣政権の兵農分離政策による諸大名の家臣の城下町集住政策によって形成され，元和元年（1615）の一国一城令による一大名一城の原則や，諸大名の転入封を繰り返す中で確立し，人口の増大も経てほぼ18世紀初頭まで空間的な拡大を終えた（⇨都市域の拡大と変容）。幕府・藩主導でインフラストラクチャー（以下インフラ）が整備された城下には，城の防衛や城内の役所に出仕して政務・行政を担う武士のほか，武士に武具・食料や生活物資を供給するために商人や職人が誘致され，また国家・領域の護持と都市住民の祈禱や菩提を弔うため，寺社が集められた（⇨寺社地）。さらに，都市にはいわゆる士農工商にあてはまらないさまざまな人々（⇨身分的周縁）が村落以上に存在し，集団として展開した場合もあった点も重要である。

　こうして創出された城下町は，城郭を核として，武家，町人，僧侶・神職，武家奉公人，えた・非人といった出自の異なる身分を統合して成立した都市となった。人々は，武家地，寺社地，町人地，武家奉公人の居住地，かわた町村など身分ごとに居住空間を与えられ，それぞれの社会を構成していた（図1）。治安維持やインフラの維持などもそれぞれの社会で担われた。ただし，武家・寺社・町人の社会は孤立していたわけではなく，武家や寺社が町人と経済的な関係を結ぶなど，相互に関係を結んでいることから，「分節的構造」と捉えられている。

　江戸は，将軍の居所であるとともに，幕府のいわば首都であったがゆえ，評定所や町奉行所などの役所を都市との境界領域に備えた巨大な城が中核に存在した（⇨武士と江戸）。この江戸城を除いた空間のうち，武家地は約70％，僧侶・神職が寺院・神社を構えた寺社地，町人が住む町人地がそれぞれ約15％を占めた。一方，武家人口は町人人口とほぼ同数と推定されており，町人が狭い空間で密集して住んでいたことが窺える。他の城下町でも同様に，武家地は城下町の面積の5〜6割を占めていた。

　築城を許されない小大名や参勤交代を行う大身の旗本（交代寄合）の陣屋を核とした町（陣屋元村）や，外様大藩の有力家臣の本拠（⇨城下町）なども城下町と同じ都市の類型として捉えられる。また，17世紀末以降「三都」と称された巨大都市江戸・京都・大坂，ほか伏見・駿府は，いずれも幕府が直轄都市としたが，これらも城下町と同様の性格をもつ都市とみることができる（⇨三都と直轄都市）。

　城下町のなかで，江戸は，幕府の城下町として幕臣を抱えるとともに，参勤交代制の確立を契機として諸大名の屋敷が多数設けられ，やがて最大の都市に成長した。江戸では，こうした巨大な大名屋敷や寺院が核になって成立する社会（藩邸社会・寺院社会）が重複しながら存在していた。公家町が存在する京都，各藩の蔵屋敷が存在する大坂とともに江戸を複雑な社会構造をもつ巨大城下町とし，有力家臣の巨大な屋敷を核とした社会を有する外様大藩の城下町（金沢など）を複合城下町と捉え，中世の

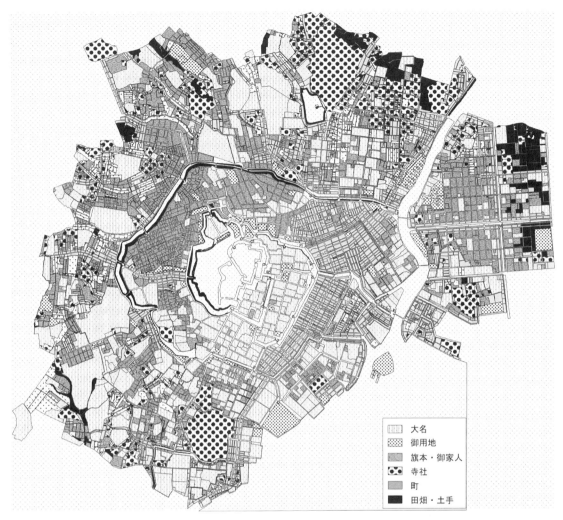

図 1　城下町の空間構造
[『江戸復原図』東京都教育庁生涯学習部文化課，1990 年より作成]

武士のイエを祖型とし，戦国城下町を経て城下町（真正）→複合城下町→巨大城下町と社会が複雑化するとみる「城下町の展開序列」が提起されている。

在方町

　一方，城下町以外で主に商人が展開した都市として，宗教施設を核にした門前町や，流通・交通に関わって成立した港町・在方の町場（市町）・宿場町があげられる。このうち幕府は，門前町では日光・奈良・山田，港町では対外貿易の港として重要な長崎，および幕末に下田・新潟・箱館・神奈川・兵庫を直轄都市とし，遠国奉行を配置している。このほかの都市は，幕府・藩は，町奉行ではなく，村と同じく勘定方の役人（代官など）を置いて，在方として支配することが一般的であった。

　門前町は中世以来の宗教都市の系譜をもつものも多く，江戸の浅草寺など城下町の中に組み込まれたものも存在した。港町・市町・宿場町は，年貢米輸送など領主経済を支える商品流通の結節点，交通の要衝として，新規ないし戦国期の交易都市の再編

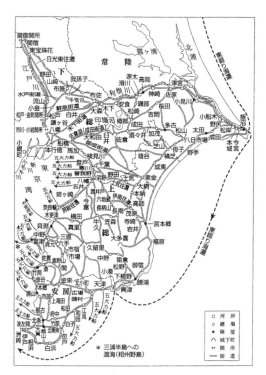

図2 近世房総の交通と町場
[筑紫敏夫『千葉県の歴史』山川出版社，2000]

によって，17世紀に成立した。さらに，17世紀末以降，民間の商品流通が活発化するなかで，各地で町場が本格的に展開した。

　例えば関東の房総半島の場合，江戸の防衛のため大藩があまり配置されず，大規模な城下町は少なかった。その一方で，多くの在方町が展開した。河岸・港については，関東で旗本知行地の編成換えと幕領化（元禄の地方直し）に連動して，元禄3年（1690）に年貢米を積み出す河岸や港が指定されている。千葉県域では，河岸は佐原など利根川沿いで9ヵ所，行徳・木下（きおろし）など江戸川沿いで2ヵ所，港は木更津など15ヵ所の計24ヵ所があげられている。なお，行徳の河岸の整備は，江戸城の塩の確保のために行徳塩田が保護・育成されたこととも関連している。また，東北大名の江戸廻米など東廻り航路の港・河岸として，利根川河口の銚子，江戸川と利根川の分岐点の関宿，外廻しのルートの寄港地として安房の乙浜・興津などが栄えた。

　宿場町については，幕府の道中奉行管轄の街道が日光道中の付属道であった水戸佐倉道（水戸街道）のみであったため，松戸・小金・我孫子以外は，正式な宿場ではなく，継場であった。また，権力との関係では，将軍の鷹場が設定され，東金御殿が設置されたことに伴って御成街道が整備された。このほかの脇往還としては，佐倉（成田）街道（千住〜成田，一部は水戸街道），房総往還（下総・上総・安房の江戸湾沿いを南北に結ぶ諸道），伊南房州通往還（内房〜外房〜安房の海岸部を通る道，浜野〜館山），土気（とけ）往還（内房と外房を結ぶ，登戸〜大網白里）があった。

　やがて，江戸の後背地として地廻り経済が成長し，銚子・野田の醤油，外房の干鰯・〆粕，蔬菜，鮮魚など江戸に運ぶ荷物が増加すると，河岸や流通ルートが新たに成立していった。銚子付近の鮮魚の場合，近世初期には木下に陸揚げされ，大森—鎌ヶ谷

一八幡—本行徳と陸送されて江戸に運ばれていたが，布佐に陸揚げして松戸まで陸送し，江戸川を下って江戸に送るルートが確立している。さらに，上総・下総は，江戸からの行楽の場となった。成田街道の継場や行徳・木下などの河岸は，成田詣や香取・鹿島・息栖の三社参り，銚子めぐりの客で賑わった。また，門前町もこうした参詣客の増加によって繁栄した。

都市社会の展開

　百姓が村に属したように，商人・職人は町（ちょう）に属した。計画的につくり出された町の多くは，通りをはさんだ両側の家々で形成された両側町の形をとった。土地は，通りに面して小区画（町屋敷〈まちやしき〉）に分割され，通りに面した部分（表）には店舗が，裏には商品を保管する土蔵などが配置された。町（ちょう）は地縁的な共同体であり，独自の財政（町入用〈ちょうにゅうよう〉）や施設（木戸・番屋・町会所など）を持った。土地（町屋敷）を持つ者（家持〈いえもち〉）を正式な構成員とし，独自の法（町法）でその生命・財産を保証した。領主も町を通じて，法の伝達・住民の把握などを行い，町人地を支配した。

　やがて，商業の発展は土地の資産価値を高め，特定の家持による土地集積・借家経営（⇒町屋敷経営）が進んだ。とくに江戸の場合は，18世紀以降，町屋敷の裏を店借する零細な借家裏店（うらだな）が都市住民の多くを占めるようになり，複数の土地を所持し，通りの表に店舗を構える大店（おおだな）との間で経済的な格差が大きく広がった。店舗経営を行わない居職の職人や棒手振り，民間宗教者，日用などの裏店層を中心とする都市下層民は，出入関係や，土地・建物の貸借関係，そして貧困の際の施行などを通じて，大店の経済的影響のもとにあった。大店は，村の豪農とともに，社会を統合する社会的権力として捉えられる。一方，都市下層民の生活基盤は脆弱で，物価の高騰や災害，飢饉などによって生存の危機に瀕し，捨て子の行為や，民衆運動（打ちこわし）に至る場合もあった。

　こうして町は変質していったが，町屋敷を所持する町に住まない家持は，代理人である家守（やもり）を置き，家守が町を運営することもあった。都市の行政やインフラ・治安維持は，貨幣による代替，請負化を伴いつつも，武士・寺社と町の自律性に依拠して維持する体制が基本的には存続した。こうした体制で対応しきれなくなった都市全体の広域の課題については，大店層が中心となった訴願をはじめとする民衆運動（惣町結合）も展開された。

　また，町屋敷の売買に伴って初期の同職集住が崩れ，一方で流通の局面で分業が発達すると，商人の取引慣行や技術が生み出されるとともに，職縁の仲間が地縁的共同体である町とは別個に成立した。17世紀末以降，幕藩領主も株仲間を公認し，流通統制や物価政策に利用するようになった。また，問屋（とんや）によって売買が仲介される市場（いちば）という場においても，町とは別個の社会（市場社会〈いちばしゃかい〉）が形成された。市場には，問屋・仲買（なかがい）を中核としつつ，売買に参加する小売商人や荷役労働を担う日用のほか，休息所である茶屋，料理屋など市場内の小営業店舗や，市場の地主，町の家守や鳶など，さまざまな仲間や商人が集まった。

都市文化の成熟

　人口が集中し，経済的にも発展した都市では，文学，芸能（芝居ほか），絵画など，豊かな都市文化が花開き，各地の都市で展開を遂げていった。とくに，公家・武家の趣味から，商品化の進展によって様々な文化が生まれ，さらに出版文化の発達も背景

に，安価にかつ広く伝播した。こうして庶民に，そして各地に文化が展開していったのが近世の都市文化の特徴である。例えば園芸では，武家や寺院の庭園の地植えから鉢植えが発達した。19世紀の三都では，突然変異の変わった葉や花を楽しむ奇品が高額で取引され，富裕層で楽しまれる一方で，棒手振りや縁日商人から庶民が鉢植えの植物を安価に購入していた。各地の都市祭礼は，見物客に見せる大がかりなものへと展開し，縁日では様々な興行が催された。また江戸などの大都市では，金銭収入を企図した開帳が頻繁に行われた。

　文化の主な発信源は，17世紀前半においては朝廷・寺社と町衆の中世以来の関係を引き継いだ京都，17世紀末の元禄文化では大きな経済的発展を遂げた大坂を中核とするいずれも上方であり，出版文化，服飾，絵画，文学，芸能，学問などが先行して展開した。とくに元禄期の浮世草子の井原西鶴，浄瑠璃の近松門左衛門に象徴される，町人の日常や心情を描いた文学は，町人の成長の一つの象徴として注目されてきた。その後も，上方は文化の一つの中心として展開していった。18世紀には商人の通俗道徳として心学が誕生し，また19世紀にも大坂の木村蒹葭堂に代表されるような文人サークルが展開した。名所案内の書籍（名所図会）が最初に刊行されたのも京都であった。

　一方，江戸では，幕府・大名を中心とする武家の文化と，上方の文化の移入が中心であったが，18世紀後半になると，江戸の町方でも上方とは異なる独自の文化や美意識が現れた。錦絵，黄表紙・洒落本，川柳・狂歌が生まれ，芸能では上方の浄瑠璃が衰退し，江戸の歌舞伎が成長した。落語の原型（落とし話）も誕生する。こうした芸能の興行は，寄席や火除地・境内空間などで広く人々に開かれた。文学作品では，江戸生まれを自負する「江戸ッ子」という表象が成立し，「通」や「粋」といった言葉も生まれた。上方に対して，文化的な優越を誇ろうとする自意識も芽生えたが（⇨都市の自画像），これは後発の文化的劣等感の裏返しでもあった。こうした江戸の文化は，19世紀にはさらに成熟を遂げ，文学では後期読本・人情本・合巻・滑稽本，また都市の内部や近郊の名所への行楽の流行を背景に名所図会や名所絵も人気を博した。

参考文献

吉田伸之「城下町の構造と展開」（『新大系日本史6 都市社会史』）山川出版社，2001.
吉田伸之『成熟する江戸』（『日本の歴史17』）講談社，2002.

［岩淵 令治］

　本文中の太字は中項目ないし小項目（凡例参照）の見出し語であることを示す。

近世建築史の概説

　建築史における近世は，16世紀後半の戦国期から織豊政権を経て徳川氏が国内を統一し安定した幕藩体制を確立した江戸時代全体を指す。織豊期の建築を安土桃山建築，徳川期を江戸建築と分ける場合もある。武士の覇権が全国に及び，その拠点都市である城下町の時代が到来したことは建築のあり方に大きな影響を与えた。

　城下町の中枢をなす城郭建築が各地で建設され，都市施設の整備が進展した。中世後期から徐々に形成されつつあった書院造が確立し，武家屋敷はもとよりさまざまな階層の住宅に普及する。それまで素朴な段階にとどまっていた民家も17世紀以降，目をみはる建築的発展を遂げて，町屋や農家などの明確な類型を生んだ。意匠的にも書院造に彩りを添える数寄屋や茶室の洗練が進んだ。

　また戦国時代の混乱期に荒廃した寺社建築の復興が各地で行われたことも特筆に値し，大規模な堂舎の造営が実現した。近世初頭の一大建設ブームは大工組などの生産組織の整備や建築技術の標準化をもたらす契機となり，地域の偏差の少ない，安定した水準の建築が全国各地に広がることになった。

城郭建築

　城下町の淵源は中世武士の館にあるが，戦国期の城下町，織田信長・豊臣秀吉の城下町を経て，17世紀には城郭を中心にして武家地・町人地・寺社地が取り囲む軍事的・政治的中核都市が各地に誕生した。城下町の中核的存在が城郭であり，藩主の居所のみならず政治・経済・文化のセンター機能を担った。

　城郭の中心をなすのが天守閣であり，大きな入母屋建築の上に望楼を載せた「望楼型天守」と各層を積み上げた「層塔型天守」に分類できる。初期望楼型（安土城など）から後期望楼型（屋根の低減率が少ない姫路城など）へ推移し，関ヶ原合戦以降は層塔型（名古屋城など）が主流を占める。ただし近世中期以降は新たに建設されることが少なくなった。

　天守の縄張については，天守を単独で建てる「独立式」，天守と小天守を渡櫓で連結する「連結式」，天守に隣接して小天守を付属させる「複合式」，天守と小天守群が渡櫓でロの字型につなげられ天守丸を構成する「連立式」が代表的な類型である。

武家屋敷，武士の住宅

　近世城下町の成立に伴い，武士の都市への集住が進み武家屋敷が発達した。武家屋敷は城郭近傍の武家地に集約されたが，中下級武士団の組屋敷は城下町の周縁部に配された。幕藩体制が確立すると，各藩の大名は原則として隔年ごとに江戸と国元を往復する参勤交代を命じられ，江戸には数多くの藩邸が営まれた。大名は三都を代表する主要な都市や交易地に武家屋敷を設け，とくに天下の台所・大坂では年貢米などの物資の集散拠点としての蔵屋敷が発達した。

　蔵屋敷は舟入，米蔵，米会所，長屋を含む住宅などで構成され，米蔵と長屋，塀などで敷地を囲む。米蔵の多くは耐火性能を備えた土蔵造で建設されたが，同時に厚い土壁の重量による不同沈下を防ぐための地下構造が発達した。

武家屋敷は一般に周囲を長屋や塀で囲み，通りに面して複数の門が設けられた。石高など家格に応じ規模や仕様が規定され，旗本は200～300坪から2,000坪，主屋は式台を伴い表，中奥，奥，台所から構成され，与力拝領屋敷は300坪余，同心拝領屋敷は90坪弱の間口が狭く奥行きの深い町屋敷の形態であった。地方の城下町における中下級家臣の屋敷は数百坪程度で，玄関と床を伴う座敷のある小規模な独立住宅である。

武士の住宅の平面の変化としては，近世では戦国期末から近世初頭にかけて寺院や塔頭の居住空間で発達した座敷飾り（床の間，棚，付書院）を備えるほか，迅速な応対の必要から玄関に式台と呼ばれる簡易な接客空間が設けられた。

町屋，民家

町屋の主屋は街路に接道することが原則であり，表構えの意匠や階高（かいだか）は町触や町式目によって厳しく規制された。主屋の奥に通風・採光のための空地＝坪庭をとり，さらに奥に離れ・土蔵・納屋などの付属屋を配する形態は，通風・採光などの条件を均等に享受するための工夫であった。とくに都市の拡大や高密化が進むなか，このような配置の定式化は，近世特有の都市居住のスタンダードを確立することになった。

民家はこの時期に掘立柱から礎石建柱という大きな構造的変化があり，建築の技術的水準が格段に高まった。その背景には近世初期の旺盛な新田開発や都市経済の安定があり，経済的余剰はようやく民衆の住居にも向けられることになる。農家の主屋は，広い土間と居室からなり，居室は広間型三間取りと四つ間取りが代表的な平面である。広間型は関東に多く分布し，四つ間取りは畿内を中心に西国はもとより各地に広がっていった。

寺院建築

仏教は近世に入ると，宗派ごとに本寺と末寺とを階層化する本末制度が整備されるとともに，特定の寺院と特定の家（檀家）との関係を固定化して住民把握の基礎とする寺檀制度が浸透し，幕府の強い統制下に置かれた。しかしこのことは仏教が一部の階層にとどまらず，広く民衆へと普及，浸透する結果を生み，寺院建築は民衆にとって身近な存在になってゆく。

戦国期に荒廃・退転した寺院は数多く，続く16世紀後半から17世紀初頭は城下町建設とともに寺院の建立や再建が相次いだ時代であった。しかし奢侈禁令を基本姿勢とする徳川幕府はこれら新規寺院の建設を禁じ，本末制度の秩序を維持するために，寛文8年（1668）に本山級寺院以外の寺院の梁間規模を三間以内に抑制する建築規制を発令した（三間梁規制）。そのため寺院は，この三間梁規制に適合する範囲内で最大限の内部空間を確保する方法を模索することになる。江戸中期になると寺院の大衆化が進み，参拝者に対してより直接的に魅力を訴えかける建築が目立ってくる。参道から境内にいたる経路には参詣者を楽しませる工夫が施され，細部をさまざまな彫刻で彩った建築の装飾化が進んだ。参詣路をらせん状に内部へ組み込んだ栄螺堂（さざえどう）のような遊興的要素をもつ建築も登場した。

神社建築

この時代の神社建築としては権現造が特徴的である。秀頼による北野天満宮，日光東照宮，大崎八幡神社などに採用されたこの形式は，本殿と拝殿を平行に前後に並べ，

そのあいだを石の間（幣殿）でつなぐもので，本殿は入母屋造（まれに流造），拝殿も入母屋造で正面に向拝，屋根に千鳥破風・軒唐破風をつけ，彫刻，彩色で社殿を飾ることが多い。権現造にかぎらず近世の神社は派手な装飾をまとう建築が多く，神社もまた寺院と同じように大衆にとって身近な存在として親しまれた。また氏子をもつ神社は祭礼や年中行事などを通して，地域の紐帯としての役割を果たした。

書院造

　書院造は寝殿造が長い時間をかけて変化したものであるが，室町時代以降定式化していく。すなわちそれまでの丸柱が角柱に置き換えられ，畳が敷き詰められて中小諸室が成立する。室の境には引き違いの建具が入り，天井を備えるようになる。また会所などで徐々に発生し始めてきた，いわゆる座敷飾り（押板，違い棚，付書院，帳台構）が定着していく。初期の書院造は1殿舎内に接客空間と居住空間を表裏に配した建築であったが，秀吉の聚楽第以降，対面・接客機能が重要視され，表，中奥，奥の機能が分化し1機能1殿舎の形態に変化していった。書院造は武家の対面儀礼にふさわしい形式であって，もっとも格の高い上段の間から中段の間，下段の間にいたるヒエラルキーが内部空間に持ち込まれたのである。京都二条城二丸御殿がその典型例である。

数寄屋造

　この時代，数寄屋と呼ばれる建築が出現したことは建築史上，注目に値する。身分や格式を重視する書院造の固さを嫌った茶人を中心とする「数奇者」たちは，格式ばった意匠や豪華な装飾を避け，定型化・様式化からも逃れる建築を志向した。このため数寄屋建築は，堅苦しい形式を極力排し，また表面的な虚飾を嫌い，自由な造形を求めた。茶人の美意識である質素ながらも洗練された意匠を特徴としている。

　この数寄屋建築の秀作として桂離宮（1663年）がある。本論でも解説があるので，ここでは建築的側面について簡単に触れる（図1参照）。

　桂離宮は八条宮の別荘であり，近世初期の文化サロンとして多くの賓客が訪れた。桂川近くの広大な屋敷には趣向を凝らした回遊式庭園が営まれ，そのなかに茶屋や四阿と並んで書院群が佇む。書院群は池の西側にあって，古書院，中書院，楽器の間，新御殿が雁行して並び，中書院以外は広縁が回る。古書院が端正な書院造であるのに対し，中書院，楽器の間と進むに従って書院造の形式性は徐々に崩され，新御殿にいたって自由奔放な数寄屋造が全面展開する。欄間の造作，袖壁のくり抜き方，壁紙の色彩など各所に洗練された意匠が施されている。

茶室

　15世紀後半頃から6畳敷や4畳半の茶室が営まれ，16世紀末頃には千利休によって侘茶が大成された。茶室も4畳半から2畳敷や1畳半など極小化がはかられた。通常の畳の4分の3の大きさをもつ大目畳も好んで使われた。

　京都大山崎の妙喜庵に現存する茶室待庵は，江戸時代初頭より利休の唯一の遺構と伝えられ，客畳1畳と手前畳1畳だけの合わせて2畳という極小の空間であり，面皮柱に藁苆の飛ぶ中塗りの土壁や室床の造形など，侘びに徹した草庵茶室の極致として名高い。

　また，如庵は織田有楽の隠居所と伝え，入り込み土間を設け茶室への躙口を開け

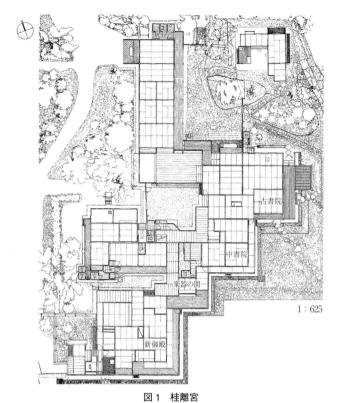

図1 桂離宮
[伊東ていじ,小幡洋一郎,鈴木嘉吉,工藤圭章『桂離宮』新建築社,1996]

ており,正面から躙口を消し去った外観構成は,通例の茶室とは異なる表情を見せる。2畳半大目,躙口の左手奥に大目床を構えた茶室は,床脇に三角の鱗板(地板)を入れて筋違壁が廻る斬新な構成である(図2参照)。

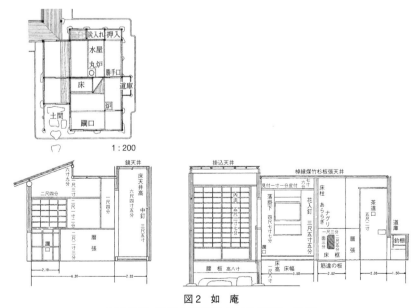

図2 如庵
[北尾春道『茶室の展開図』光村推古書院,1970]

建築生産

　17世紀初頭は，城郭建設や戦国時代に荒廃した寺社の復興など建築需要が増大した。徳川家康は慶長年間に伏見城，二条城，江戸城，駿府城，名古屋城を次々に造営している。江戸幕府の職制では建設工事を担当する役所として，作事方・普請方・小普請方が置かれ下三奉行と称した。作事は建築工事，普請は土木工事（石垣普請，縄張，地取など），小普請は修理や改築を担当した。

　江戸初期には大規模な作事が続いたため設計や施工の合理化が進んだ。図面は16世紀半ばに登場するが，17世紀には精密な指図（平面図）や建地割（立断面図）が作成された。とりわけ迅速な建設が要求される城郭作事では日々進行する工程に見合う各種の図面が作成された。設計技術の発達によって工事見積書も精緻になった。施工の面では，材料の規格を統一し，木造・組立・造作の作業過程を分業化する工法が確立された。

　建築技術書や雛形も近世に入って著しい発達をみた。中世末から近世においては，特定の建築の造営のみを目的とした設計図・仕様書とは別に，いわば建築学教書としての一般性と系統的記述を備えた建築書が多数著された。堂・宮・門・塔・屋（住宅）・数寄屋・絵様・規矩・構法などの建築意匠と技術に関わるものから，棚・建具などの室内意匠に関するもの，大工儀式に関するものなど，多様な内容を含んでいる。これらのうち，堂・宮・門・塔・屋などに関する設計論を記したものを「木割書」と総称している。これに対して，絵様や棚・建具などの意匠に関するものは，直接利用できる雛形本としての性格が強い。

　また建築施工に関しては，大工道具の発達がある。伐木，製材および表面加工のための大工道具に斧（鉞・与岐），釿（手斧），鋸，鑓鉋，台鉋などがあり，その発生時期や使い方は時代により異なる。伐木には斧が用いられるが，丸太の側面を粗く斫って平らにする場合は斧と釿の両方が用いられた。概して太い丸太は与岐，細い丸太は釿を用いて，粗い角材（杣角）とした。杣角をさらに複数本に製材する道具として，14世紀後半以降になると，繊維方向に切る縦挽きの鋸「大鋸」が使われ始めた。大鋸についで，15世紀中頃からは「台鉋」が使われ始め，完全な平滑面に仕上げることができるようになった。

　かつて日本の建築史は古代，中世に重きが置かれ，近世建築は発展性のない装飾過多な建築として等閑視されていた時代があった。その後，民家建築の緊急調査を皮切りに近世寺社建築の全国調査が進み，近世建築の多様性と水準の高さがあらためて注目されるにいたった。また江戸時代は平和な都市の時代でもあり，都市と建築が密接な関わり合いを保ちながら発展した安定した時代でもあった。この時期，日本全国にわが国の確かな文化的基盤が築かれたのであり，それは現在にまで形を変えながら継承されている。しかしやがて訪れようとしていた近代は，近世後期にはそこかしこにすでに姿をあらわしつつあった。幕末の雄藩では独自に遣外使節を送り外国人技術者を雇用するなど，西欧先進諸国の建築や土木技術を導入するのに躍起となっていた。そして明治維新を境にわが国には西欧の都市文明，建築文明が雪崩を打って流入してくるが，近世にかたちづくられた都市・建築はそう簡単には近代化の波に押し流されることはなかったのである。

［伊藤　毅］

三都と直轄都市

「三都」とは，周知のように江戸・京都・大坂の三都市を示す。一方「直轄都市」は，必ずしも周知の概念ではなく，文字通りに解釈すれば，三都も含まれることになる。しかしここでは，幕府直轄領（幕領・御料）に所在する三都以外の都市をさすこととする。

三都

近世における三都とは，江戸・京都・大坂を意味する。これら三都市に共通するのは，いずれも幕府直轄の都市であり，人口や面積など都市の規模が他に抜きん出た巨大都市であったことである。例えば人口は，江戸が約100万人，京都・大坂が約30〜40万人であった。全国最大の領国を有する加賀藩の城下町金沢が約10万人であったのと比較すると，その規模の大きさがわかるであろう。これら三都市は，政治・経済・文化など多くの点において，幕藩制国家の中枢的機能を担っていた。

近世においては，将軍と幕府，天皇と朝廷に権力が分化しており，それぞれが江戸と京都という異なる都市を拠点としていた。これは中世における鎌倉と京都と同様である。江戸は，将軍が居住し幕府が所在するとともに，全国の大名が参勤し大名屋敷を構える幕藩制国家の首都である。武家方人口は約50万人，それを支える町方人口は約50万人にも及んでおり，近世日本最大の都市であるのみならず，世界でも最大級の巨大都市であった。一方京都は，天皇が居住し朝廷が所在する都市である。さらに仏教諸派の総本山や神社の総本宮が集中しており，巨大な宗教都市でもあった。

次に経済的側面から見ると，大坂と京都の独自の機能が明らかとなる。近世において将軍・大名などの領主は，まず年貢米と特産品を販売して換金する必要があった。次にその資金で，武器や呉服などの手工業製品を購入するとともに，江戸と国元での消費の費用を賄っていたのである。こうした構造の中で，大坂は年貢米と特産品を換金する中央市場として，京都は全国最大の手工業都市として，必要不可欠な存在であった。

近世における三都の特別な位置は，近代以降も継承された。明治4年（1871）の廃藩置県により，三都とその周辺地域が三府（東京府・京都府・大阪府）となった。そしてこれは，現代の都道府県（東京府は昭和18年（1943）に東京都へと改編）へと続いているのである。

直轄都市

本項では，幕府直轄領（幕領・御料）に所在する，三都以外の都市を取り上げる。幕府直轄領はほぼ全国に広がっており，幕府職制上は，幕府所在地である江戸の町奉行，老中支配下の遠国奉行，勘定奉行支配下の郡代・代官，預所とされた大名によって支配されていた。このため幕府直轄領に所在する都市が，幕府の「直轄都市」ということになる。しかしここでは，遠国奉行の支配下にあった都市に限定して，取り上げることとする。

遠国奉行は，京都・大坂・駿府の町奉行，伏見・堺・長崎・佐渡・浦賀・日光・山田・奈良・下田・新潟・箱館・神奈川・兵庫の奉行の総称である。このため遠国奉行という職名が存在したわけではなく，幕府直轄領の中の重要な場所に置かれていたことがわかる。遠国奉行が置かれた時期，支配する都市の機能や性格はさまざまであるが，おおよそ次のように分類することができる。

① 京都・大坂：三都のうち，江戸以外の二都市。幕藩体制の中央都市としての機能を有している。幕府職制上も，京都町奉行・大坂町奉行とは別に，京都所司代と大坂城代が置かれている。
② 駿府：徳川家康ゆかりの都市。幕府にとって特別な意味を有する地である。
③ 伏見・堺：京都・大坂の近郊に位置し，規模も比較的大きく，歴史的経緯および経済的機能から重視された都市。
④ 長崎・佐渡・浦賀：対外貿易，鉱山，船舶の管理という特別な経済的機能を担う都市。
⑤ 日光・山田・奈良：幕府にとって重要な宗教都市。
⑥ 下田・新潟・箱館・神奈川・兵庫：幕末期に各地に設けられた開港場。

このうち本項では，②駿府，③伏見，④長崎を取り上げる。

三都と直轄都市

江戸

江戸は，中世から水運などの交通の要衝であり，浅草

寺の周辺には町場が展開するなど，決して未開の土地であったわけではない。しかし本格的に都市として整備が開始されるのは，天正18年（1590）の徳川家康の入部後である。そして明暦3年（1657）の大火後の大規模な都市改造を経て，基本的な都市構造が形成された（⇨近世都市の概説）。

江戸は，都市類型としては城下町であり，その展開序列の到達点に位置する巨大城下町であった。江戸の都市構造の最大の特徴は，将軍が居住し幕府が所在することに加え，全国の大名の大名屋敷が設けられていた点にある。そして近代以降は，江戸城周辺の武家地は官庁，大名屋敷は学校・公園・病院などの公共施設の用地として継承され，近代国家の首都機能の中枢を担うことになる。

京都

京都は，8世紀末に都城・平安京として建設されて以来，現代に至るまで1200年余の歴史を有する都市である。近世の京都は，15世紀後期の応仁・文明の乱による荒廃とその復興後に形成された町並みを直接の母胎とし，16世紀末の豊臣秀吉による大規模な京都改造すなわち城下町化を経て，17世紀前期の徳川政権下で成立した。

近世の京都は，慶長6年（1601）に徳川家康によって造営が開始された二条城と，その周囲の武家地を中心とする城下町と捉えることができる。ただし，内裏と公家町（⇨公家町，冷泉家住宅）という独自の都市的要素が存在していることにも留意する必要がある。近世の京都には，二条城と武家地，内裏と公家町という二つの中心が存在していたのである。

大坂

大坂は，畿内のほぼ中央，そして瀬戸内海の東端に位置し，古代以来の交通・経済・軍事の要衝である。近世の大坂は，豊臣秀吉が天正11年（1583）に大坂本願寺跡に建設した城と城下町に始まる。慶長19～20年（1614～15）の大坂の陣による荒廃，幕府による大規模な復興を経て，元和5年（1619）に大坂城代と大坂町奉行を置いて直轄とした。

大坂は，全国の年貢米と特産品を集荷して換金し，それらを商品として全国に出荷すること，すなわち商品と金融の中央市場としての機能を果たしていた。寛文12年（1672）に河村瑞賢が西廻海運を開いたことにより，その地位を確立した。全国の諸大名は，年貢米と特産品の販売，財政資金調達などを目的として，大坂に蔵屋敷を設けた。蔵屋敷は，大坂の都市機能を象徴する存在である。

駿府

駿府は，徳川家康ゆかりの城下町である。家康は，天文18年（1549）から12年間を今川義元の人質として，天正14年（1586）から4年間を領主として，慶長11年（1606）から元和2年（1616）に死去するまでの10年間を大御所として，この地で過ごした。駿府の城と城下町は，家康の大御所時代に整備された。

家康の死去後は，秀忠三男の忠長などが城主となるが，寛永9年（1632）から幕府直轄となり，駿府城代と駿府町奉行が置かれた。駿府は，ほぼ近世を通して城主不在の城下町であったが，大政奉還後の慶応4年（1868）5月に，徳川宗家を継いだ家達を藩主として，駿府藩が立藩された。

伏見

伏見は，京都の南郊に位置する都市である。文禄元年（1592）に豊臣秀吉は当地に隠居所の造営を開始したが，同5年（1596）に大地震によって倒壊したため，場所を移して再建した。その過程で都市計画の構想が拡大し，本格的な城と城下町の建設，宇治川改修などの大規模普請が行われ，伏見は豊臣政権が所在する中央都市となった。

慶長3年（1598）に秀吉が死去した後，幕府は伏見の政治的機能を引き継いだが，同20年（1615）の豊臣家の滅亡を経て，元和5年（1619）に幕府は伏見城の廃城を決定した。以後は城下町としての機能は失われたが，京都と大坂・奈良とを結ぶ交通の要衝であるため，幕府直轄は継続され，商業都市として存続した。

長崎

長崎は，東シナ海に面する長崎半島と西彼杵半島に囲まれた長崎湾の最奥部に位置する天然の良港であり，オランダと中国との交易の窓口となった都市である。元亀元年（1570）にポルトガル船の寄港地となり，町の建設が開始された。天正8年（1580）に当地の領主である大村純忠によってイエズス会に寄進されたが，8年後に豊臣秀吉に没収され，慶長10年（1605）に幕府直轄となった。

寛永13年（1636）に出島が完成し，当初はポルトガル人が収容されたが，同18年（1641）にオランダ東インド会社の商館が平戸から移転した。以後，出島はオランダとの交易の拠点となり，西洋世界との唯一の窓口となった。中国との交易は，17世紀中期の明清交替後に活発化し，元禄2年（1689）に中国人居住地区である唐人屋敷が建設された（⇨産業・対外施設）。

参考文献

吉田伸之編『都市の時代』（『日本の近世9』）中央公論社，1992.

高橋康夫ほか編『図集日本都市史』東京大学出版会，1993.

村上直，江戸幕府直轄領の地域的分布について，法政史学，25，1-27，1973.

[杉森 哲也]

城下町

城下町の諸類型

　近世の成立とともに、全国で一斉に城下町が建設され、領国支配の拠点とされた。城郭を核に武家地、町人地、寺社地、奉公人居住地といった来歴を異にする要素の統一として構成された点が特徴である。そして最大の城下町江戸にあっては、大名屋敷、町人地の大店、市場社会、民衆世界がそれぞれ自立的な社会を発達させていた。それらを到達点における指標に据えて、原・城下町→（真正）城下町→複合城下町→巨大城下町と、発展類型で捉える見方が提唱されている。同時に、成立期に引き継いだ都市的要素のあり方、あるいは藩政の動向、在地社会との関係のもち方などによって、それぞれに個性的な様相を呈するものでもあった。ここではその具体像を、防長両国を支配した外様大藩、萩藩を例に見てみたい。

萩藩の城下町

　一定規模の領国を有した藩であれば、いくつか支藩などの城下町を伴うことがあった。萩藩についていえば、本藩の城下町は日本海側の萩にあり、他に4支藩それぞれの城下町が、長門長府、清末、周防徳山、岩国という瀬戸内海側にあった。さらに1万石前後の領地をまとめてもつ家老クラス8家は領地に田屋を設けており、ここにも小規模ながら城下町的な都市域が形成された。

　これらのうち萩は、関ヶ原合戦（慶長5年（1600））後、日本海に面した三角州に建設された。北端に指月山とそれに連なる陸繋砂州があったことが、軍事的に優れていると判断されたからだった。指月山の麓に城館を築いて御殿や政庁などを置いた。それを取り囲む堀内には上層家臣や側近が屋敷を与えられ、その外に中小の家臣の屋敷が配された。個々の家臣には知行高に応じた坪数が与えられたが、それらの屋敷が空間的に秩序だって配置されたわけではない。それは、当初は家臣団に十分に供給しきれず、その後にも屋敷地を造成していったからであり、それでもすべてに供給することはできなかった。なお足軽以下への拝領屋敷も、当初こそ城下の西端、北端、南端にまとまって置かれたが、やがて増員に対応しきれず、屋敷を与えることはなくなっていた。また領国に比して過大な家臣団を抱え込んでいたこともあって、藩財政は早い時期から逼迫、その煽りを受けた家臣団の窮乏は深刻だった。ために拝領屋敷の売買が盛んに行われるようにもなってゆく。関ヶ原での敗戦後、軍事優先での城下町づくりを急いだことが、のちのちまで影響を及ぼすのだった。

萩の町人地

　以上の武家地に対して、町奉行支配の28町は堀内の東方、古萩を中心に配置された。陸運の拠点となる目代所はそれらの東端にあった。また、やや離れた平安古町や橋本町などには川船の発着場が置かれたし、北東部の浜崎には港があった。藩や家臣団の需要に応ずべく、流通基地として創出されたのである。町の建設にあたっては、中世以来の都市である周防山口の町人などに開発を請け負わせており、それら門閥町人の規模の大きな屋敷はその後も存続する。また18世紀半ばの調査で3,876竈あったうち、借屋が8割以上を占めはしたが表借屋や横丁に面したものが多かった。さらに定期市は2ヵ所で続くが、常設といえば浜崎の魚市場がある程度だった。なお中期以降の町人人口は1万数千人程度である。

　これらの他、寺院は古萩の町人地のさらに北縁部にまとめて配置されていた。

　このように、先の発展類型からは（真正）城下町に該当することが確認できるとともに、藩領全体のなかでは、やがて瀬戸内側で経済発展が進むなかで、その中核を担うことはなく、あくまで領主支配の拠点として存立し続けたことに特徴を見いだせる。

長府

　長門西部には毛利氏の支藩長府藩があり、西南端の瀬戸内側に城下町を置いた。中世には府中と呼ばれ、忌宮神社に接して南北に通る山陽道沿いに都市が形成されたところだった。また南に続く串崎には港もあっ

図1　17世紀半ばの萩城下町
［山口県文書館　萩絵図409］

た。関ヶ原合戦後に長府藩が創設されたとき，串崎の山上に城が築かれたが一国一城令で廃され，代わりに山麓に居館が設けられた。それを取り囲むように家老など上層家臣の屋敷が配され，川を挟んでその北方，忌宮神社近くや山麓一帯にかけて中小の家臣が屋敷を与えられた。これら家臣の屋敷には本藩と類似の格坪規定があった。一方山陽道沿いには府中を継承した六つの町があり，地料銀とあわせて伝馬役などの町役が賦課された。17世紀末で町人人口は約2,000人であったが，すぐ南には人口5,000人を擁する流通拠点赤間関があった。中世以来の府中を取り込んで建設された長府は，萩のように新たに町を創出したのではなく，それまであったものを安堵し，城や武家地がそれに付随するようにして建設されたことになる。

徳山

毛利氏の支藩には周防下松に拠点を構えるものもあったが，17世紀半ばに城下町を移転することになり，できたのが徳山である。城はなく，山麓の居館に藩主は居住したから，陣屋町と呼んだ方が正確である。260軒ほどの家臣団の屋敷が，居館の南に続く方形の閉じた空間の中に整然と配置されていた。中心にあたる南北の通りに沿って面積の大きな屋敷がまとまり，なかでも角地にはひときわ大きな家老の屋敷があった。そしてこれらを取り囲むようにして中クラス―小クラスと屋敷が順に並んでいる。さらにこの方形の区画の外に，足軽クラスが居住する組屋敷が接してあった。このように萩などと違って，空間的に序列化された秩序だった街区からなるのは，17世紀半ばの移転に伴い一挙に造成されることで，城下町のイデアを忠実に表現できたからであろう。他方，町人地はそのさらに南方，東西に通る山陽道に沿って設けられ，本町7町や新町などからなっている。18世紀半ばで2,400人ほどであり，長府とほぼ同規模だった。うち本町とは，すでに17世紀初めから街道沿いの町場としてあった。もっともなかには農業に従事するものもいる農商未分離の状態であり，城下町となってからは地料が半免とされている。このように，既存の町場を取り込んだ点で長府と共通するものの，武家地は後発だったゆえ整然と序列化されていた。

このように，支藩の城下町といっても，形成のされ方によってそれぞれに個性的であった。

岩国

周防東部には吉川氏が支配する岩国藩があった。関ヶ原合戦後，錦川の河口を少し遡った横山に城を築いている。ただし一国一城令によって破却され，山麓に居館を置いたことは長府藩と同様である。これを築地を伴う「郭内」で取り囲み政庁や上級家臣の屋敷を配した。そして錦川を挟んだ対岸にも家臣団の屋敷や町人地を設けた。両者を結ぶのが錦帯橋である。さらに錦川を下った河口部の今津には船手（水軍）の家臣団が配された。また町人地は東西方向の2列に並ぶ七つの町からなっていたが，各町は長さおよそ60間の矩形からなる均等なものであり，これは長府には見られないあり方だった。しかも角地には面積の大きな屋敷も見いだせる。萩と同様，有力町人が開発を請け負って造成されたことを想定できる。こうした創出型の町のあり方は，すでにあった町場を安堵してできた長府との違いとなっている。なお18世紀初めの町人人口はおよそ4,000人である。

田屋

藩主の一門など大身8家は，まとまった知行地を有する小大名のような存在だった。これらは萩にあっては堀内の拝領屋敷と，別に家臣団を収容するための下屋敷を有していた。さらに浜崎に年貢米を搬入するための蔵屋敷も設けていた。当主はふだん萩に暮らしたが，知行地には支配のために田屋と呼ばれる居館を置いている。その周辺には数十人から数百人の陪臣団を住まわせ，その需要を満たすための商人や職人も居住したから，田屋を核にした小規模な都市域が形成されることになった。それらのなかで，益田氏（1万2千石）が田屋を置いた長門北端，石見国境に近い須佐は，港町かつ宿駅でもあり，19世紀半ばには町屋約350軒，港町の屋敷約180軒を擁する規模の大きなものだった。港を臨む山麓にあった田屋を核にして，家臣団の屋敷が並び，さらに細長い町場をなしていた。もっとも住人には畑地を有して耕作にも当たるものが多いとされ，行政的には村の扱いだった。この点は他の田屋も同様である。先の発展類型からは，原・城下町ということになる。

参考文献
吉田伸之『巨大城下町江戸の分節構造』山川出版社，1999．

［森下　徹］

図2　近世における防長地域の主な都市域

武家地

武家地の空間構成

近世の武家領主は権力と流通の集中をはかるために城下町を創出した。武家地はその中で町人地・寺社地とは区画されて，おおむね6〜7割を占めた。それは領主の住まう城を核に，そのもとに家臣を集め，屋敷地を与えて集住させるというものであった。構成は一般に，本丸と二の丸が領主の居館と執務の殿舎で，三の丸に一門および家老らの屋敷が置かれた。そして堀を隔てて組頭・物頭や平侍ら騎馬の者の屋敷がそれを取り巻き，さらに城下周縁部に徒士・足軽・中間・小者らの組屋敷が配された。つまり武家地とは，普遍的に武家の軍団編成に準じて構成されたものだったということである。

城下町江戸の武家地

以下，江戸幕府将軍徳川氏の居城，江戸城の城下町である江戸の武家地を事例に述べる。江戸はいうまでもなく江戸時代最大規模を誇った巨大城下町であったが，なかでも武家地は大きな比率を占め，明治2年（1869）の調査によればその面積は1,169万2,591坪で，江戸全体の実に約7割にものぼっていた。江戸の場合，徳川氏の直属家臣団である旗本・御家人（幕臣）に加えて，幕府による大名の参勤と妻子の江戸居住強制を背景に，260家ほどの全大名がほとんど複数の屋敷を構えたことが，武家地がこれほどの広大化を遂げた要因であった。

このように大名屋敷が存在したことが江戸の武家地が他の城下町のそれと大きく相違した点だが，空間構成は普遍的なあり方に基づいており，元来はおおむね江戸城本丸・二の丸・三の丸・西の丸の将軍家の居館を中核に，吹上・北の丸周辺に一門，大手前や西の丸下に譜代，その西の大名小路や外桜田に外様の大名屋敷，内堀を隔てた城背後（南西〜北東）の番町や駿河台に旗本屋敷，さらに外堀を隔てた郭外に下級旗本や御家人らの住む組屋敷が配置されていた（⇨武家屋敷）。

武家地の中の武家屋敷

武家地においては大名と旗本・御家人の屋敷地は幕府から拝領したもので，したがって拝領屋敷と呼ばれた。これは一家ごと（一人別）で拝領する場合と，大番組といった職務上の組単位で拝領する場合とがあり，後者は特に組屋敷や大縄地などと呼ばれた。その広さには高坪という石高による規定があり，それには寛永2年（1625）と元禄3年（1690）のものがある。

拝領屋敷はこのように与えられたものではあったが，幕府から召し上げや移転（替地）の命が下ったときは速やかに従って返上せねばならなかった。また無償で与え

表1　寛永2年の江戸の規定

石　　高	坪　数（間　数）
7,000〜10,000石	2,500坪（50×50間）
4,000〜 6,000石	2,000坪（40×50間）
2,600〜 3,500石	1,200坪（30×40間）
1,600〜 2,500石	1,089坪（33×33間）
800〜 1,500石	900坪（30×30間）
400〜 700石	750坪（25×30間）
200〜 300石	600坪（20×30間）

［江戸遺跡研究会編『図説 江戸考古学研究事典』p.47，柏書房，2001（元史料：『東武実録』巻12，国立公文書館内閣文庫）］

表2　元禄3年の江戸の規定

石　　高	坪　数
100,000〜150,000石	7,000坪
80,000〜 90,000石	6,500坪
60,000〜 70,000石	5,500坪
50,000〜 60,000石	5,000坪
40,000〜 50,000石	4,500坪
30,000〜 40,000石	3,500坪
20,000〜 30,000石	2,700坪
10,000〜 20,000石	2,500坪
8,000〜 9,000石	2,300坪
5,000〜 7,000石	1,800坪
3,000〜 4,000石	1,500坪
2,000〜 2,900石	1,000坪
1,000〜 1,900石	700坪
300〜 900石	500坪

［江戸遺跡研究会編『図説 江戸考古学研究事典』p.47，柏書房，2001（元史料：『日本財政経済史料』8，pp.1310-1311）］

られたものなので当然売買は禁止であった。新たな屋敷が必要な際は希望地の拝領を幕府に出願するか（この場合所持する拝領屋敷から代地を返上する），あるいは相対替という方法がとられた。相対替とは拝領屋敷を所持者同士が直接交渉して交換するというもので，大名・旗本・御家人いずれ同士でも許されており，規制が緩く認可や手続きも容易であったため盛んに行われ，その内実には金銭が介在する場合も少なくなかったとみられている。

なお武家が武家地の枠を超えて屋敷地を所持する場合もあった。それには幕府より下級幕臣らに町人地が与えられた「拝領町屋敷」，武家が町人地を購入した「町屋敷」・「町並屋敷」，また百姓地を購入した「抱屋敷」・「抱地」があった。うち拝領町屋敷の一部には元来の武家地の組屋敷が町人地化して成立したものもあり，武家地のなかにはこうした変遷を遂げた部分もあった。

［渋谷 葉子］

組屋敷

　組屋敷は職務により編成された諸組が組ごとに一括で拝領した屋敷地で，大縄地，大縄屋敷とも呼ばれた。このため当時刊行された切絵図などには一つの屋敷地のように描かれていることが多いが，実際は内部が敷地割りされて配下の者に割り振られていた。組配下の者は大多数が御家人で，その数は正徳2年（1712）には12,800人ほどだったといわれている。これに従えば御家人の約75％の拝領屋敷は組屋敷の中にあったことになる。各人割り当ての広さは組屋敷の場所や役職などによって異なったが，一般に200坪から70坪程度であった。敷地はこのように割り振られたものであり，したがって転役あるいは出奔・処罰などにより所属の組を離れる場合は組に返却されるのが原則であった。しかし18世紀以降は武家屋敷地不足を背景に，この原則を必ずしも守ることができなくなり，組の管理を外れる敷地が生じるようになった。この現象は「大縄崩」と呼ばれ，こうして組屋敷は元来の一体性を失ったものが少なくなくなった。　　　　　　　　　　　　　　　　　　［渋谷　葉子］

大名屋敷

　大名は一家で複数の拝領屋敷を所持し，それには上屋敷，中屋敷，下屋敷，蔵屋敷の種別があった。上屋敷は大名の参府中の居所（居屋敷）およびその家族・家臣の住居と，大名が藩主を務める藩の江戸役所の機能をもち（⇨書院造の成立と展開），江戸城に最も近い拝領屋敷に定められた。中屋敷は上屋敷の控えで，その罹災時などには臨時に上屋敷とされ，また隠居した藩主や世子が上屋敷に同居困難な場合はその住居となった。下屋敷は郊外に置かれ，上屋敷罹災時の避難所や広大な庭園（⇨大名庭園）を備えた保養・遊興用の別邸，また田畑や竹木林を設けて家内での消費物資の供給地とされた。蔵屋敷は国元や上方から回漕された米穀や物資の保管庫で海岸部や河岸地に立地した。その他必要に応じて抱屋敷ももち，蔵屋敷については経済の中心である大坂にももつ大名も多かった。以上がおおむね大名江戸屋敷の原則的なあり方だが，機能分担は家により多少の異同もあった。また特に大藩は相対替を巧みに利用して，自家の必要に応じた屋敷地の獲得や拡張をしていくことも少なくなかった。　　　　　　　　　　　　　　　　　　［渋谷　葉子］

旗本・御家人屋敷

　旗本・御家人は家禄が1万石未満で，前者が将軍御目見以上，後者が同以下と一般に線引きされ，旗本は5,200人ほど，御家人は17,000人ほどであった。旗本・御家人の場合は拝領屋敷を1ヵ所所持する者が大半で，通常はそこに住んだので居屋敷と呼ばれた。大身の旗本には下屋敷を所持する者もあり，また旗本が高家・側衆・大番頭・留守居になると下屋敷拝領の出願を許され，大抵は願い出て獲得した。これは居屋敷が役宅を兼ねることになるため罹災などの事態に備えて控えとして与えられたものとみられるが，退役後も代々所持できた。拝領屋敷を居屋敷としない場合は管理人（地守）を置かねばならなかった。江戸時代後期からそうして地守を置き自らの拝領屋敷に居住せず，他家の拝領屋敷のうちに借地や同居をする幕臣が増加した。その内実は，一つは困窮により表向き相対替などと称して禁止をかいくぐり拝領屋敷を売却した，つまり住めなくなった者と，もう一つは特に拝領屋敷が郊外の場合，江戸城勤仕や生活の利便性を求めて市中に暮した，つまり住まなかった者の両様があったもようが明らかになっている。　　［渋谷　葉子］

蔵屋敷

　西国の諸藩は大坂に蔵屋敷を置き，年貢米などの換金をはかった。その便もあって，とりわけ堂島や中之島周辺に集中している。同時に蔵屋敷は大坂町奉行所と領国との接点ともなったし，あるいは大坂市中からさまざまな商品を調達する場所でもあった。江戸の大名屋敷と違って拝領屋敷ではなく，町人地を買い取ったものである。ために町人の名代を名義上の持ち主としたし，所属する町との関係を処理するため家守も置いている。内部の構造は，蔵米などを保管するための蔵が中心だが，御殿や長屋なども建てられたし，貸屋を随伴することもあった。この貸屋には，蔵米の搬入・搬出にあたる仲仕を居住させることが多く見られた。やがて藩が大坂町人からの借銀を重ねるなかで，蔵屋敷も本質として預けられるようになる。また蔵屋敷としては大坂のものが著名だが，江戸にもあったし，九州諸藩は長崎に設けている。この他，城下町にも家臣の蔵屋敷が置かれるところがあった。　　　　　　　　　　　　　　　　　　［森下　徹］

参考文献

宮崎勝美「江戸の土地―大名・幕臣の土地問題」（吉田伸之編『日本の近世9 都市の時代』）中央公論社，1992.

波多野純「武家地の建築と都市景観」（平井聖監修・波多野純著『城郭・侍屋敷古図集成 江戸城Ⅱ（侍屋敷）』）至文堂，1996.

寺社地

　近世城下町において寺社によって構成される領域は，城郭や武家地，町人地などとは異なる空間と位置付けられ，寺社地と総称される。城下町における寺社は，城主である幕藩領主から，国家・領域を宗教的に護持するという役割を与えられ，さらに都市住民である武士や町人などに対する祈禱や菩提・檀那寺という機能を担った。

寺社地の形成

　城下町における寺院は，その立地から①城下縁辺部に宗派を超えて地縁的にまとまり寺町を形成するもの，②町人地に散在する寺院，③本坊・本堂を中核とし門前や子院などで構成される一山寺院に類型化される（⇨民衆信仰と寺院）。なかでも寺町は，近世初頭の城下町の建設やその後の都市整備過程で，幕藩領主の意思によって形成されていった。

　京都では，豊臣秀吉による京都改造の過程において，遅くとも天正19年（1591）までには寺町の形成が確認できる。それまで洛中に散在していた寺院を町人地から分離して移転集中させ，また鴨川沿いに寺院を配列することで洛中市街を洪水から守る防水壁とする狙いがあったといわれる。このように，寺町が城郭・城下防衛のために配置された事例は他にも，臼杵・飯山などでみられる。

　大坂や金沢，尼崎などでは，かつての寺内町の跡に近世城下町が建設されており，その際寺院が移転され，複数の寺町が形成された。大坂では城下周縁部に11ヵ所の寺町が展開したが，地区によって宗派の集中がみられる。また真宗寺院や道場は，在家における日常的な法談・布教活動を行うために，例外的に町人地に立地することが許されて町中に散在しており，町人と同様の公役や町役を負担することとなっていた。

　一方，神社の場合は，領主・領域を守護する有力神社が城郭に近接しておかれたが，もともと土地と結びついた鎮守としての性格があるために，城下町建設の際に寺院のようには移動されない場合も多かった。

江戸の寺社地

　寺社地について，江戸を事例により具体的にみていく。将軍家菩提寺の寛永寺や増上寺，また江戸総鎮守の日枝山王社・神田明神社，浅草寺や護持院などの将軍家祈禱所の他，幕臣や参勤交代によって江戸に屋敷を構えた諸大名の菩提寺や江戸に住む町人の檀那寺，鎮守社など，千を超える寺社が城下におかれた。このうち各宗教・宗派の有力寺社が江戸触頭に定められ，幕府寺社奉行と配下寺社の仲介役を担った。将軍家菩提寺・祈禱所などは，広大な境内と幕府から与えられた朱印地を寺社領とし，

領民に対しては領主として相対する側面をもつ。一方，都市住民の葬送儀礼や信仰の受け皿となった多くの中小寺社では占有する境内地も狭く，道普請や異変処理など都市居住者としての負担を，近接する武家地や町人地の住民と分担して行うこともあれば，宗派や規模や寺格の異なる寺院が，道路や水路の維持管理を共同で担うための自律的な地縁的組合をつくる事例などもみられた。

　江戸の場合，都市周縁部に広大な墓所が展開していた京都・大坂と異なり，専用の墓地空間は存在せず，すべての埋葬が江戸市中の寺院墓地に委ねられていた。江戸の場合は火葬が1〜2割で総じて土葬が多かったため，江戸の中小寺院の墓地不足は深刻であった。そのため墓地需要の増大という状況を背景に，寺院がより広い境内地を得るべく，都市周縁部へ転出していくパターンもみられた。

　寺社は境内を芸能や商いの場として開放し（⇨祭礼と興行），門前を町人らに貸し付けて門前町屋を営む場合も多かった。そのため寺社地は本来寺社奉行支配下にあったが，門前町屋，寺領町々など町方社会と不可分な部分については段階的に町奉行支配に移行した。

［下田 桃子，小松 愛子］

本寺と城下寺町

　本興寺と尼崎城下寺町の事例を取り上げたい。同寺は，日隆が応永27年（1420），尼崎に創建したとされる法華宗寺院で，京都の本能寺と並び，本寺となった。元和3年（1617），尼崎藩主戸田氏鉄の築城に伴い移転し，真宗を除く他宗寺院とともに城下の寺町を構成した。

　寺町では月番の2ヵ寺が，尼崎藩や幕府の触の伝達を含む役務に従事し，大坂町奉行所の町触が尼崎藩寺社奉行所から通達されることもあった。寺町の内部は，宗派を超えた幾つかの組合に編成され，本興寺も加わっていたが，元治元年（1864）に藩命を受け離脱している。

　本興寺では，塔頭（子院）8坊が交代で役者となって住持のもと寺務を担い，尼崎藩寺社奉行所や大坂町奉行所との交渉にも当たった。同寺は，江戸触頭の丸山本妙寺・芝長応寺を介して幕府寺社奉行所ともつながった。また，本能寺とともに各地の末寺を支配し，境内には僧侶の研修機関である学室が設置された他，門守などの俗人の動向も確認できる。
［上野 大輔］

神 社

　城下町における神社では，すべての町域を守護する惣町鎮守の神社と，個別町など一定の町地を守護する神社で社会関係に違いがみられる。惣町鎮守の神社では，祭祀の中心となる神主・別当のほか，神事を補佐する複数の社家・社僧，社人や巫女などが設定され，境内および

周辺の土地に住居を構える場合が多い。神社収入は社領の年貢や門前町屋・茶屋など境内地施設の店賃を中心に，祈禱料や氏子の寄付などがある。

江戸などの巨大城下町では，四谷・小石川といった地域単位や個別町単位の鎮守社が多数存在していた。これらの神社は氏子域内の町や武家が神社運営の支え手となったが，問屋仲間など，氏子域外の社会集団との関係構築により安定な運営を行うものもあった。さらに町人地・武家地に設けられた小規模な社が流行神として多数の信仰を集め，一般的な神社と遜色のない社殿を設ける事例もままあった。　　　　　　　　　　［竹ノ内 雅人］

将軍家菩提寺

東叡山寛永寺は，徳川家康の帰依を得た天海が，寛永2年（1625）に建立した天台宗寺院である。代々，輪王寺宮門跡が日光山主と天台座主を兼ねて寛永寺に住し，天台一宗の実権が寛永寺に集中した。歴代将軍やその夫人の廟所，霊廟別当や各大名の寄進による36坊の子院が存在する。子院住職から2名の執当が選出され，執当は輪王寺宮から院室号を与えられて院家を名乗り，寛永寺や天台宗の実務一切を担った。

三縁山増上寺は天正18年（1590）徳川家康の入府以降，徳川家の菩提所として興隆した浄土宗寺院である。教団の惣録所かつ檀林寺院（学問所）の筆頭として多くの所化僧（しょけそう）を抱え，教団を統制する機関となった。境内は歴代将軍やその夫人の霊廟と別当寺院，所化僧が起居する学寮および30の子院や別院からなり，子院住職と所化僧から各2名ずつ選出される方丈役者が増上寺や教団の寺務を担った。　　　　　　　　　　［下田 桃子］

浅草寺

浅草寺は，7世紀前半の開創という古い由緒をもち，戦国期には江戸を領国とした小田原北条氏の保護を受けていたが，北条氏滅亡によって徳川家康が江戸へ入城した後には，徳川家の祈禱所として厚遇され，慶長18年（1613）朱印地500石が給付された。

浅草寺の社会＝空間は，院内・境内・領内という三つの要素で構成される。院内は浅草寺寺務運営の中心である本坊伝法院をさす。境内は本堂を中心に参詣客を相手とする境内商人や見世物小屋などが密集した一帯のほか，浅草寺一山を構成する子院の境内地，境内町屋などで構成されていた。なお，子院境内の子院本堂・屋敷地以外の土地は，収入を補うために借屋経営を行う町人に貸地された。領内は将軍から給付された朱印地500石を構成する千束村と18の町々の範囲である。浅草寺の境内・領内を居所とする住民は江戸町方人口の4〜5％に達しており，まさに町人社会を内包する様相であった。
［小松 愛子］

1840年代の浅草寺の様相（「東都金龍山浅草寺図」）
［国立国会図書館デジタルコレクション］

門前町屋

門前町屋とは寺社境内地に立地した町屋のことである。江戸を例に取り上げると，寺の門前町屋は，宝永2年（1705）までに設立されたものは永代門前，元文3年（1738）以降はすべて10年の年限付きで設立が認可される年季門前とされ，幕府によって区別が設けられていた。年季門前と並行して，18世紀以降は10年季で寺社境内の土地や家屋を貸与する境内貸家が現れるようになるが，実態は門前町屋とほぼ変わらない。境内貸家の一般化に伴い，境内地に余裕のない小規模な寺社が，町屋敷を買得して貸家経営を行う場合もあった。檀家の少ない零細な寺院は，いずれもこういった貸家経営に大きく依存していた。

18世紀半ば以降は江戸府内の門前町屋や境内貸家は町奉行支配となっている。また門前町屋においては，通常の町が負担する公役がかからないために，住民は事実上の地代店賃である役銀を寺社へ納めるだけでよかった。　　　　　　　　　　　　　　　　　［下田 桃子］

参考文献

伊藤毅『都市の空間史』吉川弘文館，2003．
松本四郎『城下町』吉川弘文館，2013．
岩淵令治，江戸における中小寺院の地縁的結合について，国立歴史民俗博物館研究報告，108，2003．
吉田伸之『都市　江戸に生きる』岩波書店，2015．
西木浩一，講座　都市と埋葬　江戸の墓制と身分，歴史と地理，580，2004．
本興寺編『本興寺文書』1〜4，清文堂出版，2013〜2016．
竹ノ内雅人『江戸の神社と都市社会』校倉書房，2016．
大本山増上寺編『大本山増上寺史』本文編・年表編，1999．
浅草寺日並記研究会編『浅草寺日記』1〜37，1978〜2017．
金行信輔，江戸寺社地の空間と社会，年報都市史研究，8，2000．

町人地

町人地の成立

　町人地とは、城下町のなかで職人や商人が居住する地区である。城下町では、城を構えた領主とその領主の下に集う家臣団に、武具・食料・生活物資などを供給するために職人や商人が集まり、町人地が形成された。領主は営業の自由を認めたり土地を無償で与えるなど、さまざまな優遇策で職人や商人を城下に誘致した。職人は技術労働の提供や制作品の上納、商人は物資の上納や人足の負担を領主に果たせば、城下で商工業を行うことを認められたのである。こうしたそれぞれの生業を反映した労働や上納のことを役という。

　町人地に集まった職人や商人の出自はさまざまであった。徳川将軍家の城下町である江戸には、家康の旧領である三河や遠江から家康に従って江戸に来た者、先進的な技術を有する上方から家康に呼ばれた者、商機を求めて江戸に出てきた伊勢商人や近江商人、家康の江戸入り以前から存在した江戸土着の者などが混在した。近世初期に新たに建設された井伊家の城下町彦根には、周辺の村々や彦根以前の拠点であった佐和山から多くの人が流入した。町人地が形成された背景には、こうした人口移動や社会変動が各地でみられた。

　城下町にやって来た職人や商人は、当初は同じ生業の者が集まって住み、町を形成した。大工町、桶町、魚町などという町名が各地の城下町でみられるのは、このような同職集住を反映したものである。やがて多くの人びとが集まり、領主以外の人びとをも相手に手広く商工業が展開されるようになると、同職集住は崩れ、同じ業種の者も複数の町に分散して居住するようになった。江戸大伝馬町一丁目の木綿問屋街、薬種屋が集まる大坂道修町など、同職集住を維持した町もみられるが、多くは多様な業種の人びとが雑居する町になった。

構造と仕組み

　町は複数の町屋敷で構成されたが、町屋敷を所持し同所に居住する者が家持である（他所に居住する者は地主）。それぞれの町屋敷には、家持のほか、地主・家持から町屋敷の管理を委託された家主（家守・大家(屋)）、町屋敷の一画を借りて店舗・家屋を自前で建てる地借、家屋も借りる店借が存在した。住民の大半は店借であったが、町の運営を担ったのは少数の家持である。一般に町人とは町の住民全般をさすが、狭義の町人は家持に限られた。

　家持は正規の町人として、領主に対しては役を負担したが、町においては町法を定め、町入用を運用した。江

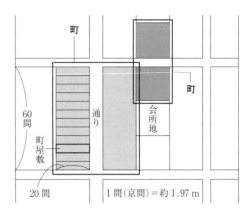

江戸の町割概念図
会所地は当初ゴミ溜めや排水地として利用されたが、のちに新道が通され、開発が進められた。

戸のように家持が減少して他所に居住する地主が増えると、町の運営を家主が代替した場合もあるが、町人地ではこうした家持や家主による町の運営がなされ、そのなかで中心的な役割を果たしたのが町役人である。

　江戸の場合、3名の町年寄を筆頭に、250名前後の名主が存在し、1,600余の町には月行事が置かれた。町年寄は人口集計や職人・商人の統制など町人地全体に関わる職務、名主は自身が治める町内のもめごとの調停や人別帳（江戸時代の戸籍簿）の管理などを担い、各町の月行事は住民の生活にかかわる町用・公用を務めた。

　こうした町役人の上位に存在したのが、領主側の武士が担う町奉行である。各地の城下町には町奉行所が置かれ、その長である町奉行は町人地の警察・司法・行政を統括した。町奉行所が領主の指示・命令として発した町触は、町役人機構を介して住民に伝達された。また、近世後期の江戸では、市中の取締や物価統制のために町奉行所の分掌として市中取締掛・諸色掛が設置されるなど、多様な掛役が設けられたが、その下には町役人である名主が掛名主として動員されており、町奉行所による都市行政は、町役人機構に依拠することで円滑に行われた。町人地は、町人による運営と領主（武士）による支配の双方によって成り立っていた。

役

　役とは領主が人民に課す労役・奉仕の総称。近世社会では、人びとは所属する社会集団を介して役を負担することで、社会の構成員として公認された。

　町人地では、職人や商人が生業に見合う役を負担したが、当初は同職集住であったため、役は町ごとに賦課・負担された。各町では町屋敷を所持する家持が役の負担者とみなされ、彼らが正規の町人として公認された。

やがて町の同職集住が崩れると，大工町に大工以外の住民が雑居して大工としての技術労働を供出できなくなるというように，当初の負担方法を維持できなくなり，各町の地主・家持は役負担を金銭で代替するようになった。また江戸では，髪結が火災時に町奉行所・町年寄役所・牢屋敷の書類を退避させるという役を，髪結仲間として負担することで営業を公認されるなど，町とは異なる同業者集団を単位に，固有の生業とは関係のない役が賦課されることもあった。

町

町とは，通りを挟んで向かい合う区画で形成された，町人地の基礎単位。道路などを境界として区分する現代の街区とは異なり，町内で通りを内包・共有する構造である。このような町を両側町と呼ぶが，地形条件などによって片側のみの町も存在した。最大の城下町である江戸には18世紀中頃以降1,600余の町が存在したが，譜代大名の城下町である宇都宮における同時期の町人地は40町余であり，町の数は城下町の規模によって異なる。

町は居住地域ごとの住民組織であるが，当初の同職集住が崩れ，各町に多様な業種の住民が混在するようになると，町とは別に，同業者集団である組合や仲間が形成された。町人地は多様な組織・集団で構成されるにいたるが，町は近世を通して，住民登録や法令伝達を行う際の基準であり続けた。

町法・町入用

町法とは町ごとに制定された規約。町定・町式目・町中掟などともいう。近世初期の京都の町法では，武士や芸人および特定の業種の者に町屋敷を売ることを禁じるなどという職商規制がよくみられる。これは当時の人びとの貴賤意識や秩序観念に基づくものであったり，業種にまつわる騒音や出火の危険性が忌避されたことによる。また，喧嘩口論の調停や町人同士の親睦など，町中の平和と平等の維持を定めた条文も多い。町法は町の安定的な永続のため，町人自身が定めた取り決めであり，領主が下達・命令する町触とは異なる。

町入用は町の運営や維持に必要な経費であり，町屋敷を所持する地主・家持が間口や面積などに応じて負担した。町で雇用する書役や番人などの給金，木戸・番屋の維持費，町火消の経費，道の修繕費，町内で起きた諸事件の処理費など，費目はさまざまである。江戸では名主の役料も計上され，領主に対する役の負担にかかる経費も，町入用に組み込まれる形で会計処理された。

町役人

町人地において町政にあたる人。町人地全体を管掌する最上位の町人から，各町の事務を扱う者までを含む。筆頭の町役人は，広島の大年寄，名古屋の惣町代，仙台の検断など，名称はさまざまであるが，その多くは先祖を武士や土豪・地侍とする，特権的な上層町人である。

町役人の選出方法は世襲・推挙・選挙などで，勤務形態も自宅を役所にしたり，自宅とは別に会所が設置されるなど，町役人のあり方はさまざまである。江戸では，町年寄と名主は自宅を役所とし，町年寄と草分名主は世襲，草分以外の名主は町人の推挙（実質は世襲）である。各町の月行事は家主が務め，自身番屋に詰めた。大坂では，各町の町年寄は家持の中から選挙で選ばれ，町会所に勤務した。江戸の名主は専業であるが，大坂の町年寄は別に家業を営む者が兼務したという違いもみられた。

町奉行

町奉行は領主が設置した武士の職で，町人地の支配を担当した。江戸の場合，町奉行の旗本は数年ごとに交代したが，町奉行の下に配属された与力・同心は親子代々で同じ家の御家人が務めることが多く，職務に精通した与力・同心が実務の中核を担った。町奉行所は，町人地の警察・裁判機能を担い，火事の防止や町火消の消火活動の指揮を行うことで，城下町の安全・安定の維持に寄与した。また，住民の生活にかかわる町人地全体の都市行政にも尽力し，町人地の成り立ちを支えた。

なお，幕府の直轄都市には遠国奉行が配置されたが，京都・大坂・駿府の奉行は町奉行と称された（その他の遠国奉行の名称は長崎奉行のように地名のみで町はつかない）。京都町奉行は京都市中を治めるだけではなく，京都所司代の指揮監督の下で山城・大和・近江・丹波という上方の東部4ヵ国を，大坂町奉行は大坂城代の下で摂津・河内・和泉・播磨の西部4ヵ国を支配し，同時に奈良奉行は大和，堺奉行は和泉，伏見奉行は伏見周辺の裁判や行政を担当した（享保7年（1722）以前は京都町奉行が上方8ヵ国を支配した）。江戸の町奉行も寺社・勘定奉行とともに三奉行の一員として幕府の評定所を構成したが，三都と称される江戸・京都・大坂の町奉行は，都市の町人地支配に限らない広い職権を有した。

参考文献

玉井哲雄『江戸―失われた都市空間を読む―』平凡社，1986.
朝尾直弘『都市と近世社会を考える―信長・秀吉から綱吉の時代まで―』朝日新聞社，1995.
吉田伸之『近世都市社会の身分構造』東京大学出版会，1998.
小倉宗『江戸幕府上方支配機構の研究』塙書房，2011.

［髙山 慶子］

港 町

港町の立地と景観

　港町は船が出入りするための固有の地形・都市空間・諸施設をもち、それが港町らしい景観をもたらした。港町の景観は国や地域を越えて共通性をみせる一方で、時代ごとの船の変化に伴い変容した。木造帆船が海運の中心をなし、かつ大規模土木工事ができなかった近代以前は、船を停泊させうる自然地形が港の立地に特に重要な意味をもったからである。干潮時にも船底が海底に届かない水深があり、周囲に丘陵や島などがあって、船への風当たりが緩和される天然の入江や水道は特に良い港とされた。また海岸砂州の内側に形成された潟湖も天然の良港であった。

　港町固有の景観は港に必要な諸施設によっても与えられた。例えば船を安全に入港させるための施設に、灯火施設（篝火・高灯籠・灯明堂・竿灯など）、入港案内標示（汐時柱・マネキ・日和旗など）、航行可能水路を示す航路標識（澪標・榜示など）などがあり、さらに入港する船を察知するための望楼（見張り施設）を伴う建物も見られ、これらが港町の景観をつくり出した。

　また港町の水際空間には、船が停泊する水面を波浪から守る石組突堤（猿尾などと称された）、船の係留索をつなぐ「船懸かり」の木造・石造の構造物、船を接岸させる桟橋や護岸の石組みや木杭列などが見られた。港の施設（建築物）としては、港役所（津方役所・船番所など）、廻船問屋、船宿、船大工や船具商などがあった。また、船員などの慰労や娯楽のための料亭・酒屋・茶屋・遊女屋のほか、航海の安全祈願を行う神社仏閣、海上気象の観天望気を行う日和山なども港町の景観を特徴づけた。

近世港町の類型

　近世海運を担った千石船（弁才船）は日本列島沿岸の長距離航海を可能にしたが、帆船であるため風待ちや潮待ちを必要とし、その航路上に固有の港町が登場した。とくに陸地から離れた沖合いを直航する沖乗り航法が普及した近世後期の北前船の日本海航路や尾州廻船の太平洋航路では、航路上の飛島・粟島・佐渡の小木や宿根木・隠岐の西条、鳥羽・安乗・妻良・子浦・下田・伊豆大島（波浮港）などが風待ち港として発達した。これらの港町は近代になって木造帆船から汽船へ切り替わるに伴い、航路からはずれ衰退を余儀なくされたところも少なくない。

　商品流通の発達が生んだ港町もあった。塩の生産で有名な瀬戸内には赤穂、撫養、波止浜など塩の積出港が成立した。また流域に大きな市場圏をもつ大河川の河口に

は、河川舟運と沿海海運をつなぐ交易港が出現した。北上川の石巻、最上川の酒田、信濃川の新潟、九頭竜川の三国、那珂川の那珂湊、利根川の銚子、木曽川の桑名などがそれである。また主要河川には、川港としての河岸場が一定間隔で置かれ、内陸の陸運と舟運とをつないでいた。利根川の佐原などはその代表といえよう。さらに内湾地域や海峡を挟む地域では、人や物の往来を支える渡海船が就航し、その発着点に港町が発達した。佐渡航路の寺泊、七里の渡しの熱田と桑名、木更津船の木更津、松前渡海船の松前、金比羅参詣船の丸亀などがそれである。

　政治的条件からつくられた港町としては、各藩の政治的中心である城下町に近接して、その都市需要をみたす消費物資を供給する港町がその典型といえる。仙台藩の塩竈、水戸藩の那珂湊、鶴岡藩の酒田、金沢藩の宮腰、名古屋藩の熱田、福岡藩の博多などである。そのほか政治的に寄港が強制された港として、江戸湾に入る全船舶の船改めがなされた浦賀や、蝦夷地に渡海する全船舶の寄港が義務づけられた松前があった。また国際貿易港としては、幕府公認の長崎のほか、琉球の那覇や対馬の厳原なども海外貿易の実態を有していた。

石 巻

　北上川の河口に位置する石巻は、古代以来の港とされ中世までは港湾は東岸の湊地区にあった。近世になると伊達政宗に召し抱えられた毛利家浪人の川村孫兵衛による北上川の改修事業（流路の付け替え）がなされ、盛岡に至る約200 kmの舟運路が整備されると、石巻は流域にあたる仙台藩・一関藩・南部藩・八戸藩などの藩領の米のほか材木や諸物資が集積され、江戸への移出港として大きく発展した。湿地であった西岸の開発により本町地区には仙台藩の代官所・御殿（御仮屋）・御米蔵・御肴蔵が、上流の住吉地区には藩米蔵が置かれ北上川のヒラタ船が碇泊、河口に近い門脇地区には津方役所・川口御番所が置かれ、大型海船の千石船が停泊した。こうして石巻は奥州米の最大の積み出し港となり、仙台藩第四代藩主綱村の時期に最大となる年間31万石がここから江戸へ送られたとされる。

新 潟

　信濃川の河口に位置する新潟は、古代の国津としての蒲原津に起源があるとされ、戦国時代には新潟の名がみられる。元和期には長岡藩主堀氏によって港と町の諸役免除、新町などの町建てがなされ、近世港町の基礎がつくられた。明暦頃には町の移転に伴い堀と町並みの整備が進められ、さらに河村瑞賢によって西廻り航路が整備されると、日本海沿岸で有数の寄港地としての地位を確立した。17世紀末期には出入港船舶は年間約3,500隻

に及んでいる。また信濃川の広大な流域を結ぶ河川舟運との結合，および酒田方面と直江津方面に至る沿岸小廻り廻船とも結びつく重層的な流通市場圏の結節点として，日本海中部では重要な経済的地位を有していた。幕末の五つの開港地の一つに選ばれたのもそうした歴史があったからといえる。

佐原 （川港）

江戸時代になると利根川舟運の整備とともに河岸町として発展した。米穀をはじめとする近隣農村の農産物が集積，船で移出され，また町中では醸造業がさかんに行われ，生産された酒や醤油製品が船で移出された。伊能忠敬が出た伊能家は，河岸問屋で醸造業にも従事した豪商の一つである。また，近世後期に盛んになる鹿島神宮・香取神宮詣では，佐原は船でやってくる参詣客らが上陸する河岸としても賑わった。

熱 田

古代以来，熱田神宮の門前町「宮」を発祥とし，鎌倉時代には東海道の宿場町として登場する。近世には名古屋城下町と堀川を介してつながる港町として整備され，また東海道五十三次の宿場町として，さらに伊勢国桑名に至る海上「七里の渡」の発着港として発展した。渡海船は熱田に 75 艘あり，旅客や荷物を監視する船番所，そ

れらを差配する船会所が置かれていた。なお船の夜間航行に備え，寛永 2 年（1625）に設置された常夜灯は国内最古の灯台とされる。また物資の流通も盛んで魚市場や白鳥の木場も置かれていた。

長 崎

元亀年間，大村純忠はマカオから来航するポルトガル船を入港させるため長崎村はずれの岬を開拓し 6 町を建てたのが始まり。町はイエズス会に寄進され教会支配の下で自治都市となった。豊臣秀吉が禁教令を出すと長崎は教会領から鍋島家，さらに唐津藩主寺沢家の支配下となるが，この時期の日本の海外貿易の中心長崎に入港するポルトガル船がもたらす中国産白糸によるもので，この間に内町 23 町が成立し人口は約 1 万人となった。その後，朱印船貿易が始まるとその中心となり，寛永 19 年（1642）までに内町の外に外町 43 町が形成され，内町と外町を合わせた全体は市中と呼ばれた。この頃の人口は 4 万人に達したが，いずれもキリスト教徒であった。寛永 18 年に至る鎖国令によりポルトガル船の来航禁止，オランダ商館が長崎につくられた出島に移された。こうして長崎をオランダ船と中国船のみが来航する日本で唯一の港町とする管理貿易体制が確立することになった。

［斎藤 善之］

門前町

　近世の法制上，門前町という区分は存在しなかった。『国史大辞典』によれば門前町とは「中世以来，社寺の門前に発達した都市・町を指していう」とされるが，どれぐらいの規模を満たせば「門前町」にふさわしいのかという指標はなかったし，現在の学界でも明確な規定はない。

　寺社が在地社会の中に独立して存在していた場合，都市域の周囲を農地や林野などが取り巻いていたことになり，都市空間を可視的に捉えることは一応可能となる。ただし法制上の村や町といった枠組みとの対応関係を探ることはやや困難である。例えば近世後期には1万人を超える人口を誇った善光寺町も，その内部に多くの個別町を抱えていたが，法制上は朱印地として認定されたのは長野村をはじめいくつもの「村」の複合であり，さらにその外縁部の他領（松代藩領・椎谷藩領・幕領などが混在する）が近世を通じて都市化を遂げていった。これらが当時から史料上，通称「善光寺町」として一括した表記で表されているのである。一方浅草寺門前町のように，巨大都市の中にも門前町は存在した。そこでは浅草寺は独自の"磁極"として存在し，その周囲に浅草寺と関連をもつ人々が多重に編成されていたことが明らかとなっている。

　城下町の多くが近世に入って幕藩領主によって計画され，在地社会のさまざまな都市性を政治権力により凝集させることでつくられたのに対し，門前町の多くは善光寺町や山田のように中世に起源をもち，中世以前の地域秩序の性格をとどめている。ただし年貢・地子や諸役の徴収などにおいて，幕藩領主の介入により強い規制を受けた場合が多く，中世的秩序をそのまま保ち続けたということはできない。連続面と変容面の両方をみる必要があろう。

　ある程度規模の大きな門前町には，僧侶や神官，御師のような宗教者が多く住み，そこに付随して商工業者が集住して町場化を遂げていた。塔頭や寺中のように，組織的に中心的な寺社と関係する宗教施設が建ち並ぶことが多いが，善光寺町のように組織的には中心的寺院と関係をもたない寺社が多く存在する場合もあった。ただその場合でも，本山との関係を由来や縁起，伝承などで保つことにより，自らの経営を成り立たせていた場合が多いと考えられる。

　門前町は市町や宿場町などと重なることも多かったが，いずれの都市類型も，町域が外部に開かれ，外部から多くの人を呼び込むことによって初めて存立しうる空間だったことを念頭に置くならば，自然の成り行きだったともいえる。門前町は，城下町と並ぶ地域屈指の都市域として多くの商工業者を抱え，周辺の在地社会の人びとの生活に必要な物資を供給したりその生産物を吸収したりする場として機能していた。一方でそこには善光寺町や江の島のように宿坊もしくは宿屋が立ち並び，山田や大山（神奈川県伊勢原市）のように，御師の屋敷が立ち並ぶ場合も多く存在した。この場合，「善光寺街道」や「大山街道」などと称される参詣道が都市域から放射状に延び，門前町は全国各地から参詣客を迎え入れることになった。こうして門前町は地域文化の拠点として，あるいは地域文化と三都の文化を結びつける結節点として重要な役割を果たした。このことに注目して，近世後期に入って刊行された名所図会や紀行文などの翻刻・研究が進んでいる。また各地の旧家の史料調査などから参詣日記類の手稿が発見される事例は今でもきわめて多く，いっそうの事実解明が期待される。

　以上は大規模もしくは当時から有名な門前町の事例だが，列島社会全体には飯田八幡のように，必ずしも有名とはいえない小規模の門前町が数多く存在し，商品流通の核としても周辺の在地社会を含んだ住民の生活を支えていた。今後はこうした小規模な門前町の機能にも注目していく必要があろう。

善光寺町

　長野市。善光寺町は北国街道の宿場町であり，また巨大な市町であったが，やはりその本質は善光寺の門前町であった。如来堂（本堂）などの中心伽藍に隣接して天台宗大勧進と浄土宗大本願の2寺が寺政と寺領支配をつかさどったが，そこに付随する形で46の宿坊が立ち並んでいた。以上を総称して「山内」と呼んだが，山内の周囲をコの字形に囲む長野村はさらに多くの個別町に分かれていた。そのうち横沢町と立町（「両門前」）は，①他町の訴訟に加わらない，②北国街道の宿役を負担しない，③善光寺に対して労役的性格をもった役を他町よりも多く負担するなど，善光寺に対する隷属性を強くもっていた。ほかの十数町は主に北国街道の宿役を務めた。善光寺町には，山内に属さず知恩院など外部の寺の末寺となった寺社が多く存在したが，これらの多くは開基が善光寺信仰と何らかの形で関わっており，外部からの参詣客に善光寺とのつながりを意識させることで経営を維持していたとみられる。これらの寺社群がいわば副核として都市域に広く展開していたのであり，善光寺町を宗教都市として捉えたとき，きわめて注目される。

山　田

　伊勢市。伊勢神宮の御師集団は中世以来，山田十二郷といわれる広大なエリアの内部に散在して居宅を構えて

近世初期の伊勢山田復元図
［伊藤裕久，都市空間の分節と統合－伊勢山田の都市形成，年報都市史研究，8 号，2000］

いた。都市化が進んだ 15 世紀末，彼らは山田三方と呼ばれる組織をつくり自治を行った。近世に入ってもこうした基本的属性は存続したが，多くの門前町が善光寺のように門から直進する参道を主軸としてまとまった街区を形成していたのに対し，山田の主要な御師屋敷は十二郷に散在しており，参宮街道との関係は希薄である。それぞれの御師屋敷を結集の核として，前屋敷ゾーンや周辺部に商工業者が集まり，町屋敷を形成して都市空間を現出させていたとみられるが，空間的に十二郷各自の領域の独立性は高く，統一的な都市計画の不在を窺わせる。街路は網の目状に展開し，さらに多数の枝道（世古）があちこちで無秩序に分岐することによって，複雑な様相を呈していたが，これらの街区に沿って稠密な都市空間が形成された。以上の景観は外宮周辺に分散しながら点在した中世郷村の段階から惣町的空間への発展プロセスの中でもたらされたことを窺わせる。

江の島

藤沢市。江の島は古代以来修行の場とされ，鎌倉時代以降は弁財天信仰の対象としてみなされるようになったが，近世にはいると参詣客が増加した。島民が漁業を営みながら，江の島を実質支配していた三ヵ寺（岩本院，上の坊，下の坊）の許可なく御師として札を配ったり，旅宿を営んで参詣客を宿泊させたりするなどの動きをとり，旅宿の独占を主張する三ヵ寺との間で激しい争論が発生したことがあった。江の島は初代歌川広重が絵の題材として何度も取り上げ，葛飾北斎の「富嶽三十六景」でも描かれているが，そこでは引き潮の際の砂州を渡ったあたり，弁財天に至る参道の両側に建物が多くみられる。これが島民の営む宿屋とみられ，門前町としての賑わいの様子が窺える。江戸からの客は金沢八景から陸路鎌倉を経て，海岸沿いに片瀬まで行き，江の島に渡るルートを選択していたとみられる。また東海道藤沢宿から延びる道（江の島道）を通って参詣する場合もあった。参詣の記録は様々な紀行文や日記などに残されており，江の島の様相を知る上で，貴重な史料となっている。

飯田八幡

飯田市。以上とは異なり，全国に多く存在した比較的小規模な門前町も注目される。信州伊那郡で飯田城下町から南東 3 km 余りに位置した八幡町は，石高 1,900 石余（寛永期）と大規模な嶋田村内において，鳩ヶ嶺八幡宮の門前に展開した小さな町場である。ここは遠州街道と秋葉街道が結節する交通の要衝であり，商業の拠点であった。17 世紀末以来，飯田藩領の多くの在郷町で商業が発展して城下町の商人を脅かしたが，最大の脅威が八幡町であった。藩は城下町保護のために在郷町に商業規制をかけたが，八幡町については享保 13（1728）年，①八幡宮前では規制対象の商品を売らないこと，②ただし八幡宮の「寺社家並」では参詣賑わいのため特別に許可することを定めた。町場としては同一の空間であったが，「寺社家並」＝八幡宮領に含まれる家並みでは参詣の賑わいを理由に，相対的に自由な商売が認められたのである。こうした特例により八幡町は近隣のさまざまな商品を吸収し続け，飯田藩領第二の町場として発展した。

参考文献
伊藤裕久，都市空間の分節と統合－伊勢山田の都市形成，年報都市史研究，8 号，2000．
竹ノ内雅人「飯田と競合する八幡町」（『飯田・上飯田の歴史』上巻）飯田市歴史研究所，2012．

［多和田 雅保］

市町と宿場町

市　町

　近世において，市場の開設は通常多くの城下町で見られ，宿場町や門前町でも市立てが行われることは珍しくなかった。一方小布施や十日町のように，城下町・宿場町・門前町などの属性をもたない，市場が開かれていること自体を最も重要な存続条件とする町場も各地で見られた。

　市場の多くは市日（たとえば一と六の付く日）を定めた定期市であった。市日になると，市場には周辺の農民や遠隔地に住む商人らが商品を持ち込んで売買に従事した。その売場（市座）は元来，縁台や莚敷などの形態で路上に設けられることが多かったとみられる。この場合，道路に面した建物が市を利用する商人の世話を行ったり荷物を保管したりする宿としての役割を果たした。

　市町で売買される品物は，穀物・薪・塩・肴・太物など周辺の在地社会に暮らす住民の生活に密着したものが多く，彼らにとって市町は不可欠の存在であった。次にみる小布施の市などは近世を通じてこうした商品の売買の場としての機能を維持した。一方絹織物生産地帯の中心にある桐生や大間々（ともに現・群馬県），あるいは縮布生産地帯の中心にある十日町や小千谷（現・新潟県）のように，三井など江戸の大店が買宿を設けて商品の集荷を行う，特産物生産地特有の市町というのもできていったが，これらもまた，貨幣獲得の機会を与えるという意味で周辺住民の生活を支え続けたといえる。

　自治体史のなかには常設店舗の増加に伴う在方市の「衰退」を説くものも多いとみられるが，実際には近世を通じて（おおむね18世紀か），売場が路上から宿の内部に取り込まれた場合が多く，その場合旧来の宿が問屋化しつつ，あくまでも「市場」であることを標榜して商品の集荷をはかり，商業を有利に進めようとした事例も見られたのであって，これを単純に衰退と呼ぶのはあたらないだろう。一方で近隣の市場との競争に敗れるか，周辺の村々に住む商人が市場を利用しない売買を展開することにより，市立てそのものが廃絶する場合も多かった。

宿場町

　本来の宿駅の機能は，定められた数の人馬を常備し，宿問屋の差配のもと，公儀権力や領主，公家，寺社など支配者側に属する者の荷物運送を廉価で優先的に行うとともに，これらの支配層の宿泊の場を提供することにあった。支配体制の維持における重要性の度合いによって，五街道が最も重要な道路とみなされ，地子免除などさまざまな特権を得た。宿場町はこれらの宿駅機能を担う人々が形成した町場として存在した。公用運送のない日には，宿駅機能の維持のため，庶民層の荷物の運送を独占的に行うことが認められていた。

　宿場町は規模もさまざまだが，江戸のような巨大都市に近い場所，東海道でいえば品川から藤沢あたりまでの町場は規模も大きく，いわば別格の存在といえよう。明治初年に作成された迅速測図をみると，神奈川宿あるいは保土ヶ谷宿あたりまでほぼ切れ目なく東海道の両側に町場が展開していたことがわかる。例えば現在の神奈川県域（武蔵国の一部と相模国）では，小田原以外に規模の大きな城下町は存在せず，先にみた市町同様，宿場町が商品流通の拠点としてきわめて重要な位置を占めたことになる。

　一方で全国に目を転じると，地方の領主権力の運輸を支えるべくあちこちで脇往還が整備されており，以下に

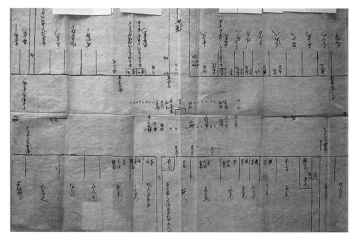

小布施の六斎市絵図
[個人蔵]

みる伊那街道の小宿場町群のように，五街道同様の宿駅が設置されていた。その数はきわめて多かったとみられるが，各々の宿駅がやはり町場として機能していたことが，全国各地でつくられた「歴史の道」調査報告書などから窺える。今後はこうした小さな宿場町が周辺の農山漁村の住民の生活をどのように支えたのか，ていねいに探る必要があろう。

小布施

長野県上高井郡小布施町。信濃国高井郡小布施村は信州北部の長野盆地において，千曲川右岸山裾の扇状地上に位置していたが，そのうち「町組」と呼ばれた箇所は，南北に走る谷街道に西から谷脇街道が丁字にぶつかる地点に展開し，近世初頭以来，三・八を市日とする六斎市が開かれた。小布施は城下町でも宿駅でもない，いわば純粋な市町だったといえる。ここでは主に穀物，塩，肴，太物，薪など地域の人びとの生活を支える品物が売買され，周辺の農山村から，また国境を超えて越後国高田城下町や越後の浜方から物資が持ち込まれ売買された。小布施に到来した生産者や商人らは，市の両側に立ち並ぶ品目ごとに分かれた宿（穀屋・塩屋・肴屋など）を拠点に，市日に眼前の路上で莚を敷いて売買を行った。莚を並べる順番は町全体で取り決めるべきとされ，屋敷前に莚を置かせた家持は商人から金銭を取得した。18世紀前半，多くの商品において路上の売場は商人宿の内部に包摂され，宿を売買の場とする卸売が行われるようになり，売買活動の活性化をもたらすことになった。

十日町・小千谷・堀之内

新潟県。越後国魚沼郡内では山あいに信濃川やその支流の川々に沿って点在する交通の拠点で，中世以来町場化が進み，近世にはいくつもの在方町が存在するに至った。その中の十日町，小千谷，堀之内の3ヵ所では，いずれも17世紀から地元の特産物である越後縮布の市場が開かれ，三都などに出荷する役割を担っていたが，その様相は異なっていた。十日町では三井や大丸など三都の呉服商による町内の問屋の買宿化が進み，寛保3年（1743）に彼らが六軒問屋仲間を結成して仲間以外の買宿や仲買商人に対して独占を強めた。三市場の中では最小規模の堀之内でも，十日町に遅れて問屋が三井などの買宿化を目指したが，取引量の減少を危惧する十日町の問屋との間で激しい駆け引きを展開した。小千谷の縮問屋はこれらとは対照的に，三都の呉服商の編成をあまり受けることなく，自ら三都や諸国に出向いて商品を売り込む性格が強かった。以上は近世を通じた特産物生産の発展に応じて，個別の市町と全国市場とがどのように結びついたかを考える上で，さまざまなパターンがあり得

ることを示す好例といえよう。

神奈川

横浜市神奈川区。江戸近くに位置する東海道神奈川宿は中世に起源をもつ神奈川湊に隣接して海岸沿いに設けられたが，近世に入っても物流の拠点であり続け，陸・海双方の交通の拠点として機能し続けた。神奈川宿は神奈川町，青木町という二つの町域からなっていたが，それぞれがさらに個別町に分かれ，総計19町を数えた。このうち小伝馬町と漁師町は東海道からみて海側に並行し，神奈川湊を形成していた。逆に東海道よりも丘陵側には御殿町があったが，ここは17世紀前半には将軍の上洛時における宿泊施設である神奈川御殿が置かれていた（同世紀後半には廃止）。神奈川宿は全国レベルでみてもきわめて大規模な，やや特異な存在であったといえるが，横浜開港以前には城下町をもたない現在の神奈川県東部において最大の町場であった。開港に伴い幕末に成立した横浜には，神奈川宿や保土ヶ谷宿から進出した商人も多く，多様な商品を売買した（『横浜市史』）。これらの宿場町で育まれた高度な都市機能が，貿易都市横浜成立の上できわめて重要な役割を果たしたのである。

伊那街道の小宿場町群

飯田藩（現飯田市）など信州南部の領主権力の参府や公用荷物運送を助けるために整備された伊那街道には，要所ごとに小規模な宿駅が設けられた。宿駅の伝馬役負担者は民間荷物の優先的な運送を保証された。一方，伊那地方では街道周辺の村々に属する農民が自分荷物を運ぶべく馬による運送を利用しており，荷物を馬に付けたまま宿駅を通過できたが（付通し），次第に彼らは金銭を得て他人の荷物を運送するようになり，宿駅の存続を脅かした。これが中馬である。宿駅と中馬の争いは大規模な争論に発展し，明和元年（1764）には幕府によって中馬慣行は公認されるに至った。五街道とは異なり，結局は一部の領主権力の公用を支えるにすぎなかったことが，伊那街道の宿駅にとっては不利にはたらいたのである。そもそも上穂・飯島・片桐などの宿駅では近世初頭以来地子米が免除されていたが，元禄13年（1700）に特権は廃止され，一般百姓と同様に年貢の賦課を受け，馬継場と呼ばれるようになった。ただしこれらの町場自体はその後も存続し続け，地域住民の生活を支え続けた可能性があり，具体的な解明がまたれる。

参考文献

多和田雅保，十八世紀前半期における市町の展開－信州小布施－，都市史研究，2号，2015．
児玉彰三郎『越後縮布史の研究』東京大学出版会，1971．

［多和田　雅保］

都市域の拡大と変容

　近世においては，各地の城下町で人口の増大と都市域の拡大が進行したが，なかでも幕府の所在地であった江戸は，全国の大名が参勤する総城下町として巨大化を遂げた。大名とその家族の集住が始まる 17 世紀初頭以降，江戸の都市域（武家地・寺社地・町人地）は拡大を続け，一方で人口の増大は街区の高密度利用，都市民による空地の占有など，既存の都市空間の変容をもたらした。

都市域の拡大

　慶長期，江戸では大名屋敷地と町人地の確保のため城郭東部の低湿地が埋め立てられたが，当初の大名屋敷（上屋敷）は狭小で，外様大藩の屋敷でも 60 間四方の規模にすぎなかった。元和・寛永期に大名妻子が国元から江戸へ移住すると屋敷地不足は深刻化し，諸大名は複数の屋敷を所持するようになる。早くも寛永期前半には，当時の都市外縁部であった三田地区などで，外様大名に下屋敷（のちの中屋敷）が与えられた。また 17 世紀中葉には，屋敷をもたない幕臣のために，山の手（赤坂・小日向・小石川）の低湿地および海手（木挽町）において，埋め立てによる武家地の造成が進められ（⇨築地），明暦の大火（明暦 3 年（1657））を経た万治年間以降は，隅田川以東の本所地区でも土地の造成が行われた。

　初期の都市建設によって江戸城外周部に設けられた寺町も，武家地の拡大に従いさらに外側へと移転させられた。慶長期に起立した八丁堀寺町は寛永 12 年（1635）に撤去，寺院は三田・浅草に移転して新たな寺町（三田寺町・浅草八軒寺町）を形成した（図 1）。同時期には外堀構築（寛永 13 年）に伴う寺院移転によって四谷，市谷の寺町も起立しており，八丁堀寺町を含めた多数の寺院の移転は城郭整備に伴う都市改造の一環と位置付けられる。外縁部への武家地・寺社地の進出とともに，従来の農村域の道路沿いには百姓町が出現し，寛文 2 年（1662），また正徳 3 年（1713）に町並地として町奉行支配地に組み入れられていく。明暦の大火後，大名は周辺農村域に新たな下屋敷を拝領するが，一方で百姓地を自ら購入し，抱屋敷・抱地とする場合もあった。

都市空間の変容

　明暦の大火後の都市改造では，防火対策として江戸橋，両国などに広小路（火除地）が設けられたが，繁華な町に囲まれた空地は床店などが占有する盛り場となった。一方，川沿いの河岸地も荷揚場や蔵の用地などとして，町人に占有されるようになる。また「新板江戸大絵図」（寛文 10 年（1670），国立国会図書館所蔵）によれば，町の街区には「新道」が出現している。60 間四方の区

図 1　寛永 19～20 年（1642～1643）の三田寺町
当時は江戸の最外縁部であり，西側の古川沿いの低地には水田が広がっている
［「寛永江戸全図」臼杵市教育委員会所蔵］

画内部に新たに通された道で，既存の正方形街区の高密度利用を企図した秀吉の京都改造との類似性を指摘できる。こうした町の町屋敷には土地と建物を所有する家持ばかりでなく，地借・店借が居住し，地主が地代・店賃収入を得る町屋敷経営が行われた。また多くの寺社境内地においても，表通り沿いに門前町屋が設けられ，18 世紀半ばには町奉行支配地に組み込まれる。18 世紀後半以降，町の店借層である下層民の人口が増大したため，天保改革期には農村人口の確保を理由に人返しの法も発令されている。武家地においては，幕末の「諸向地面取調書」（国立公文書館所蔵）によると，自らの拝領屋敷ではなく他家の屋敷に借地居住している幕臣が多数見られ，旗本・御家人の屋敷地が借家を抱えることで細分化していたことがうかがえる。　　　［金行 信輔］

下屋敷・抱屋敷・抱地

　江戸における大名の拝領屋敷（上屋敷・中屋敷・下屋敷）のうち，都市域の最も外側に位置したのが下屋敷である。当初の拝領屋敷（上屋敷）の面積不足から，大名の所持屋敷は早い段階から複数化するが，「寛永江戸全図」（寛永 19～20 年（1642～1643））によれば，当時はのちの中屋敷が最外縁部にあり，下屋敷と称されていた。さらに郊外の下屋敷は，明暦の大火（明暦 3 年（1657））後の 17 世紀後半に拝領するが，旧農村域の屋敷地には田畑や樹林のほか広大な庭園が設けられることもあった。また大名・旗本は拝領屋敷の他に百姓地を購入し，抱屋敷・抱地としていた。抱屋敷は囲い・家作が認められた屋敷地，抱地は田畑の状態で所持した土地のことをいう。　　　　　　　　　　　　　［金行 信輔］

寺　町

　寺町とは中小寺院が道路沿いに並列・集合している地区のことで，城下町の外縁部に計画的に配置された。し

図2 領主供給の棟割長屋が囲む街区
［丸山俊明『京都の町家と聚楽第―太閤様，御成の筋につき』昭和堂，2014］

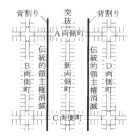

図3 豊臣政権の京都改造
［丸山俊明『京都の町家と聚楽第―太閤様，御成の筋につき』昭和堂，2014］

かし，武家地が不足していた江戸では，初期の寺町は早くも17世紀前半期に撤去され，さらに外側へ移転させられた．麹町清水谷寺町は寛永11年（1634）に四谷へ，八丁堀寺町は翌12年（1635）に三田と浅草，神田北寺町は慶安元年（1648）に谷中へ移転，いずれも跡地は武家地とされた．こうした四谷，三田，浅草，谷中など，江戸の寺町の多くは寺院の転入によって明暦の大火（明暦3年（1657））以前に起立している．寺町には門前町屋を付設した寺院も多く，零細な表店や裏長屋の並ぶ居住地としても高密度化した． ［金行 信輔］

町並地

江戸では初期に成立した古町が町奉行支配下にあったが，周辺部に武家地化が進展すると，従来の農村域の百姓地にも町が起立し，のちに町並地とされた．「寛永江戸全図」（寛永19～20年（1642～1643））を見ると，麻布日下窪町（現・港区六本木）の部分には「百姓町」と記されている．こうした江戸周縁部の町は当初は代官支配地であったが，寛文2年（1662）に芝，三田から下谷，浅草，さらに正徳3年（1713）には深川や山の手周縁部が町奉行支配地に組み込まれ，町並地と称されるようになった．ただし，そこでは住民は町奉行支配とされたものの，町屋敷の土地は代官支配の年貢地のままであった． ［金行 信輔］

河岸地・広小路

河岸地は早くから荷揚場や蔵の用地，荷物置場などに利用されており，町人による土地の占有が既得権として認められていた．文政7年（1824）以降は占有権をもつ河岸付町屋敷の家持に河岸地冥加金が賦課され，河岸地に関する家持の権利が強まっている．一方，明暦の大火（明暦3年（1657））後の防火対策によって，町人地には広小路（火除地）が設定された．江戸橋や両国の広小路には床店や見世物小屋などが並ぶようになり，江戸屈指の盛り場として繁栄する．河岸地と広小路は元来，公儀地（公有地）であったが，商業活動に不可欠な土地として町人に占有されることとなった． ［金行 信輔］

京都改造（天正地割）

天正18年（1590），平安京の一町四方の街区の真ん中に，豊臣秀吉によって南北方向に新たな通りが通された．戦国時代以降，平安京の大路小路沿いに町家が構えられ両側町が形成されたが，広い裏地は井戸や便所として共同利用されるのみであった（図2）．この裏地に通された新しい通り沿いにも町家が並ぶ新たな両側町が形成されたことで，京都は平安京の正方形街区から長方形街区へと変容した（図3）．ただし，秀吉により設定されたのは京都の一部で，江戸時代以降に突抜という形で街区の内側に通された通りもあった．一方，大名屋敷とされた街区などでは正方形街区が残されたところも存在した． ［牧 知宏］

町屋敷経営

町屋敷は沽券地と呼ばれる売買が認められた土地であり，町ごとに各屋敷の沽券金高，小間高など記した沽券絵図がつくられた．頻繁に売買された理由の一つには，町屋敷の土地や建物を賃貸する町屋敷経営によって，地代・店賃収入を得られることがあった．地主が不在の町屋敷には，一般的に表通り沿いに地借，奥の裏屋に店借が居住し，家守（家主）が土地・建物の管理にあたった．こうした町屋敷を集積する地主も現れ，三井越後屋の場合，地価の高い繁華な町を中心に多数の町屋敷を所持していた．また，地方の豪農にも町屋敷経営を目的に，江戸に多くの町屋敷を所持する者がいた． ［金行 信輔］

参考文献

岩淵令治「町人の土地所有」（『土地所有史』）山川出版社，2002．
金行信輔『寛永江戸全図解説』之潮，2007．
丸山俊明『京都の町家と聚楽第―太閤様，御成の筋につき』昭和堂，2014．
足利健亮『中近世都市の歴史地理』地人書房，1984．
栃木真，発掘調査を通してみた文献史料―寛永十三年外堀普請と周辺地域の変化―，地方史研究，270，26-40，1997．
岩淵令治「町人の土地所有」（『新体系日本史3 土地所有史』）山川出版社，2002．
吉田伸之『21世紀の「江戸」』山川出版社，2004．

治安維持

　将軍・大名やその家族をはじめ，多くの人々が集住する都市において，犯罪・火災などを防ぎ，その安寧秩序を保つことは，幕藩領主・都市住民双方にとって重要課題であった。幕府を中心とした支配体制の転覆を企てる勢力にとって城・奉行所などは攻撃対象である一方，不特定多数の人間が集まるため犯罪の温床になりやすく，さらに一旦大火になれば生命・財産などを失う危険性があったからである。日本近世では領主だけでなく，社会の側にも様々なレベルで治安維持機能が分有されていた点が重要である。

幕藩権力による治安維持

　江戸城の外郭・内郭の要所には多くの城門が設けられて門番が人の出入りを厳重に警戒した。これは各藩も同様であり，将軍が大名・旗本に，大名が大名家臣に門番や火番を命じ，城郭周辺を重点的に守った。この場合，淀藩主らが勤めた京都大名火消が御所・二条城を防衛対象とし，城郭や領主階級の拠点から離れた場所は対象外としたように，都市全体を均質に守るわけでない。一方，主として町人地を支配する町奉行所は，与力・同心などを派遣し市中巡回を行って治安維持にあたった。大坂町奉行所の盗賊方与力は，火付・盗賊・暴れ者などの召捕り・詮議を行い，また寺社法会や神事などの人出の多いときなどに巡回を行ったが，いずれの町奉行所でも類似の任務があった。さらに，江戸では寛文5年（1665）の盗賊改，天和3年（1683）の火附改を始まりとし，先手頭などから人選して市中を巡回し，火災の予防，盗賊・博徒の逮捕を任務とする火付盗賊改が設けられ，凶悪な犯罪などを取り締まった。また18世紀後半の大坂町奉行所では，盗賊方与力の増員，吟味役・目付役の新設など，その警察機能が大幅に強化された。政治都市化した幕末の京都では要人暗殺などが横行したため，市中の治安維持のために新選組，見廻組などが新設された。

地縁組織による治安維持

　幕藩権力による治安維持はその人員も少なく，また防衛対象も限定されていたため，都市住民もその屋敷を中心とした地縁に基づく治安維持機能を有していた。町人地では独自の町法（⇨町人地）をもち，来住者を制限する町が，夜間はそれぞれの木戸を閉めて自衛を行っていた。また火災時に出動しなければ町を追い出すというような厳しい町法をもつ場合があり，町は初期消火に大きな役割を果たした。このような町の機能・役割が前提となって幕藩権力による治安維持も安定的に行われた。江戸の武家地では，都市居住者の役として屋敷所持者に対して一定の狭い範囲の番を行わせる武家方辻番制度があった。またこれらの武家屋敷は，「加賀鳶」の名で著名なように，その屋敷を守ることを任務とする独自の火消組織を備えていた。一方，寺社に関しても例えば京都の妙法院などは境内町に独自の消防組織を有し，また十手・鉄棒をもって治安維持にあたっていた。

巡邏による治安維持

　軍役による門番・火消，あるいは屋敷所持者が担当する辻番などは，局地的で狭い範囲では大きな効果をもったが，河原や寺社の境内，人の集まる辻などは対象外であった。また多数の人々が恒常的に流入する都市では，なお一層のこと都市全体を網羅する広域的な警察機能が必要不可欠であった。このため町奉行所の与力・同心らが行う巡回のほか，アウトロー集団や自律性をもった諸社会集団が警察機能の末端に位置付けられた。例えば，各地から流入した百姓・町人を出自とする非人が，町方における勧進を主たる生活の糧にする一方，新たに市中に流入する乞食・貧人を取り締まった。この諸集団は，17世紀後半より各都市において町奉行所から命じられる盗賊や悪党の捜査・捕物などの御用に携わるようになり，その職掌・管轄範囲ともに拡大させていくことになった。

治安維持をめぐる衝突・矛盾

　幕藩権力，地縁組織，諸社会集団がもつ機能が重層的・複合的に組み合わさることで都市全体の治安維持が成り立っていたが，社会構造の変容，大火の頻発，犯罪の広域化などの問題により，その均衡・バランスも変化した。17世紀末になると大火が頻発し，江戸では享保改革期に「いろは四七組」が創設されるなど，各都市で消防の制度化が進められた。しかし各町・武家屋敷・寺社が有した従来の独自性は完全に解体されることはなかったため，各火消組織同士が衝突を繰り返すことになり，幕府は火事場役人を設置するなどの対応をとったが，根本的な解決にはならなかった。一方で，例えば町奉行所の警察機能の末端に位置付けられた大坂の非人は，その職掌・管轄範囲の拡大に伴い，町方・村方との間で新たに矛盾・軋轢を生み，横暴・不正が問題視されることになった（長吏の組織（大坂））。　　　　[藤本 仁文]

門　番

　江戸城の場合，慶応3年（1867）の段階では，大小の諸門が合計92門あり，これら諸門は旗本の他，参勤交代で江戸に集まった大名が，将軍より命じられて警備を担当し，通常2名が命じられて月ごとに番を交代した。また大和国郡山藩の場合，城下町全体は外堀で囲まれて，その入り口には鍛冶町門・高田町門・柳町門の三つの門が置かれ，門の中には髪結床があった。一方，郡山

城は柳門・桜門・西門・南門の4門で囲まれ，さらに本
丸・二の丸へ通じる箇所に鉄門があり，それぞれ藩士が
警護を担当し，藩士以外は基本的に城内へは入れなかっ
た。享保10年（1725）に領民5,000〜6,000人が年貢増
徴に反対して大手門にあたる柳門に詰め寄り30人近く
が籠舎を命じられたが，百姓一揆などに際し領民が大手
門に詰め寄る場合が諸藩でも見られた。　　　［藤本 仁文］

大名火消

　大火が頻発する江戸では，寛永20年（1643）に6万
石以下の大名16家を4組に編成した大名火消が成立し，
また江戸城の主要曲輪・施設を担当する所々火消，江戸
城への延焼を防ぐために出動する方角火消が整備されて
いった。京都では元禄3年（1690）に大名火消が制度化
され，享保7年（1722）に確立して淀・膳所・亀岡・郡
山藩で担当することになった。この4藩のうち2藩ずつ
が隔年で担当し，京都所司代らの指揮下で御所・二条城
を重点的に防衛し，また非番であっても京都が大火であ
る場合は，諸藩は各城下から出動した。この他，岸和田
藩が堺，郡山藩が奈良，膳所藩が大津の火災時に各城下
から出動するなど，将軍からの命令，各都市の支配担当
者との申し合わせにより，周辺の諸藩が火消・治安維持
を担当する場合があった。　　　　　　　　［藤本 仁文］

辻番・自身番

　都市居住者による地縁的結合の自律性に依拠して屋敷
所持者に対して一定の狭い範囲の治安維持を担わせる地
縁的な番。武家地のものと町人地のものがある。江戸の
武家方辻番は，幕府の目付支配のもと，武家屋敷拝領者
に対し石高を基準に賦課された役で，刃傷沙汰の取締な
ど路上の治安維持の末端を担い，番人による見廻りも行
われた。複数の大名・旗本が共同で負担する組合辻番も
設定され，地域結合の単位となった。町人地の自身番
は，町内の治安維持のため，町人による費用負担によっ
て管理・運営された番である。京都の場合，自身番は，
町人自身による町共同体内部の警備体制を，都市全体の
治安警察に貢献させようとして公儀から賦課された役
で，将軍家や天皇家の吉事・凶事にあたって町触で命じ
られた。武家方でも町方でも，その担い手は，本来武家
の家来や家持町人であったが，次第に請負化が進んだ。
　　　　　　　　　　　　　　　　　　　　［牧 知宏］

番人・年行事

　町人地においては，多くの都市で各町の境界に警備施
設としての木戸が設けられ，木戸に接する番屋に番人が
詰め，治安維持の一端を担った。番人は町により雇用さ
れる存在であったが，江戸町方の木戸番の場合，番人の

地位は株化していた。大坂では，4ヵ所長吏配下の非人
集団から垣外番（かいとばん）が各町に派遣され，主に非人の制動にあ
たっていた。京都では，17世紀半ば頃には番屋が町屋
敷と同じ構造をもつ会所となり，用人が定住するように
なった。京都の町用人は，町によって抱えられ，夜番の
差配のほか町政雑務を担うとともに，髪結職も兼営し
た。町用人の内，年行事町という特定の町の用人は，年
行事役を勤め，雑色の差配のもと穢多・非人ら被差別身
分集団と共働しながら，牢屋敷に関わる御用や犯罪人の
探索，捕縛など，京都における下級警察的機能を担った。
京都の番人は，用人から分化したもので，用人の差配を
受けるなど町に抱えられる存在であると同時に，非人集
団への組織化が行われ，非人集団から派遣されるように
なった。　　　　　　　　　　　　　　　　［牧 知宏］

長吏の組織（大坂）

　大坂には垣外と呼ばれる非人（⇒えた・非人）の集住
地が，天王寺，鳶田，道頓堀，天満の4ヵ所に形成され
た。各垣外には長吏一人と数人の小頭が置かれて垣外仲
間を統括し，また新たに生み出される乞食・貧人（＝新
非人・野非人）の統制と救済を町奉行所から委ねられた。
さらに，本来は乞食＝貧人に対する身分内統制として
担った役割の延長上に，17世紀末頃からは町人・百姓
などをも対象に含む警史として，警察関係の御用を勤め
るようになった。特に盗賊方のもとで警察機能の末端を
担い，大坂町奉行所の広域的な警察・諜報機能を実現す
る上で必要不可欠な存在となっていった。一方，非人は
市中の町々や大店などの番人（垣外番）も勤めていたが，
18世紀半ばにはこの垣外番に盗賊などの情報を長吏た
ちに届け出ることが命じられ，各垣外番も盗賊方の仕事
の末端に位置付けられた。19世紀にその役割は，犯罪
捜査に関わる局面だけでなく，政治レベルにまで及ぶ
様々な情報収集に拡大していった。　　　　［藤本 仁文］

参考文献

岩淵令治『江戸武家地の研究』塙書房，2004.
岩淵令治，江戸消防体制の構造，関東近世史研究，58，2005.
菅原憲二，「近世京都の町と用人」（『日本都市史入門3 人』）
　東京大学出版会，1990.
高久智広，「長吏の組織」と大坂町奉行（『〈江戸〉の人と身
　分1 都市の身分願望』）吉川弘文館，2010.
塚田孝『大坂の非人―乞食・四天王寺・転びキリシタン―』
　筑摩書房，2013.
塚本明，近世京都の下級警察機構，部落問題研究，102，1989.
藤本仁文，元禄―享保期三都における消防制度設立，ヒスト
　リア，209，2008.
藤本仁文，郡山城の「御殿」「五軒屋敷」について，Regional，
　11，2009.

インフラストラクチャー (インフラ) と環境

インフラの整備

　都市を成り立たせる施設(⇒都市施設)をつくることは、大規模な自然の改変を伴って、新たな都市環境をつくり出すことを意味した。とくに天下統一後につくられた多くの近世城下町は、領国支配の利便性から、大きな河川や海に接した平地を選地し、沖積平野を取り込んだ。このため、城下町は、自然地形を利用した佐倉・杵築などの場合もあるが、高知・広島・鳥取・松江など、川の付け替えや城堀への転用などの治水工事や、低湿地の大規模な埋立(築地)によって成立したものが多い。こうした造成は、幕藩権力が民衆を動員することによって実現した。町割りでは、広島の平野屋惣右衛門、駿府の友野氏など、有力町人が命じられ、協力する場合があった。また、城下町が建設された地は、良質な水を有するとは限らず、飲用水や生活用水を供給するため、都市施設として上水が必要となった(上水道)。当初は福井の芝原用水や小田原の早川用水のように開渠であったが、やがて元和偃武を迎えた頃より赤穂水道など暗渠の用水が各地でつくられるようになった。

　江戸の場合、城の北から南に流れる平川の流路を改変して神田川をつくり、神田山を切り崩して日比谷入江を埋立て、寛永13年(1636)に外堀を巡らせることで、城下町としての基本プランが成立した。これらの工事は、幕府が全国の大名を軍役として動員した「天下普請」で行われた。町割りや道、水路の設定の詳細は不明だが、基本的には幕府の主導で行われたのち、御用達町人や後に草創名主となる有力町人が町を開発し、商人や職人を誘致したと考えられている。上水については、神田上水と玉川上水が設けられ、享保7年(1722)までは青山・三田・千川・亀有の4上水も存在した。

インフラの維持と公共意識・環境

　こうした都市インフラの維持は、権力が主導する場合と、居住者が行う場合があった。江戸の場合、後者は、身分にかかわらず、火消や辻番などと同様に(⇒治安維持)、居住者のいわば役として担当区域を割り当てられた。単独で務める場合もあれば、組合で務める場合もあった。また、身分を越えて担われる場合もあった。例えば、橋については、幕府が建設して修復も費用負担を行う公儀橋と、町・武家屋敷それぞれが担う橋、そして両者が組み合って費用負担する組合橋があった。組合での負担は、上水や時の鐘、道なども同様である。また川浚も、幕府が計画する公儀浚と、水路沿いの町が主体になって計画・実施し、費用も負担する自分浚があった。

　18世紀に入ると、幕府財政の悪化によって、公儀橋から自分橋への転換、公儀浚の場所の限定や、特定の集団が権益の保持を認められる代償として経費を担うケースが現れるようになった。享保期に「堀浮芥浚請負人」が江戸城の堀浚を無償負担し(ゴミ処理)、十組問屋仲間が文化10年(1813)から公儀橋の修復費用として冥加金を上納したのは、その典型例である。さらに、増加する不在地主(⇒近世都市史の概説、町屋敷経営)が出費を忌避するようになり、川浚では、自分浚・公儀浚を含め、19世紀には御用達商人ら豪商を取り込んだ新しい形の広域的な「市中川々浚」が出現した。

　このような負担方法の変容について、1990年代以降、公共性の議論が高まるなかで、都市全域レベルでの公共意識の確立とする見解も現れた。ただし、金銭による請負の進展と居住者の意識の関係を検討する必要があろう。

　また、こうして形成されてきた近世都市の生活環境については、1980年代以降の地球環境問題の視点から、自然との共生、共存としての評価が高まった。その代表が、リサイクル・リユースという評価であるが、実際には商品化の進展とみるべきであろう(下肥)。実態と乖離した近世都市の清潔イメージも問題である(ゴミ処理)。

　近年では、都市インフラを単なる物質性にとどめず、社会をも含めた視野をもち、公的機関からの提供のみならず、日常の営みの中から積み上げて、地域・都市へと有機的に連関する下部組織として再定義すべきとの提起がなされている。前近代における都市インフラの維持・管理は、社会や環境を考える上で、重要な切り口となる。ただし、検討にあたっては、史料に基づく実証的分析が肝要であろう。

[岩淵 令治]

築　地

　「築地」とは埋立地のことで、海面のほか水田を埋め立てた土地もそう呼ばれた。江戸では17世紀半ば、大名への屋敷地の供給が一段落すると、屋敷をもたない幕臣のために山の手の低湿地で埋め立てによる屋敷地造成が行われた。承応2年(1653)から赤坂、小日向、小石川の水田地帯で造成事業が始まり、万治元年(1658)に築地が完成している。また現在の中央区築地、すなわち木挽町海手の築地は、明暦2年(1656)から埋め立てが始まり、本願寺より西側の旗本屋敷地が万治元年に完成、東側(南小田原町など)は寛文期に造成された。当初、日本橋横山町にあった西本願寺は明暦3年の大火で焼失、現在地の海面を拝領し、埋め立てによって新たな寺地とした。

[金行 信輔]

上水道

　上水道を備えた近世都市は各地に所在し，その代表例の一つに福井藩の芝原上水がある。福井藩は上水掛目付－上水奉行－足軽という専門の職制を定めて上水路を管理し，足軽たちは城下を巡邏して洗い物や塵芥の掃捨てといった汚濁行為のほか，上水路に堰石を置いて過剰に取水する武家屋敷などを摘発した。その大半は詫書や罰金で済ませられたが，摘発時に暴言を弄して城下を追放された町人や，違反行為を繰り返して大河戸（上水利用施設の一種）の使用を差し止めた事例もある。被処罰者は町人および足軽などの卒が中心で，やがて中下級武士本人や上級武士の武家奉公人も処罰対象に含まれるようになり，公共性における身分格差は縮小して近代都市社会の萌芽が垣間見られる。芝原上水は都市産業にも活用され，染め物の洗滌を上水に頼っていた紺屋町では寛政3年（1791）に下流域の水質悪化を理由に使用が禁止されたものの，嘆願の結果，日中数時間の利用が許可された。また毎年11月頃には上水路で保存食料にする大根の泥落としが行われて，それが終わると城下総出で一斉に上水路が清掃され，北国の城下町の冬を迎える風物詩になっていた。

[藤村　聡]

ゴミ処理

　人々が密集して暮らす都市空間においては，ゴミ処理は重要な課題であった。三都や多くの城下町では，人口の急増によって過密化する17世紀後半にゴミの処理が問題となり，各藩や幕府の都市行政担当の役所の指示で，ゴミ捨場が設けられていた。処理方法は，焼却という高崎の例もあるが，基本的には埋立てであり，場末の田地のほか，京都では上居跡などの場末や市中の空き地，湿地に造成された鳥取の場合は沼沢や堀などにゴミ捨て場が設定された。江戸では，寛文年間（1661〜1673）頃より，町ごとにまとめたゴミを船で江戸湾沖の永代島（のち越中島）に運ぶシステムが確立し，享保18年（1733）には，江戸城の堀浚いを条件としてゴミ運搬の請負を独占する請負人仲間「堀浮芥浚請負人」が成立し，ゴミ処理を担った。ただし，その対象は町人地のみで，武家地については埋立地に運搬せず，近郊の百姓が下肥とともに輸送する場合もあった。また，不法投棄は全国的に確認できる。今後は，近世都市をリサイクル都市や清潔都市として評価するのではなく，むしろ大量消費・ゴミ問題の前史として，その実態を検討していくことが必要であろう。

[岩淵　令治]

下肥

　ゴミ処理と同様，現代の水洗トイレの普及に至るまで，住民の排泄物の処理は都市の重要な課題である。こうした排泄物を肥料として利用したのが下肥である。日本で下肥の利用が本格化したのは，二毛作が普及した鎌倉時代とされるが，17世紀末までの大規模な新田開発に伴う秣場・萱場の減少や，商品作物の進展によって金肥が必要となり，都市の下肥利用が活発化したと考えられる。江戸の場合，18世紀前半より近郊農村の百姓が排泄物を船で買い取りに来るようになり，江戸から20〜24kmの村々，とくに水運が発達した江戸東郊において，江戸向けの蔬菜栽培や稲作で利用された。18世紀末には価格が高騰し，江戸の住民と村々の間で大規模な訴訟がたびたび発生している。下肥をリサイクルの視点から高く評価する論者もいるが，下肥は，熟成が不十分なままに流通すると，寄生虫までも「循環」することから，衛生面では優れたシステムとはいえない。また，下肥はあくまでも公的につくられたシステムではなく，民衆社会の間で商品化できたものが流通していたのである。尿の商品化が遅れた江戸で，文政年間（1818〜1830）に至っても溝の側溝に尿を垂れ流していたという事実は，下肥の社会的性格を端的に物語っているといえる。

[岩淵　令治]

参考文献

伊藤毅「都市インフラと伝統都市」（吉田伸之，伊藤毅編『伝統都市③　インフラ』）東京大学出版会，2010.

岩淵令治，近世都市のトイレと尿尿処理の限界，歴史と地理，**484**，1995.

岩淵令治，近世の都市問題，歴史と地理，**560**，2002.

岩淵令治，江戸のゴミ処理再考－“リサイクル都市”・“清潔都市”像を越えて－，国立歴史民俗博物館研究報告，**118**，2004.

金行信輔，木挽町築地の形成－絵図と文献史料を読む－，江戸遺跡研究，**3**，2016.

小林信也「近世江戸市中における道路・水路の管理」（『江戸の民衆世界と近代化』）山川出版社，2002.

藤村聡「福井藩芝原上水における利用違反の処罰－近世都市における家臣団の位置づけ－」（J. E. Hanes, H. Yamaji, eds. “Image and Identity－Rethinking Japanese Cultural History－”）神戸大学経済経営研究所，2004.

高橋元貴，江戸市中における堀川の空間動態とその存続，都市史研究，**4**，2017.

松村博『【論考】江戸の橋』鹿島出版会，2007.

松本剣志郎，江戸の公共空間と支配管轄，比較都市史研究，**36**(1)，2017.

永原慶二，山口啓二編『土木』（『講座・日本技術の社会史6』）日本評論社，1984.

災害と都市問題

　日本列島は，アジア・モンスーン帯の東端に位置するため，毎年多数の台風が襲来する。また，太平洋プレートが大陸プレートに潜り込む線上に位置するため，大地震が多い。さらに，近世は気候学的には小氷期にあたり，その中での短期的な気候変動により深刻な不作がたびたび発生した。

　以上のような自然条件のもとで，近世都市の多くは16世紀末から17世紀初めに建設された。これは戦国期を通じて発達した労働力の大量動員と組織化の成果でもあったから，大規模な自然地形の改造を伴った。自然河川の強制的な流路変更や海や湖水の埋め立てや干拓を伴ったので，洪水にも地震にも脆弱な都市空間が多数形成された。また，古代・中世には見られない小規模木造家屋の密集状態は，気候条件によっては火災が大火となり伝染病流行の背景ともなり，大量死をもたらす原因となった。

　不作は，年貢米の換金を起点とした経済構造の問題，あるいはその時期の流通構造上の問題と結合したとき，飢饉となった。近世においては，寛永・享保・天明・天保の飢饉が全国の都市に大きな影響を与えた。疫病は飢饉に付属することが多いが，安政コレラ（江戸の死者数万人か）のように幕末開港に端を発するものもある。

　飢饉・疫病に対し，水害は台風やそれに伴う高潮，あるいは集中豪雨が原因であるから，ある程度の突発性がある。

　近世の人々にとって，また現代の私たちにとっても，まったく予測不可能な災害が地震と噴火である。ただ，近世は化石燃料に依存しない社会であったから，宝永富士山噴火（宝永4年（1707））・天明浅間山噴火（天明3年（1783））の際には，江戸では火山灰が降下したが，ほとんど被害がなかった。

　宝永地震（1707）では小田原城下町は大きな被害を受け，安政江戸地震（安政2年（1855））は江戸に甚大な被害を与えた。死者は約1万人と推定されている。また，宝永地震と安政南海地震（1854）の大坂では，川と水路を遡上する津波に船が流され橋に衝突して多数の橋が落ちた。地震と噴火は当時の人々の理解を超えるものであったから，それなりの了解を得るために安政江戸地震後は「鯰絵」が流行した。情報形態変容の起点にもなったのである。

　火災は，原因が失火であれ放火であれ自然現象ではなく人間である，という点で他の災害と本質的に異なるところがある。

　以上の個々の種類の災害は，連続し複合することがある。江戸では，天明期と安政期にそれが見られる。天明期では浅間山噴火が飢饉を激化させ，飢饉が疫病を呼び込んだ。これに連続して大火が2度あり，さらに噴火の泥流と火山灰による河床上昇が洪水を激化させ関東大水害が起きた。この結果として著しい物価上昇が起きた。安政期では，安政江戸地震の翌年に強風を伴う台風が江戸を襲い，大火にもなった。さらにその翌々年にコレラが大流行する。

　災害は都市問題を顕在化させる。貧困問題は潜在し，共同体のレジリエンス（自己回復）機能は次第に低下した。そのため都市問題の一つとして，**捨て子**が顕在化した。また貧困は災害時には明確に露呈する。そのため，幕府と民間の双方から救済が行われた。それを**施行**という。

　救済が不十分であったか，間に合わなかった場合には**民衆運動**が起きる。享保18年（1733）の江戸では，米価急騰に対して惣町的な訴願運動が起きるが，幕府の政策的対応が間に合わず，高間伝兵衛宅の打ちこわしとなる。天明7年（1787）の江戸では，上記の連続複合災害に対して小出しの救済が行われたが不十分であり，打ちこわしが起きた。

　この反省から，数十万人規模の持続可能な大規模救済を実現するため，寛政改革のなかで**七分積金**と町会所というまったく新たなシステムが構築される。七分積金は町入用節約分の7割を毎年徴収して形成される資金のことである。この資金で備荒貯蓄し，資金を運用して継続性をはかる。町会所は勘定所と町奉行所から出向した役人，選抜された町役人，指定された豪商から構成され幕閣の判断を仰ぎながら，天保飢饉，安政大地震，コレラなどの大規模災害に対処した。　　　　　〔渡辺 浩一〕

火　災

　近世の大火のなかで，最も大きな被害があったのは明暦3年（1657）の江戸明暦大火である。江戸城天守閣をはじめ江戸の大半を焼失した。死者は5万人とも10万人とも伝えられる。これを契機に，大名屋敷と寺院の大

図1　明暦大火時の粥施行（『むさしあぶみ』）
〔国立国会図書館デジタルコレクション〕

図2　大橋手前河岸の図（『安政風聞集』）
［国文学研究資料館蔵，CC BY-SA 4.0］

規模な移転が行われたほか，本所・深川地区が計画的に開発され，江戸は巨大都市へ成長することとなった。そのほか，天明8年（1788）の京都天明大火は，飢饉との複合災害を伴ったことから朝廷が救済に関心を示し，御所も焼失したためその再建をめぐって朝幕関係も緊迫し，政治史上でも重要な大火となった。　［渡辺 浩一］

風水害

江戸のように海に面した近世都市では台風に伴う高潮被害がたびたび起きたほか，河口に立地するために川の洪水被害にもあった。洪水になると床上浸水状態が7日程度続く地域もあり，屋根上で生活する被災者のために幕府や民間の「助船」が食料と水を配給した。一方，松代のように千曲川沿いで背後に山があるような立地では，川に近い松代城が洪水で浸水し，山側の武家地や町人地は土石流被害を受けた。小諸のように城の大手門が土石流で打ち破られた例もある。　［渡辺 浩一］

捨て子

捨て子は，子どもを捨てる行為と捨てられた子どもをさす。徳川綱吉の生類憐み令に始まる町村での捨て子の保護と養育を命ずる捨て子禁令は，子どもの命を世間に委ねる捨て子を増加させることともなった。そのことは，捨て子の多くが，豊かな家の戸口や繁華な通りに，お守り，書付など様々なモノを添えて捨てられたことからも見て取れる。捨て子は近世都市が抱え込んだ社会問題であり，その背後には都市下層民の貧困や共同体による扶助機能の低下があった。妊産婦の登録や出生した子の人別改め帳への記載を求めた禁令は，幕府が捨て子の発生源を都市下層民に求めていたことを示す。またそれは命への介入政策でもあり，近世後期の人口減少地域での妊娠・出産管理政策に引き継がれていくこととなる。
　［沢山 美果子］

施　行

施行とは，飢饉・火災・風水害・地震などの際に統治者もしくは富裕者などが被災者ないし生活困窮者に金品を施すことである。近世の統治者は，「天」という東アジアにおける超越観念に基づいて，被統治者の生活を維持するために救済を行う義務があると強く認識していたため施行を行った。富裕者などによる施行は，もともと相互の助け合いを意味する「合力（こうりょく）」が上下関係のなかで行われるようになって生まれた形態であるが，富裕者でない少額の施行や，株仲間や町などの住民結合に基づく施行も見られる。　［渡辺 浩一］

民衆運動（惣町結合）

政治的社会的経済的要因による都市問題を契機に，惣町レベルで展開された都市住民の運動。運動形態としては，領主への訴願を主とし，惣町一揆に及ぶ場合もあった。町役人の不正追及，公費削減などの町政刷新，領主政策の撤回が主な要求で，領主御用や役の負担を正当性の根拠に町方の成立（なりたち）を希求した。大坂惣会所経費節減運動（元文元年（1736）～2年），日光惣町一揆（安永7年（1778）），京都町代改儀一件（文化15年（1818）～文政2年），近江八幡御朱印騒動（文政5～8年）などが知られる。運動の基盤となる惣町結合として，組合町や火消など町政機構を通じた広域的住民結合，若者仲間などの祭祀組織があった。一方，都市内部の地域差，社会階層差により運動に参加しない地区も存在した。　［牧 知宏］

民衆運動（打ちこわし）

打ちこわしとは，家屋や家財を破壊したり，商品や生産道具・生活用品を粉々にするなどして使用不能にする行為をさす。転じて，打ちこわしを行う下層民を主体とした民衆運動をさす。18～19世紀日本の都市や農村で広くみられた。都市ではその目的は不正な商業金融行為や町民を裏切る行為に対する社会的制裁にあった。また，広汎な階層が参加した惣町一揆でも打ちこわしが実行されることがあり，運動に多数を動員するための参加強制としても打ちこわしは用いられた。打ちこわしの掟（作法）として，殺傷や盗みを禁止するほか，町屋が密集している都市では火の元用心や隣家に迷惑をかけないなどの規律もみられた。　［岩田 浩太郎］

参考文献

倉地克直『江戸の災害史』中公新書，2016．
北原糸子『日本震災史』ちくま新書，2016．
黒木喬『明暦の大火』講談社，1977．
藤田覚『近世政治史と天皇』吉川弘文館，1999．
北原糸子『都市と貧困の社会史』吉川弘文館，1995．
深谷克己『東アジア法文明圏の中の日本史』岩波書店，2012．
沢山美果子『江戸の捨て子たち－その肖像』吉川弘文館，2008．
渡辺浩一『近世日本の都市と文書』勉誠出版，2014．
岩田浩太郎『近世都市騒擾の研究』吉川弘文館，2004．

武士と江戸

武家の都市としての江戸

徳川政権の中核都市江戸。武家政権はそれ以前にも存在したが、この政権は、諸大名と寺社を押さえ、天皇をも包含する「禁中并公家中諸法度」を定めたという点で、かつてない存在だった。その政権の首都ともいえる江戸は、諸大名の集陣地でもあった。都市空間の内約7割を占める武家地には、2万家以上の徳川家家臣団（旗本・御家人）と260家余りの大名家、およびその家臣団が住んでいた。本項では、主に18世紀以降の江戸城―江戸の空間的特質をふまえて、江戸における武士のあり方を提示する。

江戸の構造―「城内」・周辺曲輪と都市

江戸の特色は、支配者の館が都市の中心に置かれるという、世界でもあまり例をみない構造をとったことである。都市の中心に存在していたのは、ヨーロッパの前近代都市のような教会・広場・市役所ではなく、徳川将軍家の住居であり将軍中心の儀礼空間でもある御殿群や、徳川家代々を祀った紅葉山の霊廟であった。老中たちの会議室である御用部屋以下の幕府の役所中枢もここに置かれていた。これらの殿舎は「城内」と総称された。「城内」は何重もの水堀と武装した城門からなる曲輪のなかにあり、許可された人間しか入ることができなかった。

これを取り囲む周辺曲輪は、堀で囲まれてはいたが、「城内」とは異なり、城門の開門時には庶民も通行可能であり、その意味では都市域にも含まれるエリアであった。老中以下の役宅や評定所や町奉行所などは、「城内」ではなく、この周辺曲輪に置かれた。

17世紀後半、都市江戸は、これらの堀を越えてその外側へと拡大していた。文政元年（1818）老中は従来の寺社勧化場と変死・迷子掲示の取扱範囲を、江戸市内（「御府内」）の範囲と定めた。

このように分節化された諸空間を横断的にカバーする、多岐にわたる監察の役割を負っていたのは、目付であった。

江戸の武士

江戸の武士といえば、すぐにイメージされるのは、大名家中として国元から江戸にのぼり、藩邸内に住居し用務や観光で江戸市中を出歩く藩士や、内職を行う窮迫した御家人などであろう。しかし、そればかりでなく、将軍家の直臣団の一員としてあるいは幕府の役職に就任した譜代大名やその家中として、「天下の公儀」の役務を果たす武士たちが存在していたことが江戸の大きな特徴といえる。

しかし、この「天下の公儀」の役人としての武士たちと彼らが勤務する空間・場が、江戸の中に存在したことは、①本丸を中心とする「城内」を主舞台にした政治史・儀礼史研究、②大名藩邸を舞台とする藩研究、そして、③城下町を対象とする都市史研究とのはざまに沈み込み、研究上も、一般の歴史認識のうえでも、十分に掬い上げられてはこなかった。

評定所留役の実像

試みに、評定所の中核実務を担った留役の勤務の在りかたを覗いてみよう。評定所とは、老中の施政上の諮問に応え、また重要な刑事事件や、個々の大名領や幕府各部局で解決できない民事事件を裁いた。まさに「天下の公儀」の中核的役割を果たしていた。留役とは、「留」すなわち記録を担った役職であり、実質的な取り調べも行う、評定所の中核実務の担当者である。彼らは、江戸城「城内」の書記役である奥右筆と比肩する重要な先例調べや会議のための書類づくりを担っていた。そして彼らのチーフである留役組頭は、諸家からの問い合わせにも応じていた。「城内」とは異なり、比較的アプローチしやすい周辺曲輪に置かれた評定所では、よりこの役割が発揮されたと考えられる。

天保14年（1843）の留役の勤務状況は次の通りであった。評定所における式日（老中が列座する格式の高い会議日）には、夜明け前から評定所に出勤し、会議の準備などにあたった。夜分には、勘定奉行役宅にいき、吟味物の取調べを行い、帰宅後も自宅で深夜まで調べものを行った。彼らは、勘定奉行どうしの定例会議（内寄合）が月番奉行の役宅で行われるときは、役宅に出勤した。

弘化元年（1844）以降、対外関係についての老中下問が頻発し始めた時期には、正式な下問の本紙を廻達していては間に合わないため、彼らが、評定所において下問内容を書写し、評定所一座である三奉行宅や、海防掛宅に、その夜のうちに回すということも行っていた。

「天下の公儀」を支えるヒトと空間

このように留役たちは、周辺曲輪に置かれた評定所や奉行役宅で勤務し、一方では「城内」役所と連携をとりつつ、他方では、町年寄や公事宿といった都市の機能に支えられながら、日々の業務を行っていたのである。

諸地域・諸身分の訴訟をも取り扱う評定所や奉行所は、「城内」ではなく、城という政治空間であるとともに、限定的ながら開かれた都市社会空間とも重なり合うという、両義的な空間的性格をもつ周辺曲輪に置かれてこそ意味をもったといってもよい。

注意しなければならないのは、武士たちには、実は、多様な出自の出身者が含まれていたことである。近世中後期、旗本家臣・御家人層は安定した層ではもはやなく、周辺上層農民・大名家臣の子弟などとのあいだに事実上一種の身分上の循環構造を形成していた。武士たちのな

かには、「天下の公儀」の機能のなかでも重視された土地争い・水争いに対する評定所での裁きの内容を実質的に左右していた代官手代のように、職務任用中のみ武士として遇される多様な出自の人たちもまた、含まれていた。　　　　　　　　　　　　　　　　　［杉本 史子］

老中役宅

　大名が老中に就任すると、その上屋敷が老中職の役所を兼ねて役宅として機能することになった。上屋敷が江戸城近くでない場合は職務遂行上不都合なため、西丸下など江戸城直近に屋敷が下賜されて在任中上屋敷（居屋敷）となり、退任後には収公された。

　老中役宅には通常大名上屋敷に備わる部屋に加え、特有の部屋が設けられたことが屋敷絵図から判明する。まずは「公用方」の部屋で、これは老中を務める主人のもとで幕政に関わる用務を担当する家臣ら＝「公用方」が執務する部屋である。また老中には月に9日、江戸城出仕前に上屋敷で訪問者に面会する「対客」という職務があり、これは大書院、小書院、対客之間、勝手などで行われたが、このほか「参上之間」や「入来之間」といった部屋があり、これらは「対客」に対応するために設けられた部屋であったとみられる。　　　　　　［渋谷 葉子］

目　付

　旗本・御家人の監察や殿中儀礼の指揮を主な職掌とする江戸幕府の実務官僚であり、日光東照宮修復での出来栄見分や江戸城櫓・堀の保守管理など、各地の幕府施設の管理も担った。明和5年（1768）から文化8年（1811）の期間、普請奉行・勘定吟味役とともに神田・玉川両上水の管理に携わった。寛政2年（1790）、改革の一端として、町方掛が分掌として創設され、江戸町奉行所・火付盗賊改の不正取締や江戸市中の武士・庶民を対象とする風聞探索を担当した。公式には寛政9年に風聞探索は終了したが、その後も調査は続けられており、嘉永から安政（1848～1860）の幕末期に目付配下の徒目付・小人目付が作成して老中へ提出した、政治情報や江戸市中などで発生した事件についての探索書が多数現存する。役高は1,000石、定員は10名で幕末期には30名に増員された。長崎や京都などの遠国奉行へ昇任する者も多かった。　　　　　　　　　　　　　　　　　［荒木 裕行］

「城内」を目指す行列

　江戸では、国内外から「城内」を目指す、さまざまな人々の行列が見られた。朝鮮国王の派遣した朝鮮通信使の行列は、天和2年（1682）来日の際には、ソウルを発し、釜山から大阪までは朝鮮の海洋船6艘が船行列を組み多くの日本船が案内した。大坂に船と水夫を残し、362名が江戸を目指した。琉球国からは、将軍の代替わりを祝す「賀慶使」と琉球国王の襲封を謝す「恩謝使」が薩摩藩の参勤行列とともに渡来した。使節の人数は100人程度であった。朝鮮国王の使節には対馬藩が、琉球国王の使節には薩摩藩が、威信をかけて大行列を組んだのである。

　オランダ商館長の行列では、商館長らにつきそう長崎奉行所の役人や通詞など定式人数は59人とされた。

　行列の中で代表的なものといえば、大名行列をあげることができる。文化3年（1806）に鍬形蕙斎が津山藩主のために描いた『江戸一目図屏風』（津山郷土博物館）では、江戸城を囲む堀にかかるほとんどの橋の上は大名たちの行列が渡り、そして、津山藩主が江戸城から藩邸に帰る姿が描かれている。大名行列は、江戸城を中核とした江戸の精華を示すものだった。供をつれ「行列をたてる」ことは武士の表象の一つであったのであり、江戸はその一番の舞台でもあった。　　　　　［杉本 史子］

参考文献

朝尾直弘『朝尾直弘著作集　第3巻』岩波書店，2004.
岩淵令治，近代・近世移行期における日本の首都空間の変容の一断面，ソウル学研究，**64**，2016.
杉本史子「近世日本裁判再考」（臼井佐知子ほか編『契約と紛争の比較史料学』）吉川弘文館，2014.
杉本史子『近世政治空間論―裁き・公・「日本」』東京大学出版会，2018.
土屋千浩，江戸幕府老中の対客について，皇學館史學，**19**，2004.
松尾美惠子，江戸城門の内と外，江戸東京博物館研究報告，12号，2006.
松本良太『武家奉公人と都市社会』校倉書房，2017.
宮崎勝美「江戸の土地」（吉田伸之編『日本の近世9　都市の時代』）中央公論社，1992.
望田朋史（解説・杉本史子），江戸幕府評定所記録―『評定所留書其外書上留』，東京大学史料編纂所研究紀要，**28**，2018刊行予定.
吉田伸之『身分的周縁と社会＝文化構造』部落問題研究所，2003.
江戸遺跡研究会『図説　江戸考古学研究事典』柏書房，2001.
『武家屋敷の表と奥』江戸東京たてもの園，2011.
『行列にみる近世―武士と異国と祭礼と』国立歴史民俗博物館，2012.
東京大学史料編纂所編『大日本維新史料　類纂之部 井伊家史料 二十七』東京大学出版会，2012.

商　人

　近世期の商人・商業を考える際に留意すべきことは，17世紀初頭では1,500万人に満たない人口が，18世紀初頭には3,000万人に達し，19世紀中葉には3,500万人であったということである。このような人口の急激な増加と停滞は，それ以前の時代の商人・商業が社会に及ぼした経済・経営的な影響とは比較にならないほどの変化をもたらしている。

　商人は生産－分配－消費という経済過程において，とりわけ分配過程，すなわち流通の局面においてその役割を果たした。生産された財（商品）を，それを必要とする消費者に届ける役割をもつ商人は，とりわけ大消費市場である都市において衣食住に関わるモノを供給する上で必要欠くべからざる存在であった。

　都市住民にとって必要な生鮮食料品は，生産者－仲買－問屋－仲卸－小売－消費者という経路で流通するようになるが，このような集荷・分配における機能的な機構は都市人口の増大と軌を一にして17世紀に整備されていった。もっとも魚類・塩干物・青物・果物などは，小売商の店頭で購入されることがあるものの，日常的には**棒手振り**（せりうり）から入手することが多く見られた。問屋と仲卸の間では羅売による価格付けが見られたものの，通常の売買は相対価格であった。しかし，天保13年（1842）に店頭の商品には値札を付けるように命じられ，定価表示が強制されていった。近世期には見知りの関係では掛売による節季払いの慣行が成立する一方で，現金による決済ができれば誰しもが商品を購入できる経済環境が成立した。

　このような生産・流通機構は他の商工業においても同様で，分業の発達に伴い多くの仲間が結成されるようになる。幕初には貿易統制や犯罪取締の観点から糸割符・質屋・古着屋などの商人には株仲間を公認するが，寛文・延宝期（1661〜1681）に至り，都市問屋商人たちの組織や商業慣習を利用することが政策的に有意義と判断され，多くの株仲間が認められるようになった。元禄期（1688〜1704）に認可された江戸の十組問屋や大坂の二十四組問屋などの株仲間が結成されたのは，その一例である。このような株仲間は全国の諸領分においても認可されるようになったが，その後の流通構造の変化や天保12年の株仲間解散令，嘉永4年（1851）の株仲間再興令などにより組構成が変化するものの，明治5年（1872）の株仲間廃止まで続き，同業組合へと転化した。

　ところで，商業の発展と商人の増加は，前代にはみられなかった新しい職業や商業慣行・技術を生み出した。それらの多くは三都商人の間で創案され，次第に在方にも浸透していった。公権力が私事の金銀係争に訴権を認めない段階において，当事者同士で債権・債務関係を解消する一つの方法として**分散慣行**が生まれ，幕末期には全国的に浸透していた。訴権が認められるようになった18世紀に入ると**身代限り**が適用され，債権・債務関係の解消が短期間で済むよう法整備も進められた。また，1730年代には**出世払い**の慣行が上方商人社会に成立し，当事者間で**出世証文**が手交されるようになる。この慣行もまた，上方の商人間から次第に在方，あるいは取引先の住む地方へと次第に広まっていった。

　商業の発達は商用帳簿や勘定帳簿の記帳においても進化を遂げている。経営における資産の増減，あるいは営業期間中の損益の実態を確認するために棚卸決算を実施し計数管理することは，三井家のような都市部の豪商のみならず，18世紀に入ると在方の大中規模の商人においても浸透していく。それらが近代の複式簿記の形式を備えた記帳方法に到達していた商家も少なくなかった。

　また，商品の売買にあたっても利益率を勘案して仕入・販売する合理的な思考が芽生えてくる。**外増**（そとまし）・**内増**（うちまし）などと称される算法は，その代表例である。

　さらに，商品売買に伴う決済においては，為替や手形の発達がみられた。三都の両替商と取り組む為替だけでなく，在方商人同士で取り組む為替や種々の手形が発案され，現金だけでなく商人相互の信用に基づく決済方法が発達した。これらは一方で正金の流通不足量を補完する役割を果たし，他方では円滑な経済行為を保証するものであった。

　また，無限責任思想が一般的であった近世期において，18世紀中葉に至ると**近江商人**たちが乗合商い・組合商いと称される共同経営を創案するに至る。これは有限責任の出資で資金調達を行ったものであるが，創業期の資金の調達や経営上のリスクを回避する目的を有していたという意味では，店名前を変えた事業経営の延長に出てくるものであった。近代的経営の萌芽と評価されるものである。

　このように，三都を連携した流通市場構造は，地方・在方商人の活動によって大きく変容を遂げて行き，新しい時代を迎えたのである。

棒手振り

　商品を天秤棒で担い，あるいは背負って市中を売り歩く商人のこと。京坂では，これらの商人を総称して「ぼてふり」と称したが，江戸では魚売りのみを「ぼて」と称した。京坂では魚・蔬菜の担ぎ売りは「ざるふり」といった。

　これらに従事する者は，小資本の小商人であり常設店

舗を有する小売商とは異なる類型の商人であった。売り歩く商品は日用品がほとんどであり、特定の季節のみ取り扱う商品もあった。また、京坂では市街を巡るものの江戸では見られない生業がある一方、逆に江戸でのみ見られるものも存在した。これらの商人も生業者として理解されていたことが、『近世風俗志（守貞謾稿）』などで確認できる。

仲　間

商工業者の社会的分業が進むにつれ、同業者たちが集荷・販売・品質保証・新規参入など自らの権益を相互に確保するため仲間を結成した。成員間の係争を解決するためには、公権力による裁許を待たずに仲間法を制定して調停にあたるなど、相互扶助・監視を行ってもいた。

公権力から御免株を受けて認可されたものが株仲間であるが、公認されない仲間組織（内仲間・講）も多数結成され、願株として公権力に認可申請して行くようになる。天保期以前に大坂の株仲間は98あったが、明治初年に鑑札を受けた商工業仲間は410を数えており、京都では500前後の職商数に至り150を超える仲間が確認されている。

分散・身代限り

分散は近代における破産、身代限りは強制執行に類似する行為。債務者の全財産を換金して債権者に配当した。分散は身上仕舞・割符とも称され、時には身代限りとも誤称されているが、多数の債権者の同意のもとで実施される私的慣行であった。しかし、身代限りはたとえ一人の債権者が債務弁済を求めて出訴しても、裁許を得て実施される法的行為であった。

分散は17世紀中葉の京都における事例が初見であり、身代限りの法規定は18世紀初頭に江戸で制定された。弁済執行後は多くの場合、双方とも債務者は免責されるようになるが、免責に同意しない債権者は「出世証文」を取り、跡懸かり権を留保した。

出世払い・出世証文

出世払いとは、将来の不定時において債務を弁済することを約束することであるが、その約束を担保する証文を「出世証文」「仕合証文」と称した。現在においても法律的には有効なものである。事書には「覚」「借用申銀子証文之事」など多様な表記が見られ、一定してはいない。おそらく上方地方の商慣行として1730年代頃に成立し、上方商人の取引先・商圏を通じて局地的に広まっていったと考えられる。現在、200通ほどの証文が確認されているが、そのほとんどは上方のものであり、東日本では少数しか発見されていない。上方ではこの証文が収録された証文雛形集が残されているが、他の地域では確認できない。

外増・内増

どのような商品を販売するにせよ、仕入原価に利益を上乗せしなければ経営が成り立たない。現在判明している事例によれば、呉服・太物を販売する商家において、商品の仕入価格に利益を上乗せする際に合理的な計算式を用いていたことがわかる。原価に利益率を定めて販売価格を設定する方法には二通りあり、外増とは例えば原価100匁の商品に2割の利益を予定するならば $100×(1+0.2)=120$ 匁、内増ならば $100÷(1-0.2)=125$ 匁と計算する。京都の呉服商奈良屋は下総国佐原に出店を開設していたが、下り物には内増で、関東物は外増で価格設定していた。このような利益を勘案した商売は、問屋・小売商により独自の方法があったと思われる。

近江商人

近江国に本宅をおいて他国稼ぎをした商人。近江国の特産物（麻布・蚊帳・畳表など）や上方の荒物・小間物などを諸国に持ち下り、他国の特産物を購入し上方で販売した。往復路ともに商うことから「のこぎり商い」と称される商業を行った。創業期には小売を兼業する場合もあったが、基本的には卸商であった。各地に出店を設けると、それらの各店を通じて商品を売買したが、この商い法を「産物廻し」と称した。また、店法では奉公人に立身・出世することを鼓舞する条文を制定しているなど、他地域の商人には見られない独特の価値観や行動規範に基づいて商売を行った。

参考文献

宇佐美英機『近世京都の金銀出入と社会慣習』清文堂，2008．
喜田川守貞著，宇佐美英機校訂『近世風俗志（守貞謾稿）（一）』岩波文庫，1996．
鈴木敦子，呉服太物の価格設定：奈良屋杉本家を中心に，*Discussion Paper In Economics And Business*, 15-29, 1-42, 大阪大学大学院経済学研究科，2015．

［宇佐美　英機］

出世証文（「中井源左衛門家文書」）
［滋賀大学経済学部附属史料館蔵］

身分的周縁

　身分的周縁とは，武士身分や百姓身分といった近世身分社会の中核的存在だけでなく，それ以外のあいまいな身分的存在について考察し，その具体相を明らかにすることによって，より多様で構造的な身分社会の把握に努めようとする方法論である。具体的には，近世の身分を「士農工商」といった単純化した認識のもとに捉えるのではなく，多様な身分の人々が自分たちの権利を守るために集団化を遂げ，これらの集団が複層した関係性を構築しながら存在していたものとして，身分の具体像を明らかにしようとする試みといえる。

身分的周縁論の形成

　身分的周縁の考え方は，1970年代以来の賤民身分の社会的存在形態分析を中心とした身分制研究，1970年代後半から展開した朝幕関係研究のうち，本寺・本所のもとで集団化をとげた宗教者や職人などの身分および諸存在の研究，そして1980年代からの都市社会史研究のうち，とくに都市下層社会を対象とした周縁的諸存在に関する研究という，三つの方面から進展した研究をもとにしている。これらの研究潮流を統合するため，平成2年（1990）に「身分的周縁」研究会が発足して以降，近世を特徴付ける身分制社会考察の試みが拡大していった。

　この身分的周縁を把握するうえでは，塚田孝の所論に負うところが大きい。塚田は政治社会に収斂しきれない部分を周縁社会として捉え，その特徴である特権の体系としての身分制社会と，それに向けた利害集団の運動原理を位置付けることによって，身分制社会全体を論じた。この集団論理を考えるうえで重要な関係論として，「重層と複合」があげられる。すなわち，周縁的な諸存在が形成する社会的集団のあり方は何か，その集団が集団内および集団外とどのような社会関係を有しているのか，また社会関係を媒介する場（テリトリー）がいかなるものなのか，という三つの観点から各身分集団の特徴を捉えようとするものである。

　さらに吉田伸之の身分に関する所有論も重要な影響を与えている。これは，町人身分や百姓身分が土地・屋敷所有，職人身分が用具所有を本位とするのに対し，貨幣などの動産を所有する商人資本，労働力を資本とするしかない労働力販売者層，疎外された労働力所有主体としての賤民といった，近世社会の編成からすると異質，周縁的な所有の主体があることを分類し，近世身分の差違はこうした職分＝所有の具体的存在形態にあるとするものである。

　1990年代半ばにはより検討の対象が広がり，武士，百姓のほか，芸能や文化の担い手，商人を取り上げて，近世社会を構成する多様な人々や集団のありようを明らかにした。2000年代以後は，人や集団，個々の分析にとどまらず，あるモノの生産や流通をめぐって，特定の場においてそれぞれが結び合う関係を総体として明らかにするほか，各地域の歴史的蓄積や独自性を重視しながら，多くの集団が重層・複合する特定の地域，都市社会構造の内部における具体的関連付けを幅広く追求することで，より広い地方も含めた全体史として叙述する視角など，歴史学全体への議論に結びつける試みも行われている。

髪結・女髪結

　男性の月代を剃り，髪を結うことを職分とする髪結は，おもに二つの形態がみられる。一つは経営の主体である親方（師匠）が弟子らと店舗の髪結床で営業するもので，広場や河岸，橋際，道路上に置かれた出床と，町屋敷の中で営まれる内床がある。このほか，親方の雇用する下職（技術はあるが髪結床をもてない職人）が，親方の髪結床周辺の得意先に出向き営業する「廻り髪結」という形態があり，親方は下職の稼いだ収入から揚銭を取り収益とした。こうした下職の営業に回るテリトリーを「髪結場所」「帳場（丁場）」などと呼び，普通1町を単位とした。元来髪結の営業権は町の強い管轄下に置かれたが，囚人の役剃りなど幕府への役負担，および株札の交付を梃子として営業権の株化＝物権化と集団組織化が進展した。一方女髪結も男性髪結と同様，自宅で髪結技術と道具をもとに数名の下梳女を雇って営業するものと「廻り」の二形態があったが，役を対価とした幕府による身分集団の公許と営業の場の保証はなされなかった。

遊　女

　近世都市の遊女は，領主権力により遊郭として認可された空間内の遊女屋へ，年季奉公という形式ではあるものの，実態としては隷属的な雇用関係のもとで自身の性を売ることを強要された存在であった。また雇用主の遊女屋が「又売」「住替」と称して別の遊女屋へ転売することもあるなど，人身売買的性格の強い奉公であった。このほか，宿場町などの下女・奉公人の名目で認可された飯盛女・茶立女・酌取女などと呼ばれた人々，遊郭以外の町場で売春を強要された非公認の隠売女などが重層的に存在していた。江戸の場合，新吉原の遊女屋仲間は町並遊女屋を筆頭に，河岸・小見世・小格子・局という五つのランクに分かれていたが，全体としては町並遊女屋と河岸以下の二階層に分かれていた。明治2年（1869）8月の新吉原遊女は，禿も含めて1,469人を数えたが，揚代金で六つの階層に分かれており，特に最下層の遊女が3分の1を占めていた。さらに遊女屋仲間は

芸者，茶屋，奉公人，口入れ（女衒，遊女の働き口を周旋する生業だが，後述する人宿と同様，自分のもとに遊女となる女性を抱え込んでいた）だけでなく，髪結など出入りの諸職人・諸商人まで従属的に編成していた。

文人

18世紀以降，作詩文の盛行や文人画・煎茶といった中国文化の流入により，離俗・雅趣を尊重する文人が現れると，18世紀後半から生活に余裕のある上層町人の文人化が進み，多くの文人が生まれるとともに，文人を本業とするものも出てきたといわれる。ただし文人という身分の形成と集団化が行われたわけではなく，当時の身分制社会においては武士，僧侶・神主，町人や百姓といった個々の身分集団に属しながら，都市・農村や遠隔地を跨ぐ文化的ネットワークを構築していたのであり，こうした文化的交流の諸相が政治的・身分的中間層として一つの文化を共有していた点が重要である。さらに，京都・大坂・江戸の三都を中心にした都市の文化蓄積と地方との交流についても留意する必要があるだろう。

宗教者

領主権力により設定された寺社地に居住し，寺院の住職，神社の神主として宗教行為を行う僧侶・神職だけでなく，町人地の空間にも多様な宗教者が展開していた。修験・行人などの仏教系の宗教者，神道者・巫女など神道系の宗教者，陰陽師といった人々は，本寺・本所と呼ばれる大寺院や公家の配下に入り，所定の額を献金して許状を取得することで，祈禱・占いの執行や服装・祈禱具の所有，勧進行為などを行うことができた。江戸や大坂などの大都市では，触頭や執役と称する僧侶・神職が同宗派の宗教者を編成し，配下の許状取得窓口や，本寺・本所や寺社奉行所からの触を伝達する役割を担っていた。個々の宗教者は武家方・町方のうち特定の範囲へ独占的に祈禱・勧進を行う場（旦那場）などを所有し，個々の旦那場を侵害しないように努めたほか，質入れや売買の対象とすることもあった。

人宿

人宿は町方に流入・滞留して労働力のみを資本とした人々を寄子（番組人宿結成前は出居衆）として自身の店へ抱え込み，彼らを武家方や町方の奉公人として供給する特殊な口入れ商人である。江戸の場合，宝永7年（1710）6月に番組人宿（人宿組合）と呼ばれる13組390軒の共同組織が公認され，3年後に一時停止されるも，享保15年（1730）に202軒の組合として再結成された。天保13年（1842）の株仲間解散令により組合を停止された際は11組340軒が確認でき，嘉永4年（1851）の株仲間再興で再々度復活した。番組人宿は武

家奉公人を中心に，日用，鳶，町方奉公人など多様な奉公人を都市社会へ周旋したが，類似の存在として日用を供給する日用頭や町方の鳶頭があげられる。その経営は，寄子のうち奉公先のリーダーである「部屋頭」とともに，一括管理した奉公人の給金から中間搾取するところに多くを負っていた。

えた・非人

えた・非人など厳しい差別を受けた賤民身分の存立構造は地域により違いがある。まず江戸の場合，えた身分は江戸周縁部に居住し，皮役などの身分制的性格に基づく役を負う一方，管轄地域における牛馬死体の処理も担い，皮革の加工生産と流通を一手に引き受けていた。集団を統括するえた頭弾左衛門は江戸だけでなく関八州のえた・非人・猿飼などを支配下に置いていた。また非人は「四ヶ所」の非人頭4名が集団を統括し，「溜」とよばれる居住地周辺や河岸端で生活した。その配下には小屋頭とそのもとに従属する抱非人や，「勧進場」という市中で施しを求める町域を管轄した小頭がいた。彼らは弾左衛門の指示により行刑役を負担した主体であった。こうした組織に組み込まれない物乞いは無宿・野非人などと呼ばれるが，非人頭の配下により取り締まりを受け，抱非人へ組み込まれるか出身地に戻された。大坂や京都でも個々の身分集団に関する存立構造は江戸と類似しているが，弾左衛門のようなすべての賤民身分を統括する頭は存在せず，えた身分と非人身分がそれぞれ別組織を形成していた（⇒長吏の組織（大坂））。

参考文献

塚田孝，吉田伸之，脇田修編『身分的周縁』部落問題研究所，1994.

吉田伸之『近世都市社会の身分構造』山川出版社，1998.

横山百合子「19世紀江戸・東京の髪結と女髪結」（高澤紀恵，アラン・ティレ，吉田伸之編『パリと江戸—伝統都市の比較史へ』）山川出版社，2009.

塚田孝「江戸における遊女と売女」（『近世身分社会と周縁社会』）東京大学出版会，1997.

吉田伸之「遊郭社会」（塚田孝編『身分的周縁と近世社会4 都市の周縁に生きる』）吉川弘文館，2006.

横山冬彦編『身分的周縁と近世社会5 知識と学問をになう人びと』吉川弘文館，2007.

高埜利彦『近世日本の国家権力と宗教』東京大学出版会，1990.

吉田伸之，日本近世都市下層社会の存立構造，歴史学研究，増刊534号，1985（のち『近世都市社会の身分構造』東京大学出版会，1998に所収）

松本良太「人宿」（『岩波講座 日本通史15巻 近世5』），岩波書店，1995.

塚田孝『近世日本身分制の研究』兵庫部落問題研究所，1987.

[竹ノ内 雅人]

祭礼と興行

　近世の都市には，楽しみを提供するさまざまな時と場が形成されていた。ここでは，そのなかで，祭礼と芸能興行の場を取り上げる。

　近世都市の祭礼は，鎮守社の縁日に神事として行われるものが多く，町の氏子のみで担われる小規模なものから，領主を含む都市の諸身分全体が関わるものまで，多様に展開した。系譜的には，中世以来続く祭礼が発展したもの，民俗行事を母体として発展したもの，新たに創出された祭礼とがある。城下町では，第三のタイプの祭礼が多く見られる。例えば，天下祭と呼ばれた江戸の山王権現祭礼と神田明神祭礼，名古屋・和歌山・鳥取・仙台などで行われた東照宮の祭礼がそれにあたる。これらの祭礼の最大の特徴は，領主が何らかのかたちで祭礼に関わっていることである。領主の関わり方は，祭礼を主催する神社が藩主の氏神を祀っていたり，神社の神輿行列に対して領主が費用を負担したり，家臣団が行列に警固役として参加したりするなど，さまざまであるが，城下町の存続と繁栄を祈念する役割を城主が果たしているという共通点がある。

　都市祭礼のもう一つの特徴は，神輿の渡御に続いて町方から出される飾りの練り物（山鉾・山車・屋台など）の巡行である。それらは神への奉納物というばかりでなく，見物客に見せるものとして，各町が趣向を凝らして競い合って作成し，巡行は次第に大規模で華やかなものとなっていった。出し物は歴史的な事件や人物に題材をとったものが多く，人形師や彫り師たち職人の技術が結集されている。さらに山車には踊り手や囃子方が参加し，諸芸が披露される場ともなっていた。このように，近世都市の祭礼は，町人たちが領主層とともに祝い，さまざまな楽しみを享受することができる場であった。

　近世の諸芸能も，祭礼と同じく寺社の境内をその主要な場としていたが，興行の常設化が進展するにつれて，上演の場や芸能の種目が重層化する。

　近世都市で最も発展した芸能の一つである歌舞伎は，16世紀末から17世紀にかけて，春日大社，京都の四条河原などといった河原や寺社の境内で演じられた。当時は，仮設の舞台と桟敷を設け，芝居といわれる土間に木戸銭を取って一般の観客を入れる形態であったが，次第に常設での興行にかわる。三都では寛永年間頃から芝居町の形成がみられた。これは，特定の場所に娯楽の場を集中させ，公許することによって管理の強化をはかった江戸幕府の政策によるものと考えられる。

　芝居小屋が立ち並ぶ芝居地の形成と並行して，寺社の境内も興行空間化がさらに進んだ。小芝居・宮地芝居と呼ばれる幕府非公認の芝居が上演され，見世物も仮設の小屋掛けをして興行された。本来，寺社は修復費用を捻出するために，宗教的行事として勧進興行や秘仏の開帳を行っていたが，近世になると娯楽の場としての性格が強まった。また，江戸では明暦3年（1657）の大火以降，火除けのための空間が設定されたが，ここにも見世物小屋や寄席，小芝居が立ち並ぶようになり，寺社の境内とともに，娯楽の場となった。とくに，両国橋橋詰の広小路，浅草寺境内奥山，采女が原，上野山下は，日常的に栄えた盛り場として知られる。寺社境内や盛り場での興行は，常設の芝居地よりも安価で芸能が提供される場となり，歌舞伎の普及につながった。

　地方の城下町や在方町では，芝居や見世物の興行に際し，藩への出願と認可の手続きが必要とされた。認可の条件は藩によって異なるが，興行の時期や場所・目的などが考慮されていた。とくに，興行の収益が寺社の修復や橋の修繕など公共的な費用に当てられていることが重視され，名目上は勧進興行の形態をとっていた。興行の出願者は次第に寺社以外にも広がっていき，18世紀後半から19世紀前半にかけて，都市経済の振興を名目に，地方都市でも常設の芝居小屋が立てられるようになった。たとえば，甲府の亀屋座，讃岐の金比羅の金丸座，などが有名である。そのほか，金沢城下では文政元年（1818）に芝居小屋の設置が公認され，とくに川上芝居の収益は町共同体の財源に組み込まれるかたちで都市財政とつながっていた。米沢城下でも，常設の芝居小屋は設置されなかったが，御城下16町の内で困窮の町1町に3ヵ年続きで免許されており，仙台城下では天保の飢饉の際に芝居興行の常設化の要求がだされている。このように，実質的に芸能を商品として売買する営利事業としての興行が全国的に展開した。　　　[小林　文雄]

城下町の祭礼

　城下町の祭礼といってもさまざまだが，城下町が藩主によって創出された政治都市であることを踏まえれば，①藩主が祭礼に深く関わっており，②神社の神輿巡行に加え，城下の町人が町共同体ごとに出し物を出す，城下町全体で参加している祭礼を，典型的な城下町の祭礼としてよいだろう。たとえば，仙台城下では承応3年（1654）に建立された東照宮の例祭が城下全体の祭となり，江戸時代には仙台祭として親しまれ，仙台藩領内外から多くの見物客を集める祭りとなっていた。

　　[小林　文雄]

天下祭

　江戸幕府の公式年中行事として行われた山王権現祭礼

（山王祭，旧暦 6 月 15 日）と神田明神祭礼（神田祭，旧暦 9 月 15 日）の俗称。主な特徴として，各社の祭礼行列が江戸城・内曲輪内へ入れたこと，将軍や御台所らが上覧したこともあったこと，江戸幕府による神輿行列の費用負担，大伝馬町や南伝馬町による御国役としての祭礼奉仕などがあげられる。山王権現祭礼は元和 2 年（1616）もしくは寛永 12 年（1635），神田明神祭礼は元禄元年（1641）に，それぞれ行列が江戸城内へ入ったとされる。正徳 4 年（1714）9 月 21 日に根津権現祭礼が天下祭として行われたが，一度行われたのみであった。また寛延元年（1748）頃，赤坂氷川明神を天下祭に加えようとする動きがあったが結局実現しなかった。天下祭では，神社と江戸幕府による神輿行列，氏子武家による警固行列，氏子町による山車行列と女子や芸能人による附祭行列，幕府と氏子外の町々による御雇祭など，江戸における様々な階層の人々が加わり，大都市・江戸に相応しい大規模な行列となった。　　　　[岸川　雅範]

芝　居

本来は芝の生えている場所という意味だったが，中世の勧進興行では芝生で一般の人びとが見物していたことから，見物席を芝居と呼ぶようになり，さらには歌舞伎や人形浄瑠璃などの演劇そのものをさすようになった。

近世初期の歌舞伎は，河原や寺社の境内などで仮設の小屋や舞台を建てて上演されていたが，三都では寛永年間頃から常設の芝居小屋が特定の地域に集中するようになり，江戸では堺町・木挽町・葺屋町，京都では四条など，芝居町が形成された。芝居町の小屋には江戸幕府が公許したことを示す櫓が立てられ，そこでの芝居を「櫓芝居」または「大芝居」，それ以外の芝居を「小芝居」または「宮地芝居」と呼んで区別した。「小芝居」が興行される場は，火除け地として設けられた両国広小路や采女が原や，寺社の境内などがあった。　[小林　文雄]

見世物

見世物は，料金を取って様々な芸を見せる興行のこと。朝倉夢声は，技術，天然奇物，細工物，の 3 種に分類した。技術系の見世物は，軽業や手品，独楽回し，力持ち芸，曲馬などがあり，天然奇物は，国産・舶来を問わず珍しい動植物や自然物を見せるもので，象・ラクダの全国巡業が有名である。細工物は，竹・紙・花などの素材を使って事物や風景を表現する大規模なつくり物の展示で，文化文政期以降，最も盛んに行われるようになった。見世物興行は主に香具師が仕切っており，江戸では両国広小路や浅草寺奥山などの盛り場に見世物小屋が並んでいたほか，寺社の開帳や縁日の時期にあわせて，各寺社の境内にも見世物小屋が立った。

[小林　文雄]

開　帳

開帳は，寺社の秘仏や秘宝を一定期間公開して人びとに拝観させる行事で，寺社の修復・再建のための募金を目的として行われた。自らの寺社内で公開する居開帳と，他の社寺に出向いて行う出開帳とがあった。出開帳を行う寺社には，浅草寺，回向院，深川八幡，市谷八幡などがあった。参詣者からの賽銭収入に加え，信者から様々な奉納物，奉納銭が集まり，寺社経営の維持に効果があった。開帳は庶民の現世利益的な信仰に支えられていたといえるが，一方で開帳の期間は境内に見世物などがならぶ娯楽の場となり，また秘仏・秘宝や奉納物も見世物の要素を強めていった。　　　[小林　文雄]

落　語

結末の多くにオチ（サゲとも）を伴う笑話を一人で演じる芸。後には筋立てや人物描写などを主とし人情の機微を穿つ人情噺も盛んに演じられるようになる。

元禄年間（1680 年代〜1700 年代）を中心に京の露乃五郎兵衛，大坂の米沢彦八，江戸の鹿野武左衛門といった落語家の先駆的存在である芸人が相前後して現れ，彼らは大道また武家屋敷などに呼ばれて口演を行った。その話を収めた軽口本も多数刊行された。その後安永〜天明期（1770 年代〜1780 年代）には趣味人，文人が自作笑話を披露する会の催しが盛んになり，なかでも烏亭焉馬が主催した「咄の会」の盛行は落語家の誕生を促した。

この流行を背景に初代三笑亭可楽は寛政 10 年（1798）下谷柳の稲荷で江戸における落語興行の先鞭をつけ，相前後して上方では初代桂文治がやはり落語興行を軌道に乗せた。その後興行の場である寄席の数は文化〜文政期（1800 年代〜1830 年代）に急増し盛り場や寺社地以外にも多く設けられた。高座 2 間に，8 畳 2 間程度の客席があれば興行が成り立ったとされる。

興行の多くは昼夜に分かれており，日中しか行われない歌舞伎などの間隙を埋める存在ともなった。これに伴い演出も多様化し，声色や鳴物を取り入れた芝居咄をはじめ音曲咄，怪談咄などが考案され，連続物の人情噺は同時代の歌舞伎や小説にも影響を与えた。

[今岡　謙太郎]

参考文献

久留島浩，近世における祭りの「周辺」，歴史評論，439 号，1986.
神田由築「文化の大衆化」（『日本史講座 7 近世の解体』東京大学出版会，2005.
川添裕『江戸の見世物』岩波書店，2000.
東京市役所『東京市史稿外編第四 天下祭』東京市役所，1939.

出版文化

　近世において出版文化が隆盛する大きな要因は印刷技術の導入である。木版印刷は古代以来，主に経典や縁起など仏教を中心に行われていたが，安土桃山時代になり実用書や古典の印刷が行われるようになる。朝鮮の役の影響で活字印刷がもたらされ，京都における嵯峨本など富裕層の趣味的な活動の中で用いられていたが，大衆的な広がりは見せてはいない。都市の急速な発展とそれに伴い都市住民が消費者として意識する商業出版が行われるようになったなかで，活字印刷は急速に減退し，17世紀中頃には，版木を保持することで重版に便宜性が高い整版印刷へとほぼ移行し終えている。

　出版文化の中心をなす文学の世界では，当初，先進地である上方がその活動の中心となり，従来の支配階層・知識層に加え，新興の町人層がその担い手として急成長した。啓蒙・教訓的な内容をもつ小説である仮名草子が，浅井了意や鈴木正三らによって出版されたが，天和2年（1682）の井原西鶴の『好色一代男』を機に，より現代的な娯楽性の強い浮世草子へと推移し，さらに，18世紀中・後期には奇談や実録，勧化などを主題とした読本へと移行した。

　18世紀半ばを過ぎると，文学の中心は巨大都市へと成熟した江戸へ移り，世相をうがつ黄表紙や，遊里に題材を得た洒落本などが出版された。寛政の改革による統制を経て，19世紀に入ると，伝奇的な筋立てを重視する読本が流行し，洒落本はより男女の情愛表現に主眼を置いた人情本へと進展，黄表紙はよりストーリー性を重視した合巻へと変化した。滑稽味を売り物とした滑稽本も含めてこれら江戸後期の大衆的な小説類を戯作と総称し，山東京伝，曲亭馬琴，十返舎一九，式亭三馬，柳亭種彦らの作者が活躍し，庶民層を中心に幅広い読者を獲得する。

　木版印刷の普及は絵画の分野でも大きな変革を生む。近世初頭から描かれていた遊里や歌舞伎（⇨芝居）を題材にとる風俗画は木版の大量摺刷で安価となり，従来の肉筆浮絵画には手が届かなかった層にまで行き渡った。すなわち，17世紀半ば過ぎに菱川師宣により創始された浮世絵は版画という表現媒体を得ることで大きな発展を見せ，およそ1世紀の間，彫摺技術の改良を重ね多色摺の錦絵として完成をみたのである。

　都市における印刷文化の進展は，文学作品や絵画だけではなく，都市市民に情報を提供するメディアとしての出版物を生み出すようになる。名所旧跡（⇨名所）に関する情報を精緻な挿絵とともに叙述する名所図会は読み物

としての性格を有していたが，大名や旗本に関する個別情報を網羅した武鑑や，町奉行所の名簿や名主とその支配町，町名など江戸の市政に関する情報を収載した江戸町鑑，より特殊な領域としては吉原の妓楼ごとに抱える遊女とその揚げ代などを記載した吉原細見などは，恒常的に改訂を重ね，つねに最新の情報を江戸の都市民に提供している。また，書物問屋や地本問屋などの出版機構を介さず，火事や地震，心中・敵討などの市井の事件，政治的出来事などを，粗悪な彫摺技術を用いながらも速報した瓦版もまた，人口の密集する都市だからこそ盛んとなったものである。なお，錦絵も天保の改革以後，幕末・明治にかけて風刺や時事報道的な性格を次第に強め，人々の関心が高い事件をビジュアルに伝えるという役割も担うようになった。

浮世草子

　天和2年（1682）刊の井原西鶴の『好色一代男』に始まり，以後約80年間，上方を中心におこなわれた娯楽小説の一ジャンル。当世の町人世相や風俗に取材しており，町人の価値観や生活心情を反映した町人物，好色物，気質物，遊里の諸相を描く三味線物，武家物など内容は多岐にわたるが，それまでの仮名草子の啓蒙・教訓的な内容とは一線を画している。大きな人口を抱える大坂，京都という都市の町人層を主たる読者とし，商業的な出版機運のなかで大きな流行を見せた。西鶴の活躍期は彼の地元である大坂を主たる出版地とし，西沢一風の諸作も大衆的な支持を拡大したが，元禄末頃から版元八文字屋八左衛門が江島其磧の作品を数多く出版するなど，その中心は京都に移っていった。

読　本

　作中における挿絵の比重が高い草双紙に対し，文に重きをおく江戸時代の小説の一形態。中国の白話小説に影響を受け，18世紀中・後期に上方で建部綾足や上田秋成らによっておこなわれた短編中心の前期読本と，19世紀初頭以後，江戸において曲亭馬琴や山東京伝らによって盛行した後期読本に二分される。後者は中国の伝奇小説に感化され，日本の戯曲や伝説なども題材に取り入れ，儒教的な勧善懲悪や因果応報を標榜しつつ長大なストーリー展開を見せた。文章主体とはいえ挿絵の出来も売り上げに影響が大きかった後期読本では，葛飾北斎や歌川豊国・豊広といった浮世絵師たちが筆を競い，また馬琴の『南総里見八犬伝』などのヒット作は草双紙や歌舞伎，錦絵などにも取り入れられた。

錦　絵

　時世風俗に題材を求めた浮世絵は，主に版画のかたち

で流布した。初期の墨摺絵や筆彩色の丹絵，紅絵，漆絵などを経て，1740年代には紅を主体に2～3色を用いた簡単な色摺である紅摺絵が登場し，明和2年（1765）には鈴木春信らの活躍により，7色や8色という多くの色数を用いて対象の固有色の再現をはかる錦絵が誕生した。その後，美人画の鳥居清長や喜多川歌麿，役者絵の歌川豊国や国貞，名所絵の葛飾北斎や歌川広重，武者絵の歌川国芳ら多くの絵師を輩出した。錦絵は主に江戸市中の絵双紙屋で売られ，江戸の特産品として大名から庶民にまで及ぶ幅広い支持を得たが，江戸末期には京都，大坂，名古屋などの大都市でもつくられるようになった。

名所図会

近世後期に刊行された通俗的地誌で，寺社の沿革や名勝を精緻な俯瞰による挿絵とともに平易な文章で，適宜和歌や俳諧などを引用しながら説明する。旅行や行楽などへの関心の高まりを背景に，貸本屋などを通して読み物として親しまれた。名所図会は安永9年（1780）に京都で刊行された秋里籬島の『都名所図会』が好評を得たことから流行となり，特定の国を扱った『大和名所図会』，街道を扱った『東海道名所図会』，寺社の参詣ルートを扱う『伊勢参宮名所図会』など多種多様なものが刊行された。文化期までのものは主に京坂の版元だが，江戸末期の天保5・7年（1834・1836）には，江戸で『江戸名所図会』が刊行された。実景に取材した挿絵は浮世絵の名所絵を生む母胎ともなっている。

武　鑑

大名や旗本，幕府の役人に関する名鑑で，姓名や系図，領国，石高，位階，江戸屋敷の所在地，家紋，行列具などを記載する。江戸前期から紋尽し知行付などの名で刊行がはじまり，寛文頃に江戸鑑の名で大名と幕府役人の名鑑が流行，貞享2年（1685）の『本朝武鑑』以後，「武鑑」の名が定着した。出版を手掛ける版元も多数に及んだが，享保中頃以降は須原屋茂兵衛と出雲寺和泉掾の2版元に版権が集約された。諸藩の屋敷（⇒大名屋敷）が集中していた江戸では，大名家との取引を行う商人や地方から出府した人々にとって武家に関する情報源として重要な役割を果たしたため，毎年改訂が行われた。また，携行性に配慮した袖珍版や地域別，職務別などの派生版もつくられている。

瓦　版

時事的な内容や民衆が関心を抱く事柄を1枚刷にして速報したもので，多くは文字情報だけでなく，絵もそえてビジュアルに情報を伝えている。通りを節をつけながら売り歩いたので，当時は「読売」と呼ばれることが一般的だった。瓦版の最初は元和元年の大坂の陣を報じたものとされるものの確証に欠け，おおよそ17世紀後半に出版されるようになったと考えられているが，再三禁令が出されているように無届け出版であった。瓦版の多くは板木の彫りも粗雑で墨一色摺の簡素なつくりのものが大半であるが，紙面の一部に簡略に色を摺り加えているものもある。江戸末期には高度な色摺りを用いた一枚刷も出てくるが，そうしたものの多くは錦絵に分類するほうが適当であろう。

参考文献
内田啓一『江戸の出版事情』青幻社，2007.
鈴木俊幸『書籍の宇宙 広がりと体系』平凡社，2015.

［大久保　純一］

『江戸名所図会』巻之一「錦絵」
［国立国会図書館蔵］

都市の自画像

学術用語としては熟さないが，都市を描いた絵画を都市の自画像と呼ぶこととする。文化の中心であった三都が主たる対象。通常のジャンル分類でいえば，風俗画・風景画・名所絵など多岐にわたる概念となる。概念の性質上，線引きは曖昧たらざるをえない。文献だけでは読み取れない情報を豊富に含み，これまでも美術史学・建築史学・歴史学・文学などから研究がなされてきた。

都市図と権力

都市図屏風は，越前の守護大名朝倉貞景が土佐光信に発注したものが文献上の初出である。上杉本「洛中洛外図屏風」（米沢市立上杉博物館蔵）は織田信長が上杉謙信に贈ったという伝承をもち，米沢藩主上杉家に伝来。黒田屏風という異称をもつ「大坂夏の陣図屏風」（大阪城天守閣蔵）は福岡藩主黒田家に伝来。「江戸図屏風」（国立歴史民俗博物館蔵）も徳川家光の事績を顕彰する場面が細かく描かれ，大名家の旧蔵品と考えられる。現物は未発見であるけれども，織田信長が狩野永徳の「安土城之図」屏風をバチカンに贈ったという記録も残る。すなわち，初発性の高い，豪華な都市図屏風は権力者が統治する都市を称揚する方向性を濃厚にもち，発注には権力者が介在，権力と密接な関係をもつ。屏風装ではなく，対象も三都ではないが，小泉斐（黒羽藩御抱絵師）や鈴木其一（姫路藩御抱絵師）が主君の領地を描いた作例が報告され，幕末までこの方向性は残る。

都市図から名所絵へ

ただし，権力者による権力の称揚という初発的事例から，徐々に名所絵へと変質し，一般化する。受容層が権力者から被治者に推移したという大きな流れ，豪華なものから平凡なものになる潮流もこの変質の並行現象であろう。ミヤコたる京では都市図屏風が繰り返し生産されたが，井原西鶴の『日本永代蔵』（貞享5年（1688）刊）からは富裕な町人層の嫁入り道具として「洛中尽」の屏風が扱われていたことがわかる。同時に，嫁入りした娘が屏風を見て出歩いて遊びたくなったら困るという記述もあることから，権力の称揚を目的としたものではなく，多数の名所を描いていたと分析されている。大坂の都市図屏風は，徳川氏の治世下で権力と関係するものは未発見。豊臣氏滅亡後，政治の中心地でなくなったことが主因であろう。また，地誌を除くと，名所絵は幕末近くになって江戸での事例を参照して制作されたものが出現する。暁鐘成が淀川を描く狂歌絵本『澱川両岸勝景図会』は葛飾北斎が隅田川を描いた狂歌絵本『絵本隅田川両岸一覧』の追随作であると序文に明示するし，〈浪花百景〉が歌川広重の〈名所江戸百景〉を摸倣したことは構図の共通から明白である。京・大坂と違って，文化的新開地である江戸では事情が大きく異なる。江戸を大観的に描いた屏風は京に比べて，圧倒的に少ない。しかし，江戸地廻り経済圏が確立された19世紀前後になると都市への自意識が成熟したのか，狂歌絵本などで名所が描かれ，銅版画・浮世絵など一枚絵が急増する。浮世絵では風景版画は主力商品ではなかったが，大規模なシリーズ物も企画された。

都市図にみる自意識

京・大坂は古くから文化の中心地であったことから，所属する都市に対する自意識が江戸ほどは尖鋭化しにくかった。京・大坂・江戸を比較する三都論は江戸・地方からの発言が多く，京・大坂に文化的優越を誇る意識は乏しい。しかし，江戸が所在する武蔵国は古来よりの歌枕に乏しいという事実もあって，江戸の自意識は突出する。例えば，富士山（駿河国の歌枕）や筑波山（常陸国の歌枕）を江戸の景観に取り込む傾向もこの乏しさに端を発する。京・大坂にはこういった貪婪な傾向はない。こういう大きな文化的劣等感があればこそ，権力に結びつかないかたちでの都市図が被治者のあいだでも望まれ，厖大な数が流通したと考えられる。焦点のあたる対象などの検討から都市の自意識を読み取ることも可能である。

対外的イメージ

これらの流通した表象は地元以外の場所でも受容された。国内においては天童藩主織田家が債権者である領民に下賜した一連の〈天童広重〉がある。広重が肉筆で描いたもので江戸名所を多く扱うが，地方からみた憧れの江戸という価値があればこそ金銭の代わりになっていよう。海外に目を転じると，鍬形蕙斎の一枚摺「江戸名所之絵」はP. シーボルト（Philipp von Siebold）の『日本誌』の挿絵の源泉となっている。エメ・アンベール（Aimé Humbert-Droz）の『挿絵入り日本』の挿絵も『江戸名所図会』の挿絵によると指摘される。これらは都市の自画像が対外的なイメージ形成にあずかった重要な事例となっている。

都市図屏風

屏風という大画面で都市を大観的に描くものである。より小空間を扱う社寺参詣図や社寺参詣曼荼羅に風俗画の要素が加味され，派生。主として三都を描く対象とする。文献上では『実隆公記』永正3年（1506）12月22日条で，土佐光信が京を屏風一双に描いたと初出。京の都市図屏風は，歴博甲本「洛中洛外図屏風」（国立歴史民俗博物館蔵）が現存最古。大坂は「豊臣期大坂図屏風」（エッゲンベルク城蔵）が景観年代上古い。慶長20年（1615）の大坂夏の陣を描く「大坂夏の陣図屏風」は通

都市文化　229

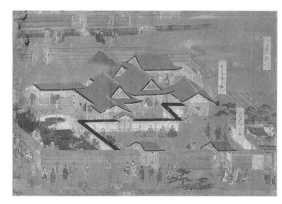

図1　「洛中洛外図屏風」（歴博甲本左隻第1扇）
〔国立歴史民俗博物館蔵〕

常合戦図に分類されるが，城郭のみならず市街も描く。江戸は「江戸図屏風」・「江戸名所図屏風」（出光美術館蔵）が明暦の大火（明暦3年（1657））で焼失以降，再建されない江戸城天守閣を描くため，景観年代上古いとされる。なお，江戸図研究で建築史学の視点が，洛中洛外図研究では歴史学の絵画史料論が導入された。絵画史料論では建物の有無や様態から年代を厳密に絞るが，文化6年（1809）の年紀がありながら，文化3年（1806）に焼亡して，当時再建がまだなされていない浅草の東本願寺を描く鍬形蕙斎（⇨鳥の目から見た都市）「江戸一目図屏風」（津山郷土博物館蔵）の例が報告され，景観年代と制作年代については描写内容以外に今後はさらなる様式論の観点も必要と考えられる。

名　所

歌学の用語では歌枕といい，古歌に詠まれたことを原則的な要件とする。名所を絵画化した名所絵の文献上の初見は『古今和歌集』とされるが，特定の地名が判別できるように詠まれ，描かれるようになったのは10世紀。ただし，悠紀・主基それぞれの国の地名に基づいた和歌を歌人が詠み，宮廷の絵所がそれをもととして制作した大嘗会屏風のやまと絵屏風は11世紀初頭に出現する。和歌は色紙形に書かれ，絵画と同一平面にあった。選ばれた地名は名所とは異なり，農耕や天皇・神を連想させる地名，吉祥性の高い地名が選ばれ，政治的性格が濃い。かように名所は和歌とやまと絵が育て，文芸的性格と政治的性格のはざまで展開した。後鳥羽院が承元元年（1207）に造営した最勝四天王院では，18国から46の名所が選ばれ，障子歌・障子絵が制作された。これらは一体化して後鳥羽院が統治する領土を可視化，権力を称揚するプログラムを構成している。足利義政の東山殿の会所の障子絵，名古屋城本丸御殿の障壁画なども名所を描くが，この系譜上にあると分析されている。初発的な都市図屏風と共通する要素である。江戸時代には歌枕や社寺・霊地に限らず，さまざまな場所が名所化し増殖，被治者のあいだにも浸透していく。地誌の果たした役割も大きい。

地　誌

特定地域を対象とし，それらを取り巻く諸要素に基づいて記述した書物。現代の学問分野でいう地誌学（地域地理学）の科学性とは興味がずれ，名所を主体とし，文学色・歴史学色が強い。江戸時代以前にも『土左日記』・『更級日記』・『海道記』・『東関紀行』・『十六夜日記』などは実地に旅行して，特定の土地について記述している。江戸時代においては，名所記から名所図会へと変化していくのが一大潮流である。仮名草子の下位項目に分類される名所記は『竹斎』・『江戸名所記』を代表とするが，実用性よりも物語性が強いと指摘されている。元禄時代以前に出版された地誌を特に古版地誌と呼ぶが，京には『京童』（明暦4年（1658）刊），大坂には『芦分船』（延宝3年（1675）刊），江戸には『江戸雀』（延宝5年（1677）刊）がある。いずれも挿絵を伴う。歴博E本「洛中洛外図屏風」（国立歴史民俗博物館蔵）は『京童』の挿絵を原拠としていることが指摘されている。なお，秋里籬島の『都名所図会』（安永9年（1780）刊）をさきがけとし，江戸時代後期には諸国の名所の故事来歴などに挿絵をそえた通俗的な名所図会が多数刊行された。今日の残存数も厖大で，好評だったことがわかる。

参考文献

諏訪春雄，内藤昌編，『江戸図屏風』毎日新聞社，1972.
国立歴史民俗博物館編，『西のみやこ　東のみやこ』展図録，国立歴史民俗博物館，2007.
鈴木廣之『名所風俗図』（『日本の美術』第491号）至文堂，2007.
国立歴史民俗博物館編，『人間文化研究機構　都市を描く―京都と江戸』展図録，国立歴史民俗博物館，2012.

〔井田　太郎〕

図2　「江戸一目図屏風」
〔津山郷土博物館蔵〕

城郭と陣屋

　近世は城下町という都市類型が全国に普及した時代であった。城下町の淵源は中世武士の館にあるが，戦国期の城下町，織田信長・豊臣秀吉の城下町を経て，17世紀には城郭を中心にして武家地・町人地・寺社地が取り囲む軍事的・政治的中核都市が各地に誕生した。城下町はまた各藩の流通経済や文化の中枢都市としても発展を遂げ，江戸幕府と藩から構成される幕藩体制を支える基盤となった。この城下町の中核的存在はいうまでもなく城郭であって，藩主の居所のみならず政治・経済・文化のセンター機能を担った。18世紀中頃からは江戸・京都・大坂が三都と並び称されるようになり，江戸・大坂と京都は幕藩体制と朝廷の二重構造と全国的流通網の根幹をなす卓越した巨大都市として君臨した。

　城下町以外の在地の町場のことを在郷町（在方町，在町）と呼び，たとえば安芸国竹原は地方の一在郷町でありながら，近世中期瀬戸内海の塩田開発で経済的に繁栄し，頼家などの学者を輩出するなど，豊かで洗練された町人文化が花開いたことが知られる。

　城下町を形成しない小藩や幕府直轄領には郡代や代官が政務を行う陣屋が置かれ，陣屋の立地する陣屋元村では小規模ながらも町場が形成され，あたかも小城下町の様相を呈していた。ここでは城下町の類型，城郭の配置計画（縄張）や要害装置，城郭の中心建築・天守について解説を加え，最後に城下町を形成しなかった陣屋と陣屋元村について概観したい。

城下町の類型

　戦国期の城下町は織田信長の安土城下町以降，地域支配の拠点都市として全国に数多く建設されたが，時代の推移とともに以下のような類型を生むにいたった。16世紀後半の天正期の城下町は都市全体を堀が取り囲む「総郭（総構）型」，16世紀末から17世紀初頭の文禄・慶長期の城郭と武家地を堀が取り囲むが町人地は堀の外に出る「町郭外型」，そして元和元年（1615）の元和偃武以降の城郭のみ堀が巡り武家地・町人地は武装解除した「開放型」がある。同年，城郭を国ごとに一つに限定する一国一城令が発布され，「徳川の平和」が訪れた。

　城下町の類型にはもう一つ縦町型と横町型という類型が歴史地理学から提案されている。城への正門を大手門，追手門などと呼ぶが，この城門へのアプローチ道路が城下町の主軸道路（多くは本町や大町などと呼ぶ）になるものを「縦町型」，主軸道路が城門への道路と直交する方向に通されるものを「横町型」と呼ぶ。時期的には天正・文禄期の初期城下町は縦町型が多く（長浜，大坂，近江八幡など），その後の城下町，とくに関ヶ原合戦以降の城下町は横町型（松江，米子，佐賀など）に移行していく。江戸は天正18年（1590）に建設がスタートした初期城下町であって，最初のメインストリートは本町通りで縦町型の構成をとっていたが，17世紀に入ると日比谷入江が埋め立てられ日本橋・銀座の町人地が成立すると，主軸道路は横町型の日本橋通りに転換する。

　上記の城下町の類型の推移は城下町の景観設計とも関係しており，初期の城下町は主軸道路の延長上に山や天守などを置いたり，町屋の2階建てを命じたり，大坂の高麗橋橋詰の角地に置かれた城郭風意匠の櫓屋敷の存在など，道路の軸線と景観設計とが連動していた事実が指摘されている。

郭の縄張

　石垣や土塁・堀などの要害で囲まれた部分を「丸」あるいは郭（曲輪），その配置計画を縄張と呼ぶ。郭の配置には次のような類型がある。山や丘陵地形を利用して郭群を階段状に配置する「階郭式」は戦国期から江戸時代初期の平山城に多い。平城になると縄張のパターンは多様になり，本丸を同心円的に二の丸，三の丸が取り囲む「輪郭式」，本丸と二の丸を並列に配置する「連郭式」，本丸を城郭の片側に寄せて配置し，周囲の二方向，三方向を他の郭で囲む「梯郭式」，本丸を中心として二の丸，三の丸を渦巻き状に配置する「渦郭式」などがあるが，ほとんどはこれらの組み合わせとなっている。

堀・土居・石垣

　城郭を囲繞する要害施設として堀・土居・石垣などがある。堀は水の有無によって水堀と空堀に分かれ，城郭が平山城から平城に移行するに従って水堀が主流になる。堀の断面は四角形となる「箱堀」，V字型の「薬研堀」，U字型の「毛抜堀」などが代表的なものである。

　土居は古代・中世以来もっとも代表的な防御装置であり，近世に入っても石材が入手しにくい地域や都市全体を取り巻く総構を築く場合には土居が採用された。例えば京都は豊臣秀吉によって聚楽第の建設，市中町割，寺町・寺ノ内への寺院移転，公家町の形成など一定の近世都市化が実施されたが，その総仕上げとして天正19年（1591）京都全体と取り囲む「御土居」の建設に着手した。総延長23kmに及ぶ長大な土居であった。

　堅固な石垣で城壁を築く技術は戦国期から近世にかけて大きな進展がみられた。初期の石垣は自然石をそのまま積んでいく「野面積」であったが，安土城以降，一部加工を用いて空隙を小石で充塡する「打込ハギ」が急速に普及する。安土城の石垣建設に動員され，その後さまざ

まな石垣建設を行った穴太衆と呼ばれる石垣職人集団の存在がよく知られている。近世の石垣技術は江戸時代以降格段の成熟を見, 高い精度で加工された切石のみを使った「切込ハギ」が石垣の完成形となる。石垣の法面は直線から緩やかな曲線を描くようになり, 切込の目地も単なる整層積から亀甲形状など複雑な形態が登場した。

天守閣

近世城郭の中心建築である天守閣は織田信長が天正4年 (1576) 建設した安土城天守 (安土城では「天主」と表記) を嚆矢とし, 豊臣期, 徳川期に全国各地に広がっていった。厳密には安土城以前の信長の居城岐阜城や明智光秀の坂本城にも天守があったことが知られるが, 城郭の中心建築として天守を位置付けたのは信長が最初である。

信長を継承した秀吉は全国支配の道具として城郭建設を臣下に促し, 本格的な近世城郭の普及が進んだ。空前の築城ブームが到来したのは慶長5年 (1600) 関ヶ原合戦以降のことで, 現在残存している城郭のほとんどがこの時期に築城または改築された。家康以降の城郭は天下普請で建設されたものが多く, 規格化が進み近世城郭の完成をみる。

信長の安土天主はいまだ復元案の決着をみないが, 不等辺七角形の天守台の上に建設された独創的な5重6階建て地下1階の多層建築であり, 1〜3階を黒漆塗り, 5階に八角形平面の望楼, 最上階には正方形のもう一つの望楼が載るという奇抜な建築であった。上階の柱・長押・高欄などには朱や金を用いた絢爛豪華な意匠が施されたという。

天守閣には大きな入母屋建築の上に望楼を載せた「望楼型天守」と各層が積み上げられた「層塔型天守」に分類することができ, 初期望楼型 (安土城など) から後期望楼型 (屋根の低減率が少ない, 姫路城など) へ推移し, 関ヶ原合戦以降は層塔型 (名古屋城など) が主流を占める。

天守の縄張については, 天守を単独で建てる「独立式」がもっとも一般的であるが, 天守と小天守を渡櫓で連結する「連結式」(熊本城など), 天守に隣接して小天守を付属させる「複合式」(松江城など), 天守と小天守群が渡櫓でロの字型につなげられ天守丸を構成する「連立式」(姫路城など) が代表的な類型であるが, 松本城天守のように天守の前面に付櫓を置き, 小天守と渡櫓で連結された複合形式もあって多様である。

姫路城

慶長6年 (1601) 池田輝政によって築かれたわが国を代表する天守。5重6階地下1階の後期望楼型で大天守と3つの小天守が渡櫓で連結された連立式天守で姫路城下町を見下ろす高台に聳える白亜のモニュメントとして, 1993年, 法隆寺などと並んでわが国最初のユネスコ世界遺産に登録された。現存する天守閣は12棟あり,

国宝の松本城, 犬山城, 彦根城, 姫路城, 松江城の5城, 重要文化財の弘前城, 丸岡城, 備中松山城, 松山城, 丸亀城, 宇和島城, 高知城の7城がある。

天守閣は城郭の中心建築であったにもかかわらず, 天守台のみで天守閣がつくられなかった例 (赤穂城) や焼失し再建されなかった例 (江戸城) がある。一国一城令で多くの城郭が破却されたこともあり, そのシンボル性は急速に失われていった。

陣屋

陣屋とは本来, 武士が駐屯する兵舎や詰所のことを指すが, 江戸時代には3万石以下の無城の大名領や大藩の家老クラスの知行所に置かれた政庁を陣屋と呼んだ。また江戸幕府直轄領地 (幕領) に置かれた代官所も陣屋と称し, 代官や郡代が詰めて政務を行った。無城大名が城主格大名へ昇格した場合でも, 国許の陣屋を城に造り替えることは禁止されており, わずかに城門の構築のみ許可された。

陣屋の建築は城郭に比べてはるかに小規模で建築も簡素であったため, 明治の廃藩置県後価値のない文化財として取り壊されたものが多い。わずかに現存する陣屋としては, 幕領飛騨高山に置かれた高山陣屋 (岐阜県高山市), 藤堂家の名張陣屋 (三重県名張市), 京都府南丹市に残る園部陣屋などが知られている。このうち高山陣屋は元禄5年 (1692) 飛騨国の天領化後, 高山城主金森氏の下屋敷を陣屋に転用したもので, 御役所, 御用場, 大広間, 役宅, 吟味所, 白州, 米蔵, 庭などが残り, 江戸時代の陣屋の空間構成や規模を知るうえで貴重な遺構として国の史跡に指定されている。

陣屋元村

陣屋が立地した村を陣屋元村と称し, 行政上は村であるが一定の都市性を備えていた。すなわち所領域の支配・行政・司法の中核となる陣屋があり, 陣屋には郡代や代官ほか家臣団が常駐し, 郷宿を付属する例もあった。下総国生実藩森川家の陣屋が置かれた北生実には陣屋元に上宿・中宿・下宿・横宿などの町場が展開し, 農閑渡世の商人や手工業者が居住した。また主要な寺院もこの陣屋元を取り囲むように立地し, 一種の小城下町的な様相を呈していた。ただし町場とはいえ景観的には素朴な街村に過ぎず町屋が建ち並ぶ都市景観を形成するにはいたらなかった。

参考文献

内藤昌『城の日本史』日本放送出版協会, 1979.
矢守一彦『城下町のかたち』筑摩書房, 1988.
宮本雅明『都市空間の近世史研究』中央公論美術出版, 2005.
吉田伸之「城下町の構造と展開」(佐藤信, 吉田伸之編『体系日本史6 都市社会史』) 山川出版社, 2001.

[伊藤　毅]

武士の住宅

　武士の居住などに用いられた建物で，主に江戸や大坂をはじめ近世城下町で発達した住宅をさす。
　武士の成立は10世紀頃とされ，13世紀頃には「一遍上人絵伝」筑前武士の館に見られる塀で囲み櫓門を設けた敷地に主屋や厩など規模や仕様の異なる建物で構成される在地領主の屋敷が成立した。近世城郭と近世の城下町の成立に伴い，武士の都市への集住が進み武家屋敷が発達した（⇨城下町）。豊臣氏大坂城下でも諸大名の住宅である武家屋敷は集約され，経済活動を担う蔵屋敷が登場している。
　平面の変化としては中世には主殿に広間を伴う接客空間を特徴としたが，近世では戦国期末から近世初頭にかけて寺院などで発達したとされる床を伴う書院を備えるほか，式台と呼ばれる玄関にも接客空間が発達する傾向がみられる（⇨書院造の成立と展開）。近世城郭も武士による建築であり江戸城をはじめ津山城などが居住に用いられたことが知られており，江戸初期に建設され現存する二条城二の丸御殿は書院の普及が認められる（⇨書院造の成立と展開）。
　江戸時代には石高一万石以上の武士が大名とされ，大名は原則として隔年ごとに江戸と国元を往復する参勤交代を定められていた。大名は主要な都市や交易地に武家屋敷を設け，江戸では江戸屋敷，大坂では大坂屋敷とも記録される蔵屋敷が発達した。武家屋敷は主に武家地に分布した（⇨武家地）。
　江戸屋敷は，塀や長屋で囲み，大名と家族などの居住に関わる御殿空間と，家臣のための長屋など詰人空間から構成される。御殿空間は公的な対面空間の表と，藩主と江戸在住となる家族の私的な空間とされる奥に大別される。萩藩江戸上屋敷は江戸初期から幕末までの屋敷絵図が知られ，敷地形状や建物構成は近世を通して変化が継続している（図）。最大規模の敷地は，将軍家からの藩主夫人のための，通りに面する独立した門を構える御殿の整備による。
　蔵屋敷は各地の物流拠点に発達した（⇨蔵屋敷）。特に大坂では淀川水系の大川の中州である中ノ島を中心に堂島川，土佐堀川周辺に諸藩の蔵屋敷が分布したことで知られ，舟入，米蔵，米会所，役所，長屋を含む住宅などで構成される。米蔵と長屋，塀などで敷地を囲み閉鎖的な空間を形成している。米蔵の多くは土蔵造で建設された。土蔵造は耐火性能を目的とした厚い土壁の重量による不等沈下を防ぐための地下構造が発達し，発掘調査では中世末から草戸千軒町遺跡など都市での普及が報告

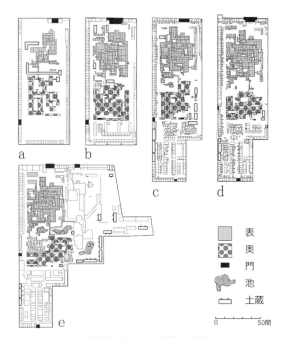

萩藩毛利家江戸上屋敷の変遷
a：元和七年（1621），b：明暦2年（1656），c：元文3年（1738），d：寛政8年（1796），e：19世紀以降
［毛利家文庫絵図（山口県文書館所蔵），『山口県史 史料編近世2』，『萩藩作事記録資料集』より作成］

されている（⇨土蔵造）。土蔵につながる特徴的な地下構造で知られる塼列建物は堺環濠都市遺跡や平野環濠都市遺跡のほか，置塩城や高屋城などの中世城郭や，居館の大内氏館からも報告されている（⇨中世の城館・居館）。史跡岐阜城跡山麓城主居館跡からも特徴的な地下構造を伴う遺構が報告されており，戦国期末頃までに武士の住宅は土蔵造を導入した。江戸屋敷においても江戸初期から土蔵の普及がみられる。
　江戸への常住が原則とされた旗本は，幕府直属の家臣のうち知行高一万石未満で将軍に直接謁見できる御目見以上の者である。旗本は小規模であるが江戸屋敷同様に閉鎖的で独立した旗本住宅を構え，敷地内に配下の住宅も備える屋敷を整備した。
　中下級武士の住宅として，幕府直属の家臣のうち同心・与力などの御目見以下の御家人では組単位で屋敷を拝領し，主に小規模な独立住宅が知られる（⇨組屋敷）。江戸詰の藩士は原則として武家屋敷の長屋などに居住し，国元では各地の城下町の武家地に小規模な独立住宅が分布したことが知られる。参勤交代に伴い，武士は江戸と国元を往復し，武士の住宅の特徴の分布を全国へ広げた。国指定重要伝統的建造物群保存地区には武家地を含む全国12地区と城下町4地区が指定されており，武士の住宅は伝統的な景観の形成に大きく寄与している。

武家屋敷（江戸屋敷・蔵屋敷）

武家屋敷の周囲は長屋や塀で囲まれ，通りに面して複数の門が設けられる。江戸屋敷の主要な門は17世紀頃には「門番所之事」にみられる石高など家格に応じた仕様が規定された。鳥取藩上屋敷表門（黒門，東京国立博物館），加賀藩御守殿門（赤門，東京大学）などの現存が知られる。

江戸屋敷は幕府による配置替が行われたほか，敷地規模の変更も生じた。執務のため老中，若年寄が江戸城周辺に拝領する役屋敷は，政権交替の際は拝領者が入れ替えられた。江戸の拝領屋敷の規模や立地は，家禄による坪数基準が設けられた。

萩藩江戸上屋敷では現在の日比谷公園の一部に相当する桜田の位置は継続するが，年代を経るに従い敷地を拡張している。表御殿は通りに面した主要な門，式台，書院，台所などから構成される。奥御殿も独立した台所が設けられ，17世紀後半には独立した門と式台が発達する。また，池と庭園が整備され，池への給水は上水井戸からと窺える（⇨上水道）。諸藩の江戸屋敷に由来する庭園の一部は小石川後楽園，六義園，浜離宮などに現存している（⇨大名庭園）。

大坂では，天保6年（1835）には104邸の蔵屋敷が記録され，うち60邸は大坂以西の九州・四国・中国の西国諸藩の大名家による。大阪天満の佐賀藩蔵屋敷跡の舟入の報告を発端に近年の発掘調査により中ノ島の広島藩大坂蔵屋敷跡，堂島の堂島蔵屋敷跡などが存在を裏付けられている。広島藩大坂蔵屋敷跡では時期の異なる「大坂中ノ島御屋敷絵図」（浅野家文庫）と「芸州大坂御屋敷全図」（個人蔵）の絵図が知られていたが，発掘調査成果と絵図の記録は建物の配置が柱位置まで非常によく対応し蔵屋敷の内部構成が確認されている。

大坂の蔵屋敷の建物構成は，設置藩の東西により類形化される。佐賀藩蔵屋敷や広島藩大坂蔵屋敷など西国諸藩では蔵屋敷に銀蔵を備え，参勤交代の際の藩主逗留のために式台や書院などの接客空間を伴う御殿が整備された。東国諸藩では津軽藩大坂蔵屋敷などが金蔵を備え，御殿を伴わず，物産の取引機能を主とする建物構成であった。

旗本住宅

旗本は徳川家の家臣や子弟などから構成されるが，江戸中期以降には儒者・医師などのほか御家人からの登用も行われた。知行地をもつ知行取と，米などの俸禄の支給を受ける蔵米取に大別される。知行取では家臣の一部が知行所詰となるが，大部分は江戸詰として旗本住宅に居住した。知行地は関東近県に集中するが中部や近畿地方へも分布した。六代将軍家宣や八代将軍吉宗の家門大名時代の旧臣を旗本へ登用した際は，江戸で大規模な屋敷地の再編成が生じた。『御府内沿革図書』（国立国会図書館ほか所蔵）にも著しい屋敷地の変動がみられる。

旗本住宅の規模は200〜300坪から2,000坪とされ『旗本上ヶ屋敷図』（東京都公文書館所蔵）によれば，旗本住宅は家禄高に応じて敷地面積や建物規模が多様であるが，通りに面して家臣の居住する長屋と長屋門を設け，敷地内に土蔵や物置，稲荷社のほか必要に応じて長屋や家臣の住宅を整備する傾向にある。また，主屋は式台を伴い表，中奥，奥，台所から構成される御殿の形態を備えるが，内容は建物規模に依存する。『屋敷渡絵図証文』（国立国会図書館所蔵）に見られる小規模な旗本住宅も，玄関と床を伴う座敷を備える。

中下級武士の住宅

『古組屋敷絵図』（国立国会図書館所蔵）や『組与力同心拝領大縄屋敷絵図』（国立国会図書館所蔵）が示す文化年間の八丁堀組屋敷では，与力拝領屋敷が300坪余に対して，90坪弱の同心拝領屋敷は間口が狭く奥行きの深い町屋敷の形態をみせている（⇨武家地）。敷地規模に応じた，各々の独立住宅と，長屋を含む貸家などが配置された。

江戸詰の藩士が居住した江戸屋敷内の長屋の平面は一様ではなく，職位に応じた格式の違いがみられる。19世紀建築の旧厚狭毛利家萩屋敷長屋などの現存例に一端を窺えよう。地方の城下町における武家地では，中下級家臣の屋敷地は城郭から離れた配置の数百坪程度が基準であったとされる。独立住宅の例として，加賀藩の高西家住宅，清水家住宅（共に金沢市足軽資料館へ移築・保存）や，彦根藩の中居家住宅，林家住宅の現存が知られている。玄関と床を伴う座敷をみる小規模な独立住宅が，生垣や塀に囲まれる形態である。

参考文献

岩本馨『江戸の政権交代と武家屋敷』吉川弘文館，2012.

作事記録研究会編『萩藩作事記録資料集』中央公論美術出版社，2012.

植松清志編著『大坂蔵屋敷の建築史的研究』思文閣出版，2015.

波多野純『江戸城Ⅱ（侍屋敷）』至文堂，1996.

［髙屋 麻里子］

町と町屋

近世都市の基盤となった町は，複数の町屋敷という細胞によって構成されていた。町屋敷は町に存在する宅地（＝屋敷）の意味であり，本来この宅地上に建つ建築とのセット概念であった。町屋敷は道に面することが原則で，奥に向かって細長い敷地形状をもち，これらが街路を挟んで両側に建ち並ぶことによって一つの町が成立する。すなわち，間口の広狭を除けば，おのおのの町屋敷は原則として町の中心を通る道にかならず口を開くことができるという点で均等な条件にある。こうした定式化した町が広範に分布したのが近世都市の一般的な姿であった。

町を物的側面からみれば，町屋敷を含めて次のような共通要素が見いだせる。①町屋敷（建家＋宅地），②基幹施設（道，上下水道，井戸，芥箱，雪隠），③維持管理施設（木戸，番屋，会所，火消道具・用水，高札）。

これらの諸施設は町の共同生活に密接に関わるものであって，維持管理は町中の構成員が公平に負担した。近世中期以降の不在地主の増加と，専業のサービス業者の成立によって，直接的な労働力提供は貨幣で代替されるが，共同負担という原則は変わらなかった。

町屋敷の配置と町並

町屋敷の土地利用の形態もまた近世には定式的なシステムを確立していた。町屋の主屋は街路に接道することが原則とされ，しかも表構えの意匠や階高は町触や町式目によって厳しく規制された。例えば京都の複数の町では町屋敷を合筆し合計3軒分になることを禁止した町式目を残している。街路側に土蔵を設置することや3階建ての町屋を禁じた町もあり，近世に入ると倹約禁止令とともに町屋の表部分の派手な意匠を制限した。

主屋の奥には通風・採光のための空地＝坪庭をとり，さらに奥には離れ・土蔵・納屋などの付属屋が配される。敷地利用の定型化は，町屋敷が櫛比することと無関係ではなく，各町屋敷がほぼ同様の敷地利用するかぎり，通風・採光などの条件を均等に享受することができるが，1戸でも違った配置をとればその影響は直ちに隣接家屋に及ぶことになる。

町と町屋の定式化したシステムは，都市居住のスタンダードとして定着し，つねに再生産可能な構造をもつものとして，都市の拡大や高密化に対応しうる居住形式を確立していた。こうした町の空間構造は町のルールに従うという意味で「町並」という語が使われた。町並はもう一つ，町に準ずる地区のことを「町並地」と呼ぶことがあったが，いずれも町という一定のスタンダードを有する空間が確立していたことを物語っている。

京都の町屋

とはいえ各地の町屋を比較すると，上記の共通点を超えてさまざまな個性が読み取れる。以下，近世の三都である京都・大坂・江戸の町屋を例にとり概観したい。京都の町屋は，中世以来の伝統を下敷きに形成されたもので，全国的な範となった。京都の町屋は，原則として玄関から奥につながる通りにわ（土間）に沿って居室が1列に並ぶものが多く，道からみてミセ・ナカノマ・オク（ザシキ）の各室がつながる。文化年間の町の連続平面が復元できる中京の指物屋町の場合，東西道路の竹屋町通を中軸として，均等な町屋敷が並び，それぞれ類似した平面・配置構成をとっていた。京都では式目によって町屋の表構えのデザインは「町並」に従うべく規制されており，また町屋敷の合併にも厳しい住民の目が光っていた。近世中後期，三井その他の大店の町屋敷で大規模な間口をもつものも登場したが，街路側に「町並之棚」を設けるなどして，原則として町のルールに従った。

京都の町屋の真髄は，街路に面した表構えではなく，奥の居住空間の充実にあって，町屋の奥深くに設けられた茶室や土蔵座敷には数寄屋のデザインが入念に施され，京都町人の洗練された感覚がいかんなく発揮された。京都町屋の頂点はこうした意味で「表屋造」にある。表屋造とは街路に面するミセと奥の居住空間との棟を分けたもので，町の原理に従う表と，より良質な居住環境を追求する奥とが，物的に分節した形式をとる。これは共同体としての町に住まいつつも個々の生活空間を充実させるという二つの要請を共存させることに成功した解決策であって近世町屋の一つの到達点ともいうべきものであった。京都の二条陣屋と通称される旧小川家住宅（重要文化財）はこの代表例である。ただし，京都は幕末の動乱で元治の大火を被っており，市中の多くの町屋はこの時焼失してしまった。京都の中心部，下京にある杉本家住宅（重要文化財）は京都の豪商の大型町屋の構成をよく残す事例として知られているが，元治の大火で焼け，明治3年（1870）に再建されたものである。

大坂の町屋

大坂の町屋は，基本的に京都の町屋の影響を受けたもので，平面・配置ともに類似の構成をとる。『守貞謾稿』は京都・大坂・江戸の町屋の違いについて述べているが，京都と大坂は一体的に扱われ，通りにわをもたない小規模なものを「小戸」，通りにわをもつ一般的な町屋を「中戸」，表屋造となる大規模な町屋を「巨戸」と呼んでいる。また2階の壁面と1階の壁面が揃う京坂の町屋を「大坂建」と呼び，2階の外壁が3尺後退する江戸のそれとの違いを指摘している。

大坂と京都の町屋は共通点が多いが，異なる点も認められる。たとえば明治19年（1886）に作成された『建家

取調図面帳』に基づく研究によると，大坂には通りにわ
タイプだけでなく，前土間型，切り庭型，裏土間型など
多様な類型が存在していた。裏土間型は長屋形式のもの
が多く，大坂で大量に建設された借家建築の存在を示し
ている。京都や江戸でも多くの借家が建てられたが，大
坂では居住者の回転がことのほか速く，地借（土地だけ
借りて上物は自分でつくる）の多い江戸とは異なる独特
の借家文化を形成した。

　大坂には早くから「裸貸」と呼ばれるシステムが成立
していたことも注目に値する。裸貸とは町屋の建具や畳
を取り払った状態で借り主に貸すシステムで，借り主の
意向に応じて建具や畳を調達した。そのためには建具や
畳が高度に規格化されていることが前提となるが，大坂
では現在いうところの「スケルトン・インフィル」，つ
まり建築の躯体と中身とを分離してフレキシブルに建築
を転用するような方法がすでに近世でみられたのであ
る。大坂は京都に比べて近世を通じて同業者町が多かっ
たことも特徴で，道修町，升屋町など同業者の店が建ち
並ぶ景観も大坂特有のものであった。

江戸の町屋

　天正18年（1590）にスタートする江戸城下建設が徐々
に進むにつれ，上方からも多くの商工業者が江戸に移り
住むようになり，伊勢や近江の商人が江戸に進出した。
初期の江戸の都市景観を描いた『江戸図屏風』などをみ
ると，表長屋の存在や城郭風デザインをもつ角地の町屋
の存在が目を引くが，江戸中期になると初期特権町人は
姿を消す。それに代わって「現金掛値なし」の店前売り
を前面に打ち出した新興商人が台頭する。彼らは本拠を
上方に置きつつ，江戸の膨大な都市需要の下で富を蓄積
する。近江出身の白木屋，伊勢出身の越後屋はその代表
例で，彼らは本町通りや日本橋通りに巨大な店舗を構
え，次第に大店の建ち並ぶ景観が形成された。江戸の大
店は京都とは異なり，隣接する町屋敷を合併した大規模
な屋敷間口を示すものが多く，麹町五丁目の岩城升屋や
通旅籠町の下村大丸の間口は36間にも達した。通一丁
目の大村白木屋は，日本橋通りに間口京間15間の店舗
を置き，屋敷は裏の町境を越えて平松町にまで及んでい
る。内部は仕切のない大空間＝「みせ」が中心にあり，奥
には商品や書類などを保管する蔵が林立する。ここには
番頭以下，百数十人の奉公人が厳格な規律の下で働い
た。駿河町の三井越後屋は駿河町の北側に間口35間の
本店（宝暦期），南側に間口21間半の向店を構え，18
世紀後半の奉公人数は計520人に及んだ。

木　戸

　木戸は町の両端に設けられた門で，夜の四ツ時（10
時）になると閉じられ，不審者の出入りを防止した。木

戸閉鎖後の通行人は潜りを抜けて一々町送りされた。木
戸は中世末期に都市の自衛防御施設として創出されたも
のであるが，近世に入ると幕府の治安維持の一翼を担っ
た。木戸の形態は京都烏帽子屋町の場合，両側に袖壁を
もつ門柱2本の間に2枚の扉を観音開きに吊り，その1
枚に潜りを設ける。4町が接する四ツ辻には，どの町に
も属さない空間ができる。ここで捨て子などの問題が生
じた場合，各町協議のうえ事後処理にあたった。

町会所

　町の寄合の場所として町内に設けられた町屋を町会所
という。京都の町会所は，通常会所家，堂・祠，土蔵から
なり，会所家では寄合・町汁などの町政が行われ，町の
重要書類である水帳・宗旨人別帳・証文類は土蔵に保
管された。町会所には火見櫓が併設されるものもあっ
た。『守貞謾稿』には大坂の会所屋敷に設置された火見に
ついて，「京坂の俗は櫓と云ず，常に半鐘を名とす」とあ
る。町会所は町中持，すなわち町が共同で所持する町
屋敷であって，その維持管理も町中が共同であたった。

軒　下

　町の空間で公私の区別が時々問題になるのが，町屋正
面の軒（庇）下の空間である。ここは公儀地の場合と私
有地と見なされる場合の両方があり，京都や大坂のよう
に公儀地である場合には軒下を私有化して町屋を街路部
分に張り出していく行為はしばしば見られ，町触によっ
て禁じられた。

土蔵造

　江戸特有の町屋形式とされる土蔵造が許可されたのは
享保5年（1720）以降のことで，頻発する火災に対処す
るために建物そのものを不燃化することに目的があっ
た。しかし土蔵造の町屋はこうした防火機能だけでな
く，商人の経済力を誇示する建築表現として定着し，大
きな箱棟をもつ黒漆喰の重厚な土蔵造が建設された。土
蔵造は店（見世）蔵造とも呼ぶように，町屋のミセ機能
を特化させたものといってよく，町屋の特異な成長の結
果生まれたものである。江戸の町屋は当初固有の類型を
もたなかったが，近世中期以降，対大火の配慮もあって
江戸特有の土蔵造の町屋を成立させる。京都・大坂で抑
制された町家のデザインは，江戸ではむしろ規制を解き
放った，富を誇示するような傾向を示した。

参考文献

高橋康夫，吉田伸之，宮本雅明，伊藤毅編著『図集 日本都
市史』東京大学出版会，1993.
伊藤毅『町屋と町並み』山川出版社，2007.

［伊藤　毅］

都市施設

都市施設とは，都市活動・都市機能を維持するために必要な諸施設のことをいう。現行の都市計画法第11条では，都市施設の具体的内容として，①交通施設，②公共空地，③上下水道，電気・ガス供給施設，汚物・ゴミ処理施設，④水路，⑤教育文化施設，⑥医療・社会福祉施設，⑦市場，屠畜場，火葬場，⑧一団地の住宅施設，⑨一団地の官公庁施設，⑩流通業務団地など（このほか東日本大震災後に津波防災および復興拠点施設も追加されている）が明記され，都市施設の主要類型がカバーされているといえる。もっとも，これは現代都市を念頭においたものであるので，以下ではこの類型を参考にしつつ，より広く近世都市における都市施設について考えてみたい。

土木スケールの都市施設

上記の都市施設のうち①〜④は，土木スケールの都市施設といえるものである。近世における交通施設としてはまず道路と橋があげられる。また水路も近世における重要な動脈であり，都市内を縦横に走っていた（道・橋・水路）。その開削は低湿地における宅地造成とも不可分な関係にあった（⇒築地）。道と水路との交点には河岸が形成され，荷揚げ，貯蔵，作業，売買などが行われる場として機能した（市場・河岸地）。

木造建築で構成される近世都市はしばしば火災に見舞われた。被害を抑制するために，各地の城下町では火除地と呼ばれる空閑地が設定され，延焼防止がはかられた。江戸の江戸橋広小路，両国橋広小路，名古屋の広小路などは，市場の諸施設に加えて水茶屋や芝居小屋なども建ち並ぶ盛り場として発展しており，公共空地，都市の広場空間として機能した。

水道の整備については，都市の立地によるところが大きい。良質な地下水に恵まれなかった都市では河川から水を引き込む上水道が建設されていた。江戸や福井，米沢などはその早い例である。一方雨水や生活排水などは屋敷前あるいは裏に設けられた下水路へと流された（⇒上水道）。屎尿については雪隠で蓄積されたものが周辺農村での肥料として再利用された（⇒下肥）。江戸のような巨大都市ではゴミの処理も問題となったが，各町のゴミ溜めに蓄積されたゴミは，中間集積場としての大芥溜を経て，深川の永代島で最終的に処分された（⇒ゴミ処理）。

以上のような都市施設は，その機能を失わないためにも絶えず維持管理が必要とされた。

建築スケールの都市施設

次に上記⑤〜⑩は建築スケールでの都市施設といえる。まず近世の教育文化施設に相当するものとして学問所および藩校，民間の塾，寺子屋などがあげられる。これら多様な教育機関の存在によって全国的な知のネットワークが形成された。医療・社会福祉施設としては江戸の小石川養生所が幕府設立の無料医療施設として有名であるが，医学・薬学などを教授する藩校や塾などもこの機能を併せもつものであった。

都市における市場は先述の河岸周辺や広場空間に立地することが多く，とくに先述の江戸橋広小路は魚や青物，水菓子などの市場が重層的に展開する，地域の流通センターとしての性格を有していた（図）。

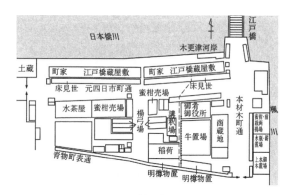

江戸橋広小路
［東京大学史料編纂所編，『大日本近世史料 市中取締類集十』（覆刻）東京大学出版会，1999］

住宅施設としては，江戸における大名屋敷は多くの勤番武士を収容する集団住宅としての機能も有していた。屋敷内にはしばしば神仏が勧請されており，期間限定で庶民にも公開されることもあった。

官公庁施設としては奉行所や代官所などがあり，通常は都市の中心部に立地した。都市民にとっては行政と司法の役所として社会生活上ときに重大な意味をもつ施設であった。以上の都市計画的な類型に加えて，都市の盛り場に形成された遊興施設なども，都市民の非日常的な社交の場として，都市施設の類型に加えることができよう（劇場・芝居小屋，遊廓・料亭）。

道・橋・水路

道と水路は都市における大動脈であり，橋はその結節点であった。加えて，「熙代勝覧」などの近世絵画史料には，それらが単なる通過路にとどまらず，さまざまな都市的活動が展開される場でもあった様子が活き活きと描かれている。こうした道や橋や水路の空間が最大限に活用されるためには，道路の平滑化や破損箇所の補修，

水路の浚渫といった継続的な維持管理が不可欠であった。それらの実際の管理は特定の要所を除いて基本的に各身分の地縁組織に委ねられていたが，一方でこうした交通網はゾーニングを越えて広がる性格を有するため，公権力による横断的な支配・調整も要請された。江戸の場合は道奉行（のち普請奉行）がそれに該当し，都市全体の公共空間管理を命令・監督したのである（⇒インフラストラクチャー（インフラ）と環境）。

市場・河岸地

市場とは，一定の商品の売買が行われる場所のことで，魚市場や青物市場などが知られる。近世都市の場合は交通の要衝に常設またはそれに近い頻度で開設され，問屋・仲買を中心にさまざまな仲間・組合がここに集った。空間的には荷揚場，貯蔵施設，作業場，売場，役所などの諸施設が複合して形成されていた。

都市において市場はしばしば河岸地に形成された。河岸地とは水路に沿った地所のことをさす。本来は公儀地（幕府の土地）とされていたが，実際には周辺の商工業者らにより使用され，蔵や作業場などが建てられていた。この使用者は河岸地に面する町屋敷の地主とは対抗関係にあり，彼らは水路の浚渫などの維持管理を自ら負担することで河岸地使用の正当性を確保，権利の拡大を企図した。

遊廓・料亭

遊廓とは，閉鎖的な構えの中に遊女屋仲間が集住し，性売買が行われた空間のことをいう。公認された遊廓としては京都の島原，江戸の新吉原，大坂の新町，長崎の丸山などが知られるが，このほか盛り場や宿場などにも実質的な遊廓が全国的に存在した。遊廓は都市民にとっての遊興・社交の場であり，独自の文化や風俗を生み出したが，一方でその社会は，自由を拘束され半強制的に性労働に従事させられた遊女たちによって支えられていたのである（⇒遊女）。

遊廓は内部および周辺にさまざまな業種との関係を有していたが，その一つが料亭（料理茶屋）である。料亭は高級料理の提供を専門とする店であり，都市民の会合や接待の場として利用されたが，しばしば芸妓の派遣を受けるなど，揚屋としての機能も担っており，その営業は近代には待合・芸妓屋と合わせて三業と呼ばれた。

藩校・塾・寺子屋

近世都市にはさまざまな教育施設が存在した。まず幕府や藩の設立によるものとして学問所と藩校があった。前者は江戸の昌平坂学問所に代表され，後者は各藩の城下町に設立されたものであり，ともに都市内に広い面積を占め，儒学の講義や武術の鍛錬などが行われた。その対象は武士を主体としたが，岡山学校をはじめ庶民にも門戸を開いた藩校もあった。

民間では都市部を中心にさまざまな私塾が開かれていた。藩校と比べると規模はかなり小さいものの，学問の内容は独自性に富んでおり，豊後日田の咸宜園や大坂の適塾などは全国から門人を集め，多様な人材を輩出した。

初等教育機関としては寺子屋があり，とくに18世紀以降大きく普及した。ここでは庶民を対象とした読み書き算盤の初歩的な教育が施され，庶民の識字率の向上に大きく寄与した。

劇場・芝居小屋

近世都市にはさまざまな劇場空間が存在した。能楽は主として武士や公家に受容されており，城や屋敷などにはしばしば能舞台が設えられていた。大名にとって舞台は重要な外交施設であり，また時には領民との交流の場でもあった。

一方，町人にとっての劇場とは盛り場などに立地する芝居小屋であった。大きな櫓をあげた入口から入ると，内部では舞台と桟敷席とが空間的に連続し，役者と観客が一体感を味わえるつくりとなっていた。上方と江戸を頂点とする劇壇からは，侠客集団の仲介で役者が供給され，地方都市にも芝居文化が花開いた。現在琴平に残る旧金比羅大芝居は，天保6年（1835）建築の現存最古の芝居小屋としてその雰囲気を今に伝えている（⇒芝居，見世物）。

参考文献

岩淵令治，武家屋敷の神仏公開と都市社会，国立歴史民俗博物館研究報告，103，133-200，2003.
松本剣志郎，江戸道奉行の成立と職掌，地方史研究，61(1)，1-19，2011.
小林信也『江戸の民衆世界と近代化』山川出版社，2002.
小野芳朗『調と都市』臨川書店，2010.
服部幸雄『大いなる小屋』平凡社，1986.
神田由築『近世の芸能興行と地域社会』東京大学出版会，1999.
佐賀朝，吉田伸之編『遊廓社会1』吉川弘文館，2013.
笠井助治『近世藩校の綜合的研究』吉川弘文館，1960.
海原徹『近世私塾の研究』思文閣出版，1993.
伊藤好一『江戸の町かど』平凡社，1987.
吉田伸之ほか編『江戸の広場』東京大学出版会，2005.

［岩本　馨］

建築生産

建築生産とは企画・設計・施工など建築物がつくられる過程を総称した建築用語である。本来は，近代における工業的な生産過程を対象とし，生産組織の合理的な再編成を目的とした学問領域であるが，日本における近・現代建築の特性を理解する上で，前近代，とりわけ江戸時代の建築生産システムを解明する意義が認められる。

17世紀初頭は，城郭の作事や戦国時代に荒廃した有名寺社の復興など建築需要が増大した。慶長14年（1609）には全国で25の天守が建ったという記録もある。天下人となった徳川家康は，側近の年寄衆のなかから作事奉行を任命し，慶長年間に伏見城，二条城，江戸城，駿府城，名古屋城を次々に造営した。家康は法隆寺大工出身の中井正清を御大工にとりたて，これらの作事を一手にまかせた。徳川家は，正清を通じて大工技術の先進地域である畿内の建設職人を掌握したことで，他大名にたいする軍事上，技術上の優位性を確保した。

江戸幕府の職制では，建設事業を担当する役所として，作事方・普請方・小普請方が組織されていた。このうち普請方は土木工事を主に所管し，建築工事は作事方が新築工事を，小普請方が営繕や修理を担当した。作事奉行は寛永9年（1632）に設置され，小普請奉行はそれより遅れ17世紀後半に整備された。

江戸初期には大規模な作事が続いたため設計や施工の革新が進んだ。図面は16世紀半ばに登場するが，17世紀には精密な指図（平面図）や建地割（立断面図）が作成された。とりわけ迅速な建設が要求される城郭作事では日々進行する工程に見合う各種の図面が作成された。設計技術の発達によって工事見積書も精緻になった。

施工の面では，材料の規格を統一し，木造・組立・造作の作業過程を分業化する工法が確立された。また多数の建物を同時に建てるときは丁場分けをして棟梁を配置し，大勢の大工を使って並行してつくった。

これらの大工を動員するための大工組織が編成された。中井家の場合は畿内（山城・大和・摂津・河内・和泉）・近江の6ヵ国内に大工組が組織された。慶長17年（1612）の名古屋城作事では「所々の組頭」とあって大工組の萌芽があり，寛永18年（1641）には6ヵ国内に82の大工組の存在が確認できる。寛文4年（1664）に上棟した後西院御所の造営では小屋組，軸組，床組などに細分して大工組に割り当てている。ここでは動員組織である大工組が同時に現場の作事組織として機能している。

17世紀後期には建築ラッシュも終わり，大規模な新築工事から修理工事に中心が移ると，積算技術の発達と相まって大工方の入札請負が一般化した。その結果，江戸では小普請方が作事方を凌駕するようになり，18世紀以降は本来作事方が担当した新築工事の多くを担当するようになった。

上方でも修理と入札の時代に対応するために，元禄6年（1693）に公費で運営される中井役所が成立した。大工頭中井家の配下にある棟梁衆が，設計図・積算書・入札図書の作成，現場の見廻りと監理を担当して公儀作事を統括し，施工は入札請負に付された。中井家は作事方から小普請方へと機能を変えて存続したとみることもできる。そのほか中井役所の日常の職務は，6ヵ国内の寺社や農家の普請願書を受け付けて禁令の違反を審査し，大工組や柚木挽組の人数改め，組内の紛争調停を行い，大工の監督官庁としての役割を果たした。

大規模工事の減少と入札請負の普及は，江戸初期の設計や施工のシステムを発展させる機会を奪った。ただその伝統はわずかに内裏の造営にみられる。江戸時代に内裏は8回の造営が行われ，中井家が6ヵ国の大工を動員して短期間で工事を終えている。そのうち寛政度内裏と幕末の安政度内裏の造営は，中井役所配下の棟梁衆のもとで箇所割を定め，6ヵ国の大工組によって施工され，紫宸殿は田辺組，清涼殿は木子組と主要な建物は京の大工組が請け負っている。しかし幕府の崩壊とともに中井役所は解体され，内裏の造営システムは近代に継承されなかった。

幕府の大工組織

江戸幕府の職制では建設工事を担当する役所として，作事方・普請方・小普請方が置かれ下三奉行と称した。作事は建築工事，普請は土木工事（石垣普請，縄張，地取など），小普請は修理や改築を担当した。作事奉行は老中支配下で寛永9年（1632）に定職となった。

作事奉行のもとには大工頭と下奉行があり，前者は建築技術者の最上位に位置し，後者は事務を掌握した。大工頭は，江戸の木原・鈴木・片山の3家と京都の中井家が世襲した。江戸の大工頭はいずれも三河時代から徳川家に仕えた大工家で，江戸にいて関東一円の作事を担当し，その配下には鶴・平内・辻内・甲良の大棟梁と50人前後の大工棟梁が編成された。一方，中井家のもとには弁慶・池上・矢倉の京棟梁と中井の出身地である法隆寺大工を中核とした並棟梁が配された。

小普請方は作事方より遅れて登場し，寛文元年（1661）に小普請奉行の執務規定が定められ，貞享2年（1685）に小普請組頭が置かれ，元禄14年（1701）に小普請奉行と改称された。小普請奉行は若年寄の支配下にあった。江戸城関係の工事は，17世紀後半になると修理や改築が増えて小普請方に集中し，やがて作事方と肩を並べる

組織に成長した。小普請方の棟梁は町大工から溝口・柏木・小林など新しい棟梁が登用されて，入札請負で作事方の仕事を凌駕していった。

町方大工であった清水喜助も小普請棟梁に採用され，その子孫は明治維新後も活躍して清水組（現在の清水建設）を起こした。しかし，多くの工匠は幕府の支配機構で官僚化し，近代社会に対応できなかった。

中井家

中井家は江戸時代を通して京都大工頭を代々世襲した家柄である。初代正清（1565−1619）は法隆寺西里大工の出身で，徳川家康に重用され，慶長7年（1602）の伏見城の作事を皮切りに，二条城，江戸城，駿府城，名古屋城の作事や江戸城下の町割を担当した。また慶長度内裏（紫宸殿は仁和寺金堂として現存）や徳川家の増上寺，知恩院，久能山東照宮（現存），日光東照宮（元和創建）の作事を行い，さらに豊臣秀頼の方広寺再建棟梁も務めた。正清は，慶長11年（1606）に従五位下大和守に叙任，同14年には500石加増されて1,000石となり，同17年に大工としては異例の従四位下に昇叙した。

二代正侶（1600−1631）は短命であったが，大工頭として寛永の二条城修築や徳川大坂城の再建を担当している。三代正知（1631−1715）と後見の正純（1594−1654）の時代は，清水寺本堂，知恩院本堂，延暦寺根本中堂，石清水八幡宮，東寺五重塔，長谷寺本堂，東大寺二月堂，東大寺大仏殿など現存建物の造営に関わった。

中井家は幕末まで京都大工頭を継承し，九代正路（1815−1861）は安政度内裏（現在の京都御所），十代正（1835−1900）居は上賀茂社本殿・権殿，下鴨社東西本殿（いずれも現存）の作事に関わった。中井家が関与した現存建物の多くは国宝や重要文化財に指定され，世界遺産にも登録されている。

中井役所

17世紀前期の公儀作事は大工頭の中井家が直営し，幕府から大工の作料・飯米を一括して請け取り，技能に応じて大工に支給した。中井家はその上米で棟梁の人件費や設計，見積り，監理などの諸経費に充てていた。17世紀後期に入札で大工が決まると上米がなくなり，中井家はそのまま諸経費を負担したので財政難に陥った。そこで元禄6年（1693）に幕府から公儀作事の諸経費が支給されることになり中井役所が成立した。

中井役所成立直後の組織は，大工頭のもとに御扶持人棟梁3名，頭棟梁5名，二条城棟梁1名，柚大鋸木挽頭4名，京棟梁10名，並棟梁67名，町棟梁12名という陣容で，これに6ヵ国に居住する建築関係の職人が大工組と柚・大鋸・木挽組を介して支配されていた。並棟梁は法隆寺大工を中核とする集団で，そこから頭棟梁が選ば

れた。京棟梁は名門棟梁で，そのうち弁慶・池上・矢倉の3家は幕府の扶持を受け，御扶持人棟梁と呼ばれた。

中井役所の棟梁衆は，公儀作事の際に設計図・積算書・入札図書の作成，現場監理を担当した。また中井役所配下の6ヵ国内の建築関係職人は，元禄年間には大工6,677名，柚大鋸木挽6,971名であった。中井役所は幕末まで存続し，歴代の中井家当主は京都大工頭として中井役所を率いた。

大工組

中井家が支配する畿内（山城・大和・摂津・河内・和泉）・近江の6ヵ国に居住する大工は，組頭を中心に地域ごとに大工組に編成された。大工組の目的は公儀作事や軍役への徴発であったが，江戸中期以降は地縁的な同業者仲間の性格を強めた。寛永2年（1625）には摂津国の大工組の大工人別帳が作成され，同18年には大工組82組，大鋸木挽組9組が確認できる。

元禄年間には各大工組で定書（仲間定書）が定められた。その条文には公儀作事への動員組織としての規定があるが，営業活動の確保，大工間の紛争防止，賃金協定，親方・弟子の関係規制など，大工職人の同業者組合としての性格が強くなった。

18世紀には大工人数の増加を背景に多くの大工組が分立した。摂津国は2大工組であったが，宝永6年（1709）にその一つの吉左衛門組が5組に分立し，近江国でも郡別の大工組がさらに小規模の大工組に分かれている。また大坂・天満の大工組は寛永期の5組から18世紀中期には29組に増加している。幕末の安政2年（1855）には大工組172組が確認でき，その内訳は，京20組，山城16組，大和28組，摂津48組（内，大坂24組，天満7組），河内6組，和泉11組，近江43組で，大工数は約15,000名を数えた。なお，天保の株仲間解散令に対して大工組を大工向寄と改称しただけで，嘉永の問屋仲間再興とともに大工組に戻り，幕末まで存続した。

明治維新後，大工組の組頭の多くは堂官大工や建築請負業者として存続するが，近代社会を担う大手に成長した者はいない。同業者仲間としての大工組の組織原理や，大工の職人気質が，企業化を阻んだのであろう。

参考文献

平井聖編『中井家文書の研究 内匠寮本図面編』（全10巻）中央公論美術出版，1976〜1985.
永井規男「歴史のなかの建築生産システム」（『建築学体系建築生産システム』）彰国社，1982.
谷直樹『中井家大工支配の研究』思文閣出版，1992.
川上貢『近世上方大工の組・仲間』思文閣出版，1997.
谷直樹編『大工頭中井家建築指図集—中井家所蔵本—』思文閣出版，2003.

［谷 直樹］

建築設計・施工

　豪壮華麗な桃山建築界の隆盛の裏には，豊臣秀吉が解放した自由競合の原則があり，入札制度の発達を促した。この時代の芸術家本阿弥光悦に次の言葉がある。「公儀御普請等，秀吉公御代長束大蔵，増田右衛門，小身者より立身仕り算勘に達し候より，入札を致させ，いつとても下直なる札へ落し，御普請たとへば百貫目と存候所，五十貫目にて済候と申様なる事にて，御物入甚だ減少仕候へども，請負のものども工手間を盗み候故，見分ばかりにて甚だ粗末に相成候，此余毒今以て其通りにて御座候，これには御心得も有度事に奉存候」（『本阿弥行状記』）。

　このような入札制度普及の背景には，それを発注する**施主，請負者**にとって，費用の正確な見積もり（**積算**）と，積算のための建築図面と仕様書が必要となる。

　この頃の建築積算技術の発達を裏付ける史料として，慶長度方広寺大仏殿（慶長17年（1612））に関する「大仏の算用奉行の書付」（『中井家文書』）がある。すでに職方ごとに分けて積算が行われ，それらの担当として，「算用奉行」が成立していたことが確認できる。積算のためには数学の発達が不可欠であるが，それを裏付けるかのように，初期和算書には，建築積算に関する記述が多くある。そして積算技術は，江戸時代前期の大工棟梁にとって必須の技術となり，平内家の技術書『匠明』の中に記される大工の心得「五意達者」の一つに，「算合」（積算）が含まれることとなる。

　和算に限らず，近世にはさまざまな学問が発達したが，建築学も著しい発達をみた。中世末から近世においては，特定建築の造営のみを目的とした設計図・仕様書とは別に，いわば建築学教書としての一般性と系統的記述を備えた建築書が多数著された。その総数は600以上にも及ぶが，堂・宮・門・塔・屋（住宅）・数寄屋・絵様・規矩・構法などの建築意匠と技術にかかわるものから，棚・建具などの室内意匠に関するもの，大工儀式に関するものなど，多様な内容を含んでいる。これらのうち，堂・宮・門・塔・屋などに関する設計論を記したものを「**木割書**」と総称している。これに対して，絵様や棚・建具などの意匠に関するものは，直接利用できる**雛形本**としての性格が強い。

　建築学が発達し，名門大工棟梁が自家の技術を体系的に建築書としてまとめる過程で，その独自性を誇示して，流派を名乗るようになった。江戸建築界を二分した作事方大棟梁の平内家の「四天王寺流」，甲良家の「建仁寺流」がその代表で，前者は和様，後者は唐様（禅宗様）を得意とした。平内家三代大隅政治から出た一派が，

「大隅流」を名乗ることもある。幕末に彫物を得意とした立川家一党は，「諏訪立川流」として知られるが，その初代は江戸で「立川流」を名乗った立川富房のもとで学んでいる。

　建築学や入札制度の普及に伴って積算技術が発達する一方で，寺院が宗派ごとにまとめられ，いわゆる本末制度を介して，幕府や諸藩は，宗教勢力を統制下におき，**建築規制**が行われた。なかでも寛文8年（1668）2月に出された「**三間梁規制**」はよく知られている。

　また実際の建築施工に際しては，**大工道具**の発達がある。木材の加工法は時代によって異なるが，伐木，製材および表面加工のための大工道具に，斧（鉞・与岐），釿（手斧），鋸，鑓鉋，台鉋などがあり，その発生時期や使い方が異なっている。伐木には斧が用いられるが，丸太の側面を粗く斫って平らにする場合は，斧と釿の両方が用いられた。概して太い丸太は与岐，細い丸太は釿を用いて，粗い角材（杣角）とした。杣角をさらに複数本に製材する場合は，別の道具と方法が必要であった。その道具として，14世紀後半以降になると，繊維方向に切る縦挽きの鋸「大鋸」が使われ始めたが，それ以前は，鑿を一定間隔で打ち込み，その割れ目に楔を打ち込んで割り裂く，「打ち割り法」であった。この方法で割った面を釿で斫り，さらに平滑に仕上げるには鑓鉋で削っていた。大鋸についで，15世紀中頃からは「台鉋」が使われ始め，完全な平滑面に仕上げることができるようになった。

　工事が無事に成就することを願って，工程の節目に建築儀式が執り行われた。その主なものに，**地鎮，釿　始，立柱，上棟**の儀式がある。個々の建物における儀式は古くから行われていたと思われるが，近世になると建築書の一つのジャンルとして，儀式も扱われるようになった。そして，儀式には，漆塗りや金箔で装飾した儀式用の大工道具を祭壇に飾ることもあり，日光東照宮寛永造替の上棟祭に用いられた儀式用大工道具は，国宝に指定されている。また，上棟式に際しては，造営あるいは修理の趣意文，その年月日，施主，願主，工事関係者などの記録を後世に残すことを目的として，**棟札**がつくられ，棟木や棟束に打ち付けられた。

入札・請負・施主

　建築工事は，運営方法から，直営工事と請負工事に大別される。直営工事は，施主が，材料費や職人への賃金など，必要な費用を直接支払う方法で，工事途中で費用に増減が生じる可能性が高い。中世までこの方法がとられていた。一方，請負工事は，事前に予定価格を決めたうえで，複数の施工者から見積もりを取る，すなわち入札を行って，最も安価な施工者に請け負わせるものである。費用は予定価格以下に収まるが，監理が悪いと，

建築の質の低下を招く恐れがある。工事全体を請け負わせる一括請負と，工事ごと，あるいは材料など部分的に請け負わせる部分請負がある。入札制度そのものは，中世末において一部民間に見られるが，公儀の普請（公共事業）に一般化したのは秀吉の時代からである。

建築図面・仕様書

近世の建築図面を列挙すると，配置図，平面図，立面図，断面図，屋根伏図・小屋伏図・床伏図などの各種伏図，絵様などの詳細図，起こし絵図，施工計画図などがある。配置図・平面図は指図と呼ばれ，立面図と断面図は両方を兼ねて作成されることが多く，建地割図あるいは地割図と呼ばれた。指図の現存最古のものに，奈良時代の「東大寺殿堂図」，建地割図の現存最古のものに，享禄4年（1531）の「善光寺造営図」6棟分8図がある。

仕様書は，正確には仕様も記された積算資料というべきであるが，延宝8年（1680）から貞享3年（1686）にまとめられた『愚子見記』の第九冊「諸積」や，甲良家に伝わった幕府の積算資料『本途帳』がよく知られている。実例としては寛永17年（1640）に幕府の工事として実施された南宮神社造営文書や，宝暦2年（1752）から同5年に行われた名古屋城大天守修理の『御天守御修復取掛りより惣出来迄仕様之大法』がある。

木割書・雛形本・規矩

木割とは，古くは「木砕」とも称して，木材を製材することが原意であったが，それが発展して基準寸法との比例関係により，部材寸法や部材間寸法を決定する設計法となった。木割書の最古が『三代巻』（『愚子見記』第八冊所収）で，これを含めて15世紀末には成立した「日本番匠記系本」と称される一群がある。近世になると，木割書の体系化が進み，幕府作事方大棟梁で，「四天王寺流」と称した平内家の『匠明』5巻と，「建仁寺流」と称した甲良家の『建仁寺派家伝書』14冊がまとめられた。これらはいずれも筆写本で，秘伝書的性格をもつ。一方，明暦元年（1655）に『新編雛形』，続いて『新編武家雛形』が，木版本で公刊された。技術的な内容はともかく，それまで名門棟梁を中心とした閉鎖的な設計技術が，公開されたわけである。

木割書が設計論であるのに対して，絵様や棚・建具などの意匠に関するものは，図を中心とした，雛形本としての性格が強い。

一方，規矩は，軒廻りを中心に，部材を納めるための幾何学的作図法で，数学的正確さを追求することとなる。

建築規制（三間梁規制）

幕府の建築規制のうち，寛文8年（1668）2月に出された次の建築規制が，基本法例としてよく知られている。「一　梁行京間三間を限るへし，但，桁行は心次第たるへし，一　仏壇つの屋京間三間四方を限るへし，一　四方しころ庇京間壱間半を限るへし，一　小棟作たるへし，一　ひち木作より上の結構無用たるへし，右，堂舎客殿方丈庫裏其外何ニても，此定より梁間ひろく作へからす，若ひろく可作之子細於有之は，寺社奉行所え申伺之，可任差図候，以上」（『御触書寛保集成』所収）。堂舎の規模と形式の上限を定めたもので，冒頭の梁間に関する規制から，「三間梁規制」と呼ばれている。この規制は，若干表現が異なる史料が多数あり，江戸時代を通して運用されたと考えられている。

大工道具（大鋸・台鉋・墨壺ほか）

14世紀後半から用いられ始めた大鋸は，2人で挽いていた。桃山時代末期になると2人挽きの大鋸に代わって，1人で挽く前挽大鋸が出現し，以後，昭和に電動鋸が普及するまで用いられた。大鋸の出現にともなって，15世紀中頃から木製の台の付いた台鉋が使われ始めた。台鉋には，表面を平滑に削る平鉋，鴨居などの溝を削る決鉋，面取鉋などがある。また木材加工には，真墨や切墨などの墨付け道具が必要である。墨壺・墨芯・曲尺で，墨掛道具と総称される。

地鎮祭・上棟・棟札

建築書として儀式を扱った最古は『三代巻』（『愚子見記』第八冊所収）で，これを含む「日本番匠記系本」には，記載内容の一部に，釿始，立柱，上棟の三儀式の手順が簡潔に記されている。江戸時代中期になると，儀式単独で1冊にまとめられたものが現れた。祭壇と飾付けや供物，釿・槌・幣などの用具，式次第と式中に唱える祝詞などが詳細に記されている。なかでも甲良家の『建仁寺派家伝書』全14冊に含まれる「上棟」「上棟三段品」には詳細な記述がある。江戸時代後期になると，挿図を加えた実用的な儀式書が公刊される。その代表が，『匠家故実録』上中下3巻である。棟札は，古くは棟木の下面に直接記された棟木銘が多かったが，鎌倉時代以降は棟札が増えてくる。現存最古の棟札は，中尊寺所蔵の保安3年（1122）のもので，これに続くものとして，天治元年（1124）の中尊寺金色堂の棟木銘，永暦2年（1161）の當麻寺本堂の棟木銘，正治元年（1199）の東大寺法華堂の棟札などが知られている。

参考文献

内藤昌『江戸の都市と建築』（『江戸図屏風 別巻』）毎日新聞社，1972.
濱島正士『設計図が語る古建築の世界―もうひとつの「建築史」』彰国社，1991.

［麓　和善］

建築装飾（彫刻・彩色・塗装・金具）

　建築装飾は，建物を美しく華やかに装うための手法である。それには建物に赤色塗装を施す，絵画や文様を描く，漆を塗って美しい艶を出す，さらに螺鈿や蒔絵を施して飾る，金色の鋳金具を取り付けるなど，建築部材の表面に平面的に施す装飾の手法と，建築部材そのものの輪郭を曲線状に型どり，あるいは部材に直接彫刻を施すなどの立体的な装飾手法がある。さらにこれらの装飾手法を組み合わせ，立体的な彫刻に様々な手法の塗装を行う，金具を取り付けるなど，建築装飾の手法は時代とともに発展し，新たな造形や意匠が展開する。

塗装彩色

　建物に赤色塗装を施し，文様彩色で飾る手法は仏教伝来とともに導入された。文様彩色は初めは組入れ天井と支輪の裏板に蓮華唐草文などが描かれる程度であった。これは天井そのものが，天蓋と同じような堂内の荘厳具と意識されていたからなのかも知れない。やがて堂内に施される文様彩色は，柱や頭貫，組物，大虹梁などへとその施工範囲を広げ，平等院鳳凰堂で頂点に達する。建物を漆や螺鈿で装飾する手法は中尊寺金色堂が白眉で，それ以降は須弥壇や厨子にわずかな遺例を見いだすのみで，それに次ぐものは日光東照宮であろう。なお平等院鳳凰堂では扉の外部が全面朱漆塗装となっていたことが特筆される。

　中世になると文様彩色の手法は塔の内部の彩色装飾へと引き継がれるが，仏堂を彩色で飾る事例は減少する。その中で，東福寺山門，園城寺一切経蔵（元は山口の国清寺経蔵），不動院金堂など禅宗系の建物に彩色のあることは注目される。園城寺一切経蔵の彩色文様は古代の文様とは明らかに異なっており，禅宗様式とともに中国文化の影響が窺える。鏡天井一面に龍図などを描く手法も新たな展開である。

　近世には二条城のような殿舎や，将軍，大名を祀る霊廟建築に塗装彩色の手法が大々的に取り入れられた。

建築彫刻

　彫刻による装飾手法は，法隆寺の雲形肘木や雲斗が特筆できるが，これに続く例はない。古代では蟇股が唯一曲線的な輪郭を変化発展させることとなる。古代においては瓦の文様や鬼瓦も彫刻的な装飾手法として大きな役割を担っていた。

　建築彫刻は中世に装飾の中心的存在として変化と発展を遂げた。蟇股には板蟇股と本蟇股があるが，本蟇股の脚元をつなぐような紐状の単純な彫り物は次第に複雑で均整のとれた左右対称な蔓唐草文へ，中心の飾りも猪目

様の単純なものから牡丹などの花文や宝珠，梵字の入った日輪など様々なデザインのものが出現する。文様は左右対称形から非対称となり，主題は龍や霊獣，仙人や人物へと多様化し，また薄肉彫りから丸彫りへと立体化する。そして彫刻は蟇股の脚をはみ出すまでに進化する。

　中世初期，大仏様，禅宗様の新様式は繰形付きの木鼻などの新たな意匠をもたらした。禅宗様では台輪や実肘木，海老虹梁，大瓶束など，繰形や曲線のある部材が多く，また禅宗様須弥壇では薄肉彫りあるいは丸彫りの彫刻を入れる例が多い。新様式の伝来が，建物を彫刻で飾る新たな装飾手法を発展させる契機であった。

　中世には神社本殿の建築装飾も見逃せない。中世の仏堂は質素で素木のものが多いが，神社本殿の多くは赤色塗装を施し，蟇股や木鼻，脇障子などに彫刻を飾る。軒先に垂木木口金具を飾るものも少なくない。郷村の鎮守社は地域の核として，華やかに飾ることが求められたのであろう。中世社会の実情を垣間見ることができる。

　近世になると建築彫刻は頂点を迎える。それには二つの画期がある。一つは近世初頭，安土桃山期から寛永期で，殿舎では大振りな彫刻欄間が出現し，霊廟建築では木鼻や尾垂木鼻に竜，象，獅子などの丸彫り彫刻が施され，蟇股には様々な動植物や仙人，中国故事などの彫刻がはめ込まれた。そこでは彫刻だけではなく絵画，彩色，漆，蒔絵，鋳金具，銘木などありとあらゆる装飾技法が動員され，支配者の権威を示す。日光東照宮が頂点で，その意匠や技法は支配者の独占するものであった。

　次の画期は18世紀中期以降で，立川流に象徴される建築彫刻で埋め尽くされた寺社建築が相次いで建立された。そこには民衆の意識や財力，職人の技の追求と研鑽の様子が建築彫刻を通して目の当たりに展開している。それらの建築彫刻は木目の美しい欅材を用いた素木のものや，漆彩色の施されたものなど多彩である。歓喜院聖天堂は日光東照宮を凌駕するほどの精気を放っている。

鋳金具

　建築金物には釘・鎹などの実用品と，装飾のための鋳金具がある。前者は鉄，後者は主に銅や青銅を素材とする。古代では尾垂木，隅木，垂木，梁の木口や，長押，扉廻りに銅や青銅製の透かし彫りや彫金を施した金具を打ち付けて飾る。中世では須弥壇や厨子には彫金を施した銅製の金具を飾るが，建物本体では長押に六葉，扉廻りに八双，四葉，藁座金具を打って飾る程度で，これが主に鉄製であることが特徴的である。近世初頭には殿舎，霊廟建築を中心に軸部や天井，軒廻りなどに彫金を施した銅製の鋳金具が大量に用いられ，その高度な彫金技法は特筆できる。江戸中期以降は特別な事例を除いて鋳金具の使用量は激減する。

立川流

　立川流は建築彫刻の一流派とされ，18世紀中葉から明治にかけて信州諏訪を中心に活躍した立川和四郎富棟から4代にわたる事績が著名である。和四郎富棟は安永9年（1780）に諏訪大社下社秋宮幣拝殿（長野県）の「御門屋造立棟梁」を務め，文化元年（1804）の神部神社浅間神社本殿（静岡県）再建では「彫物大工」として参画している。ここでは「立川内匠（たくみ）」と名乗り，名声をあげた様子が窺える。立川和四郎一門は彫刻の技に優れ一世を風靡するが，実は建物本体と彫刻の双方をともに請け負い，一連の工事として施工しているのが注目される。和四郎は江戸で大工立川小平衛富房の弟子となり，立川姓と「富」の字を与えられ，また彫刻は江戸の中沢（小沢か）五兵衛に学び，屋号を「小沢屋」と称した。

　ところで和四郎の師，立川小平衛は宝暦13年（1763）に雛形本『倭絵様集（やまとえようしゅう）』を出版している。ここに掲載された虹梁，蟇股，懸魚，鬼板などの絵様，繰形は雛形本を通して全国的に普及した。江戸後期の建築絵様を見ると，立川小平衛の雛形本の影響はきわめて大きい。和四郎の作品に接する機会のなかった大工にとっては，『倭絵様集』こそが「立川流」だったに違いない。

建築彫刻の地域的展開

　中世の建築彫刻の端緒は重源（ちょうげん）による東大寺再建の大仏様系木鼻で，奈良県下で広がりを見せ，繰形を複雑に変化させながら瀬戸内地方に伝播していく。また，祖型は明確でないが，禅宗様系に近い輪郭をもちその側面に浮き彫り彫刻を施す木鼻や，繰形のある花肘木が，15世紀頃から法隆寺を中心に奈良県下に広がりを見せる。

　一方，滋賀県ではこれらの影響はほとんど見られず，蟇股や格狭間に左右対称で均整のとれた彫刻が施され，洗練され発達する。京都の状況は遺構がなく明確でないが，15世紀中葉に和歌山や兵庫で丸彫りの象の木鼻が出現し，16世紀以降その例は増加の一途をたどる。霊獣などを丸彫りで彫り出した蟇股も兵庫，大阪，和歌山

図1　丹生都比売神社本殿（にうつひめ）（和歌山県，文明元年（1469））
　　現存最古の丸彫り彫刻の木鼻とされる。

図2　歓喜院貴惣門（埼玉県，安政2年（1855）頃）
「彫物」が圧倒的な存在感で迫ってくる。「彫物師」が大工を超えた瞬間の「きらめき」を感じさせる。

などで顕著に認められるようになる。彫刻による新たな装飾意匠は京や南都という伝統文化の中心部ではなく，その周縁に出現し発達したようである。応仁の乱以降の京都の衰退，各地の戦国大名の台頭という社会の風潮が建築意匠の変化に顕れていると見ることができる。

彫物大工

　江戸時代の古文書や棟札には「大工棟梁」と並んで「彫物大工」「彫物師」「彫工」という肩書きが見られ，近世に彫刻を専門とした職能の出現したことがわかる。大仏様や禅宗様の繰形のある装飾部分は，建築材と一材で加工されていることから，これらが大工の手によることは間違いない。木鼻の側面に彫り込まれた渦文や若葉，蟇股の輪郭や脚内の薄肉彫り彫刻も大工の仕事の範疇であったに違いない。部材を彫刻化する手法は，やがて手挟（たばさみ）や肘木，支輪，脇障子，欄間などに波及し，時代とともに建築全体に占める彫刻の割合が増加する。それは時代の要請でもあった。慶長15年（1610）成立とされる大工の技術書『匠明』には大工が学ぶ5項目として「式尺の墨かね（設計技法）・算用（積算）・手仕事（大工技術）・絵様（デザイン力）・彫物」があげられている。桃山期においていかに絵様彫物が大工に求められていたかが窺われる一例である。

　寛永13年（1636）の日光東照宮造営時には，大棟梁甲良豊後宗広の指揮下に平大工と彫物大工がおり，その日当は平大工が1日米6升5合に対して，彫物大工が1日米7升5合と15％余り高給であった。やがて大工の一員であった「彫物大工」は「彫物師」として分化独立し，独自の地位を確立していった。

参考文献

伊藤延男ほか『大工社寺彫刻 社寺装飾のフォークロア』INAX，1986．
平井聖，伊藤龍一，日向進『社寺彫刻―立川流の建築装飾―』淡交社，1994．

[鳴海 祥博]

権現造

神社建築の形式の一つで，本殿と拝殿を平行に前後に並べ，そのあいだを石の間（幣殿）でつないだ複合社殿の全体をいう。屋根の棟は本殿と拝殿とをつないだ石の間の棟が両者に直交するため工字型になる。本殿は入母屋造（まれに流造），拝殿も入母屋造で正面に向拝，屋根に千鳥破風・軒唐破風をつけ，彫刻，彩色で社殿を飾ることが多い。石の間は両下造で床は土間か低い板敷，天井を張らないのが古式であったが，後に床を高め格天井とするものが多くなった。

北野天満宮の社殿が祖型と考えられる。平安時代の記録に宝前の「板敷」で奉幣したことが記され，鎌倉時代の記録では「落板敷」と呼ばれ，東西に戸があったことからこれが石の間に相当し，この形式の起源は平安時代までさかのぼると考えられている。

平安時代以降，北野社以外に類例は見られなかったが，近世になって豊臣秀吉を祀る豊国廟社殿に権現造は採用され復活し，ついで徳川家康を祀る久能山東照宮，日光東照宮にも採用された。北野社の菅原道真，豊国廟の秀吉，東照宮の家康，権現造は実在する人物を神として祀る場合にふさわしい形式と考えられたようである。

豊国廟（豊国社）は慶長4年（1599）に正遷宮が行われ，豊臣家の滅亡した元和元年（1615）の廃絶後に大方の社殿は破却された。豊国廟の権現造社殿はわずか16年しか存続しなかったが，この間，慶長12年（1607）に豊臣秀頼が北野天満宮社殿，伊達政宗が大崎八幡神社社殿を権現造で造営した。その後，江戸時代を通じて各地に勧請された東照宮，霊廟建築，その他の神社建築に広く用いられるようになった。

徳川家康は元和2年（1616）駿府城で死去し，久能山に埋葬された。すぐに久能山東照宮の社殿が造営された。一周忌にあたり家康の遺命に従い日光山に改葬，元和3年，新造なったばかりの日光東照宮で正遷宮が行われた。社殿の形式はどちらも権現造で，久能山東照宮は元和創建の権現造社殿が現存している。一方，元和の日光東照宮は，三代将軍家光による寛永の大造営で改築され，主要殿舎はほとんど現存しない。寛永の造替は元和の社殿を一新するもので，東照宮の存在をいっそう壮麗にするものであった。家康の死後20年目にあたる寛永13年（1636）に造替遷宮が行われているため，式年造替の制度を意識したのかもしれない。現在の東照宮はほぼこのときの姿を伝えている。

家光は慶安4年（1651）に死去し，遺骸は上野寛永寺に安置され，その後，遺言により日光に移された。承応2年（1653）日光山内の東照宮西方に輪王寺大猷院霊廟が営まれた。大猷院霊廟の建築は，本殿と拝殿が相の間でつながり，平面は工字型になるが，通常の権現造とは異なり，本殿は裳階付の禅宗仏殿の形式で，相の間は床の低い石の間ではなく，拝殿と同じ床高の細長い廊下のような空間になっている。東照宮が「御宮」と呼ばれるのに対し，大猷院霊廟は「御堂」と呼ばれ，仏堂の建築として建立されている。

なお，現在用いている権現造の名称は，東照宮に家康を東照大権現として祀ったことに由来すると考えられるが，近世初頭までさかのぼる古い用語ではない。慶長13年（1608）の平内家の大工書『匠明』に，豊国廟の平面図が載っているがそこには「宮寺作り」と記され，元禄12年（1699）の『神道名目類聚抄』では，北野社の形式を「石の間造」「八棟造」と呼んでいる。

徳川将軍家と大名の霊廟

家康以降の将軍の霊廟は，芝増上寺境内と上野寛永寺境内に造営されたが，八代吉宗以降は新たに霊廟を造営することなく，既存の霊廟に合祀するようになった。増上寺と寛永寺の霊廟はすべて第二次世界大戦の戦災で焼失した。また，有力大名は京都の禅宗寺院や高野山に霊屋を建立した。比較的小型で瀟洒な建築が多いが，彫刻・彩色で華やかに飾るものも見られる。京都東山の高台寺霊屋は秀吉と夫人の北政所を祀るもので，壮麗な高台寺蒔絵で知られる。各地の大名も城下の菩提寺に歴代藩主の霊屋を営んだ。本格的な建築とする場合もあるが，簡素な石塔・墓碑の覆堂程度のものも多い。

吉川神道の影響下に造営された保科正之（元禄7年（1694）没，会津藩）と津軽信政（宝永7年（1710）没，津軽藩）の霊廟は遺骸を埋葬した墓所とその前方にたつ神社社殿からなるが，門前に神社に奉仕し維持管理にあたる人々が住む集落が計画的につくられていた。

北野天満宮

菅原道真を祭神とし天暦元年（947）の創建という。現在の社殿は豊臣秀頼が慶長12年（1607）に造営した。権現造の祖型は当社にあって平安時代以来のものと考えられている。権現造として大崎八幡神社社殿とならぶ最古の遺構で，とくに石の間は，床が低く張られた板敷と石敷になり，天井を張らずに両下造の化粧屋根裏を現し，本殿前面の軒をそのまま見せていて，権現造の古式をよく示している。また，本殿の西側に夏堂，拝殿の両側面に楽の間を付設する点はほかの権現造には見られない。墓股・組物などに彩色をほどこすが大崎八幡神社に比べると装飾は控えめである。

豊国廟

　慶長3年(1598)に死去した豊臣秀吉は,京都東山の阿弥陀ヶ峰山頂に埋葬され,翌年,山腹の太閤坦に社殿が営まれ豊国大明神として祀られた。社殿の形式は「北野菅廟」(北野天満宮)にならったという。平内家の大工書『匠明』に平面図があって権現造でつくられたことがわかり平内吉政が造営したと記す。また,秀吉の七回忌に行われた祭礼を描く「豊国祭礼図」から社殿の外観が窺え,本殿と拝殿は入母屋造で,拝殿の正面に千鳥破風・軒唐破風があり,軸部は朱塗りで向拝に竜の大きな彫刻が飾られていた。豊臣家の滅んだ元和元年(1615)以降,幕府の手により大方の建築が破却されたが,琵琶湖に浮かぶ竹生島の都久夫須麻神社本殿と宝厳寺唐門は,豊国廟の建築を一部に移築していると考えられる。

大崎八幡神社

　伊達政宗が仙台城下に八幡神を勧請し慶長12年(1607)に造営した。北野天満宮社殿と同年の建立である。造営を担った中心大工は京都あるいは紀州の出身で,中央の建築に優るとも劣らない華麗な本格的桃山建築となっている。石の間の天井は化粧屋根裏とはせずに格天井を張って草花を描き,拝殿の内部は柱列と小壁によって,中央に1室,両脇に2室ずつ,計5室からなり,天井は中央間に折上小組格天井,脇間は小組格天井とする。これらは北野社より発展的な形式といえる。また,装飾面では全体は漆塗を基調とし,組物・蟇股・長押・頭貫などに彩色紋様を施し,彫刻はとりわけ拝殿正面に効果的に配置され,千鳥破風に舞鶴,向拝唐破風に虎と雲竜,向拝柱に大型の竜を飾り,北野社よりもかなり桃山風の豪快な雰囲気をかもし出している。

日光東照宮

　徳川家康の死の翌年,元和3年(1617)に最初の日光東照宮は造営された。三代将軍家光は寛永13年(1636)にこれを全面的につくりかえ,禅宗様を基調とした荘厳華麗な建築を造営し,元和の建築を一新した。多くの建築が技巧を駆使した彫刻,漆塗,胡粉塗,金箔,彩色,錺金物などで埋めつくされている。建築の配置も自然の地形をうまく利用し,単調さをさけて,訪れる者の目を飽きさせずに,かつ,次第に森粛な神聖さと威厳を感じさせる構成になっている。権現造としては,初期の豊国廟,北野天満宮,大崎八幡神社,元和東照宮などに比べると,石の間の間口を狭くして平面に大きくくびれをつくる。本殿と石の間をつなぐ壁面に大きな海老虹梁と牡丹に唐獅子の彫刻を飾り,また,石の間の側面に花頭窓,欄間をもうけて採光を図るなど,新しい工夫もみられる。

輪王寺大猷院

　三代将軍徳川家光は,承応2年(1653)日光東照宮の西方に営まれた輪王寺大猷院霊廟に仏式で葬られた。大猷院霊廟は二代将軍秀忠の台徳院霊廟(芝増上寺,戦災焼失)にならって造営されている。通常の権現造とは様相が異なり,本殿は方3間の身舎の四周に1間通りの裳階をまわした禅宗様仏殿の形式で,内部は広くて高い空間となり禅宗様の須弥壇と宮殿を安置している。相の間は梁行の短い細長い建築で,床高は拝殿と同一とし,本殿と拝殿をつなぐ廊下のようになっている。結果として外観も内部も本殿と拝殿の独立性が高まり,全体で奥行きの深い建築になっている。東照宮同様,彫刻,漆塗,彩色,錺金物などの装飾が豊富で,黒漆,金箔押,極彩色仕上を多用してまばゆいばかりの建築になっている。

参考文献

稲垣栄三『神社と霊廟』小学館, 1968.
太田博太郎編『日本建築史基礎資料集成 3 社殿Ⅲ』中央公論美術出版, 1981.

[藤澤 彰]

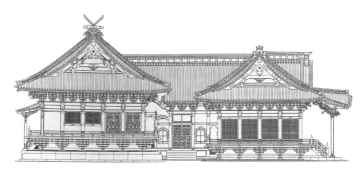

日光東照宮側立面図 (寛永13年(1636))
[村上訒一『霊廟建築』(『日本の美術』第295号)至文堂, 1990]

江戸の大寺院

　近世の寺院は，徳川政権の宗教統制のもと，本末関係を軸とした宗派ごとの教団組織化が進められた。城下町における寺社地という領域や寺町と呼ばれる地区の存在は，幕府による政策に基づく近世都市の計画的側面を示している。他方，こうした統制を受けながらも各宗派の教団やこれに属する寺院はそれぞれが一つの経営組織・経営体であり，一定の自律性をもちながら都市社会との関係を築いた。

　幕府の所在地であり，近世最大の城下町であった江戸には，全国でも有数の寺院が存在した。なかでも，将軍家との縁の深いものや中世に起源をもつ「大寺院」と呼べる寺院が10寺前後存在した（上野寛永寺・小石川伝通院・芝増上寺・浅草寺・護国寺（護持院）・麟祥院・牛込済松寺・深川永代寺・谷中感応寺など）。

江戸の寺院と境内

　江戸幕府が文政8〜12年（1825〜1828）に編纂した「寺社書上」によれば，江戸御府内には1,000を越える寺院・神社が存在した。このうち浄土宗が238寺と最も多く，これは京都や大坂をはじめとする近世の巨大都市に共通する傾向で，都市に住む町衆を対象に教線を拡大していった浄土宗の性格をよく示している。また，関東一円に勢力を延ばしていた法華宗が208寺と，京都・大坂に比べ突出して多いことは江戸固有の特質の一つである。このほか曹洞宗が155寺，浄土真宗が123寺，天台宗が92寺，真言宗が80寺，臨済宗が79寺と続く。

　地域的には，浅草地域の浅草新寺町・今戸・橋場周辺に浄土宗寺院が集中的に立地し，谷中周辺には法華宗寺院が数多く分布した。他方，こうした宗派的な偏向はみられないが，四谷・市谷・牛込・芝・麻布・高輪・駒込といった地域にも寺院が集中する地区が存在した。

　寺院を構成する諸建物は，祭祀・法会が営まれる本堂や仏殿といった堂社群と僧侶などの生活空間となる庫裏からなるが，これらの建つ敷地を「境内（地）」という。塀や生垣によって囲繞される境内地の集合が寺社地をかたちづくった。また，江戸の大寺院の多くは，朱印地と呼ばれる幕府から下付されたり，所有が認められた町地や広大な山林・耕地を周辺に付属させている場合も多く，その領域を「寺領」という。

　寺院の境内地は，史料上さまざまな言葉でいい表されるが，おおむね次の三つの性格から種別される。

① 所有関係：境内地は当該寺社に所持される場合が一般的であった（「所持地」）。しかし，江戸では他寺院の境内地の一部や幕臣の組屋敷を借りて境内を構える寺院も少なくなかった（「借地」）。

② 年貢負担：近世の土地は幕藩領主の賦課の対象であったが，境内地には，幕府から拝領し，年貢や諸役の負担が課されない「拝領地」，年貢や諸役を免除された「除地」，年貢や諸役を負担する「年貢地」の三つがあった。

③ 家作許可：寛永8年（1631）以前に起立した寺院は「古跡」と呼ばれ，翌年以後に起立した寺院は「新地」とされた。そして，新地寺院については幕府によって17世紀を通して破却が進められた。古跡寺院の旧来の境内地が「古跡地」であり，これに付随する土地を「添地」という。前者は堂社や住居などの家作が許可されていたが，後者については元禄4年（1691）に家作が禁止され，おもに墓地として利用された。

　寺院境内は本来信仰の場であったが，とりわけ大寺院の境内には参詣者の休息のための茶屋や娯楽目的の施設が設置されたり，芸能興行が行われるなど庶民の遊興の場でもあった。また，境内の土地には，地代徴収を目的として門前町家や境内貸家などが建設され，裏店層や浪人などの暮らす居住地としても開発された。

浅草寺

　浅草寺は7世紀前半の草創という由緒をもつ寺院である。慶長18年（1613）に徳川家康から朱印地500石が寄進され，徳川家にも厚遇された幕府の祈願所であった。浅草寺の境内は，本坊（伝法院）を中心とした34の子院群と境内町屋と呼ばれた南馬道町・同新町・北馬道町からなり，その周囲の寺領としては門前の町々（山谷浅草町・田町1〜2丁目・聖天町・横町・金竜山下瓦町・山之宿町・花川戸町・材木町・諏訪町・駒形町・田原町1〜3丁目・三間町・並木町・東西仲町・新町）と耕地のみからなる千束村が含まれた。このうち町々や町家は，18世紀初頭までに町奉行支配の下に移管されたものの，地頭としての浅草寺との関係は継承され，浅草寺を中核とする一円的な領域を形成していた。

　浅草寺の子院群は，本堂周辺の聖域にあたる「寺内」に向かう南・東・北の3本の参道の両側に建ち並び，それぞれ南谷・東谷・北谷という地縁的な「谷仲間」をかたちづくっていた。また子院群は，浅草寺寺院組織の基盤であると同時に，自律的な経営体でもあったため，各子院は安定的な収入の獲得を目指してそれぞれ独自の境内開発・土地経営を行った。

　このうち江戸市街地からの入口にあたる南谷の子院群は，それぞれ門前の土地を床店用地として賃借しており，仁王門から雷神門にいたる南谷参道沿いには「掛見世」と呼ばれる専用店舗が建ち並んでいた。掛見世は，

参道側の子院境内の塀に奥行き1間強の片流れの屋根を取り付けた仮設的な露店のような建築形式をもち、南谷子院群のみに設置が許可されていた（下図）。その成立時期は未詳であるが、18世紀中期の史料中には掛見世の存在が確認でき、ここに現在の仲見世通りに通じる原型を見ることができる。

天明5年（1785）の長寿院境内と掛見世
［浅草寺史料編纂所, 浅草寺日並記研究会編『浅草寺日記』第5巻, p.269, 吉川弘文館, 1981］

護国寺・護持院

神齢山悉地院護国寺は、天和元年（1681）に三代将軍徳川家光の側室、五代将軍綱吉の生母であった桂昌院の発願によって創建された寺院で、近世をとおして幕府の祈禱所とされた。綱吉の信頼が篤かった同宗派の護持院は、享保2年（1717）の火災による焼失の後、護国寺境内に移された。別立とされる時期もあったが（享保4年（1719）〜宝暦7年（1757））、護国寺本坊を護持院、境内の観音堂を護国寺と称し、護持院住職が護国寺住職を兼帯するかたちとされた。

創建当初の護国寺の境内地は、江戸近郊にあった1,800坪余りの旧牛込御薬園の地のみであったが、隣接する雑司ヶ谷村や小石川村の土地が次々と編入され、元禄年間に境内地は48,000坪余にも及んだ。さらに、元禄10年（1697）には護国寺の表参道にあたる部分に「護国寺領三ヶ町」と呼ばれる東西青柳町・音羽町1〜9丁目・桜木町が設定され、広大な寺領をもつ大寺院となった。

護国寺の境内では、18世紀後半に寺領を遊休地として開発した「護国寺境内札所写」が開かれた。これは西国三十三所観音巡礼を摸したもので、桂昌院がかつて護国寺に寄進した33体の金銅念仏像を安置するための33棟の堂舎が、護国寺と同寺領三ヶ町のほか江戸府内の町人の寄進によって天明年間（1781〜1789）に建設された。「護国寺境内 西国札所三十三所観音の図」（『江戸名所図会』）によれば、33棟の堂舎は、護国寺の背後にひろがる丘陵地帯（「山奥」）をひな段状に造成した地に配され、林や崖によって各堂舎はそれぞれ独立した領域をもち、参詣者はこれらを順番に巡るようなルートとされていた。また、「護国寺境内札所写」は、各堂舎が西国巡礼寺院の特徴を「写」してつくられていたほか、富士信仰や四国八十八箇所巡礼など、さまざまな庶民信仰を取り入れたものであった。

谷中感応寺（天王寺）

中世にさかのぼる由緒をもつ法華宗寺院である長耀山感応寺（谷中感応寺）は、寛永15年（1638）に三代将軍徳川家光の帰依を受け29,690坪の寺地を与えられ、その後、慶安元年（1648）に寺領38石が下付された。しかし、元禄12年（1699）、不受不施派であったことにより幕府の御咎を受け、天台宗への改宗が命じられ東叡山寛永寺の末寺となった。また、天保4年（1833）には、雑司ヶ谷に新たに法華宗寺院の感応寺が創建されたことで天王寺と改称された。

「寺社書上」によれば、感応寺の境内は34,287坪あったとされ、本堂（「本堂廻り」）・本坊（「本坊廻り」）と子院群（「寺中」）、門前町家（古門前町・中古門前町・表門前茶屋町・新門前町）のほか、墓所、畑、山林などからなる。このうち5,500坪余りの土地は、武家や寺院（吉祥院・妙揚寺）、東叡山領谷中本村の百姓などに貸し付けられており、境内北辺の330坪ほどの土地には非人小屋6軒が存在した。

感応寺では、番号入りの富札を売り出し、数日後に境内において行われる抽選によって当選者に賞金を与える興行的な賭博であった富突興行が行われていた。開始年代は不明だが、元禄12年の改宗による檀家の喪失に伴う寺院の困窮を一つの契機としたものと考えられる。その後も本堂や寺院の修復を名目として、天保13年（1842）年に禁止となるまで度々実施され人気を博したという。感応寺の富突興行は、湯島の天満宮（湯島天神）、目黒の瀧泉寺（目黒不動）のものとあわせて「江戸の三富」と呼ばれた。

参考文献
伊藤毅『都市の空間史』吉川弘文館, 2003.
金行信輔「寺社の土地所有―江戸を事例に」（『新体系日本史3 土地所有史』）山川出版社, 2002.
滝口正哉『江戸の社会と御免富―富くじ・寺社・庶民―』岩田書院, 2009.
光井渉『近世寺社境内とその建築』中央公論美術出版, 2001.
吉田伸之『巨大城下町江戸の分節構造』山川出版社, 2000.
「寺社書上」旧幕府引継書, 国立国会図書館所蔵.
『御府内寺社備考』（第1〜7冊）名著出版, 1986〜1987.
『浅草寺日記』（第1〜36巻）吉川弘文館, 1986〜2016.

［髙橋 元貴］

民衆信仰と寺院

近世仏教と民衆

　徳川幕府の寺院政策は，宗派ごとに本寺と末寺とを階層化する本末制度と，特定の寺院と特定の家（檀家）との関係を固定化して住民支配の基礎とする寺檀制度を二つの大きな柱としていた。このように近世の仏教は政治体制の強い統制下にあり，それゆえかつては仏教史における堕落期・停滞期と評価されることもあった。しかし一方で近世という時代は，寺檀制度のもとで寺院が民衆支配の末端に位置づけられたがゆえに，仏教が一部の限られた階層にとどまらず，広く民衆へと普及，浸透，定着した時代でもあった。それゆえ空間的にも近世の寺院は多様な展開を見せることになる。

近世都市民と寺院

　近世都市における寺院の立地は大きく次の三つの類型に分けることができる（⇨寺社地）。第一は寺町型である。これは都市の外縁部に寺院集中地区（寺町）を形成するもので，しばしば宗派ごとにゾーニングがなされ，比較的均等な規模の寺院が連続する。第二は町寺型である。これは城下町の町人地内に単体で散在するもので，基本的には浄土真宗寺院に見られる類型である（真宗道場）。第三は境内型である。これは規模が大きい中核寺院の周辺に子院や門前を附属するものであり，京都の本山級寺院，江戸の浅草寺や増上寺，大坂の四天王寺などがこれに相当する（東西本願寺，知恩院）。境内型は基本的には個別性が強いが，名古屋の南寺町のように，境内型寺院が複合した寺町を形成する場合もあった。

　近世都市の寺院はまた都市民の参詣の場，娯楽の場ともなった（⇨祭礼と興行）。主として16～17世紀に集中的に作成された参詣曼荼羅では，民衆の参詣者・巡礼者で賑わう寺院の姿を見ることができるが（⇨参詣曼荼羅），その一つである清水寺は，観音信仰の聖地として，また懸造（かけづくり）の建築的魅力もあり，境内・門前ともに繁栄した（図）。清水寺はまた西国三十三所観音霊場の札所でもあり，近畿地方一円にまたがる巡礼ネットワークに組み込まれていた。巡礼はこのほか坂東三十三所，秩父三十四所，四国八十八所などがあり，それらを写した地域巡礼も全国各地に形成された。

　寺院の民衆化，ブランド化は開帳をはじめとする各種イベントによってさらに促進された（開帳・栄螺堂（さざえ）・札所）。

寺院建築の民衆化

　17世紀前半は新規寺院の創立が相次いだ時代であった。徳川幕府はこれら新規寺院のむやみな拡大を抑え，

本末制度の秩序を維持するために，寛文8年（1668）に，本山級寺院以外の寺院の梁間規模を3間以内に抑制する建築規制を発令した（三間梁規制）。そのため寺院は新たな堂を造営するさい，この三間梁規制に適合する範囲内で最大限の内部空間を確保する方法を模索することになる。適合建築をつないで規模拡大をはかった複合仏堂（松阪市来迎寺本堂（享保16年（1731）など）や，適合性を視覚的に表現した錣屋根（しころ）（中山法華経寺）や裳階付建築などはその表れといえる。

　18世紀に入ると寺院の民衆化はいっそう進展し，参拝者に対してより直接的に魅力を訴えかける建築が目立ってくる。一つは建築の装飾化であり，細部をさまざまな彫刻で彩った建築が大いに普及をみせた（成田山新勝寺）。もう一つは内部空間の工夫で，参拝者の空間体験をデザインした建築も現れた。例えば江戸本所羅漢寺の羅漢堂（18世紀）や三匝堂（栄螺堂，安永9年（1780）か）は，参詣路を建築内に組み込んだ遊興的要素ももつ堂であった。両者は現存しないが，名古屋市大龍寺五百羅漢堂（18世紀）や太田市曹源寺観音堂（寛政5年（1793））などは類似の遺構である（開帳・栄螺堂・札所）。

真宗道場

　浄土真宗では，都市内や在地社会における門徒集団の寄合の場として，道場と呼ばれる小宗教施設が存在した。都市内の道場は町人地内に立地しており，町屋敷として扱われ，公役・町役負担の対象でもあった。近世大坂では浄土真宗のみが町人地内での宗教活動を認めており，町寺型の分布が広く確認される。これら道場は建前上町屋並みであることが原則とされたが，実際にはしだいに寺院建築化していく傾向にあった。

東西本願寺

　中世末期に隆盛を誇った本願寺は，摂津石山の陥落後は本拠を転々とし，天正19年（1591）に京都堀川六条の地に落ち着くが，慶長8年（1603）に教如を法主とする教団が烏丸七条に分立した（東本願寺）ことで東西二派となった。両寺とも伽藍は御影堂と阿弥陀堂（本堂）の両堂を中心としており，多数の門徒の参拝に対応するために広い畳敷きの外陣空間を有するのを特徴とした。西本願寺は寛永13年（1636）の御影堂，宝暦10年（1760）の阿弥陀堂に加え，桃山建築の飛雲閣や唐門，元和4年（1618）の書院などを残すが，東本願寺は度重なる火災に遭い，現在の御影堂・阿弥陀堂は明治28年（1895）の再建になるものである。両寺はそれぞれ町場を附属しており，要害を有しない寺内町を形成していた。今も西本願寺門前の仏具屋街などにその名残を見ることができる。

知恩院

　京都東山の知恩院は浄土宗の総本山で，開祖法然の住房であった吉水御坊を起源とし，徳川幕府成立後，将軍家の援助により大きく発展した．実際，旧本堂（御影堂）であった勢至堂（享禄3年（1530））が方7間の規模と簡素な意匠で中世仏堂の雰囲気を漂わせるのに対し，寛永16年（1639）に徳川家光により造営された現本堂（御影堂）は，桁行11間・梁間9間の規模に和様と禅宗様の意匠を駆使した堂々たる大建築となっている．17世紀後半には寺の西側，古門前通・新門前通一帯が町場化し，門前町（知恩院門前）が形成された．

清水寺

　京都東山の音羽山清水寺は延暦年間（782～806）の創建とされる法相宗（現在は北法相宗）寺院である．千手観音を本尊とし，古くから観音霊場として信仰を集め，西国三十三所の札所の一つとされた（現16番）．16世紀前半の作成とみられる「清水寺参詣曼荼羅」（清水寺本）には参詣者で賑わう境内と門前の姿が活写されている（図）．名高い「清水の舞台」はすでに14世紀の『法然上人絵伝』にも描かれているが，現存の本堂は寛永6年（1629）の火災後，同10年に再建されたものである．

「清水寺参詣曼荼羅」清水寺本（部分）に見る境内と門前の賑わい
　　　　　　　　　［『清水寺史 第四巻 図録』清水寺，2011］

開帳・栄螺堂・札所

　近世は庶民の寺院参詣が盛んになり，西国三十三所をはじめとする札所巡礼が流行した．霊験あらたかとされた本尊は通常は秘仏とされることが多かったが，これを祀る寺院は期間を限定して公開し，資金調達の手段とすることもあった．これを開帳という（⇒祭礼と興行）．大都市の寺院には他所の有名寺院の本尊を招待するところもあり，江戸の浅草寺や本所回向院などは開帳のメッカであった．庶民にとって遠方の有名寺院への憧憬は強く，さまざまなかたちでの空間の「写し」が試みられた．例えば螺旋状の内部空間に三十三観音を配した栄螺堂は，観音巡礼の空間そのものを建築内に凝縮したものとみることができる．

中山法華経寺

　市川市中山の法華経寺は日蓮宗の大本山である．本堂にあたる祖師堂は延宝6年（1678）上棟のものが現存する．この堂は桁行7間・梁間7間に前後に向拝の付く大規模なもので，当初は柿葺で比翼入母屋造（入母屋根が二つ並んだもの）の錣屋根（屋根の流れ面の途中に段差を付けたもの）であった．このような特異な屋根形式が採用されたのは，幕府による三間梁規制に適合しながら大規模本堂を実現するためであったと推定されている．その後，この屋根は寛保元年（1741）に入母屋造三段錣屋根に改造されたが，昭和62年（1987）からの解体保存修理工事の際に当初の姿に復元された．

成田山新勝寺

　成田山新勝寺は成田市にある真言宗寺院である．縁起では天慶3年（940）の開創とされるが，大きく発展したのは近世になってからで，将軍徳川綱吉の母桂昌院や歌舞伎役者市川団十郎らの信仰を集めたことで寺観も整い，庶民の参詣も盛んとなった．元禄14年（1701）造営の先々代本堂（現光明堂），正徳2年（1712）の三重塔，文政13年（1830）の仁王門，安政5年（1858）の先代本堂（現釈迦堂），文久元年（1861）の額堂などの近世の遺構はいずれも装飾を多用した建築で，動植物や波などをモチーフにした饒舌なほどの彫刻が人々の目を惹く．

参考文献

末木文美士『近世の仏教』吉川弘文館，2010．
『法華経寺祖師堂保存修理工事報告書』大本山中山法華経寺，1998．
光井渉『近世寺社境内とその建築』中央公論美術出版，2001．
伊藤毅『都市の空間史』吉川弘文館，2003．
小林文次，羅漢寺三匝堂考，日本建築学会論文集，130，53-61，1966．

　　　　　　　　　　　　　　　　　　　　　　［岩本 馨］

在地社会と神社・寺院

　古代の在地社会の宗教的動向は，建築史の面からは捉えがたい。『延喜式』神名帳によれば，2,861所，3,132座の神社があった。『風土記』などにも神社の記載があるから，奈良時代には全国に相当数の神社が存在していた。しかし，著名大社以外では，文献上の神社と，現存の神社あるいは発掘遺構との関連を実証するのは困難である。そのなかで，青木遺跡（島根県，8世紀）では，墨書土器によって『出雲国風土記』に記載される美談社との関係が明らかであり，貴重な事例である。寺院についても，国家的に整備された国分寺や，豪族が建設した寺院そのほか多くの施設があったらしいが，在地社会との関連は不明な部分が多い。

　中世の在地社会は，支配関係に着目すると権門貴族・武士，権門寺社，在地領主が利権をめぐって複雑に絡み合っていた。支配を受けた中世村落の構造も複雑ではあるが，それは近世を経て部分的には現在も村落構造のなかに残存する場合がある。鞆淵八幡神社（和歌山県）に残る享保2年（1717）の本殿上棟祭の座の図は，中世後期の宮座の組織をよく示している。宮座は下司，公文，十二人番頭，荘内氏子をこの順の上下関係とする基本組織と考えられる。これに寺衆，下司の家来，公文の家来が副次的に参加する。下司，公文は荘園を現地で管理運営する荘官である。十二人番頭は村内の有力者で，氏子はその他の一般的村民であろう。両者の内部は，家格，年齢などで秩序づけられたと推定される。中世村落の神社境内は，祭礼時にこのような宮座の組織が目に見える形で現れる場であった。

　中世村落が近世まで存続すると，上記のような中世的宮座の組織は単純化される。まず，荘官である下司，公文がなくなる。村内の有力者は初期の開拓者あるいは富裕層などであるが，これと一般村民の区別も漸次なくなり，多くは本百姓全員による平等な座が形成される。そこでの役職は年齢階梯と輪番制ないし籤などによって平等に回る。このような宮座は村座とも呼ばれる。神社は中世から近世へと変質しながらも連続的に存続し，その形態も根本的には変わらなかったと考えられる。

　中世の在地における権門末寺は，小高い場所すなわち谷奥や山の中腹に立地し，領地に属する周辺村落を支配していた。しかし，戦国期から桃山時代に所領を失い，江戸時代になってからは朱印地としてごく小規模な領地を与えられた。これに加えて有力檀家の庇護と宗教活動などで経済を支えた。中世的な運営体制は大きく変化したが，中枢部の堂塔はその影響をあまり受けなかった。

すなわち，本堂，塔，境内仏堂，鎮守社，門，院坊からなる中世の基本形態は縮小しつつも維持された。

　中世以来の旧仏教系寺院の縮小に対して，新仏教は近世村落へ著しく進出した。特に浄土真宗と曹洞宗は，民衆が受け入れやすい教義とともに，葬儀と先祖供養を軸とする布教によって，寺院数を増やした。近畿圏では1村落に2ヵ寺があることもまれではない。このような在地の寺院は本堂，鐘楼，門，庫裏を基本要素とし，密度の高い石塔墓地を伴うことが多い。近世の在地の寺院は葬制，墓制にも大きい影響を与えた。

　寺院の法要，神社の祭礼において芸能を奉納するのは在地に限らず一般的である（⇨祭礼と興行）。宗教行事が芸能化する場合もあれば，奉納芸が宗教行事と化す場合もあり，前近代の宗教と芸能は密接な関係にあった。黒川能（春日神社，山形県）や上鴨川住吉神社の神事舞（兵庫県），奥三河の花祭（愛知県）など，各地の寺社と村落で伝承されたいわゆる中世芸能はきわめて貴重である。前近代の在地に溶け込んだ伝統芸能の最後を飾るのが農村歌舞伎であろう。都市部で江戸時代前期から人気があった歌舞伎（⇨芝居）は，江戸時代後期には在地で隆盛を迎え，農村歌舞伎舞台が数多く建設された。

　村堂，惣堂は中世から存在し，村の運営に関して村落鎮守社に似た存在意義をもった。近世の村堂は百万遍念仏，お日待ちの籠り，集会などに使用された。また，解放された場であったため，手頃な宿泊所，休憩所となり，通り掛かりの巡礼や旅人が書いた墨書を残す堂がある。村の寄合いや，祭礼の相談などを行った村堂は，近代には公民館に公的機能を移してゆく。

　中世以来の在地の寺社は，地域のあり方に大きい役割を果たすと同時に，文化の担い手であった。

宮座

　在地の神社を核として構成される祭祀組織をいうが，同時に村落組織でもある。発生は11世紀から12世紀とされるが，近代までの連続性が認められる一般化した宮座の形成は14世紀以後とされる。宮座は，荘園制下の在地支配において始まり，荘園の解体期以後は惣村制の主体となり，幕藩体制下における再編を経て，地域の祭祀と運営を担う地縁的村落組織として存続してきた。中世の宮座は草分け百姓といわれるような在地の上層階級がいわゆる株座を構成していたが，近世にいたると本百姓による平等な組織すなわち対座になってゆく。近世宮座の構成員は家長の男性が基本である。宮座構成員には座次があり，着座と盃事を中心とする宮座儀礼が行われることが多い。これは村落と神社とを維持する宮座の重要な儀礼であり，拝殿，長床，頭屋の家の座敷，あるいは神前の庭などで行われる。これらの建物は，一見する

と単純な飾り気のない建物であるが，神社の構成要素として重要な意味をもっている。

村堂

村落共同体が建設し，共同所有になる仏堂は，寺院名がなく，単に「お堂」などと呼ばれることが多い。規模は方3間から方5間程度で，内部は1室，屋根は草葺が一般的である。観音堂（京都府船井郡京丹波町字下粟野，天文8年（1539）以前，国重文），薬師堂（兵庫県山南町，室町時代，県指定）などが代表的な遺構である。近世的な村落に属するものは村堂といい，中世的な村落共同体である「惣」に属するものは惣堂というが，厳密な区別はない。村落における村堂の意義は村落鎮守社と類似していて，組織も宮座と似たものである。その場は「堂座」と呼ぶのが適切であろう。近代以後は国家的政策によって，村落の信仰上の核を神社としたので，全般的に村堂の存在意義は薄くなり，変質した。また，神社と村堂と村落組織の関係は，各地で一様ではなかったので，現段階では村堂の運用の実態はきわめて不明瞭である。しかし，村堂が中世以後の村落共同体の発達において担った歴史的意義ははなはだ大きかったと考えられる。

頭屋

当屋，禱屋など色々の文字を宛てる。仏神事を行う組織において，祭祀，祭礼の中心となる人または家をいう。特定の家柄の場合もあるが，年功，輪番，籤などによって，交代制をとる場合が多い。神事組織が宮座である場合，頭屋は1年間の役で，その交代は宮座儀礼として行われるのが一般的である。儀礼が当屋の家で行われる場合は，座敷に宮座構成員が着座し，盃事，頭渡などが行われる。神事性の強い宮座では，頭屋に対して厳格な潔斎が要求されることに加えて，座敷を改装したり，家を建直す事例もある。神社と祭礼を護持する地域が広く，人口も多い場合は，地域をいくつかに分割してそれぞれに宮座を構成したり，当屋を複数置く場合もある。

農村舞台

農村で建設された舞台建築をいい，多くは歌舞伎，能，人形浄瑠璃の舞台である。歌舞伎舞台では神戸市北区北僧尾の舞台が安永6年（1777）建設の古い事例である。立地は神社境内にあるものが多い。正面は成の高い貫を入れて柱を省略し，床は板張り，多くの場合は草葺屋根である。楽屋は舞台の袖，あるいは背面，床下の場合もある。正面の袖には太夫座，三味線座がある場合もある。回り舞台などの複雑な装置を備える高度な舞台もある。寺社で行われる芸能としては，古代以来の舞楽，神楽，中世の能など神事性をもつものがあり，歌舞伎・人形浄瑠璃もその延長上にあるものと考えられるが，近世の芸能は中世以前に比べて，娯楽性が強い。そのため職業集団による上演だけでなく，地元の大人，子どもによる実習，上演が行われ，民俗芸能としても自立した分野を確立した。しかし，映画やテレビなど娯楽の普及によって，上演は衰微した。

在地の近世寺社

在地では，中世以後に存在が明確になる寺社が大多数を占める。寺院では旧仏教系の権門末寺と新仏教系末寺・道場があり，伽藍，建築形態にそれぞれ特徴がある。また，村が管理する村堂，村落が連合した郷が管理する堂がある。神社では，地縁を基盤とする神社として，村を信仰圏とする村落鎮守社，郷を信仰圏とする郷の鎮守社がある。村の鎮守社と郷の鎮守社では，祭礼の規模や質が異なるため，境内の規模や社殿群がそれぞれに対応したものとなる。これらは地縁共同体の神社だが，天神社や祇園社など著名神を勧請し，その信者を基盤とするものがある。これらの宗教施設とその運営は生活と密接な関連があり，祭礼や法事に対応するため，民家の使用法，形態，修繕にも様々な影響がある。

参考文献
竹内芳太郎『野の舞台』ドメス出版，1981．
黒田龍二「中世地縁共同体宗教施設の輪郭」（『中世的空間と儀礼』）東京大学出版会，2006．
藤木久志『中世民衆の世界－村の生活と掟』（岩波新書）岩波書店，2010．

［黒田 龍二］

図1　観音堂平面図（京都府下粟野）
［筆者作成］

図2　観音堂外観（京都府下粟野）
［筆者撮影］

書院造の成立と展開

　古代寝殿造の系譜を引き，鎌倉時代から次第に改変されつつ形成されてきた中世書院造は，室町中期頃には平面構成として，およそ二つの定型的な主殿・客殿形式のなかに大成された。初期の書院造であり，一つは六ツ間取りからなる会所（方丈）・書院系であり，もう一つが「昔六間七間ノ主殿」（『匠明』殿屋集）に示される中門系で，ともに客殿と居住機能を表と裏に内包した，1棟-2機能の建築であった。

　それが近世には，天正15年（1587）豊臣秀吉が造営した聚楽第の「大広間」以降，接客・対面機能が重視されるようになり，規模の拡充がはかられた。やがて寛永から明暦頃には大書院・小書院（大広間・小広間，大方丈・小方丈）と変容するが，これらが本項で述べる後期の書院造にあたる。

　初期と後期の書院造の違いを見ると，初期は二つの系統とも，標準的な規模は梁間6間×桁行7間（以下規模の表記は梁間×桁行）であるのに対し，後期は会所（方丈）・書院系は慶長14年（1609）に造立の瑞巌寺方丈（現本堂）が9間×15間あり，寛永16年（1639）頃までに再興された知恩院大方丈は11間×16間ある。また中門系も聚楽第の「大広間」は9間×13間，「当代広間」（『匠明』殿屋集）は11間×13間あり，座敷は3列構成をするようにもなった。元和7年（1621）に復興された毛利家江戸上屋敷といわれる「百間四方」図（山口県文書館蔵）によると，「御ひろま」は14間×15間，先の2例と同様に初期の書院造中門系以来の，輿寄（車寄）や入口としての中門が整えられていたが，寛永期を過ぎる頃になると次第に輿寄・中門に替わって玄関・式台が

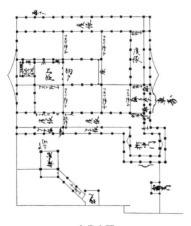

当代広間
［『匠明』殿屋集（東京大学蔵）］

付設されるようになる。輿寄・中門は古代の寝殿以来の伝統をもち，格式的であると見なされたのであろう。幕府の江戸城に固有のものと考えられるようになったともいわれ，また常用の乗物が輿や牛車から駕籠へと変化したことにもよると考えられる。そして3列構成も次第に2列から1列構成へと簡略化する傾向もあった。

　ところで屋敷の基本的な領域構成から見ると，近世の後期書院造は，陽であり晴である東南から，陰であり褻である西北への対角の軸性をもち，表・中奥・奥の領域が斜行して配される。それだけに後期においては対面と居住の機能分化が次第に進み，1棟-1機能化していく。表に位置する広間棟の主要部分はもちろん対面に使われていたが，聚楽第「大広間」と「当代広間」とでは上段の位置が異なり，聚楽第「大広間」では上段から対面の部屋が1列に並ぶのに対し，「当代広間」では上段が奥に曲がり込んでいて，対面の部屋からは上段が見通せないL字形の構成である。主たる座敷の広さは，3間×3間の，いわゆる「九間」とするのが基本で，中世書院造以来，江戸末期の文久3年（1863）に造立された成巽閣謁見の間・次の間にまで踏襲されていた。

　ただ規模が拡充された大広間・大書院・大方丈などでは主室を広くするものも多く，会所（方丈）・書院系では，瑞巌寺方丈が主室5間×6間，脇間5間×3間とし，知恩院大方丈が主室4間半×6間，脇間4間半×3間とする。また中門系では毛利家江戸上屋敷の「御ひろま」はコの字形構成をして，上段4間×4間，一の間4間×4間，二の間4間×5間，三の間4間×4間，四の間8間×4間とする。その後の寛永3年（1626）の後水尾天皇の行幸までに竣工した二条城二の丸御殿の大広間はL字形構成をして，上段の間4間×6間，下段の間4間×5間半，三の間5間半×4間からなり，小書院（黒書院）はコの字形に座敷が連なり，上段の間3間半×3間半，二の間3間半×4間半，三の間3間半×5間，四の間3間半×4間とする。

　さらに寛永17年（1640）に造立された江戸城本丸御殿の大広間は，輿寄・中門を遺し，座敷はコの字形構成にするものも，上々段2間半×3間，上段3間×3間，下段3間×3間と「九間」が並び，二の間3間×4間，三の間3間×4間，四の間6間×4間とやや広くする。そして寛永10年頃に現状のように統合された姿を見せるようになった**本願寺書院**（14間×18間）において，白書院が上段・紫明の間4間×3間，二の間3間×3間，三の間3間×3間と「九間」の部屋が連なり，対面所においては上々段1間半×2間，上段7間半×2間にするが，下段は9間×9間あり，すなわち「九間」が3行3列九つ並べた構成をして，下手中央の「九間」の一つを座敷能舞台に改めることができる。

　後期の書院造において，聚楽第の「大広間」以降，慶

長期頃には主たる座敷には格式性をもって押板・違棚・付書院・帳台構え（納戸構え）の4点がセットとなって造り付けられるようになり、その一つでも欠けると略式座敷と見なされるようになった。そして後期書院造の表向きの座敷は、金碧濃彩の絵画で彩られていた。金へのあこがれや金に対する崇拝は近世文化を特色付けているが、そうした絵画が慶長期頃まではまだ内法長押の下にとどまっていた。しかし、寛永期頃になると内法長押を越えて欄間にまで及び、天井際まで大きく描かれるようになった。そうした欄間への絵画の展開に伴って、それまで部屋境に入れていた筬欄間に替えて、深い彫りをもって彩色した彫刻欄間を装着するようになり、権威を象徴して豪華絢爛な装いをする。やがて淡彩や水墨の絵画で落ち着いた雰囲気に装う内向きの座敷などでも、透かし彫りの彫刻欄間や松皮菱などの格子欄間などが組み込まれるようになった。また外部境の欄間には明かり障子を建て込んだ窓を明けるようにもなる。

江戸時代中期を過ぎると、書院造も少し数寄屋造の意匠が入り込んで、やや柔らかな表情を見せるようになる。寛政2年（1790）に再興された冷泉家住宅は、そうした遺構の一つである。大玄関の東に連なる座敷棟は4間×6間半で南面し、柿葺の起り屋根を架して、照り屋根にした書院造の厳格さは失われている。

二条城二の丸御殿

慶長8年（1603）江戸幕府将軍の宿館としてつくられた二条城は、寛永3年（1626）後水尾天皇の行幸を迎えるため、本丸を付加して、二の丸となった御殿も大きく改められた。御殿は池に面した東南の遠侍から、式台・大広間・黒書院・白書院が雁行して並び、近世住宅の領域構成に適う配置がされている。遠侍は家臣の詰所、式台は控えの間、そして大広間が公式の対面所で上段の座敷飾や狩野探幽らが天井際まで描いた金碧の障壁画など、晴の場の豪壮な装いをする。大広間に続く黒書院は内向きの対面の場で、白書院を将軍の御居間とするが、これは白書院を内向きの対面の場、黒書院を居間とする、通例とは異なっている。

本願寺書院

元和4年（1618）につくられた対面所で、寛永10年（1633）頃すでにあった白書院と一体化して現状を見るようになった。対面所は上段に座敷飾りを晴れやかに整えているが、通常の城郭殿舎や客殿とは異なり、正面に広く上段がとられ、下段に向き合う、本願寺独特の構成をする。浄土真宗寺院の御影堂や阿弥陀堂形式から派生したもので、本願寺型対面所と呼ぶ。渡辺了慶筆の金碧の障壁画が天井際まで描かれており、上段・下段境の欄

間の彫刻から鴻の間と称されている。そして対面所の下手にある座敷舞台とともに、南庭には南能舞台も構えられ、表の領域を構成する。

対面所の背後には納戸を挟んで白書院が接しており、これが内向きの対面の場である。紫明の間の上段は中世的な庭向きの上座と、近世的な隣室を見通す上座の、二つを具有する折れ上段が設けられ、その北庭には北能舞台が設けられている。そしてこの上段の背後には対面時に衣装を改めるための装束の間がある。

公家町・冷泉家住宅

冷泉家は慶長度の内裏拡張工事に伴い、京都御所を中核として形成された、いわゆる公家町（⇒京都）から、道路を隔てた北への移動を余儀なくされ、慶長11年（1606）に現在地に屋敷を構えた。現存する住宅は、天明8年（1788）の京都大火で類焼し、寛政2年（1790）に再興された。江戸時代の公家屋敷としては、唯一表廻りの殿舎構成をほぼ完全な姿で遺している。大玄関から襖境にして、使者の間8畳、中の間12畳、上の間13畳が1列に連なる。中の間と南鞘の間の境には小壁が付されて、明確に結界されている以外は、上の間から使者の間（旧下の間）に至る部屋境と、各室と鞘の間境の欄間は素通しで、一般的な書院の座敷のように、襖障子を取り払っても部屋相互の結界をなし、序列を暗示するような欄間装置は組み込まれていない。それは儀式や行事によっては、襖障子を取り外して、全体を一室化するためであったのだろう。上の間と中の間のユカ板には長さ6mの広幅板が敷き込まれていて、節も割り抜いて埋木が施されている。また上の間、中の間境の敷居は取り外しができ、かつては用向きに応じては畳を上げて一体的に、板敷きの寝室とすることも考えていたのであろう。

また室内の障壁には季節感を感じさせない牡丹唐草の唐紙が貼り付けられ、和歌の家としての数寄の装いをする。ここには座敷を上・中・下と序列的に並べた書院構成をしての近世的な客殿として、また古代の公家住宅本来の寝殿として、そして家職に必要な「数寄」の場としての、三重の性格を有している。

参考文献

平井聖『日本の近世住宅』鹿島研究所出版会，1968.
太田博太郎，川上貢編『日本建築史基礎資料集成 16 書院 I』中央公論美術出版，1971.
太田博太郎，平井聖編『日本建築史基礎資料集成 17 書院 II』中央公論美術出版，1974.
西川孟，内藤昌『桂離宮』講談社，1977.
中村利則『町家の茶室』淡交社，1981.
中村利則「公家の家・和歌の家」（冷泉為人監修『冷泉家 時の絵巻』）書肆フローラ，2001.

[中村 利則]

数寄屋造と庭園

「明後日数奇微行事示合」（『明月記』安貞 3（1229）・3・15 条）などと，藤原定家の日記『明月記』に初見される「数奇」は，和歌・連歌，あるいはその寄合を意味して使われていた。「数寄」の原義は，古代における「好き」，すなわち愛好の意識にほかならない。しかし，その好きという感情を深く心の底に沈潜することにより，やがては人や物に取り憑かれたような，偏執的な愛情が生まれてくる。それは個人の中に芽生えた溺愛感情であり，その感情の高揚が創造性も豊かな，想念の遊芸へと結びついていく。「好き」が「数寄」となるのも，感情の高揚を踏まえた風流の遊芸においてであり，音に託した管弦や，文字に表し，言葉に発する和歌など，音や言葉に感情を移入し，その一つ一つに，想像にゆだねる豊かな背景が秘められていた。

またその数奇が，数奇な人生などともいうように，「数」は運命，「奇」は異常を意味していて，不幸な運命をいい，そこには滅多とない巡り合わせといった意味をも内包していた。ここで風流の遊芸をいう「数寄」と，そうした芸能が当座性と寄合性に特質されることから，巡り合わせの意の「数奇」をも集合して，「数寄」と「数奇」とが重なり，混用されるようになったのだろう。

室町期の『正徹物語』では「歌数寄」に比して「茶数寄」が物語られ，数寄の意味が茶の湯へと拡張する。やがて室町後期にもなると，数寄は茶の湯に収斂して理解されるようになる。それは茶の湯が，次第に寄合芸能として自立的な展開を見せるようになったこと，それに加えて茶の湯が，人を集め，道具を集める，数を寄せるという意味での「数寄」であり，そうした人と道具との巡り合わせの場という意味でもあったのだろう。

「数寄屋」の初見は，『高白斎記』で，「数奇屋」（天文 19（1550）・正・29 条）において茶と酒が振る舞われたことが記録されている。「数寄」が茶の湯に収斂してきた室町後期に，茶の湯の建築を「数寄屋」と称するようになったのだろう。それに対して「数寄屋造」の名称が使われ出したのは大正 5 年（1916）『建築写真類聚』からで，「数寄屋」を含めての，「数寄屋風」の住宅構成をさしていうものであった。

それは茶の建築をいう「数寄屋」とは別に，書院造とは異質な，意匠に特質される住宅の一群であり，その特異性と拡がり，後世の住宅構成に及ぼした影響は少なくない。そして住宅様式としていう寝殿造・書院造も，それぞれが独自に形成された，様式のオリジナリティーは認められないものの，その発展的変容を捉えて名称化さ

れており，空間性に特質される寝殿造と，その空間に室礼されていた調度類が建築的に装置化された姿に特質される書院造の差異は明らかである。そしてそれら二つの様式がそれぞれに，平面・立面構成の形状性・構成要素の意匠性・素材性には，一様ではないが多様でもない定型があるのに対し，数寄屋造の一群は道具の装置化という意味では書院造と親縁的でありながらも，形状性・意匠性・素材性に定型はなく，それだけにいかにも装飾的であり，インフォーマルな建築群である。そこにもまた，書院造の派生形というにはとどまらない，型式のない様式性が認められる。否定に立脚して萌芽してくる理念と要素をもって名称化した，西洋の「スタイル」と等質的に論ずることはできない，曖昧で，重畳的な性格をもった日本独特の「様式」観がある。そしてその様式名称として，茶の建築である「数寄屋」の影響を受けて形成されたという意味ではなく，非定型性と装飾性（「数寄屋」は負の装飾と考えられる）において同根・同質であるという意味で，「数寄屋造」の呼称は的確である。

こうした数寄屋造を代表するのが桂離宮御殿群である。北東から南西にかけて古書院・中書院・楽器の間・新御殿が雁行形に配され，やや起りを付けた杮葺の屋根が架されている。また苑池の周囲や中島には茶屋や腰掛が点在しており，古書院の北脇には茶屋月波楼，御殿群対岸の天橋立近くには茅葺の茶屋松琴亭が建つ。そして松琴亭の茶室への露地には，北方に御腰掛（外腰掛），東方の山上には四ツ腰掛（卍亭）が配されている。さらには大山島へ渡ると，かつては山上に「山上亭」があったが，今はその先の築山上に休息の茶屋賞花亭が建てられていて，その西麓に位牌堂である園林堂が構えられている。また苑池の一番南側の舟着に沿って茶屋笑意軒が建つ。表門（御成門）は敷地の北方に構えられ，そのうちに一直線に通された苑路の正面に御幸門を配して，御幸道が古書院御輿寄へと導くなど，ここに表からのアプローチが形成されている。

慶長末年・元和元年（1615）頃からここを所領するようになった八条宮智仁親王や子の智忠親王による三次にわたる工事を経て，中書院の南西に楽器の間，さらにその先に御幸御殿としての新御殿が増築され，中島に園林堂や賞花亭，池畔の南に笑意軒が建てられたのは，寛文元年（1661）から 2 年にかけての第四次の整備のあった頃であろう。御殿や茶屋には面皮材や丸太材が多用され，木部は色付けされている。正統な書院は白木で柾目の建築であるのに対し，遊興の建築や茶室は色付けをして，木目が際立っている。そして釘隠や引手の金具は様々に意匠されており，また襖障子や壁面には唐紙も多用され，「数寄」の表情を露わにしている。

本願寺境内の東南隅，陽にして晴の領域に，塀で囲われて滴翠園があり，東半の苑池に臨んで建つ飛雲閣も数

寄屋造を代表する建築である。滄浪池の南に臨み建つ飛雲閣は3層にして，重心を東側に寄せる。初層目・2層目ともに西側に上段を配しており，それに上階がかぶらないように考えてのことであろうが，その偏心したアンバランスな構成を，視覚的に矯正しているのが初層北屋根の流れに建てた照りをつけた入母屋破風であり，その屋根の勾配が2層・3層目を西方に引き留めている。この入母屋破風に対して，飛雲閣への玄関にあたる，東端の舟入には唐破風を建てて，東西に異質な破風が並び建つ。またその入母屋破風が照り屋根であるのに対し，その横手の西の流れに建つ入母屋破風が起り屋根として異なっており，初層の入母屋屋根，そして棟の向きを違えた2層と3層の寄棟屋根はともに起りの柿葺にして，柔らかい表情を見せる。

そして梁間4間半×桁行9間と，細長い平面形態をとり，西側から見る容姿は，あたかも水面に浮かぶ御座船のようでもある。そして一つの屋根にみせる，照りと起りの混在，入母屋破風と唐破風の並立，あるいは初層の木瓜形の窓，2層目歌仙の間の華頭形の窓，3層目摘星楼の軍配形の窓と，様態の異なる窓が右下から左上へと積み上がっており，こうした異質なものが共生する構成こそ，寛永期の意匠を特質する要素である。

桂離宮

ここは古くは下桂庄に属し，長和3年（1014）には藤原道長が遊覧の施設として「桂山荘」（『御堂関白記』）を営んでいた，藤原氏・近衛家ゆかりの所領であった。その後細川幽斎なども受け継いでおり，慶長末年・元和元年（1615）頃には八条宮家の所領となった。

智仁親王は元和元年頃からはしばしば桂を訪れるようになり，邸内苑池の西側には5間半×7間の書院（のちの古書院にあたるのであろう）が営まれている。それが草創期の様相であり，翌2年6月には公家衆や乱舞衆などを引き連れて，川向こうの川勝寺村に瓜見をし，桂川を逍遙しているし，あるいは後陽成院女御（近衛前子）の御成も迎えている（『智仁親王御記』元和2・6・27条）。そこはまた「下桂瓜畠之かろき茶や」（智仁親王書状）などとも呼んでいて，同6年には「下桂茶屋普請スル，度々客アリ」（『智仁親王御記』元和6・6・18条）と，第二次の整備が加えられていた。

この別業も寛永6年（1629）に智仁親王が薨去されると，しばらくの間は荒れるがままとなっていたが，八条宮家二代を嗣いだ智忠親王が，初めて桂の別業に赴いたのは寛永18年（1641）頃のことだろうか。そして親王自ら指揮をとって再興工事が行われ，古書院の南西隅あたりを改造して，その南に中書院や御湯殿・御局向二階屋が増築されており，第三次の整備をして親王が逗留す

るための寝室などが整えられた。障壁画は狩野探幽・尚信・安信の3兄弟が筆をとったと伝えられ，「山水の間」（現一の間）・「七賢の間」（現二の間）・「雪の間」（現三の間）を構成している。ただ「山水の間」の違棚天袋の襖の建て込み方が古風で，この違棚はおそらくは内裏北側の八条宮本邸から移して組み込まれたものと考えられ，また違棚の東脇を茶道口として，かつてはこの「山水の間」6畳が茶室であった。そして古書院の東側広縁から庭へ張り出して，露台の月見台がつくられたのもこのときであったと考えられる。

本願寺飛雲閣

飛雲閣は秀吉の聚楽第遺構とも伝承されてきたが，痕跡などからは移築の可能性は認められず，むしろ元和期に焼亡した対面所が再興された寛永7年（1630）から，御影堂が再建された寛永13年（1636）頃までに造営されたと考えるほうがよいのではないかと思われる。

飛雲閣へのアプローチは，かつては滄浪池北岸にある船着きからの舟渡りで，飛雲閣へは海上他界の意識を具現したものといえよう。そして石階を上がった舟入の間の南には障壁に水墨で瀟湘八景を描く「八景の間」，その西には主室招賢殿が連なる。本願寺型の対面所を踏襲する構成であるが，特に上々段の北，付書院の木瓜形の大窓や西の大華頭形の地敷居窓などは，大きなフレームを見せて対面所鴻の間の上々段に通じるものがある。そして門主が坐す上段背後の床には，中央間の下半とその左右を地敷居窓にして明かり障子を建て込んでおり，類例を見ない特異な構成を見せる。そこに西陽が差すときはことに，門主の背後に神々しい光背が演出されるなど，巧みな意匠性をもつ。　　　　　　　　　　　　［中村 利則］

本願寺飛雲閣正面

参考文献

堀口捨己「書院造りについて—様式的特徴とその発達」（「清閑」第15冊）1943；『書院造りと数寄屋造りの研究』鹿島出版会，1978.

林屋辰三郎「数寄 概説」（『日本庶民生活史料集成 10巻』）三一書房，1976.

西川孟，内藤昌『桂離宮』講談社，1977.

鈴木嘉吉，中村昌生編『桂離宮』小学館，1995.

中村利則「茶室研究の過去と現在，そして展望」（中村利則編『茶道学大系 第6巻 茶室・茶庭』）淡交社，2000.

茶　室

　茶室は茶会にだけ使われる専一の部屋をいう。14世紀から17世紀までの，その変遷を3期に別けると，中世の15世紀中頃までは，茶に専一の部屋という意味での茶室は認められない。しかし唐物で飾り立てた部屋での「茶会」（『喫茶往来』）は流行しており，また一方において「勧酒・勧飯・勧茶」の囲炉裏の茶も行われていた。ただその時代の茶はまだ自立した存在ではなく，宴会の一部としての「晴の茶」であったり，日常茶飯としての「褻の茶」であり，さまざまな儀礼の場として使われた表の主室や，裏の私的な居間である書院を兼用するものであった。

　15世紀後半頃から，次第に茶が自立化して侘茶を志向する。村田珠光・武野紹鷗らによって6畳敷や4畳半の茶室が営まれ，16世紀末頃には，千利休によって侘茶が大成された。茶室も4畳半から2畳敷や1畳半などと，「やつす」なかに極小化がはかられた。

　ところで侘茶は中世の囲炉裏の茶をして，喫茶の場と点茶の場が同室であることに特色される「褻の茶」を基底として，非日常化を目指すなかに大成されたといえよう。そして唐物も高麗物も，和物も含み込んだ「和漢兼帯」の美意識を主張するとともに，茶の湯に専心する，精神性を求める茶の湯が展開していった。唐物を一つでも持つ人は4畳半の茶室を建て，主客が同座して，炉の茶をする。茶を点てる亭主は床向きに坐す，いわゆる上座床が鉄則であり，床での器物や花の賞翫が趣向の第一とされる茶の湯であった。そして唐物を持たない侘数奇は平3畳の茶室を構え，やはり上座床であった。

　そうしたなかで大山崎の妙喜庵に現存する茶室待庵は，江戸時代初頭より利休の唯一の遺構と伝えられてきた，侘茶に特筆される茶室である。客畳1畳と手前畳1畳だけの，合わせて2畳という極小の空間性，面皮柱に藁苆の飛ぶ中塗りの土壁，そして室床の造形など，侘びに徹した草庵茶室の極致として，国宝に指定された茶室3棟（妙喜庵待庵・旧建仁寺正伝院如庵・大徳寺龍光院密庵席）のなかでも，常にその筆頭に位置付けられてきた。手前座の左手に2枚襖を隔てて勝手（現在は「次の間」と称する）1畳が付随する左勝手にして，上座床の構えは紹鷗時代からの常道に倣いながらも，炉を手前畳の左隅，入炉の向炉隅切（隅炉）に切るという斬新な構成である。こうした隅炉はどこか台子の風炉・釜をユカ下に埋め込んだような厳格さを秘めながらも，亭主の身体はやや外向きになり，客に対して密やかに手前する，茶立所の雰囲気さえ漂っている。

　利休はさらに侘びの美の極限化をはかって，天正15年（1587），秀吉の聚楽第に1畳半（1畳大目）を造立するが，ここで初めて亭主が床に背を向けて手前する，いわゆる下座床の茶室が生み出された。すなわち床などに飾り置く道具も今出来のものでもよく，亭主はただひたむきに茶を点てて，客に呈する，心に通い合う茶の湯の場であった。ただ「四畳半ニは客二人，一畳半ニは客三人と休御申候」（『逢源斎書』）などと，4畳半は維摩居士以来の方丈に連なり厳格な座敷として，2畳や1畳半は亭主と客が膝を突き合わす親近の座敷として，客組や道具組において使い分けられていた傾向が強く，屋敷に4畳半と2畳・1畳半が二つあっての茶の湯であった。

　そうした利休の茶の意識を継承したのが孫の千宗旦であり，それが裏千家に現在も踏襲されている。宗旦は正保3年（1646）に，子の江岑へ敷地の南半分を譲り，裏へ隠居をする。4畳半と2畳の，二つの茶室を配した侘び住まいの構成は，利休の聚楽屋敷そのものでもあった。しかし2畳敷とはいってもそれは1畳大目向板の，床なしの茶室で，現在裏千家に遺る「今日庵」に近似したものであったと考えられる。

　宗旦は，承応2年（1653）裏の屋敷を末子仙叟に譲って，宗旦は「うらのわらや三間二間」（『宗旦文書』194号）を営んで再び隠居する。そして新席の4畳半をつくって「又隠」と号した。利休の聚楽屋敷の4畳半に倣うものであった。利休の侘茶の理想性を抽出し，書院の茶とは対照的な世界にこそ茶の正系があることを明示する意識の表現であったのだろう。ただそれは決して利休そのままの踏襲ではなく，宗旦自らが拓いてきた世界であり，宗旦なくしては利休の茶も語り得ないのではないだろうか。そして18世紀中頃から，茶の湯の教育化が進むにつれ，茶室の基本形としてこの「又隠」がモデルになり，「数寄屋書」の巻頭を飾るようになっていった。

　天正13年頃，4畳半と2畳・1畳半の，二つの中庸をいく茶室が，大坂城三の丸にあった利休の大坂屋敷に建てられた。「大目構え」を創始する深3畳大目の茶室である。この深3畳大目は，3畳の客座の上手に床を配し，最も下手に上座床に構える大目構えの手前座が添っている。床脇に坐す主客と，手前座の亭主は最も離れており，また大目構えの中柱の袖壁はユカ面まで塗り下ろされていて，手前も風炉先の道具も見づらい茶室である。まだ床に飾った懸軸や花・花入などを賞翫するのが茶の趣向の第一義であった。それが山上宗二の大坂屋敷の茶室では，同じく深3畳大目にして大目構えの手前座が上手に半間上がり，主客と亭主の位置関係が近くなっていた。

　その後，慶長4年（1599）大坂天満屋敷に「大坂如庵」深3畳大目を好んだ織田有楽は，3畳の客座と，床との間に手前座が位置する，いわゆる「亭主床」の構成をす

る。客から見れば手前座の背景として床があり，床の前景として手前座があって，茶の湯の見所を一壁面側に集中させた，見せる茶の湯を標榜するものであった。

その少し前の文禄5年（1596），古田織部は伏見屋敷に「望覚庵」と称する深3畳大目の茶室を営んでいた。それは3畳の客座の最も上手に沿って，下座床にした手前座が位置しており，正客座に真向き合って手前が行われる。その手前座には竹の中柱を額縁として建てて，また背面には2段にした色紙窓が明けられ，手前座が舞台化していた。利休の深3畳大目に比すと，手前座が3畳の客座を挟んで対角にあって，それがそのまま利休と織部の茶の湯の違いであり，そこに美意識の違いが端的に示されているといえよう。やがて慶長6年に奈良の松屋久政の屋敷において，その躙口の位置を改め，また客座を挟んで手前座の真向かいに，襖境にして「通い一畳」を添えた，いわゆる「織部格」形式の茶室を好む。その後織部は武家はもとより，公家・寺家・町人など，階層を超えてこの茶室を好み，それまでの茶室が同じ広さでも一つひとつ異なるものであったその伝統を，大きく破ることとなった。それは織部が江戸幕府二代将軍徳川秀忠の御成に適う茶室としてこの茶室の定着化をはかり，「数寄の御成」の格式性をもって形式化したもので，秀忠や三代家光の「数寄屋御成」の茶室として，その寸法書きが御成の書院の木割とともに，版本の『数寄屋工法集』（貞享2年（1685）刊）にも収載されることとなった。

織部を後継した小堀遠州は，伏見六地蔵屋敷において，「織部格」形式の深3畳大目の客座下手に，相伴席としての1畳を加えた長4畳大目を好み，また最も上手に沿っていた手前座も半間下手に下げる。手前座は客座の中央に位置することとなり，すべての客の眼が亭主の一挙一動に注がれる茶の湯が展開する。その後，寛永2年（1625）に伏見奉行屋敷に好んだ松翠亭や，同10年石清水八幡宮瀧本坊に松華堂昭乗のために好んだ閑雲軒も，同様の長4畳大目であったが，同5年に南禅寺金地院に好んだ八窓席3畳大目は，躙口を開けた正面に手前座と床を横並びに配していた。この八窓席も先の「亭主床」に似て，見所を一壁面側に集めており，客が床の器物や花とともに自ずから手前も見えることとなり，それだけに点前道具にも華やぎが求められることとなった。

近世初期の有楽・織部・遠州に至る武家の茶は多様な茶室の展開をみせながら，利休の深3畳大目を基点とする3畳大目の基軸があり，それは3畳の客座の廻りを手前座がぐるっと半周する推移のなかに，茶の湯の趣向の変容が現れているといえよう。

妙喜庵待庵

待庵は当初は秀吉の命により，利休が天正10年

（1582）から翌11年の春にかけて山崎城に好んだと考えられる。その後秀吉の大坂転進により席抜きもしないまま崩し置かれていたが，慶長の初め頃，妙喜庵の功叔和尚により再興されたと考えられる。その当初の平面構成を示すのが天正14，15年頃の内容をもった『山上宗二記』に所載された「関白様御座敷二畳」で，横幅の掛物を多く使った時代の室床は，おそらくは現在の4尺床ではなく，間口5尺であった思われる。それだけに隅炉が床にかぶらないように，当時はすでに一般化していた1尺4寸角ではなく，少し小さくして1尺3寸4分角としたのであろう。また正面側外部も，現在のような土間庇構成ではなく，面坪の内で囲われていた。

如 庵

大坂天満から移り京都二条に屋敷をもった有楽は，元和3年（1617）に建仁寺塔頭正伝院を再興し，翌4年にはここを借用して自らの隠居所を造立した。南面して建つ表門の内に，玄関と南向きの客殿棟が建ち，その西に庫裏棟が並び建つ。さらに庫裏の北方には隠居の居間と東向きに構えた書院棟，その東北端から雁行して数寄屋（二代目如庵―国宝）が東向きに連なっていた。現存するのは書院棟から数寄屋にかけてである。数寄屋の柿葺きの屋根は入母屋造りのようにも見えるが，右側は切妻屋根の前面に庇を付け下ろしており，片入母屋である。前面への庇の軒の出も1.35尺と異様に浅く，いずれのときか軒先が傷んで切り縮められたのでもあろうか。それとともに左端の柱の奥へ下地窓の円窓を明けた袖壁を建て，入り込み土間を設け，茶室への躙口を開けており，正面から躙口を消し去った外観構成は，通例の茶室とは異なる表情を見せる。

2畳半大目，躙口の左手奥に大目床を構えた茶室は，床脇に三角の鱗板（地板）を入れて筋違壁が建ち廻る。これも斬新な構成であり，ここから「筋違の囲」とか「袴腰の数寄屋」と別称されているが，この斜行する壁面線を延長すると躙口の中心に至る。躙口を開けて見る室内は，筋違壁によって床から点前座にかけてがパノラマ状に一体化されているようでもあり，大坂天満屋敷跡に遺された初代如庵の，床と点前座を前後に一体化し，見所を集中していたのに通じた構成である。

参考文献

船越徹，熊倉功夫，中村利則，西和夫『茶室空間入門』彰国社，1992.
中村利則「武家の茶室」（中村利則編『茶道学大系 第6巻 茶室・茶庭』），淡交社，2000.
中村利則「千利休論―異端の造形」（熊倉功夫編『茶人と茶の湯の研究』）思文閣，2003.

[中村 利則]

大名庭園

大名庭園とは

　江戸時代に全国各地の大名がその江戸屋敷（⇨大名屋敷）あるいは自らの城下に造営した回遊式の庭園を大名庭園と呼ぶ。小規模な平庭や茶庭は，大名が邸内に築造した庭園であっても，一般にその範疇には含めない。回遊式庭園は，広い池を中心とし，園内を徒歩や舟でめぐって景色を楽しみつつ，要所に配した茶亭などで茶を喫し食事を摂るといった遊興の空間であり，客を招いての接遇の場としての意味合いが大きかった。構成・意匠としては，茶の湯や詩歌などの和漢の教養を基盤とした様々な要素が随所に織り込まれているのが特色である。なお，回遊式庭園は室町時代の足利義政の山荘・東山殿にその萌芽を見ることができるが，様式として確立したのは江戸時代初頭の八条宮智仁親王の桂山荘（現在の桂離宮）とされる。桂山荘がおおむね完成を見るのは寛永2年（1625）頃であり，初代水戸藩主・徳川頼房による後楽園（小石川後楽園）造営などはそれから間もない時期に行われたことになる。そもそも回遊式庭園は，大規模な池庭を基本としつつ茶室に伴う茶庭（露地）を重要な構成要素とし，局部には枯山水の手法なども取り込む総合的な様式であり，その造営には広い敷地と築造に要する財力や技術力が必須である。したがって，施主となりうるのは大名などの限られた階層となり，回遊式庭園がおおむね大名庭園として展開したのは必然であった。

大名庭園の成立と展開

　大名庭園の始まりは，徳川幕府が江戸に大名を集住させるようになった寛永年間（1624～44）と考えられ，特に明暦の大火（明暦3年（1657））後，危険分散のため各大名に複数の邸地が与えられてからは，広大な敷地をもつ多くの大名邸でこの様式の庭園がつくられるようになった。当然ながら，こうした状況下では作庭や庭の維持管理に携わる技術者が求められ，このことが江戸における庭園文化の隆盛の基盤形成につながったといえよう。江戸における大名庭園築造の急増と前後して，各大名の領国の城下でも，同様の様式の庭園が造営されるようになり，これまた庭園文化の地方伝播と定着に大きな役割を果たした。江戸および各地の城下の大名庭園は，それぞれ改修を重ねつつ，あるいは所有者や役割を変えながらも，多くがおおむね江戸時代を通じて存続し，わが国の庭園の歴史の中でも特筆すべき存在となった。明治時代以降，東京（江戸）の大名庭園は多くが破却されたが，それでも小石川後楽園，六義園などが命脈を保ち，兼六園や栗林園（高松市）など各地の大名庭園も公園の

位置付けを与えられるなどして存続したものが少なくない。現在，これらは市民に憩いを提供する歴史豊かで良質な緑の空間，あるいは日本の庭園文化を伝える文化的観光資源となっている。

大名庭園の特色

　上述のように，大名庭園は大名の造営になる回遊式庭園であるが，例えば宮家による桂離宮や寺院門主による渉成園（京都市）といった大名以外による回遊式庭園との構成・意匠上の違いは以下の点に認められる。岡山後楽園などに見られる馬場や弓場，栗林園などに見られる鴨池といった武芸に関連する区画，ならびに岡山後楽園などに見られる領民の労苦の共有を象徴する水田や畑といった区画の存在，さらに小石川後楽園などに見られる子孫繁栄の象徴としての陰陽石などである。これらは大名の武家あるいは封建領主としての本質に根差す構成・意匠といえよう。

　大名庭園の利用状況に注目すると，江戸では藩主自身の江戸における慰撫の空間であるとともに，将軍家関係者や他大名家などを迎えての接遇の場として用いられることも少なくなかった。小石川後楽園では三代将軍・家光の御成りを度々仰いでいるほか（『徳川実記』），後年には五代将軍・綱吉の母である桂昌院を迎えている（『後楽記事』）。一方，城下の大名庭園では，姻戚など関係の深い他大名や公家の来訪時の接遇の場として用いられるほか，参勤交代による領主の江戸在勤時には領民に開放されることもあったことが岡山後楽園について記した『御後園諸事留帳』に見える。

日本三公園

　水戸の偕楽園，金沢の兼六園，岡山後楽園の三つの大名庭園が「日本三名園」と呼ばれることがあるが，本来は「日本三公園」である。「三公園」の名称が示すように，明治6年（1873）の太政官布達第16号により「公園」の位置付けを与えられたもののうち優れたものとして，明治時代後期からそうした呼称が用いられるようになった。このことは，大名庭園が形態的・規模的に公共の用に供する近代的な「公園」としての資質を備えていたことを示している。

後楽園（小石川後楽園）

　水戸藩主・徳川家の江戸上屋敷（当初は下屋敷）。寛永6年（1629），初代藩主・徳川頼房は三代将軍・徳川家光から江戸小石川に邸地を与えられ，約3年の歳月をかけて屋敷を造営した。作庭は徳大寺左兵衛が担当し，伊豆から奇岩大石を取り寄せ，大泉水には神田上水から導水したという（『後楽記事』）。二代藩主・光圀の時代に庭園の整備は大きく進み，明の遺臣・朱舜水によって後楽園と命名された。さらに，歴代藩主による折々の修

築を経ながら，明治以降も陸軍省の管理下などに置かれたことから，庭園は比較的良好に旧状を保った。大泉水を中心に，起伏のある地形を活かしつつ，大堰川や白糸の滝といった日本の名所の心象や蘇堤・円月橋といった中国趣味に基づく意匠を園内各所に取り入れ，園内の一角には松原や水田なども配する。歩行に伴って変化する庭景の構成は大名庭園の中でも屈指と評価される。国指定特別史跡，特別名勝。

兼六園

金沢城に隣接する丘陵に築かれた加賀藩主・前田家の別邸。延宝4年（1676），五代藩主・前田綱紀が現在の下段の庭園一帯に蓮池上屋敷を造営したことに始まる。その後十二代・斉広が文政5年（1822）以降，現在の上段の庭園一帯に竹沢御殿を新造して整備を進めた。十三代・斉泰もさらに改修を進め，ほぼ現在見る状況になったのは嘉永4年（1851）頃であった。犀川上流から城下に引く辰巳用水から導水し，上下2段となる地形を活かしながら，その豊富な水を用いて上段の霞池，下段の瓢池（ひさごいけ），園内を縦横にめぐる流れ，上段から下段へと落ちる翠滝さらには上下段の標高差を利用した噴水などを設える。こうした多彩で秀逸な水の意匠をもつ一方で，上段の庭園からは見事な眺望を楽しむことができる。兼六園の名称は中国の『洛陽名園記』に由来し，宏大・幽邃，人力・蒼古，水泉（ゆうすい）・眺望という並立しがたい六つの要素を兼ね備える，の意である。国指定特別名勝。

栗林園（栗林公園）

高松藩主・松平家の高松城下における別邸。その敷地には，初代藩主・松平頼重が高松に入った寛永19年（1642）以前に前任の生駒家の別邸が設えられていたとみられるが，頼重による新たな作庭が始められ，それが完成したのは頼重没後の元禄13年（1700）であった。その後も歴代藩主による修築が重ねられ，五代藩主・頼恭による大改修時には『栗林荘記』（1745）が著され，中国の名勝にちなんで六十景が選ばれた。明治8年（1875）には県立の栗林公園となり，北部が洋風公園化されるなどの改変も見られた。紫雲山東麓の広大な敷地に，南湖・北湖をはじめとする六つの池を穿ち，飛来峰・芙蓉峰など13の築山を築くとともに，掬月亭（きくげつてい）をはじめとする茶亭を園内各所に配する回遊式庭園で，歩行・舟航により背景の紫雲山を含む多彩な景色が存分に楽しめる傑出した構成・意匠をもつ。国指定特別名勝。

岡山後楽園

岡山城の背後に築かれた岡山藩主・池田家の別邸。江戸時代はその立地から「御後園」と呼ばれた。二代藩主・池田綱政が貞享3年（1686）から元禄13年（1700）にかけて造営。実際に作庭を担ったのは土木技術に優れた重臣・津田永忠で，その後も歴代藩主による修築が続いた。江戸時代には，宴や迎賓，茶事，武芸の披露など様々に用いられたが，明治17年（1884）に池田家から岡山県に所有が移り，一般公開に供された。旭川の北岸（河川改修により現在は中州）に立地する平坦な地形のため，全園の約5分の1を芝生地とし，敷地中央部に沢の池を穿ち唯心山を築いて庭景の要とするとともに，園外の操山を借景とする。亭内に水流を通した珍しい造りの茶亭・流店（りゅうてん），馬場や弓場，領民の労苦を偲んだ井田や茶畑なども大名庭園らしい設えである。国指定特別名勝。

岡山後楽園（延養亭から沢の池と唯心山）
[筆者撮影]

参考文献
白幡洋三郎『大名庭園』講談社，1997.
神原邦男『大名庭園の利用の研究』吉備人出版，2003.

[小野　健吉]

栗林公園（飛来峰から見た南湖と紫雲山）
[筆者撮影]

中世の民家

伊藤鄭爾は，民家を「木割のない建築（敷地と材料利用に強い制約がある階層の建築）」とした上で，主に15世紀から17世紀末期における民家建築について，その本質を①階層差とそれに基づく厳しい身分差，②その制約下において次第に独立していく農民層・都市住民層の存在，③その結果顕在化する土地細分化と住居拡大の流れ，④建築生産体制と工具・技術の進展，⑤新興庶民階層と支配者間に介在する上層庶民階層（名主・地侍・町衆）の動向，などの視点から読み解いた。その中で中世民家に関する要点は以下の5点である。

1. 中世民家における建築構造は掘立柱主体で近世民家より小規模（特に町家）。ただし現存する中世民家遺構（畿内農村に所在）は礎石建で規模も大きい。
2. 中世民家遺構の前座敷部分は上層階層住宅のデエ由来と考え，名主層が領主層を迎え入れるためと解釈する。また，納戸構（帳台構）も格式表現と考える。
3. 中世民家遺構は柱間が不均等な1間柱間が基本で，梁組や床組は単純。
4. 中世町家は店棚を有する点で農家とは別系統である。間取りは片側土間式住居と中土間式住居が認められ，中土間式は近世に継承されない（隷属性や拡張性の観点から）。
5. 中世町家は2階建も存在したが，内法の低い厨子2階的存在であった。

伊藤以後の中世民家に関する研究成果として，軒を連ねた町家の発生について，京都の場合は築地を崩して奥行の浅い建築をはめ込む場合や祭礼などの際に街路に面して仮設した桟敷席を原形とする説が示されている。また，中世民家遺構は箱木家・古井家・堀家の現存遺構すべてが解体修理を受けて多くの重要な新知見が加わった（伊藤が調査した阪田家は昭和37年（1962）焼失）。

箱木家住宅（16世紀をさかのぼる可能性が高い）と**古井家住宅**（16世紀後半）は，解体修理時の調査結果をもとに建築当初形式に復原された。箱木家住宅は飛び抜けた建築年代の古さが柱間寸法や下屋構造によく現れている。**古井家住宅**は箱木家住宅に比べると柱間寸法や下屋構造がやや整備される。この2件は当時の農村において格式に最大限配慮した最上層民家と位置付けられるが，その後の近世民家と比べると寸法体系・構造・間取りにおいて大きな隔たりを有す。

堀家住宅（16世紀後期）の建築当初形式は，居室部に2階を有し土間部分の屋根が一段低くなる落ち棟形式の板葺系切妻造屋根であった。また，胴指を多用して軸組を固めるために柱間は一部を除き6.71尺の均等となる。さらに，間取りは前座敷形から進展した形式を示すが帳台構えを留める点，規模が大きく特に梁行方向が拡大している点において近世初期の町家建築に通じる。

上記3件の中世民家遺構は，いずれの場合も礎石建を採用したことで驚くべき長寿命化を果たした。なお，考古学の成果によれば，中世民家は掘立柱主体と認識されるが，一乗谷遺跡や大阪城下町町屋発掘事例において礎石建建築跡が確認されており，16世紀末に至ると民家建築の構造手法にも大きな変化が現れる。

箱木家住宅（神戸市北区山田町衝原）

箱木家は地侍を出自とし，室町中期に宮座の下頭役を務めるなど地域の有力者であった。当家主屋は近世以来「千年家」の称号を伝えてきた。ダム建設事業に伴い，昭和53年（1978）に約70m東南へ移築保存した際に復原修理された。従前から柱・架構・寸法計画などが近世民家と大きく異なることが指摘されていたが，復原修理によってそれらが一層明確となった。すなわち，①建築当初は桁行11.39m・梁行8.42m規模（7尺1間として5.5間・4間）の前座敷三間取形平面で，土間の比率が過半を占める，②柱間寸法は多様で一定の規則性を認め難い，③下屋は厚い土塗大壁と垂木で上屋とつないで構造を保つ，④地面に直接間渡を差し込んで大壁を構成する

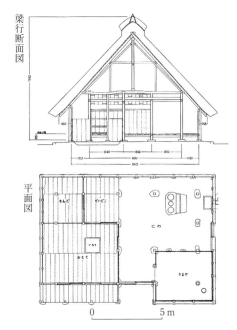

図1 箱木家住宅主屋

［文化財建造物保存技術協会編『重要文化財箱木家住宅（千年家）保存修理工事報告書』重要文化財箱木家住宅修理委員会，1979］

図2 箱木家住宅
［筆者撮影］

素朴な工法は、上古の壁立式推定復原家屋のような印象を受ける、⑤おだち鳥居組（小屋梁上におだちと呼ぶ棟束とその両脇に母屋束を立て梁でつなぎ、棟木・母屋桁・軒桁に垂木を架ける小屋組。叉首組より古式）の小屋組を持つ茅葺屋根は、軒が低く垂れ込めている、⑥開口が少なく天井・小壁ほかの造作はほとんど存在しない。

主屋は創建以後様々な改変を経てきたが、特に下屋大壁を開口に改め真壁構造へ改装し（繋ぎ梁挿入など含む）、間仕切りや天井・縁ほかの造作を充実させたことは注目される。また主屋上手側に増築を行い座敷の充実に努め、創建部分の脆弱性（稚拙な下屋構造に対し開口を増やして耐力を低下させた）を増築部で支えてきた。増築した座敷部も3度の大改築を行い、最終的に創建主屋と増築部を巨大な茅葺き屋根で一体化させた。

箱木家主屋は日本の民家遺構で唯一16世紀をさかのぼる可能性があり、発掘調査の所見は13世紀の可能性も指摘する。その当初形式は無骨で荒削りながら独特の風格と存在感をもち、近世民家とは一線を画する。そして経年とともに規模拡大や開放性獲得などすまいの要求を満たすなかで、創建時の柱梁を大事にしながら維持継承されてきた点が注目され、その根本に礎石建採用による建築の長寿命化を実感する。

古井家住宅（姫路市安富町皆河）

箱木家とともに千年家として著名な旧家で、おだち鳥居組の垂木構造による茅葺民家である。建築年代は16世紀後半頃と推定されている。その根拠は、箱木家に比べ柱間寸法が比較的整っている点にある。その基準柱間はおよそ桁行6.6尺・梁行6.9尺で、近世における近畿圏民家の標準的な柱間寸法（6.5尺）より広い。また、創建時の平面（前座敷三間取り）や構造に素朴な面が認められ、下屋は大壁で覆われる部分が多い点からみても室町時代（中世末の住宅）と認められている。

なお、当家も創建後に多くの改修を重ねてきたが、基本的に創建当初の規模すなわち桁行13.9 m・梁行8.1 m（6.9尺1間として7間・4間）は変えずに、開口を増やし架構に工夫を重ねて居住性向上を目指してきた。

堀家住宅（奈良県五條市西吉野町賀名生）

堀家は平安期に熊野別当を輩出したと伝える旧家で、承久の変に際し天皇方に従った後に現在地に土着し、南北朝の争乱に際して南朝方の行在所となったという。現在の主屋は16世紀後期頃と推定される。

主屋は平成8～10年（1996～1998）の根本修理により当初形式が判明したが、後世の改造が大きい点と住み続けることを考慮して現状維持修理が行われた。

中世民家の特色は、①柱間6.71尺を標準として桁行8.5間・梁行6間（下屋部分若干延びあり）の大型建築で特に梁行が大きい、②間取は前座敷三間取りを基本に前座敷部と後列奥室に小室を区分、③居室部は内法の低い2階を設け通し柱は2階部分の断面を小さくした扱き柱形式、④屋根は土間部分が落ち棟形式となる切妻造で板葺と推定、⑤指鴨居は土間背面出入口に採用されるほか2階天井梁に胴指的機能をもつ、などがある。すなわち間取は箱木家・古井家の発展形といえるが、2階を設けるため構造は強固さを増し、柱間間隔も整う。この点は栗山家（慶長12年（1607））・中村家（寛永9年（1632））・今西家（慶安3年（1650））など奈良の古式町家に通じる。また、当家は江戸初期の改造により寄棟造・茅葺の巨大な屋根を構えたが、その小屋組形式は笹岡家（17世紀前半）や片岡家（寛文10年（1670））など奈良の古式農家に通じる。

このように堀家住宅は、近世初期の町家・農家の出現に示唆を与える重要な遺構である。

参考文献

伊藤鄭爾『中世民家史』東京大学出版会, 1958.
小野正敏編集代表『図解・日本の中世遺跡』東京大学出版会, 2001.
文化財建造物保存技術協会編『重要文化財箱木家住宅（千年家）保存修理工事報告書』重要文化財箱木家住宅修理委員会, 1979.
重要文化財古井家住宅（千年家）保存修理委員会編『重要文化財古井家住宅修理工事報告書』重要文化財古井家住宅（千年家）保存修理委員会, 1971.
奈良県教育委員会事務局文化財保存事務所編『重要文化財堀家住宅修理工事報告書』奈良県教育委員会, 1988.

［大野　敏］

近世初期の民家

　近世の民家遺構は中世に比べて格段に数が増え，これらを概観することにより気候風土や生業・格式に起因する民家の多様性を認めうる。しかし長年月を経て現存する遺構は礎石建を採用した上等な建築であり，近世民家の全体像を正確に示すものではない（宮澤智士は礎石建を採用して構造と耐久性を著しく向上させた近世の民家を「近世民家」と定義する）。

　こうした課題について，伊藤鄭爾は承応3年（1653）信州南佐久郡六か村の人別帳により，自立農民の主屋について「掘立家屋が8割を占めること」を示した[1]。また，山田弘康は木古庭村（現神奈川県葉山町）の元禄4年（1691）「家下反歩改帳」記載の主屋58件と横浜国立大学の民家調査結果を検討して，復原規模が桁行7間×梁行4間と桁行6.5間×梁行4間の礎石建遺構2件が史料と対応するとした[2]。この規模以上の主屋は16件存在することから，元禄4年の木古庭村は16/58（27.5%）が礎石建住宅であった可能性がある。ちなみにこの史料で最小規模は桁行3間×梁行2.5間で，平均規模は6間×3間ほどである。上記例を参考に桁行7間×梁行4間以上の主屋を礎石建と仮定し，近隣の村々史料による主屋規模判明事例に注目すると，延宝6年（1678）手広村（現鎌倉市）は20件中1件（5%），宝永5年（1708）池子村（現逗子市）は62件中25件（40%），享保17年（1731）の中依知村（現厚木市）は24件中11件（45.8%）が該当し，その比率は17世紀末を境に急激に増加し，18世紀前半に4割以上が礎石建に移行する傾向が認められる。

　また，川崎市立日本民家園に移築復原された旧伊藤家住宅（17世紀末〜18世紀初期，桁行8間×梁間4間）は，移築時の調査において現存遺構下に規模が小さい不整形の掘立柱建築跡が確認された。武蔵丘陵農村の名主階層である伊藤家主屋の建築は，17世紀末頃に革新的な進歩を見せたことになる。

　一方，考古学の成果によると，東北や関東の近世村落内で掘立柱建築遺構が減少し礎石建建築が主流となるのは18世紀中期〜19世紀初期頃との見解がある[3]。

　このように建築史学と考古学の研究成果を統合すると，東日本の村落民家における主要建築の掘立式から礎石建への転換は，17世紀中期から末期にかけて上層階層において進展し，18世紀前半に村落内へ普及が進展し，18世紀末には村落内の過半が礎石建へ移行すると捉えることができる。

　なお，都市の民家である町家は，中世の京都における掘立柱・切妻造・板葺・平入・片土間の小規模住宅が，17世紀末を境に礎石建・瓦葺・大壁など建築構造に大きな変化を見せるが，切妻造・平入・片土間の基本構成は幕末・明治まで継承する。また，近世初期の江戸の町割は，秀吉の京都改造に学びながら，町人地の要衝に上層町人階層の大規模で豪壮な町家を配し，その他は小規模な板葺町家が多数を占める様相を示していた。これが度重なる火災などによる災害，復旧を繰り返すなかで，次第に桟瓦葺・礎石建町家へ移行したと考えられる。

　以上，近世における民家の構造変化（掘立柱から礎石建柱）を大局的に見れば，幕藩体制整備に伴う新田開発などの農村施策や都市経済の安定により，17世紀末以降に民家建築の質的向上が顕在化し，その傾向が100年くらいかけて敷衍し，村落および都市内に礎石建民家が普及するに至る。そしてこの構造変革を先導したのが，17世紀前半期に村落や都市に出現した礎石建民家ということになる。

　その意味で近世初期すなわち17世紀前半にさかのぼる民家遺構は近世における民家の転換期を知る上で重要である。そこで，根本修理が実施されて履歴などが明らかとなった遺構から農家系主屋として吉原家住宅（広島，寛永12年（1635）），吉村家住宅（大阪，17世紀中期から後期），彦部家住宅（群馬，17世紀前期），関家住宅（神奈川，17世前半），高林家住宅（大阪，原型は天正頃），石田家住宅（京都，慶安3年（1650）），町家として中村家住宅（寛永9年（1632）），今西家住宅（奈良，慶安3年（1650））に注目する。

　上記の農家系主屋は，①出自は地侍などの上層に属する，②広間型三間取り（畿内を除いて17世紀末期以降全国的に確認される）と異なる間取りを持つ，③上層だが書院造風座敷を持たない（その後別棟や改造で構えるものあり），④土間入側に独立柱が多い，などが共通する。すなわち中世遺構の箱木家や古井家に連なる系譜の住宅といえる。高林家の前座敷三間取り形式の可能性や石田家のおだち鳥居組小屋組，吉原家における不ぞろいな下屋柱間や過渡期的な指鴨居（吊束と併用する）などは古式といえる。関家の1間幅の下屋構造もその後の関東地方の民家に見られない形式である。その一方で吉原家・吉村家の六間取り平面はその後の大型民家に採用され，彦部家の上屋・下屋架構はその後の多くの民家に採用される。

　町家の中村家住宅は街路からやや後退する配置や2列構成の居室を持つ平面に農家系主屋との共通性が認められるが，入母屋造・瓦葺の大屋根と漆喰塗大壁の重厚な外観は，近世初期に主体であった茅葺農家や板葺町家とは異なる。この特徴は年代が判明する最古の町家である栗山家住宅（慶長12年（1607））と類似する。この2件に比べると今西家は街路に面する点や「八棟造」と呼ばれる複雑豪壮な屋根形式が注目され，江戸図屏風に描かれ

た三階建の城郭風町家に通じる。すなわち今西家主屋は，近世城下町成立期に重要な役割を果たした最上層町家に通じる遺構として重要である。

平面図

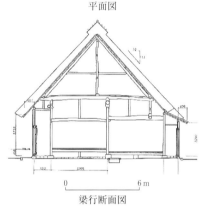

梁行断面図

図1　吉原家住宅
[文化財建造物保存技術協会編著『重要文化財吉原家住宅主屋及び附鎮守社修理工事報告書』吉原久司，2004]

図2　関家住宅梁行断面図
[文化財建造物保存技術協会編著『重要文化財関家住宅主屋・書院及び表門修理工事報告書』関恒三郎，2005]

吉原家住宅（広島県尾道市向島町）

吉原家住宅は尾道に面する向島に所在する。当家の先祖は武士で，近世に世襲名主を務めた。屋敷は島中央の小高い場所に東面して構え正面に長屋門を配す。古文書により寛永12年（1635）建築とされる主屋は平成16年に根本修理が竣工し，ほぼ創建時の姿に復原された。6間取りの大型民家で開放的なつくりを持ち座敷部に畳割を採用する点は近世民家として発展形を示すが，①下屋の柱間寸法や構法が未成熟，②差鴨居を吊る構法，③垂木構造，④梁材の細さ，など古式要素も多い。瀬戸内の重要な港町に隣接する立地条件と吉原家の格式が，こうした新旧要素混在の過渡的かつ在地領主的な上層民家を江戸初期に生み出したといえる。

吉村家主屋（大阪府羽曳野市島泉）

地侍を出自とする吉村家の主屋は，大阪夏の陣で焼失後に再建という説もあるが，大黒柱配置に畳の逃げを持つ点は古式とはいえず，17世紀後半という見方もある。この家は民家の文化財指定第1号（昭和12年（1937），国宝保存法時代の旧国宝）であるとともに，民家の文化財保存修理第1号（昭和28年）でもあり，日本民家史上最重要遺構の一つである。主屋は長大な土間と広敷をもち，整形四間取りを基本に六間取りへ規模拡大した形式を示し，側廻りに1間ごとに柱が立つ点が古式である。六間取りの上手2室は本来の形式が曖昧な点を残すが座敷でなく，書院造系の座敷は主屋よりも一時代遅れて整備したものらしい。

今西家住宅（奈良県橿原市今井町）

地侍を出自とする今西家は，寺内町である今井町西端の要衝に立地し，今井町総年寄を務めた格式を持つ。主屋は慶安3年（1650）の棟札を持つ町内最古の町家である。また，主屋に牢屋が付随していたことは，自治都市今井町の総年寄役として警察権も行使したことを示す。また，八棟造と呼ばれる複雑な屋根形の本瓦葺屋根と漆喰塗大壁による重厚な外観や，2列形の大型間取りはよく当初形式を留め，今井町における近世町家の発生と発展経緯を知る上で基本となる遺構である。特に，突止溝を持つ指鴨居の使用状況や屋内間仕切り形式，大黒柱の配置において畳の逃げを配慮していない点，および2階の存在と矩計に関しては基準作として重要である。

参考文献
1) 伊藤鄭爾『中世民家史』東京大学出版会，1958.
2) 山田弘康「近世社会における村落住居の文献的研究―近世村落住居形成の基本構造―」私家版，1977.
3) 渋江芳治，近世農家のイメージ，貝塚，40，1987.
4) 玉井哲雄『近世都市と町家』（永原慶二，山口啓二編『講座・日本技術の社会史 第7巻』日本評論社，1983.

［大野　敏］

民家の類型と地域性

　この項で用いる民家とは近世に成立した庶民の木造家屋で，支配階級である公家や武士などの貴族住宅に対立する概念であり，江戸時代に類型化した近世民家主屋を対象としている。

　日本は環境的に高温多湿で腐朽・虫害が多く，木造建築には不利である。それでも木造建築をつくり続けてきたのは，山に豊富な森林資源があり，木材に替わる資材が周辺に見つからないためであろう。

　民家の地域性からくる類型は，気候風土や地形などの地域的な環境に適応して成立するものであり，また養蚕などの生業やその地域の特有な文化も複雑に影響しあっている。人間の営みは長年月の積み重ねの上に成立しており，その地域性は地産地消を原則とした材料技術で生まれた。多彩な地域色はその地域における文化の表れであり，人々の記憶として根強く今に遺されてきた。

　その具体的な特性は屋根形を中心とする外観，間取り，軸部構造，材料さらには炉や竈の設備や信仰との関わりなど多岐に及ぶものである。そのような要素をすべて内包したものが地域性をもつ「〇〇造」などと呼ばれる類型といえよう。また，類型には広範囲に及ぶものから，狭い範囲内に限定されるものなど，その内容は千差万別である。類型の名称にはその地方で昔から呼ばれてきたものと，民俗学や建築学などの研究者によって名付けられたものが混在しており，その区別がなされないまで一般的に用いられている。

　類型名称には，「中門造」「くど造」など特色ある外観からのもの，「合掌造」や「大和棟」など屋根の形態からのもの，「枠の内造」のように内部構造のつくり方によるもの，「摂丹型」や「北山型」のように平面形式からのものなどもある。これら類型の地域性の種類や地理的分布は時代で異なり，歴史的な経緯も加味して捉える必要がある。

　日本の文化伝来に関係する類型に分棟型（別棟型）民家がある。これは居住棟と土間棟が分離した二つの棟を持つ形式で，南方系居住形式とみられている。これに対して居住部と土間が一体化した一つ棟の形式には名称がないものの，土間やその一部などが主屋棟から突き出した形式は中門造や曲屋と呼ばれる。間取りからは，広間型，三間取り，四間取りなどと呼ばれる分類があるが，これらは土間とは関連せずに床上部の間取りを対象にしたものである。屋根葺材は農村では茅葺が圧倒的に多いが，町部では板葺や瓦葺，山村では板葺が多く見られる。これらには特に地域的な名称がないが，特殊な例として関西に高塀造（大和棟）と呼ばれる茅葺と本瓦葺を葺き分けた形式がある。

　江戸時代には産業によっても地域ごとに特色ある民家類型が成立した。養蚕のために屋根の中央部を切り上げた甲州民家（櫓造）や妻側の屋根を切り取ったかぶと（兜）造，大きな切妻造屋根の合掌造が，また，厩を取り込んだ東北の中門造や曲屋がある。漁村では著しい高密度な集住形態をとり，漁家は最小限の居住形態になる。しかし，産業の影響は主屋よりむしろ納屋や倉など附属建物に及ぼしているといえよう。

中門造と曲屋造

　中門造と曲屋造は，土間の一部を突き出した外観を持つ似た外観を呈しているが，その成立過程や分布域，機能には明らかな相違がある。中門造は主に新潟県や秋田県など日本海側の多雪地帯に分布しており，本屋から土間など別な棟を直角に突き出す形状を持ち，17世紀後半には成立していた。突出し棟としては土間部分を正面に突き出す馬屋中門が最も多く，また，式台玄関部を突き出すもの，寝間や座敷部分を背後に突き出すつくりなどの幾つかの種類がある。

　中門造の成立過程には諸説あるが，積雪から出入口を確保するための臨時的な通路が常設化したとか，部屋数を増やすために背面に増設したことなどがあげられる。また，構造的面からは積雪時に屋根の片荷重や風力に対向するため直角の建物を配したとも考えられる。式台中門は正面屋根の装飾化がはかられ，両中門造など家格を誇示する意味をもつようになった。

　曲屋は馬屋を土間正面に突き出したつくりで，南部の曲屋として知られているように岩手県南半旧南部藩領の比較的狭い地域に分布する。その成立過程は別棟の馬屋を後で主屋に増設したものと考えられ，本屋と馬屋の構造的なつながりが弱い。一般に普及するのは18世紀後半以降と遅れる。中門造の馬屋中門は入口が中門正面に付くのに対し，曲屋は入隅にそれが設けられ，突出部には通路機能がない。

摂丹（能勢）型と余呉（伊香）型

　京都府北部，旧瑞穂町に所在していた重要文化財旧岡花家住宅は江戸時代は村役を務めた上層農家で，入母屋造の妻側に大戸口を持つ妻入りの縦割り片土間の間取りを持つ民家である。この形式は摂津北西部から丹波の南東部にかけて分布することから摂丹型または大阪能勢地方にも見られることから能勢型の名称もある。旧岡花家住宅は17世紀後半頃に建築された古式な特徴あるつくり方となっている。土間のトオリとニワが縦型となり，この奥と土間沿いに部屋が4室取られ，全体に柱の省略が少なく閉鎖性が強い。小屋組は叉首を用いずに真束と

棟木で支える垂木構造（オダチ造）を取り，厚く茅が葺かれる。摂丹型の文化財指定民家には兵庫県友井家住宅，大阪府泉家住宅などがある。

滋賀県の琵琶湖東岸には同じく入母屋造，妻入の余呉（伊香）型民家が分布している。「近江風土記の丘」に移築された重要文化財旧宮地家住宅は宝暦4年（1757）の板札を有する余呉型である。妻入であり摂丹型民家と同じであるが，平面はまったく異なる広間型で，入口を入ったところのニワとニウジは広い土座，床のある座敷は2間にすぎない。建物の3分の2を土間が占め，周囲の外壁は開口部が少ない閉鎖的な古式なつくりとなっている。余呉型民家は土座形式など北陸地方の影響を強く受けているなど，特徴のあるつくりである。

高塀造（大和棟）

高塀造は奈良県・大阪府を中心とした平野部に分布する民家の独特な屋根形式の一つで，上屋部分に勾配の強い切妻造茅葺の屋根を載せ，その両妻に屋根面より高く袖塀を設け，瓦を2列程度葺いた小屋根を載せるつくりである。高塀とはその袖壁のことで，地元ではタカへと呼んでいる。タカへには主屋棟とタカへの高さの違いから幾つかの種類がある。なお，大和棟は大正以降に民俗学者が名付けた名称である。

高塀棟には三角の妻壁頂き近くに二つの丸い鳩穴（換気孔）を開けている。茅葺の主屋は針目覆いを載せた棟で，片方の妻側には一段低い緩勾配の瓦葺き落棟が付き，櫓煙出しの瓦葺小屋根を設ける。落棟部分は土間で，大きなくど（竈）が築かれている。また，茅葺の大屋根と落棟根の正面には瓦葺きの庇が続いており，意匠的な効果をあげている。高塀造は富農層がその富力を示したことに始まり普及したつくりで，稲藁を葺いた柔らかな茅葺と重厚な本瓦葺，それに白漆喰壁が調和した日本を代表する美しい民家といえる。

かぶと（兜）造

かぶと造は寄棟造や入母屋造の妻側下半部の屋根を切り取った形を持ち，養蚕の隆盛に伴って工夫された形式である。名称は妻側からみた屋根の形状が「兜」に似ていることからきている。広く山形・東京都奥多摩地方・山梨・静岡県伊豆地方など東日本各地に分布しているが，各地で固有なかたちをしており，呼び名も単純でない。かぶとは妻側だけでなく平側を切り上げた「平兜造」もあり，群馬県榛名山や赤城山の麓に分布する。また，妻の屋根を二段重ねにした「二重かぶと造」は山梨県富士川流域，東京都の秋川上流域などで見られる。山形県の湯殿山・田麦俣などの「タカハッポウ」もこの類型に含まれる。

かぶと造は屋根裏の採光・通風をはかるため，屋根の一部を切り取って関口部を設けたのが成立要因である。18世紀後半になると，蚕の飼育は屋根裏を蚕室に利用し，通風や採光が必要な清涼育などが行われるようになり，家屋を改造して新しい飼育法に適する住居形式が生まれた。かぶと造民家は屋根の形が美しく，特にタカハッポウや二重かぶと造などはその地方の代表的な形式として知られている。

櫓造（押し上げ屋根）

山梨県甲府盆地には切妻造の民家が見られるが，多くは屋根の中央部が突き上げられている。これは屋根裏の採光・通風のために庇や小屋根を取り付けるために改造されたつくりで「やぐら」とか「けぶだし」と呼ばれた。甲府盆地東部は古くから養蚕が盛んな地域で，飼育法の変化に伴い小屋裏に採光と通風をはかるため，正面屋根の一部を切り放して押し上げる改造が18世紀中頃から行われた。

塩山駅前に建つ重要文化財旧高野家住宅は甘草屋敷と呼ばれる上層農家で，櫓造の代表として知られている。小屋裏は三層に分けられた簣子床で，蚕室として利用された。突上げ屋根も三段の重厚なつくりをみせている。土間に立つ径2尺（60cm）に及ぶ大黒柱は頂部が二股になった自然木で，小屋裏2層まで達している。建築年代は江戸時代末期頃と考えられる。

本棟造

長野県の中・南部一帯にかけて分布する板葺，切妻造，妻入の民家は本棟造と呼ばれ，信州を代表する民家形式となっている。この豪壮な民家のつくりは江戸時代中期以降の庄屋層など上層農家に見られ，富や地位の象徴ともなってきた。間口・奥行ともに8間以上もある大規模で，緩い勾配の大屋根を持つ住宅はひときわ目立つ存在となっている。

塩尻市にある重要文化財堀内家住宅は本棟造を代表し，そのつくりの素晴らしさが理解できる。広い前庭に面する主屋正面は，切妻屋根に幅広の破風板を二段重ねに打ち，その頂点に「雀おどり」と呼ばれる棟飾りを載せ，正面の軒の出は大きく，前面の下屋庇とともに立面に深い影をつくり，立体感を強める意匠となっている。さらに洗練された2階出格子窓や両脇の太い束と貫は，白壁との対比で意匠的な美しさを見せている。内部は建坪が大きいために部屋数も多く，正方形に近い平面の中央に広い居間（オエ）を取り，この表側に客座敷，裏側に寝間など内向きの居室が数多く並んだ間取りとなっている。これは家族の集まる居間（広間）の周囲に部屋をつくり，これらの部屋を寒気との断熱層とする間取りである。現在も本棟造風の住宅が新築されており，その優れた外観意匠が好まれている。　　　　　［日塔　和彦］

民家の技術的成熟

　この項で用いる民家とは庶民住宅だけでなく，幕末から明治・大正期に木造で建てられた上流住宅（邸宅），いわゆる近代和風建築も含んだ建物を対象とする。この時代は日本の建築技術，特に大工技術が高度に発達し，成熟した時代として捉えることができる。木造建築の技術的発達は大邸宅で顕著であり，伝統的技術の範疇にとどまっている社寺建築よりも明瞭である。

　近世民家は日本の地形的特色や歴史的・政治的環境，地域文化などから各地に特色ある地域性を生み出した。その一方で，技術的に優位な傑出した各地の大工集団は，その地域を飛び越えた広い地域での活躍が認められる。民家に限らず日本の木造建築技術はこのような時代的，地域的な背景をもとに，世界的にも類を見ない高度な域に達している。

　建築は大工職や左官職・建具職，屋板葺など諸職人の成果品であるほか，職人の使用する木材などの材料，鉋や鏝など工具も含めた総合的な技術の集合体といえる。大工技術はこれら諸職の技術に支えられており，幕末から明治・大正期には諸職の技術も成熟した時期でもある。これらの技術集団を統率するのは，木造建築では大工棟梁である。大工とは近世以降において，主に木造建造物の新築や修理を行う木工職人をさしており，この意味で使用する。

　大工は一定の人数で労働力を共同する必要があり，古くは中世の「座」や「仲間」などの組織が成立した。これには技術的な優勢を保って他組織から差別化し，仕事を有利に獲得するという意味ももつ。大工技術の優秀性とは，社会的要因のほか親方の弟子に対する厳しい教育と，これを受け取めて技術の習得に励む姿勢，鋸や鉋などの道具仕立てと使いこなす技術力，木材など各種材料に対する知識とその使用判断力，さらには木割りや軒の規矩についての知識などが指標となる。これらの技術は社寺建築において顕著ではあるが，大工集団が出稼ぎ先で地元大工に優位性を保つための必要な技術でもあった。

　農村部では各々在郷の村々に居住し，農閑余業として近在の小規模な在方大工が民家の建築にあたったが，一方で特定の村に集住した大工集団には気仙大工（岩手）・大石田大工（山形）・出雲崎大工（新潟）・佐渡間島大工（新潟）・大窪大工（富山）・下山大工（山梨）・三木大工（兵庫）・塩飽大工（岡山など）・長州大工（山口）など数多くの集団が知られている。

　これら在方集住大工ともいうべき大工集団は，農閑期を利用して国や郡を越えて広い領域にわたって出稼ぎを

行っており，江戸時代中期からの活動がみられる。建物の種類には，民家のほかに社寺建築で，明治以降は洋風建築や彫刻を得意とした集団もある。棟梁家には宮大工や彫刻師として藩政期に活躍した家柄も多く，建築活動や技術を記録した史料が豊富に残っている場合もある。

　大工集団の活動地域は，もとは居住地である近域を中心としたが，徐々に広範囲な地域をカバーするように拡大したことが想定できる。活動範囲が広がるための条件としては，①他地方の要求にも応えられる技術的適応性，②技術的な特徴・優秀性，③共同作業による建築時間の短縮，④農閑期の出稼ぎであることなどである。

　近代和風建築に関する資料は豊富であり，設計図や仕様書，建築時の施工図や写真などのほか，施主がその建築に関する意図やこだわりなどを記した書簡もあるのが，前代と異なる点である。これらからは，建築には素人でありながら，建築に対する造詣の深さを思い知ることができる。この施主の知識がさらに技術の工夫を生むことになり，建設業界の発展と相まって卓越した木造技術を集大成したといっても過言ではない。

　これらの事例については，すでに研究がなされて紹介や論文報告されているものも多い。ここではあまり紹介されていない筆者らが近年調査を行った二つの事例をあげる。一つは，宮城県石巻市大須浜集落の漁家であり，気仙大工の作品である。二つは千葉県船橋市に所在していた蔵春閣（旧喜翁閣）で，現在は解体保存されている。

宮城県石巻市大須浜漁家集落

　宮城県北部海岸にある石巻市雄勝町大須浜はやや大規模な漁村集落で，平成23年（2011）の東日本大震災での被害が少なく古い景観を残している。大須兵は太平洋に突き出した半島部先端部の固い岩盤の高所に立地し，過去の幾度かの大地震・大津波から免れてきたことが，集落内に残る文保7年（1317）の墓碑からも知られる。

　集落は幕末期に55軒の規模であり，魚類や昆布などの沿岸漁業や昭和期には遠洋漁業の活況もあって集落は経済的に発展した。近年は遠洋漁業の衰退とともに人口も減少し現在では空家が目立つ状況にある。漁家は88棟でこれらの家屋は外観が改造されているが，うち34棟が古民家と確認された。古民家は幕末期から明治・大正期に建築され，規模が間口7間，奥行4間程の天然スレート葺で，漁家としては比較的大規模であり，岩手県気仙沼に根拠を置く気仙大工の仕事と考えられる。

　気仙大工は江戸時代中期からの出稼ぎが確認され，堂宮を得意とするが多くの民家建築にも携わっている。気仙大工の出稼ぎ先としては，延享4年（1744）の有壁本陣（宮城県栗原市）をはじめとし，藩政期や明治期には岩手県東南部から宮城県北部の平野部・沿岸部，仙台周辺

であった。気仙大工の建築技法的特徴は梁組や本小屋組・半小屋組などの高度な架構技術のほか，投掛梁・火打梁や太い差物，扇垂木，支輪付の折上げ天井，また，工事なども得意としていた。

大須浜集落は藩政期から気仙大工の出稼ぎ場であり，明治41年（1908）に三陸汽船の「気仙沼航路」が大須浜に寄港してからは気仙大工がより活発的になったと思われる。大須浜の古民家には気仙大工の建築技術が確認できて，今回の大地震でもほとんど損傷を受けていないことが調査で判明した。木太く構造的に堅固であり，軒のつくりや神棚，戸袋などには社寺建築の技法を用いた意匠となっており，ここに在方大工集団としての技術的成熟をみることができる。

蔵春閣（旧喜翁閣）

大倉財閥の設立者大倉喜八郎の向島別邸「蔵春閣」は，明治45年（1912）に接客と宴会を目的に建てられた近代和風建築である。建設にあたり大倉は，片山東熊，妻木頼黄，伊東忠太など当時の著名な建築家に相談の上で構想を練ったと伝えられ，実施設計は大倉組（現大成建設）技師の今村吉之助，工事担当は山中彦三が当たった。建物は数度の移築と曳家がなされたものの建物本体には当初の姿がよく残されている。近年は不動産会社が所有し，千葉県船橋市でホテルの付属施設「喜翁閣」として使用されていたが，平成24年（2012）大倉文化財団に寄贈され，移築保存を考慮しての解体工事を実施し，現在は部材保存が行われている。

蔵春閣は桁行7間（12.9 m），梁間5.5間（10 m）の二階建てで，軒高32尺（9.7 m），棟高は48尺（14.5 m）と建ちが高く，柱太さは6寸（18 cm）と木太い。全体を唐破風造とし，二階建ての突出部は入母屋造，桟瓦葺である。側面斜めから見た姿は，唐破風に千鳥破風が重なった重層の城郭風な感じを与える。妻飾りは虹梁蟇股・組物で，屋根軒は支輪付出桁造，太い垂木を使った軒出は深く豪壮なつくりである。

一階は前側に1間幅の廊下を配し，その背後に洋室と和室2室を設ける。廊下の床は寄木張りで，天井は格天井，壁は貼り壁，階段登り口は中国風な火燈窓とする。洋室は大食堂であり，内部は袖壁と欄間構えで2室に区分され，壁は金箔の貼り壁，床は寄木貼り，天井は吹寄せ格天井で，格間には鳳凰置紋の伝統的彩色が施される。建具は障壁画を用い，外側は腰高ガラス戸に菱格子障子，洋間境欄間は和風彫刻である。

大食堂の左側は高床の和室2室で，奥の書斎は縦長の10畳間とし，斜めの棚飾りを置いて火燈窓風に上框を架けた独特な床構えとする。天井は鏡天井を組んで雲竜の水墨画を飾り，その周りは飛龍置紋の格天井で囲む。前室は7畳間で，天井は白木の格天井，壁は両室とも霞の金砂子貼り壁にする。

二階は幅1間半（2.7 m），長さ7間（12.6 m）の廊下と48畳大の和室大広間となる。背面側の廊下は窓下を流れる隅田川を眺め，春には桜見を楽しむための洋間のつくりである。大広間には正面側に出窓を張り出した上段の間と，左端の床構えが設けられる。出窓は長さ4間（7.2 m），奥行き半間（0.9 m）と大きく，手摺は網干しを模した形式である。側面には火燈窓を備え，廊下境は腰高の竪組障子，壁は金砂子貼り壁，天井は折上げた八角形の蜀江組格天井とする。全体的には和風なつくりで，火燈窓や欄間の置紋は和風よりも中国風な感じを与えるものとなっている。

今回の解体調査で，蔵春閣は技術的に高度な工法が使用されていることが判明した。設計者の今村吉之助は大倉組の技師，大工や職方は当時の一流の職人が施工に当たったことが確認できた。なお，東京向島から船橋に移築された昭和34年（1959）には軸部は解体されたが，天井などの造作は大放しで運搬されたことがわかった。解体時の調査で判明した事項を次に示す。

軸部は柱が一階と二階で別柱とし，交互に二重台輪を貫いている。小屋組は和小屋組を基本とするが，一部に疑似トラス構造が採用され，ボルトなど金物が多用されていて伝統木造の手法と異なる。これは明治28年（1895）の濃尾地震を教訓とした耐震工夫と思われ，大正12年（1923）の関東大震災では無傷であった。軒廻りや妻飾りには社寺建築の手法が取り入れられ，特に入隅軒天井の捩じ上げ工法は技術の高さを示している。

内部造作では，階上大広間の蜀江組格天井は格縁取合い部を角度に合わせた3本のボルトを使用し，仕口がずれないように水平・垂直に金属薄板を差し込む工夫がなされていた。また，壁貼付けの下地は格子状の木組みに木摺板を市松に配したユニットを使用している。これは貼付の伸縮を考慮した納まりである。その他，内部装飾には増上寺三代将軍御霊屋や桃山御殿の遺物も再用したと記録にあるが，折上格天井は放射性炭素年代調査で天井板が伐採されたのは1540～1550年頃と推測され，表面仕上げ痕もこの年代とみてよいものであった。

蔵春閣は明治の近代和風建築として技術的には最高水準にあると評価できる。当時は学校で建築を学んだ最初の世代が活躍を始めた時代で，和風でありながら伝統構法にこだわらず新しい技術も取り入れている。また，建設会社の設計施工による直営という新しい工事体制で行われたことも注目される。

［日塔 和彦］

産業・対外施設

　ここで扱おうとするのは，江戸時代，鎖国制度にあった日本において建設された対外交渉に関連する施設と，幕末の動乱期，欧米の外圧へ対抗するために建設された軍事産業施設である。小項目では具体的な例として，長崎の出島，唐人屋敷，そして幕末，軍艦とそれに搭載する大砲の製造に必要だった造船所（製鉄所），高炉・反射炉，これらの建設を助けた蘭学者（洋学者）について述べる。

　日本は海に囲まれた島国であり，建築の意匠や技術の発展は，古来より対外的な交渉が契機となることが少なくなかった。安土桃山時代の天文12年（1543）には，西洋人として初めてポルトガル人が来日する。国内の城下町や港市では彼らとの貿易が行われ，教会堂も建設された。織豊政権の跡を継いだ江戸幕府も，最初，西洋人との交流を継承したものの，キリスト教の伝播を防ぐため，寛永13年（1636）に日本人と雑居していたポルトガル人を長崎の沖合につくった扇形の人工島，出島へ移した（⇨長崎）。寛永16年にポルトガル人を日本から追放した後，翌々年には平戸にあったオランダ商館をここへ移し，以後，西洋との交易は出島で行われた。続いて，中国人についても同様の政策をとり，元禄2年（1689）に建設した唐人屋敷へ長崎市中の中国人を収容し，往来を厳しく制限した。

　江戸時代の日本は「四つの口」（長崎―オランダ・中国，琉球―中国，対馬―中国，蝦夷地―アイヌ・中国）により外国と交易を行っていたが，なかでも九州の港町長崎につくられた出島と唐人屋敷は外国の文化を受け入れる重要な窓口だった。実際，出島の建築物も19世紀の初め頃には，洋風化が部分的に見られたらしく，また唐人屋敷についても，天后堂や関帝廟が建立され，華人街の様相を呈していたようである。幕末の開国以降にもたらされる，外国人居留地のような西洋風の建築や都市空間を受け入れる基盤を徐々に内包していたと考えられる。

　出島に代表される鎖国制度が大きく覆されるのは幕末の外国船の襲来によるもので，「黒船」に代表される外圧が幕府や雄藩を中心とした人々に衝撃を与えた。結果，各地で洋式船の建造を中心とした西洋の科学技術の導入が試みられる。幕府と水戸藩はそれぞれ嘉永6年（1853）に浦賀，石川島へ造船所を開設したが，とりわけ積極的な導入をはかったのが佐賀藩と薩摩藩である。当時，長崎の警備を担当していた佐賀藩では，外国船の襲来とそれに対応する軍事力の必要性をいち早く認識する。嘉永5年には「精錬方」と呼ばれる理化学研究施設

を設け，近代科学について実験を開始する。そして嘉永5年，6年には佐賀城下の2ヵ所（多布施，築地）に反射炉を建設し，鉄製大砲を製造した。さらに安政5年（1858）には筑後川河口付近に三重津海軍所を設け，洋式蒸気船の建造を実現させている。九州の南端に位置した薩摩藩もアヘン戦争における中国の敗退など，当時の国際情勢に敏感で，開明的な藩主島津斉彬のもとで，近代事業に着手する。嘉永5年，鹿児島城下から離れた磯別邸の隣地に反射炉の建設を開始し，周辺に高炉，鑽開台（鋳造した砲身に弾丸を込める穴をあける中ぐり工程を行う工場），ガラス製造所など一連の工場を建設し，この工場群を「集成館」と命名した。現在は，反射炉の基礎部分と薩英戦争の後に再建された石造洋風建築の機械工場（慶応元年（1865））が現存する。また，佐賀藩と薩摩藩を含め，反射炉は全国11ヵ所に建設された。

　さて，製鉄と造船を中心とする江戸末期の科学技術導入に際して日本人が主要な情報源として頼ったのが蘭書である。反射炉や高炉の建設に際しては，オランダの技術者 U. ヒュゲニン（Ulrich Huguenin）が著した技術書『ロイク王立鋳造所における鋳造法』を日本語に翻訳し，それを教科書として工事をしている。1850年代はまだ外国人が国内を訪れることはなかったので，耐火煉瓦は地元の陶工に焼かせ，日本人が自力で建設した。しかし，教科書通りに完成させても，軟弱な地盤による不同沈下，地下水の上昇による炉内温度の低下など，失敗を繰り返し，基礎と炉体の間に空気層を設けたり，高い石垣の上に築くなど，日本側独自の構造上の工夫を施した。なお，オランダはバタヴィアなど，アジアの植民地にも反射炉を建設したといい，その実態の解明や比較考察が今後の研究課題となろう。

　西洋の技術書を翻訳・理解し，時には技術者として実践したのが蘭学者（洋学者）と呼ばれた人々である。彼らは洋書から，そして開国以後は直接西洋人から技術を習得し，幕府や雄藩の近代事業を実現させた。維新後，政府のテクノクラートとして近代日本の礎を築いていった人も少なくない。

出　島

　長崎の中島川下流にあった扇形をした人工島のことで，寛永13年（1636），市内にいたポルトガル人をここに集住させ，ポルトガル人を追放した後，寛永18年には平戸にあったオランダ商館をここに移し，以後幕末まで，西洋との交易の唯一の窓口となった（⇨長崎）。

　出島は扇形の形状をした小島で，面積約3,969坪，長崎の町とは1本の橋でつながり，島の入り口には表門を置いた。オランダ人たちは1年間に丁銀55貫目の家賃を支払った。島の中にはカピタン（商館長）部屋，ヘト

ル（事務長）部屋，通詞部屋，乙名部屋，外科部屋，遊女部屋や各種の蔵，荷上場とそれに面した水門，花畑や池，家畜小屋などがあり，カピタン以下20〜30人（男性のみ）が在住していた。明治30年（1897）以降周囲は埋め立てられ，島の形状は消滅したが，現在，ヘトル部屋以下各種の建物の復元整備が進められている。

なお，長崎の出島は江戸幕府の対外政策によって建設された居住域だが，17世紀海洋アジアのオランダ交易都市の一つとして評価することも可能であろう。

唐人屋敷

江戸時代，長崎の唐人（中国人）を1ヵ所に集住させた区域のことをいう（⇒長崎）。オランダ人を出島へ収容した後も，中国人は長崎市内での居住を許されていたが，数が増加したため，中国人専用の区域が元禄2年（1689）に建設され，ここに長崎市中の中国人を移住させた。周囲は大塀と竹矢来，堀で囲まれ，大門と二の門の二つの門で出入りを制限されていた。大門を入ると，生活用品や輸出の見本品を並べた市店があり，通詞部屋，乙名部屋，札場，番所があった。また，天后堂，観音堂，土神祠があり，関帝廟も建立された。幕末の開国以降，住人の多くは外国人居留地へ移住し，跡地は市街地となった。現在は明治30年に再建された天后堂などが当時の面影をわずかに伝えるのみである。

造船所（製鉄所）

造船所とは船舶を建造・修理・点検するための工場のことをいうが，ここでは，江戸時代末期に建造された洋式船（帆船，蒸気船）の建造・修理を目的とした施設をいう。

幕末の外国船の襲来は幕府，雄藩に衝撃を与え，各地で大型船の建造が進められる。幕府は直営の浦賀造船所（嘉永6年（1853）），水戸藩の石川島造船所（嘉永6年）を建設し，佐賀藩は三重津海軍所（安政5年（1858）），長州藩は恵比須ヶ鼻造船所（安政3年）を建設している。

さらに幕府はオランダから技術を取り寄せ，長崎製鉄所の建設を安政4年に着手し，さらに，フランスからの技術援助を受けて，横須賀製鉄所を慶応元年（1865）に着手した。長崎，横須賀の製鉄所では外国人技術者の直接の設計監督により建築工事が行われ，日本における洋風建築の嚆矢の一つとして評価されている。

反射炉・高炉

江戸時代末期，各地で建設された冶金炉のことである。反射炉とは，輻射熱を利用して金属（銑鉄）を溶融し，鋳型に流し込むための施設をいい，高炉とは，反射炉で溶融する銑鉄を鉄鉱石や木炭などから製造する施設をいう。

幕末の外国船の襲来は国内各地の大名や有力者に衝撃を与え，軍艦の建造，鉄製大砲の鋳造の契機となった。

伊豆の韮山反射炉

当時行われた大砲製造は，高炉で鉄鉱石から銑鉄を生産し，その銑鉄を反射炉で溶融，精錬して鋳型に流し込み，内部に中空のない砲身を鋳造する。鋳造後，中ぐり器で砲身に穴をあけて筒状にするというものである。

幕末の日本では4ヵ所に高炉が，11ヵ所に反射炉が建設されたが，完全に現存するものは，伊豆の韮山反射炉（安政2年（1855）），萩反射炉（安政3年）の2ヵ所のみであり，後者は試験的な操業だったと考えられている。また，薩摩藩の反射炉が炉体や煙突を失いながらも，切石を敷きならべた大規模な基壇部分を残している。

蘭学者（洋学者）

江戸時代にオランダを通じて伝わった西洋の学問・科学技術のことを蘭学といい，蘭学を専門的に扱う人物を蘭学者という。鎖国政策が緩んだ幕末になると，イギリスなどからも科学技術が取り入れられ，洋学と呼ばれるようになる。

蘭学の濫觴は江戸中期，徳川吉宗の奨励による。また，蘭学者として著名な人物に，『解体新書』を著した杉田玄白，前野良沢などがいる。しかし，基礎科学だけでなく，工業技術のような知識が発達したのは幕末のことで，西洋の近代技術導入に蘭学者（洋学者）たちが大きく関与した。そして，彼らのように幕末の近代化にかかわった蘭学者たちや，その教えを受けた人々は，明治維新後，政府の技術官僚などとして，日本の近代工業の発展を支えていった。代表的な人物に，釜石の高炉や水戸藩の反射炉を建設した大島高任，工部大学校の校長をつとめた大鳥圭介，各地の紡績工場を手掛けた石河正龍などがあげられる。

参考文献

大橋周治『幕末明治製鉄論』アグネ，1991.
中岡哲郎，鈴木淳，堤一郎，宮地正人編『産業技術史』山川出版社，2001.

［水田丞］

第4章　近　代

編集委員：中川　理，石田潤一郎

近代都市史・建築史の概説……………………………………………（中川　理）272

近世から近代へ

近世空間の再編…………………………………………………（松山　恵）280
都市自治組織の再編……………………………………………（小林丈広）282
都市イベントとメディア………………………………………（堀田典裕）284

空間再編を導く近代制度の確立

教育機関の近代化………………………………………………（木方十根）286
地方行財政制度の確立…………………………………………（中川　理）288
不動産制度の確立………………………………………………（岩本葉子）290
公衆衛生…………………………………………………………（小林丈広）292
景観と観光………………………………………………………（中嶋節子）294

都市経営の時代へ

財閥・企業の成立と役割………………………………………（野村正晴）296
都市経営の制度と事業…………………………………………（原田敬一）298
植民地経営………………………………………………………（西澤泰彦）300
土地経営…………………………………………………………（堀田典裕）302
細民対策…………………………………………………………（町田祐一）304

西洋建築文化の受容と定着

初期洋風建築……………………………………………………（水田　丞）306
建築教育…………………………………………………………（田中禎彦）308
建築意匠の展開…………………………………………………（石田潤一郎）310
建築工学の進展…………………………………………………（西川英佑）312
設計・施工と職能………………………………………………（速水清孝）314
標準設計の模索…………………………………………………（川島智生）316

前近代への眼差し

文化財の成立と展開……………………………………………（清水重敦）318
伝統の継承………………………………………………………（藤原惠洋）320
邸宅と近代数寄屋………………………………………………（矢ヶ崎善太郎）322

民家の新解釈……………………………………………………（石川祐一）324

近代主義への展開
消費と空間……………………………………………………（梅宮弘光）326
20世紀の装飾…………………………………………………（石田潤一郎）328
近代建築運動…………………………………………………（梅宮弘光）330
住宅の近代化…………………………………………………（内田青蔵）332
植民地の建築…………………………………………………（西澤泰彦）334
戦時下の建築…………………………………………………（青井哲人）336

都市空間の近代的再編
公共施設と空間………………………………………………（三宅拓也）338
近代公園と思想………………………………………………（小野芳朗）340
街路空間………………………………………………………（中川　理）342
災害と復興……………………………………………………（牧　紀男）344
軍都と産業都市………………………………………………（砂本文彦）346

宗教の近代化過程
仏教・神道の再編……………………………………………（青井哲人）348
天皇制の聖地の形成…………………………………………（高木博志）350
キリスト教の布教……………………………………………（山形政昭）352

都市の解釈
予選体制から専門官僚制へ…………………………………（原田敬一）354
都市が目指すもの……………………………………………（中川　理）356

近代都市史・建築史の概説

　日本における都市と建築の歴史の概要を示すということは容易ではない。それは社会・政治・宗教・技術・様式など多様な要素が関わるからであり，しかも近代では，「近代化」をどう捉えるかによって，歴史の叙述は大きく違ってくる。ここでは，多様な立場からの理解において，おそらくは共通して取り上げられるであろういくつかの論点について，時間軸に沿う形で示し，さまざまな歴史事象を整理することとする。

制度の確立と空間の再編

　まず，明治維新以降，都市と建築が変容していく前提ともなったはずの，中央集権国家の建設に伴う新しい制度についてである。とりわけ，そのなかで重要となるのは，都市の統治権力における地方の「自治」に関わる地方制度である。中央集権を目指す明治政府は，自治については官製自治ともいうべき制度を施行する。都市を統治するべき市には，きわめて限定的な自治権しか与えられなかった。明治22年（1889）に公布された市制で，市参事会に行政執行権を認めたが，市長は参事会を代表する者でしかなかった。

　さらに，都市改造などの事業が最も求められたはずの三都（東京市，大阪市，京都市）では，明治31年（1898）まで，市長は府知事が兼任するという市制特例が実施された。一方で，市会は旧来からの名望家層が担うことになる。府県会議員や市町村議会員には，立候補制がなかったため，名望家層の有志により議員として誰を選ぶかあらかじめ調整が行われた。これは「予選体制」（⇨予選体制から専門官僚制へ）とされるが，それは近世以来の名望家に調整・調停による統治が議会制のなかでも維持されたとも捉えられる。いずれにせよ，その予選体制において，しかも地方の首長に執行権が与えられないなかでは，都市空間の変容をもたらす事業に積極的に取り組むことは難しい状況であった。

　とはいえ，土地・建物を巡る明治政府による新たな制度も成立し，それによる都市空間の変容・再編は進むことになる。明治4年（1871）以降，土地の戸籍にあたる地籍をつくり，それに対応した地券が発行されるようになる。それまであった武家地・町人地の区別は廃止され，武家地のほとんどは収用の対象となる。そこで，収用された武家地は，官有地として公的な施設として利用されるか，あるいは民間に払下げられ，新たな開発の場所となっていく。その一方で，町人地ではそれまで認められてきた占有権が，所有権へと移行し，そこでの土地・建物の利用形態は基本的に維持される。城下町の中心に位置する旧城郭一帯については，軍隊の拠点や高等教育機関の設置などが進む。また，広大にあった旧寺社領については，明治4年（1871）の上地令によるその官有地化が進められるが，そこには明治6年の太政官布告による「公園」とされるものも多くあった。

　こうした結果，城下町を基本とする日本の都市空間構造は変容を遂げていくことになるが，その変容について，当初は政府による計画的ビジョンがあったわけではなく，また地方政府がそこに関わることも限定的にしかなった。ただし興味深いのは，東京，大阪，京都の三府では，街路に庇を突出することを禁じる庇地制限が，それぞれ異なる規

定によるが共通して布達されたことである。木戸門なども撤去されるなかで，町人地の街路空間には，その後の都市改造を見据えた景観の変化は起こっていたのである。

その後，明治21年（1888）になり，内務省によって東京市区改正条例が公布される。市区改正とは街路拡張や都市インフラの整備を進める都市改造である。東京においては，この条例以降，近代都市への再編を目指す本格的な都市改造が進むこととなった。しかし，帝都としての東京以外の大都市においては，明治末から大正期にかけて，ようやくそうした都市改造が進んでいくことになる。その背景には，大阪，京都において市制特例の廃止が明治31年に実現し，自前の市長を据えることができたことや，後述する，市長の行政権者としての権限強化が実現する明治44年（1911）の市制全面改正が実現するなどの，地方自治を段階的に認めていこうとする制度的変更があった。

建築の近代化・西洋化

次の論点は，具体的な土地や場所にどのような空間・意匠の変化が起こったのかという点である。最初に日本人が経験することになる「西洋」は居留地であった。安政五ヶ国条約（1858）によって開かれた港町に設置された外国人居留地では，西洋の文化としての洋風建築が建設された。そこでは，日本人大工も活躍し，和洋が混在した建築意匠が登場した。そして彼らは，そこで学んだ西洋の建築の意匠・技術を，日本各地へ伝えることになり，擬洋風建築と呼ばれる独自の意匠をもつ建築物が各地につくられることになる。地方の官公庁や学校は，当初は近世の陣屋や藩校を転用して設置されたものが多かったが，そうした西洋の影響を受けた意匠の建築も，しだいに増えていく。

一方で，煉瓦造や石造，鉄道，土木，あるいは工場などでの機械設備などは西洋から技術として学ぶ必要があり，明治政府は，いわゆる「お雇い外国人」としてそれら各種の技術者を招聘し，彼らの指導のもとで，本格的な西洋建築や工場の建設も進むことになる。そして，建築においては，明治10年（1877）に工部省が開設した工部大学校に英国人の建築家 J. コンドル（Josiah Conder）が招かれ，本格的な西洋建築教育が始まることになり，そこから日本人の建築家が輩出されていくことになる。その日本人建築家たちにより，擬洋風ではない西洋の歴史様式に基づいた意匠をもつ建築物が，各種の公共建築として建設されていくことになった。

また，キリスト教の布教による西洋建築の普及も進んだ。明治6年（1873）に布教が公に認められるようになると，宣教師による布教活動が活発化し，明治中頃までに各地に教会堂やミッションスクールが，ロマネスクやゴシックというキリスト教の意匠の建物を伴い建設されていくことになった。ここでも当初は外国人宣教師と日本人大工たちの共同により設計されるものがあったが，しだいに教団から派遣された外国人建築家や，西洋建築の教育を受けた日本人建築家によって本格的な規模の教会堂などが建設されるようになる。

こうした西洋建築のうち，庁舎，議事堂，公会堂，商品陳列所などの公共施設は，都市の中に集中的に建設されるようになり，官庁街を形成していくことになる。その場所をどこにするかは，いくつかの類型が認められた。藩政期の行政の中心であった城郭や武家地を官庁街として空間構造を引き継いだ都市もあれば，城郭とは無関係な場所に官庁街を建設し，都市構造の大胆な更新をはかった都市もあった。同時に，鉄道の敷設により建設される鉄道駅舎が都市の玄関口となり，一方で，藩政期から続く町人地は，商業地として継続的に機能するケースが多かった。それらにより，官庁街，駅舎，商業地を核とする新しい都市の骨格が形成されていくことになる。そして，そ

うした骨格を結ぶ近代的街路の整備などが、その後の市区改正事業によって進んでいくことになる。

　もちろん、そうした官庁街や駅舎には西洋の様式が積極的に使われるが、それは近代化による支配を視覚的に伝える装置であったともいえるだろう。その様式は、前述のコンドルと、それを引き継ぎ建築界を主導する存在となる建築家・辰野金吾によって外観に煉瓦をあしらう英国流の意匠が主流となるが、その他にもさまざまな様式が使われた。19世紀において、西洋建築の意匠は歴史様式の選択と折衷の時代であり、日本でも各種の様式が登場することになった。

　そして、公共建築以外にも西洋意匠の建築は波及する。邸宅、とりわけ近代になる勃興する産業資本家の屋敷において、従来の伝統的な和館に、西洋意匠の洋館を併置するスタイルが広まっていく。さらにそれは、明治30年代頃からは都市中間層の人々の住まいにも影響を与え、伝統的な住まいの玄関脇に応接室として椅子とテーブルを配した洋間を持つ形式が出現していく。こうして、啓蒙的な装置として登場した西洋の建築様式は、しだいに人々の生活にも受け入れられていくことになる。

　一方で、近世までにはなかった大規模な庁舎建築や学校などには、一定の規制も加えられるようになる。府県庁舎については、明治4年（1871）の廃藩置県とともに「県庁建坪規則」が制定されるが、ここには中央が地方の営繕活動も統制下に置こうとした企図を読み取ることができる。学校建築については、学制の公布により一時期に大量の学校、特に小学校の建設が必要となったこともあり、明治24年に「小学校設備準則」が示され、明治28年に文部省により『学校建築設計大要』が刊行されたことで、学校建築の標準化が進むことになる。

　また、地震国としての建築の耐震性についても、建築の重要な課題となっていく。とりわけ、明治24年（1891）に発生した濃尾地震では、木造家屋と洋館としての煉瓦造建築に深刻な被害が及んだ。これを契機として、煉瓦造建築については、壁厚を厚くしたり、鉄骨で補強するなどの対策がとられるようになる。また、政府によって震災予防調査会が組織され体系的な研究も行われ、耐震対策についてのさまざまな提言も行われた。ただし、国の法律として建築物に一定の制約を加える制度は、市街地建築物法の成立（大正8年（1919））を待たなければならなかった。

空間の質的変容

　さて、制度や空間、建築の形態が変わったとしても、はたして人々の意識や生活にはどのような変化が起こったのだろうか。まず捉えなくてはならないのは、都市内の共同体の変質である。近世まで、商工業者としての都市住民は、個別に組織された町の成員として存在していた。町は共同体としての性格が強かったが、町年寄などの支配により、行政機能を果たすものであった。しかし、明治5年（1872）に町年寄に代わって行政事務の責任者としての戸長が置かれ、さらに明治22年の市制施行では、その行政事務のいっさいは市に移管されることになる。そうなると、町という単位は残るものの、その役割は祭礼や親睦などに限られることになっていく。つまり、共同体の単位は残っても、それが行政を担うことができなくなった。

　しかし、共同体としての町の存在意義は、伝染病の予防など行政の補助的な役割に求められるようにもなり、全国の大都市で町を単位とする衛生組合が設置され、さらに京都では明治30年（1897）に、各種の行政的要請に基づいて住民の動員をはかるなどのために、町単位で公同組合なるものも組織されるようになる。

いずれにしても，町に備わっていた共同体としての性格が失われていくことは，個人と国家が直接に向き合うことになる国民国家の成立によるものだと捉えられる。そうであれば，住民は旧来の共同体の枠を超えた場所を必要とすることになっていく。そうした場所が構築されていく様子は，国家規模の大イベントによく表れている。明治政府が主導して開催された「内国勧業博覧会」(1877−1903，全5回)では，各県の殖産興業の様子が展示されるなどしたが，全国から多くの来場者を集めた。また，天皇の即位に際して行われる大礼(大典)では，全国規模で大がかりな記念事業が行われ，大都市においては大規模な市街装飾も行われた。また，日露戦争時などの戦勝祝賀会やその提灯行列などでも，多くの群衆がくり出した。

こうした旧来の共同体の枠を超えて集う人々の登場は，都市の近代化を象徴する現象である。近代化による空間の再編では，その集う群衆を収容できる場所としての広場が求められることになる。大礼(大典)や行幸，博覧会の開催などにあてられた公的空間が，まさにそうした場になっていく。あるいは，先述の太政官布告による「公園」ではなく，洋風近代公園として整備された「日比谷公園」(明治36年(1903)開園)なども，そうした場として機能するようになる。そうした場所から，東京の上野公園や，京都の岡崎公園などのように，しだいに博物館や美術館，動物園など公的文化施設が建設され，いわゆる文教ゾーンとして位置付けられる場も成立していく。

一方で，国民国家としてのナショナル・アイデンティティの構築も，政府の大きな課題となる。そこで行われたのが，国民統合のための天皇制を，象徴的・視覚的に示すことであった。明治21年(1888)に京都御所を模した明治宮殿が完成し大日本帝国憲法発布式がそこで行われると，その後，天皇の系譜を示すべく天皇陵が決定される。そして，橿原神宮，平安神宮，札幌神社(現北海道神宮)など，天皇制と関わる官幣大社が全国に創建されていく。しだいに，そうした場所が「聖地」として捉えられるようになっていくのだが，その大きな転機をもたらしたのが，大正9年(1920)に完成する明治神宮であるとされる。そこでは，造園学や建築学の学知が集まり，荘厳で神聖な境内景観がつくり出された。そして，それが神社の境内設計の手本となり，全国にも同様な清浄な空間としての境内が整備されていくことになる。

公共圏の確立

近代における空間の変容を捉える場合，もう一つ，公共という意識がどのように形成されたかを観察することが重要となる。もちろん，公共の意識とは，前近代においても共同体の内部にはありえたものだが，ここでいう公共とは，国民国家を前提として成立する自立した主体意識に基づくものである。それが及ぶ公共圏が形成されることになる意識には，主に伝統(過去への意識)，風景，衛生などが考えられる。

まず伝統であるが，それはまず文化財の保存として表れることになる。「文化財」は戦後に造語されたものだが，その意識の発生は明治初年にさかのぼるとされる。廃仏毀釈や西洋化の風潮により宝物や古建築の保存が放棄されるような事態が起こり，それに対する保存の意識が強まっていく。もちろんこれは，先述のナショナル・アイデンティティとしての伝統意識と重なるものであり，政府による伝統保存の政策としても表れるようになる。明治20年代後半には，日清戦争へと向かう状況のなかで古美術や古建築の保護の重要性の認識が高まり，明治30年(1897)には，古社寺保存制度が制定された。

そうした伝統保存で問われたのは，美術や建築の歴史的体系の構築である。明治10

年代末より，美術品の保護への政策から，E. フェノロサ（Ernest Fenollosa）や岡倉天心による大規模な宝物調査が行われ，明治20年代には，伊東忠太により日本建築史が体系化されて示された。そうした学知の形成とともに，過去の美術や建築が価値付けられ，それを保全するという意識が国民に共有されたものとして定着していく。

しかし，それは単に保存するだけには留まるものではなかった。明治神宮のように，伝統を積極的に価値付けした上で，新たな空間を生み出すことも行われるようになる。境内景観だけでなく，伝統的な社寺建築の装飾にも，過去にはなかった独創的なものがつくられるなどしたし，新たに勃興した産業資本家たちがパトロンとなった邸宅や庭園などには，数寄屋や庭園にそれまで観られなかった新しい和風文化が築かれた。

公共の意識を導いたものとして，もう一つ指摘できるのが景観である。これは，歴史・伝統に対する価値付けと同質のものとして理解することもできる。過去の美術や建築に対する保存の意識は，それが失われそうになったことへの危機感から起こるのだが，その対象は国家を価値付けるものだけに留まらない。地域ごとに固有の伝統も意識されることになる。とりわけ，そこでは近代化の中で失われようとする名所の風景の保全が主張されるようになった。

明治10年代から，各地の名望家などが主導して全国で組織されるようになる保勝会や保存会などが，その風景の保存を地域から担う存在になる。その活動は，とりわけ，乱伐により荒廃していた山並みの風景などの自然景観に向かうことになった。そして，しだいにその価値意識は，国民に共有される意識として浸透していくことになる。ここで，景観（当時はもっぱら「風致」が使われた）という価値が成立し，それが新たな公共圏をつくることになるのである。

そして，この景観についても，それを価値付ける学知が求められた。植物学，地理学，林学などの分野において，自然景観がその研究対象となっていき，その学知が保勝会などの保存運動の根拠となっていく。明治末頃から米国の国立公園の展開の影響もあり，日本でも国立公園運動が始まるが，その候補地調査などは田村剛などの林学者が行い，各地の景観に価値付けを与えていく。

こうした古くからの伝統や景観を価値付けようとする意識の広がりは，建築の形態を巡る議論にも表れることになる。明治40年代になると，ヨーロッパでの世紀末造形の影響もあり，西洋の歴史様式に対する見直しが進んでいくが，そのなかで，日本独自の建築造形を模索するようになる。議院建築（国会議事堂）を新築する計画を通じては，わが国に相応しい建築様式，つまり「日本趣味建築」を創造すべきという議論が高まった。

さて，公共の意識として広まったものとして，もう一つ「衛生」を挙げなければならない。それは，産業革命後の都市住環境の悪化に伴う伝染病の蔓延などに対処するものとして登場したものである。日本でも，明治12年（1879）には中央衛生会が設立され，各府県にも衛生課がつくられていく。そして先述のとおり，伝染病予防などを行政の補助的な役割として担う衛生組合が全国に広がっていく。これは，明治16年の大阪で設置されて以降，全国に広がったもので，町ごとに組織された組合である。そのため，町の自治的・共同体的性格を示すものとして捉えられるのだが，一方で，明治19年（1886）には防疫行政が警察の所管になり，その後も衛生は取締の対象となっていく。そのため，衛生組合のような存在が，地域住民の相互監視の装置にもなったという指摘もある。しかし，いずれにしても，衛生を維持することが，都市の住民にとって共有された公共意識となったことは事実である。

近代都市史・建築史の概説　277

都市拡大と都市間競争

　日露戦争後，日本の都市は膨張・拡大を続けることになる。重工業の発展などに伴い農村部から多くの人口を都市は抱え込むことになるが，それは単に都市の量的な拡大となるだけでなく，それに伴う質的な転換も進むことになる。その際の空間の変容とはどのようなものであったのか。そのことも重要な論点となる。

　都市の拡大は，三都のような従来から続く大都市だけに留まらなかった。工業化や貿易の進展とともに，人口と情報が集中する多くの都市が大きな拡大を遂げていく。横浜・神戸・新潟・函館などの開港地や，札幌・青森・山形・福島・宇都宮など道県庁の置かれた都市などがそれである。また，師団や工廠（軍需工場）が置かれ，それにより発展した軍都，あるいは企業の活動が都市形成の基盤となる産業都市なども現れていく。

　こうした多くの都市が現れ拡大していくなかで，都市間競争とも呼ぶべき状況が生まれていく。その競争の中身とは，街路拡幅，港湾，上下水道，市電（電気軌道），電気供給など都市のインフラ整備であった。これは後述する大正8年（1919）の都市計画法の制定以前からも，さまざまに事業化されていく。その契機として，明治44年（1911）に，市長の行政権者としての権限強化を実現する市制の全面改正が実現し，それ以降には市長のリーダーシップのもとにそうした事業が積極的に進めることができるようになったことがある。そのリーダーシップのもとに，土木技術者・経理技術者をはじめとして各種の専門技術を身に付けた技術官吏たちが市役所に集められ，インフラ整備を中心にした各種の都市政策について，立案・交渉・実施を進めていく体制が構築されるようになる。これは，都市専門官僚制（⇨予選体制から専門官僚制へ）と指摘される。

　そうして都市改造を進めていく事業者としての市には，その事業を通じて都市経営という認識が広まっていく。産業界も都市の発展を期待するようになり，大正から昭和にかけて「大〇〇」というスローガンが掲げられる都市も出てくる。実際に，大阪は大正14年（1925），東京は昭和7年（1932），京都は大正7年（1918）にそれぞれ大規模な周辺町村の合併を実施し，巨大な市域を持つ都市となっていく。では，都市改造が進められる都市では，どのような空間あるいは景観の変容が起こったのか。

　まず，労働人口の急増により，貧困問題が深刻化し，都市内にスラムの状況を示す地域が生まれていく。しかし，財政的な余裕がない地方政府はそれに対応することが難しかった。内務省においても民間の慈善事業を助成する事業を展開するに留まったが，大正期の米騒動前後から救済行政を補完する有志による活動が起こり，その後方面委員制度として確立されることになった。

　その一方で，労働者のための各種の娯楽施設が普及することになる。都市の繁華街において，映画館やカフェ，あるいは呉服店や鉄道会社が創業する百貨店が，明治40年代から急速に広まっていく。これらの建物は，西洋の歴史様式を参照したデザインで登場するが，大正期には，それを簡素化したゼツェッション，さらに昭和期に入ると，幾何学模様のモダンな装飾のアール・デコ（⇨20世紀の装飾）などが主流となり，都市景観を特徴付けるものとなっていく。また，拡幅される都市の主要な街路には，プラタナスやイチョウなどの街路樹が植えられたり，街灯を灯すことが広まっていく。こうした状況は，都市が消費空間化していく事態を示すものだといえるだろう。

　そして，都市の拡大とともに起こってくるのは，郊外地の市街地化である。まず，都心から連担する周辺部では，工場の建設とともに低所得者層の住宅地が展開してい

くことになる。明治期に都市部には居住専用住宅が現れるが，そのほとんどは長屋であった。そのことは，明治19年（1886）から各府県で制定される建築規則の多くが「長屋建築規則」であることからもわかる。その長屋が，明治末頃から都市周辺部に大量に建設されていくこととなった。とりわけ大阪では，いわゆる近代長屋が，隙間なく空間を埋めつくす状況が現れた。

　一方で，そうした周辺部も含んだ都市環境の悪化から，郊外を環境のよい住宅地として価値付け，そこに住宅地を開発していく事業が，明治末の大阪の郊外から始まる。箕面有馬電鉄（現阪急電鉄）がリードしたその開発手法は，都心から郊外へ広がった私鉄各社に波及し，さらに，大正期以降にはその開発を専門とする土地会社も現れ，東京や大阪の郊外地は，数多くの住宅地が広がっていくことになる。

　そうした郊外住宅地に展開された住宅は，庭付きの戸建て住宅である。そこでは，旧来の農家や邸宅にはない，合理的な住空間のあり方が求められた。玄関から各部屋への動線を確保する中廊下を配した中廊下形住宅と呼ばれる住宅が出現し，さらには生活スタイルを椅子座とし，旧来の接客本位を家族本位と改めるために，居間（リビングルーム）を中心に据えた住宅が普及するようになった。

近代主義と都市計画の時代

　大正8年（1919）に，最初の都市計画法が公布される。これにより，大都市で進められてきたインフラ整備・都市改造事業は，日本中の都市に波及することになる。ここで重要なことは，この法律が，都市計画の決定権者を国（内務省）と定めたことである。もちろん，各都市での計画は，それぞれの市が立案するものであったが，最終的な決定権は国となったことで，その計画内容は常に他都市のものと比較検討される対象となり，計画者としての技師・官吏は内務省をトップとしたネットワークに組み込まれていくことにもなる。

　それでは，そうして秩序付けられ実施が進んでいく都市改造によって，どのような空間が成立したのだろうか。そこには，近代合理主義と都市空間というテーマが浮上する。都市計画の制度と実際については，第6章で扱っているが，その都市計画事業によってどのような空間や建築が生まれ，さらにはどのような都市統治の体制が生まれたのか。都市計画法の成立により最も進んだのは，土地区画整理事業であったといえるだろう。これにより，大都市の周辺部にも都市からの連担的に連続する整然とした市街地空間が広がることとなった。

　そして，土地の整備だけでなく，住宅の供給・整備についても支援策が始まる。大正9年（1920）に内務省は，住宅不足を解消することを目的とした低利資金融通策を開始し，これにより低所得者のための市営住宅事業が展開される。さらに，大正10年（1921）に住宅組合法が公布され，これにより，それまでの借家とは異なる持ち家としての都市中間層の住宅建設が促進されていく。一方で，大正14年（1925）から政府が主導して不良住宅地調査が行われ，関東大震災後の東京において，内務省により設立された同潤会による住宅建設が進み，その他の都市でも改良住宅の建設が昭和初期にかけて進んでいった。また，食料品の安定供給をはかるため公設小売市場や中央卸売市場が建設され，公設墓地などの設置も進んだ。

　こうして，都市居住者の生活に関わる各種の公的施設の整備が，都市計画法と連動するように次々と進むことになる。そこには，国（内務省）を頂点として構築された技術官僚・官吏たちの体制があった。内務省の技術官僚は，都市計画法という制度を

いかに精緻で有効なものにしていくかに一貫して取り組み，地方の技術官吏は，都市専門官僚制の確立により，議会からは距離を置くことのできる環境を得て，常にその執行を合理的で効率的なものにできるかに腐心した。しかし，それは一方で都市における行政組織のなかで，技術官吏，とりわけ土木技師の政治的な力を強いものにしていくことにもつながった。そのため，京都市などでは「技術万能主義」を廃すべきだという市長と技師との対立が先鋭化する事態も起こっている。

　建築の表現活動においても，技術官吏がリードする事態が現れる。大正期に入ると，司法省や逓信省の建築技師らが，電話局や監獄などに，それまでの公共建築に求められてきた有用性や功利性を乗り越えた「芸術」の優位性を主張する作品を生み出していく。そして，大正9年（1920）には，それまでの近代化を示す造形であった西洋の歴史的様式から「分離」を目指す分離派建築会が，東京帝国大学（現東京大学）工学部建築学科の卒業生たちにより結成される。こうした建築の前衛的運動が主導する形で，歴史主義様式から脱する表現主義やゼツェッションなどの近代主義デザインに向かう新しい造形が都市建築にも広く定着するようになっていく。

　しかし，こうした主導的立場の建築技師や建築家は，都市計画や都市政策の官僚・官吏にみられたのと同様に，近代合理主義をさらに貫こうとする態度を強めていく。大正12年（1923）に結成された創宇社建築会などでは，建築家を民衆の現実的・日常的要求を実現する専門技術者として位置付けようとした。そこでは，「芸術」に代わって，「科学」としての建築設計が浮上したといえる。こうした捉え方が，装飾を廃したモダニズム（近代主義）のスタイルを生み出していったと理解することもできるだろう。

　昭和期に入ると，都市計画を巡る官僚・技師たちの態度は，さらに合目的的で合理的な事業遂行を希求するものとなっていく。とりわけ，土地区画整理事業においては，その事業スキームの合理性・効率性が常に求められた。その効率性は，必然的に計画の対象を「都市」という枠を超えたもの，すなわち広域の地域やさらには国土にまで広げることにつながっていく。その結果として，1930年代の戦時体制における「新興工業都市計画」などでは「大都市の抑制」という国策が示されるまでになる。

　そうした合理性・効率性を徹底させた各種の都市計画事業体制は，昭和8年（1933）の昭和三陸津波や翌年の室戸台風などの甚大な自然災害に対する復興事業などでも徹底される。被災地における，農山漁村も含む共同体を巧みに事業の受け皿に取り込み，効率的なスキームを構築する。さらにそうした効率的な事業システムは，植民地においても積極的に構築されていく。日本の植民地支配は，支配のためのさまざまな段階を同時並行的に短期間に成し遂げたことが特徴として指摘される。都市計画事業もそのなかの重要な事業としてあったが，そこでも，南満洲鉄道株式会社（満鉄）に代表される国策会社や民間企業も巻き込みながら，合理的で効率的な事業スキームの構築が常に模索された。その結果として，満州国の首都として建設された新京（現長春）のように，壮大な敷地に綿密な新都市を，短期間で建設させてしまうようなことも実現させることになった。

参考文献

高嶋修一，名武なつ紀編著『都市の公共と非公共』日本経済評論社，2013.
なお，個別の歴史事象は多岐にわたっているため，各項に挙げられた参考文献を参照されたい。

［中川　理］

近世空間の再編

　近代西欧諸国において産業資本主義が発達し，それらの国々が互いに競い合いながら他地域へと資源の調達・収奪を行う波は，19世紀以降，日本列島にも本格的に到達するようになる。それに並行して国内の政治や社会・経済的状況にも変動が生じる中，列島内では新たな都市類型の誕生に加えて，既往の都市の内部においてもさまざまな動きが惹起されることになった。

　元来，江戸幕府は，政権樹立から程なくして海外との交易の場を制限する方針をとった。18世紀後半以降，列島近海への外来船舶の接近が増加するようになっても，当初は異国船打払令を出すなどしてその姿勢を貫こうとする。しかし，度重なる来航やそれに伴う摩擦・紛争を経て，嘉永7年（1854）日米和親条約を締結し，いわゆる開国へと大きく舵を切った。また，安政の五カ国条約に基づき，五つの開港場と二つの開市場を設定した。これにより，条約締結相手の外国人に対して居住と貿易の権利を認める外国人居留地が，列島内には数多く誕生することになった。そこでは外国人に独自の領事裁判制度が認められるなど，日本側にとっては不都合な面も多く，居留地の廃止は明治32年（1899）の条約改正によりそれが達成されるまで，喫緊の政治課題であり続けた。

　その一方で，長らく海外との交流が厳しく制限されていた日本社会にとって，居留地に出現した西洋風の家屋や街路，公園といった空間的要素から，居留民の楽しむスポーツや演劇などにいたるまで，そこで展開されるあらゆる物事は珍しく，憧憬の対象ともなった。居留地は，官民を問わず日本の人びとが欧米の制度や文化，思想に関する知識を摂取，受容する重要な拠点となっていく。逆に，居留地内で発行される英字新聞などは，それまで流通していなかった日本に関する諸情報が海外へと伝えられる役割も果たした。

　ところで，こうした都市類型（外国人居留地）の創出は，内政の観点からすれば，その担い手が幕府から明治新政府へと移り変わるタイミングに重なっている。居留地誕生のかたわら，19世紀中葉には既存の日本都市，すなわち列島内に数多く展開する近世城下町の内部においてもさまざまな変化が引き起こされていくのである。

　そもそも，近世城下町とは，その内部の社会と空間が深い相関関係をもち，都市空間が領主の居城を核として武家地・町人地・寺社地というように分割されていたことに大きな特徴があった。なかでも武家地の占める比重は一般的に高く，とりわけ幕府の拠点であった江戸では幕末期，その約7割にのぼっていた。本項の主題である

「近世空間の再編」という歴史的事象を日本都市に則して考える場合，まさにこうした城下町の社会＝空間の基本構成（身分的な分節構造）がどのように放棄，解体されていったかが重要なポイントとなる。

　この点について明治新政府の取った方針は，実のところ紆余曲折としたものであって，維新直後（1868～1870年）にはそれまでの枠組みは維持しながらの軽微な再編策も模索している。しかし，明治4年（1871）には統一戸籍法を公布し，武家地・寺社地は廃止してみな町地とすることへと転じた。これを機に，従前の分節構造が解体をされ，諸集団の関係性そのものであった都市空間が均一化・均質化を遂げる，近代都市形成にむけた動きが始まっていくことになる。

　例えば，それまで掘割の要所や武家地と町人地との境，あるいは町どうしの接点に設けられていた城門・木戸が撤去された。そして，都市域の広範を占めていた武家地エリアではさまざまな種類の(旧)武家地開発が以後，急速に展開をされていく。

　そもそも明治維新を機に，町人地では幕藩体制下で進行していた占有権がそのまま所有権へと移行し，それまでの利用関係は保たれた反面，武家の屋敷所持という特権は剥奪をされて，武家地のほとんどは収用の対象となった。つまり新政府は，その使い方を事実上恣意的に決めていくことが可能となり，そしてそのことは既往都市（旧近世城下町）の基本的性格を様変わりさせるインパクトをもつものとなった。たとえば，旧城郭一帯の処分に関し，ある都市では新たに軍隊の拠点を，また他の所では高等教育機関を配置することで，各都市のその後の発展の方向性はもとより，列島内に展開する都市どうしの政治・社会的な序列や関係性を組み換えていった。

　付言すると，県庁所在地をはじめ，近現代日本都市の多くはまさに，近世城下町を発生の起源とし，その変容の結果として存在している。そうした長い道のりのなかでも，19世紀中葉における武家地（跡地）の処分が，それぞれの内部構造を再編するもっとも大きな出来事の一つであったことは確かといえよう。

　ところで，「近世空間の再編」は，以上のような土地利用の問題にとどまらず，立体的な側面，つまり人びとの生活の器である建築のありようにも及んでいる。

　近世段階には，武家地に建てられる建築と町人地のそれとでは異なる規制が敷かれていた。例えば後者には基本的に3階建て以上は認められないなど，その様相は対照的なものであったが，そうした規制もまた明治初年のうちに廃止されている。また，それと相前後するように，先述の居留地などを介して西欧世界の都市や建築に関する情報が多く流入するようになると，明治初期には一般に擬洋風建築と呼ばれる，市井の大工が在来の構築技法を土台としつつ西洋のエッセンスを取り入れた，和

洋折衷的な様式が現れた。他方で，政府は殖産興業を目指して欧米諸国から技術者（お雇い外国人）たちを積極的に受け入れ，彼らからじかに海外の先進技術や学問，制度を移入することにも力を注いでいく。明治5年（1872）に東京中心部において建設が開始された銀座煉瓦街は，その初期事例の一つである。

さて，明治維新の過程では，武家による屋敷所持の特権ばかりでなく，寺社勢力のそれについても剥奪する動きが進展した。廃藩置県および地租改正を背景とする明治初年の上知令施行などを通じ新政府は広大な旧寺社領の官有地化を進めたが，それは多くの場合，寺社がみずからの運営・存立に支障を来すほど極端なものであり，その是正は後々まで尾を引く問題となった。

外国人居留地

慣習上ないし条約上，外国人の居住営業が認められた一定区域のこと。日本列島では19世紀以降，欧米列強とのあいだで結ばれた条約によって多数出現することになった。幕府は，嘉永7年（1854）の日米和親条約による下田と箱館の開港を経て，安政5年（1858）には日米修好通商条約を結んだ。まもなくイギリス・フランス・オランダ・ロシアとも同様の条約（いわゆる安政の五カ国条約）を締結し，これにより条約締結国人に対して居住と貿易の権利を認めるエリアである外国人居留地が誕生することになった。開港場が箱館・横浜・長崎・新潟・神戸に，また開市場が江戸と大阪に設定されて，前者では港と市街が開かれて当該外国人には借地権と建物の所有権が認められた。一方，後者では市街だけを開いて貸借権のみが認められるはずであったが，実際にはのちに借地権が認められて居留地と同様となった。

武家地開発

日本の近現代都市の多くは近世城下町を母胎としているが，その都市域のなかで一般的に多くを占めたのが武家地であった。明治維新後，新政府はそのほとんどを収用し，かつ利用・所有方法を主導的に決めていくことで，各都市の性格転換などをはかっていく。たとえば新政府の拠点にあらためて位置付けられた江戸—東京では，約7割を占めた武家地の収用は統一戸籍法の公布以前から進められて，それらは事実上の京都からの遷都，さらには首都改造のための主な舞台となっていった。また，官有に供されなかった武家地（跡地）は民間へと払い下げられたが，そこでは当時貴重な外貨獲得の手段であった桑茶の植え付けが奨励されたり，あるいは並行して進められた地租改正の影響を受けるかたちでの盛り場化などが急進した。他方で，江戸—東京以外の都市においても旧城郭一帯の武家地の収用とその改造が進められた。廃

藩置県によりいったんすべての旧城郭（藩主の居城，およびその周辺の武家地からなる「郭内」）は兵部省，のち陸軍省の管轄下に入ることとなったが，その多くは官公庁用地や軍用地，あるいは鉄道などの近代的諸施設のための用地となっていった。

銀座煉瓦街

明治初年，東京中心部に位置する銀座全域で，多数の煉瓦家屋が建設された事業。明治新政府は，明治5年（1872）2月26日発生の兵部省添屋敷（現在の皇居前広場の一画）からの大火を機に，類焼した銀座・築地一帯の再建を全面的に煉瓦家屋で行い，さらにはそれを東京全域へも広げていくことを計画した。その背景には，西欧近代的な景観を東京に出現させることで不平等条約の改正交渉につなげようとする思惑と，新奇な技術を介してみずからの力量を国内に示そうとする，新政府の二つの意図がみてとれる。立案は政府の中でも大蔵省の主導で進められ，煉瓦家屋の設計はお雇い外国人の T. J. ウォートルス（Thomas James Waters）が主に担当した。しかし，事業の財政基盤は脆弱であり，また事業の進め方をめぐる大蔵省と東京府のあいだの軋轢や，住民らの強い反発なども起き，煉瓦街建設は当初予定された地域の，さらにその一部（銀座）に実施されるだけで，明治10年には中止された。

明治初年の上知令

新政府が寺社境内地の処分をめぐって，明治初年に出した一連の布告のこと。まず，政府は明治4年（1871）の大政官布告により現在の境内地を除いた寺社領を上知させたが，その後，境内地の範囲は数度の令達によって祭典・法要に必需の場所などへと限定，縮小された。さらに明治6年の地租改正条例に基づく官民有区分では，境内地といえども「民有ノ証ナキモノ」は官有地へと編入した。以上の結果，それまでの境内地のほとんどを失った寺社も多く，政府機関とのあいだでの係争が相次ぐことになった。その後に制定された「国有土地森林原野下戻法」（明治32年）や「（旧）国有財産法」（大正10年（1921））では下戻処分により元の所有者への返還も行われたものの，こうした明治維新に端を発した寺社境内地の処分をめぐる問題は戦後まで長く尾を引くことになった。

参考文献

佐藤滋『城下町の近代都市づくり』鹿島出版会，1995.
松山恵『江戸・東京の都市史』東京大学出版会，2014.
本康宏史『軍都の慰霊空間』吉川弘文館，2002.
横山百合子『明治維新と近世身分制の解体』山川出版社，2005.

［松山　恵］

都市自治組織の再編

　都市住民の自治組織という場合，その単位をどこに求めるかによって，いくつかの議論が可能である。ここでは，豊富な史料と戦前以来の研究蓄積がある京都を中心に，その全体像をみておきたい。

　その前にまず，都市住民の自治組織が成立する以前から，農村では村落共同体を単位とする自治的活動が行われていたことを指摘しておく必要がある。室町時代には，畿内をはじめとして各地で惣村の自治が認められ，その一端は惣掟などで確かめることができる。農業を中心とする労働と生活維持のための共同体は，日常生活や祭礼，水利や入会など，必要に応じてさまざまな規定を設けていた。

　都市における自治組織の成立は，村落共同体よりも新しく，また緩やかなものであった。

　そこでまず考えられるのは，個別町の自治である。戦国期の混乱期に胚胎したと考えられる個別町の営みは，京都の室町通に面する冷泉町に戦国期から近代にかけての町共有文書が一貫して受け継がれてきたことによって裏付けられる。このような個別町の自治意識は，都市に自発的に集住した商工業者が，座による特権を通じた権門との関係や同じ職種による同業者の紐帯を基盤としながらも，戦争や政争，楽市楽座政策などを通じて権門との関係が整理され，地域を自主的に運営するようになってから，地縁的にまとまっていったものと考えられる。近世京都の場合，都市住民は商工業者個々で存在していたというよりも，まずは個別町という共同体の成員として存在していたとするほうが，理解しやすいのではないかと思われる。ただ，城下町建設などを通じて藩（大名）が町場の建設に関与しているような都市では，こうした個別町の共同体意識が希薄であることも指摘しておきたい。個別町には，町を代表し，また領主との連絡をするための役職として町年寄や五人組頭などが置かれた。

　個別町は数町から数十町が集まって町組を形成することがあった。町組は，幕藩領主からの法令の伝達や様々な負担の賦課，救済などの際に重要な役割を果たした。都市の広がりに応じて，町組の形成や再編成も行われたと考えられるので，住民にとっても一定の意味があったが，どちらかといえば領主による行政上の必要性が高かった。ただ，本願寺寺内町のように，町組が独特の個性を有する場合もあるので，江戸や京都のような大都市の場合には，その複合都市的な性格を理解する上で町組という単位も手がかりになる。

　さらに，各都市の町人地全体のまとまり，いわゆる惣

町という単位での組織がある。個別町の自治意識が強い京都では，惣町の役割はあまり目立たなかったが，城下町では惣町単位で町会所が置かれるなど，むしろ存在が明確な場合もある。このような町会所は，自治組織というよりも行政組織に近いが，時には町人としての立場をまとめて主張する役割を果たすこともあったであろう。江戸の町会所も，幕府が飢饉などに備えて惣町単位での対応を期待して設けられたものである。

　明治維新後，町組や町会所は廃止されるが，京都では町組を改編して学区が成立した。以後，戸長役場が学区単位で設立された時期もあるなど，住民が学区への帰属意識を高めた。一方，個別町には明治5年（1872）より町年寄に代わって戸長が置かれたが，戸長役場の管轄地域が広域化するに従い，個別町の役割も祭礼や親睦などに限られていった。しかし，伝染病の予防など，行政に求められる役割が多くなると，あらためて個別町の役割が期待されるようになり，全国の大都市で衛生組合の設置が，京都では公同組合の設置が進められた。アジア・太平洋戦争下において全国的に町内会が設立される際には，このような個別町単位の組織が参考にされた。また，近代の地方自治制度は，政治的には市町村議会議員の選出などによって担われるようになるが，学区や個別町を通じての公共的活動は，それを担う人材の供給源として期待されるようになった。

学　区

　学区は小学校制度の発足とともに始まる。近代の小学校は，「四民平等」の理念のもと国民皆学を目指して明治6年（1873）以降全国に設置されるが，京都ではそれに先駆けて明治2年（1869）に市中に64の小学校が創設された。このとき，小学校設置の基礎単位となったのが町組を再編成した番組（のちに学区と呼ばれる）であった。その後，京都の学区には一時戸長役場が置かれて，戸籍や納税の基礎単位となり，衛生や福祉などを計画的に進める際にも，大きな役割を果たした。全国的にも，小学校設立にあたっては地域住民の寄付に負うところが多く，学区への帰属意識も強かった。また，学区は行政や教育だけでなく，運動会や祭礼のような親睦行事の基礎単位になることが多い。

戸長役場

　京都の学区を考える上で重要なのは，戸長役場区域の変遷である。戸長は，明治5年（1872）戸籍法の施行後全国に設置された行政事務担当者の名称である。戸籍制度は，それまで身分別に編制されていた宗門人別改帳に取って代わり，身分によらない地域社会を形成するための基礎となった。京都の場合，当初は戸長が個別町単位

に置かれたが，それでは市中に千数百人もの戸長が必要になるところから，数年後には1人の戸長が数町を管轄するようになった。さらに，明治12年（1879）には戸長が学区（組）に1人とされ，戸長役場は小学校内に置かれることになった。京都の住民が自治の基礎単位として学区を重視するようになるのは，これ以降のことであった。なお，戸長役場は明治22年（1889）に市制・町村制が施行されると廃止された。

都市名望家

明治5年（1872），戸長制度を導入する際，明治政府は庄屋・名主をそれに充てることを認めた。近世において地域社会で公共的業務を担ってきた庄屋などに，政府は公的地位を与えた。都市部においても，戸長は町年寄などが選ばれた。こうして，それまで武士身分によって独占されてきた公的地位が，農民や商工業者に開かれた。1879年以降，府県会や町村会として本格的に開設された地方議会にも，多くの農民・商工業者が進出した。ただ，士族が多数居住していた城下町では，議員も士族が多数を占めたと考えられる。それに対し，京都や大阪など士族が少ない町では，町人（商工業者）出身の議員が多かった。戸長や地方議員に選ばれるためには，旧来の身分だけでなく，資産や人望，公共的業務の経験などが意味をもった。名望家とは，こうしたプロセスによって台頭してきた有力者のことである。

公同組合

明治30年（1897），京都市会は公同組合の設置を奨励することとした。個別町単位で公同組合を設置し，学区単位には各公同組合の代表者である公同組長により構成される連合公同組合が置かれた。市は，これまで町や学区が任意で行ってきたものについて公的な位置づけを与えようとしたのである。この名称は京都独特のものであるが，設立の背景には同年に制定された伝染病予防法において衛生組合の設置が奨励されていたことがあった。他都市では衛生組合などの組織が果たした役割を，公同組合は包括して担ったのである。

戦時色が深まるにつれ，公同組合連合会などが戦争遂行のために公同組合の強化を申し合わせるなど，公同組合は戦時体制への協力を担った。しかし，長年の慣行をもち，徴収する経費の額なども各組合（町）で異なっているなどの性質をもっていた公同組合は，全国に画一的な総動員体制をつくろうとする政府の方針とは相容れないものであった。内務省は，昭和15年（1940）9月に各府県に部落会・町内会の設置を命じた。京都市も11月23日に京都市町内会設置標準を定め，翌1941年1月15日には全市内で町内会が設置された。これらの町内会が，連合公同組合を改組した町内会連合会のもとに編成された。

町内会・町会

昭和12年（1937）頃からアジア・太平洋戦争の深まりに対して，政府が動員を強化するために地域住民組織を全国に網羅することを目指した。内務省は，1940年に都市部には町内会を，村落部には部落会を設置することを奨励し，さらにその下部組織として隣組も設置された。

町内会や隣組は，1945年の敗戦後も配給などに効果をあげたが，戦時体制を支えた組織として，1947年5月に公布された政令15号によって禁止された。しかし，実際には都市によっては日本赤十字奉仕団や共同募金分会，行事保存会などとして存続し，旧来の町内会長が事務連絡嘱託などに任命される都市もあった。町内会の禁止は1952年10月に解かれるが，以後も自治会などという名称が使われる都市が多い。ただこうした経緯は，地域住民組織が戦時動員や配給など上意下達の要請ばかりではなく，住民の親睦や祭礼の維持，相互扶助としての役割を担っていたことを示している。

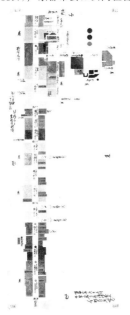

下京三十一番組絵図
［京都市歴史資料館寄託］

参考文献

秋山国三・益子庄次編『公同沿革史（上・下巻）』元京都市公同組合連合会，1943〜1944.
京都市歴史資料館編『京都町式目集成』京都市歴史資料館，1999.
岩崎信彦，広原盛明，鯵坂学，上田惟一，高木正朗編『増補版 町内会の研究』お茶の水書房，2013.
伊藤之雄編『近代京都の改造』ミネルヴァ書房，2006.

［小林 丈広］

284　第4章　近代

都市イベントとメディア

大礼と大葬による都市整備

　天皇の即位に際して行われる大礼／大典は，近代日本の国民国家を形成する上で重要な国家儀式となり，全国各地の公共事業が御大典事業として位置付けられた。大正4年（1915）に大礼が執り行われた京都では，琵琶湖第二疏水開削・上水道整備・道路拡幅と市電敷設からなる三大事業の完成と，駅舎と植物園を中心とする公共施設の整備が記念事業として行われ，大礼に直接関係のない地方都市でも，「御大典記念」を冠した公会堂などの公共建築が建設された。また，昭和3年（1928）の御大典記念事業では，市庁舎を中心とした鉄筋コンクリート造公共建築が建てられたほか，小中学校において，御真影と教育勅語を収めた**奉安殿**の建設が盛んに行われた。一方，崩御後の大葬に関していえば，明治天皇の伏見桃山陵は，既設省線桃山駅の駅前整備に止まったが，大正天皇の多摩陵は，1927年に明治神宮に次いで風致地区指定を受け，京王電気軌道（株）御陵線が敷かれ，沿線が行楽地として開発された。

イベントによる都市空間の祝祭

　ところで，E. H. カントローヴィチ（Ernst Hartwig Kantorowicz）の言葉を借りれば，わが国では御真影という写真メディアによって，近代天皇の「政治身体」が形成される一方で，行幸という「自然身体」の移動によってまた，国民国家の全体像が顕現された。明治天皇の「六大巡幸」（明治5年（1872）～明治18年（1885））では，各地の道路で「緑門／杉の葉アーチ」と呼ばれる仮設の門が設けられ，行幸のための市街装飾が施された。また，行幸に関していえば，明治25年（1892）から開始された**陸軍特別大演習**に際して，天皇の模擬戦統監のために行われた都市整備は，演習都市の郊外開発を促すものでもあった。

　こうした仮設の緑門による市街装飾は，日清・日露戦争の戦勝パレードに際して設けられた**戦勝凱旋門**で最盛期を迎えた。あるいはまた，明治37年（1904）の「遼陽一部占領」を記念する東京電車鉄道（株）の「装飾電車」以来，全国の路面電車が走る都市空間では，イルミネーションに彩られた「花電車」が，**夜景**という新たな風景を演出した。

博覧会による都市公園の整備

　前述した御大典事業について，大正4年（1915）には京都・大阪で，昭和3年（1928）には東京・安城・名古屋・京都・大阪・奈良・神戸でそれぞれ「御大典記念」を冠した博覧会が開催されたが，こうした博覧会は大礼や行幸と並ぶ近代都市空間における一大イベントとされた。明治期には，「内国勧業博覧会」（明治10年（1877）～明治36年（1903），全5回）や「関西府県連合共進会」（明治16年（1883）～明治43年（1910），全10回）が開催されたほか，各県の殖産興業の様子を展示する県別博覧会が行われ，大正期以降は，産業・電気・交通・衛生・婦人・子供・体育・平和など，様々なテーマを冠した博覧会が開催されるようになった。最初は，城跡や社寺境内が充てられたが，大正9年（1920）に都市計画法が施行されると，次第に郊外開発に関連付けられた土地で開催されるようになった。このことは，博覧会の開催が，会期終了後の会場と，街路照明などの関連都市基盤施設の利用を想定した，都市計画の常套手段となったことを示す。さらにまた，こうした博覧会に関連して設けられた戦争画などを収めたパノラマ館は，映画館が台頭し活動写真が上映されるまでの重要な都市メディアであった。

「健康身体」のためのイベントと都市空間

　近代国家を形成するために，天皇の「政治身体」に並んで重視されるようになったのが，国民の「健康身体」である。昭和3年（1928）にラジオ体操の放送が開始されたが，その4年後の夏には，2,593万人以上の老若男女が，全国1,933会場に据えられたラジオの前で，毎朝6時から一斉に同じ体操を行うことになった。ラジオを通じた全体主義であったと捉えることもできるが，都市史・建築史の観点からすれば，近代メディアによる広場・公園・校庭・境内などの小規模な空地とコミュニティの発見でもあったといえる。

　また，明治神宮外苑の整備とともに始められた「明治神宮競技大会」（大正13年（1924）～昭和18年（1943），全14回）という都市イベントは，昭和15年（1940）の紀元二千六百年を記念して，万国博覧会と同時開催される東京オリンピックという国家イベントに結実する予定であった。こうした「健康身体」を巡る都市イベントは，第二次世界大戦後に，「人間宣言」（1946）を行った天皇が臨場する「国民体育大会」が取って代わり，国体道路や運動公園などの公共整備が行われた。

奉安殿

　奉安殿は，天皇と皇后の御真影や教育勅語謄本などの詔書を保管するために設けられた小規模な建物である。多くは学校敷地の一角に設けられたが，軍事施設・病院療養施設・行政施設に設けられた事例もあった。外観は神社建築を呈するものが多いが，ペディメントとオーダーをもつ西洋古典建築の事例もあった。明治・大正期は主屋の一室で保管されたが，関東大震災によって火災滅失した事例が多かったことから，以降は鉄筋コンク

リート造の堅固な別棟建物に収められるようになった。とくに昭和3年（1928）の御大典記念事業を契機として，全国各地で建設が進んだ。敗戦後，GHQによる軍国教育撤廃に関わる発令を受けて，大多数は解体除去されたが，神社施設や寺院施設に転用する目的で移築残存された事例もある。

陸軍特別大演習

陸軍師団が置かれた都市の郊外では，毎年1回4日間にわたって，陸軍特別大演習と名付けられた複数師団による行軍と模擬戦が行われた。演習地に赴くために師団が行軍するために必要な道路・橋梁などが整備されたことからもわかるように，こうした軍事イベントは地方都市の都市基盤施設の契機であった。師団が郊外の演習地に行軍するために必要な道路・橋梁などが整備され，天皇（皇太子が勅命代行する場合もあった）が模擬戦を統監した高所は，郊外の新たな聖蹟とされ，後の住宅地開発の手掛かりとなることがあった。これらの開発の様子は，昭和4年（1929）に愛知県で開催された演習以降，慣習的に吉田初三郎による県別鳥瞰図に描かれることになった。

戦勝凱旋門

日清戦争後の凱旋は，天皇自らによって行われた。明治28年（1895）に講和条約が締結された際，天皇は鎮守府から京都を経由して東京に凱旋した。このとき，日比谷の仮施事堂前に建造された凱旋門は，道路中央に据えられた長さ1町で高さ100尺の塔を備える「欧米にも前例なき斬新なるTriumph Arcade」であった。日清戦争時の凱旋門は，この事例を含めて，全国5ヵ所であったが，日露戦争時では全国58ヵ所に設けられたことが確認されている。緑門型・和風門型・洋風門型・中華門型など，規模も意匠も多種多彩であった。西洋近代の凱旋門は，交差点中央に記念碑同様に建設されたのに対し，これらの凱旋門は，道路幅一杯に建てられ，近世以前の鳥居や木戸と同様に扱われることが多かった。

夜景

W. シヴェルブシュ（Wolfgang Schivelbusch）がいうように，照明は「祝祭照明」と「公安照明」という二面において開拓された。祝祭照明の代表的事例は，車両を旗で飾り付け，その輪郭を縁取るように電飾を取り付けた花電車であった。こうした電飾は，明治36年（1903）に大阪で催された「第5回内国勧業博覧会」の事例にさかのぼることができる。もう一方の公安照明は，他ならぬ夜間街路を照らし出す街灯である。昭和12年（1937）に名古屋で開催された汎太平洋平和博覧会の夜景は，大正期に相次いで開催された「電気博覧会」とは異なるものであった。石川栄耀の「夜の都市計画」を反映したその会場計画は，紀元二千六百年記念日本万国博覧会の初期案（1935）を設計した藤生満を中心とする名古屋市建築課によるものであり，第二次世界大戦前における照明による「都市美運動」の集大成であった。この年，東京で開催された第1回全国都市美協議会では，田邊孝次（東京美術学校教授）や黒田鵬心（風景協会主事）らが，都市空間におけるネオン照明の効用について論じた。

パノラマ館

パノラマ館は，トップライトが付いた円筒状の建物の中心に設けられた天蓋付き展望台から，建物の内周壁一杯に描かれた水平連続する風景画を眺めるための施設である。アイルランド人画家のR. バーカー（Robert Barker）が，1793年にロンドン・レスター広場に建設して以来，世界中に広められた視覚メディアである。日本では，明治23年（1890）に「第3回内国勧業博覧会」で賑わう上野公園の摺鉢山に建てられた「パノラマ館」と浅草六区に建てられた「日本パノラマ館」を嚆矢とし，明治20年代，30年代を通じて全国の主要都市で大流行した。とくに後者パノラマ館は，工部大学校を卒業後，宮内庁皇居御造営事務局と逓信省を経て日本土木会社に勤めた新家孝正によって設計された直径20間・高さ10間の本格的な建物であった。

参考文献

橋爪紳也『祝祭の〈帝国〉：花電車・凱旋門・杉の葉アーチ』講談社，1998.
栗山茂久，北澤一利『近代日本の身体感覚』青弓社，2004.

［堀田　典裕］

新家孝正によって浅草六区に建てられた「日本パノラマ館」
（明治23年（1890））
［『新撰東京名所図会』東陽堂，1908］

教育機関の近代化

日本の教育機関の近代化は，学制の発令（明治5年(1872)）に端を発し，初代文部大臣・森有礼による諸学校令の制定（明治19年(1886〜)），20世紀以降の近代産業の発展を背景とした政策的拡充へと展開した。

近世の教育機関の再編と学制

学制は，独自の体系をもった武家の学校（藩校など）と庶民の学校（寺子屋など）（⇨都市施設）の統一を，小学・中学・大学の学校系統，および学区制により企図したものであった。ただし学制以前にも，教育の近代化に着手する動きはあった。京都では明治2年(1869)に六四校の小学校が設置された。伝統的な町組（⇨町）に学区制度を重ねた小学校設置は，地域社会の再編という一面ももっていた。また学制構想下，教員養成は急務と位置付けられ，**師範学校**の設置が規定された。師範学校は基幹的学校系統の外に位置付けられ，給貸費制度や就職義務などにより独自の性格が規定された。

明治元年(1868)，政府は旧幕府直轄の昌平坂学問所を昌平学校，開成所を開成学校，医学所を医学校として復興し，学制のもと，開成学校を第一大学区第一番中学，医学校を同医学校と位置付けた。前者は従来の神田一ツ橋に位置し，後者は明治8年(1876)，本郷の旧加賀前田藩邸（⇨武家屋敷）の一部に移転した。明治10年(1878)，これらの後身校を合併して東京大学が誕生した。

諸学校令による教育体制の確立と官立教育機関の整備

地方行政の改革に起因する学制体制の破綻後，明治18年(1885)，初代文部大臣に就任した森有礼は，諸学校令の制定により**帝国大学**を頂点とする教育体制を確立した。国家的観点からの人材吸収網の確立というその狙いは，帝国大学令と中学校令の二つに端的に示された。その後第六代文部大臣に着任した井上毅は，資本主義の発展に適応する実業教育，高等専門教育を重視する方向へと変革を試み，明治30年代には京都帝国大学の設置（明治30年(1897)），官立高等学校および**専門学校**の増設などを通して，地方での高等教育機関の設置が進んだ。

これらは城下町の城郭内や武家屋敷跡のほか，周辺郡部にも立地し，緩やかながら地方都市郊外の市街化を先導した。そこでは同時期に確立した文部省営繕組織による施設整備が行われた。山口半六（明治18年入省）は**高等中学校**などの工事を統括し，久留正道（同19年入省）は各地の工事を企画・統括した（図1）。完成した校舎は本格的な洋風建築として地方都市の近代化を象徴した。

公立学校と私立学校

明治初期，有力府県は医療の近代化を目指し競って医

図1　旧第四高等中学校
[文部省営繕課（明治24年）]

学校を設立した。中学校令に基づく官立移管を経て公立医学校は京都・大阪・愛知など限られた府県が維持するのみとなった。一方で師範学校令（明治19年(1886)）などに基づき，全国一律に公立師範学校の整備が進んだ。

幕末・明治初期以来の私立洋学機関，ミッション・スクール（⇨キリスト教の布教）など宗教主義の学校，法律・政治学校など，様々な出自の私立学校は，明治中期の統制政策を経て有力校が東京・関西に偏在する結果となり，以後の国土政策（⇨過大都市化への対処とニュータウン）の課題となった。

産業化と高等教育の拡充

大正6年(1917)に設置された臨時教育会議は，産業化社会の要求に応えうる高等教育という方向性を示した。それは単科大学および公私立大学の設置を認めた大学令（大正7年(1918)）および原敬内閣が成立させた高等諸学校等創設及拡張計画に反映され，官立では東京商科大学（現一橋大学），東京工業大学など，公立では主要地方都市の医科大学などが昇格した。私立学校も国庫供託金や予科設置などの厳しい条件にもかかわらず昇格を目指し，慶應義塾，早稲田などが次々に昇格を果たした。一方この時期には都市計画法（旧法）（大正8年(1919)）（⇨都市計画法（旧法）の特徴）の制定や，関東大震災（同12年(1923)）とその復興事業（⇨災害と復興）などが重なり，都心では復興小学校（⇨後藤新平と帝都復興），郊外では民間企業や組合による土地開発（⇨土地経営）とキャンパスの開発が関連した**大学町**が出現した（図2）。

図2　国立大学町

学　制

　文部省設置の翌年，明治 5 年（1872）の太政官布告第 214 号とともに学制が頒布された。太政官布告は義務教育の必要性を示し，近代的な実学主義とともに，学費などを「官ニ依頼」せず「自ラ奮テ」学ぶ姿勢を旨とした。学区内集金や寄付金を主な財源とした小学校の建設が進み，県令の注力の下，小学校建設運動が隆盛した長野・山梨・静岡などでは擬洋風の学校建築が出現した。

　学制は全国を 8 大学区に区分し，1 大学区に大学校一校と 32 中学区・計 256 の中学校，1 中学区に 210 小学区・計 53,760 の小学校設置を定めた。この画一的な規定は各区の実態にそぐわず，翌年に 7 区に改められた。学制のもと明治 11 年（1879）までに小学校 27,000，中学校 600，大学 1（東京大学），師範学校 103 が設けられた。

師範学校

　明治 5 年（1872），文部省直轄の師範学校（東京師範学校・現筑波大学）が設立され，旧昌平黌の建物にて米国人教師を中心に教材・教具も米国のものを使用し教育を開始した。翌々年までに 7 大学区すべてに官立師範学校を設置，そこには東京師範学校の卒業生が派遣され府県立師範学校の指導に当たった。明治 9 年（1876）末までに全府県で設立をみた府県立師範学校の形成などを背景に，東京を除く官立師範学校は以後廃止された。

　明治 7 年（1874）には東京に女子師範学校（現お茶の水女子大学）が設立された。同校は教員養成に留まらず女子により高度な普通教育を与える目的も担った。同校は明治 41 年（1908）設立の奈良女子高等師範学校（現奈良女子大学）などとともに，女子高等教育の拠点となった。

帝国大学

　明治 19 年（1886），帝国大学令に基づき帝国大学が創設された。同令第一条には「国家ノ須要ニ応スル学術技芸ヲ教授シ其蘊奥ヲ攻究スル」，すなわち教育研究が国家的観点から遂行されるという日本の近代大学の基本型が明示された。帝国大学はその後，京都（明治 30 年（1897）），東北（同 40 年（1907）），九州（同 44 年（1911）），北海道（大正 7 年（1918））と増設された。帝国大学には種々の特権が付与されたが，建築面では独自の営繕組織による施設整備を特徴とした。創設期の京都帝国大学では同校営繕部長となる山本治兵衛が腕を振るい，後年の東京帝国大学では同校教授と営繕課長を兼務した内田祥三が関東大震災後のキャンパス復興を統括した。

専門学校

　明治 30 年代以降，増設された官立高等学校・専門学校の校舎では，先の質実な表現から一転して装飾化が進行し地方都市の景観を彩った。一方，大都市の私立専門学校では，設立主体の特質を反映した独自の建築様式の展開を見た。ミッション・スクールでは宣教師（同志社の D. C. グリーン（Daniel Crosby Greene）ら）や職業建築家（立教大学のマーフィ・アンド・ダナ（Murphy & Dana Architects）ら）をはじめとする外国人が直接関与し，西洋の様式建築やアメリカ的キャンパスが現れ，神道・仏教系学校では折衷主義や日本趣味の建築（⇨建築意匠の展開）が現れた。明治 36 年（1903）の専門学校令による位置付けの明確化を受けて，郊外移転を先導したのも宗教主義の専門学校であった。

高等中学校

　帝国大学令と同時に公布された中学校令は，全国 5 区に再編された各学区に 1 校の高等中学校の設置を規定した。校名には区域番号が付され「人物正確」「学術精練」なエリートの育成がはかられた。高等中学校の校舎は山口半六，久留正道により設計・監督され，第四・第五高等中学校にみる質実な表現へと収斂した。配置計画も進化を遂げ，第五高等中学校では寄宿舎を中心に据えた独特の配置がとられた。

大学町

　大学令（大正 7 年（1918））以降，大学などの郊外キャンパスが急増した。東京商科大学は箱根土地株式会社が開発した国立大学町に移転，東京高等工業学校（現東京工業大学）も田園都市株式会社が土地買収した大岡山に移転した。ともに震災後数ヵ月の土地交換契約による移転で，帝都復興との関連が強い事業であった。関西では千里山の関西大学（大正 11 年（1922））など早くから鉄道沿線への移転があり，阪神急行電鉄沿線・甲東園の関西学院（昭和 4 年（1929））のように誘致と移転は大学昇格と密接に関わっていた。特に昇格の設置要件となった予科の誘致は競争となり，東京横浜電鉄は日吉台の土地を慶應義塾に無償提供し大学予科を誘致した（昭和 9 年（1934））。

　関一（⇨予選体制から専門官僚制へ）市政下設置の市立大阪商科大学（昭和 3 年（1928），現大阪市立大学），名古屋・八事丘陵の名古屋帝国大学（昭和 14 年（1939））でも，組合施行土地区画整理などの都市計画事業が，大学昇格・設置やキャンパス・プランと深く関連した。

参考文献

国立教育研究所編『日本近代教育百年史』教育研究振興会，1973～1974.

宮本雅明『日本の大学キャンパス成立史』九州大学出版会，1989.

木方十根『「大学町」出現』河出書房新社，2010.

［木方　十根］

地方行財政制度の確立

　行財政制度のなかでも，日本の近代都市史を考える立場から重要となってくるのは地方行財政制度である。ここでは，その制度・体系から，都市空間や居住環境の変容に特に関わる事項について説明する。

　王政復古から幕藩体制の廃止を成し遂げ，新国家建設を進めるためにも，最初に実施しなければならなかったのが，廃藩置県である。まずは府と県が置かれ，中央政府から知事（知府事・知県事）が派遣された。当初は，新政府直轄ではない「藩」も残され様々な混乱も続いたが，明治4年（1871）に廃藩置県が実施される。これにより，中央集権国家の基盤が成立することになるが，都市がその新しい国家体制の下で各種の事業を始めるには，まだ多くの法制整備が必要であった。

　その地方制度の整備として，明治11年（1878）に地方三新法が制定される。そのなかの，郡区町村編成法により実質的な地方制度がスタートする。この制度で大都市には，群から独立した区が置かれることとなった。三大都市（東京，京都，大阪）には複数の区が置かれたが，まだ市の規定がなかった。また，三新法の一つ府県会規則では，はじめて地方議会が認められることになったが，その行政権限はきわめて限られたものでしかなかった。

　その後，明治22年（1889）に市制（および町村制）が施行される。ここでようやく市が登場する。そして，市町村は郡区町村制とは異なり，法人格をもつ地方公共団として認められるものとなり，市には市会が置かれた。その意味で，この市制の実施から，ようやく都市策を担うことができる地方自治が始まったといってよい。

　しかし，この市制で認められた行政執行権は，市長・助役・参事会員によって構成される市参事会にあった。そして，この参事会員は無給の名誉職である。市長と助役だけは有給の専門職だったが，市長は参事会を代表する者でしかなく，一方で国や府県からの委任事務を執行する者とされた。市会は等級選挙制とされたが，立候補制はなく，実質的には都市名望家層の有志が集まり話し合いにより議員が選ばれた。こうした体制により，実際の市の議会・行政は，近世までの町方支配における有力者・名望家による利害調整・調停を行うという特徴が引き継がれることになったといえるだろう。そのなかで，近代化に向けた市独自の事業を市長のリーダーシップの下で実施するということは困難であった。

　こうして，当初の地方制度は，市町村の執行権限を制限するものであったが，さらに市の事業がどこよりも求められたはずの三都（東京市，大阪市，京都市）では，市長

は府知事が，助役は府の書記官が兼任するという市制特例が付されていた。つまり市長・助役の人事は国（内務省）に握られてしまっていた。これはさすがに反対運動もあり，明治31年（1898）に廃止され三都それぞれに初代の市長が誕生することになり，そこから市区改正（都市計画）事業などが積極的に進められることになった。

　財政制度も，国家集権的な性格が色濃いものであった。明治11年（1878）の地方三新法の一つである地方税規則により，それまでの府県税や民費が整理され，地方税が体系化された。そのなかで規定された，地方の財源の基盤となる地方税は，国家財源の確保を優先するために，基本的に独立した課税権を与えなかった。地方に与えられたのは，国税の税目に付加率を決めて課税する付加税が中心となり，しかもその付加率にも強い制限が加えられた。

　こうした体制は戦前を通じて続けられたが，明治後半来以降，大都市において必要となっていく市区改正（都市計画）などの大規模な事業について，この付加税だけの限られた財源では実現できない。そのため，例外的に府県に認められた独立税目の家屋税（および市町村におけるその付加税）の負担がきわめて大きいものとなり，それが家賃に転嫁され，都市部の経済的な居住環境を悪化させるという状況も生み出した。

　しかし，そうした都市改造などの大規模な事業を実行するための，地方制度がその後，整えられることになる。明治44年（1911）に市制の全面改定が行われ，それまで行政執行権をもっていた参事会は，市会の補助機関となり，市長が行政執行権を掌握できるようになった。さらに，大正15年（1926）の市制改正で，それまで官選（市会からの推薦を内務大臣が選任）だった市長が，市会による選挙によって選ばれることとなった。1910年代以降の大阪市などに典型的に見られた，都市専門官僚制（⇒予選体制から専門官僚制へ）と呼ばれる，市役所内に市長を中心に技術職などの専門官吏が集まり積極的に各種の事業に取り組む体制は，この一連の市長権限の強化という制度的改変が前提としてあったといえるだろう。

　しかし，都市整備事業の根拠となる制度の整備においては，集権的な性格が強く表れることになる。大正8年（1919）制定の都市計画法（第6章参照）は，土地区画整理など広範な都市基盤整備の制度を含み，その後の日本の都市空間を大きく改変していく基盤となった制度だが，それを行政制度として見たときには，それぞれの都市を単位とする事業を扱うにもかかわらず，計画の決定権者を，市長でも地方議会でもなく，国（内務省）とするという，強い集権的な性格をもつものであったことが指摘できる。一方で，そうした性格は，都市計画を担う土木を中心とした技術官吏の役所内における政治的立場を，きわめて強いものにするという事態も生み出すこと

になる。

廃藩置県と府県庁舎

　一般的にいって，都市空間や建築における変革は，政治的変革より遅れることになる。明治維新の変革でもそうであり，版籍奉還後も実質的に続いていた幕藩体制を廃止し，真に中央集権的統一国家の確立を目指した廃藩置県（明治4年（1871））という政治的変革があったとしても，それにより都市や建築の様相が一変したわけではない。しかし，府県の庁舎建築だけは，藩に代わって設置される府県を象徴的に示すものとして廃藩置県以降，擬洋風や洋風建築が，建築の変革としていち早く登場する。ただし，廃藩置県とともに「県庁建坪規則」が制定され，中央政府は地方の営繕活動も統制下に置こうとした。それでも，一方で幕藩体制の脱却のシンボルとしての性格は，しだいに新しい西洋意匠として付与されていくことになる。

地方制度と市長

　維新後の地方制度の変遷を見ると，最初に，旧来の村役人・町役人を区長や戸長として大区小区に編成する大区小区制が明治4年（1871）に制定された。明治11年（1878）には，これを改め，旧来の郡町村制を基盤としつつも郡長・区長を官選として府県知事の下に統括する郡区町村編制法が，明治11年（1878）に制定される。これにより，旧来からの自生的な共同体の解体が目論まれたが，より合理的な地方制度を目指した明治21年（1888）に制定された市制・町村制やその後の府県制・郡制によりこの制度は失効する。ただし，その市制においても行政執行権をもつ参事会員は無給の名誉職とされ，有給の専門職とされた市長は，参事会を代表する者でしかなかった。こうした体制から，地方制度が自治的性格をもつものへと変わるのは，明治44年（1911）に行われた市制の全面改定による。これにより，参事会は市会の補助機関となり，市長が行政執行権を掌握できるようになり，市独自の事業を市長の権限の下で実施するという体制をつくることが容易となった。

市制特例

　市制特例とは，明治22年（1889）から，東京市・京都市・大阪市の三つの市に限っては，政府がその行政権を強い管理下に置くために，政府（内務省）が任命する府知事が市長の職務を，そして助役は府の書記官が兼任することとした制度である。これにより，実質的に都市改造などの事業の主体となるべく市の実行力が奪われてしまったといってよい。その後，都市問題の深刻化とともに，この制度の廃止運動が活発化していき，帝国議会で

も批判が強まり，明治31年（1898）には，「市制特例廃止法」により廃止されることとなった。その結果，同年より三市では独自の市長が実質的な初代市長として誕生することになり，その後の都市改造事業などが，そのリーダーシップの下に進むことになる。

家屋税

　家屋税とは地方に例外的に認められた独立税である戸数割を改めたものである。戸数割とは，経費を戸数で割るという，維新直後の民費の配賦方法の一つが残ったものであった。しかしこの税は，大都市では，徴税事務も煩雑になり，徴税欠損も深刻だったため，課税対象を家屋に改めた家屋税が創設された。明治32年（1899）からは府県制・市制の改正に伴い，いずれの都市でも家屋税の導入が可能となり，ほとんどの大都市は戸数割をこの家屋税に改め，借家において，この税分が家賃に転嫁された。ところが，地主・家主の地付き資産家層の政治力が強い京都など一部の都市では戸数割が続けられた。そのため，こうした都市では，都市改造事業などで急激に増加した都市部の財政負担を支える税収の多くが，住民が直接に課税されるという事態が生じ，それが経済的な居住条件として意識され，市外へ住民が逃れるという事態も生じた。

三部経済制

　三部経済制とは，大都市たる市部と村落たる郡部とでは，その社会事情，経済状態とも著しく相違するという理由で，財政上も府県を「市部経済」と「郡部経済」および「市郡連帯経済」に分賦しようとした制度である。もともとは，明治12年（1879）に開かれた東京府会における決議から始まるが，明治32年（1899）に至り，7府県（東京，大阪，京都，神奈川，愛知，兵庫，広島）で三部経済制が実施されることとなった。この三部経済制のおかげで，同じ府県内で，郡部と市部で別々な財政が運営されることになり，それに伴い府県税も，府県内に一律ではなく，郡部と市部，それぞれの財政事情に応じて独自に課税することが可能となった。これにより，都市改造事業などで財政が急膨張した市部と，それが必要でない郡部で税負担の格差が顕著となった。その後，この制度は府県ごとに徐々に廃止されていき，昭和15年（1940）にすべての府県で廃止されることとなった。

参考文献
藤田武夫『日本地方財政発展史』河出書房，1949.
石田潤一郎『都道府県庁舎』思文閣出版，1993.
山中永之佑『近代市制と都市名望家』大阪大学出版会，1995.
中川理『重税都市』住まいの図書館出版局，1990.

［中川　理］

不動産制度の確立

　明治29年（1896）に公布された民法では不動産を「土地及ヒ其定着物」と規定しているが、「不動産」という語そのものは明治初期のフランス民法翻訳中に登場するのが初見とされる。近世では土地は利用状況や支配体系により名称が異なっており、大きくは都市と農村に分けられていた。農地は領主による所有（領知）と百姓による所有（所持）が重層的に存在し、都市では武家地・寺社地・町人地に区分された。身分に応じた住み分けを建前とし、それぞれに異なる制度が設けられていたのである。そのなかでも町人地に分類される沽券地は公的に売買や譲渡が認められ、最も私的所有が成立していた。だが身分制の枠と町からの規制が存在し、完全に自由な市場が形成されていたわけではない。

　明治政府による不動産制度の整備は、まずは領主的土地所有を否定し制度を統一することから着手される。農地では廃藩置県直後の明治4年（1871）に田畑勝手作りが許可され、翌年には地所永代売買が解禁された。都市に関しては幕藩体制下では地子免除とされることが多かったが、明治4年12月の三府下地券税法によって市街地も課税対象となることが決定する。これを受けて翌年2月には東京府下の武家地と町人地の区分が廃止され、地券（壬申地券）発行が達せられた。

　この壬申地券発行の直前には、武家地や寺社地の上地（上知）も進められていた。とくに武家地の占める割合が高かった東京では、明治4年に諸藩邸の上地が完了している。一部は官有地として利用され、その他は順次払い下げられていった。社寺地に関しては明治4年と8年の二段階で大規模な上地が布告される。

　政府の財源として期待された地租は、一地一主を原則とする地券発行によって納税者の明確化を必要とした。だが財政難から拙速主義による発行作業を進めたため、壬申地券は不備が目立ち信頼性に欠けるものとなってしまう。そこで明治6年（1873）7月には**地租改正法**が公布され、改めて地券（改正地券）が発行されることとなった。都市での改正地券発行の本格化は、明治9年3月に各府県へ市街地租改正調査細目が布達されたことによる。地価の算定や測量が丁寧に行われたため、事業統括を担った内務省の地租改正事務局がその役割を終えて閉鎖されたのは明治14年に至ってからである。

　しかしながらこの段階においても地図の精度は低く、明治17年には再測量（地押調査）が指示された。地押調査は明治18年から21年まで続き、22年に土地台帳と公図の運用開始となる。信頼性の高い帳簿と地図の存在は土地取引や担保金融を円滑化し、土地の商品化の土台をなすものであった。これと同時に地券はその役割を終えたが、明治19年には登記法も公布されていた。不動産に関する権利は登記により公証され、土地と建物は登記簿が分けられたため別個の所有対象として扱われていくこととなる。

　そして明治29年（1896）に民法の総則・物権・債権が公布されるが、所有権として地主は土地に対する利用と処分の自由を認められた。一方で貸借権を登記することも可能であったが地主の同意を必要とし、実際に登記されることはまれであった。また民法は不動産に関する契約の自由主義をとっており、土地所有者に圧倒的に有利な内容を示していたのである。

　なお、市街地の地租は郡村耕宅地と統一されたものの、明治17年の地租条例では予定されていた法定地価の見直しが延期される。だが日清・日露戦争期の好景気では都市の工業化、人口集中による地価高騰が起きた。結局、明治43年（1910）の地価修正までに実勢地価と法定地価の乖離が進み、市街地租は相対的に軽いものとなっていく。

　これらを背景に土地取引は活発化し、土地投資ブームが到来する。地価高騰に伴い地主は借地料を値上げしようとするが、これに借地人が応じないと地主は土地を売却し、新しい地主が借地人に土地の明け渡しを要求した。借地人は法的対抗力をもたなかったため、建物を取り壊して引っ越すことを余儀なくされる。これは地震売買と称され社会問題化していった。

　地震売買への対策としてまず明治42年に建物保護法が制定される。これにより地主の同意なしに建物の保存登記を行うことが認められるようになった。だが地主は契約期間をあえて短く設定し、更新時に借地料を値上げすることは可能であった。この問題への対策として登場したのが大正10年（1921）の借地法である。これは借地権の存続期間を長期化し、契約終了時に建物が存続する場合は地主に対する更新請求を可能としていた。地主が更新に応じない場合は、借地人は地主に対して建物を時価で買い取ることも請求できる。土地所有権が強く認められてきた近代不動産制度のなかで、借地法は利用者の権利を守る画期的な法規であった。ただし施行当初の適用範囲は東京・京都・大阪・神奈川・兵庫の市部にほぼ限られており、全国適用となるのは戦時期に入ってからのことである。

地租改正

　地租改正とは明治政府による租税制度改革を主眼とする一連の事業であるが、土地を課税対象としたため土地制度も改革することとなった。壬申地券発行は東京を先

駆けとして明治5年（1872）8月には全国で実施される
はこびとなる。しかし事務作業を簡便化するため測量は
省略、地租算定の基準である地価も地主からの申告を基
本としていた。

それに対して改正地券では地位等級制度を導入し、法
定地価を算定することとなった。地位等級の編成は地域
内で1筆ごとの等級、次に近隣の町と町、小区と小区、
最終的に都市と都市で均衡を整えていくというものであ
った。また、地押測量についても市街地は坪単価が高
額となるため、郡村耕宅地よりも緻密な調査が指示され
ていた。この結果、発行直後の改正地券の記載内容は壬
申地券のそれよりもかなり実勢を反映したものとなる。

地借・店借
<small>じがり　たながり</small>

近世中後期における都市の発展と商人の経済的成長
は、土地売買を活発化させ物権化を進展させた。土地は
担保物件としても利用されたため資力のある商人は土地
を集積し、土地経営にも取り組んでいく。大坂や京都で
は土地と建物を一体のものと見なしたため店借（借家）
が一般的であったが、江戸では土地のみを借りて建物は
自ら建てる地借が珍しくなかった。土地と建物に対する
意識や取り扱い方には地域差が存在したのである。

また土地や建物の取引が活発化すると、都市内部でよ
り商品価値の高い中心部と、そうではない周辺部で地価
の開きが目立ってくる。この格差は経営方法にも反映さ
れ、江戸の中心部では「表地借裏店借型」、周辺部では
「表裏店借型」といった土地利用類型が見いだされてい
る。不在地主は家守を置いて住人の管理を行わせたが、
近世の地主は家持と称され、役負担や町運営に携わる町
中を形成する立場にあった。地借・店借はこの町中の構
成員とはなりえず、不在地主が大半を占める町では「家
守の町中」が形成された。このような不在地主の増加は
町を変質させ、土地所有に対する町からの規制を弱めて
いくものであった。

不在地主

明治初年の武家地の廉価払い下げや、その後の土地投
資ブームは都市内に大地主を誕生させる。直接居住地や
営業地として利用するわけではない不在地主たちは、それ
ぞれの土地の形態や立地の特性に合わせた経営を行った。

岩崎家による東京丸の内一帯の開発に代表されるよう
に、まとまった土地を手にした不在地主は都市開発を直
接行うことが可能であった。総面積は広くても所有地が
分散している場合は手間のかからない借地経営を、所有
規模そのものが比較的小さい場合は貸家経営とする傾向
が見いだされている。また大阪では市域拡大とともに周
縁地域で貸長屋の供給が盛んに行われた。大規模な所有
と経営を展開する不在地主は、都市空間を具体的に規定

するとともに多量の借地人・借家人を生み出していった
のである。

借地・借家法

建物保護法成立直後から不動産利用に関する法整備に
向けた動きは存在したものの、地主層が大半を占める国
会内で法案通過は難航した。第一次大戦期に再び都市の
住宅問題が深刻化したことで大正10年（1921）によう
やく公布される。借地法では石造・煉瓦造などを「堅固
ノ建物」として借地権の存続期間は60年、その他の建
物は30年と定められた。更新もそれぞれ30年、20年を
可能としている。

借地法と同時に借家法も制定されている。借家法では
建物の引き渡しという簡便な方法で借家権が認めるとさ
れた。さらに解約申入れを従前の3ヵ月前から6ヵ月前
へ延長、借家人の造作買取請求権や借家料増減請求権な
ども盛り込まれた。

土地建物処分規則

公共目的の土地収用に関しては明治8年（1875）に公
用土地買上規則、明治22・23年に土地収用法が制定さ
れている。だが市区改正事業が難航していた東京では東
京市区改正条例の翌年（明治22）に東京市土地建物処
分規則を公布した。これは G.-E. オスマン（Georges-
Eugène Haussmann）のパリ改造の手法を取り入れ、超
過買上や残地収用を可能とするものであった。計画公示
により事業予定地では建築制限も行われ、既存の法規よ
りも土地収用をより簡便化して事業推進に効果をみせた。

けれども、建物は資材代価のみを評価対象とするとい
う借地人には不利な運用方針がとられていくようにな
る。さらに道路拡幅後には沿道の土地で借地料の値上げ
が行われたため、曳家をして借地し続けることが難しく
なり、地震売買を横行させる契機となった。

参考文献

北島正元編『土地制度史Ⅱ』（『体系日本史叢書7』）山川出版
社，1975.

渡辺尚志，五味文彦編『土地所有史』（『新体系日本史3』）山
川出版社，2002.

森田貴子『近代土地制度と不動産経営』塙書房，2007.

滝島功『都市と地租改正』吉川弘文館，2003.

松山恵『江戸・東京の都市史 近代移行期の都市・建築・社会』
東京大学出版会，2014.

名武なつ紀『都市の展開と土地所有 明治維新から高度成長
期までの大阪都心』日本経済評論社，2007.

粕谷誠，橘川武郎編『日本不動産業史 産業形成からポスト
バブル期まで』名古屋大学出版会，2007.

鈴木博之『都市へ』（『日本の近代10』）中央公論社，1999.

［岩本　葉子］

公衆衛生

　日本における公衆衛生は，幕末から本格化する外国人との接触や新しい伝染病の到来，文明開化を求める思潮，近代化や産業革命の過程の中での都市下層社会の形成などを通じて社会問題化し，行政施策や教育を通じて社会に定着していった。以下で指摘するように，公衆衛生観念の定着は，肥大化する都市スラムを社会問題視する世論によるところが大きかったが，現実には，農村部における「風土病」や寄生虫などの問題も深刻で，都市から農村に対する偏見を支えていた一面があることを忘れるわけにはいかない。日本脳炎や破傷風，ハンセン病，トラホームなどの例をあげれば，農村の衛生問題も重要であることが理解できよう。また，遊廓を中心に日本社会に蔓延・定着していた性病の問題も重要である。遊廓は，日本にキリスト教や西欧の価値観が流入し，社会が近代化を進める際に問題化するが，その際にも性病の深刻さが理由としてあげられた。ただ，本項では，本書の性格上都市問題を中心にまとめておく。

　日本に「衛生」という観念を導入するのに大きな役割を果たしたのは，岩倉遣欧使節団に同行し，文部省医務局長などを経て内務省の初代衛生局長に就任した長与専斎である。長与は明治12年（1879）に設立された中央衛生会や府県の衛生課を通じて衛生観念の徹底をはかったが，相次ぐコレラの流行などにより，明治19年（1886）より防疫行政が警察所管になり，その進め方は長与の意図通りにはならなかった。その後，明治23年（1890）には改めて衛生組合を位置付け，地域住民による「衛生自治」を目指すが，明治26年（1893）には再び警察が衛生行政を担うことになる。明治30年（1897）の伝染病予防法公布により，衛生行政はその法的基盤を整えて自立するが，それまでは強権的な手法も含めて模索の過程にあったといえよう。

　長与は，強権的な手法による防疫よりも，公衆衛生観念の普及に意を用い，大日本私立衛生会や民間医師団体の活動を重視した。衛生組合の設立もその一環であるが，そこで提唱された「衛生自治」は地域住民の相互監視を強める結果となった。公衆衛生観念の普及には，困窮者が集住する都市スラムなどに対する差別的視線を支える役割を果たした側面があることは否定できない。前近代の身分制社会に起源をもつ特定地域に対する社会的差別（「部落問題」）は，公衆衛生観念の広がりや近代的な諸制度の浸透の中で再編成されたが，その際に「貧困」「不就学」「不衛生」などを問題とする意識は重要な役割を果たした。

　都市の衛生改善については，井戸や便所が問題となることも多く，1890年代には各地で水道・下水道の敷設が課題として意識されるようになった。しかし，多額の費用を要するインフラ整備はなかなか進展しなかった。それも，当初の公衆衛生施策が意識改革偏重となり，結果的に社会的差別を助長した一因といえる。1910年代以降，植民地住民の流入が盛んになる一方，米騒動などの社会運動も激しくなると，政府の都市問題に対する関心が高まった。とくに，困窮者は特定地域に集住することが多く，新しい社会問題としての「部落問題」や在日朝鮮人問題などが顕在化した。そこで，都市計画事業や住宅改良事業が着手されるが，その中でも衛生改善は重要な課題となった。下水道の敷設については，恐慌期の失業対策事業の一環として取り組む都市も現れた。こうして，1920年代以降には都市計画や不良住宅改良事業，下水道敷設など，インフラ整備を通じて衛生改善に取り組む手法が検討されるようになったが，そうした取り組みはアジア・太平洋戦争の激化により中断し，戦後に持ち越された。

　一方，女性や未成年に依存する工場の衛生環境，排水や排煙，鉱毒に代表される公害問題など，アジア・太平洋戦争後に本格的に取り組まれるようになる諸問題に対する問題提起もなされるようになった。

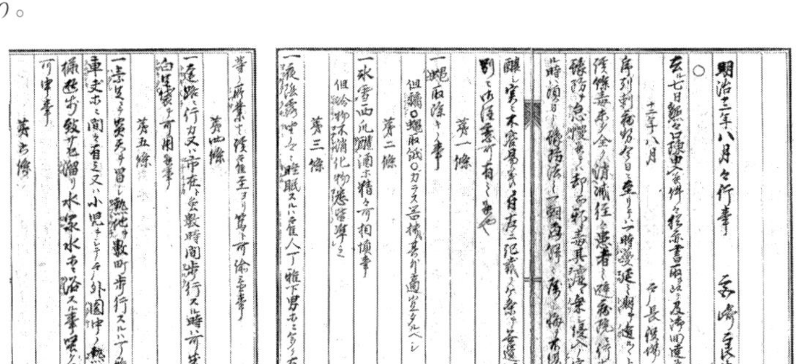

図1　清和院町諸記
［京都市歴史資料館寄託］

コレラ

 日本列島にコレラが入ってきたのは，19世紀に始まった世界的な流行の影響と幕末に外国船渡来の機会が多くなってきたことが理由であった。日本の記録に残るコレラの流行は，文政年間をはじめとして安政年間などにあったが，その致死率の高さから「三日コロリ」と恐れられたと伝えられる。西南戦争があった明治10年（1877）には，明治維新後初めての流行があった。さらに1879年に大流行が起こると，政府も対策に乗り出した。1880年代には，防疫関係の法令が整備され，府県に衛生課が設置されたり衛生委員が任命されたりした。しかし，1886年，1890年，1895年，1900年などに相次いで大流行が起こると，困窮者集住地域（都市スラム）に消毒的清潔法を実施するなど監視を強化したり，衛生組合の設置を奨励したりした。地域を対象とする防疫策は，以後，ペストや赤痢の流行などの際にも受け継がれた。

衛生組合

 明治12年（1879）のコレラの流行以降，政府や府県の衛生行政が本格化するが，当初は各地域に衛生委員を設置して，その徹底をはかろうとした。しかし，その後も伝染病流行を防ぐことができなかったため，町や村を単位とする衛生組合を設置し，住民から選ばれた組長を中心に防疫をはかることにした。衛生組合は，1880年代後半から都市を中心に設置が進められたが，その実態は地域住民組織と重なり合い，町総代が衛生組長を兼ねることも多かった。政府は，こうした各地での取り組みを受け，1897年制定の伝染病予防法の中で衛生組合の設置を明示する。以後，より広範な地域で衛生組合の設置が奨励された。

図2　ペスト発生地域の消毒
[『週刊朝日百科日本の歴史97』p.281, 1988（原典：「東洋画報」1903年3月）]

工場法

 工場労働者の保護を目的とした日本の法律。明治44年（1911）に公布，大正5年（1916）に施行され，昭和22年（1947）の労働基準法が施行されたことにより廃止された。

 日本の資本主義化（産業革命）が進行する中，明治14年（1881）頃から明治政府も労働者保護の検討を始めるが，企業からの反対で法令制定はなかなか実現しなかった。工場法制定は1911年にようやく実現するが，施行までにはさらに5年の歳月を要した。主な内容は，長時間労働や児童労働・女性労働の規制であったが，小規模工場を適用対象外とするなど残された課題も多かった。たとえば，女性の長時間労働が問題となっていた繊維工場の多くが小規模工場であったため，その後も法改正がはかられた。

近代部落

 明治4年（1871）の「解放令」発布以前の日本社会は，被差別身分の存在を公認した身分制社会であった。近世の被差別身分は，斃牛馬処理から生じる皮革業を基本とするかわた（えた），貧困や病気などを契機として共同体から排除された非人のほか，一部の芸能民や宗教者などを含んでいた。かわたの中には大規模な集落を形成する場合があり，皮革に関する高い技術を有したこともあって，「解放令」後も皮革業や履物業などの関連産業に従事し，人口が増加する地域もあった。「解放令」は，制度としての被差別身分は否定したが，地域社会に根付いた差別意識を克服する道筋は示さなかった。そのため，旧かわた身分の子弟が就学や就職の機会を妨げられる事例が相次ぎ，結果的に，旧かわた集住地域のスラム化が進行した。明治43年（1910）頃になると，西日本の都市を中心に旧かわた集住地域の貧困や不衛生，不就学などが社会問題化し，「特殊部落」と呼ばれて差別を受けるようになる。こうして，身分制に起源をもつ差別が，近代化に伴って新しい社会的差別に再編成されていった。とくに，西日本の都市では旧かわたに起源をもつ地域やその周辺地域に深刻な都市問題が集中し，大正7年（1918）の米騒動で注目された。そうした経緯から，戦前・戦後の部落解放運動や戦後の同和対策事業においては，当面の課題として対象地域の環境改善が重視されることになった。

参考文献
川上武『現代日本病人史』勁草書房，1982.
安保則夫・ひょうご部落解放・人権研究所編『近代日本の社会的差別形成史の研究』（増補『ミナト神戸コレラ・ペスト・スラム』）明石書店，2007.
小林丈広『近代日本と公衆衛生』雄山閣出版，2001.
ひろたまさき校注『差別の諸相』岩波書店，1990.
小林丈広編『都市下層の社会史』部落解放・人権研究所，2003.
大石嘉一郎，金沢史男編『近代日本都市史研究』日本経済評論社，2003.

［小林　丈広］

景観と観光

近代は人々の風景意識が，それ以前とは大きく変化した時代であった。前近代において風景として意識されなかった大規模な自然や，都市と郊外，農村の姿が，近代には風景として捉えられるようになる。そこには，科学的理解の優位，西欧との比較による日本の相対化，都市化の進展，鉄道など移動手段の発達，そしてメディアの拡大があった。景観と観光はともに，こうした近代における風景意識の変容と，風景の受容のあり方を背景に登場した言葉である。

景観は，植物学者の三好学が明治35年（1902）に出版した『植物生態美観』において，植物群落の相観 Physiognomie を言い表す言葉として用いたのが最初とされる。大正後期には，ドイツのラントシャフト Landschaft の概念が日本の地理学界において紹介され，1930年前後から Landschaft の訳語として景観が用いられた。景観の言葉を広めた地理学者の辻村太郎は，「景観は目に映ずる景色の特性」であると定義している。昭和初期に景観は，地理学において定着するとともに，地理学に限らず，自然風景を科学的観察によって捉える場合に用いられるようになる。

一方，観光は，中国の古典『易経』にある「観国之光（国の光を観る）」を典拠とする。その国の優れたところを見るという意味で，安政2年（1855），オランダから江戸幕府へ贈られた長崎海軍伝習所練習艦の名称「観光丸」が初出とされる。明治期には日本人の海外視察など限定的な使用にとどまり，大正期に tourism の訳語として用いられることで受容されていった。

風景の発見

近代においてまず，目が向けられたのは，史跡や名勝，社寺とそれらを取り巻く環境など，いわゆる名所の風景であった。幕末から明治初期にかけて，廃仏毀釈，社寺地の上地，土地の払い下げによる開発などによって，全国的に名所が大きく損なわれた。荒廃することによって名所は，人々に保全すべき地域固有の風景として再発見される。保全に自発的に取り組んだのは，明治10年代から組織化される保勝会や保存会など，地元の名望家や知識人による民間団体であった。

やがて，明治20年代には，山岳や海岸といった大規模な自然が，日本の風景として注目される。影響を与えたのは，明治27年に出版された志賀重昂の『日本風景論』であった。世界的にみて日本の風景が優れていることを，水蒸気，火山岩などの科学的視点から説明した地理学書で，山岳を中心とする自然風景が日本の美として称賛された。『日本風景論』を受けて，小島烏水の『日本山水論』（明治38年）ほか多くの風景を巡る著書が出版されるなど，『日本風景論』は近代における風景論の出発点となった。

さらに明治30年代には，国木田独歩の『武蔵野』（明治34年）に代表される郊外文学の登場によって，生活と自然とが混じり合う郊外の風景が見いだされる。郊外の風景は，都市の風景との対比によって語られ，その意味で都市の風景もまた発見されたといえる。

こうした明治期における新しい風景の発見は，大正期以降の民衆の風景へのまなざしの前提となった。

自然風景へのまなざし

科学的理解を伴う自然風景へのまなざしが民衆に広く共有される契機の一つとなったのは，明治末から始まる国立公園運動である。国立公園運動は，わが国の優れた風景を国立公園として保護することを目指す運動で，科学者がその中心にいた。彼らが主導する議論においては，自然風景の科学的価値が重視され，そうした価値観が，昭和6年（1931）制定の国立公園法，および国立公園指定に反映された。これは景観が科学用語として用いられ始めた時期と一致する。大正期，民衆のあいだでは，登山やハイキング，スキーといった自然地レクリエーションが普及し始めていたが，昭和初期には国立公園指定などをとおして民衆のまなざしは，科学で説明される大規模な自然風景へと向けられていった。

都市風景へのまなざし

大正末期から昭和初期には，都市の風景もまた注目を集める。とりわけ，大正8年（1919）の都市計画法と市街地建築物法の制定によって指定が可能となった風致地区と美観地区を巡って，都市の風景についての議論が展開された。

そこでは，造園学者の田村剛が「都市風景は，行政家，建築家，土木家，造園家の合作」と指摘したように，ただ保存するのではなく，計画と技術をもって風景を創造すべきとの考えが台頭する。都市内の主として緑地は風致地区に，美観を求める市街地については美観地区に指定して保全するとともに，そこにさらに積極的に働きかけることで，好ましい風景をつくることが目指された。各都市では，民間団体による都市美運動が展開され，都市の美しさを巡る議論と活動は，民衆にも広がっていく。同時期，愛郷心を喚起し，愛郷心を傾ける対象として風景が注目されたこともその背景としてあった。

風景の利用

民衆の風景へのまなざしと，鉄道，メディアの発達によって，昭和初期には旅行が大きな産業へと成長する。外客誘致を主眼としていたジャパン・ツーリスト・ビューローは，昭和初期に邦人向けの国内旅行部門を強化し，事業規模を拡大している。また，政府と地方自治体が観

光を組織名に掲げ，観光に力を入れ始めるのもこの時期で，昭和5年に鉄道省が国際観光局を，京都市がわが国ではじめて観光課を立ち上げている。

風景が観光資源として経済的価値をもつことで，その保全と利用が進む。たとえば国立公園を巡っては，地元にとっては旅行客の増加による経済効果への期待が，誘致の動機づけとしてあり，保全とともに観光施設整備が同時にはかられたところに特徴がある。また，風致地区の指定においても，観光資源としての風景の経済的意義が目的の一つに掲げられた。

近代に風景を巡って起こった出来事は，風景へのまなざしの拡大，科学による風景の客観的理解，制度と計画による風景のコントロール，風景を享受する機会と方法の大衆化，多様化であった。景観と観光は，これらを引き受ける言葉として，近代という時代の一面を切り取る。

保勝会

史跡や名勝，景勝地，社寺およびそれらを取り巻く環境を，保存，整備，顕彰することを目的に，地元有志を中心に設立された団体である。その嚆矢は，明治12年（1879）の日光保晃会とされる。同会は日光東照宮の建物群とそれらと一体をなす自然環境の保存のために設立され，古社寺保存金による建造物の修理や国立公園化の請願などを行った。明治14年には岩倉具視が，「広ク全国有志ノ協賛ヲ得，普ク金圓，土地，木石等ノ寄輿ヲ求メ五畿江丹二国ノ名勝古跡ヲ永遠ニ保存スル」と，広域を対象とした保勝会を立ち上げ，近畿，とりわけ京都での保勝活動の出発点となった。明治30年頃から全国で保勝会の設立が相次ぎ，大正期には史蹟名勝天然紀念物法の制定（1919）などの法整備を背景に保勝会の数は急増する。昭和期に入ると，風致地区指定や国立公園運動，観光の隆盛を背景に，自然への関心が高まり，保勝会の目的と活動は自然環境の保護や観光などへと多様化していった。

風致地区

風致地区は，都市計画法（1919）第10条第2項の「風致又ハ風紀ノ維持ノ為特ニ地区ヲ指定スルコトヲ得」を根拠とする地域地区制度である。法文では，「風致又ハ風紀ノ維持」とあるが，「風紀」の文字は使われることはなく，「風致地区」として定着した。都市計画区域内の緑地，公園，社寺境内，史跡，名勝，天然記念物とその周辺が主として風致地区に指定され，工作物の新増改築，地形の改変，土石木竹の採取などについて規制が設けられた。禁止・制限事項などの詳細は，府県が定めるものとされ，中央集権の性格が指摘される旧都市計画法のなかで，地方権限の比較的大きい制度であったといえ

る。大正15年（1926），最初の風致地区に明治神宮の参道約28haが指定された。続く指定は，昭和5年（1930）の京都で，市街地を取り囲む山を大きく取り込む3,513haが風致地区となった。京都の風致地区は，都市の背景としての山並みを面的に保全することに主眼がおかれ，都市的規模で風致地区が設定された最初の事例となった。昭和8年に内務省が『風致地区決定基準』を示すと，風致地区指定は各地で進む。戦前期においては風致地区が，都市内の自然環境とりわけ緑地を保全するための唯一の土地利用規制であったことが，その理由としてあげられる。風致地区では，東京府の風致協会をはじめ，地元住民を構成員とする民間団体による保全・啓蒙活動が行われるなど，住民による主体的な保全が目指された。

都市美運動

都市の美は，明治期から都市や建築の諸制度を整備する過程において，議論の対象となっていた。明治44年（1911）に制定された広告物取締法は，「美観又ハ風致ヲ保存スル」ことを意図した最初の制度となったものの，大正期から成案化する法においては，史蹟名勝天然紀念物法で歴史的環境が，都市計画法の風致地区と市街地建築物法の美観地区で指定地が保全の対象となるといった限定的なものにとどまり，都市全体を覆う体系的な制度とはならなかった。結果として，議論をとおして共有，醸成された都市は美しくあるべきとの考えは，民間の運動によってその実現が目指されることになる。大正末期から活発化するこうした運動は「都市美運動」と呼ばれた。その中心にあったのが，都市美研究会を前身として，大正15年（1926）に設立された都市美協会であった。同協会は，東京市を拠点に，植樹祭や都市美強化週間など啓蒙事業を実施するとともに，機関紙「都市美」の発行，委員会による研究審議，建議書の提出，全国都市美協議会の開催などの活動を行った。大阪では，都市美協会の理事や会員に大阪関係者が名前を連ねるとともに，日本建築協会や大阪都市協会など在阪団体が中心となって，美観地区，風致地区指定の建議や緑化運動など精力的な活動を繰り広げた。京都では昭和8年（1933）に，京都市美化運動連合会が結成され，美化デーに清掃活動や功労者表彰などが実施されている。その他，戦前期には名古屋，仙台など多くの都市で都市美運動が展開された。

参考文献

勝原文夫『日本風景論序説　農の美学』論創社，1979.
中川理『風景学—風景と景観をめぐる歴史と現在』共立出版，2008.

［中嶋 節子］

財閥・企業の成立と役割

　明治維新以後の都市と建築の近代化は，都市の所有者の一元化が公から個人，さらに個人から財閥・企業へと移行して，地所の再配分の主体を民間組織とした「近代的法制度の枠組みのなかで民間組織が都市形成を実行する」というシステムが成立していった過程といえる。

　明治維新後の明治5年（1872）に，地券発行，地租納入，武家地・町人地の区別の廃止が施行された。明治政府は土地の戸籍にあたる地籍をつくり，それに対応して地券を発行し，個別の土地からは固定資産税である地租を徴収して財政基盤をつくろうとした。これにより明治維新で没収された江戸の武家地と大名屋敷は官有の地所として公用施設に利用されるか，あるいは売却益と税の徴収を目的として民間に払い下げられるなどした。官有の公用施設としては，明治政府を主体として各官庁施設，皇族の邸宅用地，練兵場などの用途に再配分がなされた。一方，払下げ地や下賜地を含めた民有地は，大地主を主体として再配分と開発が進められた。

　江戸における地所の再配分と都市形成の実行は，明治20年代初頭までは政商をはじめとする個人への所有者移転を段階的に実施しながらも，基本的に明治政府や東京府といった公を主体として進められた。明治5年（1872）の大火からの復興事業である銀座煉瓦街計画や部分的な実現で終了した官庁集中計画が象徴的事例である。このいわば公による都市形成の実行の役割は，日本国内では明治22年（1889）の市区改正計画案の公示を区切りとしてゆるやかに民間の大地主へと引き継がれた。

　民間の大地主の土地所有の具体は，明治43年（1910）横山源之助『明治富豪史』によれば岩崎一族（222,000坪），三井一族（172,000坪），峯島コウ・キヨ（119,000坪），阿部正桓（65,000坪）旧大名伯爵，渡辺治右衛門（63,000坪），安田善次郎（57,000坪），酒井忠道（50,000坪）旧大名伯爵，徳川茂承（49,000坪）旧大名侯爵であった。このうち，岩崎一族（**三菱財閥**）・三井一族（**三井財閥**）・渡辺治右衛門（**渡辺財閥**）・安田善次郎（**安田財閥**）といった財閥の当主一族が上位を占めた。商人として成功し都市の大地主となった人々であるが，土地の所有形態によって都市形成に果たした役割が異なっていた。

　岩崎家は明治以降の払下げによって丸の内や神田三崎町といった都心地区に集中的に一筆規模の大きな土地を所有した。三井家は江戸期以来の金融業による担保物件として規模の小さな地所を広範囲にわたり膨大な件数所有していた。渡辺家は日暮里や谷中に江戸期以来の集積を含むかたちで結果的にまとまった大きな土地を所有した。集中型の大土地所有者が土地をもつ場所では地主が地区の開発主体となって特徴のある街づくりが行われる場合が多く，三菱による丸の内や神田三崎町，渡辺家による渡辺町の開発がそれにあたる。集中型の大土地所有者は街区の形成や建築物のつくりだす都市景観の形成に直接的に影響力をもつことになり，近代的地区開発事業の成立とそのあり方に果たした影響が大きいといえる。対して，集積型の大土地所有者である三井や安田は貸地経営を主としていた。貸地経営の場合，個別の土地活用は借り手に委ねられるため街区形成や都市景観への直接的影響は限定的であるが，件数が膨大かつ広域に拡散しているため，都市形成上の影響も広範囲にわたり，近代的不動産賃貸業の成立とそのあり方に果たした役割は大きいといえる。

　この民間の大地主は所有時点において，多くは個人を名義としたものであった。しかし，個人よりも法人への税負担を軽く設定した明治20年（1887）の所得税法公布・明治22年（1889）の所得税法改正，土地だけではなく建物に財産保護的性格を与えた明治42年（1909）建物保護法の布設，明治後期から大正中期にかけての減価償却制度の確立などを経て，都市の所有者は個人から民間組織へと移行していった。この背後には，明治中期から大正後期にかけて起こった戦争による好況と反動不況の繰り返しの中で，諸産業を資本的に結合していく企業の「財閥化」という日本特有の経営合理化の進展が通底していた。財閥・企業における地所経営は，諸産業の基幹資本としての役割を果たしつつ営利事業化を進めることで近代的不動産事業を成立させていった。ここに至り，民間組織を主体とした再配分のシステムへの移行が完了したといえる。

　財閥・企業を開発の主体とする地区開発の事例としては，丸の内・日本橋室町・神田三崎町・大和村・渡辺町，その他，日本各地の商業地区・港湾都市・郊外住宅地など多数。建築の近代化に影響した大規模高層建築物としては銀行建築・事務所建築・百貨店建築など多数。

三菱財閥

　岩崎彌太郎（1834—1885）を創始者とする代表的総合財閥。明治18年（1885）祖業である海運事業の日本郵船会社への合同による直接経営からの撤退の後，同18年二代目彌之助（1851—1908）は三菱社を設立，明治26年（1893）に三代目久彌（1865—1955）と共同し三菱合資会社へと改組した。以降，三菱の事業は鉱山事業・造船事業・銀行業・地所事業を柱として多角化していった。地所事業は本社の地所部に管掌され，丸の内や

傘下企業の地所が開発された。昭和12年（1937）戦時体制の本格化に対応して四代目小彌太（1879—1945）のもと，本社の株式会社への改組と三菱地所株式会社の設立が実施されたが，財閥の基幹資本である地所の多くは本社所有のままであった。戦後の財閥解体によって岩崎家による企業支配は解消されるが，後に企業集団三菱グループとして再結集した。不動産事業は三菱地所株式会社によって継承された。丸の内地区の開発主体。

三井財閥

近代日本の代表的総合財閥。三井家は，三井高利が創立した越後屋呉服店と両替店が17世紀末に発展し三都御用商人の地位を得た。明治維新後，新政府の財政・金融部門と結合して新たな特権御用商人＝政商へ転換した。その後，大正初期にかけて銀行業・物産事業・鉱山事業を柱とした多角化と，持ち株会社設立による家政と事業との分離がはかられ政商から財閥へ本格的に移行した。三井財閥は近世以来主力事業として長く金融業を営んできたため担保流れ物件を含め莫大な件数・筆数と坪数の地所の蓄積を有した。第二次世界大戦後の財閥解体で財閥家族による企業支配は終了するが，戦後の企業集団三井グループとして再結集した。不動産事業を継承したのは三井不動産。

第一国立銀行の社屋となった海運橋三井組ハウス（1871）・駿河町為替バンク三井組ハウス（1874）・三井（旧）本館（1902）・三井本館（1929）他，著名建築多数。

丸の内

江戸期は江戸城の内堀と外堀にはさまれた地域の通称。郭の内側の意。大名屋敷が並んだことから大名小路とも呼ばれた。維新後は陸軍の練兵所や明治政府の施設用地として利用されていたが，明治22年（1889）に東京市区改正計画案（旧設計）が公示され，丸の内地区は商業地として開発されることとなった。明治23年（1890）に陸軍省から三菱財閥の総帥（岩崎久彌総代理人岩崎彌之助名）に対して，皇居前に位置する約85,000坪の土地が払い下げられた。その後払下げ地は，明治26年（1893）12月15日に，三菱社の三菱合資会社への改組に伴って，岩崎久彌から三菱合資への所有名義の移転登記が行われた。戦前の「丸ノ内ビヂネス街」の開発に始まり，戦後に実施された「丸の内総合開発計画」を経て現在に至るまで，三菱財閥・三菱グループという企業組織を開発主体として，日本有数の企業の本社機能が集中するオフィス街の開発が続けられている。

三菱赤煉瓦街，三菱一号館（1894），東京海上ビルディング（1918），丸ノ内ビルヂング（1923），八重洲ビルヂング（1928），明治生命館（1934）他，著名建築多数。

大倉喜八郎 （1837—1928）

大倉財閥の創始者。大倉は明治維新以来，台湾出兵・日清戦争・日露戦争と軍の御用商人として巨利を得て，明治26年（1893）合名会社大倉組を設立し，これを中核として大倉財閥を築いた。明治44年（1911）合名会社大倉組を株式会社大倉組に改組し，商事・鉱業・土木部門をこれに移管した。株式会社大倉組は大正6年（1917）株式会社大倉鉱業・株式会社大倉土木組（のち日本土木株式会社，大倉土木株式会社，財閥解体後には大成建設へと社名変更）を独立させ，大倉商事株式会社と改称した。

大倉財閥は明治期には北海道の屯田兵村・軍事都市の建設や鉄道の延伸など北海道の都市形成に大きな役割を果たした。大正期以降は日本各地に飛行場・発電所・地下鉄などを建設して日本の工業都市化に大きく貢献した。また，帝国ホテルの設計者にF.L.ライト（Frank Lloyd Wright）を選出してこれを施工した。財閥解体後は再結集せず。

渋沢栄一 （1840—1931）

近代日本の指導的大実業家。その生涯は，①天保11年（1840）2月から明治6年（1873）5月までの在郷および仕官時代，②明治6年（1873）6月から同42年（1909）5月までの主として実業界の指導に力を注いだ時代，③明治42年（1909）6月から昭和6年（1931）11月までの主に社会公共事業に尽力した時代の3期に大別できる。特に②の実業界指導時代には，都市の近代化に影響する銀行業と鉄道事業の成立と発展に大きく貢献した。銀行は第一国立銀行の総監役，頭取を歴任し，その他第十六・第二十・第七十七国立銀行など，いくつかの国立銀行の設立を指導し，特殊銀行・普通銀行の創立にも力を貸した。鉄道事業では，わが国最初の民営鉄道会社で，東北線を開いた日本鉄道会社の創立・発展に多くの貢献をしたほか，両毛鉄道会社・北海道炭礦鉄道会社などの設立にも尽力した。

参考文献

玉城肇『日本財閥史』，社会思想社，1976.
鈴木博之『都市へ』（『日本の近代10』）中央公論新社，1999.
各社社史

［野村 正晴］

都市経営の制度と事業

都市の成立

市制・町村制（法律第1号）が公布されたのは明治21年（1888）4月。施行は一斉ではなく、翌年4月から情況を見て内務大臣が指定した地域ごととなった。ここから内務省は、町村に対して財政規模の拡大を求め、全国で町村合併が大展開した（1888年末の71,314町村が、1889年には15,820町村になり、明治の大合併と呼ばれる）。1889年4月、最初に市制を施行したのは31市（東京市は5月）。

都市の拡大

1900年代には、都市が拡大していった。近世の国や藩の規模では、政治的拠点としての城下町、流通の拠点としての港町、主要街道の宿場町などが江戸時代から続く都市（町場）であったが、工業化や貿易の進展とともに人口と情報が集中した新しい都市が誕生し、大きくなっていったのである。

横浜・神戸・新潟・函館などの開港地、札幌・青森・山形・福島・宇都宮など道県庁のおかれた道県都が、新興の都市として象徴的である。

「明治地方自治」と都市

「明治地方自治」は「自治」というより上からの官製行政だった。大日本帝国憲法は天皇大権のもと、臣民の参政権を認め、帝国議会を設置したが、「地方自治」という章も規定もつくらなかった。

府県の下には郡と市が置かれ、府県と郡の指導の下に町村が存在した。市は府県の指導を受けることになる。町村長は当該町村の公民でなければならず、町村会の議長と提案者の両役を兼ねた。府県知事の認可により就任する。一方、市長は当該都市公民でなくてもよく、市会が選出した3名の候補者から内務大臣が選び天皇への上奏裁可の後就任した。公民条件がなく、内務省の了解が必要、など内務省の直接監督であった。町村は府県と郡（大正12年（1923）郡長・郡役所廃止）が監督者だった。

都市への政策

これらの都市の形成には、重点的な施策が実施された。市長の選出方法もその一つで、公民条件がないことは、他都市から有能な実力者を招へいし、その手腕に期待することもできた。築港事業を進める大阪市では、海軍水路部長や立憲政友会の実力者を呼んで、市長に据えている。

大都市の経営

江戸時代以来の大都市であった東京・京都・大阪の3市には、1888年公布の市制・町村制は完全には適用されず、1889年3月市制特例という法が施行された。その規定では、市会も市参事会も設置され、民意を反映させる仕組みは整えたものの、市の理事者として専任市長・助役は置かず、府知事・府大書記官がそれを兼任するという市政組織であった。府知事・府大書記官は内務省が人事権をもっており、いわばこの3市は中央政府の支配下におかれたことになる。

都市運営を府に握られた3市では、市制特例撤廃運動が起こり、明治31年（1898）10月に撤廃されて、一般の市制が施行となった。1952年、東京都は10月1日を「都民の日」と制定している。

三大都市と市域

東京市は江戸時代のほぼ朱引地（江戸町奉行の管轄地域）、京都市も大阪市もほぼ江戸時代の町奉行支配地域が範囲だった。東京市では新宿も池袋も市外であり、京都市では鴨川以東や京都駅以南は市外、大阪市では大阪港や大阪駅以北は市外というありさまだった。

大阪では河口港しかなかったが、波止場をもった港としての充実が求められ、大阪市による築港事業が明治30年（1897）から明治36年（1903）にかけて実施されたが、築港は大阪府西成郡にあった。

市域拡張と大〇〇

1900年代以降に顕著になる人口増や都市機能の充実要求は、都市の地理的拡大を求め始めた。町村も指導する府県ではなく、周辺町村を呑みこんで統一的な都市機能の運営を行う都市へと成長することになった。全国各地でこうした都市への期待が高まり、軍需産業の膨張により重化学工業の比重が高まった1930年代に、各地の市会や産業界は「大〇〇」というスローガンで、府県規模の範囲の中心都市であろうと努力した。同一府県はいうに及ばず、経済圏を同じくする他府県の都市とも競争する都市間競争の時代となった。

雑誌「大大阪」表紙

県　令

明治維新後，中央政府の任命した地方官の一つ。版籍奉還（明治2年（1869））から明治19年（1886）までの官職。廃藩置県（明治4年（1871））後に府には知事，県には県令を置くと改められ，1886年の地方官官制で，府県を問わず知事と改称された。明治8年（1875）の漸次立憲政体樹立の詔により設置された地方官会議は，府知事・県令を一堂に集め，中央政府の施策の説明のほか，彼らの意見を聴収する機会となり，政策の再検討を行うこともできた。そこから地方官会議の研究は，官僚制の研究とは異なり，高まる自由民権運動との緊張関係を読み取るものとなっている。

築　港

江戸時代の港はすべて河口港で，河口に碇泊した船から艀で荷物の積み下ろしをしていた。自然の流れで土砂の堆積により河口が浅くなると浚渫が必要になった。「砂持ち」という神事が各地に存在しているが，それは頻繁に繰り返される川浚えを巧みに神事に組み込んだ知恵であろう。幕末の開港は，より大型の蒸気船の碇泊・貨物の揚陸という課題に迫られ，ヨーロッパ型の波止場を川口から離した岸に建設し，直接接岸させ，揚陸するという築港事業の実施を余儀なくさせた。広島の宇品港にR.ムルデル（Rouwenhorst Mulder），宮城の野蒜港にJ.ファン・ドールン（Johannes van Doorn），大阪港のJ.デ・レーケ（Johannis de Rijke）など技術をもったオランダ人を「お雇い」として雇用し，各地の港湾の近代化が進められた。

また築港は大きな予算を必要としたため，政府との交渉と国庫補助が必要で，大阪市などでは市長の選任にあたっては，それへの能力が考慮された。野蒜港は，多額の国家予算を投じて成果を見せるものという位置づけから大久保利通政権が力を入れたが，技術的な未熟から完成間もなく瓦解した。

参事会

府県・市・郡に置かれた機関。府県では知事の諮問機関，市では執行機関，郡では郡長の諮問機関とレベルにより機能が異なっている。府県と郡では府県知事が参事会員を任命し，市では市会の選挙により選出された。原則は非議員の名望家層が選出される。そのため内務省に直結する（人事権を内務省が把握）府県と郡では，府県知事と郡長の執行権が優位だったが，市では市長の執行権に関与する度合いが強く，市長の権限は参事会の一員としてのものでしかなかった。ユンカーなど有力資産家の支配力を維持しようとしたドイツの都市制度がモデルだった。

市長の権力の弱さは資本主義の成長とともに拡大する都市機能とその充実という課題により，問題となった。そのため明治44年（1911）の改正市制で，市の執行機関は市長に限定された（市長独任制）。ここから各地で市長のリーダーシップによる市政運営が強化されることになった。

市域拡張

日本近代の都市は江戸時代の町場化した区域をそのまま都市の範囲として継承した。東京は江戸の朱引地内（町奉行の支配），京都は公家町と町衆の町，大阪は船場と周辺など大都市でも狭い範囲にとどまっていた。近代の都市機能は，交通・通信・企業など広い土地を占有することを求め，近世の都市の範囲の拡大が必要になっていった。日本の都市は周辺地域との連続性が強く，自然な膨張を見せることが欧米の都市との相違点である。

それには都市と周辺の郡部（行政的には町村）の税制の相異が左右している。戦前日本の地方財政は自律性を欠き，独自の税体系が制度設計されなかった。そのため都市は家屋税という所得に関わらない一律税を課すようになった。それを嫌う都市住民は，当該都市を脱出し，しかし都市中心部に近い町村に移住するようになる。このことで大都市周辺のいわゆる接続地が人口増となり，周辺町村は教育や上下水道など都市インフラの整備に悩まされるようになっていった。そこから周辺町村の合併要求が生まれていった。もっとも神戸市の東側にある御影町や元山村など裕福な財政をもった町村では，合併要求はそれほど強くなかった。

都市間競争

資本主義は資本に加えて土地を必要とする経済体制で，工場や事務所などを交通と通信の整備された地域に置き拠点とすることは，欧米での発達を見てもいえる。それには都市インフラの整備充実が不可欠で，近代都市はたえず整備充実策の起案と実施に追われた。都市の政治勢力はこの都市間競争に理解力と実行力を求められたため，中央政治の動向とは異なる少数野党に握られることも珍しくなかった。

参考文献

池田清『神戸都市財政の研究－都市間競争と都市経営の財政問題』学文社，1997．
中川理『重税都市－もう一つの郊外住宅史』住まいの図書館出版局，1990．
原田敬一『日本近代都市史研究』思文閣出版，1997．
原田敬一「広がりゆく大都市と郊外」（季武嘉也編『日本の時代史24 大正社会と改造の潮流』）吉川弘文館，2004．
持田信樹『都市財政の研究』東大出版会，1993．

［原田　敬一］

植民地経営

植民地とは

　植民地とは，一般的には，他国の領土であった地域を自国の中に組み込んで支配する地のことをさす言葉である。ただし，政治学的には，支配された地の主権がすべて支配する側の国に掌握された状況のみを植民地と呼ぶことが多い。19世紀末から20世紀前半の日本は，台湾と朝鮮を植民地とした。そして，これらに加え，租界，居留地，租借地，鉄道附属地，委任統治領，さらに，日本軍占領地という具合に，日本は，東アジア，東南アジア，西太平洋地域に支配地を有した。ここで説明する植民地経営とは，これらの支配地すべてを対象とした経営のことである。

　ところで，北海道や沖縄県について，日本に組み入れられた過程をみれば，「内的植民地」である。明治政府は，明治2年（1869），政府直属の機関として開拓使を設け，北海道を内的植民地とし，また，明治5年（1872）に琉球王を廃し，明治12年（1879）に沖縄県を設けたことは琉球・沖縄に対する内的植民地化である。さらに，一時的に日露の雑居地となり，明治38年（1905）に日本領となった樺太も後に北海道に組み入れられたことを勘案すれば，内的植民地である。

　さて，日本による植民地経営の大きな特徴は，すでに多くの研究が指摘するように，基本的に官民一体の経営であり，かつ，16世紀から始まった欧州諸国による植民地支配と比べて，短期間に複数の段階を同時に進行させたことであった。

植民地経営の機関と組織

　日本政府は，植民地とした台湾と朝鮮に総督を，租借地である関東州に都督を派遣した。総督や都督は親任官であり，それは，彼らが天皇の権限をその地で行使する天皇の代理者であることを示している。そして，彼らを頂点とする総督府や都督府が支配機関として設置された。

　しかし，日本の植民地経営は，これら官の機関が行う行政だけでなく，それぞれの現地で半官半民の国策会社や産業開発に関わる民間会社もその一翼を担っていた。台湾では台湾製糖株式会社など日本資本の製糖会社，朝鮮では農業振興を担った**東洋拓殖株式会社**（以下「東拓」），関東州と鉄道附属地では表向きは長春～大連・旅順間の鉄道経営を行うために設立された**南満洲鉄道株式会社**（以下「満鉄」），がそれであった。

植民地経営の複層化

　さて，二つ目の特徴は，短期間に複数の段階を同時進行させたことである。欧州諸国によるアフリカ，アジア，アメリカにおける植民地支配が，16世紀半ばから20世紀初頭にかけて，植民地からの資源収奪→植民地の市場化→植民地での産業開発という段階を踏んだのに対し，日本のアジア地域での植民地経営は，これをわずか半世紀に満たない期間で，ほぼ同時に進めた。

　他方，制度として，二つのことが行われた。一つは，総督府の経済的な自立を求める制度である。二つ目は，それらの機関・組織が，周辺の東アジア地域の中に植民地，支配地を位置付けたことである。

　前者について，日本政府は，総督府や都督府に対し，財政的な自立を求めた。すなわち，産業化などの進行によって税収を増やし，その収入によって植民地経営を進めるという方法である。これによって，植民地，支配地では，より一層の産業化が必要となり，さまざまな産業施設（工場）が建設された。また，増収をはかるため，種々の専売制度がとられた。

　後者について，支配機関であった台湾総督府，朝鮮総督府，関東都督府はいずれも，民間の海運会社に補助金を支給し，それぞれの地域と日本や周辺地域とを結ぶ定期航路を確保した。これは，東アジア地域，あるいは地球的規模で，自らの地域を位置付けようとした努力であった。

植民地経営としての都市建設

　産業化と同時に進行したことが，交通基盤整備と都市建設である。例えば，台湾総督府は，基隆と高雄で港湾建設を進めるとともに，その両者を起点・終点として，台湾西海岸沿いに台湾縦貫鉄道を建設した。

　そして，台湾総督府，朝鮮総督府，関東都督府は，それぞれの支配地で，都市建設を進め，また，満鉄も鉄道附属地で都市建設に投資した。このような都市への投資は，短期間で資金回収できるめどはなく，経営としては赤字であった。にもかかわらず，これらの機関が都市建設を進めたのは，そこで生まれた都市が支配を象徴する存在となったためである。

植民地経営の意味

　植民地経営の別の側面を指摘しておく。1点目は日本語による教育を進めたこと，2点目は日本人の優位性を強調し日本の支配を正当化したこと，3点目は植民地・支配地のマスメディアを支配したことである。

　以上を勘案すると，日本の植民地支配は軍事的支配・政治的支配だけではなく，経済，教育，社会，文化を支配することで成り立っていた。植民地経営は，その支配を恒久的に続けるために行われた。それは，被支配者に対して日本の支配能力を見せ付ける意味をもち，かつ，それによって日本による支配を正当化するものであった。

開拓使

　日本政府による北海道の開発を主務とした機関。明治2年（1869）に開設され，北海道の資源を活用した産業開発と屯田兵制度の導入による国土の北辺防備政策を推進し，北海道の実質的な内的植民地化を進めた。その初期は，アメリカでの開拓事業を模範とした産業開発を目指し，アメリカから学識経験者や技術者を招き，大規模農法を基本とする農業振興と森林資源や水産資源を活かした工業振興を進めた。しかし，労働力が少なく産業基盤の脆弱な状況下での産業開発は困難を極め，また，ロシアの極東進出が顕著になる中で，明治7年（1875）に屯田兵制度の導入が決まり，翌年から始まった。その後，屯田兵とその家族は北海道の農業開発の担い手となった。しかし，開拓使は，民間資本の導入をはかるために計画した官有物の民間企業への払い下げが政治問題化し，それに政府内での権力抗争が重なり，明治14年（1881）に廃止された。

総督府

　日本政府が，明治29年（1896）4月台湾に，明治43年（1910）10月朝鮮にそれぞれ設立した植民地支配機関。責任者である総督は，天皇から直接辞令を受ける親任官であり，天皇の代理者として植民地を統治した。そして，総督は，植民地の行政権を掌握しただけでなく，総督のもとに裁判組織を組み込んだため，総督は司法権も掌握した。また，植民地には議会がないため，立法権も掌握した。そして，いずれの総督府も産業開発と専売制度の推進による独自財源の確保，都市改造や交通基盤の整備による近代化政策を進め，また，日本語による教育や皇民化政策を抱き合わせることで，植民地支配の深化を進めた。大日本帝国憲法をはじめ，日本で公布された法律の植民地への適用の可否は総督の判断に委ねられた。なお，明治28年（1895）8月に設立された台湾総督府は，陸軍配下の軍事機関で，前述の台湾総督府とは別の機関である。

東洋拓殖株式会社

　朝鮮半島における農業振興とそのための土地売買や資金供給を主目的として，明治41年（1908）12月に設立された半官半民の株式会社。略称は東拓。本店はソウル。会社の枠組は同年3月に帝国議会を通過した東洋拓殖株式会社法によって定められた。資本金を1,000万円とし，そのうちの300万円は，韓国政府所有の土地が出資金とされた。これらの土地は，日本人に対する朝鮮半島への農業移民を斡旋するために使われた。また，日本による植民地支配が進化する中で，大正6年（1917）に改正された東洋拓殖株式会社法では，会社の業務の第一に資金供給が示され，金融業を事業の中心に据えることが示された。さらに，日本の支配が進む中国東方地方にも進出し，株式投資を展開した。そして，満洲事変以降，鉱業や重化学工業への事業展開がはかられた。昭和20年（1945）9月，連合国軍総司令部により閉鎖機関に指定され，閉鎖された。

南満洲鉄道株式会社

　日露戦争の結果，日本が獲得した利権の一つであった長春～旅順・大連間の鉄道経営を託された半官半民の国策会社。略称は満鉄。明治39年（1906）11月，本社を東京に置いて設立された。設立時の約款では，単なる鉄道経営とそれに付随する倉庫業やホテル業だけでなく，鉄道沿線に設定された鉄道附属地の経営，鉄道沿線の鉱山経営，大連港の経営を行うことが示された。設立時の資本金は2億円で，そのうち日本政府が1億円相当分の土地，建物，貨車などを現物支給で出資した。明治40年（1907）4月，本社を大連に移し，前述の事業に加えて理工農学の研究事業も展開した。その結果，日露戦争後，日本による中国東北地方支配の橋頭堡としての役割を果たした。そして，満洲国政府成立後は，満洲国国有鉄道の建設と経営を請け負った。昭和20年（1945）9月，連合国軍総司令部より閉鎖機関に指定され，閉鎖された。

産業施設（工場）

　日本の植民地となった台湾と朝鮮半島，さらに中国の日本支配地では，多数の産業施設（工場）が建設された。これは，日本の植民地支配が，資源収奪，市場化，産業開発と都市建設，を同時進行させたためであり，また，支配機関であった台湾総督府と朝鮮総督府が独自財源を確保するため，産業開発を進めたためである。特に，台湾では，主力産業となった製糖業を支えた日本資本による製糖会社が，それぞれの工場を核としながら，その周囲に社宅だけでなく商店や集会所を設け，社員の生活が成立するように市街地を建設した。また，産業開発と都市建設の進展に伴い，セメントや鉄の需要が高まると，セメント工場や製鉄所も建設され，それぞれの地域に建設資材を供給した。また，中国東北地方では豊富な鉱物資源を使った大規模な製鉄所が建設され，上海などでは中国の市場化を目指して紡績工場が建設された。

参考文献

大江志乃夫ほか編『岩波講座 近代日本と植民地』（全8巻）岩波書店，1992－1993.
山本武利ほか編『岩波講座「帝国」日本の学知』（全8巻）岩波書店，2006－2007.

〔西澤　泰彦〕

土地経営

大名屋敷跡地の住宅地経営

明治維新後の東京では，武家地公収を免れた大名屋敷の中に，住宅地経営が行われた事例を見いだすことができる。福山藩の江戸中屋敷と下屋敷があった本郷西片町（明治5年（1872））と麻布霞町（明治19年（1886））では，阿部家による貸地貸家経営が行われたことが知られる。また，維新後の新興勢力であった三菱は，武家屋敷を中心とする土地の取得に執心し，神田三崎町（明治23年（1890），講武所跡地）や大和郷（大正9年（1920），甲府藩柳沢家下屋敷跡地）などの開発を行った。一方，江戸以来の老舗である三井は，土地信託会社の経営を始め，東京信託（株）（明治36年（1903））が新町住宅（大正2年（1913））の分譲を開始した。「家屋税」（1903/1904）の制定と第一次世界大戦後の好景気によって，都市部の土地はにわかに投機対象となり，大正11年（1922）には信託法と信託業法が制定された。しかしながら，関東大震災（1923）と昭和金融恐慌（昭和2年（1927））によって華族による土地経営は行き詰まり，三井信託（株）（1924）を中心とする分譲住宅地が急増した。

私鉄沿線郊外開発

近代日本の土地経営を考える上で，民間鉄道会社とその関連土地会社による沿線郊外開発はきわめて特徴的である。この嚆矢となったのが，小林一三による沿線郊外開発であった。明治39年（1906）に制定された鉄道国有法によって，それまでの私鉄が形成した都市間鉄道は省線に組み込まれ，以降は都鄙間鉄道に限定されたため，大多数が経営の初期段階で社寺仏閣参詣と海水浴を客層として当て込んだ沿線開発を始めることになった。こうした状況を鑑みて，小林は箕面有馬電気軌道という都鄙間鉄道において，その中間地点に池田室町住宅地（明治43年（1910））を開発し，「都」にターミナルデパートである阪急マーケット（大正14年（1925））を，「鄙」に遊興施設である宝塚劇場（1924）をそれぞれ設立することで，阪急平野を舞台に新中間層の核家族という新たな客層のための住宅地開発に乗り出したのである。

また，小林が編み出した私鉄沿線郊外開発というビジネスモデルを，東京で展開したのが五島慶太であった。五島は，渋沢栄一が興した田園都市（株）を核として，東京横浜電鉄と目黒蒲田電鉄の沿線に，多くの住宅地開発を行った。その際，東京高等工業学校（大正13年（1924））や慶應義塾大学予科（昭和4年（1929））などの高等教育機関が誘致され，学園都市が設けられた。こうした私鉄沿線開発は枚挙に暇なく，昭和13年（1938）に陸上交通事業調整法が施行されるまで全国各地で展開され，近代日本の郊外は私鉄による土地経営によって占拠された。各地の都鄙間鉄道を整理統合する目的で設けられた昭和13年の法律は，私鉄を再び都市間鉄道とし，地方都市の求心力を奪った。

土地区画整理という土地経営

さて，大正9年（1920）の都市計画法の施行は，土地区画整理事業を合法化したという点において，官による土地経営でもあったといえる。最初に大々的に行ったのは，「大名古屋都市計画」（1924）であった。石川栄耀（都市計画愛知地方委員会技師）が，同計画の検閲を山田博愛（内務省都市計画課技師）に受けた際，「すべて区画整理で行う」と答えた結果，大正末年から昭和初年の名古屋の郊外では，多くの土地区画整理組合と耕地整理組合の同時多発的に設立された。昭和3年（1928）には，「発展素」と呼ばれた公共施設・病院・スポーツ施設・公園・遊園地などを取り込んだ各組合の計画が，「大名古屋土地博覧会」にて大々的に紹介される一方で，各組合で私鉄沿線同様の住宅展覧会が開催され，なかには近世以前の方位観を売りにする組合が見られた。近代都市におけるこうした方位観は，大阪などのほかの大都市でも確認されており，近代都市の空間認識を考える上で重要である。

「大名古屋土地博覧会」ポスター（昭和3年（1928））
［都市創作，4(11)，1928］

近代長屋による都市建築

ところで，全国に先駆けて「長屋建築規制」（明治19年（1886））や「大阪府建築取締規則」（明治42年（1909））が設けられたことからもわかるように，大阪では都心部はもとより，郊外においても土地区画整理事業とともに建設された2戸から数戸を1棟とする近代長屋が建設された。前面道路との間に設けられた小さな前庭を持ち，洋風の屋根を大壁の上に載せた住戸が並ぶ長屋は，洋風長屋と呼ばれ，住之江における事例が有名であった。こうした洋風長屋の事例は，名古屋の土地区画整理事業でも確認されており，住棟・住戸の規模が小さいという問題はあるが，都市と建築が土地区画整理事業を通じて一体的に開発され，両者が持続的に経営された

という点において，積極的に評価されるべきであろう。

本郷西片町

明治政府設立当初，阿部家は62,000坪余の屋敷地を，政府物産局の桑茶政策を当て込んだ養蚕事業に着手したが，明治4年（1871）に輸出の不調と政府用地・軍用地の必要からこの政策が廃止されると，翌年すぐに「貸長屋許可願」を提出し，住宅地経営に舵を切った。その後も，小学校の開設（明治8年（1875）），街園のある道路設置（明治24年（1891）），下水道と電話線の地下埋設（昭和3年（1928））など，住宅地として持続的な開発が行われ，東京帝国大学の目と鼻の先にあるこの住宅地は，旧藩士や同郷人に並んで学者高官が住民となり，近代日本を代表する知識人や文化人が住んだ。第二次世界大戦後，西片町は箱根土地（株）の後身である国土計画興業（株）によって買収分譲されたが，高等教育機関に寄り添う阿部家の住宅地経営は，堤康次郎による「国立大学町」（大正14年（1925））に代表される学園都市の祖型であったといえる。

大和郷

大和郷は，三菱財閥3代目総帥であった岩崎久彌が，父彌太郎から相続した約12万坪の広大な土地の大半を，大正11年（1922）に開発した住宅地である。北側に広がる「六義園」に名残を留める甲府城主柳沢大和守吉保の下屋敷に因んだ名称が付けられたが，この土地は柳沢家のみならず藤堂・安藤・前田諸家の藩邸が買い取られた部分もあった。自動車交通を前提とした格子状道路（幅員4間と7間）に，上下水道・電灯線・電話線が埋設され，百数十坪以上の区画をもつ整然とした町並みが形成された。明治36年（1903）に始まる「家屋税」は市民の大土地所有者への不満となって表出し，渡辺町（佐竹家別邸跡地）・松濤園（鍋島家別邸跡地）・目白文化村（近衛家別邸跡地）などが開発されたことからもわかるように，大正中頃から富豪による大土地の宅地開放が相次ぐようになる。久彌の「富豪の社会的責務」に根差した住宅地開発は，社会改良運動としての性格を帯びるものであるとともに，日本における土地相続の事態を予見するものである。

池田室町住宅地

甲州出身の小林一三は，「歴史上の空白地帯（上田篤）」である阪急平野に新しい文化と生活をもつ社会層をもち込むことに成功した。明治43年（1910）に大阪を起点として箕面・池田・宝塚に至る箕面有馬電気軌道が開通すると同時に開発された池田室町住宅地（池田新市街と呼ばれた）は，池田駅の北側に呉服神社を取り囲む形で設けられ，東西11本と南北2本の格子状道路に接道する正方形の宅地（100坪）に，4タイプの住宅が建てられた。これらの明確な区画に反して，経営地の全体形が不明瞭なままで残された点は，後に続く私鉄沿線の郊外住宅地開発に共通しており，周辺の乱開発に結びついた。一方で，月賦販売という当時としては画期的な販売方法，住民のための購買組合や倶楽部，屋外保育という最先端の幼稚園などを導入し，後の住宅地経営の規範となった。

住宅展覧会

住宅展覧会として実寸の分譲住宅を建設し，会期終了後にそれらを販売するという方法は，大正11年（1922）9月から11月まで片岡安率いる日本建築協会によって開催された「住宅改造博覧会」を嚆矢とする。阪神急行電鉄（旧箕面有馬電気軌道）の櫻井駅山手側に広がる梅林の続く丘陵地に，等高線に沿った緩やかな曲線道路と40区画からなる宅地が設けられ，25戸の「実物改造住宅」が建てられた。それらは，橋口信介による「住宅改良会」（大正5年（1916））や佐野利器による「住宅改善委員会」（1920）に代表される，洋風化を前提とした住宅改善運動を踏まえた中流住宅であった。日本建築学会による東京上野公園の「平和記念博覧会・文化村」（1922）と開催予定時期が重なり半年遅れの日程となったが，博覧会終了後は16戸に入居者が決まり，地区西側も同じ地主の田村眞策によって住宅地として開発された。

洋風長屋

洋風長屋の外観上の特徴は，①前面道路と各住戸ファサードの間に小さな前庭をもつこと，②軒蛇腹と見なすことのできる箱軒やハーフ・ヒップド・ルーフなどの洋風屋根妻面を前面道路側に向けること，③モルタル塗あるいはモザイクタイル張の大壁であることがあげられる。綿糸取引商であった竹中源助は，昭和4年（1929）頃より大阪住之江地区の竹中住之江土地部を興して，太平洋戦争が始まるまでに142戸の洋風長屋を建設し，辻恵次郎もまた大正末期に辻栄住宅経営部を興して，終戦までに750戸以上の借家経営を行ったことが知られている。同様の事例は，名古屋の土地区画整理組合によっても数多く建設され，その通り庭の途中に部屋を設けた平面形式は，西山夘三によって「切り庭型」と呼ばれた。

参考文献

山口廣編『郊外住宅地の系譜』鹿島出版会，1987.
片木篤，藤谷陽悦，角野幸博編『近代日本の郊外住宅地』鹿島出版会，2000.

［堀田 典裕］

細民対策

細民への注目

　近代日本において細民とは，主に車夫や日雇，雑業など多様な未熟練労働に従事する貧困者をさした。1890年代前後にこれらが「貧民」「細民」などと注目され，1910年代以降政府による細民調査を経て対策が始まった。

　それ以前，近世以来の貧困者と維新後の没落者などで構成された都市貧困者は「窮民」「貧民」などと呼称された。政府の貧困者対策は，「恤救規則」（明治7年（1874））において有戸籍の極貧層（「窮民」）に対する食糧の現物支給を行っていたが，公的扶助義務を否定する方針に伴い受給者は厳しく限定されており，それ以外の貧困者には民間の慈善事業が対応していた。細民をはじめ多様な貧困層が集住したスラム街に対しては，公衆衛生と防火の観点から神田橋本町，四谷鮫河橋などで改良事業が行われ，「防火令」（明治14年（1881））や「長屋建築規制」（明治22年（1889））が二次的なスラム除却の根拠となっていたが，抜本的な細民対策ではなかった。

　1890年代にかけて資本主義の確立と都市への人口集中を受け，スラムが広がっていくと，松原岩五郎，横山源之助をはじめ新聞記者がその生活を報じた。彼らは，近代国家の内部における改良すべき問題として，衣食住と付随する木賃宿，残飯屋，高利貸，口入周旋屋などの民間事業にも注目し，細民対策の必要性も提起した。

細民調査の開始

　日露戦争後，内務省地方局は国民統合の一貫として民間の慈善事業を奨励助成する感化救済事業を展開した。明治44年（1911）の吉原大火後に初の小住宅供給事業である辛亥救災会公設長屋が設置されたのもこの時期である。近代国家として細民を捉える試みも始まり，区費を負担せず，人夫・車夫・日雇などを業とする月収20円以下もしくは家賃3円以下の家に居住する者と定義した最初の細民調査事業が東京・大阪で実施された。

　第一次世界大戦中，生活難とストライキの増加を背景に，大正6年（1917）に内務大臣の諮問機関として救済事業調査会が設置され，貧民救済事業などの答申が出された。同年内務省地方局に設置された救護課は，米騒動後の大正9年（1920）に社会局へ昇格，社会事業を担当する公的機関として，市営住宅，公立職業紹介事業，公設質屋などの設置を推進，細民対策の中心部局となった。

　戦後恐慌後，大正10年（1921）に内務省は救済事業調査会を社会事業調査会と改称，六大都市と共同して先の調査に続く細民調査事業を展開した。調査は「細民集団地区調査」と「細民生計状態調査」からなり，府の社会事業協会救済委員や，地域の有志者などからなる市の方面委員も作業に加わった。前者は六大都市14地区が調査され，後者で細民は月収50円内外，家賃5円以下の家に居住する雑業・車力などの労働従事者，3〜6人世帯とされた。調査は一部地区に限定されたが，住宅・生活改良の基礎となった。

不良住宅地区改良事業と救護法

　関東大震災後の不況と社会不安を背景に，大正15年（1926）浜口雄幸内務大臣が「社会事業体系に関する件」を社会事業調査会に諮問，昭和2〜4年（1927〜1929）の答申が基礎となって，「不良住宅地区改良法」（昭和2年），「救護法」（昭和4年）などが成立していった。

　不良住宅地区改良事業は，大正14年（1925）の不良住宅調査，翌年の同潤会猿江裏町不良住宅地区改良事業を経て公布された「不良住宅地区改良法」により実施された。東京府学務部『東京府郡部不良住宅地区調査』（昭和3年），東京市社会局『東京市不良住宅地区調査』（昭和7年）などの調査をもとに六大都市で計画され，一部で改良が実現した。しかし，根本的な生活水準の向上策はなく，実施上の様々な制約から一部で住民運動も発生，事業遅延や中止も起き，限定的な改良に止まった。

　「救護法」は財源難を理由に施行が危ぶまれたが，方面委員を中心に「救護法」制定促進運動が展開され，地区によらない細民調査である東京市社会局『東京市内要保護者に関する調査』（昭和5年），同『東京市内要救護者に関する調査』（昭和7年）などが実施の条件を準備した。昭和7年（1932）に施行された同法は，公的扶助義務が初めて認められ，貧困状態にある幼・老・妊産婦・就労不可能者が一定条件により現金を支給された点で「恤救規則」と大きく異なっていた。しかしすべての要救護者は対象とされず，被救護者は選挙権を剥奪され，支給額のみでの生存確保は実際には困難であった。

　一方，行政の対策外となった不定居細民も存在したため，東京市役所『浮浪者に関する調査』（昭和4年）や東京市社会局『市内浮浪者調査』（昭和14年）などで，スラムを取り巻く行政課題が調査され続けた。戦時期には国家総動員体制のもと「強制的均質化」「平準化」が進み所得格差は著しく少なくなり，軍需優先のもと細民対策は縮小，戦後新たに再編されていった。

細民調査

　細民調査は四期に分類される。第一期は，明治中期から後期の新聞記者による「貧民窟」調査である。「東京府下貧民の真況」（『朝野新聞』明治19年（1886）3〜4月）以降，鈴木梅四郎「名護街貧民窟視察記」（『時事新報』明治21年12月），松原岩五郎『最暗黒之東京』（明治22年），横山源之助『日本之下層社会』（明治32年）

などが出た。社会観察から科学的調査へ進化し，海外の社会福祉も紹介され始め，細民対策も喚起された。

第二期は，明治末期から大正10年（1921）頃までの「細民」調査である。内務省地方局による明治44年〜45年（1911〜1912）調査の『細民調査統計表』『細民個別調査』が嚆矢となり，東京市社会局『東京市内の細民に関する調査』（大正10年），内務省社会局『細民生計状態調査』（大正11年）などが細民の分布と生活状況を把握し，住宅改良政策を見いだす契機となった。

第三期は，昭和初期から昭和9年（1934）までの地方行政による不良住宅地区調査である。昭和2年（1927）制定の「不良住宅地区改良法」に関連して実施され，改良事業の参考資料となった。

第四期は，昭和4年（1929）以降の地方行政による要保護世帯調査である。「救護法」制定過程に対応して細民の生活状況が明らかにされ，各種事業の参考資料にもなった。調査は方面委員の調査に多く依拠し，知識階級失業者対策の一貫として実施された。

スラム街

スラム街は，「貧民窟」「細民街」ないし「不良住宅地区」と呼称された。近世以来の宿場町，海岸・河岸周辺，被差別部落をはじめ，軍事施設の裏町，低湿地・避病院（伝染病専門病院），墓地・火葬場の側など一般民衆の敬遠する地域，工業地区周辺や線路沿いなど利便性の良い土地が特徴である。近世の身分制度に起源をもつ地区，木賃宿を核とする都市雑業層集住地区，末端の工場労働者集住地区など，地域により固有の歴史的背景をもつ。

1890年代，東京では四谷鮫河橋，芝新網，下谷万年町の「三大スラム」，大阪は名護などに存在し，工業化とともに都市周辺部にも拡散した。このうち四谷鮫河橋は，明治初期の地租改正事業による一括的な地価決定で生じた町内間格差を背景に，二度の大火と赤坂離宮の仮皇居化，スラムクリアランスに伴う大規模土地収用などで1・2丁目に零細な裏店層が集住し，形成されたとされる。

住居は，主に木造平屋連続住宅（特に「裏長屋」）の「九尺二間」の3畳・4畳半一間で，井戸・便所共有，非衛生的な環境が多かった。長屋は棟割長屋・共同長屋もあり，設備などは昭和初期にかけて徐々に改良された。木賃宿は多様な宿泊者から男性単身者が中心になった。

労働は，人力車夫・日雇・土方など日給・不定期の未熟練労働，芸人・雑業など多種に及ぶ。「襤褸」をまとう風体や残飯屋での食事，高利貸や口入周旋屋などへの依存関係，各種犯罪や風紀問題も指摘された。相互扶助組織や疑似家族の共同性が構築される一方，構造的な権力関係に絡み取られる経済的な搾取関係も存在し，多くの細民が安価な労働力となった。

方面委員

大正7年（1918）夏の米騒動を機として，10月に公布された大阪府方面委員規程が嚆矢である。林市蔵大阪府知事のもと，小河滋次郎社会事業嘱託を中心に，ドイツのエンバーフェヘルト制度や岡山の済生顧問制度などを参考に制定された。

これは小学校の通学区域を一方面とし，騒動の際に救済活動に従事した民間篤志家・名望家などの有志者をもとに選任された委員が貧困住民の調査を主な目的として活動するもので，その後各地で同様の委員制度が発足，「救護法」では市町村長の補助機関と位置付けられた。

昭和11年（1936）の「方面委員令」に基づく社会局長官通牒では，一定程度の生活水準や人格が求められ，農村漁村ではなるべく大字に1名以上，関係市町村長，警察署長などと緊密な連絡を保つこととされ，扶養義務者にその義務を怠らないよう勧告する任務もあった。

昭和15年（1940）には町内会など隣保組織と結びつき「銃後」生活援護の中心となり，行政の末端組織としての性格を強めた。昭和21年（1946）「民生委員令」公布により同令は廃止され，民生委員に引き継がれた。

不良住宅地区改良事業

大正14年（1925），政府は各地方庁官に命じ，人口5万人以上の都市および隣接町村を対象に100戸以上の不良住宅密集地区を選定した大規模な調査を実施，道路・上下水などインフラ状況と詳細な地区現況図も作成され，六大都市だけで15ヵ所，約13,000世帯，全国では217ヵ所，約72,600世帯を数えた。これを受け翌年6月に社会事業調査会による，地区環境整備に重点を置いた「不良住宅地区改良事業実施要綱」が答申され，昭和2（1927）年3月に「不良住宅地区改良法」が公布，7月に施行された。

同法は英国の住宅政策を参考にしたものであるが，地区指定権，施行命令権が国にあり，国庫補助と低利資金融資のある財源額が少なく，六大都市の不良住宅に限定され，地区調査対象の選定基準はなかった。

住宅事業は現地再居住主義が徹底されたが，敷地面積と予算の制約を受け，住宅の狭隘化と家賃の高騰につながり，一部で住民運動も起きた。改良事業は同潤会を入れて8地区を指定，4,145戸の改良住宅が建設された。

参考文献

中川清『日本の都市下層』勁草書房，1985.
佐賀朝『近代大阪の都市社会構造』日本経済評論社，2007.
杉本弘幸『近代日本の都市社会政策とマイノリティー 歴史都市の社会史』思文閣出版，2015.

［町田 祐一］

初期洋風建築

初期洋風建築とは幕末から明治初期の日本に建設された西洋風の建築物のことをいい，主な施設として，西洋の近代的技術を輸入した工場建築，長崎や横浜などの外国人居留地に建設された住宅，商館，教会堂など，また，アメリカから制度や技術を取り入れ，組織的な開拓が進められた北海道の建築物，さらに，これらの西洋建築から影響を受けた日本人大工たちが手掛けた小学校，官公庁舎，商業施設といった擬洋風建築と呼ばれる一連の建築物が含まれる。

嘉永7年（1854）の日米和親条約により，日本の鎖国体制は終わり，函館と下田の2港が開かれ，西洋人の滞在が認められるようになった。また，4年後の安政5年（1858）には日米修好通商条約が締結され，続いてオランダ，ロシア，イギリス，フランスとの間にも同様の条約が締結された（安政五ヵ国条約）。その結果，函館，新潟，横浜，神戸，長崎の五つの港が西洋諸国との貿易に開かれ，西洋人の居住が認められた。

この安政五ヵ国条約によって開かれた港町には，外国人居留地と呼ばれる外国人専用の居住地が設けられる。そこは西洋人が生活し，貿易をはじめとする各種の仕事を行うための場所となり，その結果，洋風建築を日本へ受け入れる窓口の一つとなった。海岸沿いには商人たちの仕事に必要な商館や倉庫が並び，また，劇場のような娯楽施設もつくられた。山手の高台には，今も残る旧グラバー住宅（文久3年（1863））や大浦天主堂（元治元年（1864））など，ベランダを巡らせた洋風住宅や教会堂が建てられる。そして，在留する外国人の生活や安全を保護するため，領事などの公官や海軍が駐留し，領事館や兵舎，関連施設も建築された。なお，このような景観は日本の外国人居留地に限ったことではなく，イギリスが統治した植民地香港，上海や福州など，「租界」と呼ばれる中国の港湾都市でも見ることができた。

開港して間もない頃の横浜や長崎の外国人居留地の建築物には，和洋の意匠や技術が混在した独特な建築物も見ることができた。例えば，横浜居留地の商館群は，巨大な入母屋造瓦葺きの屋根を載せ，寺院建築と見紛う姿が並んでいた。さらに，在留海軍の施設には，フランス海軍病院（元治元年頃）など，石造の建物の上に入母屋屋根を載せ，正面に唐破風を飾った，西洋人たちのオリエンタリズムと結びついた奇抜な意匠の建築物も存在した。なお，付け加えておくと，洋風建築に伝統的な意匠が混在した建築物は，日本に限らず，開港して間もない頃の上海や香港にも見ることができた。

このような外国人居留地の建物，特に和洋が混在した建築意匠は日本人大工の建築的創造力を刺激したと考えられる。また，外国人居留地の洋風建築や洋式工場の造営に従事することは，大工たちにとって西洋の建築技術を学ぶ格好の機会となった。そして彼らは江戸をはじめ日本各地へと散らばり，擬洋風建築と呼ばれる個性的な意匠をもった独特な建築物を手掛けていった。また，洋風建築の意匠，設計・施工技術が日本人大工や職人に広く普及するにあたり，雛形本に代表される洋風建築に関係する書物なども大きな役割を果たした。

さて，幕末から明治初期にかけて，外国人居留地を窓口の一つとし，洋風建築が徐々に浸透していく一方で，幕府や明治新政府は，国防のため，また産業を振興させるため，洋式工場の建設を推進する。江戸幕府は長崎と横須賀に造船所を建設し，オランダ，フランスから技術者を呼び寄せ，艦船の修繕に必要な技術導入にあたった。明治政府も安定した通貨の供給，生糸の粗製濫造防止といった，内外の要請に応えるため，明治4年（1871）には造幣寮，明治5年（1872）には富岡製糸場を開業させた。いずれも輸入機械を配備した洋風の建築物で，外国人技術者が設計監督した。

このような洋式工場，あるいは政府が手掛けた庁舎，公共建築物，そして近代化の象徴であった鉄道や灯台といった基盤施設の造営には，外国人居留地で洋風建築を学んだ日本人に加え，煉瓦や石，鉄骨造の洋風建築，さらには機械設備にも詳しい外国人技術者の手を借りることが多かった。彼らのような，政府や幕府に雇用された外国人技術者をお雇い外国人と呼んでいる。

開拓使の下で開発がすすめられた北海道では，アメリカから洋風建築が導入される。H. ケプロン（Horace Capron）以下，体系だった制度輸入が進められ，洋風建築の庁舎，産業施設，基盤施設が建設された。特に下見板張りやバルーン・フレームと呼ばれるアメリカ経由の木造建築技術が輸入されたこと，また，洋風建築の設計にあたり，欧米の建築技術書（パターンブック）が頻繁に参照されたことが特徴である。

擬洋風建築

主に明治時代の初期に日本人大工が，外国人居留地の洋風建築，洋式工場，雛形本などを見本として建設した独創的な洋風建築のことをいい，代表的な遺構に旧開智学校校舎（松本市，明治9年（1876）），旧済生館本館（山形市，明治11年（1878）），宝山寺獅子閣（生駒市，明治15年（1884））などが知られている。

外国人居留地の洋風建築や洋式工場は，進取の気性にあふれた日本人大工にとって，洋風建築の施工技術を習得する格好の機会となった。また，今までに見ない洋風

の意匠や，西洋人のオリエンタリズムの影響を受けた建築物は，彼らの建築的創造力を刺激し，和洋が混在した個性的な建築物を生み出すこととなった。

洋風建築の術を学んだ彼らは，江戸に戻り，海運橋三井組（明治5年（1872））など，擬洋風建築の傑作を完成させ，清水喜助，鹿島岩吉など，今日の大手建設会社の基礎となる人物も輩出している。また，林忠恕など，明治政府の営繕に活躍した人物もいた。さらに，洋風建築を学んだ大工たちは日本各地へと広がり，時には三島通庸のような県令の政策とも結びついて，独特な意匠をもった小学校，病院，警察署，役所などが建てられた。

洋式工場

幕末から明治初期の日本において，富国強兵・殖産興業のために，西洋から技術を輸入して建設された工場をいう。すでに幕末には横須賀，長崎の製鉄所があったが，明治以降，陸海軍の工廠が営まれ，民間の造船所や機械工場が産声をあげる。また，殖産興業のもと，各地に綿糸および絹糸の紡績，洋紙製造，ガラス製造といった工場が設けられた。これらは，設備機械と一体のものとして設計・施工されることが多く，お雇い外国人技師が直接に設計監督を行うことも多かった。そのため，建物は煉瓦や鉄骨造，小屋組にはトラス（洋小屋組）を入れるなど，西洋風の建築技術を直接取り入れていた。結果，この時期の洋式工場は，洋風建築技術導入の端緒として評価されている。

ところで，このような工場建築は日本だけに建てられたわけではなく，技術の輸入元である西洋諸国や世界各地の植民地にも同様な施設が存在した。だが，日本の洋式工場は西洋の技術・制度を輸入しながらも，気候風土や文化・社会，建築の材料や職人など，日本独自の諸条件に適合するため，西洋の本国の工場建築とも，植民地の建築とも，似て異なる施設だった。

富岡製糸場

雛形本

建築の設計，施工技術，意匠などの雛形（見本）を集め，建築家や大工などが参照できる書物としてまとめたもの（パターンブック）をいう。

建築の設計技術をまとめた書物は，江戸初期からすでにあったが，江戸後期になると，寺社建築や座敷の装飾・意匠見本を集めた雛形本（雛形書）が数多く出版される。一方，幕末以降の日本には洋風建築がもたらされるのだが，日本にやってきたお雇い外国人たちも，機械や土木畑の技術者が多く，建築については片手間の人物も少なくなかった。そこで彼らが参照したのが，19世紀の中頃以降に欧米で盛んに出版された建築洋書，特に，建築の意匠や設計・施工方法をまとめたパターンブック，ハンドブックなどである。

明治以降，日本人が洋風建築を設計施工するようになると，江戸時代の後期から幕末にかけて盛んになった蘭書の存在も後押しとなり，近世の建築書と欧米の建築書は結びつく。結果，建築洋書を日本語に翻訳した書物が出版され，また日本独自の洋風建築についての建築書も出版されるようになり，洋風建築が広く普及する一助となった。

お雇い外国人

江戸時代末期から明治初期に幕府や政府などに雇用され，専門職に従事した外国人（特に欧米人）のことをいう。その分野は理化学や工業技術から，法制や芸術，教育にまで多岐に及んでいるが，工業関係の仕事に従事した人数が最も突出していた。

建築や都市開発，とりわけ初期洋風建築の導入にあたっても，お雇い外国人の功績は大きい。造幣寮や銀座煉瓦街を手掛けたT.ウォートルス（Thomas James Waters），新橋と横浜の停車場を設計したR.ブリジェンス（Richard Perkins Bridgens），各地に洋式灯台を建設したR.ブラントン（Richard Henry Brunton）などがよく知られている。彼らは建築物の設計監督から，煉瓦の焼き方，さらには蒸気機関の設置やメンテナンスまで，幅広い仕事をこなしていた。

お雇い外国人による洋風建築の造営は，大工による擬洋風建築と並ぶ，日本への洋風建築の導入経路の一つとされるが，お雇い外国人と呼ばれた幕末明治の外国人技術者自身も，ヨーロッパが世界中へ進出した19世紀の技術拡大の産物でもあった。

参考文献
藤森照信『日本の近代建築（上）』岩波書店，1993.
清水重敦『擬洋風建築』至文堂，2003.
堀勇良『外国人建築家の系譜』至文堂，2003.

［水田 丞］

建築教育

明治 10 年（1877），工部大学校造家学科の専任教授として，英国人 J. コンドル（Josiah Conder）が着任した。当時 24 歳，英国における建築家の登竜門と位置付けられているソーン賞を受賞したばかりの俊英である。

工部大学校とは，明治の文明開化施策を一手に担った工部省が，明治 6 年に開設した近代工学の教育機関である。それまで外国人に頼ってきた西洋テクノロジーの受容を自前で調達すべく，土木，機械，造家，電信，化学，冶金，鉱山の工学 7 科が開設された。このうち造家学科こそ，日本における西洋建築教育の起点に他ならない。

コンドルは，上野博物館や鹿鳴館といった明治政府が発注する設計の依頼に応えながら，学生を精力的に教育していく。とはいえ，まわりには西洋建築の実物がない時代だから，自分が進めている施工現場に連れ出すことで実務能力の養成をはかった。やがて明治 12 年，造家学科は第 1 期の卒業生を送り出す。辰野金吾，曾禰達蔵，片山東熊，佐立七次郎の 4 人である。名実ともに彼らを出発点に，日本の近代建築は自立の途を歩みだす。

明治政府は工部大学校卒業生のうち，優等生を欧米に留学させ，彼らの帰国を待って順次外国人教師と置き換える方針をとった。造家学科 1 期生からは主席の辰野金吾がその任に赴く。辰野はイギリスへ留学し，明治 16 年に帰朝するやコンドルの契約満了を待って教授となり，以後アカデミーに君臨した。

彼ら，明治の建築家最大のミッションは，西洋建築の習得であった。技術的にも，社会的にも西洋建築の基盤をもたない日本において，西洋建築習得のための教育とはいかなるものであったか。

まずコンドルの時代，造家学科の講義は大きく構築（structure）と造家（architecture）にわかれていた。このうち構築は材料，構法別の設計演習にウェイトがおかれ，造家は，歴史と家屋構造からなった。すべて，実務としての設計施工に関わるものであり，まずはコンドル自身が身に着けた実践的知識を伝授したのである。

明治 19 年，帝国大学令の公布により工部大学校は帝国大学工科大学となり，学科課程が改訂される。造家学科もコンドル時代とは比較にならないほど整備された。主導したのは辰野金吾である。内容は主なもので歴史，製図及意匠，家屋配置（設計計画），衛生，構造，材料，仕様及計算に及び，この時期に建築学の最初の大枠が定まった。

ところが，そんなイギリス流の建築学の体系に大きく楔を打ち込んだ人物がいた。佐野利器である。わが国の

今日の建築学は，ある意味，構造学の展開で方向付けられている感があるが，それを基礎付けたのが辰野を継いだ佐野であった。彼は，日本の建築は主として科学を基本とする技術と位置付け，装飾や意匠は直接的な課題ではないとした。背景には地震をはじめとしたわが国の災害の歴史があり，これを克服する構造技術を主とする思想があった。大正から昭和にかけては佐野および後任の内田祥三の主導のもと，建築学は建築史，建築構造，建築材料，建築計画といった専門分野に分化し，その後も都市計画を加えるなど，社会の変化や技術の進化に対応しながら領域は拡大していく。しかし一応，この昭和のはじめをもって今日にみられる建築学は体系化されたとみてよい。

さて，ここまでは後に東京大学工学部建築学科へといたるカリキュラムの変遷を追ってきた。ここで，他大学の学制をみておこう。まず，高等工業学校の関連でいえば東京高等工業学校（後の東京工業大学）が明治 35 年（授業開始は 40 年），名古屋高等工業学校（後の名古屋工業大学）が明治 38 年に建築科を開設した。また私学では，早稲田大学が早く明治 42 年に建築学科を開設している。東京以外の帝国大学はかなり遅れ，京都帝国大学（後の京都大学）に建築学科が設置されたのは大正 9 年（1920）である。このほか，中堅技術者の養成機関として注目されるのが工手学校（後の工学院大学）で，現場の実践的な技術者の育成を目指し，明治 20 年に開設された。

ただし断っておけば，建築生産全体でいえば，大正時代頃までは木造が大半を占め，たとえ洋風建築でも設計図書さえ理解できれば伝統技術をもって施工は可能であった。ところが大正時代以降は鉄骨造や鉄筋コンクリート造の建築が建てられ始め，大正 12 年の関東大震災を契機に耐震，耐火構造がいわれ始まるようになった。加えて第一次世界大戦後は建築の需要が急増し，建築教育を受けた建築家の養成が急務とされた。この動きが地方における建築科開設の呼び声となり，これが今日の建築教育へと接続していくのである。

J. コンドル

J. コンドル（Josiah Conder, 1852−1920）はイギリス，ロンドン出身の建築家である。お雇い外国人として来日し，工部大学校造家学科（後の東京大学工学部建築学科）の初代専任教授として，辰野金吾ら創成期の日本人建築家を育成し，明治以後の日本建築界の基礎を築いた。日本建築界の恩人である。また，上野博物館（明治 15 年（1882））や鹿鳴館（1883）といった明治政府関連の建物の設計を手掛けた。後に民間で建築設計事務所を開設し，財界関係者らの邸宅を数多く設計した。現存する作

品に岩崎久彌茅町本邸（大正2年（1913）），綱町三井倶楽部（1913），諸戸清六邸（1913），古川虎之助邸（1917）などがある。また，三菱の顧問として，日本最初のオフィスビルである三菱一号館（1894）なども手掛けた。日本人女性を妻とし，河鍋暁斎に師事して日本画を学び，日本舞踊，華道といった日本文化にも親しみ，日本で没した。

工部大学校

　工部大学校は，明治時代初期に工部省が管轄した教育機関で，現在の東京大学工学部の前身の一つである。土木，機械，造家（後に建築），電信，化学，冶金，鉱山，造船（2年遅れて開科）の各科をもつ。工作局長の大鳥圭介が初代校長を兼任し，初代都検（教頭，実質的な校長）はイギリス人H. ダイアー（Henry Dyer）が務めた。イギリスはじめ海外から教師が招かれ，多くの授業は英語で行われた。明治政府は工部大学校卒業生のうち，優等生を欧米に留学させ，彼らの帰国を待って順次お雇い外国人の教師や技師と置き換える方針をとった。造家学科1期生からは主席の辰野金吾がその任に赴き，英国へ留学後，初代専任教授であったコンドルの契約満了を待って教授となった。以降，辰野を主軸に，初期はアメリカで建築学を修めた小島憲之の援助を得ながら，後は中村達太郎，塚本靖ら工部大学校卒業生を教授として学科の体制を構築した。

工部大学校講堂
[国立国会図書館デジタルコレクション]

留　学

　初期の日本人建築家のなかには，欧米に留学して西洋建築を学んだ人々も少なくない。フランスの中央技芸学校に留学した山口半六は，帰朝後，文部省に入って高等教育機関確立期の国立学校を手掛けた。妻木頼黄（よりなか）は工部大学校に入学しコンドルに学ぶが，中途退学しアメリカのコーネル大学で学士号を取得した。帰国後は臨時建築局や大蔵省で港湾，税関，煙草・塩専売などの施設建設に当たった。辰野がアカデミーのヘゲモニーを握り，片山東熊が宮廷建築を一手に担ったと同様，妻木は官界の建築を牛耳った。逆にいえば，辰野に睨まれれば就職先の斡旋もないような明治の建築界で，国内アカデミーの外にいた留学組は，妻木の庇護がなければ活躍の場が限られた。その最たる人の一人が下田菊太郎で，アメリカで学び上海でも活躍する国際的建築家であったが，国内基盤に弱く，公の世界では黙殺された感がある。

技術者教育

　明治政府の富国強兵政策のもと，工部大学校をはじめ，近代産業を進める指導者を育成する高等教育機関は整備されつつあったが，実際の現場と指導者の間をつなぐ，指導者の配下となるような中堅の技術者の不足が深刻だった。これを受け，現場を支える中堅技術者の育成を目的に，明治20年（1887）に設立されたのが工手学校（後の工学院大学）である。帝国大学初代総長渡辺洪基を中心とする有志が設立を支え，日本で最も古い私立の工業実業学校として誕生した。工部大学校を卒業したエリート建築家を講師に陣容を構え，自らの手足となる技術者を自らが養成したのである。その他，工手学校以外の動きとしては，明治27年に創設された東京工業学校（後の東京工業大学）付設の工業教員養成所木工科は，この後地方に続々と設置される工業学校の建築科教員を養成し，建築の専門教育機関としての先鞭をつけた。

講義録

　いまも昔も建築を学ぶ学生や実務者は，大学の講義などをもとにした講義録や，これをベースとした教科書を学習の規範とせざるをえない。日本におけるこうした講義録は中村達太郎の『建築学階梯』（1888-90），瀧大吉『建築学講義録』（1896）を嚆矢とするが，瀧の講義録が煉瓦職，石工職，大工職といった目次立てにみられるように，職種ごとの実務を主眼とした教科書だったのは，この時代の建築教育のありようを示している。しかし，瀧に師事した三橋四郎の『和洋改良大建築学』（1904-08）は建築史，意匠，製図，積算から，壁，壁面の構造，屋外構造など部位別に構造を述べるなど，まがりなりにも今日の建築学の大系に連なる構成をとる。わが国の個人による建築書として空前絶後の大著で，はじめて個人のなかに建築学全体が体現された。曾禰達蔵をして「一大建築百科全書にして亦明治年間の大著述」といわしめた所以である。

参考文献

日本建築学会編『建築教育』（『近代日本建築学発達史11編』）日本建築学会，1972.

大江宏，川口衞，内田祥哉，尾島俊雄，林昌二，西澤文隆，槇文彦，相田武文，石山修武，太田邦夫，藤森照信，布野修司，西和夫著『建築概論』（『新建築学大系1』）彰国社，1987.

[田中 禎彦]

建築意匠の展開

　19 世紀の欧米では，建築の意匠は歴史様式の選択と折衷によって設計されていた。日本で最初に西洋建築を体系的に移植した工部大学校・帝国大学造家学科の教育においても折衷主義を前提としていた。明治前期，日本人建築家の様式的教養の中核は英国建築であり，様式選択と折衷の基軸となった。なかでもパラディアニズムを継承した古典主義，および折衷性の強いクィーン・アン様式が中心となる。前者については，「銀行集会所」（明治 18 年（1885），辰野金吾），「滋賀県庁舎」（明治 21，小原益知）が早い作例である。後者については辰野金吾が明治 15 年の段階で高い評価を示し，明治 30 年代後半からは徹底してこれを用い続ける。

　英国建築の影響力が大きかった理由は，工部大学校教授が J. コンドル（Josiah Conder），辰野金吾という英国建築を学んだ人物であったことがなによりだが，加えて細部装飾の手引き書が充実し，"Building News" をはじめとする建築ジャーナリズムがいち早く発達していたことによる。

　英国以外の地域に由来する様式としては，ボザールを発信源とするフランス古典主義の系譜とベックマン留学生によるドイツ・バロック様式が挙げられる。前者はマンサード屋根，あるいは角形ドームという特徴的な細部が広まり，フランス留学帰りの山口半六，あるいは片山東熊率いる宮内省営繕によって導入が進む。後者は妻木頼黄・河合浩蔵ら有力な建築家の作品に現れるが，影響は限定的である。米国建築の影響は，明治 30 年代に入ってのタイル，テラコッタなど材料面での反映を除くと，木造建築でのスティック・スタイル，そして住宅建築でのクィーン・アン様式の波及が主たるものである。

　明治 30 年代後半になると，世紀末造形の情報の伝播，アーツ・アンド・クラフツ運動の紹介によって，歴史様式への疑問が胚胎する。歴史様式から脱却する経路として，世紀末造形を採用するほかに東洋的な意匠を取り入れる試みが数多く現れる。在来の日本建築の造形を西洋建築と折衷しうる要素と見なす発想は明治 20 年代はじめにコンドルや H. エンデ（Hermann Ende），W. ベックマン（Wilhelm Böckmann）ら外国人建築家の作品に現れ，同 20 年代後半以降，「奈良県庁舎」（明治 28 年（1895），長野宇平治）を先駆けとして日本人建築家による作例が生まれる。その時点では異端的な試作品と受け取られたが，明治 40 年前後からは，上述の歴史様式への懐疑に加え，日露戦争勝利による日本独自の文化への期待が醸成されたことにより，「日本趣味」が注目される

こととなる。

　明治 40 年（1907）秋，議院建築（国会議事堂）の新築という計画が浮上したことから，この設計を通して日本人による新様式を創出すべきであるという機運が起きる。そこでの創作理論たるべく伊東忠太は「建築進化論」——すなわち材料の変化で様式は変わるが，旧来の造形は継承されるという理論を唱えた。また辰野金吾をはじめとする指導的建築家は設計競技によって案を選ぶことを主張し，これを受けて明治 43 年には建築学会で討論会「我国将来の建築様式を如何にすべき乎」が開催された。議院建築新築は延期となったが，「日本趣味建築」への注目は大正初年まで継続し，これをテーマとした「日清生命」「明治神宮宝物殿」のコンペは多くの応募者を集めた。

　日本における建築関係の雑誌メディアは，工部大学校造家学科出身者が多く寄稿した工学会機関誌の「工学叢誌」（明治 14 年（1881）創刊，同 17 年から「工学会誌」）が早いが，明治 19 年 1 月に造家学会機関誌「建築雑誌」が創刊されて，以後，長く建築界の支配的メディアとなる。さらに商業誌として「建築世界」（明治 40 年創刊）と「建築画報」（明治 43 年創刊）が刊行される。多くの言説と作品がこれらの建築ジャーナリズムを通して発信され，それによって大きな影響力を獲得することとなる。

　「日本趣味」建築への関心は大正初期まででいったん収束し，昭和 5 年（1930）以降，ふたたび大きなテーマに浮上し，「東京帝室博物館」（昭和 8 年，渡邊仁）など和風の屋根を冠した作品を生む。その背景には，F. L. ライト（Frank Lloyd Wright）の帝国ホテルへの対抗意識，風致概念の成立，さらには左翼思想に対抗する国粋思想の浮上などの存在が考えられる。一方，歴史様式の規範力は大正期を通じて弱まり，細部装飾の変形と省略が進行した。しかし大正昭和の交からアメリカン・ボザールの影響（あるいはそれへの対抗心）によって，「綿業会館」（昭和 6 年，渡辺節），「明治生命館」（昭和 9 年，岡田信一郎）など歴史様式を駆使する作品が出現する。

折衷主義

　19 世紀の西洋建築においては，過去の様式を選択し，あるいは組み合わせ，また変形することで最適と考える意匠を案出した。そのなかでも，時代や地域，系統をまったく異にする様式を混合する手法を折衷主義（eclecticism）と呼んだ。例えばクィーン・アン様式では，外壁面はゴシック様式の手法に沿って赤煉瓦を露出し，バットレスで分節して垂直性を強調する一方で，開口部の形式はルネサンス様式に基づく。18 世紀まではその時代に固有の様式が自然発生的に成立したが，19 世紀前半においては過去の様式の復古が進行し，古典主

義とゴシック様式を二極として様々な様式が等価に受容されることとなった。19世紀後半に至って，世紀固有の様式の「発明」が求められ，さらに「独創性」の価値が強調されたことが，折衷主義という操作的な設計手法を一般化した。

辰野金吾（1854−1919）

明治12年（1879）に工部大学校造家学科を第1期生として卒業し，英国に留学。明治18年に帰国後，J. コンドルを継いで工部大学校教授・帝国大学教授となり，建築教育を主導する。長く建築学会会長の職にあり，さらに官庁営繕，施工業に対しても影響力を発揮して，日本の建築の近代化に大きな業績を残した。明治36年（1903）に退官したのちは建築設計業を自営し，東京に辰野葛西建築事務所，大阪に辰野片岡建築事務所を開設する。明治30年代前半までの作風は古典主義に則ったが，以後は折衷的なクィーン・アン様式を好んで採用した。赤煉瓦に白石でアクセントをつける手法はのちに「辰野式」と称される。

日本趣味建築

明治43年（1910）の討論会「我国将来の建築様式を如何にすべき乎」で関野貞が日本人の美的嗜好を「日本趣味」と表現し，以後，定着する。なおこの時期，「国風」も同様の意味で用いられた。明治大正の交に洋風建築の意匠構成に日本建築の要素を加味した建築が次々と出現すると，そうした作例を「日本趣味（の）建築」と呼ぶようになる（初出は大正6年（1917）の野田俊彦「所謂日本趣味を難ず」か）。昭和5年（1930）の日本生命館コンペ以降，様式規定で「日本趣味を基調とすること」という表現が多用される。こうした意匠は「帝冠様式」と呼ばれることも多いが，戦前期は「帝冠式」として揶揄的ニュアンスで使用されたにすぎず，昭和30年代に「帝冠様式」として否定的な響きを残して定着したもの。

設計競技

公的な設計競技は明治22年（1889）に造家学会主催で「宮城正門内鉄橋際ノ櫓台上ニ設置セラルヘキ巨大ナル銅器」の図案を募集したのが最初。同41年に至って初めての本格的な設計競技として台湾総督府庁舎のコンペが実施されたが，1等を選出せず，紛糾する。明治45年の大阪市庁舎のコンペ以降，実施に移されることが多くなる。戦前のコンペは原案の著作権が保障されず，別の設計者によって改変されることが常態であった。新しい建築のあり方を提案する機会としてのコンペとしては

「社殿と調和」することを求められた明治神宮宝物殿（大正4（1915））が早く，東京帝室博物館（昭和5（1930））では折衷主義とモダニズムの対立を惹起した。

建築学会

明治19年（1886）4月に「造家学会」として発足し（明治30年に「建築学会」と改称，昭和22年（1947）に「日本建築学会」），機関誌「建築雑誌」を発行する。会則に「全国同業者の協力一致を図り」とあったように創立当初は実務家も糾合した業界団体としての性格を有していた。次第に選良が新情報を発信する機関となり，明治後半の「建築雑誌」の記事は建築思潮をリードしようとする評論と新築作品の紹介が主となる。大正後半からは学術団体として純化が進んで，「建築雑誌」は研究論文の比率が高まり，評論は影を潜める。会員は26名で発足したが，明治23年には500名を超え，明治末には約2,000名，昭和戦前期には15,000名に達した。

建築ジャーナリズム

商業的な建築雑誌としては1840年にパリで創刊された"Revue generale de l'architecture et des travaux publics"，1854年に英国で創刊された"The Building News"が早い。"RIBA Journal"，"Academy architecture"など著名な雑誌の多くは1890年前後の創刊になる。日本における非学会機関誌としては，同人雑誌であるが浪和会による『建築』（明治33年（1900）〜大正5年（1916））が先駆的で，「建築ト装飾」（明治44年（1911）〜大正2年（1913）），「建築工芸叢誌・画鑑」（明治45年（1912）〜大正5年（1916））も注目される。大正期を通じて「建築世界」が最大部数を誇ったが，昭和に入ると「国際建築」（大正14年（1925）創刊），「新建築」（大正14年（1925）創刊）がシェアを広げた。一方，住宅改良会の機関誌「住宅」（大正5年（1916）〜昭和18年（1943）），日本建築協会機関誌「建築と社会」（大正6年（1917）〜現在）はそれぞれに大きな影響力をもった。

参考文献

桐敷真次郎『明治の建築』日本経済新聞社，1966.
藤森照信『日本の近代建築（上，下）』岩波書店，1993.
川道麟太郎，橋寺知子，明治期の建築界における「日本趣味」の概念 Ⅰ・Ⅱ・Ⅲ，日本建築学会計画系論文報告集，432，444，450，1992−1993.
藤岡洋保，明治・大正期の日本の建築界における「日本的なもの」，日本建築学会大会学術講梗概集，1987.

［石田 潤一郎］

建築工学の進展

本項目では，わが国の建築工学について，その中心的課題となってきた耐震構造に焦点を当てみていく。その対象範囲は建築工学として耐震構造が扱われるきっかけとなった濃尾地震から第二次世界大戦までとする。

明治24年（1891），岐阜県南西部を震源とするわが国最大級の内陸直下型地震，濃尾地震が発生する。膨大な数の木造家屋が倒壊し，名古屋では建設されたばかりの煉瓦造の郵便局舎や紡績工場で大きな被害が生じた。わが国の建築物の大部分を占める木造建築の耐震性に目を向けなければならないこと，それまで欧米から直輸入してきた煉瓦造建築を耐震化する必要があることを強く認識させた。地震後，耐震構造に関する提案が活発になるとともに，明治政府によって震災予防調査会が組織され，地震学・建築工学の体系的な研究が行われていく。

木造建築については，在野の建築士であった伊藤為吉が木造家屋の構造的弱点として，過大な屋根重量，枘穴（はぞあな）などによる柱の断面欠損，仕口などの弱さを指摘し，特殊な金物を用いた耐震構造を提案している。また辰野金吾らは震災予防調査会委員として，明治27年（1895）に発生した庄内地震を調査した後，復興木造家屋の耐震構造として，土台を設置し基礎に固定，金物によって接合部を緊結，筋違を多用し軸部を固め，屋根重量を軽減することを挙げた。

一方で，地震被害により煉瓦造建築に対する世間の不信感が募るなか，伊東忠太はその被害が低い目地強度や不十分な壁厚によって生じたことを指摘し，滝大吉は目地に従来の石灰モルタルに代わりセメントモルタルを用いることや，壁高さに応じた壁厚とすること，小屋梁・床梁に筋違を入れて水平面を固めることなどを提案している。地震後に進められた煉瓦造建築の耐震化には，上述の内容に加え，煉瓦壁の中に帯鉄と丸鉄棒を入れる碇聯鉄構法（ていれんてつ）がみられる。これは横浜正金銀行など，妻木頼黄（なか）設計の建物によく使われたため妻木式とも呼ばれる。さらに金森式鉄筋煉瓦に代表される鉄筋を通すための穴あき煉瓦を用いた鉄筋煉瓦造も提案されていく。

同じ時期，西欧からの新しい技術として**鉄骨煉瓦造**や**鉄筋コンクリート造**が紹介され，実践されていく傍ら，耐震構造としての期待も寄せられていく。

これらの耐震構造は大正4年（1915）に発表された佐野利器（としかた）の『家屋耐震構造論』に集約され，大正8年公布の市街地建築物法へと結実する。ここに濃尾地震以来提案されてきた木造・煉瓦造の耐震構造の方針が規定されるとともに，鉄骨造のリベットの使用や柱脚の固定，鉄筋コンクリート造の柱の配筋や鉄筋の定着などに関する規定が示された。しかしこの時点で数値計算を用いた耐震設計に関する規定は含まれていなかった。

大正12年（1923），相模湾北部を震源とする関東大地震が発生し，地震後の火災も伴い甚大な被害が生じた。導入されて間もない鉄骨造や鉄筋コンクリート造に関しては，帳壁式の鉄骨造や壁の少ない鉄筋コンクリート造の高層建物で大きな被害がでた。一方で，内藤多仲が耐震設計を行った耐震壁付鉄骨鉄筋コンクリート造の日本興行銀行ビルディングなどでは被害がなかったため，耐震設計に基づく耐震壁設置の有効性が確認された。

大正13年改正の市街地建築物法では，耐震設計に用いる地震力として佐野が提案した震度が採用されるとともに，木造における筋違設置の強化，鉄骨造・鉄筋コンクリート造における耐震壁などの設置などが盛り込まれ，剛構造とする耐震化の方針が固まる。一方で煉瓦造には耐震上の配慮から厳しい高さ制限などが加わり，これ以降ほぼ建設されなくなる。

昭和5年（1930）の北伊豆地震では土台が基礎より滑った建物や学校の講堂のように壁の少ない建物で被害を免れた事例が報告され，地震前より交わされていた**柔剛論争**を白熱させた。この論争により剛構造一辺倒の既定路線に一石が投じられたものの，昭和9年の室戸台風における木造小学校の被害などを経て，剛構造の方針はさらに固まっていく。この頃より田邊平学らによる木造建物の壁の強度試験が行われ，また昭和17年の鳥取地震では棚橋諒らの調査によって残存木造建物の耐力が壁強度などに基づき評価されており，戦後導入される木造建築の壁量計算が準備されていく。

以上概観した通り，この時期，地震の度に新しい建築技術が耐震的に見直され，地震国であるわが国の環境に適した構造へと開発されてきた。地震なくしてわが国の建築工学の急速な進展はなかったといえる。

震災予防調査会

濃尾地震をきっかけに地震予知や建造物の耐震化などを目的に文部省下に設立された調査機関である。その活動内容は地震時の現地調査，地震史の編纂，地質調査などのほか，建築関係について，構造材料の試験，耐震構造の模型実験および普及，構造物の被害調査などからなる。地震，土木，建築の各分野の委員からなり，設立当初は建築分野から辰野金吾が委員となり，その後，曽禰達蔵，佐野利器らが加わる。煉瓦造や木造の耐震家屋を建設し，地震観測を行ったり，庄内地震後の耐震構造の提案においては町家・農家・小学校の雛形模型を作成し，振動実験を行っている。

鉄骨煉瓦造

鉄骨煉瓦造とは鉄骨造架構の柱を煉瓦造の壁の中に埋め込んだ，鉄骨造・煉瓦造の合成構造で，煉瓦壁などを耐火被覆や帳壁として用いた鉄骨造と区別している。鉄骨自体は明治初期から灯台や橋に用いられ，明治20年代には，鋼材をよく用いる造船などの技術者が携わり，海軍関係の施設や工場などにも用いられる。建築家が携わった本格的な鉄骨煉瓦造建築としては，明治35年（1902）竣工の横河民輔設計の三井銀行本店を嚆矢とする。横河は明治36年から東京帝国大学で鉄骨構造学の講座も担当している。鉄骨煉瓦造は大正に入っても建てられ，大正3年（1914）竣工の東京中央停車場は代表例の一つである。一方で，帳壁式鉄骨造については，明治43年竣工の佐野利器設計の日本橋丸善があり，大正に入ってからアメリカ式の事務所ビルに用いられる。関東大震災後は鉄骨煉瓦造に代わり，耐震性が高く評価された鉄骨鉄筋コンクリート造が用いられるようになる。

鉄筋コンクリート造

鉄筋コンクリート造は明治20年代からわが国で紹介され，明治30年代より田辺朔郎や真島健三郎といった土木技術者により橋や倉庫に用いられ始める。この頃から構造計算法に関する研究や大学での講義も開始され，明治44年（1911）には本格的な鉄筋コンクリート造建築となる遠藤於菟設計の三井物産横浜支店一号館が完成する。当時はアンネビック式やカーン式といった異型鉄筋の特許工法を材料と設計をセットで輸入することが多かった。

関東大地震ではその耐震性が高く評価された。内藤多仲や武藤清らの尽力により解析法や計算図表も整備され，昭和初期には標準仕様書や構造計算基準が発表され，その設計法が確立していく。一方で異型鉄筋は使用した一部の建物で被害が生じ，地震後使われなくなる。

また大正時代，鉄筋コンクリート造の長所をより安価に提供するため，通称「鎮ブロック」に代表される鉄筋ブロック造も提案されている。

佐野利器 （1880－1956）

佐野利器は明治33年（1900），東京帝国大学建築学科に入学，当時まだ工学的に耐震構造が議論されていないことを嘆き，応用力学・地震学を建築と結びつけようと研究し，『家屋耐震構造論』をまとめる。経験的知見に基づく耐震構造を止め，地震動を静的な力に置き換える震度を考案し，これに基づき地震時に各部材の応力が強度以内に納まるよう設計し，経済的な耐震構造を実現することを提案し，わが国の耐震設計の基礎を築いた。

また，1906年のサンフランシスコ地震の被害調査で鉄筋コンクリート造の耐震性を確認，帰国後，耐震構造として鉄筋コンクリート造を普及させていく。

東京帝国大学では工学的な建築教育を開始し，内藤多仲や武藤清といった後進の育成に務めたるとともに，市街地建築物法の策定や関東大地震後の復興にも携わるなど，建築行政においても幅広く活躍している。

柔剛論争

関東大地震以降，震度を基に建築物を剛構造に設計するべきと主張した東京帝国大学の佐野利器らと，柔構造とするべきと主張した海軍技師の真島健三郎の論争である。真島はモード解析法で動的な地震応答を求める方法を示し，剛性・耐力の高い耐震壁付き鉄筋コンクリート造よりも長周期で変形能力の高い鉄骨造とし，地震力を軽減することを提案した。これに対し佐野らは地震動の周期が長くなり柔構造に不利な場合などをあげ反論した。

地震動の記録も乏しいこともあり，議論は平行線となったが，昭和10年に棚橋諒が剛構造・柔構造の考えをエネルギーという観点から捉え，耐震構造には耐力と変形能力の積からなるポテンシャルエネルギーが必要という考えを唱えた。

当時は高さ制限によって比較的短周期の建物が多かったことや，動的解析が一般的でなかったことから剛構造の考えで進むが，戦後，柔構造は超高層建物や免震構造として実現する。

伝統的木造建築に対する視点

地震の度に被害を受ける木造家屋の耐震性の低さが指摘される一方，地震で残った伝統的木造建築にも目が向けられた。例えば，濃尾地震後，J.コンドル（Josiah Conder）は小屋組に関しては貫で一体化された和小屋が桁行に繋ぎのない洋小屋より優れていると指摘した。大正10年（1921），大森房吉は古来より地震被害の少ない五重塔について，振動観測を行い周期が長いことなどを報告した。昭和初期，真島健三郎は礎石建の柱のロッキング振動の周期特性に着目し，社寺建築を優れた柔構造と評しており，岡隆一は鉄筋コンクリートの独立柱を用いた免震装置を提案し，その開発が五重塔の耐震性の研究より生じたと述べている。また昭和10年代には，壁画保存を巡り法隆寺金堂の耐震性を確認することとなり，坂静雄が柱や土壁の模型実験を行い，それらで構成される架構の地震応答を評価した。伝統的木造建築が当時の最新研究や技術開発を刺激していたとことが分かる。

参考文献

日本建築学会編「構造学発達史」（『近代日本建築学発達史1編1章』）日本建築学会，1972.
堀勇良，「日本における鉄筋コンクリート建築成立過程の構造技術史的研究」（博士論文）1982. ［西川 英佑］

設計・施工と職能

幕末・明治維新を機に西洋という異文化と接した日本は、その摂取を急ぐ。とはいえ取り入れ方には例えば、外国人を雇って直接的に西洋の姿をまとった文物をつくらせる形をとる場合もあれば、教育という間接的な形をとることもあった。

そうしたお雇い外国人（⇨初期洋風建築）も、当初は教育的背景を踏まえると適任とは思えない人物も少なくなかった。しかし、そんな時期はほどなく過ぎて、次第に正規の教育を受けた人物が訪れるようになる。

その建築での例が、明治10年（1877）に来日したJ. コンドル（Joshia Conder）（⇨建築教育）である。ただしコンドルは、教育者としては十分にお雇いの役目を果たしたが、実務経験の乏しいまま来日したことや、おそらくは本人の趣向もあって、設計の点では必ずしも政府の満足を得たわけではなかった。

この点で満足を得たのが、H. エンデ（Hermann Gustav Louis Ende）とW. ベックマン（Wilhelm Böckmann）であった。当時ドイツでも経験豊かな実務家として知られた彼らは、日本でも、案に留まった官庁集中計画（明治19年（1886））や実現された法務省庁舎（明治28年（1895））をまとめるなど華々しく活躍した。

それに加えて彼らの功績は、教育の面にも現れた。当時の日本に欠いた、西洋建築実現の上で不可欠な現場技術者ないし技能者の養成のため、彼らが費用を援助したベックマン貸費留学生と呼ばれる者を含む、21人をドイツに留学させたのである。

こうして養成された者が種となり、次第に名実ともに日本人の手による西洋建築が、日本に実現されていくことになるのだが、その過程で、建築家を中心に、それまでにはなかった意識が芽生えていく。

その一つに、すべてが未分化だった建築行為の中に、設計という行為があることを認識したことがある。設計と施工は異なる行為であり、それぞれを西洋では別な人格や組織が担うことを知る。また、設計をもっぱら行う設計事務所に所属する建築家の社会的な地位は高いという情報も伝わる。その結果、自前で西洋建築が実現できるようになった建築家は、芽生えた自負心も加わり醸成された職能意識によって、社会的な地位についても西洋を追い求めるようになる。

その実現の方策として、この頃イギリスはじめいくつかの国が定めつつあった建築家法に目をつけ、これを日本にも定めるべく、専業で設計に取り組む建築家の団体として日本建築士会をつくり、大正半ばには、建築士法案の作成に着手した。つまり社会的な地位を法律によって得ることを試みたのである。

しかし、具体的にはそれは、設計事務所に所属する設計者のみを建築士と呼び、その建築士が設計業務を独占する、というものだった。そのため、大正末に建築界に諮るや、この法律ができると排除されることになる設計組織を内にもつ請負業から猛反発を受け、また設計・施工はじめ多様な立場の集まる建築学会からも反対に遭う。その結果、ほどなく条文から後者を除き、前者、すなわち建築士という称号の保護のみを謳うものへと変えた。

そこに、建築士の設計による建築美の向上が社会に寄与するとの主張を加えて法案を帝国議会に上げるが、関東大震災（⇨災害と復興）からの復興に向けて建設を急ぎ、量を欲する行政にも建築士法案はかえって問題の多い法案と見られることになり、成就することはなかった。

その行政が、昭和10年（1935）を過ぎた頃より、かつては一顧だにしなかった建築士法に目を向け始める。

そこにはまず、戦争に向けて次第に増える行政事務の省力化と、建築技術者に資格を与えることで可能となる技術者の取り締まりがあった。そこに、都市への人口集中によって庶民の住環境の劣悪化が進み、その改善が叫ばれ出したことが加わる。この住宅問題が、日本の建築全体の質をいかにして確保するかという視点を生み、さらに、法案を連合軍総司令部に諮る必要のあった戦後の占領下に、その理解と後押しを得て、昭和25年（1950）、建築士法は誕生した。

しかしこの法律は、専業で設計に当たる建築家のみならず、幅広く建築の技術者全体を対象とした。そのため戦前の建築士法案を推した建築家達の満足を得ることはなく、その結果、建築家の職能法への希求は現在にまで続く。

一方、戦後の建設業の成長もあって、日本の建築設計は、大規模・特殊用途については設計事務所と建設会社設計部が、小規模については設計事務所と工務店、そして戦後の住宅難の中で勃興する住宅メーカーがせめぎあうことになる。

ところで施工を担う建設業にも、戦時下に技術者の質が求められるようになり、戦後の建設業法の立法に結びついていく。こうして設計と施工という建築の二大業務の技術者が法的に位置付けられたのだが、建築士法の建築技術者全体という視点は、これによってかえって見えにくくなり、法体系としては統一感を欠いたまま今日に至っている。

ベックマン貸費留学生

官庁集中計画のため明治政府が臨時建築局顧問として

招聘したドイツ人建築家 H. エンデと W. ベックマンは，本格的な西洋建築の日本での実現に向け，明治 19 年（1886）11 月，教育のためドイツに建築家と職工を送り込んだ。

すなわち，建築家は妻木頼黄（よりなか）・渡邊譲・河合浩蔵の 3 人，職工は政府派遣となった志村今治郎・佐々木林蔵・鎗田作造・斉藤専助・吉沢銀次郎・市川亀吉・篠崎源治郎・村上治郎吉の 8 人と，エンデとベックマンの援助で派遣となった山本（後に宇野澤）辰雄・山田信介・加瀬正太郎・斉藤新平の東京職工学校から選抜された 4 人，そして浅野セメントから浅野喜三郎・坂内冬蔵，深谷煉瓦から大高庄衛門，美術家の内藤陽三，建具職の清水米吉の計 21 人である。このうちエンデとベックマンの援助による 4 人を特にベックマン貸費留学生と呼ぶ。

設計事務所

建築の設計・監理を主な業務とする組織のこと。

日本の設計事務所は，明治 19 年（1886）に日本人建築家の泰斗・辰野金吾（⇨建築意匠の展開）（明治 12 年工部大学校卒）が工部大学校（⇨建築教育）教授から帝国大学教授になるまでの数ヵ月間立ち上げた辰野建築事務所が最初と目される。翌 20 年には瀧大吉（明治 16 年同大卒）が明治工業会社を，23 年には土木建築工事鑑定所を開くなど自営の道を模索したが，ほどなく陸軍に勤めている。長く続くものでは，横河民輔（明治 23 年帝国大学卒）が開いた横河工務所（明治 36 年（1903））があるが，これは直営で工事も手掛けたため，純粋な設計事務所と見るには難がある。

本格的な日本最初の設計事務所としては，辰野が葛西萬司と開いた辰野葛西建築事務所（明治 36 年（1903））をあげるべきだろう。ほどなく，曾禰達蔵（明治 12 年工部大学校卒）が中條精一郎と組んだ曾禰中條建築事務所（明治 41 年（1908））も開かれ，その後の日本の設計事務所のあり方が示されていく。

請負業

建築や土木などの工事請負を業とするいわゆるゼネコン（general contractor）のこと。当事者の一方がある仕事を完成させることを約し，相手がその結果に対して報酬を与えることを約することを意味する請負は，本来は一般的な商行為だが，実質的には単に請負といえば建築・土木に関する工事の請負を意味するものとして使われている。

近代に成立する日本の建築・土木に関する請負業は，明治に入って企業家がつくった会社もある一方で，大工棟梁を出自とするものも多い。それゆえ専門業者を束ね，工事全体を統括できるゼネコンの能力の高さに，工期・品質・価格など様々な面で日本の建築が恩恵を受け

た部分もある。しかし，そのあり方は西洋世界の姿とは異なり，このことが日本の建設業界のグローバル化を遅らせた原因とされることもある。

建築士法案

日本建築士会が大正 6 年（1917）に草案作成に着手して，大正 14 年（1925）に帝国議会に上程した建築家の社会的地位の向上を目指した法案のこと。

建築士の称号独占ばかりでなく，請負業や材料商に所属する設計者には設計をさせないという，設計業務の独占を謳った点が特徴である。明治 18 年（1884）に創設された日本の建築学会は，英米の建築家協会を雛形につくられたが，次第に学術団体の性格を強めていく。その傍らで，西洋建築の実現に自信を持ち始めた建築家達は，自負と存在感を示す必要の間で板挟みとなって，建築家の団体創設の必要に迫られ日本建築士会をつくる。この団体を足掛かりとして，西洋の建築家の姿を目指してこうした法案を構想した。しかし，法案は，ほどなく請負業の反対に遭い，行政にも，また学界にも理解されず，この後，設計業務の独占をあきらめ，称号の独占のみに改めた法案で昭和 15 年（1940）まで帝国議会に 12 度上程し続けるも，制定されることはなかった。なお，戦後，これとはまったく異なる形で，現在の建築士法が制定されている。

建設会社設計部

かつて請負業と呼ばれた業界は，第二次世界大戦後，イメージの悪さを払拭すべく建設業と呼び名を改めた。その建設業を営む建設会社はしばしば大工に始まるが，大工が施工ばかりでなく設計も行っていることから分かるように，たいてい施工のみならず設計の能力を兼ね備えた。このため，組織の成長とともにそれが部門として成長した結果生まれてくるのが，建設会社設計部である。

設計やそれが現場でつつがなく遂行されることを確認する監理に絞って，それらを業務として行う設計事務所が設計組織として主流となる西洋と，そうではない日本との差異は，特にこの建設会社の設計部という存在に象徴的に現れている。

参考文献

日本建築学会編『近代日本建築学発達史』日本建築学会，1972.

田辺千代『日本のステンドグラス 宇野澤辰雄の世界』白揚社，2010.

速水清孝『建築家と建築士—法と住宅をめぐる百年—』東京大学出版会，2011.

清水重敦，河上真理『辰野金吾』ミネルヴァ書房，2015.

［速水 清孝］

標準設計の模索

　明治中期の時代的な特徴は本格的な洋風建築が出現し、数多く数量が必要な建物に関しては定型化、すなわち標準化の兆しが現れていたことが挙げられる。そのことが端的に現れたものは全国津々浦々に設置が義務づけられた小学校校舎であった。ここでは最も標準化が必要とされた建築類型である小学校を中心にその様相を検証する。

　標準化の背景には三つの要因があった。第一は教育の普及によって一斉の建設が必要になったことで、小学校は圧倒的に数が多く、建設する際に一定の基準が求められる。標準化の過程をみると、明治1桁代後半から明治10（1877）年代にかけて府県単位で学校建築に関する基準が決められていた。国家による最初の取り組みは明治24年（1891）に文部省が定めた「小学校設備準則」であった。その前年の明治23年（1890）には文部省に建築掛が設けられる。定型化をより推し進めたのが明治28年（1895）に文部省より刊行された『学校建築設計大要』であった。以降基本的には鉄筋コンクリート造が一般化するまでの昭和戦前期までの約40年間にわたってこの基準は持続されることになる。そのような意味でわれわれが知る明治中後期以降の学校建築の出発点である。

　第二は一斉の建設の背景には建替えの時期に該当したことで、明治20年代後半の時期に明治1桁代から明治10年代前半の時期に建設されていた小学校や府県庁舎、郡役所、警察署などの公共建築が建替えの時期を迎えていたことが関連する。建替え前の施設は擬洋風スタイルに代表されるような外観重視の建物が多かったが、使い勝手は悪く風雨に弱く、急速に廃れてしまう。

　第三は標準化を支えた建築家の誕生である。外国人建築家により西洋建築が移入され、その形に触発され大工棟梁による擬洋風建築の時代が明治10年代までだとすれば、明治20年代には高等教育を受けた日本人の建築技術者が活躍し始める。帝国大学工科大学をはじめ、工手学校などの卒業生を中心に、西洋建築を担える技術者層が急増していた。明治30年代以降は全国各府県に工業学校が設置され、建築科が設けられ技術者の裾野が広がる。それら建築技術者はトラス構造に端的にみられる西洋建築技術でもって、学校建築をつくりあげる。

　標準化の内容をみると、外観模写の擬洋風の時代とはうって変わり、採光や塵、湿気、騒音、風とおしなどが重視され、いわば教室が科学されて、空間がつくられた点に特徴があった。背景には欧米の衛生工学の急激な進展を受けて最新の科学こそがよるべき対象になっていたことが関連する。

構造的には木造で、壁には筋違、小屋組はトラス、基礎は煉瓦造となるなど洋風構造が用いられ、仕上げは下見板貼り、内部は漆喰塗となる。この背景には明治24年（1891）に起きた濃尾地震による被害を鑑みて、耐震的な構造にしなければならないという理由があった。また教室の大きさが定められ、プランの雛型も提案されていた。意匠については唐破風などのことさら和風を強調するものも多くなるが、構造は洋式が採用されていた。

　標準化の事例をみると、明治27年（1896）竣工の大分中学校は文部省の久留正道技師が設計したモデルスクールであり、『学校建築設計大要』のなかに模範事例として紹介される。そのプランの影響下に建設されたのが、明治35年（1902）竣工の大阪の船場小学校であり、鳥居菊助設計で煉瓦造であった。外観は異なるがプランは共通したものであり、標準化による成果といえる。この時期の小学校の遺構は擬洋風時代に比べればきわめて少なく、江川三郎八設計の岡山県の遷喬小学校や明治村に移築された大阪の千早赤阪小学校などに限られる。

　標準化の前段階にあたる明治22年（1889）の時点で、建築類型別の建築計画論がわが国で出現していた。米国帰りの建築家で建築事務所を自営していた下田菊太郎の言であり「建築にも種類ありて衛生に適するを以て主とするあり　品格を加ふるを以て主とするあり　或は専ら便利を得るを以て主とするあり　住家学校病院の如きは衛生を主とするものにして身体の健康を得るを以て目的となす」（『建築雑誌，第30号』）とある。ここでみてきた小学校については「衛生」という観点が重要な決め手であったことがわかる。

『学校建築設計大要』

　『学校建築設計大要』は文部省大臣官房会計課建築掛が「学校建築ノ模範ヲ示ス目的」で明治28年（1895）に刊行した冊子である。初代文部省技師・山口半六の後を引継いだ久留正道が著したと考えられている。これからの学校建築のあるべき姿が実例で示された点に特徴があり、そこでは小学校・中学校・師範学校の実施設計ならびに仮想設計の例が配置図や平面図、断面詳細図などで示される。また生徒数を応じた教室の大きさや机の配置、机ならびに椅子の寸法（高さ・幅・長さ）、天井高さなどが細かく定められていた。

　具体的な設計指針が示されたことで、全国の学校建築に与えた影響力は大きく、明治後期の学校建築の原型を形づくることとなる。文部省はそれ以前に「尋常師範学校設備準則」や「小学校設備準則」、「尋常中学校設備準則」を公布していたが、図面提示はなかった。『学校建築設計大要』は明治37年（1904）に出された詳細な仕様書が入った『学校建築設計要項』につながっていく。

五大監獄

　明治40年（1907）から明治41年にかけて全国5ヵ所（奈良・長崎・千葉・金沢・鹿児島）に一斉に竣工した監獄をいう。明治国家は負の施設・監獄を法治国家に相応しく，教育する施設として再編する。その一環で欧米の監獄にも見劣りしない建物が目指され，誕生した。

　設計は司法省の建築技師・山下啓次郎が担う。山下は設計にあたり欧米の刑務所を視察し，当時ヨーロッパでの主流パノプティコン式の平面計画を採用する。パノプティコン式とは一望監視ができる放射式平面であり，直接のモデルはベルギーのサンジール監獄であった。

　五大監獄のプランは微妙に異なるが，基本は同じで，構造や外観は共通する。煉瓦造で小屋組は様式トラスとなる。外観は煉瓦の表し仕上げで，屋根は桟瓦葺となり，正面中央と監視台上部の屋根上には小塔が付く。奈良監獄と千葉監獄以外は現存しない。金沢監獄の一部は明治村に移設されている。

奈良監獄

オフィスビル

　オフィスビルすなわち事務所建築とは大正後期から昭和戦前期に建設された中高層ビルディングを出発点とするイメージが強いが，わが国での最初の誕生は三菱によって明治中期に丸の内に建設された貸事務所の建築である。一丁ロンドンと呼称された三菱煉瓦街区には明治27年（1894）から明治45年（1912）までの間に計17の建物が建設された。いずれもが2〜3階建で地階付きの煉瓦造建物で，外観は共通して煉瓦を表しとし，屋根は天然スレートか瓦葺きとなる。注目されるのは建設にあたって「模範街」とすべく一定の規格が設けられていたことである。設計はJ.コンドル（Josiah Conder）と曾禰達蔵であり，軒高50尺で屋根が設けられた。明治45年建設の14号館以降は鉄筋コンクリート造となる。

　プランは棟割長屋の形式が多く，明治29（1896）年竣工の三号館のみが中廊下式の部屋割を採り，エレベーター設置が実施されるなど近代オフィスビルの先駆けをなした。多くは関東大震災にも耐えて，避難所になるほどに頑強に建設されたものであった。現在の丸の内パークビルは一号館を復元したものである。

病　院

　病院建築の成立は明治初期の医学校誕生と西南戦争傷病者の救護が深く関わる。本格的な大病院は明治23年（1890）の赤十字社病院を出発点として，のちに宮廷建築家として知られる片山東熊の設計であった。そこでは著名な看護師ナイチンゲールが唱えたパビリオン式のプランが採用され，モデルはハイデルベルク大学病院とされる。煉瓦造2階建の本館の背面に，木造平屋建のフィンガータイプの病棟が配置される。病棟の一部は明治村に移築されている。明治20年代には医学校附属病院の他に，衛戍病院や海軍病院など軍関係の病院の設置が相次いだ。またこの時期大阪や東京で市営伝染病院が設立される。一方で病院建築の設計手法が紹介される。工部省技手渡辺譲による「医院建築法」であり，「建築雑誌」の創刊号（明治20年（1887））に掲載された。ヨーロッパでの病院建築が取り上げられ，構造や衛生上の観点から細部内容が示される。それらを受けて明治30年代には全国各地で病院が建設されていく。

産業施設（工場建築）

　工場や市場，発電所などの産業施設は明治初期に欧米のシステムがわが国に移入され，成立する。それら産業施設のなかでも最も広範囲に成立した紡績工場を事例にみると，外国人が設計した設計図をもとに建設された明治10年代，高等建築教育を受けた日本人の建築家により設計された明治20年代後半から明治30年代，同様に日本人建築家による設計の明治40年以降によるものの3期に分けられる。1期は三軒家の大阪紡績の工場に代表されるように3〜4階の高層階のものもあった。2期は明治24年（1891）の濃尾地震の被害を鑑み，平屋建の建物になる。この時期は原動力に蒸気機関を使っていたために，工場に汽缶室とボイラー室が接続した配置となる。柱割は機械の大きさから決定される。鋸屋根による北面採光が用いられ，紡績工場の原形が生まれる。3期は動力が電気に変わり，プランニングの自由度が高まる。一方で室内環境工学の考え方も現われ，風道を使った換気が行われた。

参考文献

日本建築学会編『近代日本建築学発達史』日本建築学会，1972.
近江栄，明治期におけるビジネスセンターの誕生とその発展，日本建築学会論文報告集，57号・60号，1957・1958.
岡本鑒太郎，紡績工場の建築に就て，建築雑誌，269号，1909.
渡邊譲，医院建築法，建築雑誌，1号，1887.

［川島　智生］

文化財の成立と展開

　文化財の概念は，近代に新たに起こったものである。明治政府による神仏分離政策と廃仏毀釈の風潮，そして洋風化の流れの中での古建築の破却や維持放棄への反動がその直接の契機であるが，その一方で過去の事物に眼差しを向けること自体は前近代においても復古意識などの形をとって繰り返されてきた。日本近代における文化財概念は，こうした前近代における過去の事物への眼差しの向け方を継承しつつ，欧米諸国においても同時期に勃興した保存意識を受け入れて成立している。

　文化財への意識が最初に現れた法令が，明治4年（1871）の古器旧物保存方である。古器旧物を散逸や破壊から守ることを訴えたこの布告には建築が含まれていなかったが，その事務を扱った博物局が翌明治5年に実施した壬申宝物検査では調査対象に古建築を含むようになり，建築保存の意識が徐々に醸成されていった。明治8年には制限図の適用により式年造替の際に古形式が失われる可能性のあった古社の形式を保存する神社古制式保存の布告がなされた。これらの動きが統合されて，明治13年に古社寺に対象を限定してその組織維持と建造物修理の補助金を出す古社寺保存金制度が成立した。廃仏毀釈への素朴な反動に始まった建築保存であったが，欧米諸国における旧慣保存策を参考に，それが国民国家形成に有効な施策であることを明治政府が認識したことにより制度化に結びついたのだった。

　明治10年代末より，欧米のミュージアム思想の影響下に宮内省を中心とした美術保護への政策が開始された。九鬼隆一を中心に，アメリカ人の東洋美術史家E. フェノロサ（Ernest Fenollosa）と岡倉天心が大規模な宝物調査を行うとともに，それらを収蔵展示する帝国博物館が設置された。この美術保護の動きのなかで，明治20年代半ばより建築も保護対象として意識されるようになる。その橋渡し役となったのが，帝国大学造家学科を卒業したばかりの伊東忠太であった。建築を美術の一環としてとらえる認識を強くもった伊東は，明治26年に建築家としてはじめて法隆寺建築調査を実施し，日本建築の様式化に先鞭を付けた。とともに，美術の枠組みの中に建築を位置付けるべく，岡倉との交流を深め，宮内省による美術保護の枠組みの一端として古建築の全国調査を実施した。

　明治20年代後半には，日清戦争へと向かう状況の中で古美術と古建築の保護の重要性の認識が高まり，予算不足により有効性を失いつつあった古社寺保存金制度の状況を打開すべく，美術保護と古社寺保存金制度が統合され，新しい古社寺保存制度が誕生した。まず明治29年（1896）に古社寺保存会が設けられ，九鬼，岡倉を中心とする委員構成中，建築では内務技師妻木頼黄，宮内技師木子清敬とともに若き伊東が委員に就任した。翌30年に古社寺保存法が制定され，古社寺の建造物を特別保護建造物に認定する制度と国庫補助による建造物修理制度がここに定められた。特別保護建造物への認定は，日本建築史の構築と並行して，建築学の視点からの過去の建築への眼差しを再編する役割を担った。

　建造物修理は，まず奈良，京都，日光から開始された。修理工事を監督するために奈良県技師に就任した関野貞は，新薬師寺本堂や唐招提寺金堂などで次々と抜本的な修理を行い，話題を振りまいた。古社寺修理は，歴史主義建築観の時代にあって，日本における歴史主義様式を実物をもって示す，重要な建築的意義をもった行為とみなされたのであった。関野の修理方針は解体修理という伝統的手法を用いつつ，西洋由来の建築観を導入し，外観は復原し，小屋組は構造補強のため積極的に改造することを辞さない，というものであった。古社寺修理は文化財の保存に留まらず，日本建築の様式研究の進展，建築家と大工の経験の交流による日本建築理解の深化と革新，堂宮系の新しい和風建築の誕生，といった同時代の建築状況に大きな影響を及ぼすこととなった。

　古社寺保存法は昭和4年（1929）に国宝保存法に改正されて個人所有のものも保存対象となり，また大正8年（1919）には史蹟名勝天然紀念物保存法が新たに制定されて遺跡や名所などの土地に結びついた文化財が守られるようになった。これらが昭和25年（1950）に統合されて文化財保護法となり，現在に至っている。

図1　新薬師寺本堂（明治修理前）［奈良県教育委員会蔵］

図2　新薬師寺本堂（明治修理竣工）
［入江泰吉記念奈良市写真美術館蔵］

古社寺保存金制度

明治13年（1880）に運用開始された，近代日本初の建造物保存・修理を実施する制度である。内務省が定めた「社寺保存内規」に基づいて運用されたもので，保存対象を400年以前の創立や皇室等の由緒のある社寺などの古社寺に限定し，そこに補助をして組織としての社寺を維持することを目的とする。補助金は，社寺の組織を維持するために積み立てる永続保存資金への補助と，建造物の修理への補助に多くが割かれた。永続保存資金には539件，建造物修理には法隆寺，鹿苑寺金閣など多数の実績があった。この制度は明治10年代には積極的に運用されたが，明治20年代になると予算不足により実効性が失われ，新制度が模索されるようになり，明治30年の古社寺保存法制定により廃止された。

岡倉天心（1863−1913）

明治・大正期の美術運動家，思想家で，日本の伝統美術の再評価と保護および美術教育に大きな功績を残した。本名は岡倉覚三。明治10年代からE.フェノロサ（Ernest Fenollosa）とともに日本美術の調査を行い日本美術史の枠組をつくり上げるとともに，宮内省を中心とする美術保護行政を九鬼隆一とともに主導した。美術保護には当初は建築が含まれていなかったが，岡倉が校長を務める東京美術学校で建築装飾を講じることになった伊東忠太と出会い，伊東が開拓した日本建築の全国調査とその保存を後援するようになった。宮内省の美術保護と内務省の古社寺保存金制度を融合させて古社寺保存法を制定していく過程に深く関わり，その後も古社寺保存会委員として古社寺保存に中心的な役割を果たし続けた。

伊東忠太（1867−1954）

明治から昭和期の建築家・建築史家で，西洋建築学に基づきながら日本建築史を開拓するとともに，「建築進化論」の理論に基づき建築家として多数の作品を残した。帝国大学工科大学造家学科で辰野金吾，木子清敬らに学んだ後，法隆寺の調査を皮切りに全国に残る建築遺構を調査し，日本建築史の枠組をつくるとともに，その保存に積極的な発言をした。九鬼隆一，岡倉天心らの進める美術保護の枠組の中に建築を含める運動を展開し，明治29年（1896）に古社寺保存会委員，明治31年に内務技師となり，古社寺保存を国の立場からリードした。また東京帝国大学教授として教育にも努め，建築家とともに多数の建築史研究者や文化財技師を育成した。

古社寺保存法

明治30年（1897）6月5日制定の法律で，古社寺所有の建造物と宝物類を保護することを目的とする。内務省

が所管し，諮問機関として古社寺保存会を置く。宝物類を国宝に，建造物を特別保護建造物に認定する制度と，それらを維持修理するための保存金の下付の二本柱からなる。これは従前の美術保護行政と古社寺保存行政が統合されたことを反映するものだが，両者は完全には統合されていなかった。現状変更の規制という考え方が示されておらず，建造物の修理に際して復原をおこなう場合は，当初設計に組み込むか設計変更として対応していた。修理内容については各府県技師や現場ごとに派遣された監督が監理した上で，古社寺保存会において審議された。昭和4年（1929）の国宝保存法制定により廃止された。

関野貞（1868−1935）

明治から昭和期の建築史家で，日本の古社寺建造物の保存修理を開始するとともに，日本および東アジア建築史を開拓した。明治28年（1895）に帝国大学造家学科を卒業後，翌29年に奈良県に赴任し，技師として古社寺保存法草創期の古社寺建造物修理を監督した。新薬師寺本堂，唐招提寺金堂，薬師寺東塔といった古代建築を根本的に修理する中で，外観を復原し，見え隠れで洋小屋などにより構造補強を行う大胆な修理を展開し，修理方針に関わる論争を巻き起こした。古社寺修理の経験を活かして旧奈良県物産陳列所（明治35年，国重文）などの建築作品も残している。明治36年に東京帝国大学助教授に転じて東アジアの建築史研究を行うとともに，文部技師として建造物保存行政を主導した。

国宝保存法

古社寺保存法に代わり，昭和4年（1929）3月28日に制定された法律で，建造物，宝物その他の物件を保護することを目的とする。宝物の海外流出が顕著になってきたこと，保護対象が古社寺に限定されていたこと，といった問題に対処するため，保存対象を公共機関や個人所有のものに拡大し，宝物の輸出・移出に制限をかけるべく，新たに定められた。古社寺保存法において建造物と宝物類の認定名称に差異があったのを国宝に統一し，また国法指定と修理への補助金とを関連付けることで，古社寺保存法に見られた制度内の矛盾が解消された。また現状変更の規制が法文化された結果，建造物修理における調査，記録，復原根拠の明示が厳格化され，修理に伴う調査の成果が日本建築史の深化を促した。

参考文献

文化財保護委員会編『文化財保護の歩み』同委員会，1960.
新建築学大系編集委員会編『歴史的建造物の保存』（『新建築学大系50』）彰国社，1999.
清水重敦『建築保存概念の生成史』中央公論美術出版，2013.

〔清水 重敦〕

伝統の継承

　明治以降，新たな建築は，西洋から導入された政治経済，科学，芸術などと相互に影響しあうなか，材料や構造，建築手法や外観，内部の意匠にも西洋の技術や影響がもたらされた。一方，江戸以来の暮らしや生活風習は引き継がれ，木造漆喰の洋風建築や石造・煉瓦蔵の官庁施設は市井と混在した。明治黎明期，第一銀行や築地ホテル館は本格的な洋風建築が登場するまでの間隙を縫い，擬洋風建築や外国人建築家による日本的意匠の提案を生み出す。一方，社寺建築や伝統遵守の場合，近世から近代にかけての作事や大工仕事は技法的連続性を守り，外在的な特徴を見せず伝統的な営為と表徴を復古・継承した。

　明治宮殿（明治21年（1888）竣工）は近代日本にふさわしい様式と構造技法を課題としたが，奥向御殿を純和風木造畳敷，表向御殿を和洋混在の木造板敷，お雇い外国人による宮内省庁舎を洋風煉瓦造2階建と折衷。前者は江戸期宮中内裏修理職棟梁家から出た宮内省内匠寮技師**木子清敬**が主導し，賢所などの宮中三殿，謁見所や饗宴を行う豊明殿などを古式に則り建てた。同じ時期の伊勢神宮式年遷宮も古儀調査と考証を進め，明治42（1909）年度遷宮，昭和4（1929）年度遷宮に反映した。「寝殿造」や「書院造」を伝えた江戸期『家屋雑考』も明治24年（1891）頃から流布。以前の建造物への過去意識，工匠による起源の措定と体系化，復古運動が進み，近代の神社行政，古社寺保存行政と明治宮殿造営がさらに過去への意識を高めた。神社造営や改修にあたり明治黎明期には「神社制限図」が規模と範例を示したが，神社の由来調整や様式創出への介在には至っていない。明治20年代に「日本建築」という概念が台頭すると，近世以来の技術および概念の整理，国学・有識故実と建築史を隔てていた分断を伊東忠太が統合していった。

　『明治工業史　建築篇』は「維新の政変に遭遇せる国民は上下共に昂奮狼狽して泰西の文物を摂取せるに忙がしく復た社寺を顧みるのいとまなかりき」から「明治時代の社寺建築は重要ならず」と記した。明治宮殿を終えた木子は明治22年（1889）から東京帝国大学工科大学造家学科で「日本建築学」を講じる。ロンドン留学中の辰野金吾が師事したW.バージェス（William Burges）から日本固有の建築を問われ返答に窮したことが契機となった。しかし伊東は晩年に木子の日本建築学を振り返り，江戸期の木割が中心の「大工の講習会」で建築史学の体系を有するものではなかったと批判した。明治28年（1895），伊東は木子の監督指導下に処女作ともいえる模倣太極殿を設計していたが，伝統の継承の平安遷都千百

年紀念殿（その後，平安神宮社殿）での師弟関係がこの批判で転倒したといえよう。さらに伊東は明治神宮創建時（大正4年（1915）～大正9年（1920））にも過去への眼差しを転倒させた。当初，創建論議に持ち前の建築進化論を持ち出し，明治天皇を祀る神社は新様式がよいと強く提唱したが，結果的には「流造」が採用されていく。「社殿の様式に就ては古来の歴史的様式に依る可きや又別に新様式を創造す可きやを考察する事は理に於て不可なきに似たるも実際上非常の困難あるを以て寧ろ古来の様式に依るを万全なりとす」ここには明治維新の興奮を越え，建築史学の成果から古来の建築様式を復古すべしという複雑な沈着ぶりが示された。

　明治以降，先行する過去を意識し相対化する歴史意識が高まるためには，伝統の継承を見つめる内省的な眼差しの成熟と優れた建築史学の醸成が必要であったが，明治宮殿から明治神宮という二大プロジェクトを中心軸に過去を理解・評価・批判し，伝統を積極的に復古・継承していく活動が独特の和風建築の機運を生んだといえよう。反面，過去を無批判に懐古・踏襲し，過去の表徴を翻案・援用・応用した例も見られ，近世と近代の狭間には伝統の継承を積極的に進めた結果と消極的に進めた差異があった。明治宮殿や明治神宮は継承に隠された近代化の特徴が意図的な復古行為として凝縮される反面，伝統的建築の造営や新規創建には担当者の歴史理解や伝統意識が大きく作用した。

　明治後半から大正にかけて独創的な社寺装飾を生んだ**亀岡末吉**や戦前期内務省神社局の**角南隆**らにも復古と創造の交錯が見られる。過去をどのように理解し評価するのかという歴史観の醸成から，伝統の継承を建築化する創造行為の揺らぎがあったといえるが，世界という他者に対して明治以降の日本をどのように見せるかという強大なナショナリズムに押し出された結果であった。

明治宮殿[8, 13]

　明治維新で天皇は京都から東京へ遷御し江戸城に仮寓したが，明治6年（1873）に西の丸御殿が焼失，宮殿再建にあたり国家的な行事にふさわしい皇居が待望された。洋風・和風いずれの様式を採用すべきかという論議が起こり，奥向御殿を純和風木造畳敷，表向御殿を和洋折衷の木造板敷絨毯敷き込み，宮内省庁舎を洋風煉瓦造2階建に並存させた。明治21年（1888）落成。翌年，大日本帝国憲法発布式が行われた。清敬が設計主導，近世より継承された作事方の造営手法を基に宮内省内匠寮が担当。昭和20年（1945），第二次大戦中の東京大空襲で全焼した。

木子清敬 (1845−1907)[6,8,13]

木子家は代々京都の宮中内裏修理職棟梁。清敬は宮内省に入り内匠寮技師として明治宮殿造営に大きく貢献した。日光東照宮，東大寺大仏殿修復工事にも関与。明治22年（1889）～34年（1901）まで東京帝国大学工科大学講師として造家学科「日本建築学」を担当。明治28年（1895），大学院生の伊東忠太は抜擢され，大工棟梁佐々木岩次郎と平安遷都千百年祭紀念殿を設計，平安京の大極殿復元を目指すが，予算面から「模造」に甘んじた。木子家に残された資料は東京都立中央図書館「木子文庫」として収蔵保管されている。

神社制限図[8]

祭政一致の近代天皇制国家は国家神道の制度化を進め官国幣社の社格制度を設けた。国家管理で境内や社殿を再編する際，府県庁を通し営繕経費を抑えるため「神社制限図」を規定，大・中・小社の社格に応じ社殿の配置図や平面図，立面図，規模，形式が示され，中央軸線上に本殿，祝詞舎，中門，拝殿，鳥居が並ぶ。神社本庁所蔵谷重雄史料『制限図式社殿年表』は明治元年（1868）の白峯神宮から大正2年（1913）の出石神社まで40社を例示，その後大正元年（1912）に廃止された。

明治神宮[8,9]

明治天皇崩御後，大正4年（1915）～9年（1920）にかけて造営された日本近代最大の創建神社。桓武天皇と同等の偉業を言祝ぐため平安時代の木造檜皮葺「流造」に決定。この間，伊東忠太は「明治天皇と明治時代を表象しうる新しい固有の様式を期待する」という新様式の提起から「祭神の性格よりも祭式の不変性を優先させた」復古へ主張と立場を変容。明治神宮造営局技師の安藤時蔵は東京美術学校出身であったが夭折，東京帝国大学建築学科出身の大江新太郎が継承。境内北方には鉄筋コンクリート造，校倉風大床造の明治神宮宝物殿，外苑に鉄筋コンクリート造，ゼツェッション風意匠の聖徳記念絵画館が建設された。神宮社殿は昭和20年（1945）4月，第二次世界大戦の東京空襲で焼失，昭和33年（1958）に角南隆が復元した。

亀岡末吉 (1865−1922)[8,14]

明治27年（1894）に東京美術学校卒業，明治29年（1896）日光廟実測調査，明治30年（1897）より古社寺の調査・修理計画・工事監督，明治40年（1907）京都府技師。明治末年に東本願寺勅使門を担当，復古を超え新たな意匠を創造し，欄間を埋める彫刻に伝統的な花鳥風月の雛形模様と豊かなアカンサスの葉模様や抽象図案を構成した。東福寺勅使門，京都武徳殿車寄および貴賓室，仁和寺勅使門および書院，大阪北区歌舞練場など。所謂「亀岡式」は『日本絵様絵巻 亀岡図集 第一輯』を通して全国の堂宮建築や和風建築に波及した。

角南隆 (1887−1980)[8,10~12]

大正4年（1915）東京帝国大学工学部建築学科卒業。大正6年（1917）明治神宮造営局勤務。大正8年（1919）内務省神社局技師。大江新太郎亡き後，昭和14年（1939）営繕課長。昭和15年（1940）神祇院技師として終戦まで神社営繕指導と監督。二本松孝蔵や小林福太郎，香川定太郎らの技術官僚OB達の民間事務所も積極的に用いた。戦後は日本建築工芸株式会社を設立，神社造営や境内整備を続けた。昭和30年（1955）～33年（1958）明治神宮復興を指導。社殿の結合と回廊を活かした複合空間化と巨大化した再建明治神宮社殿は角南式社殿の頂点といえる。

参考文献

1) 桐敷真次郎『明治の建築』日経新書，1966.
2) 日本建築学会編「建築史研究の発端 伊東忠太と関野貞」（担当稲垣栄三）（『近代日本建築学発達史 第10篇 建築史学史 第一章』）日本建築学会，1972.
3) 加藤悠希「近世・近代日本における過去の建築への関心とその知識」東京大学博士論文，2010.
4) 清水重敦「建築における過去 日本近世−近代における継承と転換の位相」（鈴木博之他編『シリーズ都市・建築・歴史7 近代とは何か』）東京大学出版会，2005.
5) 中村達太郎「宗教建築」（『明治工業史 建築篇 第七章』）工学会明治工業史発行所，1926.
6) 稲葉信子，木子清敬の帝国大学（東京帝国大学）における日本建築学の授業について，日本建築学会計画系論文集，1987.
7) 明治神宮造営局「社殿の様式に関する決議」1915.
8) 藤原惠洋「日本近代建築における和風意匠の歴史的研究」東京大学博士論文，1988.
9) 青井哲人『植民地神社と帝国日本』吉川弘文館，2005.
10) 青井哲人，角南隆−技術官僚の神域：機能主義・地域主義と〈国魂神〉，建築文化，2000年1月号．
11) 藤岡洋保「内務省神社局・神祇院時代の神社建築」（神道文化会編『近代の神社景観』）中央公論美術出版，1998.
12) 「近代の神社建築行政に関する研究」（研究代表者・藤岡洋保 平成9年度～11年度科学研究補助金（基盤研究(c)(1)研究成果報告書）2000.
13) 木子清忠『ある工匠家の記録』私家版，1988.
14) 塩野庄五郎編『日本絵様絵巻 亀岡図集 第一輯』東京須原屋書房，1919.

〔藤原 惠洋〕

邸宅と近代数寄屋

　邸宅とは立派な家，大きな屋敷を意味する。この語はすでに平安時代に確認できるから，古代以来日本には「邸宅」（あるいは「第宅」「邸第」）と呼ばれる建築がいくつもあったことはいうまでもない。ここで近代という時代を冠してこの語を解釈しようとするとき，幕末・明治維新以来，怒涛のように流れ込んできた西洋文化の影響を理解する必要がある一方で，技術体系および意匠の両面において西洋風と対置される表象として和風建築という概念が成立したことが重要なテーマとなる。

伝統へのまなざしと数寄屋

　工部大学校では明治22年（1889）から木子清敬によって日本建築史の講義が始められたが，内容はもっぱら寺院と神社の建築であった。高等教育を受けて登場した建築家たちのなかには片山東熊のように宮内省内匠寮にいて皇室や宮家の邸宅を設計したり，関野貞や松室重光のように地方技師として和風の建築を設計したりする者もいたが，それらはいずれも格式の高い書院造の系譜に属するものであって，数寄屋や茶室といった建築の設計に取り組むことはなかった。その理由は複雑であるが，まずは日本の伝統建築の多様性を理解するにはまだ時間が足りなかったことが考えられる。社寺や書院造のように規矩に裏付けされ体系化された建築とは異なり，経験的で感覚的に組み立てられる傾向が強く，私的な領域に属する数寄屋や茶室を理解し評価するのは，西洋的な建築教育を受けた建築家にとっては相当の覚悟が必要であったに違いない。

　そんななか，数寄屋の造営に積極的に取り組んだ大工もいた。愛媛県新居浜市にある広瀬邸新座敷はその初期の例として特筆される。住友家が経営していた別子銅山の総支配人だった広瀬宰平が建てたもので，明治20年（1887）に完成している。住友家出入りの大工であった二代目八木甚兵衛が手掛けた数寄屋風の座敷である。八木甚兵衛はのちに「設計者」と名乗って仕事をすることもあった。

数寄屋と数寄屋造

　数寄屋とは，室町時代後期には茶の湯のための建築，すなわち茶室そのものを意味することばとして認められるのに対して「数寄屋造」とは数寄屋風の住宅構成をさして大正時代から使われ始めた。様式名としての可否や茶室との関わりの有無など諸説飛び交うのが現状であり，その定義も不明瞭ではあるが，日本の住宅史の変容過程をとらえて寝殿造や書院造ということばが正当化されているのであれば，必ずしも「茶室」「数寄屋」から影響を受けたということではなく，非定型的で特異な装飾性あるいは素材性をもって書院造とは異質な建築群を「数寄屋造」という名で住宅史に位置付けることはゆるされよう。近年では「数寄屋」の語が，茶室に限らず無意識に数寄屋造の建築を意味して使われる傾向も認められる。

近代数寄屋創出の推進者：数寄者・庭師・大工・建築家

　中世以来，私的な領域に育まれた数寄屋の系譜にあって，その近代化を推進させたのはパトロン的な性格をもった，いわゆる数寄者たちであった。近代の数寄者たちは近代経済社会の営みによって得られた財力にまかせて茶道具を蒐集し，独特の茶風を切り開いた。茶室や露地も茶を実現するための道具であると理解すれば，彼らは茶室や露地の分野においても独自の風，すなわち近代数寄屋の創出に大いに貢献したのである。

　京都において数寄者といわれる人たちによる近代数寄屋の創出は山縣有朋による東山南禅寺畔での第三次無隣庵（明治29年頃（1896））の造営がきっかけであった。それはわが国近代土木技術史の画期となった琵琶湖疏水開鑿があってはじめて実現し得たものであったことも近代の数寄屋を考える上で象徴的である。無隣庵を造営した後，疏水の水を利用した多くの庭園を手がけた庭師・小川治兵衛の作庭術が近代の数寄空間の方向性を決定づけたといっても過言ではない。そこは上坂浅次郎，北村捨次郎，あるいは木村清兵衛などといった数寄屋大工の名工たちが活躍する場でもあった。縁や式台（玄関）が簡略化あるいは省略され，軒下に土間が入り込んだ土間庇と呼ばれる空間が生まれることに独自性が表れる数寄屋の造営現場は，まさに大工と庭師の協働の場であった。京都で近代数寄屋が多く造営されると，関東でも益田孝（鈍翁）など三井系の財界人をはじめとする多くの数寄者によって和風文化が隆盛を極めていく。

　数寄屋の造営に建築家の活躍が顕著になるのは昭和になってからである。武田五一から茶室研究を引き継いだ藤井厚二は研究成果を聴竹居下閑室（昭和5年頃（1930））やいくつかの茶室で世に問うた。大正9年（1920）大学卒業と同時に分離派建築会を起こした堀口捨己は，その挫折を経て茶室研究に邁進し，一方で建築家としての多くの名作を残した。建築家による数寄屋の再発見ともいえる。八勝館御幸の間（1950）や碿居（1965）など戦後の作品には近代建築の思考と無関係には成立しえない数寄屋の姿が見える。吉田五十八も近代建築の洗礼を受けた建築家の一人である。後年「吉田流」といわれる独自の数寄屋スタイルを確立し，それは邸宅や数寄屋に限らず大規模な公共建築などにも応用された。

茶の湯

　15世紀に成立した喫茶を主体とする室内芸能のこと。16世紀には「数寄」とともに抹茶を指すようになった。

数寄屋造あるいは和風建築が成立する過程において，茶の湯，すなわち抹茶，特に草庵風の茶室からの影響が大きいことは事実である。しかし江戸時代中期以降，日本では煎茶文化が興隆し始め，大正時代頃までは煎茶が茶の湯を凌ぐほどに流行していた。宮廷人や維新の志士たちはこぞって煎茶を好み，特に煎茶を愛好した文人墨客たちは中国文化へのあこがれをもって，茶会の場に中国的な意匠や雰囲気を積極的に招来した。和風建築が確立するに際し，煎茶の文化が果たした意義は大きく，その再評価がされつつある。茶の湯という総合生活文化を検証するために平成5年（1993）「茶の湯文化学会」が設立され，そこでは抹茶だけでなく煎茶を含めた広い意味での茶文化を対象として学際研究が行われている。

数寄者

風流で風雅な志向をもって能や歌，茶に執心した人をいう。数寄者の活動は，記録の上では16世紀に始まり，『山上宗二』『日葡辞書』ほかの諸書に多少の差異を含みながら定義されてきた。数寄者といわれる人たちが華々しく活躍するのは近代であった。近代の数寄者には流派や煎茶・抹茶にとらわれない自由な茶をもって社交の手段とする傾向が認められる。彼らは文字通りの近代主義者であったが，ここで重要なのは，彼らの近代化は単なる西洋化ではなく，軸足が常に日本の伝統文化の中にあった点にある。美術品蒐集の動機には文化財の海外流出に対する危機感があり，合理的精神のもと時代にふさわしい数寄屋のあり方を創造することで日本の伝統文化の継承したのも彼らであった。ここでとりあげた建築家，職人なども一様に数寄者的な性格を有しており，財を成した経済人に限ることなく，文人や知識人などを含めて近代数寄屋の創出に関わった人たちを広く数寄者として捉えることもできる。

小川治兵衛（1860−1933）

庭師（造園家）。小川治兵衛は世襲名で屋号は「植治」。七代目小川治兵衛は，明治28年（1895）を前後する頃に山縣有朋の第三次無隣庵を作庭する機会を得，山縣の発想のもと豪放で雄大な自然観を現出するという近代にふさわしい作庭術を修得した。山縣の庭づくりに必須であった豊富な水流を，すでに完成していた琵琶湖疏水の水を防火用水の名目で庭内に引き入れることにより実現した。これを嚆矢に多くの作庭を行い，その作庭術が日本の近代庭園として発展していく。ディテールにおいても建築との際の部分，すなわち軒下の土間庇に新しいデザインを意欲的に施す傾向があり，それをもって近代数寄屋の名工にふさわしい庭師であったともいえる。なお，小川治兵衛はここまで活躍できた恩人として山縣有朋のほかに中井弘と伊集院兼常の名をあげている。

特に伊集院兼常は小川治兵衛にとって作庭術で一目置く存在であり，多くのことを学んだと述懐している。建築の技術者であり数寄者でもあった伊集院は近代の数寄空間創造の重要人物として注目される。

北村捨次郎（1884−1945）

明治から昭和初期にかけては日本の木造建築，特に数寄屋大工の技が最高潮に達した時期であった。そんな時代に活躍した数寄屋大工に北村捨次郎がいた。京都で名工と謳われる上坂浅次郎の門下で，昭和3年（1928）に竣工した京都高台寺下河原町の清水家十牛庵の建設では，当時病気がちであった上坂浅次郎に代わって北村捨次郎が棟梁役を務めている。京都南禅寺畔の清流亭（1915）も北村の作とされるが，ここでは2人の協働であった可能性が高い。その後に始まる野村碧雲荘の建築群（1917年〜1928年にかけて）は北村捨次郎の代表作と伝えられているから，2人が別々に仕事をすることもあったのであろう。丸太の扱いに数寄屋大工ならではの技が発揮されるが，北村捨次郎の場合はさらに丸太の表面に施すハツリ（面付け）が巧みで，柱に取りつく鴨居の高さを違えた壁面の構成にも個性が窺える。

吉田五十八（1894−1974）

数寄屋の設計に取り組んだ建築家の代表として堀口捨己（1895−1984）と吉田五十八がよく対比的に取り上げられる。堀口が日本建築の伝統である真壁造を踏襲し柱や鴨居などによる線的な要素を尊重したのに対して，吉田は大壁による面的な数寄屋を提唱した。アクリルやアルミニウムといった新素材を用いたのも均質な面を構成するための選択であり，数寄屋に近代建築の原理を浸透させる手段でもあった。吉田は新しい数寄屋を創造するに際し，施主であった川合玉堂や大工棟梁・岡村仁三を恩人と回顧している。吉田流といわれる新興数寄屋の創造は，近代美術家の美意識と同時に大工の技なくしてはなしえなかったことを象徴している。京都の北村謹次郎邸「四君子苑」（昭和19年（1944））は大工・北村捨次郎が手掛け，母屋（1963）は吉田の設計になる。伝統と近代の解釈に取り組んだ建築家と大工の表現の対比が興味深い。

参考文献

尼崎博正編『植治の庭 小川治兵衛の世界』淡交社，1990.

中村利則「茶室研究の過去と現在，そして未来」（『茶道学体系 六 茶室・露地』）淡交社，2000.

旧広瀬邸文化財調査委員会編『別子銅山の近代化を見守った広瀬邸−旧広瀬邸建造物調査報告書』新居浜市教育委員会，2002.

矢ヶ崎善太郎「近代数寄者の茶と数寄空間」（『講座 日本の茶の湯全史 第三巻 近代』）思文閣出版，2013.

［矢ヶ崎 善太郎］

民家の新解釈

民家調査から民家評価へ

　日本の民家研究は，大正6年（1917）に柳田國男，佐藤功一，今和次郎らによって結成された「白茅会」を嚆矢とする。その調査は民家を観察し記録する手法で，民家採集と呼ばれるものであった。民家採集的手法は，戦後の専門分化した建築史学の一分野とは異なり，研究者以外にも参加の機会を与えた。民家調査が行われるようになる背景には，近代化によって失われていく伝統への憧憬やその再評価があったと考えられる。

　民家調査の成果は，様々な面での民家の価値の継承へと向かった。その早い段階の事例として，西村伊作を挙げることができる。西村は大正後半より，『楽しき住家』（大正8年）などの著作において，民家の美とともにそこで用いられる工法をも積極的に評価し，現代建築の設計に活かすべきであることを提唱した。西村の民家評価は，図上の提案として示されるにとどまり，建築作品として実現する機会を得なかったが，著作を通じて社会的な影響力を有した。

　今和次郎は，初めての著作『日本の民家』（大正11年）の中でその美を評価するとともに，土地に根差す工法に基づいた合理的なものであると価値づけた。しかし，民家の価値を継承する試みは，茅葺屋根の外観を有する渡辺邸（昭和9年（1934）案）など，民家意匠を採用した設計案が散見されるにとどまる。今の民家評価は，建築作品においてではなく，農村生活改善事業の基礎として生かされ，改良農家の実践へと援用されていった。

文化的潮流としての民家評価

　民家の評価は建築界を越え，当時の文化的潮流にも影響を与えた。ドイツ人建築家，B.タウト（Bruno Taut）は，桂離宮の美を称賛したことで知られるが，民家に対しても高い評価を与えている。すなわち日本の民家はヨーロッパの民家に通じる普遍性を有し，「多種多様の変化を包容して美的統一を形成する」とした。また，白川郷の合掌造民家は構造的な合理性による美を有し，より古風な日本的精神を有すると述べている。タウトは民家が日本人の精神や生活を表現する建築であり，日本の歴史をも見いだすことができるとするなど，民家評価を日本文化論として展開する役割を果たした。

　大正末より展開された民藝運動は，工芸の本質を日用の雑器がもつ「用の美」であると考え，民家もその一つとして評価した。メンバーは建築的には素人であったが，幾つかの建築作品を残した。柳宗悦は「民藝館」（昭和3年（1928））において日本や朝鮮の民家などの意匠

を用い，また自邸（昭和10年）では玄関に栃木県の石屋根の長屋門を移築している。大工棟梁を兄にもつ河井寛次郎は，土橋邸（昭和9年），自邸（現河井寛次郎記念館，同12年）など日本や朝鮮の民家意匠を用いた作品を手掛けた。囲炉裏を用いた独特の内部空間は，戦後流行する「民芸風」建築のプロトタイプの一つとなる。民藝運動による作品はその美意識によって評価された日本各地や朝鮮の民家，武家住宅等の意匠をハイブリッドに用いたところに特徴がある。

建築作品への援用

　昭和初期には，政財界人や文化人の間に，民家を移築して別邸として用いる民家趣味が流行したが，建築家による作品にも大江新太郎の長尾欽彌鎌倉別邸（昭和9年），村野藤吾自邸（昭和17年）など，古民家を移築改修した作品が見られる。

　一方，モダニズム的建築観を有する建築家たちは，民家の意匠を分解し，モダニズムの語法により再構成することを試みた。茅葺屋根を用いた堀口捨己の紫烟荘（大正15年（1926））はアムステルダム派の影響を受けたものとされるが，吉田鉄郎の馬場家那須別邸（昭和3年）やA.レーモンド（Antonin Raymond）の赤星四郎別邸（昭和6年）では，日本民家の茅葺屋根が引用された。吉田五十八の杵屋六左衛門別邸（昭和11年）では大和棟民家の特徴的な屋根意匠が用いられた。

　民家採集の成果を月刊「住宅」誌上に連載するなど，同時代の建築家の中でも民家に対する深い知識を有していた本間乙彦は，民家の軒下空間や土間などを再構成して現代住宅に生かす作品を残した。また，前川國男の自邸（昭和17年）は本棟造風屋根や出桁などの意匠をモダニズムの語法で用いた作品である。村野藤吾の橿原神宮前駅舎（昭和15年（1940））は，大和棟造民家の屋根意匠を記号化した造形といえる。このように民家意匠への注目は，昭和10年代には個々の建築家の形態操作の違いによって多様な造形へと展開していく。

民家研究

　大正6年（1917），柳田國男，新渡戸稲造，佐藤功一，今和次郎らによって「白茅会」が結成された。同会の調査成果は『民家図集　第1集　埼玉県』（大正9年）にまとめられ（12集まで刊行），今和次郎も『日本の民家』（同11年）を刊行している。これらは民家の平面や構造の記録とともに，生活や生業にも言及するものであった。昭和2年（1927）には地理学者・藤田元春によって採集した民家平面の発展形態を模索する『日本民家史』が刊行された。また，石原憲治は『日本農民建築』（昭和9～18年）を著し，全国の網羅的な民家採集から平面の分類とその分布を考察している。戦後，普請文書や絵

図などの文献資料を用いた調査が進展した。また，浅野清による吉村家住宅の修理時に際しての調査や，東京大学・太田博太郎研究室による静岡県井川町の調査などを嚆矢として，痕跡の分析から編年を行い発展過程を考察する復原的調査の手法が進展した。

西村伊作 （1884−1963）

西村伊作は，和歌山県新宮に生まれ，後に奈良県下北山村の山林地主である母方の実家を継いで西村姓を名乗る。正規の建築教育を受けていないものの，バンガロー形式の自邸（明治 39 年（1906））を建築するなどの実践から，家族本位の住宅観を形成していった。大正 8 年（1919），『楽しき住家』を刊行，庶民のための住宅として，バンガローを基にした居間中心式平面の住宅を提唱した。その後も，『田園小住家』（大正 10 年）『明星の家』（同 12 年）などの著作によって彼の近代的な住宅観啓発に努めた。一方，自ら設計の実践も行い，新宮に自邸（現西村記念館）（大正 3 年）を設計した後，大正 10 年（1921）には神戸市御影に建築事務所を開設し，多くの住宅作品を手掛けた。同年，東京に各種学校として文化学院を設立する。与謝野鉄幹・晶子夫妻，山田耕筰，石井柏亭ら芸術家，文化人を講師として招き，自由主義教育を展開した。

今和次郎 （1888−1973）

今和次郎は，青森県弘前に生まれ，東京美術学校図案科で建築を学んだ後，明治 45 年（1912），早稲田大学建築学科の助手として佐藤功一に師事する（大正 9 年（1920）には同大学教授となり，定年まで勤務）。大正 6 年に結成された「白芽会」に佐藤とともに加わり，各地の民家調査に参加した。その成果は『日本の民家』（大正 11 年）として刊行された。大正 12 年（1923）の関東大震災後，町に建てられたバラック建築を調査する一方，吉田謙吉らとともにバラック装飾社を結成し，建物の外壁，内装などをペンキで装飾する仕事を請負った。同 14 年には銀座や本所など東京市内各地で生活や風俗の採集調査を行い，後に「考現学」として提唱している。昭和 9 年（1934）に積雪地方農村経済調査所の委託により東北の積雪地域の農家住宅の調査，研究を始めた。以降，晩年にいたるまで東北地方をはじめとする農家住宅の改良に取り組んだ。

B. タウト （Bruno Taut）（1880−1938）

B. タウトは，ドイツ・東プロイセン，ケーニヒスベ

ルクの出身。T. フィッシャー（Theodor Fischer）の建築事務所などを経て，1909 年にベルリンに建築事務所を開業した。1914 年，ケルンのドイツ工作連盟展に出展した「ガラスの家」は表現主義の作品として知られる。1921 年からマクデブルク市の建築課に勤務し，「すべての建築に色彩を」と謳う「色彩宣言」を掲げ，集合住宅の外観に彩色を施した。1924 年からベルリンの住宅供給公社ゲハーグで，ジードルング（集合住宅）の設計に携わり，なかでもブリッツ地区の馬蹄形集合住宅（1925〜1930）が有名である。昭和 8 年（1933），ナチスの迫害を逃れ，上野伊三郎の招きで来日する。桂離宮を称賛するなど日本の美に関する言説を残した。熱海の「日向別邸」（昭和 10 年に設計に関与し，翌 11 年竣工）が日本における唯一の建築作品である。昭和 11 年にトルコ，イスタンブールへ渡り，同 13 年に死去した。

民藝運動

大正 15 年（1926），思想家・柳宗悦（1889−1961），陶芸家・河井寛次郎（1890−1966），濱田庄司（1894−1978），富本憲吉（1886−1963）が連名で「日本民藝美術館設立趣意書」を発表したことに始まる。柳らは工芸の本質を「用」であるとし，日用の雑器に「用の美」を見いだした。民衆的工藝の意で民藝という語が用いられる。無名の職人の手仕事によってつくられるものに最も美が現れるとする一方，職人を導く存在として河井や濱田ら個人作家の関与を認めている。昭和 3 年（1928），柳らは上野で開催された「大礼記念国産振興東京博覧会」に，モデルルームとして「民藝館」を出展する。昭和 6 年には雑誌「工藝」を刊行し，民藝運動がその美を評価した朝鮮や日本各地の工藝品を紹介した。昭和 11 年（1936）には，大原孫三郎の寄付を受け，東京・駒場に日本民藝館が開館した。鳥取の吉田璋也，倉敷の外村吉之介，松本の池田三四郎など各地で民藝運動の理念に共鳴する民藝同人が活動し，伝統工芸の再生に寄与した。

参考文献

田中修司『西村伊作の楽しき住家―大正デモクラシーの住い―』はる書房，2001.
黒石いずみ『「建築外」の思考　今和次郎論』ドメス出版，2000.
藤田治彦，川島智生，石川祐一，濱田琢司，猪谷聡『民芸運動と建築』淡交社，2010.

［石川 祐一］

消費と空間

近代における都市と消費者

　資本主義は，私的所有と利潤追求を旨とする経済体系である。より多くを所有し，不断に再投資してさらなる利潤を追求する。正当性を与えられた「金儲け」は，人びとを利潤追求に邁進させ，人びとはその向こうに幸福を夢見る。

　財の生産・消費が，他者との分業とその生産品の交換によって成立している商品経済において，近代の特徴的傾向は工業製品やサービスが大きな割合を占めるようになったことである。近代合理精神は，人びとのあいだに「時は金なり」という労働を時間で管理する勤勉の習慣を育て，眠っていた生産力を引き出し，生産性の向上をはかった。

　このようにして生産された工業製品を，多くの国民が享受できるようになるのが消費社会である。その日本における到来は1970年代半ばとされるが，予兆は産業の近代化が進んだ1920年前後にさかのぼる。すなわち，都市における消費者としての中間的所得階級＝ホワイトカラー層の出現である。

空間を分節する生産と消費

　産業の発展は空間の分節化をもたらす。たとえば，生産機能に集約された空間は工場／工場街であり，その周囲に労働力であるブルーカラー層の住宅が蝟集する。経営に特化されたオフィスは工場から分離しオフィス街を形成する。そこに働くホワイトカラー層はよりよい住環境をもとめて工場街から離れ，郊外住宅地が出現する。

　生産労働の時間管理もまた，空間の分節要因である。心身の消費は，その再生産と一対だからである。労働によって消耗した肉体と精神は，再創造（re-create）なしには新たな生産に向かえない。そこで，住宅は肉体の休息や健康の見地から見直され，生活の改善が進められる。一方，精神の再創造に対応して娯楽・余暇（recreation）が発展する。そして産業として成長した娯楽や余暇は，盛り場，繁華街，遊園地といった空間を出現させることになる。

　こうした空間の分節化は，それらのネットワーク化を前提としてはじめて可能となる。原動力は，鉄道をはじめとする交通インフラの発展である。とりわけ産業都市近郊の私鉄の開通と沿線開発は，その後の都市発展の礎となった。

　近世以来，武士や町人さらには村民にまで浸透していった商品経済は，各所に立つ市のみならず，大店や専門小商店，芝居小屋や遊郭，寺社の参拝者を客とする門前町といった消費を促す施設・空間を登場させた。こうした前近代的遺産の上に，明治以降の近代化による新しい空間が編成されていく。

欲望とイノベーション

　ホワイトカラーも賃金労働者には違いないが，直接的にモノを生産するわけではない。事務やサービスに従事して月ごとのサラリーを得る。彼らにとって主要な関心事は，そのサラリーで何を買うか，すなわち消費であり，買ったモノ，すなわち商品によって生活をいかに組み立てるかにあった。

　利潤＝剰余価値は商品が売れてはじめて発生するから，商品には消費者の欲望を充足し，効用を高めることが求められる。しかし，欲望も効用も無限に増加するものではない。一般に，財の消費量が増加するにつれて欲望は飽和し，効用は逓減するものである。こうなると経済活動は停滞してしまうから，新たな需要を生み出さなくてはならない。そこで，消費者の欲望を喚起するようなイノベーションが求められることになる。

　イノベーション＝新基軸とは，発明や技術革新に限らない。消費にテコ入れするあらゆる方策がそうである。たとえば，計画的に生み出した需要を意図的に陳腐化させ，消費サイクルを管理して需要を維持するような広告・宣伝の技術もこれに含まれる。今日ではデザインや広告が経済活動の重要な要素であり，その専門技術者としてデザイナーやコピーライターの役割が増大しているが，こうした職能の先駆が，大正9年（1920）頃に登場し始める図按家や公告文案家である。

メディア化する都市

　広告・宣伝の増加は，印刷や写真技術の発展とあいまって視覚的な刺激を強めながら人びとに商品の購買を迫る。しかし，そうしたメディアの増加はやがて，個別具体的なメッセージ以上に集合的なイメージとして人びとの前に立ち現れるようになる。

　この現象は，ポスターや看板についてだけではない。盛り場，繁華街，遊園地などの娯楽施設もまた建築物単体として，労働でも休息でもない第三の空間としての奇矯ともいえる意匠を競いながら，それらの集積である盛り場を形成し，各施設の用途を超えて全体的イメージを醸し出すにいたる。

　このようにして近代の盛り場は，そこに身を置き周遊する人びとに意味を供給するメディアとなる。建築物や都市は，物質環境であると同時に，モノ自体であることを超えた人びとの欲望の対象であり，同時に人びとの未知なる欲望の形象化である。このとき都市は，消費行動のための機能的空間であるのみならず，意味の解読により消費される空間なのである。

映画館

　自分を中心に世界をリアルに経験したいという人間の欲望は，多様な視覚文化を発展させてきた。19世紀には連続写真やキネトスコープといったニューメディアが登場し，劇場やパノラマ館の延長上に新しい視覚文化装置が登場する。それが「スクリーンに投影された映像を不特定多数の人間が同一の場所で視覚的に共有」（映画史家 G. サドゥール（Georges Sadoul）による定義）する映画館である。大正期の日本では motion picture を直訳して「活動写真館」と称された。娯楽としての人気が上昇し映画製作の産業化が進むと，賑わいを牽引してきた芝居小屋に代わって活動写真館が盛り場の中核施設となっていく。当時の映画館は機能よりも享楽的気分を助長する意匠が求められ，様式の奇矯な折衷も横行したが，昭和期に入ると視覚特性から適正な客席配置を求める研究なども進み，鉄筋コンクリート造の発展とあいまって，本格的映画館建築が登場する。

勧工場・デパート

　近世までの商売は一つの店が同種の品物を扱い，呉服屋のような大店では客を店に上げ対面のうえ商う「座売り」がふつうであった。しかし明治期に入ると，多種多様な商品を1ヵ所に集め，客が商品を見て回り手にとって選ぶ「陳列販売」が登場する。現代では当たり前のこの方式には，二つの系譜がある。第一は勧工場で，明治10年（1877）に東京上野で開催された内国勧業博覧会の売れ残り品を陳列・販売する目的で翌年に設置された施設を嚆矢とする。第二は明治末期に勧工場と交代するように登場するデパートメント・ストアである。勧工場もデパートも，購入を前提とせずに商品を見て回り，都市的な賑わいそのものを消費する快楽を当時の人びとに教えたといえる拗促音。

カフェ

　日本における「コーヒーを供する店」としてのカフェの初期のものには，明治21年（1888）に東京上野に開店した「可否茶館」，明治23年（1890）開催の第3回内国勧業博覧会場や明治37年（1904）に日比谷公園内に設けられた喫茶店がある。こうして明治期後半には，休息やコミュニケーションのために時間を消費する場所が都市のなかに生まれていった。日本で最初にカフェの名を冠したのは，洋画家の松山省三が銀座に開業したカフェー・プランタンである。パリのカフェのような文化人のサロンを目指す一方，「女性給仕」をおいて人気を博した。こうした趨勢に乗って開店が相次ぎ，店の大型化やメニューの多様化（洋食や酒類の提供）が進んだ。大正期に入ると客層が大衆化して店どうしの競争も激しくな

る。その結果，カフェにおける女性給仕の役割も変化し，風俗産業化が進んだ。こうしてカフェは，当初とは別のニュアンスをまとうことになった。

芝居興行

　明治時代に入ると，すべての芝居興行を出願制として徴税する方式がとられた。これにより興行における営利が重視さるようになり，芝居小屋の移転や大型化による観客席の増大が進んだ。一方，明治政府は欧化政策の一貫として芝居の近代化方針を打ち出し，残忍な，あるいは卑猥な表現のあった歌舞伎を，外国要人の鑑賞にも堪える高尚な演劇に変えようとした。この方向が，歌舞伎界内部にあった変革の気運とあいまって，明治期の「演劇改良運動」となる。明治22年（1889），銀座に開場した初代歌舞伎座が洋風の外観で建設されたのには，こうした背景があった。明治44年（1911）に日本初の洋式劇場として建設された帝国劇場では，旧来の興行形式を排して場内での飲食禁止，切符制による1ヵ月連続公演，海外演劇の招聘など，近代的興行方式がとられた。こうして芝居興行は，近世的な悪所イメージを払拭してゆくことになった。

公娼街（遊郭）

　政治権力が売春を公式に管理する形態が公娼制で，そこで承認された売春婦を公娼（明治以後の官製用語では娼妓），それ以外を私娼と称する。治安や風俗取り締まりのために公娼を一定区域内に集団的に居住させることが集娼で，集娼区域は周囲を溝・塀で囲み，出入口を1ヵ所にして外部と遮断した。この区域を遊郭あるいは廓と呼んだ。明治5年（1872），政府は通称「芸娼妓解放令」を出した。前借金で縛られた年季奉公人としての公娼は妓楼から解放されるはずだったが，この制度は売春を禁じたわけではなく，娼妓の自由意志による届け出によって稼業許可（「貸座敷渡世・娼妓・芸妓規則」）を与えたので，かつての妓楼は貸座敷と名を変え，条件付きで新設も認められ，実質的に公娼制は存続することになった。この貸座敷免許による公娼の集住地を，芸娼妓解放令以前の遊郭と区別して公娼街というが，前述したとおりそれは遊郭の再編でしかなかった。

参考文献

加藤秋『映画館の建築計画』洪洋社，1932.
初田亨『百貨店の誕生』三省堂，1993.
初田亨『カフェーと喫茶店』INAX 出版，1993.
早稲田大学演劇博物館編『よみがえる帝国劇場展』早稲田大学演劇博物館，2002.
藤目ゆき『性の歴史学 公娼制度・堕胎罪体制から売春防止法・優生保護法体制へ』不二出版，1997.

［梅宮 弘光］

20 世紀の装飾

18・19世紀の欧米においては歴史様式の規範を建築意匠の根幹に据える歴史主義が支配していたが，19世紀末にいたって，そこからの離反が開始される。その中心をなすのは，ベルギーとフランスを発信源とするアール・ヌーヴォー，およびオーストリアで生まれたゼツェッションの二つである。

明治33年（1900）のパリ万博を契機に，日本へもアール・ヌーヴォーの情報がもたらされる。実作としては明治37年（1904）の住友銀行川口支店（野口孫市・日高胖）が初例となる。野口は明治33年から34年にかけて欧米を巡歴しており，そこでアール・ヌーヴォーの知識を得たものと考えられる。

スコットランドにおけるアール・ヌーヴォーといえるグラスゴー派の影響は，野口孫市の伊庭貞剛邸（明治38），田辺貞吉邸（明治41）などに現れている。また明治33年から35年にかけて英国に留学した武田五一もグラスゴー派の作風を学んでいる。

アール・ヌーヴォーの影響を示す建築が現れる期間は明治40年頃から45年頃までである。アール・ヌーヴォーは，工芸，応用美術の世界では広範に影響を及ぼしたのに対し，建築界では，早い時期からその意匠が構造と乖離していると非難されていた。さらにヨーロッパでの衰微がいち早く伝えられたため，短命に終わった。現存例としては，松本健次郎邸（辰野片岡事務所，明治41年着工，45年竣工），旧中埜半六邸（鈴木禎次，明治44年），東京駅丸の内駅舎（辰野葛西事務所，大正3（1914））の中央出入口鉄扉が挙げられる。

一方，ゼツェッションは，日本では「セセッション」の表記で広まった。建築では明治38年（1905）の東大の卒業設計に影響が現れたのが早く，実作では大阪瓦斯社屋（明治39），福島行信邸（明治40），東京勧業博覧会パビリオン（明治40）が挙げられる。このので，大正初年までの数年間，新しい建築の旗手として話題を集め，多くの図案集が出版される。

アール・ヌーヴォーとは対照的に，ゼツェッションは概して好意的な評価を得た。その理由の一つはジャポニスムの結果として出現した造形と見なし，日本人に適合しているとするもので，もう一点は構造を虚飾なく表現した合理的な造形であるとするところにあった。

ゼツェッションの影響は工芸全般に広がり，また1920年代まで続いた。しかしゼツェッション本来の革新性は失われがちで，目新しい細部装飾として歴史様式の一部に組み込まれることが多かった。あるいは歴史様式の細部が直線化・幾何学形態化するという形での影響にとどまることがしばしば見られた。

ゼツェッションの流行から少し遅れて大正前半に注目された新造形はユーゲント・シュティールである。一般的にはドイツ語圏でのアール・ヌーヴォーと定義づけられるが，アール・ヌーヴォーの直接的影響から離れたのち，民俗建築と結びついて反転曲線や粗石面を多用する独特の意匠を形成した。日本にはドイツ人建築家G.デ・ラランデ（Georg de Lalande）によってもたらされた。作品としては高田商会（大正3），朝鮮ホテル（大正3）などが知られる。その所員として来日したJ.レツル（Jan Letzel）も聖心女学院（明治42），上智大学校舎（大正3），広島県産業奨励館（現在の原爆ドーム，大正4）など多くの作品を残した。ユーゲント・シュティールは広い支持は得られなかったが，若い世代にとっては触発されるところが多く，後藤慶二や岩元禄，関根要太郎ら革新的な建築家の作品に影響の跡を見ることができる。

大正後期には歴史様式の規範がゆるみ，装飾の簡略化が進行する。ただ，まったく装飾を排除した作品はまれで，何らかの装飾細部が配された。そのなかでも特に流行した装飾パターンがアール・デコである。直線や円弧といった抽象形態を組み合わせたパターンが特徴で，F. L.ライト（Frank Lloyd Wright）の装飾とも相通じるものがあり，いわゆる「ライト式」とも重なって，大正末から昭和初期にはきわめて多数の建築で採用された。そのなかで，アール・デコの真髄を示す作品といえるのが，発生源の一つであるフランスのデザイナーの手になる旧朝香宮鳩彦邸のインテリア・デザインである。

最後にバラック装飾論争について触れたい。今和次郎らバラック装飾社は関東大震災後に叢生したバラック建築にペンキで装飾を描くパフォーマンスを開始したが，これに対して分離派建築会の滝沢真弓は「壁としての建築美」「面そのものの美」を失うと批判する。論争自体は短期間で収束するが，付加的な装飾がモダニズム的建築観によって否定されていく趨勢の早い現れであった。

アール・ヌーヴォー

フランス語の Art Nouveau＝「新芸術」にちなむ。広義には19世紀末に現れる歴史様式からの脱却を目指す造形運動の総称であるが，狭義では19世紀末にベルギー，フランスで展開した，曲線・曲面を駆使した造形言語をさし，ここでもそれに従う。1880年代にロココ芸術，ジャポニスムなどを母体として，曲線が特徴的な新造形が多分野から輩出する。この傾向は1900年のパリ万博での出展物に顕著に表れ，世界的に知られることとなる。

建築においてはベルギーの建築家 V. オルタ（Victor Horta）によるタッセル邸（1893）が先駆的作品で、万博にあわせて建設されたパリの地下鉄昇降口（H. ギマール（Hector Guimard）設計）が著名。鋳鉄の可塑性を生かして奔放に伸展する曲線・曲面は、歴史様式に依拠しない装飾の出現として注目を集めたが、1910 年代には衰微する。同時並行的にスコットランドでは C. R. マッキントッシュ（Charles Rennie Mackintosh）らによるグラスゴー派、スペインでは A. ガウディ（Antoni Gaudí i）らモデルニスモ、米国では L. サリヴァン（Louis H. Sullivan）が、曲線をモチーフとする新造形を展開した。

ゼツェッション

ドイツ語の Sezession＝分離にちなみ、「分離派」の訳語があてられることもある。ウィーンを中心とするオーストリアおよびドイツ圏の世紀末芸術運動。1897 年に画家の G. クリムト（Gustav Klimt）をリーダーとして開始された。建築では美術アカデミー教授でウィーン建設局主席監督官を兼務する O. ワグナー（Otto Wagner）が理論と実作の両面で牽引し、世界的な影響力を発揮する。ワグナーは古典主義様式から出発したが、「実用的でないものは美しくあり得ない」との思想から歴史様式からの離脱をはかり、凹凸の少ない骨格に直線的・幾何学的な装飾を配する作風を確立する。

アカデミーの教え子である J. オルブリッヒ（Joseph Olbrich）は分離派の活動拠点であるゼツェッション館（1898）を設計し、同じく教え子の J. ホフマン（Josef Hoffmann）はブリュッセルにシュトックレー邸（1911）を設計して、ともにゼツェッションの代表作となっている。

ユーゲント・シュティール

世紀末ドイツでは芸術におけるアカデミズムへの反発が強まり、1892 年にはミュンヘン分離派がウィーンに先駆けて結成された。ベルギーからアール・ヌーヴォーが波及し、1896 年、これに呼応した雑誌「ユーゲント」がミュンヘンで創刊され、この名にちなむ造形運動が台頭する。

ミュンヘンでは 1897 年に R. リーマーシュミット（Richard Riemerschmid）が活動を始め、また 1898 年に建てられた A. エンデル（August Endell）設計のエルヴィラ写真工房は奇怪なレリーフをファサードに施し、この運動の代表作となった。ヘッセン大公 E. ルートヴィヒ（Ernst Ludwig）は芸術後援者としての役割を果たしてきたが、1899 年、ユーゲント・シュティールの有望な芸術家をダルムシュタットに招聘、芸術家村をつくって制作に当たらせる。ウィーンからオルブリッヒ

が参加して、大公の成婚記念塔をはじめ主要な施設を設計した。P. ベーレンス（Peter Behrens）はダルムシュタット芸術家村に画家として招聘され、建築家に転身して大成した。

日本にはドイツ人建築によってもたらされたほか、中国のドイツ租借地チンタオに建てられた施設が日本人の若い建築家を触発した。日本人による作例で現存するものとしては旧第九十銀行（明治 43（1910）、盛岡市、横浜勉）が挙げられる。

アール・デコ

1920 年代に成立し、1925 年にパリで開かれた現代装飾美術博覧会（Exposition internationale des arts décoratifs et industriels modernes）の展示物によって注目され、博覧会名にちなんでアール・デコと呼ばれた。直線と円弧がジグザグ模様や鍵形を描きながら連続する装飾パターンを特徴とする。金属やガラス、陶磁器を多用して、表層的で硬質な質感を強調する。ゼツェッションからの展開として生まれ、その間に明確な線は引きがたいが、ゼツェッションの造形の有する手工芸性と物質性は拭い去られ、工業製品の冷ややかさ、そして表面を線条が疾走する二次元的運動感が支配する。モダニズムの抽象形態の美学に沿いながら、モダニズムが否定する装飾の魅力を発揮しようとした造形といえる。

ライト式

F. L. ライト（Frank Lloyd Wright）が 1923 年に帝国ホテルを完成させると、スクラッチ・タイルや大谷石、水平の帯の強調、矢羽根型のモチーフといった個性的な造形の追随者が続出した。これらを「ライト式」建築、あるいは「ライト風」と呼んだ。商業建築で最先端の意匠として流行したが、それにとどまらず、総理大臣官邸、神奈川県庁舎などの大作にも影響は及んでいる。素材感を生かしたその造形は本来、アール・デコとは縁遠いが、直線的な装飾パターンは共通しており、並置される場合も多かった。

参考文献

河東義之、明治後期に於けるアール・ヌーヴォーの導入について、日本建築学会大会学術講演便概集、1974.

河東義之、明治後期から大正初期に於けるゼツェッシオンの導入について、日本建築学会関東支部研究報告集、1974.

藤森照信、小泉和子『アール・ヌーヴォーの館』三省堂、1986.

吉田鋼市『アール・デコの建築』中央公論新社、2005.

堀勇良、近江栄『日本のモダニズム』三省堂、1981.

五十殿利治『大正期新興美術運動の研究』スカイドア、1998.

［石田 潤一郎］

近代建築運動

「建築の近代化（modernization of architecture）」が近代社会，近代技術の発展に伴う建築の没主体的な変化全般をさすのに対して，「近代建築運動（modern movement in architecture）」は，近代化の全般的趨勢のなかにあって，より主体的・積極的な主張を伴う建築活動をいう。その目的は，時期，地域，個人によって異なり，一口に「近代建築運動」といっても多様な歴史像を結ぶことになる。そこで本項では，その多様性を大きく覆う建築様式の準拠枠＝象徴秩序の変革に焦点を合わせ，日本における昭和戦前期までの「運動」の概要を述べる。

運動以前－明治期

西欧における建築の近代化は，封建社会から資本主義的市民社会への移行と，近代技術の発展とを背景にした，伝統的アカデミズムとその属性である歴史主義からの脱却であった。その過程において，歴史主義とモダニズムとの対立は決定的だった。しかし，国家近代化の大命題のもとで全面的な西欧化がはかられた日本には，この構図は当てはまらない。明治期日本の建築にとって建築表現の公的な準拠枠として西洋歴史主義を選択したことは，西洋の近代的価値を受け入れながら自国の文化を改変していく第一歩だったからである。したがって，その後の近代建築運動は，（外見がどれほど異なるとしても）西洋歴史主義に発する様式上のバージョンアップという性質を宿命的に帯びることになる。

運動の萌芽－大正期

西欧歴史主義建築の習熟を達成した1910年代，大正デモクラシーの風潮のなかで活動を始めた青年建築家にとって，建築の価値は功利性や有用性のみで定められるものではなくなっていた。彼らが建築に求めたのは真・善・美といった先験的で普遍的な文化主義的価値であり，その標識が「芸術」だった。ここに日本における近代建築運動の萌芽を認めることができる。しかしそれは，この段階では従来的な実務における個人的営為にとどまっていた。この動向を代表する後藤慶二が中央省庁の技術官吏であったことに，それを見て取ることができる。

こうした状況を背景に登場するのが，さらに若い東京帝国大学建築学科の学生6名によって結成された分離派建築会である。彼らが反発したのは，建築教育が推進する西洋歴史主義様式と新技術が組み合わされた官製近代化路線であった。わけてもその反発は西洋歴史主義様式に向けられた。なぜならば，それは自己の外部から押し付けられるものだったからである。彼らは，自らの精神的内面を建築の形式で表出することこそが創造だと考え

た。そのときに参照されたのは，世紀転換期に様式主義の崩壊過程で出現した自由な歴史主義解釈に基づく様式主義や，そのあとに続く表現主義の様式であった。

分離派建築会の姿勢には建築界の既成権威（＝西洋歴史主義様式）に対する反抗の態度をみることができる。しかし，西欧の新様式と新技術を同時に追求することはそもそも明治期以来の官製近代化の既定路線だった。したがって同会の志向は西洋歴史主義とは対立しても，明治以来の近代化路線と決定的に対立するものではない。事実，分離派建築会のメンバーの幾人かは，早くも卒業の数年後には，電信局庁舎や百貨店などの大規模建築で自身の主張を実現する立場を得ていくことになる。

運動の展開－昭和戦前期

建築を様式に基づいて構想することのみならず，建築の象徴的側面それ自体を否定したのが，野田俊彦（1891－1932）である。野田は論考「建築非芸術論」（1915）において，建築とは目的合理性が徹底された実用物であるべきで，感情の相互作用を旨とする芸術とは根本的に異なると主張した。野田はこの考えに基づいて，明治以来の歴史主義様式を批判し，新しく登場した分離派建築会の建築芸術論をも批判したのである。野田の主張は，建築様式を作者の内面表出とみるのではなく，外的な立地条件や生産技術による形成物とする考え方であり，こうした思想の根底には，精神と物体を二元論的に峻別する近代合理主義がみられる。

しかし，与条件や技術によって建物の様式が一義的に規定されるわけでもない。それでは，将来の日本にはいかなる様式が望ましいのか。その際に格好のモデルとされたのが，ル・コルビュジエ（Le Corbusier）とバウハウスである。いずれも1920年代の半ばから外国文献や外遊した日本人建築家によって情報がもたらされ，日本の建築界に直接・間接に大きな影響を及ぼし，1930年代になって装飾を排した幾何学的抽象美を志向する作品を生み出す影響源になった。

こうしたイデオロギーを前面に押し立てる近代建築運動とは対照的な参照点として，ここで村野藤吾にも着目しておきたい。

村野は過去の再生も未来への指向も退け，西洋歴史主義や日本的伝統の直写も否定し，しかし「私」という恣意を極大化することでそのいずれをも自由闊達に組織し「現在」の様式を生み出そうとした。この態度が日本資本主義の発展過程で新興ブルジョワジーから支持を得たことは，彼らを施主とする多数・多様な作品が物語っていよう。

日本の近代建築は，西欧の新傾向にそのつど想を仰ぎながらなんらかの美的近代性を追求するという側面をもつ。この過程を通じて，技術と表現をめぐる合理性，作家性，日本的伝統，社会性といった戦後建築の展開の起点となる問題群が準備されていったといえる。

後藤慶二 (1883−1919)

　明治42年 (1909) 東京帝国大学建築学科卒業。学生時代より劇場に関心をもち，卒業論文「日本劇場発達史」にまとめる。司法省技師となり豊多摩監獄の設計・監理に携わる。この経験を通して，建築創造とは何かを巡って思索を深め，その原理は人間の外部から与えられるものではなく内面から生まれるとした。この原理を実際の建築設計に当てはめるとき，意匠と構造との関係における真＝美の問題に逢着し，構造学研究を進めて鉄筋コンクリート造研究の先駆者の一人となる。建築設計を様式の選択や折衷で捉えるかつての議論から離れて，人格陶冶や職業的倫理までを含む美の問題として捉えようとする大正期近代建築運動のキーパーソンの一人だが，35歳で夭折。その思索の跡は『後藤慶二氏遺稿』（大正14年 (1925)）にたどることができる。

分離派建築会

　東京帝国大学建築学科の同期生6名（石本喜久治，滝沢真弓，堀口捨己，森田慶一，山田守，矢田茂）によって，卒業時の大正9年 (1920) に結成された。自らの建築理念を「宣言」として表明し，展覧会を開催して空想的な建築構想を図面と模型で示し，同時に作品集を出版するという活動方法は画期的で，これにより日本初の集団的な近代建築運動とされる。名称の「分離」は，「宣言」にある「過去建築圏より分離し，総ての建築をして真に意義あらしめる新建築圏を創造」に因む。卒業後まもなく彼らの多くは実作を世に問う恵まれた立場を得ていったため，展覧会開催は昭和3年 (1928) まで継続されたものの，集団的な運動としての当初のインパクトは逓減するものの，同会が刺激を与えて後に続く前衛的傾向の集団を生む契機となった意義は大きい。

合理主義

　近代合理主義は，神的理性からの自然的理性＝人間的理性の独立として現れ，市民階級の台頭や自然科学の発達と結びついて17，18世紀に西洋近代社会を形成した。さらに産業革命以降に機械化や動力化，工業都市の発展，交通の発達が進んだ。こうした事態が建築に反映して生まれたのが合理主義の建築である。その現れ方は多様だが，基本的傾向としては，鉄・ガラス・コンクリートといった新材料を用いて，それらの材料特性にふさわしい構造と意匠を追求し，使用目的とその効果を効率的・経済的に実現しようとする。そして，それらが十全に達成された状態に美を見出そうとする。結果として，装飾や象徴性，因習的な間取りは忌避され，代わって幾何学的抽象形態や理論的裏付けの確かな計画が称揚され

る。しかし同時に，それらに対する批判が生じてくるのもまた近代の特質である。

ル・コルビュジエ (Le Corbusier)，バウハウスの影響

　西洋に追いつくことを課題として開始した日本の近代化において，建築もまた，西欧の新傾向に想を仰ぎながら新しい近代美を追求してきた。昭和初期のモダニズム台頭期に大きな影響を与えたのは，ル・コルビュジエとバウハウスである。その要因の一つとして，日本人の弟子，留学生の存在が大きい。前川國男は昭和3年 (1928)，東京帝国大学建築学科卒業後すぐに渡仏してル・コルビュジエに入門，翌年には坂倉準三が続く。東京美術学校（現東京藝術大学）助教授だった水谷武彦は，昭和2年 (1927) に文部省の命を受けて渡独，いったんライマン美術学校に入学するが当地でバウハウスを知り転学。昭和5年 (1930) には，美術学校出身の建築家山脇巖が夫人道子とともに留学する。これらの人びとの帰国後の活動により，その影響はかたちを変えながら戦後にまで及ぶことになる。

村野藤吾 (1891−1984)

　大正7年 (1918) に早稲田大学理工科建築学科卒業，渡辺節建築事務所に入所。昭和4年 (1929)，独立して建築事務所開設。爾来最晩年にいたるまで，大阪を拠点に全国規模で，旺盛な設計活動を行った。著述活動もよくし，とくにB.タウト（Bruno Taut）来日時の講演録「日本における折衷主義の功禍」（『建築と社会』1933年6月号）は，同時代に台頭したモダニズム建築論が批判の標的としていた「折衷主義」についてその現実的で功利的な効能を称揚するもので，それが商業主義と通底しているとしても，現実には脆弱な社会的基盤しかもたなかったモダニズム建築に対する批判となっている。1950年代以降に，日本芸術院会員，日本建築学会賞，文化勲章受章など多数受賞章。

参考文献

野田俊彦，建築非芸術論，建築雑誌，346号，714-727，1915.
分離派建築会，分離派建築会・関西分離派建築会『分離派建築会宣言と作品』（『叢書・近代日本のデザイン25』）（復刻版）ゆまに書房，2009.
デニス・シャープ編，彦坂裕・丸山洋志訳『合理主義の建築家たち：モダニズムの理論とデザイン』彰国社，1985.
高階秀爾，鈴木博之，三宅理一，太田泰人編『ル・コルビュジエと日本』鹿島出版会，1999.
五十殿利治「受け継がれる〈バウハウス〉体験」（『バウハウスとその周辺Ⅰ（バウハウス叢書 別巻1)』）中央公論美術出版，1996.
長谷川堯『村野藤吾の建築−昭和・戦前』鹿島出版会，2011.

[梅宮 弘光]

住宅の近代化

　明治以降の欧米化政策のなかで，上流層の人々は，伝統的なユカ座生活を基本とする和館とともにイス座生活の洋館を構えた。この和館と洋館を併置する形式は和洋館並列型住宅と呼ばれ，明治30年代になると都市中間層の人々の住まいにも影響を与え，伝統的な和館の玄関脇に応接室としてイスとテーブルを配した洋間をもつ形式が出現した。

　生活や住まいの洋風化の浸透に伴い，伝統的住宅の批判も始まった。特に批判されたのは，和館の襖・障子で仕切られた和室の在り方で，声の筒抜けや通り抜け，また，寝室や食事室などの多様な用途に使えることが機能の未分化として問題視されたのである。こうした批判をもとに，玄関脇に洋間を構え，玄関から各部屋への動線を確保する中廊下を配した中廊下形住宅が明治末期に出現した。

　伝統的住宅の洋風化の動きと相俟って，欧米住宅や生活スタイルを理想的モデルとし，より積極的に生活や住まいを変えていこうとする機運も生じ，大正期になると新しい住宅の追求の動きが住宅改良運動へと発展していくことになる。起居様式をイス座とし，また，住まいも家族生活を中心とした家族本位とし，その象徴として居間（リビングルーム）を中心に据えた住宅に変えていこうという運動が展開されたのである。

　一方，明治後期から大都市の人口増加が始まり，都市周辺の郊外は徐々に住宅地化されていた。こうした郊外の住宅地化を積極的に推し進めたのが私鉄で，利用者を確保するために沿線に計画的な郊外住宅地開発を展開した。住宅地開発を専門とする土地会社も設立され，都市中間層と称される人々は，田園思想の普及もあって郊外を理想地として新しい住宅を建設し始めたのである。

　また，都市の人口増加は，郊外住宅地開発以外の様々な現象をも生み出した。その一つは，低所得者の保護政策としての公的住宅供給事業の開始であり，その中で新しい都市型住宅が誕生した。すなわち，高密度化した都市は，生活環境を破壊し，また，借家の家賃の高騰といった問題をも引き起こしていた。こうした問題は当然ながら，低所得者には死活問題であり，国家政策としての課題となっていたのである。大正9年（1920），内務省では，公的社会事業を実施するための資金を，公共団体に低利で貸し付ける低利資金融通策を開始した。これにより六大都市では，低利資金の融通を受け，主に低所得者を対象とした独自の市営住宅事業を展開した。横浜市や東京市では，住宅事業の中で，木造の集合住宅とともに，鉄筋コンクリートブロック造による2階建て・3階建ての高密度集合住宅（アパートメント・ハウス）を試作した。そして，このアパートメントを新しい都市型住宅のモデルとし，鉄筋コンクリート構造を用いて建設し続けたのが，大正13年（1924）の関東大震災直後に組織された同潤会であった。同潤会の手掛けたけアパートメントは現存しないが，現在の都市住宅の姿をいち早く提示した功績はきわめて大きい。

　一方，大正10年（1921）には，中流層を対象に住宅建設のための資金を貸し付ける住宅組合法が公布された。今日の住宅金融公庫の前身ともいえる制度で，これにより全国に多数の中小の独立住宅が建設された。また，この制度は見方を変えれば，それまでの借家中心の住宅供給システムを持家に変える政策の開始でもあった。

　なお，こうした都市を中心とする政策の展開とともに，農村や漁村の住宅の近代化をめざす動きもあった。その一つが，昭和10年（1935）に日本学術振興会の依頼で同潤会が行った東北農山漁村住宅改善調査の実施である。同潤会では，調査を踏まえ，改善住宅の標準設計を行い，昭和14年（1939）にまとめている。その成果はテキストとして東北6県に配布され，住宅改善の促進を促した。そして，その具体的成果は戦前期には実らなかったものの，戦後の農村改善の動きの中で調査結果並びに提案が生かされることになった。

中廊下形住宅

　明治末期から出現した住宅形式で，部屋の通り抜けという動線の問題，音や声の筒抜けという音の問題，各部屋の機能の未分化という問題の解決のために考案された住宅である。具体的な間取りでは，玄関脇に洋風の応接室が付き，玄関部から建物を縦断するように長い廊下が配された。室内は廊下で南北に二分され，南側は日当たりもよく，玄関側から応接室，座敷・次の間などの接客の場とともに家族の使用する居室，北側には玄関側から女中室，便所，浴室，台所，納戸などの生活を支える付帯施設が配された。

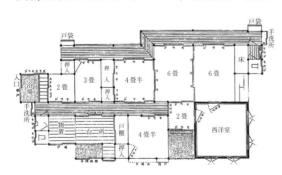

中廊下形住宅平面図

住宅改良運動

明治30年代頃に始まった在来住宅批判は、大正期になると新しい住宅や生活を求める運動へと展開していく。とりわけ、民間側から住宅改良を目的に運動を行ったのが大正5年（1916）から活動を開始した「住宅改良会」である。中心人物は、住宅専門会社「あめりか屋」店主橋口信助と女子教育家の三角錫子で、橋口はアメリカでの生活経験をもとに、わが国にアメリカ住宅の導入をめざした。住宅改良会の主活動は、機関誌『住宅』の発行であり、また、住宅設計競技の実施であった。

大正9年（1920）には、北海道帝国大学教授の森本厚吉が「文化生活研究会」を組織し、文化生活の普及の一環として住宅改良をめざした。また、森本は大正11年には財団法人人文化普及会を組織し、モデルハウスとして文化アパートメントを建設した。一方、官側では大正9年に内務省の外郭団体として生活改善同盟会が創設された。その中で組織された住宅改善調査委員会は、新しい住宅への転換をめざし、その年に早くも『住宅改善の方針』として①起居様式を椅子座とする、②接客本位を家族本位とするといった新しい住宅の基本方針を発表するなど、当時の住宅改良運動の指導的役割を担った。

郊外住宅地

産業革命後のイギリスの都市部は、急激な人口増による住宅不足や住環境悪化といった都市問題を抱えた。その解決方法としてE.ハワード（Ebenezer Howard）は、1898年、都市と田園の両方の利点を生かした田園都市論を発表し、翌年には田園都市協会を創設し、ロンドン郊外のレッチワースに実際の田園都市を建設した。この動きは、わが国でも注目され、E.ハワードの田園思想が急速に浸透していった。郊外住宅地の開発を具体的に展開したのは、わが国では関西の私鉄や土地開発会社で、阪神電鉄では明治41年（1908）に『郊外居住のすすめ』を発行し、郊外居住の健康性を主張し、その事業にあたった。こうした動きは、関東の電鉄や土地会社の手本となり、大正期になると関東でも郊外開発が積極的に進められた。

アパートメント・ハウス

集合化して生活する住まいの形式は、長屋といった名称で呼ばれ、古くから存在していた。ただ、近代以降になると、より高密度に集合化され、かつ、耐震・耐火性能を備えた新しい都市型住宅が出現した。それがアパートメント・ハウスである。軍艦島のアパートメント・ハウスが古い例として現存しているが、本来的には都市型住宅として導入された住戸形式であり、最初期の事例として大正10年（1921）に竣工した鉄筋ブロック造の横浜

市営共同住宅や大正11年の東京市の古石場市営住宅が知られる。これらは低所得者用の住まいとして実施されたものであった。一方、財団法人文化普及会は、文化生活のためのモデルハウスとして大正14年（1925）に中・上流層の人々を対象とした文化アパートメントを建設し、新しい生活像・住まい像を提示した。震災後は、同潤会が都心部に新しい都市型住宅のモデルとしてアパートメント・ハウスを手掛け、戦後の定着の基礎を築いた。

住宅組合法

明治後期から続く大都市への人口集中化の動きは、大正期の第一次世界大戦後、一層の大都市の住宅不足を引き起こした。こうした動きを緩和するために、大正9年（1920）以降、政府は低利資金を公共団体に貸し付け、独自に住宅不足緩和のための事業を求めた。このため、東京市や横浜市などの六大都市は、低所得者を対象に市営住宅事業を開始した。一方、中流層を対象とした住宅不足緩和策として実施されたのが、大正10年（1921）の住宅組合法であった。すなわち、中流層には、住宅を貸し与えるのではなく、建設資金を融通し、自ら持ち家を建設することを求めたのである。ただ、低利資金の融通は個人ではなく、7名以上の組合員による住宅組合を対象としていた。基本的には、建物は原則として50坪以下とし、70坪以下の敷地に35坪以下の住宅を建てる場合は地方税などが免除され、公有地の取得などの特典が与えられた。

東北農山漁村住宅改善調査

昭和10年（1935）に日本学術振興会では、東北地方が文化面も産業面もともに他地域と比べて遅れていることを理由に、生活の場であり仕事場である住まいを改善し、その向上をはかることを目的とした調査を同潤会に依頼した。同潤会では、調査研究の実施と実施結果を反映した改善住宅の標準設計の依頼を受け、中村寛と今和次郎を担当者としてその成果を昭和14年（1939）にまとめている。その成果はテキストとして東北6県に配布され、住宅改善の促進を促した。その成果は、戦後の農村改善に大きな影響を与えた。

参考文献

太田博太郎編『住宅近代史』雄山閣，1969.
内田青蔵『あめりか屋商品住宅―「洋風住宅」開拓史』住まいの図書館出版局，1987.
本間義人『内務省住宅政策の教訓』御茶の水書房，1988.
渡辺俊一『「都市計画」の誕生』柏書房，1993.
内田青蔵『同潤会に学べ』王国社，2004.
内田青蔵『日本の近代住宅』（『SD選書』）鹿島出版会，2016.

［内田　青蔵］

植民地の建築

　ここでは，日本の植民地に建てられた建築を紹介する。ただし，ここで使う「植民地」とは，別項「植民地経営」で示したとおり，20世紀前半の時点での国際法上の植民地ではなく，日本の支配地全体を指す語句として使う。

　日本の植民地に建てられた建築を総じていえば，次のような特徴があった。1点目は，建築構造について，日本が最初に支配した朝鮮の居留地や植民地となった台湾，さらに日露戦争直後の関東州では木造建築が建てられたが，その後，煉瓦造を主体とした建築が建てられていった。2点目は，建築用途について，支配地に多数の日本人が移り住んだことから，新たな住宅が必要になったことは当然としても，各地の支配機関が優先的に建設した建築は病院や学校といった公共建築であった。3点目は，建築様式について，19世紀末から1920年代まで，特に公共建築では西洋建築を規範とした建築が建てられていったことである。4点目は，それぞれの支配地で建築規則が実施されたことであった。

煉瓦造の推進

　1点目について，煉瓦造が主体構造になった理由は，主として耐火性能の確保と都市の美観の確保があった。一般的に木造に比べて耐火性能の高い煉瓦造建築を奨励することで，都市全体の不燃化，耐火がはかられた。これは，4点目と連動し，それぞれの地域で実施された建築規則によって誘導された。また，地域の状況に応じた個別の理由として，台湾では，下見板張りの木造建築がシロアリ被害を受け，その後，煉瓦造や鉄筋コンクリート造が導入された。台湾での鉄筋コンクリート造の普及は，日本国内と比較するだけでなく，世界的に見ても早い例であるが，同時に鉄筋の爆裂やコンクリートの中性化という鉄筋コンクリート造特有の問題も世界で最初に経験する地となった。

　台湾で煉瓦造から鉄筋コンクリート造への転換がはかられた時期，大連など満鉄沿線の都市では豊富な煉瓦生産を背景に建物全体を鉄筋コンクリート造化する動きは少なく，鉄筋コンクリート・ラーメン構造に煉瓦の壁体をつくるという構造形式が一般化した。

公共施設整備

　2点目について，支配機関が優先的に建設を進めたのは病院や学校という市民生活に直結した建物であり，その余波を受け，**総督府庁舎**のような支配機関の庁舎新築は後回しになっていた。台湾総督府庁舎は総督府設立から23年後（大正8年（1919）に，朝鮮総督府庁舎は総督府設立から16年後（大正15年（1926））に竣工して

いる。また，関東都督府の場合は，改組された関東州庁の庁舎が竣工したのは都督府設立から31年後（昭和12年（1937））であり，鉄道附属地の行政を行っていた満鉄の本社屋にいたっては新築されることはなかった。それぞれの支配地で，市民生活に直結する建物が新築される構図が明確に存在していた。そこには，いずれの支配機関にも市民生活の向上をはかることが，支配の継続と強化につながるという判断があった。

支配能力を示す建築

　3点目について，19世紀末から20世紀初頭の日本の植民地支配は，欧米列強諸国を中心とした国際秩序の枠組の中で進められた。その中で，日本は植民地支配能力のあることを見せる必要があり，それを認めてもらうことで，支配を維持していた。そのためには，少なくとも東アジア地域における列強支配地に建てられた建物と比較可能で，かつ，同等同質の建物を建てる必要があった。したがって，和風建築を建てるという選択肢はなかった。台湾総督府庁舎がクィーン・アンの延長線上に位置する辰野式建築であり，朝鮮総督府庁舎が近世復興式と呼ばれたネオバロック様式で建てられていることは，それを示す好例である。

　ところが，1930年代になると，日本建築，朝鮮建築や中国建築の意匠を取り入れた公共建築が建てられていく。満洲国国務院庁舎，朝鮮総督府美術館，高雄市庁舎は，その好例である。このような様式の変化の境目は満洲事変（昭和6年（1931））とその翌年の満洲国の成立であった。それによって列強諸国による東アジア支配の枠組からはみ出た日本にとって，もはや，他国に支配能力を認めさせる必然性はなく，東アジア地域における列強諸国の建築と比較されるべき建築を建てる必然性もなくなった。

不燃化・衛生・美観を確保した建築規則

　4点目について，台湾総督府は設立から4年後の明治33年（1900）に台湾建築規則を，朝鮮総督府は設立から3年後の大正2年（1913）に朝鮮市街地建築取締規則を実施した。また，関東都督府は，設立以前の明治38年（1905）に公布されていた大連市家屋建築取締仮規則を継続実施した。さらに満鉄鉄道附属地の行政を担当していた満鉄も明治40年（1907）に家屋建築制限規程を実施した。これらの建築規則に共通していたことは，個々の建物の不燃化と衛生状態の向上をめざしながら，市街地全体の不燃化と衛生状態の向上を確保するものであった。さらに，台湾や大連，満鉄鉄道附属地で実施された規則では，市街地の美観の確保もはかられた。

総督府庁舎

　台湾と朝鮮半島を植民地とした日本は，それぞれに総

督府を設立した。設立当初の庁舎は，台湾総督府が清の地方機関であった台北布政使司衙門の建物を使用し，朝鮮総督府は前身機関であった統監府庁舎を使用した。その後，台湾総督府は，明治40年（1907）に庁舎新築の設計競技を行い，乙入賞した長野宇平治の案を基に営繕課技師の森山松之助や課長の野村一郎が新たな新築案をつくり，大正8年（1919）に竣工した。

朝鮮総督府は，ドイツ人建築家 G. デ・ラランデ（Georg de Lalande）に庁舎の設計を委ねたが，彼が死去したため，台湾総督府を退職した野村一郎を顧問に迎え入れ，営繕課技師の国枝博を中心とした人々が設計を進め，建物は大正15年（1926）に竣工した。いずれも，総督府設立から庁舎竣工まで多年を要した。

亭仔脚

街路に面して確保されたアーケードであり，道路に面する建物がそれぞれ同じ幅のアーケードを連続させることで，屋根付の歩廊としたものである。日差しが強く，雨の多い台湾，中国南部や東南アジアの市街地では，人々の移動を確保する手段として有効である。台湾では，19世紀末に台湾巡撫として滞在した劉銘伝が導入をはかり，その後，台湾総督府が，明治33年（1900）実施の台湾家屋建築規則において，行政が指定した街路に面した建物に亭仔脚の建設を義務付けたこと，さらに，台湾総督府が進めた台北などの都市改造によって多数の亭仔脚が建てられ，急速に広まった。台湾では，現在でも亭仔脚を備えた建物が建てられている。中国大陸では，同じ形式の建物を騎楼と呼ぶ。

開拓移民住宅

20世紀前半，日本から朝鮮，中国東北地方，フィリピンには農業開拓移民が渡っていた。特に，満洲国政府の成立後，多数の農業移民が満洲国に渡った。彼らは，関東軍や満洲拓殖公社（満拓）が用意した土地に集落を形成した。その際，満拓は，入植者に住宅資金を融資しながら，「模範住宅」の「推薦規格設計案」を示した。例えば，昭和14年（1939）に建てられた住宅は，日干煉瓦の躯体に木造の小屋組を架けたもので，オンドルのある居室2室と土間からなる建物で延面積37 m²であった。昭和19年（1944）には木造パネルを使った居室2室に土間付で延面積35 m²の組立式住宅も試作された。これらは，入植者の多くが日本国内で生活していた住宅よりも「高水準」という意味合いが込められた住宅であった。

日本人町

日本の支配地における日本人の居住形式には二つの形式があった。一つは，台湾や朝鮮半島の都市に見られる

ように，既存の市街地に現地の人々と混住しながら，徐々に日本人居住区を増やしていく方法である。当時の京城（ソウル）にあった黄金町はこの典型である。1930年代に多数の日本人が住んでいた上海も，日本人が進出する前に成立していた共同租界の中で，居住地を確保していったので，京城の事例と似ている。それに対して，関東州や満鉄鉄道附属地，天津や武漢，蘇州といった都市に設けられた日本租界では，新たな市街地を建設して，日本人の居住区を確保した。これらの地では，概ね格子状街路を基本とした市街地が建設され，公共施設が整備されていった。

民族住居の近代化

20世紀において，植民地支配を維持していく上で重要なことの一つに，被支配者の生活の向上がある。しかし，台湾や朝鮮半島において支配機関が取り組んだことは，病院や学校などの公共施設整備による生活の向上をはかることと，建築規則による住宅の衛生状態の向上であった。例えば，台湾では建物の壁に土角（日干煉瓦）を使うことが多かったが，昭和10年（1935）に起きた地震の被害を受けて，土角の使用が制限された。しかし，支配機関が関与しながら民俗学者や建築関係者による伝統的な住宅の学術調査は行われたものの，それらが住宅改良や住宅の近代化に活かされることはなかった。また，満鉄や満洲国政府は中国人向け住宅を建設したが，これは労働力確保が主目的であった。

植民地神社

日本の支配地で市街地が形成されたときに必ず建設されたのが神社であった。それは，支配地での日本人社会の結束を確保する社会施設であるとともに，台湾，朝鮮半島では被支配者に対する皇民化の道具として活用された。したがって，いずれの側面をもっていても，市街地における神社の位置は，市街地建築や都市改造の一環として位置付けられることが多い。例えば，京城（ソウル）における朝鮮神宮は，同じ時期に竣工した京城駅とともに，京城・南大門周辺の再開発の一環でもあった。他方，大連神社のようにその地に生活する日本人が集う場としての性格が強い神社も多々あった。大連神社の敷地は，大連市街地を見下ろす高台にあったが，その周囲には日本人の高級住宅地が広がっていた。なお，植民地建築の中で日本の敗戦により最も早く壊されたのが神社建築といわれるが，実際には神社本殿のみを壊し，社務所や鳥居が残っている事例も見受けられる。

参考文献

西澤泰彦『日本植民地建築論』名古屋大学出版会，2008.

［西澤　泰彦］

戦時下の建築

　第一次世界大戦後の日本経済はきわめて不安定だった。戦後恐慌（大正9年（1920）），銀行恐慌（大正11年（1922）），震災恐慌（大正12年），金融恐慌（昭和2年（1927））と相次ぐ恐慌の後，世界恐慌（昭和4年）の影響が昭和5年（1930）に決定的になる（昭和恐慌）。都市部の失業問題や消費後退，農村の壊滅的な疲弊や飢饉といった状況のなかで，昭和6年（1931）9月に満洲事変が勃発し，翌昭和7年に「満州国」が誕生。同年五・一五事件後の斎藤実挙国一致内閣成立で政党政治は終焉を迎え，以後右翼的な革新派の国家官僚らによって計画経済を軸とする新体制が目指された。その中心となった企画院は，昭和12年7月の盧溝橋事件（日中開戦）後に発足し，翌昭和13年5月に国家総動員法を制定，戦時下の統制経済諸策を一本化して各省庁に実施させる強大な権限を集中させた（昭和18年（1943）年11月より軍需省）。この時期，先進諸国でもソ連のスターリン体制，ドイツのナチズム体制，イタリアのファシズム体制，米国のニューディール政策などの「新体制」への同時的移行がみられる。

　この期間に準備された戦時体制は，何よりもエネルギーや資源の開発，重工業化と産業合理化を必要とし，これが企業の集中・成長と独占を促した。日本は「第二次産業革命」とも呼ばれる工業部門の急成長を実現して昭和8年（1933）には恐慌を抜け出す。都市への未曾有の人口集中と帝国レベルの土木事業の活発化もまた戦時期の特質である。疲弊する農山漁村では国策的な経済更生運動が展開されたが，東北地方や満洲の開墾移住もその一環だった。イデオロギー的には，自由主義的資本主義が社会にもたらした疲弊や矛盾の国家による調停・融和，日本民族の精神的・文化的伝統の強調，大東亜共栄圏の構想などが特徴だろう。

　日本の建設量および主要資材生産量は，昭和12年に戦前のピークを迎える。ただし建設業界の場合，帝都復興および失業救済土木事業もあって恐慌の影響を大きくは受けずに需要の増大を享受し，他部門の企業における大量解雇や農民の都市流入を労働者として吸収することで建設量の伸びに対応したことが特徴的だった。このため他の工業部門にみられた企業集中や経営合理化が進まず，むしろ中小企業の増加および元請・下請制を維持した労働強化が顕著であった。

　建築諸分野での官僚機構の肥大化も，この時期の傾向として指摘できる。急激な都市化と住宅不足，都市計画の適用拡大，土木事業の活性化を背景とする内務系官僚

の増員，大蔵省営繕管財局を中心とする官庁営繕の拡大，逓信省や鉄道局の技術者増員，さらには戦中期にむしろ造営が活発化した内務省神社局（昭和15年（1940）より神祇院）の営繕機構の肥大化などがそうであり，これは中央・地方の技術者ネットワークの形成を伴った。類似の課題を多数反復的に扱う環境にあった官庁技術者こそが業務の合理化と機能主義的建築思想をリードし，そして国家が建設を牽引して土木建築会社を支えた。これに対して民間需要を相手にする個人の民間設計事務所は経営に苦しみ，好況が戻ると商業主義的傾向に流れた。

　恐慌の影響とは反対に，戦争の打撃は建設産業にはかえって直ちに響いた。昭和12年に一連の**建築統制**が始まると，翌年から建設量は急激に落ち込んで昭和16年（1941）には決定的な麻痺状況に陥ったのである。昭和16年12月の日米開戦の頃には，計画経済を目指したはずの軍・政府もすでに混乱に陥っていたが，軍需工業関係の建設需要だけは昭和19年まで一定の水準を保った。この間，建設会社の陸海軍への従属，土建業の地方系統的な組織化といった業界の戦時編成も進んだ。昭和17年～20年には代用技術の研究・振興に課題は絞られた。

　他方，都市計画分野では，昭和12年（1937）防空法公布，翌昭和13年防空建築規則制定に続き，昭和14年には5大都市周辺防空緑地計画が発表され，昭和15年には防空を盛り込んだ都市計画法の改正が行われる。この頃，都市の労働者向け住宅不足が深刻化したのを受けて厚生省が昭和16年に**住宅営団**を発足させた。また，昭和16年頃から防空問題は産業と人口の分散を指針とする国土計画の構想へと転換していった。これも最後は防空建物租界，迷彩塗装，灯火管制が残されるのみであった。

　建築学研究は，総じてこの時期の科学技術研究の展開から取り残されたが，防空関連研究だけは例外であり，内務省防空研究所の設置，東京大学での都市防空・都市計画講座の開設をみている。建築学会でも都市防空，戦時建築規格，住宅問題などに関する委員会を設置したが，戦局の拡大につれて満洲などの北方に加えて南方へと帝国の領域が急激に広がり，昭和17年（1942）の大東亜省設置を契機に大東亜建築委員会を置いている。日本の建築学と建築家・建設産業がカヴァーすべき領域の極端な拡大は，人文地理学，地政学，環境工学的な建築理解の端緒を開き，このことは建築の創作理論にも大きな影響を与えた。

建築統制

　国家総動員体制下，建築生産に影響を及ぼした一連の法令などによる統制のこと。昭和12年（1937）から昭

和15年（1940）までに，資材の消費や輸出入の抑制，ついで資材供給方式の統制へと進み，さらに民間の建築活動自体を制限する法令も出された。これにより軍需以外の民生部門の建築生産は極度に圧迫された。

昭和12年9月の「臨時資金調整法」と「輸出入品等に関する臨時措置法」が一連の統制の皮切りであり，つづく同年10月の「鉄鋼工作物築造許可規則」は鉄鋼を用いた建築物を許可制としてその使用量を抑え，翌昭和13年7月には軍需以外の鉄鋼工作物築造は事実上すべて禁止された。昭和15年までに資材統制はほぼ全建材に及び，防空建築規則に基づく改造だけが残った。また昭和14年11月制定の「木造建物建築統制規則」は100m²以上の住宅建築を禁じた。この趨勢への対処として，戦時規格の制定や代用資材の開発・振興がはかられたが，建築行為自体が逼迫して画餅に帰した面が強かった。

戦時下の建築造形

1920年代後半から1930年代にかけて，鉄筋コンクリート造の躯体に西洋の古典主義を簡略化した石・タイル張りの表現を施し，日本の寺院・城郭風の屋根や塔を冠するスタイルが流行し，のちに「帝冠様式」と呼ばれることになる。これに通じる表現が，満洲国の首都長春（新京）に建てられた相賀兼介設計の第一庁舎・第二庁舎（昭和7年（1932）），石井達郎設計の国務院庁舎（昭和9年）などの官衙施設に見られるが，これらは満洲建国の理念や満洲在留邦人の一種の地域ナショナリズムが託されたもので，「満州式」（興亜式）と呼ばれた。満州では近代建築家にさえ折衷主義への回帰を選ばせた面がある。

他方，戦中期の日本では，昭和11年（1936）に発足し昭和16年頃まで雑誌「現代建築」を出した日本工作文化連盟が，近代建築の推進とその日本文化との結合を先導する近代建築家たちの新たな運動体となった。彼らは連盟の活動停止後も建築学会の大東亜委員会での議論や，いずれも丹下健三が1等を獲得した「大東亜建設記念営造物」（昭和17年）および「在盤谷日本文化会館計画」（昭和19年）の両設計競技と浜口隆一による理論化などを通して，「帝冠様式」や「満州式」の折衷主義を批判しつつ，行為に沿って生成する空間，あるいは自然環境と建築との一体的な環境構成を近代的かつ日本固有のものとする造形理論を構築し，戦後復興期の近代建築の論調につながる基盤をつくった。

住宅営団

昭和16年（1941）5月に設立された，庶民住宅大量供給を目的とする経営財団。大正13年（1924）5月設立の財団法人同潤会を発展的に解消して発足し，昭和21年（1946）連合国軍総司令部（GHQ）の命令で解散したが，その実績は昭和30年（1955）7月設立の特殊法人住宅公団に継承された。

昭和13年（1938）1月発足の厚生省では，戦争の進展と都市部の労務者住宅不足を背景に住宅対策委員会を設置（昭和15年6月），その答申に基づき住宅営団法を昭和16年3月に成立させ，ついで住宅営団設立委員会および住宅規格協議会の審議を踏まえて住宅営団を発足させた。営団は，同潤会が手掛けていた労務者向木造住宅の供給事業を引き継ぎつつ，標準平面図に基づき年間数万棟規模の目標を掲げた大量供給を展開した。1940年代には朝鮮住宅営団，台湾住宅営団，関東州住宅営団など帝国内の他地域でも国策的住宅供給組織が活動した。

開墾地移住家屋

近代日本の開墾事業は，明治初期の旧士族の失業対策にさかのぼるが，第一次世界大戦と都市化の影響から大正7年（1918）に米騒動が発生したのを契機に，農林省では食糧増産策を目的として大正8年に開墾助成法を施行して未墾地の開墾促進をはかった。他方で農林省耕地課は大正9年からの開墾地移住奨励制度により移住家屋の建設に補助金を交付するとともに住宅の改良を促し，昭和5年（1930）には「開墾地移住家屋及同付属家屋設計図例」を刊行した。

昭和11年，東北地方集団農耕地開発事業が5ヵ年計画で着手される。戦間期の断続的な恐慌と飢饉を背景とする農山漁村の経済更生政策の一貫であった。開墾地は数十から百戸をいくつかの部落で構成し，各県耕地課の設計による20〜30坪程度の家屋が建設されて，これに移住奨励の補助金が公布された。なお，昭和6年（1931）から昭和20年（1945）までの満蒙開拓移民は同時期の農村経済更生策の大規模な展開であった。

参考文献

日本建築学会編『建築学の概観（1941〜1945）』日本学術振興会，1955.
日本建築学会編『近代日本建築学発達史』日本建築学会，1972.

［青井 哲人］

公共施設と空間

　封建社会から近代市民社会へと移行するなかで，近代化を進める公権力と市民生活との制度的・空間的な媒介となったのが各種の公共施設である。公共施設の整備は都市空間の近代化を促し，都市経営者たる公権力と市民の新しい関係を構築した。

　明治維新による政治・経済・社会体制の変革は，西洋化による富国強兵・殖産興業という国是を背景として，官公庁，学校，博物館・物産陳列所・商品陳列所，図書館，工場，鉄道駅舎などの新しい施設を生んだ。工場や鉄道駅舎は西洋からの技術移転と一体となって新築されたが，官公庁や学校は藩政期時代の陣屋や藩校を引き継ぎ，あるいはそれに足る規模の藩邸や寺院を転用して設置されたものが多い。旧来の建物を使用した施設も，組織や法の整備が進むにつれて活動に適した建築へと改められていった。

　新しく建設される公共施設には組織と同様に西洋の建築技術・意匠が意識的に採用され，制度的・視覚的に国家や都市の近代化を象徴した。最たるものは，欧米列強に近代国家としての威信を示そうと外務卿・井上馨が主導した官庁集中計画である。国賓や外国領事らとの社交場として建てられた鹿鳴館とともにネオバロック的道路網の中に配された官庁や議事堂，博物館，駅舎などの公共建築には，日本の近代化を示す装置となることが期待された。計画は法務省と大審院の完成に留まるが，現在の霞ヶ関につながる都市の骨格を形づくることとなる。

　このような官庁街は，建築の規模や集積の程度に差こそあれ，全国の都市に出現する。府県庁舎を端緒として公的施設が空間的まとまりをもって建設され，市役所，議事堂，官舎，警察本部，図書館，**商品陳列所**，公会堂，さらには商業会議所や武徳殿などが集積した。官庁街の建設に前後して鉄道の導入が進み，都市の新しい玄関口として**駅舎**が建設される。官庁街と鉄道駅は，藩政期からの商業中心地とともに都市の核となり，これらの接続を手掛かりとして都市空間の近代的再編が進んだ。

　公共施設の立地選択は藩政期の都市構造をいかに継承するかを決める分岐点でもあった。藩政の中心地であった城郭や武家地を官庁街として城下町の空間構造を引き継いだ都市もあれば，城郭とは無関係に官庁街を建設し，あるいは旧市街中心部に鉄道を引き込んで大胆な構造転換をはかった都市も少なくない。博物館・物産陳列所・商品陳列所は公園の基幹施設として整備される例も多く，大名庭園や城址を近代的な都市施設に読み替えるための役割も果たした。

　都市空間の近代的再編は人口と物資の集積を促し，日露戦争後には産業の工業化と連動して全国で都市化が進行した。都市化が引き起こす行政課題の解決は新たな公共施設に託され，都市域の拡大と併せて既存施設の移転・統合が進むこととなった。第一次世界大戦後に高騰した必需的食料品の安定供給をはかるため計画された公設小売市場や中央卸売市場はその一例である。中央卸売市場の新設は都市再編も誘引し，市中の卸売業者を吸収・統合することで既存の卸売市場を小売市場に転換させるなどした。一方で流入した新しい市民を受け入れる公設墓地の整備も進んだ。こうした都市的規模での整備事業の背景には，東京市区改正委員会以来，市場や墓地を含む公共施設が都市計画上の重要施設として位置付けられてきたという事情がある。

　公共施設の整備はその時々の行政課題への対応として進んだが，博覧会・共進会などの都市イベントや記念事業の開催も重要な契機となった。例えば，内国勧業博覧会や府県聯合共進会の開催都市では，このときの会場整備と物品収集を土台として博物館や商品陳列所が設立された例が多い。なかには，東京・上野公園や京都・岡崎公園のように，展示施設に加えて動物園や運動・娯楽施設まで集合する文化ゾーンへと発展した地域もある。

　大礼や戦勝などの記念事業は，行政・教育・衛生施設に比べて整備が遅れていた文化施設の建設を促した。記念事業には施設の建設費や運営費への寄付という形での市民参加も少なくない。大阪図書館（現・大阪府立中之島図書館），大阪市中央公会堂，東京府美術館など，欧米の寄付文化に影響を受けた資本家の援助で建設された施設もある。市民が関与して誕生した公共施設は，その建設を通じて都市と市民をつなぎ，都市空間に市民社会を体現する記念性をもたらした。

　明治初年に登場した近代的公共施設は，新政府が市民に近代化を印象付ける視覚的支配の装置ともいえる存在であった。公共施設が空間的な広がりをもって都市に展開し，やがて市民生活の中に浸透すると，その建設に市民が主体的に関与するようになった。都市の近代的な空間再編の核となった公共施設は，空間の公共圏として都市そのものを象徴する場となったのである。

官庁街

　明治維新を経て，近代国家としての統治機構を支える政府や地方公共団体の官公庁施設が都市に置かれるようになる。官公庁施設はしばしば集積して配置され，官庁街と呼ばれる地区を形成して都市の新たな拠点となった。城下町を基盤とする府県庁所在都市では，城郭に近接して官庁街が形成された例が多い。郭内の武家地が地方行政府に引き継がれて大規模な官有地となっていたこ

とがこれを可能にし，官庁街は政治的・軍事的拠点としての機能を失った城郭を近代都市の中心へと改造する役割も果たした。洋風建築が建ち並ぶ官庁街は近代化を象徴する空間として意識的に計画されもした。外務卿・井上馨は中央官庁が建ち並ぶ立派さで諸外国の信用を得ようと官庁集中計画を推進する。地方においても初代山形県令・三島通庸が県庁舎を中心とした官庁街を建設し，壮麗な官庁街を俯瞰する象徴的な構図で洋画家・高橋由一にこれを描かせている。

府県庁舎

　明治政府における地方行政の単位は府藩県三治制を経て明治4年（1871）の廃藩置県によって府県へと再編され，新たな地方行政執務機関として府県庁が置かれた。府県庁舎には，初期においては陣屋や寺院などが充てられた例が多く，政府による基準型の提示と資金補助，府県合併や職務内容の拡大に伴う官吏数の増大などによって徐々に府県庁舎の新築・改修が進んだ。明治5年（1872）には全国的に執務空間への椅子座導入が進み，建築意匠にも洋風が取り入れられるようになる。明治20年代以後，煉瓦造の採用や行政部分と議事堂の一体化が進み，兵庫県庁舎や京都府庁舎に見られる定型へと収斂したのち，大正後半期には鉄筋コンクリート造庁舎へと移行した。高塔や高屋根を掲げることが多い府県庁舎は，「県庁通り」などと称される前面大通りの整備なども手伝って，都市の近代化を視覚的にも象徴する存在となった。戦後，庁舎建築は民主主義のモニュメントたることが期待され，広場やホールなどの市民に解放された明るい空間を備える「民衆のための庁舎」が，モダニズムの造形言語で体現されていった。

商品陳列所

　明治初年，府県は管内の勧業を目的に，博物館や物産陳列所と称する常設の陳列施設を設置した。そこでは地元商工業者の参考となる内外の見本品や，対外的に紹介したい地元製品が陳列され，関連情報も収集・回覧された。明治中頃には欧州で流行する貿易促進機関の影響を受けて商品陳列所と称する施設も登場した。「陳列所」と総称されるこの種の施設は大正期までに全国的に普及し，大正9年（1920）には農商務省令に基づいて商品陳列所の名に統一される。その後，商工奨励館や産業奨励館などへと改称され，陳列所が担った集会や工業試験などの専門機能も，公会堂，工業試験場，見本市会場などへと分離発展した。こうした展開の背景には，陳列施設から情報施設へという社会的需要の変化に加えて，主要産業に合わせた都市ごとの事業選択がある。都市の個性は施設の立地や建築意匠にも影響を与え，特徴ある陳列所が各地に誕生した。

駅　舎

　明治5年（1872）の新橋―横浜間の鉄道開通を緒として全国的な鉄道網の整備が進められ，地方都市は近代国家のネットワークへと接続されていった。その結節点となる駅舎は交通・物流の拠点となり，都市に近代を呼び込む新しい玄関口となった。当初の新橋・横浜両駅こそ櫛形ホームであったが，日本の鉄道は都市部でも通過型ホームを採用する例が多く，駅舎は線路に沿うように建てられた。駅舎建設は都市を分断する線路の敷設を伴うため，既存市街地に対してどのように立地させるかは都市の発展に大きな影響を及ぼした。多くの場合，都市周縁部に駅舎を配置することで既存市街地をかすめるように鉄道が引かれたが，城下町中心部に駅舎を配置して積極的に都市改造に利用した例もある。大正期には東京や大阪などの大都市圏では近郊私鉄の発達によって都市化と郊外化が進み，私鉄ターミナル駅に併設された電鉄系百貨店は大衆消費社会を促した。

墓　地

　かつて墓地は寺檀制度によって寺院と不可分であったが，明治維新後の神仏分離を背景とする神葬祭の推奨と火葬禁止（明治6～8年（1873～1875））に伴う墓地不足への対応として，共葬墓地の公設が進んだ。都市への人口集積も，寺檀関係をもたない流入市民の埋葬場としてこれを必要とした。しばしば火葬場を併設する公設墓地は煤煙や衛生の問題から都市周縁部に置かれたが，やがて都市の拡大・発展を空間的に阻害する存在と見做されるようになり，墓地の整備は都市計画事業の重要課題となる。こうして大正期には墓地の大規模な整理統合と郊外移転が進められ，欧米の墓地にならった最初の「公園墓地」として多磨霊園が東京郊外に完成した。モダンな造形の噴水塔や花壇が配された公園さながらの明るく開放的な空間は，その後の墓地の典型となった。一方で，墓地が移った後も場所が持つイメージは容易に払拭されず，跡地利用に少なからざる影響を及ぼした。

参考文献

石田潤一郎『都道府県庁舎』思文閣出版，1993.
佐藤治『城下町の近代都市づくり』鹿島出版会，1995.
藤森照信『明治の東京計画』岩波書店，1982.
松山恵『江戸・東京の都市史』東京大学出版会，2014.
三宅拓也『近代日本〈陳列所〉研究』思文閣出版，2015.
井下清『建墓の研究』雄山閣，1942.
加藤政洋『大阪のスラムと盛り場』創元社，2002.

［三宅　拓也］

近代公園と思想

欧米の都市の広大な public park にならい，明治政府は公園を文明のシンボルとして各府県に設置させる。それがわが国最初の法制化された太政官布告による公園（太政官公園）である。一方で公園の設置は所有者の属性の問題，付随する歴史性を伴うストーリー，そしてその空間に価値を与える学知の台頭を生み出す。欧米の市民社会が良好な環境や運動の場を享受する権利としての公園を生み出した文化背景とは異なり，日本のそれは文明国のシンボルとしての官設優先の施設であった。日本の近代公園の歴史は，空間への価値付けの歴史と，風景・空間の開発と保護が拮抗した歴史ともいえる。

明治6年（1873）の太政官公園は群集遊覧の古来の名勝地で免租地ということで，近世以来の寺社境内や大名庭園など上地された土地（明治4年（1871）上地令）の活用の意図が濃い。したがって官有地に限られ，「公」園とは public park よりも national park の意味合いが強いとみなしてもよい。公園様の空間は様々にあり，社寺境内や，大名庭園に加え，招魂社（護国神社，靖国神社），神宮など創建神社，街路樹を伴った街路空間，河川敷，緑地帯などその形態はさまざまであるが，官有地という点，あるいは上地された土地という面では共通しているのである。

東京市区改正に始まる「計画公園」は都市施設として衛生政策を一義に掲げて設置されていく。最初の洋風公園・日比谷公園は回遊式庭園を含む一種和洋庭園要素の混在空間であった。また公園は「記念」という近代的祝典の象徴としてもつくられていく。大典，行幸など皇室の慶事（京都植物園，京都御苑，大阪城公園など），戦捷記念と忠魂碑の造営，博覧会開催記念（上野，天王寺，岡崎公園など），紀元二千六百年記念など国家と天皇と国民の空間であり，広場であり宮城前広場に究極象徴されるように national の側面が強調される。

大正8年（1919）の都市計画法と史蹟名勝天然紀念物保存法の制定は，空間の近代的施設による開発と近世以来の施設の顕彰・保存というまったく逆方向の理念を内包していた。都市計画公園は公園の定義が曖昧なまま，大正13年（1924）の都市計画主任官会議で6種の公園形態と1人2坪を市域で確保する「私案」が提示される。大阪府は河川堤防ならびに洪水敷を含めて1坪を標準と回答し，京都府は区域外の天然林野や市内の寺院，墓地を含めるとした。岡山市では2坪確保のため大名庭園・後楽園も公園面積に含めようとした。後楽園が官有地となり，各種催事や集会の場として一種市民広場的性格を

有し，まさに「公」園と理解されたからである。この面積確保を公園の標準とする思想は，戦後の都市公園法にも引き継がれ，今日なお公園面積の確保は自治体の課題である。

日本の公園はこのように歴史性（国家性）の付着する場面と，面積確保という即物性の機能する場面が混在するが，これは文化財としての保存が内務省衛生局→文部省→文化庁と管轄され，一方都市施設としての設置が内務省都市計画局→建設省（国土交通省）と管轄された差異での表れでもあり，大正8年の二法の成立から始まった思潮と政策の流れであった。

大名庭園は行幸啓のあった日本三名園に本多静六，田村剛の東京帝国大学林学系の学者が調査に入り，その文化財的価値を発信する。とくに内務省衛生局嘱託として田村は「小堀遠州流」という価値を岡山後楽園や高松栗林公園に付けていく。さらに掘り下げていえば，彼は岡山藩下級武家の出身であり，旧藩主庭園の価値を近代に位置付けた，ともいえる。このことは，歴史の史実であるか，ということより歴史性というイメージを学知の権威によって価値を形成し，顕彰し体系化する事象の初期の事例が大名庭園にみられるといってよい。大名庭園は，都市施設か文化財かという位置付けの問題で，これら学知の価値付けは大名庭園が市民広場的都市公園のイメージから，歴史的文化財としての類型に転換していく。

続いて，本多，田村は昭和の初期に国立公園設置のため，全国の風景地の価値付けをなす。田村の「林業芸術論」「森林の第三利用」などで「森林美」とは文化的間接利用，つまりリクリエーションのための開発論であり，同じく本多の門下生であった上原敬二の森林保存論と真っ向から対立する。結果的に国立公園は national park とはいえ，本多・田村の開発的森林保存と私有地包含を認めることで設置を促進していく。特に田村は瀬戸内海の眺望地を「大観」の地，というようにいくつかの風景類型をつくり，風景の価値を定量化することによって「日本の風景」を定義していった。

太政官公園

明治6年（1873）1月15日，太政官布告第16号によって初めて公園が法制化される。それは「三府ヲ始メ人民輻湊ノ地ニシテ古来勝区名人ノ旧跡等是迄群集遊覧ノ場所」であり，「従前高外除地ニ属セル分」とされた。つまり年貢などを免除された除地のうち，検地帳外の土地である高外除地を指し，官有地となった社寺境内や藩主庭園などが充てられた。東京では上野寛永寺（上野公園），京都では八坂清水の境内（圓山公園），大阪の住吉大社（住吉公園）などで，地方城下町では米沢城（大蔵

岡山後楽園（操山を望む）

省），岡山県操山偕楽園（藩主東照宮），福岡県高良山（高良神社境内除地），金沢兼六公園（藩主庭園），水戸偕楽園（藩主庭園）など官有地となっていた土地が公園となり，私有地は不許可であった。

大名庭園

　江戸時代中期より各藩の城外に築かれた庭園で，国元のものに江戸上下屋敷を加えると大小約 1,000 の大名庭園が存在したとされる。藩主庭園ともいう。その目的と利用は各藩，各代で様々である。一国一城で身分的制限のある城内とは異なる利用がなされた空間であった。明治 6 年（1873）時点で官有の庭園は兼六公園，常磐公園（偕楽園）のように太政官公園に指定されたものもある。岡山後楽園，金沢兼六園，水戸偕楽園は明治天皇・皇后の行幸啓があり，新聞報道で全国的に著名となったため日本三名園と顕彰された。大正 8 年（1919）の史蹟名勝天然紀念物保存法を受けて，本多静六，田村剛，原熙ら林学系の学者らにより大名庭園の価値付けが行われ，この三名園に加え高松栗林公園が大正 11 年（1922）名勝に指定される。

日比谷公園と東京市区改正

　わが国初の洋風公園として明治 36 年（1903）6 月 1 日に仮開園式をあげた。日比谷公園は明治 21 年（1888）の東京市区改正委員会において陸軍日比谷練兵場跡地を敷地として造営されることとなった。総面積 51,000 坪で，翌 22 年 5 月告示の市区改正条例の「公園ノ部」第 1 に指定された。造営は明治 33 年（1900）日比谷公園造営委員会において，設計を本多静六が担当した。車歩道の分離，街灯，水道と噴水，シンメトリーな構造をもつ洋風庭園と回遊式の和風庭園，これに遊技場，競技場を有し，公園は都市施設として認識されていく。東京市区改正新設計公園案（明治 36 年）には，上野，愛宕，お茶の水，深川，浅草公園の他，青山，染井，雑司ヶ谷墓地などがあげられた。

都市計画公園

　大正 8 年（1919）制定の都市計画法（旧法）第 16 条において「公園」は道路，広場，河川，港湾とともに都市計画事業の「施設」として定義された。これより公園の管轄は内務省衛生局から都市計画局に移管する。その具体像については，大正 13 年（1924）の第 1 回全国都市計画主任官会議において「内務省都市計画局第二技術課私案」にて示された。そこには公園の種類として児童，近隣，都市，自然，運動，道路公園の 6 種と，そして市民 1,500 人あたり 1 ha（1 人 6.6 m^2，約 2 坪）の公園面積の確保が盛り込まれた。その後，昭和 2 年（1927）第 2 回同会議においては「区画整理審査標準」が示され，その中で土地区画整理施工面積の 3% を公演地として確保することが規定された。

国立公園

　大正年間の史蹟名勝天然紀念物保護運動を受けて，国土と風景の保護が議論され，内務省衛生局が調査を実施した。その中心にいたのが後に「日本国立公園の父」とよばれる田村剛である。国立公園は，日本を代表する大風景の保護と，国民の体育休養の施設という当初より「保護」と「利用」の 2 側面をもち合わせていた。昭和にいたり指定を加速するため，私有地の国有化はせず，国立公園内に含め財政負担の少ない政策への転換がなされた。その風景を田村が決めていった。昭和 5 年（1930）11 月 11 日，田村は瀬戸内海の岡山県下津井鷲羽山に登り，パノラマ景を「発見」し，それを「大観」と価値付けた。瀬戸内海の風景は「大観」を持つ眺望地が顕彰されるが，それは地元や資本家があらかじめ準備しておいた地でもあった。昭和 6 年（1931）4 月 1 日国立公園法公布。田村は指定地内に車歩道，ホテル，キャンプ場など積極的に開発して施設を有する日本型の国立公園モデルを提示し，昭和 9 年（1934）3 月，瀬戸内海，雲仙，霧島が最初の国立公園となる。

参考文献

丸山宏『近代日本公園史の研究』思文閣出版，1994．
村串仁三郎『国立公園成立史の研究』法政大学出版局，2005．
小野芳朗「帝国の風景序説－城下町岡山における田村剛の風景利用」（高木博志編『近代日本の歴史都市』）思文閣出版，2013．
小野芳朗「風景の近代化－瀬戸内海風景の発見と創建」（中川理編『近代日本の空間編成史』）思文閣出版，2017．

　　　　　　　　　　　　　　　　　［小野　芳朗］

342　第4章　近代

街路空間

　都市空間の近代化を示す最も象徴的なインフラが街路であろう。近代的交通手段の登場により，都市間を結ぶ道路の整備が政府により進められるが，市街の道としての街路の整備は，都市ごとに地方政府によって進められていく。帝都・東京では，内務省によって明治21年（1888）に公布された東京市区改正条例により，上下水道敷設なども含め，大規模な道路拡幅事業が進められた（⇨都市計画前史としての市区改正）。他の都市でも，同時期に規模は小さいものの，新設される鉄道駅と市街中心部を結ぶ街路などの拡幅や新設が行われている。そして，大阪や京都などでは，東京の市区改正と同様の街路拡幅事業とそこへの市電（市街電車）敷設が，明治後半期から進められることになった。それにより，町を単位とした近世の空間構造が，都市全体を貫く骨格をもった開かれたものに変容することになる。

　一方で，都市の街路の取り締まりも行われるようになる。明治初年，木戸門の撤去などが進むと，道路の往来が自由になることで，都市の街路の公共空間としての性格が強くなる。まず，明治5年（1872）頃までに，東京，大阪，京都などでは，庇地制限，つまり街路に軒や庇を突出することや，往来の妨害になる仮設店舗（床店）などを設置することを禁じる布達が出される。これは街路の建築線を規定しようとしたものだが，そもそも近世都市における街路と建築物の境界は曖昧であり，そこに直ちに明確な規制を実現することは難しかった。

　しかし，しだいに街路の取り締まりは地方政府の重要な課題となっていく。明治10年代には，各地の府県で，街路取締規則が制定されるようになる。それは，庇地制限に含まれた道路の占用の規制だけなく，道路幅や，現在の道路交通法と同様の道路での行為に関する規制も含まれるようになる。そして，明治19年（1886）に至り，それらの規則を整理したものとして，内務省令の街路取締規則標準が示されることになった。これにより，各府県での街路取締規則の制定が進められていくことになる。

　そうした規制と，道路拡幅の都市改造により，日本の都市街路は，近代的な姿を整えることになる。そして，そこに登場する街路は，都市の新しい公共空間であるため，空間演出の設えの場ともなっていく。各種の記念祭や戦勝記念の提灯行列などにおいて，街路はその舞台として華やかに装飾されることになった。とりわけ，大礼のような国をあげての大イベントの際には，大都市において，街路や，市電のポールに濃密な市街装飾が飾られ，広場には巨大な緑門（アーチ）が設置された。それらに

より，都市は街路を中心としたスペクタルな様相を現出させることになった。

　そして，都市における土地区画整理事業が進むと，街路の景観は異なる変化を見せることになる。都市区画整理事業は，大正8年（1919）に制定された都市計画法で規定され，大都市において急速に進むが，とりわけ，関東大震災後の東京においては，帝都復興事業の中核事業として，大規模に行われた（⇨後藤新平と帝都復興）。それにより整備された新しい街路沿いに，従来の伝統的な様式とは異なる西洋意匠の店舗併用住宅が並ぶようになる。それらは「看板建築」と称されることになるが，その後，同様に街路整備が進む全国に波及することになる。看板のように平滑なファサード（正面）に，看板のように意匠をちりばめた商店が並ぶ姿が，日本の街路景観として，大正，昭和戦前期を通じて定着することになった。

　一方で，街路樹や街灯も一般化していく。街灯は，瓦斯灯から電灯へ変化しながら，夜間照明としての機能から設置が進むが，大正末からは，商店街を飾る目的から鈴蘭灯などデザインされたものが急速に日本中に普及していった。こうした装置により，街路の景観は洗練されていき，それが賑わいを生むものともなっていく。それに伴い，街路の美観についても意識されるようになる。電柱の広告は，明治23年（1890）から認可され，その後日本の都市空間を飾る要素として広まっていったが，これは昭和初期において盛んになる都市美観の議論の中で，醜悪なものとして指摘されるようになっていく。

　街路空間については，このように公共性と商業的活動の両面から捉える視点が常にあったが，その意味で注目されるのは，台湾の亭仔脚（軒下歩道）（⇨植民地の建築）であろう。それぞれの商店が軒下部分を公共空間としての歩道として提供するもので，日本統治下の都市計画事業の中で設置が義務付けられた。私有地でありながら公的空間であるという，その両面的性格から，現在に至るもその管理や統制を巡ってさまざまな議論や試行が続いている。

街路取締規則

　明治10年代に東京府をはじめいくつかの府県では，それぞれに異なる街路取締規則が施行される。それは共通して，街路における看板，床店，屋台の設置や，そこでの交通や行為に関して制限を設けるものであったが，取り締まりの基準などは統一されたものではなかった。そこで，政府は明治19年（1886）に，その標準となる規則を内務省訓令として提示し，それを参考にして各府県が規則を設け内務省の認可を得て施行することを求めた。これにより，その後の植民地も含め，街路の利用に関する同

様の取り締まりが行われるようになるが，それは都市計画法以前において街路空間のあり方を規定するものとして重要な意味をもった．ちなみに，その街路取締規則標準の最初には，「本則は市街の道路に適用する」とされており，ここで「街路」が定義されているといえるだろう．

看板建築

関東大震災以降，建物の前面に看板を兼ねたような外壁を持つ木造の店舗併用住宅が大量に建てられるようになるが，建築史の藤森照信は，それを「看板建築」と命名した．それらは当時も，「街路建築」と呼ばれ，街路に沿って看板が並ぶような姿は，新たな都市景観を生み出した．看板とされたのは二つの意味がある．一つは街路に面したその壁面が，まるで看板のように自由にデザインされたことであるが，もう一つ重要なことは，その自由さが，看板のように平滑な面が実現されたことによることである．それまでの店舗併用住宅である伝統的な町家は，街路に沿って庇がついていた．関東大震災の復興事業による土地区画整理が実施される際には，大正8年（1919）に制定された市街地建築物法により，建物は敷地境界からはみ出すことはできず，伝統的な庇の構造は不利になった．そうした背景もあり，洋風を基調とする自由な看板建築が登場し，他の都市にも大正から昭和初期にかけて広く普及した．

街灯・街路樹

都市の街路を近代的な景観に変えていたものとして，街灯と街路樹がある．街路の夜間の利用も可能とする本格的な街灯は，明治5年（1872）に横浜で灯された瓦斯灯からとされ，その後，明治20年（1887）に東京で街路灯が灯ると，日本中に波及するようになる．とりわけ，都市の中心的街路や商店街では，単に明るさを確保するだけでなく，華やかな街灯の連続が，にぎわいの景観として重要な要素となっていく．大正13年（1924）に京都の寺町通に設置された，建築家の武田五一のデザインによる鈴蘭灯は，「繁盛灯」ともいわれ，昭和初期に植民地も含め急速に普及し，各地に「すずらん通」も登場した．一方街路樹は，横浜で明治4年（1871）頃に完成した日本大通に設置されたのが計画的なものとしては最初の例だとされる．その後，銀座煉瓦街（⇨近世空間の再編）や明治17年（1884）から始まる東京市区改正による街路整備でも，街路樹が計画されるようになり，日本中に広まっていく．なおその樹種としては，明治後半期からプラタナスとイチョウが一般化していく．

電柱広告

電柱を広告媒体として利用することは，明治23年（1890）に，東京と大阪で認可され，その後広まっていく．電柱の数が増えるに従い，電柱広告専門の代理店まだ登場するようになり，森下仁丹など，戦略的に電柱広告を展開する企業も現れるようになる．さらに大正期には，看板を電柱から突き出す袖看板のスタイルも普及するようになり，電柱広告は，日本の街路空間を特徴付けるものとなっていく．しかし，昭和初期の都市美運動（⇨景観と観光）などにつながる都市美観の議論のなかで，こうした広告が醜悪なものとして批判され，さらには電柱そのものが都市美上，醜い存在として見られるようになっていく．

行幸道路

行幸とは，天皇が地方へ外出することであるが，明治天皇は新しい統治制度の定着を目指す目的から，積極的にこの行幸を地方巡幸として行った．その際に，滞在先の市町村では，様々な施設整備が行われた．奉迎門のように仮設のものだけでなく，恒久的な公共施設の建設も行われるものもあり，その典型が行幸道路であった．「行幸道路」は，現代では東京都町田市から神奈川県厚木市へ通じる道路の一部の通称（固有名詞）として使われるが，もともとは行幸のために整備された道路をさす言葉である．それは，国民国家の統治を象徴するものとして重要なものであった．例えば，京都市では，明治期に計画された道路計画において，京都駅から京都御所に通じる行幸のための道路の拡築が，その計画の中心となった．この天皇の道としての街路整備は，戦後も国民体育大会開催を契機とした「国体道路」の整備などにも継承されていく．

参考文献
石田頼房『日本近代都市計画史研究』柏書房, 1987.
橋爪紳也, 西村陽編『にっぽん電化史』日本電気協会新聞部, 2005.
藤森照信『看板建築』三省堂, 1994.

[中川 理]

すずらん灯が設置された神戸元町のにぎわい（絵葉書）

災害と復興

災害復興においては「二度と同じ被害を繰り返さない」ことが第一の目標となり，防災対策が災害復興の主眼となる。明治以前の防災が対象としていたのは火災と洪水であったが，明治以降，新たな対象として地震が加わる。地震による被害を防ごうとすることが近代防災の特徴である。近代防災が始まる契機となるのは明治24年（1891）の濃尾地震である。濃尾平野を中心に7,000人を超える死者が発生し，地震の揺れで木造建築物に加えて，新たな構造として普及し始めた煉瓦造建築物が大きな被害を受けた。この地震の反省から地震が多い日本における煉瓦造・石造建築の耐震性が検討されるようになり，翌年（1892）には震災予防調査会が設立され，地震のメカニズム，耐震構造に関する研究が組織的に行われるようになる。

一方，明治になってからも水害・大火は頻発している。明治43年（1910）荒川・隅田川などの氾濫により東京・埼玉で大規模水害が発生し，その復興対策として荒川放水路が建設される。翌年の1911年から計画策定が始まり，1912年から工事が開始され，完成までには17年を要し昭和5年（1920）にようやく完成する。あまり知られていないが岩淵水門から下流の荒川は人工的につくられた放水路である。大火も相変わらず頻発しており，明治5年（1872）の大火後のT. J. ウォートルス（Thomas James Waters）による銀座煉瓦街の建設，明治13年（1880），明治14年の大火後の幹線道路沿いの建築物の耐火規制・道路の拡張など，大火後の復興対策として様々な防火対策が実施される。

大正12年（1923）の関東大震災では地震の揺れと，その後発生した火災により大きな被害が発生する。特に東京においては火災による被害が甚大であり，災害復興において学校の不燃化，幹線道路の整備，延焼防止のための町割り整備が行われる。また大正8年（1919）に制定された市街地建築物法の構造規定は，関東大震災の反省を踏まえて大正13年（1924）に大改正され，地震力に関する規定が設けられる。

東日本大震災（2011年）の被災地は数十年に1度津波災害に見舞われてきた。明治29年（1896）明治三陸津波では20,000人を超える死者・行方不明者，昭和8年（1933）昭和三陸津波では3,000人近い死者・行方不明者が発生している。明治三陸津波災害の復興でも高台移転が実施されるが，時間経過とともに海辺に集落が再び拡大し昭和三陸津波災害で再度被害を受ける。昭和三陸津波災害からの復興では，現在の復興対策と同様の施策が実施され，漁村部においては過去の津波到達地点より高い場所に集落移転，都市部においては防潮堤の建設・盛土対策・津波の波力を弱めるため海岸の埋め立てなどの対策が実施される。

昭和三陸津波の翌年，関西地方では室戸台風（昭和9年（1934））により死者・行方不明者あわせて3,000人を超える被害が発生する。大阪・京都を中心に多くの木造小学校が倒壊し，その下敷きになって多くの児童・生徒が亡くなるという被害が発生した。この反省を踏まえて耐風設計法の研究が実施されるようになり，京都・大阪では鉄筋コンクリート造での学校が建設される。

近代における復興事業の主眼は，都市を近代化するための道路拡幅，橋梁建設，公共建築物建設，町割り整備，河川整備といった都市基盤施設の建設，さらに近代防災としての耐震対策の推進であった。関東大震災後の同潤会の取り組みはあるが，仮設住宅の整備，住宅再建支援といった個人に対する復興支援は限定的であった。

濃尾地震

明治24年（1891）10月28日に発生したマグニチュード8.0の地震であり，記録されている内陸地震としては日本最大規模である。被害は福井県から岐阜・愛知に及ぶ全壊戸数は14万戸以上とされる。濃尾平野を流れる大河川の堤防にも被害が発生し，水害防止のための堤防復旧が急務となった。濃尾地震の教訓を踏まえ震災予防調査会が設立され，科学的な地震・耐震研究が組織的に実施されるようになる。

関東大震災

大正12年（1923）9月1日に発生したフィリピン海プレートの沈み込みによって発生したプレート境界地震により発生した災害である。地震の震源域は房総半島南部から神奈川県全域に拡がり，マグニチュードは7.9から8.2とされる。この地震による死者は10万5千人（以前は14万人といわれていたが資料検証の結果見直された）であり，東京・神奈川県では火災により9万人が亡くなっている。関東大震災いうと東京の災害というイメージが強いが，震源に近いのは神奈川県であり，小田原・横浜で地震の揺れによる建物倒壊が多く発生している。震源域が海中にあり，津波も発生しており鎌倉・藤沢の海岸部を大きな津波が襲った。

多くの人々が火災により住むところを失い，公園などに行政や民間団体による現在の避難所にあたる集団バラックが建設され，その後，同潤会などにより仮設住宅として「仮住宅」が建設された。また多くの人は元の敷地に自力で仮すまいの建設を行った。

首都東京が火災により壊滅的な被害を受け，帝都の復

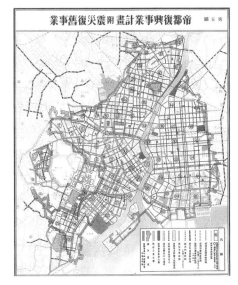

図 1　帝都復興計画事業図
[東京市「帝都復興事業図表」昭和 5 年 (1930) 3 月]

興が喫緊の課題となる。災害直後から以前東京市長であった後藤新平を中心に復興計画の策定が進められ、後藤は内務大臣と帝都復興院総裁を兼任し、東京の復興に中心的な役割を果たす。後藤の復興計画は、当初案通り実現されることはなかったが、現在の東京の骨格を構成することとなる。

昭和三陸地震・津波

昭和 8 年 (1933) 3 月 3 日午前 2 時 30 分、岩手県釜石市沖約 200 km を震央とするマグニチュード 8.1 の地震が発生した。地震に伴う津波も発生し、30～50 分後に沿岸部に到達する。約 40 年前に発生した明治三陸地震津波 (明治 29 年 (1896)) の教訓から高台への避難が行われたこと、津波の規模が小さかったこともあり、深夜に発生したにもかかわらず明治と比較して死者は大幅に減少している。復興事業として実施された高台の土地造成の実施主体は、地域コミュニティーであり、国は街路整備に対する補助金の交付と、宅地造成費用についての低利融資と利子補給を行った。高台造成事業は翌年 1934 年には完了しているが、宮古市田老町に建設された高さ 10 m の防潮堤の建設は、途中戦争による中断もあり、1958 年 (昭和 33) に完成する。

室戸台風

昭和 9 年 (1934) 9 月 21 日午前 5 時頃高知県室戸岬に上陸、さらに午前 8 時頃に阪神間に再上陸し、京都を経て日本海に抜ける。大阪では高潮により海岸から数 km 内陸まで浸水被害が拡がり、0 m 地帯では数日に渡って湛水が続いた。大阪・京都の台風通過時間は登校時間にあたっており、強風により校舎建築が倒壊し、多くの人的被害が発生した。また、四天王寺の五重塔が倒壊するなど、寺社建築にも多くの被害が発生した。大阪・京都では倒壊した学校建築の多くは鉄筋コンクリート造で再建された。

復興事業

現在、災害で被害を受けた道路や堤防、公共建築物は災害前の状態に復旧することが「災害対策基本法」(昭和 36 年 (1961) 制定) により規定されており、予算措置についても「激甚災害に対処するための特別の財政援助等に関する法律」(昭和 37 年 (1962) 制定) により担保されている。しかし、戦前は、復旧・復興の恒久的な事業制度は存在せず、各府県が被災者救援の基金を積み立てる「罹災救助基金法」(明治 32 年 (1899)) が存在するだけであり、災害ごとに復旧・復興の方法、その予算の検討が行われていた。

参考文献

大橋雄二『日本建築構造規準変遷史』日本建築センター、1993.
岡村健太郎『「三陸津波」と集落再編―ポスト近代復興に向けて』鹿島出版会、2017.
田中傑『帝都復興と生活空間―関東大震災後の市街地形成の論理』東京大学出版会、2006.
梶秀樹、塚越功編『都市防災学：地震対策の理論と実践』学芸出版社、2007.

[牧　紀男]

図 2　岩手県宮古市田老地区の防潮堤
平成 23 年 (2011) 4 月 9 日
[筆者撮影]

軍都と産業都市

　軍施設の集積により都市を形成しているものを広く軍都と称し，単一企業ないしは複数企業の活動により都市を形成しているものは産業都市と呼ぶ。

　日本の多くの近代都市が強固な都市構造を近世城下町から引き継いでその都市社会を再編し，外縁を押し広げて都市域を拡大したのに対し，軍都と産業都市はそうした近世都市を下敷きとすることなく，一般に農漁村の地域社会に強大な開発の契機を落とし込むことで，近世のそれをはるかに凌駕する都市形成をなした。しかし，それは市区改正や法定都市計画といった俯瞰的な計画に基づくものではなく，軍ないしは企業による関与，要請，そして地域社会の応答に起因する個々の都市事業の連続によりかたちづくられた都市である。したがって，通常の近代都市とは異なる都市構造を有する。

軍　都

　軍都のうち，海軍鎮守府ならびに要港部が設置された都市を軍港都市と呼び，対して陸軍師団・聯隊が置かれた都市は狭義の意味で軍都と呼ぶことが多い。永らく歴史学の分野では近代軍事史研究の労作が積み重ねられてきたが，地域社会と軍との関わりを読み解く軍港や軍都といった分析視角がもたらされて，これらは近代都市の一類型として整理されつつある。そこでは必ずしも近世との断絶が強調されるのではなく，地域社会の応答のありかたや，近世社会の継承と反転のなかに，軍港，軍都の都市社会の特異性と共通性が示されている。また，陸軍は近世城下町の旧城郭内を衛戍地にすることが多く，一般の近代都市も軍都としての都市性を意識的に読み解く必要がある。

産業都市

　一方，産業都市のうち，農漁村地域で民間産業資本により初めて多くの都市施設が建設された都市を企業都市（企業城下町）と呼び，都市域全体にわたり工場関連施設，輸送施設，福利施設が企業戦略に基づいて配置されている。福利施設のうち，従業員が住まう住宅を社宅と呼び，多くの場合，従業員の相当数を収容し，教育機関や医療機関，劇場など娯楽施設も合わせて整備した。近代産業には，在来産業，鉱業，軽工業，重工業などがあり，事業規模が大きい製紙，紡績，織物，製錬，炭鉱，機械，鉄鋼，製糖業も展開，三井，三菱，住友，古河などの財閥も企業活動を行った。各々ほぼ例外なく社宅は整備されたが，福利施設の整備水準は，業種ごとの立地条件や企業の経営理念により，ある一定の傾向があることがわかっている。第二次世界大戦下では，軍需産業の立地を進めるため新興工業都市計画が全国23ヵ所で実施され，国土計画に即した大規模な産業都市が生まれた。

軍都と産業都市の特異性

　軍都も産業都市もその立地は既存の市町村域を超えていき，広域にわたる基盤整備や市町村合併を促進，昭和8年（1933）の都市計画法適用拡大はこうした流れを加速した。急拡大する軍都（軍港都市），産業都市は，市域内外の地域社会に絶えず再編を迫りながら，特異性のある都市社会を構築していった。例えば，人口は流動性が高く，年齢別人口構成比や性別比率に偏りがあり，軍都や産業都市の性格が濃い都市ほどその盛衰に関連した投機的な動きや労働者問題を惹起しやすかった。また，産業都市では会社の購買所を通じて，軍都では共済組合を通じて日用品が廉価販売されたため，都市規模の割には民間事業者が育ちにくい地域産業構造を産み落とすことになった。自治体財政についても，産業都市は法人の収益に左右されやすい税収構造になり，軍都では人口が増加して歳出増になるにもかかわらず，軍は税負担がなく，担税力のある事業者も少ないため，慢性的な財源不足が構造化した。軋轢と迎合を経て，地域と共存共栄へと変化していく地域社会にも着目することで，その特異な近代都市形成を包括的に理解できる。

鎮守府

　海軍は明治19年（1886）の海軍条例で五つの海軍区を定め，各々に鎮守府を置き軍港とすることにした。鎮守府は該当海軍区の防御・警備を担い，艦船を統率し，横須賀，呉，佐世保，舞鶴に設けられた。当初予定された室蘭軍港は実現せず，大湊に要港部が置かれた。要港部は指定された要港の守備や付近の海面警備，ならびに軍需品配給などを担い，大湊，竹敷，馬公，旅順，鎮海などに置かれた。舞鶴鎮守府は一時期，要港部に格下げされている。

　鎮守府は海軍工廠を併設していて，軍港都市は職工を擁す工業都市の性格も帯びた。なかでも呉海軍工廠は規模も大きく広海軍工廠も隣接したため，呉市は六大都市に次ぐほど発展した。だが軍港都市は，非軍事の製造業がほぼないため生産都市ではなく，工廠労働者に依存した消費都市である。要港部は鎮守府に比べ定員が少なく，都市化への影響は小さいが，鎮海では海軍ならびに朝鮮総督府により放射道路をもつ都市建設が市街経営として行われた。

　戦後，海軍用地の多くは旧軍港市転換法により民間工場用地や米軍ないしは自衛隊の基地になっている。

師　団

　明治維新後，政府は4ヵ所に鎮台を設置，明治6年

図1 呉市鳥瞰図
［中邨末吉編『呉軍港案内昭和九年版』
呉郷土史研究会，1933 所収鳥瞰図］

図2 住友が開発した新居浜・山田社宅

(1873) に6鎮台（東京・大阪・熊本・仙台・名古屋・広島）に増設，明治21年（1888）に師団制度になり，日清戦争後に13師団，日露戦争後に21師団，軍縮により17師団となった。日清戦争前までは多くが旧城郭とその周囲に立地したが，以降の師団や聯隊の増設・移駐は都市郊外に，しかも各地の誘致運動を通じて行われた。自治体は数万坪の土地の献納を申し出て，時に寄付金を集めて用地買収を行った。熱心な誘致活動の狙いには経済効果があった。師団は二個歩兵旅団からなり，歩兵旅団は二つの歩兵聯隊で構成されて，歩兵聯隊は約1,700名の規模をもつ。また，師団所在地には原則，二個歩兵聯隊や特科部隊が置かれた上，製造部門も立地することがあり，経済効果は多大だったのである。聯隊の衛戍地では兵営，練兵場，射撃場，病院，陸軍墓地などが整備された。戦後，公共用地や大学などに土地利用転換された旧陸軍用地が，都市の中心部とかつての郊外にある理由は，軍を誘致してきた地域社会の振る舞いによるものである。

企業都市

企業都市の原型は，山間に位置した鉱山町や炭鉱町である。当初は坑口と付属する機械設備に飯場を加える程度であったが，しだいに工作機械を収める建造物や水源，電源開発，整備された道路網，そして直轄採用の従業員の住まいなど，事業規模の拡大につれて関連施設が整備された。採鉱・採炭は事業規模を拡大し，製錬，機械，鉄鋼，紡績，製紙業でも，その工場関連施設，輸送施設，福利施設をつなぎ合わせて一つの生産システムを都市規模で形成したのである。代表的な企業都市に，苫小牧，釜石，日立，野田，倉敷，宇部，新居浜，八幡，大牟田，延岡などがあった。

都市計画法によらない都市基盤施設の整備方法は，企業が直接事業化することもあったが，財源が逼迫する自治体への寄付を行う，あるいは用地提供によることもあった。計画への主体的関与は首長，議会議員，都市計画委員会委員へ企業関係者を就任させることで担保した。企業都市という視角は，大都市に適用された旧都市計画法が地方都市に適用されていく受容過程とは異なる地方の近代都市の成立を端的に示している。

社　宅

企業都市では，企業自らが従業員の社宅を多数用意した。幹部社員には郊外住宅地に匹敵する居住環境を提供した。外庭のある洋風・和風の戸建住宅をはじめ，二戸一，長屋が整備され，独身者には寮，寄宿舎が提供された。公園や大浴場，劇場，神社，グラウンド，菜園など，仕事と生活が一体的に提供された。

企業はさらに購買施設，医療，教育機関も整備して従業員の生活全般を支えたが，購買所では日用品が廉価販売されて生計上の利点も大きかった。また，担税力の弱い労働者世帯の流入は自治体の教育財政を圧迫していたことから，企業が直接，学校を設置し運営まで行うこともあった。このように企業都市では，社宅を中心にパッケージとしての生活環境が包括的に提供されていたのである。

企業がこのような取り組みを行った理由の一つには，企業経営者による博愛主義があった。R. オウエン（Robert Owen）らが提唱したユートピア社会主義の影響下にあったニュー・ラナークなどの「工業村」の試みや田園都市の思想と実践を，企業経営者らは自らの操業地に先進的に取り入れたのである。

参考文献

河西英通編『軍港都市史研究Ⅲ 呉編』清文堂出版，2014 ほか『軍港都市史研究』シリーズ．
中野茂夫『企業城下町の都市計画 野田・倉敷・日立の企業戦略』筑波大学出版会，2009．
社宅研究会編『社宅街 企業が育んだ住宅地』学芸出版社，2009．

［砂本　文彦］

仏教・神道の再編

　明治維新から第二次世界大戦の敗戦までの社寺について考えるには，まずこの時代の宗教政策の基本的な枠組みを理解する必要がある。明治維新は，欧米列強の経済的・軍事的進出への対抗に起源があり，攘夷・討幕・尊王の結合という経緯を経て，王政復古と近代化をともに進めて西欧先進国と対等の国家をつくろうとするものであった。ゆえに一方では古代の祭政一致を再興して伊勢神宮以下の神社を公的に遇し，他方では西欧諸国と同様に政教分離（世俗主義）を採用することが必要とされた。後者については曲折や対立もあったが，明治22年（1889）公布の大日本帝国憲法に「信教の自由」が明記され，神社は世俗主義の国家・社会の公的領域に組み込まれうる「非宗教」の「国家の宗祀」とされ，具体的には国家が管理運営し，国民が等しく祭祀を実践する施設として位置付けられた。

　国の所管官庁の変遷をみておこう。明治新政府が慶応4年（1868）6月に太政官制を敷いた際，神社は神祇官（明治4年（1871）より神祇省），他の宗教は民部省社寺掛の所管とされた。明治5年にはこれらが合流して教部省に改組され，神道国教化が目指されるものの断念され，明治10年（1877）に教部省を廃止して神社と他宗教の管理行政を担う内務省社寺局が誕生。これが明治33年（1900）に神社局と宗教局とに分割されることで，ようやく前述の枠組みに対応する管制になった。

　神社局には局長・書記官のほか，祭神や祭式を指導する考証官と，国家的な神社造営を指導する技師などが置かれた。神社局技師は，東京帝国大学教授の伊東忠太，造神宮技師の大江新太郎などが兼務したが，大正7年（1918）に角南隆が最初の専任技師となり，昭和9年（1934）の室戸台風後の修理工事の増大，昭和12年（1937）の日中開戦後の神社の地位上昇と造営工事の活性化を背景に技師・技手・嘱託などの技術職員は急激な増員をみた。昭和15年（1940）には神社局は神祇院に格上げされ，院内に考証課・造営課ほかを置いた。

　ところで，個別の神社・寺院に決定的変化をもたらしたのは，明治初年の神仏判然令（神仏分離）・廃仏毀釈と社寺領上知であった。神仏分離・廃仏毀釈は近世にも前史があるが，明治初年のこれら諸改革は全国の大小社寺の社会と空間に激変を強い，財政基盤を削り，旧社寺領の森林とともに境内を荒廃させた。社寺の近代史とはこれ以後の境内外の再興と改編の歴史であり，これは都市史的にも重要な課題である。

　次に社格の制度をみておく。明治4年（1871）太政官布告「官社以下定額・神官職制等規則」に基づく神社の序列化である。全神社は大きく「官社」と「諸社」に分けられる。官社（官国幣社）には，皇室との関係が深い「官幣社」と，各国（地方）の有力社などの「国幣社」があり，それぞれ大中小の序列がつけられた（官幣大社から国幣小社まで）。これ以外に，湊川神社（楠木正成）や靖国神社のように国家に功績のあった人霊を祀る神社に「別格官幣社」の社格が与えられた。他方，諸社には「府県社」「郷社」「村社」があり，それぞれ道府県や市町村の奉幣を受けた。

　社殿の新改築や境内整備などの造営事業は，官社の場合には国費の支出が法的に可能であり，実態としては神社の独自財源と氏子崇敬者の寄付に国庫補助と地方公共団体補助を加えて実施された。近年の研究によれば大正9年（1920）竣工・鎮座の明治神宮（祭神天照大神・明治天皇）を転換点として，社殿は本殿・中門・拝殿が独立する型から本殿・祝詞殿・拝殿・祭器庫・神饌所を互いに接続して複合化する型へと変化し，本殿は神明造が減ってほとんど流造のみとなり，境内はマツ・スギなどの針葉樹からシイ・カシ・クスなどの常緑広葉樹へと設計林相が置き換わるとともに，公園的な要素が慎重にゾーニングされるようになった。昭和4年（1929）に内務大臣の下に設置された神社制度調査会を契機に，この方向性が帝国レベルの神社造営の指導方針となり，戦後の造営方針にもそのまま受け継がれた。

　仏教は，他の宗教とともに宗教局の管下に置かれた。文化財建造物ならば文部省の管轄で国公費も投じられうるが，そうでなければ寺院の建設事業は民間事業である。神社が戦前まで木造を守ったのと異なり，寺院の建築は煉瓦造や鉄筋コンクリート造を積極的に導入し，社寺専門工務店だけでなく高等教育を受けた建築家に設計を依頼することもあった。築地本願寺（伊東忠太設計，昭和9年（1934））のような事例は，大胆なアジア的折衷様式のみならず，鉄筋コンクリート造の採用，あるいは外陣への椅子式の導入（座礼から立礼へ）においても注目される。神社でも大正期以降に拝殿から床がなくなり，祈禱などの参列には立礼の採用が増えた。

　明治から昭和戦前・戦中期までの神祇と宗教を巡る体制を「国家神道」と呼ぶことがある。この語は戦前にも少なからぬ使用例があるが，第二次世界大戦後，連合国軍総司令部（GHQ）のいわゆる「神道指令」がこの語を用いてその廃止を命じ，この線に沿う歴史研究が戦後の史観をつくってきた。しかし近年では国家による神社管理はそれほど強力でも盤石でもなかったと指摘されている。なお，戦前の日本には宗教に関する基本法は存在しなかったが，戦中期の昭和15年（1940）に宗教団体法ができ，戦後はこれを廃止して「宗教法人令」を施行（昭和20年年12月），ついで「宗教法人法」（昭和26年（1951）4月）に置き換えられた。以後は神社もまた他宗教と同

等の宗教法人として扱われている。

神仏判然令と廃仏毀釈

　神仏判然令は，慶応4年（1868）3月から明治元年（1868）10月までに出された太政官布告・神祇官事務局達・太政官達など一連の通達の総称である。寺社は神仏習合の状態にあったから，所管官庁との交渉および関係者間の紛争を経て，神社・寺院への分離もしくは神社か寺院への一本化が決断されていった。これは廃仏を意図した施策ではなかったが，寺院の統廃合，仏像・仏具の破壊，神社からの仏教的要素の排除などを誘発した（廃仏毀釈）。明治3年（1870）の大教宣布の詔（神道国教化方針）もこの動きを促し，明治4年にはおよそ終息をみたものの，住吉大社の神宮寺の破壊（明治6年），出羽三山の廃仏（明治7年～），奈良興福寺の食堂の破壊（明治8年）などの余波が続いた。他方，近世の廃仏や神仏分離の動向も歴史的に無視できない。

社寺領上知

　明治4年（1871）の太政官布告「社寺領現在ノ境内ヲ除クノ外上地被仰出土地ハ府県藩ニ管轄セシムルノ件」
_{おおせいだされ}
に基づく社寺境内地の再編処分をいう。明治新政府は封建的な土地人民支配の一掃と，近代的な土地・租税制度の確立に努めたが，その過程で，明治2年（1869）の版籍奉還に伴う藩領整理の障害となっていた社寺領の整理に手をつけた。神仏分離の進捗を踏まえ，各社寺で祭典・法要に必需の場所を区画して新境内が定められ，それ以外の土地はすべて上知（官有地に没収）され，国有林や公園地などとされた。山林を財源および風致林としていた社寺にとって上知は大きな打撃となり，このため請願により一部は社寺保管林あるいは払下・編入を認められたが，庭園や梅林などを含む「神苑」整備によって集客をはかった例も少なくない。

神社整理

　内務省神社局が明治37年（1906）から1910年代までの期間に推進した既存神社の統廃合。神社を「国家の宗祀」とした以上，内務省は国費および府県費・市町村費の支出を有効に働かせて神社の財政基盤を確立するためにその数を減らす必要があると考えた。また淫祠邪教の排除，神社中心の地方統治（神社を中心とした社会統合）の実現という意向もあった。整理の目標は，村社は行政村に1社，無格社は旧村に1～数社を残すというもので，明治39年（1906）時点で20万社近くあった全国の神社のうち7～8万の村社・無格社が大正3年（1914）までに廃された。政府が合祀（合併）を奨励し，神社がこれに応じるというかたちで進められたが，実際には地方当局が規模や維持体制の薄弱な神社から半強制的に適宜他社に合併させる場合もあり，9割を廃止した三重県から1割程度にとどめた京都府まで対応は様々だった。

制限図

　明治初年に，官社の造営に対する国費支出の管理を目的として定められた一種の標準設計で，社格別に配置図と各社殿の平面図・立面を示す。明治4年（1871）の社格制定を受け，翌年に大蔵省の主導により教部省との交渉を経て検討され，明治6年（1873）4月までに作成された。全国の官社造営，とくに創建数の多い別格官幣社に適用されたが，明治45年（1912）11月に廃止された。流造本殿を透塀で囲み，中門を開き，その前方に舞殿風の三間四方の入母屋造の拝殿を置くのが特徴であり，京都府・滋賀県に多く分布する近世社殿の形式が参考にされたとみられる。本殿と拝殿を独立させるこの配置形式は，大正9年（1920）竣工の明治神宮をはじめ，多くの神社造営で制限図廃止後も継承されたが，神職による日常の奉仕に不便であり，祭典時には本殿前の祭儀が参列者に見えないことなどが課題とされ，昭和初期以降は拝殿・祝詞殿・本殿および祭器庫・神饌所を一体的に接続した複合社殿が採用されるようになった。

護国神社

　昭和12年（1937）の日中開戦により戦死者の慰霊を担う招魂社・招魂碑・忠霊塔などに対する関心が急激に増大したため，行政上は「神社」として扱われてこなかった官祭・私祭の招魂社を統合し，護国神社として新たに創建した。護国神社制度は，昭和13年（1938）の神社制度調査会の答申を受けて昭和14年（1939）に施行されたもので，府県に1社を原則に社司の置かれる内務大臣指定護国神社を創立し，これに府県社同等の神饌幣帛料を供進することを定めた。北海道の3社，兵庫県の1社，あるいは朝鮮2社，台湾1社などの例外があったが，これは陸軍師団区に留意したものであろう。実質的にすべての護国神社は新規に創建されねばならず，拝殿左右に翼廊を伸ばし，その前方に祭舎を置く，全体として「凹」の字型の平面を特徴とするよく似た社殿が，敗戦までに帝国内に数十社造営された。

参考文献

藤田大誠，青井哲人，畔上直樹，今泉宜子編著『明治神宮以前・以後：近代神社をめぐる環境形成の構造転換』鹿島出版会，2015.

青井哲人『植民地神社と帝国日本』吉川弘文館，2005.

中嶋節子，京都の森林景観とその保全に関する都市史的研究，京都大学博士学位論文，1996.

［青井　哲人］

天皇制の聖地の形成

　幕末に造営された神武天皇陵を擁する大和国の畝傍山周辺は聖地形成の起点となり、慶応3年（1867）12月の王政復古の大号令では「神武創業」が理念となった。伊勢神宮では、明治4年（1871）に、近世に農業神・豊受神を祀り伊勢参りの中心であった外宮よりも、皇室の祖先神である天照大神を祀る内宮の社格が上とされた。荒木田家や度会家などの世襲の神職の家を廃し、大麻や暦頒布などを神宮で管掌しようとした。天孫降臨と解釈された地、古代の日向国は、明治の宮崎県と鹿児島県の両者からなるが、宮崎県では明治6年には神武天皇社が県社宮崎神社と改称される、一方で明治8年には薩摩閥の政治力で、神代三陵（彦火火出見尊・瓊瓊杵尊・鸕鷀草葺不合尊）が鹿児島県に治定され、宮崎県の高千穂ではなく霧島が天孫降臨の地と公定化されてゆく。

　明治10年、明治天皇の奈良・京都行幸は、同年2月11日に神武天皇陵で行われる孝明天皇十年式年祭が目的であった。しかし西南戦争の勃発を受けて、半年間にわたる天皇の長期の畿内滞在になる。天皇行幸時に、道筋の天皇陵や神社が取り調べられ、聖地形成の起点となってゆく。京都や奈良の古都としての伝統文化や空間を復興してゆく動向が、ここに始まる。法隆寺や正倉院などから宝物を宮内省に移管して御物が形成され、奈良・京都の古社寺への補助や嵐山や奈良公園の景観整備が始まった。伝統保存の集大成として、明治16年の岩倉具視の建議により、かつての京都御所や御苑は、大礼を行う聖地へと意味づけが変わる。そしてこの年に設置された宮内省京都支庁が、畿内在住の華族や天皇陵群、祭礼などを管轄とした。

　明治22年（1889）の大日本帝国憲法の発布により、明治宮殿が完成した皇居を中心に帝都東京の基礎ができた。同時に120代を超える天皇の系譜とすべての天皇陵が決定された。神武創業以来の歴史を、視覚化するものであった。また翌明治23年には畝傍山の東南麓に、紀元二五五〇年を祝い橿原宮址を比定し、神武天皇および后の媛蹈鞴五十鈴媛命を祭神とする橿原神宮が創建された。また憲法発布に合わせて、伊勢神宮では神苑会が内宮と外宮の整備をし、内宮では、宇治橋の本殿側にあった、仏堂や旅籠、僧侶や巫女などを一掃し、清浄な神苑を創りだしてゆく（図1）。

　しかしながら、明治期の天皇制は、昭和戦前期に見られるような、荘厳で神聖な実態と景観を有していたわけではない。京都御苑内の植栽や道路の整備など、今日につながる景観が創りだされたのは、大正4年（1915）の大礼に向けてであったし、明治後期においては多くの陵墓の墳丘をはじめ門扉や参道も荒廃していた。明治期の後白河天皇陵（京都市東山区・法住寺陵）では、後白河天皇の命日に近世と変わらずお堂が開放され、奈良県の崇神天皇陵（天理市）の周堤は桜の名所であり、春には茶屋がかけられ花見客で賑わった。

　現代の聖地の設計は、1910年代以降の明治神宮の造営事業が転機となる。欧米に留学した造園学・建築学を学んだ帝国大学出身者が中心となり、荘厳で神聖な景観づくりを、20世紀の学問を背景に推し進めることとなる。たとえば『神社境内の設計』を書く、上原敬二は、シイ・ケヤキ・樫などの常緑広葉樹が社叢林にふさわしいという日本文化論を主張した。伊勢神宮を頂点とする全国の村々の神社は、樹種選定や境内設計のマニュアルもでき、神社祭式も統一され、大正期に、均質で清浄な景観が生み出されることとなった。また日清・日露の時期には、桓武天皇を祀る平安神宮（明治28年（1895））、南朝の後醍醐天皇を祀る吉野宮（明治34年）、内国植民

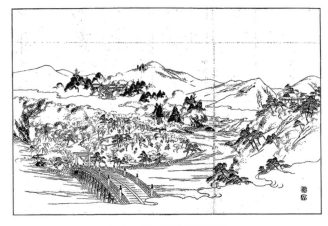

図1　伊勢神宮内宮神苑図
［『神苑会史料』1911］

図2　橿原神宮畝傍山東北陵境域並橿原道場之図（吉田初三郎，1940）
［橿原神宮庁編『橿原神宮史』巻二，1981］

地の札幌神社（明治32年），台湾神社（明治33年），樺太神社（明治43年）などが天皇制とかかわる官幣大社となった。畝傍山山麓においても，神武天皇陵は厳粛な皇霊が宿る聖域に，官幣大社橿原神宮は人々が参拝する場となり，機能が分担されてゆく。そして昭和15年（1940）の紀元二千六百年事業では，全国的に皇室にかかわる建国の聖地が整備されてゆく。

神武天皇陵の造営

　幕末の公武合体運動のなかで，天皇や朝廷の権威が浮上し，天皇家の古事記・日本書紀に基づく系譜を視覚化する，天皇陵の考証と治定が始まった。そのシンボルが，約1万両をかけて造営された神武天皇陵の円墳であった。神武天皇陵は，天武元年（672）の壬申の乱の折，大海人皇子（のちの天武天皇）が武器を奉納したとされるが，その場所の記憶は平安時代には忘れ去られた。文久の修陵時に，不明であった神武天皇陵の候補地は，畝傍山の中腹の丸山古墳と，中世の国源寺あとのミサンザイの二つであった。神武陵の候補地は，丸山古墳が被差別部落洞に隣接することが一因ともなり，山陵修補御用掛嘱託の谷森善臣の政治力により，孝明天皇の勅裁となりミサンザイに決定された。畝傍山山麓の聖地化は，明治維新の嚆矢となった。神武陵は，幕末に鳥居と拝所，そして番所がつくられるとともに，聖域化する。そして，慶応3年（1867）12月，王政復古の「神武創業」の理念を経て，明治政府は始祖陵への奉幣を大きな祭典ごとにしてゆく。

明治維新と京都御所

　江戸時代の九門内の内裏は，天皇の住む禁裏御所，院の住む仙洞御所，天皇の親類の宮家，五摂家をはじめとする公家など200もの邸宅が集まる空間であった。同時に，京都最大の観光スポットでもあった。明治2年（1869）3月の東京遷都は，延暦13年（794）の平安遷都以来の朝廷の京都からの離脱にあった。天皇や公家たちも東京に移り，京都御所は荒廃するとともに，京都府の管理に移り，明治5年（1872）以降は京都博覧会の会場となった。明治10年の明治天皇の京都行幸を経て，明治16年の京都御苑の宮内省移管を契機として，厳粛な代替わりの大礼を行う場へと意味づけが変わってゆく。

畝傍山山麓の神苑化

　畝傍山山麓に明治23年（1890）に橿原神宮が創建され，日清戦争後に，奈良県により，神武陵の拡張と，伊勢神宮や熱田神宮を範にした神苑が計画された。橿原神宮では，大正期に第一次拡張事業が行われ，創建時の20,159坪から30,600坪に拡張され，明治神宮外苑に比せられる約40,000坪の畝傍公園が隣接した。この間，伊勢神宮の神苑形成を模範とした，神苑拡張に伴う畝傍山周辺の村々の移転があり，大正6年（1917）からの第一次拡張事業の一環として，被差別部落である洞部落208戸，1,054人も強制移転させられた。この洞部落移転問題は，部落差別という固有の問題と，聖域としての神苑形成という普遍的な要因の，両者から考察されるべきであろう。紀元二千六百年事業に関わって，昭和13年（1938）から昭和15年までの間に，明治神宮にならって，畝傍山山麓の神武・綏靖陵から橿原神宮に至る南北の神苑は約120,000坪に拡張された。具体的には，周辺村の民家や共同墓地を移転し，山林や深田池などの隣接地を買収し，外苑運動場・大和国史館・外苑野外公堂・八紘寮・橿原文庫などの諸施設が，明治神宮外苑のメモリアルパークをモデルとして建設された。昭和13年より神武聖蹟調査会では，高千穂宮から橿原宮まで，神武天皇の記紀の足跡をたどり，1940年までに7府県19か所の聖蹟を決定した。宮崎神宮でも，紀元二千六百年奉祝事業として，境域や参拝道路の拡張・整備，徴古館の改築を行った。

参考文献

高木博志『近代天皇制と古都』岩波書店，2006．
ジョン・ブリーン『神都物語—伊勢神宮の近現代史』吉川弘文館，2015．

［高木　博志］

キリスト教の布教

わが国へのキリスト教の伝来は天文 18 年（1549）における F. ザビエル（Francisco de Xavier）の来日に始まり，やがて各地に南蛮寺が建てられたことなど歴史が伝えている。その流れは徳川政権下の鎖国政策により途絶え，300 年余りを経た幕末に至る。ペリーの来航により鎖国政策は揺らぎ，安政 5 年（1858）に欧米 5 ヵ国と締結した通商条約に基づく外国人居留地が横浜，長崎などに開設される。この開国により，欧米人の来日が始まり安政 6 年（1859）にはパリ外国宣教会派遣の P. S. B. ジラール（P. S. B. Girard）が横浜に，L.-T. フューレ（Louis-Theodore Furet）が長崎に，そして米国聖公会派遣 C. M. ウィリアムズ（Channing Moore Williams）ら宣教師の来日が先駆として知られている。

当時の宣教師は居留地内で活動し，明治に改まる以前より天主堂と称された教会堂を種々建造しており，そうした唯一の現存例が文久 4 年（1864）に創建された大浦天主堂（明治 12 年（1879）改築）であり，創建時は未だ禁教令下にあり布教活動は限定的であったが，明治 6 年の禁教令の撤廃，そして明治 32 年の居留地制度の廃止により布教活動はおおむね自由を得る。

明治以降昭和期に至る布教活動について，一般にキリスト教会史では時代区分を次の 5 期に分けている。第一期は，開港による宣教師の来日から布教活動が公に認められる明治 6 年（1873）2 月までの期間で，キリスト教の移入と布教の準備期。第二期は明治 6 年から明治中期で，欧化による文明開化の潮流のなかで布教活動も進み，各地に教会，ミッションスクールの多くが設立される時期。第三期は明治後期にいたる時期で，急速な欧化傾向への反動を呼び，外国ミッションの活動が停滞する時期。第四期は大正より昭和初期で，自由主義思想の台頭を背景にした大正デモクラシーの気風のなかで，教会がさらに発展充実する時期。第五期は昭和 6 年（1931）の満州事変を動因として戦時色を深め，キリスト教会が試練と規制を受ける時期に区分される。この時代区分はわが国の近代化のなかでのキリスト教会全般の動向を示すもので，教会堂の創建など布教活動は，日本伝道を推進したキリスト教の 4 大教派であるカトリック教会，聖公会，プロテスタント各派，そしてハリストス正教会の伝道団（ミッション）の支援と派遣宣教師の活動により，様々に特色づけられている。

それぞれの布教活動では，特色を有する教会堂の建立，ミッションスクールや病院の開設などに取り組み，わが国の洋化による近代化においても成果を上げた。宣教師の住宅も多くは洋風であり，宣教師館の建築，そしてそこで営まれた洋風生活が地域に残した文化的感化にも見逃せないものがある。

教会堂をはじめとする，こうしたミッションに関する建築では，ロマネスクやゴシックなどの様式建築の優れた作品群も多くあり，それらの様式意匠，煉瓦造や小屋組トラスの構造，種々の技法や材料，ステンドガラスや装飾金物，灯具などの設備など，欧米の伝統的建築の様々なる内容を有し，西洋建築と宗教的文化導入の成果として捉えられる。また教会堂，学校建築などにおいては日本人棟梁あるいは建築家の学習成果と独自の創作力による個性のある建築も種々あり，洋風の摂取による地域文化を担う価値ある建築も少なくない。

ミッションスクール

外国ミッションを母体として設立された学校で，明治初期のバラ塾など宣教師の家塾に始まり，明治 3 年（1870）のフェリス女学院を最初として明治期に米国プロテスタント・ミッション各派による学校が多く開校される。大正 7 年（1918）に制定される高等学校令，大学令に対応し，学校はそれぞれに施設の充実など進め発展をはかる。またミッション各派が合同し，超教派のキリスト教主義を理念とする新たな女子大学として東京女子大学が大正 7 年，A. レーモンド（Antonin Raymond）によるキャンパスを整え開校されている。

カトリックの修道会による教育事業はやや遅れるが，明治 42 年（1909）に聖心女子学院，大正に入り上智学院などが開校されている。

ミッションスクールには初等部から大学までを含む施設，礼拝堂，宣教師住宅，寄宿舎など種々の建築を擁した歴史的な教育環境をもつところも多い。

カトリック教会

16 世紀におけるわが国への布教は，イエズス会の F. ザビエルによるものだったが，近代においてはパリ外国宣教会派遣の宣教師によるもので，幕末期大浦天主堂の創建に L.-T. フューレ，B.-T. プティジャン（Bernard-Thadée Petitjean），M. M. ド・ロ（Marc Marie de Rotz）神父らの名を留めている。明治中期には J. E.-J. パピノ（Jacques Edmond-Joseph Papinot）神父の活動が知られ聖ザビエル教会（京都，明治 23 年（1890）），鶴岡カトリック教会（明治 36 年）などを残している。

つづく欧米の修道会の伝道ではフランシスコ会（独），トラピスト会，マリア会（仏）など各派の伝道があり，教会設立に加えてミッションスクールの開校など教育活動にも乗り出した。

昭和期における教会建築では北関東において，スイス

人建築家の M. ヒンデル（Max Hinder）の活躍があり松ケ峰教会（宇都宮，昭和7年（1932））など残し，A. レーモンド（Antonin Raymond）は軽井沢に聖パウロ教会（昭和10年）を残している。戦後期では広島世界平和記念聖堂で知られるカトリック幟町教会（昭和29年）は村野藤吾の作品としても著名である。

日本聖公会

プロテスタントの一派である聖公会の源は英国国教会にあり，米国においても発展していた。日本伝道は，米国聖公会の宣教師 C. M. ウィリアムズと英国国教会の A. W. プール（Arthur William Poole）らの来日で始まる。明治20年（1887）にいたり日本人信徒と両派の合同が果たされ日本聖公会が設立され今日に至る。際立つ活動には立教学院の開校を目的に明治7年（1874），宣教師建築家 J. M. ガーディナー（James McDonald Gardiner）が来日し明治15年に居留地の築地に煉瓦造校舎を建て，その後も各地で建築家として活躍し，聖アグネス教会（明治31年），聖ヨハネ教会堂（明治40年）など様々な建築を残している。つづいて立教大学の池袋キャンパスの建設に際し，W. ウィルソン（William Willson），J. バーガミニ（John van Wie Bergamini）の来日があり，聖公会の建築家として大正昭和期にかけて活躍し，チューダー様式の特色をもつ建築を種々残している。

米国プロテスタント・ミッション各派

幕末期に来日した J. C. ヘボン（James Curtis Hepburn），S. R. ブラウン（Samuel Robbins Brown），J. バラ（James Hamilton Ballagh）ら，そして明治2年（1869）の D. C. グリーン（Daniel Crosby Greene），M. L. ゴルドン（Marquis Lafayette Gordon）らアメリカンボード，改革派など米国プロテスタント各派の宣教師が来日し，明治7年（1874）に神戸公会，明治8年に横浜基督公会などが創設されるが，とりわけ教育活動に成果を収めた。初期にはヘボン塾など私塾に始まり，明治20年までにフェリス女学院，青山学院，同志社，明治学院などが設立されている。同志社はグリーンの設計による煉瓦造校舎（明治12年），礼拝堂（明治19年）など歴史的建築をよく留め当初のキャンパスをよく伝えている。大正昭和期に入りミッションの関連建築では横浜における J. H. モーガン（Jay Hill Morgan），そして W. M. ヴォーリズ（William Merrell Vories）の活躍が目覚ましく，地方では安中教会（大正8年（1919））の古橋柳太郎など日本人棟梁の仕事も少なくない。

日本ハリストス正教会

カトリック教会がローマを中心として西ヨーロッパに広がるのに対し，東に広がったのが東方教会と呼ばれ，さらにギリシャ，ロシアを経てハリストス正教会と称された。ハリストス正教会は文久元年（1861）ロシア人修道士ニコライにより函館に伝搬し，わが国に根付いた教会が日本ハリストス正教会である。ニコライの伝道は南に向かい，石巻ハリストス正教会（明治13年（1880））などを起こし，明治24年に M. A. シチュールポフ（Michael A. Shchurupov）の原案を基に J. コンドル（Josiah Conder）の設計で創建された東京復活大聖堂（ニコライ堂，昭和4年（1929）再建）を拠点とし各地に広がる。

特異なドーム屋根のビザンチン様式を基とする定型の教会堂をもち，歴史的建築では信徒の河村伊蔵による伊豆の修善寺，函館のハリストス正教会聖堂，京都府技師の松室重光による京都ハリストス正教会聖堂（明治34年（1901））が注目される。

ヴォーリズ

W. M. ヴォーリズ（William Merrell Vories. 1880〜1964）は明治38年（1905）に英語科教師として来日，2年後に近江八幡に独力で建てた YMCA 会館を拠点に独自のキリスト教主義による活動を始め，明治43年にヴォーリズ合名会社（後のヴォーリズ建築事務所），翌年に近江ミッション（後の近江兄弟社）を起こす。建築活動は各地に広がり主に米国ミッションに関連する教会堂，宣教師住宅，ミッションスクールなど多くを残した。

ヴォーリズ建築事務所の代表作には近江サナトリウム，関西学院，神戸女学院のほか，心斎橋大丸など都市建築もある。明治期の J. M. ガーディナーにつづいて，大正昭和期に活躍した宣教師建築家といえる。また米国住宅の流れをわが国に導入した様々な住宅建築を各地に残し，洋風住宅の普及にも貢献した。

参考文献

海老沢有道他『日本キリスト教史』新教出版社，1983.
土肥昭夫『日本プロテスタント・キリスト教史』新教出版社，1980.
堀勇良『外国人建築の系譜』（『日本の美術447』）至文堂，2003.
松波秀子，日本聖公会の建築史的研究1〜6，日本建築学会学術講演梗概集，1992.
山形政昭「キリスト教会建築の展開」（「月刊文化財」）第一法規，1988.

[山形　政昭]

予選体制から専門官僚制へ

都市の運営

明治21年（1888）公布の市制では，市長・助役を含む市参事会を置いた（第49条）。市公民から市会で選出される名誉職参事会員は定員6名（東京市12名，京都・大阪市各9名）で，合計8名が市政の執行部であった。市参事会は，収入役の選任・書記（事務員）の任用，区の分割（区長は市会の選挙），行政事務一般の統轄を行う大きな権限をもった。市長は「市政一切の事務を指揮監督」する（第67条）もので，市参事会の議長にとどまり，市参事会の合議をリードする者にすぎなかった。

市長は，任期6年の有給吏員で（町村長は**名誉職**），市会が候補者3名を選出し，内務大臣の選定の後天皇への上奏・裁可を経て任命される（第50条）。官僚の人事である府県知事とは異なるが，内務大臣の介入が可能だった。大正13年（1924）東京市会が第1候補とした後藤新平が排除され，第2候補の中村是公が任命されるという事件が起きている。

都市の支配

市町村はこうした制度によって限定的な地方自治体として発足した。法人として契約主体になるのも明治44年（1911）改正市制まで認められていなかった。しかし，市町村会は名望家層が担当することが政府からは望まれていた（「市制町村制理由」には，そのことにより「其責任の重きを知り参政の名誉たるを弁するに至らんとす」と来たるべき衆議院議員総選挙への期待も書き込まれている）。

名望家層に市町村会議員の座を確実に占めさせるには何が必要だったか。衆議院議員・府県会議員・市町村会議員・商業会議所会員など各種の公職選挙には立候補制がなかった（大正14年（1925）のいわゆる男子普通選挙法制定まで）。そこで都市名望家層の有志が集まり，それらの選挙に誰を選ぶべきか話し合い，事前予備投票（予選）まで行い，結果を新聞広告として発表した。政党間競争の激しい衆議院議員選挙ではあまり行われなかったが，それ以外の公職選挙では，この方法が各市で常態となり，一部の町村でも行われた。その当選率は高く，市会議員になった彼らが都市運営の中心となった。1890年代から1910年代終わりまで続く，こうした都市運営システムを予選体制と呼ぶ。

市政運営の変革

名望家層の代表を選ぶことになる予選体制は，彼らの利害調整機能は果たしたが，将来の都市構想には届く力がなかった。そこで大阪・神戸・横浜などの諸都市など

で市政改革運動が1910年代に展開される。新しく台頭してきた社会勢力である実業家・弁護士・ジャーナリストら，資本主義と都市の政策構想を見通せる知識層がその中心だった。そこでは市長の権限の弱さも問題になり，市長独任制など市制改正の要求へと向かった。

都市官僚の登場

都市運営には，上下水道や電気，築港や市内交通機関というインフラ事業が不可欠で，それが実現できなければ都市は衰退する。そのため市公民でない市長・助役が市制で設定され，有能者の就任が期待された。それにとどまらず，土木技術者・経理技術者をはじめとして各種の技術を中等学校（中学校・実業学校など）で身につけた専門家が当初から求められ，中等・高等教育の卒業生が職を求める場が市役所であった。彼らが，明治44年（1911）改正市制以後権限の強まった市長・助役のリーダーシップのもと，都市政策の立案・交渉・実施に大きな役割を果たしていくようになる。これを中央政府の官僚制とは異なる意味で都市官僚制と呼ぶ。都市官僚制の後押しをするシンクタンクが，東京市や大阪市などで設置された市政調査会という任意団体だった。

復興院総裁・後藤新平

大正12年（1923）の関東大震災で全面的な都市計画の実施に迫られた内務大臣後藤新平は，帝都復興院総裁を兼任し，大規模な復興計画を立て，東京の刷新をめざした。財政難もあり，全面的な実施には至らなかったが，このときの骨格が21世紀にまで引き継がれている。また復興院と東京市に着任した土木技術者がネットワークを作り，日本全国と満州国の都市計画・区画整理に従事するという都市専門官僚制の新たな展開がみられた。

市公民

市内に居住する者は市住民と称され（市制第6条），そのうち日本国籍・25歳以上の男子・2年以上該当都市に居住・市内で地租または直接国税2円以上納入という条件をクリアした者だけが市公民と呼ばれた（第7条）。市公民は，市会議員の選挙・被選挙権，市名誉職参事会員の被選挙権をもつ（第11・12・54条）。企業など法人も市内で納税していれば選挙権をもつ。

納税資格にも意味があり，「地租」は税額の下限がないが，「直接国税」には下限があった。つまり都市地主は無条件で市公民資格を得るが，営業税や所得税などの直接国税納入者は納税額という制限付きだった。

名誉職

町村の運営は名望家層によって担われた。都市では土着名望資産家の姿は見えにくく，リーダーシップは困難だった。目立つのは各種の公職選挙で選ばれた人々や，

方面委員（現代の民生委員）・町内会長など，無給の手弁当で町や人々に奉仕する人々だった。こうした名誉職に就任し奉仕する人々が名誉職名望家とされ，さまざまなレベルでの都市運営に関わった。

名望家支配

市公民のうちでも，さらに限定されるのが都市名望家である。町村には地主層を中心とした地域支配の担い手がいたが，都市では地主層に限らず，商工業などで経済力を蓄えた階層があり，彼らを都市名望家と歴史学では呼ぶ。財産や知見・人望などを考慮すれば土着名望資産家である。町村では名望家層が町村長・助役・収入役（以上を三役と呼ぶ）・町村会議員になる資格（町村公民）をもつが，都市では市長・助役は市公民に限られなかった（市制第53条）。

町村制の三役は名誉職（無給）だったが，市制の三役は有給だった（市制第50・52条）。都市の運営には地域に根を張った名望家よりも，運営手腕が期待できる能力者が求められていた。

等級選挙

衆議院議員選挙・府県会議員選挙の選挙権は選挙区以外の選択制限はなかったが，市会・町村会議員選挙は，選ぶことのできる範囲が限定されていた。市会議員選挙では選挙権者を三区分（一・二・三級），町村会議員選挙では二区分（一・二級）に分け，選出される議員数も同じ数だけ等分化された（市制第13条，町村制第13条）。区分は市町村税の納税総額に基づく。この選挙方法では，一級や二級が，少数の多額の納税者に占められ，少数者が同数の議員選出を行うことになる。市会・町村会とも任期6年で3年ごとの半数改選で，一挙に勢力関係が変化しない仕組みである。市参事会員も同じ。法人も選挙権をもつため，選挙区が狭いと，一級議員の選出を少数の企業と個人のみで行える場合もあった。

市制町村制の制定理由を述べた「市制町村制理由」は，この三級・二級選挙制度により「幸に小民の多数を以て資産者を抑圧するの患を免る可き」とし，名望家などの資産者層の意志が市町村運営に反映するよう制度化したと説明している。

後藤新平（1857—1929）

大正9年（1920）から大正12年（1923）に後藤新平が東京市長に就任した。都市政策の研究が必要と考え，東京市政調査会を設立し，全国の都市施策調査・立案をリードした。大阪都市協会など各地が続いた。

後藤新平　　　　関　一

関　一（1873—1935）

東京高等商業学校（現・一橋大学）教授だった関一が，請われて大正3年（1914）大阪市助役に就任したのも都市官僚制の一員と評価できる。関は大正12年大阪市長に選出される。関は都市社会政策の専門家で，大阪市の第二次市域拡張や，御堂筋などの道路新設，市営バスの開始，東京に続く地下鉄建設など資本主義の成長に伴う大都市の建設という課題に積極的に応えていった。

市制改正

自治的な要素の少なかった都市だが，市会は市長候補3名の推薦権，市参事会と名誉職参事会員の選出権をもっていた。市長より市会の権力が強いというのが明治21年（1888）市制の意味である。都市運営の中心は，当該都市公民から市会が選出する市参事会（6名。東京12名，京都・大阪各9名）であり，市長・助役も市参事会の一員にすぎなかった。成長を続ける都市の運営上，権限の分散は桎梏となり，市長権限の強化が求められた。それらの運動の結果，明治44年（1911）4月改正市制が公布され，市の執行機関は市長のみとなり（市長独任制），市参事会は市長の諮問機関となった。またこの改正で，市が法人格を取得し，契約主となることができた。

参考文献

越沢明『東京の都市計画』岩波新書，1991．
小路田泰直『日本近代都市史研究序説』柏書房，1991．
芝村篤樹『日本近代都市の成立—1920・30年代の大阪』松籟社，1998．
田口昌樹，明治44年市制改正に関する一考察—市制改正と市政改革，中京大学大学院生法学研究論集，第15号，1995．
原田敬一『日本近代都市史研究』思文閣出版，1997．
山中永之佑『近代市制と都市名望家』大阪大学出版会，1995．

［原田　敬一］

都市が目指すもの

日本における都市の近代化のなかで，都市空間はどのように認識され，何を目指すものとなったのか。明治維新後，都市全体に及ぶ大規模なものとして初めての都市設計であったと考えられる東京の市区改正設計（⇨都市計画前史としての市区改正）では，G.-E.オスマン（Georges-Eugène Haussmann）のパリ改造の影響が大きかったとされる。日本の近代都市改造は，それ以降も欧米で進められた都市改造をモデルにしたといってよい。

しかし，都市の近代化とは，既存の都市を改造するだけで終わるものではない。鉄道の敷設や国道の整備が進むと，都市を相対化する認識が生まれていく。つまり都市の外側，あるいは隣接する都市が，支配権力だけでなく都市生活者の意識の中にも見いだされるようになる。そうした意識が，都市の郊外を住宅地として「発見」する。明治末から，悪化する住環境を逃れ郊外に理想の住環境が見いだされ，いわゆる郊外電車として敷設された鉄道沿いに，多くの郊外住宅地が開発された。ただし，その理想は健康を求めるものだけではなかった。経済的な環境として，インフラ整備事業による都市財政の急激な膨張がもたらす都市内の重税（家屋税）（⇨行財政制度の確立）から逃れるという理由もあった。あるいは，古くからの習俗としてある方位の吉凶などによる居住地選択ということも起こった。つまり，一つの理想像としての郊外が描かれたわけではなかったのである。

一方で，都市の枠を越境する意識は，都市の比較，あるいはそれによる序列という意識も生み出すことになる。近世から，いわゆる三都（京都，江戸，大坂）論は盛んであった。しかし，工業化や貿易の進展などにより，さらには大正8年（1919）の都市計画法が特定の都市だけでなく広く適用されることになったこともあり，三都以外の都市での開発・発展が著しくなっていく。そのため，1920年代には大都市間の競争意識がとりわけ強いものとなった。実際に，大正11年（1922）には，三都に，横浜市，名古屋市，神戸市を加えた六都市を六大都市として認め，市が執行する国務事務の一部について府県の許認可を不要とする制度が施行されるようになる。

三都においても，都市の成長・拡大への意識が強くなっていった。三都市では，大正から昭和にかけて都市規模を拡大するという事業が行われることになる。大阪は大正14年（1925），東京は昭和7年（1932），京都は大正7年（1918）にそれぞれ大規模な周辺町村の合併を実施している。そして，それにより規模が拡大される都市を，大東京，大大阪などと呼んだ。この「大」という言葉は，「大ロンドン」（グレート・ロンドン）を持ち込んだものであろうが，単に規模が大きいというだけでなく，文化的な意味でも来たるべき大都会をイメージさせるものであったはずだ。

一方で，そうした大都会では消費文化が開化し，利便性や効率性だけでは表せない都市文化の評価が登場することになる。それを代表するのが，昭和2年（1927）に，建築家の今和次郎が提唱した考現学であろう。考古学をもじって考案されたものだが，ひたすら都市に暮らす人々の行動や持ち物を調べ上げることで，世相・風俗を明らかにしようとしたものだったが，そこには理論的・理性的な分析は加えられない。まさに表層としての都市を捉えようとするものだった。こうした直接的なモノの形や美に対する評価は，同時代の都市美運動（⇨景観と観光）になどにも通底することになる。

明治41年（1908）に，内務省地方局有志編纂の『田園都市』が出版される。これ以降，郊外住宅地開発の理論を示した英国人E.ハワード（Ebenezer Howard）の田園都市思想が，理想の都市像として都市計画に関わる技術者たちにより議論されるようになる。ハワードのガーデン・シティに対して，「花園都市」，「家苑都市」などさまざまに翻訳・解釈が行われた。しかし，そのいずれもがハワードの田園都市で主張されていた職住一体の都市という理念とはずれていた。そもそも，内務省地方局有志編纂の『田園都市』は，ハワードの田園都市そのものを紹介するものではなく，都市の無秩序な発展を戒め都市と農村の共存的な発展を促すという内容のものであったのである。

したがって，大正から昭和にかけて大都市郊外に，電鉄会社や土地会社によって展開される郊外住宅地では，田園都市理論の影響はあったとしても，そこに描かれる理想は職住一体の独立した都市像が想定されたわけではなかった。ただし都市計画官吏の黒谷了太郎が大正10年（1921）に示した「山林都市」は，例外的にハワードの理論に近いものだった。黒谷は，日本の3分の2を占める山林を利用し，その水源による水力発電で工業を興し，自然美と調和し自立した都市を提示したのである。

しかし，都市計画法の制定以降の，都市計画技師・官吏たちは，都市の理想像を掲げるのではなく，事業自体の合理性・妥当性をひたすら希求していくことになった。その姿勢は，必然的に計画の対象を「都市」という枠を超えたもの，すなわち広域の地域やさらには国土にまで広げることになった。1930年代の戦時体制における「新興工業都市計画」などでは「大都市の抑制」や「工業の地方分散」という国策が示されるまでになる。そこには，理想の都市が示されるのではなく，理想の国家像により都市計画理念が回収されていった姿を見て取ることができた。

鬼門忌避

　陰陽道による方位観を体系化した家相において，鬼が出入りするといって，忌み嫌われたのが鬼門である。江戸時代後期以降，家相占いは広く流行し，多数の家相を論じる解説本が出版されているが，近代になっても，非科学的であると排斥の動きもあったものの，大衆的には広く信じられた。その家の方位観が都市間の方位に応用され，居住地選択における方位の忌避にまで及ぶ事態が生じる。大阪では明治末から大阪を起点に，いわゆる郊外電車が相次いで敷設されるが，そのなかで北東に向かう京阪電鉄だけは，大阪から表鬼門，京都からは裏鬼門のため敬遠されたと指摘され，同沿線には鬼門封じのための寺院（成田山大阪別院）が電鉄会社の誘致により建立されている。名古屋における戦前の土地区画整理事業（耕地整理も含む）においても，習俗的な方位観による整理組合ごとの優劣が，宅地化を左右したことが確認できる。

都市間競争

　大正8年（1919）の都市計画法制定以降，都市改造事業が先行してきた三都以外の大都市でも都市基盤整備が急速に進んでいく。関東大震災の復興事業によっても，東京や横浜で土地区画整理を中心に大規模な整備事業が進む。工業化や貿易の発展などにより，急速に膨張する都市も出現する。そうした事態から，各種の都市計画事業による都市基盤整備と，周辺町村の編入などを契機にした，いわゆる「百万都市」を目指すような人口増を，各都市が競い合うような状況が生まれていく。その結果として捉えられるのが，三都に横浜，名古屋，神戸を加えた六大都市の成立である。しかし，その競争の実態としては，地権者の投機行動を前提とした街路整備や土地区画整理に偏重したものであったとの指摘もある。

大大阪

　大正14年（1925）に隣接する東成，西成の編入が実現し，また関東大震災の被災者の流入などもあり，大阪市の人口は200万人を超え，面積・人口とも東京市を超えた日本第一の都市となった。そして，大正12年（1923）から市長となった関一によって，御堂筋建設，橋梁整備，公営地下鉄など各種の都市基盤整備が積極的に進められ，日本を真に代表する商工業都市として君臨するようになる。それは，「大大阪」（グレート・オオサカ）の時代といわれた。昭和6年（1931）に市民の募金によって再建された大阪城天守閣は，その発展の高揚感を示すものであるともいえるだろう。しかし一方で，性急な都市改造への危機感から，学者や研究者のなかには，失われ

ゆく大阪の伝統的文化の探求や，それらの保存運動も起こった。なお，東京でも昭和7年の周辺町村の合併した市域を「大東京」と呼んだ。

考現学

　考現学とは，昭和2年（1927）に建築家の今和次郎（1888－1973）が，考古学をもじって提唱したもの。関東大震災の後の東京での，通行人の様態，人々の持ち物，衣服などに注目し，それをひたすら記録した。舞台美術家で，震災後の看板を写生する活動でも知られる吉田謙吉と共著『モデルノロヂオ・考現学』をまとめている。民俗学などと異なるのは，その記録の分析や解析がないことだろう。今和次郎は，関東大震災後のバラック建築に装飾をほどこす「バラック装飾社」を結成したことでも知られ，その活動を当時の分離派建築会（⇒近代建築運動）の建築家たちに建築の本質と離れていると批判された際には，建築の真実は表皮にしかないと反論した。都市を徹底して表層的に，記号的に理解しようとした活動として注目されるものであった。

田園都市論

　田園都市とは，1898年に英国のE.ハワード（Ebenezer Howard）が提唱したガーデン・シティを日本で紹介した訳語である。本来のガーデン・シティは，住環境の悪化した都市から離れた田園に，職住が隣接した自律的な都市を新たにつくろうとする都市モデルの提唱であり，それは多くの実践も伴い世界中に影響を与えた。日本でも内務省地方局において，それは最初「花園都市」として紹介されたが，明治41年（1908）に地方局有志編纂として『田園都市』が出版された。しかし，その内容はハワードの提唱の紹介ではなく，英国人技師R.セネット（Richard Sennett）が著した『田園都市の理論と実際』（1905）の抄訳（そのなかには田園都市思想も含まれた）と，当時の内務省地方局が考える，都市と農村の社会的課題を統合して解決すべきという事例紹介が主なものであった。そこには，当時の内務省が志向する社会改革の考え方が表れていた。その後，主に大正期を通じて，この田園都市の思想とその解釈，および欧米におけるその実践例などをめぐり，都市計画技師・官吏による議論が続けられた。

参考文献

中川理編『近代日本の空間編成史』思文閣出版，2017.
持田信樹『都市財政の研究』東京大学出版会，1993.
堀田典裕『山林都市―黒谷了太郎の思想とその展開』彰国社，2012.

［中川　理］

第5章　現　代

編集委員：青井哲人

現代建築史の構想のために……………………………………………………（青井哲人）360

敗戦後の都市と建築論
焦土と復興…………………………………………………………（石榑督和）368
占領期の建築と土地政策…………………………………………（石榑督和）370
戦後の住宅論・建築論……………………………………………（佐藤美弥）372

都市復興と戦後民主主義
建築の戦後体制……………………………………（佐藤美弥，速水清孝）374
建築設計と民主主義………………………………………………（佐藤美弥）376
戦後住宅政策の枠組………………………………………………（祐成保志）378
都市復興と公共空間………………………………………………（石榑督和）380
1950年代のリアリズム……………………………………………（市川紘司）382

高度成長の謳歌と近代主義批判
建築技術・建築生産の変貌………………………………………（門脇耕三）384
都市・地域の諸問題1………………………………………………（砂本文彦）386
都市・地域の諸問題2………………………………………………（木多道宏）388
建築教育と高度成長………………………………………………（青井哲人）390
都市祭典とアーバニズム…………………………………………（戸田　穣）392
保存の主題化と建築史の拡張……………………………………（山崎幹泰）394
近代主義への異議申し立て1………………………………………（戸田　穣）396

公共セクターから民間セクターへ

近代主義への異議申し立て 2 ……………………………………………（青井哲人） 398

オイルショックと都市・建築……………………………………………（松田　達） 400

公から民へ：住宅供給の転換……………………………………………（祐成保志） 402

建築家像の 1970 年代 ……………………………………………………（市川紘司） 404

大衆消費社会と都市・建築

1980 年代から 1990 年代前半の都市 …………………………………（中島直人） 406

都市論・都市史の興隆……………………………………………………（中川　理） 408

建築デザインの謳歌………………………………………………………（五十嵐太郎） 410

都市・建築のゆくえ

失われた 20 年 ……………………………………………………………（南後由和） 412

危機と都市・地域…………………………………………………………（牧　紀男） 414

成熟時代の都市・建築……………………………………………………（門脇耕三） 416

ヘリテージの現在…………………………………………………………（田中禎彦） 418

建築デザインの隘路と可能性……………………………………………（五十嵐太郎） 420

現代建築史の構想のために

見送られ続けている「戦後建築史」

「現代」と題する本章が受け持つ時代領域は，本書全体の編集方針に従って，第二次世界大戦後から現在まで，としている。「戦後」の史的評価を含む「現代日本建築史」あるいは「日本現代建築史」なるものがありうるとして，その体系的ないし通史的な叙述の試みも，概説書や教科書の類も，現時点では皆無である。その基盤となる実証研究の蓄積もまったく不十分で，ようやく近年手がつけられ始めたという段階かもしれない。それゆえ事典として適切な項目をバランスよくリストアップすることはきわめて難しい。

しかし，近代建築史の教科書が，暫定的にと留保しながらも「終戦」をもって叙述を終え，戦後は他日を期すという 1950 年代以来の慣習がいまだ継承されている状況では，学生や若い世代の研究者には，古い時代以上に基礎知識を学びにくいという困難が「戦後」にこそあることも事実である。日本の近代建築史の通史が初めて刊行されたのは昭和 34 年（1959）で，当時同時的に複数の通史が書かれたが，それ以降は書き変えの試みが意欲的に行われているとはいいがたく，とくに「戦後」の叙述は以来半世紀以上も見送られたままになっている。こうした状況ゆえ，本事典に「現代」編を収める意義は大きいと考え，学術的な限界を踏まえつつも，一つの試みとして本章を編んだ。

ところで，「現代」を「戦後」とする時代区分にはどのような説得力があるのだろうか。歴史学（文献史学）では「近代／現代」を戦前／戦後とする時代区分がおおむね常套的ではある。しかし，それは半ば便宜的なもので，本来的には，「現代」を「近代」から区別するのは，近代化への再帰的な捉え直しの前景化であるとする歴史家の意見は傾聴に値する。すなわち，産業化や外交的自律などを目的として出発した日本の近代化過程が，現実には近世からの連続の下にあった空間と社会に著しく複雑な変容をもたらしていくのだが，そのことについて，自身もまたその変質を刻み込まれつつある近代人たちが自覚し，反省的に捉え，近代そのものを意味付け直しながら，新しいやり方で近代の制御や創出を構想していく段階の到来，であろう。

敗戦という切断

たしかに，第二次世界大戦における日本の敗戦と，戦後の広範に及ぶ改革は，日本の近代に反省と切断をもたらした。切断は，まず焦土となった国土と海外支配地の喪失によって明瞭に印象付けられる。しかしそれらだけではもちろんない。ここでは建築が国家とどのような関係にあったかを考えてみよう。

すなわち明治維新から敗戦までの建築・都市の近代化は強く「国家」に規定され，また建築・都市の専門諸職能もまた「国家」との結びつきに自身の存立根拠を見いだしてきた。そのことへの反省なしには次の時代の展望を描くことはできないと，多くの専門家は「敗戦」時に考えた。戦前は，彼らを育成する高等教育は国家主導で設置・拡充されており，そこから輩出した人材が何よりも中央・地方の官庁営繕機構や都市計画・住宅政策分野の専門官僚となるか，日本資本主義を幼稚な段階から牽引してき

た大企業の技術者となるかをおおかた宿命付けられていた。建築家の問題関心は，19世紀後半の西欧の歴史主義（historicism）・折衷主義（eclecticism）を導入するのに必要な様式的知識と構造技術の実践的なパッケージの修得に始まり，国民様式の創出，耐震技術や社会政策（都市計画・住宅供給・建築規制）の構築，あるいは近代建築（modern architecture）の日本的定着などと目まぐるしく転換したが，ほとんどは（それぞれに異なる回路から）国民国家日本の建設と建築の学術との結びつきをむしろ建築家・専門家らが自ら求めていったものと考えて差し支えない。大正期以降のいわゆる前衛運動においても，国民国家の文化的建設という課題意識が希薄になるのは一時期のことだし，またマルクス主義的な立場に立つ者にも国家批判の契機がさほど明瞭にあったわけではない。

　さらに，戦時下にあっては，軍需を主軸として資源・動力の開発・統制と重工業化および産業合理化，そしてその趨勢の下での土木事業の活発化と科学技術の発展がみられたわけだが，建築分野はそこからほとんど取り残され，国家に直接貢献できる分野としては防空関連研究と軍需工場の建物が残る程度であった。しかし，だからこそ「職域奉公」の名の下に戦時体制や大東亜共栄圏建設に沿った諸種の文化的・美学的な議論が，近代建築の日本への定着という動機と抱き合わせられながら，きわめて熱心に展開されたともいえよう。国家は建築のほとんどあらゆる領域に作用する求心力をもっていたのである。

　それゆえにこそ，敗戦と民主的平和国家の建設という戦後の再出発は，建築家や建築技術者たちにも，過去，とりわけ戦中期の自身への決別を意識させずにはおかなかった。彼らの新しい関心は庶民住宅に向けられ，人民ないし民衆のために何ができるかが熱心に説かれ，資本主義礼賛や国家主義はもちろんのこと，素朴な国民意識伝統論さえ無自覚に口にすることは憚られた。その状況は必ずしも長くは続かず，50年代半ばには民衆論と結びついた新たな伝統論が論壇をにぎわせることになるのだが。

敗戦を挟む連続性

　しかしながら，1930年代以降，あるいは大きくみれば二つの世界大戦の間の，いわゆる「戦間期（interwar period）」の歴史過程は，多くの点で敗戦から1960年代までの歴史過程に連続していることも，広く指摘されている。たとえば米国の日本近代史研究者J. ダワー（John W. Dower）は『昭和：戦争と平和の日本』（*Japan in War and Peace*, 1993）と題する論集のなかで，多角的にその連続性を抽出している。

　昭和30年（1955）に設置されて全国総合開発計画（全総）などの長期経済計画の策定にあたった経済企画庁は，昭和21年（1946）設置の経済安定本部にさかのぼり，それは昭和12年（1937）に戦争遂行のために強力な権限を集中させて発足した，あの企画院を前身とする。戦後の通産省も戦時期の軍需省の後継機構だし，戦後に福祉国家の実現を主導する巨大官庁厚生省も昭和13年に発足している。経団連や，産業界の分野別の連携も，多くは1920年代から戦中期につくられている。帝国の解体により海外領土・支配地を失った日本が経済復興のためにとった戦略は，戦時中に成長した工業技術と安価な労働力を活用して，大量生産した製品の輸出を伸ばすことだった。軍事化それ自体でなくとも，軍事化がもたらした技術や体制や，場合によっては哲学的な思考さえもが，戦後に転用可能な資産となった可能性がある。

　先に述べた近代化への再帰的な反省と新しい近代のホーリスティックな構築へ，という意識の幅広い前景化は1920〜1930年代の戦間期に起こっていた。幕末明治から

の近代化プロセスが一定程度進行し，農業国から工業国への転換や都市化が進んだことにより，たとえば混乱する都市に秩序を与える都市計画の必要性が急激に浮上してくること，あるいは都市と自然との関係が問い直されること，伝統的共同体に代わる新たな共同性をつくり出す必要性が叫ばれることなどがあげられる。1930年代に進んだ官僚機構の肥大化も，矛盾や混乱に満ちた帝国の国土と社会を一望のもとに置く必要性が増したことの反映だ。資本主義経済の進展に対して，諸種の生活保障や福祉政策もまたこの時期に原型がつくられた。戦中期に萌芽をみた終身雇用や社内福利が，戦後の「日本型雇用システム」の原型になったことも指摘されている。

連続と断絶

　以上のことは，他の先進諸国の場合にそのまま当てはまるわけではないものの，ソ連のスターリン体制，ドイツのナチズム体制，イタリアのファシズム体制，米国のニューディール政策などとその戦後の帰趨にも，共通する部分が多いだろう。このこと，つまり国際的な比較の視野の重要性をも踏まえるとなおさら，敗戦国とはいえ「昭和20年」（1945）を強調しすぎることは問題を含む。そこで，建築史においても戦間期から戦後，すなわちおおむね1920～1960年代を，一貫したパースペクティブで包括的に捉える努力は欠かせない。その一端は戦中・戦後の国土計画と丹下健三研究室を焦点とする研究群において明らかにされつつあるものの，全体としては今後の課題に属すといわざるをえない。だが，その試みが説得的な歴史を描き出すと，それはすぐさまもう一つの課題を提起することになるだろう。一つには第一次世界大戦までの19世紀的な近代を，また他方では1970年代以降の新しい歴史過程を，それぞれどう特徴付けるかという課題である。

　他方で，それならば「戦後」を何らかの特殊な時空として歴史的に定位する意識には意味がないかといえば，決してそのようなことはない。そこにも先述のとおりそれ以前の歴史過程に対する反省があり，それはただちに自身の進む道を再帰的に規定せざるをえないような切断であった。それは「敗戦」の経験に由来するところが大きいが，その切断は，たんに意識の問題だけでなく，憲法とそれに矛盾しないように書き変えられていった諸種の法制度によって私たちの現実を強く規定してきたであろう。これも建築史研究の重要な課題である。

建築における戦前・戦中と戦後

　建築・都市分野において，ダワーの連続性の指摘，つまり戦中期の革新が戦後社会に転用される，という説明が最も当てはまるのは，おそらく帝国規模の国土計画の経験であろう。これが戦後の開発主義的な国土経営につながっている。しかし，同様の歴史的説明は建築産業そのものには必ずしも当てはまらない。もちろん1920～1930年代のオフィスや工場などの建築物の大型化に伴う建築技術上の進歩は戦後につながるものだったが，稲垣栄三らが指摘してきたように，建設産業における元請け・下請け制や職人の労働強化などの慣習は，1930年代の産業界全般の合理化の趨勢のなかで，むしろ温存・強化されさえしたのだから。建築産業の近代化には戦後も長い時間がかかっている。

　建築・都市の実態的な変化の節目は，建築産業そのものよりも，むしろ開発資本の運動と都市計画制度に求めることができるかもしれない。つまり大正8年（1919）制定の旧都市計画法および市街地建築物法における建物の絶対高さの規制，いわゆる

「百尺規制」が，1960年代の建設ラッシュと都市の高度利用への圧力の高まりのなかで，まず昭和36年（1961）に特定街区制度，ついで昭和38年（1963）に容積地区制度が創設されることで廃棄されていった経緯である。これは都市建築物が高層化に向かう道を決定付け，技術や法制度の展開も含めて大きな転換点となったとみられるのである。こうした観点に立つとき，建築分野については戦争自体を強調するよりも，第一次世界大戦後のタイミングで出された旧都市計画法が，1960年代の現実的な変化を踏まえて昭和43年（1968）に新都市計画法に書き変えられるまでの，文字どおり1920～1960年代を見通す歴史観が自然なものとなる。

　では，建築をとりまく思想的な面については，やはり敗戦の断絶は大きいだろうか。むろん小さくはない。しかし，戦中期への強い反省も，かえって単純な善悪の反転だけに帰着して，思考の構造は何も変わっていない人々も少なくない。戦後に復活したマルクス主義者たちが戦中期のとばりを開けて1920年代と同じ教条的唯物史観を展開したことも，やはり連続性の例だ。戦争が終わったことで大正期の自由主義や個人主義の復活を叫ぶ者もあった。戦後に固有の建築思想がいくらかでも紡がれ始めるのは，昭和20年（1945）からというよりは，建築的な実践のなかに戦前とは異なる新しい運動の主題と論理が模索され始めた昭和28年（1953）頃以降かもしれない。教条的な唯物史観を乗り越えうる，マルクス主義者の実践的な運動のあり方，民衆とのより具体的な接触，創作方法論への意識の高まり，あるいは近代建築における人間性の回復や表現の再活性化，より深層の現実へと向かう議論と創作の傾向性などがそれを指し示しているように思われる。

近代建築

　ところで，近代建築史の主題の一つに，いわゆる「近代建築（modern architecture）」の獲得過程の問題がある。それをモダン・ムーブメントと呼ぶならば，日本では大正9年（1920）結成の分離派以来の運動の歴史があり，1930年代には分離派世代の作品群および坂倉準三のパリ万博記念館など優れた作品も生んでいるが，大局的には日本（帝国）で建設された建物のごく一部を占めるにすぎなかった。ところが，1950年代以降の本格的な都市復興のなかで次々に実現していく県や市町村の庁舎建築が象徴的であるように，近代建築は戦後にははっきりとヘゲモニーを握ったといってよい。

　ここにも，「戦後」を切り出す歴史観と，1920～1960年代を一貫して見通す歴史観との，緊張がありうる。ポイントの一つは，近代建築は戦前において官庁営繕を中心に牽引され，戦後は戦災復興と庁舎やスポーツ施設あるいは公団住宅などの公共事業を通して勢力を広げたこと，つまり近代建築は戦後も国家ないし行政体との深い関わりにおいて伸張してきたということだ。そして，1970年以降，近代建築は急速に力を失う。それは基本的な社会・経済・政治の基盤がこの頃に大きく変わったことと関係しているだろう。

　政治学や経済学の分野では，戦後の日本について，次のようにいわれることがある。すなわち戦後日本の経済・政治の体制は，東側諸国の社会主義体制と違うのは当然として，しかし西欧型の福祉国家体制とも異なり，むしろ発展途上国型の開発独裁体制とみるのが適切だというのである。この体制が確立したのは，自由民主党の長期安定が決定付けられた昭和30年（1955）であり，実質的な独裁体制のもとで，国土開発がもたらす経済成長と国民福祉を政権が約束し，そのことによって国民の同意を調達す

る仕組みがセットされたのだという。これが当時の国際的な国家間バランスのなかで功を奏し，日本は急速な国土の復興と経済成長をなし遂げたが，それはある程度まで偶有的な幸運であったろう。そして，この開発独裁と経済成長に同意して努力する国民と国家との関係こそが，鉄筋コンクリートのブルータリスト的表現に伝統の再解釈を重ねた神殿のごとき公共建築であったのだろう。また，昭和35年（1960）のメタボリズムグループの結成とそのメガロマニアックな構想群は，開発独裁が大衆消費のエネルギーとして現れる国家-国民関係を，都市-建築システムとして見事に造形してみせたが，国家がまもなく前景から退いていき，企業活動と大衆消費がどれほど中心なき分散をもたらすのかを予見してはいなかった。

昭和45年（1970）前後の転換

戦間期・戦中期との連続性が強かった戦後1960年代までに対して，1970年前後以降の歴史過程はその特徴が大きく異なるように思われる。国家主導の焼け跡からの復興＝建設および工業国としての成長を印象付けた東京オリンピックと，数々の大企業が前面に出た消費の祭典としての大阪万博とを象徴的に見比べてもよいだろう。あるいは，戦中期に発足した住宅営団を引き継いだ住宅公団が，住宅の標準化と大量供給の担い手であったのに対して，1970年代以降の公団は量から質へと主題を移し，さらには住宅供給主体としての役割を縮小させ，民間企業にそれを委ねていったこと。戦間期から1960年代まで顕著であった貧困や雇用の問題が，昭和45年（1970）前後までにほとんど解消され，中流化した国民の大量消費という新しい大衆文化的状況を迎え，都市の商業建築・集合住宅，そして市街地内の狭小な独立住宅さえも，建築家の仕事となってきたこと。これら様々な例示が，昭和45年（1970）前後の構造変化を物語るだろう。

この頃以降，建設は企業と個人の自由な経済活動の領域に属すものとみなされ，国家は公共の福祉を最低限担保するための制度的な規制・誘導へとその役割を限定した。土木分野ではインフラ整備がその後も公共事業であり続けたが，建築においてはこの時期の転換は大きな意味をもった。現在でも土木はほぼすべて公共事業であるのに対し，建築は約9割が民間事業である。

また，都市計画や都市デザインから建築までのホーリスティックなシステムと造形によって，国家や都市，あるいは公共性・全体性の新たな姿を具現化するといった関心が建築家やプランナーらのあいだで後退し，土着性や自生性，住民参加，歴史的環境の保全・活用，あるいは芸術としての建築の自律などが，建築分野の主要な関心となっていった。おそらく，近代建築の覇権が1960年代で終わり，急速に力を失ったのは，建築界内部での近代建築批判の潮流だけによるのではなく，社会の全体性を吊り支える機構としての国家がその姿を見せなくなり，また一枚岩の公共性を信じられない状況が社会に浸透していったからに違いない。

加えて，昭和48年（1973）の第一次オイルショックが，「成長の限界」という認識を先進国にもたらした。戦後，福祉国家の体制をとってきた欧米先進国では，保守・自由党系と労働・社会党系とが交替する二大政党制を維持して成長と福祉のバランスをはかってきたために，オイルショックによって資本蓄積の危機につきあたった財界からの圧力が高まり，1970年代後半から新自由主義に転じていった。しかし日本は企業中心の開発独裁型の政治経済構造をとってきたため，企業は経営努力や海外進出でオイルショックを切り抜けることができ，そのため開発主義的な体制の転換にはいた

らず，あまつさえ1970年代後半には貿易黒字大国として世界経済の主役に躍り出て，つづくバブル経済の狂乱に湧くことになる。

1970年代には他方で，日本の知識人や市民のあいだには，昭和30年（1955）以来の経済成長への信仰と，そのなかで醸成されてきた政治腐敗や，地方を置き去りにした中央志向の開発主義，産学官の癒着などの，発展途上国的な未熟さへの批判と，ありうべき成熟の方向性への模索が噴出する。都市デザイン，まちづくり，建築設計などの分野における地域主義的な傾向には，こうした背景があった。近代文明批判，地域主義の主張，さらには人間の紐帯（コミュニティ）や，人間とモノとの親密な結びつき（手仕事）の再生を唱える中世主義的な思潮が現れるのも，この時代の特徴といえよう。

このようにして，1970年代以降の建築界は噴き出してくるような主題の多彩さを楽しむことになったが，裏を返せば焦点を欠いた分散的な状態を呈した。多極的な模索の時代の到来は，しかし，近代建築とそれを支えた戦後日本的な開発主義的な国家体制への反動として避けがたかったのであろう。また，近代建築のタブララサ志向，ホーリスティックな近代的社会＝空間システム志向に対する反発ゆえに多くの建築家・研究者がリアリズムの立場をとるようになったが，現実そのものがすでに一枚岩ではなく，高度成長を通じて空間も社会もバラバラに解体されていたがゆえに，そのどの部分に接続するかによって異なるアプローチが生まれ，必然的に建築論・都市論も分裂的な多様性を呈することになったとの見立ても可能だろう。近世から現在までの400年程度の歴史過程を大きくみたとき，現実の都市とそこにひしめく無名の建物が最もドラスティックな変容を遂げたのは，戦前の近代化・都市化やそのトリガーとなった震災や大火でもなく，第二次世界大戦の空襲ですらなく，おそらく1960年代の高度経済成長によってであった。1970年代以降は，そうした巨大な変化，すなわち歴史的蓄積の解体と分裂の後を，いかにマネジメントしていくかという課題が問われてきたのではなかったか。

またこうした分裂ゆえにこそ，あらゆる現実的・文化的な脈絡を括弧に括ることのできる，芸術的前衛という立場の強調もまた，逆説的にこの時代のものであったことが理解される。そして，ゼネコン設計部や組織設計事務所が1970年代にその幅広く分厚い技術力によって確かな地歩を固めていったことは，この時代の公共建築の設計競技を見ていくだけでもよくわかる。これらをも含めて，1970年代は多極化の時代であって，それがバブルに持ち込まれて爆発する。もう一つ指摘しておくべきことは，日本のナショナリズムに生じた変質である。明治以来の根強いナショナリズムが，1970年頃になると日本経済の国際的な競争力と国民の消費者としての充足によって満たされるようになったために（経済ナショナリズム），根拠としての文化的伝統が不要となり，最先端の近代性の導入・更新と，ナショナルな文化的特質との接続といった1960年代までの建築論・造形論の核が失われ，その空白に向かって隠れていた諸課題が噴出したとの見立てもまた可能なのだろう。

1990年代後半以降

土地とマネーのゲームを，仕様と意匠と批評言語の差異化のゲームに変換するのに躍起になっていた1980年代の建築界を夢から目覚めさせたのは，まずバブル崩壊であり，一連のグローバルな金融危機であり，平成7年（1995）の阪神・淡路大震災から続く大規模災害である。この時期の経済的危機のなかで，日本ははっきりと新自由

主義的な体制へと移行したといわれている。ここでも建築・都市の領域におけるその端的な現れを，都市開発の規制緩和に求めることができるだろう。平成14年（2002）制定の都市再生特別措置法に基づき，都市機能の高度化をはかり，都市の国際競争力を高めるために緊急に再開発を行うべき地域が指定され，特別地区の設定により容積率が大幅に緩和されて，超高層オフィスや超高層集合住宅（いわゆるタワー・マンション）による再開発が次々に行われるようになった。それらが大都市，とりわけ東京に集中しているのと対照的に，全国の過疎地では限界集落問題が取り沙汰され，地方都市の中心市街地の空洞化は有効な処方箋のない状態に立ち至っている。またIT諸技術がもたらした設計・施工環境の激変も近年の特徴といえるだろう。

　こうした構図が，建築デザインの現在に階層的な分裂をもたらしていることも事実である。すなわち，世界の大手ディベロッパーと大規模設計組織が推し進める大規模開発にひとにぎりのグローバルなスター建築家（アーキスター）によってアイコニックな建築形態が与えられる一方で，地方公共施設ではプロポーザルコンペと住民参加によって良質な公共ストックの創出が積み重ねられ，新築需要が激減している戸建住宅ではリノベーションが活発に行われて個人事務所の建築家の主要な仕事となりつつあり，他方では地方の都市・集落におけるまちづくりの活動やアートイベントが量産されている，といった状況である。

　近年の建築論では，バブル期への反動として，たしかに地域，都市，あるいはコミュニティ，住民参加などに広範に関心が向けられており，それらとの関連で建築家の職能も再検討されており，バブルによって中断されてしまった1970年代の豊富な議論がそれとの連続性が明瞭には意識されぬまま再生しているのだが，議論の分散傾向は依然として続いており，建築の最も基本的な課題であり存立根拠でもあった公共性や国土・都市ヴィジョンの全体性を建築論が取り戻すには至っていない。もちろん，それは1950〜1960年代の近代建築とその拡張のなかで描かれたメガロマニアックでヒロイックなヴィジョンとは異なるものにならなければならないが，新しい議論の軸はまだ見えそうにない。

　1990年代後半以降について指摘しておくべきことの一つに，明治以来近代日本の宿命的課題であった災害の問題の再浮上がある。日本の戦後史を捉える一つの視覚として，それが比較的に大規模な地震災害の少なかった時代であった，という見方がある。もちろん，昭和53年（1978）の宮城県沖地震が建築基準法の改正によるいわゆる新耐震基準の契機となったことなど，戦後も災害は建築・都市のあり方を規定する重要な要因であったが，死者数千人以上といった大規模な災害は相対的に少なく，これが戦後の開発独裁的な体制による経済成長と資本蓄積の間接的な背景的条件をなしていたという指摘もなされている。この時期の土木インフラの普及と強化が，激甚災害の前に意外に脆いものであったこと，裏を返せばわたしたちが戦後の開発主義の展開のなかで無意識にゼロリスク神話をかたちづくってきてしまったらしいことを，阪神・淡路大震災の地震被害や火災，そして東日本大震災の津波災害や原子力発電所事故災害，あるいは物流チェーンの麻痺などといった現象のなかで気付かされている。さらにいえば，戦後の開発主義が地域社会の解体を進めてきていたにもかかわらず，復旧復興の名のもとに地域の現実にそぐわない大規模なインフラ開発投資がさらに重ねられることで，地域社会がますます解体されてしまう状況を，私たちはいま目撃しているのだろう。国土・地域・都市・建築のあり方，そして社会のあり方について，全体性をもったヴィジョンの再構築が必要とされている。それを一挙に描くことは困

現代建築史の構想のために　367

難であったとしても，個々の貴重な実践がそうしたヴィジョンの再構築に寄与する回路をつくっていくことが期待される。

本章の組み立てについて

　本章の項目をあげるにあたっては，次のような方針をとった。まず，以上のような歴史過程への大雑把な見通しを踏まえつつも，ここで議論してきた時期区分を明瞭に示すことは避け，おおむね終戦直後，1950年代，1960年代，1970年代，1980〜1990年代前半，1990年代後半以降といったディケードに近い区分と，以下のような観点を背後に用意し，各時期の特徴が浮かび上がるように配慮した。

① 政策・制度の枠組み
② 都市環境
③ 建築生産を巡る技術や体制
④ とくに住宅生産・供給の体制
⑤ 建築諸職能を巡る環境の実態
⑥ 教育と学知，建築メディアと言論状況，運動体や論争など

　上に素描してきたように，近現代，とりわけ戦後の都市・建築の変転はきわめて早く，激しいものであった。その変化に一定の見通しを与えていくためには，このような複層的な理解の枠組みを用意しておく必要があると考える。他方，この「現代」編は，本書の他章（「都市計画」および「土木史」の戦後）と重複する部分が多々あり，本章は以下の方針でそれらとの住み分けをはかった。

① 本章は，建築（建物）の生産や思想に関わる事項を中心とする。
② 都市についても重要項目をあげるが，制度は「都市計画」編に委ね，ここでは主要な出来事や現象・動向を扱う。
③ ただし建築単体や建築設計者などに関わる制度は，本章で扱う。

　なお，本章では，各項目の解説に続けて，まず当該の各項目に何らかのかたちで関わりのある建物（作品）を一つ取り上げ，その写真などの画像を掲げ，解説することを基本的なルールとした。これについても限られた項目数で説得的な選択をすることは難しかったが，それでも，各項目に一つの著名建築作品を掲載することで，戦後から近年までの建築史の流れがある程度直感的に把握されるのではないかと思う。

参考文献

ジョン・W・ダワー，明田川融監修・翻訳『昭和：戦争と平和の日本』みすず書房，2010.
中村正則『戦後史』岩波新書，2005.
小熊英二『〈民主〉と〈愛国〉：戦後日本のナショナリズムと公共性』新曜社，2002.
日本建築学会編『近代日本建築学発達史』日本建築学会，1972.
稲垣栄三＋同時代建築研究会「戦後史をいかに書くか」1978（『稲垣栄三著作集 六』中央公論美術出版，2007 所収）
布野修司『戦後建築論ノート』相模書房，1981.
新建築臨時増刊「現代建築の軌跡」新建築社，1995.
八束はじめ『思想としての日本近代建築』岩波書店，2005.
八束はじめ『メタボリズム・ネクサス』オーム社，2011.
豊川斎赫『群像としての丹下研究室』オーム社，2012.

［青井 哲人］

焦土と復興

焦土の様相とヤミ市

　太平洋戦争中の連合国軍による空襲は終戦当日まで続き，都市の多くが焦土と化した。都市に対する戦災ということでいえば，戦時中には建物疎開によって市街地の多くの建物が破壊された。そして，日本の本土への空襲は昭和19年（1944）末から本格的な戦略爆撃となり，長期間の大規模な無差別爆撃も実施された。東京の丸の内や大阪の中之島地区などのビル街を除いて，戦前の日本の都市は規模にかかわらず木造建物の集積によってできていた。空襲の多くが木造建物を燃やす焼夷弾攻撃であったが，広島と長崎には原子爆弾が投下された。終戦当時の日本の都市の焦土の様相は惨憺たるものである。

　戦時中から進行していたインフレーションは終戦を迎えて激化した。配給制度も崩壊に近い状態で，国民の戦後の生活は闇なしでは立ち行かない状況であった。闇とは経済統制のもとで公的には禁止されている流通経路を経ている物資を意味し，そうした経路を経た物資を扱う店が集まった市場をヤミ市という。人々は，ヤミ市や農村への買い出しによって，不足する食料などを手に入れていた。ヤミ市は，行政や警察の取締りの弱体化による黙認や協力，交通の要所における空地の存在を背景に全国に爆発的に広がった。昭和15年（1940）時点で人口が5万人以上の都市のほとんどで，戦後にヤミ市が発生していることが確認できるほどである（ヤミ市・露店・マーケット）。ヤミ市の一部は疎開空地に発生し，露天市からマーケットへと建て替わったことで土地占有が長期化した。疎開空地は，戦後は街路や緑地帯などの公共施設として利用された都市もあったが，不法占拠や旧地主の返還運動などによって消滅してしまったものも多い。

　東京において最初に組織的につくられたヤミ市は，テキヤの尾津喜之助が新宿通り沿いに建設した新宿マーケットである。尾津喜之助は約6万人もの組合員をもつ東京露店商同業組合の代表を務めた人物である。昭和20年（1945）末，その新宿マーケットの向かいにバラックを建設し営業を再開したのが紀伊國屋書店である。昭和22年，紀伊國屋書店の復興建築を設計したのは前川國男である。のちに前川は，敷地の新宿通り側に並んだ小さな店十数軒が立ち退かないため，止むを得ずそれらの店舗を紀伊國屋書店の門前町として残したまま，少し奥まって復興建築を設計した，と当時を回想している。他方で戦後の都市では空地をいたるところで開墾し，食料不足を何とか補おうとしていた（空地利用）。

住宅と居住地の建設

　終戦から5年の間に日本全国で約240万戸の住宅が建設された（住宅事情）。戦災復興院も大蔵省も，住宅復興は個人の自助努力の範疇としていたが，昭和20年（1945）度，昭和21年度の住宅総建設戸数に対する補助金と公的資金による住宅供給の割合は約45％と約34％であり，住宅建設全体に寄与している部分は大きい。残りの民間建設の住宅は，そのほとんどが自力建設である。戦前の都市部の住宅供給は貸家が支配的であったのに対し，この時期は持家率が急増しているが，その背景にはこうした持家自力建設があった。しかし，あくまで応急的な住宅であったため，長期的なストックにはつながっていない。応急復興住宅の建設には，昭和20年（1945）の越冬対策としてのセルフビルド支援や，既存建物の転用がはかられたことも重要である。引揚者住宅を中心に学校や公会堂の転用，廃車となったバスや電車の住宅への転用もみられた。

農村での住宅建設

　都市部だけでなく農村においても開拓村として住宅が建設されていった。農林省は引揚者，復員者，失業者を対象に，終戦から5年で100万戸を入植させる緊急開拓事業の計画を立案し，開拓地に入植する人々には，農機具，肥料，家畜などの資材や住宅の建設に要する資金として補助金と長期返済の融資が用意された。昭和20年（1945）度から昭和23年度の入植戸数は約14万戸，住宅建設戸数は約9万戸に及んだ。

　昭和15年（1940）の都市部人口は2,758万人で，全国比37.7％を占めていた。昭和23（1948）の都市部の人口は2,772万人で昭和15年とほとんど変わっていないが，農村部（郡部）では昭和15年から人口が694万人増加している。さらに戦後復興期には，戦災に起因する反都市化が進み，昭和30年のピークまで農村部の人口が増え続けた。人口回帰が進んだため，農村部においても住宅難は厳しかった。

焦土の様相

　戦災を受けた終戦直後の都市部の状況。現在の日本国内で都市空襲と艦砲射撃によって何らかの被災を受けた都市の数は215都市に上る。このうち被害が大きく，戦災都市に指定されたのが115都市。115の戦災都市の被害だけで，罹災区域63,153 ha，罹災人口969.9万人，罹災戸数231.6万戸，死者33.1万人，負傷者42.7万人に及んだ。これらの被害のうち約2分の1が5大都市（東京・横浜市・名古屋市・大阪市・神戸市）の被害である。こうした戦災に加え，戦中期には279都市（内戦災都市94）で疎開空地が指定され，約61万戸の建物が除去された。疎開空地となった土地は，地方公共団体によって借地されるか買収されていた。ほとんど空襲の被害を受

けなかった都市は，京都・金沢・札幌くらいである。

ヤミ市・露店・マーケット

戦後復興期に統制経済を逸脱した闇値で取引を行う店が集まった場所をヤミ市という。戦時中から昭和20年代中頃まで，闇値の市場経済が都市部での生活を支えていた。ヤミ市は全国の都市部で爆発的に形成が進んだ。当初は個人の立売りなどによって自然発生的に始まるが，しだいにテキヤや地元有力者によって統制が取られていく。露天市として始まったヤミ市の空間形態は，宅地に建てられた木造のマーケットと，移動可能な露店に分化していく。テキヤや露店商のほか，引揚者団体，在日外国人グループなどがヤミ市を組織した。全国のヤミ市は戦前からの中心市街地や主要な駅前など人が多く集まる場所，もしくは河畔や神社，公園など土地占有をしやすい場所を中心に発生している。

紀伊國屋書店

前川國男設計により昭和22年（1947）に建設された新宿の書店である。建築資材が限られた戦後の状況にあって，木造トラスを組み，吹き抜けの店舗空間を実現した戦後復興期を代表する木造モダニズムである。紀伊國屋書店は昭和初期に開店し，空襲で消失したが昭和20年（1945）末にはバラックで営業を再開した。前川が設計した店舗は，このバラックの建て替えであった。ファサードは水平垂直が強調された構成で，開口部が大きくとられ明るく軽やかである。新宿通りから奥まった場所に位置し，新宿通りとの間には終戦直後に建設されたマーケットが並んでいたため，発表されたパースに描かれた広い前庭は実現していない。この状況はヤミ市を中心に復興が進んだ戦後の新宿の状況をよく示している。

紀伊國屋書店正面外観
［生誕100年・前川國男建築展実行委員会監修『建築家 前川國男の仕事』p.23, 美術出版社, 2006］

空地利用

空地利用とは，戦後復興期，都市部の空地が食料対策のための耕地などに利用されたことである。昭和20年（1945）は天候不順に加え，肥料や農業労働力の不足により米作が未曾有の凶作になることが予想されており，戦時中からの食糧難に対処するために都市部では各地の空地が個人によって耕され畑となっていった。庭や焼け跡などの私有地の空地をはじめ，道路や疎開空地にいたるまで耕地として開墾されていた。東京上野の不忍池も，一時期は水田として利用された。一方で，駅前の疎開空地や焼け跡の空地には多くのマーケットが建設されている。地主による短期的な土地利用の許可があったものも多いが，マーケットの占有が長期化したために各地で紛争が起きた。

住宅事情

戦後復興期の住宅不足の状況。終戦直後に建設省によって推計された戦争による住宅の被害は，焼失が210万戸，建物疎開による破壊が55万戸，合計265万戸であった。さらに戦時中の住宅供給不足が118万戸に上り，引揚者が必要とする住宅数から戦死者・戦災死者数を差し引いた住宅必要戸数37万戸を加えると，終戦直後の住宅不足は420万戸に達していた。引揚は昭和20年（1945）9月から始まり翌年末には全体の8割が完了していたが，連合国軍総司令部（GHQ）は引揚者に対する特別な救護策を認めなかったため，昭和22年までは既存建物の転用によって住宅不足への対処が行われた。東京の下町では関東大震災後に建設された復興小学校が引揚者住宅に転用された。こうした状況は，過密な居住環境を生み出した。

応急復興住宅

極度の住宅不足への対処として，終戦直後から応急的に建設された住宅である。昭和20年（1945）9月に罹災都市応急簡易住宅建設要項が閣議決定され，戦災者の越冬対策として自力建設を第一として緊急に簡易住宅を建設する方針が示された。自力建設者には加工した住宅部品を1戸単位で渡して組み立てさせ，自力建設しないものは住宅営団や地方公共団体などが中心となって建設を分担した。同年11月には住宅緊急措置令を公布し，非住宅建物の住宅への転用もはかられた。翌年5月になると日本公共事業計画原則において住宅復興事業は公共事業として行われるべきであることが示唆され，この方針のもと公共機関による低廉な賃貸住宅の供給が昭和26年（1951）に公営住宅法が公布されるまで続いた。

参考文献

住田昌二『現代日本ハウジング史－1914～2006－』ミネルヴァ書房, 2015.

［石榑督和］

占領期の建築と土地政策

占領期の都市

終戦から昭和27年（1952）4月28日のサンフランシスコ講和条約のもとに日本の主権が取り戻されるまでを占領期という。この間，戦災を受けて灰燼に帰した都市ではバラックによる自律的な復興が進むと同時に，戦災復興計画の策定が進められ，実施されつつある時期である。その一方で，多くの連合国軍とその家族が日本に上陸し，都市のそこここの土地や建物を接収していった時期でもある。国内法で規定される戦災復興計画と，日本が敗戦とともに受け入れた「ポツダム宣言」という国際法を根拠に進められる連合国軍の接収とは別の次元にあり，両者がパラレルに都市空間を変えていったことがこの時期の特徴である。

土地や施設の接収

昭和20年（1945）8月末から，東京には多くの連合国軍とその家族が入ってきた。東京には昭和21年2月までに45,000人あまりが，全国では417,000人以上が入っている。連合国軍は活動拠点を確保するため，建物や土地を接収していった。連合国軍は首都占領の第一段階として，まず終戦直後に総司令部の機能を横浜に，飛行場機能は厚木に，海軍機能を横須賀に確保し，その後，昭和20年9月8日から都区部への接収が本格的に始まった。都内の接収地の具体的な件数は明確ではないが，サンフランシスコ講和条約発行後の昭和27年（1952）7月26日に出された外務省告示によれば，都内の接収地は144件であったという（**占領期の首都**）。

首都の占領に対して，沖縄での基地の展開は強行なものであった。現存する国内の主要な米軍基地は，青森県の三沢，東京都の横田，神奈川県の厚木，横須賀，山口県の岩国，長崎県の佐世保，沖縄県の嘉手納，普天間などである。

復興都市デザイン

接収と基地の展開と並行して，全国の戦災都市では復興計画の立案が進められようとしていた。戦災復興院では全国12都市を典型例として選び，建築家・都市計画家に復興計画立案のための基礎調査を依頼した。

こうした全国での動きと並行して，東京都は設計競技や文教地区計画の委託を建築家に行うことで，関心を集め，大学研究者，商業者を復興計画へ取り込んでいき，単なる法定都市計画ではない復興計画立案に取り組んだ（**高山英華・内田祥文と復興都市デザイン**）。

土地や財産に関わる連合国軍最高司令官総司令部（GHQ）の政策

土地や建物の接収が既存の不動産を個別に連合国軍のものへと変えていったとすれば，同時期の高山英華や内田祥文の復興都市デザインは実施されるものではなく，復興のモデルあるいは復興の機運を高めるイメージとして機能したものであった。他方で，**財閥解体や農地解放・漁業権解放**，財産税，相続税といった制度の改革は，日本の社会や経済を解体し再編していった，と同時に不動産に関わる権利構造に劇的な変化を与えたため，のちに日本の景観変化に大きな影響を与えることとなった。その過程で，戦前に財閥家族，巨大地主，上流華族（旧大名）などに偏在していた富が解体され，労働者や小作人などとの資産格差が縮小されていった。

占領期の首都

日本を占領した連合国軍とその家族が，首都東京に入ってきたのは昭和20年（1945）8月末からであり，翌21年2月までに45,000人あまりの人々が流入した。その間，首都である東京は連合国軍によって，多くの土地や建物が接収された。接収地は東京の東側の低地ではなく西側の山手を中心に展開した。連合国軍の司令部は当初は丸の内の複数の民間オフィスを接収することで機能を果たし，その後に郊外の軍事基地へと集約されていった。兵站機能にあたるものは，倉庫などの物流拠点として大規模なものは東京湾岸部と芝浦を中心に，それ以外の倉庫，修理工場，駐車場などは大手町や都心部も含め様々な場所に設けられた。

基　地

占領期，連合国軍よって全国に基地がつくられた。占領の目的の一つは，日本の軍事機能の解体であった。そのため連合国軍の軍事基地は，ほとんどが旧日本軍の施設を受け継いで整備された。しかし，都区部に限っていえば，必要な施設の要求が具体的に出された上で接収が進められており，必ずしも旧日本軍の施設がすべて連合国軍の基地となっていったわけではない。その一方で，米軍によって強制的に土地が接収され，基地が拡大していったのが沖縄である。昭和20年（1945）4月に沖縄本島へ上陸した米軍は，ただちに収容所への住民の収容を開始した。日本軍との戦闘が終了した昭和20年6月23日頃には沖縄全島に十数ヵ所の収容所が建設され，戦闘終了後も住民の収容は続き，その間に米軍が必要とする基地用地が沖縄全島で接収されていった。この趨勢は終戦後も続き，昭和20年代後半以降も基地の拡大が進んだ。サンフランシスコ講和条約発行後から，基地用地は徐々に返還されてきたが，今も沖縄を中心として日本全

国に米軍の基地が存在する。

高山英華・内田祥文と復興都市デザイン

全国の戦災復興計画を進めるなかで，戦災復興院や東京都は建築家や都市計画家たちを巻き込み設計競技や都市計画の委託を行うことで創造的な提案を募っている。こうしたなかで，高山英華（1910－1999）や内田祥文（1913－1946）をはじめ，多くの都市計画家や建築家が復興都市デザインに積極的に取り組んだ。終戦直後，115の戦災都市に対して早急に戦災復興計画を立案するには明らかな人手不足の状況であったため，戦災復興院は全国の戦災都市の中から典型と考えられる12都市を選定し，建築家・都市計画家に復興計画立案のための基礎調査を依頼し，復興計画立案（用途地域計画や都市計画街路計画が中心）を彼らに委託した。高山英華は長岡の復興計画を担当した。一方で，東京都では昭和20年（1945）から翌21年にかけて，具体的な地区の復興計画を描く帝都復興計画図案懸賞が開催され，内田祥文は新宿・深川の2地区で1等入選を果たしている。また昭和21年には，文教地区の計画協議会が組織され，東大，日大などが参加し，各地で文教地区計画が描かれた。高山英華ほかの東大チームは本郷文教地区計画を担当した。

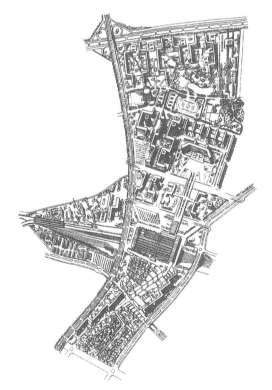

内田祥文・内田祥哉・市川清志による新宿復興コンペ1等当選案
[石田頼房『未完の東京計画―現実しなかった計画の計画史』（ちくまライブラリー68）筑摩書房，1992]

財閥解体

財閥解体は，日本の再軍備化防止と戦後賠償という二つの目的のためにGHQが行った，経済民主化政策である。財閥とは元来，狭義には四大財閥家族（三井，三菱＝岩崎，住友，安田）とその利権を指し，広義には一般的に大企業全般を指し，新財閥も含む特定一族の支配下にある複合体すべてのことをいう。GHQはこの二つの定義を折衷し，指定する持株会社，支配力を持つ財閥家族とその構成員，指定する持株会社の従属会社，関係会社および承継会社を財閥と定義した。昭和20年（1945）11月6日に連合国軍最高司令官の覚書「持株会社の解体に関する件」によって，四大財閥の解体を決定。昭和21年（1946）8月からは持株会社整理委員会が発足し，財閥解体の作業を担当した。同委員会は，五次にわたって83社の持株会社の指定を行い，四大財閥の本社解体，24の中小財閥の本社解体，その他の持株会社の株式・社債の処分を行ったうえで，各企業に再建計画を提出させた。持株会社整理委員会は，財閥家族の資産の管理・処分にも関わった。

農地解放・漁業権解放

農地解放および漁業権解放は，いずれもGHQによって進められた農業と漁業の民主化を目的とする政策である。農地解放の目的は，地主制を解体し小作人に土地を所有させ，生活の安定をはかるものであった。昭和21年（1946）に自作農創設特別措置法が制定され，昭和22年から同25年にかけて農地解放が実施され，全国で約470万戸の農家に耕地が売り渡された。農地解放によって全国の自作地割合は，54％（1945）から90％（1950）へと急増した。農地解放は，あくまで農地の使用価値を最大化するものであって，交換価値を重視する所有は認めなかったため，都市近郊の宅地化が予想される農村では，売り渡しが凍結された場所もある。漁業権の解放は近世からの慣習で成立し，一部の有力な漁民に独占されていた漁業権を解放し，漁場の民主化を目的とするものであった。昭和25年3月に，新しい漁業法が制定され，漁業権の解放を進めようと取り組まれたが，制度設計の不備から以前の権利関係の多くが引き継がれてしまったため，農地解放のように既得権益を解体することには繋がらなかった。

参考文献

佐藤洋一『図説 占領下の東京』河出書房新社，2006．
初田香成『都市の戦後』東京大学出版会，2011．

［石榑 督和］

戦後の住宅論・建築論

　昭和 20 年（1945）8 月 15 日，日本は敗戦し，連合国の占領下に置かれた。ここで建築家が直面したのは，戦災による消失，生産力の低下による供給不足，復員・引き揚げの人口圧力などを理由とする 420 万戸と推定された膨大な量の住宅不足だった。住宅供給が大きな課題となり，また戦時期以来の統制，経済の低迷により，本格的な大建築を建設する段階に至っていなかったので，敗戦直後の建築界においては住宅が建築表現・建築論の主たる対象となった。

　さらに戦前・戦時期の国家主義的な政治・社会状況からの解放を背景とした民主主義的思潮のなかで，建築界においても民主化の議論が焦点となり，建築家によるグループの結成と運動が展開した。それは，1910 年代後半における，第一次世界大戦後のグローバルなデモクラシーや平和主義の思潮のなかで，既存のアカデミズムを批判し，建築家個人の表現を重視した分離派建築会，創宇社建築会に始まり，昭和 5 年（1930），科学主義を標榜して研究活動を展開しようとした新興建築家連盟の結成と瓦解により退潮した，戦前期の建築運動の流れの復活だった。

　昭和 21 年（1946）5 月，建築資材の不足を背景として臨時建築制限令が公布され，娯楽を目的とした不要不急の建築，床面積 50 m² 超の住宅・店舗などの建築制限が行われた。戦時期には労働者向け住宅を国家主導で供給することを目的に設立された住宅営団に勤務し，昭和 19 年（1944）には京都帝国大学講師となっていた西山夘三は，食寝分離論など庶民住宅に関する研究成果に基づき，敗戦後における住宅のあり方について『これからのすまい』（相模書房，1947）などで議論を展開した。雑誌「新建築」ではそうした住宅を巡る状況のもとで，小面積の住宅をテーマとした設計競技が実施されたが，そこでは戦時期の労働者向け標準住宅をさして使用された「国民住宅」の語が用いられた。そうしたなかで，池辺陽，広瀬鎌二，清家清など多くの建築家が小住宅，最小限住宅の作品を発表した。そこでは経済的な制約があるなか，技術的な解決によって機能的な空間を生み出し，戦前的な封建的空間を克服することが目指された。

　建築界における民主化の側面では，昭和 21 年（1946）6 月には，西山らによる関西建築文化連盟，戦時期における日本工作文化連盟の流れを汲み，建築界の封建性を打破することを標榜した日本建築文化連盟，翌月には戦前期の創宇社建築会の流れを汲む日本民主建築会など，建築領域における文化運動による建築界や社会の革新を目指すグループが叢生した。翌年 6 月には日本建築文化連盟と日本民主建築会が合同し，**新日本建築家集団**（NAU：New Architect's Union of Japan）が結成された。NAU は当初の会員が約 150 人で，26 人を常任委員とし，木村平松事務所に事務局をおき，平松義彦が事務局長となった。昭和 24 年には会員は 800 人まで拡大，また日本民主主義文化連盟に加盟し，敗戦後における文化運動の一翼を担った。しかし昭和 26 年頃には，レッドパージ，逆コースによる革新勢力の後退という政治状況や朝鮮戦争特需による建築需要の増大と建築家の多忙化などの要因により，NAU の活動は停止した。NAU の活動のなかでは『ヒューマニズムの建築』（雄鶏社，1947）を執筆した浜口隆一と図師嘉彦による近代建築の概念をめぐる論争（**近代建築論争**）が繰り広げられた。

　坂倉準三による神奈川県立近代美術館は戦時期以来のモダニズムを継承すると同時に，敗戦後の経済状況のなかで新技術を意欲的に採用した作品であり，軍国主義への反省から文化国家の建設が期待された社会状況下で地方自治体での美術館，文化会館の建設が行われるなかで，日本初の公立近代美術館として建設されたものである。

食寝分離論

　住宅計画において食事室と寝室を分離すべきという議論。住宅営団に勤務していた西山夘三が，昭和 16 年（1941）4 月に「建築と社会」誌上に発表した論文「住居の基本空間に対する一考察」で提起した。しばしば誤解されているが，西山は食事と就寝が同室となっている状態の解消を求めたのではない。むしろ同年 2 月に日本建築学会住宅問題委員会が発表した「庶民住宅基準」における居室の転用論，つまり面積に余裕のない住宅ですべての居室を寝室に転用しうるという考え方を，無原則で実態にそぐわないものと批判し，生活実態調査に基づき，従来庶民住宅で実践されていた最小限の食事室兼通路と寝室の分離を徹底，理論化しようとしたものである。この食寝分離論は敗戦後においても住宅計画理論の基本となり，公営住宅や住宅公団による集合住宅の平面計画にも影響を与えた。

国民住宅

　「国民住宅」の概念は元来，総力戦体制下において建築資材が統制される一方，軍事需要の拡大による工場建設が急増したことを背景に，工場労働者向け標準住宅を決定しようとするなかで出現したものだった。それまで基本的に住宅は建築学界の議論の対象とはなっていなかったが，当時東京帝国大学の大学院生だった内田祥文などがあるべき住宅像を模索する立場から「国民住宅論」を展開した。敗戦後には，復刊した雑誌「新建築」で，圧

倒的な住宅不足を背景とした統制下における12坪の木造小住宅のプランを競う「国民住宅」の名を冠した設計競技が開催された。しかし審査委員の池辺陽は応募されたプランの多くが住宅カタログ的で同時代の状況に応じた科学性がないと批判した。

小住宅，最小限住宅

住宅の圧倒的不足と建築資材の払底といった状況を背景に，敗戦直後の建築界における議論の中心となったのは小住宅だった。昭和23年（1948）に発表された池辺陽の「住宅No.3」，最小限住居は，法的に建築面積が制限されるなかで，平面における機能分化や空間の節約による家事労働の軽減を試み，女性解放を主張した。1950年代に入ると，経済回復や法整備により，小住宅ブームが出現した。昭和28年には，日本で初めて軽量鉄骨を構造材とし，大きなガラスの開口部をもち，家具による可動間仕切を採用した広瀬鎌二による「SH-1」，昭和29年には，幅10m×奥行5m，室内と外部の流動性や，移動畳による室内空間の可変性をもつ実験的住宅である清家清の「私の家」といった住宅作品が出現した。

NAU（新日本建築家集団）

昭和22年（1947）6月28日に，約150人で結成された建築家団体。翌年の第1回臨時総会で提案された綱領では，目的を「「日本人民による民主日本の建設」に建築技術者として参加」することとした。運動は会員による住宅政策，都市計画，建築教育，執筆活動，建築文化運動史研究といったテーマを掲げた専門委員会により行われ，「新建ニュース」（のちに「NAUニュース」，「NAU NEWS」に改題），「建築新聞」や雑誌「NAUM」を発行した。集団的共同設計の試みや，建築運動史を学ぶ連続講座などが展開されたが，昭和26年（1951）頃には中央委員会・幹事会・事務局が活動を停止した。その後も各支部，専門委員会や会員は活動を継続し，のちの建築運動へとつながっていった。

近代建築論争（浜口・図師論争）

昭和23年（1948）に「建築新聞」上やNAU主催の討論会で交わされた論争。浜口隆一の著書『ヒューマニズムの建築』（雄鶏社，1947）に関して，「近代建築」をどのように認識するかが議論された。浜口は「近代建築」の特徴を「人間を高めようとするもの」としての機能主義とし，人間を超越した存在を礼賛する従来の歴史様式の建築と対比させ，「人民の建築」を展望する「ヒューマニズムの建築」であるとした。これに対して図師嘉彦は「近代建築」は「資本制支配下における建築」であると反論した。彼は戦前期の唯物史観を背景とした建築認識を経験しており，浜口の説く「近代建築」を資本主義に対応する乗り越えられるべきものと考え，真に民主的なものにはなりえないと批判したのである。

神奈川県立近代美術館（坂倉1951）

坂倉準三が手掛け，昭和26年（1951）年に竣工した，鉄骨造2階建て建築面積1,575 m^2 の美術館。アジア・太平洋戦争敗戦後の占領下において，民主的・文化的国家建設が高唱されるなか，神奈川県美術展の会場として約1年半の短期間で計画から建設までが行われた。建設費用を抑制しつつ，外壁に用いられたアスベストウッドやアルミ押出型材の目地など新素材・技術を採用，さらに大谷石など地域性の導入，鶴岡八幡宮境内という周辺環境との調和が意識された。展示空間の計画ではピロティ，展示室の拡張可能性，回遊性のある観覧者導線など「無限成長美術館」のアイデアが採用され，意匠・工法とともに，坂倉が師事したル・コルビュジエの影響がみられる。

図1　神奈川県立近代美術館の外観

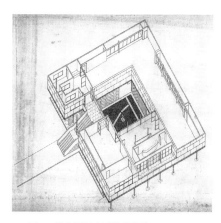

図2　神奈川県立近代美術館のアクソメ
［国立近現代建築資料館蔵］

参考文献

「新建築」1995年12月臨時増刊（現代建築の軌跡）新建築社，1995.
住田昌二＋西山夘三記念すまい・まちづくり文庫『西山夘三の住宅・都市論ーその現代的検証』日本経済評論社，2007.
日本科学史学会編『建築技術』（『日本科学技術史大系 第17巻』）第一法規出版，1964.

［佐藤　美弥］

建築の戦後体制

　国家が規定する建築をめぐる制度は，敗戦によってどのような変化をみただろうか。戦後の住宅論・建築論の項目でみたように，敗戦直後の建築界における喫緊の課題とは，420万戸と推定された圧倒的な住宅不足に対応する住宅供給だった。そしてまた一つが米国による空襲で荒廃した，全国215，約2億坪，被災人口980万人という戦災都市の再建だった。

　この建築行政・都市行政における戦災復興の二つの課題は昭和20年（1945）11月に設立された戦災復興院が担当した。同院は復興の方策を検討，翌月には，被災地の区画整理を中心とする戦災地復興計画基本方針が閣議決定された。また翌年9月には，115の被災都市の指定，緑地地域制度の創設，区画整理事業の整備を内容とする特別都市計画法が制定された。

　昭和21年以降，様々な主体が復興計画案の立案を行った。東京都では建設局長の石川栄耀が東京大学の高山英華とともに，東京都の各地区の復興計画を立案させる東京都都市計画コンペや，この頃高唱された文化国家建設の声に応じて，大学都市の計画を行う文教都市計画の立案などの企画を実施した。

　同年，戦災復興院はアカデミズム・民間の建築家を被災都市十数ヵ所に派遣し，土地利用計画，建築計画を立案させた。8月に東京大学工学部建築学科都市計画講座の助教授となる丹下健三は，前橋市，伊勢崎市，呉市のほか，自身が高等学校時代を過ごした広島市を担当した。丹下は広島では道路計画・土地利用計画を立案し，現在平和公園となっている中島地区にシビックセンターを配置したが，実際の都市計画においては参考にされるにとどまった。その後，昭和24年に丹下は現在の**広島平和記念資料館**を含む，平和記念公園および記念館の設計競技において，広場，展示施設，慰霊施設や国際会議場を含む案で1等当選となり，その後のキャリアの出発点となった。多くの戦災復興事業が緊縮財政により縮小されたなかで実現したケースであった。

　戦災復興院はそうした都市計画や住宅供給に取り組んだが，遅々として進まない事業に対して批判が加えられた。内務省の建設技術者の団体である全日本建設技術者協会は技術官僚の地位向上のため，従来分散していた建設行政を一元化する建設省設立運動を展開した。他方，連合国軍総司令部（GHQ）の意思により，昭和22年12月に内務省の解体が行われると，翌年1月，戦災復興院と内務省国土局などが統合し，建設院が発足，まもなく建設省となった。

　建設省では，発足当初は建築局で，翌年には住宅対策の強化のため改称された住宅局で，日本国憲法の制定に対応した法整備が検討されたが，喫緊の課題であった住宅供給や，建築統制が優先された。昭和24年5月には，建設業の許可や請負契約について規定する建設業法，翌年には建築の質を規制する**建築基準法**，建築を担う技術者の資格と業務を規定する**建築士法**が制定された。住宅行政においては，戦災復興院の政策を引き継ぎ，住宅供給を実施しつつ，昭和25年（1950）6月に住宅金融公庫を設立，持ち家建設のための融資を実施，後の**持ち家政策**へとつながった。

　また翌年制定の公営住宅法では低所得者に対する計画的な住宅供給が目指された。そして昭和30年に設立された日本住宅公団は，経済の復興に比して立ち遅れていた大都市近郊における大規模住宅地開発による住宅供給が進められた。いわゆる公団住宅は，鉄筋コンクリート造の集合住宅であり，昭和26年に考案された51C型を代表とする，ダイニング・キッチンと寝室からなる平面計画が採用された。従来の住宅にはなかった清潔な居室におけるライフスタイルは，高度経済成長期における耐久消費財の保有とともにホワイトカラー層に受け容れられ，いわゆる「団地」の文化を形成した。この背景には，戦前からの世帯構成の変化，すなわち夫婦と親子だけの世帯へという核家族化の兆候を見て取って，この核家族を標準世帯として，これをモデルとすることをふさわしいとみる**核家族神話**による計画があった。nLDKのプランはその後，現在にいたるまで日本における住宅の典型となった。

〔佐藤　美弥，速水　清孝〕

広島平和記念資料館

　昭和24年（1949）に実施された「広島市平和記念公園及び記念館設計競技」で，旧制高校時代を広島で過ごした丹下健三が1等に入選して実現した，平和記念公園とその中に建つ一群の建築の総称。

　後に平和通りと呼ばれる100メートル道路を基軸にこれと平行に記念館・陳列館・集会所を並べ，原爆で被災

広島平和記念資料館（丹下健三，1955）

した広島県産業奨励館（大正4年（1915））をもう一方の軸に見据えた構成をとる。この構成によって，後に「原爆ドーム」の名で知られることになる広島県産業奨励館の価値が発見され，かつ丹下自身も，力強いコンクリート打ち放しのピロティとともに実質的に世界にデビューしていく。　　　　　　　　　　　　　　　［速水　清孝］

建設省

昭和23年（1948）に誕生した建設関係の主務官庁。第二次世界大戦後，当時国内行政の全般を束ねて巨大官庁となっていた内務省がGHQ部の指示により昭和22年（1947）末廃止・解体された。その翌昭和23年（1948）1月，旧内務省国土局と戦災復興院などが合併する形で建設院が生まれたが，その建設院がわずか半年後の同年7月廃止となって建設省の発足となる。

その際，戦前は内務省の警察関連部署に置かれた建築の行政と，商工省に置かれた建設の行政も移った建設省が，建築と建設の行政を総合的に束ねることとなったが，それでも材料関係は通産省に残り，営繕は各省庁に分散したままという状況は続いた。

平成13年（2001）1月，省庁再編によって運輸省などと統合され国土交通省になって現在に至っている。　　　　　　　　　　　　　　　　　　［速水　清孝］

建築基準法

建築物の敷地・用途・構造などに関する最低限度の基準を定め，国民の生命・健康・財産の保護をはかり，公共の福祉の増進を目的とする法律。大正8年（1919）に制定された市街地建築物法（以下，旧法）の大改正版にあたる。旧法が民主的な手続きを踏まないことが問題となり，民主憲法下の施行に耐えるよう改めたことが建築基準法制定にあたっての主な改正の要点であった。したがって多くの技術基準は旧法を引き継ぎ，例えば，そのことが戦後の建築構造の脆弱さの遠因として指摘されることもある。

なお，市街地に限定された旧法を改め，全国に適用するにあたり，市街地の冠を外し，基準の名を付した。その意図は，地域による建築の多様性を認めることにあったが，次第に硬直化した。近年その硬直性を打破するため，上位の理念法として建築基本法の制定も叫ばれている。　　　　　　　　　　　　　　　　　　　　　　　　　　［速水　清孝］

建築士法

昭和25年（1950）に制定された，建築設計者を中心とした技術者を規定する法律。第二次世界大戦前より日本建築士会が唱えていた専業設計者としての建築家の法律ではなく，広く建築技術者全体をみた法律として成立した。その背後には，大正時代より顕在化する住宅問題や，

建設業が設計組織を抱える日本特有の事情があった。

なお，建築家達はこうした専業性への眼差しの欠如を国情の未成熟ゆえとみて，これ以後も建築家の法律の制定に向け運動を続け，その動きは今日も残る。しかし設計専業への純化よりは建築技術の進展の中で，また，平成17年（2005）の耐震強度偽装事件によって，建築技術者全体をみた法律であることが問題視されたことで，専門分化が盛り込まれて今日に至っている。　　　　　　　　　　　　　　　　　　　　　　　　［速水　清孝］

持ち家政策

持ち家に住みたいという欲求を喚起することによって，持ち家を中心に住宅需要を発生させ，供給も持ち家中心で推移させようとする政策のこと。

近世までは多くが借家住まいだった日本でも，その傾向は早くも明治には現れ，人口の都市集中に対応すべく住宅組合法ができた大正期に明確なものとなる。

とはいえ，官は賃貸での住宅供給も考えるが，官主導での供給の限界を察知し，昭和25年（1950），住宅金融公庫法を定めて，持ち家需要の喚起をより以上にはかっていく。これによって日本の戦後の驚異的な成長が支えられた半面，住宅は個人の趣向の対象となり，世界に稀な，短命で狭小な住宅の再生産が繰り返され続ける遠因にもなった。　　　　　　　　　　　　　　　　　　　　　　　　［速水　清孝］

核家族神話

わが国の家族形態は，第二次世界大戦前より，かつての大家族から，夫婦や親子だけで構成される核家族へと転じる傾向が現れていた。戦後，最大公約数の需要に応えることが政策の目標となる中で，この核家族が，新しい日本の社会にふさわしいものとされ，標準世帯というモデルに用いられるようになる。その結果，特に公共住宅政策では，標準世帯としての核家族をモデルに住宅が検討されていくことになった。

しかし現実の社会はその状態に留まることはなく，家族形態の細分化と多様化が進み，標準世帯というモデル自体が現実を反映しない現実が登場する。核家族神話とは，その，ふさわしいと考えたものが一過性の幻想に過ぎなかった状態のことをさす。　　　　　　［速水　清孝］

参考文献

建設広報協議会『建設省十五年小史』1963.
建設省三十年史編集委員会編『建設省三十年史』建設広報協議会，1978.
丹下健三，藤森照信『丹下健三』新建築社，2002.
速水清孝『建築家と建築士―法と住宅をめぐる百年―』東京大学出版会，2011.

建築設計と民主主義

　敗戦後における民主主義の思潮のなかで，建築界においても民主化が課題として意識され，実践が展開された。昭和22年（1947）に結成された新日本建築家集団（NAU：New Architecht's Union of Japan）では，建築運動を通した日本社会の民主化を目指した。翌年の第1回臨時総会で提案された「綱領」では，建築界における「封建制と反動性を打破する」こと，そして「建築技術者の解放と擁護」が謳われた。前者には元請，下請の「不合理な何段階もの中間搾取の形態」の改革が含まれ，後者には施工者における「血縁的親分子分的な請負組織」，設計者における「徒弟的芸術主義的事務所形態」，建築行政担当者における官僚制，アカデミズムにおける「絶対主義的師弟関係」の束縛といった課題が含まれていた。こうした課題の解決の方策として採用されたのが集団的共同設計の方法だった。

　昭和24年（1949）には全日本造船労働組合会館が，NAU設計計画委員会所属の東京建築設計事務所（担当・今泉善一）によって竣工した。同事務所は，NAUが設計監理を受託するさいの受皿として平松義彦，今泉などの共同経営によって設立されたものだった。またNAUでは同年，新日本文学会会館の設計監理も担当している。ただしこれらはNAU会員が広く関わったものとはいえなかった。翌年依頼された八幡製鉄労働組合会館は，鉄筋コンクリート造の大規模建築だった。NAUは設計監理の業務を会の研究と結合し，民主的な方法で実施するため，NAU設計委員会規則を制定し，会員の参加を呼びかけた。このほか大阪支部では支部の名義で5件ほどの建築を手掛けたという。こうした実践のなかから，中間搾取を排除するために建築主の直営工事とする「新建方式」が生み出された。

　NAUは昭和26年頃に活動を停止するが，各地の支部，専門委員会や会員によるグループはその後も活動を継続した。これらのグループのうち建築事務所員懇談会（所懇）は昭和28年発表の国立国会図書館設計競技に関して，その要綱が建築家の著作権を軽視しているものだったことに対して抗議運動を展開した。また翌年には，4月にローマで開催される国際建築学生会議に建築専攻の学生1人を派遣することとなり，各グループが支援を行った。このことをきっかけに3月，建築に関係ある研究を行うグループ12団体500人余りで建築研究団体連絡会（建研連）が結成された。

　建研連においても集団的共同設計が試みられた。昭和29年（1954），当時日本最大の労働者組織だった日本労働組合総評議会（総評）が本部会館の建設のため，建研連など建築界に連絡をとった。建研連は参加を希望する者が誰でも参加できる会議での協議による共同設計を提案して受け容れられた。施工については「新建方式」を提案したが，こちらは受け容れられなかった。その後，総評の役員交代による混乱などもあったが，翌年10月に総評会館は竣工，同年の総評傘下の全港湾労働組合会館の共同設計に展開した。昭和31年，建研連に所属した所懇やアカデミズムの建築家たちは五期会を結成，設計体制の変革を訴えた。

　こうした共同設計の実践の背景には，フラットな組織によって設計監理を行うという，平等主義的な考え方があり，同時に多数の建築家が協議することによって最適な技術的解決が得られるという，機能主義的な考え方があったといえよう。

　またいわゆるボス的な建築家においても，前川國男は敗戦後まもなく，彼が経営する事務所の所員による同人組織MID（Mayekawa Institute of Design）によって研究活動や設計競技への参加を行った。そこには前川による，建築家個人を離れた永続的な組織の構想があった。また山口文象は，W.グロピウス（Walter Gropius）の共同設計体TAC（The Architects' Collaborative）にならい，昭和26年にRIA（Research Institute of Architecture）を設立，共同設計の方法を模索した。

NAU以降の建築運動

　NAUの活動停止後も，所懇，農村建築研究会などNAUを母体とするグループが活動を継続した。これらのグループは昭和28年（1953）に発表された国立国会図書館設計競技をめぐる著作権問題で存在感を示し，翌年に国際建築学生会議への代表派遣要請が東京大学建築学科へ到着すると，これに対応するため，団体相互の連絡を目的とした建研連を結成した。昭和35年（1960）には日米安全保障条約改定問題をめぐり，民主主義を守る建築会議が発足，NAU以来の団体・運動に参加した建築家たちが集った。昭和45年（1970）12月に結成した全国団体，新建築家技術者集団は以前の運動からの人的な連続性をもち，現在まで活動を展開している。

総評会館（1955）と集団的な共同設計

　日本最大の労働者組織だった総評の本部である総評会館（1955）の建設は集団的な共同設計で行われた。建研連，大手建設会社従業員と建設省職員の労働組合と総評の間の協議により，誰でも参加可能な共同設計方式をとった。建研連は，昭和29年（1954）6月から2ヵ月で，参加者の本業終了後の夜間に開催された分科会により基本設計をまとめ，施工は旧来的な元請・下請方式を排除

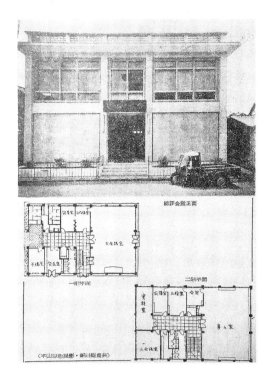

総評会館正面の外観と1階, 2階の平面図
[建築研究団体連絡会編『建築をみんなで』p.145,
建材新聞社建築文化部, 1956]

し, 施主直営によることを希望した。こうした試みは総評側の事情によりすべてが受け容れられたわけではなかったが, 総評傘下の全港湾労働組合会館 (1955) の共同設計へとつながった。

五期会

建研連に所属した所懇, 現代史研究会の一部会員と東京大学丹下健三研究室の大谷幸夫, 前川國男事務所の大高正人たちが昭和31年 (1956) 結成。五期会の名称は彼ら自身を, 辰野金吾らに始まる日本の建築家の第五世代と位置付けたもの。同月の総会で採択された「五期会宣言」では, 設計事務所の組織のなかでゆがめられる創造性を指摘, 設計体制の変革により, 建築を通じて民衆に対する責任を果たすことが主張された。五期会には事務所員, 大学人, そして建築評論家や編集者など, 多様な立場をもつ者がおり, 運動停滞の一因となった。昭和35年3月の総会で「規約凍結」が決定され, 五期会の活動は停止した。

前川國男とテクニカル・アプローチ

テクニカル・アプローチとは前川國男とMIDによる方法論を指す呼称。彼らは近代建築の発展を, 世紀転換期の折衷主義への反抗の時代, 1910～1930年代の造形への禁欲・技術への信頼の時代, その後の, 蓄積された技術による人間性・象徴性創造の時代という三段階として把握, 日本においては, その近代の特殊性により第二段階が不十分だとし, その克服のために建築生産の工業化を目指した。そこでは構造体の軽量化・経済化がはかられ, ファサードを構成する新材料のプレファブリケーションが試みられた。日本相互銀行本店や支店群ではアルミニウム製サッシュ, プレキャスト・コンクリートや日本の気候に対応した外壁素材として考案された打ち込みタイルなどが採用された。

MID

敗戦後の民主主義的思潮のなかで建築設計組織のあり方が様々に模索された。前川國男は昭和22年 (1947) に事務所所員の総称としてMID (Mayekawa Institute of Design) の名を用い, 紀伊國屋書店を掲載した作品集, 翌年には建築論文集「PLAN」を2号まで出した。その後MIDは同人グループとして前川以外の所員が獲得した案件や, 国立国会図書館, 福島県教育会館などの設計競技を手掛けた。こうした共同設計を目指した組織として, NAUの事務局長を務めた平松義彦の平松建築設計事務所が昭和34年 (1959) に組織した展設計グループや, 昭和36年 (1961) のサンパウロビエンナーレに出品したグループが発展した, 原広司らによるRAS (Research studio of Architecture & Space) などがある。

RIA

昭和24年 (1949) に経営難により事務所を解散していた山口文象は昭和26年 (1951), 「新建築」の編集者だった三輪正弘と三輪の大学の同級生である植田一豊とともにRIAグループを結成した。W.グロピウスによる共同設計体であるTACに触発されたものだった。翌年には新制作協会第16回展にローコストハウスを発表, 論争を惹起した。昭和28年 (1953) にはRIA建築綜合研究所を設立, まもなく近藤正一が入所した。RIAでは所員の相互審査などによる共同設計が試みられた。住宅, 工場, 学校など多様な建築を手掛け, その後1960年代以降, 都市再開発事業に展開している。

参考文献
建築研究団体連絡会編『建築をみんなで』建材新聞社建築文化部, 1956.
本多昭一『近代日本建築運動史』ドメス出版, 2003.
松隈洋ほか編『生誕100年 前川國男建築展 図録』生誕100年・前川國男建築展実行委員会, 2005-2006.

[佐藤 美弥]

戦後住宅政策の枠組

　戦前と戦後の住宅政策の間には大きな断絶がある。1920年代以来，内務省社会局，その後身である厚生省が担当していた住宅政策は，昭和20年（1945）11月，戦災復興院に移管された。昭和21年12月，戦時期に全国で労働者のための住宅を供給した住宅営団は，GHQの指令により閉鎖された。住宅政策の担当部局が厚生省に戻ることはなく，建設院（昭和23年1月），建設省（同7月）へと継承された。住宅政策は，復興から経済成長にいたる過程で，同じく内務省社会局に源流をもつ福祉政策（厚生省）や労働政策（労働省）から遠ざかり，金融政策や産業政策としての性格を強めた。

　一方で，戦前から引き継がれた制度もある。戦後住宅政策の前提条件として重要なのは借地法・借家法（大正10年（1921））と地代家賃統制令（昭和14年（1939））である。前者は昭和16年に大きな改正が行われ，賃借人の権利が強化された。後者は国家総動員法（昭和13年）に基づく勅令でありながらポツダム勅令として生き延び，インフレに伴う地代・家賃の高騰を抑制した。これらの法令は，賃借人の居住権を保護するために賃貸人の財産権を制限するものであったが，半面，貸家業の採算は悪化し，民間賃貸住宅の供給が量的にも質的にも停滞するという結果を招いた。その欠落を埋めるために，持ち家と公共賃貸住宅の拡大が求められた。

　戦後住宅政策の起点には，戦争による住宅の破壊と荒廃，復員・復興による需要の昂進という現実がある。とりわけ，空襲の被害を受けた都市部では住宅不足が深刻であった。政府は，早くも昭和20年（1945）9月初旬には，30万戸の越冬用簡易住宅を供給する計画を決定した。戦災復興院が設置された同年11月には，住宅緊急措置令が公布され，罹災都市緊急住宅対策国庫補助が始まった（翌年には「国庫補助庶民賃貸住宅」に改称）。前者は，建物の住宅転用や余裕住宅の開放の促進をはかるもので，後者は，公共団体に賃貸住宅の建設費を助成する予算措置である。建築資材の斡旋，既存物件の利用，補助金の給付という手段が，当面の住宅難に対応するため，急ごしらえで用意された。

　戦災復興院による対策はあくまでも応急処置であり，供給される住宅の水準は極限まで切り詰められた。復興が進む中で新たに設置された建設省は，本格的な住宅立法の検討を始めた。まず，昭和25年5月に住宅金融公庫法が成立する。政府全額出資の特殊法人である住宅金融公庫は，住宅を建設・購入しようとする人々に資金を貸し付けた。政府は，持ち家の建設を促進するため，個人に対する長期・低利融資に消極的だった民間銀行に代わり，住宅資金の直接供給に乗り出した。翌年6月には公営住宅法が成立した。公営住宅法には，すでに公共事業として実行されていた国庫補助による低家賃住宅の供給を安定した制度として確立する狙いがあった。この過程で生み出されたのが標準設計51C型である。

　住宅金融公庫は，頭金を用意し，返済能力を有する高所得層を対象としており，公営住宅は住宅に困窮する低所得層を対象としていた。両者の中間に位置する層に向けた政策は手つかずであった。住宅を求める中間層の要求が強まり，住宅問題は昭和30年（1955）2月の第27回総選挙の大きな争点となった。鳩山一郎内閣は選挙後，住宅建設10ヵ年計画を策定し，7月には日本住宅公団法を成立させた。日本住宅公団の設立により，戦後住宅政策を特徴づける階層別の供給体制が整った。

　住宅金融公庫の業務には，持ち家を建設・購入しようとする個人だけでなく，賃貸住宅や分譲住宅を建設する法人への融資も含まれていた。地方公共団体（主に都道府県）は，この仕組みを利用して住宅を供給する公益法人を設立した。それらに特殊法人の位置付けを与えたのが地方住宅供給公社法である（昭和40年6月）。

　公庫，公営，公団，公社という公的住宅供給主体が出そろったのを受けて，昭和41年6月，住宅建設計画法が成立し，住宅建設5ヵ年計画が開始された。第1期は，昭和45年度（1970）までに「一世帯一住宅」を実現することを目指した。同計画が目標に掲げた670万戸のうち，公的資金が投入された住宅は約4割で，残りは民間による自力建設とされた。また，公的資金による住宅建設の中心は公庫融資による持ち家であった。そして，公庫融資住宅の戸数は，計画を上回るペースで増大した。

　住宅難の急速な解消を支えた条件の一つは，持ち家取得に向けた世帯の旺盛な意欲である。核家族世帯を単位とする住宅の確保は，スカイハウスが体現する近代家族の理念によって支えられた。もう一つの重要な条件として，雇用主（企業）という供給主体を見逃してはならない。社宅の建設，家賃補助，持ち家取得支援など，企業が従業員に提供する福利厚生は，政府の住宅政策と相互補完の関係にあったといえるだろう。

住宅金融公庫

　昭和23年（1948）に設置された建設省は，敗戦直後の緊急対策に代わる恒久的な住宅政策として，まず住宅金融制度の立案に注力した。同年8月にGHQが発表した金融機関の再編案に，住宅・土地開発の資金を供給する特別な金融機関の設置が含まれていたことが，これを後押しした。住宅金融公庫は，持ち家の取得を促進するとともに，耐震・耐火・衛生などの基準を満すことを融

資の条件としたことから，住宅水準の向上にも貢献したとされる。融資先は個人だけでなく，住宅協会・公社のような公益法人や，従業員のために住宅を建設しようとする企業にも及んだ。住宅金融公庫は設立から平成19年（2007）3月の廃止に至るまで，国内の建設戸数の約3割にあたる1,941万戸の住宅に融資を行った。

51 C 型（2 DK）

51 C 型とは，昭和26年度（1951）国庫補助賃貸住宅標準設計のうち，鉄筋コンクリート造の約12坪の戸をさす符号である。食事室兼用の台所が南向きに配置され，二つの居室は壁で仕切られている。後に食事室兼台所が「ダイニング・キッチン」という新たな名称を得たことで，「2 DK」と表示されるようになった。極小の面積のなかで，4人家族が食と寝を混在させることなく，夫婦と子供の就寝を分離しながら生活できる。間取りの工夫とともに重要なのは，住宅の機能を凝縮した生活ユニットが，厚い壁や鉄の扉によって外部から隔離されている点である。51 C 型が提示するのは，スカイハウスによって追求された，親族や近隣から切り離され，親密な感情で結ばれた核家族の私生活を，大衆的な規模で実現するための技術である。

公営住宅

住宅金融公庫法を成立させた建設省は，続いて公営住宅法の立案に着手した。その制度設計の特徴を3点あげるならば，原価主義の家賃設定，第1種と第2種の区分，生活保護制度との分離である。国庫補助は第1種2分の1，第2種3分の2とされ，面積にも差がつけられた（当初は第1種10坪，第2種8坪）。原価を抑えた第2種は第1種よりも家賃が安く，低い所得の層を想定している。ただし，第2種の家賃すら払えない層は，公営住宅の対象外とされた。公営住宅は，すべての住宅困窮者を対象としたわけではなく，あくまでも勤労所得のある世帯を想定していた。しかし，1970年代以降，公営住宅の所得上限は引き下げられ，対象はむしろ困窮の度がより厳しい人に限定されていった。

日本住宅公団

政府による直接の住宅供給は，住宅営団の閉鎖でいったん途絶えたが，日本住宅公団によって再開された。その任務は，住宅難の激しい地域に対する行政区画を越えた住宅供給の他に，政府・民間の資金を動員して不燃構造（鉄筋コンクリート造）の集合住宅を建設・経営すること，宅地開発を大規模に行うこととされた。住宅金融公庫は融資基準を通じて個別の住宅水準の向上を誘導する役割に徹したが，住宅公団は大規模な住宅団地を開発することで，集合的な住環境を改善する技術を蓄積した。また，住宅管理に関わるサービスにおいても開拓者の役割を担った。当初は賃貸住宅が中心であったが，1970年代以降，供給の重点は分譲住宅に移った。

住宅供給公社

住宅金融公庫の融資の受け皿として，1950年代，都道府県を中心に，全国に住宅協会もしくは住宅公社という名称の公益法人が設立された。1960年代半ばに地方住宅供給公社法が立案された契機の一つは，公的機関によるニュータウンの建設を促進する新住宅市街地開発法（昭和38年（1963）7月）である。公社法により，住宅供給公社には，日本住宅公団や地方公共団体と同様に，新住法の事業主体としての地位が与えられた。また，公社法に規定された独特の制度として，持ち家取得のための貯蓄と融資を組み合わせた「積立分譲」がある。なお，公団と同じく，賃貸住宅から分譲住宅・宅地の開発へと重点が移った。

スカイハウスと近代家族

スカイハウスは，菊竹清訓（1928-2011）が自邸として設計した住宅である（昭和33年（1958）竣工）。2階建てではあるが，丘陵地の先端部に建設され，ピロティ形式の1階は5mの高さがあり，居住空間が空中高く浮かんでいるかのように見える。鉄筋コンクリートの威容は堅固な砦を思わせる。2階には間仕切りがなく，浴室，収納，水回りなどのユニットが設置されており，ピロティに個室をつり下げることで増築が可能である。こうした可変性はメタボリズムの具現化とされるが，そこで想定されているのは，核家族という身体のライフサイクルである。一つの住宅を舞台に夫婦が家族を創設し，子どもを生み育て，個室で主体性を確立した子どもが自立してゆくという近代家族の理念が提示されている。

スカイハウス
[Ⓒ 川澄明男]

参考文献
大本圭野『証言 日本の住宅政策』日本評論社，1991．
稲本洋之助，小柳春一郎，周藤利一『日本の土地法 第3版』成文堂，2016．

［祐成 保志］

都市復興と公共空間

公共性の再構築

　戦後の改革は，新制中学校の設置管理，消防，警察，社会福祉，保健衛生などに関わる業務を地方行政が執行するものとし，その財源確保のため国は市町村を適正規模へ拡大する政策を進めていった。昭和28年（1953）に町村合併促進法が施行され，さらに町村数を3分の1へと減らす町村合併促進基本計画を達成するため昭和31年（1956）には新市町村建設促進法が施行された。昭和28年（1953）を基準とすると，昭和30年代後半には基礎自治体の数が約3分の1へと減少した。

　こうして政策によって行政が再編されるとともに，行政が執行される場，市民が集う場として，庁舎や公会堂などの公共空間が全国で整備されていくこととなった。そこでは戦後社会の公共性をいかに再構築するかが建築設計として問われた。公共建築の構法として選択されたのは不燃材であるRC打ち放しであった（50年代の公共建築とRC打ち放し）。

　こうした公共建築が全国につくられる過程でいくつもコンペが開催されたが，その都度，審査要項や審査のプロセスに対して公平性や著作権保護の視点から議論が行われた。特に大きな議論を呼んだのが国会図書館コンペである（国立国会図書館とコンペ問題）。

　同コンペの応募要項の「その他」の欄に記載された次の二つの条項が問題となった。

　　① 入選設計及びその設計図書は，国立国会図書館の所属に帰す。

　　② 工事実施は原則として入選した設計図書によるが，入選図書であってもその設計を変更し，又は採用しないこともある。この場合異議の申立てはできない。

　この条項は当選案を制作した建築家の著作権を認めないものであり，建築家が建物の設計と建設から排除される可能性を孕んでいた。建築家有志が中心となって，「建築家著作権準備委員会」を設置。300名を越す署名が集められ，最終的には建設省建築部長と建築家代表の間で妥協が成立した。

朝鮮戦争勃発とビルブーム

　昭和20年代後半になると空間の面でも経済の面でも復興が進み，都市の建物は木造から鉄筋コンクリート造のビルへと少しずつ変わっていくこととなった。

　昭和24年（1949）頃になると制限されていた大都市への転入が可能となり，また昭和25年（1950）春頃からは資材統制，建築統制が全面解除となり建設活動が活発化

する。これを強く後押ししたのが朝鮮戦争の勃発であった。昭和25年（1950）6月に起こった朝鮮戦争によりアメリカ軍の後方基地となっていた日本には特需景気がおとずれ，経済の復興が急激に進むこととなる。こうした状況を背景にオフィスビル需要が高まり，東京の都心を中心にビルブームといわれるほど大量のオフィスビルが建設された。他方で，昭和25年（1950）7月の地代家賃統制令改正によってオフィスビルの家賃統制が解除されたこともビルブームの一つの要因となったと考えられる。

　朝鮮戦争を契機に高度経済成長が始まる。都心部でオフィスビルの建設が進む一方で，工業生産の場としての工場の建設が各地で進むこととなった。生産の論理から立地が決定され，機械の設計とともに建物が設計される工場建築は，この時代を象徴するビルディングタイプの一つである（秩父セメント第2工場）。

地方都市復興の諸相

　大都市における戦災復興に比べると地方都市の復興は着実に進んだ。そのなかでバラックのまま取り残されたのは，国鉄の駅舎であった。戦後，国鉄は被災した全国の線路と車両の復旧に追われ，駅舎の復興には資金が回らなかった。そうした状況のなか駅舎の復興を進めるために，国鉄以外の主体が駅舎の一部を商業空間として利用することを条件に，建設費の一部あるいは全額を負担する民衆駅という建設方式が国鉄内部で考案される。この民衆駅方式によって全国55ヵ所の駅舎が再建されることとなったが，地方では都市の顔とでもいうべき駅舎の復興を進めるため，行政の首長が出資団体の代表者になることもしばしばみられた。

　もう一つ，地方都市の復興の象徴として，各地で建設が進んだのが復興天守である。戦災は城下町の市街だけでなく城の天守閣をも焼き尽くしていった。昭和30年以降，まちの中心にできた空白を埋めるように，そしてもう一度焼失してしまわぬように，鉄筋コンクリート造による天守閣の再建が相次いだ。復興天守は地方都市の観光資源としても重要視され，展望台としての機能を持った建物として建設され，人々を迎え入れることとなった。戦後，駅舎も天守閣もより多くの市民を受け入れる開かれた公共建築へと変化していったのである。

50年代の公共建築とRC打ち放し

　資材統制と建築統制が昭和25年（1950）頃に相次いで撤廃されたことにより，全国の地方自治体において公共建築の復興が開始された。この時期に建設された公共建築の多くが，現場で型枠をつくってコンクリートを流し込むことで建設される打ち放しコンクリートであったが，これは海外では一般的ではなく，日本特有の現象で

あった。この建設体制を可能にしていたのは，全国に存在した技術力の高い大工である。当時の日本の型枠の施工精度は高く，杉や檜の板を使って型枠をつくり打ち放しコンクリートの表面に木目を写している。丹下健三をはじめとする建築家によって，木造の柱梁の架構を打ち放しコンクリートのラーメン構造へ置き換え，日本の伝統とモダニズムの連続をはかった作品群も生まれた。また市民のための建築が模索され，庁舎や公会堂などによって囲まれた市民広場がつくられた。

国立国会図書館（1961）とコンペ問題

国立国会図書館コンペは，昭和28 (1953) 年に開催された戦後はじめて国が主催した大規模な公開コンペである。コンペには123案の応募があり，航空写真に提案を合成し，国会議事堂との関係性を示したプレゼンテーションが注目を集めた田中誠・大高正人ほか18名のMID（Mayekawa Institute of Design）同人の案が1等に選ばれ，国会図書館は昭和36年（1961）に竣工した。このコンペには多くの期待が寄せられたが，コンペの応募要項の規定が建築家の著作権を認めない不当なものであったために，吉阪隆正をはじめ多くの建築家が異議申し立てを行い，建築家の著作権をめぐる論争へと発展することとなった。これが契機となり，昭和32年（1957）には日本建築学会，建築家協会，建築士連合会の3会の連名で「建築設計競技基準」が制定されることとなった。

ビルブーム

戦後のビルブームとは，昭和25年（1950）から数年間に起きたビル建設ラッシュのことである。ビル建設にあたっては入居者から資金を借り入れ，出資を募ってビルを建設する方法や，ビル需要者から権利金（建築協力金）を徴収して全部または一部の資金を賄うことで資金調達が行われた。東京では大手町，日比谷を中心にビルブームが起き，半年遅れて大阪にもビルブームが訪れた。

秩父セメント第2工場（1956）

谷口吉郎設計により，昭和31年（1956）に竣工したセメント工場である。戦後は藤村記念館やいくつかの墓碑を設計していた谷口であったが，卒業制作では製鉄工場をテーマに選び，実作としては昭和7年（1932）に東京工業大学水力実験室第1期でデビューしている。生産機構と空間設計の関係性が重要となる工場設計は谷口にとって重要なテーマであった。秩父セメント第2工場の建設にあたっては，生産・機械・輸送・建設の各部門の企業を集めた建設委員会が組織された。各部門でつねに共同協議を行った上で計画を進め，わずか9ヵ月の工期

秩父セメント第2工場
[ⓒ 平山忠治]

で竣工した。外観はカーテン・ウォールの鉄製サッシュと厚肉スレートの割付によって特徴付けられている。

民衆駅

民衆駅とは，国鉄の全国の大中規模の駅舎の戦災復興を進めるために，民間資本を導入して建設された駅ビルである。駅ビルの建設費の一部または全部を国鉄以外の事業者が負担するもので，その条件として建物の一部をその事業者に使用させることをあらかじめ定めて建設したものを民衆駅という。機能としては，国鉄の駅業務施設と，国鉄以外の事業者が経営する商業施設や宿泊施設，オフィスなどの駅業務以外の機能を一体化させていた。駅ビル建設に民間資本を導入したのは，日本国有鉄道法によって昭和23年（1948）から同46年（1971）の間，鉄道事業以外への国鉄の直接出資が禁止されていたためである。民衆駅の成立は，全国の国鉄駅に駅ビルが建設される契機となった。

復興天守

戦後の復興天守とは，かつて存在したが戦災によって焼失あるいはそれ以前に取り壊されていた天守閣を同じ場所に再建したもので，その際にかつての天守閣の詳細な資料が存在しなかったために他の天守閣や資料を参考につくられたものや，資料が存在するものの外観のみを復元し内部を観光客のためのエレベーターや展示室に改変した天守閣のことをいう。前者を復興天守，後者を外観復元天守として区別する場合もある。復興天守は，例外なく鉄筋コンクリート造で，最上階に展望台を設け，ベランダを回して人々を迎え入れた。戦災復興が一段落し観光ブームが起きるなかで，天守閣は重要な観光資源と考えられ，地元の要望のもと再建された。再建された天守閣は，復興が進みつつある市街地を望む場所を地域の人々や観光客に提供した。

［石榑 督和］

1950 年代のリアリズム

　朝鮮特需による経済成長，GHQ の日本共産党への弾圧（レッドパージ），そして昭和 27 年（1952）のサンフランシスコ講和条約に基づく主権回復と，1950 年代に入って日本の「戦後」には大きな変化が次々と生じた。こうした日本の新たな現実に応答することは，建築家にとってもきわめて切実なテーマとなる。原爆というカタストロフの記憶を建築化した白井晟一の《原爆堂》は，リアリズムを志向するこの時期の建築思潮を象徴するプロジェクトだ。

　ここで克服すべきものとして前景化したのが近代主義（モダニズム）である。モダニズムが目指したのが人類普遍に対応する機能主義であるとすれば，リアリズム的試みは，そこから必然的に抜け落ちる民族や地域に紐付けられた伝統文化への再注目というかたちをとるだろう。このような問題関心は，なにも建築に限らない。例えば，文学においては近代主義と民族，およびナショナリズムの問題を巡る「国民文学論争」が展開されたし，美術においては，民族の伝統を泥臭くも力強く描き出すメキシコ美術が積極的に紹介された。普遍性や抽象性を求めるのではなく，戦後日本に固有の個別具体の問題に正面から向き合うこと。戦後復興が一段落した 1950 年代には，様々な文化領域において自らの足跡を反省的に捉え返そうという問題意識が共有されていたのである。なお，世界建築の動向を見ても，CIAM（近代建築国際会議）が 1956 年に実質解体したことに示されるように，20 世紀初頭から欧米を中心に展開されてきたモダニズムは確実に転換期を迎えていた。

　リアリズムを求めて日本の建築界が参照したのは，東側諸国の建築論であった。1930 年代のソ連で国家的芸術様式として誕生した社会主義リアリズムは，戦後世界においては，隣国の中華人民共和国などの新たな社会主義国でも採用された。もとより大抵の日本の知識人が共産主義・社会主義に共感する左翼的だった時代である。ハンガリー政府の文化大臣 J. レーヴァイ（József Révai）による報告「建築の伝統と近代主義」は，民族の伝統を用いる社会主義リアリズムと，インターナショナルなモダニズムという対立図式で東西陣営の建築をクリアーに描き出すものであったが，これは邦訳もされ，その後の議論に大きな影響を与えた。

　ただし，日本の建築界の議論は，東西建築の片方を選択するという決断主義的な態度をとらなかった。むしろ，モダニズムに内在するリアリズムの欠如という問題を解決すべく，両者を弁証法的に融合させることに向かった。1950 年代中盤〜後半の建築専門誌上では，丹下健三や白井晟一，川添登らを中心に大勢の建築家と評論家による議論が活発化し，キー概念として「民衆」と「伝統」が導き出される（民衆論争，伝統論争）。

　論争が白熱したのは，それに対する欧米からの注目度が高まっていたことも大きい。来日した W. グロピウス（Walter Gropius）は，障子や畳といった伝統的要素を取り入れる清家清の住宅を評価し，評論家の L. マンフォード（Lewis Mumford）は，ニューヨーク近代美術館に建てられた吉村順三による書院造の松風荘を賞賛した。日本の建築家・評論家の一部は，オリエンタリズムを多分に含むこうした外国人の「和風」評価に安々と迎合することで，戦後推進してきたはずのモダニズムに伝統主義への居直り，つまり「反動」が生じてしまうと危機感を募らせた。彼らはあくまでも伝統を，永久不変の博物品ではなく，モダニズムの創造的発展を促すリアリズムの問題として扱おうとした。目指されたのは，現在進行形の日本社会を下支えする人びと＝民衆に奉仕し，かつ日本固有の伝統を創造的にアップデートした「日本的デザイン」を構築することだ。論争を通じて，貴族住宅である書院造に対する民衆の生活舞台である町家・民家，あるいは優雅で開放的な「弥生的なもの」に対する素朴で原始的な「縄文的なもの」の存在がはっきりと認識されていく。同時期の建築史学では，昭和 25 年（1950）の文化財保護法の制定によって古社寺を中心に文化財指定が進められるなか，民家研究も興隆しており，従来の伝統建築観の枠組みが広がる時代であったといえる。

　以上の論争が収束した 1950 年代末の建築ジャーナリズム上には，代わって次世代の論客が登場する。丹下研究室の大学院生・磯崎新ら（八田利也）である。彼らが提起したのは，さらなる経済成長によって引起される「都市」という問題系と，そこにおける建築家の職能の在り方であった。伝統から都市へとテーマは変遷しつつも，あくまでも建築家が眼前の日本社会にどう応答すべきか，というリアリズムの態度は継承されている。

原爆堂

　戦前にドイツで哲学を学んだ建築家・白井晟一が設計した美術館。丸木位里・俊夫妻による連作画「原爆の図」の展示施設として，白井が敷地を設定せずに独自に計画案を作成した。らせん階段を内包する御影石張りの円筒と，そこからキャンチレバーで迫り出す直方体の展示室が水盤上に浮かぶ構成である。単純な幾何学の組み合わせにより，原爆の記憶を記念するシンボリックな造形がつくられた。なお，この展示空間への動線は地上にはなく，「へ」の字形のエントランス・パビリオンとは地下道で結ばれている。ビキニ環礁での水爆実験によって第五福竜丸が被爆した昭和 29 年（1954）から構想が練ら

白井晟一「原爆堂」
[© 白井晟一研究所]

れ、原爆投下10周年に当たる昭和30年にドローイングと図面が発表されたが、実現には至っていない。

社会主義リアリズム

1930年代のソ連で生まれた建築を含む美術・音楽・文学などの表現手法。「内容においては社会主義的，形式においては民族的」であることを公式とする。ソ連の首都モスクワの巨大化した新古典主義様式である「スターリン様式」や、戦後の社会主義諸国の建築，例えば中国の天安門広場に建つ《人民大会堂》が代表例である。しばしば伝統様式のリヴァイバルとして教条化・過剰化し、フルシチョフによるスターリン批判（1956）後は東側陣営でも下火になる。西側に属する戦後日本ではこうしたデザインの建築が建設されることはなかったが、伝統や民族的固有性、そして支配階級や資本家ではなく建築の本来の利用者である市井の民衆を重視する点には、思想的な影響関係がはっきりと認められる。

民衆論争

建築の利用者として、あるいは建築創作のパートナーとして、建築家がいかに「民衆」と接すべきかを問うた1950年代半ばの議論。ここでいわれる民衆とは、機能主義が想定する抽象的な人間に対比されるべき、具体的な身体性を伴った存在である。とりわけ強い主張を発したのが建築学者の西山夘三であった。戦前から庶民住宅を研究するマルキストの西山は、建築家は民衆の中に自ら分け入り、その生活改善への奉仕を命題とすべきだとした。論争中、評価を集めたのはMID（Mayekawa Institute of Design，前川設計研究所）同人の《福島県教育会館》（1956）である。施工プロセスにおける住民参加や、議場のコンクリートによるマッシブな外壁によって、柱梁で構成される優雅な数寄屋建築などとは異なる民衆的エネルギーを表現した点が評価された。

伝統論争

民衆論争と並行して建築ジャーナリズム上で生じた「伝統」概念をめぐる論争。「新建築」編集長の川添登の仕掛けにより、モダニズムの克服を目指して多くの建築家と評論家が自らの伝統観を披瀝した。論争の中心にいたのは丹下健三である。丹下は、日本の伝統建築を簡潔で開放的な書院造と民衆による閉鎖的な町家・民家の二つの系譜に分け、この両者の統合として桂離宮を位置付けた。そして《広島平和記念資料館》や《香川県庁舎》などの実作でその成果を示していくが、これに対抗する役回りを演じたのが白井晟一である。白井は伊豆の民家・江川邸に表れる原始的で荒々しい力強さを「縄文的なるもの」と評し、繊細さや軽快さに特徴付けられる従来の日本建築評価を相対化する視点を示した。

民家研究

大正期に始まった日本の民家研究は戦後に大きく展開する。背景には、庶民生活の舞台としての建築物への問題関心、そして都市化の進展によって農村や古民家が消失していく現実への危機感の高まりがあった。1950年には石原憲治の民俗建築会（現日本民俗建築学会）とNAU（New Architect's Union of Japan、新日本建築家集団）を母体とする農村建築研究会が成立。とくに後者による飛騨白川村の調査は、民家研究に歴史考察の視点が導入される画期となった。1950年代半ば以降には、東京大学の太田博太郎らが中心となって痕跡調査による建築平面および構造の編年考察という調査手法が確立され、全国各地で研究は活発化した。また、建築ジャーナリズムにおいては二川幸夫の『日本の民家』が刊行され、史的価値に留まらない民家の美の再評価が始まった。

八田利也と「小住宅ばんざい」

八田利也は東京大学の磯崎新、伊藤ていじ、川上秀光が1950年代末に用いた共同ペンネーム。3名（＝八田）は各々の専門を活かし、年長の建築家や都市問題に対する挑発的な批評を書いた。とくに大きな反響を呼んだのが「小住宅ばんざい」である。この論文は、日本住宅公団などによる大規模な住宅供給が始まり、施主の住宅への要望も均質化する時代においては、建築家が小住宅の設計で活躍することがもはや不可能であるとした。ただし、これは建築家の敗北を意味するのではない。むしろ戦後に建築家が行った前衛的な住宅提案が市民権を勝ち得たことを意味する。よって「ばんざい」という言葉には、勝利の祝福とシステム化を始めた住宅産業へのお手上げという二重の意味がこめられている。

参考文献
丹下健三『建築と都市—デザインおぼえがき』彰国社, 1970.
八田利也『現代建築愚作論』彰国社, 1961.

[市川 紘司]

建築技術・建築生産の変貌

　昭和6年（1931）の満州事変以後の軍事費の増大に支えられ，急激に発展した日本の重化学工業は，太平洋戦争によりいったんは壊滅したが，戦後は高度成長政策の根幹に位置付けられ，産業構造の転換が全国規模で促された。これは都市圏への急激な人口移動をもたらし，戦前から続く都市化にも拍車がかかったが，こうした動きが要請したのは，都市建築のさらなる高層化であった。この社会的要請に応えるため，当時の建設大臣は，市街地建築物法から引き継がれた規定である百尺（31 m）の絶対高さ制限を撤廃する意向を昭和37年（1962）に示し，翌年の改正建築基準法により容積地区制度が創設された。以降，日本においても超高層ビルの建設が制度的に可能となるが，この画期を象徴すると目される建物が，昭和40年に着工し，昭和43年に竣工した霞が関ビルディングである。

　霞が関ビルディングは，日本には類例がなかった高さ147 mの建物であるが，地震力に粘り強く抵抗する構造システムの開発により，いわゆる柔構造理論が適用された構造物として実現した。建設コストの縮減と工期短縮も大きな目標とされたが，これを達成するため，大規模ゆえに大量に必要となる建築材料や部材の標準化・工場生産化が推し進められた。また，パターン化された工程を連続的に繰り返す工程管理方式も導入され，建物全体を一つの製品と捉えた科学的な生産管理が行われた。こうした数々の技術革新により，超高層ビルの一般化への道が開かれ，以降，日本の都市景観は一変した。

　霞が関ビルディングに採用された材料や部材の標準化・工場生産化は，1950年代半ば頃には「建築生産の工業化」として理念化されている。建築生産の工業化は，現場の状況によらずに安定した性能の建物を建設することを可能としたが，同時に，元来は受注一品生産的であった建築技術に量産的な性格を付与しようとする試みでもあり，戦後の旺盛な建設需要に応えるため，あらゆる建物への導入が試みられた。この過程で，天然採取材料を代替する金属系・セメント系・合成高分子系などの加工材料が数多く登場し，これに対応するかたちで，「ごくあたり前の構法」という意味での**在来構法の変貌**が，主体構法・各部構法の別を問わずに起こった。

　建築生産の工業化は，戦後の圧倒的な住宅不足や都市化に伴う郊外の拡大を背景として，住宅生産にも適用された。建物としては比較的小規模である**住宅の工業化**においては，住宅生産の一連のプロセスをパッケージ化することで，材料や部材にとどまらず，住宅自体を一つの

工業製品として提供するアプローチも生まれたが，これを担ったのは，住宅のマスセールスを達成しうる全国規模の住宅建設会社であった。こうした建設会社は1960年前後に相次いで設立され，その後急速に成長した。これらの会社は，現在ではハウスメーカーと呼ばれ，日本の住宅生産の一翼をなしている。

　高度成長期の建設会社の急成長は非住宅部門でも起こり，技術革新により建設プロジェクトが大規模化・複雑化した非住宅部門では，設計施工一貫方式を掲げた総合建設業者が台頭した。いわゆるゼネコンの躍進である。高度成長期にあっては，建物の迅速で確実な調達は発注者にとって死活問題であり，こうした状況は，一括請負により取引の一元化が可能なゼネコンに有利に働いた。

　一方，1960年代の米国では，やはりプロジェクトの大規模化・複雑化を背景として，技術的に中立なコンストラクション・マネージャー（CMr）のもと，ときに設計や各種工事を分離発注しながらプロジェクト全体を総合的に管理する，コンストラクション・マネジメント方式（CM方式）が発達した。カーテンウォールや空調・設備システムなどの生産を担うさまざまなメーカーの参加が必須であった超高層ビルの建設に刺激されて，同時期の日本でも分離発注などの多様な発注方式が試みられつつあり，中立的な建築家が，そうしたプロジェクトをマネジメントする機運も高まっていた。しかし昭和43年（1968）に，鹿島守之助と日本建築家協会（JAA，現・日本建築家協会JIAの源流の一つ）とのあいだで，設計施工一貫方式の是非を巡る**鹿島論争［設計施工分離一貫論争］**が起こる。鹿島は当時，設計と施工が緊密に連携して完成させた，霞が関ビルディングの施工者である鹿島建設の会長職にあり，一方のJAAは，建築家の中立性を保つべく，建築士と施工・材料業との兼業禁止を法制化する運動の過程にあった。論争は建築家の職能論にまで及んだが，意見は交わらないまま終結した。建築技術と建築生産が変貌する時代には，建築家のあり方もまた問われたのである。

霞が関ビルディング

　霞が関ビルディングは，昭和43年（1968）4月に東京都千代田区に竣工した日本最初期の超高層ビル。設計監理者は三井不動産および山下寿郎設計事務所，施工者は鹿島建設・三井建設共同企業体，事業者は三井不動産であるが，これら三者からなる建設委員会が設置され，設計・建設時の諸問題について議論された。

　柔構造理論の具現化は，東京大学を退官した武藤清が建設委員会に参画したことで大きく前進した。武藤らは純フレームにスリットを設けて耐震壁を配置する構法を考案し，構造物の弾力性を失わせないまま，風圧などに

霞が関ビルディング

よる揺れを抑えることに成功した。

構造フレームには，当時量産が始まったばかりの大型H形鋼が本格的に用いられ，建設にはタワークレーンが導入された。床版には，米国の超高層ビルではすでに実績があったデッキプレートとコンクリートの合成スラブが採用され，デッキプレートを作業床として，やはり米国の技術を参考としたカーテンウォールをはじめとするプレファブ化された部品が取り付けられるなど，工事の効率化がはかられた。

在来構法の変貌

朝鮮戦争の特需により，日本の重化学工業はふたたび発展したが，特需が過ぎ去ったあとの余剰生産力は建設業にも向かい，重軽量形鋼，ALC (autodaved light-weight aerated concrete，軽量気泡コンリート) 版やセメント板，ビニル建材や合成樹脂塗料などの加工材料が，1950年代半ばから建材として流通するようになり，さらに複数の建築材料が工場生産により複合化された「建築部品」が登場し，現場作業の効率化・省力化が目指された。これら新建材の一般化により，建設業はアセンブリ産業としての性格をより強め，在来構法も大きく変貌した。

住宅の工業化

戦後の戸建て住宅の生産には，住宅金融公庫をはじめとする政府系融資機関が大きな役割を果たしたが，これら融資機関は，住宅建設工事一式をパッケージ化して責任の所在を一元化することを求めたため，1950年代末の住宅の工業化は，住宅全体の工業製品化という方向性を見いだした。こうした工業化住宅の登場は，重化学工業など，他業種企業の新市場開拓の結果でもあったが，1960年代は住宅市場が拡大し続けた時期でもあり，パッケージ化された工業化住宅が一般化するという世界的に類例のない状況が出現した。

ゼネコンの躍進

高度成長期に大都市部の建設プロジェクトは大型化・複雑化したが，アセンブラーとして工事管理に特化し，設計施工一括発注にも対応可能な大手ゼネコンは，関係者間の複雑な調整を一手に引き受けることができ，市場で競争力を発揮した。この過程で技術的ノウハウもゼネコンに蓄積され，市場での優位性はより確固たるものとなった。地方都市においても，都市の不燃化政策に基づき，1950年代半ばから標準設計に基づく耐火構造の学校建築や公営住宅の建設が進められたが，そこで鉄筋コンクリートなどの近代的な建築技術を習得した地方工務店の総合建設業化が進み，各都市に定着した。

CM方式

米国では工事職種ごとの労働組合組織率が高く，また建設プロジェクトの高度化とともに各職種の専門化が進んだため，関係者間の複雑な調整を発注者の代理人であるCMrが担当し，プロジェクト全体を最適化するCM方式が1960年代に発達した。CM方式への関心は日本でも高まり，公的セクターの実験的なプロジェクトでの導入が1970年頃から試みられたが，定着には至らなかった。CM方式がふたたび注目されるのは，ゼネコンの競争力が低下したバブル崩壊後の1990年代になってからである。

鹿島論争（設計施工分離一貫論争）

鹿島論争は，昭和43年（1968）5月から9月までの約半年間続いた論争であるが，その争点は設計施工一貫の是非を中心としながらも，契約・競争・利益創出のあり方や，第三者監理の必要性などにも及んだ。この背景には，職能法ではなく資格法として制定され，建築士の業務独占資格を定めた建築士法や，建設プロジェクトが大型化・複雑化する中で力を強めるゼネコンと，中立的な自由職業人としての建築家像の確立を目指す建築家の対立の構図があった。

参考文献

鈴木博之, 石山修武, 伊藤毅, 山岸常人編『都市・建築の現在』東京大学出版会, 2006.
藤本隆宏, 野城智也, 安藤正雄, 吉田敏編『建築ものづくり論』有斐閣, 2015.
門間正彦, 鹿島論争（設計施工分離一貫論争）に関する歴史的研究, 明治大学大学院修士論文, 2011.

［門脇 耕三］

386　第5章 現代

都市・地域の諸問題 1

　1950年代の産業復興過程で大都市圏と地方圏の雇用機会の違いが生じ，1960年代にかけて農村や地方から都市圏に若年層を中心とした人口が流入，例えば1950年代を通じて首都圏に約300万人が流入した。人々の新たな都市生活がそこかしこで始まり，各地の駅前にあったマーケットは，しだいに雑居ビルや地下街などに置き換えられて都市的な様相を取り戻し，戦争の記憶は薄れていった。

　雇用状況は改善したものの，都市に流入した人々は住宅数の絶対的な不足という深刻な問題に悩まされた。昭和25年（1950）に住宅金融公庫法，昭和26年に公営住宅法，昭和29年に土地区画整理法，昭和30年に日本住宅公団法が成立したが，公的住宅の建設は遅れ，東京，大阪などでは田畑や空き地に狭小な木造の賃貸アパート（木賃アパート）が数多く建てられた。木賃アパートは都市を環状に取り囲むように建てられ，木賃ベルトを形成した。東京では山手線と環状七号線に挟まれたエリアである中野区などが該当する。新たな都市生活者の住まいはこの木賃アパートから始まり，子どもができると公団住宅に入居，ローンの頭金が用意できたら郊外の戸建て分譲住宅を購入と，住まいのライフステージが都市の内外に用意された。

　1960年代初めには，政府により国民所得倍増計画が，通産省より工業適正配置構想が打ち出され，続いて新産業都市や工業整備特別地域が指定されて，太平洋ベルト地域の産業基盤整備と工業系産業立地の分散化が試みられる。日本の都市はおしなべて工業開発が進むが，新たな問題が多発する。

　一つは，地価の高騰に代表される土地問題が1960年代を通じて発生したことである。工業開発が優先されて当初は工業用地の地価が急上昇し，続いて雇用を求めて流入した人々の住宅需要が高まった。核家族化や根強い持家志向もあって，住宅地の地価上昇率が工業用地のそれよりも上回り始めた。そして，都市膨張のベクトルは地価が安い郊外に向かい，住宅地が無秩序にスプロールし，基盤整備を伴わないまま都市は拡大した。戦前にも同様に都市へ人口が集中する局面があったが，戦後は雇用形態の強固さが紐帯となって都市への定住志向がいっそう強く，長期にわたる社会問題となる。

　また，急速な工業化や人口集中は日本各地で大気汚染や水質汚濁といった公害問題を引き起こした。従来からの市街地域は住商工の混合状態となって，騒音，振動，煤煙などが複合的に発生し，都市規模の公害として生活

と隣り合わせになる。そこで公害に対する受忍限度，許容限度を超えない空間的対応が都市に求められた。公害反対を掲げる市民運動，住民運動は，地域社会の在り方や都市に住まうことの意味を，生活権という観点から問いかけた。

　ところで，日本で初めての人工土地工法による坂出人工土地は，これらの問題群をその前提から捉え直す包括的な思想を含んでいる。それは，水平的に郊外を拡げざるを得ない都市状況のなかで，都市の内側で「土地」を積み重ねようとするものだったからである。人工土地で重ね合わされるのは建物ではなく「土地」であり，人工土地上の構造物は新築も建て替えも可能なことを前提にしていた。人工土地上に残される外部空間は，道として機能し，「公園」としてもあった。人工土地はあくまで土地としてのふるまいが期待されていたのである。しかも，人工土地は地面から切り離されることで，優れた住環境を都市内に差し込むこともできた。人工土地の思想の根底には土地問題に代表される社会問題の解決への期待もあり，実現した坂出人工土地ではスラムクリアランスのみならず，商業空間の高度化，幹線道路の拡幅，公共駐車場の確保も目論まれ，後に市民ホールも設けられるなど，空間を高度利用した複合的なプロジェクトとなった。日本建築学会人工土地部会は，人工土地を都市的活動基盤の「創造，再生，拡大」の方法だと指摘している。

雑居ビル

　多業種のテナントや住居などが賃貸契約により混然と入居するビルである。個々の専有面積は比較的狭く，小売業に飲食業，風俗業と業種の一貫性に乏しい。管理形態もビル全体としての一体性よりも個店の営業方針が優先され，賃借人は外壁や共用空間に営業宣伝を思い思いに掲出する。同様に賃貸契約をしながらもビル全体で入館管理を行うテナントビルとは通常，区別する。雑居ビルは賃借人の入れ替えが容易なことから，都市に求められる業態構成の変化に柔軟に対応できる社会的な空間単位とみなすこともできる。もともと雑居ビルは，戦後に駅前や商店街の近傍で敷地を平面的に区画して営業していたマーケットなどが，都市化の過程で整理されて立体化したものと考えられている。

木賃ベルト

　高度成長期に都市の外縁に建設された木造在来工法の賃貸アパートを木賃アパートと呼び，東京の場合，これが都心を囲んでドーナツ状に形成されたことから木賃ベルトと称する。木賃アパートは通常2階建の建物内部を数軒に区切って住居として賃貸し，水回りは共用のもの

もあった。ゆえに高度成長期の住宅難においては，新たに都市に流入した低所得者層の手頃な住宅として数多く建設された。高度成長期を過ぎてからは同種の賃貸物件は，軽量鉄骨造や鉄筋コンクリート造に移行したため，木賃アパートは東京では山手線と環状7号線の間にベルト状に残されることになった。現在，木賃ベルトは道路も狭隘な木造密集市街地を構成していて，防災上の課題が指摘されている。

土地問題

戦後すぐの土地問題は農地問題だったが，この時期は地価問題として顕在化した。日本は地形的に可住地が農地などにすでに利用されていて，土地利用転換以外に土地供給手段に乏しい。このため地価上昇率は消費者物価上昇率をはるかに上回った。例えばピークとなる昭和36年（1961）の六大都市の住宅地地価は61.9％上昇し，工業地地価は年率88.7％の急騰だった。このように工業地への需要が先行していたが，昭和41年には変動率全体が落ちつく。以降は住宅地の地価変動率が工業地のそれよりも高くなり，昭和45年には住宅地地価が20.7％上昇，工業地は10％程度上昇した。これは，まず重化学工業化により雇用者所得が多業種にて増加し，昭和41年以降は雇用者個人の住宅需要の高まりが住宅地地価を上昇させたためである。昭和41年は高度成長期土地問題の質的転換点としてある。

スプロール

スプロール（urban sprawl）とは，都市・建築分野においては都市郊外において無秩序な住宅地開発が虫食い状に進むことをさす。個々の開発者の意向により任意の一定規模の土地を区画して事業がなされるため，計画的な街路網整備や下水道整備が追い付かず，ときに地権者も細分化されて，後の秩序立った都市計画事業を実施する際の弊害となる。個々の開発地は事業収益を最大化するために敷地内道路を最小化し，隣接する開発地との接続は考慮せず，都市形成への配慮もない。昭和43年（1968）制定の都市計画法で市街化調整区域と市街化区域が線引きされて，市街化調整区域内での一般の住宅地開発は制限されたが，これ以前はこうした基盤整備を伴わない小さな住宅地開発が都市の外縁部のいたるところで発生していた。

公害問題

重化学工業化を柱とする成長政策は，都市化を伴って水質汚濁，大気汚染などの環境破壊をもたらした。石油化学コンビナートの立地した四日市ではぜんそく患者が急増するなど，各地で発生した公害が地域社会に暗い影を落とし，公害反対の住民運動が頻発した。例えば，コンビナート建設が計画された三島市，沼津市では住民運動を通じて建設反対が表明され，計画は白紙に戻った。この頃から革新首長をもつ自治体が各地で生まれ，新たな政策主体になっている。当時の日本の都市は，大都市への過密防止を狙った地方分散型国土開発政策と，市民生活の安定的構築を目指すシビルミニマム政策という，二つの都市政策の振幅に立ち位置を定める必要があり，この過程で高度成長期以降の都市像が議論された。

坂出人工土地

初めて人工土地工法を用いた不良住宅改良事業で，人工土地の採用は浅田孝が提案し，設計は大高正人があたった。昭和37年（1962）に事業決定され，最終的に昭和61年に完成した。スラム化しつつあった塩田集落などの「再開発」を目指すもので，商業地になりつつあった沿道は防災建築街区造成事業にて，裏宅地は住宅地区改良事業にて事業化している。沿道は人工土地を地上高9.0mにし，裏宅地は高さ5.3mにして，それぞれ下部に商店と駐車場が，上部には集合住宅が建設された。裏宅地は買収されたが，表通りの沿道は基本的に土地の等価交換後に商店を再建，その上部空間に「屋上権」を補償して人工土地を設定するという方法を採用している。新築された市民ホールの傾斜屋根上部も人工土地と接続しており，ここにも低層住宅が建ち並ぶ。

参考文献

初田香成『都市の戦後―雑踏のなかの都市計画と建築』東京大学出版会，2011．
石榑督和『戦後東京と闇市　新宿・池袋・渋谷の形成過程と都市組織』鹿島出版会，2016．
近藤裕陽，木下光，坂出人工土地における開発手法に関する研究，都市計画，43(3)，475-480，2008．

［砂本　文彦］

坂出人工土地

都市・地域の諸問題 2

1960 年代とは，高度成長を背景に都市の膨張が最も急激に進んだ時期であり，内陸や海浜の開発による自然環境破壊，工業地帯からの公害の発生，郊外化による都市圏の職住の分離など，負の側面が最も大きく取り上げられる時期であろう。

すでに 1950 年代には，人口の大都市への集中に対応することが国策として大きな課題となっており，1960 年代にかけて大都市圏の整備計画が首都圏，近畿圏，中部圏でそれぞれ策定された。首都圏整備法（昭和 32 年 (1957)）に基づき策定された第一次首都圏整備計画 (1959 年) では，大ロンドン計画 (1944 年) で実現された都市圏の広域的なマネジメントに関心がもたれ，既成市街地（母都市），近郊地帯（グリーンベルト），市街地開発区域（衛星都市）の地帯区分が提示され，ニュータウンの開発がそれを実践する手段となった。しかしグリーンベルトの構想は実現されず，衛星都市としての自立性ももてなかったことが，英国と日本のニュータウン開発の相違である。

また，帝都復興計画（昭和 21 年 (1946)）以降，大都市圏の構想が幾度か示されてきたが，郊外全般に関していえば，放射・環状路の拡張イメージが強く，関西圏，中京圏も含め，後に住宅地が超郊外と呼ばれる範囲にまで伸び切ることを予見できていなかった。

一方，ニュータウンの開発自体は多くの計画技術を生み出した。千里ニュータウンは最初の開発事例であり，新住宅市街地開発法（昭和 38 年 (1963)）を適用した計画人口 15 万人の都市として成立した (1962 年入居開始)。英国の第 1 期ニュータウン，ハーローをモデルとした近隣住区の構想であり，スーパーブロック，ラドバーンシステム，歩行者専用道などの技術が生まれた。同年代には，泉北ニュータウン (1967 年入居開始) の開発が着手され，近隣住区理論をベースとしながら，歩行者軸や緑地の編成などに新たな工夫が加えられた。

このように近隣住区理論が定着・熟成するなか，高蔵寺ニュータウン (1968 年入居開始) ではまったく異なる手法が見いだされた。計画チームは英国の第 1 期ニュータウンを批判し，近隣住区の完結性や閉鎖性の問題を意識していたところ，フックニュータウンの計画が発表され，その革新性に大きな衝撃を受け，ワンセンター，オープンコミュニティ，都市軸，ペデストリアンデッキといった計画が実現された。特に，建物更新を前提とし，変わらない骨格と変化に任せる区域を定義する都市デザイン手法は，次世代の多摩ニュータウン，筑波

ニュータウン，港北ニュータウンなどのプランナーに大きな影響を与えた。

実際に郊外化を大きく推進したのは私鉄の沿線開発であった。鉄道会社が鉄道を敷設するタイミングに合わせて沿線に住宅地を開発し，都市部ターミナルに百貨店，郊外の主要駅には遊園地などレジャー施設を開設することにより鉄道利用者を確保するものである。このビジネスモデルは戦前に阪急電鉄が確立したものであり，戦後に関東と関西で他の私鉄会社が追随した。

関東と関西では鉄道のネットワークの様相が異なっている。関東では国や東京市の意向により，山手線より内側に私鉄の進入が許されなかった。このため，私鉄ターミナルと直近の山手線の駅が一体化した結節点となり，池袋，渋谷，新宿は副都心として発展した。関西では，私鉄は環状線を越えて都心部に乗り入れ，梅田，淀屋橋，難波など独自のターミナルを形成することができた。関西は関東に比べて私鉄沿線ごとの個性化が進み，独特の文化圏が形成された。世界でも類稀な鉄道のネットワークの増進と，都市構造の多極・多心化の傾向性は，1960 年代の都市膨張のなかにあって肯定的に評価できるものであろう。

都市の膨張は海側にも多大な影響をもたらした。臨海の埋め立てによる工業地帯の整備は戦後の相次ぐ特需や高度経済成長により加速化しており，京浜・京葉工業地帯は，すでに 1960 年代後半には過密化を迎えていた。また，大阪都市圏では，東京都市圏に比した相対的な地位の低下を改善するため，堺・泉北臨海工業地帯が開発され（整備期間：昭和 32 年 (1957)〜昭和 47 年 (1972)），多くの海浜を失うことになった。

都市に強く影響した建築のエポックとしては，1950 年〜1960 年代にかけてブームとなったタワーの建設があげられる。東京タワー，名古屋テレビ塔のように電波塔としての機能を有するものが多いが，通天閣（二代目）は展望機能に特化され異彩を放っていた。多くは復興の象徴でもあり，例えば名古屋テレビ塔は復興都市計画のシンボルとして建設された。

高蔵寺ニュータウン

高蔵寺ニュータウンは日本住宅公団の土地区画整理事業により，計画人口 81,000 人の都市として建設された。マスタープランは東京大学高山英華研究室が主導し，公団の計画チームが協力する体制で作成された。地形に対応して三つのクラスターが配置され，中央の地区センターとペデストリアンデッキで結ばれた。検討過程では各クラスターの幹線道路は円形に閉じていたが，造成・換地の実現性やオープンコミュニティへの配慮からフォーク型に開いた形態が採用された。既存の自衛隊施

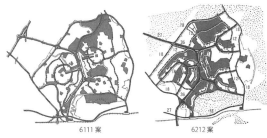

高蔵寺ニュータウンマスタープランの変遷
太線は幹線道路, 数字は幅員（m）を示す.
［高山英華『高蔵寺ニュータウン計画』鹿島出版会, 1967］

設の移転がかなわず, 一つのクラスターは未建設である. 公団の津端修一は原地形に最大限配慮するため, 稜線に沿う中高層集合住宅と斜面に「苔」のように形成される戸建住宅地のイメージをマスタープランに先駆けて考案した. 実現はされなかったが, 尾根を軸とした用途地域・公園・街区といった下部構造のレイアウトに当初のイメージの片鱗が現れている.

私鉄の沿線開発

鉄道施設と郊外住宅地の一体整備が本格的に開始されたのは阪急電鉄による池田室町の開発（明治43年（1910））である. 平均の敷地面積は100坪, 2階建てで床面積は60～90 m² であった. 戦前の沿線開発は大半が阪急によるもので, 住宅地開発とレジャー開発を組み合わせたビジネスモデルを構築した. 関西で近鉄, 京阪, 南海などの他社が積極的に開発に乗り出したのは戦後のことである.

関東では田園都市開発会社による開発が先行した. 関東大震災前より宅地開発を進めており, 関東大震災後には下町の人々が郊外へ移り住む受け皿となった. 小田急は林間都市, 西武は学園都市をキャッチフレーズとして鉄道と住宅地の一体開発を進めた. 戦後は私鉄各社が沿線開発を加速し, なかでも東急による多摩田園都市は最大規模の開発で, 開発面積は約5,000 ha, うち組合施工による土地区画整理事業は約3,200 ha にも及んだ.

副都心

東京都市圏では, 戦前までに山手線の私鉄ターミナルが都心部への結節点となり, 駅前広場の計画やデパートの開発も進んでいた. 戦災により壊滅的な打撃を受けたが, 昭和33年（1958）には都心部の機能分散を目的に新宿, 渋谷, 池袋が副都心に指定され, 急速な発展を遂げた. この戦前と戦後をつなぐ戦災復興の過程には, 土地占有の権利変換の重要な文脈が存在することが指摘されている. 戦争直後, 各駅の周辺にはテキ屋によるインフォーマルな土地の占有とマーケットの営業がされていたが, 土地区画整理事業により営業権の補償や移転先の斡旋, 共同ビルへの編入がされ, フォーマルな土地所有システムへと組み込まれていった.

大阪都市圏での副都心の形成は明確ではなかった. 阿倍野, OBP（大阪ビジネスパーク）, 弁天町などが相当するが, 各地区の再開発や土地区画整理事業が着手されるのは1970年代以降である.

工業地帯

京浜工業地帯のルーツは, 安政元年の横浜開港により関連産業が発生し, 明治24年（1891）に横浜ドックが設立されるまでにさかのぼる. 造船業の拠点となった後, 日露戦争, 第一次世界大戦期の特需を経て重化学工業の基礎が固められ, 戦災の大打撃からは米軍の特需を受けて回復し, 飛躍的な発展を遂げた. 戦後の特需は京葉地帯にも飛び火し, 千葉沖の埋め立てが一挙に進み, 重化学工業基地へと変貌した. 同様に, 大阪湾においても阪神・播磨地域, 大阪市臨海工業地域, 堺・泉北臨海工業地域にかけて工業地帯が形成された. 昭和36年（1961）には, 松林で名高い浜寺公園の海側で堺・泉北臨海工業地域の埋め立てが開始され, 海浜の原風景の喪失を象徴するものとなった. 日本固有の水際の回復を主張した最初の事例は, 1970年代の大高正人による横浜市都心臨界部開発基本構想を待たなければならなかった.

タワー

戦後から1960年代にかけて各地に多くのタワーが建設された. 展望塔の機能を有し, 100 m を超えるものを年代順にあげると, 名古屋テレビ塔（180 m）, 通天閣（二代目 103 m）, 別府テレビ塔（100 m）, 札幌テレビ塔（147 m）, 東京タワー（333 m）, 京都タワー（131 m）などがある. 名古屋テレビ塔から東京タワーまでは内藤多仲設計による鉄骨造であり, 山田守と棚橋諒（構造設計）が設計した京都タワーには, 特殊鋼板をつなぎ合わせたモノコック構造が採用された. 名古屋テレビ塔は戦災復興事業で実現された幅員100 m の道路に位置する久屋大通公園に復興のシンボルとして建設された. また, 通天閣は第5回内国勧業博覧会（明治36年（1903））跡地に整備された新市街地「新世界」特有の場所性を受け継いでいるなど, タワーはその建設を通して都市の文脈を形成し, シンボルとして受け継がれてきた.

参考文献

石榑督和『戦後東京と闇市　新宿・池袋・渋谷の形成過程と都市組織』鹿島出版会, 2016.
高山英華『高蔵寺ニュータウン計画』鹿島出版会, 1967.

［木多　道宏］

建築教育と高度成長

　昭和 22 年（1947）3 月，教育関連法令の根拠法となる教育基本法が制定され，同時に学校教育法も制定された。教育基本法の前文には，同法が憲法と一体不可分のものであり，平和主義，個人の尊厳と公共の精神などを教育の目標とすることが明記された。教育の現場は旧態依然たるものだったともいわれるが，理念としては学校こそが民主主義社会をつくる工場とみなされたのである。新制教育を受けた最初の小学 1 年生が成人となるのは昭和 35 年（1960）頃である。

　この間の日本社会は「政治の季節」だったと形容される。左翼勢力の復活と労働運動の激化，冷戦の始まり，占領政策の右傾化（逆コース），中国革命（中華人民共和国の誕生），朝鮮戦争，単独講和による独立と日米安全保障条約の締結，沖縄の地位確定，55 年体制の確立（自由民主党と日本社会党との保革二大政党制），ベトナム戦争。そして昭和 35 年（1960）には新安保条約の批准が待っていた。60 年安保闘争は，5 月 19 日の国会強行採決の後は連日 10〜30 万人が国会前に押し寄せる未曾有の国民的運動となる。直後の 1960 年 7 月に岸信介から政権を受け取った池田勇人は，11 月に所得倍増計画を発表。保革対決型政治への決別もはかられた。以後の 10 年は「経済の季節」への塗り替えの時代である。ベトナム反戦運動，日韓条約反対運動，消費者運動などが高まった時代でもあるが，経済規模の膨張と社会変化は圧倒的だった。前半は内需拡大型，後半は輸出主導型の成長とされ，あいだに東京オリンピック（昭和 39 年（1964））が挟まっている。

　第一次産業の就業者が，第二次産業のそれに追い越されたのが昭和 35 年である。その直前に高校卒業者が急増しており，都市流入人口のうち若者の多くは大企業の労働者になるか，職業安定所の斡旋で都市中小企業や商店に雇われた。増設された新制大学もまた地方出身者の吸収先であり，彼らを都市の大企業に輩出していった。未曾有の人口移動と就業構造の変化が起きたのである。

　建設需要の増大は，建築教育を大きく変貌させた。戦前の専門学校の改組もあって工学部が増え，建築系学科の新設と定員拡大も続いた。昭和 13 年（1938）に約 500人だった建築系学科の定員の全国総計は，昭和 45 年（1970）までに約 10 倍になっている。とりわけ大都市のマンモス私学は建設業が必要とする中堅的建設技術者を大量に輩出した。卒業後の就業構成は戦前の官庁優位から建設業優位に，建築教育は戦前の少数エリート教育からマスプロ教育に変化した。1960 年代には女子学生は

ほとんどおらず，大学院進学者はまだ大半が東大・京大・早大に集中していた。また，建設規模の膨張と技術的高度化のなかで成長していく建設業界の要求は，大学の教育内容を多様化・細分化させた。建築計画・都市計画・建築生産・建築経済・環境工学・建築設備などは戦後に発達し，重要性を増した分野といってよいだろう。求められる速成的な技術者教育と，時間を要するアーキテクト教育との矛盾もこの頃すでに指摘されている。

　他方で，高度成長は貧困や雇用問題を昭和 45 年（1970）頃までに解消し，中流層を拡大した。彼らのマイホーム志向が個人事務所の建築家に仕事を与えた。設計事務所数の伸び率においても，1960 年代の 10 年間は圧倒的である。しかも，地方の中核的な大都市の成長と，地方の建築系学科の増加によって，ゼネコンや組織設計の地方支社が増えていくだけでなく，地方都市の中小規模の設計事務所数も急増した。戦前まで，東京・大阪などの一部大都市に限られていた建築設計事務所が，1960 年代には全国的な分布を描いた。

　戦後の焼け野原の風景や，闇市とその後のマーケットの風景，あるいは焼け残った戦前の風景は，1950 年代には色濃く残っていたが，昭和 39 年のオリンピックの槌音が聞こえる頃にはほとんど一掃されてしまう。戦争の記憶もまた，昭和 45 年頃には直接的な経験をもつ人の数が激減することで風化していった。

　ベビーブーム世代（団塊の世代）の最後の学年が大学に入学した昭和 43 年（1968）から翌昭和 44 年にかけて，全国の学生たちが連携して，硬直化した大学の管理体制，執行部の腐敗，学費値上げ，あるいは高度成長を支えた産学共同への反対と，学園の民主化を掲げてストライキと大学封鎖を行い，大学機能を麻痺させた。この動きは高校や専門学校にも広がり，「学園紛争」と総称された。運動の一部はその後も継続されたが，全体としてはまもなく沈静化し，その後の日本社会には大規模な市民運動や学生運動はほとんど起こらなくなった。昭和49 年（1974）〜昭和 51 年の巨大建築論争を通して，私たちは「経済の季節」の日本社会への定着を見て取ることができよう。その後も，建築系学科数・学生数は増加し，平成に入る頃には全国の定員総数は 12,000 人に達した。

学園紛争

　昭和 43 年（1968）〜昭和 44 年頃の全共闘運動を中心とする大学・高校などの一連の紛争。東大では医学部学生の処分問題，日大では理事会の脱税問題，東京教育大では筑波学園都市への移転問題をそれぞれ契機として，学園民主化闘争に発展。契機は様々だったが全国的な連帯を広げつつストライキと大学封鎖が実行され，大学の機能麻痺や入試中止などの事態に至った。運動には新左

翼諸セクトも参加したが，主力は特定の党派に属さない，いわゆるノンセクトの学生たちであった。理学部や工学部では，産学共同への批判が特徴的だった。建築分野では，東大の都市工学科が全共闘の拠点の一つで，公害問題と産学共同問題を追求したことが知られる。三里塚闘争には複数大学の建築系学科の学生が参加した。『朝日年鑑』1969年版によれば全国国公私立大学820校のうち116校で紛争が発生したという。

巨大建築論争

昭和49年（1974）～昭和51年に神代雄一郎（建築意匠論・建築批評）と複数の建築家・建築史家との間で交わされた論争。1960年代後半には，戦後復興後の開発主義の嵐に対する広範な反省が共有されつつあった。神代は漁村を対象とした自身の研究室のデザインサーヴェイに基づき，人間集団には適正なスケールと意匠が求められると考え，1970年代初頭に続々竣工した「巨大建築」とその設計者の倫理観を批判したが，池田武邦（日本設計）や林昌二（日建設計）らの反論を受け，昭和51年の再論に対する建築史家村松貞次郎の反論によって一連の論争は後味の悪いかたちで収束した。論争の要点は，社会の建築への要求と，それに対する設計者の主体性や倫理の問題であった。しかし，学生や若い世代，個人事務所の建築家らからは神代擁護の発言もみられず，以降この種の議論はほとんど起こっていない。

学制改革

第二次世界大戦後の占領下で実施された教育課程の再編。日本国憲法（昭和21年(1946)11月公布・昭和22年5月施行），教育基本法（昭和22年3月公布・施行）を受けた学校教育法（同左）に基づく。主な内容は複線型教育から単線型教育への再編（社会階層によらない6・3・3・4制），義務教育の拡大（旧制の6～8年から9年間へ）である。高等教育については，旧制高校・旧制専門学校・師範学校・高等師範学校・大学予科は昭和23年で募集停止とし，新制の4年制大学に再編された。以後，建築学科をもつ大学が増加した。高専は昭和36年(1961)の高等専門学校法により設置されている。昭和13年（1938）時点で建築関係学科を置く旧制大学・旧制専門学校の学生数は500人弱（学校数16）であったが，昭和33年に約1,700人（39校），昭和42年に約4,500人（68校）となっている。

組織設計事務所

日本の組織型建築設計事務所は多様な来歴をもつ。三菱地所設計は明治23年（1890）創設の丸ノ内建築所，日建設計は住友本店臨時設計部を前身とする。石本喜久治，久米権九郎，松田軍平，山下敏郎，佐藤武夫といった建築家が1920年代から1940年代に設立した個人事務所に出自し，高度成長期に大組織に成長していった事務所も少なくない。日本設計は，霞が関ビルの設計メンバーが昭和42年（1967）に設立した事務所である。設立時期や母体・前身はこのように様々であるが，戦後1960～1970年代に高度な設計技術を要する大規模な建物を多数受注しながら成長を遂げた。また，空港やスポーツ施設に強い梓設計のように特定のビルディングタイプを得意とする事務所もある。1960年代はゼネコンおよびその設計部の躍進の時代であり，公共施設のコンペでも有名建築家に代わりゼネコンの勝利が続いたが，少し遅れて組織設計事務所も名を連ねるようになる。

パレスサイド・ビルディング

皇居北の丸のお堀端に面して立地する昭和41年（1966）竣工のオフィスビル（東京都千代田区一ツ橋一丁目）。設計は組織設計事務所の日建設計であり，昭和28年入社の林昌二がチーフ・アーキテクトを務めた。地上9階，塔屋3階，地下6階建ての高層複合オフィスビルであり，ガラス・カーテンウォールの長大な2棟を敷地形状に沿ってずらして配置し，両者の中央側端部に巨大な円形平面のコア（エレベータ，階段，衛生・給湯設備を含む）を置いている。ルーバーや階段などあらゆる部分に精巧な部品設計と細部処理が見られ，戦後のオフィスビルを代表する完成度を誇る。当敷地にはA. レイモンド（Antonin Raymond）設計のリーダーズダイジェスト東京支社ビル（昭和26年竣工）が建っていたが，その建替えは東京都心ビジネス地区のオフィス床需要の増大をも象徴した。

パレスサイド・ビルディング

参考文献
中村正則『戦後史』岩波新書，2005.

［青井 哲人］

都市祭典とアーバニズム

　昭和39年（1964）の第18回東京オリンピック（東京五輪）には前史がある。昭和15年（1940）の紀元二千六百年記念に合わせて第12回大会招致が決定していた。開催地の第1候補には神宮外苑および代々木練兵場が挙げられていたが，駒沢ゴルフ場が選ばれる。さかのぼれば駒沢の地も練兵場であり，このときに軍事施設から文教施設への転換が目論まれたともいえるが，明治以降の国民体育の振興は国民皆兵と一体のものでもあった。第12回大会は会場計画や道路整備計画などに進捗もあったが，日中戦争（昭和12年（1937））勃発などを受けて翌13年大会は返上となる。岸田日出刀が組織委員会下の構築委員会・競技場委員会などに名を連ね，第11回ベルリン大会の視察も果たしていた。

　岸田は第18回大会では施設特別委員会委員長を務め，代々木の《国立屋内競技場・体育館》を丹下に設計させ，駒沢公園の全体計画を高山英華にあたらせた。同委員の中山克己も第12回大会で会場構想にあたった建築家であり，札幌五輪（昭和47年（1972））では真駒内屋内スケート競技場を設計している（昭和15年には冬季五輪の招致も決定していた）。昭和15年の会場候補地を主要会場としている点からも，戦前・戦後のオリンピック大会の連続性は明らかである。

　戦後日本のスポーツ史上，五輪はハイライトだが国民体育大会（国体）も重要である。戦前にも明治神宮競技会が開催されたが（大正13年（1924）〜昭和18年（1943）），昭和21年から開催される国体は，戦後アーバニズムの地方における実践を促した。国体開催に向けて新設の陸上競技場を含む公園と交通の整備が進められる例は多く，そのなかには軍用地からの転換もあった。国体は天皇・皇后の行幸啓を仰ぐ行事となり，行幸路には平和通りがあてられるなど戦後の民主化を象徴する都市祭典となった。

　一方，博覧会への日本の関わりは五輪よりも古く，第2回国際博覧会（慶応3年（1867），パリ）に幕府，薩摩藩，佐賀藩が参加した。明治以降も国内博覧会は盛んに開催され，昭和15年（1940）には五輪大会とともに月島を会場に国際博覧会も計画されていた。戦後も国内博覧会は繁く開催される。

　東京五輪後，岸田日出刀（1899−1966）が亡くなり，丹下健三が名実ともに建築界の中心となるが，**大阪万博**は関西と東京の協働であり，東京五輪の経験を経て運営もより組織化されていた。最初にテーマ委員会（茅誠司委員長）が設けられ総合テーマ「人類の進歩と調和」が決定された。テーマ委員には丹下，サブ・テーマ専門調査委員には川添登が参加している。そののち会場計画委員会（飯沼一省委員長）が設置され，西山卯三と丹下が会場基本計画を策定し解散。最終的に丹下が基幹施設プロデューサーに就任し，設計スタッフ12名が選出された。「プロデューサー」「コーディネーター」や「イベント」「プロジェクト」「JV」といった言葉が一般化するのもこの頃であり，設計スタッフも大高正人・菊竹清訓，神谷宏治・磯崎新・曽根幸一というメタボリズム・東京大学丹下研究室系の人脈と，上田篤・川崎清・加藤邦男ら京都大学系の人脈によるいわばJVであった。

　マスタープランに基づいたパビリオン，遊園地，日本庭園，美術館，広場の建設は半年間の仮設の未来都市の建設である。菊竹清訓は地域開発的発想から「全国総合開発計画における，大規模プロジェクトのいわば1つのモデルとして」万博を捉えていた（『日本万国博の建築』朝日新聞社，1970）。

　以後は菊竹清訓が海上都市アクアマリンを実現した沖縄国際海洋博覧会（昭和50年（1975））や，神戸港港湾部開発の過程で開催された神戸ポートアイランド博覧会（昭和56年（1981））など，地域開発的発想による博覧会利用が続いた。昭和60年には国際科学技術博覧会が開催される。1960年代に始まる筑波研究学園都市計画の概成をみての開催であった。会場計画連絡調整会議（下河辺淳議長）の下にブロック計画協議会が置かれ，会場計画は槙文彦，菊竹清訓，大高正人，黒川紀章といった「中堅建築家」との協働の街づくりとして進められた。平成2年（1990）開催の国際花と緑の博覧会では，小松左京・泉真也とともに磯崎新が総合プロデューサーを務めた。平成7年（1995）には阪神・淡路大震災後に世界都市博覧会が中止された。19世紀に成立した国際博覧会の前提にあった近代世界システムと日本の関係の変化を象徴するできごとであろう。

東京オリンピック

　昭和39年（1964）10月10日から開催された第18回夏季オリンピック東京大会。主会場は明治公園，副会場は代々木スポーツセンター・駒沢公園などで，開閉会式は国立霞ヶ丘陸上競技場で実施された。岸田日出刀，中山克己，高山英華らによる施設特別委員会が設置され，駒沢公園の全体構想は高山が計画。《国立屋内総合競技場・体育館》（丹下健三），《駒沢陸上競技場》（村田政眞），《オリンピック記念塔》（芦原義信），《日本武道館》（山田守）などが建設された。上野公園では芸術展示も開催された。また評論家の勝見勝を長としたデザイン懇談会，ついでデザイン室が設置され，大会に関するすべてのデザインを統括した（⇨東京オリンピックと都市改造）。

国立屋内総合競技場・体育館

東京オリンピックの水泳競技場，バスケットボール体育館として建設された。昭和39年（1964）竣工。全体計画・意匠設計は丹下健三。競技場は吊橋の構造形式を応用し，約130m離れて立つ主柱に2本の主ケーブルを架け，主ケーブルから枝のようにケーブルを架けた吊り構造を採用した。建物高さ40m，長辺200mで，収容人数は約15,000人。ケーブルのたわみが描く屋根の曲線が特徴である。体育館は1本の主柱から吊りパイプを螺旋状に降ろして屋根を吊っている。同じく丹下設計で昭和39年末に竣工したHP（hyperbolic paraboloid）シェル構造を採用した東京カテドラル聖マリア大聖堂とともに丹下の代表作である。いずれも構造計画は坪井善勝，設備計画は井上宇一による。

丹下健三《国立代々木競技場》
［清水建設］

大阪万博

昭和45年（1970）に開催された日本万国博覧会。テーマは「人類の進歩と調和」。会場は大阪府吹田市の千里丘陵で会場基本計画は西山夘三と丹下健三が担当。お祭り広場に架けられた《大屋根》（丹下）の他，メタボリストら国内外を代表する建築家が参加して《エキスポタワー》（菊竹清訓），《万国博美術館》（川崎清）（後の《国立国際美術館》）などが建設されたが，会場の中心は岡本太郎《太陽の塔》であった。栄久庵憲司，剣持勇らによるストリートファニチャーが設置され，芸術家たちのパフォーマンスが繰り広げられるなど会場全体が半年間にわたるアーバンデザインの実験場となった。会場跡地は昭和47年に万博記念公園として開園した。

メタボリズム（Metabolism）

世界デザイン会議（昭和35年（1960））に際して建築家を中心に結成されたグループの名ならびにその主張。浅田孝の呼びかけに応じた川添登，黒川紀章，大高正人，菊竹清訓，栄久庵憲司，粟津潔，槇文彦が「新陳代謝」（メタボリズム）というコンセプトの下に「METABOLISM 1960 都市への提案」を発表。建築を恒久的な構造体と交換可能なカプセルに分離し，カプセルが細胞のように新陳代謝していく有機的なモデルを提案。翌昭和36年の丹下健三《東京計画 1960》とともに高度成長期の日本に未来都市のビジョンを提示した。メンバーは日本建築界において長く主導的な役割を果たした。代表作に黒川紀章《中銀カプセルタワービル》（1972）がある。

ブルータリズム（Brutalism）

1950年代に英国から唱えられた建築運動・建築表現。1920年代からCIAM（Congrès Internationaux d'Architecture Moderne，近代建築国際会議）が主導した近代運動も1950年代には閉塞感をみせていた。英国のアリソン&ピーター・スミッソン（Alison & Peter Smithon）夫妻は，構造と材料の率直な表現，設備・配管の露出といった近代主義の根本に立ち返る姿勢を示した。彼らのハンスタントン中等教育学校（1954）がニューブルータリズムの最初の作品とされる。この名はル・コルビュジエ《マルセイユのユニテ・ダビタシオン》についての新聞記事のタイトル「建築におけるブルータリズム」からとられた。1950～1960年代は戦後の復興期で各国に打ち放しコンクリートの公共建築が建設された時期にあたり，「ブルータリズム」の語はスミッソン夫妻の意図を超えた様式概念として用いられることとなった。

世界デザイン会議（World Design Conference）

昭和35年（1960）5月11日～16日に開催された国際デザイン会議。テーマは「今世紀の全体像　デザイナーは未来社会に何を寄与しうるか」。1956年第6回アスペン国際デザイン会議（米国コロラド州）において開催が決定された。準備委員会事務局長として浅田孝が中心的役割を果たし，個性・実際性・可能性という三つのセクションで討議が行われた。会議としては成功とはいえなかったが，H. バイヤー（Herbert Bayer），J. プルーヴェ（Jean Prouvé），P. ルドルフ（Paul Rudolph），L. カーン（Louis Kahn），P. スミッソンなど著名人が来日し，また国内においてはメタボリズム・グループが結成されるなど内外の人的交流に貢献した。

参考文献

丹下健三，岡本太郎監修『日本万国博：建築・造形』恒文社，1971.

日本建築学会編『「科学万博つくば '85」建築の記録』日本建築学会，1985.

Reyner Banham, "The New Brutalism: Ethic or Aesthetic?", Architectural Press, 1966.

Alison & Peter Smithon, "Without Rhetoric — An Architectural Aesthetic 1955－1972", Latimer New Dimensions, 1973（岡野実訳『スミッソンの建築論』彰国社，1979）.

［戸田　穣］

保存の主題化と建築史の拡張

　昭和9年（1934）から始まった法隆寺昭和修理は，戦争と昭和24年の法隆寺金堂火災を経て，昭和29年の金堂修理をもって終了した。法隆寺金堂火災は昭和25年（1950）8月「文化財保護法」成立の契機となったが，成立直前には鹿苑寺金閣の放火事件も発生した。修理工事における学術的な調査が重視されるようになり，古代建築の復原研究や技法調査が成果を上げた。その後，修理の対象は中世社寺や近世の城郭建築に及び，大規模な現状変更を伴う当初復原が行われるようになる。修理技術者が組織化され，修理実績の蓄積と技術の向上が進む一方，大工組織や木割などの生産史・技術史研究が新たな研究課題となった。

　中世以前の社寺建築の文化財指定が一巡すると，近世の建築に指定対象が広げられた。文化庁と都道府県教育委員会，大学研究室などにより，昭和41年度（1966）から民家緊急調査が，昭和52年度からは近世社寺建築緊急調査が行われ，全国規模で近世建築の把握が進んだ。明治洋風建築についても，昭和30年代から文化財指定が進められた。日本建築学会は，昭和37年に明治建築の調査を開始し，昭和44年に「全国明治洋風建築リスト」を作成。その最中に，帝国ホテル旧館，三菱旧一号館の解体と保存運動が起こる。学会の調査は後に，大正，昭和戦前の近代建築も含め，昭和55年（1980）に『日本近代建築総覧』を刊行した。

　また，民家と明治洋風建築が失われていくなか，現地での保存が困難な建築については，集団的な移築保存が行われた。豊中市の日本民家集落博物館は昭和31年（1956），川崎市立日本民家園と金沢市の百万石文化園江戸村は昭和42年（1967）に設立される。昭和40年には愛知県犬山市に博物館明治村が開村し，帝国ホテル玄関部分が移築されることとなった。

　1960年代の高度経済成長により急激な国土開発が進行し，公害が社会問題化する一方で，各地の歴史文化を物語る建築や町並み，集落が急速に失われていった。昭和41年（1966）には「古都保存法」が成立し，歴史的風土の保存事業が始まった。一方で，戦後の社会体制の変革から，経済的衰退に危機を感じた地方では，歴史的町並みの保存を目指して住民団体が発足し，**妻籠宿**，倉敷，金沢，高山，京都などにおける**町並み保存運動**や独自の保存事業が始められた。国鉄による「ディスカバー・ジャパン」キャンペーンなども，町並みの観光化を後押しした。これらを受けて，昭和50年（1975）に伝統的建造物群保存地区制度（伝建地区制度）が成立。

地区選定のため，保存対策調査が市町村の補助事業として行われるようになり，大学研究室や地元建築士会などが調査実務に当たった。同時期には，伝統的な町並みや集落を図面で記録し，構成要素を分析することから建築設計に取り入れようとするデザイン・サーベイも流行した。

　一方，歴史的建造物の保存における国際協力は，昭和21年（1946）に設立されたユネスコが指導的役割を果たしてきた。昭和39年（1964）に採択されたヴェニス憲章は，オリジナルな材料と確実な資料，建物がもつすべての歴史を尊重し，様式の統一を目的としてはならないとした。これは日本の木造建造物における修理方針の原則と異なり，欧米との文化の違いを明らかにした。世界遺産条約は昭和47年（1972）に採択されたが，日本の参加は平成4年（1992）と遅れた。平成6年にはオーセンティシティに関する会議が奈良で開催され，ヴェニス憲章の定める概念を，文化の多様性と遺産の多様性から多面的に解釈するように改められた。また，日本国内での保存修復，調査の蓄積をもって，日本の研究者，技術者が海外の建築調査，遺跡修復に進出し，アジア各国を中心に文化財保護に貢献するようになった。

　平成に入ると，文化庁の補助事業による近代化遺産総合調査が平成2年（1990）から，近代和風建築等総合調査が平成4年（1992）から開始される。平成7年（1995）には，文化財保護法改正により登録文化財制度が成立した。同年1月17日に発生した阪神・淡路大震災では，歴史的建造物にも大きな被害が生じたため，耐震補強が行われることがその後一般的となった。さらに，伝建地区制度の定着と登録文化財の件数増加に伴い，文化財は保存する対象から活用する対象へと認識が変化しつつある。また，明治30年（1897）の古社寺保存法公布からすでに100年が経過し，日本の文化財保護や建造物保存の歩みそのものも，建築史研究の対象となっている。さらに，平成18年（2006）には，広島平和記念資料館と世界平和記念聖堂が戦後建築として初めて重要文化財に指定され，平成28年には国立西洋美術館本館が世界文化遺産に登録された。戦後建築の歴史的評価が求められるなか，日本の近現代建築を生み出した建築家の建築図面や設計資料を，建築アーカイブとして保存し，後世に伝える活動も始まっている。

古都保存法

　昭和41年（1966），「古都における歴史的風土の保存に関する特別措置法」として制定された。「歴史上意義を有する建造物，遺跡等が周囲の自然的環境と一体をなして，古都における伝統と文化を具現し，及び形成している土地の状況」を，現状凍結的に保存することを目的

としている。歴史的風土保存区域と，より重要な地域である歴史的風土特別保存地区が設けられ，後者に指定された地区では，既存住宅の小規模な増築，宗教建築物の増築などのほかは，現状変更の行為が禁止される一方で，土地の買い上げ制度が設けられている。主に，京都，奈良，鎌倉の3都市を対象として制定され，後に明日香村などが追加された。日本初の面的な歴史的地区の保存施策であったが，対象が市街地周辺に限られ，また景観規制に金銭的補償を必要とする道を開いた。

妻籠宿（その保存と現在）

中山道木曽十一宿の一つとして明治初期まで栄えていたが，鉄道の開通などにより衰退した。昭和30年代より景観整備による観光事業を町が計画，昭和43年(1968)「妻籠を愛する会」が発足，本格的に保存事業を開始した。住民憲章として歴史的建造物を「壊さない・売らない・貸さない」という方針を掲げ，古い家屋は買い上げ，復原工事を行い一般公開する，その他の一般家屋は前面一間を保存範囲とする，新築家屋も旧観に合わせて設計すること，などを行った。こうした実績は各地の町並み保存に影響を与え，昭和50年(1975)の伝統的建造物群保存地区制度の創設に結びついた。一方で，近年では保存活動も世代交代の時期を迎え，空家も増加するなか，住民のみによる保存活動の維持は困難になりつつあり，住民憲章に対しても柔軟な対応が必要になってきている。

町並み保存運動

金沢（石川県）は加賀藩の城下町として栄えたが，明治以降衰退し，戦災にも遭わなかったことから町並みがよく残された。昭和39年(1964)に武家屋敷群地区の土塀・門などの修復制度が制定され，その後，古都保存法の影響を受け，昭和43年に「金沢市伝統環境保存条例」を制定。市内の4地区を伝統環境保存区域と定め，建築物の形態・意匠の誘導や緑の保全などをはかった。その後も，「こまちなみ」の保存，土塀の修復，用水の保全，旧町名の復活，職人大学校における技術者養成などに行政と住民が取り組んだ。町並み保存運動は，当初は建物に対する文化財保存運動であったが，現在では地域文化に関する教育活動，観光振興による地域の活性化，環境問題への取り組みなどを含む活動へと，対象を拡大している。

伝建地区制度（文化財概念の拡張）

昭和50年(1975)，文化財保護法の改正により伝統的建造物群保存地区制度が創設された。歴史的な集落・町並みを保存するため，市町村が伝統的建造物群保存地区を決定し，保存条例に基づき保存計画を定める。国は市町村からの申し出を受けて，価値が高いと判断したものを重要伝統的建造物群保存地区に選定する。制度創設には，古都保存法，倉敷市，金沢市など地方都市での町並み保存条例の制定など，歴史的町並みの保存運動が影響を与えた。明治30年(1897)公布の古社寺保存法による社寺建造物の保存から始まり，史跡名勝，城郭，民家・茶室などへ文化財の対象を拡張してきたなかで，新たに町並みが文化財の枠組みに加わることとなった。

建築史（戦後の展開）

戦前の様式史研究に対する批判的立場から，様式をもつ建築を生産する技術と社会に目を向けるようになり，生産史研究，技術史研究，住宅史研究などが展開した。戦後の民主主義思想は，伝統的な民家を社寺建築と同じ文化財として認識するようになり，さらに明治の洋風建築も歴史的建築となっていった。昭和24年(1949)の法隆寺金堂火災は「文化財保護法」の成立をもたらし，古建築の修理技術の研究と記録の蓄積の必要性を生じさせた。戦後の高度経済成長が進むなか，農山村における民家の消失は全国的な民家緊急調査を促し，都市の再開発や水田の宅地化は，平城宮ほか遺跡の発掘調査による成果を生み出した。全国調査はその後，近世社寺建築，日本近代建築総覧，近代和風建築，近代化遺産へ続き，文化財保護の歩みとともに調査研究対象を拡大していった。

参考文献

新建築学大系編集委員会編『歴史的建造物の保存』(『新建築学大系50』) 彰国社，1999.

[山崎 幹泰]

金沢市長町の武家屋敷跡

近代主義への異議申し立て 1

　建築の近代主義（modernism）とは，狭義には 1920 年代から 1950 年代に活動した CIAM（Congrès Internationaux d'Architecture Moderne，近代建築国際会議）と並行したモダン・ムーブメント（近代運動）の受容と展開であり，とくに日本では近代運動およびその建築様式（国際様式，インターナショナルスタイル）と，近代主義とは同義と理解されている。1950 年代を通じた CIAM からチーム X の建築理論への交代は，工業社会から脱工業化社会（情報化社会）への発展，生産から消費への関心の移行を背景とした。そして都市・建築のモデルは機械モデルから成長する有機体モデルへと転換する。メタボリズムは建築生産の工業化に立脚した有機体モデルであり，高度成長期の国土開発のための仮説を提供した。

　1950～1960 年代にはヨーロッパだけでなく世界的に近代主義の再定義が試みられた。構造と材料，設備や配管の率直な表現が尊ばれ，鉄筋コンクリート（RC）打ち放しの量塊的な建築表現（ブルータリズム）が流行する。日本では，必ずしもこの語が定着したわけではない。日本の文脈では 1950～1960 年代を通じて丹下健三と坪井善勝（1907−1990）を筆頭に，日本建築の木組みの感覚を参照して分節された RC の表現や，シェル構造や吊り橋構造を用いた大空間が実現する。また 60 年代には木村俊彦（1926−2009）がプレキャスト・コンクリートによる一連の構造システムを試みた（栃木県庁舎議会棟（大高正人，1969），佐賀県立博物館（内田祥哉・高橋靗一＋第一工房，1970）など）。このような建築表現における構造主義を一つの到達点として，近代主義は様式的展開に停滞をみせるとともに，新たな建築表現が模索されることになる（⇨都市祭典とアーバニズム）。

　1960 年代には建築生産の合理化（プレファブリケーション，部品化）と生産体制の複雑化が進み，都市計画・都市開発が行政機構と大資本，大手組織によって担われ，従来「建築家」という職能像に統一されていたかにみえた専門性が分化していく。そのようななか伝統論の文脈から出発した篠原一男は形式主義（フォルマリズム）による象徴主義（サンボリズム）を志向し，住宅建築の作品化を試みて新たな建築表現の場を求めた。

　一世代下の原広司（1936−）は『建築に何が可能か』（1967）のなかで近代建築の均質空間の批判的検討を行い，「有孔体の理論」を提唱して抽象的な空間論を展開する一方で，佐倉市立下志津小学校（1967）など RAS（Research studio of Architecture & Space）で共同設計を実践した。

　その原にとって先行する指導的立場にいたのが磯崎新（1931−）である。丹下研究室に所属しメタボリズムにも近いところにいた磯崎だが，吉村益信らネオ・ダダの美術家達や，国際的な同世代の建築家との交流を通じて，建築における前衛を模索していた。磯崎は記号論の影響下に，建築を概念的な思考と形式的な手法に還元するため，都市的・歴史的文脈主義（コンテクスチュアリズム）から脱し，建築のフォルマリズムを構築しようとした。のちに「都市からの撤退」と要約される磯崎の方向転換は，原の『住居に都市を埋蔵する』（1975）とともに 1960～1970 年代にかけての建築論の変化を象徴するものであるが，その志向は浜口隆一『ヒューマニズムの建築』（1947）に典型的な人間主義からの脱却でもあった。

　建築表現の転回をみた 1960 年代は建築メディアにとっても移行期であった。昭和 32 年（1957）の「新建築問題」で解雇された 4 人の編集者のうち，川添登（1926−2015）は独立した建築評論家・プロデューサーとして活動の領域を広げていく。『民と神の住まい』（1960）といった伝統論とともに，『移動空間論』（1968）のような現在都市論を著した。宮嶋圀夫（1930−1987）は「近代建築」編集長を務めいち早くメタボリズム特集を組むなどしたが，昭和 36 年（1961）には平良敬一が昭和 35 年に創刊した「建築」に移り，昭和 38 年に平良の後継の編集長となり昭和 50 年の休刊を見とどけた。宮内嘉久（1926−2009）は「建築年鑑」（1960−1969）の創刊と休刊の間，昭和 39 年からは「国際建築」（昭和 42 年休刊）の編集長を務めた。宮内にとっての 1960 年代は五期会（1956−1960）解体と 60 年安保闘争に始まり，大学紛争と反万博・70 年安保に終わる。戦後左翼的な立脚点からの異議申し立ての姿勢を崩さず，昭和 44 年にはプラン '70，AF−建築戦線に参加。昭和 45 年個人誌「廃墟から」を創刊して（昭和 54 年まで），商業誌とは一線を画し独立した地歩を占めた。一方で，1970 年代の建築メディアの活況を準備したのは平良敬一（1926−）である。「建築」ついで「SD」（1965−2000）を創刊，さらに植田実（1968−1976 年に編集長）に「都市住宅」（1968−1986）を委ねたのも平良である。昭和 49 年（1974）には建築思潮研究所を設立し，以後も複数の雑誌を創刊した。1960 年代にはこれらの編集長の下，1930 年代生まれの建築評論家―佐々木宏，小能林宏城（1935−1979），宮内康（1937−1992），長谷川堯（1937−）の仕事が準備されることになる。

篠原一男《白の家》（1966）

　篠原一男（1925−2006）が 1950−1960 年代に試みた住宅の中でも代表的な建物。この時期の篠原の設計論は『住宅建築』（1964），『住宅論』（1970）にまとめられ，

篠原一男《白の家》(1966)
[撮影:村井修]

その主張は「住宅は芸術である」という言葉に象徴されるように，機能から離れた独自の表現を追求した。伝統的な日本建築についての考察から「平面の分割」という方法を見いだした篠原は，《白の家》で1辺10mの正方形平面を1本の直線＝壁によって単純に分割する。この大きな一室空間の壁の正面には，丸太柱が立ち「正面性」と「象徴性」が演出される。この白い空間は日本の伝統的な空間から導かれたものでもあったが，その後，篠原自身が牽引する日本におけるフォルマリズムの端緒ともなった。

磯崎新と『建築の解体』

「美術手帖」誌上で昭和44年（1969）12月号から昭和48年11月号まで断続的に10回にわたった連載をまとめて昭和50年に出版された。著者自身の60年代記である最初の著書『空間へ』(1971)と対をなす。同世代の欧米の建築家・理論家を並列的に論じた前半と，その2年後に1960年代の傾向を総括した「《建築の解体》症候群」からなる。磯崎は1920年代に始まるCIAMの展開過程と，1950年代のチームXとの交代劇までの近代運動を歴史化した上で，1960年代に手法化された建築概念の拡張と構成要素の混合を整理し，このような時代の推移の根底には，「曖昧性」と「主題の不在」とがあるという近代以後の逆説的な状況を指摘する。大学紛争・万博後の学生に大きな影響を与えた。

川添登と『建築の滅亡』

本書（現代思潮社，1960）は，昭和34年（1959）から昭和35年にかけて新聞・雑誌に寄稿した時評を再構成して出版された。テレビという映像によるマスコミュニケーションの普及による，建築・文字文化の地位の低下を論じながらも，工業資本主義における労働者（民衆）と権力（資本）間の対立的な構図を1950年代の民衆論・伝統論から踏襲しており，情報資本主義における大衆消費社会は未だ視野に収まってはいなかった。ここで展開される折衷的な建築論において滅亡するとされたのは「永遠性」と結びついた建築である。本書は伊勢神宮の式年造替とのアナロジーによって日本の建築・都市の新陳代謝を論じて，戦後日本の国土開発計画の論理とよく親和し，メタボリズムを唱導した。

1960年代の建築メディア

1960年代は公害・環境問題，景観・保存問題が社会化したことを背景に，建築界でも職能論・生産論を再定義する機会であったが，高度成長を背景として複雑化した建築生産に単純な社会批評が及ばなくなった時期でもある。代表的な論争に村松貞次郎を中心とした「設計施工」分離―一貫論争，京都タワーに端を発する古都美観論争と古都の保存問題，東京海上ビルを巡る美観論争，そして反博（反万博）問題があげられる。一方で1960年代に創刊された「建築」「SD」「都市住宅」や昭和46年（1971）創刊の「a+u」などは，建築家の特集主義や年間テーマを掲げるなど建築メディアに新しい展開をもたらした。このような建築メディアの多様化は1970年代にさらに進められるが，一方で読者層の分化を進めることともなった。

建築評論家

建築評論家あるいは批評家は，建築に関わる事柄を一般読者へ向けて啓蒙的に論じる役割を担う。建築評論家の多くは大学人，ジャーナリスト，実務家のいずれか（またはいくつか）であり，とくに他芸術に比して実務家が多数を占めるのが建築評論の特徴である。また建築は学術・技術によって支えられ，作品と事業という二面性を備えるところに複雑さがある。そのため建築批評は芸術的な作品批評に留まらず，都市計画学・都市社会学的な分析から，建設・不動産に関わる市場の動向，さらには歴史的・考古学的・文化人類学的な考察にまで及ぶことも稀ではない。そのため建築を語るときには皆ある程度まで社会評論家・文明批評家となる。

参考文献

原広司『建築に何が可能か―建築と人間と』学芸書林，1967．
川添登『建築の滅亡』現代思潮社，1960．
篠原一男『住宅論』鹿島出版会，1970．
磯崎新『建築の解体―1968年の建築情況』美術出版社，1975．
中真己（佐々木宏）『現代建築家の思想―丹下健三序論』近代建築社，1970．
宮内康『怨恨のユートピア』井上書院，1971．
小能林宏城『建築について 評論集』相模書房，1972．
長谷川堯『神殿か獄舎か』相模書房，1972．

[戸田　穣]

近代主義への異議申立て2

　1960年代後半から1970年代の「デザイン・サーヴェイ」と呼ばれる調査群は，象牙の塔に閉じ籠もらずキャンパスの外に学びと喜びを見いだそうとする姿勢を共有していた。そこには1930年代から1960年代まで勢力をもった近代建築とは違う別種のデザインの可能性を，生き生きとしたサーヴェイの現場から組み立て直せるはずだという期待があり，エリート的な建築家像はすでに無批判には前提できないことが共有されていた。そして，サーヴェイに熱中した学生や若い建築家たちはそのレポートを雑誌に発表することで一つの時空を共有しているという実感をもっただろう。彼らの多くは，学園紛争か，その直後の世代であった。

　デザイン・サーヴェイは，一つには建築論における伝統解釈の系譜上に位置付けることができる。実際，初期のサーヴェイの発表記事のなかには，伝統論争への批判的考察が含まれる。伝統論争（昭和30年（1955）〜32年頃）の成果は，民衆とは何かを巡る戦後的議論と絡み合うことで，形態の深層にあって形態を超える何かを見る眼が開かれたことだった。比例の美学に秩序付けられた丹下健三の形態に対して，白井晟一が「縄文的なもの」として提示した，形式化や洗練以前の根源的衝動のようなものがそれだ。この視点の可能性は，まもなく磯崎新・伊藤ていじらの『日本の都市空間』（初出は昭和36年）に具現化され，そしてデザイン・サーヴェイの多様さ，すなわち集落や都市の形態の，その奥にある何かを見いだそうとする視線の多様性へと，つながっている。

　民家研究には大正6年（1917）発足の白茅会（柳田國男・今和次郎ら）における民俗学と建築学の邂逅という前史があり，また近代都市の路上（風俗）への感性には，白茅会から派生した今和次郎の考現学という先駆がある。この視線は，一方でアノニマス（無名）なものやヴァナキュラー（土着的・自生的）なものへの共感を，他方では人々の身体と振る舞いがつくる自由さや創造性への感性を宿し，あるいはハイ・カルチャー，ハイ・アートとしての建築を相対化する視点を含む（コンペイトー，遺留品研究所）。

　もしデザイン・サーヴェイを開発主義や中央集権への対抗とみるならば，それはコンテクスチャリズム，リージョナリズム（地域主義）やエコロジー思想の展開に連なるともいえる。1960年代後半には，資本と政治と官僚制が推し進めるめまぐるしい開発への反動として，文明批判的な論調が増えている。都市への激しい人口流入は，次第に紐帯のないバラバラな社会を当たり前のものにし，他方では農村部を過疎問題にあえがせる。総じて，巨大な機構が個人の与り知らぬところで急速に世界を書き変えていく状況への異議申立ての時代であり，そのような立場からのサーヴェイもあった（神代雄一郎）。

　昭和43年（1968）〜44年に学生たちは，特定の政治党派に属さない自分たちが体制への反乱を起こすため全国的に連携して闘争する経験をもった（⇨学園紛争）。そのエネルギーと連帯感が，キャンパスの外の，あるいは表層の奥にあるリアリティに触れるムーブメントへと転化されたという見立ても可能かもしれない。いずれにせよ，この先には地域，ヴァナキュラー，コンテクスト，参加といった，建築の新しいリアリズムを支えていく幾つかのルートが見いだされていく。その際，米国やヨーロッパの同時代的な問題意識とコンセプトに，アイディアの結晶化のきっかけが見いだされていった側面もあるように思われるが，他方では日本の「戦後」に刻み込まれた政治意識とその変形の過程も複雑な影を落としているように思われる。

デザイン・サーヴェイ

　1966年代後半から1970年代末頃までの集落・都市調査の運動。調査グループの多くは大学研究室や若い建築家・プランナーのグループで，「新建築」「建築文化」「SD」「都市住宅」といった建築誌にその成果が続々レポートされた。デザイン・サーヴェイという語の日本での初出は，伊藤ていじがオレゴン大学の政治学・社会学者たちと共同で行った金沢幸町の調査（昭和41年（1966））とされる。明治大学神代研究室の漁村調査，宮脇檀と法政大学のグループ，東京芸大の益子義弘ら，東工大篠原一男研究室らによる建築家の創作論を意図した集落調査，上田篤らの町屋研究，広島大OBによる原爆スラム調査から，望月照彦の屋台・飲み屋街調査，コンペイトー（東京芸大，松山巌・井手健・元倉真琴）のアメ横調査，遺留品研究所（武蔵野美大，大竹誠・真壁智治ら）の都市のフロッタージュまで，きわめて多様な調査群がある。

ヴァナキュラー建築

　風土のなかで自生的に営まれる土着的で無名な建築。米国の建築家・社会史家・批評家B. ルドフスキー（Bernard Rudofsky, 1905−1988）がニューヨーク近代美術館で1964年に開いた展覧会「Architecture without Architect」（同名の書籍を同年刊行）において用い，世界的な影響力をもった。渡辺武信による邦訳『建築家なしの建築』は昭和51年（1976）刊行。土地との必然的な結びつきを強調するため地域主義的な思潮や方法にとって重要な概念となる。しかし，「風土」の概念を現代都市や工業化時代に拡大することも可能で，最もありふれ

た工業化材料を表現化する方法をインダストリアル・ヴァナキュラーと呼ぶこともある。

コンテクスチュアリズム

建築設計やアーバン・デザインにおいて，環境に固有のコンテクスト（文脈）を重視する姿勢ないし思潮。コーネル大学でのC.ロウ（Colin Rowe）のアーバン・デザイン・スタジオと理論研究のなかで提出された用語で，1970年代に米国・ヨーロッパ・日本に広まった。コンテクストの概念自体は19世紀末から20世紀初に論理学・文学・ゲシュタルト心理学あるいは美術・映画などでその意義が見いだされている。語や文の意味は文脈に依存し，また文脈を多重化することで意味を多義化できるという発見である。建築・都市分野でもこうした議論を参照しながら，都市の複合的な文脈を引き受け，建築デザインを多義的に解釈・経験可能なものとすることで，近代建築を批判的に超えることが意図された。だが，一般には設計を周辺環境に適合させることのみが論じられる傾向にある。なお，広義には，地域主義，ヴァナキュラー，建物類型，生態系などへの着目も含めてコンテクチュアリズムとする場合もあり，1970年代の欧米では近代建築に代わる潮流とみなされていた。

地域主義（リージョナリズム）

地域の固有性を重視する建築の思想・思潮。地域主義は一般には政治学の用語で，中央集権に対する地方分権の主張である。建築分野で地方が明確に意識されるのは地方衰退が問題視される1960年代のことで，1970年代には浦辺鎮太郎，山本忠司，大江宏らの実践が同時的に現れるほか，公共施設の設計競技でも地域性の重視を要求する例が増える。倉敷アイビースクエア（浦辺，昭和48年（1973）），瀬戸内歴史民俗資料館（山本，昭和48年），そして昭和54年（1979）の設計競技1等案をもとに実現した名護市市庁舎（象設計集団，昭和57年）が日本建築学会作品賞を受賞。名護市庁舎は，パッシブデザインの手法，デザイン語彙や素材の選択など地域主義の総合的達成として評価が高いが，戦後の沖縄が置かれてきた政治的状況も背景にある。K.フランプトン（Kenneth Frampton）が1980年代初に提示した「批判的地域主義」も重要。

倉敷アイビースクエア

岡山県倉敷市の美観地区にある，ホテル・レストランおよび大原美術館児島虎次郎記念館・倉紡記念館などからなる複合施設。江戸幕府の代官所跡に明治22年（1889）に建設された倉敷紡績創業の旧工場を，昭和48年（1973）に改修。設計者の浦辺鎮太郎（1909－1991）は，倉敷の近代化と都市建設に貢献した実業家大原孫三

倉敷アイビースクエア

郎の長男総一郎らとの深い信頼関係のもとで，建築設計を通して倉敷のまちづくりに広く寄与した。倉敷国際ホテル（昭和38年），倉敷アイビースクエアで日本建築学会作品賞を受賞（昭和40年，昭和50年）。この建物では，平行配置のノコギリ屋根の煉瓦造工場から約4,000 m^2 相当を撤去して広場を生み，解体で出た材を造作や下地に活用するなど，注意深い設計によって機能を転換し，地域に固有のまちづくり拠点施設へと再生させている。歴史的資産を活用した地域主義的な作品として先駆的である。

設計と参加

建築設計における「参加」への関心は，昭和22年（1947）結成の新日本建築家集団（NAU：New Architect's Union of Japan）などが建築設計の「民主化」を意図して試みた参加型共同設計や，山口文象らのRIA（Research Institute of Architecture）が1960年代末に開発したコンピュータによる設計カウンセリング・システムなどに先駆をみることができる。C.アレグザンダー（Christopher Alexander）も1960年代前半にはコンピュータ・プログラムによって設計の一般ユーザへの解放を構想したが，それに代わるツールとして「パタン・ランゲージ」を開発し，これを活用した住民参加の設計活動を展開，日本にも多大な影響を及ぼした。盈進学園東野高校（昭和60年（1985））は，アレグザンダーが実際にパタン・ランゲージを使って設計者・施工者・利用者の環境創造への参加可能性を追求した事例である。ベルギーのL.クロール（Lucien Kroll）による1970年代の取り組みも知られる。

参考文献

布野修司『戦後建築論ノート』相模書房，1981．
「新建築臨時増刊」（現代建築の軌跡）新建築社，1995．
秋元薫『現代建築のコンテクチュアリズム入門』彰国社，2002．

［青井 哲人］

オイルショックと都市・建築

1970 年代は，一言でいえば「撤退」の時代であった。1960 年代は東京オリンピック（1964）（⇨東京オリンピック）と大阪万博（1970）（⇨大阪万博）を二つの頂点として，高度成長期の日本は経済的にも文化的にも花開いた。しかし 1970 年代には経済的な低成長期に入る。ドルショック（1971）によって日本の経済成長基盤が失われたところに，第一次オイルショック（1973）が直撃した。石油価格が突如 4 倍に引き上げられ，石油依存度の強かった日本に「狂乱物価」が引き起こされた。おりしも田中角栄の『日本列島改造論』（1972）などが契機となった全国的な地価高騰がインフレを発生させていたが，オイルショックはこのインフレをさらに加速させ日本経済は混乱した。政府は脱石油依存のため様々な省エネ政策を打ち出し，国民もそれに対応した。省エネと建築も関係付けられることとなった。オイルショックを受けて省エネ法（1979）が制定され，建築物にも省エネ基準適合の努力義務が課されるようになった。一方，1970 年代には，日本の建設業の海外進出が本格化した。オイルマネーに湧く中東産油国からの需要増加と，戦後賠償を終えて（1976）新たな段階に入った ODA（Official Development Assistance，政府開発援助）の拡充により，アジアを中心とした受注が増えたことが，二つの大きな要因である。ODA とゼネコンという官民のスクラムにより，建設業の海外進出は昭和 58 年（1983）には 1 兆円を超えた。国内だけで成長した 1960 年代の状況は，オイルショックにより大きく変化を遂げたのである。

建築界で，成長から撤退への転換にいち早く反応した一人は丹下健三であった。昭和 47 年（1972）にローマクラブは「成長の限界」を発表し，人口増加と環境破壊が人類の成長の限界に至ることを示した。この内容を知った丹下は，右腕の神谷宏治にその重要性を確認するよう伝えた。もともと「成長」は丹下にとって重要な概念だった。丹下は W. W. ロストウ（Walt Whitman Rostow）の経済発展理論によく言及していたし，また《東京計画 1960》の都市軸は，脊椎動物の背骨の成長過程にたとえられていた。だからこそ「成長の限界」のショックは大きかった。ただし，丹下の仕事は 1970 年代以降，成長著しい海外の仕事が多くなっていく。ヨーロッパ，中東，東南アジアとその範囲は実に広いが，特に《クウェート国際空港》（1979），《サウジアラビア王国国家宮殿・国王宮殿》（1982）など，オイルショックを引き起こした中東のプロジェクトが多い。丹下は建築家の海外進出の端緒を開いたが，見方を変えれば，日本

から海外へと「撤退」していった。

その「撤退」を宣言したのが磯崎新である。丹下の弟子である磯崎は，1970 年代に「都市からの撤退」を宣言した。磯崎は丹下のもとで，《東京計画 1960》や《スコピエ都心部再建計画》（1965）に携わり，また「都市デザインの方法」（1963）や「見えない都市」（1967）を発表するなど，都市を強く提起する建築家であった。にもかかわらず，磯崎はそれ以後 1990 年代に入るまでのほぼ四半世紀，都市についてはほとんど語らず，モダニズムからポストモダニズムへという大きな流れの中で，建築の自律的な形式を追究する方向性に向かう。磯崎の撤退宣言は，伊東豊雄や安藤忠雄など次に続く世代にも大きな影響を与える。磯崎やメタボリズム（⇨メタボリズム）のメンバーらが 1960 年代に提示した未来的な都市ビジョンはほとんどなくなり，続く 1970 年代には，むしろ都市から距離を取る内向的な住宅に建築界の注目が集まるようになっていった。

1970 年代は「都市」ではなく「住宅」が注目された。槇文彦が「野武士の世代」と名付けた 1940 年代前半生まれの伊東，安藤，石山修武，長谷川逸子，六角鬼丈ら（⇨野武士とその作品群）に，当時公共施設の仕事はまだなく，彼らは独自の都市住宅を設計することで，その存在感を示した。1960 年代と 1970 年代をそれぞれ象徴する住宅として，東孝光の《塔の家》（1966）と安藤忠雄の《住吉の長屋》（1976）が挙げられよう。いずれもコンクリート打ち放しの都市型狭小住宅であるが，前者はわずか 20 m² 程度の敷地に地上 5 階，地下 1 階，まさに密集した都市の状況そのものが住宅として構成されているのに対し，後者は間口 2 間，奥行き 8 間の直方体の空間が，抽象的なファサードによって都市と隔絶した状況で配置されている。前者が「都市と共闘」する住宅であるのに対し，後者はまさに「都市から撤退」する住宅といえよう。このようにしてオイルショックは，日本の建築と都市に様々な影響を与えたのである。

省エネと建築

オイルショック以後，日本では建築にも省エネルギー化が要請された。化石燃料を有効に使うことを大きな目的として，昭和 54 年（1979）に「エネルギーの使用の合理化等に関する法律」（省エネ法）が制定された。屋根は 40 mm，外壁は 30 mm など，住宅の断熱材の厚さなどの断熱性能の基準が定められた。以後，段階的に改正を重ね，平成 32 年（2020）以降はすべての新築住宅に新たな省エネ基準への適合が義務付けられた（⇨省エネ義務化）。ところで省エネは，地球環境問題への幅広い取り組みの一環でもある。建築界，例えば R. B. フラー（Buckminster Fuller）が「宇宙船地球号」（1963）の概念

を提示し，P.ソレリ（Paolo Soleri）は《アーコサンティ》（1970－）という自給自足都市を実験し続けた。K.リンチ（Kevin Lynch）の未完の遺作『廃棄の文化誌』（1990）も挙げておく必要があるだろう。

ODA とゼネコン

ODA とは，開発途上国の経済発展や福祉の向上を主な目的として行われる政府による経済協力のことであり，日本では昭和 29 年（1954）に始められた。1990 年代は世界最大の拠出国であったが，その後，量から質への転換をはかっている。一方，日本のゼネコンの海外進出は，オイルショック以後の中東の建設需要や ODA の拡大に伴い，特に 1970 年代後半以降，規模を拡大してきた。ただし，日本の建設業の海外売上比率は，他の先進国と比べてかなり低い。例えば欧米大手 5 社と日本大手 5 社の海外売上高比率は，それぞれ 54.8％ と 13.9％（2007）である。国内の建設需要が伸び悩むなか，海外事業の拡大は重要な選択肢となるはずである。一方，ODA は「第二の公共事業」とも揶揄されており，国内で公共施設が箱物と批判されてきた経験は活かすべきであろう。

建築家の海外進出

最も早く海外に進出した日本人建築家は丹下健三である。《国立屋内総合競技場》（1964）（⇨国立屋内総合競技場・体育館）で世界に認められた丹下は，1970 年代以降，中東，東南アジア，ヨーロッパなど，驚くべき比率で海外の大型プロジェクトをこなした。オイルショック後の世界の変化と，丹下自身が東京大学を昭和 49 年（1974）に退官して，事務所中心に動き始めたこともその一因だろう。1980 年代後半からは丹下の弟子の磯崎新，黒川紀章らが，1990 年代から安藤忠雄が海外での仕事を展開していく。2000 年代以降，伊東豊雄，隈研吾，SANAA，坂茂らがそれに続き，建築もクールジャパンの一分野として認知されつつある。グローバルマネーが世界を駆け巡る現在，ゼネコンはもちろん建築家にとっても，海外の多地域に進出することは，国内の景気の影響を受けにくいリスクヘッジとなるだろう。

都市からの撤退

「都市からの撤退」は 1970 年頃から磯崎が使い始めた言葉である。磯崎自身の都市から建築への仕事の専念を宣言すると同時に，後続世代の建築家の方向性にも大きな影響を与えた。1960 年代には，黒川の《東京計画 1961-Helix 計画》（1961），磯崎の《孵化過程》（1962），菊竹清訓の《海上都市 1963》（1963），槇文彦の《ゴルジ構造体》（1967）など，磯崎自身やメタボリストたちが，こぞって都市的プロジェクトを提案した。1963 年には東京大学に都市工学科が創設され，社会的にも都市の専門家の養成が必要とされた。しかし，それらの都市提案が実現することはなく，1970 年代には建築界の主題は都市から住宅へとシフトしていった。磯崎の「都市からの撤退」はこのような背景の中で発せられた言葉であり，1960 年代とは一線を画した時代の始まりを告げてもいた。

塔の家と住吉の長屋

東孝光の《塔の家》（1966）（図 1）と安藤忠雄の《住吉の長屋》（1976）（図 2）は，いずれも建築界に大きな影響を与えた鉄筋コンクリート（RC）造の狭小住宅である。前者は東の自宅兼事務所として建てられ，地上 5 階，地下 1 階のすべての部屋が立体的につながりトイレや浴室にも扉がない，塔状の住宅である。後者は三軒長屋の中央部分を取り壊して建てられた住宅であり，細長い空間の中央が中庭であるため隣の部屋に行くにも外部を通る必要があった。密集した市街地の中で都市と住宅がどのように共存することができるのか，両者が提示したのは二つの異なる方向性の解答であった。《塔の家》が垂直に伸びる空間に都市居住そのものを重ね合わせたのに対し，《住吉の長屋》は都市に対して距離を取り内側に閉じた空間を，奥行き方向に水平に伸びる構成の中につくりあげた。延床面積は奇しくもいずれも約 65 m²，どちらも極小空間による住宅建築の金字塔となった。

図 1　東孝光《塔の家》　　図 2　安藤忠雄《住吉の長屋》
[https://commons.wikimedia.org/wiki/File:Towerhouse_1.JPG]
[https://commons.wikimedia.org/wiki/File:Azuma_house.JPG]

参考文献

丹下健三『丹下健三――一本の鉛筆から』日本図書センター，1997．
埼玉県立近代美術館，広島市現代美術館，松本市美術館，八王子市夢美術館編『戦後日本住宅伝説―挑発する家・内省する家』新建築社，2014．

［松田 達］

公から民へ：住宅供給の転換

　1950年代から1960年代にかけて，住宅金融公庫（昭和25年（1950）），日本住宅公団（昭和30年）・地方住宅供給公社（昭和40年），公営住宅（昭和26年）という，所得階層に対応した住宅供給制度が整備された。この体制のもと，住宅問題の解消をはかるため，「住宅建設5ヵ年計画」が昭和41年度（1966）から平成17年度（2005）まで8期40年にわたって策定された。

　住宅建設計画は，供給戸数の数値目標を掲げ，実現すべき居住水準を示した。計画戸数のうち，公的資金によって供給される住宅は4〜5割で，残りは民間資金による供給とされた。公的資金住宅のうち最大のカテゴリーは，一貫して住宅金融公庫による融資であった。同じ公的資金といっても，公営・公団と公庫では住宅への関与の仕方は大きく異なる。前者が用地取得，資金調達から建設，流通，さらに管理にまで関わるのに対し，後者は，持ち家の取得を目指す世帯への融資が中心となる。公庫の計画達成率は公営・公団を大きく上回り，実績ベースでは公的資金住宅の8割近くを公庫が占めるに至った。

　日本の住宅政策は，公的機関による直接供給よりも，民間による住宅建設の促進に重点を置いてきた。そもそも，住宅供給に「公」が直接に関与しはじめた歴史は浅く，「民」が圧倒的な比重を占めている。1960〜1970年代において注目すべきは，「民」が，金融，生産，流通の各側面において大きく姿を変えつつあった点である。従来，住宅供給の大半は，親族間の宅地提供・資金融通，手工業的な建設業，零細な貸家・仲介業によって担われていたが，この時期に産業としての組織化が進んだ。

　昭和43年（1968），内田元亨の「住宅産業—経済成長の新しい主役」が雑誌「中央公論」に掲載された。通商産業省で自動車産業や家電産業の育成計画を担当していた内田は，繊維，鉄鋼，自動車など，経済発展の各段階において牽引する産業に恵まれたがゆえに成長を続けてきた日本が没落を免れるには，自動車産業の次を担う「主役」が不可欠であると主張した。「機械工業的であること，耐久消費財的なものを生産すること，公共投資と結合していること」[1] という条件に適合する産業として，内田は住宅産業を挙げる。そして，最後にして最大の工業製品としての都市を製造する「都市産業」の確立を，より高次の目標として設定した。

　蒲池紀生『離陸する住宅産業』（1969）のプロローグは「"暗黒大陸"への挑戦」と題されている。通信社を経て住宅専門紙の記者となった蒲池は，住宅業界が，

「個々バラバラの，産業以前の状態であり，いわば産業界の最も未開発な部分，低開発地域」であると指摘する[2]。住宅産業が開発途上であるという認識は，政府の産業政策に対する期待と表裏一体である。実際，建設省は「住宅建設工業化の基本構想」（1966），「住宅生産工業化の長期構想」（1969）を発表した。前者は昭和45年（1970）までにプレハブ率を15%にまで高め，20%のコストダウンをはかるというもので，生産の工業化に焦点を置いた。後者は住宅産業全体の分析と展望を示している。都市住宅の高層化，民間大規模ディベロッパーの育成を掲げ，ハウスメーカーについては多品種量産技術の開発と，需要の集約を課題とした。

　住宅金融に目を転じると，1960年代半ばには，民間住宅投資に占める住宅ローンの割合は10%に満たなかった。住宅取得資金の大半は自己資金であり，それらの多くは親族や勤務先から調達された。その後，公庫融資が堅調に拡大するとともに，民間住宅金融が急成長した。昭和40年度（1965）末に5,000億円弱だった住宅ローン残高総額は，昭和50年（1975）には16兆円となった。そのうち民間銀行による融資は90倍，都市銀行による融資は300倍以上に達したという[3]。

　賃金が上昇し，終身雇用，年功賃金といった雇用慣行が定着することで世帯が信用力を増したこと，公庫によって世帯に対する住宅資金の低利長期融資の方式が確立されたこと，経済成長の鈍化に伴い産業の資金需要が減退したことなどを背景に，民間金融機関は個人向け住宅ローンに本格的に参入した。世帯による資金調達の選択肢が広がったことで，ニュータウン型の大規模開発や区分所有マンションの建設が進んだ。

　戦後初期の住宅供給体制は，豊富な技術力・構想力・資金力をもった公共部門と，数量は膨大だが小規模で生産性の低い民間部門から構成されていた。1960年代以降，住宅政策は民間産業の振興に重点を移し，民間の供給主体が成長した。「公」の役割が問い直されるなかで，公団住宅の成熟と多様化が進んだ。ディベロッパーによるニュータウン開発に建築家が関わることで，桜台コートビレジのような作品も生まれた。ただし，「民」における構造転換が，大企業と零細企業の「二重構造」をもたらしたことも見落とすことはできない[4]。

住宅問題の解消

　第一期住宅建設5ヵ年計画は「一世帯一住宅」を目標とした。昭和48年（1973）までにすべての都道府県で住宅数が世帯数を上回り，量的な住宅問題の解消が進んだことを受けて，第三期（1976〜1980）からは最低居住水準と平均居住水準という目標が導入された。残された住宅問題として指摘されるのは民営借家の居住水準の低

さである。公共住宅や給与住宅を除く民営借家は昭和33年（1958）から昭和48年（1973）までに322万戸から789万戸に急増した[4]。これらの多くは零細家主によって経営され，初期投資を抑えるため木造共同住宅が中心であった。また，個別的な居住空間の拡大の帰結でもある建造物容量の増大は，大都市部において，従来の住宅難とは異なる建築紛争という社会問題を引き起こした。

ディベロッパーの住宅供給

戦前の大規模不動産会社はオフィスビルの賃貸業を中心に発達した。鉄道会社による住宅地の経営を除けば，これらの企業が本格的に住宅供給に乗り出すのは高度経済成長期である。住宅金融に支えられた旺盛な需要のもと，豊富な資金力を有する生命保険会社や，遊休地を抱えるメーカーなど，異業種からの参入も相次いだ。自民党の「都市政策大綱」（昭和43年（1968））は，こうした動向をとらえて民間ディベロッパーによる都心の再開発と近郊市街地の計画的な建設を提唱した。翌1969年には，土地の高度利用と都市機能の更新を目指す都市再開発法が施行されたほか，農家などの長期保有者に土地売却を促す租税特別措置法改正が行われた[4]。

ハウスメーカー

昭和35年（1960）頃には，「ミゼットハウス」（1959，大和ハウス工業），「セキスイハウスA型」（1960，積水ハウス），「松下1号型」（1961，松下電工）など，大衆向けのプレハブ住宅の発売が相次いだ。建設省は，公共住宅のみならず戸建住宅の不燃化を推奨するため，昭和38年（1963），公庫融資に木造住宅よりも有利な条件の「不燃組立構造」枠を設定した。昭和44年には通産省が「住宅産業室」を設置し，融資・税制優遇，研究開発助成などを始めた。初期の「工業化住宅」の代表例が「工業生産比率95%」を謳った昭和46年の「セキスイハイムM1」（積水化学工業）である。住宅建設がピークアウトした1970年代後半以降，ハウスメーカーは「企画型住宅」を標榜し，ライフスタイルの提案や顧客の個別的な要望への対応に重点を置くようになった[5]。

区分所有

建物区分所有法（昭和37年（1962））は，市街地改造法（1961），新住宅市街地開発法（1963）など，1960年代前半に制定された都市開発に関わる重要な立法の一つである。大規模な集合住宅・オフィスビルの建設は，大都市圏の拠点機能と防災性を強化し，空間の高度利用に有効と見なされた。供給主体が区分所有権を販売すれば建設資金を容易に回収できる。区分所有は市街地再開発における権利変換の前提条件でもある。しかし，民法の規定ではこうした事態に十分に対応できず，特別法により詳細な規定を設ける必要が生じた[6]。区分所有法により，民間資金による中高層集合住宅の大量供給が誘発され，早くも昭和38年（1963）には第一次マンションブームが起きている。

公団住宅の成熟と多様化

公団における住宅設計の規格化の追求は徹底しており，「63型」において全国統一型の標準設計が完成すると，支社での標準設計の手直しが禁止されるほどだった。しかし，需要構造の変化に伴う新規賃貸住宅の募集状況の不振や，用地取得難による設計条件の多様化を背景に，昭和53年（1978）には「一団地，一住戸ごとの個別設計」への方針が転換された[7]。個性的な住棟・住戸設計が可能となり，団地の景観が一変した。この時期にはデザインだけでなく所有形態も多様化する。個人向けの分譲集合住宅の他，土地所有者向けの民営賃貸用特定分譲住宅の供給が年々増加した。グループ分譲住宅（昭和53年）やコープタウン方式（昭和55年）のような，コーポラティブ・ハウジングの試みも注目される。

桜台コートビレジ

昭和44年（1969）に完成した桜台ビレジとともに，内井昭蔵建築設計事務所により，東急電鉄が進める多摩田園都市開発の拠点として計画された（昭和45年）。総戸数40戸の分譲集合住宅であり，3.6m四方のユニットをL字型に連続配置して住棟を構成している。多摩丘陵の斜面の高低差を生かしながら共用空間の配置に工夫を凝らし，変化に富んだ景観をつくり出した。公団の標準設計にみられる，平坦な敷地に同一形式の住戸が集積する直方体という集合住宅の定型に対して，住居の集合に多様な解がありうることを示した[8]。

参考文献

1) 内田元亨，住宅産業—経済成長の新しい主役，中央公論，pp. 150-159，1968年3月号.
2) 蒲池紀生『離陸する住宅産業』（文春ビジネス）文藝春秋，1969.
3) 高野義樹『日本住宅金融史』住宅金融普及協会，1997.
4) 橘川武郎，粕谷誠編『日本不動産業史』名古屋大学出版会，2007.
5) 松村秀一他編著『箱の産業』彰国社，2013.
6) 稲本洋之助，小柳春一郎，周藤利一『日本の土地法 第3版』成文堂，2016.
7) 日本住宅公団『日本住宅公団史』1981.
8) 「新建築臨時増刊」（現代建築の軌跡）新建築社，1995.

[祐成 保志]

建築家像の1970年代

東京オリンピックと大阪万博という国家プロジェクトを終え，経済大国となった1970年代の日本において，建築家の仕事は様々な方向に分岐・展開していく。すでにエスタブリッシュしていた丹下健三ら戦後第一世代やメタボリストはともかく，この時期に建築家としての活動をスタートした若手に公共のビッグプロジェクトが回ってくることはそうなく，個人住宅や中小規模の民間の集合住宅や商業施設などが彼らの仕事の主戦場となった。大阪万博の1970年を分水嶺としてみると，前半（戦後〜1970年）の建築家にとっての主たる課題・関心が公共プロジェクトであるとすれば，後半（1970年代）においてはそれが細分化し，私的領域にまで拡散したといえる。

この時代の趨勢を象徴的に示すのが，槙文彦によって**野武士**に喩えられた当時30〜40歳代の若手建築家の一群である。戦国時代の主なき野武士の姿に重ね合わされた彼らは，後ろ盾となるパトロンをもたず，またモダニズムの英雄的建築家を信奉することもなく，偶発的に知己を得た施主を手がかりに地方各地で作品を手掛けた。槙が指摘するように，独立独歩の彼らがアイデンティティの拠り所とするのは自らの「藝」，すなわちデザインのみである。野武士世代の建築家の作品，例えば毛綱毅曠の《反住器》，石山修武の《幻庵》，伊東豊雄の《中野本町の家》は，いずれもコンテクストとなる都市環境や田園風景を意図的に振り払った自律的な建ち方，そしてモダニズムの論理や美学からは離脱した作家独自のデザイン原理による空間構成を特徴とした。

野武士を中心とした若手世代の実験的な作品活動を下支えしたのは，「新建築」から「都市住宅」までの新旧建築メディアである。私的領域に属する建築，特に個人住宅は，当然ながら空間体験を一般の人々や専門家どうしで共有することが容易ではない。それが広範な影響力をもつには，その空間を情報として流通させるメディア環境の充実が不可欠となる。1970年代は，破天荒な作品をつくる建築家と，新奇性を求める建築ジャーナリズムが幸福な共犯関係を結んだ時代ともいえよう。歴史家や評論家を交えた批評文化も花開いた。他方では，法政大学の倉田康男が岐阜県の山奥で**高山建築学校**を創設し，哲学的議論やセルフビルド課題を基礎とする独自の建築教育の空間を形成していく。野武士世代の建築史家・鈴木博之は，同校や同世代の建築家の活動を，現実社会とは縁を切りつつ「私性」の側から別種の普遍性を獲得する「私的全体性」をもつものと評した。そして「近代」や「国家（公性）」の論理が行き詰まりを見せる時代状況と関係付けながら，その可能性を肯定的に論じた。

世界の建築を見渡してみても，1970年代は「近代以後」を示し出す作品や理論が続々と生まれた時代である。理論書を挙げてみると，R. ヴェンチューリ（Robert Venturi）の『ラスベガス』（1972），C. ロウ（Colin Rowe）の『コラージュ・シティ』，C. ジェンクス（Charles Jencks）の『ポスト・モダニズムの建築言語』，そしてR. コールハース（Rem Koolhaas）の『錯乱のニューヨーク』（以上1978）等々，「近代以後」という時代の推移を決定付けた書物が並ぶ。こうしたポストモダンの動向を日本にいち早く紹介し，「手法」や「修辞」といったキーワードを使いながら理論的に主導したのは磯崎新だが，既成の論理（近代・国家）のオルタナティブである野武士世代の建築や批評もまた，世界的な潮流と同期しつつも偏差を含んで現れた表現であった。

このように，私的領域を主舞台に多彩に展開された建築家の活動とそれを推す建築ジャーナリズムにより，日本の建築文化はこの時期に一つの隆盛期を迎えたといえる。だが，並行して公取問題が生じている点を見逃してはならない。ポストモダンの流れの中で，建築家の関心は公的領域から遠ざかったが，当の日本社会では建築家という職能に対する見方が揺らぎ，切実な問題として浮上していたのだ。同業の建築家側からも疑義が呈される。日建設計の林昌二は，現実社会と無縁の建築はあり得ないとし，クレームやエネルギー問題などを理由に都市空間から開放性が奪われる現実を紹介しながら，私的領域のラディカルな作品ばかりに注目する建築界とメディア状況を痛烈に批判した。菊竹清訓事務所出身の内井昭蔵も，観念的なコンセプトに傾斜することを否定し，社会的文脈や居住性に立ち返る「健康な建築」を掲げたが，野武士世代はこれに反論し，1980年代前半には健康建築論争へと発展する。ことほどさように，世代や立場が異なればその職能像や状況認識が大きく揺れ動くほど，1970年代の建築家の実践は多様化していたのである。

野武士とその作品群

1970年代に登場した若手建築家の一群を，槙文彦は昭和54年（1979）発表の論文「平和な時代の野武士たち」で「野武士」に喩えた。彼らが特定の師匠やパトロンをもたずに独力で活動していること，その作品が周辺環境から隔絶して孤立するように建つことが，戦国時代の主なき野武士の姿に重なったのである。槙論文が取り上げたのは早川邦彦，長谷川逸子，石井和紘らだが，同世代で作品性も近い石山修武，伊東豊雄，毛綱毅曠らも後年しばしば同一視される。毛綱の《反住器》（1971）は，入れ子にされた三つの立方体によって空間が構成される反機能主義的住宅であり，モダニズムの計画概念や

毛綱毅曠《反住器》（1971）
［釧路市産業振興部観光振興室］

美学とは異なる原理で設計する野武士の代表的建築だ。

1970年代の建築メディア

　1970年代，日本の建築メディア環境は，「新建築」「建築文化」「近代建築」などの戦後建築界を支えた雑誌に「SD」「都市住宅」「a+u」が加わったことで，その最盛期を迎えたといえよう。建築家どうし，あるいは長谷川堯や鈴木博之ら建築史家による批評が新旧雑誌面上をにぎわせた。とりわけ昭和43年（1968）5月創刊の「都市住宅」は，植田実の編集のもとで大きな影響力を発揮した。経済成長を背景として急速に変化する都市と住宅を扱うことを雑誌テーマとし，「都市住宅派」と後年呼ばれる若手建築家による実験的住宅作品を次々と取り上げた。その他にも，磯崎新と杉浦康平の共作による表紙連載など，ユニークなコンテンツを多数試みた。

高山建築学校

　昭和47年（1972），法政大学講師の倉田康男が岐阜県数河に私設した建築学校。開校は毎年夏休みの約1ヵ月間。参加学生は，人里離れた環境に寝泊まりしながら建築の制作と議論に徹底的に打ち込んだ。創設後しばらくは秋田や山形などを転々としたが，昭和55年（1980）に飛騨に開校地を固定。以後，製図室やコンクリートレリーフのセルフビルド課題や，倉田が招聘した講師陣のレクチャーが主な教育プログラムとなる。講師となったのは石山修武，鈴木博之，哲学者の木田元，丸山圭三郎，モリス研究者の小野二郎，美術家の川俣正ら。建築と哲学が交錯する喧々諤々の議論から，既存の近代的建築／教育のオルタナティブが試行された。

ポストモダンとその日本的展開

　1960～1970年代は世界的に「ポストモダン」の認識が共有された時代だが，その具体的現れは国ごとに異なる。建築的潮流に関していえば，米国の場合は商業主義的な表現への傾倒，ヨーロッパの場合はイデオロギー・思想面の転換，そして日本の場合は「生産」から「消費」へと変化する社会構造論を土台にして現れた。こうした認識と隆盛を誇る建築メディア状況を背景に，日本では野武士世代を中心とする実験的な構成原理の住宅作品や，近代合理主義が抑圧した装飾や様式に再注目する歴史批評がポストモダンを多彩に展開した。これらの中で「近代」は，戦後のように「超越」や「異議申し立て」の対象であることを止め，より様々な論点で批判される複雑・曖昧なイメージへと変化した。

公取問題（1972年～）

　昭和47年（1972）の《八女市町村会館》の設計者を選定する「疑似コンペ」問題に端を発する問題。その後，昭和50年3月5日の参議院予算委員会において，建築家の報酬規定や設計競技基準を設ける日本建築家協会に独占禁止法違反の疑いがかけられると，公正取引委員会が日本建築家協会に「事業者団体」届け出の提出と，上記規定・基準の一部削除の勧告を出す。日本建築家協会側はこれを拒否。建築家は営利追求の「事業者」ではなく公益に資する専門的な「職能」であり，よって日本建築家協会は独占禁止法ではなく職能法による規制がされるべきとした。両者間の審議は昭和54年まで計23度行われたが，この過程で日本建築家協会は報酬規定を破棄。独禁法違反の事実はあったものの解決済みとして，事業者団体届け出は不要という審決が下された。

健康建築論争（1980年～）

　内井昭蔵が昭和55年（1980）に発表した論文「健康な建築をめざして」に始まる論争。親しみやすい良質なモダニズムを手掛ける内井は「最近の建築は病んでいる」と提起し，コンセプチュアルで「ひとりよがり」な建築を批判しつつ，建築家は材料やディテールに気を配った「スピリット」のある空間をつくるべきとした。これに一世代下の「野武士」の石山修武と伊東豊雄が反論した。技術や成長への信頼が翳り，時代状況そのものが「不健康」な現在においては，建築は状況に対する批評的表現をとることは不可避と論じたのである。そして状況に左右されながらセルフビルドで建てられる石山の《開拓者の家》（1986）のある種の「健康さ」を事例に挙げつつ，内井の主張はオプティミズムだとした。

参考文献

鈴木博之，私的全体性の模索，新建築，pp. 145-148，1979年10月号．

林昌二，歪められた建築の時代—1970年代を顧みて—，pp. 145-149，新建築，1979年12月号．

［市川 紘司］

1980 年代から 1990 年代前半の都市

バブル期の地価高騰と市街地再編

1980 年代に入ると，産業構造の変化に伴い，企業が東京に管理業務機能を集約させる，東京一極集中の傾向が強まった。昭和 55 年（1980）からの 10 年間で，東京大都市圏における全従業者数に対する中枢管理機能従事者の比率は 28.8％から 42.3％に増加した。さらにオフィスビルのインテリジェンス化の要求も加わることでオフィス床需要の急激な増加が生じ，東京都心部でのオフィスビル市場は超貸手市場となった。一方で，「量から質へ」という時代の流れの中での生活環境向上と，経常収支黒字の拡大・貿易摩擦への対処としての内需拡大という二つの要請を受けて，都市再開発などを駆使した市街地再編が都市政策の主要な課題となった。第一次中曽根康弘内閣は，昭和 58 年 1 月に「アーバンルネサンス」を標語とする都市政策を公表し，容積率の大幅緩和を含む土地利用規制の緩和，国公有地の払い下げ，民間活力の導入を進めた。生産部門の集約，移転などによって生じた企業所有の遊休地が開発の対象地となった。

こうした実需のみならず，金融緩和によって企業が大量の余剰資金を抱えていたこと，国土庁が将来のオフィス床需要に関して過大な予測を公表したことなどを背景として，投機的需要が喚起され，未曽有の地価高騰が生じた。昭和 61 年（1986）12 月～平成 3 年（1991）2 月まで続いた土地，証券などの資産の異常な高騰を引き起こしたバブル景気である。銀行からの借入が容易になり，企業は土地の有効活用手段として，積極的にビル建設を行った。昭和 62 年の四全総で国際情報金融都市を目指すとされた東京都心部を中心に市街地再編が進んだ。ただし，その方向性は，収益性の高い土地利用への転換という意味での土地の高度利用一辺倒であった。そして地価の玉突き現象が起き，都心部のみならず，周辺住宅地も地価高騰の波にさらされた。再編の過程では地上げが行われたが，一部業者の強引な手口は社会問題化した。

こうしたバブル期の地価高騰は東京が突出していたとはいえ，他の大都市でも見られた現象であった。また，昭和 61 年の民活法，昭和 62 年のリゾート法の制定を受けて自治体と民間企業が一体となり，都心再開発のみならず，地方でのリゾート開発を進め，ゴルフ場やスキー場，マリーナなどのレジャー施設が多数建設された。

公共建築と地域性

革新自治体が活躍した 1970 年代に続き，1980 年代も地方自治体が中央集権路線とは異なる独自の都市政策を模索した時期でもあった。中央官庁による縛りが強く，地域性を発揮する余地の少なかった公共事業において，地域独自の取組が推奨されるようになった。その先陣を切ったのは，「地域の自治を建築の中に表現し，外にむかって「沖縄」を表明」（「名護市庁舎企画設計競技応募要項」）することを目的に実施された設計競技を経て，昭和 56 年（1981）に竣工した名護市庁舎であった。

従来の画一的な公共建築をデザイン的に創意工夫の対象とする試みとしては，例えば，昭和 52 年，神奈川県の長洲一二知事の発案により，建築費を 1％上乗せし，公共建築に文化性を付与する取り組みが始まっており，1980 年代には同様の試みが多くの都道府県に広がった。また，地域の個性や魅力を発揮している街路や公園を表彰する制度として，昭和 61 年度に手づくり郷土賞が開始された。竹下内閣のもと，平成 2 年（1990）にスタートしたふるさと創生事業も，地域おこしにつながる創意工夫を意識させるものであった。ただし，結果として生み出された建築は地域の個性を直喩的に皮相で表現，付加したものが多かった。建築史家の中川理はそうした現象を「ディズニーランダゼイション」と名付けた。

一方で，熊本県の細川護熙知事の発案で昭和 63 年（1988）に開始された「くまもとアートポリス」は，「後世に残り得る優れた建築物を造り，質の高い生活環境を創造するとともに，地域文化の向上をはかり，世界への情報発信基地「熊本」を目指す建築文化，都市文化の向上を目指す」という目標を掲げた。建築コミッショナーのもと，国内外の様々な優れた建築家が招聘され，公共建築を設計し，地域の新しい価値を創造していった。

また，昭和 58 年に創設された補助事業である HOPE（housing with proper environment，地域住宅）計画は，地域固有の環境を具備した住まいづくりを目指し，全国的に規格化された住棟ではない，それぞれ固有の環境に呼応した公営住宅の建設を推進した。同時に，工務店の組織化，地域建築賞の創設などを通じて，地域の建築文化の向上，地域づくりの推進に寄与していった。

以上のように，1980 年代から 1990 年代前半にかけて，皮相から深層まで，様々なレベルで公共建築における一種の地域主義が標榜され，展開していった。

変貌する都市商業とライフスタイル

ライフスタイルに与えた影響という点で最も大きかった 1980 年代から 1990 年代前半にかけての変化は，都市の商業環境の変化であった。昭和 48 年（1973）に制定されていた大規模小売店舗法は，大規模小売店舗の立地を規制することで，従来からの小規模零細小売業者との共存共栄を目指すものであったが，同時に小規模零細小売業者の近代化施策として，チェーン化を前提としたコンビニエンスストアへの転換も推進された。大手スーパーのフランチャイズ方式による参画もあり，コンビニは 1980 年代に急激に店舗数を増やし，様々な生活サービス業務

を包含した新たな生活インフラとして全国津々浦々に展開していくことになった。年中無休，24時間営業という新しい業態は，都市の商業環境と人々のライフスタイルを大きく変えることになった。平成3年（1991）には大店法の緩和が実施され，ショッピングセンターの立地が自由化された。大規模店舗は従来厳しく規制されていた営業時間の延長や休日数の削減，価格の引き下げに踏み切り，コンビニとの競争は激化していった。地方都市では自動車を前提として商業機能の郊外化が進み，中心市街地の衰退がより一層加速することになった。

オフィスビル市場

企業が主な借り手となる業務床の賃貸市場。土地取得から建設まで時間がかかるオフィス供給は，オフィス需要の変化に比して迅速性に欠けるため，超貸手市場や超借手市場が生じる。1980年代中盤以降は，円高・低金利・好景気を背景とした大企業の積極的な設備投資と外資系企業の日本進出などによりオフィス需要が急激に膨れ上がったことで超貸手市場となり，バブル景気が引き起こされた。バブル崩壊後は，企業のオフィス床需要は大きく減退し，賃貸料は大幅に値崩れした。

地上げ

ディベロッパーや建設会社などが事業目的で土地を購入する行為。土地の有効活用，資産価値の向上の観点から，しばしば隣接する複数の土地を買収し，まとめ上げることになる。バブル経済期には，買収に応じない地権者に対して強引に圧力をかける「地上げ屋」が暗躍し，社会問題化した。また，バブル崩壊後は，地上げ途中で放棄された空地が虫食い状に残り，まちの賑わいなどに悪影響を与え続けることになった。

名護市庁舎（1982）

昭和56年（1981）竣工。名護市主催の設計競技で入選したTeam Zoo（象設計集団＋アトリエ・モビル）の作品。実施に至った設計競技としては1970年代で最多数（308名）の応募者を集めた。設計競技の趣旨文では「沖縄の風土を確実に把え返し，地域の自治を建築のなかに表現し，外にむかって「沖縄」を表明しうる建築をなしうる建築家とその案を求める」ことが表明された。1等当選した象設計集団は，すでに今帰仁村公民館をはじめ沖縄における地域計画，建築設計を多数手掛けていた。市民に開かれたアサギ・テラスを中心とする空間構成，沖縄の気候，風土を捉え，大規模な空調方式を排した環境設計，戦後の沖縄を象徴するコンクリートブロックを用いた沖縄ならではの質感の表現など，地域特性をふんだんに取り入れた建築は，モダニズムの普遍主義に

名護市庁舎

抗する地域主義的建築の代表作品である。

コンビニ

1970年代より本格的に登場したチェーン化された小規模小売店舗「コンビニエンスストア」の略称。中小商店近代化策として通産省や中小企業庁も既存小売業からの転換を促進し，当初は卸売商が中心となった小売企業の組織化が主流であったが，イトーヨーカ堂によるセブン・イレブン開業（昭和49年（1974）5月）を皮切りにして，大手スーパーによるフランチャイズ方式での事業展開が進んだ。日本国内のコンビニ数は昭和45年の時点で30店舗であったが，女性の社会進出による購買時間や嗜好の変化，利便性を求める若年層のニーズの変化などを背景として昭和55年（1980）の時点で11,700店舗まで増加し，その後1980年代は毎年2,000～3,500店弱の急激な増加をみせ，平成2年（1990）時点で39,614店舗を数えるに至った。

大店法の緩和

中小小売業者の事業活動の機会を適正に保護し，その正常な発展をはかることを目的として昭和48年（1973）に制定された大規模小売店舗法（大店法）による大規模小売店舗の出店調整は，平成2年（1990）の日米構造協議において非関税障壁として撤廃が求められた。それを受けて，平成3年には，法改正が実施され，大型店の出店を扱う商業活動調整協議会（商調協）が廃止された。以降，全国各地で大規模なショッピングセンターが進出することになった。

参考文献
大谷幸夫編『都市にとって土地とは何か』筑摩書房，1988．
中川理『偽装するニッポン―公共施設のディズニーランダゼイション』彰国社，1996．
川邉信雄『新版 セブン-イレブンの経営史』有斐閣，2003．

[中島 直人]

都市論・都市史の興隆

　東京ディズニーランドの開園や路上観察学会の結成など，1980年代後半からのバブル景気の到来とともに，都市の解釈を改めて問うような出来事が起こり，同時に都市を巡る都市論のブームも起こった。そこで議論となったことは，三つの側面から示すことができそうだ。

　一つは，消費都市の深化とともに起こった，都市を表層として捉える視点の登場である。もちろん都市空間の消費空間化は，戦前から起こっていた。大正期から昭和戦前期にかけてアール・デコ（⇨20世紀の装飾）に特徴付けられる意匠の各種の娯楽施設が普及し，街路はデザインされた街灯に照らされた。そのなかで登場したのが，今和次郎の考現学（⇨都市が目指すもの）である。そこでは，人々の行動を表層的・記号的に捉えることで，都市の風俗を明らかにしようとした。

　そうした捉え方を踏襲したと思われるのが，昭和61年（1986）に結成（宣言）された，藤森照信や赤瀬川源平による路上観察学会である。そこでは，機能的にはまったく無用のものを「物件」として評価しようとする視点が示された。こうした表層論は，それまでの機能性を目指す公的空間の公的空間の価値観を相対化してしまうものである。

　空間の原理や根拠を示そうとしない，そうした捉え方自体は，すでに1960年代に台頭したデザイン・サーヴェイ（⇨近代主義への異議申立て2）などにも見られたといえるのだが，1980年代の表層論は，それが人々の実際の消費行動に裏打ちされていたという点が新しいものだった。バブル経済の下で，都市空間それ自体の商品化，記号化が徹底して進んだのである。

　それを象徴する出来事が東京ディズニーランドの開園だった。そこに登場した，架空のテーマを空間に持ち込むという方法は，その後各地に建設されたテーマパークだけでなく，大規模ショッピングモール（⇨失われた20年）などの商業空間の手法ともなっていく。実際に，そうした手法を開発したともいえる，米国の建築家J.ジャーディー（Jon Jerde）は，日本の各地のショッピングモールも手掛けていくことになる。

　こうした，テーマパークやショッピングモールは，階層や宗教などから自由でフラットな場所をつくったという評価もありえるのだが，そのことから逆に，都市空間を成立させる要素の多様性に着目すべきだという主張も登場していく。つまり，消費社会が進みバブル経済による急速な都市開発で，都市空間が単純化，秩序化していくことへの批判的な視点が提示されていくことになる。

　それが二つ目の側面である，都市史へのアプローチである。建築史学から都市史に挑んだ伊藤毅は，都市空間のありようを規定するあらゆるものを「都市イデア」とし，それを読み解くことを提示した。従来の歴史学では，都市統治権力による政治過程，または被支配者としての民衆史の視点が主なものだったが，そこに，文化や建築，行動様式や理想，意識なども加えて総体としての都市を捉えようとしたのである。したがって，そこでは政治的切断の時期においてもありえたはずの連続性などに焦点があてられることになった。小木新造らによって1980年代に提示された，江戸と東京を一貫した視野から捉えようとする江戸東京学なども，その成果と捉えられる。

　この都市史の興隆は，平成25年（2013）に，歴史学，建築史学，地理学などの共通のプラットフォームを目指す都市史学会が設立されるなど，学術研究のなかでその後も続いている。しかし重要なことは，この興隆が，実際のまちづくりの議論などとも連携していった点である。江戸東京学は，江戸東京博物館の開設（平成5年（1993））につながったが，他の都市でも地域学としての都市史の視点からまちづくりを議論することが，地方行政でも積極的に取り組まれるようになってきている。

　ただし，さまざまな要素を統合しようとする都市史は方法論の確立が難しい。その点において，いくつかの取り組みが登場したが，これが三つ目の側面である。まず，建築史学からは，陣内秀信の空間人類学がある。これは，1970年代のイタリアで展開されたティポロジア（都市類型学）の理論を東京に応用しようとしたものだが，地形や歴史の重層性・多面性からイタリア式読解法の限界を認識した上で確立した方法論である。昭和60年（1985）に『東京の空間人類学』としてまとめられた。これにより，抽象的な空間論・社会構造論とは異なり，常にフィールドとしての空間や土地に即した議論を展開する方法が示されることとなった。

　一方で，社会学の領域から都市論の新たな方法論を開いたのが，吉見俊哉の『都市のドラマトゥルギー』（昭和62年）である。ここで提示された「上演論的アプローチ」は，都市空間をすでに構築されたものとして見るのではなく，諸要素が相互媒介的に関係する場として捉えようとしたものであり，都市をダイナミズムのなかで理解しようとするその後の都市論の流れをリードすることになった。それは，空間の表層の下にある社会構造にアプローチするという1990年代以降の都市社会学の方法論につながるものとなったといえるだろう。

路上観察学会

　路上観察学会とは，昭和61年（1986）に，前衛芸術家

の赤瀬川原平，建築史家の藤森照信，イラストレーターの南伸坊などにより設立（宣言）されたもので，路上に隠れ潜む，建物，看板，貼紙などを採集し，博物学的視点や見立てによって解読する活動を行った。ここで注目されるのは，「物件」と彼らが呼ぶ採集されるものである。登った先に何もない「純粋階段」や，壁面に残った隣接建物の影「原爆」など，それらは，独自のネーミングによりタイプ分けされるが，どれも有用な機能がまったく欠けているし，歴史的な価値が評価されるわけでもない。そして，その存在の背後にあるものの分析は一切行わない。つまりそれは，「観察」に新たな表現行為を見いだしたと理解されるのだが，同時に，あらゆる意味から逃れたところに価値を見いだそうした点において，バブル経済による急速な開発により進む都市空間の秩序化への批判にもなりえるものであった。

東京ディズニーランド

　東京湾の埋め立て地に昭和58年（1983）に開業した東京ディズニーランドは，米国の「本家」ディズニーランドを，そのまま持ち込んだものだ。そのため，当初は，日本では受け入れられないだろうとの予測もあったが，実際は平成3年（1991）に年間1,600万人を超え（その後3,000万人を超えている），本国のディズニーランドさえ上回る入園者数となった。ディズニーランドの特徴的な空間の演出法が，とりわけ日本人に対応するものだったといえるのだろう。具体的には，園内では，園外の景色が一切見えないし，観覧車などの園内を全貌できるような施設も一切ない。つまり，きわめて慎重に空間が囲い込まれ，記号化されているのである。こうした空間手法は，その後のテーマパークのブームはもたらすが，さらには空間に架空なテーマを持ち込んだショッピングモールの波及にもつながっていく。

江戸東京学

　江戸東京学は，昭和58年（1983）に歴史学の小木新造が提唱したもの。急激な東京の近代化政策のなかでも，実は江戸の都市構造や景観は残されたという歴史的実態を明らかにしようとした研究から始まっている。小木はそれを発展させ，江戸と東京の連続性をテーマに，近世史，近代史の垣根を越えて，あるいは歴史学，建築史学，都市計画，民俗学，社会学など多様な分野からの参加を得て，一つの学として江戸東京学をオーガナイズした。これが，『江戸東京学事典』（昭和63年）の出版，さらには江戸東京博物館の開設（平成5年（1993））につながる。たしかに，この政治過程と都市空間・文化の連動性・非連動性を問うという課題設定は，1980年代を特徴付ける歴史学のテーマとなった。ただし，その後は，当初の江戸の連続性についての図式的理解などに対する

批判もあり，さらに実際の空間に即した検討が進むことになる。

モダン都市

　1980年代後半のバブル経済の下で進んだ都市空間のイメージ化・商品化とは，東京ディズニーランドのような限られた場所だけで起こったわけではない。例えばセゾングループが仕掛けた東京・渋谷の公園通りが多くの人を引き付けたりする現象も起きた。それは，空間の商品化により，人々の関心がモノから都市空間へ広がったという事態を示していた。そして，それにより空間の基盤としてある，戦前期の都市の歴史に注目が集まるようになったと理解できる。江戸東京学などもそうだが，都市の近代を実際の都市空間から描こうとする著作も広く読まれるようになる。建築史では，藤森照信による『建築探偵の冒険・東京編』（昭和61年（1986））や初田亨による『都市の明治－路上からの建築史』（昭和56年）などがそれにあたる。美術評論家の海野弘による『モダン都市東京－日本の一九二〇年代』もそうだが，海野はこれ以降も「モダン都市」といういい方を続けていく。

都市史学

　都市史研究は，すでに戦前期からも断片的なものは見られたが，それが歴史研究のなかで重要なテーマとなっていったのが1980年代である。そこで特徴的だったのは，建築史学，文献史学，社会経済史学，土地制度史学，歴史地理学，美術史学など広範な学問領域からのアプローチが相互に関係をもとうとしたことである。とりわけ，その契機をつくったという意味で重要だったのは文献史学の吉田伸之と，建築史の伊藤毅らの共同である。そこでは，近世都市における社会集団と空間の関係構造の解明に大きな成果を挙げた。抽象的に捉えてきた歴史過程と，実態としての空間の変容を重ねて理解することで，新たな方法論を切り開いたのである。この成果を基盤として，都市史の領域に挑む研究者が集い『日本都市史入門』が3巻構成（空間，町，人）でまとめられた（昭和64年（1989）～平成2年（1990））。

参考文献

吉見俊哉『都市のドラマトゥルギー』弘文堂，1987.

小木新造，陣内秀信，竹内誠，芳賀徹，前田愛，宮田登，吉原健一郎編『江戸東京学事典』三省堂，1988.

海野弘『モダン都市東京－日本の一九二〇年代』中公文庫，1983.

赤瀬川原平，藤森照信，南伸坊編『路上観察学入門』筑摩書房，1986.

［中川　理］

建築デザインの謳歌

　1980年代の建築界は，バブル経済を招いた好景気に支えられ，公共・商業施設ともに数多くのプロジェクトが乱立した。日本の場合は，デザインの動向も，機能主義を掲げたモダニズムから装飾の復権などを提唱し，画一性を批判したポストモダニズムへの移行と重なったことにより，過激な造形の先鋭化が加速している。また社会も，目立つ派手なデザインを積極的に受け入れる状況が生じた。しかし，激しいスクラップ・アンド・ビルドによって建築が短命になり，デザインを一過性の流行として消費するという事態も招いている。なお，こうした背景には以下のような経済の動きがあった。1980年代初頭の日本の貿易黒字の拡大に対し，1986年に米国とプラザ合意が制定されたことで円高ドル安が進んだ。その結果，日本政府は内需拡大の方針を提唱したことで，公共投資の拡大や低金利政策が行われ，景気が上昇し，株や土地の投機によってバブル経済が起きている。

　1970年代に野武士として登場した建築家のデザインは変化し，公共施設も手掛けるようになった。伊東豊雄は，内向的な住宅から都市に開かれた建築に転向している。高松伸が設計したキリンプラザ大阪（1987）は，機能性からは説明つかないメタリックな神殿のようなファサードをもち，平成元年（1989）度の日本建築学会賞（作品）を受賞したが，学会賞としてはめずらしい商業ビルの受賞作であることに時代性がよく表れている。戦後生まれの建築家としても初の受賞であり，大企業が若手の建築家に自社の顔となるデザインを依頼した時代の大胆さが窺えるだろう。P. スタルク（Philippe Starck），北川原温，高崎正治らも，オブジェのごとき，強烈な造形によって個性的な建築を手掛けている。磯崎新によるつくばセンタービル（1983）は公共施設にもかかわらず，様々な西洋の古建築を恣意的に引用した過剰なデザインゆえに議論を巻き起こした。こうした既存のモチーフをサンプリングする手法は，石井和紘やデビュー当時の隈研吾らも追求している。

　ほかには構造や設備をむき出しにしたハイテック，あるいは建築の安定した構成を脱臼させるディコンストラクティビズムなどのデザインが注目された。前者のN. フォスター（Norman Foster），後者のP. アイゼンマン（Peter Eisenman）が実作を手掛けたように，多くの海外建築家が日本で仕事をしたことも特筆されるだろう。

　スター建築家が関わる，新しい開発手法も導入された。昭和63年（1988）に開始したくまもとアートポリスは，著名な建築家が各地に集合住宅をつくるベルリンの国際建築展（1987）に着想を得た事業である。熊本県では，コミッショナーが各地のプロジェクトを設計する建築家を推薦する制度を設けた。これによって若手の建築家にもチャンスを与え，多くの実験的な建築が実現している。福岡のネクサスワールドも，磯崎が国内外の建築家を招聘し，個性的な集合住宅群が出現した。いわば建築の博覧会である。またマスターアーキテクト制を導入し，内井昭蔵が全体のデザインコントロールを担当したベルコリーヌ南大沢では，複数の建築家が参加しながら，南欧の山岳都市をイメージした統一された街並みをつくることで，均質な箱を並べた団地とは異なる景観の創出を試みた。

　しかし，バブル経済の崩壊，そして平成7年（1995）の阪神淡路大震災を経験し，日本ではポストモダンのムーブメントは一気に終息した。こうした状況で新しく登場した1960年代生まれの建築家は，奇抜な造形や装飾過多なデザインを嫌い，フィールドワークを通じて，周辺の環境や与えられた状況などのコンテクストを徹底的に読み込む方向性を探求する。彼らはアトリエ・ワンやみかんぐみのように，個人の建築家名を出さず，しばしば男女複数のメンバーによる事務所を設立したことから「ユニット派」と命名された。

キリンプラザ大阪

　1980年代に織陣のシリーズなど，過剰な造形の作品を関西で精力的に発表し，頭角をあらわしたポストモダンの建築家の代表作。シンボリックな4本の光の塔，ならびに上下左右に対称性の強いファサードをもち，ランドマークとしての外観に重点を置く。皮膜の装飾，御影

図1　キリンプラザ大阪

石，アルミニウム，ステンレスなど素材へのこだわりは，O. ワグナー（Otto Wagner）をほうふつさせる。その建築イメージは独特な質感のあるドローイングによっても効果的に表現された。キリンビール社のCI戦略として道頓堀につくられたランドマークだが，会社の方針が変わり，土地を手放したことに伴い，平成20年（2008）に解体された。

つくばセンタービル

1960年代にデビューし，およそ10年ごとにスタイルを変えた磯崎新の1980年代の代表作である。引用を行うアメリカ流のポストモダンを徹底的に追求し，ミケランジェロやルドゥーなど，彼好みの西洋建築を随所に組み込んだ。そして「私たちは，桂もパルテノンも，カンピドリオもファティプル・シークリも，いずれも等距離にみえる時代と場所を生きている。…そこでは全建築史，いや地球上さえ引用の対象たり得る」と述べている（『建築のパフォーマンス』1985）。つくばセンタービルを巡る言説は，1冊の本にまとめられたように，まさにテキストとしての建築だった。

図2　つくばセンタービル

ハイテックとデコン

モダニズムが比喩として機械を参照したのに対し，ハイテックは通常は隠されたメカニズムを積極的に表現し，機械のような建築である。1970年代後半に登場し，1980年代に流行した。代表作に，フレキシブルな内部空間を最大限確保すべく，設備や構造を外部に露出させたポンピドーセンター（1977），ロイズ本社ビル（1984），香港上海銀行（1985）など。ディコンストラクティビズムは，安定性を欠き，崩れたような構成，破片や傾いた要素を多用するデザインをさし，1988年にニューヨーク近代美術館が企画した展覧会によって定義された。ロシア構成主義の隔世遺伝，あるいは脱構築主義の思想との関連なども指摘された。代表的な建築として，F. ゲーリー（Frank Owen Gehry），D. リベスキンド（Daniel Libeskind）など。

コミッショナー制

コミッショナーとは，複数の建築家が関わるプロジェクトや建築展などを統括する役割のこと。日本でこの言葉が知られるようになったのは，細川護熙知事が着手した熊本県のくまもとアートポリス構想が磯崎新を初代のコミッショナーに迎えたことによる。このプロジェクトは，篠原一男の熊本北警察署など，多くの話題作を生み出し，建築家が公共建築に関わる手法として注目された。その後，コミッショナーは伊東豊雄らに引き継がれ，平成28年（2016）末現在で28年継続しており，工事中を含めて100の参加プロジェクトが登録されている。

マスターアーキテクト制

マスターアーキテクトとは，複数の建築家が関わる街並みなど，広域のエリアの景観デザインをコントロールし，全体に統一感を与える役割を果たす建築家のこと。ヨーロッパの都市開発では，しばしばそうした建築家を決めて行われるが，日本では日本都市計画学会の平成2年（1990）度の計画設計賞を受賞した住宅・都市整備公団によるベルコリーヌ南大沢が有名である。多摩ニュータウンの一角で行われたこのプロジェクトでは内井昭蔵がマスターアーキテクトを担当し，デザインガイドラインを設け，地形にも配慮した。

ユニット派

建築評論家の飯島洋一が，「「崩壊」の後で－ユニット派批判」（「住宅特集」2000年8月号）の論考において，アトリエ・ワンやみかんぐみなど，1960年代生まれの建築家たちが個人名を掲げず，緩やかな組織をつくって活動する状況を揶揄して命名した言葉。彼らは「SD」1998年4月号の特集「次世代のマルチアーキテクトたち」で初めてまとまったかたちで紹介された。飯島によれば，阪神淡路大震災の廃墟を経験し，ニヒリズムから強い理念や作家性を忌避して，狭い日常性と戯れるユニット派は何も生まない。もっとも，都市へのポジティブな立場，建築家のそれぞれの個性，細部がつくる豊かなデザインを無視した議論には疑問が寄せられた。

参考文献

磯崎新編『建築のパフォーマンス－〈つくばセンタービル〉論争』（『パルコ・ピクチャーバックス』）Parco出版, 1985.
飯島洋一, 「崩壊」の後で－ユニット派批判, 住宅特集, 2000年8月号.
五十嵐太郎『終わりの建築/始まりの建築』INAX出版, 2001.

［五十嵐　太郎］

失われた20年

　失われた20年とは、1991年のバブル崩壊からの約20年間に及ぶ経済停滞期をさす。2001年の小泉純一郎政権誕生以前までの期間は、「失われた10年」と呼ばれる。1995年には阪神淡路大震災と地下鉄サリン事件、1997年には消費税増税、2005年には耐震強度偽装事件、2008年にはリーマンショック、2011年には東日本大震災と福島原発事故が起きた。この間、日本のGDP成長率はマイナスに転じ、長期デフレ、少子化による人口減少、企業のリストラによる失業率と非正規雇用の増加、格差の拡大が顕著になった。円高による製造業の海外移転、公共事業減少による建設業の縮小、日本の技術への安心・安全神話の揺らぎも見られるようになった。

　失われた20年とは、大局的には、1970年代のマーガレット・サッチャー、ロナルド・レーガン、中曽根康弘政権から始まる新自由主義政策、冷戦の終焉、それらに伴う市場原理主義の浸透が、長期にわたる経済低迷と格差社会化をもたらした過程の断面と見なすことができる。その過程で、国家によって運営・規制されていた、交通、電信電話、公共事業、福祉などの部門の民営化が進み、資本の流動性を高める規制緩和が繰り広げられた。都市の建造環境も、資本のフレキシブルな蓄積のプロセスに積極的に組み込まれるようになった。

　グローバル化による国家の境界を超えた資本と労働の移動は、企業の生産拠点の脱中心化と分散化を生み、特定のグローバル・シティに中枢管理機能が集積するなど、地域間の差異と不均等発展を際立たせた。国内的には、各都市が国家の経済成長戦略による投資先として売り込むべく、世界的には、グローバル・シティが資本、人、情報を引き付けるべく、互いに競争下に置かれる**グローバル化と都市間競争**が激化した。

　バブル崩壊後、国家は民間活力を導入した**都市再開発と規制緩和**をてことして、経済成長が期待できる都心の選定された地域に投資を集中し、土地を高度利用する都市再生によって、都市経済の活性化をはかった。東京都からの再開発誘導地区指定を受けた六本木ヒルズは、アジアの新興都市が台頭し、東京の国際競争力が低下するなかで、グローバル資本とクリエイティブ・クラスを引き付ける建造環境を立体的に集約した都市再生事業の代表例であった。また産業構造の転換によって生まれた工場、倉庫、商業地などの跡地には、容積率緩和や大規模店舗立地法などを背景に生まれた**タワーマンション**と**ショッピングモール**が林立するようになった。

　ただし、都心での不動産投機は地価の高騰を招き、既存住民が周縁部への移動を強いられる**ジェントリフィケーション**を生んだ。また東京一極集中が加速し、都心回帰が見られる一方で、都市と地方の格差、郊外や地方の衰退が深刻な問題となった。

　人口が減少し、高齢化が進む郊外や地方でも、規制緩和が展開された。中心市街地の近隣に大型店舗の出店を規制する大規模小売店舗法が施行された1970年代以降、大型店の郊外への出店が促進され、駅前商店街をはじめとする中心市街地の衰退が生じるようになった。平成12年（2000）には、アメリカからの外圧もあり、大規模小売店舗立地法が施行された。店舗規模や手続き期間の規制を緩和し、交通問題、騒音や環境問題に規制をかける法律のため、郊外により大規模なショッピングモールが建設され、ロードサイドにチェーン店が拡大することになり、シャッター商店街が問題視されるなど、中心市街地の衰退に拍車がかかった。地域にとって、ショッピングモールの建設は税収や雇用を生み、周辺地域から顧客を吸収するため、中心市街地の商店街と郊外のショッピングモールの対立の構図から、自治体がショッピングモールの誘致を競い合う地域間競争の構図への移行も見られるようになった。

　失われた20年は、先進国と発展途上国、都市と地方、中心市街地と郊外、地域と地域などの間に格差が多層的なスケールで拡大していった時代であった。

グローバル化と都市間競争

　グローバル化は、主に1980年代以降、資本、人、情報の移動による、国家という境界を越えた諸事象の拡がりと連関の強まりをさす言葉として用いられるようになった。インターネットの普及や移動に伴う距離の障壁の低下は、地理的差異や空間的近接性の重要さを逆説的に際立たせ、大都市に諸力が集権化された。各都市の間では、資本や人を引き付け、より望ましい投資対象先になるため、互いに建造環境の整備、税制の優遇、サービス、文化芸術の提供などの面で競い合う都市間競争が激化した。多国籍企業による世界経済の統合化と情報通信技術による生活様式の均質化は、建造環境の標準化と類似化の一方で、ジェントリフィケーションや移民労働者を含む格差の拡大を引き起こした。

都市再開発と規制緩和

　1990年代以降の都市再開発は、バブル崩壊後、地価や金利の下落などによって衰退の危機に直面した都市の市街地を再整備する事業をさす。都心での都市再開発には、民間の金融資産やノウハウを都市経済の活性化につなげ、土地不動産の流動化を通じて不良債権を解消するほか、世界規模での都市間競争を勝ち抜く狙いがあっ

た。その過程で，高層住居誘導地区，特例容積率適用区域制度，斜線制限の緩和などの一連の規制緩和がなされた。2002年には，地方自治体に代わって，都市再生本部（内閣）が都市再開発を主導し，都市再生緊急整備地域を指定する都市再生特別措置法が施行された。これらにより，大規模な超高層建築の建設や複合開発が広まり，都市景観を劇的に変貌させた。

六本木ヒルズ

森タワー，商業施設，レジデンス，ホテル，テレビ局，シネマコンプレックス，庭園などを立体的に集約した大規模複合施設。「垂直の庭園都市」を理念とする。ディベロッパーは森ビル他。400件以上の地権者からの用地買収を経て，2003年に竣工。KPF設計の森タワーは，地上54階，高さ238 m，基準階面積約4,500 m²の超高層ビルである。最上階には美術館を有し，開業時は外資系金融機関やIT企業が数多く入居した。環状3号線を覆う人工地盤を整備し，六本木けやき坂通りの建設も，行政ではなく森ビルが手掛けた。道路，緑地や広場の創出によって，高さ制限や容積率の緩和を受け，敷地面積約11.6 haに及ぶ一帯開発を可能にした。民間企業が都市基盤整備まで踏み込む都市再生事業のモデルとなった。

六本木ヒルズ全景

タワーマンション

建築基準法の「高さが60 mを超える建築物」に相当し，地上約20階建て以上の，タワーのような外観をした超高層集合住宅。法的な基準はない。総合設計制度や建築基準法改正による，容積率や高さ制限などの規制緩和を背景に増加し始め，都心居住の需要の高まりにより，2000年代以降に都心部で急増した。主に1990年代前半までは公団・公社，1990年代後半以降は民間企業，2000年代以降は複数の事業主による供給がなされ，商業施設，オフィス，役所などとの複合開発が進んだ。立地，眺望，耐震性，セキュリティなどの高付加価値を有し，都市生活に必要な諸機能が完備されている。周辺の旧住民と新住民の地域内格差のほか，上層階と下層階のタワーマンション内格差を生んだ。

ショッピングモール

ディベロッパーによって計画・開発，管理・運営され，駐車場を備えた商業・サービス施設の集合体をショッピングセンター（shopping center, SC）という。アメリカにおける車社会化を背景として誕生した。日本では1970年代から増加し，大規模小売店法施行により，郊外への出店が相次いだ。商圏が15万人以上のリージョナルSCやスーパーリージョナルSCなど，広域から集客する大規模でモール（遊歩道）を中心に計画・開発されたSCは，ショッピングモールと呼ばれる。回遊性を高めた三層ガレリア（回廊）式が一般的である。2000年代以降，大規模小売店舗立地法による店舗面積の巨大化，行政・福祉などの公共機能を備える複合化が進んだ一方で，中心市街地の衰退を招いた。

中心市街地の衰退

平成10年（1998）に，改正都市計画法，大規模小売店舗立地法，中心市街地活性化法からなる，まちづくり三法が施行（大店立地法のみ平成12年に施行）されたが，店舗の大型化と郊外への出店は止まらなかった。中心市街地では，空き店舗の増加，業務機能や居住機能の郊外移転や市町村合併による統廃合も起き，人口，商店数，事業所数が減少し，生活環境が荒廃する中心市街地の衰退が深刻となった。2006年には，まちづくり三法の改正により，大型店の郊外への出店規制がなされ，都市機能を中心市街地に誘導するコンパクトシティの取り組みが出てきた。補助金制度に強く依存するタウンマネジメント機関に代わり，まちづくり会社，商工会議所，民間，市町村などの多様な利害関係者による中心市街地活性化協議会が組織された。

参考文献

船橋洋一編著『検証 日本の「失われた20年」―日本はなぜ停滞から抜け出せなかったのか』東洋経済新報社，2015.

D. ハーヴェイ著，本橋哲也訳『ネオリベラリズムとは何か』青土社，2007.

［南後 由和］

危機と都市・地域

　20世紀における都市の危機は，戦災・火災・感染症・自然災害であった。火災・感染症は様々な取り組みが行われた結果，現在では大きな被害が発生することは少なくなってきている。しかし，21世紀に入っても戦災と自然災害は相変わらず都市にとって大きな脅威のままである。日本においては20世紀末から1995年阪神・淡路大震災，2004年新潟県中越地震，2011年東日本大震災と大きな自然災害が頻発し，さらに首都直下地震，南海トラフ地震の発生も懸念されている。自然災害に加え，テロが都市にとっての新たな危機となっている。阪神・淡路大震災が発生した平成7年（1995）3月，東京でオウム真理教による地下鉄サリン事件が発生した。その後，2001年には米国で航空機を利用した同時多発テロが発生し，ロンドン，パリ，ベルリンと世界中の大都市でテロが発生している。世界の大都市では高層ビルに面した道路に鋼鉄製車止めを設置する・ガラスの飛散防止対策を行うといった都市の対テロ化対策が行われている。

　都市が被災するとその後の復興が課題となるが，復興の進め方は社会状況によって変化する。高度成長期には，復興事業での社会基盤整備が地域の発展に貢献したが，安定成長社会での復興となった1995年阪神・淡路大震災では，社会基盤施設の整備だけでは復興を果たすことはできず，人々の生活再建が大きな課題となった。そして新潟県中越地震，東日本大震災の復興では人口減少社会における復興のあり方が問われ，災害前の状態に戻すことを基本とした従来型の復興事業が進められたが，新潟県中越地震での激甚被災地区帰還率は約半数であり，東日本大震災では原発被災地域以外でも帰還率3～5割となっている。このように，人口減少社会の復興においては，経済成長を前提とする「近代復興」の問題が露呈している。

　復興の進め方も建築家・都市計画家が主導し，理想の計画を描く復興から，市民と協働で復興について考えるスタイルへと復興も変化している。1995年阪神・淡路大震災における都市復興のキーワードは「まちづくり」「住民参加」であった。住民の意見を反映した都市復興が行われ，建築家よりむしろプランナーが復興の実務を担った。その流れは2004年新潟県中越地震の復興にも引き継がれ，「地域性」を活かした新たな試みも行われ，三井所清典らにより地域性を考慮した木造の公営住宅が建設された。2011年東日本大震災の復興では「アーキエイド」「帰心の会」といった建築家による被災地支援を活発に行われる一方，復興まちづくりの実務は建設コンサルタントが主導した。

　2011年福島第一原子力発電所の事故からの復興では放射性物質で汚染された地域を除染して元のまちに帰還する，という世界で始めての取り組みが行われている。また福島の事故の反省から原子力防災の見直しが行われ，原子力防災対策の範囲がこれまでの10 km圏内から30 km圏内まで拡大されることとなり，再稼働について地元と30 km圏内の地域との間の利害対立が発生することとなった。

　こういった都市の危機を一つの課題として設計活動を行っているのが坂茂である。国内外を問わず大きな自然災害が発生すると，紙管を使った仮設住宅や教会の建設を行うことで被災地の支援を行っている（米国同時多発テロで壊滅的な被害を受けたワールドトレードセンターの再建デザインコンペへの参加）。東日本大震災の復興では女川町のまちづくりのデザインを行うなど都市の復興デザインにも関与している。

　自然災害・テロと都市・建築の関係をテーマとした建築批評家による論考も行われるようになり，五十嵐太郎はサリンを用いたテロ事件を引き起こしたオウム真理教の建築や，自然災害を論じるときは平成17年（2005）の耐震偽装事件を取り上げる。五十嵐は著書『みえない震災』の中で昭和56年（1981）以前に建てられた耐震偽装された建築物より耐震性の低い建築物が数多く存在するにもかかわらず，耐震偽装された建築物だけが取り壊しされるという耐震基準が抱える課題を指摘した。東日本大震災では勤務先の東北大学が被災し，自然災害の被害，さらにはその後の復興プロセスに向き合うこととなる。

1995年阪神・淡路大震災，2004年新潟県中越地震，2011年東日本大震災

　第二次世界大戦後の復興期，その後高度成長期は地震災害が少ない時期であった。しかし近年，1995年阪神・

図1　阪神・淡路大震災
［写真提供：神戸市］

淡路大震災以降，2004年新潟県中越地震，2011年東日本大震災，2016年熊本地震と大きな被害を伴う地震が頻発している。大きな社会変化があった高度成長期に災害が少なかったことから，阪神・淡路大震災の復興では被災者支援制度に様々な課題が発生し，その反省を踏まえた見直しが行われ，現在，私有財産である住宅再建も含めた支援が行われるようになっている。復興において生活再建が重視される一方，社会基盤施設をすべて復旧する，という経済成長を基本とする従前の考え方はそのまま踏襲されている。

近代復興

日本建築学会発行する建築雑誌で，東日本大震災から2周年を迎える2013年3月号で「「近代復興」再考」という特集が組まれた。「近代復興」とは災害が少ない戦後社会に成長を前提として構築された基盤整備優先型，中央政府主導型の復興の仕組みをさす。高度成長社会から，安定成長，さらには人口減少社会へと変化し，地域の縮小撤退を考える必要がある現在，新潟県中越地震や東日本大震災の被災地にも適した新たな復興のあり方が求められている。

2011年福島第一原子力発電所事故／原発再稼働

2011年東北太平洋沖地震に伴う津波によりすべての電源供給が失われ核燃料を冷却することができなくなり，大量の放射性物質を放出するレベル7（シビア・アクシデント）の事故が発生した。事故発生後から9ヵ月後の12月にようやく冷温停止となり，政府は「発電所の事故そのものは収束に至った」と宣言する。その一方で廃炉に向け多くの作業員が放射線量の高い地域で作業を行っており，廃炉までには長い時間と膨大なコストがかかるきわめて深刻な問題となっている。

事故直後は避難という観点から「警戒区域」「計画的避難区域」「緊急時避難準備区域」という区域割が行われ，その後復興という観点で，「帰宅困難区域」「居住制限区域」「避難指示解除準備区域」という区域指定に変更されていった。福島第一原子力発電所の事故の教訓を踏まえた原子力防災対策の見直しが行われ，福島第一原子力発電所の事故以前は10 km圏内のEPZ（emergency planning zone）が原子力防災対策の範囲であったが，PAZ（precautionary action zone）〈放射性物質放出前に避難〉（おおむね5 km圏内），UPZ（urgent protective action zone）（おおむね30 km圏内）という新たな区域指定に基づく対策が行われるようになった。

坂 茂

1994年ルワンダ難民，1995年阪神・淡路大震災の被

図2　紙のカテドラル（クライストチャーチ）
［筆者撮影］

災者に対して紙管を使った被災者用の仮すまいの提供を行った。1995年NGOボランタリー・アーキテクツ・ネットワーク（VAN）を結成し，1999年台湾・集集地震，同年トルコ・マルマラ地震，2004年インド洋津波災害など，世界各国の被災地で紙管を使った仮すまいの提供を行っている。阪神・淡路大震災では仮すまいに加えて鷹取教会で紙管を使った教会を建設した。建設された教会は現在，台湾・集集地震で被災した桃米村に移築されている。2011年にカンタベリー地震でカセドラルが倒壊したニュージーランド・クライストチャーチでも紙管を使った紙のカテドラルを建設している。

新耐震基準／耐震偽装事件

平成17年（2005）に発生した構造計算偽造事件。耐震偽装された建築物は，現在の建築基準法の耐震性能を満たしていないため建て替え・取り壊しが検討・実施された。その一方で昭和56年（1981）以前の建築物の中には，耐震偽装された建築物より耐震性が低いものも数多くあるが，取り壊し・改修を行わずに住み続けているという現実もある。

参考文献
日本建築学会，特集＝「近代復興」再考―これからの復興のために，建築雑誌，128（1642），2013．
五十嵐太郎編，『みえない震災―建築・都市の強度とデザイン』みすず書房，2006．

［牧　紀男］

成熟時代の都市・建築

　日本は昭和45年（1970）に高齢化社会と化し，2000年代後半には高齢化率が20%を越え，総人口も減少に転じた。1973年から長く続いた経済の安定成長期も1991年に終焉し，2010年代の建設投資額はピーク時の6割ほどである。現在の日本は縮小・成熟局面にあり，都市と建築もその渦中にあるため，成長期に組み立てられた理論・方法・制度の見直しが迫られている。

　成長期の旺盛な建設需要に対する戦略は，生産面では「建築生産の工業化」であった。この戦略は，1950年代半ばには部材や材料の標準化・工場生産化として方法化されたが，1960年代後半には，統一された寸法体系のもと，自律的な組織が生産した建築部品が自在にアセンブルされる，トータルな建築生産システムとして構想されるようになる。しかし1970年代に入って「成長の限界」が唱えられるようになると，この考え方は，部品の交換・更新を通じて建物の長寿命化を可能にするシステムへと読み替えられていく。これが建物として具現化されたのが，平成5年（1993）に竣工した実験集合住宅NEXT 21であり，都市と建築の持続可能性という新たな課題に対して先鞭をつけた。

　1987年に提出された持続可能性という概念は，地球環境問題に関する国際的取り組みにつながる。その中心的課題の一つに地球温暖化問題があるが，温暖化の原因となる二酸化炭素などの温室効果ガスの削減目標を国別に定めたのが，1997年に採択された京都議定書である。京都議定書と建築は関係が深く，日本の削減目標の達成計画には，国内エネルギー使用量の30%以上を占める住宅・建物の断熱性能の向上および空調設備計画の効率化が盛り込まれたため，これが建築分野の重要な政策課題として認識されるようになった。また，2001年のCASBEE（建築環境総合性能評価システム）など，建物の環境性能評価システムも開発され制度化された。

　法律が定める省エネルギー基準についても，昭和54年（1979）に施行されたいわゆる省エネ法が1998年改正時に全面的に見直されたが，日本の省エネ基準は国際的に見れば水準が高いとはいえず，また大規模建物以外では努力目標にとどまっていた。しかし省エネ基準は，平成25年（2013）に一次エネルギー消費量の計算を伴うものへと抜本改正され，2020年までにはすべての住宅の新築，300 m²以上の建物の新築，一定規模以上の改修・増築に省エネ義務化が課されることが決まった。

　また，樹木は二酸化炭素を吸収し，炭素として固定するため，1990年代頃から木材の活用が推奨されるよう

になり，建築においても木質構造の新展開が始まった。日本建築は古来より，木質構造の建築がほぼすべてを占めていたが，第二次大戦後になっても都市大火が相次いだことなどから，木質構造は戦後長らく不遇というべき状況にあり，1950年の建築基準法施行以降，住宅をはじめとする小規模な建物を除き，木質構造を新築する手立ては法的にもきわめて限定されていた。しかし1980年代から徐々に木質構造の見直しが進み，1998年の建築基準の性能規定化により，多様な木質構造が実現可能となった。2010年には公共建築物木材利用促進法が施行され，公共性の高い新築建物においては特に木質化が進んでいる。

　建物を長期間利用し，新築時の温室効果ガスの発生を抑制しようとする観点から，1990年代後半にはリノベーション／コンバージョンも注目を浴びるようになった。いずれも物理的・機能的・社会的に劣化した建物を，建て替えによらず性能回復しようとする考え方であるから，膨大に蓄積された建築ストックを活用した新たな建設投資が見込めるという経済的観点や，地域拠点施設への適用により，コミュニティの継続性を担保しながら地域の魅力向上がはかられるという都市計画的な観点からも期待を集め，多様な試行が官民を問わず活発に行われている。

　一方で，リノベーションやコンバージョンに関する法整備は遅れており，2015年には，いわゆる「脱法ハウス」が社会問題化した。この問題は，寄宿舎などに求められる安全基準に満たない戸建て住宅や倉庫が，シェアハウスなどと銘打たれ，若年貧困層などの共同居住用に貸し出されるというもので，運用実態では原則として建物の用途が定義されない建築基準法の隙を突くものであった。この問題にも表れているように，長引く経済停滞を背景として，建築費用が抑えられるなどの理由で，確認申請が不要な範囲の改修を法令に合致しないかたちで実施する例が増加している。また，建築基準が高度化・厳格化され，新築時の建築費用が継続的な上昇傾向にあることも，この状況に拍車をかけている。成長から成熟への転換局面における構造的な課題であるといえよう。

実験集合住宅 NEXT 21

　実験集合住宅NEXT 21は，内田祥哉，巽和夫らが参画した建設委員会の設計により，大阪ガスを事業者として1993年に建設された実験的な集合住宅であり，20年以上にわたりさまざまな居住実験が続けられている。計画の基本コンセプトは，N. J. ハブラーケン（Nicolaas John Habraken）らのオープン・ビルディング理論を核として策定された。同理論は，建物の建設・利用の一連のプロセスを，建物の利用者全体によって意思決定され

実験集合住宅 NEXT 21
[© 大阪ガス株式会社]

るべき部分である「サポート」と，特定の利用者のみが自由に意思決定できる部分である「インフィル」に分けて考えることを提案したものである。この考え方は，市場に一般流通する標準化・規格化された部品を自由に選択し，モジュールに基づいて統合する「オープンシステム」や，その生産組織論への展開である「システムズ・ビルディング」など，建築生産の工業化の理念を牽引した内田らの理論との親和性も高く，NEXT 21での試行を経て，構造体や共用配管などの「スケルトン」と，内装や住戸内設備などの「インフィル」に分離して集合住宅を計画する「SI住宅」として，日本的にハード色を強めた翻案がなされ，2000年代には一般にも普及した。

京都議定書と建築

平成9年（1997）の第3回気候変動枠組条約締約国会議（COP3）で採択された「京都議定書」において，日本の温室効果ガス削減目標は，2008年から2012年の期間中に1990年比で6％減とされた。これを達成するため，省エネ法は数年ごとに改正され，対象となる建物および建築行為の範囲が順次拡大された。したがって，京都議定書の建築への影響は大規模新築から始まり，その後は大規模建物の改修や住宅の新築などでも環境配慮型の取り組みが増大した。

省エネ義務化

平成23年（2011）に東日本大震災に見舞われた日本では，福島第一原子力発電所の事故を受けて原発が全停止され，エネルギー政策の抜本的見直しを迫られた。これを踏まえ，住宅と非住宅で異なっていた建築分野の省エネ基準は，一次エネルギー消費量の計算により建物全体の環境性能を評価する基準に一本化されるとともに，対象範囲も大幅に拡大され，住宅も含め，ほとんどの建物の新築で義務化されることが決まった。

木質構造の新展開

大規模な木質構造建物は戦災復興の一翼を担ったが，日本建築学会は昭和34年（1959）に木質構造を禁止する決議を行い，その後の約20年間にわたり，大規模建築への適用は激減した。1980年代からは散発的な取り組みが続くが，地球温暖化問題が国際的な課題となったことを背景に，2010年に公共建築物木造利用促進法が施行され，低層の公共建築は原則的に木造とする方針が定まった。現在では多様な取り組みが見られるが，大規模木質構造が途絶えた期間に日本の技術は大きな遅れを取ったため，その多くにヨーロッパを中心として発達した技術が適用されているのが実状である。

リノベーション／コンバージョン

リノベーションとは建物のイメージ刷新を伴う大規模改修を，コンバージョンとは改修を伴う建物の用途変更を意味する。それまでは新築が課題の中心であった日本の建築であるが，資源の有効活用が社会的課題として認識されるようになったことを受け，1990年代末から2000年代にかけて大きく取り上げられるようになった。こうした抜本的な性能回復を伴う改修が注目されるようになった背景には，度重なる建築関連法規の改正によって，既存不適格となった建物が増大したこともある。

脱法ハウス

2010年代に入り，多様化する家族の器として，シェアハウスなどのオルタナティブハウジングが一般にも注目を集めるようになるが，その法的定義のあいまいさを逆手にとり，貧困層向けに消防法や建築基準法に違反する疑いのあるシェアハウスを貸し出す事業者が増加したため，「脱法ハウス」として社会問題化した。これを受けて国土交通省は，建築基準法上の用途が住宅である建物についても，その改修の有無にかかわらず，寄宿舎などの用途に該当することがあると明言する技術的助言を2013年に発出した。

参考文献
「NEXT 21」編集委員会『NEXT 21 その設計スピリッツと居住実験10年の全貌』エクスナレッジ，2005.

[門脇 耕三]

ヘリテージの現在

　文化財を国家が保存するという考え方ができたのは，19世紀中葉のヨーロッパである。当時，ナポレオン戦争による混乱で主要な教会や宮殿が荒廃し，これらの復興を国家が担う必要があった。これは，ながらく宗派や王侯貴族によって維持されてきた歴史的な建造物の保護が，新興の国民国家の管理下に移行したことを意味する。以降，19世紀末にかけて先進国では文化財を保護するための法律を整備したが，明治維新で近代化を遂げた日本でも，いち早く近代的な文化財の保護法を制定した（明治30年（1897））。この時代，文化財を保存することの目的は，国民国家としての栄光の歴史と伝統を伝え，国民の団結をはかることにあったから，保存の対象となるものも西欧では宮殿，教会，日本ではもっぱら古い由緒をもつ社寺だった。

　その後，近代工業の発展とともに，文化財は客観的，科学的に国の歴史や文化を伝えることを目的としたから，保存の対象も，邸宅や城郭など世俗的な建築に及び，日本の場合，戦後に現行の文化財保護法が制定されると，民家や明治以降の近代建築の指定が進捗した。昭和50年（1975）には集落や町並を保存する伝統的建造物群保存地区制度が誕生し，歴史的環境を保全する仕組みが整った。今日では，近代化に伴う産業遺産や戦後の現代建築までが指定対象となってきている。ここにいたる歴史は，社会背景の変化にあわせ，文化遺産の概念を拡張し，保護すべき対象を拡大してきた結果にほかならない。

　では文化遺産の現代的課題とは何か。文化財の遍在化と，著名文化財の利権化という二側面からみてみよう。

　まずは登録文化財をはじめ，地域に遍在していく文化財がある。登録文化財は，重要文化財のような，厳格な規制と手厚い保護とがセットとなった従来の指定制度を補完し，支援は薄いが規制が緩やかで活用しやすい制度として誕生した（平成8年（1996））。まずは国の登録リストに登録して文化財として広く認知し，地域にある身近な歴史文化を活かしたまちづくりが進展されることが期待された。

　これを受け，基本的には新築の設計を職能としてきた建築士が，登録文化財をはじめとした歴史的建造物の調査や修理に関わるようになってきた。いま，全国の建築士会では，歴史的建造物の修理や活用などに関する講習を行い，地域文化財の保全を担う専門家＝ヘリテージマネージャーの養成に努めている。これは，スクラップアンドビルドから脱却し，歴史的建造物を地域ストックとして活用しようとする建築界のトレンドとも呼応してい

る。ここに，地域文化財の保全を地域の専門家が担うという，地域に遍在していく文化財の姿がある。

　一方，エリート文化財の消尽ともいうべき逆のベクトルもある。既存の文化財にも国宝・重要文化財という2段階の指定制度があるが，さらに先鋭化させたかのようにみえるのが世界遺産である。

　世界遺産は，各国を代表する文化遺産の中から顕著な普遍的価値を有するものをユネスコが世界遺産リストに登録する制度である。日本は平成4年に条約を批准し，平成5年の法隆寺，姫路城に始まり平成29年段階で17件の世界文化遺産が登録されている。いまや世界遺産は人々に完全に定着し，スーパー国宝として文化財の価値を決定付けている。世界遺産で知名度があがり，確実に地域ブランドの向上，観光収入につながるとなっては，世界遺産の登録をめぐり，各自治体でも従来の文化財部局をこえた様々な駆け引きや思惑を呼んでいる。しかし，ユネスコに推薦書を提出した自治体が，ユネスコの諮問機関であるイコモスの提言に一喜一憂している様はまさに笑止で，文化財を利権化しようとする自治体自体が翻弄されている。

　さらに，同様な潮流として著名文化財を観光に使役しようとする動きが加速している。中心にいるのは元経済アナリスト，D.アトキンソン（David Atkinson）で，彼の〈人口減少によって労働人口や国内市場が縮小している日本経済にとって，文化財を資源とした観光ビジネスの強化こそ進むべき道である〉との提言は，確実に政府中枢にまで浸透している。実際，最新の内閣府の観光ビジョン（平成28年）にも「文化財を保存優先から，観光客目線の理解促進や活用へ転換」することが謳われるなど，いまや文化財は観光施策の推進と一体となって，日本経済の行く末を占う最前線に押し出されつつある。

　いずれにしても，文化遺産をとりまく環境は，市井の認識においても，国レベルの観光施策としても，従来とは異なるプレイヤーを巻き込みつつ根底的な変化を余儀なくされている。何を護り，何を開いていくのか。今，文化遺産の保全をめぐる動きは激動の只中にある。

登録文化財とヘリテージマネージャー制度

　平成8年（1996）の文化財保護法改正によって登録文化財制度が導入された。都市開発の進展や生活様式の変化により消滅の危機にさらされた，大量かつ多種多様の文化財建造物を後世に継承していくための制度である。届出制を基本とする緩やかな保護措置をとり，むしろ活用やまちづくりへの寄与を主眼とする。制度発足20年を経て登録は1万件を超え，身近な文化財としての登録文化財はますます地域に遍在化しつつある。一方，この動きに呼応するかたちで，従来のスクラップアンドビル

ドから脱し，歴史的建造物を地域文化のストックとして活用することを目的としたヘリテージマネージャー制度が全国の建築士会で展開中である。登録文化財をはじめとした歴史的建造物の調査，修理や，これを活かしたまちづくりなどを地域の専門家＝ヘリテージマネージャーが担うという仕組みは，確実に地域に根付きつつある。

世界遺産

世界遺産は，世界遺産条約（昭和47年（1972））に基づきユネスコの世界遺産リストに登録された，人類が共有すべき「顕著な普遍的価値」をもつ遺跡，景観，自然などをいう。エジプトのダム開発で水没の危機にあったアブ・シンベル神殿を，世界60ヵ国の援助をもと移築したことを契機に，国際的な組織運営で人類の遺産を保護する制度として発足した。日本は，先進国では最後となる平成4年（1992）に条約を批准し，125番目の締約国となった。発足から40年，世界遺産の登録件数は1,000件を突破し（平成26年），ユネスコも登録を抑制しつつある。すでに登録された遺産の十全な保全を第一義に，新規の登録では世界遺産のない国や地域，あるいは新しいタイプの遺産が優先されている。各国からの推薦書に，諮問機関であるイコモスが厳しい判断を下す事例が増えていること，また登録を抹消する事例が生じていることが世界遺産の現状を物語っている。

三菱一号館

丸の内最初のオフィスビルである。三菱の建築顧問であったJ.コンドル（Josiah Conder）の設計で明治27年（1894）に建てられた。昭和43年（1968）に取り壊され，平成21年（2009）にレプリカで再建された。解体は，行政を含めた多くの保存要望が出るなか強行され，その後も三菱は丸の内ビルディングをはじめとした丸の内の歴史的建造物の取り壊しを挙行するなど，建築史家鈴木博之をして自らの「歴史を消し去る歴史」といわしめた。その鈴木を復元検討委員長として再建されたのが現在の三菱一号館である。当時の意匠の正確な再現はもとより，煉瓦造の建築を現在の法規に合わせて新築した努力には大変なものがあるが，自ら壊した建物を再び建てる行為そのものが倒錯的といえる。それでも高層ビル街の中に屹立する煉瓦造の存在感は圧倒的で，三菱一号館の再建は，それをどう捉えるかによって意義を異にする，歴史的環境の保全をめぐるきわめて今日的な事件であった。

復元建物

復元と復原という二つの言葉は，辞書的には〈元の位置，姿に戻すこと〉であり，意味として同じである。しかし文化財の分野では，一般に復元はすでに失われた建物を再建することを意味し，史跡整備などで使用され

る。一方，復原は文化財建造物の修理などで用いられ，改造された部分を旧状に戻すことを意味する。例えば戦災で消失したドームを復した東京駅の修理は復原であり，一度解体された建物を再現した三菱一号館は復元というわけだ。しかし復元も復原も，旧の姿を再現しようとする点で本質的には同じ行為との指摘もある。いずれにしても，厳密な検討なく憶測で復した場合，歴史上存在しなかった姿となったり，その時点以降の歴史を破壊することから，安易な復元は慎まなければならない。復元が文化遺産保存の国際的なルール（ヴェニス憲章など）で禁じられていることも，もっと意識されてよい。

ドコモモ

ドコモモ（DOCOMOMO＝Documentation and Conservation of buildings, sites and neighbourhoods of the Modern Movement）は，建築におけるモダン・ムーブメントに関わる国際組織である。モダニズムの建築遺産を調査，普及啓発し，保存につなげていくこと，そして現存建築をリストアップすることを主要任務としている。1990年にオランダで第1回の総会が開かれ，これまで各国の20選をまとめた出版物を刊行したほか（2000年），近現代建築の世界遺産登録に関してユネスコに協力している。日本支部は平成12年（2000）に発足し，平成29年段階で197件の建築をリストアップした。ちなみに現在，重要文化財に指定されている戦後建築は4件だが，すべてドコモモのリストに含まれる。しかし，モダニズムだけが現代建築の評価軸ではないことから，文化庁でも日本建築学会などに委託し，保存すべき現代建築の評価軸およびリストの作成を進めている。

文化的景観

文化的景観は，地域における人々の生活または生業及び当該地域の風土により形成された景観地と定義されている。庭園のように人間がつくり出した景観，田畑や牧場のように産業と結びついた景観，あるいは自然それ自体でも，人間がそこに文化的な意義を付与したもの，例えば宗教上の聖地である山などが含まれる。ユネスコの世界遺産委員会では，1992年に「世界遺産条約履行のための作業指針」の中に文化的景観の概念を盛り込んだ。第1号は，トンガリロ国立公園（ニュージーランド）である。すでに自然遺産であったが，マオリの信仰対象という文化的側面を評価し，1993年に複合遺産となった。以降，文化的景観を登録名に冠した物件には「石見銀山遺跡とその文化的景観」（日本）などがある。日本でも，平成16年（2004）の文化財保護法改正で文化的景観が文化財の1ジャンルに加わり，平成28年度末までに50件の重要文化的景観が選定されている。

［田中 禎彦］

建築デザインの隘路と可能性

20世紀末から21世紀初頭にかけての建築界に, グローバリゼーションと設計プロセスへのコンピュータの導入が大きな変容をもたらした。前者はスター建築家たちが国境を越えて多くのプロジェクトを抱えるようになった。例えば, 北京, ソウル, 台北, 香港, シンガポール, バンコクなど, アジアのグローバル・シティには, OMA (Office for Metropolitan Architecture) やザハ・ハディド (Zaha Hadid) による大型の作品が出現している。とくに経済が活性化した都市の開発においては, 同じような建築家の共演が世界各地で発生している。そして中近東やアジアでは, 一般人にもわかりやすい個性的なデザインを通じて, 建築それ自体がランドマークと化し, 新しい場所性をつくるアイコン建築が求められるようになった。例えば, ポルトガルでは, F. ゲーリー (Frank Gehry) のビルバオ・グッゲンハイム美術館 (1997) が誕生したことを契機に, 疲弊した工業都市が劇的に創造都市として復活している。なお, こうしたグローバル化に対応すべく, 国際建築家連合 (UIA: Union Internationale des Architectes) が中心となって, 建築設計資格制度の国際相互認証を行う仕組みを整えており, 大学の教育環境にも影響を与えている。

後者のコンピュータについては, 複雑な造形の設計や構造計算の能力を飛躍的に向上させ, それまで解析が難しかったデザインが可能となった。アイコン建築が登場した背景には, こうしたデザインの自由度を獲得したことも一因に挙げられるだろう。またコンピュータの活用は, 環境, 法規, コスト, 施工など, 様々な諸条件を統合的にシミュレーションしながら設計したり, 離れた場所にいる専門家のコラボレーションを容易にした。1990年代にはインターネットが普及し, 情報化社会を迎え, コンピュータで設計するようになれば, 箱=部屋と端末さえあれば十分で, デザインされた建築は不要になり, 建築家は死んだともいわれていた。しかし, 実際にはコンピュータの画面では代替できない固有のリアルな空間体験を与える建築のクオリティが重視されたり, デザインの制約が減ったことによって, 建築家の構想力がさらに求められる状況も起きている。

日本の建築家は, バブル経済の崩壊後に国内のプロジェクトは減ったが, 伊東豊雄, SANAA (Sejima and Nishizawa and Associates), 坂茂が2010年代に最高峰のプリッカー賞を立て続けに受賞したように, 世界的に高く評価されており, グローバル化に伴い, 海外の仕事の比重が増えた。伊東によるせんだいメディアテーク (2001) は, 情報化社会の新しい建築モデルを目指し, ガラスのファサードに包まれた透明な箱の中において, 垂直の柱の代わりに大小のうねるチューブがスラブを貫く。すなわち, コンピュータを援用した構造解析によって, ポストモダン的な手法, あるいは表層的な装飾や形態ではなく, 根本的なレベルからデザインを革新しようとする方向性を提示した。一方, SANAAの金沢21世紀美術館 (2005) は, 円や矩形といったありふれた幾何学的な要素を使いながら, これまでに試みられたことがないユニークな構成によって, 開放的かつ斬新な空間を実現している。いずれも鉄, コンクリート, ガラスなど, モダニズムの時代と変わらない基本的な材料を用いた建築だが, 彼らの作品は, まだ残されていたデザインの可能性が豊かに存在していたことに気づかせる。

すでにエスタブリッシュされた日本の建築家は海外に活路を求めたが, 1970年代生まれの建築家は実作の機会が減少したことに加え, 公共建築のコンペへの参入障壁も高くなり, 新築以外の作品, すなわちインテリアやリノベーション, 美術館におけるインスタレーションなどの仕事を勝負すべき建築プロジェクトとして発表するようになった。また, 平成23年 (2011) の東日本大震災後は, 上から建築家が形態を一方的に押し付けるのではない, 住民参加型のコミュニティ・デザインやワークショップが注目されている。

国際コンペによって選ばれたザハ・ハディドの前衛的な案が白紙撤回に追い込まれた平成27年 (2015) の新国立競技場問題は, 日本の建築界の行方を考えるうえで大きな事件だった。膨大な建設費や景観との調和が疑問視されたことにより, メディアの報道が過熱し, 仕切り直しのコンペはデザインビルドの形式で行われた。今後, 設計と施工を一括で発注するデザインビルドは増えるだろう。また, もともと日本ではアイコン建築をあまり積極的に受容しなかったが, ザハの案を拒絶したことによって, 東京がほかのグローバル・シティとは別の道を選択したことを決定づけたと思われる。

アーキスターとアイコン建築

アイコン建築とは, わかりやすい特徴をもった造形の建築であり, 21世紀に入り, 都市間競争の一翼を担いながら, 急成長する中近東やアジアで増えている。例えば, 「鳥の巣」というニックネームがついた北京国立競技場 (2008) などである。建築評論家のC. ジェンクス (Charles Jencks) の著作『アイコニック・ビルディング』(2005) が, グローバルな資本主義と結びつけて, こうした新しいデザインの登場を指摘した。ガウディのように, 専門家でなくとも, 一般人でもすぐに了解される強烈な個性がアイコン性をもたらすために, アーキスター

が世界各地で求められるような状況が発生している．

コンピューテーショナル・デザイン

人間の手作業をコンピュータが代わりに行うことをコンピュータ化と呼ぶのに対し，コンピューテーショナル・デザインは，コンピュータがデザインのプロセスそのものに介入することをさす．前者は作業の効率化，複雑な計算に貢献し，例えば，ぐにゃぐにゃの曲線の形態を実現しやすい環境をもたらした．一方，後者は人間が初期条件を設定し，アルゴリズムをつくり，そのプログラムを走らせて，コンピュータに様々なデザインの可能性を導き出すやり方である．すなわち，人間の想像力を超えて，コンピュータでしかできないようなデザインを生み出す可能性をもつ．

せんだいメディアテークと金沢 21 世紀美術館

それぞれ 1990 年代，2000 年代の日本建築界を代表する作品であり，設計した建築家にとっても大きな転機となった．前者は伊東豊雄にとって構造レベルで大胆に新しい空間の形式を実現したプロジェクトであり，これ以降，積極的に構造設計者とのコラボレーションを継続し，台中国立歌劇院などの展開につながった．後者は SANAA にとって初の大型の公立美術館であり，ヴェ

図 1　ファサードを開放した状態のせんだいメディアテーク

図 2　金沢 21 世紀美術館

ネツィアビエンナーレ国際建築展 2004 の金獅子賞をもたらし，その後の海外の活動への飛躍台となった．

新国立競技場問題

平成 24 年（2012）に国際コンペが開催され，ザハ・ハディドが最優秀賞に選ばれていたが，平成 25 年 9 月にオリンピックの東京開催が決定したことで，槇文彦がコンペを批判した論文が一躍注目された．槇は，規模が大き過ぎること，神宮外苑の景観との調和，不必要なプログラム，維持管理などの問題点を指摘している．その後，平成 27 年に建設費が 2,500 億に膨らんだことが報じられると，マスメディアの批判が過熱し，安倍首相が白紙撤回を表明した．これを受けて，デザインビルドの形式によって，再コンペが実施されたが，施工会社と組むというハードルの高さから，隈研吾と伊東豊雄による 2 案のみが提出された．平成 28 年 1 月，木製のルーバーによって日本らしさを強調した前者の案が選ばれた．

美術館のなかの建築家

21 世紀に入り，実作の機会が減少した状況を受けて，日本の若手建築家が展覧会において模型やドローイングではなく，挑戦的なインスタレーションを発表するようになった．例えば，石上純也は四角いふうせんやテーブルで注目されたが，いずれも構造計算を踏まえたデザインであり，展示場を敷地に見立てた建築作品といえる．また各地の国際展においてアーティストとともに建築家が参加したり，異分野のコラボレーションを行う事例も増えた．

建築家国際認証

グローバル化に伴い，貿易の自由化が促進されるなか，建築設計・監理のサービスの国際化も課題として浮上した．建築設計資格の二国間，あるいは多国間の相互認証である．日本の建築士は，海外におけるアーキテクトとエンジニアの資格の両方をあわせもち，前者については国際建築家連合（UIA）が国際認証のフレーム構築に取り組む．1996 年に UNESCO と UIA が制定した建築教育憲章は，最低 5 年の教育プログラム，一定期間のインターンシップなどを明記している．アジアでも 5 年制の建築教育が標準になりつつあり，4 年制の日本の大学ではその対応が求められる状況だ．

参考文献

槇文彦，新国立競技場案を神宮外苑の歴史的文脈の中で考える，JIA，2013 年 8 月号．
Charles Jencks "The Iconic Building" Rizzoli，2005．

［五十嵐　太郎］

第6章 都市計画史とまちづくり

編集委員：中島直人

都市計画史とまちづくりの概説……………………………………………（中島直人）424

社会技術としての都市計画の誕生 1880年代〜1910年代
　　都市計画前史としての市区改正……………………………………………（加藤仁美）430
　　都市計画法の制定過程………………………………………………………（中野茂夫）432
　　都市計画法（旧法）の特徴…………………………………………………（秋本福雄）434

三大都市における都市計画の初動 1920年代〜1930年代
　　後藤新平と帝都復興…………………………………………………………（川西崇行）436
　　関一と大阪の都市計画………………………………………………………（嘉名光市）438
　　石川栄耀と名古屋の都市計画………………………………………………（西成典久）440

戦前期における都市計画の全国展開 1930年代〜1940年代
　　都市計画技術の発展と地方展開……………………………………………（中野茂夫）442
　　災害からの復興都市計画………………………………（中島直人，田中　傑）444
　　外地の都市計画………………………………………………………………（五島　寧）446

戦災復興から都市再開発へ 1940年代〜1960年代
　　戦災復興期の都市計画………………………………………………………（中島　伸）448
　　都市不燃化運動と町並みの近代化…………………………………………（初田香成）450
　　法定再開発事業の生成………………………………………………………（初田香成）452

高度経済成長期の都市化への対応　1950年代〜1970年代

過大都市化への対処とニュータウン………………………………（中島直人）454

国土の開発と都市構造の変革…………………………………………（中島直人）456

新都市計画法の制定……………………………………………………（田中暁子）458

まちづくりのパラダイム　1960年代〜1980年代

住環境保全と参加型まちづくり………………………………………（杉崎和久）460

革新自治体のまちづくり………………………………………………（鈴木伸治）462

住民主体のまちづくりと都市計画関連法制度・ルール………（藤井さやか）464

現代都市計画の生成　1990年代以降

地方分権の推進と都市計画関連法制度………………………………（秋田典子）466

規制緩和・開発誘導と都心の再構築…………………………………（有田智一）468

阪神・淡路大震災と復興まちづくり…………………………………（真野洋介）470

人口減少時代の都市計画の初動………………………………………（饗庭　伸）472

都市計画史とまちづくりの概説

社会技術としての都市計画の誕生

「都市計画」という用語は，後に大阪市助役，そして市長として都市計画を推進することになる関一が，東京高等商業学校教授時代の大正2年（1913）に発表した「花苑都市ト都市計画」において，「town planning」の訳語として論文題名に用いたのが初出といわれている。それ以前，市街地の改良を表す用語としては「市区改正」が使われていた。「市区改正」から「都市計画」への展開は，社会技術としての近代都市計画の導入過程にほかならなかった。

明治維新後もたびたび大火に見舞われるなど，政治体制の近代化に比して立ち遅れていた東京の都市空間の近代化を目指し，当時の府知事松田道之が発表した東京の改造構想「東京中央市区画定之問題」（明治13年（1880））が「市区改正」の端緒であった。検討開始以来，改定を重ねた市区改正設計を実現させるための事業手続き，財源を定めたわが国で最初の都市計画制度である東京市区改正条例が制定されたのは明治21年である。東京で始まった市区改正は，東京改造の設計図を完成形として，上下水道，幹線道路，市街鉄道，公園などの建設事業を順次進めていく既成市街地の改造のための公共事業の束であった。

大正3年（1914）に大阪市助役に転じた関一は，大阪での市区改正条例の適用を目指し，大阪市街改正法案を作成した。同時期に大阪に拠点を置いていた建築家・片岡安も建築関係団体をとりまとめ，都市計画の導入運動を開始していた。こうした動きを受けて，内務大臣を務めていた後藤新平を中心に，都市計画の導入に向けて関心のある官僚，研究者，建築家，ジャーナリストが集まり都市研究会を組織し（大正6年），雑誌「都市公論」を創刊するとともに，翌年には都市計画法制定に向けて内務省内に都市計画調査会を立ち上げた。この都市研究会，都市計画調査会の両組織の実質的なかじ取り役は内務省官僚の池田宏であった。池田は，先行する欧米諸国の都市計画制度を精力的に吸収した。「市区改正」に代わって定着し始めていた「都市計画」を，郊外も含む拡張していく都市総体を制御するために，事業および規制という各種実現手段を総合的に運用する社会技術として確立させていったのである。

結果として，大正8年（1919）に都市計画法および市街地建築物法が制定された。都市計画法は，都市計画を自治体ではなく国の仕事と規定し，都市計画として事業決定した各種施設については，当該の土地の権利の制限を可能とし，実際の事業の執行にあたっては市町村が費用を負担するという点に東京市区改正条例からの連続性を有していた。一方で，都市計画の対象としての都市計画区域の設定，建築物の用途や形態を規制する地域・地区や土地区画整理事業などの新たな手法の導入など，各所に新しい要素を含んでいた。しかし，そうした実現手法の前提にあるべき土地利用計画や施設配置計画に関する規定は備えていなかった。また，国庫補助や土地増価税などが議論されたものの，都市計画独自の財源も担保されなかった。

三大都市における都市計画の初動

都市計画法制定から間もない大正12年（1923）9月，関東地方は相模湾を震源とす

る巨大な地震に見舞われた。震災直後に二度目の内務大臣に就任した後藤新平は，東京市長時代の大正10年に策定していた東京改造計画である「東京市政要綱」を念頭に，「帝都復興ノ儀」を閣議に付し，復旧ではなく復興という考え方を明確にした。そして帝都復興院を設立し，東京の大規模な改造に着手した。帝都復興は，都市計画法が大々的に適用される初めての機会となった。

　復興を巡る政治的紆余曲折を経て，最終的に実施された帝都復興事業は，広範な焼失区域全域にわたる土地区画整理事業，主要52路線の幹線街路，三大公園（隅田・浜町・錦糸）および52の小公園，117の鉄筋コンクリート造（RC造）の復興小学校，隅田川の復興六大橋を含む425の橋梁，不燃化・共同化建築，中央卸売市場や公営食堂その他各種の社会事業などの包括的な内容であった。全国から寄せられた義援金をもとに設立された同潤会は，アパートメントなどの近代的な住宅を供給した。こうした事業を担当した技術者たちが，復興事業完了後に全国各地に散らばっていくことで，都市計画技術の伝播が達成されることになった。

　一方，鉄道会社などの民間開発が先導して早くに郊外化が進展し，東京市に先駆けて市域拡張を実現させていた大阪では，大正12年（1923）に市長に就任した関一が大阪の都市改造構想を次々と実現に移していった。とりわけ大阪の南北を貫く広幅員（24間）の軸線としての御堂筋の拡幅および地下鉄建設，交通ターミナルとその周辺での建築敷地造成を目的とした大阪駅前付近都市計画事業によって，大阪都心部の姿は一変した。また，名古屋では，内務省愛知地方委員会技師の石川栄耀らが中心となり，主に都市郊外部での組合施行土地区画整理事業を促進していった。昭和20年（1945）までの間に，名古屋市の土地区画整理事業実施面積は市域の56％にあたる9,072 ha（耕地整理実施地区も含む）に及んだ。石川らは大正14年に都市創作会を組織し，都市計画に関する技術や思想の発展を目指した。さらに都市創作会の解散後の昭和10年には名古屋の土地区画整理事業関係者たちは土地区画整理研究会を組織し，わが国の土地区画整理事業をリードする議論を展開した。

戦前期における都市計画の全国展開

　都市計画法は大正8年（1919）の制定当初は六大都市（東京，大阪，京都，名古屋，横浜，神戸）のみに適用されたが，その後，適用都市を増やし，昭和8年（1933）にはすべての市町村で適用が可能となった。こうした都市計画法適用都市の増加に先立ち，内務省は都市計画法の運用にあたって必要となる計画標準を用意した。街路網，地域，土地区画整理，都市計画区域などの項目ごとの運用の取り決めが，内務次官名で各地方長官，都市計画地方委員会宛てに通牒されたのである。一方で，こうした計画標準の伝達の場，地方計画などの新しい都市計画技術や概念に関する情報交換の場として，都市研究会が主催した全国都市計画協議会（昭和9年～）や大阪都市協会や後藤新平が東京市長時代に設立した都市行政の研究機関である東京市政調査会などが交代で主催した全国都市問題会議（昭和2年～）が活用された。

　しかし，戦前期において，都市計画事業に関する国庫補助は限定的であり，その財源は乏しいものであった。実現が伴わない都市計画に対しては，「塗紙計画」との批判が浴びせられることがあった。そうした中でも都市計画が実行力をもち得たのは，関東大震災以降も各地で発生した災害後の復興と，帝国日本の統治下にあった外地（台湾，朝鮮，関東州など）および満州であった。

　主に大火後の復興都市計画では，延焼遮断を目的とした広幅員街路（防火帯）の建

設が目指された。例えば昭和9年（1934）の函館大火後の復興計画では，焼失地域を対象として土地区画整理事業が実施され，広幅員街路網が建設された。また，昭和6年の山中温泉の大火後の復興や昭和8年の三陸津波後の復興など，災害前は都市計画法適用都市ではなかった中小都市や集落についても，都市計画技術が適用されるなど，復興都市計画がその地域での都市計画法適用の契機となることもあった。

　一方，外地そして満州では，内地での都市計画法の運用経験と各地の統治の文脈を踏まえて，昭和9年の朝鮮市街地計画令，昭和11年の満州国都邑計画法，台湾都市計画令，昭和13年の関東州州計画令などの都市計画法令が制定されていった。これらの法令に基づく都市計画の決定，事業化は，主に日本人技術者たちが担った。内務省都市計画課の初代主任技師であった笠原敏郎，帝都復興時に内務省復興局建築部公園課長であった折下吉延らをはじめ，数多くの都市計画の技術者たちが活躍の場を求め，朝鮮や満州にわたっていった。とりわけ，満州においては，当時の最新の都市計画技術や概念を適用して，国都新京の建設にあたった。終戦後，外地で活動していた都市計画の技術者たちは一斉に帰国することになり，次の活躍の場を戦災復興事業に求めることになる。

戦災復興から都市再開発へ

　昭和20年（1945）8月の時点で日本の都市の多くが甚大な空襲被害を受けていた。昭和20年9月，戦災復興のための特別都市計画法が制定され，戦災復興土地区画整理事業を核とした戦災復興計画の立案が開始された。戦災復興事業の対象となる戦災都市には全国で115都市が指定された。そのうち112都市で事業が実施され，文字通り現代日本の都市基盤をかたちづくることとなった。ただし，占領政策の方針転換により，当初の事業予算は大幅に減らされた。特に東京などの大都市は事業規模の縮小を余儀なくされた。

　とはいえ，戦災復興事業によって都市の中心部の姿は確かに一変した。広幅員の幹線道路，十分な幅員と隔切りをもった区画道路網が新たに造成された。そうした基盤整備事業があらかた終息するのと同時に，沿道に建設される建築物の近代化が次の課題となった。従来，日本の都市の建築物のほとんどは木造であったが，焼夷弾の脅威の記憶が新しい時期に，防災的な観点から建築物の不燃化が唱えられるようになったのである。建設省や関係の学協会，業界が結集して都市不燃化運動を展開し，昭和27年（1952）には耐火建築物促進法が制定された。防火地域内の指定された道路の両側11mまでの幅で，耐火建築物で構成される防火建築帯の造成に対する国庫補助の仕組みが整えられ，全国各地で燃えない新しい街並みの形成が進んだ。しかし，防火建築帯はあくまで街路に沿った線状の建築物であったため，宅地や街区の形状によっては裏側の土地が取り残され，合理的な土地利用が阻害されるという問題が生じた。

　1950年代には大都市の多くで地方からの人口流入が激化し，従来の都市ストックでは対応ができない状況が到来した。一足早く郊外化を経験し，その対策として都市中心部での都市更新（アーバンリニューアル）を進めていた米国の先進的取り組みに学ぶかたちで，わが国でも都市再開発の必要性が叫ばれるようになった。個別の建築物の不燃化から，街区スケールでの更新による高度利用へと課題がシフトしていった。そして，従来の耐火建築物促進法に代わる防災建築街区造成法（昭和36年（1961））が制定され，都市更新は線から面の時代に移行した。さらに昭和43年には新たに権利変換の仕組みを整えた都市再開発法が制定され，以降，都市再開発事業が

進展をみせるようになった。

高度経済成長期の都市化への対応

　戦災復興期，東京や大阪，名古屋といった大都市では，グリーンベルトの設定や衛星都市の育成を通じて，過大都市化を抑制し，適切な都市圏の構造を導くことが都市計画上の課題として認識されていた。昭和33年（1958）に策定された首都圏整備計画では，先に策定されていた大ロンドン計画（1944）に影響を受け，建ぺい率1％以下を想定した緑地地域というかたちでグリーンベルトの導入が提案された。しかし，毎年の実質経済成長率が10％を超える高度経済成長が1950年代半ばに始まり，1970年代前半まで継続していく間に，人口や産業の多くは都市部に集中し，その受け皿としての住宅地の開発，工業地の造成が急務となり，過大都市化抑制は有名無実となっていった。

　10年間で478.8万戸の住宅建設を目指した「住宅建設十箇年計画」（昭和30年）のもと，大都市部を中心に住宅供給を積極的に担ったのは，昭和30年に設立された日本住宅公団であった。先行買収を伴う土地区画整理事業によって，次々と大規模団地を建設していった。昭和38年（1963）には事業推進の円滑化を目的として，大規模な全面買収・収用を可能とする新住宅市街地開発法が制定され，この法律を活用したニュータウン開発が進められた。団地からニュータウンへという流れの中で，近隣住区論の硬直的適用ではない，都市性を生み出す住区配置や街区構成などが実践的に検討された。また次第に民間ディベロッパーも大きな存在感を示すようになった

　全国土のスケールでも都市化＝開発は進行した。とりわけ太平洋ベルト地帯に産業が集中する一方で，昭和37年に策定された全国総合開発計画では，地域間格差の是正という理念のもと，新産業都市，工業整備特別地域の整備・育成という拠点開発方式によって国土の均衡的発展が目標として設定された。全国総合開発計画は平成10年（1998）の第五次まで時代に合わせて，改訂を重ねた。

　都市計画法は大正8年（1919）の制定以来，抜本的改正を経ないまま，上記のような開発の時代に向き合うことを余儀なくされた。しかし，昭和36年（1961）に特定街区制度，昭和38年に容積地区制度が導入され，従前の絶対高さ制限に代表される形態的規制から，容積率を通じて都市の基盤と建築物の容量とが相関的な量構成として連結され，その関係性が民間の建設事業を通じて具体的なかたちとして立ち現れるという枠組みに移行しつつあった。昭和43年の都市計画法の全面改訂では，そうした容積率制度の全面適用とともに，都市郊外での無秩序な市街化（スプロール化）を防ぐために市街化区域と市街化調整区域とに分ける線引き制度の導入などの新しい取り組みが焦点となった。

まちづくりのパラダイム

　急激な都市化を経験した高度経済成長期において，行政主導で基盤整備を優先する都市計画は，ときに生活者の既存の住環境を脅かし，都市の歴史的環境を破壊することもあった。都市化や都市計画のひずみに応答したのは，住環境や歴史的環境の保全に関する住民運動であった。そうした運動は従来の「都市計画」という固い用語とは対照的に「まちづくり」と呼ばれるようになった。1960年代に始まった名古屋市栄東地区や神戸市丸山地区などでの専門家による支援も含む住民主体のまちづくりは，全国に伝播していくことになった。

一方，1960年代には革新系の首長が次々と登場した。こうした革新自治体は，従来の国の政策とは一線を画し，生活者の視点に立った自治体独自の政策を展開した。あらゆる政策で市民参加が推進され，住民主体のまちづくりとの接点，連携も見られるようになった。革新自治体の代表的存在であった飛鳥田一雄市長率いる横浜市では，より実効的な都市づくりの手法として，プロジェクト主義を掲げ，六大事業と呼ばれた大規模プロジェクトを戦略的に進めた。その中で歩行者の視点からの都市の質にこだわり，地域の環境の文脈を丁寧に読み取った都市デザインに取り組むなど，革新自治体は都市計画のありかたに大きな影響を与えた。

まちづくり，都市デザインなど全国一律の旧来の都市計画とは異なる都市づくりの運動や概念の登場，そして中高層建築物建設による日照阻害に対抗する日照権運動や歴史的な町並みや景観の保存・保全を求める町並み保存運動，景観訴訟などの住民主体の具体的な取り組みは，都市計画制度にもフィードバックされていくようになった。昭和55年（1980）には一定の地区を対象に，地区の特性を踏まえた将来像を設定した上で，地区施設の配置や建築物の用途，形態などを一般の規制に上乗せするかたちで制限することができる地区計画制度が創設された。歴史的環境保全の分野では，昭和50年（1975）に重要伝統的建造物群保存地区が制度化された。また，都市計画制度とは別に，自治体の自主条例として制定された景観条例やまちづくり条例も次第に増えていき，それらが後に景観法や都市計画法の提案制度などの法制化を導いていくことになった。

現代都市計画の生成

1990年代に入ると，都市計画の分野でも地方分権が大きく推進され，都市計画は市町村の自治事務となり，国や都道府県の役割は広域的な調整が必要な部分などに限定されるようになった。平成4年（1992）に都市計画法の改正によって制度化されたマスタープランは，市町村主体の都市計画の基本的な方針を定めるもので，その策定過程では，ワークショップ手法などを取り入れながら住民・市民参加が促進された。以降も，中心市街地活性化法（平成10年）に基づく計画策定や景観法（平成16年）に拠る景観計画策定などでは，住民・市民参加プロセスが重視されるとともに，TMO（Town Management Organization）や景観整備機構など，計画実現の担い手や体制についても，行政ではない主体が想定され，その構築，育成が重要なテーマとして認識されるようになった。

大都市の都心部では，1980年代の産業構造の転換によって生み出された開発用地の存在を前提とした旺盛な開発需要に対応し，民間企業による都市開発を促進する目的での都市計画規制の緩和が推進された。土地の高度利用を導く用途地域の見直しとともに，特定街区や総合設計などの容積インセンティブを伴う開発制度，再開発地区計画制度のような公民の協議型制度などの導入が進んだ。バブル経済の崩壊以降は，今度は冷え切った開発需要を刺激するための規制緩和が唱えられるようになり，緩和型地区計画制度が多数，創設された。平成14年（2002）には都市再生特別措置法が制定され，特定の地区に限って用途や形態制限を受けない仕組みが導入された。都市間競争，地域間競争を強く意識したオフィス供給，住宅の都心回帰傾向を背景として，超高層ビル・マンションが各所に建つ風景が生み出されることになった。

日本の都市はこれまでも多くの災害に見舞われてきたが，この四半世紀では，とりわけ平成7年（1995）の阪神・淡路大震災と平成23年（2011）の東日本大震災が都

市計画に大きなインパクトを与えた。大都市直下型地震であった阪神・淡路大震災での被害を受けて，改めて住工混在の木造家屋密集地区の脆弱性が課題として認識され，全国各地の防災まちづくりに大きな影響を与えた。また，復興過程には数多くのボランティアが参画し，NPO・NGOなどの非営利セクターの連携がみられた。その経験は後に，多主体，多分野の協働のまちづくりの契機となった。東日本大震災は，戦後に築いてきた臨海市街地の脆弱性を浮き彫りにした一方で，すでに人口減少が進行していた多くの沿岸集落，あるいは原発事故により避難を余儀なくされた地域に対して，地域の持続性とは何か，という根底的な課題を突き付けた。まだ途上であるが，復興の過程においては，人口減少社会を背景として，実効性のある手段が模索，試行されているコンパクトシティといったこれからの都市像への移行，変革がいかに困難であるかが痛感されることになった。この経験を，国，都道府県，市町村，住民，市民，NPO，民間企業など多様な主体の連携による現代の都市計画やまちづくり像にどうフィードバックさせていけるのかが，現在，問われている。

参考文献

藤森照信『明治の東京計画』岩波書店，1982.
渡辺俊一『「都市計画」の誕生国際比較からみた日本近代都市計画』柏書房，1993.
石田頼房『日本近現代都市計画の展開 1868−2003』自治体研究社，2004.
浅野純一郎『戦前期の地方都市における近代都市計画の動向と展開』中央公論美術出版社，2008.
初田香成『都市の戦後―雑踏のなかの都市計画と建築』東京大学出版会，2011.
越澤明『大災害と復旧・復興計画』岩波書店，2012.

［中島 直人］

都市計画前史としての市区改正

　市区改正は，日本最初の「都市計画」に相当する用語であり，その内容は，市街地の区画を改め正す，つまり市街地の改良という性格のものである。

　東京における市区改正が意図したものをたどると，都市の「計画」という概念の意味，これを実現する制度・技術，また，実施にいたらずとも改善策として検討された制度などを通して，大正8年（1919）の近代都市計画制度成立の萌芽的側面をみることができる。

都市計画思想の萌芽

　明治初期から，江戸以来の都市構造の中で，裏長屋や焼家で成り立った過密な市街地，伝染病の流行や毎年のように発生する大火，乗合馬車や馬車鉄道の開設による道路交通など，様々な都市問題が多発深刻化していた。これらの課題を踏まえ，全市的に改善を進めようという動きが，楠本正隆知事（明治8年（1875）〜），次いで松田道之知事（明治12年（1879）〜）の時代から始まる。

　市区改正の調査を開始した両知事間の事務引継書では，その主旨について，計画を立て長期間かけて実行していくこと，計画図を今後の事業の方針として作成し，順次進める事業の齟齬をなくすことなど，「計画」に対する考え方が示されている。

　松田は，就任直後の箔屋町大火を契機に，東京の改造方針として「東京中央市区画定之問題」（明治13年（1880））を発表する。ここでも，計画の意味を将来あるべき姿に合わせて進めていくための目標像（ガイドライン）とし，改造方針では，事業範囲を「中央市区」に限定し，公共建築物などの配置計画，街路・河川・橋梁など都市基盤施設の計画，火災予防・家作制限などに加え，財源についても触れ，高層建物の建ち並ぶ将来像が描かれた。

　その後も続く大火の頻発で，防火を中心とした都市改造に乗り出す。その内容は，江戸四大スラムの一つ神田橋本町改良事業，防火路線並ニ屋上制限規則公布（1881年），焼失地15路線の道路改正と3新河川の開削などであった。中央市区エリアでのこれらの計画とその実現は，当面の課題に対処する事業という意味で，東京市区改正の基礎ともなった。

　これらは，明治初期から近代都市としての体裁を整えるため，欧米の都市構築技術を導入して実現しようとした市街地改造，銀座煉瓦街建設計画（明治5年（1872））や日比谷官庁集中計画（明治19年（1886））とは，基本的に異なる性格をもつものであった。

市区改正計画とこれを支える制度

　東京市区改正の計画には，東京市区全体を対象とし4計画案があった。芳川顕正意見書で示された計画（芳川案1884年），これを市区改正審査会が審査して復申した計画（審査会案1885年），東京市区改正委員会で議定し内閣の認可を受け告示された東京市区改正設計（旧設計1889年）とその後告示された東京市区改正新設計（新設計1902年）である。

　日本最初の都市計画制度として制定された**東京市区改正条例**（1888年公布）と東京市区改正土地処分規則（1889年公布）は，これら長期的計画による都市改造を制度的・財政的裏づけをもって進める体制をつくった。とくに，旧設計と新設計は，東京市区改正土地建物処分規則により，市区改正として確定した土地の利用を制限する根拠となる計画，と位置付けられた。

建築条例の検討と都市化の進展

　同時に，東京市建築条例を制定する動きがあったが実現にいたらなかった。その前半の検討段階の調査会一次決議（1890年）は，煉瓦造・石造・土蔵造を対象としたものであったが，後半期は，別途準備中の長屋建築規則案との一本化をはかる方向で，木造も含む包括的な条例が検討された。とくに，公衆衛生関係の委員からドイツ公衆衛生協会の議論を反映して提案された衛生事項草按には，住居の窓の面積や隣地境界線からの距離など住居衛生的規定や，新市街地を既成市街地と区分して公共的空地を確保するなどの基準の設定，工場立地を制限するゾーニング（地域制）などの都市計画的にも先進的な規定が盛り込まれていたが，条例の検討過程で削除される。

　全国の主要都市では，明治19年（1886）前後に長屋建築規則の制定，明治末期には総合的な地方建築規則の制定がなされた。しかしながら，東京では，1900年代旧15区から周辺地域へと市街化が急激に進むなか，明治40年（1907）の長屋構造制限以外の建築規則をもたず大正8年（1919）の市街地建築物法制定まで，土地利用コントロールがされず無秩序に市街化が進んだ禍根は大きかった。

　一方，東京以外の大阪・京都・神戸など，**地方都市の市区改正の必要性**が求められ，1918年に五大都市への市区改正条例準用が認められる。とくに日露戦争後の産業資本の確立時期には，岡山，横浜，金沢，長野などの都市改造事業が独自に実施されている。

防火路線並ニ屋上制限規則

　神田松枝町大火（明治14年（1881））を契機に制定された防火令で，正式名称は東京府・警視庁布達甲第27号の規則である。「東京中央市区画定之問題」甲案相当

エリアであった日本橋・京橋・神田3区の主要部分の街路および運河沿いに22本の防火路線を指定し，沿道建物は，煉瓦造・石造・土蔵造（3構造）とする建築制限を定め，さらに麹町区を加えた都心4区のすべての建物の屋根を不燃材とすること，長屋の路次幅を6尺以上とすることなどが定められた。新築改造に関する届出・検査・改造命令，期間内に改造しないものは取毀し，それにも応じなければ強制代執行の規定も設けられたため，目標年次の1887年には，防火路線と屋根不燃化がほぼ実現する。この防火令の内容は，明治42年（1909）まで存続する。

東京市区改正計画

市区改正計画のうち，初段階の「芳川案」は，交通運輸を中心とした道路・河川・鉄道・橋梁の計画で，「審査会案」は，これに，品海築港，遊園（公園），市場，商法会議所・取引所，劇場などが加わった欧米都市を模範にした計画であった。そして，市区改正委員会が告示した「旧設計」は，道路・河川・橋梁・鉄道・公園・市場・火葬場・墓地の計画からなり，これに含まれなかった品海築港・上下水道計画・家屋の制・市街地鉄道の計画のうち，上水道計画のみが明治23年（1890）に議定され実施に至る。その後の「新設計」では，事業の遅れで計画が縮小されるが，市街鉄道（路面電車）敷設の申請の急増に伴い，1900年市区改正委員会で電気鉄道敷設計画が可決され，路面電車線の敷設を重点に置いた幹線道路中心の速成計画となる。事業は，明治21年（1888）から大正7年（1918）までの30年間で，上水道事業に始まり市街鉄道敷設に伴う道路事業で終わる3期に区分される。①上水道事業期（1889～1899）：伝染病の流行や大火に対する消防水利不足を背景とした上水道改良事業。②市街鉄道事業期（第一次速成事業期1900～1910）：市街鉄道路線を整備路線とし電鉄会社による納付金（事業費半額負担）により事業が進捗。③下水道事業期（第二次速成事業期1911～1918）：1908年東京市下水道設計が告示されるが，財源を調達できず大半が未完成で事業終了。財源の制約で，伝染病や大火，路上交通輸送の確保という課題への対処が優先された。

東京市区改正条例

東京市区改正条例は，明治21年（1888）元老院への提案時には事業費負担の面で反対され一旦廃案に至るが，直後に政府の勅令として強行公布（8月16日）された。

条例は16条で，手続きその他が6条，事業財源が10条で構成されている。まず第1条で，事業決定権限を内務省に設ける東京市区改正委員会にもたせ，国家事業としての位置付けがなされた。そして，計画は内閣の認可，東京府知事による公告を経て明らかにされ，計画に抵触する土地建物所有者の権利を制限する根拠となり，土地建物処分規則による「市区改正ニ要スル土地」における建築制限を可能としている。また，市区改正の財源について，河岸地収入（東京府に下付した官有河岸地の貸付収入），特別税（付加税として地租割・家屋税・営業税並雑種税，清酒税）が盛り込まれた。

東京市建築条例案

明治22年（1889）市区改正委員会で，内務省技師によりまとめられた建築条例案を審議する取調委員が選出され，調査委員会が設立されるが，結局制定されなかった。

検討期の最終段階の案（1894）は，20章153条よりなる条例で，都市計画的な規定としては，家並線（建築線）に関する規定，防火路線に関する規定，敷地内空地に関する規定，建物高さに関する規定，衛生・公害などに関する規定などが盛り込まれていた。

その後，明治39年（1906）建築学会が東京市の委嘱を受け，東京市建築条例案を起草答申（大正2年（1913））するが，これも制定に至らずに終わる。学会では，外国建築条例の収集も行われるが，1800年代末期すでにドイツで制度化されていた工場立地を規制するゾーニングや道路・公園などの確保を求める郊外地建築令などは参考にされず都市計画的規定を欠く案となった。

地方都市の市区改正

東京以外の大都市では，その都市の課題に応じた都市整備の必要性が高まり国の支援を得た市区改正が求められていた。早くから都市拡張期を迎え，工場の立地規制が問題となっていた大阪では，明治30年（1897）の市域拡張により新市域を含めた都市計画として「大阪新設市街地設計書」（1899）が建築家山口半六によりまとめられ，その内容は新市域にも詳細な道路網が計画され都市拡張に備えた点で，近代都市計画の草分けといえるものであったが，事業は予算不足で実現されない。他都市でも，1897年京都市の臨時土木調査委員会，明治44年（1911）名古屋市の市区改正調査会，大正3年（1914）神戸市の市区改正調査会と，次々と市区改正に関する計画立案・調査の委員会が設置された。

参考文献

石田頼房『日本近現代都市計画の展開 1868−2003』自治体研究社，2004.

石田頼房『森鷗外の都市論とその時代』日本経済評論社，1999.

［加藤 仁美］

都市計画法の制定過程

わが国では，第一次世界大戦（1914〜1918）を契機に本格的な工業化が展開し，工場労働者の流入とともに，都市問題が顕在化するようになった。特に六大都市では，急激な人口増加がみられ，大正9年（1920）の国勢調査によれば，東京 2,173,201 人，横浜 422,938 人，名古屋 429,997 人，京都 591,323 人，大阪 2,587,847 人，神戸 608,644 人となっており，人口 10 万人以上の都市が限られていた当時としては突出していた。

東京では，明治の半ばから市区改正条例（⇨都市計画前史としての市区改正）によって上下水道や道路の整備が行われたが，大正半ばには六大都市への準用を求める声が高まった。特に大阪では，市区改正条例の適用を視野に入れ，関一（⇨関一と大阪の都市計画）らが大阪市街改良法案を作成するなど活発な動きがみられた。一方，片岡安は関西建築協会を立ち上げて都市計画運動を展開し，建築学会，日本建築士会，都市協会と共同で調査会の設置を求める建議を提出した。

また内務大臣の後藤新平（⇨後藤新平と帝都復興）は，大正6年（1917）10 月に都市計画に精通する人材を結集して都市研究会を設立しており，都市計画法の制定に向けた下準備を着々と進めた。大正7年5月には，内務省に大臣官房都市計画課が新設され，初代都市計画課長に池田宏が着任した。都市計画課には笠原敏郎，山田博愛らが所属しており，それぞれ建築系，土木系の都市計画の礎をつくった。

大正7年3月に，後藤新平が都市計画法の制定に向けた調査会設置の予算案を国会に提出したことにより，**都市計画調査会**が発足することになった。都市計画調査会は同年7月から12月にかけて，本委員会と特別委員会を合わせて合計 12 回開催され，法案の審議が行われた。都市計画調査会の会長は後藤の後を受けて内務大臣に就任した水野錬太郎が，幹事は都市計画課長の池田宏が務めた。都市計画調査会の審議において焦点となったのは，土地利用計画と街路計画のどちらを中心に据えるかという点であった。前者が 19 世紀末から 20 世紀はじめにかけて欧米を中心に出現した近代都市計画の理念，すなわち市街地の総体的コントロールに向けた各種事業・規制手法に重点を置く考え方だったのに対し，後者は G. E. オスマン（Georges-Eugène Haussmann）のパリ改造計画をイメージしたものであり，総合的な街路計画に，建築条例による規制を組み合わせるという考え方だった。最終的には，郊外を含む市街地を総体的にコントロールするために，地域制，区画整理，地帯収用，建築線などを総合的に組み込んだ都市計画・建築に関する法案が検討されることになった。

都市計画法案の作成は池田宏が担当することになり，内務省主導で起草された。都市計画法案の検討において最大の焦点となったのは，財源であった。内務省側は市区改正から都市計画へ移行するなかで財源の確保を目指して当初の法案に特別税，制限外賦課，国庫補助を盛り込んでいたが，都市計画調査会の第二回両法案特別委員会において大蔵次官の神野勝之助から強い反対を受けて法案が削除・修正されることになり，最終的に独自財源となる特別税は地租などにかかる付加税に限定され，国庫補助，公債，特別会計は制度化されなかった。

一方，建築規制に関する市街地建築物法案は，佐野利器，笠原敏郎，内田祥三が作成しており，建築学会が中心になって起草された。建築学会にとって建築規制の法制化は長年の悲願であり，大正2年（1912）12 月 1 日に建築法規委員会，大正5年1月 28 日に建築条例実行委員会，大正5年6月5日に建築法規審議委員会を設置するなど，建築法規の検討が組織的に続けられていた。このことは，市街地建築物法の制定に向けて大きな役割を果たしたが，個別の建築を取り締るための単体規定が充実したのに対し，都市計画に不可欠な地域・地区全体の建物を規制する集団規定は不十分な内容に止まった。

都市計画法と市街地建築物法は，大正8（1919）年4月5日に同時に公布された。都市計画法は大正9年1月1日に施行され，まず六大都市に適用された。市街地建築物法については，大正9年9月 30 日に市街地建築物法施行令，11 月 9 日に市街地建築物法施行規則が公布され，12 月 1 日に六大都市に適用された。

片岡　安（1876−1946）

明治 30 年（1897）に東京帝国大学建築学科卒業後，日本銀行を経て，明治 35 年に辰野金吾と共同で設計事務所を開設する。以後，大阪を中心に建築活動を行い，主な建築作品に大阪市中央公会堂，日本生命保険株式会社九州支店（現福岡市文学館）などがある。大正6年（1917）には，関西建築協会を立ち上げ，理事長・会長として活躍した。実業家・政治家で知られる片岡直温の養嗣子。

建築家として関西建築界を牽引する一方で，大正元年頃から都市問題・都市計画の研究を先駆けて進め，大正5年にわが国で最初の都市計画の専門書である『現代都市之研究』を著した。大正6年から市区改正の大阪への準用や都市建築法令調査会設置の建議といった運動を主導し，都市計画法制定の機運を高めることに成功した。大正7年には都市計画調査会のメンバーとして都市計画法・市街地建築物法の制定に関わった。大正9年には日

本で最初の都市計画に関する博士論文「都市計画の科学的考察」をまとめ，工学博士を授与された。

池田宏 (1881−1939)

京都帝国大学法科出身，明治38年（1905）内務省入省。大正3年（1914）5月から大正7年4月まで東京市区改正委員会の幹事を務め，都市計画業務に携わった後に，後藤新平内務大臣のもとで内務省大臣官房都市計画課の初代課長に就任する。都市計画調査会の幹事として都市計画法案を起草した。

関東大震災後は，帝都復興院の理事・計画局長に就任し，帝都復興計画の計画法案と予算編成の面で中心的な役割を果たした。大正13年に京都府知事，大正15年に神奈川県知事を歴任した後に退官し，大阪商科大学，専修大学，京都帝国大学で教鞭を取った。

『池田宏都市論集』（遺稿集）も編まれているように，多数の著作を残している。都市経営や都市計画法制に関する書籍のほか，都市研究会の機関誌である「都市公論」には，都市計画，住宅問題，大都市制度論，土地政策など多岐にわたる論考を寄せている。

大阪市街改良法案 （⇨大阪市区改正設計）

大阪市では，東京市区改正の適用範囲の拡大を求め，大正6年（1917）4月11日に関一助役を委員長とする都市改良計画調査会を設置した。大正7年4月19日に「都市改良計画調査会報告」がまとめられ，ここで検討された街路系統の計画案は，大阪市区改正設計を経て，法定都市計画の第一次都市計画事業（大正10年3月9日告示）の骨子となった。

市区改正の準用に向けた一連の運動が展開されるなか，大正7年の初めに，大阪市は東京市区改正条例を下敷きとする大阪市街改良法案を作成する。同法案には，関一の欧米近代都市計画の研究成果が反映されており，区画整理，地帯収用，土地増価税，地区改良などの計画手法が導入された先進的な内容になっていた。

内務省は，東京市区改正条例を六大都市に準用する法律を認める一方で，抜本的な法改正を併行して進めており，都市計画法へと結びついていくことになる。

都市計画調査会

大正7年（1918）5月22日に都市計画調査会官制が公布され，都市計画法を審議する機関として都市計画調査会が設置された。同調査会は内務大臣を会長とする委員24名で構成され，都市計画業務のために設置されたばかりの内務省大臣官房都市計画課の所管とされた。都市計画調査会のメンバーは，内務大臣の水野錬太郎会長のほか，大蔵省，農商務省，文部省，逓信省の各次官，内務省の土木局，警保局，衛生局の各局長，警視総監，東京都知事，東京市長，学識経験者らであり，幹事は都市計画課長の池田宏が務めた。

都市計画調査会は，大正7年7月8日から同年末まで12回にわたって開催されており，都市計画法案と市街地建築物法案について審議している。都市計画法案は池田宏，市街地建築物法案は佐野利器，笠原敏郎，内田祥三が起草した。

都市研究会と「都市公論」

都市研究会は，大正6年（1917）10月に当時の内務大臣だった後藤新平を会長として設立された。都市研究会の事務局は内務省内に置かれ，機関誌「都市公論」を発行して都市計画の普及に向けた啓蒙活動を展開した。

都市研究会には，佐野利器（東京帝国大学建築学科教授），池田宏，渡辺銕蔵（東京帝国大学法学部教授），藤原俊雄（都市協会幹事），阿南常一（新聞記者）らの結成メンバーのほかに，片岡安，関一（⇨関一と大阪の都市計画），内田祥三（後に東京帝国大学建築学科教授），笠原敏郎（内務省官僚），山田博愛（内務省官僚）ら，官僚，技術者，学者，実業家たちが結集しており，いずれも草創期の都市計画を多方面から支えた人物たちであった。

機関誌の「都市公論」は大正7年4月に発刊し，昭和20年（1945）2月まで刊行された。戦前の都市計画の専門誌のなかでも屈指の情報量をもつ雑誌であり，帝都復興，区画整理，住宅問題，緑地計画，地方計画，国土計画，防空など，当時の都市計画の重要なトピックが網羅されている。戦後，都市研究会は都市計画協会と組織を改め，「都市公論」は「復興情報」（戦災復興院発行）と合併して「新都市」に受け継がれている。

参考文献

越沢明『東京の都市計画』（岩波新書）岩波書店，1991.
渡辺俊一『「都市計画」の誕生』柏書房，1993.
石田頼房『日本近現代都市計画の展開 1868−2003』自治体研究社，2004.

［中野 茂夫］

都市計画法（旧法）の特徴

東京市区改正条例の精神の継承

都市計画法（以下，旧法）は，大正8年（1919）4月5日，公布された。旧法は，実在の都市は一種の有機体という認識に基づいて東京市区改正条例（⇨都市計画前史としての市区改正）を改正修訂した法律であった。旧法を成立させた契機は，第一次大戦後の都市化，大阪を初めとする5大都市からの要望，東京市区改正条例および同土地建物処分規則は憲法公布以前の法律であったこと，東京市区改正事業は未成・未着手が多く，新規財源を必要としたことである。旧法は次の諸点で東京市区改正条例の精神を継承した。第一は自治制度の規定にかかわらず，都市計画を国の仕事とし，内務大臣が国の機関である都市計画委員会の議を経て都市計画を決定し，内閣の認可を受けることとした。第二は都市計画決定された施設や事業に拘束力を付与し，土地の権利を制限した。第三は都市計画事業の執行および費用負担者を，原則，行政庁，すなわち当該市町村長とした。第四は都市計画および都市計画事業の財源を法律により定めた。

都市計画法の新要素

旧法は，同日公布の市街地建築物法（以下，物法）と一体の法体系を構成した。旧法およびそれに関連する物法の新しい要素は以下の諸点である。第一は市の区域内外にわたる都市計画の対象区域として，行政区域からは独立した概念として都市計画区域を定めた（旧法第2条）。第二は物法に用途地域（法文上は「地域」）を導入し，住居・商業・工業地域を設け，建築物の用途，高さ，敷地面積を制限することを可能とし（物法第1条〜第6条），防火地区（物法第13条），美観地区（物法第15条）を設け，旧法は都市計画区域で物法の地域・地区を指定するときは，都市計画の「施設」として決定することとし，風致地区，風紀地区を設けた（旧法第10条）。第三に物法に建築線を導入し（物法第7条〜第10条），市街構築に際しての規準線を定め，道路用地の確保を可能とした。第四に旧法に土地区画整理を導入し，宅地化のため，土地の錯綜した区画と権利関係を，耕地整理法を準用して整理可能とした（旧法第12条〜第15条）。第五に都市計画制限制度を創設し，都市計画と都市計画事業を区別し，都市計画事業のため土地の権利を制限する（旧法第11条，第16条）とともに，都市計画道路幅の境界線を建築線とみなし計画道路用地の建築を制限した（物法第26条）。第六に道路などの都市計画事業の附近の土地を建築敷地造成のため地帯収用することを認めた（旧法第16条第2項）。第七に不衛生な地区の土地区画整理，建築物整理のため，当時の土地収用法が認めなかった建築物などの工作物収用を認めた（旧法第17条）。第八に都市計画の財源として，勅令による受益者負担および特別税（土地増価税など）賦課を認めた（旧法第6条，第8条）。だが，施行された受益者負担には各地で反対が起こり，土地増価税は導入されなかった。

都市計画法の適用

旧法適用都市は勅令が指定した（旧法第2条）。当初は六大都市であったが，逐次増加し，昭和8年（1933），旧法第1条改正により，内務大臣の指定する町村にも適用され，適用市町村は，昭和9年（1934）4月5日現在，124市，120町，10村となった。

昭和8年（1933）までの都市計画の実績として，六大都市のうち東京および横浜は帝都復興の土地区画整理を遂行し，京都は市街地周囲の環状道路両側の強制的土地区画整理を計画し，大阪は都市計画区域全体の綜合的都市計画（街路網，運河網，高速度鉄道系統，地域制，公園系統および下水道計画など）を定め，名古屋は郊外の耕地整理および土地区画整理を施行していた。中小都市のうち，堺は郊外街路網計画と土地区画整理組合の事業の結合を計画し，浜松，静岡，清水，岡山は都心部の街路事業に重点を置いた。火災後の計画として沼津は建築線を指定し，金沢は道路を都市計画決定した。

都市計画の普及を目的とする団体も各地に登場し，東京に「都市公論」を機関誌とする都市研究会（⇨都市計画法の制定），「都市問題」を機関誌とする東京市政調査会，大阪に「大大阪」を機関誌とする大阪都市協会，神戸に「都市研究」を機関誌とする兵庫県都市研究会が活動し，大阪，東京，名古屋などで全国都市問題会議が開催された。

都市計画法の問題点

昭和2年（1927），内務事務官の飯沼一省は，旧法に田園都市運動のような法運用の前提となる都市の理念が欠落していることを認識し，イギリスの田園都市論，それに基づく衛星都市の地域計画論による都市計画の運用を意図した。旧法が都市計画の要素の個別の決定を許容するのに対し，諸要素を一体で決定する綜合的都市計画の樹立を提案した。飯沼は，後に，旧法と物法の運用混雑解消のため，地域制，建築線を都市計画法に移し，物法は構造，設備などに特化すべきと主張した。昭和3年（1928），東京府内務部長の菊池慎三は，一切の市町村を都市計画法適用都市とし，都市計画の権限を自治体に付与し，都市計画区域を廃することを求めた。

都市計画法と市街地建築物法

旧法と物法は所管，適用区域を異にした。物法の執行者は適用都市の府県知事（東京は警視総監）で，府県警

察部（東京は警視庁）に建築監察官が配置された。物法
適用区域は勅令の指定する市およびその他の市街地で、
市に限定されなかった（物法第 23 条）。物法および施行
令が地域・地区、建築線などを、施行規則が建築物の構
造設備などを定めた。中小都市は適用を望まず、大正
13 年（1924）、内務大臣の指定区域で施行令、施行規則
の適用を緩和した。昭和 2 年（1927）4 月 1 日現在、旧
法適用都市 71 市に対し、物法適用市町 50 市 1 町（土浦
町）である。

都市計画地方委員会

　都市計画委員会は、都市計画調査会および各地の市区
改正委員会に代わるものとして設置された機関である。
都市計画中央委員会は内務省に置き、会長は内務大臣、
委員は関係各庁高等官、学識経験者で構成された。議定
の例に乏しく、昭和 16 年（1941）、廃止された。地方委
員会は、当初、法適用市に置かれたが、大正 11 年
（1922）、適用市を包括する府県（東京は内務省）に置か
れた。会長は知事（東京は内務次官）、委員は関係各庁
高等官、学識経験者、法適用市町村の長および議員、市
史員、関係道府県部長および議員で、東京は警視総監、
府知事が加わった。都市計画委員会の議決事項は内務大
臣の付議とされ、地方委員会には内務大臣任命の幹事、
官吏の技師、書記、技手が置かれ、議案を作成し、趣旨
説明を行った。昭和 9 年（1934）5 月 1 日現在、全国定
員は 323 人（事務官 12 人、技師 70 人、書記 73 人、技
手 168 人）であった、

都市計画区域

　都市計画区域は都市計画の対象の土地である。旧法
は、実質上の都市は自治法上の市とはまったく別個の独
立存在であるという認識に基づいていた。このため、都
市計画は市の区域内外に及ぶ（旧法第 1 条）。当初、適
用市の都市計画区域は、関係市町村および都市計画委員
会の意見を聞き、内務大臣が決定し、内閣の認可を受け
ることとされた（旧法第 2 条）。昭和 8 年（1933）、旧法
が内務大臣指定町村にも適用されたため、旧法第 2 条も
改正され、都市計画区域は市町村の区域により内務大臣
が決定し、必要と認める場合に関係市町村および都市計
画委員会の意見を聞き、市町村区域とは別に都市計画区
域を決定し得るとされた。

用途地域

　内務大臣は物法適用区域で用途地域を指定し得た。物
法は住居地域で住居の安寧、商業地域で商業の利便を害
する用途を制限し、工業地域では工業地域でなければ建
築できない用途を定めることとした。地域の建築物の制
限用途、高さ、建築面積の敷地面積に対する割合は物法

施行令が定めた。地域指定した市街地の「未指定地域」
では工業地域でなければ建築できない用途は制限され
た。地域指定のない市街地は「無指定地」で、物法の用
途制限はなかった。用途制限には抵抗も多く、昭和 9 年
（1934）4 月 5 日現在、旧法適用 254 市町村のうち、地
域指定は 29 市であった。

建築線

　物法は幅員 9 尺以上を道路とし、計画道路も道路とし
た（物法第 26 条）。道路敷地の境界線をもって建築線と
し、特別の事由あるとき、行政官庁は別に建築線を指定
し得た（物法第 7 条）。前者を法定建築線、後者を指定
建築線と呼ぶ。指定建築線には、①行政官庁が、狭い道
路から一定距離後退して包括的に指定する包括的指定建
築線、②関係者の申請により指定する申請建築線、③未
建築地に積極的に指定する積極的指定建築線がある。積
極的指定建築線は大火災跡地、郊外新開地で多用され、
細街路整備に貢献したが、土地の権利関係を整理し得
ず、不整形な市街地も形成された。昭和 25 年（1950）、
建築線は建築基準法成立により廃止された。

土地区画整理

　旧法は、都市計画区域内で宅地利用増進のため土地区
画整理を可能とした（旧法第 12 条）。これを任意的土地
区画整理と呼ぶ。昭和 6 年（1931）、耕地整理法改正によ
り「市ノ区域内ノ土地」の耕地整理施行地区への編入が
禁じられ、抵当証券法附則による旧法改正により耕地整
理法第 43 条（建物ある宅地は権利者同意なければ耕地
整理組合施行地への編入を禁じる）が土地区画整理に不
準用となり、土地区画整理事業の認可件数は増加した。

　旧法は都市計画として内閣の認可を受けた土地区画整
理が認可後 1 年内に着手する者がない場合、公共団体に
都市計画事業として施行させた（旧法第 13 条）。これを
強制的土地区画整理と呼ぶ。昭和 9 年（1934）、旧法第
13 条第 1 項但書が「特別ノ事情ニ因リ」「一年内」の施
行を可能とし、公共団体は広汎な目的で土地区画整理事
業を施行した。

　旧法は、建築敷地造成の地帯収用に土地区画整理の施
行を求めた（旧法施行令第 22 条）。建築敷地造成の土地
区画整理は収用資金を要し、施行令の土地処分手続きも
煩瑣で、事例は少なく、昭和 30 年（1955）、土地区画整
理法施行令附則により旧法施行令関連条文は削除され、
実質的に廃止された。

参考文献

池田宏『都市計画法制要論』都市研究会、1921.
飯沼一省『都市計画』常磐書房、1934.

［秋本 福雄］

後藤新平と帝都復興

「地震内閣」内相・後藤新平

後藤新平は，大正9年（1920）年末，東京市長の職に就き，混迷を極めていた市政の刷新・東京の近代化への抜本的な諸策を講じていく。その大方針が大正10年（1921）策定の「八億円計画（東京市政要綱）」で，上下水道・公園・学校から卸売市場・火葬場まで，東京の近代都市としての社会基盤整備の青写真となる。翌11年，市から独立した調査研究機関として（財）東京市政調査会を起立。政治・外交史学者・C. A. ビーアド（Charles Austin Beard, 1874−1948）を顧問として招くなど多角的・科学的な視点を踏まえた市政の運営を試みた。後藤は大正12年（1923）4月に市長を退き対ソ外交に専心，市長職は助役であった腹心の永田秀次郎が引き継ぐ。

同年9月1日11時58分，相模湾震源の激震が南関東一円を襲った。関東大震災である。震害による家屋の倒壊，山崩れ・沿岸部の津波の被害，東京下町・横浜を襲った大火の被害は江戸・明治以来の都市のストックをことごとく減却した。死者・行方不明者10万人余，焼失家屋20万棟余の大被害を出し，東京の首都機能はほとんど失われた。地震直後から，後藤は次期首班の大命を受けていた山本権兵衛らを促し2日の組閣・認証式に持ち込む。第二次山本内閣は有力な閣員をそろえたものの政党に足場がない非力な内閣であった。内相に就く後藤は地震直後から復興体制や人事など構想を手記に綴り，自身も焦土を奔走しつつ，配給・物資の手配，人心の収攬，勅令による暴利取締など震災後の応急処置に当たる。

「帝都復興」へ

被害の甚大さなどから遷都を求める声もあったが，6日，後藤内相が閣議に付した「帝都復興ノ議」によって牽制される。内容は，①帝都復興専任の計画・執行機関の設置，②復興費の国負担の原則，③罹災地を公債で買収―整理後に再分配・再貸付（焦土全部買上案）という大胆なものであった。12日には「帝都復興ノ議」を踏まえた大詔渙発，「（略）旧態ヲ回復スルニ止マラス進ンテ将来ノ発展ヲ図リ以テ衢衢ノ面目ヲ新ニセサルヘカラス」と明記され，帝都復興の方針が確立する。17日には臨時官庁・帝都復興院起立（総裁は内相兼務）。

この復興事業では，複雑な政治状況を背景に，総理大臣を長とした「帝都復興審議会」を頂点に，復興事務を一括専務する臨時官庁「帝都復興院」とその附属機関「帝都復興評議会」を置き，平時の都市計画法制・官制である都市計画地方委員会の調整・協議によらず，国主導で緊急に事業を遂行しようとしたものであった。しかしこの急造の制度設計が仇となり，本来，内閣を支える立場の帝都復興審議会で伊東巳代治の外債依存否定，江木千之の無償減歩違憲論など大弾劾に遭い，第47帝国議会でも計画縮小の集中砲火に遭う。最終的には焼失地域内で従前の「八億円計画」をなぞるに近いかたちで，限られた予算の下，腹心とともに復興事業と格闘することになる。その上，帝都復興院の事業は，東京・横浜の復興事業・街路など直営事業に限られ，当初一元的に管理・計画される企図だった官衙の復興，逓信施設や鉄道駅など各省庁所轄の事業・施設の復旧費は埒外のものとなった。さらに，虎の門事件・山本内閣総辞職を経た翌年2月には帝都復興院が廃止，復興事業は内務省の外局として新設の「復興局」および東京市・横浜市が緊密な連携体制を構築しつつ，継承・担当することになる。

実際の復興案の変遷としては，まず「帝都復興ノ議」の一大方針「焦土全部買上案」が財政難から頓挫，早晩，土地区画整理事業による用地捻出に転換。山田博愛らによれば，閣議で示された後藤の理想案や並行した東京市案，議会の動向を踏まえながら，①震災直後，30億・20億・15億・10億の4案を作成するも現実味ある10億見当にまとめる，②10月18日の復興院理事会で「甲案（13億円見当）」「乙案（10億円見当）」に集約，③予算修正対応のため骨子を明示した「基礎案」作成という道筋をたどったという。また宮尾舜治によれば「（略：予算不足で）到底山の手郡部に及びそうもないから（略）計画草案を残して，将来特別都市計画委員会の仕事とした」とあり，実際郊外の街路は白抜きで示されるにいたる。

実施された「帝都復興事業」の概要

大正13（1924）年〜昭和5年（1930）年の7年間に，焼失区域全域に対する復興区画整理事業を遂行，一割減歩を原則として道路や不足している社会基盤整備の用地の捻出を行った。その結果，主要な成果としては，昭和通りなど主要52路線・114 kmの復興幹線街路，国施行（折下吉延らの設計による）3公園（隅田・浜町・錦糸），市施行の52小公園と117の復興小学校（復興小学校・小公園），復興6大橋含め425の橋梁，建築の不燃化・共同化事業，築地や神田などの中央卸売市場や公営食堂その他各種の社会事業―また直営ではないが財団法人同潤会による近代的な住宅供給などがなされた。

帝都復興事業によって，東京・横浜両都市の都市基盤整備は飛躍的に進み，現在まで都市の骨格として機能しているが，国の復興予算削減の煽りによって東京市の負担が増大し以降の市財政の硬直化を招く。国家財政としても震災手形問題や復興資材の輸入超過問題など深刻な問題を内包することにもなった。

なお，太田圓三や佐野利器・伊東忠太ら帝都復興計画の中核にあった人物が，復興建築の在り方や具体的には隅田川などの主要橋梁の設計・意匠について，早い段階

から都市景観・都市美への問題意識をもって実際の各事業にあたっており，都市美協会の活動などと併せて，帝都復興期になされた様々な議論の水準・見識の高さと今なお通用するこの課題の普遍性を垣間見ることができる。

後藤新平（1857−1929）

安政4年（1857），胆沢郡水沢（現・岩手県奥州市水沢）で下級士族の家に生まれる。安場保和らの支援を受け，須賀川医学校に学び医師となり，愛知県医学校校長を経て内務省衛生局・同局長の職に就き（明治25年（1892）），市区改正事業の上下水道問題などにも関わるが，相馬事件（華族の御家騒動に連座，明治26年）により失脚。その後，石黒忠悳の推挽・児玉源太郎の抜擢で日清戦争後の帰還兵検疫事業を計画・完遂。のち同じ児玉の許で台湾総督府民政長官（明治31年〜39年），日露戦争後の南満洲鉄道株式会社社長（明治39年〜41年），逓相・鉄道院総裁，内相などを歴任し，政策課題ごとに科学的な方法論と旧慣調査（史的調査・社会調査）を車の両輪として駆使，有為な衛生行政・都市行政を実施しこの分野での経験知を体得した。昭和4年（1929），脳梗塞で他界。

復興区画整理事業

焼失地約1,100万坪を対象とした区画整理は，原則「1割減歩」（減歩率が1割を超過した箇所は補償・買上）とし，対象地全体を66地区（施行は65地区）に分け，内50地区を東京市，15地区を復興局が事業を施行。復興幹線街路などと整合性をとりながら，区画整理地区委員会ごとに，街区の実態・旧態の接道状況を踏まえつつ詳細な議論を経て換地がなされた。この結果，江戸期以来の細街路・不整形の街区は拡幅・整形され，街区内も4m幅員の街路が多く整えられ，上下水道・ガスなどの社会基盤も整備された。区画整理の結果，約203,500棟が移転対象となり，施行前の一般宅地18,767,000 m²のうち，約12%の2,348,000 m²が道路など公共用地となった。

復興小学校・小公園

東京市内の小学校全196校中，旧市街・下町の117校舎が焼失した。復興当局は，街中の「地域の核」となる施設として小学校を重要視し，表現主義を含むモダニズムの意匠を基調としつつ，耐震・耐火の能力を具備した鉄筋コンクリート（RC）造・基本3階建による建築更新を行った。建設にあたっては後藤・永田の要請で佐野利器が東京市建築局長を兼職し，子供の衛生概念の増進，理科教育・公民教育の充実を重視，広い廊下・階段室・大きく窓をとった明るい教室とともに，水洗便所・暖房の普及など建築の機能向上を重視した設計を進めた。また，区画整理によって多くの小学校が地区内で移動しRC

化されていくと同時に，敷地の捻出できる学校周辺では，安全な通学路の確保，狭小な校庭を補い，地域の憩い・交流の場・緊急時の退避の場としての小公園を併設する手法を採った。この設計思想は東京市公園課の井下清らが主導したもので，復興117校中52校に付設された。

同潤会

内務省が主導して大正13年（1924）に設立された，良質な住宅供給を目的とした財団法人。原資は震災への義捐金約1,000万円を充て，代表理事は内務大臣が兼務。

RC造による集合住宅は東京市・横浜市によって試みられたが震災で停滞。代わって東京・横浜を対象に国主導で機能面・意匠面とも先進的なRC造のアパートメント（16ヵ所）や普通住宅を建設，原則賃貸で供給した。特にアパートメントは復興都市の居住者となる中間層・会社員などに向けた住宅供給と，不良住宅改良事業（都市計画によるスラム解消）との二つの目的を担っていた。しかし家賃収入を基盤とした経営は必ずしも順調ではなく，当時東洋最大級の集合住宅であった昭和9年（1934）の江戸川アパートメントを最後に集合住宅の供給を中止，以降は職工住宅・都市周縁部の普通住宅（赤羽・松江など約3,500戸）の供給が主な業務となった。昭和16年（1941），新設の住宅営団に業務を移管して解散。

都市美協会

震災後，軒高と壁面線のそろった街衢の整美への意識が高まり，法の条文から漏れた「美観」について，美観地区に限らず，都市全体の像を考える動きが，建築・都市計画関係者のみならず芸術・文筆など様々な立場の人士から主張された。大正15年（1925），これらの検討の場「都市美研究会」が設立。会旨は「都市美に関する研究・批判・計画・建議宣伝」とされた。同会は昭和2年（1926），組織を拡充，研究から実践に踏み出すため「都市美協会」と改称。都市美協会を世に知らしめたのは，昭和4年（1929）官衙集中計画に基づく警視庁移転・新庁舎建設に際し，その望楼について「国会議事堂への眺望景の破壊」「（宮城の風致含め）周囲との不調和」などを指摘し建築計画の変更を求め，成果を上げた運動であった。

参考文献

越沢明『東京の都市計画』（岩波新書）岩波書店，1991.
石田頼房編『未完の東京計画』筑摩書房，1992.
田中傑『帝都復興と生活空間』東京大学出版会，2006.
東京市政調査会『日本の近代をデザインした先駆者・生誕150周年記念後藤新平展図録』東京大学出版会，2007.
鶴見祐輔・一海知義校訂『正伝 後藤新平』（御厨貴編『正伝 後藤新平・別巻 後藤新平大全』）藤原書店，2007.
中島直人『都市美運動』東京大学出版会，2009.

[川西 崇行]

関一と大阪の都市計画

明治から大正期にかけ，日本の経済が軽工業から重化学工業へと発展を遂げるに従い，大阪も発展を遂げた。大阪市の人口は，江戸時代最盛期の人口42万人（明和2年（1765））から，大正9年（1920）には125万人となり，そして大正14年（1925）の第2次市域拡張時は211万人と，ついには当時アジア最大の都市となった。この大大阪時代の都市政策を陣頭指揮したのが，学者から大阪市助役に転身し，のちに第7代大阪市長となった関一であった。関は市域拡張，大阪市区改正設計，地下鉄建設，御堂筋築造，学制統一，商科大学設立などを行い，大阪の繁栄を築いた。

助役就任の3年後，大正6年（1917）には大阪市に都市改良計画調査会を設置し，東京市区改正条例の準用，将来的な都市計画法，市街地建築物法の制定に備えた準備を始めた。その内容は土地利用，人口，住宅供給，交通調査，街路，遊園・公園，港湾，財政などにいたる総合的な内容であった。そして，大正12年（1923）第7代大阪市長になると，その設計図を実行に移し，具体的な都市計画に着手した。

関一の考える都市計画とはどのようなものであったか。彼の著書『住宅問題と都市計画』には「都市計画の目的は我々の居住する『住み心地よき都市』たらしめんとするに在る」と書かれている。明治以来，東洋のマンチェスターを目指し，重化学工業の強化をはかってきた大阪は，経済を支える強力な産業を得た反面，煙の都となってしまった。住工混在など土地利用も無秩序で混乱し，急激に進む都市化に対し，十分な対応ができていなかった。また，都心では江戸時代のままの旧態依然とした市街地が広がっており，近代的な都市活動にふさわしい土地の高度利用を実現する適切な改造が必要と考えていた。こうした関の考え方を支柱に，大阪の都市計画は，都心の「治療」と郊外の「予防」という二本立ての考え方が確立していった。

都心部の既成市街地では，当時市区改正と呼んでいたとおり，（時代に適合していない旧い）市街地を改良することを目的とした「治療」を中心に据えた。その代表的取り組みが大阪駅付近都市計画事業，御堂筋であった。これらの事業は当初地域的土地収用制度（いわゆる超過収容）による建築敷地造成を行うことを想定し，市街地の美観形成を目指した美観地区指定も行われた。関東大震災後の帝都復興によって国からの財政支援が期待できなかったため，御堂筋築造では地下鉄整備とともに受益者負担制度を導入しその窮地を乗り切った。また，

近代の大阪の都市計画年表

年	出来事
大正3年（1914）	関一大阪市助役に就任（大阪市長：池上四郎）
大正6年（1917）	大阪市都市改良計画調査会設置（会長：関一）
大正7年（1918）	大阪市都市改良計画調査会「大阪市街改良法案」 東京市区改正条例を5大都市へ準用 内務省に都市計画調査会が設置 （大阪市から関一・市助役と片岡安・関西建築協会理事長が委員に参加）
大正8年（1919）	都市計画法，市街地建築物法公布 大阪市区改正設計内閣認可
大正10年（1921）	第1次都市計画事業認可
大正12年（1923）	関東大震災（9月1日） 関一第7代大阪市長に就任
大正13年（1924）	更生第1次都市計画事業認可
大正15年・ 昭和元年（1926）	御堂筋着工 大阪駅前整理計画協議会成案
昭和3年（1928）	綜合大阪都市計画決定 大阪市区改正設計の変更内閣認可 大阪駅付近都市計画事業認可
昭和4年（1929）	高速交通機関（地下鉄）事業認可
昭和5年（1930）	地下鉄着工
昭和8年（1933）	地下鉄1号線（梅田〜心斎橋間約3.1km）開通
昭和9年（1934）	大阪都市計画美観地区指定 大阪駅付近都市計画事業変更（大阪駅前土地区画整理事業を分離施行）
昭和10年（1935）	関一死去（市長在職中の腸チフスによる） 地下鉄1号線（心斎橋〜難波間約0.9km）開通 大阪駅前土地区画整理事業着手 大阪駅付近都市計画事業着手
昭和12年（1937）	御堂筋竣工（工期約11年7ヵ月）
昭和13年（1938）	大阪都市計画美観地区追加指定（大阪駅周辺が追加）
昭和14年（1939）	船場後退建築線指定
昭和15年（1940）	大阪駅前土地区画整理事業完了

街路拡幅を行わない既成市街地では，船場後退建築線など，建築線を活用した都市空間の近代化が目指された。

一方，郊外においては，無秩序に市街化が進んだこれまでの反省も踏まえ，計画的に良好な住環境や緑環境を備えた市街地整備を実現する「予防」が中心に据えられ，耕地整理の準用，土地区画整理などにより良好な住宅地形成と公園・緑地整備が行われた。

関 一（1873−1935）

大阪市助役として大正3年（1914）から大正12年（1925）の約9年半，市長として3期，昭和10年（1935）に亡くなるまでの11年3ヵ月という前後20余年にわたって大阪の都市づくりに貢献した。東京高等商業学校

（一橋大学の前身）の教授職を辞して転身した関は，ベルギー，ドイツへの留学経験により有していた当時最新の都市政策の知見をもとに，その導入をはかった。

助役時代には柴島水源地の整備，全国初の結核療養所，日本初の公設市場開設，市営住宅の建設，市立公園の設置などを行い，貧民救済と公益事業に力を注いだ。市長時代には，第二次市域拡張，御堂筋築造，地下鉄建設，大阪港整備をはじめ市営住宅の整備，大阪城天守閣の再建，商科大学設立，大阪市中央卸売市場の開設など様々な都市政策を実行した。

大阪市区改正設計（⇨大阪市街改良法案）

大正6年（1917）大阪市に発足した都市改良計画調査会で進められていた市区改正設計案は，道路，鉄道，河川，運河，築港の新設拡張と郊外地の開発を含む総合的な都市計画で，翌年の東京市区改正条例の準用決定と同時に発足した市区改正部において設計作業が進められた。そして，このうちの道路計画が大正8年（1919）12月13日に，大阪市区改正委員会（後の都市計画大阪地方委員会）に付議され，12月23日に内閣の認可を得た。

その後，大正9年（1920）1月に都市計画法が施行され，大阪市はこの法律による都市計画区域とみなされ，市区改正設計は既定の都市計画とみなされた。大正10年（1921）には市区改正設計を実施に移す事業として，第1次大阪都市計画事業が認可された。

大阪駅付近都市計画事業

大阪では明治から昭和期にかけ，私鉄および市電・地下鉄が急速に発達し，市内各ターミナルに集散する人と諸車が増加の一途をたどった。ことに大阪駅前は，阪神電鉄，市電，阪急電鉄，地下鉄が次々に開通し，市電道路や第1次都市計画事業による御堂筋や周辺街路が順次完成し，交通網の集中する巨大ターミナルとして発展していた。

大阪駅付近都市計画事業は，それまでの関係者協議による整備計画（大阪駅前整理計画協議会成案）をもとに，道路の新設・拡幅，駅前広場の新設，地下道新設，駅南側の街区の建築敷地造成事業で構成され，昭和3年（1928）に認可を得た。しかし，その後も財政窮乏などの理由で進まず，昭和9年（1934）に敷地造成は大阪駅前土地区画整理事業に分離し，街路，地下道，広場を中心とした事業へと変更され実施された。

御堂筋

大阪の北の玄関口である大阪駅前，梅田と南の玄関口である難波を結ぶ，全長4.4km，幅員24間（43.6m）の広幅員街路。大正15年（1926）着工，昭和12年（1937）竣工で，地下鉄整備と一体的に事業が実施された。

大阪市区改正設計により，船場地区など既成市街地を貫通する南北幹線として計画された。近世からの市街地である船場を貫通する周辺は，従前の幅員が6〜8m程度しかなかったため，用地買収も難航した。さらに，世界恐慌や関東大震災により国からの財政支援が見込めなかったこともあり，沿道および周辺の地権者に負担を求める受益者負担制度によってその事業費を確保した。

主要区間は緩速車道を備えた4列並木を備え，竣工当時の街路樹は大阪駅前〜大江橋はプラタナス，淀屋橋以南は銀杏であった。

美観地区

大阪市区改正設計，第1次大阪都市計画事業の着手などにより，街路や橋梁が先行して都市計画が進められたが，この時期には大阪市庁舎，堂島ビル，大阪ビルディングなど，高層建築が姿を見せ始めていた。近世に成立した旧市街地を都心に抱える大阪では，御堂筋や大阪駅前などの街路拡幅にあわせて主要街路や駅前にふさわしい高層建築を実現するための建築敷地造成が重視され，将来建つ建築物の美観を整備統制する必要があると考えられた。

そこで昭和9年（1934）には，大阪駅前，中之島地区，御堂筋沿道などを対象として大阪都市計画美観地区が指定され，昭和13年（1938）には大阪駅前の追加変更がされた。しかし，高さの制限や外壁の材料，主色の指定などが検討されたが，具体的な規制には至らなかった。

船場後退建築線

昭和14年（1939）には，大阪の都心，船場で船場後退建築線が指定された。本制度は市街地建築物法第7条但し書によるもので，建築線を道路側の敷地境界線より後退させることにより，町家の建ち並ぶ近世の旧態依然とした市街地で，高い建築物の建築を可能にし高度利用を目指した。また，建築線により道路側にできる空間を歩道として利用し，狭隘な旧市街の沿道改善につなげる意図があった。戦時体制の強化や地権者の反対から戦前にこの制度が機能することはなかったが，戦後に戦災復興の土地区画整理事業が見送られた船場では，この制度が戦災復興と都市空間の近代化に大きな役割を担った。現在は船場建築線として，建築基準法第42条第1項第5号の規定による道路の境界線とみなされ運用されている。

参考文献

大阪市計画局「大阪のまちづくり―きのう・今日・あすー」財団法人大阪都市協会，1991．
大阪市「第一次大阪都市計畫事業誌」大阪市，1944．
大阪建築法制100周年記念事業実行委員会「建築のルール・大阪100年の歩み」大阪府建築士会，1988．

［嘉名 光市］

石川栄耀と名古屋の都市計画

内務省の都市計画技師初代任用者の1人として石川栄耀（ひであき）が任用され，大正9年（1920）に都市計画地方委員会技師として名古屋に赴任する。

戦前期，名古屋は六大都市のなかでも区画整理事業を中心として最も都市計画が実践された都市であり，その事績を引っ張る存在として内務省都市計画名古屋地方委員会の果たした役割はきわめて大きいものとなった。

戦前名古屋の都市計画

大正7年（1918），名古屋市は市区改正準用都市として国より指定を受け，都市計画については東京と同様の扱いを受けることとなった。この時期，名古屋では産業の振興とともに年間15,000人の増加を示し，市全体で50万人に達する勢いをみせていた。そして，1921年，名古屋市は隣接する周辺16町村を合併し，市域面積が4倍となった。市域の拡大を進めた名古屋市は，翌1922年，周辺町村を含めた都市計画区域を決定し，1924年と1926年の2回に分けて，都市計画法の規定に従い，街路網や公園配置，用途地域など，名古屋都市計画の大綱を定めた。

計画内容は，主に人口増加に伴う市域の拡大を受け，旧市街地の外周（郊外地）を計画的に街路網を整備する内容となっている。また，名古屋港周辺は新たに運河を掘削し，工場地帯とすることで産業の振興を図る計画となっている。なお，本計画を中心的に立案した石川が渡欧中，イギリスの都市計画家 R. アンウィン（Raymond Unwin）に名古屋の都市計画に対して講評を仰いだところ，「君達の計画は尊敬します。しかし，私に言わせればあなた方の計画は人生（life）を欠いている。この計画は産業を主体に置いている，いや，主体どころではない，産業そのものだ」と批評され，石川は「こうした柔らかい意見が聞けたのが何よりも嬉しかった」と述懐している。こうした経験が契機となり，当時，産業中心で進んでいた日本の都市計画に対して，これを批判的に見る視点が石川に宿ることとなる。その後，名古屋での都市計画実務や雑誌「都市創作」への執筆活動を通じて，石川独自の都市計画理念が形成されていく。

戦前名古屋の区画整理事業

当時，東京以外の地方都市においては都市計画事業を直轄で実施するほどの予算は割り振られず，用地を買収して基盤整備を進めていくことはきわめて困難であった。しかし一方で，現実の都市は人口増加と市域拡大のなかで，郊外地の基盤整備が求められていた。このような状況を打破するため，石川を含めた都市計画技師らは，いまだ体系的な技術として確立していなかった組合施行土地区画整理事業をもとに，試行錯誤を繰り返すことで道を切り開いていった。

戦前名古屋は全国的に見ても区画整理の実績が最も高い水準にあった。昭和20年（1945）当時，六大都市で実施された区画整理事業の施行率を比較すれば（下表参照），東京および大阪でようやく3割強であるのに対し，名古屋は市域面積の5割強を区画整理事業によって整備したことがわかる。また，1935年には，県，市，組合連合会が協力して土地区画整理研究会が発足し，戦前の区画整理に関する唯一の専門雑誌「区画整理」を刊行するなど，名古屋は全国の土地区画整理事業において指導的な位置にあった。

このように，戦前名古屋では区画整理事業が先導的に進められてきたのであるが，その一つの要因として，他の諸都市に比べて区画整理組合の設立を技術的経済的に支援する制度が整っていたこと，ならびに区画整理を強力に推進してきた都市計画愛知地方委員会（1922年に名古屋地方委員会から名称変更）の影響があげられる。その中心的な人物として，石川の他にも谷口成之や兼岩伝一，また，区画整理前史となる耕地整理事業で強力なリーダーシップを発揮した笹原辰太郎が存在した。こうした人物のつながりのなかで，戦前名古屋の区画整理事業は実践されたのである。

石川栄耀（1893−1955）

明治26年山形県尾花沢に生まれ，大正7年（1918）

六大都市の区画整理施行面積と市域面積に占める割合（1945年時）

	名古屋市	東京（23区）	横浜市	京都市	大阪市	神戸市
区画整理施行率（%）	56.1	31.3	4.5	5.5	31.0	14.2
区画整理施行面積（ha）	9,073	18,138	1,805	1,582	5,803	1,636
耕地整理	3,850	9,593	1,113	162	1,272	810
土地区画整理	5,223	8,544	692	1,420	4,532	827
市域面積（1945年時）（ha）	16,176	57,865	40,097	28,865	18,744	11,505

区画整理施行率＝（区画整理施行面積／市域面積）%
区画整理施行面積は1945年以前に設立された耕地整理および土地区画整理施行面積の和
［鶴田佳子，佐藤圭二，日本建築学会計画系論文集，470，150（表1），1995をもとに筆者作成］

東京帝国大学土木工学科を卒業，1920年に内務省都市計画技師の第一期生として任用され，都市計画名古屋地方委員会に赴任する。その後，1933年に都市計画東京地方委員会に転じ，戦後は東京都の技師として都市計画課長，建設局長を歴任し，退官後は早稲田大学土木工学科教授となり，1955年現職中に惜しまれながらも死去。

図1　石川栄耀

戦前名古屋都市計画の基礎を築き，東京の戦災復興計画では計画立案から実施に至るまで陣頭指揮をとったほか，日本都市計画学会の設立に深く関与した。その業績を偲び，同学会には「石川賞」が設置されている。盛り場・商店街の育成にも力を尽くし，都市美協会の設立や広場を中心とした都市設計を実践した。歌舞伎町の命名者でもある。著書も多数あり，『都市計画及び国土計画』は都市計画の教科書として版を重ねた。晩年には小学生全集『世界首都ものがたり』など，将来を担う子ども向けの著作を多く残している。

雑誌「都市創作」

「都市創作」は大正14年（1925）に都市計画愛知地方委員会を中心として設立された「都市創作会」の機関誌であり，「都市公論」への合流問題が生じる1930年まで，全55冊が刊行された。「都市創作」の巻頭言には，「我々は天職として都市計画家たることを誇り，都市計画が既存の芸術，社会施設工学の渾てを超へた創作の最も新しい一部門であることを信ずる」と記されており，当時の若い都市計画技師達による理想に満ちた様子が窺える。

「都市創作会」の中心人物である黒谷了太郎は，R. アンウィンと文通しながら「山林都市」と題する日本型田園都市論を連載している。また，石川栄耀は「郷土都市の話になる迄」と題して，「夜の都市計画」や「小都市主義」など，独自の都市計画論を蓄積していった。

組合施行土地区画整理事業

行政が実施主体となる区画整理事業ではなく，民間の土地所有者などが組合を設立し，組合が実施主体となって施行する区画整理事業をいう。事業の財源は，土地所有者の土地の減歩により生み出される保留地を売却して得られる保留地処分金が中心となるが，現在のこうした仕組みは戦前名古屋での区画整理事業が基盤となって構築されていった。

組合施行土地区画整理事業が始まった1920年代当時，事業費の一部は組合員から徴収する方法をとるのが一般的であったが，名古屋の区画整理は剰余地の処分（宅地分譲）の収入によっていた。そのため，各組合はいかにして剰余地を高く素早く安全に処分するかに工夫を凝らすこととなる。具体的には，電車やバスなどの交通機関の整備，集団住宅や小公園の整備，発展素（工場，学校など）の誘致などが考案された。これらは，基本的に組合による自主的な運営によっており，戦前名古屋では田代地区や豊田地区などユニークな区画整理設計が数多く実施された（図2）。

石川はこうした考え方を「経営主義」と呼び，戦前名古屋では多くの地主が自主的に組合を設立することとなった。その結果，名古屋の区画整理事業は他都市に比べても高い水準で実施され，都市計画の先進都市として名古屋の事績は日本の都市計画史に位置付けられることとなった。

図2　ユニークな区画整理例（田代地区）
放射循環形の街路網が敷かれ，街路の交差部はY字が多く設計されている。［『旧版地形図』国土地理院，1937］

土地区画整理研究会

昭和10年（1935），都市計画愛知地方委員会が中心となり，名古屋において土地区画整理研究会が発足した。その機関誌として発行された雑誌「区画整理」は同年10月から1944年6月まで刊行され，戦前の区画整理に関する唯一の専門雑誌となった。「区画整理」発刊のいきさつについて，土地区画整理研究会の主要メンバーであった兼岩伝一（都市計画愛知地方委員会技師）は「その出発が特に順調であり，その後も順調に発展し得たのは名古屋を中心とする区整界の熱心な後援であり（中略）雑誌「都市創作」の理想と基金を継承したことによる」と述べている。

また，雑誌「区画整理」の表紙には「土地区画整理は都市計画の母，土地開発の鍵である」というスローガンが毎号掲げられており，都市計画関係者のなかでは現在でも通じる有名な言葉となっている。本雑誌は区画整理実務家による実務家のための雑誌となっており，戦前都市計画の実情を知ることができる他にはない貴重な論考集となっている。

［西成　典久］

参考文献

中島直人，西成典久，初田香成，佐野浩洋，津々見崇『都市計画家　石川栄耀』鹿島出版会，2009．

都市計画技術の発展と地方展開

都市計画法は大正8年（1919）4月5日に公布され，当初，六大都市に適用された。初期の都市計画技術官僚たちは，それぞれ都市の実情にあわせて丹念に計画を練り上げ，特徴的な計画を策定している（⇨後藤新平と帝都復興，⇨関一と大阪の都市計画，⇨石川栄耀と名古屋の都市計画）。大正末から昭和初期にかけて，都市計画法は県庁所在地や工業都市に順次適用されていったが，法定都市計画の普及と地方への展開において重要な契機となったのが，昭和8年（1933）3月29日の都市計画法改正である。

都市計画法の改正に伴い，同法の適用範囲はすべての市と内務大臣の指定する町村へと拡大され，全国各地で法定都市計画が策定されるようになった。法定都市計画の普及にあわせて，内務省は同年7月20日に「都市計画調査資料及計画標準ニ関スル件」を各道府県の都市計画地方委員会宛に通牒している。この計画標準は，公式の都市計画マニュアルとして長らく計画策定の現場で使われることになる。計画標準の普及によって，専門技術者が手掛けなくても法定都市計画の水準が一定以上に保たれる反面，画一的な都市計画図が大量に作成されるようになった。また昭和8年度には，国府県道の改良に該当する都市計画街路に限ってではあるが，国庫補助金が交付されるようになり，一定水準以上の広域道路が各地で整備されていった。

昭和初期の都市計画技術の進歩に大きな影響を及ぼしたのが，大正13年（1924）にアムステルダムで開催された国際都市計画会議で採択された大都市圏計画の7原則であった。大都市をグリーンベルトで囲い，その外側に衛生都市を配置する広域的な地方計画の考え方は，当時の都市計画技術者の間では共通認識となっており，それを応用したのが昭和8年から昭和14年にかけて作成された東京緑地計画である。東京緑地計画は緑地に限定されてはいるが，環状緑地帯，大公園，公園道路，墓苑，史蹟名勝，自然公園などを機能別に体系化した都市計画マスタープランであった。このほかにも近畿圏，名古屋圏，北九州の一帯で，計画案も含めて地方計画が作成されたとされる。一方，大都市から連担して市街化が進行する町村にも都市計画法が適用され，大都市圏を抑制する手立てとして法定都市計画が使われるようになるが，都市計画区域間の調整などの問題があり，郊外地の統制は限定的だった。

昭和15年（1940）9月の「国土計画設定要綱」の閣議決定以降，国土計画−地方計画−都市計画という計画体制が模索され，高度国防国家の建設に向けて大都市の抑制と工業の地方分散化が都市計画の重要な課題になる。そのなかで昭和戦前期に培われた一連の計画技術は，防空都市計画へと収斂していくことになる。大都市近郊では，東京緑地計画に代表されるように，市街地の膨張を抑制するとともに防空空地として機能する環状緑地帯が構想されるようになり，大規模な緑地・公園の用地買収が進められた。一方，昭和15年に開始された新興工業都市建設事業では，国庫補助による公共団体施行土地区画整理によって全国各地で工業開発が推進された。新興工業都市計画は，軍需工場の立地を前提とした一種のニュータウン建設であり，植民地下で実践されていた都市計画技術が応用されることになる。特に1929年に C. ペリー（Clarence Arthur Perry）が定式化し，欧米で普及しつつあった近隣住区論を応用した「計画単位」の考え方が導入され，内務省の「新興工業都市建設の指導要領」（昭和16年）に基づき，防火ブロックを構成する住区を一つの近隣単位とする計画が作成されるようになった。戦争末期には防火のために建物疎開が強制的に進められる一方，都市機能を維持するために戦時住区が導入された。

計画標準

計画標準は，都市計画を策定する際の拠りどころとなるものであり，関東大震災後の帝都復興事業でも一定の基準が定められていた。昭和2（1927）年4月に開催された第二回都市計画主任官会議では，「街路網決定標準」「地域決定標準」「地域告示様式」「土地区画整理審査標準」「都市計画区域調査資料」「地域決定調査資料」「街路網及運河調査資料」が示されている。これは，はじめての都市計画の例規集である『都市計画必携』（昭和3年発行）にも掲載され，都市計画技術者のハンドブックとして広く使われたことにより，都市計画の現場に計画標準が浸透するようになる。昭和8（1933）年7月20日には，公式の計画標準である「都市計画調査資料及計画標準ニ関スル件」が内務次官から各地方長官，都市計画地方委員会宛に通牒され，都市計画関係の調査資料のほかに「街路計画標準」「運河計画標準」「地域決定標準」「公園計画標準」「風致地区決定標準」「土地区画整理設計標準」が定められた。また，昭和12年（1937）に「都市計画土地区画整理決定資料ニ関スル件」，1939年に「地区調査資料及計画標準ニ関スル件」が追加された。

地方計画論

大正13年（1924）に開催されたアムステルダム国際都市計画会議において，大都市圏計画の原則が採択され，都市計画の上位計画となる広域的な地方計画に，日

本の都市計画技術者たちは多くの関心を寄せるようになる。特に，田園都市の思想に基づき，母都市の周囲をグリーンベルトで囲うことで市街地の膨張を抑制し，その外側に衛生都市を配置するというプロトタイプは，東京緑地計画（昭和14年（1939））などの広域計画に大きな影響を及ぼすことになる。昭和初期には，地方計画（regional planning）に関する欧米の文献が「都市公論」などの専門雑誌に紹介されたほか，飯沼一省（当時の内務省都市計画課長）『地方計画論』（昭和8年）などの著作が刊行されている。

戦時下には，国防の観点から大都市抑制は都市計画の重要な課題となり，地方計画論の具体化に向けた検討が進められるようになる。東京緑地計画のほかにも，関東国土計画（昭和11年），近畿地方計画（昭和11年）などの計画案が作成されたほか，北九州5都市では広域計画の考え方から一体的な都市計画街路，地域指定が計画決定された。昭和15年には国土計画設定要綱が閣議決定され，国土計画－地方計画－都市計画の計画体制が模索されるようになり，「都市計画及地方計画に関する調査委員会」（委員長・内田祥三）において，地方計画法の制定に向けた議論が重ねられたが，制定には至らなかった。

防空都市計画

昭和12年（1937）4月に防空法が公布され，内務省大臣官房都市計画課は都市計画と防空を所管する計画局に改組される。昭和14年7月に内務省は「防空土木一般指導要領」を定め，都市計画に関しては，市街地を広幅員道路，河川，公園緑地などで一定の間隔に区切り，防火区画に分割する方針を示している。昭和15年4月1日に都市計画法が改正され，第一条の都市計画の目的に「防空」が掲げられた。

昭和16年11月に防空法が改正され，一定区域の防空空地を定め，建築制限が可能になった。昭和18年3月には，東京と大阪に防空空地帯が指定されており，終戦までに市街地内の大規模な空地・公園と，外周を囲う環状緑地帯の確保が進められた。昭和18年末には都市疎開実施要綱が閣議決定され，翌年から強制的に空地帯をつくるための建物疎開が開始された。昭和20年6月には緊急住宅対策要綱が決定され，戦災を受けた主要都市において戦時住区を定め，官公庁や工場などの重要施設で働く緊急人員の生活施設を確保した。

近隣住区論

近隣住区論は，C. ペリーが1929年に『ニューヨーク圏地域調査』（第7巻）のなかで定式化した理論であり，規模，境界，オープンスペース，公共施設用地，地区的な店舗，内部街路体系の六つの原則に要約される。ニューヨーク郊外のラドバーンで実践された後，世界中に伝播することになり，イギリスのニュータウンをはじめ各国の都市計画基準に採用された。

日本における近隣住区論の嚆矢となるのは，内田祥三・高山英華らが昭和13年（1938）に計画した大同都邑計画（現中国山西省）である。近隣住区の計画単位は，日本建築学会住宅問題委員会の「庶民住宅の技術的研究」で考究されている。また昭和16年に内務省計画局が作成した「新興工業都市建設の指導要領」にも近隣単位が示されており，戦時下の工業開発に応用された。例えば，日立製作所水戸工場が建設された勝田では，国民学校区を計画単位とした土地区画整理が計画されている。

戦後，近隣住区論は，戦災復興計画の計画標準に取り入れられたほか，ニュータウン建設の計画理論として普及することになる。

全国都市計画協議会

全国都市計画協議会は，旧都市計画法の制定から15年が経ち，法定都市計画が一通り策定された段階で，具体的な実践に向けた専門的な研究協議を行うために，都市研究会（⇨都市計画法の制定）と開催県によって共同で企画された。

第1回は，昭和9年（1934）5月20日・21日に静岡市で開催され，都市計画街路，土地区画整理，市街地災害復興事業の実施方法について協議された。第2回は，昭和10年6月7日〜9日に福岡市で開催され，都市計画法と市街地建築物法の再吟味について協議が行われた。第3回は，昭和11年5月4日〜6日に富山市で開催され，地方計画の制度化に向けた具体的方法と中小都市の都市計画に関する指導方針などについて協議された。第4回は，昭和12年7月7日〜9日に札幌市で開催され，多様な協議が行われた。

参考文献

石田頼房『日本近現代都市計画の展開 1868−2003』自治体研究社，2004.
越澤明『復興計画』（中公新書），中央公論新社，2005.

［中野 茂夫］

災害からの復興都市計画

災害からの復興と土地区画整理事業

災害大国のわが国では，地震，大火，河川氾濫，津波などの度重なる自然災害からの復興が，都市計画事業を推進する重要な機会となってきた。とりわけ復興都市計画の一環として実施された土地区画整理事業が，被災地において歴史的に形成されてきた市街地を大きく変容させることになった。

復興事業としての土地区画整理事業の嚆矢は，都市計画法制定の2年後の大正12年（1923）5月に東京府四谷区新宿町（604戸焼失）と同浅草区田町（1,241戸焼失）で発生した大火からの復興にあたって実施された土地区画整理事業である。ただしこれらの事業が竣工する前，大正12年（1923）9月1日に関東地方は大震災に見舞われた。被害の大きかった東京の東部一帯および横浜市中心部を対象に，焼失区域の約9割にあたる広い範囲（東京3,098 ha，横浜358 ha）で帝都復興土地区画整理事業が実施された。帝都復興事業（⇨後藤新平と帝都復興）は昭和5年（1930）までに完了したが，この復興の現場で育成された技術者，専門家たちが，その後の全国各地での平時の土地区画整理事業および災害からの復興土地区画整理事業を担うことになった。

関東大震災後も全国の都市で災害は続いた。例えば大正14年（1925）に発生した北但大震で兵庫県豊岡町，城崎町は壊滅的な被害を受けた。被災後，斜路やロータリー広場，河川沿いの道路の新設など意欲的な内容を含む土地区画整理事業（⇨組合施行土地区画整理事業）を実施し，復興を果たした。しかし，都市計画法の適用都市ではない市町村では土地区画整理事業が実施できず，市街地建築物法を適用して建築線を定めるに留まった地域もあった。また，石川県山中町の温泉街で昭和6年（1931）に発生した大火後の復興では，市街地建築物法の適用による建築線の指定と町独自の土地区画整理条例に基づく復興事業が先に実施され，昭和8年（1933）の都市計画法改正（町村に対する条件付き都市計画法適用）により山中町で都市計画法が適用された後に土地区画整理事業として追認するという事業先行型の事例もあった。都市によっては，災害からの復興が都市計画適用の端緒ともなっていたのである。

復興都市計画の焦点と課題

復興都市計画で重視された事項として，火災拡大の遅延や延焼の遮断を目的とした植樹帯を有する広幅員街路＝防火帯の建設があった。わが国では，慶応2年（1866）に横浜の関内居留地で発生した大火後に外国人居留地と日本人街の境界に新設された日本大通りや，明治初期に計画，建設された北海道諸都市で導入されていた火防線と呼ばれる広幅員街路（現在の札幌の大通公園が代表事例）など，防火帯としての広幅員街路という発想は早い段階で普及していた。近代都市計画もまたその発想を受け継いだ。昭和9年（1934）の函館大火後の復興計画に基づいて建設された広幅員街路網は，函館山からの美しい夜間景観を生み出す基盤としてよく知られている。

一方，復興都市計画にあたっては，災害後の建築制限も都市計画上の重要な課題であった。被災後に被災者の生活再建という観点から応急的，仮設的に建設される建物（バラック）が除去期限を過ぎても残存することが，長期的な観点にたった復興都市計画の実施にあたっては大きな障害となった。したがって，短期的な生活再建と長期的な都市復興との関係を勘案しつつ，的確な建築制限を行うことが必要とされた。例えば，昭和15年（1940）の静岡大火後の復興過程では，応急仮設建築物の規模を原則10坪，着工期限を被災後2ヵ月と従来よりも厳しく制限した。

戦前期の都市計画の計画立案，事業決定は内務省が担っていたが，事業の実施費用は地方公共団体が負担する仕組みになっていた。都市計画事業に対する国庫補助は認められていなかった。しかし，緊急を要する災害からの復興都市計画は，都市計画事業に対する国庫補助の道を開拓していくことになった。昭和8年（1933）に発生し，岩手・宮城両県の沿岸都市・集落に甚大な被害をもたらした昭和三陸津波後の復興にあたっては，住宅適地造成事業（高所移転）に対して国庫補助が行われた。他にも，函館大火や静岡大火などの大規模な災害からの復興では特別に国庫補助が認められ，復興事業を推進させた。

しかし，復興都市計画が全面的に実現するケースばかりではなかった。財政的理由から縮小となることもあった。昭和13年（1938）に発生した阪神大水害からの復興では，大蔵省は被災地域での土地区画整理事業への予算措置を認めず，復興計画の実現という課題は，その後の戦災復興事業に引き継がれることになった。戦前期の復興都市計画の都市計画思想は，時代を超えて継承されていったのである。　　　　　　　　　　［中島　直人］

防火帯

市街地火災の拡大を遅延・遮断するために耐火・防火性能を付与した建築物の集団や公園・緑地帯などの空閑地を一定の長さや奥行きをもたせて配置したもの。計画地が民有に係る場合には実現のための規制や補助が必要である。近代以降の民有建築物による防火帯整備は明治14年（1881）東京防火令による屋上制限（不燃質材に

よる屋上葺き替え）と路線防火（煉瓦造，石造，土蔵造への建て替え）の義務付けで本格化し，その後，防火地区（大正11年（1922）に東京・横浜で指定，その後他都市へ拡大）制とその実現のため防火地区建築補助規則（大正13年（1924））が導入され，それらが発展した防火地域制（昭和25年（1950））と耐火建築促進法（昭和27年（1952））によって形成された。公有建築物による防火帯整備は公営住宅を30棟連ねて建設しようとした静岡市の事例（昭和23年（1948）〜26年（1951），未完成）がある。空閑地による防火帯整備は区画整理や戦時中の空地地区制・建物疎開などにおいて実現された。

[田中 傑]

函館大火

昭和9年（1934）3月21日に函館市西部の住吉町を発火地点として発生した大火。立地，地形上の特性から何度も大火に襲われていた函館では，延焼遮断帯としての20間幅員道路の築造や消防路線指定区域の不燃化などの対策が明治期より進められていたにもかかわらず，焼失面積は市域の3分の1にあたる4,156 haに及び，焼失戸数22,677戸，死者2,054人という被害が生じた。内務省都市計画課長の飯沼一省らが火災直後に訪函し，直接復興計画立案の指導にあたり，昭和9年（1934）4月には街路，区画整理，公園の都市計画が公示された。復興計画では幅員55 mないし36 mで，豊かな植樹帯を備えた広幅員街路によって市街地に防火区画を設定した。大火からの復興土地区画整理事業としてはわが国の都市計画史上最大の424 haに及ぶ組合施行の復興区画整理事業の実施にあたっては，区画整理先進地であった愛知県などから技術者が招聘され，迅速な事業実施がはかられた。

[中島 直人]

静岡大火

昭和15年（1940）1月に軍事技術の発展と国際情勢の緊迫化のなかで発生したため，火災科学・建築防火に関する学術調査が実施された。被災地での建築制限をそれまでの大規模災害時に比べて厳しく（住宅は基本的に平家・10坪まで）することで，仮設建築物の蝟集による復興都市計画事業の遅延を回避した一方，資材統制という時代的要請からそれら仮設建築物を社会基盤の整備後に一定以上の居住水準と防火・防空性能を備えた（半）恒久的建築物へ大規模改修することも求められた。復興市街地には防火道路や大公園が新設され，新設および既存の道路とともに市街地を細かく区分した。区画整理の進捗を目的に，名目上合併施行した道路事業によって防火道路の予定地の一部を買収したり，都市施設の新設予定地では他の場所に比べて減歩率を高くする（事業区域外への転出，清算金による調整が実施）など，土地の使用価値の観点では「公平原則」の建前を度外視した現実主義が目立つ。

[田中 傑]

昭和三陸津波と高所移転

昭和8年（1933）3月3日午前2時30分に発生した地震によって津波が引き起こされ，1,500名以上の犠牲者を出した。復興計画は内務省都市計画課が主管し，宮城県下の15ヵ町村60部落と岩手県下の20ヵ町村42部落を対象として，都市的集落では原地復帰，漁村の集落では集落ごと高地に移動させる高所移転を基本として立案された。国庫補助（低利資金融資）による住宅適地造成事業（高所移転）のほか，建築・土地利用規制（宮城県海嘯罹災地建築取締規則），街路・区画の整理（岩手県街路復旧事業，8割5分の国庫補助）などが実施された。加えて，岩手県では産業組合を主体とする村落復興を目指し，組合に低利資金融資を行い，住宅と共同施設の建設が進められた。宮城県では，全国から寄せられた義捐金をもとに，日常時は共同作業場やコミュニティ事業に使用され，災害時には避難場所となる震嘯災記念館が各集落に建設された。

[中島 直人]

阪神大水害

昭和13年（1938）7月5日の豪雨による六甲山系の崩壊に伴い複数の河川で氾濫が起き，神戸市，芦屋市，西宮市を中心に死者577名，家屋流出1,995戸の被害を出した。遊歩道と河川緑地からなる夙川公園が被害を軽減したことを受けて，復興計画では各河川沿いの土地区画整理事業や河川合流点での公園新設が構想されたが，実際に実施されたのは防砂工事，河川改修が主であった。土地区画整理事業に対する財政措置は認められず，河川沿いの都市計画道路は当初計画の2割が実現したに留まった。しかし，復興計画の構想は戦災復興都市計画に引き継がれ，河川沿いに幅員100 mの帯状緑地が都市計画決定され，一部規模を縮小しつつも実現された。なお神戸市では水害後に市復興委員会委員を務めた建築家の古宇田實が防災・防空および都市美の観点から河川沿いの遊歩園を強く主張し，後に市戦災復興委員会部会長として構想の継承に貢献した。

[中島 直人]

参考文献

越澤明『大災害と復旧・復興計画』岩波書店，2012.
田中傑，静岡市の戦災復興と都市不燃化，地域安全学会梗概集，No. 37, pp. 87-90, 2015.
田中傑，1940-60年代の静岡市中心部の再形成における戦前期都市計画との連続性・不連続性，都市計画論文集，48(1), 94-99, 2013.

外地の都市計画

第二次世界大戦以前の日本では、大日本帝国憲法施行以降に統治下に置かれた地域は外地と呼ばれ、内地（日本本土）とは異なる法令が施行された。内地の都市計画法・市街地建築物法に相当する法令（以下都市計画法令・建築法令）が整備されたのは、台湾、朝鮮、関東州（遼東半島）である。このほかに、日本の強い影響下にあった満州国（中国東北部）でも都邑計画法として制度化されている。

都市計画法令の導入以前の市街地建設制度は一様ではない。街路などインフラの系統的整備と建築統制の組み合わせが基本であるが、統治施策上の力点の違いが影響している。台湾の台北市区改正は、土地の権利制限制度（市区計画）に則ったインフラ整備や建築誘導であり、台湾総督府民政長官であった後藤新平（⇨後藤新平と帝都復興）の影響を受けて衛生環境の改善が重視されている。朝鮮の京城（ソウル）における市区改正は、もっぱら市街地の拠点間を連結する街路整備であって、土地の権利制限や建築統制とは没交渉であった。韓国統監であった伊藤博文が、農業振興策の一環として国道整備を重点化しており、京城市区改正は国道整備の一部として事業化されたためである。一方、満鉄付属地の経営は社有地のインフラ整備と宅地の貸付である。南満州鉄道株式会社建築規程は、建築物の性能を担保する点で市街地建築物法などと同様の働きをするが、制度上は土地の貸し付け条件であるため、財産権（私有地での建築行為）を制限する市街地建築物法とは異なる。台北・京城の市区改正と満鉄付属地の経営は制度や性格が異なる営みであった。1930年代に本格化した外地都市計画法令の策定は、内地・外地の都市計画制度の標準化という側面もある。

外地法令は、①斬新な理念の導入、②内地に未制定の制度の存在、③戦後の法制度の先取り、などで先進性が指摘されてきたが、表面的な特徴ばかりでなく、背景や運用にも目を配る必要がある。

①について、外地の都市計画法令は都市計画法のみならず市街地建築物法に相当する内容を含んでいる。建築と都市計画の一体化という理想を具現化する先進性の象徴のように説明されてきたが、嚆矢となる朝鮮市街地計画令において、策定手続きの迅速化が重視された結果にすぎず、後続の台湾都市計画令などと同じく、運用においても建築・都市計画は一体化してはいなかった。

②の例として関東州州計画令の農業地域が知られる。農業地域は、農林業などに用途を制限する土地利用規制

である。農産物の生産地と消費地の関係を踏まえた地方計画理論（⇨都市計画技術の発展と地方展開）を背景としており、農地の確保・適正配置を重視した制度である。内地では昭和15年（1940）頃に「地方計画法」として同様の制度が検討されたが、実現には至っていない。時系列的には外地の制度が源流として内地に影響を与えたようにも見えるのだが、地方計画理論は内務省の検討成果で、関東州州計画令への反映は内務省側の意向である。

③の例として満州国都邑計画法の緑地区域が知られる。都邑計画法は康徳9年（1942）改正で、都邑計画区域を市街区域と緑地区域に二分する旨を規定しており、都市計画法に昭和43年（1968）に位置付けられた線引き制度（⇨新都市計画法の制定）の先取りと説明されてきた。緑地区域は農林水産業への土地利用の限定であり、昭和21年（1946）の特別都市計画法に見られる緑地地域とほぼ同じ内容の土地利用規制である。特別都市計画法の緑地地域は人口圧力の空間的遮断であるが、スプロール化の防止に十分な成果を上げられなかった。その反省を踏まえて考案された制度が市街化調整区域であり、人口圧力の吸収策を包含した点に特徴がある。したがって、市街化調整区域にとっての緑地区域は前世代に属する技術である。また、用途規制の細分化も知られるが、その手法は、新設都市における土地利用規制の体系化に優れていた反面、既成市街地の整序になじまない地区制度であった。都邑計画法が既成都市の改良よりも新京のような新設都市の統制を重視したためである。用途規制の細分化は、内地法の発展形というより、異なる社会経済条件の反映である。

外地法令が内地法より先進的に見えるのは、外地法令が後発であり、内地における運用実態や検討成果が反映されていることが主な理由である。内地法も改正を重ねているため、同時点での比較では、内地と外地には多くの場合実質的な差がない。先進的な外地法令と旧態以前とした内地法という単純な二項対立としてとらえるよりも、一連の法令群として改良されてきたと見るのが妥当である。

台北市区改正

台北市区改正は、明治29年（1896）の台北城壁外側への仮溝渠設置に始まる一連のインフラ整備である。着手翌年に制度化された市区計画に則って、街路と下水が一体的に整備された。この手法は台湾総督府に招聘されたW. K. バルトン（William Kinnimond Burton）（内務省雇工師）の意見書に基づいている。各街区は、風向きと採光を考慮して意図的に東西軸から外し、四角形の旧城壁と平行に設計された。城壁跡はライプツィヒにな

らって環状公園が計画されていたが，後に三線道路（二条の緑地帯を持つ公園道路）として整備された。

満鉄付属地

日露戦争に勝利した日本は，ロシアから取得した鉄道の経営主体として，明治39年（1906）に南満州鉄道株式会社（満鉄）を設立した。満鉄付属地とは，鉄道の建設・経営に要する土地であり，土木などの行政活動（地方経営）の権限が満鉄に委譲された。満鉄は奉天・長春など9ヵ所の市街地設計・整備に着手し，総裁の後藤新平の指示によって内地よりも広幅員の街路が導入されたことが知られる。造成された宅地は南満州鉄道株式会社建築規程などを条件として貸付けられた。同規則には衛生，防火，美観の観点から軒高，建坪，構造などの規定が含まれていた。

朝鮮市街地計画令

朝鮮市街地計画令（昭和9年（1934）制定）は，日本統治下朝鮮の都市計画・建築法令である。羅津（朝鮮北部）の人口増加への対応が最初の適用事例であり，内地法に比較して市街地拡張と新市街地の創設が重視されたとされる。本来の目的は京城郊外での公共事業代替地造成であり，大正12年（1923）制定の特別都市計画法にならい，既成市街地での土地区画整理を念頭においた規程も備えていた。昭和15年（1940）には権利制限の強化や緑地地域の導入などを目的に改正されている。独立後の韓国は戦争やクーデターで法律制定全般に時間を要したため，1962年まで有効な法令として運用された。

台湾都市計画令

台湾都市計画令（昭和11年（1936）制定）は，日本統治下台湾の建築・都市計画法令である。朝鮮市街地計画令より制定が遅れたのは，民法への抵触問題の整理に時間を要したためである。土地区画整理は内地や朝鮮のような耕地整理の準用ではなく，台湾都市計画令をもって体系的に制度化されている。既成市街地での土地区画整理を想定した条文が充実した他，国家事業（行政庁施行）を基調とする公企業としての概念が明示されるなど，当時の理想型が実現している。用途地域の専用地域化を可能とする特別地区制度は，関東州州計画令や朝鮮市街地計画令の昭和15年（1940）改正に影響を与えたとみられる。その一方で，従前制度である市区計画や台湾家屋建築規則から，亭仔脚（アーケード）設置義務や都市施設の権利制限手法等の特徴的なメニューを継承している。

関東州州計画令

関東州州計画令（昭和13年（1938）制定）は，日本の租借地であった関東州を対象とした勅令で，内地・外地を含めて唯一の地方計画法令と説明される。都市計画法の運用実績を踏まえて策定されており，守備範囲は都市計画法・市街地建築物法・耕地整理法とほぼ同じで，大きな違いは農業地域の存在である。特別地区制度によって用途規制が10種類に細分化され，敷地面積・空地面積・高度地区が体系化されていた。また，耕地整理と土地区画整理を統合した土地整理が制度化され，内地などの実績を反映して施行者権限が強化されている。

満州国都邑計画法

満州国都邑計画法（康徳3年（1936）制定）は，満州国の都市計画・建築法令である。制定当初はおおむね内地法の移入であったが，満州は内地のような既成都市の改良ではないとして，国土開発に伴う都市創設を主体とすべく，康徳9年（1942）に改正された。都邑計画区域を市街区域と緑地区域に二分する点が斬新であり，住居・商業・工業・混合の用途地域の下に規制を細分化する地区制度が存在した。この地区制度は，指定エリア以外の規制内容をも変化させる点に特徴があり，都市規模に応じた規制の細分化に適していたが，新規市街地の創設時に指定しておく必要があった。また，国土計画の人口配分を統制するために，容積街区制や空地街区制が導入されて，用途指定と容積率指定・空地規制が分離された。土地区画整理は別途定められることとされたが，関係法令は制定されなかった。

新　京

新京は満州国の首都であり，現在の中華人民共和国吉林省長春市にあたる。満州国政府は国務院総理直属の国都建設局を設置し，大同元年（1932）2月に第一期五カ年計画事業に着手した。事業財源は造成宅地の売却益である。市街地は南北軸の大同大街，東西軸の興仁大路を基軸とし，放射ならびに循環系統の街路が配置されている。下水道は一部を除いて分流式であり，市街地全域で水洗式トイレが実現していた。さらに低湿地には雨水管渠を接続して親水公園化している。充実した都市施設や市街地を囲む緑地計画など，当時の理想型の具現化が特徴である。

参考文献

五島寧，朝鮮市街地計画令と台湾都市計画令の特長に関する研究，都市計画論文集，No.49-3，pp.513～518，2014．

五島寧，満州国都邑計画法再考，都市計画論文集，No.51-3，pp.1137-1144，2016．

［五島　寧］

戦災復興期の都市計画

全国一斉に行われた戦災復興事業

国が策定した「戦災地復興計画基本方針」に基づいて，各都道府県・市町村ないし都市計画地方委員会での立案，議論を経て，各地で戦災策定された復興計画で，昭和20年（1945）からおおむね昭和40年（1960）あたりまでの時代の都市計画をさす。第二次大戦後，日本の戦後高度成長期を支える都市基盤を造成したことが特徴である。

全国115都市が戦災都市に指定され，戦災復興事業は全国112都市，約28,000 haで施行された。各都市の中心市街地の都市基盤整備を，主に街路計画の実現のために，土地収用を行うことなく，土地区画整理事業で行った。このような全国に単一の事業が大規模に展開するということは，それだけ空襲の被害が未曾有の事態であったということであるが，日本の都市計画史上きわめてまれなことであった。特に，地方中小都市での土地区画整理の実施が重視され，全国で大都市に偏重することなく事業実施されたのは，昭和20年12月30日に閣議決定された「戦災地復興計画基本方針」において，過大都市の抑制，地方都市の振興，農業，農村工業の振興という理念が反映されたことによる。

戦前の復興事業モデルの継承

昭和21年（1946）9月特別都市計画法が施行され，同法によって戦災復興事業が行われた。戦災復興事業は，関東大震災後の帝都復興計画（⇨帝都復興），その後の各地での災害からの復興計画（⇨災害からの復興都市計画）と同様に，土地区画整理事業を主とするものになった。本事業によって全国の旧来の城下町や宿場町に由来する市街地形態は一新され，近代的な都市改造が実現した。事業で新設された街路網や公園などの都市基盤は戦後の高度経済成長を支えることになる。しかし，戦前の帝都復興時とは異なり，占領下体制，敗戦直後の予算不足，それに伴うインフレなど種々の弊害により，昭和24年2月にGHQの経済顧問であったJ.ドッジ（Joseph Dodge）による経済安定9原則（ドッジライン）が勧告された。この影響によって，事業規模を大幅に縮小して遂行され，計画がそのまま実現されない都市も多く存在した。この戦災復興事業から縮小された区域の一部は，その後都市改造事業へと引き継がれた。

戦災復興計画の内容

「戦災地復興計画基本方針」では，復興計画区域，復興計画の目標，土地利用計画，主要施設，土地整理，疎開跡地に対する措置，建築，事業の施行，復興事業費などを定めた。戦災復興都市計画は，土地区画整理事業によって都市計画決定された都市計画施設（地域，街路，公園，緑地など）の実現をはかることとされた。つまり，①土地利用計画，②街路計画，③施設計画（公園緑地，墓地，上下水道など）を，④土地整理（実現手段として土地区画整理事業の街区設計）にて実現することが打ち出された。各都市の戦災復興都市計画立案のために，土地利用計画，街路や公園などの主張施設の基本的な方針とそれらの計画標準が全国一律で示された。これらの標準はいずれも戦前の標準を上回る理想的な標準が示された。また，緑地地域制度の設定なども盛り込まれたが実現はしなかった。これらを参考にしつつ都市によっては，状況に応じた独自性をもった計画も立案された。

市町村施行の原則

また，戦災復興土地区画整理事業は，特別都市計画法で国の直接執行を認めなかった。そのため，事業は原則として市町村長（東京都の区の事業区域では東京都長官（都知事））が執行することになり，市町村長が執行できない事情がある場合は府県知事が執行することとなった。これは，戦災復興院総裁小林一三の戦災復興の推進を政府官庁による指導や実行以上に民間の力に期待し，官民一体というよりも民官一致で地方の市町村が中心となり，各地各様の持ち味を活かした計画の樹立を目指したことが影響している。しかし，実際に単独で市町村施行を行った自治体は53団体（47.3%）で，半数以上で県が主導して事業実施した。また，東京都では例外的に都施行と組合施行を組み合わせて実施した。

戦災復興事業で造成された空間

戦災復興事業の成果が評価されている都市としては，名古屋，広島，仙台，姫路などが挙げられる。これらの都市では，広幅員の並木道，公園道路（名古屋・若宮大通，広島・平和大通，仙台・定禅寺通り，姫路・大手前通りなど）が造成された。特に戦災復興土地区画整理事業で生み出された代表的な都市空間に，名古屋と広島で達成した幅員100 mの公園空間と一体となった街路空間がある。これらの都市はその多くが計画立案から事業着手が早く，計画縮小の通達が出る昭和24年（1949）6月24日政府閣議決定，「戦災復興都市計画の再検討に関する基本方針」以前にかなり計画が進んでおり，そのまま断行され，完成にいたった。他にも本事業によって多くの地方都市で，主要駅前の交通広場整備と駅前から伸びる広幅員街路整備によって，駅前の景観が刷新された。

戦災復興期の都市計画事業による基盤整備はこの戦災復興事業が主であるが，戦災都市指定されなかったその他の小規模の被災都市や非戦災都市では，生産都市再建整備事業による基盤整備が行われた。

戦災都市

戦災都市は特別都市計画法に基づき，指定された戦災

復興都市計画の対象都市である。米軍爆撃機による空襲および艦砲射撃で被災した都市は，215都市，罹災面積64,500 ha，罹災戸数270万戸，罹災人口980万人にもなる。このうち，被害の大きかった115都市（内3都市は未施行）が戦災都市と指定された。115都市のうち，都道府県庁所在地は31都市が含まれ，日本の多くの都市が，焼け跡，戦災復興を経て，現代に至っている。これら115都市には，師団司令部や兵営のみならず，陸軍造幣廠や海軍工廠といった軍需工場や飛行場などの軍事拠点があった例が多い。これらの拠点爆撃は，日本軍の兵站能力を低減させ，戦争遂行力を下げる戦略的目的があったためである。

特別都市計画法

特別都市計画法は，昭和21年（1946）9月10日に公布され，戦災復興事業を法的に位置付けた法律である。内容は，①行政庁に土地区画整理施行権限を認め，②土地区画整理を必要とする地区を早急に決定するために，施行地区を編入できる土地の範囲を拡大，③土地所有者その他権利者の同意を得て換地を交付せず，金銭で清算，④過小宅地及び過小借地の整理に関する規程，⑤換地予定地の指定に関する規程，⑥建物等の所有者に対する移転またはその占有者に対する立退きを強制し得る，⑦1割5分までは無償減歩である。その後，無償減歩を巡り，憲法違反の議論を経て，戦災復興院は違憲ではないとするも，GHQの見解も交え，特別都市計画法を一部改正した。改正により，土地区画整理で地区内の宅地価格の総額が，施行前に比べて減少したときは，土地所有者および関係者に減少額分を保証金として交付した。

戦災復興土地区画整理事業

国は，戦災復興土地区画整理事業の効果として，①公共用地の確保，②防火区画の構成，③住宅敷地の提供，副次的効果として，④失業者の救済を掲げた。戦後直後の日本には多くの引揚者が戻り，失業問題は深刻な課題であったためである。戦災復興土地区画整理事業は，先行する街路計画の線的計画を受けて，面的基盤整備を行った。中規模以上の土地区画整理事業地区では，多くの都市で駅を中心とした放射環状モデルを基本に碁盤の目に補助幹線街路までが計画された。戦災復興事業が都市内の交通需要から駅交通を重視，駅前広場整備を積極的に行ったことでこれに付随する土地区画整理事業となった。一方で，減歩や区画整理の清算金を巡って住民の反対運動も全国で起こり，事業の進捗は困難を極めた。

戦災復興院

戦災復興院とは，戦災復興期の都市計画行政を担った国の機関である。戦時中の都市計画行政機構は，内務省国土局計画課（一般都市計画）と防空総本部（防空都市計画）が担っていた。終戦後，防空総本部は解体，戦災復興院が設立されるまで国土局計画課に一本化された。昭和20年（1945）10月30日閣議決定，11月5日勅令第621号で戦災復興院官制が公布され，戦災復興院が発足した。初代総裁は阪急電鉄の小林一三である。戦災復興院は，戦災復興計画の立案を主導し，「復興情報」という雑誌媒体により復興情報を発信した。昭和20年12月から翌年12月までに12号を出版した。また，計画立案のために現地嘱託として建築家や大学専門家を派遣した。戦災復興院は，昭和22年12月31日に内務省の解体に伴って廃止され，国土局と合流し建設院が発足。さらに昭和23年7月8日建設省設置法の公布に伴い，建設省が発足し，組織変更のなかで復興事業を指導した。

生産都市再建整備事業

戦災復興事業が進むなかで，内務省国土局で，非戦災都市を主な対象に，生産都市再建整備事業が実施された。本事業は，昭和22年8月8日から昭和25年7月10日までに全国37道府県166都市で事業決定された（166都市のなかで戦災都市指定を受けた都市は12都市のみ）。六大都市で事業決定された都市は京都市のみである。

本事業は，街路・広場・公園整備の3事業が実施され，非戦災都市における建物疎開跡地の街路整備事業であった。計画規模は小さいながらも，戦前期の地方都市における都市計画と戦後の都市計画を接続する，もしくは，対象都市で最初の都市計画事業であるなど，非戦災都市の近代都市計画の契機の一つとして重要な計画であった。

特別都市建設法

戦災復興計画は，インフレによる財政赤字を背景として昭和24年（1949）6月「戦災復興都市計画再検討に関する方針」が閣議決定され，大幅縮小を余儀なくされた。そこで，個別の都市を対象に，特別都市建設法が議員立法によって制定された。昭和24年7月広島平和記念都市建設法，長崎国際文化都市建設法，昭和25年首都建設法，旧軍港都市転換法，別府，伊東，熱海を対象に各々国際観光温泉文化都市建設法が制定された。これらは，特別法を含む，都市計画法の内外に指定された整備を国に財源確保を求める法律であったが，実効性は広島などの一部を除き，薄かったと評価されている。

参考文献

石田頼房『日本近現代都市計画の展開 1865－2003』自治体研究社，2004.
建設省『戦後復興誌 全10巻』都市計画協会，1963.

［中島 伸］

都市不燃化運動と町並みの近代化

日本都市は第二次世界大戦後も木造中心の町並みが多く，とくに地方都市では昭和51年（1976）の酒田市の大火まで都市大火が頻発していく。この間はそれまでの町並みから，現在多く見られる鉄筋コンクリート造や鉄骨造の耐火造や，木造でも建物の外装に防火材料を用いた防火造が中心の町並みに変化していく時代であり，その背景には都市不燃化運動と呼ばれる運動があった。都市を不燃化しようとする試みは明治時代の銀座煉瓦街建設や大正時代の関東大震災後などそれ以前から何度も行われてきた。なかでも戦後の日本では多様な主体を巻き込んで運動が全国に広がっていく。運動は戦後間もなく結成された都市不燃化同盟を中心に推進され，1950年代を通じて隆盛を誇った。運動が盛んだった時期は戦後の戦災復興都市計画が平時の都市計画に切り替わり，一方都市への人口集中に伴う都市再開発が盛んになる直前の時代にあたる。その成果に後の都市再開発法（昭和44年（1969））のルーツにもなる耐火建築促進法の制定（昭和27年（1952））があり，とくに地方都市商店街の町並みに大きな影響を与えた。

運動の直接のルーツとなったのは日本建築学会が昭和22年（1947）に設置した都市不燃化委員会である。同委員会総合部会主査の田辺平学（東京工業大学教授）は戦災の惨状を招いた過去を反省し，「不燃都市の建設こそ，今日我々に課せられた最大の責務」と考えていた。そして「不燃化に関する限り，既に技術の問題ではなく，政治の問題である。先ず，世論喚起につとめて，下から盛り上がった不燃化運動を起し，政治に反映せしめる以外に処置なし」と述べた。これを契機に建設省関係者や関係の学協会，業界を結集して，都市不燃化同盟が結成される。このように運動は戦後の民主主義を意識し，産官学が協力して世論を盛り上げ国会への働きかけを重視していた点に特徴があった。運動は不足するとされた住宅660万戸の約半数を耐火建築によって実現するといった意欲的な目標を当初掲げ，耐火建築への国家助成を求めた。国会でも不燃化促進議員連盟が結成され，1950年4月には「都市建築物の不燃化の促進に関する決議」が可決されている。いったんはGHQのドッジ・ラインと呼ばれる緊縮財政政策により予算化が認められなかったが，1952年に耐火建築促進法案が成立し，予算2億円が認められた。

この時期に都市不燃化運動が隆盛した背景には，在来工法とは異なる技術を得意とする新興建築業者の勃興もあった。コンクリート造や鉄骨造に加えて多様な材料や構造が新たに試みられ，後に普及する建築につながっていくものもあった。

以後，各都市の中心部，とくに商店街に防火建築帯が指定され，耐火建築が建設されていく。多くは個別に建物が建てられるが，なかには美観や土地の合理的利用という観点から共同建築が建てられるものも現れていく。当初の共同建築は各自の敷地境界にそのまま壁を立ち上げ建物を連続させた長屋型の建築だったが，やがて道路の両側に店舗が並ぶものや街区全体を再開発するものも見られるようになっていく。これはプランニングや構造計算が複雑になったり，その後裏敷地に不整形な建物の密集を招いたりといった問題が起き，都市計画的な問題が喧伝されるようになっていったためであった。こうした共同建築の形態の変化は「線」から「面」へと表現され，都市再開発の初期段階として位置付けられるなど大きな期待を背負っていた。防火建築帯は大火を経験した都市（鳥取，大舘，魚津，能代）や行政当局が熱心な静岡県の各都市（富士，島田，沼津，熱海，静岡）などで多く実現した。沼津センター街や横須賀・三笠ビル，魚津，高岡駅前ビルなどは全国的に注目され，とくに地方都市の商店街の景観に大きな影響を与えていく。

一方，1950年代後半から都市部への人口集中を背景に，防災だけでなく多様な都市問題の解決が迫られるようになると，「都市不燃化」というスローガンはより多様な意味を持つ「都市再開発」という語に徐々に取って代わられていく。また，経済成長とともに補助がなくとも自力での耐火建築建設が可能となり，その結果，財産処分が制約される共同建築より個々の店舗が狭小な敷地に建てる細長いビル，いわゆるペンシルビルが志向されていくことになる。戦災復興・戦後改革を背景として生まれた都市不燃化運動は，高度経済成長期を迎え，名実ともに終焉を迎えるのである。ただ日本の近代都市計画，都市再開発の特徴に防災が重視されてきたことが挙げられ，都市不燃化運動はその到達点を示すものでもあった。

都市不燃化同盟

都市不燃化同盟は「都市の不燃化についての国民の関心を高め，科学技術と政治の融合を図って，我が国都市を完全に防災化せる文化都市に再建せんとすることを目的」（定款三条）に昭和23年（1948）12月に設立された。本部は東京に置かれ，高橋龍太郎（日本商工会議所会頭）を会長とし，商業団体・建設業者・保険業者・防災機器業者など産業界や行政関係者，学識者などからなっていた。同盟は機関誌「都市不燃化」を発行したり関係機関に建議を行うなど，啓発や実践の活動を行った。運動の草創期に設立され，各都市商工会議所を通じて地方自治

体に協力を求めるなど，全国に運動推進を呼びかけた点でも特筆される。連盟は昭和35年（1960）2月に解消し，同年5月に日本商工会議所内に事務所を置く全国不燃都市建設促進連盟（後の全国都市再開発促進連盟）に発展改組されていく。

耐火建築促進法

「都市における耐火建築物の建築を促進し，防火建築帯の造成を図り，火災その他の災害の防止，土地の合理的利用の増進及び木材の消費の節約に資し，もって公共の福祉に寄与すること」を目的に昭和27年（1952）5月に成立した法律。防火地域内に指定された道路から幅11mまでの防火建築帯において建てられた耐火建築の3階部分までに，国と地方公共団体が木造との差額の2分の1を交付するもの。災害後などに対象都市を限定して補助を行う制度はあったが，平時に全国の都市の耐火建築への助成を可能とした初めての法律だった。ただ初年度の2億円を上回る予算が組まれることはなく，当初の目標より対象は大幅に削減されていった。防災建築街区造成法（昭和36年）に引き継がれた。

防火建築帯

都市の中心部の道路に沿って中高層の耐火建築を帯状に並べることで，大火の防波堤とすることを目指すもの。昭和10年代の防空都市計画など以前から存在した考え方をもとに，耐火建築促進法により指定された。大火後の鳥取市を手始めに昭和35年度末（1960）までに最終的に全国84の都市で延長38.8km，床面積64haの防火建築帯が建設された（全国市街地再開発協会『日本の都市再開発史』住宅新報社，1991）。道路沿道という線状の地域を対象としたが，やがて裏側の土地の扱いなどの土地利用が課題となり，面的な街区の再開発が叫ばれるようになっていく。現在では老朽化が進み建て替えが課題になっているものもある一方で，まちづくりの資産として活用が進んでいるものもある。

店舗併存住宅

広義には店舗を組み込んだ住宅一般を意味し，とくに低層部が店舗や事務所で，上階が住宅となっている中高層建築，いわゆる「下駄履きアパート」を指す。当初は地方の公的な住宅供給主体により先駆的に建設されたものが多く，木造の低層建築が主流だった都市中心部の町並みに現れた新たな種類の建築だった。神奈川県住宅公社では民間所有地上の民間の建物の屋上を敷地とみなして賃借することによってその上部に住宅を建設する方式をとっており，建物の所有権が上下で分かれる区分所有の先駆けとなっている。土地所有者の土地を持ち続けたいという意思を尊重しつつ，中高層耐火の共同住宅を建設しようとした試みで，日本の土地権利意識の強さを加味した都市建築，再開発として示唆的である

住宅金融公庫中高層店舗付き住宅融資

昭和32年（1957）に住宅金融公庫に設けられた融資制度。ある程度の住宅部分を有する中高層耐火建築物を建設する者に建設資金を貸し付け，都市の不燃化と土地の合理的利用をはかり，あわせて住宅難の緩和に寄与することを目的とした。不燃化の一方で宅地難が叫ばれるようになったことを背景に既存市街地の高度利用が目指された。個人または法人により防火地域または準防火地域などに建設される耐火構造または簡易耐火構造の3階以上の建築物で，ある程度の延べ面積と住宅床面積を持つものが対象とされた。耐火建築促進法や防災建築街区造成法の補助と重複して融資を受けるものも多く，都市の不燃高層化や既成市街地の住宅供給に大きな役割を果たした。

参考文献

都市不燃化同盟『都市不燃化運動史』都市不燃化同盟，1957.
越沢明『復興計画　幕末・明治の大火から阪神・淡路大震災まで』中央公論新社，2005（後に同『大災害と復旧・復興計画』岩波書店，2012に所収）.
初田香成『都市の戦後─雑踏のなかの都市計画と建築』東京大学出版会，2011.

［初田　香成］

法定再開発事業の生成

　今日，われわれが用いている再開発という言葉は海外の都市計画の用語 "redevelopment" を翻訳し，1950年頃以降に使われるようになったものである。当時，アメリカでは中間層が郊外に転出し，都心部の衰退が問題となっていたのを受けて，1949年に住宅法が改正され，政府が用地買収とクリアランスを行い，払い下げを受けた民間企業が開発を行う事業が urban redevelopment（都市再開発）と定義された。住宅法は1954年に改正され，従来の redevelopment に新たに rehabilitation（修復），conservation（保全）が加わって urban renewal（都市更新）と総称され，拡大再構成された。これは既存の建築物を再利用しつつ予防的措置を組み合わせるものであり，少ない投資で市街地全体を再整備しようとする意図があった。都心の衰退という問題を共有していた欧米諸国は1958年8月にオランダ・ハーグで都市再開発セミナーを開催し，報告書で都市再開発の概念を包括的に世界標準化する。これは後に日本で再開発を定義する際に決まって引用されるほどの影響力をもち，都市再開発の概念は世界的に伝播，共有されていくのである。

　都市再開発が日本でも課題として認識されるようになるのは，戦災復興が一段落した1950年代後半からであった。人口の都市集中が進み既存の施設では対応できないことが明らかになってきた当時，都市の混乱が叫ばれ，新たな法定の再開発事業の試みがなされていく。「耐火建築促進法（⇨都市不燃化運動と町並みの近代化）」，防災の観点から面的な防災建築街区への補助を可能とした防災建築街区造成法が昭和36年（1961）に制定される。また，公共施設整備の観点から道路や広場といった街区と建築物の整備を一体的に行う市街地改造法が同年に制定される。一方，戦前の不良住宅地区改良法を引き継ぎ展開させた住宅地区改良法も1960年に制定され，これらは「再開発三法」と称された。さらに建築基準法が改正されて，従来の100尺（約30 m，9階程度に相当）の絶対高さ制限に代わり，特定街区制度（1961年）と容積地区制度（1963年）が導入された。これにより霞が関ビル（1968年）をはじめとする超高層ビルの建設が可能となり，日本の町並みに大きな影響を与えていく。

　建設省は1962年に各界の関係者を集め，大都市再開発問題懇談会を設置した。同懇談会は中間報告で大都市の多心型の都市構造への再編成を訴え，副都心や都市高速道路の建設，容積規制の導入などを提言した（最終報告は出されなかった）。提言を受けて東京や大阪など大都市で先行的に事業が行われていく。また，少し遅れて都市計画法の抜本改正（1968年）や都市再開発法（1969年）など全国の都市を対象とする都市計画の基本的な制度設計がなされていく。後者は防災建築街区造成法と市街地改造法を一本化するとともに，事業への民間事業者の導入を可能とするものだった。

　実際の再開発事業の過程では日本の土地関係の権利の強固さ，複雑さなどが問題となり，その実績は一部にとどまっていく。問題が集中し公共性が認められた街区や，関係者の合意がとれている街区などに限定されたのだった。日本では私有財産への公費投入に抵触するとして大した国庫補助は認められず，再開発事業は採算の見込める大規模な保留床を設定するものが主流となっていく。この過程で重要な役割を果たしたのが，新たな法概念や職能の登場である。前者として一棟の建物を区分して所有する区分所有の概念が，後者として事業を行う民間ディベロッパーや権利関係者の調整を行う再開発コンサルタントなどが現れた。

　日本の都市再開発は基本的に以上の枠組みで現在まで展開していく。ここから見えてくる日本の都市再開発の最大の特徴は，都市への集中の解決に特化した1960年代に確立されたため，欧米のような既成市街地全体の総合的な整備という目的が抜け落ちた点にある。日本では拠点的な再開発事業やインフラ整備といった事業を重視する一方で，予防的措置を含めて既成市街地を総合的にマネジメントする視点はあまり盛り込まれなかった。この背景には欧米と日本での都市の局面の違いがあったと考えられる。当時の欧米の "renewal" が都心の衰退に起源をもつのに対し（大都市では機能集中も問題になっていたが），日本の都市は成長に伴う集中対策に主眼が置かれた。修復や保全といった考え方は少し遅れて登場し，基本的に現在まで別個の体系として至るのである。

防災建築街区造成法

　防災建築街区を造成することで「都市における災害の防止を図り，あわせて土地の合理的利用の増進及び環境の整備改善に資する」ことを目的に，昭和36年（1961）6月に成立した法律。それまでの耐火建築促進法が道路から幅11 mまでの沿道を対象としたのに対し，面的な街区への補助を可能にした。事業の施行者として関係権利者による組合制度が導入され，合意に達した者による共同事業の間接経費に対し国および地方公共団体から3分の2の補助が与えられた。市街地改造法と比べ民間組合が主体という点に特徴があり，都市再開発法（1969年）に引き継がれるまで，商店街を中心に101都市の341街区109.1 haに延べ床面積343.8 haの建築が設けられた（全国市街地再開発協会編『日本の都市再開発』

1971).

市街地改造法

正式には公共施設の整備に関連する市街地の改造に関する法律といい，市街地改造事業により「都市の機能を維持し，及び増進するとともに，土地の合理的利用を図る」ことを目的に，昭和36年（1961）6月に成立した法律。それまでの土地区画整理事業や街路事業は街区や道路といった建築物を伴わない平面的な整備にとどまり，用地供出などによりもともと狭小な敷地がますます狭くなってしまうといった課題を抱えていた。これに対し，広場などの街区や道路と建築物を一体的に整備することを可能としたものである。国や地方自治体が施行者となり，都心部の駅前の闇市跡地など再開発が難航していたところを中心に，全国15地区，合計面積34.2 haで施行された。防災建築街区造成法とともに都市再開発法（1969年）に引き継がれた。

住宅地区改良法

「不良住宅が密集する地区の改良事業に関し，（中略）環境の整備改善を図り，健康で文化的な生活を営むに足りる住宅の集団的建設を促進する」ことを目的に昭和35年（1960）5月に成立した法律。指定基準を満たす相当規模の一団地で，原則として市町村が施行するものを対象に，不良住宅の除却と改良住宅の建設への補助を行い，居住者を改良住宅へ入居させようとするものだった。当初は不良住宅以外も対象に大規模に住宅を再開発することも想定されたが，審議過程で対象が限定されたという。広島市市営基町アパート（設計：大高正人）や坂出市営京町団地（通称坂出人工土地，設計：大高正人）など有名建築家が参画し，先進的なデザインが行われたものもある。

都市再開発法

「市街地の計画的な再開発に関し必要な事項を定めることにより，都市における土地の合理的かつ健全な高度利用と都市機能の更新とを図る」ことを目的に昭和44年（1969）6月に成立した法律。市街地再開発組合と地方公共団体など公的団体を施行者とし，土地の高度利用によって生み出される新たな床（保留床）の処分などによって事業費をまかなう権利変換方式（第一種事業）と，公共性・緊急性が高いと認められた地区で用地をいった

ん買収してから行う管理処分方式（第二種事業）がある。それまで詳細な規定のなかった土地及び建築物の権利変換手続きを制度化するものでもあった。また，不動産業者・民間ディベロッパーに市街地再開発組合の組合員となることを認め，大規模な保留床を設定するものが中心の現在の都市再開発事業への道を開いた。

区分所有

一棟の建物を区分して所有する権利概念。それまで民法で規定されていた建物への所有権に対し，昭和37年（1962）4月に制定された区分所有法によって新たに規定された。当時，再開発に伴って一つの建物を複数の所有者で所有する例が増え，共用部分の権利関係の扱いなどが問題になっていた。これらの法的権利の扱いを制度化し，建物の区分所有者は管理組合の構成員となるとされた。区分所有法には建物の復旧や建替えなどの際の手続きも定められているが，近年のマンション建替えに際してそのハードルの高さが問題とされるなど，課題も指摘されている。

再開発コンサルタント

都市再開発が本格化し，事業の規模や権利関係者数が増大すると，各戸の要望の調整などの負担が大きくなっていった。当初は一部の公共団体や住宅公団の職員，建築事務所，大学関係者などが手探りで担ったが，やがて需要が増大・安定してくると，再開発コンサルタントと呼ばれる独立した職能が確立していった。昭和54年（1979）には再開発コーディネーター協議会が，昭和60年（1985）には再開発コーディネーター協会が結成され，当初は明確ではなかったコンサルタント業務への報酬規程も徐々に整備されていく。当時は都市再開発だけでなく都市計画全般にわたり多数のコンサルタントが生まれており，都市計画において単に設計するだけでなく，調査や権利調整といった作業が重要になっていたことを示している。

参考文献

全国市街地再開発協会『日本の都市再開発史』住宅新報社，1991.
初田香成『都市の戦後―雑踏のなかの都市計画と建築』東京大学出版会，2011.

［初田 香成］

過大都市化への対処とニュータウン

過大都市抑制から巨大都市肯定へ

　東京を初めとする大都市では，戦災復興事業が一段落した昭和25年（1950）頃には戦前期の人口規模をほぼ回復し，さらに地方からの人口流入に伴い，縁辺部でのスプロール現象が進行しつつあった。日本の経済復興，そして高度成長と軌を一にして始まった過大都市化への対処が，都市計画の最重要課題として浮上してきた。そして，戦前期の地方計画論（⇨都市計画技術の発展と地方展開）を受け継ぎ，一自治体を超えた広域計画の可能性が追求されることになった。

　計画対象としての「首都圏」は，昭和25年に制定された国土総合開発法に基づく調査対象地域として初めて登場した。「過大都市の弊害防除，首都の適正規模，衛星都市の整備育成，産業の合理的配置および近郊農村の振興対策を調整，解決する」という理由から，東京を中心とする60km圏と定義された。日本都市計画学会は，昭和27年度（1952）に建設省からの委託を受けて「大都市および周辺都市の構成に関する研究」に取り組み，周辺20都市の実態調査に基づき，工業配置の重要性を指摘した。

　昭和25年（1950）に国の直轄による東京都の都市計画事業推進を目的に設置されていた首都建設委員会は，学会の研究成果などを受けて，東京30km圏内に人口5〜6万の通勤的衛星都市，30〜50km圏に独立的工業都市の建設を提言する「衛星都市の整備に関する申し入れ」（昭和28年（1953）12月）を建設省に行った。また，昭和30年（1955）6月にはグリーンベルト構想を含む「首都圏構想の素案」を発表した。こうした検討を踏まえて，昭和31年（1956）6月に施行されたのが，首都圏整備法であった。

　昭和33年（1958）には目標年次を20年後に設定した首都圏整備基本計画が制定された。同年には工業団地造成のための市街地開発区域整備法，翌昭和34年（1959）には既成市街地における工場や大学の立地を制限する工場等制限法が制定され，基本計画の実現を目指した。しかし，グリーンベルトに当たる近郊地帯の関係自治体からの反発も大きく，工場，団地誘致による市街化の既成事実化が進んだ。

　過大都市化の抑制が現実的には困難を極めたことで，政策転換が求められるようになった。昭和40年（1965）に首都圏整備法は改正され，グリーンベルト構想は破棄された。新たに50km内を近郊整備地帯とし，さらに都市開発区域を近郊整備地帯外に指定し，従来の工業衛星都市ではなく「工業都市・住居都市その他の都市として発展させることを適当とする区域」に位置付け直した。

　なお，過大都市化への対処は首都圏に限定された課題ではなかった。昭和38年（1963）には近畿圏整備法，昭和40年（1965）には中部圏開発整備法が制定され，それぞれに基づいて近畿圏整備基本計画，中部圏開発整備構想が策定された。

日本住宅公団とニュータウン建設

　戦後の住宅政策は，終戦直後の420万戸の住宅不足の解消を目標に開始された。昭和25年（1950）の住宅金融公庫法（中堅労働者向け住宅資金貸付），翌昭和26年（1951）の公営住宅法（低所得者向け公営住宅の建設）（⇨戦後住宅政策の枠組）に続き構想されたのが，中堅所得者層に対する住宅供給と居住環境改善を目的とした日本住宅公団の創設であった。日本住宅公団は「土地があれば住宅を建てるということではなく，計画的に新しい街に住宅を建てることが望ましく，そうすることによって公団に一つのポリシーを持たせることが出来る」（今野博，『まちづくりの記録』，1989）という考えのもと，大規模住宅市街地＝ニュータウンの建設という課題に取り組むことになった。

　わが国で住棟の集合としての団地を超えて，都市基盤整備を伴うニュータウンとして最初に建設されたのは，大阪府企業局によって昭和36年（1961）に着工された千里ニュータウン（開発面積1,160ha，計画人口150,000人）であった。その後，日本住宅公団も土地区画整理事業の集大成として中部圏近郊に高蔵寺ニュータウン（開発面積702ha，計画人口81,000人），土地収用に新たな道を開いた新住宅市街地開発法に基づく事業と土地区画整理事業を組み合わせた首都圏郊外の多摩ニュータウン（開発面積約2,892ha，計画人口342,200人）などを手掛けた。しかし，これらのニュータウンはあくまでベッドタウンであり，もとより自立した衛星都市ではなかった。結果として，都心部への業務機能の集中，郊外と都心を結ぶ鉄道網の混雑が激化するなど，過大都市問題は未解決のままであった。過大都市抑制という点では，昭和36年（1961）の官庁移転の閣議決定を経て，国家プロジェクトとして推進された筑波研究学園都市もまた，日本住宅公団が手掛けたプロジェクトであったが，その効果は限定的であった。

スプロール現象

　都市の外周部において，道路や公園などの都市的基盤の計画的整備がないままに，農地が宅地化していく現象。都市批評家のW.H.ホワイト（William Hollingsworth Whyte）が1958年1月にフォーチュン誌に発表

したエッセイ「アーバン・スプロール」において，アメリカの大都市圏でのモータリゼーションの進展に伴う田園地帯の住宅地開発の非計画・非合理性を批判したことで広く認識されるようになった。わが国では，主に昭和43年（1968）の都市計画法改正以前に，土地区画整理事業や一団地の住宅地開発事業がなされず，農村時代の里道，畦道を起源とした狭小な道路網のまま農地と宅地が混在するかたちで市街化されていった地域をスプロール市街地と呼び，交通，防災，衛生面などでの改善が課題であると認識されてきた。

衛星都市

地域計画の一環として，既存中心都市とは連坦させず，独立したかたちでその周囲に立地させる都市群。E. ハワード（Ebenezer Howard）が提唱した田園都市も，母都市を取り囲む約30万人規模の社会的都市を構成する衛星都市構想であった。アムステルダム国際都市計画会議ではグリーンベルトの外側に「衛星都市をつくり，人口分散をはかること」が地域計画の7ヵ条の一つとされた。わが国の地域計画もその影響を強く受け，衛星都市の育成を目標とした計画が数多く策定された。例えば，首都圏整備基本計画では，近郊地帯の外側に市街地開発区域を設定し，工業団地を造成し，産業を育成することで職住近接の衛星都市を構想した。しかし，実際には母都市への通勤を前提としたベッドタウンとしてのニュータウンが建設された。

首都圏整備基本計画

昭和31年（1956）に制定された首都圏整備法に基づく，東京を中心とする100km圏を対象とした「首都圏の建設とその秩序ある発展を図るため必要な首都圏の整備に関する計画」のうちの長期計画にあたる。第一次基本計画（昭和33年（1958））では，計画対象区域を既成市街地，近郊地帯，周辺地域に区分し，近郊地帯については，大ロンドン計画のグリーンベルト政策にならい，市街化を抑制する方針であった。周辺地域には市街地開発区域を設定し，衛星都市の育成をはかった。しかし，土地利用計画制度の未確立，開発事業抑制に対する自治体の反対などの要因で，実際の設定は困難を極めた。結果として昭和40年（1965）に首都圏整備法が改正され，第一次計画は破棄された。以降，現在に至るまでに5次にわたり基本計画が立案されている。

グリーンベルト

既成市街地を取り囲む緑地帯で，市街地の連坦的拡張を防ぐ役割を担う。1924年のアムステルダム国際都市計画会議で採択された広域計画の7ヵ条の一つとして，設置が提唱された。公有地として確保した緑地を連続させるパークシステム型と，私権の制限による農地，山林などの保全を基調とするゾーニング型の2種がある。後者の代表は，大ロンドン計画（1943年）における既成市街地の外縁部に幅16kmで展開する緑地帯である。わが国では，東京緑地計画（昭和14年（1939））において決定された環状緑地帯がその導入の端緒で，その後も東京戦災復興都市計画の緑地地域，首都圏整備基本計画の近郊地帯として導入が試みられたが，実現を担保する土地利用規制の実効性が伴わず，いずれも破棄された。

日本住宅公団

中堅所得者層に対する住宅供給と居住環境改善を目的として，昭和30年（1955）に日本住宅公団法に基づき設立された特殊法人。「住宅建設十箇年計画」（1955年策定，10年間で478.8万戸の住宅建設）に基づく住宅供給計画の一端を担うとともに，常盤平，多摩平，香里を皮切りに，土地区画整理事業を主体とした大規模宅地開発を積極的に推進した。とりわけ，1960年代以降にその開発規模は拡大し，多摩ニュータウン，港北ニュータウン，千葉ニュータウンなどの一連の郊外開発を政策的，技術的にリードするとともに，都心部での都市再開発事業も手掛けた。時代の要請に合わせて，住宅・都市基盤整備公団，都市整備公団と組織形態を変え，現在は独立行政法人都市再生機構（UR都市機構）となっている。

新住宅市街地開発事業

昭和38年（1963）に成立した新住宅市街地開発法に基づく，都市基盤整備を含む総合的な計画による新規市街地の開発事業。通常，この事業で建設された住宅地はニュータウンと呼ばれる。新住宅市街地開発法制定以前の集団的宅地開発手法としては土地区画整理事業があったが，4～6割の施行者先行買収が必要であり，住宅・宅地の供給までに時間がかかった。また，一団地住宅経営事業では全面買収，収用権はあるが，適用が小規模であり，周辺のスプロールを誘発するといった課題があった。新住宅市街地開発事業では全面買収，収用を認めつつ，時限的な開発の義務を設け，ニュータウン建設を促進させた。本法適用事業は全国37都市49地区を数える（平成27年（2015）3月31日現在）。

参考文献

石川幹子『都市と緑地』岩波書店，2001.
石田頼房『日本近現代都市計画の展開　1968－2003』自治体研究社，2004.

［中島　直人］

国土の開発と都市構造の変革

国土全体の開発

1960 年代を核とするわが国の高度成長期は，自民党が「都市政策大綱」で宣言したとおり，「日本列島そのものを都市政策の対象としてとらえる」時代であり，国土，そして社会生活全体の都市化が進行した。その際，国土ないし都市に付随する最も重要なキーワードは「開発」であった。

国民総生産（GNP）の成長率が国家の経済運営の目標値として設定され，経済計画（「新長期経済計画」（昭和 32 年（1958）），「所得倍増計画」（昭和 35 年）など）が立案された。国の主導による経済計画を実現させるための地域政策，都市政策が導かれ，都市計画はそのなかでも物的整備，すなわち開発を担うことが期待された。また，そうした期待，需要に応えるかたちで，東京大学の都市工学科を皮切りとして都市計画に関する専門教育課程や講座が大学に設置された。また同時に，急増する都市の開発業務ないしそれをコントロールする自治体業務を支援する都市計画コンサルタントも多数，登場した。

こうした高度成長期の開発の時代の背景には，日本国内での大規模な人口移動，それがもたらす都市の形態を含む社会構造の変動があった。地方農村から大都市圏への若年層を中心とした人口移動はわが国の近代を通じて見られた現象であるが，高度成長期の人口移動は，その量，質ともにそれ以前の時代とは異なる様相をもっていた。戦前期には，農村部での人口過剰状態を前提として，不作や貧困への対応というかたちで，主に農家の次男，三男たちが就業機会を求めて大都市圏または地方中小都市へ移動した。1950 年代に始まる高度成長期には，同様に地方農村部から大都市圏への人口移動の主力は若年層であったが，大都市圏における主に工業化の進展がもたらした雇用機会の増大が，農村部の過剰人口のみならず，農地，家業を継承すべき層にも誘因力として働いたのである。

結果として，大都市圏の過大都市化と地方，特に農村部の過疎化が同時に進行した。とりわけ，大都市圏への人口流入は激しく，大都市圏内での人口移動，すなわち都心部から郊外への動きは加速し，市街地のスプロール的拡張の制御，ニュータウンの計画的建設が都市計画の主要な課題となった。一方で，大都市圏への集中は国土スケールでの地域間格差を生んだ。高度成長の果実の再配分を目指して全国総合開発計画が策定され，地域間格差の解消を目標に掲げた。新工業地帯の建設による地方

への産業分散が具体的な政策目標であったが，結果としては開発を巡る陳情合戦を引き起こし，政策の合理性は失われ，大都市圏への管理中枢機能と人口の集中は加速した。次第に国土スケールの空間政策は，太平洋ベルト地帯での臨海工業コンビナート，それらを結ぶ高速鉄道と高速道路網への集中的投資に収斂していった。

高度成長期の都市問題と都市改造

高度成長期，都市部では急激な開発と生活環境との間のひずみが顕在化するようになっていた。開発が推し進められた太平洋ベルト地帯では，例えば富士や四日市，水島などで大気汚染や水質汚濁などの産業そのものを原因とする公害問題が発生した。さらに，大都市圏で急増する人口に対して，計画的住宅地建設による住宅供給では対応しきれず，計画的考慮のないままに過密で火災に脆弱な木造アパート密集地域や，既存農地を蚕食したスプロール市街地が形成されていった。また，そうした都市の過密化や膨張の結果，通勤混雑が生じ，中心部では自動車交通の増大が慢性的な交通混雑，交通事故の増加，騒音，大気汚染，光化学スモッグなどの公害をもたらした。総じて，都市機能の維持そのものが危ぶまれる状況であった。

こうした高度成長期の都市問題に対処するためには，都市の構造を大きく変革する必要があったが，既成の市街地を改造する機会は限定されていた。東京都の場合は，昭和 39 年（1964）の東京オリンピック開催に向けての集中的な公共投資によって，首都高速道路網とオリンピック会場を結ぶいくつかの都市計画道路を実現させた。昭和 33 年（1958）の首都圏整備基本計画で都心への機能・交通集中の弊害を回避する目的で打ち出されていた副都心構想を実現させた，淀橋浄水場跡地の再開発による新宿副都心建設と相まって，首都の都市機能の麻痺をかろうじて回避することができた。昭和 45 年（1970）の大阪での万国博覧会の開催の際も，関連事業として，地下鉄網の延伸，都市計画道路の解説，新大阪駅前の土地区画整理事業などを進め，大阪都心部の近代化が進捗した。高度成長期には，ナショナル・イベントの開催が都市改造の重要な原動力となり，都市構造の変革がはかられたのである。

都市政策大綱

昭和 43 年（1968）5 月 26 日，田中角栄を委員長とした自民党都市政策調査会での検討に基づき，「都市政策大綱（中間報告）」として公表された体系的な政策提案。当時，東京都や横浜市などで誕生していた革新自治体への対抗から，都市票の取り込みをはかる意図が提案の背景にあった。国土全体を一つの都市圏と捉え，土地利用規制の強化と土地の高度利用の促進，民間資金の導入，

地方の経済開発，大都市圏―地方間の幹線交通網の建設などの政策を盛り込んだ。この都市政策大綱の発想のうち，幹線交通網整備に象徴される都市―地方間の機能純化・系列化指向は，翌昭和44年（1969）に制定された新全国総合開発計画に引き継がれた。また，都市政策大綱のための検討は，力点を大都市圏ではなく地方開発に移すかたちで田中角栄の自民党総裁選時のマニフェスト『日本列島改造論』（昭和47年（1972））の骨格として活かされた。

都市工学科

わが国で最初の都市計画に関する専門教育課程として，昭和37年（1962）4月に東京大学工学部に新設された学科。昭和34年（1959）には日本都市計画学会から関係省庁宛てに国立大学における「都市計画研究所ならびに都市計画学科新規設立についての要望」が出され，昭和36年（1961）には東京商工会議所から公立大学における都市工学科創設要望が政府，国会に提出されるなど，高度成長期の激化する都市問題の解決に資する専門家の育成は社会的要請になっていた。東京大学都市工学科の設立趣意書では，国土の総合開発，都市の再配置，既成市街地の再開発から原子力利用に伴う水質汚濁の防止まで，様々な都市問題を背景とした，建築学，土木工学，衛生工学を統合する都市工学の役割の重要性が指摘されている。同時期に東京工業大学社会工学科の創設（昭和41年（1966））や，建築学科や土木工学科における都市計画講座の新設・拡充が続いた。

都市計画コンサルタント

都市計画に関する業務を主に国や地方自治体，民間企業などからの委託に基づいて実施するコンサルタント。昭和32年（1957）制定の技術士法において選択科目「建設部門」の中に「都市および地方計画」が設定され，昭和34年（1969）には建設省により「建設コンサルタント登録規定」も定められた。都市開発，地域開発業務が急増した高度成長期に，土地区画整理事業の設計業務を担ってきた測量会社や土木コンサルタント，日本住宅公団などの住宅地設計業務を担ってきた建築設計事務所に加えて，当初は大学研究室などに委託されてきた都市計画策定業務を新たに担うかたちで設立された都市計画専門の事務所も登場し，業界が確立していった。昭和42年（1967）には個人会員組織として都市計画コンサルタント協議会が設立され，さらに昭和48年（1973）に協議会が発展的に改組され，法人会員組織としての都市計画コンサルタント協会が設立された。

全国総合開発計画

国土総合開発法（昭和25年（1950）制定）に基づく，全国スケールの開発計画。昭和37年（1962）に策定された最初の全国総合開発計画は，地域間格差の是正を目標とし，新産業都市，工業整備特別地域の整備・育成という拠点開発方式によって国土の均衡的発展を目指した。しかし陳情合戦の中で政策効果が薄められ，管理中枢機能の大都市圏への集中，地方の工業開発による公害の激化，農山村部での過疎化が進行した。昭和44年（1969）の新全国総合開発計画では，目標を国土の効率的発展へと転換し，高速鉄道網・道路網の建設による国土軸の形成と国主導の大規模プロジェクトを掲げた。オイルショック後の昭和48年（1973）の第三次国土総合開発計画では，人間と自然との調和を目標とした生活圏構想が打ち出された。平成10年（1998）の第五次全国総合開発計画を最後として，平成19年（2007）には国土形成計画法に基づく国土形成計画に移行した。

東京オリンピックと都市改造

昭和39年（1964）の第18回夏季オリンピックの開催を契機として短期間に集中して実施された整備事業。高度成長期の初期段階で，東京ではすでに自動車台数の激増，戦災復興事業の縮小による道路網未整備の結果，交通の混乱が生じていた。昭和32年（1957）にはその解決策として高速道路網計画を都市計画決定し，オリンピック開催が正式決定した直後の昭和34年（1959）6月には首都高速道路公団が設立された。そして昭和35年（1960）12月に首都圏整備委員会が決定した特に整備を急ぐオリンピック関連道街路が国の道路整備五カ年計画に盛り込まれた。結果として，昭和40年（1965）までのわずか5年の間に，計画の8割にあたる高速道路網が中小河川・運河や幹線道路の上空を利用して建設された。さらにオリンピック選手村と各会場（神宮外苑，代々木，駒沢など）を連結するという名目で，放射2号線，環状7号線などを含む都市計画道路も実現した。

参考文献

土山希実枝『高度成長期「都市政策」の政治過程』日本評論社，2007.

石田頼房『日本近現代都市計画の展開 1968－2003』自治体研究社，2004.

［中島 直人］

新都市計画法の制定

高度経済成長期の日本では，人口と産業の集中により，大都市の周辺においてスプロール化が起きた。この問題に対処するために，日本住宅公団による住宅用地の造成事業が行われるなど公的宅地供給の拡大がはかられる一方で民間ディベロッパーによる開発事業も活発になったが，公共が後追い的に義務教育施設や道路，上下水道を整備する必要が生じて財政負担が重くのしかかるケースも多かった。

こうした状況に対し，大正8年（1919）に制定された旧都市計画法（⇨都市計画法（旧法）の特徴）を補足しながら，①首都圏整備基本計画（⇨過大都市化への対処とニュータウン）による都市発展の広域的な調整や，②新住宅市街地開発事業，工業団地造成事業，市街地改造事業などの面的な開発事業，③流通業務市街地，副都心開発による都市構造の変革が行われた。その一方で，④スプロール地域における宅地乱開発を規制し，秩序ある市街地の形成をはかるために宅地開発規制を行うこと，⑤容積地区，特定街区などにより，空地のある高層建築を都心部に生み出すこと，⑥古都保存法や首都圏近郊緑地保全法などにより，古都や緑地を長期的視野に立って守ることなども行われた。これらは，望ましい住宅地や都心を実現するために土地利用に制限をかけるもので，新都市計画法の土地利用計画的性格につながるところがあるが，このような対処療法では激しい都市化への対応は不完全であり，土地利用の合理化をはかるための方策が建設省の諮問機関である宅地審議会において検討された。

昭和42年（1967）3月24日，宅地審議会は「都市地域における土地利用の合理化を図るための対策に関する答申」を出し，都市地域を「既成市街地」，「市街化地域」，「市街化調整地域」および「保存地域」に区分することを提案した。「既成市街地」は連坦市街地およびこれに接続して市街化しつつある地域で農地転用許可を不要とする。「市街化地域」は一定期間内に計画的に市街化すべき地域で，幹線的な公共施設の整備を先行的に行い，開発時期を勘案しながら農地転用許可を不要とする。「市街化調整地域」は一定期間市街化を抑制または調整する必要がある地域で，原則として開発行為は認めないが，自ら必要な公共施設を整備して大規模な市街地を計画的に開発するものは例外的に許容し，それ以外のための農地転用は原則として認めない。「保存地域」は地形などから開発が困難な地域，歴史，文化，風致上保存すべき地域，緑地として保存すべき地域で，開発のための

公共投資は行わず，原則として農地転用は認めない。農業投資については，市街化調整地域と保存地域では，積極的に行うこととされた。

この答申で提案された四地域区分は，立法過程における法制上の厳密な検討や，各省庁との調整などを経て，昭和43年（1968）6月に公布された都市計画法では，既成市街地と市街化地域が「市街化区域」に，市街化調整地域と保存地域が「市街化調整区域」に，それぞれ一本化された。そして，都市計画区域を市街化区域と市街化調整区域に分ける区域区分制度（いわゆる線引き制度）と，開発許可制度が導入された。市街化区域は「すでに市街地を形成している区域及びおおむね十年以内に優先的かつ計画的に市街化を図るべき区域」，市街化調整区域は，「市街化を抑制すべき区域」と定義された。

都市計画法によって導入されたこれらの土地利用に関する新たな制度には，市街化区域で検討されていた農地の宅地並み課税が実現しなかったことや，保存地域が市街化調整区域に含まれたこと，市街化区域内での小規模な開発行為が開発許可制度の対象外になり「バラ建ち」が抑制できなかったことなど，いくつか欠点はある。しかし，市街化のための公共投資のプライオリティを明確にし，市街地の漫然としたスプロールに歯止めをかけようとした画期的な制度だった。

この都市計画法において，都市計画決定権限の都道府県知事および市町村への機関委任事務としての委譲と，都市計画の案の公告・縦覧，意見書の提出など住民参加手続きも導入された。

一方，既成市街地の高度利用と都市機能の更新に関しては，都市再開発法（⇨法定再開発事業の生成）が都市計画法と同じく昭和44年（1969）8月に施行された。昭和45年（1970）には建築基準法の改正が行われ，土地利用を明確化し，その高度利用の限度を決めるために，用途地域の種類が細分化され，容積率制度が全面的に導入された。

民間ディベロッパー

高度経済成長期には大都市郊外における住宅地開発や既成市街地におけるマンション建設，都市再開発など，民間による都市開発プロジェクトも活発になった。その担い手である不動産会社，建売住宅会社，建設会社，私鉄などが「民間ディベロッパー」と呼ばれるようになった。もともとは，民間企業が都市再開発の事業主体となり，その推進力となっているアメリカから輸入された言葉である。大都市部における人口増加に対し，地方公共団体や日本住宅公団などの公的機関のみでは宅地供給が追い付かない状況のなか，住宅建設5箇年計画に基づく昭和41年〜45年（1966〜1970）における宅地開発供給見

通しでは，公的機関によるものが 25,000 ha，民間によるものが 28,000 ha とされた。昭和 43 年自由民主党都市政策調査会の都市政策大綱も，都市問題の解決には民間ディベロッパーの育成が必要であると結論している。

宅地開発規制

昭和 30 年代，交通が比較的便利な大都市近郊の丘陵地が乱開発され，梅雨の時期には崖地が崩壊して，多数の人的被害がでた。神戸市は昭和 35 年（1960），独自に「傾斜地の土木工事等の規制に関する条例」をつくり斜面地の開発を届出制とし，横浜市もその翌年に同様の条例を制定した。昭和 36 年（1961），梅雨前線に伴う集中豪雨を教訓として同年 10 月宅地造成等規制法が成立し，主として造成地の安全面から規制が加えられるようになった。しかしその後も，道路や排水施設などの公共施設が不十分な民間宅地造成事業が災害や交通問題を惹起する状況が続いたため，昭和 39 年（1964）に住宅地造成事業法が制定され，良好な住宅地の造成を確保するために必要な規制と，民間による良好な住宅地の供給を促進するための助成策が講じられた。新都市計画法による開発許可制度の創設に伴い，住宅地造成事業に関する法律は廃止された。

特定街区

原則 31 m（住居地域は 20 m）という市街地建築物法から続く高さ制限のため，低い階高や地下階で床面積を多く確保する建築物が多く，市街地環境が悪化していた。高層建築物の建設を可能とする建築技術の進展などにも後押しされ，昭和 36 年（1961）建築基準法改正によって，特定街区制度が創設された。従来の高さ制限などの代わりに，特定街区内における高さの最高限度と壁面の位置，容積率の最高限度を制限するもので，街区ごとに建築物の密度や形態を規制し，周囲に空地を確保しながら高層建築物を計画できるようになった。当初，特定街区は容積率 100％から 600％の 6 種別だったが，昭和 38 年（1963），個別に容積率が定められるように改められ，有効な空地の設置により容積率を割増できるようになった。特定街区第一号は昭和 39 年（1964）に都市計画決定された「霞ケ関 3 丁目特定街区」で，昭和 43 年（1968）に霞ヶ関ビルが竣工した。

線引き制度

都市計画区域を「市街化区域」と「市街化調整区域」に区域区分することが，一般的に「線引き」と呼ばれている。昭和 43 年（1968）の都市計画法によって新たに導入された制度である。

市街化区域は農林大臣と協議して定めることとし，協議の整った区域については農地法による農地転用許可を不要とし届出で足ることとする。市街化区域においては用途地域，都市施設などの計画を定めて，市街地の優先的な整備をはかる。一方，市街化調整区域においては，基本的に農地は保全され，認められる開発行為は，一定規模以上の計画的開発や市街化区域内で行うことが困難なものなどに限定された。

各区域の設定基準は都市計画法施行令や施行規則，通達によって示され，実際の線引き作業は都道府県で行われた。昭和 45 年 3 月に山形広域都市計画区域において全国初の区域区分が決定された。区域区分は，おおむね 5 年ごとに実施される都市計画に関する基礎調査の結果，変更する必要が明らかになったとき，見直しを行うこととされている。

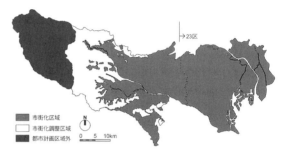

東京都の市街化区域・市街化調整区域指定図（1970 年 12 月）
［国際地学協会「三多摩都市計画図」などをもとに筆者作成］

容積率制度

昭和 38 年（1963）の建築基準法改正によって，建築物を延べ床面積の敷地面積に対する割合（容積率）で制限する容積地区制度が創設された。「地域」ではなく「地区」として，都市の一部に 100～1,000％の 10 種類の容積地区を指定するもので，例えば新宿副都心地区には，第 10 種容積地区（容積率 1,000％）が指定された。昭和 45 年（1970）の改正では，用途地域が 4 地域から 8 地域に細分化されるとともに，用途地域内において容積率制限が全面的に導入された。用途地域ごとに法律に掲げられた容積率・建ぺい率の数値から選んで指定する方式である。昭和 51 年（1976）のデータによれば，全地域平均容積率は約 190％，第一種住居専用地域では約 80％，商業地域においては約 450％で，全国的には低い容積率となっていたが，既に旧制度の容積地区制による制限が行われていた東京 23 区と大阪市においては過大な容積率が指定される傾向があった。

参考文献

大塩洋一郎『日本の都市計画法』ぎょうせい，1981.
建設省都市局都市計画課編『新都市計画法逐条解説』財団法人都市計画協会，1968.

［田中 暁子］

住環境保全と参加型まちづくり

　高度経済成長期には，全国各地で産業発展を優先した基盤整備が進んだ。また都市部では急激に人口が流入し，生活環境が大きく変化した。日常生活に影響を与える環境の変化に対する地域住民からの問題提起として「まちづくり」を名乗る住民運動が発生した。ここでの用語「まちづくり」は，経済発展を優先する行政主導の「都市計画」に対する生活者からの対抗概念として用いられた。一方で自治体にとっても看過できない課題となり，1970年代に入ると行政発意による住民参加を取り入れた取り組みも行われた。これらの行政と住民との試行的な対話を踏まえて，1980年代以降に参加型まちづくりを支える制度，技術などが整えられていった。

　そのなかで，住民主体の「まちづくり」の元祖といわれているのが，名古屋市栄東地区における再開発に関する住民運動である。1950年代終わりに道路拡幅計画を契機にして活動が始まり，自動車社会における小売業のあり方について，海外視察を行うなど地域住民が主体となり，当時の住宅公団や研究者らが支援し，再開発計画を提案するなど先駆的な活動であった。また，神戸市丸山地区は，都市周縁部における乱開発において形成されたスプロール市街地において，道路が未整備なところにさらなる開発のためのトラック公害を契機として1960年代に活動が始まった。その後，この地域は人材育成，公共空間の整備・運営，将来像の作成など総合的かつ提案型の活動に展開していった。同じく神戸市真野地区は，1960年代に工場からの大気汚染などの公害問題を契機として活動が始まり，その後まちづくり組織を発足させ，まちづくり構想の策定，その後の市とのまちづくり協定の締結へと展開していった。この締結のために昭和55年（1980）に結成された「真野地区まちづくり推進会」は，その後昭和56年に制定された「神戸市地区計画及びまちづくり協定等に関する条例」における「まちづくり協議会」制度の先行ケースとなった。

　一方で，同様に都市周縁部において，災害発生時における被害リスクが高いことが認識された地区では，行政の発意により，住環境改善に取り組まれるようになった。1970年代初頭から始まる大阪府豊中市庄内南部地区，1970年代終わりからの東京都世田谷区太子堂地区や北沢地区などの取り組みは，地域住民による協議会を設置し，将来像を検討し，事業を実施していくことになる。

　また，都市部への急激な人口流入は，都市・農村問わず地域社会の在り方を再構築することを求めた。そういった中で昭和44年（1969）に国民生活審議会調査部会が「コミュニティ―生活の場における人間性の回復―」をまとめ，自治省（当時）は，昭和46年に「コミュニティ（近隣社会）に関する対策要綱」を出した。それに基づき，市町村は住民参加によりコミュニティ計画を策定し，それに基づく施設などの施設整備を行った。いわゆるコミュニティ行政が展開され，都市計画分野の研究者も関わっていた。また，昭和44年地方自治法改正に伴い自治体には基本構想策定が義務付けられた。それに伴い自治体計画が策定され，「コミュニティカルテ」に代表される住民参加方法が開発された。

　昭和55年（1980）には都市計画法が改正され「地区計画」が創設された。これに合わせて，昭和56年に兵庫県神戸市（先述）や昭和57年に世田谷区では，地区計画による建築制限に加えて，独自にまちづくり提案やそれらの活動への支援を加えた内容となった。さらに両自治体は，具体的なまちづくり支援をする拠点として，平成4年（1992）「世田谷まちづくりセンター」，平成5年「こうべまちづくりセンター」を設置した。そのなかで世田谷まちづくりセンターは，活動を公募し，審査プロセスの公開性を高めたまちづくりファンドである「公益信託世田谷まちづくりファンド」を平成4年に設立させ，また実効性の高い住民参加手法としてのワークショップを普及するための事業（テキスト作成，研修実施）を行うなど，その後各地の参加型まちづくりを支える仕組みや技術が開発，試行，普及が行われた。

「まちづくり」

　「まちづくり」は，様々な分野の研究者・実践者により，理念的に定義されることもあるが，明確な定義がない用語である。用語自体は「街並み」を示す言葉として江戸時代の古典の中でも登場している。しかし，現在の文脈で語られたのは，戦後の民主化の議論の中で用いられたといわれている。さらに，戦後の都市における急激な環境変化に対する市民からの問題提起として現場から「まちづくり」が語られるようになる。1950年代初頭には東京都国立町における文教地区指定運動，同終わりには名古屋市栄東地区における再開発運動の中で用いられている。その後，1960年代に神戸市の丸山地区や真野地区での運動は，社会学や都市計画の研究者が関わることにより，経済成長に向けた行政主導の「都市計画」に対する市民側からの対抗概念としての「まちづくり」として，意識的に用いられるようになった。

まちづくり協議会

　まちづくり協議会は，地域住民らが地域の課題を共有し，将来のまちづくりの方向性を協議し，実現に向けた取り組みをしていく場である。1970年代から始まる大

都市にある木造密集市街地を対象とした住環境整備事業の中で採用された。さらに，先述した，神戸市，東京都世田谷区による条例では，独自に住民提案による地区レベル計画の制度化などがされ，「まちづくり協議会」が位置づけられた。

まちづくり協議会の対象は，土地の権利に関わるにもかかわらず，必ずしも都市計画決定を伴う内容に限定しないことから，実現には地域住民などの協力が必要となる。また，協議会が対象とするまちづくりのエリアが既存の地縁組織（町内会や自治会など）の活動範囲と一致しないこともあり，その場合，新たにまちづくり協議会を設置することが必要となることもあった。

コミュニティカルテ

コミュニティカルテは，自治体内をいくつかに区分し，その地域の現況，課題，住民意識などの情報を整理し，取りまとめたものである。その先駆けとなったのは昭和48年（1973）に作成された兵庫県神戸市の「これからの住区構想策定のためのコミュニティ・カルテ」，昭和49年に作成された高知市「コミュニティ計画・1974」である。

コミュニティカルテの目的について，森村は「地区のさまざまな個別の空間整備課題を地区全体の中で考察すること」を通じて，まちづくりを考えることであり，そのプロセスが住民参加で行われること」としている。コミュニティカルテ作成は，1970年代にわたり各地で行われた。その作成方法は自治体により異なるが，カルテ作成への住民参加をコミュニティ活動の契機とし，その後地域住民による活動を展開していく事例，住民参加により作成したカルテを計画情報として行政計画を立案する事例もあるが，効果的に活用されない事例も見られた。

まちづくりセンター

「まちづくりセンター」と称した組織は，昭和59年（1984）に奈良市につくられた「（社）奈良まちづくりセンター」が最初といわれている。この組織は，歴史的市街地における都市計画道路計画を契機として活動を始めた「奈良地域社会研究会」が発展する形で設立された。また，昭和63年には横浜市に「まちづくりセンター・かながわ（通称，アリスセンター）」が設立された。これらはいずれも市民が主体となった中間支援組織であった。

その後，平成4年（1992）に東京都世田谷区において「世田谷まちづくりセンター」，平成5年に神戸市において「こうべまちづくりセンター」が設置される。これらは行政が出資する外郭団体の中に設置され，市民によるまちづくり活動に対して，総合的な支援を行う拠点（相談窓口，活動スペースや備品などの貸与，資金支援など）となり，その後，京都市，名古屋市，東京都練馬区などに同様の機能をもったまちづくりセンターが設置された。

まちづくりファンド

まちづくりの活動・事業に対して助成を行うために住民や企業などの寄付や行政などの出資を原資とする基金をさす。住民によるまちづくり活動に対する助成については，昭和49年（1974）に大阪市によるハード事業を想定した活動に対する助成事業がさきがけといわれている。また，昭和54年に始まるトヨタ財団による「身近な環境をみつめよう」研究コンクールは，テーマ型まちづくり活動に対する助成のはじまりとなった。さらに，昭和58年佐倉街づくり文化振興臼井基金は，土地区画整理事業の残余金を原資として，公益信託制度を活用した第1号となった。そういった中で昭和63年に「公益信託あだちまちづくりトラスト」，平成4年（1992）に「公益信託世田谷まちづくりファンド」が設立された。これらのファンドは，行政からの資金拠出が原資となっているが，住民や企業からの寄付を受け入れることを想定しており，助成対象となる活動を公募し，さらに審査のプロセスを公開するなど開かれた運用が工夫されており，これをモデルとして全国各地に同様の仕組みが広がっていった。

ワークショップ

まちづくりの現場で多様な参加者間の対話を通した過程で用いられる手法の総称として用いられることが多い。都市計画分野での第一人者の一人である木下によると「構成員が水平的な関係のもとに経験や意見，情報を分かち合い，身体の動きを伴った作業を積み重ねる過程において，集団の相互作用による主体の意識化がなされ，目標に向かって集団で創造していく方法」と定義している。まちづくりに関係する分野では，1970年代に日本に紹介され，1980年代に入り，公園設計や農村計画分野で実践されるようになったといわれている。1990年代に入ると都市部におけるまちづくりにおいても展開するようになった。そして，現在では市民参加のプロジェクトには欠かせない手法である。

参考文献
渡辺俊一ほか，用語「まちづくり」に関する文献研究（1945～1959），都市計画論文集，32，43-48，1997.
森村道美『マスタープランと地区環境整備』学芸出版社，1998.
大戸徹ほか『まちづくり協議会読本』学芸出版社，1999.
木下勇『ワークショップ』学芸出版社，2007.
小泉秀樹編『コミュニティデザイン学』東京大学出版会，2017.

［杉崎 和久］

革新自治体のまちづくり

1960年代から当時の社会党などの革新系の候補が首長選挙で勝利し，全国で相次いで**革新自治体**が誕生した。こうした革新自治体が誕生した背景としては，高度経済成長期における都市への人口集中によって引き起こされる交通問題や住環境の悪化，工業化の進展による公害問題などの都市住民の不満があった。

そのため，これら革新自治体では，国の方針にこだわらない自治体独自の公害対策や福祉政策，まちづくりなど実践され，地方自治の確立が目指された。また，松下圭一らが唱えたシビルミニマム論に代表される地方自治理論がこれらの実践を支えた。

わが国における都市計画は旧都市計画法の制定以来，中央集権的な色彩が強く，戦前は内務省の官僚が各地の都市計画の立案にあたった。戦後もこうした中央集権型都市計画の体系はその基本となる旧都市計画法とともに維持された。そのため，これらの自治体では**市民参加**の仕組みや市民の意見を反映させた都市計画のあり方が模索され，中央から自立した地方自治のあり方の一つとして積極的に取り組まれた。そこでは従来型の都市計画との差別化を意図して「都市づくり」「まちづくり」といった用語が使用された。

革新自治体では，福祉を優先し大規模な公共事業は避ける傾向にあったが，その中でも横浜市は六大事業などの積極的な「都市づくり」に取り組み，革新自治体の中でもリーダーシップを発揮した。横浜市では昭和38年(1963)に誕生した飛鳥田一雄市長（元社会党国会議員）のもと，独自の民間企業との公害防止協定や，都市の骨格を形づくる六大事業，1万人市民集会が実現された。

このうち六大事業は1950年代末から1960年代初頭にアーバンデザインブームを巻き起こしたメタボリズムグループの中心人物である浅田孝が主宰する環境開発センターの提案を下敷きにして立案されたもので，当時構想づくりを担当した**田村明**はのちに横浜市役所に入庁し，六大事業（図1）の実現などに中心的役割を果たした。

このほかにも，都心に計画されていた高架高速道路の地下化の実現，宅地開発要綱など独自の**指導要綱**を組み合わせた土地利用横浜方式，旧都心部を中心とした**都市デザイン**のプロジェクトを指揮した。

都市デザイン担当は昭和46年(1971)に設置され，旧都心部である関内地区を中心に，都心プロムナード整備(1974〜1976)，くすのき広場(1974)，馬車道商店街整備(1976)，イセザキモール整備(1978)，元町ショッピングストリート整備(1985)などのプロジェクトが官民の協

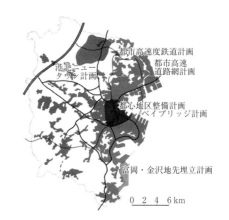

図1 六大事業

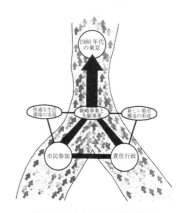

図2 広場と青空の東京構想

働で実施され，成果を上げた。

東京では革新系の美濃部都知事のもと，「広場と青空の東京構想（試案）」（図2）が立案された。この構想づくりには，浅田孝が関わり，都心への一極集中を解消するため，多摩方面と都心の間に位置する新都心（新宿）の整備や，都民による都市改造運動，シビルミニマムのシステム化などが含まれていた。

そのほかの代表的な革新自治体のまちづくりの事例としては五十嵐広三市長のもと取り組まれた旭川市（北海道）の平和通買物公園(1972)の整備があげられる。この整備は，日本初の恒久的な歩行者専用道路として整備がなされた。

革新自治体

高度経済成長期には都市への人口集中や第二次産業の発展によって，交通問題，大気汚染や水質汚濁などの公害，スプロール化現象など，さまざまな都市問題が発生した。

こうした問題を背景として，日本共産党や日本社会党（現社会民主党）など，当時の革新勢力が地方自治体の首長選挙で勝利し，「革新自治体」と呼ばれた。

代表的な革新自治体としては，東京都（美濃部亮吉知事），大阪府（黒田了一知事），京都府（蜷川虎三知事），沖縄県（屋良朝苗知事），横浜市（飛鳥田一雄市長）などがあげられる。

福祉に重点を置く政策による財政悪化や，高度経済成長の失速，自民党を中心とする地方議会との対立による行政運営の問題により，1970年代末には革新系の首長は大きく減少した。

シビルミニマム論

英国のウェッブ夫妻が提唱した，国家が国民全体に対して保障すべき必要最低限の生活水準である「ナショナルミニマム」に対して，自治体が住民のために保障しなければならない最低限の生活環境基準として松下圭一（1929－2015，法政大学名誉教授）らが提唱した。松下らは，革新自治体を独自の地方自治理論で支えた。

市民参加

革新自治体においては，市民の意向を反映させた都市計画のあり方が模索され，構想の立案や事業実施にあたって市民参加の取り組みがなされた。都市計画分野では地区計画制度（昭和55年（1980））以降，市民参加が制度化されて行くが，それ以前の萌芽的取り組みが革新自治体で行われた。

田村明（1926－2010）

横浜の飛鳥田市政下において活躍した都市プランナー。東京大学建築学科，法学部政治学科を卒業後，中央官庁勤務などを経て，浅田孝が主宰する環境開発センターに加わった。横浜市の長期構想立案に携わった後，入庁し，六大事業の実現などに大きな功績を果たした。横浜市を退職後は法政大学で教鞭をとり，自治体学会の設立や「まちづくり」の普及啓発に勤めた。

図3　飛鳥田一雄と田村明

六大事業

1965年に発表された横浜市の都市の骨格をつくる六つの事業。

①都心部強化事業（みなとみらい21），②金沢地先埋立事業，③港北ニュータウン，④高速道路（首都高速道路など），⑤高速鉄道（地下鉄の整備），⑥ベイブリッジの六事業からなる。

図4　みなとみらい空撮写真

指導要綱

行政運営の内部指針を外部に公表したもの。急激な人口増加にインフラ整備や学校整備の財源不足に陥っていた革新自治体では，民間事業者などに対して法令で定める以上の基準や負担を要綱に基づいて求めた。代表的なものとしては，川西市（兵庫県），横浜市などで実現した宅地開発要綱などが挙げられる。議会の議決を経ない基準であるため，迅速な対処が可能であり，高度成長期のさまざまな都市問題への対応には有効な手段であったが，基準の明示性や法的根拠が問われ，見直しを求める意見も強い。

都市デザイン

1960年代初頭のメタボリズムグループの建築家によるアーバンデザインに対して，横浜市や世田谷区，神戸市など自治体では環境デザインの質にこだわった歩行者環境の整備，公共空間の整備，歴史的建造物の保全，市民参加の取り組みが都市デザイン行政として取り組まれた。

全国一律の旧来の都市計画とは一線を画した地域環境の文脈を読み取った都市計画のあり方は地方自治のあり方としても注目を浴びた。

参考文献

松下圭一『シビルミニマムの思想』東京大学出版会，1971．
田村明『都市を計画する』岩波書店，1977．
横浜市『都市デザイン横浜　その発想と展開』鹿島出版会，1992．

［鈴木　伸治］

住民主体のまちづくりと都市計画
関連法制度・ルール

　昭和43年（1968）の新都市計画法（⇨新都市計画法の制定）が制定された時代は，高度経済成長期にあたる。大都市への人口流入によって開発需要が拡大し，都市開発が活発化した時代であった。当時，日本の市街地の大半は，低層住宅を中心に構成されていた。建設技術の発達で，中高層建築物の建設が進み，全国各地の住居住宅地でマンションをはじめとする無秩序で無計画な中高層建築物が増加した。このような開発が引き起こした日照阻害に反対し日照権を守ろうとする紛争（日照権運動）や，街並み・景観の破壊から古都や自然景観を守るための紛争（景観訴訟）が頻発した。

　これらの紛争は，利便性の高い既成市街地の住民や美しい景観を独占する住民の住民エゴとして批判されることもあった。しかし，当時の都市計画・建築規制は環境や景観の保全の機能が不十分で，住民の許容範囲を超える市街地の急激な中高層化を適切に制御できていなかったために，紛争が発生したという側面もある。石田（2004）は，各地で発生した紛争は「無秩序・無計画・金もうけ主義の都市開発あるいは大資本本位の地域開発に反対する住民運動」であり，「建築基準法で合法と確認されたマンションでも（紛争や住民運動が）…起ることから，建築基準法の用途地域制のあり方そのものが問われること」になったと指摘している。頻発する紛争が，都市計画・建築規制の不備や課題を顕在化し，制度自体の見直しへとつながったのである。

　最低限の日照時間の確保や，日照阻害に対する補償を求める日照権運動がきっかけとなった動きとしては，北側斜線型高度地区の導入，指導要綱による高層建築物への行政指導（⇨指導要綱），日影規制の創設などがある。これに対し，京都や鎌倉などの歴史的な景観が特徴的な都市で，中高層の近代的な開発が歴史的な景観を破壊しているとして，反対運動や建設工事の差し止めなどを求める景観訴訟が発生し，地域の特色ある街並みや景観を守るための制度である風致地区や伝統的建造物群保存地区などの創設，自治体による景観条例の制定，最近では景観法の制定（⇨景観法）につながっていった。

　1970年代に入ると，神戸や横浜といった先進的自治体（⇨革新自治体のまちづくり）で，公共施設や公共空間のデザインの質を高める取り組みや，市民を巻き込んだ景観形成・保全の取り組みが始まり，都市景観の創出・保全を目的とした景観条例制定の動きが始まった。石田（2004）は，こういった革新自治体での取り組みと

紛争が相互に関係しあいながら発展し，「住民のよく知っている比較的狭い「地区」を対象とし，住民要求を踏まえて，すべての住民・営業者が参加し納得する街づくり」を行う新しい局面を生み出したとしている。代表例としては，建築基準法による建築協定や都市計画法による地区計画の創設がある。この二つの制度は，良好な環境や景観を有する既成市街地や計画的に開発された新市街地において，無秩序な開発を未然に防止し，美しい街並みや住環境を守ることを目的としている。両制度の活用により，地域住民を巻き込んだ地区まちづくりが大きく前進した。

　建築協定は，地権者全員の同意により，きめ細かな建築制限のルールを決めることができ，地域が主体となって運営する仕組みである。これに対して，地区計画は，地域の合意を基本としながら，上位計画や地域の特性に応じて，行政が策定する制度である。行政が地区計画への適合を指導し，項目の一部を建築条例に制定することで建築確認を通じたより厳格な運用もできる。

　建築協定と地区計画の活用が進み，地区レベルの詳細なルールを決める仕組みは整ったようにみえる。しかし，2000年代に入ってから行われた都市再生を目的とした規制緩和（⇨規制緩和・開発誘導と都心の再構築）の影響もあり，建築確認を経た合法的な建築物が地域の街並みや環境を激変させるケースが再び増加した。都市部を中心に紛争が頻発するようになり，地域の実情に合ったルールの必要性が強く意識されるようになってきた。なかでも，国立市のマンション開発に関する一連の訴訟は，全国的な注目を集め，景観の価値をどのように創出し，守っていくのか，市民・行政・開発業者に再考を促す大きなきっかけとなった。

　建築協定や地区計画は地域の実情に合ったルールを定めるための基本的なツールではあるが，策定に必要な地域の合意取り付けや適切な基準の設定に時間がかかり，策定のハードルが高い。また地域が守りたい要素が制度の対象外で保全できないこともある。そのような現状に対応し，より柔軟かつ迅速なまちづくりルールの策定を可能とするため，法定の仕組みに比べて緩い合意要件や幅広い規制項目を設けた制度として，地域独自のルール＝自主ルールを策定する地区も出現している。自主ルールの内容や使い方は，地区によってさまざまであり，オーダーメイド型のルール策定・運用が行われている。

日照権運動

　高度経済成長期の日本の市街地は低層住宅が主流であった。このような地域に計画された中高層マンションは，周辺の低層住宅に日影を落とし，地域がそれまで享受してきた日照が長時間に渡って阻害されるようになっ

た。これに対して、日照は人が生存する上での基本的な権利であるとして、住民が開発業者を相手取り、最低限の日照時間の確保や日照阻害に対する補償を求める運動を展開した。当初は個人の闘争として争われたが、やがて地域住民を巻き込む日照権運動へと展開していった。建築確認を受け建築基準法上は合法と確認されているマンションに対しても日照を巡る運動が頻発したことから、都市計画・建築規制のあり方自体を再考する動きへとつながり、地方自治体の指導要綱（⇨指導要綱）、北側斜線規制や日影規制の導入など、住環境を守るための仕組みの充実につながっていった。

景観訴訟

高度経済成長期の大規模な土地造成を伴う開発は、住環境破壊だけでなく、歴史的市街地や自然環境の景観破壊も伴っていた。これに対抗するため、市民による町並み保全運動や地方自治体による景観条例制定など全国で様々な試みが進んだ。また景観を巡る訴訟では、社会的議論の成熟に伴って、景観の法的保護の範囲も少しずつ拡大している。大きな転機となったのは、2000年代の国立市のマンション開発に対する一連の訴訟で、低層建築物で形成される街並みを破壊する大規模開発に対し、住民が長期にわたって培ってきた良好な景観の法的利益性が争点の一つとなった。最高裁判決は、本件自体の景観侵害を認めなかったものの、景観利益が法の保護の対象となる可能性を指摘した重要な判決となった。このような景観への関心の高まりが、平成16年（2004）の景観法制定（⇨景観法）につながっている。

建築協定

建築協定は、住宅地の環境や商店街の利便を維持増進するなどを目的として、一定の区域内の土地所有者などが、全員の合意によって、区域内の建築物の用途、形態、意匠などに関する基準、協定有効期間および違反措置を定めることのできる仕組みである。建築協定は土地所有者どうしの契約ではあるが、通常の契約とは異なり、協定内容を特定行政庁が認可することで、協定締結者以外の第三者が区域内の土地などを購入したときに、第三者にも協定の効力が及ぶ。開発業者が宅地分譲に先立って開発地全体の建築協定書を作成して特定行政庁の認可を受けると、土地や建物の分譲で土地所有者が複数になった段階から効力を発する一人協定という仕組みもある。建築協定の基準は行政による許認可の対象とはならず、協定者の互選で協定運営委員会を設置して、協定の運営や違反者への対応を行う。

地区計画

地区計画は、ある一定のまとまりをもった地区を対象に、地区の特性を踏まえた将来像を設定し、必要に応じて、道路や公園といった地区施設の配置や規模、建築物の用途、形態、意匠などの制限からなる地区整備計画を定め、良好な市街地の整備や保全を行う仕組みである。すでに形成されている良好な環境の保全や新市街地での魅力的な景観の形成を目的とした規制強化型に加えて、土地の有効利用の促進や密集市街地の建替え促進を目指す規制緩和型もある（⇨緩和型地区計画制度）。都市計画法制度の中で、地区計画は住民にとって最も身近な制度である。地区計画策定の際には、市区町村は住民と連携し、住民の意向を計画に反映させる。また住民から市区町村に地区計画の策定を申し出ることができる。地区計画区域内の開発や建築は市区町村長への届出が必要で、市区町村長は地区計画に適合しないものに対して指導・勧告を行うことができる。建築物制限のうち重要な項目を建築条例に定め、建築確認の対象にすることもできる。

自主ルール

自主ルールは法律で定められた制度名称ではなく、地域にとって重要な景観や環境を守るため、法制度の仕組みに縛られることなく策定・運用されている地域独自のルールを総称したものである。自主ルールには、自治体が地区まちづくり計画やまちづくり協定などの名称で自主条例や要綱で仕組みを定め、それに基づいて策定・運用されるもの（⇨まちづくり条例）、特定の地区が自主的にルールを定め、自治体が周知や運用を支援しているもの、行政からは独立して地区が独自にまちづくり憲章などのルールを定めているものなどがある。行政との関係が弱いほど、ルールに盛り込むことのできる項目の自由度はあがるが、ルールの強制力は弱くなる。地域の将来像について十分に合意ができている地区では、行政の関与の度合いにかかわらず、自主ルールが守られる傾向にある。しかし、ルールの策定後に地区に入ってきた外部の開発業者などは、地区の価値を共有しておらず、法的拘束力のないルールに対して、十分な協力を得られないこともある。先進的な地区では、自主ルール単独で運用するのではなく、建物高さや敷地制限など、地区の環境・景観の保全に深刻な影響のある項目については、地区計画などより拘束力の強い制限を併用し、地区の実情を踏まえた、きめ細かな項目を自主ルールで制限している地区もある。

参考文献
石田頼房『日本近現代都市計画の展開 1868-2003』自治体研究社，2004.

［藤井　さやか］

地方分権の推進と都市計画関連法制度

　近代以降のわが国の都市計画は，中央集権的でトップダウン型の典型的な制度のひとつであった。このため，全国一律の法律では対応が困難な住民の身近な生活空間に関わる課題については，自治体が独自に条例などで個別に対応してきた。しかし，平成12年（2000）の地方分権一括法の施行以降は，都市計画に関する大部分の決定が基礎自治体に委ねられている。

　地方分権の進展以前にも，まちづくりと呼ばれる住民主体のボトムアップ型の住環境改善の取り組みが，戦後の高度成長期以降に積み重ねられてきた。1960年代の乱開発や公害に反対する住民運動，1970年代のコミュニティレベルの住環境改善運動の流れを受け，昭和55年（1980）には都市計画法が改正され，地区レベルで詳細な都市計画を定めることが可能な地区計画制度が導入された。この法改正にあわせて一部の自治体では独自にまちづくり条例を制定し，地区計画に住民提案を連動させる工夫により，住民の意思を直接的に都市計画に反映することが試みられた。

　1990年代になると，都市計画規制の緩い地方都市では，バブル経済による乱開発に対抗するために，自治体がまちづくり条例を制定し，独自の土地利用計画に基づく開発コントロールに取り組むようになった。この時点では地方分権が十分に進展していなかったため，まちづくり条例による土地利用規制は，法律の上乗せ，横出しと呼ばれ，その制定にあたる自治体の首長には相当な覚悟が求められた。

　一方，平成4年（1992）の都市計画法改正で導入された基礎自治体による都市計画マスタープランの策定は，都市計画のプロセスに住民が正式に参加する契機となった。都市計画法第18条2項には，同計画の策定において「公聴会の開催などの住民の意見を反映させるための措置を講じる」と記載されているだけだが，自治体はワークショップなどの様々な手法を工夫し，住民意向を反映させる取り組みを積極的に行うようになった。都市計画分野における住民参加は，公園づくりのような身近な都市計画事業にも広がり，その流れは1995年に発生した阪神・淡路大震災の復興においても，ボトムアップ型の復興計画づくりの方向性にも影響を与えた。

　平成10年（1998）に制定された中心市街地活性化法は，モータリゼーションの進展やライフスタイルの変化による郊外への大規模小売店舗の立地，これに伴う中心市街地の衰退・空洞化に対し，自治体や事業者がどのように対応すべきか自ら考え，それに基づく具体的な行動を計画として明示することを求めるものであった。ここでは行政計画に実効性が求められるだけでなく，計画実施の担い手が誰かということも意識されるようになった。

　その後，平成12年（2000）に施行された地方分権一括法によって，都市計画分野では地方分権が徹底的に推進され，都市計画の大部分は基礎自治体が実施する自治事務とされ，都市計画は「地方分権の優等生」と呼ばれるまでになった。都市計画の実施においては地域の空間特性を踏まえることが不可欠であり，基礎自治体が主体となることが自然に，都市計画分野における地方分権を進めたと考えられる。

　都市計画分野における地方分権を名実ともに反映した法律の一つが平成16年（2004）に制定された景観法である。すでに多くの自治体が自主条例として独自に景観条例を定めていたこともあり，景観法に定められたのは制度の枠組みのみで，具体的な基準などは各自治体が地域の実情にあわせて定める形式が採用された。しかし自治体は景観法に基づく委任条例の中に自主事項を組み込むことで，さらにきめ細かな景観まちづくりに取り組んでいる。

　一方で，平成12年前後に進んだ平成の市町村合併は，地方分権を遠ざけている側面もある。地方分権の基盤となるのが地域の実情を踏まえた意思決定であるが，合併により拡大した自治体では，住民と行政，議会，首長の距離が遠くなるため，住民の暮らしの質と行政の施策が結びつきにくくなる。これに対して地域自治区などの地区レベルの意思決定を担保する仕組みも用意されたが，採用した自治体はごく一部に限られており，合併に伴う諸課題には十分対応できていない。

　地方分権によって基礎自治体は地域特性を踏まえた独自のきめ細かな都市計画を実現することが可能になったが，同時に各種制度を活用し，運用する能力も自治体に求められるようになった。この結果，自治体の規模などにかかわらず，担当者の都市計画に関する創意工夫や意欲の程度が，住民の生活空間の質に直接的に影響を及ぼす可能性が大きくなった。また，都市計画は地方分権と馴染みやすいため，地方分権以降は都市計画関連法制度の変化のスピードに運用が追い付いていないことや，市町村の合併により住民の生活空間のまとまりという単位での意思決定が困難になったことなども今後の課題として残されている。

地方分権一括法

　地方分権の推進を図るための関係法律の整備等に関する法律の略称で，都市計画法を含む関連する475の法律の改正，廃止を定めたものである。その大部分は平成

11 年（1999）に成立し，2000 年から施行された。同法により国が委任した事務を県や市町村が実施する機関委任事務が廃止され，法定受託事務と自治事務に区分された。都市計画は基本的に市町村の自治事務となり，広域的な都市計画に限り都道府県が決定することとなった。その後も国や県による市町村への関与の縮小と権限移譲が段階的に行われ，これに対し，例えば用途地域指定に関する国の協議の廃止を受け，自治体が独自に用途地域の指定基準を定めるなど，基礎自治体側の地方分権に対応した都市計画への取り組みも着実に進んでいる。

まちづくり条例

　自治体が制定する条例は，建築基準法や都市計画法などの個別法に基づく委任条例と，地方自治法に基づき自治体が任意に定める自主条例の二つのタイプがある。地方分権以前は主に後者がまちづくり条例と呼ばれており，そのうちとくに土地利用に関する規制を伴うものは，1970 年代以降に，大都市郊外の自治体が高い開発圧力に対抗するために，行政内部のルールとして定めた開発指導要綱が，1980 年代以降に議会の議決を経た条例に展開したケースが多い。2000 年以降は地方分権の進展により，委任条例に自主条例の項目を組み込んだ混合型の条例が増え，その代表的なものが景観まちづくり条例であり，これは景観法に基づく委任条例に自治体が地域固有の課題をふまえた独自の項目を追加したものとなっている。

市町村都市計画マスタープラン

　平成 4 年（1992）の都市計画法の改正により法第 18条 2 に位置付けられた「市町村の都市計画に関する基本的な方針」である。総合計画の下位に位置付けられ，景観計画や緑の基本計画などと同等の分野別計画の一つである。住民参加に関する規定が盛り込まれたため，ワークショップを代表とする参加技法の発展にもつながった。非拘束型の計画であるが，同計画への位置付けを大規模開発の実施要件としたり，都市計画関連事業の進捗管理の手段として活用している自治体もある。通常は20 年後を目標年次として 10 年で見直しが行われるが，人口減少・成熟社会に移行する過程においては，社会環境の変化に柔軟に対応できる漸進性や，福祉などのソフト面も含めた生活の質に焦点を当てた目標設定に対するニーズも高まっている。

中心市街地活性化法

　1980 年代以降，モータリゼーションの進展やライフスタイルの変化などから大規模小売店舗の郊外立地が進み，それに伴うスプロールの進展，中心市街地の衰退，駅前商店街のシャッター通り化などの課題が顕著になっ

た。これを踏まえ，主に商業施設の立地コントロールを目的として，まちづくり三法と呼ばれる都市計画法の改正，中心市街地活性化法および大規模小売店舗立地法の制定，施行が平成 10 年（1998）と 2000 年に実施された。中心市街地活性化法には，国の認定を受けると税制や法律の特例，補助事業の対象となる中心市街地活性化基本計画を市町村が策定することに加え，活性化の担い手として，TMO（Town Management Organization），まちづくり会社，それらを包括する主体としての中心市街地活性化協議会が新たに位置付けられている。

景観法

　良好な景観の形成を促進する総合的な法律として平成16 年（2004）に制定された。景観法の制定以前にも多くの自治体が独自に景観条例を定めていたため，景観法はそれらに法的根拠を与えることが意識されている。景観法は地方分権の理念を強く反映しており，法律は枠組みを示すに留まり，具体的な基準などは自治体が地域の実情に合わせて定めることとなっている。景観法の適用範囲も自治体内で任意に設定できるため，例えば都市計画区域外を景観計画区域とし，当該エリアの開発を協議対象とするなどの活用も可能である。景観法では形態に対する変更命令や景観地区などの強い規制も制度上可能になっているが，現状では行政が抽象的な基準により適否を判断することが運用上困難であるため，事前協議を通じた調整が運用の軸となっいる。

平成の市町村合併

　わが国は近代以降，明治，昭和，平成と 3 度の大規模な市町村の合併を経験し，自治体数を減らしてきた。平成の市町村合併は，財政基盤の脆弱な自治体にとって合併特例債の魅力も大きく，3,500 近くあった自治体は約半数の 1,700 程度に減少した。ただし，合併に対する住民の抵抗感は拭いがたく，総務省の統計によると，住民投票で合併の賛否を判断した自治体は 319 あり，内訳は賛成が 171，反対が 131 と難しい判断を迫られたことが窺える[1]。旧自治体単位の自治を維持するために合併特例による地域自治区制度も導入されたが，これを選択した自治体は限定的である。広域合併による課題に対応するために，コミュニティレベルの住民自治を進めようとする動きもあり，住民自治と行政サービスの役割分担について模索が続いている。

参考文献

1)　総務省「住民投票の実施状況」
　　http://www.soumu.go.jp/main_content/000087297.pdf

［秋田　典子］

規制緩和・開発誘導と都心の再構築

　民活と規制緩和を通じた開発誘導型の都市政策は，日本では1980年代の中曽根政権を起点とする。当時は，産業構造転換への対応などに伴う工場・鉄道操車場跡地やウォーターフロントでの大規模開発が西欧共通の計画課題となり，英米独などにおいて公民協議型手法が次第に発展していった。P.ホール（Peter Hall）が"The City of Enterprise: Planning Upside Down"と表現したように，成長の抑制から促進へ，郊外新都市開発から中心市街地の重視へと，従来とは逆の方法論が展開され，英国のエンタープライズゾーン活用による規制緩和と投資促進の政策が注目を浴びた。

　中曽根政権では，行財政改革，公共事業費抑制および海外との経済摩擦の激化などのもとで，増税なき財政再建と内需拡大が必要とされ，経済対策としてアーバンルネッサンス計画が提唱された。土地の高度利用を目的として，東京都環状7号線内の第一種住居専用地域から第二種住居専用地域への変更，特定街区・総合設計などのインセンティヴゾーニングや市街地再開発事業などの容積率割増，旧国鉄などの民営化に伴う国公有地の民活による有効活用の方針（「規制の緩和等による都市開発の促進方針」（1983）が国から提示された。大規模土地利用転換のための計画誘導手法が必要となり，再開発地区計画制度が緩和型地区計画制度として創設された。

　1980年代末は，バブル経済に伴う土地・住宅価格高騰により，住宅用途の確保が困難となり都心の人口流出が懸念され，オフィス抑制や住宅付置義務による米国の成長管理政策が注目された。1990年代前半には，土地基本法の制定や，都市計画法改正による住居系用途地域の細分化，市町村マスタープランの創設などの規制強化が実施された。さらに，前面道路幅員に基づく制限に伴う低い指定容積充足率の解消と併せた住宅供給方策として，用途別容積型地区計画と街並み誘導型地区計画が導入され中央区などを中心に都心居住政策が進展した。

　1990年代は都市集積による経済成長を強調する政策が世界的に注目されるようになり，日本でも東京一極集中是認や，容積率撤廃などの議論などが経済学分野から提示され，都市計画分野の専門家との間での論争が行われた。1990年代の低成長期を経て，東京の国際競争力低下が懸念されるようになり，不良債権化した土地の流動化も含めた経済対策の一環として都市再生が政策の柱に浮上し，小泉政権は**都市再生特別措置法**（平成14年（2002））を制定した。都市再生特別地区では，民間事業者による計画提案制度が導入され，用途・容積・形態に係る規制は適用されず，プロジェクト単位で包括的に計画内容を判断する仕組みとなった。国主導の都市再生は国家戦略特別区域（平成25年（2013））の創設によりさらに強化された。都心部の複合用途型大規模都市再生プロジェクトでは，知識集約型産業の集積を活かす国際ビジネス拠点の支援機能を含めた多様なアメニティ機能が整備され，開発事業者によるハード・ソフト両面でのエリアマネジメントの役割が重要となった。

　都心再構築の構想は時代ごとに重点分野がシフトしてきた。1980年代末から1990年代にかけて東京都では多心型都市構造が目標像とされ，副都心への業務機能の分散を進めようとしていた。1990年代に入り都心居住政策が展開された時期は，主に住宅用途がボーナス対象であった。2000年以降に，都市再生政策や都の首都圏メガロポリス構想（平成13年（2001））に基づき，都心再構築の目標は業務機能も含む多機能の集積効果を強化する方向性へと転換された。

　規制緩和に基づく一連の開発誘導は，石田頼房が「反計画」と表現したように，様々な点から批判を受けた。特に，国主導であり地方分権に逆行する点，事前明示的基準の運用の硬直性，周辺の市街地と高層建築の不調和に起因する建築紛争，建築基準法のみに基づく一律の緩和，容積ボーナスのみに依存した手法，市民参加手続きの不十分さなどが指摘されてきた。

　一方で，公民協議型開発誘導手法は様々な点で発展を遂げてきた。東京都は「新しい都市づくりのための都市開発諸制度活用方針」に基づき，都市核を形成するための育成用途を誘導する手法を発展させた。横浜市の市街地環境設計制度のように，自治体の運用上の工夫で実績が評価されたケースもある。「東京のしゃれた街並みづくり推進条例」では，まちづくり団体による公開空地の有効活用を支援している。特区では敷地外の公共施設整備，特別な用途・機能の導入，エリアマネジメントなども公共貢献として評価し，従来の手法では難しい多様な計画内容の誘導に成功している。

　このように，一連の規制緩和型開発誘導型政策は，手続き・計画評価手法などの面で都市計画の公共性のあり様を大きく変えてきたといえる。

土地の高度利用

　都市計画運用指針で「土地の高度利用」とは，道路などの公共施設の整備水準が一定以上の土地について，有効な空地の確保，一定以上の敷地規模の確保などにより良好な市街地環境を形成し，土地を効率的に利用することと規定されている。「土地の高度利用」が土地利用計画の主要理念と位置づけられてきたのは日本特有とされる。都市再開発法（昭和44年（1969））に伴う高度利用

地区の創設により法制度上の概念として成立した。木造・密集，狭小敷地，不整形街区，狭隘道路，公共施設やオープンスペースの不足などのような「不健全な土地利用」の状態を解消するため，基盤整備・敷地共同化・不燃化・建物高層化とともに都市機能更新を行うことなどが，土地の健全な高度利用であるとされてきた。

インセンティヴゾーニング

公開空地の整備などを条件として建築物の高さや容積率などを緩和することで良好な市街地環境の形成を誘導する制度をさす。昭和38年（1963）の建築基準法改正に伴う容積地区制の導入と特定街区制度の改正によって，米国の制度にならった容積ボーナス型のインセンティヴゾーニング型制度が日本で初めて導入された。昭和45年（1970）には，建築基準法改正による総合設計制度が創設され，事前明示的な運用指針に基づき，都市計画決定手続きを伴わずに容積ボーナスを得られる日本型インセンティヴゾーニングの仕組みが整えられた。道路基盤・街区構造が整った米国都市とは異なる日本型市街地像の中で，「公開空地＋高層建築」を整備することによって，前述した「土地の高度利用」をはかるための手法として確立されていった。

緩和型地区計画制度

地区計画は昭和55年（1980）の創設当初は用途地域で定めた規制内容を強化するための制度であった。再開発地区計画制度（昭和63年（1988））において，公共施設などの整備を条件として用途，容積率などの制限を緩和する仕組みが創設された。これ以降，用途別容積型（平成2年（1990）：住宅用途の容積緩和），住宅地高度利用地区計画（1990年：市街化区域内農地の宅地化），誘導容積型（1992年：公共施設の整備段階に応じた2段階の容積率），容積適正配分型（1992年：区域を区分して容積を適正に配分），街並み誘導型（1995年：前面道路幅員による容積率・斜線制限の適用除外），高度利用型（2002年：容積率・斜線制限の適用除外），開発整備促進区（2007年：特定大規模集客施設の用途制限を緩和）が緩和型地区計画制度として創設されてきた。

都市再生特別措置法

都市再生特別措置法（平成14年（2002））では，内閣に設置される都市再生本部が中心となり，都市再生基本方針，都市再生緊急整備地域の指定や地域ごとの地域整備方針を国が定める仕組みが整備された。都市再生基本方針では，都市の国際競争力の強化と土地の流動化を通じた不良債権問題の解決が主な目的とされた。都市再生緊急整備地域内における民間事業者は区域内の土地所有者らの2/3以上の同意を得ることにより，都市計画決定権者に対して都市再生特別地区などの都市計画決定などを提案することができる。都市計画決定権者は提案が行われた日から6月以内の回答が必要となった。都市再生特別地区では用途，形態制限（斜線・日影規制・高さ）が適用されず，容積率制限が緩和できる仕組みとなった。

国家戦略特別区域

国家戦略特別法（平成25年（2013））に基づき，経済社会の構造改革の推進，産業の国際競争力の強化，国際的な経済活動の拠点の形成などを目的として国が国家戦略特別区域を定め，特区ごとに設置される国家戦略特別会議において国・自治体・民間事業者が区域計画や規制改革メニューについて審議する体制とされた。都市再生分野では居住環境を含め世界と競争できる国際都市の形成をはかるために必要な施設立地を促進する趣旨により，都市計画などの決定・許可などの手続きのワンストップ化，コンベンション施設の整備促進などのための特別用途地区内の用途緩和，グローバル企業などのオフィスに近接した住宅の容積率緩和，エリアマネジメントに関連した道路の占用基準の緩和などが可能となった。

エリアマネジメント

エリアマネジメントは主に2000年以降に脚光を浴びるようになった。開発段階からの維持管理・運営方法の構想の必要性への認識，および既成市街地などにおいても維持管理・運営方法を再構築する必要性への認識の高まりが背景にある。地域における良好な環境や地域の価値を維持・向上させるための住民や事業主らの協働による主体的な活動を指しており，二つのタイプが存在する。一つは，大都市都心部や地方都市の複合型業務・商業地における活動で米国などのBusiness Improvement Districtをモデルとする。二つめは住宅市街地の価値保全のための維持管理の活動で，米国のHome Owners Associationをモデルとする。主な活動には，地域の将来像の策定と共有化，街並みの誘導，公物・共有物などの管理，地域の活性化，コミュニティ形成などがある。

参考文献

石田頼房，『日本近現代都市計画の展開 1868-2003』自治体研究社，2004.

川上秀光『巨大都市東京の計画論』彰国社，1990.

小林重敬編『最新エリアマネジメント―街を運営する民間組織と活動財源』学芸出版社，2015.

日本都市計画学会，特集 21世紀初頭のトーキョーⅡ 世界都市トーキョーにおける都市計画制度の役割，都市計画308号，63(2)，2014.

P. Hall, "Cities of Tomorrow: An Intellectual History of Urban Planning and Design Since 1880", 4th Ed., Wiley-Blackwell, 2014.

［有田　智一］

阪神・淡路大震災と復興まちづくり

平成7年（1995）1月17日，淡路島北部を震源としたマグニチュード7.3の直下型地震が発生した。神戸市，北淡町など八つの市町村で震度7を観測し，死者6,400人，倒壊家屋20万戸，焼失区域66 ha，被害総額10兆円の被害は，東日本大震災発生以前では，地震による戦後最大の被害であった。

本震災では，インナーシティと呼ばれる，住商工の用途が混在した木造密集市街地の脆弱性が問われ，東京都の防災都市づくり推進計画（1996年）や木造密集市街地整備プログラム（1997年）に代表される，大都市の市街地整備と防災計画に大きな影響を与えた。そこでは防災対策の体系化や建築物の性能強化だけでなく，「減災」や「事前復興」など新たな考え方が提示された[1]。

復興まちづくりにおいては，ビルトエンバイロメント（built environment）の専門家だけでなく，NPOや社会福祉法人など，非営利を含む多主体のパートナーシップによる事業が多数実施され，1998年の特定非営利活動促進法（通称：NPO法）制定の契機となった。ここでは，自治体のリーディングプロジェクトにおける建築家起用のような形ではなく，地域の建築家，都市計画家らのネットワークや，非営利組織と専門家との協働による自律的なプロジェクトの派生が見られた。また，ブログやSNSなど，ソーシャルメディアが普及する前の時代で，紙媒体や個人のやりとりによる情報共有が中心であったが，地区内外の市民による支援ネットワーク，地域住民が自ら発信するニュースレター配信網，市民と民間によるコミュニティ基金など，情報共有と活動支援に関する一定の社会的共通資本が生成された。これらは"collaborative planning"と呼ばれる，多くのプレイヤーの協働による計画と実践の契機となった[2]。

建築物に関しては，倒壊家屋の多くが昭和56年（1981）以前の耐震基準（旧耐震基準）で設計された建物に集中し，死者の多数が家屋倒壊などによる圧迫死によるものであったことを踏まえ，1995年12月に耐震改修促進法が制定された。この法律では，多数の者が利用する一定規模以上の建物に対し，耐震診断・耐震改修の努力義務が課され，耐震改修計画の認定制度などが設けられた。また，平成12年（2000）には木造住宅の耐震基準に関する建築基準法の改正が行われた。

被災集合住宅の再建に関しては，現行法規では容積率などがオーバーして，同規模の建物が再建できない「既存不適格」の問題が発生した。こうした例を救済する「震災復興型総合設計制度」が設けられ，再建決議など

を進めやすくする「被災区分所有建物の再建等に関する特別措置法（通称：被災マンション法）」と合わせて定められた。この流れが，老朽マンション更新や大規模修繕への対応を含めた，2002年の「マンション建替え円滑化法」および区分所有法の改正へとつながっている。

一方，被災者の生活と住まいの再建などを一体で考える「生活再建」の考え方と支援制度も本震災を契機に整えられた。1998年には生活再建支援法が成立し，自然災害により全壊した世帯に直接公費が支給される制度が創設された。2007年の改正では最高支給額が300万円に増額され，住宅の建設・補修費も支給対象となった。これにより，能登半島地震以降，元の場所や移転先での住宅の自力再建の見通しが立てやすくなった。

復興都市計画に関しては，土地区画整理と再開発の事業を核とした，従来型の事前確定的な計画が先行したが，地区レベルではまちづくり協議会における住民・地権者と行政の継続的な協議や諸提案などを踏まえ，ローカル・ルールをもつ多様な計画と施策の展開が見られた[3]。制度面においても，法定の基盤整備事業だけでなく，街なみ誘導型地区計画や街なみ環境整備事業の密集市街地での活用，住宅地区改良事業と土地区画整理事業の合併施行などによる，地域に住み続けるための住環境整備の方法が模索された。住宅プログラムとしては，コレクティブ・ハウジングや，LSA（ライフ・サポート・アドバイザー）による生活支援サービスなど，高齢者を対象とした居住プログラムが部分的に導入された。

まちづくりの領域についても，防災やインフラ整備だけでなく，地域景観，地域福祉，産業，多文化共生，社会包摂，多世代コミュニティ，記憶と経験の継承など，多岐にわたる検討がなされ，領域の多様性を意識し，継続的に活動を深めることの重要性が確認された。また，震災後5年，10年など，一定期間の節目ごとに，行政や支援組織，研究機関などによる検証報告書[注1]がスピーディーに公表されたことが，現場と研究が呼応しながら議論と実践を深める，インタラクティブな計画の新しい側面を示したといえる。

仮設住宅

災害救助法に基づく応急仮設住宅4.8万戸（うち神戸市内2.9万戸）が，震災後半年間で建設された。兵庫県は必要とする被災者全員に仮設住宅を供給する方針のもと，希望調査を行い必要戸数を推計した。全半壊世帯の87%が仮設住宅を希望し，第一次募集では6万人の応募が殺到した。入居者選考においては，4段階の優先順位が設けられ，高齢者世帯や障がい者のいる世帯，母子世帯などが最優先された。その結果，早期に供給した仮設住宅では高齢者が大半のコミュニティが形成され，孤独

死などが社会問題となった。また，立地の偏りから，従前コミュニティとのつながりが失われる問題が生じた。

公的主体によるもの以外にも，貨物コンテナを用いたコンテナハウスや，紙管を用いたシェルター型の仮設住宅など，自力建設型の仮設住宅が，被災した元の土地や近隣地域に5千戸以上建設され，一定の役割を果たした[1]。

災害復興公営住宅

産業用地や埋立地などに建設された大規模団地だけでなく，市街地に立地する復興公営住宅についても，区画整理や再開発，住宅地区改良事業の実施の中で，早期供給や維持管理の点から，一般宅地と分離して復興公営住宅の街区を計画したものが多く，コミュニティ形成の面で多くの課題が残された。その一方，戸建て再建住宅と復興公営住宅を併存させ，広場，集会場と合わせてインフィル型の配置計画を実施した地区も見られた[注2]。

家賃に関しては，震災後10年間は低減する震災特例が設けられた。平成8年（1996）の公営住宅法改正により，民間住宅の買取り，借上げ方式の追加と，各世帯の所得に応じた応能応益家賃制度などが導入された。借上げ方式の住宅は返還期限を迎え，新たな問題を生じている。

二段階都市計画決定とまちづくり協議会

神戸市では，東西に広がる被災市街地で一斉に基盤整備を進めるため，行政の強いイニシアチブによる復興計画が策定された。被災1ヵ月後に震災復興緊急整備条例が施行され，2ヵ月後には，市街地再開発事業，土地区画整理事業の都市計画決定が行われ，事業の大枠などが決められた。住民や権利者との十分な協議を踏まえず迅速に事業を決めたことに対し大きな反発が起こったが，詳細な内容の検討と合意形成については，まちづくり協議会の場で継続的に協議することとなった。この協議会は，神戸市が昭和56年（1981）に定めた「神戸市まち

づくり条例」の仕組みに基づくもので，地区のまちづくり構想を提案の形にまとめ，事業計画に反映するという形がとられた。都市計画事業では，その手法が規定する部分が多いが，その運用を柔軟に行い，地区独自の環境を担保するしくみとして一定の効果をもっている[3]。

被災家屋の公費解体と風景の変化

この震災では，廃棄物処理法に基づく被災家屋の公費による解体・撤去支援が適用され，申請期限により，早期再建を希望する土地だけでなく，当面修繕などの見込みがない建物も解体された。そのことが，敷地分割や隣地との一体化，分譲マンション建設など，土地の流動化を早め，新築建物の偏在による急激な環境変化を引き起こした。また，指定文化財ではないが，地域の景観を形づくっていた建物や庭，石積みなども合わせて除却され，景観の変化や土地利用構成などに大きな影響を与えたという指摘もある[1]。

事前復興まちづくり

阪神・淡路大震災の復興まちづくりは，行政の強力なイニシアチブによる復興計画を実行するのか，震災後白紙の状態からまちづくりを起こしていくのか，という選択肢が突き付けられたのではなく，まちづくり協議会や各種制度と経験の応用，試行錯誤の積み重ねで進められてきた。このことは，大地震の発生確率が高いとされる地域の今後の対策において，意識啓発や災害時シミュレーション・模擬訓練，災害時連携協定などの観点だけでなく，組織づくりや活動，事業など，平常時からまちづくりを進め，小さくても多様な実践の経験を重ねていくことが，災害後の復興まちづくりにも活かされることを伝えている。このような事前事後の連続性構築とビジョン共有などを総じて，事前復興まちづくりと呼んでいる[1]。

注1) 神戸市復興・活性化推進懇話会「平成15年度『復興の総括・検証』報告書」2003；兵庫県「復興10年総括検証・提言報告」2005；などが挙げられる。
注2) 芦屋市若宮地区，東浦町仮屋地区などが挙げられる。

参考文献

1) 日本建築学会編『復興まちづくり』（『日本建築学会叢書8 大震災に備えるシリーズⅡ』）日本建築学会，2009．
2) Patsy Healey, "Collaborative Planning—Shaping Places in Fragmented Societies", UBC Press, 1997.
3) 佐藤滋，真野洋介，饗庭伸編『復興まちづくりの時代―震災から誕生した次世代戦略』建築資料研究社，2006．

[真野 洋介]

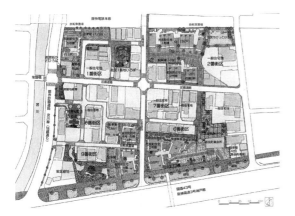

芦屋市若宮地区住宅地区改良事業における整備計画
［資料出典：芦屋市］

人口減少時代の都市計画の初動

2000年代は人口減少時代の都市像としてのコンパクトシティについて，自治体の先駆的な取り組みとそれを踏まえた国レベルの制度化が進んだ時期である。その最中の平成23年（2011）に発生した東日本大震災は，人口減少時代の入り口において起きた大災害であった。

しかし，東日本大震災の復興都市計画が人口減少時代の都市計画を象徴するわけではない。コンパクトシティは都市計画を成長型から縮小型へと転換していくもので，人口減少の大きな流れに乗って，わが国の都市計画制度史のなかに必然的に現れてきた都市像である。対する東日本大震災に必然性はない。震災は被災地の人口減少を加速したが，復興都市計画はその流れに抗うように立案される。復興は破壊された空間を「元通りに復旧する」という基本前提をもつ。それは災害前の「成長しきった状態」に戻すということを意味しており，人口減少時代において求められる都市計画との間には大きなギャップがある。つまり人口減少時代の都市計画が初動しようとしたときに間が悪く東日本大震災が発生したということであり，そこでは異なる手法をもつ二つの都市計画の出会い頭の衝突事故が発生した。以下では，コンパクトシティがどう政策に導入されたのかを整理した上で，東日本大震災がどのようにそこに衝突したのかを見ていきたい。

初期にコンパクトシティという言葉を公式に使用したのは，阪神・淡路大震災後，平成9年（1997）〜平成10年（1998）頃の神戸市である。そこではコンパクトシティという言葉は都市型の一定の密度をもった住区を形成するための都市像として使われていた。やや遅れて始まったのが，1998年の中心市街地活性化法に端を発する政策である[1]。その直接的な動機は地方都市の中心部にある商店街の空き店舗化の問題である。当時は郊外に立地する大型店が商店街を圧迫しているという，商業の自由化の問題としてとらえられていたが，その後に始まった人口減少時代が抱えている課題の基本構造，すなわち，ある時期に大量につくられた都市空間の減衰サイクルと，それを使い，所有する人口の減衰サイクルとのズレ，そして細分化された土地所有の意思統一の難しさに起因する問題であった。この問題に対して，コンパクトシティという言葉で先駆的に計画をまとめたのは青森市（1999年）や富山市（2007年）の都市計画マスタープランである。青森市は除雪のコスト削減という問題を，富山市は公共交通網という固い都市構造を計画立案の手がかりとして計画を作成した[2]。こういった自治体独自の政策が進展した背景には，2000年代以降の地方分権化と市町村合併があり，広域化した自治体が固有の都市像を検討したときに，市民に対する訴求力のある都市像としてコンパクトシティが選ばれたのだろう。

自治体の動きと呼応するようにして，国レベルでは平成26年（2014）以降に立地適正化計画，地域公共交通網形成計画・地域公共交通再編実施計画が相次いで制度化されて，自治体がコンパクトシティ政策に取り組む共通の枠組みが整えられた。同時期に，公共施設等総合管理計画，空家等対策の推進に関する特別措置法といった関連の高い取り組みも制度化され枠組みが整った。しかしその一方で，土地所有単位が細分化したわが国において個々の土地はバラバラに低密化するので，コンパクトシティが簡単に実現しないことも明白である。どのように現実的な，実効性のある都市像を描き，実現手段を組み立てていくかが問われている[3]。

こうした人口減少時代の都市計画に対して，東日本大震災はどのようにぶつかったのだろうか？震災直後には，市街地がまとまって高台に移転するような，極端なコンパクトシティ型の都市像が議論され，理想的な都市像を実現しようという雰囲気があった。しかし現実には，被災した人々は「安全なところに住みたい」と思いこそすれ，コンパクトシティを指向することはなかったし，都市像の議論が十分にできないまま防潮堤や防災集団移転促進事業といった個別の事業が降り注ぎ，十分な調整がされなかった。L1, L2津波の概念を定義した「津波防災地域づくり」の考え方が平成23年（2011）12月に示されたが，その段階ですでに調整不能になっていたのである。

災害から6年が経過した現時点で評価を行うには時期尚早であるが，完成した防潮堤の後背に使われない土地が広がっている，人々が高台で自力再建を進めているのに，行政は低地の旧中心市街地に公共事業を集中させている状況などがあり，大半の都市では災害復興は結果的に都市の分散を加速するようにはたらいた。開発圧力がなくなるこれからの人口減少時代において，特に被災地において復興で建てられた住宅が再び建替えられる機会は少ないだろう。つまり，復興でつくられた非コンパクトシティの風景は固定化し，現在解決できていない矛盾は，そのままの状態でだんだんと忘れられる道をたどっていくと考えられる。

東日本大震災

平成23年（2011）3月11日に宮城県沖を震源地として発生した東北地方太平洋沖地震の地震動による災害，地震動によって引き起こされた津波による災害，そして津波によって引き起こされた福島第一原子力発電所の事

故による被害の総称が東日本大震災である。死者・行方不明者が 22,062 人，住宅の全壊が 121,744 戸（平成 28 年 9 月現在）という甚大な被害をもたらした。復興の進捗は，地震動と津波被害のみのエリア（主に岩手県，宮城県）と，地震動と津波被害と原発事故被害が重なったエリア（主に福島県）で大きく異なる。地震動と津波被害のみのエリアについては，市街地・集落の高台への移転（主に防災集団移転促進事業を適用），低地のかさ上げ（主に土地区画整理事業を適用），防潮堤などの施設の建設，低地の災害危険区域への指定といった方法が用いられた。原発事故被害が重なったエリアについては，放射性物質による汚染の度合いに応じて避難指示区域（帰還困難区域，居住制限区域，避難指示解除準備区域など）が指定され，住民は長期間にわたって避難状態におかれた。復興が大きく遅れていることもあり，住民が避難先などに定住し，原住地に帰還しないケースも多くある。

コンパクトシティ

『平成 25 年度 国土交通白書』によれば，コンパクトシティは「①高密度で近接した開発形態，②公共交通機関でつながった市街地，③地域のサービスや職場までの移動の容易さ，という特徴を有した都市構造のことを示す」とされる。昭和 43 年（1968）の都市計画法によって導入された区域区分（線引き）制度も広くとらえるとコンパクトシティを指向するものであったが，現実的には住宅地のスプロール的な開発，大規模な商業施設の立地などによって，市街地の無秩序な拡大，ドーナツ化中心市街地の空洞化が進行してしまった。その反省からコンパクトシティをキーワードにした研究が 1990 年代に進み，2000 年代に政策への導入が進んだ。平成 26 年（2014）にはこの言葉に公共交通網の強化を意味する「ネットワーク」を加えた「コンパクトシティ プラス ネットワーク」が「国土のグランドデザイン 2050」において基本戦略の一つとして掲げられた。この二つの組み合わせで人口減少期において「「新しい集積」を形成し，国全体の「生産性」を高める国土構造」を形成する，と謳われている。

立地適正化計画

平成 26 年（2014）に都市再生特別措置法が改正されて創設された都市計画制度である。都市計画法の制度ではないことに注意が必要である。具体的には都市の中（線引きを選択している都市においては市街化区域の中）に「都市機能誘導区域」を定めて医療，福祉，教育などの都市機能を集積し，その周辺に「居住誘導区域」を定めて住宅を誘導するというゾーニング型の制度である。都市機能誘導区域には誘導する都市機能をあわせて指定することになっており，自治体や地域の実情に応じて，一定規模以上の医療施設，福祉施設，文化施設，行政施設などが指定され，それらの立地に際しては補助金や公的融資の優遇などのインセンティブを受けることができる。都市機能誘導区域外にこれらの指定された都市機能が新規に立地しようとした場合，あるいは居住誘導区域外に 3 戸以上の開発，あるいは 1,000 m² 以上の開発行為が立地しようとした場合において，自治体が勧告を行うことができる。箕面市，花巻市，熊本市の計画を先駆として，2016 年度には 100 を超える自治体での策定が予定されている。

地域公共交通網形成計画・地域公共交通再編実施計画

平成 26 年（2014）に地域公共交通の活性化及び再生に関する法律が改正されて創設された交通のマスタープラン制度である。地方公共団体が中心となって，バス会社，鉄道会社，NPO など，異なる主体で運営されていた公共交通の事業を一元的にマネージメントし，公共交通ネットワーク全体を一体的に形づくり，持続させることを目的とする計画であり，特に地方都市においては，将来にわたって維持する路線と，廃止する路線の選択と集中を進めるものである。「地域公共交通網形成計画」はマスタープランにあたる計画，「地域公共交通再編実施計画」はその実施計画にあたる計画である。具体的にはバスや BRT（bus rapid transit）などの路線や区域の再編成，他の運送事業への転換，自家用車による有償運送への代替といった事業が定められる。京都府や兵庫県などによる「北近畿タンゴ鉄道沿線地域公共交通網形成計画」や「四日市市地域公共交通網形成計画」を先駆として，全国の自治体等で策定が進められている。

参考文献

1) 大木健一，コンパクトシティをどう考えるか，Urban Study，**50**，民間都市開発推進機構都市研究センター，2010.
2) 川上光彦，浦山益郎，飯田直彦＋土地利用研究会『人口減少時代における土地利用計画―都市周辺部の持続可能性を探る―』学芸出版社，2010.
3) 饗庭伸『都市をたたむ』花伝社，2015.

［饗庭 伸］

第7章　都市民俗学

編集委員：岩本通弥

都市民俗学の概説……………………………………………………（岩本通弥）476

衣のモダニゼーション………………………………………………（岩本通弥）482
食のモダニゼーション………………………………………………（岩本通弥）484
住のモダニゼーション………………………………………………（岩本通弥）486
街衢と路地裏の文化…………………………………………………（岩本通弥）488
祝祭とハレの時空間…………………………………………………（岩本通弥）490
ふるさとと田園憧憬…………………………………………………（岩本通弥）492
家族の独立化―家族団欒と親子心中………………………………（岩本通弥）494
家族の孤立化―介護問題と孤独死…………………………………（岩本通弥）496
健康・病気・長寿……………………………………………………（岩本通弥）498
衛生・美容・害虫……………………………………………………（岩本通弥）500
近隣コミュニティと商店街…………………………………………（岩本通弥）502
新交通と行動半径―流しタクシー…………………………………（重信幸彦）504

都市民俗学の概説

都市民俗学の提唱と定義

　都市を対象とした，あるいは都市を視野に含めた民俗学的研究の総称で，日本では1970年代後半より，それまで村落研究に偏りがちであった民俗学において，新たな研究領域として盛んに唱えられ始めた。しかし，民俗学は一見，地方農村にみられる伝統文化を対象化していたかのように見えるものの，坪井洋文が指摘したように[1]，柳田國男をはじめ日本の民俗学が，中央に発生した文化要素の地方残存状況から，中央の支配者が創り出し選択採用した文化を再構成する方法をとってきた。柳田が「都市の生活が始まってからは，新しい文化は通例其の中に発生し，それが漸を以て周囲に波及」[2]すると論じたように，その地理的分布を時間的変遷に置換する周圏論を理解の基軸に据えてきた。すなわち，中央の支配者の文化が地方ごとの文化を服属化していくプロセスを把捉しようとしたものであり，片田舎に残る一見伝統的に見える文物は，ある時代の都市の流行が広まった結果であることは，ドイツ民俗学のH. ナウマン（Hans Naumann）による沈降文化論[3]でも論じられている。

沈降文化論と標準文化論

　鄙びた田舎で素朴にみえる暮らしぶりに，民族の固有の伝統や国民性を発見しようとする本質主義的な認識は，ゲルマン民族の特質を農民美化に求めたナチスの文化論によって強まったものであり，日本でも政策的に1930年代からとり込まれ，翼賛会の地方文化運動の中でそれが展開する。地方文化運動では「日本文化の正しき伝統は外来文化の影響の下に発達した中央文化のうちよりも，特に今日に於ては地方文化の中に存し」[4]と論じることで，それ以前，文化/文明なき地方は野卑とされ，啓蒙・改良の対象であったその位置付けは逆転する。「文化」もまた以前は「文」によって粗野や野蛮を教化する，変化を前提にした概念であったが，この時期，それとは正反対の，不易の「伝統」に結びつけられていく。「伝統」もまた戦間期につくられた新語であった。

　二層論とも称される沈降文化論とは，郷土/地方の民衆文化が「原始的な共同体文化（Primitive Gemeinschaftskultur）」と「沈降した文化物象（Gesunkenes Kulturgut）」で構成されるとし，民俗文化に前者の原始以来の連続性を見いだしてきた思考を，ロマン主義的民俗学だとして排除した。古代から連綿と続いた共同体文化の伝統なのではなく，民俗文化は上層でつくられ，沈降するのだという理解は，前述した柳田の認識とも近似する。民衆の能力を受動的にしか捉えない見方（伝統論でも同様）は，のちに修正されるが，都市を「外来文化の窓口」であり，「旧慣因習」を変革して新たな「文化の基準」を創造する装置として，「標準文化」を発生・波及させる中核に据えた，その都市理解は注目に値する。周囲を「文化の政治性」で属従させる「都府の力」の議論であり，風雅や洗練・模範を四囲に提供する都市は，それによって支配の正当性を獲得したと[5]する。

　ナウマンの二層論を，表層文化／基層文化と意訳し，郷土文化ではなく日本文化に拡張した独自の文化論を展開したのは，倫理学者の務台理作である。昭和14年

（1939）刊行の『社会存在論』[6) で広く知られたが，民俗学にそれを受容したのは，東京文理科大学で務台の同僚だった和歌森太郎や櫻井德太郎で，彼らを介して，戦後，築かれ流布したのが，民俗学は基層文化や民族性を明らかにする学問だとする言説だった。柳田の認識とは対極的な理解であり，基層文化論と称され，柳田没後は地方文化に現れた「民俗」を対象化することが支配的となった。そうした戦後民俗学の潮流の中で，『ミロク信仰の研究』[7)（1970年）を著し，近世都市文化の中に育まれた富士信仰を研究した宮田登は，地方文化のみを対象化するその矛盾に気づき，1970年代後半以降，都市民俗学を積極的に提唱する。

都市祝祭と都市伝説

　宮田は『都市民俗論の課題』（1982年）[8) において，柳田の『都市と農村』（1929年）[9) から，都鄙連続体論や土地から離れた心細さが故郷に忘れがたき感情を抱かせるとする「帰去来情緒」を改めて紹介するとともに，現代都市にこそ新たなフォークロアが産出される基盤であることを説いた。『妖怪の民俗学』（1985年）[10) や『怖さはどこからくるのか』（1991年）などでは[11)，文化人類学の V. ターナー（Victor Witter Turner）や山口昌男による中心と周縁理論を踏まえ，周縁や境界における異界交流のフォークロアを活写しつつ，単に「常民性を担った都市民が大勢いる」という従前の理解から，「大都市であればあるほど神秘的領域が拡大」し，「神や仏や精霊たちの跳梁する空間が増加している」として認識の大転換をはかった。

　この立論の背景には，当時流行した記号論や象徴論の影響もあり，人類学でも都市人類学と称して都市祭礼[12, 13) をはじめ，鉱山都市や移民/移住者社会，出稼ぎ，ストリートなどが盛んに対象化された。例えば祭りと違い，見物人に見せる要素が加わった祭礼や都市祝祭は，新たな社会統合としての機能や娯楽性の追求の結果，本来の宗教的意味は忘却され，世俗的な催事としての神なきイベントも多数誕生する。高度経済成長のもと，都市人口が激増し，産業構造が大きく転換した時代，人間関係や社会システムのあり方の変化に焦点が集まったが，例えばよさこいソーランや阿波踊りの全国的伝播，各地を渡り歩く神輿同好会の発生など，新奇な文化現象は刻々と現れる。宮田はこうした流行現象も巧みにとり入れ，新たな時代に応じた民俗学の更新を促した。

　宮田のこの都市論に少し遅れて翻訳され，のちにマスメディアや人口に膾炙されるようになったのが，J. H. ブルンヴァン（Jan Harold Brunvand）の都市伝説（Urban Legend）である[14)。宮田と同様，古代や地方の田舎の文化に関連付けられていた伝説を，都市や現代に移し替えることで，その視角を大きく広げた。都市伝説の語は，マスメディアでは落ちのある噂話や怪談的要素の強い話のような，怖い話ならば何でも可とする拡大気味に流用されているが，ブルンヴァンによれば語り手が「本当にあった出来事」として語ることで，口承で伝達する，民衆の「擬似的な歴史」だとされる。語り手はその真偽を信じているわけでなく，「口伝え」していく上で，説得力を持たせるため，真実味を帯びた断片を埋め込むが，魅力的な形で提示されるニュースでなければ，誰も耳を傾けない。生き生きとした「事実に即したもの」として，話の中の要素＝話素を，例えば人物名や地名・企業名などを身近なものへと変え，不安と不気味さを加味させるプロセスに，その特質が示されるとする。

　しかし，今日では口承だけでなく，マスメディアやインターネット[15) も伝播媒体となっており，タブロイドやワイドショーのニュースと，虚構性やスキャンダル性の

強弱などで，区別することは不可能で，いずれも「本当の事実」として伝えられる。1990年代に入るとトイレの花子さんなど「学校の怪談」が大流行するが，これらは必ずしも都市ではなく現代であって，また外観的には農村的景観であっても農業従事者が就業人口の3％となった現在（国土の3分の2を森林が占める日本では景観的には昔ながらの村であるかのように見える），都市民俗学や都市伝説という名称も，民俗学内部では，次第に現代民俗学・現代伝説と言い換えられるのが普通となっている。

日常とフォークロリズム

　この変化と同様に，何かが，いつの間にか当たり前になっていくプロセスを含んだ概念を，ドイツ民俗学では，日常（Alltag）と称し，1970年以降の中心概念となっている。ナチスの時代，その民族主義的な思想と共軛関係にあった民俗学は，戦後，他の学問からの批判の矢面に立たされるさなか，1961年刊行（原典）のH. バウジンガー（Hermann Bausinger）『科学技術世界のなかの民俗文化』は，現象学的観点から民俗学を再構築する[16]。科学技術世界の世界とは，生活世界を意味するが，当初は魔術的であった科学技術が暮らしの中へ浸透し，「自然なもの」として当たり前となり，違和感なく生活の技術や道具として使い馴らされていく様をさしている。空間・時間・社会の膨張と民俗文化の関係性も，生活世界の側から整理し直された，この書の刊行を契機に，民俗学の大変革が開始され，1970年の学会年会で，民俗学は「客体及び主体に表われた文化的価値ある伝達物（及びそれを規定する原因とそれに付随する過程）を分析する」と再定義される。

　ここでいう価値とは，モノとか規範として「客観的に表出」されるとともに，態度や見解として「主観的にも表出」されるものをさすが，民俗学が蓄積してきた物質文化研究や語り研究を活かし，文化形態の伝達/移転のプロセスを詳細に分析する科学へと変貌する。伝達は世代的な伝承や空間的な伝播に限らない。マスメディアからの伝達や小集団における伝達も含まれ，「普通の人びと」がどのように文化的価値や情報を得て，いかに生活を編み上げているのか，その日常実践が問われることになった。すなわち，民俗学の問いとは，多くの人々が当たり前のことと見ている事柄が，なぜ，当たり前とされているのか，私たちと生活空間・経験空間を共有する人間が自らの存在を，現在または過去においていかに形づくっているのかを問うことであり，これはドイツに限らず，現代民俗学のスタンダードとなっている。

　そのような生活世界研究の中から，都市と民俗文化に関わって生起する現象として広く観察されたものが，フォークロリズム（folklorism）であり，都市生活者に農村の危機を訴えつつも，美しい田舎像を描く心理を表した「帰去来情緒」によって，表層的に伝統を装う現象が数多く見いだされた。例えば集落周辺の二次林を呼んだ「さとやま」（本来は奥山に対する里山）が，1990年代末に山里の景観や自然環境一般をさす名詞と化したように，世界遺産の白川郷や棚田と呼ばれる山間の千枚田に感じる郷愁＝ノスタルジアや，昨今の昭和レトロや昭和30年代ブーム，あるいは1990年代から定着した恵方巻きなども同様であるが，素朴に見える外形ゆえに，古来より連綿と続く伝統と幻視させる。政治的にも流用され，例えばナチ党は政権を掌握するや否や，民間にあった麦の収穫祭を，ゲルマン民族伝統の「帝国収穫感謝祭（Reich-serntedankfest）」として国家の祝祭日にしたが，毎年ハーメルン近郊の丘に100万人を超える大量動員があったとされる。素朴さが伝統らしさを装い，かつ大勢の人々を魅惑的に惹きつける機能を発揮する[17]。民俗文化の素朴な審美化は，論理的な思想

やイデオロギーを超え，情緒的に国民や民族を束ねるファシズムの温床にも転化する。

　これらの現象やメカニズム，認識枠組や分析概念を，総じてフォークロリズムと呼ぶ。現代の科学技術世界において，無機質な日常生活を送り，人間疎外に陥った都会人は，外見的な素朴さに伝統らしさを感じ，それらに一時的に触れることで，激変する社会変化の中で沸き上がる不安を解消し，自己の内なるふるさと＝アイデンティティを再確認する機序が働く。科学技術が生活世界へ溶け込み，深く浸透した現代社会において，ますます稀少化した民俗文化は，人びとに安らぎを与える装置と化すが，それを精確に捉えるには，そうした現象を生み出す「普通の人びと」の普段の日常を，一方では問い質すことが要請される。

日常史とヴァナキュラー

　日常という生活世界が当たり前化するプロセスを追究した点で，日本の民俗学において先駆的なモデルとされるのは，柳田の『明治大正史　世相篇』（1931 年，以下『世相篇』）である[18]。『世相篇』で示された具体例を一例示すと，小学校教育が始まり，習字紙が一般階層にも明かり障子に利用されだすと，食器の汚れが目立つようになり，木地椀から瀬戸物への推移を促すとともに，蜘蛛の巣と屋根裏の暗さを隠そうと天井板が嵌められただけでなく，端居という行いが常態化したとする。端居とは家の縁側など端近く出て座っていることで，特に涼を取るために縁先などに出る晩夏の季語でもあるが，庭先や道端で遊ぶ学童を見守る光景が一般化したと，『世相篇』では漸次的で体系的な生活変化の経路と機序を詳述する。総瓦も自由になって萱野は開き尽くされ，家の外形もまるで変わったと述べ，草屋は早く雨を流すため傾斜を急にしたが，瓦は緩やかな屋根をつくり，軒先を深く，窓を明るくすることも容易にした。「板や杉皮を葺いた庇は新しいものではないが，明治は村々の茅屋藁屋が，競うてその庇を取り附ける時代であった」とし，竹樋トタンの樋を端に廻らして，雨垂れの簾を潜らずとも自由に出入りできるようになり，「縁先というものが，多くの小屋の普通になったことが，新時代の一つの変化」だったと論じていく。個別的な時代考証の問題はさておき，生活の一要素の変化が，どのように生活体系の全般に映発，影響するのか，発生機序のプロセス解明を主眼とした叙述法を用いている。

　生活の変化は常に都会の上層から始まるが，それを範に土地土地の風土に合わせて「普通の人びと」が新たな文化要素をとり込んで，日常実践していくやり方を，民俗学でもポストコロニアルな観点から，ヴァナキュラーと呼称している。英語圏の民俗学では folklore に代替して vernacular を研究対象化しているといって過言ではないが，R. エイブラハムズ（Roger D. Abrahams）は「（地位や身分の）低位の者と高位の者の言葉及びその反復が呼び込まれるプロセス」と定義し，伝統と革新，知識人と大衆といった対立を包含し，様々な社会的相互作用に表出する言葉遣いなど外形の展開を解明する手法だとする[19]。漢字を用いる中国・韓国ではヴァナキュラーを「日常疎通」などと訳しているが，民俗学は都市民俗学を超え，モダニティや現代そのものを，エスノグラフィー（民俗誌／民族誌）を駆使し，人びとはいかに"状況"に応じて文化をヴァナキュラーに創造していくのか，「普通の人びと」の日常実践を捉えるディシプリンへとすでに転じている[20]。

生活財生態学と生き方/暮らし方研究

　現代民俗学の日常やヴァナキュラーへの転換で，もう一つ重要な先駆的研究は今和

次郎の主唱した考現学であり，その発展形である生活財生態学が研究に厚みを増している。考現学の展開には路上観察学の系統もあるが，民俗学では「下宿住み学生持物調べ」（1925 年）や「新家庭の品物調査」（1926 年）の系統の，部屋の中にある家財道具から身装品まで，所持品一切を観察記録した手法を発展させ，生活財の悉皆調査を行い，記録化に重点を置いた研究法を採用している。

柳田の「ありふれた世上の事実」を叙述しようとした『世相篇』は，近代化＝モダニゼーションの中で新世相として編み出されていく生活の体系的変遷史＝文化史の試みではあったが，「わかりきったことを，ていねいに述べる」ことを省かざるを得なかった同書の記述は，現状分析を欠き，後世の者からすると，当時は自明だった事物も刻々と不明になる欠陥を内包する。これとは対極的な手法を考案したのが今の考現学（モデルノロギオ）であるが，至って手間暇のかかるこの調査法は，その重要性は認められつつも，実施され難かった。シンクタンクの CDI（Communication Design Institute）が昭和 50 年（1975）からほぼ 10 年おきに 3 回，生活財生態学と称し，日本の家庭に保有されている生活財の大規模な調査を実施したものの，日本では途絶えたその方法を韓国が組織的に引き継いでいる。平成 14 年（2002）大阪の国立民族学博物館で，韓国の高層アパートに住む一家の暮らしをほぼ丸ごと展示した「2002 年ソウルスタイル－李さん一家の素顔のくらし」展の開催を契機に，その共催を介してソウルの国立民俗博物館がこれを継承する。生活財生態学という日本由来の用語は，韓国語固有のサルリムサリ（살림살이）調査に変更されるが，2005 年から毎年 3 ヵ所の調査が実施され，同博物館のホームページにアーカイブ化され公開されている[21]。

1 世帯の所有物すべてを写真データで悉皆調査として示したアーカイブは圧巻という外ないが，当初，農村部のみだった調査は，2007 年からは都市民俗誌として大都市調査も積極的に組み入れ，2016 年現在計 8 冊，高層集合住宅だけでも 3 例の詳細な実例が入手可能である。韓国語のサルリムサリは，サルリムという名詞に「－サリ」という「－住まい」「－暮らし」を意味する接尾語が付いた言葉で，「サルリムをもって暮らすこと」を意味する。サルリムとは「一家をなして暮らすこと」「暮らし向きや家計の程度」「家の中で主に使われる匙・椀・布団などの所帯道具」の 3 種の意味をもつが[22]，暮らしに関わるモノ＝生活財だけでなく，人間の暮らしそのものも示す言葉として用いられている。生活財だけでなく，その一家のライフヒストリー（生活史）や思い出・記憶・ライフストーリーなどと組み合わせてデータ化されており，生き方/暮らし方調査と訳しておくのが適当だろう。

把捉し難い生活世界＝サルリムサリを捉えるため，外在的な生活財一切を記録する手法が採用されたといえるが，そこから見えてくるのは，「普通の人びと」の実存的な生き方/暮らし方である。都市計画や建築家らの設計ビジョンという大枠が規定された，例えば団地のような所与の空間でも，人びとはいかにあり合わせの範囲でアレンジし，自己の生活世界を演出しているのか，消費者という遠回しな名を与えられ，覆い隠された，被支配の位置や場所を，「ヘテロトピア（異在郷）」[23] に変換している姿が浮かび上がってくる。

都市の/現代のエスノグラフィーとその多様化

日本の都市人類学が 1970 年代に開始したことは前述したが，世界でいえば，中央アフリカの脱部族化を扱った 1950 年代のマンチェスター学派や 1970 年代のシカゴ学派の都市生態学など，都市の諸集団を扱ったモノグラフには事欠かず，その後の展開

は枚挙に暇がない。ドイツの民俗学も精確な歴史記述学として民衆の生活様式を詳述する学術作法から，都市研究は第二次世界大戦前にも実行されていたが，本格的にはバウジンガーの属したチュービンゲン学派が日常研究に転換した以降に活発化する。敗戦で東ヨーロッパから帰郷した移住者住宅団地[24]の研究が1950年代末から始まり，その後，貧民，低所得者層，労働者，女性，青少年集団，外国人，同好会，ファッション，流行，市民運動など実に多彩なエスノグラフィーが多数著されている。日本においても競馬場[25]やタクシー[26]，在日朝鮮人[27]をはじめ，多くのエスノグラフィー[28]が著されていることは同様である。ライフヒストリー[29]やライフストーリー法の開拓で，民俗学でもその手法[30,31]がさまざまに駆使されている。

参考文献

1) 坪井洋文「ハレとケの民俗学－坪井民俗学の世界」『季刊 iichiko2』1987.
2) 柳田國男「贄入考」1929（『柳田國男全集12』筑摩書房，1990に所収）.
3) Hans Naumann, "Grundzüge der deutschen Volkskunde", Verlag Quelle & Meyer, 1922.
4) 大政翼賛会文化部「地方文化新建設の根本理念と当面の方策」1941（『資料日本現代史13』大月書店，1985に所収）.
5) 岩本通弥，戦後民俗学の認識論的変質と基層文化，国立歴史民俗博物館研究報告，第132集，2006.
6) 務台理作『社会存在論』（教養文庫）弘文堂書房，1939.
7) 宮田登『ミロク信仰の研究』未來社，1970.
8) 宮田登『都市民俗論の課題』未來社，1982.
9) 柳田國男『都市と農村』（『朝日常識講座 第六巻』）朝日新聞社，1929.
10) 宮田登『妖怪の民俗学 日本の見えない空間』岩波書店，1985.
11) 宮田登『怖さはどこからくるのか』筑摩書房，1991.
12) 米山俊直『祇園祭 都市人類学ことはじめ』（中公新書）中央公論社，1974.
13) 中村孚美『都市と祭り』中村孚美遺稿論文集出版委員会，2013.
14) ジャン・ハロルド・ブルンヴァン著，大月隆寛，重信幸彦，菅谷裕子訳『消えるヒッチハイカー』新宿書房，1988.
15) 伊藤龍平『ネットロア ウェブ時代の「ハナシ」の伝承』青弓社，2016.
16) ヘルマン・バウジンガー著，河野眞訳『科学技術世界のなかの民俗文化』文楫堂，2005.
17) 河野眞『フォークロリズムから見た今日の民俗文化』創土社，2012.
18) 柳田國男『明治大正史 第4巻 世相篇』朝日新聞社，1931.
19) Roger. D. Abrahams, "Everyday Life: A Poetics of Vernacular Practices", University of Pennsylvania Press, 2005.
20) 小長谷英代『〈フォーク〉からの転回 文化批判と領域史』春風社，2017.
21) 岩本通弥，"当たり前" と "生活疑問" と "日常"，日常と文化，1号，2015.
22) 金賢貞，韓国民俗学は『当たり前』を捉えうるか－韓国国立民俗博物館の二つの民俗誌（2007〜14年）を中心に，日常と文化，2号，2016.
23) ミシェル・フーコー著，佐藤嘉幸訳『ユートピア身体／ヘテロトピア』（『叢書言語の政治』）水声社，2013.
24) ヘルマン・バウジンガー，マルクス・ブラウン，ヘルベルト・シューヴェート著，河野眞訳，新しい移住団地－東ヨーロッパからのドイツ人引揚民等の西ドイツ社会への定着にかんするルートヴィヒ・ウーラント研究所による民俗学・社会学調査（1）〜（4），愛知大学国際問題研究所紀要，94，96，98，99号，1991〜1993.
25) 大月隆寛『厩舎物語』日本エディタースクール出版部，1990.
26) 重信幸彦『タクシー／モダン東京民俗誌』日本エディタースクール出版部，1999.
27) 島村恭則『〈生きる方法〉の民俗誌：朝鮮系住民集住地域の民俗学的研究』関西学院大学出版会，2010.
28) 新谷尚紀，岩本通弥編『都市の暮らしの民俗学①〜③』吉川弘文館，2006.
29) 中野卓編『口述の生活史 或る女の愛と呪いの日本近代』御茶の水書房，1977.
30) 中野紀和『小倉祇園太鼓の都市人類学―記憶・場所・身体』古今書院，2007.
31) 六車由実『驚きの介護民俗学』医学書院，2012.

［岩本 通弥］

衣のモダニゼーション

衣生活に関わる日本の近代は，一貫して和装から洋装への転換であった。しかし，いかに洋風化が進んでも，例えば玄関や上がり框では履物を脱いで素足で上がったり，あるいはスリッパという室内履きに履き替えることは，今も各家庭だけでなく，病院や学校などに残されている。昭和39年（1964）の東京オリンピックのための整備以前，東京も主要幹線道路以外はほぼ未舗装だったから，裏道は雨が降れば泥道で，日常はズボンに下駄履きが当たり前の姿だった。洗足の盥は軒先の必要器什であり，腰には手拭いが必携品であった。

日本における洋服化の契機はほぼ制服の歴史と重なっている。断髪とともに文明開化は外見からまず始まった。明治3年（1870）の軍服の規定を嚆矢に，明治4年の郵便配達夫や羅卒，明治5年には鉄道員へと広がるが，詰襟・長袖の上着にズボンという軍服にならった形状は，のちの学生服に準用される。明治12年学習院で海軍士官服にならった詰襟が導入され，明治19年には文部省通達で東京帝国大学が陸軍式の詰襟・金釦を用い，角帽と合わせてこれらを制服とする。以後，これが各地の中等教育以上の学校に波及するが，高価なため，多くの学生は木綿絣に下駄を履き，学帽のみが洋風化した。着用が広がったのは，第一次世界大戦の特需景気以降で，学生服に限らず，洋服が新中間層の一種の仕事着として普及したのと並行する。仕事着・通勤着としての背広の着用が進んだのであり，家庭では和装に着替える習慣が長く続いた。

一方，女子の洋服化は男子より遅れた。文明開化で女教師や女工として外で働くようになると，裾の乱れのない男袴が広がるが，新聞などでの酷評を受け，文部省は明治16年（1883）「習風ノ奇異浮華二走ルコトヲ戒ムルハ，教育上惣ニスヘカラサル儀二候」と，女生徒の男袴着用を禁止する。鹿鳴館の影響を受け，高等師範学校女子部では明治19年に洋服着用を定めたが（洋服なら各自思いの形でよい），これも「西洋かぶれ」との悪評により，明治26年には廃された。

和風回帰の風潮の中，華族女学校の学監・下田歌子が明治18年（1885）創案したのが，緋袴と指貫を折衷した女袴で，その海老茶袴が東京女子師範でも明治31年に採用されると，東京では以降，急速に普及する。こうした揺蕩を経て京都の平安女学院が大正9年（1920）に採用したのがセーラー衿のワンピース，セーラー服で，翌10年の福岡女学院が制服とした上下セパレート型が，大正モダンの中で瞬く間に全国的に浸透する。

学童の洋装はさらに遅い。各地の小学校入学の記念写真を経年的に通覧すると，全国どこでも大正末年までは筒袖の着物姿が大半で，それが昭和3年（1928）から10年（1935）の間に一斉に洋服姿へ変化する傾向が見てとれる。上は詰襟の学ラン，夏は長めの丈の半ズボンで，学童服と呼ぶが，即位大礼や上海事変に際した国家的祝典行事が契機や弾みとなって広がった。

今和次郎の東京銀座での考現学調査によれば，大正14年（1925）の洋装は男の67％に対し，女はわずか1％で，8年後同じ銀座で女性が19％に増えたと記録する。ただし，洋服の大半は子どもか女学生で，成人女性の洋装率は2.6％だったと再計算し，その結果を今は洋装化が進んだと捉える一般通念への矯正とする。日本で洋服は仕事着として，動きやすさや効率性の上で受容されたが，今の観察は女性の社会進出の遅れた状況とともに，日常着の断面をも映し出す。男も帰宅すると，和服に着替える二重性は，昭和40年代頃まで続いていた。

保守的なそうした普段着の日常に，洋装化の大変革をもたらしたのが，昭和15年（1940）制定された国民服だった。服装の簡素化と国民精神の高揚を狙い，女性には標準服が提案されたが，戦時体制下の防空演習や勤労奉仕と関連づけられ，女子の通常服にはモンペが広がった。東日本の野良着には元々ズボン型の山袴があったものの，西日本では長着に前掛けまたは腰巻で農作業に従事していたが，女性の屋外への勤労動員が，身体的にも一気に洋装への移行を加速させた。

米国の歴史学者A.ゴードン（Andrew Gordon）が，これに関連して着目したのがミシンである。昭和27年（1952）の調査で日本の既婚女性が週日180分もの時間を裁縫に費やし，37％がミシンを所有していた点から，「内職」としてミシンを踏む女たちの意識が1950～1960年代以降の「中流意識」の膨張と連動する様相を，モノに即して消費者の側から描写した。洋裁を習得し，女性雑誌に載った型紙から家族のためミシンで洋服をつくるばかりか，米英仏との比較から，それらの多くが「内職」という家計補助に充てられた実態を析出した。

アパレル産業の急成長でその後，工場生産の既製服が取って代わるが，家庭裁縫は戦後日本が世界に冠たるドレスメーカーの国へと変貌する土壌となった。世界的なファッションデザイナーを多数輩出した1970～1990年代を経て，アパレル・ファッション産業の中心が韓国へさらには中国へと移行し，日本国内の産業は衰退する。ユニクロやしまむらといったファストファッション系企業のみが伸長し，花嫁道具であり，耐久消費財として購入された家庭用ミシンは，1970年代前半を需要の頂点に無用の長物と化した。衣服はファッション化するとともに大量消費財の代名詞として消耗品化していった。

素足と裸足

東京は明治 34 年（1901）警視庁令第 41 号で市内の跣足を禁じた。その動きを柳田國男は『世相篇』で，違誡違式条例で裸体や肌脱ぎを厳禁する一方，裸体画の美が称賛される倒錯的態度にこそモダニティの問題があると見るとともに，木綿の普及以降に着用が広がる足袋の一般化とパラレルな関係にあると捉えた。近世武家では素足が礼装の一部で，老年を理由に「毎冬殿中足袋御免」を願い出た。履物をはかない足が裸足で，素足は足袋や靴下を履いていない状態をさす。畳部屋へはスリッパを脱ぐように，日本では室内においても履物の着装区分の感覚が内在化する。足袋の普及に伴って，明治以降，下駄の生産高も急増するが，それらを柳田は「足を汚すまいとする心理の表れ」だと説いた。

道路舗装

東京都の道路舗装率は昭和 35 年（1960）16.7％から，昭和 40 年 46.8％，昭和 50 年 69.3％，昭和 60 年 76.9％へと上昇する。モータリゼーションの進展と舗装化率は併行するが，歴史的文化的な要因も見落とせない。第一に英仏独伊墺など西欧の道路舗装率が軒並み 100％であるのは，古代より馬車を多用したからで，日本の道路舗装が進まなかったのは，物流が水運と鉄道に依存していたことによる。第二に指摘すべきは，韓国でも入室に際して靴を脱ぐが，上下足の区別のないのは，欧米のみならず中国でも同様な点である。ホテルや航空機にもスリッパが用意されているのは，素足と裸足の区分とも深く関わっている。なお，ヨーロッパでもドイツやデンマークなどでは，家の入口で靴を脱ぐのが普通である。

セーラー服

本来，海軍兵士の軍服であったセーラー服は，19 世紀後半から 20 世紀初頭に子ども服や女性服として世界的に流行するが，その時期が大正デモクラシーで女子教育や体操教育の必要性が高まり，洋装が検討された時代と重なった。電話交換手や看護婦など職業婦人の洋装化も漸次進んでいたが，最初の平安女学院のものよりも，福岡女学院の上下セパレーツの形状が，現在のセーラー服の原形であり，より活動性に適していた。

国民服

物資統制令下，国民の衣生活の合理化・簡素化を目的に，厚生省・陸軍省管掌の被服協会が創案し，昭和 15 年（1940）「国民服令」（勅令 725 号）で法制化された服制をさす。季節の別なく，また改まった席でも礼装として着用できたため，男子の間で広く採用された。女子の方は着用が推奨される標準服として，昭和 17 年（1942）

戦時中，モンペを着て，わら草履を編む女性たち
（1941 年撮影）［毎日新聞 2016 年 6 月 9 日大阪夕刊］
［写真提供：毎日新聞社］

に決定されたが，10 種ものバリエーションが提供されたがゆえに，ズボン穿きのモンペが活動衣として，かつ戦時ファッションの選択として，標準服を圧倒した。戦後まもなくモンペは惜しげもなく廃れるが，戦後，西洋モードへの一斉転換をならしめた。

ミシン

英語 sewing machine の日本訛り。日本国内にもパイン裁縫機械製作所（現蛇の目ミシン工業）や安井ミシン兄弟商会（現ブラザー工業）が興ったが，大正 9 年（1920）頃までには独特の販売システムを確立し，初めて割賦制度を築いた米国シンガーミシンの独占状況となった。明治 33 年（1900）に日本に参入したシンガー社は，アメリカ式販売法の戸別訪問システムを持ち込み，日本の営業マン階級を形成した。外交員と呼ばれ，いわゆるセールスマンであるが，1 台売れるごとに 12％の手数料を得る仕組みで，月賦を集金回収せねばならず，労使間の争議が頻発した。シンガー社はまた，大正 11 年シンガーミシン裁縫女学院を開校し，「自活」する職業婦人を養成した。ミシン購入者への出張講習もする販売員で，学校は昭和 11 年（1936）に文化服装学院に改称し，雑誌『装苑』を刊行するなど洋裁普及に貢献した。

参考文献

柳田國男『明治大正史 第 4 巻 世相篇』朝日新聞社，1931．
難波知子『学校制服の文化史』創元社，2012．
今和次郎『考現学入門』筑摩書房，1987．
今和次郎『服装研究』（『今和次郎集 8』）ドメス出版，1972．
尾崎（井内）智子，農村生活改善による改良野良着の普及とモンペ，東京大学日本史研究室紀要，20，2016．
A. ゴードン著，大島かおり訳『ミシンと日本の近代』みすず書房，2013．

［岩本 通弥］

食のモダニゼーション

　常設の大竈や囲炉裏が設営できない都市の小住居に、食事の自由が可能となるのは、置き竈や七輪の改良以降のことだった。住込み奉公が当然だった時代、火災の怖れが高い薪の使用は、古くは大釜のある表店に限られ、職人や通い番頭など長屋の住民も、大家や親方、雇先の主家で食事に預かった。食客も含め大釜大鍋で大人数の食事を賄い、悪徳とされた小鍋立てには木炭や炭団を用いた七輪の発達が不可欠だった。

　小家に角型の置き竈が入るのは、江戸中期と推定されているが、『守貞漫稿』は江戸竈を「極小戸ハ…全ク土製竈ヲ用ヒ多クハ銅壺ヲ土竈ニ交ヘ製ス」とし、火の接触部を銅板で覆う防火の工夫を記す一方で、「民居自ラ広カラス故ニ竈ヲ減シテ諸羹等ハ七リント云石竈ヲ用フ」と移行する姿も描き出す。蒸した強飯か粥状に煮るだけの米の調理法が、現在の米を炊く飯（固粥）へ移ってきたことは、茶碗や杓子の形状の変化からも説かれるが、飯炊きの技術は、竈と火吹き竹による火の微妙な調整を必要とした。米飯への誘惑から、狭隘な長屋住いに、薪を使う裸火は多くの失火を誘発した。

　四隅を木枠で囲った江戸七輪は、大火にしばしば見舞われた裸火の管理を気遣う土壌の中で生み出された。素焼き系の日用雑器を焼いた今戸焼の七輪は、深川江戸資料館復元の江戸後期のものを見ると、燃焼室の丸い窪みに木炭粉を堅めた炭団を収める構造で、上からの火で裸火にしない配慮がある。その後に現れた珪藻土製の朝顔型七輪は、燃焼室が深く、灰落しと給気孔を設け、調整可能な火力を得るよう改良された。

　簡易な熱源しかなかった都市小住民の住居に、画期的な練炭が普及するのは、植民地期朝鮮の無煙炭を利用し、家庭料燃料としての改良が進んだ1920年代以降で

長屋の置き竈
［江東区立深川江戸資料館蔵（復元）］

ある。石炭粉を練って成形した練炭の登場で、火力が増し、煮物が容易になるだけでなく、ほぼ1日利用できる熱源として、人びとの生活を大きく変えた。練炭の使用は1950～1960年代が最盛期で、当初は煙突付き練炭ストーブなどもあったが、昭和29年（1954）一酸化炭素の発生しない「上つけ練炭焜炉」の発明で、その利用が専らとなった。都市ガスは大正末まで敷設地域が都心のほんの一部しかなく、都市部の家庭燃料の主要熱源は練炭だった。都市住民の多くは銭湯通いだったが、薪は風呂焚きなどの補助的利用になった。しかし、都市ガスの敷設伸張と1960年～1970年代中盤にかけてプロパンガスと灯油が急速に普及するに従い、練炭の担っていた諸用途は、それらにほぼ移行した。

　ガス焜炉の普及で火力がさらに強まると、一変したのが炒め物や揚げ物で、家庭でも容易となるのに加え、同時期の昭和30年（1955）に電気炊飯器が発売され、特にタイマー付き電気釜によって主婦だけの早起き仕事を解放した。昭和33年の即席麺の発売以降、インスタント食品や加工食品も増え、さらには冷凍食品やレトルト食品へと広がる。食品メーカーと家電メーカーによる日本冷凍食品協会が昭和44年（1969）に設立されて以降、冷凍食品とフリーザー付きの冷蔵庫の開発が相次ぎ、加えて昭和49年には野菜室を分離した3ドア式の大型冷凍冷蔵庫も登場する。フライやハンバーグ・ピラフといった調理済み冷凍食品の開発が加速化され、併行する電子レンジの普及率は1990年代半ばに90％を超えた。

　冷凍食品の発達は、惣菜・おかずを多様化させた。女性の社会進出とも相まって、外食産業を多種多様にする一方、以前は肉屋のコロッケ類程度だった惣菜を持ち帰り、食べる形態を増やした。「中食」と造語され、家での食材からの調理を「内食」という呼び方も一般化しつつあるが、街の惣菜屋は多彩化し、またパン屋には調理パンが増えた。スーパーやコンビニエンスストアでの惣菜や冷凍食品コーナーの充実に加え、デパ地下などの高級化志向も進んでいる。

　以前にも食通や食道楽はいたものの、バブル景気の頃、社会の富裕化に伴って、レストラン巡りといった一般人がその領分を超え、美食を追求する、グルメブームと呼ぶ風潮を生む。バブル崩壊以降も、そのブームは一向に衰えないが、その反面、ファーストフードやファミリーレストランあるいは昭和51年（1976）に登場した持ち帰り弁当屋など、手軽な軽便化も著しい。

　食の近代は、利便性の追求から多様化が進む中で、その簡便さが大鍋での共食から、ちゃぶ台・ダイニングテーブルでの家族団欒的な共食を経て、さらには個食と呼ばれる現象に向ったように、一貫して分立化・個別化・私事化の潮流の中にある。個食は1990年代より使われた言葉であるが、私事化とは社会や集団の共同性や

理念を揺るがす現象で，個食とは例えば家族に属するはずの個人が，独りで食事をとることをさす。1970 年代初め，共稼ぎ家庭における鍵っ子が問題となった時点でも存在したはずであるが，問題視されたのは家庭のあり方や家族団欒が失われたことを憂う心情の延長で観念化された，フォークロリズムの一亜型といえる。

　地域の個食の子どもたちに，無料や安価で食事を提供する「子ども食堂」という名前の民間発の取り組みも，活動自体は古くからあるものの，言葉の使用は平成 24 年（2012）からである。

小鍋立て
<small>こなべだて</small>

　江戸後期に座敷料理として流行した小さな土鍋・鉄鍋で調理する少人数向けの鍋料理の一種。都市部では強い火力の大鍋の煮込み料理は，座敷では不都合なため，火鉢や七輪で調理しやすいように小鍋が使われた。柳田國男は多くの『女訓』で嫁ぐ者の最も慎むべき所作の一つに，また武蔵杉山の田遊び歌（横浜市鶴見神社田祭り）でも，害鳥や害虫とともに村から追い攘うべき悪徳に挙げられた小鍋立てが，近代に入るや，すき焼き鍋や鍋焼き饂飩といった鍋料理が著しく発達したことを，『世相篇』の中で詳述している。

茶　碗

　湯茶を飲むまたは飯を盛る陶磁器の器。米を容れる茶碗の形態は，半球型の壺状の形態から，朝顔形の逆円錐型へ，さらには皿のような形に変化する。杓子もまた中を凹ませた形状から箆式へ，いずれも平らに推移したのは，粥や糅飯（野菜との混合食）・雑炊の汁状から粘気のある飯を盛る道具へと米の調理法が移行した証だと説かれている（『世相篇』など）。箸と匙を使う中国や朝鮮と違い，箸のみを使用する日本では，茶碗を口元まで運び，箸で掻き込む食べ方をする。また椀を口につけて吸う習慣もあるが，韓国では椀を手に持つことは厳禁で，飯も汁も匙を使う。匙は日本でも古代宮廷の公式の食事に使われた形跡もあることから，大陸から伝わったものの，民衆生活には浸透せず，定着もしなかったといえる。

米　飯

　灯明の油が搾め木の発明で，魚燈・荏胡麻から菜種に取って代わった江戸中期以降，長屋住まいの住人でも振売りから菜種油を購入して行灯を使い始めた。夜が長くなったことから，1 日朝夕 2 食だった食事が 3 食に移っていくとともに，白米食の常食化が江戸では進んだ。昭和戦前期でも農村では糅飯や雑穀・麦飯が常食だったが，江戸では精米した米飯中心の食生活が副食不足の下層にも普及したことから，江戸わずらいと呼ばれたほど脚気が流行する。

都市ガス

　旧東京市域でガスが家庭で使用されるのは，明治 30 年代後半からで，明治 35 年（1902）の 853 軒が明治 40 年には 4,188 軒と 5 倍に増えた。明治 5 年（1872）横浜にガス灯が点り，日本のガスの導入は早かったが，街路灯に電気が進出してきたことから，ガス会社は供給先を熱用に転換した。当時の東京市は約 40 万戸なので，100 戸に 1 戸の割合となるが，ただし，瓦斯七輪と呼ばれた器具は高価で，東京瓦斯も経営圧迫のため事業を拡張できなかった。大正 14 年（1925）瓦斯事業法の成立で，大形投資が可能となった結果，供給地域の大規模拡張を昭和 2 年（1927）から実施した。当時 333,000 件の契約件数は同 4 年には 604,000 件に広がり，昭和 19 年には 100 万件に達したが，戦災で同水準へは同 30 年まで回復せず，一般家庭に普及したのは東京五輪の頃で，聖火台がガスだったことも普及を後押ししたという。

外　食

　日本初のファミリーレストランの開業した昭和 45 年（1970）が，一般に「外食元年」とされるが，それ以前にも広義には多様な外食形態が存在した。中国や台湾はじめ東南アジア諸国では，毎日の食事を各家庭で調理するのでなく，屋台へ出向いてとる。スペインのシエスタをはじめ，長時間の昼休みに，職場から一旦自宅に戻って昼食をとる生活習慣はドイツやフランスなどにも残っており，外食といっても文化的に多様である。日本でも外食施設の未発達な時代，勤番の下侍が腰に弁当をさげて出仕したことから，毎日弁当を腰に下げ出勤する下級官吏や安月給取りは，腰弁と呼ばれた。調理と食事の場所的な分離は，弁当や中食を考える上で鍵となるが，弁当文化の著しく発達した日本では，駅弁，コンビニ弁当をはじめ，折詰弁当，幕の内や寿司詰め，あるいは出前や仕出し，店屋物など様々な事象に発現している。注文主が用意する台所か移動調理車などを使い，現場で調理をするケータリングは，完成した料理を配達する出前や仕出しとは，調理と食事場所の一致という点で異なっている。

参考文献

柳田國男『明治大正史 第 4 巻 世相篇』朝日新聞社，1931．
狩野敏次『かまど』法政大学出版局，2004．
小泉和子『台所道具いまむかし』平凡社，1994．
東京瓦斯株式会社『東京瓦斯九十年史』1976．
神崎宣武『『うつわ』を食らう』日本放送出版協会，1996．
岩村暢子『変わる家族変わる食卓』勁草書房，2003．

［岩本 通弥］

住のモダニゼーション

　日本の住生活が近代以降，一貫して洋風化してきたことはいうまでもない。ただしあくまでそれは洋風であって，西洋化したわけではない。玄関で靴を脱ぐことや引違い戸のサッシ，採暖に部分暖房が多いことなど一向に変わらない要素も多い。繰り返しの生活実践でヴァナキュラーに変えてきた身体の日常化に着目すると，まず目に付くのは床坐から椅子坐への転換だろう。
　食卓が 1960 年代ちゃぶ台からダイニング・テーブルに移行するのに先行し，床に直接腰を下ろし，あるいは正座やしゃがんだ格好で作業していた炊事や洗濯・裁縫など，家事のすべてが椅子坐か立式に変化する。近代水道の敷設で水甕や水桶が消え，平出鏗二郎『東京風俗志』明治 31 年（1898）の挿絵を見ると，その頃には立ち流しが現れていることがわかるが，台所仕事を床坐で行う習慣は大正期まではまだ根強く，洗濯に至っては電気洗濯機の登場まで盥に洗濯板が通常だった。畳部屋の占める割合の低下とともに，日本人の起居動作は，床坐から移っていったが，昭和 50 年代後半にはフローリングやカーペットを用いた，洋室床坐という和洋折衷の回帰現象も広がりつつある。
　洋室床坐はくつろぎの坐臥空間であり，一般に茶の間や居間・リビングと呼ばれる。テレビ視聴者を「お茶の間の皆さん」と呼びかけるように，家族そろって食事や談笑に集う部屋であるとともに，応接間や座敷のない場合は，接客空間にも使用された。台所に接続する裏側の間であった茶の間は，大正以降，客間を表に据える形式が批判され，日当たりのよい南面に配置されるようになる。縁側が消えても，南側は床までガラス戸にして大きく開くことが好まれた。家族団欒の空間とされたが，ただし，団欒がそれによって実現しているのか否かについては，留保がつく。
　昭和 30 年以降の団地の建設ラッシュで，規格化・量産化されたアルミサッシが，コストダウンによって木造住宅にも浸透する。隙間風が入り込み，家の中でも重ね着をしドテラなどの厚着に加え，部分暖房で凌いできた冬の暮らしが，それによって一変した。ストーブ一つで部屋全体を温めたが，普及初期には一酸化炭素中毒事故が多発した。夏の冷房が 1970 年以降普及し出し，1980 年代には床壁・天井に断熱材が仕込まれると，外気から住宅全体が遮断される。高気密で効率のよい家を追求した結果，空調機器の熱効率も下げるため，窓を開けない日本人が増えたと渡辺光雄は指摘する。夕涼みの光景も消滅した。
　網戸と一体化したサッシの登場は，縁側のみならず，雨戸のない家も増やしたが，毎朝布団を上げ，埃と虫とを箒で掃き出す掃除の仕方も変え，窓ばかりかカーテンを閉めたままの家を増加させた。リビングが社交の場である欧米では，半ばパブリックな空間として，リビングは夜になってもカーテンを閉めない。善良な家庭生活を営んでいることを社会に示す必要があり，また窓ガラスが汚れていることを近隣住人が許さず，常に磨かれた状態となっている。
　日本では公道に面していれば，店でもない限り，曇りガラスやカーテンで家の中を見せない。雨戸にあった防犯機能が転移したからか，戦後急増したモノに占有された玩物喪志からなのか，縁側や茶の間で外部に開かれていた時代とは大きく違う。集合住宅の間取りにしても，中国や韓国では入口の扉を開ければ広いリビングがあるのに対し，日本では中廊下があって一番奥まった場所にリビングが配置される。リビングの南面重視が優先され，家族のみの閉鎖性が際立っている。
　一方，日本では洗顔と用便と入浴を同じワンルームで行う行為は馴染めない。もっとも洗面化粧台は昭和 46 年（1971）頃になって現れたが，椅子坐の洋風便器が和式の販売数を超えたのが昭和 52 年，その 3 年後，東陶機器（TOTO）が温水洗浄便座ウォシュレット®を販売し，他社製品と合わせて爆発的に一般家庭に普及する。温水や暖房便座などの工夫は，結局のところ，日本の採暖が部分暖房であるからで，冬場に便座などが冷え切ってしまうことから生まれ出た。
　家内での立ち居振舞がほとんど椅子坐や立式に移行する中で，一つだけ床坐が固く維持されているのが，身体を洗う浴室での姿勢である。欧米人のようにバスタブで身体を洗うとか，立ったままのシャワーで洗い流すといった入浴形式では不満足な私たちは，床面の小さな椅子に腰掛けて洗顔や洗髪，身体の各所を隅々まで丁寧に

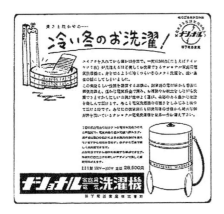

洗濯機の新聞広告 1952 年
［Ⓒ 松下電器産業㈱（現・パナソニック）］

洗う。洋室床座も含め，上床面の依拠生活が未だ根深いことにも注意しておきたい。

ダイニング・テーブル

ダイニング・テーブルの普及は，日本住宅公団が集合住宅の販売を開始した際，それを標準装備にしたことで，廉価となり，需要が高まった。それ以前，テーブルは椅子に比べて高価で，折り畳みの効くちゃぶ台が繁用されたが，食寝分離を設計理念とする，ダイニング・テーブルとキッチンを組み合わせた DK の導入で，衛生的なその思想が，団地以外の家庭にもとり込まれていった。それ以前にも椅子坐化への傾向は，昭和10年（1935）頃に突如都市住宅で広まった掘炬燵など，腰掛式の工夫はほかにも見られた。

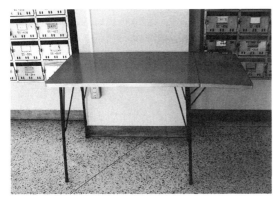

折畳み式ダイニング・テーブル（昭和40年代）
[北区飛鳥山博物館蔵]

茶の間

明治に入って小さな北側の部屋として生まれた茶の間は，直接あるいは中廊下を介して，台所と通じた食事用の部屋であったが，大正デモクラシーの中での生活改善運動で，佐野利器らによって積極的に住家の中心へと位置付けられた。茶の間の発達とともに今の形になった茶簞笥は，室内装飾を兼ねるため，欅・桑・黒柿・唐木などの銘木でつくられる。本来の形は茶の湯道具を入れた倹飩蓋の付いた小形の箱で，茶を点てる際に用いる茶棚とが一つになって現在の形へと展開した。同様に，茶の間にとり入れられたことから，ちゃぶ台を卓袱台ではなく，茶袱台，茶部台に宛てるとする説もある。

家族団欒

茶の間やちゃぶ台は家族団欒のシンボルであったが，あくまで理想であり，食事中には話をするなという父権をかざす機会にもなっていた。ちゃぶ台返しに象徴される。さらにいえば，家族がそろって食事をする機会が現実にどの程度あったのか，特にテレビが茶の間に受容されると，その一角を占めた画面側を空けて座り，会話も番組の感想を軸に交すなど，テレビが主人公化する。そこにあるのは，共有の視聴体験がつくる一種のメディア・イベントであり，またかつては団欒があったと幻想し，団欒をすべきものと思い込む強迫観念的な心情を，社会心理学者の井上忠司は「団欒信仰」と表現した。

玩物喪志

『書経』「旅獒」の「人を玩べば徳を喪い，物を玩べば志を喪う」から，物に心を奪われて大切な志を失うことをさす。朝鮮半島の住家が扉と窓以外，建具がないのと対照的に，日本では押入や下駄箱，床の間などつくり付けが多かった。畳も置畳・円座のビルトインといえる。それにもかかわらず，戦後日本の住居は三種の神器をはじめ，大量の洋家具や小モノを購入した結果，モノに占拠され，「家財の谷間」で生活する住環境に陥った。他人を自宅に招かない，招けない，接客空間を喪失した状況を築いている。韓国では今でも小モノなどに執着することを嫌っているのは，玩物喪志による。

洗面化粧台

洗面，歯磨き，化粧，整髪，髭剃りなどを行う洗面ユニットをいう。欧米では水洗便所が普及したため，洗面所，浴室，便所の一体となったサニタリー空間が発展したが，日本では浴室の前室である脱衣所に設置されることが多い。顔や手を洗う洗面空間が一般住家に設けられたのは明治以後で，それ以前には井戸回りや台所の流し回りで，桶に入れた湯や水で洗われた。明治になると多くは廊下や縁側の隅に配置されたが，内湯化の進展とともに，電気洗濯機置き場も付設した日本独自の脱衣場が設けられた。換気や照明設備，ドライヤーの電源も設け，収納や鏡もある洗面化粧台は，さらには洗髪のシャワー付きものや収納スペースを大型化したものまで，清潔で維持管理のしやすい多機能空間として独自の展開を遂げている。

参考文献

渡辺光雄『窓を開けなくなった日本人』農文協，2008．
平出鏗二郎『東京風俗志』冨山房，1898．
井上忠司「食事空間と団らん」（井上忠司編『講座食の文化 5 巻 食の情報化』）農文協，1999．
国立歴史民俗博物館編『[歴博フォーラム] 高度経済成長と生活革命』吉川弘文館，2010．
服部岑生『「間取り」の世界地図』（青春新書インテリジェンス）青春出版社，2002．

[岩本 通弥]

街衢と路地裏の文化

　日本には札幌の大通公園など近代都市計画による例外はあるものの，ヨーロッパ的な意味での象徴的な広場は見られないとされる。古代ギリシャのアゴラ以来，宮殿や教会・市庁舎の前に広場が確保され，政治的儀式を行ったり，市民らのコミュニティの結節的機能を担った都市構造が普遍的な欧米に対し，日本では神輿渡御や山車巡行によって結界が築かれていくように，道や路上・街衢が，それらを代替するような役割を果たしている。都市全体を城壁で囲む城壁都市は，ヨーロッパのみならず，中国や朝鮮でも都城と呼ばれ，同様に存在するが，祭祀は都城中心の宮殿内と左祖右社（宗廟と社稷壇）と，都城外の郊外の壇でなされる郊祀で編成される。

　日本の都市祭礼の源流は，疫病の流行により貞観5年（863）になされた御霊会を起源とする京都・八坂神社の祇園祭である。旧暦の6月15日から約1ヵ月間，現在は月遅れの7月15日から催される。この祭礼の中心行事は，絢爛豪華な山鉾巡行にあるが，山鉾は疫神を依り憑かせて遷却させる装置だったとされる。柳田國男は疫神送りという本義からすれば，定期的な年中行事としてではなく，疫病流行の際に臨時に催されるもので，それを『祭日考』では除害祭と呼んだ。

　祇園祭をはじめ都市祭礼のもう一つの特色は，室町期以降に顕著となった見る者を魅了する豪華な懸装品やさまざまなつくり物であり，祭りを行う者と祭りを鑑賞する者の分化が生じたことである。観客の発生であり，町衆がその財力を誇示するとともに都市的な娯楽性を求め，囃子や踊りなどの芸能やカラクリが加味され，多様な趣向が施されていく。こうした趣向を風流と呼ぶが，町内ごとにあるいは都市ごとに新奇さや派手さを競い合い，不特定多数の観衆の目を意識した点が，豊作豊漁の祈願と感謝を中核にした村祭りにはない，都市祭礼を特徴づけている。

　日本の道の文化は，単に交通交易だけでなく，憩いの場であり，人的・文化的な交流や景観創造の場として豊かな物語を築いてきた。安藤広重の「東海道五十三次」に見るように，そこには人物や山水のみならず，多彩な風物が集積している。街の景観を左右する装飾は，屋根看板や暖簾・のぼり（幟旛）だけではない。見方によっては雑多に見えるものの，店先にはキャラクター人形（人形型の店頭ディスプレイ）が置かれるのを初め，商店街などでは春には桜の造花を揃えたり，七夕・ハロウィーン・クリスマスなど様々な飾り物で季節感が演出される。端午の鯉のぼりは江戸末期になって都市に現れたが，少し時代は遡るものの門松も同様の飾り物であった。

　下町園芸とか路地裏園芸とも呼ばれる玄関先に植木鉢を並べる軒先ガーデニングや，東日本大震災前まで山の手や住宅街で競い合っていたクリスマスのイルミネーションなども，街角を飾り立てる性向の発露した現象と思われる。正月には榊や注連飾りに謹賀新年のポスター（最近は繭玉/餅花も）が，地域祭礼には提灯や注連縄を張り巡らすことで，その期間一時的に街衢を聖域へと変化させる仕掛けとなっている。加えて路傍に石仏や祠が多いのも，日本の道の文化の特徴といえる。

　欧米の建築物の整然と並んだ景観美とは異質の，雑多や不統一を好む景観観があるのか，こうした無秩序の中での秩序といってもよい日本の路上文化と，混じり合っているのは，屋外に設置された自動販売機の多さと多彩さだろう。自販機とも呼ばれ，日本の設置台数は米国より少ないものの，屋内設置の食品販売機の多い米国に対し，日本では屋外に設置された清涼飲料水や煙草の自販機が街に溢れかえっている。

　自販機大国だといわれる所以であるが，その乱立・増大は，合理化・省力化だけでは説明できない。逓信総合博物館に所蔵されている明治37年（1904）に考案の「自働郵便切手葉書売下機」が，現存する最古の自販機であるが，カラクリや指物の技術が随所に応用されている。昭和30年代半ばには喫茶店の各テーブルにお神籤やピーナッツの自販機が置かれ，国鉄の昭和42年（1967）の近距離乗車券券売機の一斉導入が大きな弾みとなり，高度経済成長期にはあらゆる商品へと広がった。昭和40年（1965）に輸入され，1970年代に普及したカプセルトイ，通称ガチャガチャはコンテンツを多様化し，内容の充実化で大人も巻き込んでいる点で，日本独自の展開

祇園祭と街衢
[「文化遺産の世界」編集部「文化遺産の世界」Vol. 28, p. 21, 2017]
[© 映像×文化×まなぶ×あそぶ研究会]

を遂げている。

一方，モータリゼーションの進展で1980年代より顕在化する地方のシャッター商店街は，道の文化の末路を示しているが，その対策にも各種イベントの開催やイルミネーションなどによる飾りつけなどの趣向で，道の利活用が工夫される。商店街活性化によさこいソーランや阿波踊りといったパレード型のイベントが導入されるほか，近年は事務椅子での爆走レースが流行するが，日本の道の文化は特徴の一つとして，雑然とした猥雑さが賑わいの原点となっている。また路地は，近隣のコミュニケーションの場でもあったが，縁側や物干し台・張出縁が消えるとともに，近隣コミュニティも衰退していった。

街 衢

ちまた（巷・岐・衢）であり，道股から約まった語で，四辻を指した。人が大勢集まっている，賑やかな通りや町中もいう。日本で衢の神として，道の分岐点を守り邪霊の侵入を阻止したり，旅人の安全を守護する神である道祖神や賽の神は，天孫降臨の際，天の八衢に出迎えて先導したとする謂われから猿田彦の異称ともされる。日本には，明暦3年（1657）の大火を契機に江戸幕府が上野や両国などに設置した火除地をさす広小路もあるが，原宿竹下通りや砂町銀座・軽井沢銀座などのように，道幅の狭い路地の方が格好の賑わい空間となる傾向があり，かつ坂道でその賑わいを見渡せる空間の方が集客力を増す。雑然とした渋谷スクランブル交差点といった雑踏が，日本の魅力として外国人観光客には人気がある。

祭 礼

祭りの儀式のことであるが，華美になり人寄せをする傾向の強い場合に用い，民俗学では祭りと祭礼を区分する。祭りは超自然的存在への祈願や感謝，崇敬や帰依の表現で，神霊を招き迎えて饗応する直会に意義があり，村祭りは春と秋に多いが，都市では流行病の発生しやすい夏に多い。祭りは共同体全体によって担われ，共同体統合の儀礼としても機能するが，観衆との分化が生じた結果，大衆統合としての機能や本来の宗教的意味を喪失し，祭礼はより世俗的な催事やイベントへと変化する。

キャラクター人形

日本には薬屋やファーストフード店，レコード店などの店先に飾られる人形型の店頭ディスプレイが多い。招き猫が店の片隅のみならず，入口に設置されることもしばしばで，前垂に「一陽来復」と記したものもある。この種のものは福助・おたふく・信楽焼の狸などがあり，いずれも来客の大入りを願う縁起物であるが，キャラクター人形もその発展系といってよい。日本のアニメブー

ムの影響もあって，近年，諸外国でもキャラクター人形が現れてきているが，店頭を飾る大型のそれは日本独自のものだといって過言ではない。マスコットには重なる部分もあるが，昭和30年代に販促用の景品として流行した小型の人形貯金箱などはそれに近い。

門 松

正月に門口に飾る松を指すが，地方で松迎えとよばれる行事は，山からとってきた松を大黒柱や座敷・納戸や便所の柱に飾るもので，必ずしも玄関先ではなかった。京都でも宮中をはじめ貴族の家々には松飾りはなく，竹に松を添えた現在よく見る形は，室町から江戸期における商家や武家のつくった流行で，歳神の依代ともなろうが，店頭ディスプレイの一種だったと推定されている。少なくとも尾張の武士たちにとって門松は，「家康への忠誠を示す意志表示」であった。昭和30年代までの東京の門松は，松よりも軒先を越える長い竹に特徴があった。小正月が済むと，竹は物干し竿に，穂先部分は足袋や靴下干しに再利用されたが，物干し竿がビニール皮膜のスチール製に移ったことで門松の外形は一変する。

自動販売機

人手を介さずに物品を販売する機械で，古くは紀元前に古代エジプトの神殿には聖水を自販する装置があったという。日本の最古の自販機は，現存する「自働郵便切手葉書売下機」を製造した俵谷高七が，明治23年（1890）に東京・上野で開催された第三回内国勧業博覧会に出品した「煙草販売便器」だとされる。当初，自販機は物珍しさによる客寄せ効果を目的とした非実用的なものが多かったが，『平成2年 国民生活白書』は昭和40年代に急速に普及した最大の要因に，昭和42年（1967）の100円・50円新硬貨の発行をあげ，かつ40年代後半からの清涼飲料の容器缶化が，その進展を早めたとする。街路にある自販機は飲料用が半数を超すが，近年は町並み景観との齟齬も問題視され，平成12年（2000）の560万台をピークに減少に転じている。

参考文献

鳴海邦碩『都市の自由空間』学芸出版社，2009.
垂水稔『結界の構造』名著出版，1990.
柳田國男『祭日考』（『新國學談 第一冊』）小山書店，1946.
柳田國男『日本の祭』弘文堂，1942.
松崎憲三「街の飾りと季節感」（松崎憲三編『人生の装飾法（民俗学の冒険2）』）筑摩書房，1999.
中村良夫『都市をつくる風景 「場所」と「身体」をつなぐもの』藤原書店，2010.
名古屋市博物館編『江戸時代の門松』1994.
鷲巣力『自動販売機の文化史』（集英社新書）集英社，2003.

〔岩本 通弥〕

祝祭とハレの時空間

祝祭とは祝いと祭りを同時に含む言葉であり、いわゆる国家的祝祭から地域のイベントまで、非宗教的な祝い事や催事も内包させて用いられる。ロック・フェスティバルのように世俗的催事を含む点で、祝祭はフェスティバルの訳語とみてもよいが、あることを祝う（斎う）ためのセレモニーであり、さらには例えば人類の月面着陸から、オリンピックのようなスポーツ、大統領の葬儀パレードまで、現代における祝祭は多岐に及ぶ。

ここであげた"例えば"以下の事例は、実はメディア・イベントの例であり、テレビで放送されながら執り行われた行事で、国民あるいは世界を席巻するような歴史的行事をさしている。現代社会は「マスコミュニケーションの特別な祭日」であるメディア・イベントに満ち溢れた社会であり、柳田國男が『世相篇』で指摘した「褻と晴の混乱」、すなわち稀に出現する興奮に意義を軽視し、「現代人は少しずつ常に昂奮している」状態を、より加速化させている。

祝祭には道路を祭場化するパレードが多用されるほか、凝った装飾が重ねて施され、その日が特別な日であることが標示化される。御旅所や氏子の範囲をめぐる神輿渡御や山車巡行も、路上パフォーマンスであるが、かつては葬式や結婚式も、葬列（野辺送り）や花嫁行列が、近隣なり地域共同体の社会的承認の儀礼そのものだった。誕生成育儀礼の初歩き（橋参りや雪隠参り）や初宮参りでも、移動することが、あの世からこの世への社会的地位の移行を意味した。葬列はその逆の移行を象徴するが、通過儀礼と称されるように、通過することに意義があり、凱旋パレードにしても凱旋門をくぐることや王城に入城することに一つの重心があった。

東京で明治から大正にかけて一般的だった葬送儀礼は、喪家で通夜を行った後、翌朝、親族や近隣の者が葬列を組み、寺まで徒歩で移動した上で、寺院で葬儀を営む形式だった。朱引内の土葬禁止により、土葬を望む富裕層の葬列は長くなったが、明治末年の死亡広告に「某日某時自宅出棺、何時某寺院にて葬儀」とあるのは、徒歩で移動せず、電車などの都市交通の発達で、寺院側で葬列を迎える者が増えたことを示している。交通事情で大規模な葬列が困難となると、葬儀を簡素に行う風が広がる一方、自宅告別式という形で一般会葬者との別れを行う形式が現れた。本来、喪を外部に告知する機能は葬列にあったが、儀礼の中心が告別式に遷移し、また寺院葬が自宅葬へ、さらには葬儀場で行う会場葬へと変化する中で、生花で飾られた祭壇を築き、遺影を中核的な死者表象とする形式が一般化する。

嫁入りや祝言などと呼ばれた婚姻儀礼も、自宅で催される披露宴よりも、嫁入りの移動していく行列に本義があった。仲人が婿側の親戚などを伴ってする嫁迎えから始まり、嫁が生家を出る際は茶碗を割るなど、生家と絶縁する分離儀礼がなされ、婚家へと所属を移す移行儀礼が、すなわち花嫁行列だった。婚家での儀式は統合儀礼であり、花嫁行列を若者組が妨害したり、世間に見せることで社会的承認が得られた。

昭和30年代以降儀礼の場が自宅から施設へと移るにつれ、結婚式のあり方自体が変化する。挙式は少人数で神前式やキリスト教式という宗教色のある形式で行い、披露宴を結婚式場あるいはホテルで大人数を招待して行った後、新婚旅行に出向くことが一般化する。専用の総合結婚式場の建築ラッシュが都市部に起こり、式場やホテル内部に神社やチャペルが付設され、豪勢な披露宴を婚姻儀礼の中心に位置付けた。ゴンドラから新郎新婦が登場したり、色直しの回数を増やすなど、派手な演出が加わり、一大イベント化したが、近年は数百万円の出費を控えた挙式なしの地味婚、ナシ婚と呼ばれる形式も増えている。キャンドルサービスの際に同級生らが悪戯をする風などに移行儀礼の片鱗が見られるが、主たる移動は新婚旅行となり、2人の個人が夫婦へと移行・統合することが重視され、婚家との儀礼的統合は欠落する。

新夫婦の社会的承認というよりも、夫婦にとってのメモリアルなセレモニーへと意味づけが更改してきているのは、葬儀でも同様である。死者の霊魂をあの世へ送るという儀礼的意味は薄弱し、葬儀は家族葬で済ませ、のちにお別れの会を催す傾向など、遺族の慰めと会葬者の偲ぶ行為に重点が置かれる。近隣の相互扶助組織だった葬式組によってなされていた葬儀にせよ、結婚式にせよ、儀礼が専門業者に外部化されてくると、儀礼的宗教的な意義は弱まり、個人史的な記念としてのショーアップ化が進展する。視覚的操作に力点が注がれ、儀礼らしさの装飾的演出が駆使され、宗教者の介在も格式ばった儀式らしさの演出要素として摂り込まれた。

第一次世界大戦後、内務省によって展開された**民力涵養運動**では、それまで私的になされてきた人生儀礼や年中行事のいくつかが可視的な儀式へと改変された。代表的な例では宮参りや七五三、神前結婚式や初詣、門松や注連縄などで、それまで地方ごとに多様であった慣わしが、国民儀礼として全国的に平準化されていった。この期の運動で最も重視されたのが、頒布された伊勢大麻（天照の御札）を収める神棚の常設化であり、安産を祈願した竈神や便所神への初歩きや橋参りが鎮守社参拝へと均質化された。七五三、神前結婚式も同様で、自宅内でなされた祝いが神社中心主義的に再編され、外から見える形で儀礼が執行されるようになる。出征兵士の入営

退営の奉告祭のように,「一家ノ重要事項ハ之ヲ神明ニ奉告スルコト」(島根県内務部『民力涵養の施設と経過』大正10年(1921))とされ,その可視化は国民統合の公的な視覚的装置となった。

通勤電車の行き帰りに,恒常的な祝祭空間といえる盛り場が身近に成立し,そこに立ち寄って,いつでも昂揚感が得られる都市環境になってくると,初めて渋さや地味であること,あるいは素朴さが懐かしく求められる。それがフォークロリズム生成の土壌となるが,めでたさや賑やかさを空間的に定位する手法として,例えば祭礼の祝賀提灯のように,商店街も街頭装飾によって季節感などを演出し,祝祭の時空間を表現している。

メディア・イベント

マスメディアを媒介に,主としてテレビを介して人びとの歴史的な集合的記憶を形づくる現象を広くさす。テレビで報じられた催事だけでなく,メディアによってイベント化した出来事,擬似イベント化されたニュースなども,これに含まれる。D.ダーヤン(Daniel Dayan)とE.カッツ(Elihu Katz)が例にあげた,人類の月面着陸,オリンピック,大統領の葬儀パレードは,メディア・イベントの制覇型,競技型,戴冠型という3類型の典型例である。メディア・イベント論の射程には,観客として眺める「祭礼的なテレビ視聴」の問題を含み込んでいる。

昭和44年(1969)7月21日,東京・数寄屋橋のソニービルで,月面着陸の中継を見詰める人びと
[写真提供:共同通信社]

祝祭日

日本の祝日は戦前までは祝日と祭日の区別があった。祭日とは皇室儀礼に対応した国家の祭日であり,皇室祭祀令により大祭日と小祭日に分け,大祭日の大半を国家の休日として法制化した(「年中祭日祝日ノ休暇日ヲ定ム」明治6年(1873)太政官布告344号)。皇室祭祀令が昭和22年(1947)に廃止されたため,現在日本で法定的には祭日は存在しないが,それ以降も宮中祭祀は継続されおり,一部は名称を変え,現在も国民の祝日になっている。戦前の大祭日は元始祭(1月3日),紀元節(2月11日,建国記念日),春季皇霊祭(春分の日),神武天皇祭(4月3日),秋季皇霊祭(秋分の日),神嘗祭(10月17日),明治節(11月3日,文化の日),新嘗祭(11月23日,勤労感謝の日)であり,また昭和2年から,新年節(四方拝,1月1日)・紀元節・天長節(4月29日,昭和の日)に,明治節を追加し,四大節として特別に祝うようになった。

結婚式場と葬儀場

神社で神前結婚式を挙げ,その後,料亭やホテルで披露宴を行う風は,民間にも大正期から現れるが,専門施設としての結婚式場は,昭和6年(1931)に開業した目黒雅叙園を嚆矢とする。本格的な神殿を常設し,美容,写真,衣裳などの施設を整えた総合結婚式場を,式場とも呼ぶ。一方,葬儀場は葬祭場,斎場ともいう。明治20年(1887)東京博善が創業し,火葬場の付設斎場が一大転機となったが,1990年代以降,葬具の販売や貸出しを行う葬祭業者が業務を拡大し,斎場設営も行うようになり,利便性からその利用が急速に広がっている。

民力涵養運動

大正8年(1919)第一次世界大戦の戦後経営として床次竹二郎内相の訓令で示された五大要綱に応じ,道府県・郡支庁・各市町村およびその各地方団体が形式的には自らの実行計画を立て遂行していった半ば官製の自己改革運動であった。示された範型に基づきなされたため,例えば神社や神棚がなかった地方に,それらを常置化させるなど,全国的な画一化や国内の文化的なならしが進んだ。内務省のこの運動に呼応する形で,文部省が主導したのが生活改善運動であり,大正9年(1920)同省内に組織された半官半民の生活改善同盟会を嚆矢とし,新中間層の生活スタイルの模範を示すことを基軸に運動は展開した。この二つの運動が相まって,時間厳守や虚礼廃止・迷信打破・生活合理化などが実施され,人びとの生活に浸透していく。

参考文献

柳田國男『明治大正史 第4巻 世相篇』朝日新聞社,1931.
橋爪紳也『祝祭の〈帝国〉』講談社,1998.
ダニエル・ダーヤン,エリユ・カッツ著,浅見克彦訳『メディア・イベント』青弓社,1996.
山田慎也『現代日本の死と葬儀』東京大学出版会,2007.
岩本通弥,可視化される習俗—民力涵養運動期における「国民儀礼の創出」,国立歴史民俗博物館研究報告,第141集,2008.

[岩本 通弥]

ふるさとと田園憧憬

ふるさととは，第一義的には自身や父祖の生まれ育ったところをさすが，1990年代後半以降，顕著になってきた傾向は，各地の山間観光地，例えば世界遺産の白川村などを「日本人の心のふるさと」と呼ぶような，いわば他人の故郷を自分のふるさとと捉える感性も含意する。そのフォークロリズム的状況やメカニズムは本章冒頭の概説にも記したので，ここでは集団就職と田園憧憬に象徴される，都市とふるさととの関係性に着目する。

大正10年（1921）に公布された職業紹介法によって，市町村立などの公設職業紹介所が設置される以前，職探しに機能したのは，寄親・寄子と呼ばれる擬制的親子関係であった。中世・戦国期の家臣団の編成に由来するが，近世以降は専ら各種奉公人の斡旋を行う口入れ屋や人宿の大家を寄親とし，その奉公人や人宿の店子を寄子と呼ぶ労働組織に引き継がれていた。中央職業紹介事務局『寄子紹介業に関する調査』（1926）によれば，大正14年東京市と隣接郡部に10,893人の寄子がおり，親方とも呼ばれた寄親の職種は114を数えた。寄子は同郷の寄親をたどって上京し，その斡旋を受けて修業を始める，いわば父祖の地を介した労働システムが，寄親・寄子だった。

機械生産の発展で親方徒弟制の崩れる業種が多い中で，職業斡旋の制度の名残がみられた銭湯を例にとれば，昭和61年（1986）当時，都内公衆浴場2,178軒（平成27年（2015）では650軒）のうち，経営者の8,9割方が新潟・富山・石川の北陸3県の出身者とされた。銭湯の修業も以前は他の商人や職人と同様，丁稚小僧から漸次仕事を覚え，2,3年小僧として見習いをすると（昼は燃料集め，夜は下足番），仲と呼ばれて初めて流しや釜焚きを習う。仲を2,3年務めて上達すると，いわゆる三助と呼ばれる一人前の職人となり，流しの取り分が稼ぎとなったが，部屋入りといい，寄親の宿（部屋）に属しながら，部屋の番頭となって，高い取り分を求め，方々の銭湯を渡り歩いた。西行と呼ばれる他の職人にも見られた腕を磨く，旅修業の慣行であるが，30歳までに独立しないと，生涯，所帯（店）をもてないといわれていた。

東京市内に昭和3年（1928）頃，26,7軒あった部屋は，合資会社として寄子請負業の下，三助の紹介所として機能したが，1ヵ月の住込みを斡旋すると，月並銭と称し，雇主の銭湯から1円，寄子からも1円を徴収した。寄親は寄子が病気にでもなれば，庇護する慣わしだったが，次第に搾取と見做され，問題視されていく。

このように寄親・寄子制度は，近代的な労働組合成立

以前の職能組合であり，都市の労働力配分のシステムでもあったが，昭和初期より親方の統制を離れ，小向買いと呼ぶ雇主と直接的に契約をする労働者が増えていった。そのような私的な営利職業紹介の警察的取締りを軸とした職業紹介法に代わって，戦後は職業安定法（昭和22年（1947））が公布され，憲法の労働権や職業選択の自由を保障する観点から，求職者側の権利を重視した施策へと転換した。

こうして迎えた高度経済成長期，大企業が大卒者・高卒者を大量採用した結果，東京下町の町工場や個人商店などでは人手不足に陥った。加えてエネルギー政策が転換し，昭和35年（1960）前後から国内炭鉱の多くが閉山に追い込まれた。石炭産業という基幹産業を失った余剰人口の労働移動を含め，広域的職業紹介と計画的輸送の統合された仕組みが，いわゆる集団就職であった。

東北の各農村から「金の卵」を運ぶ集団就職の専用列車が運行したのは，昭和29年（1954）から昭和50年（1975）までのことだった。故郷を離れても盆と正月の年2回，たくさんの手土産を携え，帰省列車に乗り込み，人やモノが地方に還流し，故郷も活気を取り戻した。帰省ラッシュで渋滞する高速道路や鉄道の情景は，民族大移動と称され，メディアの表象する風物詩だった。離郷第一世代とは違い，その後に都市で生まれた第二・三世代では，1990年代，盆と正月は行楽や海外旅行など，家族の絆を確認する家族旅行の機会へと移ったが，離郷第一世代は県人会や郷友会などの同郷集団，さらには若い根っこの会といったサークル活動など，故郷との連繋は密だった。

一方，第二世代以降で顕著になるのが田園憧憬である。A.ベルク（Augustin Berque）によれば，田園とは農村における人と自然の関係に対して都会人が抱く一種の情感をさす。柳田國男の指摘した帰去来情緒とも相通じている。経済活動としての農業でなく，土を媒介とした人と自然との関わりが農であり，都市にも多様な農が存在し，また都市内外に田園やふるさとを創り上げようとする動きが活発化する。

田園の外部化として現れた典型が，グリーンツーリズム（エコツーリズム）と就農（脱サラ就農・定年帰農・年金百姓）であり，田園の内部化にはガーデニングのブームや市民農園の活動があるが，里山の保全は両方に存在する。近世都市においても，江戸近郊には亀戸天神の藤や堀切の菖蒲園，蒲田の梅屋敷などの花や樹木の名所や庭園がつくられ，変化朝顔などの園芸は植木鉢の普及とともに大衆化していたが，近代にはそれが過度にまで突き進むことも多い。

園芸やガーデニングが，前栽畑や市民農園と異なる位相は，成熟ともに愛でることに重心を移し，過度に熱中する愛好家や好事家を生む点である。前栽や市民農

園が自然の営みの中に人の生活を組み込み，両者を一体化させようとするのに対し，自然に反する形状や育成のあり方も辞さない，盆栽が象徴するように，自然を人が馴化しようとする強い志向性を有する。

庭師や植木屋のような専門家の介在や，品評会や競い合いといった評価の素地を元から孕んでいたにせよ，それが肥大化してくると，突如，政治性を発揮するなど，初発の意図とかけ離れたものへ変貌する。愛でる志向が過ぎると，フォークロリズムも歪むことには留意したい。

フォークロリズム

人びとが民俗文化的要素を「流用」し，表面的部分のみを保存する「書割」的な演出や伝統らしさを自ら振舞うことで，都会から訪れた観光客などのノスタルジーや欲望を満たすような状況や現象を指示すると同時に，都市に暮らす現代人がなぜ，こうした素朴さに惹かれるのかを問い掛ける分析概念的な枠組みをいう。フォークロリズムは，加速度的に変貌する現代社会において，「昔からそうだった」という自明性を担保することで，社会に安心感を与えるセラピー的な機能も果たしている。

集団就職

高度経済成長期，地方の中学・高校を卒業した者が大都市圏に新卒採用され，集団で移動する事象を呼ぶ。専用電車の走る光景は春の季語となり，1960年代には毎年20～30万人が就職移動したとされる。戦後，大都市において高等教育への進学率が急上昇する一方で，地方には進学させる余裕のない農家が多かったため，跡取り以外の経済的自立を，職業安定所を経由し，学校側も積極的に支援，斡旋した。「十五の春は泣かせない」というスローガンの下，昭和30年代後半から高校全入運動が始まり，昭和30年代50～60％台だった高校進学率は，昭和45年（1970）に80％を超えた。集団就職の背景には，こうした都市と農村の学歴，経済格差が潜在した。

県人会・同郷集団

近代以降の向都離村で大都会などに居住するようになった出郷者たちが，異質な環境の中で結節を求めて組織した同県や同郷を基準とした親睦会。在京県人会のうち明治期の創設が7，大正期が5，昭和戦前期が6で，昭和20年代，30年代が合わせて18で，同郷集団の創設時期も，昭和61年（1986）に990団体を調査した松本通晴らの研究によれば，戦後期が86.9％を占め，東京への人口集積期と一致する。

若い根っこの会

昭和28年（1953）に結成された「あすなろ会」はじめ，翌年の「世田谷区青年団体協議会」，昭和32年の「東京青年の会」「雑草の会」が，昭和34年に統合して誕生した都会に就職した住込みで働く地方出身者らのサークル活動の組織。同人誌の刊行のほか，レクリエーションや奉仕活動，演劇など，勤労青年団体の草分け的存在としてマスメディアにもしばしば登場した。

帰去来情緒

柳田國男は町屋敷内の前栽畑を論拠に，近世は都市と農とが共存していたが，近代の移住者は「農を忘れて後に町の中へ入った」とし，都市民が故郷の農村に対して抱く心情として，美しく明るいという幻想を持ちたがる一方で，「村を軽んじ，村を凌ぎ若しくは之を利用せんとする気風」があるとした。これを帰去来情緒と呼び，その複雑で捻れた情緒の背景には，「土の生産から離れたという心細さ」があるとする。

さとやま／里山

奥山・深山（みやま）に対する集落周辺の二次林（薪炭林や採草地などの入会山で柴山）をさした里山が，平成9年（1997）頃からは，山林に隣接する農地と集落を含めた山里的な「景観」全体を呼ぶように変化した。地域限定的なフォークタームであったが，1980年代後半，大都市近郊の雑木林がゴルフ場開発などで削られることに対し，狸などとの共生を訴える反対運動から，その雑木林を拡張して用いるようになった。「自然との共生」の美名の下，対象範囲が際限なく広がりつつあり，「里海」「里川」などといった言葉まで編み出されている。ふるさとと同様，平仮名で，さとやまと表記し，濁音がない点がイメージを喚起する。平成22年（2010）名古屋で開催されたCOP10では，SATOYAMAイニシアティブとして国際的な行動指針にまで拡張されている。

参考文献

岩本通弥編『ふるさと資源化と民俗学』吉川弘文館，2007.
柳田國男『明治大正史 第4巻 世相篇』朝日新聞社，1931.
竹内利美『家族慣行と家制度』恒星社厚生閣，1969.
オギュスタン・ベルク著，篠田勝英訳『日本の風景・西欧の景観 そして造景の時代』（講談社現代新書）講談社，1990.
松崎憲三編『同郷者集団の民俗学的研究』岩田書院，2002.
松本通晴，丸木恵祐編『都市移住の社会学』（『世界思想ゼミナール』）世界思想社，1994.
加瀬和俊『集団就職の時代』青木書店，1997.
安室知「田園憧憬と農」（新谷尚紀，岩本通称編『都市の暮らしの民俗学①』）吉川弘文館，2006.
柳田國男『都市と農村』（『朝日常識講座 第六巻』）朝日新聞社，1929.

［岩本　通弥］

家族の独立化―家族団欒と親子心中

　家族あるいは家庭という言葉が、日常語となるのは、おおよそ明治中期から大正期のことだといってよい。漢語としてはそれ以前からあったものの、共住する一つの集団（人と場）として捉える今日的な意味での用法は新しく、家族は family の翻訳語とみる見方が、家族史や社会学・民俗学などでは定説となっている。

　明治前期の国語辞典には「家族」という見出し語はなく、明治20年代になってようやく見出し語となるが、読みにはカナイなどを宛てていた。すなわち家内であり、そこには非親族を包含した日本のイエの構成と特徴が示されている。近世語の「家族」は、親族や同族とほとんど同義であったが、明治に入っても、例えば明治23年（1890）の旧民法草案では「戸主トハ一家ノ長ヲ謂ヒ家族トハ戸主ノ配偶者及ヒ其家ニ在ル親族、姻族ヲ謂フ」（人事編第243条）とあるように、戸主に対する「家の者」をさす関係概念だった。今日のような集団概念ではなく、家庭もまた家の庭という意味でしかなかった。

　これらは第一に、奉公人・使用人や書生・女中など非血縁者が同居するのが一般的な居住形態だったからであるが、明治半ばに登場し、大正から昭和初期にかけて広く普及した中廊下によって、家族と使用人の空間が区分され、家族のプライバシーも初めて確保される。従前の住居様式は部屋と部屋を襖や障子で仕切り、部屋を通る「続き間」が基本だったが、中廊下は女中などが移動するための動線ともなった。

　商家や職人の家には、一人前になるまで仕事を覚える丁稚や徒弟・小僧が、住込み奉公で同居していたが、明治末年から徐々に通勤給与制へと移行する。昭和戦前期までさほど裕福でない家にも女中のいることが珍しくなかったのは、主婦一人では複雑繁多だった家事をこなし切れなかったことによる。森岡清美の再分析によれば、第1回国勢調査の大正9年（1920）ほぼ3世帯に1世帯が非親族を含んでいたが、昭和35年（1960）には10世帯に1世帯、昭和50年（1975）には100世帯に1世帯の割合に激減し、住居は家族のみで構成されるのが普通となっていく。

　非親族との区分が明確になると同時に、これらは本家分家といった父系出自の親族規制から、家族が自律化する過程でもあった。今でも民法には親族の規定しかないが（家族の定義はない）、東日本では親族を一様にオヤコと呼ぶ慣わしが近年まであり、以前は結婚に本家や同族団の総本家が介入することもままあった。本分家に親方子方や地主小作が重層する依存従属関係が弱まるにつれて、「子どもの将来への関心」や「家庭愛の成長」が、親族など他の社会的諸関係から家族という範疇を分離した。そのような親密な親族のみで構成される家庭の「一家団欒」「家族団欒」のシンボルとして、ほぼ併行して普及したのが、ちゃぶ台であった。

　一方、これらに伴って大正末年より顕在化した現象が、図にみるように、親子心中の頻発化であった。それ以前、家族に何かしらの困難や葛藤が生じた場合、本家や親方に頼ったり、奉公に出したり、養子や里子に出すほか、豪農や大店の門口に捨子するなど、「人民相互の情誼」に託していた。あるいは親だけ自殺するか、子殺しするか、親の自殺と子殺しとが結びついてはいなかった。わが子を残して死んだとしても、誰かの情誼にすがることができると予見できた。

　図の養育棄児とは、里親預かりや雇預かりの慣行を継承した明治政府が、明治4年（1871）から13歳までの捨子に対し、年間7斗の米を支給して建前上国家の扶養としたが、13歳までのその累積員数である（昭和7年（1932）に施行される救護法まで続く）。その減少は捨子のされにくい社会状況が発生したことを示すが、「家」族が非親族を排除した血縁者だけの集団に閉鎖化すると、子育ては生みの親の全責任とする観念を強化した。

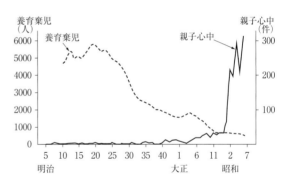

日本の親子心中と捨子の相関
親子心中数：小峰茂之、小峰研究所紀要、5、1937.
養育棄児数：『日本帝国統計年鑑』1〜53回

　通勤給与制や義務教育の普及、就学率の上昇など、多様な要因が連関するが、第一次世界大戦後、内務省が推進した民力涵養運動おいて、「迷惑」という社会規範が重視されてくると、捨子をしたり、子どもを残して親だけ自殺することは、非情であり、かつ子育ての義務を放棄した無責任な、世間に迷惑をかける行為として見なされていった。子どもを道連れにする行為には、「誰がこの子の面倒を見てくれるのか」といった絶望感だけでなく、「他人に迷惑をかけたくない」という隠れたメッセージが潜んでいた。

家庭

新政府の官僚や会社の高級社員，医者や技術者，教育者や軍人など，都市に新たに生まれた中産階級の登場によって，home の訳語であった家庭という概念も，明治20～30年代にほぼ定着する。徳富蘇峰が主幹した『家庭雑誌』(明治25 (1892) ～31年 (1898))をはじめ，同名異質の『家庭雑誌』(堺利彦，明治36～42年)，『家庭之友』(羽仁吉一・もと子，明治36年～現在，明治41年『婦人之友』に解題)といった雑誌の創刊も相次ぎ，この時代の流行語であった。蘇峰は「親類縁家の交際法」で，伯父・伯母・外舅・外姑が他家に踏み込み，「其主権を一点たりとも奪ふは，非理千萬」(4号)と述べたり，「中人相応」の家で下女のない家はあるまいとして「奉公人を使ふ心得」(15号)を説いたりした。

女中

家庭や旅館・料亭に住込みで雇用され，働く女性たちをさす。ここでは家庭女中に限定するが，第二次世界大戦前，中流以上の住宅には女中部屋がほぼあり，規模にかかわらず，2, 3畳の個室で，台所か玄関に接していた。戦前期，女中は女工と並ぶ女性の一大職業で，昭和40年代にほぼ消えるまで，お手伝いさんやメイド・家政婦と名称を変えながらも，家庭電化が進むまで残っていた。接客や主人夫婦の身の回りの世話に関わる女中は，上女中と呼ばれ，良家の子女の娘が本家や豪商のもとへ，行儀見習いとして，数年間奉公に出て仕える慣わしもあった。炊事や掃除などを行う下女(下女中)とは区別されたが，大正期，良家の子女は良妻賢母教育を行う女学校へ進学するのが次第に普通となっていく。

女中奉公
[羽仁もと子『女中訓』婦人之友社，1912
(国立国会図書館デジタルコレクション)]

通勤給与制

近代の奉公人店員制度は，多様な併存・折衷制を経て，仕着別家制から通勤給料制へと推移した。仕着別家制は主家で寝食し，盆暮の仕着のみの無給で，商売を見習い，手代や番頭を務めた後，暖簾分けで別家になるのを目指した。住込み給料制などの過渡期を経て，自宅から通勤する通勤給料制になった。その導入は三井呉服店で明治33年 (1900)，大丸や十合では明治41年 (1908)のことだったが，中小の商店や町工場では集団就職の時代まで住込みが見られた。

ちゃぶ台 (卓袱台)

折り畳みのできる短い脚のついた食卓で，製作上の無駄が少ないことから実際には長方形が最も多く利用されたが，上座下座のない円形が家族団欒のイメージを喚起させるため，回顧する際の図像には円形が描かれることが多い。明治20年 (1887)頃から使用されるが，全国的に普及するのは大正末期から昭和初めにかけてのことであり，昭和30年代後半に至ると，ダイニングテーブルが普及し始め，ほぼ昭和末年までには食卓は椅子式のスタイルに変わった。

迷惑

本来，迷い戸惑うという意味の漢語が，日本語で「人のしたことで不快になったり困ったりする・こと(さま)」(『大辞林』三省堂)という意味に使用されるようになったのは，夏目漱石の新聞小説『吾輩は猫である』の明治39年 (1906)の発表箇所あたりからだとされる。内務省の主導で大正8年 (1919)から始まる民力涵養運動や翌年からの文部省の生活改善運動では，文言として「時間の厳守」とともに，それを公衆道徳として明示的に準則化した。第一次世界大戦の戦勝国で「世界五大国」になったことを自負しつつ，それに恥じないよう努めることを，半官半民の運動として国民に求めた。

参考文献

広井多鶴子，家族概念の形成，実践女子大学人間社会学部紀要，7, 55-75, 2011.
小山静子『家庭の生成と女性の国民化』勁草書房，1999.
小泉和子編『女中がいた昭和』河出書房新社，2012.
服部岑生『「間取り」の世界地図』(青春新書インテリジェンス)青春出版社，2002.
森岡清美，非家族的生活者の推移，季刊社会保障研究，16(3), 1981.
岩本通弥「血縁幻想の病理─近代家族と親子心中」(岩本通弥，倉石忠彦，小林忠雄編『都市民俗学へのいざないⅠ』)雄山閣出版，1989.
近藤明，邢叶青，「迷惑」の意味変化─虎明本狂言から四迷・漱石まで，金沢大学人間社会学域学校教育学類紀要，3, 2011.

[岩本 通弥]

家族の孤立化―介護問題と孤独死

　戦後家族の特徴は，大きく高度経済成長期とバブル崩壊後に分けるとすれば，核家族化と小規模世帯化，少子高齢化と単独世帯の増加にまとめることができる。産業化，都市化，高度情報化などさまざまな要因により，家族は形態も機能も大きく変化してきた。

　マスメディアなどではしばしば核家族や核家族化を否定的な文脈で使用するが，家族社会学や人類学の定義では，G. P. マードック（George Peter Murdock）の**核家族普遍説**を踏まえ，夫婦と未婚の子女で構成される家族形態を，核家族と呼び（夫婦のみや片親と子のみも含む），一般に家族構成を核家族，直系家族，複合家族の3類型に分類する。核家族は直系家族へと発展する家族周期上の過程でも発現するが，戸田貞三は大正9年（1920）の第1回国勢調査の1,000分の1の抽出分析から，全国人口の約1割1分が下宿人や使用人などで家族生活の外に置かれていること，家族生活にある者の約8割2分が世帯主夫婦とその子で占められることを明らかにした。すなわち，圧倒的大多数が核家族（戸田の用語では小家族）的成員として生活しており，大正9年に58.8%だった**核家族率**は，昭和50年（1975）で59.8%，平成22年（2010）でも59.8%と一定している。近世の宗門人別帳の分析などでも，核家族率は同程度であることから，戦後の核家族化の進行とは，学術的には世帯人員の小規模化といった方が適当である。

　昭和25年（1950）には4.97人であった平均世帯員数は，昭和50年（1975）には3.28人，同60年には3.14人，平成27年（2015）は2.34人へと減少した。図にみるように大人数で共住する家族（世帯）が激減したのであり，高度経済成長期に大都市に移動した人々の多くは，サラリーマン化し，新たな世帯を形成した結果，昭和45年（1970）には核家族の中でも「夫婦と子ども世帯」が総世帯数の41.2%を占めた（平成22年（2010）は30.7%に縮小している）。

　公団公営団地の大量供給で，大家族の拘束感や緊張関係から解放された戦後家族は，民法改正による自由な家族精神も根づく一方，次第に核家族での育児負担や高学歴化に伴う教育費用が増大していく。急激な都市化の中での住宅環境を背景に少子化も問題となり，保健衛生環境の改善による長寿化で，高齢化も社会問題化していった。

　このようなプロセスの中で，家族がもっていた機能の多くが外部化される。家電の普及や各種サービス産業の出現で，家事労働は軽減され，働く女性の社会進出を促すが，一方，NHK放送研究所の国民生活時間調査を見る限り，家庭婦人の家事に費やす時間は1990年代まで増えこそすれ，減る傾向にはない。冷蔵庫は冷凍食品・レトルト食品の開発を促したが，外食でしか味わえなかった料理が家庭に持ち込まれ，洗濯機は白いワイシャツや下着など洗濯頻度を増やし，それらを用意する家事や育児に専念する専業主婦と働く女性とに二極化される。90年代以降，男性の家事時間が増加するが，男女差はさほど縮まってはいない。

　家族機能の外部化で，問題がより深刻なのは，扶助・扶養の多くが公私の保険や福祉サービスに移行する中で，社会保障の財源不足から，家族負担への揺り戻しが政策的にも強まったことである。家族の負担軽減を謳った介護保険法（平成12年（2000））であったが，その前後から現実的に多発化し始めたのが，介護離職や遠距離介護，呼び寄せ老人や，さらには**介護殺人/介護心中**などと呼ばれる，介護をめぐる諸現象だった。

　人生の選択肢が増え，都市生活の便益性の拡大で独り暮らしも容易となり，「単身世帯」と「夫婦のみの世帯」の割合は，昭和50年（1975）の18.2%と11.8%から，平成22年（2010）には25.5%と22.6%へと拡大する。「ひとり親と未婚の子のみの世帯」も4.2%から6.5%に増加している。独居老人や老老介護が常態化し，そうした居住形態/家族形態が，孤独死や老老殺人/老老心中（介護殺人/介護心中）の発生条件となっている。中国や韓国では多発化しておらず，歴史的文化的な拘束性が根深く，その発現には文化的要因が介在している。

　全体的比率では減少を続ける3世代家族であるが，絶対数は緩やかな低減傾向であり，直系家族の志向性は，近居も含めて家族介護を当然とする義務感が強い。さらに他人には迷惑を掛けたくないという社会規範が，今や子どもたちにまで他人意識が拡張している点が，独り暮らしや老老介護の末の介護心中，またポックリ信仰といった流行形を生み出している。

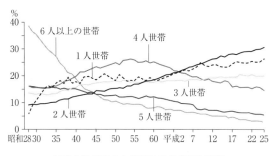

世帯人数別にみた世帯数の構成割合推移

[厚生労働省大臣官房統計情報部『グラフでみる世帯の状況―国民生活基礎調査（平成25年）の結果から』2014]

核家族普遍説と家族類型

核家族普遍説では，それが独立して存在する場合と，複数の核家族が結びつき，より大きな家族単位を形成する場合があり，後者を拡大家族と呼ぶ。拡大家族は直系家族と複合家族の総称で，このうち直系家族とは，親夫婦と一組の子ども夫婦および後者の子どもからなる家族で，二つの核家族が既婚子を要に世代的に結合した形態をさす。複合家族は親夫婦と複数の子ども夫婦および彼らの子どもからなる家族のことで，傍系家族員も婚姻して一世代に二つ以上の夫婦を含むものをさす。傍系家族員が成人後も生家に留まり家業に従事する形態を，同族家族・傍系家族とも呼ぶが，日本では一世代に一夫婦が原則だったので，傍系家族員は婚姻が許されなかった。かつての飛騨白川村の家族は直系家族であったが，これを大家族と呼び，その典型例とする用法もある。

核家族率

官公庁の統計では，核家族率を一般世帯（昭和 55 年（1980）前は，普通世帯）に占める核家族的世帯の割合で示す場合もある。単独世帯の割合がより高まりつつある日本では，核家族的世帯＝核家族世帯＋単独世帯として，この数値の一般世帯に占める割合を核家族率とする。算出法では，大正 9 年（1920）58.8％だった核家族（的世帯）率は，昭和 35 年（1960）63.5％，平成 2 年（1990）77.6％，平成 27 年（2015）に 87.0％（うち単独世帯は 26.8％）と急上昇したことになる。

介　護

介護という言葉は，『広辞苑』では昭和 58 年（1983）の第 3 版までなく，1991 年刊行の第 4 版から掲載された現代的な新語といってよい。高齢者介護も日本人の長寿化で出現した 1980 年代以降の社会問題で，それ以前は親の扶養問題だったとする説が有力である。熟語としては明治 25 年（1892）の軍人恩給等に関する規則にあるが，意味を異にし，今日的な用法は，昭和 38 年（1963）の老人福祉法からで，さらに昭和 62 年（1987）の社会福祉士及び介護福祉士法あたりから，日常用語化する。介護福祉士はじめ，介護支援専門員・訪問介護員など，業務に多様化に伴い，身体的な行動援助の「介助」よりも広い範囲を示す用語として使用が普及するが，少なくとも中国や韓国では使われない漢語である。

介護殺人/介護心中

介護に疲れ，家族の命を奪う介護殺人/介護心中と称される現象は，長寿化によりライフサイクル上に介護期というステージが初めて現出し，老夫婦だけの世帯や老齢子女が親を介護する世帯で発生する。新聞記事検索を行った先行研究の羽根文によれば，昭和 47 年（1972）に初めて 1 件の記事が確認され，1970 年代から 1990 年代半ばまでは年間報道件数は 5 件以下で，1990 年代末から 20 件前後に急増したとされる。2010 年代も年間 20〜30 件の発生が推定されているが，一方，若い親が年少の子を道連れ自殺する従前の親子心中は，昭和 50 年代まで年間 300 件を超えていたものが，2000 年代に入ると 30〜50 件に低減している。

孤独死

自宅で誰にも看取られずに亡くなり，その死が数日後に発見され，自殺や犯罪性を除く遺体という死亡をさす。統一された公的定義があるわけではなく，孤立死や独居死ともいう。平成 17 年（2005）NHK が公団団地の孤独死を特集したことで反響を呼び，以後，独居老人の見守り制度が整えられていく。年間約 3 万人とされる数値は，『人口動態推計』の「自宅での死」を基にした，東京都監察医務院の経験的数値からの推定値である。

ポックリ信仰

1970 年代初め，ポックリとかコロリという名で，安楽な死を願う習俗が全国的に流行し始める。昭和 47 年（1972）に有吉佐和子『恍惚の人』が出版されるが，寝たきりやボケ防止の呪いで，腰巻を奉納したり末期の水をもらう祈願形態は，下の世話を周りにかけたくない願いが表出している。以前は「倒れて 60 日」という言い回しもあったが，戦後の医療体制の充実による長寿化以前は，この程度の期間で共倒れにならず，世話をすることもできたことを示している。

参考文献

戸田貞三『家族構成』弘文堂，1937.
岩本通弥「現代日常生活の誕生」（国立歴史民俗博物館編『高度経済成長と生活革命』）吉川弘文館，2010.
羽根文，介護殺人・心中事件にみる家族介護の困難とジェンダー要因，家族社会学研究，**18**(1)，2006.
岩本通弥，異化される〈日常〉としてのマスメディア−「男児置き去り事件」と「介護殺人/心中事件」の NEWS 報道をめぐって，日常と文化，**3**，2017.
長尾真理子，川﨑二三彦，「親子心中」の実態について−2000 年代に新聞報道された事例の分析，子どもの虐待とネグレクト，**15**(2)，2013.
結城康博『孤独死のリアル』（講談社現代新書），講談社，2014.
飯島吉晴「不安と現世利益」（飯島吉晴編『幸福祈願』（『現代民俗学の冒険 12』））筑摩書房，1999.

［岩本　通弥］

健康・病気・長寿

　常用語が"養生"という近世語から"健康"という語へ移るのは、鹿野政直によれば、文明開化期まもなくで、Gesundheit に健康の訳語を宛て、今日的な定義与えた緒方洪庵編述『病学通論』（嘉永2年（1849））を嚆矢に、開化期の啓蒙思想家らがそれを頻用したことによる。なかでも新時代の健康観を最も体系的に論じたのが西 周で、「第一ニ健康、第二ニ知識、第三ニ富有」という「人世三宝説」を説き、三宝という「私利」の追求が「公益」に連なるとする功利主義的な道徳観を提示した。病気が私事ではなく、公益に反する悪だと見なされ、その駆逐が国家的課題へと昇華するのには、そこに開国前後に頻発したコレラの流行が深く影響している。

　インドの風土病だったコレラが日本に達したのは、世界最初のパンデミックが襲った文政5年（1822）だったが、本格的な流行は修好通商条約締結の安政5年（1858）に始まった。以降、文久2年（1862）、明治10年（1877）、12年、15年、18年、19年、23年、24年、28年と間歇的に大発生した。当時の感染症には赤痢や腸チフス・天然痘もあったが、激烈な症状と致死率の高さから、コロリとも呼ばれ、格段に恐れられた。明治12年と明治19年には死者は10万人を超え、漢字は「虎烈刺」「虎狼痢」などを宛て、錦絵では虎頭狼身の怪獣に擬えられた。

　このような感染症に対して明治30年（1897）**伝染病予防法**が設定される。その後も死者は1万人を超えたものの、少なくとも爆発的な流行は制御された。代わって急激に広がってきたのが結核であり、病の質が劇症型の急性伝染病から慢性伝染病へと移行する。

　明治33年（1900）前後から広がる結核は、労咳と呼ばれ、古くからの病であったが、塵埃の多い劣悪な環境で長時間労働を強いられた女工や職工が発病し、その帰郷が感染を広げるという、産業革命期の時代性を映す病となった。超過密な都市や寄宿舎の不潔な住環境が発病の誘因で、都市は現在とは異なり、繁栄ではなく、貧困の象徴として語られた。細民貧民の溜まり場となり、近代的施設の未整備だった都市は、1920年代までその死亡率が農村を上回っていた。特効薬のないまま、徐々に衰弱し死へと至る結核は、「国民病」「亡国病」とも命名され、その予防策の法的、制度的な確立が急がれた。

　痰壺令と酷評された明治37年（1904）の内務省令「肺結核予防ニ関スル件」に始まり、大正3年（1914）の肺結核療養所法を経て、大正8年の結核予防法に至るが、併行して展開したのが、防疫・保健・衛生の諸事業だった。種痘所を文久元年（1861）西洋医学所に改め、西洋医学に舵を切った日本の近代医学は、医院・病院・診療所を漸次増加させる。明治39年（1906）に医師法が施行され、明治44年の工場法は労働環境の改善を促す一方、民間には慈善病院や無産者診療所、実費診療所が開設され、産児制限運動なども興り、都市集住の貧窮救済策が進展する。

　内務省に大正9年（1920）に設置された社会局は、明治6年（1873）に既設の衛生局と合併し、昭和13年（1938）厚生省に昇格する。昭和12年の保健所の設置や**健康保険**、2年後の結核予防会の設立など重点が結核対策に置かれ、軍も兵力維持のためその予防に尽力した。厚生省発足と同じ年、国家総動員法が制定されたように、それは国家の人的資源の管理を旨とした**健民健兵政策**であったが、戦時社会政策の中で生じた戦時住宅問題と住宅営団の組織化は特筆される。

　日中戦争下、戦時工業化に伴う特定地域への労働力の集中で、軍需産業地域への空前の人口移動が起こった。厚生省社会局は昭和14年（1939）住宅課を新設し、同16年住宅債権によって運営される巨大特殊法人として住宅営団を設立する。資材不足によって供給は9万戸前後に留まったが、その設計思想は戦後、日本住宅公団に継承された。

　公衆衛生や保健医療制度の充実によって、高度経済成長以降の日本は、世界に冠たる長寿国となった。還暦・古希・喜寿・米寿・卒寿・白寿という長寿を祝う儀式も、今や還暦や古希などは当然視され、定年年齢が延長される一方、長寿化は老老介護をはじめ、年金受給額の減額や、生活保護者よりも低い生活水準の下流老人といった新たな社会現象も生み出している。

主要死因別死亡率の推移

　結核は戦後、抗生物質の投与などで急速に減少する

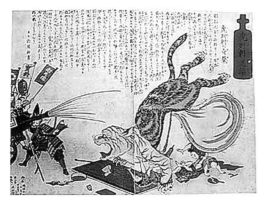

図1　虎列刺退治（虎列刺の奇薬）
（木村竹堂画）明治29年（1886）
［中野操編著『錦絵医学民俗志』金原出版、1980］

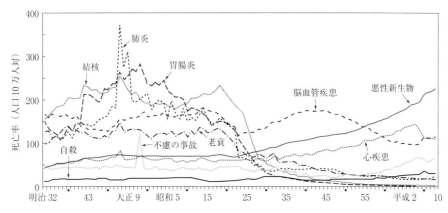

図2 人口10万人対主要死因別死亡率の推移
［厚生省大臣官房統計情報部『人口動態統計100年の歩み』2000］

が，昭和32年（1957）の水道法などで上下水道や簡易水道が整備されたことが大きい。衛生環境の劇的変化は，感染症系や消化器系の疾患による死亡者を激減させ，疾病構造を転換させる。乳児死亡率の低減をはじめ，基本的にそれらの疾患で死ぬ若い人が少なくなったことが，平均寿命を高めると同時に，死因の上位3位へ悪性新生物（がん）と心疾患と脳血管疾患を押し上げた。

伝染病予防法

コレラ，赤痢，腸チフス，痘瘡，発疹チフス，猩紅熱，ジフテリア，ペストの8種類を法定伝染病に指定し（のちにパラチフスと流行性脳脊髄膜炎を加え，さらに日本脳炎が加わった），隔離と消毒の権限を地方長官に付与した。地方長官は予防目的で集会を制限したり，伝播源となる飲食物の販売を禁じるなどの権限をもつ一方，離病院（隔離病舎）や衛生組合などを設ける義務を負った。東京府下の農村から急激に都市化した地域（江戸の朱引外の旧郡部）では，明治33年（1900）の府令16号に基づき，衛生組合が設置されたことが，地区割のなかった新興地区に地域的編制を施す契機となった。この地域的単位が日露戦争時に出征兵士の送迎・慰問など銃後の激励に活用され，大正デモクラシーの盛り上がりによって，常設的な地縁団体へと発展し，町内会の結成に至る場合が多かった。

健康保険

大正11年（1922）に大企業を対象とした健康保険法が制定されたが，関東大震災の影響で施行は昭和2年（1927）まで延期された。ただし，あくまで工場・鉱山などの一部の被雇用者のみを対象とする職域保険であり，昭和13年の厚生省創設に伴い，対象外だった農民層の救済を企図した旧国民健康保険法が公布される。市町村や職業単位で任意に設立され，任意に加入する保険組合形式の公的医療保険だった。当初の強制加入の構想は医薬業界の強い反対で崩れ，任意加入の上，医療費の30％〜45％が本人負担の制度となったため，自作農以下の貧困層には十分に機能せず，戦後，連合国軍総司令部（GHQ）の指導により，昭和23年（1948）市町村公営の原則が確立した。昭和33年に全面的な法改正で市町村運営方式となり，昭和36年に国民すべてが公的医療保険に加入する国民皆保険になったが，昨今，その制度的崩壊も懸念されている。

健兵健民政策

戦時下の総力戦体制になると，大正期以来課題だった結核死亡率はじめ，乳幼児死亡率や栄養状態などの改善に加え，衛生行政には国防目的の人口増加や体力向上が求められた。厚生省の課題も兵力や労働力供給の確保が前景化し，第三次近衛内閣の小泉親彦厚相が推進した"健兵健民政策"と呼ぶ包括的対応が必要となった。戦時中は国民の生命は著しく不安定で，また栄養不良から「壮丁体位」の低下を招いたものの，衛生行政面においては，強力な統制が働いたことから，全国民を対象とした体系的改革が推進された。戦後，強権的な統制手法は廃されたが，例えば昭和11年（1936）の方面委員令（のちの民生委員）や昭和16年の保健婦規則，翌年の母子手帳や無医村解消問題など，その施策の制度設計は，戦後福祉国家の建設に有用な手段として活用された。

参考文献

鹿野政直『健康観にみる近代』（朝日選書），朝日新聞出版，2001．
立川昭二『病気の社会史』岩波書店，2007．
高岡裕之『総力戦体制と「福祉国家」』岩波書店，2011．

［岩本 通弥］

衛生・美容・害虫

衛生とは，語義的には「生」を衛ることから，転じて健康の増進をはかることを意味するが，例えば衛生陶器や衛生雑貨のように，今日では清潔を維持して疾病予防に努めることをさす用法が多い。産業革命後の西欧において急激な都市化により住環境が悪化し，感染症の蔓延に対応する中で派生してきた概念 Gesundheitspflege や hygiene を，明治9年（1876）内務省衛生局初代局長に就任した長与専斎が，『荘子』の中から訳語を採った。

一方，清潔は，衛生学的には管理が行き届き，人間にとって有害の恐れのある病原菌などが発生・増殖しにくい状態と定義できるが，文化的な観念と深く結びついた清潔は，汚れのないことやさまを広くさしている。「清潔な選挙」のように，行いや人柄が清らかで，嘘やごまかしがないさまや，さらにはきちんと整理され秩序立った状態も含意され，そこでは見た目で汚れがない，奇麗さが大きな判断材料となっている。

例えば，ちゃぶ台が普及する前まで一般的だった箱膳では，銘々の茶碗類や箸を納め，食するとき蓋を仰向けて膳盆に用いたが，中の食器は減多に洗浄しなかった。『守貞漫稿』は「江戸ニテハ是ヲ折助膳ト異名ス。其故ハ之ヲ用フル者毎食後ニ膳碗ノ類ヲ洗ハズ，唯月ニ四五回之ヲ洗ヒ，其間ハ布巾ニテ之ヲ拭ヒ納ム。此故ニ禅僧及ビ武家ノ奴僕，俗ニ折助ト異名スルカ故成」と記すように，細菌やウイルスといった衛生学的知識の一切なかった時代，目立った汚れを拭えば，それで十分だと認識された。衣類の洗濯も汚れた箇所を部分洗いするのが常だった。

ちゃぶ台に移り，大皿や鉢で惣菜皿などの共有が始まり，同時に新時代を迎えて衛生観念が浸透することで，初めて食器や衣類の洗浄が身体化される。特に第一次世界大戦後の新中間層の増大で，清潔や衛生を保つことが健康や長寿につながるという意識の大転換は，薬や石鹸

図1　箱　膳
［江東区立深川江戸資料館蔵］

を常用化し，さらには化粧品を日常化させていった。非日常的な所作だった化粧が，日常的な行為へ転換することは，美容や身だしなみにも意識を向かわせる。子どもの菓子にも滋養や衛生の視線が注がれるとともに，体質の改善を旨とする二つの健康キャンペーンが催された。

一つはラジオ体操で，昭和3年（1928）の天皇即位を祝う御大礼記念に，国民の健康と幸福増進を目的として実施された。大正14（1925）年から放送の開始されたラジオという新しいメディアに乗り，瞬く間に全国的にラジオ体操の会が組織化された。もう一つは健康優良児の表彰で，朝日新聞社の主導で昭和5年から始まった。それらは健康観の変貌をもたらし，「強健」な体力増強の求められた健康は，兵力や労働力として人的資源視され，国家管理の対象と化した。

一方，健康を管理する衛生が，美の領域へも浸潤し，新たな世相を現出させる。美しさの基準の一つに健康が加わり，健康美人（衛生美人）が前景化していった。細面で柳腰の姿態美から，臀部と胸部の豊満さを強調した西洋的な肉体美が賞揚され，大正末期から女学校でのブルマー採用が相次ぎ，女子教育でも体操が重視された。身体や体格の西洋化志向であり，それは椅子坐や立位姿勢を主軸とした住宅改善にも連動した。

清潔への志向性は，主婦や女中に住宅を磨く役割も強く義務化したが，近代における一番の変換は家庭害虫（衛生害虫）に対する忌避感の醸成だろう。蚊や蠅などの昆虫が病気をもたらす伝播者（ベクター）だと明らかになったのは，19世紀末から20世紀初頭にかけてで，1877年象皮病が蚊を媒介する機序が解明されると，1897年にはマラリアの媒介メカニズムも発見され，ヒポクラテス以来，病気の原因とされてきたミアスマ（瘴気）説が崩れ始める。日本でも植民地統治上，熱帯医学や寄生虫学が発展し，都市衛生にも波及すると，大正期最大のコレラ流行となった大正5年（1916）には，予防のための蠅の駆除が声高に叫ばれた。大正11年には伝染病予防法の改正で，蠅や蚊，蚤や虱などの駆除が法制化した。

蚊帳を吊り，蚊取り線香で忍んでいた虫除けは，開放的な縁側から，サッシの導入に伴って網戸が普及する。換気や通風を保ちながら虫の室内侵入を防ぐ網戸は，気密性や耐候性に優れた素材の出現と併行する。歳時記への季語の載録は昭和34年（1959）を初見とするが，料亭や蛾の多い高原の別荘で使われるとあり，目が荒く，また秋になれば仕舞われた。ポリプロピレンの改良・強化で，廉価で細かな目の網戸が一般化する。

虫に対する拒絶感は，人体や農作物などに害がないにもかかわらず，外見やその動きから嫌悪するという主観的な理由によって害虫視する，不快害虫（nuisance）の例が多くなっている。クモやゲジゲジ，カマドウマやヤスデなどが代表的な例であるが，後天的で文化的な恐怖

感が惹起した，きわめて現代的な害虫だといえる。

ゴキブリも人間に対して，便所や排水管を経てサルモネラ菌などを伝播させたりはするが，鼠や蚊などとは違い，特定の病気を媒介することはない。コガネムシと呼んで，富貴を予兆する虫とした地方もあったが，かつては食物が豊かで冬でも暖かな家でなければ越冬できなかった。家屋の気密性が高まり，最近では越冬蚊まで発生しているが，除菌製品や抗菌グッズの氾濫の方が，社会的文化的には問題が多い。

衛　生

英語では衛生に hygiene と sanitation の 2 語があるが，前者は病気などに罹患しないように身近な場所を清潔に保つことの実践をさし，後者は特に人間の汚物を取り除くために，その場所を清潔にするためのシステムまたは設備を意味している。図 2 は明治 32 年（1899）から営業を始める現在の森永製菓の広告であるが，ここにある当時の衛生佳品の衛生とは，「生」を衛るの意味であり，大正 11 年（1922）からキャラメル販売を開始するグリコは，グリコーゲンに由来する。

図 2　西洋菓子衛生佳品という広告
[ⓒ森永製菓株式会社]

長与専斎（1838－1902）

緒方洪庵の適塾で蘭学を学んだ後，長崎医学伝習所で蘭方医学を修めた長与専斎は，明治 4 年（1871）から岩倉使節団に随行し，欧米を視察する中で，Gesundheitspflege などが単に健康保護という意味ではないことに気づいた。「国民一般の健康保護を担当する特殊の行政組織」であり，のちに衛生を「本源を医学に資り，理化工学気象統計等の諸科を包容して之れを政務的に運用し，人生の危害を除き国家の福祉を完うする所以の仕組」だと定義している。

薬と美容の日常化

第一次世界大戦後，都市に増加する新中間層を担い手とする新たなライフスタイルに対応し，病気の兆候がなくても常用する薬や，虚弱体質を強壮する薬，何にでも効く保健薬や，美容と結びついた薬などが登場する。石鹸や歯磨き粉も盛んに推奨されたが，清潔さや衛生的・都市的なものの象徴としての資生堂文化も開花した。薬と美容，健康と美容が結合した結果，昭和 2 年（1926）には美容体操なども欧米より紹介される。日本に広く定着するのは，テレビの普及であるが，均整のとれた身体，湾曲していない脚など，スタイルや身体が欧米化する。

ラジオ体操

旧逓信省の依頼で文部省が考案した体操の正式名称は国民保健体操で，ラジオの普及とともに集団的な実施形態が登場する。東京神田のラジオ体操の会を範に，瞬く間に広まり，昭和 13（1938）年には約 17,000 会場で，延べ 13,000 万人が参加する大行事に成長した。ラジオから流れる号令の下，同じ所作を行う動きは，個々の身体感覚を共同化し，国家的なものへと再編した。戦後中断されたラジオ体操は昭和 26 年（1951）に放送が開始された。そのときから流れたのが，現在のラジオ体操第一で，会社や工場にも広がったことから，翌年，職場の疲労回復や能率増進を盛り込んだ，やや高度な体操として，ラジオ体操第二が生まれた。

害　虫

日本の辞典が「害虫」という項目を載せるのは，20 世紀に入ってからで，英語の有害生物（害虫・害獣）を意味する vermin を英和辞典では，「穀物野菜等を害する虫」（『英和対訳辞書』明治 5 年（1872）），「悪虫（穀類等を害する小動物の総称にて木鼠，鼠，蠅，蛆等を云）」（『英和字彙』1873 年）と長々しく説明せざるを得なかった。蝗は中国では作物害虫の総称だったが，日本では蝗（いなむし）は近世にはウンカをさし，害虫の一部にすぎなかった。害虫というカテゴリーが確立した明治後期は，近代日本が農学研究体制を整備し，応用昆虫学という分野が成立した時期に当たる。金鳥の商標で知られる大日本除虫菊(株)が，明治 23 年（1890）除虫菊を線香に練り込むことを考案し，明治 28 年には渦巻き形の蚊取り線香を着想する。その販売普及で，蓬の葉や榧の木，杉や松の青葉を火にくべて燻した煙で蚊を追い払った蚊遣り火は廃れた。電気蚊取はフマキラー(株)によって昭和 38 年（1963）に開発される。

参考文献

小川鼎三，酒井シヅ校注『松本順自伝・長与専斎自伝』（東洋文庫 386）平凡社，1908.
小泉和子編『ちゃぶだいの昭和』河出書房新社，2002.
坪井秀人編『ラジオ放送局』（『コレクション・モダン都市文化』第 2 期，32 巻）ゆまに書房，2008.
黒田勇『ラジオ体操の誕生』青弓社，1999.
小野芳朗『清潔の近代』講談社，1997.
瀬戸口明久『害虫の誕生』（ちくま新書）筑摩書房，2009.

[岩本　通弥]

近隣コミュニティと商店街

　江戸の町人地では、裏店の棟割長屋には共同井戸があり、火防祈願の稲荷が多く祀られた。飲食用の水は神田上水はじめ六上水や水売りから調達したが、上水道といっても各戸に給水したわけではない。上水井戸などと称し、地中を通した樋から溜めた水を汲み上げる場があった。生活排水にも用いたほか、火事延焼の防火用水としての使途もあり、その周りで水汲みや洗濯をしながら世間話や噂話に興じるさまは、**井戸端会議**と戯れて呼ばれた。おしゃべりや噂話から長屋内外の情報の共有される、女性たちの私的ながらも主要な交流の場となった。

井戸ばた会議
[『風俗画報 CD-ROM 版』216 号、明治 33 年（1900）ゆまに書房、1996］

　一方、男たちにも床屋や銭湯の 2 階、縁台将棋・碁会所などが世間話や意見を交換し、世評を醸成する場となった。表店の旦那衆なら町内の重立ちという公的社交が加わった。これらが意義をもったのは、防災防火の単位として重要だったからで、大店の集まる町内の大店同士の交際は、町会所に火消しの町鳶を住まわせ、仕事師や出入りの職人を介してなされたが、近代はこうした近隣コミュニケーションを変質させた。

　維新後の上水汚染やコレラ流行から制定された水道条例（明治 23 年（1890）法律第 9 号）を受け、東京市は明治 31 年（1898）神田区・日本橋区で近代水道の通水を開始した。近代水道は浄水場でろ過された水を、ポンプの力で鉄管を通し、街角に設置された共同水栓へと配水した。家庭への専用給水は漸増し、大正 2 年（1913）に国産水道メーターが販売され、全面的な計量給水に移行していくまで、使用量にかかわらず 1 戸 1 栓 5 人までは定額とするような放任給水が主であった。その後も長屋やアパートでは共用の蛇口が使われたが、関西に昭和 30 年代に登場した文化住宅と呼ばれる集合住宅は、風呂はないものの、台所と便所を各住戸に独立させた形式をとった。家庭給水の普及は、路地ごとのストリート・コミュニティーの弱体化を促す一大要因となった。

　縁側、廊下、路地などは、広義の「続き間」であり、中国や韓国の厚い外塀と門で閉じられた構成とは社会関係のあり方も異なっていた。向こう三軒両隣といった近隣関係は、朝鮮には日本の植民地下の班常会（隣組）ができるまで存在しなかったが、廊下も存在せず、マダンと呼ばれる中庭かマルと呼ぶ広間から、各部屋の開口部が開かれている。内外の狭間にあった日本の縁側も、かつては近所づきあいや憩いの場となっていたが、井戸端や路地の消滅とも併行し、近隣コミュニティの衰退とともに消失していった。

　近隣関係をさらに束ね、半ば強制加入であった町内会も、祭りや行事による統合で、強い自治組織を誇ったが、近年、加入率は下がり続け、今や存続の危機に瀕している。ごみ集積所の管理や防犯対策、高齢者の見守りなど、末端行政の機能も担ってきた。それらと代替して、現代社会で中心的位置を占めてきたのが、地区割的な地域を超えた「新しい公共」と、インターネットや SNS などの新しい媒体で、世間話を交わす場所や手段は現在でも多数存在する。幼児を介した公園デビューやカルチャースクール、フィットネスクラブなども同様の機能を果たしているが、かつての近隣づきあいと異なるのは、その任意性であり、同好の士との濃密な親密性はあるにせよ、世代も限られ、一過性の場合が多い。

　町内祭りの神輿担ぎも、すでに他所者の各地を巡回する神輿同好会に支えられ、祭り以外でも地域を超えた「新たな公共」に頼らざるを得ないのが実情である。その一方で、急速な高齢化と消費者意識の変化に伴い、マーケット・商圏・店舗立地などが変化し、街の姿さえ変貌するという予測もある。経済産業省の中心市街地活性化室の報告によれば、高齢者の日常生活圏は徒歩で 500 m とされ、それを超えると不便や苦労が伴うという。普段の買い物に困難を感じる人や宅配サービスを欲する人の増大を指摘し、買い物難民の発生という現状との隔たりに商機があると分析する。このような最近年の変化から、飽和の指摘されたコンビニが一転、近接地での出店を増やし、ネットスーパーの拡充も進み出している。

　近代交通の発達以前、一里四方が人の行動範囲とされたが、それが地元商店街を形成し、住宅街に駅前商店街を築く要件となっている。**商店街の起源は宿場町や門前町にも求められるが、第一次世界大戦後の都市人口の急増で、流入者の多くが雇用層ではなく、小売業の零細自営業者となったことを起因に求める説が有力である**。新雅史によれば、新たな小売業の零細自営業の誕生で、これ以上増やさないことを課題として、その克服の中で発明されたのが、商店街という理念だったという。

　商店街に限らず、都心や駅前にしかなかった大型ショッピングセンターが、近傍にできるようになったことは、近隣への娯楽施設の浸透だともいえる。盆正月の

藪入りしかなかった休み日が，1・15 日あるいは日曜日ごとに休めるようになり始めた第一次世界大戦以降，休み日に劇場や映画館に繰り出すことも盛んになる。食料品や日用品という最寄品店ばかりだった商店街に，飲食店や喫茶店，パチンコ屋・ゲームセンターができることや，フィットネスクラブやスーパー銭湯が自宅近くに進出してくることは，近隣に盛り場的な余暇を楽しむ第三空間が誕生したことを意味している。

江戸の六上水

家康入城以前に整備を命じた神田上水は，天正 18 年（1590）から開削が始まったが，江戸の拡大に伴い，亀有上水・玉川上水・青山上水・三田上水・千川上水も開かれた。しかし享保 7 年（1722）神田・玉川以外の上水は廃される。儒学者室鳩巣の具申によるが，水道が地脈を断ち，地気分裂によって火事が起きやすいといった風水思想も含まれていた。以降，本所・深川では水売船から飲食料の水を買うようになった。

井戸端会議

明治 33 年（1900）刊の『風俗画報』216 号には「井戸ばた会議」と題した画が掲載され，本文で「一つの井戸の水を，十軒，二十軒，お互いさまにももやひにぞするなる」と記し，月番で管理する状況が描写される。「会議の号は…（中略）…國会，縣会など議会熱にうかされるようになりての称呼ならむかし」とあるように，明治の世相を映した新語である。

町　鳶

関東一円の城下町や宿場町を中心に，町内という自治組織が，その町会所に町抱えの鳶職を住まわせ，共同体の祭礼をはじめ，大店の初荷や贈答，冠婚葬祭といった儀礼時に，取り仕切りの任に当たらせる慣行が存在する。頭と呼ばれ，表店の旦那衆の出入りの職人として，他の職人たちを統率したが，仕事師とも呼ばれるのは，火事師に通じ，いざというときの火消しの役を担ったことによる。江戸の町火消の文化が普及した東日本に残された慣行であり，京坂では町会所に住むのは床屋だった。また建築労働のみを請け負う鳶を，町鳶に対し野鳶と呼ぶ。町鳶は祭礼や商家の催す冠婚葬祭では，木遣り唄を披露して儀礼を演出したが，近年，その活躍の場は消防出初式の梯子乗りなどに狭まっている。

フィットネスクラブ

健康維持や痩身などを目的にインストラクターを配置した民営のスポーツジムをいう。昭和初期にすでに欧米の美容体操が紹介されたが，普及するのはテレビの普及からで，NHK は定時番組で「美容体操」を昭和 31 年（1956）から放映する。女性の洋服化などによって漸次広まるものの，一部の層に限られたが，東京オリンピックを弾みに，スイミングクラブやサッカー教室など，スポーツを行うことが日常化する。文部省が生涯スポーツ課を置くのは昭和 63 年（1988）からで，バブル景気と相まってフィットネスクラブが急速に広がりを見せた。2000 年代に入るとアンチエイジングで高齢者の利用が広がって地域に定着する。

商店街

商店が集住する街衢をいうが，昭和 7 年（1932）の商業組合法をはじめ，昭和 13 年には酒類販売免許制が導入され，距離制限が実施されたことなどから，その形成は政策的に誘導されて実現化する。商店街の中には戦災の被災地も多かったが，戦後の復興とともに再び発展し，昭和 30 年の新百貨店法や，昭和 34 年の小売商業調整特別措置法，昭和 37 年には商店街振興組合法を成立させた。過剰な保護規制の下で繁栄を遂げたものの，一方では車社会の到来や，スーパーマーケットなどの大型ショッピングセンターとコンビニエンスストアが拡張するのに伴って，シャッター通りの名が示すように，その多くが凋落の一途を辿っている。

第三空間

居住空間の第一空間，職場空間の第二空間に対する用語として，その往復で立ち寄る盛り場や，休日に観光で訪れる行楽地を，余暇空間としての第三空間と呼び，地理学の服部銈二郎が理論化した。都市社会学者の磯村英一は，盛り場や歓楽街という相互に匿名性の高い都市空間として，第三空間の発生に都市の本質をみてとった。これに対し，E. W. ソジャ（Edward W. Soja）の展開する第三空間論は，歴史に回収されない「空間」の視座を導入し，現実空間／想像空間という二項対立を超える多元的な空間理論を構想している。

参考文献

堀越正雄『水道の文化史』鹿島出版会，1981.
内山大介，町鳶をめぐる政策と民俗－東京・千住の鳶頭と地域社会の近現代，日本民俗学，286，2016.
経済産業省商務流通グループ流通政策課中心市街地活性化室「買い物弱者対策・買い物とまちづくり」平成 23 年.
新雅史『商店街はなぜ滅びるのか』（光文社新書）光文社，2012.
服部銈二郎『盛り場』鹿島出版会，1981.
磯村英一『都市社会学研究』有斐閣，1959.
E. W. ソジャ著，加藤政洋訳『第三空間－ポストモダンの空間論的転回』青土社，2005.

[岩本　通弥]

504　第7章　都市民俗学

新交通と行動半径―流しタクシー

　都市生活における行動半径の拡張は，見方をかえれば都市の生活空間が実質的に縮小していくことを伴っている。

　明治40年（1907）2月，次第に都市化が進む東京を嫌い，近郊農村・粕谷（現在の世田谷区千歳）に移住した徳冨蘆花は，そこでの暮らしを素材に『みみずのたわこと』（大正2年（1913））を刊行し，さらに関東大震災後の大正12年（1923）12月に再版する。この再版の最後に付された「読者に」には，京王電鉄が府中から新宿まで全通し，朝夕の電車に「二里三里四里の遠方」から東京へ通う多くの男女学生が乗り，また蘆花の住む粕谷から夏の夕食後に九段下まで縁日に往って帰ることが簡単にできるようになった，と空間の拡張と縮小の実感が記されている。京王線の笹塚と調布の間が開通したのが大正2年（1913）4月，笹塚と新宿が通じ八王子－新宿間が全通したのは大正5年5月のことだった。

　また同書には，自動車に乗った経験が，大正2年5月の記事として掲載されている。来訪した老いた両親のために，自動車を頼み，人力車なら青山から粕谷まで1時間半のところ，30分で着いたと記している。途中運転手が35哩（約56km）の速度であるといったという。人力車から自動車へ，3分の1の時間の短縮，すなわち3倍に行動半径が拡張したことになる。

　私鉄路線の発達と自動車，東京という空間は新たな交通手段によりその空間と時間のスケールが大きく変貌しつつあった。

　大都市においては，都市の脈動を支える線的な交通を補完する，面的な移動を担う交通の発展が欠かせない。明治初期に出現した乗合馬車，馬車鉄道は，次第に面的な移動を担う交通になり，さらに日本で考案された人力車は，軌道に拘束されず，より機動力のある面的な移動を担うようになっていった。

　そして明治後期から大正期にかけて，これら馬や人という生物的な動力から電動機や内燃機関を動力とした交通に変わり，近代化が進む。

　明治35年（1902）に馬車鉄道から市街電車に動力転換した東京電車鉄道(株)をはじめとして，明治30年代後半は3社の市街電車が競いながら，市内に電車網が発展する。そして明治44年（1911）に，東京市が3社の市街電車を買収し，同市電気局が市電の営業を始めた。このとき，軌道延長は約190km，1日の乗客は約58万人，文字通り東京市内の面的な移動を担う中核の交通機関であった。

　自動車は1900年前後に日本にもたらされたが，本格的な交通機関として力を発揮するのは関東大震災以後，アメリカのフォードとシボレーが日本に進出して以降のことであった。

　そして，昭和2年（1927）頃，当時大阪ではやり始めていた「円タク」が東京にも出現し実用的な自動車の利用が大衆化していく。「円タク」とは，不正確であったタクシーメータを廃し，市内であれば均一1円としたのでそう呼ばれた。さらに円タクは，それまでのタクシーが基本的に営業所や車庫を拠点に集客し営業していたのに対して，空車で街頭に出て客を求める流し営業を主体にした。そして，地方から出てきた次三男が運転免許を取得すると，月賦で自動車を買い，円タク運転手になり，円タクは激増していくことになった。

　それまで東京市の面的交通の中心であった市電は，当時軌道総延長が約340kmに達していたが，利用者は大正13年の4億6,000万人をピークに，特に昭和4年（1929）から同7年の4年間に1億4,000万人の減少をみた。こうした市電の不振の原因が円タクの激増にあると推測されていた。しかし当時，東京市内の円タクの台数や営業実態は，ほとんどわかっていなかった。それが明らかになるのは，昭和10年（1935）に東京市が実施するタクシー業態調査を待たねばならなかった。

　雇われ運転手になるにしろ，月賦で車両を手に入れるにしろ，運転免許を取れば翌日から営業車の運転手をすることができた。特に当時は，今日のような教習所ではなく，営業車の運転助手をしながら実地に運転を学んだ。そのため免許取得時には，同時に営業の仕方を身に着けていた。そのため円タクの助手をする者も多くなり，それが円タクの増加に拍車をかけた。当時の東京の円タクのほとんどがフォードかシボレーであり，今日の個人タクシーのような一人一車の車両主が圧倒的に多かった。

人力車からタクシー

　人力車は，明治30年（1897）前後に東京府下に約2,500台以上あったが明治35年頃から次第に減少し始める。この人力車と入れ替わっていくのが自動車であった。大正8年（1918）に後に青バスと呼ばれるようになる乗合自動車が営業を始める。また明治40年代には貸自動車という半日15円，1日30円など時間貸しする今日のハイヤーのような営業形態の自動車業が出現するが，これは贅沢な乗り物で非実用的だった。大正元（1912）年8月，ドイツ製のタクシーメータを付けたフォード6台でタクシー自動車(株)が有楽町で営業を始めた。同社は関東大震災前までに約500台を保有するまでに発展し，自動車の機動力を大衆化する先駆けとなった。

フォードとシボレーの日本進出

日本で自動車が普及していくきっかけは，アメリカのフォードとシボレーが相次いで日本に進出したことにあった。関東大震災により東京の軌道交通機関が壊滅的な被害を受け，改めて自動車の機動力が見直されることになった。東京市電気局は，市電の復興まで暫定的に乗合自動車で代替すべく，アメリカのフォード社にT型トラックを1,000台発注する。結局800台が納品されそれを乗合自動車として運行した。そして電気局は，暫定的だった乗合自動車を，市電復興後も運用し続ける。

当時，上海を拠点に極東に進出することを計画していたフォード社は，日本からの大量注文を契機に日本市場に着目し，大正14年（1925），横浜に工場を開設，部品を本国から運びノックダウン生産を開始する。さらにそのフォードを追うように昭和2年（1927）にゼネラル・モータース（シボレー）が大阪に工場を開設する。両社は安売りと月賦販売による競争を繰り広げ，日本に自動車が大量に供給されることになった。

流し営業

円タクは，空車で街頭に出て，内燃機関の力を発揮し客を捜して走りまわる流し営業でこそ，その威力を発揮した。そしてその流し円タクが出現した時期が，まさに「モダン都市」の時代と重なっていた。権田保之助は，「モダン生活」は，他所からそこに集まってくる人々により刹那的に営まれる「街頭の生活」であると指摘した[1]。東京では，銀座がカフェやデパートにより日本を代表するモダンな繁華街となり，浅草は映画館やカジノ・フォーリーなど大衆演劇の中心地として栄え，新宿は鉄道のターミナルとして新たな盛り場に成長した。このような不特定多数の人々が集まるモダンな盛り場が，流し円タクが活躍する舞台となった。

ジャーナリストの大宅壮一は，ある晩円タクの助手台に乗り込み東京の東部を流す円タクを取材した[2]。午後9時15分に万世橋から乗り込み午前1時の本所まで，7件の乗車，7円50銭の稼ぎだった。市電などの交通機関が営業を終えた夜間は，円タクの独擅場だった。浅草で楽しんだと思われる成金風の一家，日本橋葭町の裏町の待合に消えていった中年の男女，明治座で芝居が終わり出てきた客，浅草から玉の井に乗っていった若い2人の女性，そして玉の井から上野の終電に急ぐ勤め人風の男…，そこには，内燃機関による移動の力に支えられた東京の人々の一夜の多様な行動が垣間見える。

昭和10年「タクシー業態調査」

昭和10（1935）年5月28日，東京市はようやく本格的なタクシーの業態調査を実施する。昭和7年の市域拡大後の東京市のタクシー台数は11,580台，その日の乗客総数はタクシーが571,463人，市電は787,564人，乗合自動車は669,180人であった[3]。ここに，ほぼ今日の東京の面的移動をささえる交通機関のかたちができあがっていることを窺うことができる。今日，東京23区内（武三・特別区）では，法人タクシー27,659台，個人タクシー14,593台，計42,252台のタクシーが走っている（2014年現在）。

参考文献

1) 権田保之助，モダン生活と変態嗜好性，改造，6月号，1928.
2) 大宅壮一，円タク助手の一夜，新潮，26(10)，1929（再掲：『大宅壮一全集 第2巻』蒼洋社，1981）．
3) 東京市『タクシー業態調査報告』1935.
4) 東京都・東京百年史編集委員会『東京百年史 3〜4巻』1979.
5) 重信幸彦『タクシー／モダン東京民俗誌』日本エディタースクール出版部，1999.

［重信 幸彦］

昭和期初頭に，大阪から東京に伝わった流し円タクは，大都市東京の慣習の一つとして広まり定着した一方で，管理・統制しにくいため，常に「問題」として語られ続けた。警視庁は，将来の流し禁止を見据えて，昭和八年（一九三三）五月一二日の交通安全デーに市内の流し営業を禁止して調査を実施した。左の漫画は，予測される混乱を描き，調査を揶揄している。

［『読売新聞』昭和八年五月八日］

第8章 土　木　史

編集委員：北河大次郎

土木史の概説……………………………………………………………（北河大次郎）507

土地造成と測量…………………………………………………………（阿部貴弘）514
近世街路と生活インフラの形成………………………………………（阿部貴弘）516
近世の都市水害と対策…………………………………………………（知野泰明）518
近代技術者と開発思想…………………………………………………（鈴木　淳）520
都市の防衛………………………………………………………………（原　　剛）522
鉄道駅と近代の都市形成………………………………………………（小野田　滋）524
街路ネットワークの近代化……………………………………………（大沢昌玄）526
築港と都市………………………………………………………………（上島顕司）528
生活インフラの近代化－電気と水道…………………………………（山口敬太）530
近現代の都市水害と対策………………………………………………（中村晋一郎）532
全総時代の都市…………………………………………………………（片山健介）534
土木デザイン……………………………………（中井　祐，尾﨑　信，福島秀哉）536

土木史の概説

はじめに

　土木史分野で最初の通史が出版され[1]，学会に専門の研究委員会が設立されるのは1970年代のことである。この時期をもって，土木史学成立の基盤は築かれたといえよう。しかし，そこにいたるまでの長い期間，土木史学は学問領域として曖昧な立ち位置をとり続けてきた。史学，美術史学または建築史学がすでに明治期に成立し，現在に至るまで近代高等教育の一角を占め続けているのとは対照的である。大学に土木史の講座ができないまま，土木学会に前記委員会がようやくできるというときも，その設立に奔走した高橋裕によれば，学会理事から「土木史は学問か？」という質問まで出たそうで，当時の状況がうかがい知れる[2]。史学・地理学においても，交通や河川の歴史に関する研究は明治期から存在するものの，全体から見ればまれであった。

　ただこれは，日本特有の事象というより，むしろ世界一般に見られる傾向といえる。西洋でも，土木史学は，史学・美術史学・建築史学とは異なり近代の学問体系の中に組み込まれず，職業的な研究者の数もきわめて限られていた。つまり，近代日本が西洋を範として学問体系を整えてきたことを考えれば，土木史研究と他の歴史研究とのこのコントラストは，わが国近代化の一つの側面を示したものといえる。

　では，土木史研究はどのようにして蓄積がはかられたのか。土木史研究の歴史を整理した従来の論考の多くは，工学会編纂の『明治工業史　鉄道篇』[3]と『同　土木篇』[4]をその出発点と位置付けてきた[5]。土木学会による『明治以前日本土木史』[6]と『明治以後本邦土木と外人』[7]も，これらと合わせて最初期の土木史研究の成果として紹介されることが多い。

　確かに，大学教育での存在感が薄い土木史分野にとって，研究推進母体としての学会の役割は大きく，実際，法体系も技術的専門性も異なる道路，河川，鉄道，港湾，水道，発電，農業・軍事土木，都市事業などの個別分野を包括的に扱った戦前の歴史関係書籍は上記の他なかった。特に，『明治工業史』と『明治以前日本土木史』は，その後土木学会が取り組む『日本土木史』シリーズの原点であり，さらにその編集活動が土木学会の土木史研究委員会の設立に直結したことを考えれば，当委員会がまとめている従来の土木史研究史において，これらをとりわけ大きく扱うのも理解できる。

　しかし実態を見れば，これらの刊行以前から，土木学会とは別の枠組みで，土木の歴史は個別に研究されてきた。また歴史研究とはいい難くとも，近代化に対する切実な問題意識を抱え，歴史に拠りどころを求めた研究・論説は数多く存在する。本項では，通常の土木学の枠組みを超えた史学・地理学・考古学・建築史学などとの学際的な連携や，現状に対する明快な問題意識に立脚した研究が，今後の土木史研究の発展には不可欠という基本認識から，従来よりも幅広い視点から土木史研究の系譜を整理してみたい。さりとて，これはあくまで見取り図にすぎず，とりわけ系譜の原点に着目した反面，それ以外の多くの研究の紹介を割愛している点をご了承いただきたい。

土木史研究の系譜

(1) 伝統技術の研究

明治の土木分野で，過去の事象，つまり近世以前の土木の世界にいち早く着目したのは，河川分野であった。この分野では，実務への応用を念頭においた伝統技術の記録，紹介が早くから行われている。在野の研究者による初期の例としては，佐藤信季が著し，信淵が校した近世の農学書が，『隄防溝洫志』として明治9年（1876）に出版されている。校訂者は，『百工新書』などの啓蒙書の執筆者として知られる宮嵜柳條である。また，砂防の実務家だった宇野圓三郎は，熊沢蕃山が提唱・実践した治山治水の考えや技法を踏まえ，『治水本源砂防工大意』[8] を執筆。国の土木当局も，『隄防橋梁積方大概』[9]，『土木工要録』[10] の中で，旧幕府から伝わる土木普請方の技術を整理し，後者ではそれを最新のオランダ技術と並列的に紹介している。これら初期の例に共通するのは，近世と近代の土木技術を連続的に捉える視点であった。

明治20年代になると，近代技術と伝統技術を対比的に捉える論考が出てくる。例えば，尾高惇忠の『治水新策』[11] と西師意の『治水論』[12] は，日本の自然条件や，氾濫被害を軽減する土地利用の伝統を考慮せず，西洋を範として専ら強固な堤防の建設に注力していた風潮に警鐘を鳴らしている。漢学に優れた彼らの主張には，伝統工法とも関連が深い中国治水史の知識が生かされているとの指摘もある[13]。

その後，西洋化を推進する立場にあった内務技師の中にも，日本の伝統技術に着目する者が出てくる。例えば，利根川改修に携わり内務技監も務めた中川吉造，同じく利根川改修工事を経て東京出張所長となった真田秀吉である。特に真田は，数理的法則だけで河川は把握できず，個々の川の特性を踏まえた古今の工法に河川整備のヒントがあると考え，日本の伝統工法を集成した『日本水制工論』[14] を出版し，その成果は『明治以前日本土木史』の編纂にも生かされている[15]。

無批判な西洋化に対する疑問から湧き上がる伝統・歴史に対する関心が，この系譜を形づくってきた。この問題意識は，後で紹介する第二次大戦後の河川計画史研究にも継承されていく[16]。

(2) 史学，地理学，考古学における土木史：特に交通史に着目して

土木史を国土・都市の基盤施設に関わる歴史と考えるならば，その研究の系譜は，史学・地理学の研究史の中にも見いだすことができる。特に，明治32年（1899）に日本歴史地理研究会が発足すると，都市や交通に関する論考が機関誌「歴史地理」に掲載され，その研究が進められる。大島延次郎は『日本交通史論叢』[17] 所収の「明治以後日本交通史研究の概要」中で，農商務省駅逓局による『大日本帝国駅逓志稿』[18] を日本交通史書の先駆とし，「歴史地理」の刊行が始まった明治32年を「交通史研究の画期をなす」と位置づけている[19]。研究書に関しては，例えば藤田明が当雑誌に投稿した論考を中心として『日本交通史論』[20] が刊行されている。

史学・地理学において，交通史は決して中心的な研究対象ではなかったが，その後も，「歴史地理」が普及に力を入れた地方史・郷土史研究や[21]，経済史における成果[22] も取り入れながら，児玉幸多らによって研究の深化がはかられた[23]。近代交通についてはさらに研究が少ないが[24]，唯一鉄道史に関しては，1960年代に行われる『日本国有鉄道百年史』編纂作業や，昭和38年（1963）設立の交通史学会の機関誌「交通文化」などを通じて，鉄道の歴史を政治・経済・社会の近代化という視点から捉える研究が行われ，その後も充実がはかられていく[25]。

一方，実地踏査を重視し[26]，遺跡研究も主要テーマの一つとして掲げた「歴史地理」の流れは，開発による国土の改変を背景とした史跡保護・研究の系譜にも連なり，近年は交通関連遺構の考古学的調査も確実に進んでいる[27]。これら交通史研究の蓄積は，人と道の歴史的関係を洞察した『道の文化史』[28]を意識して，技術と社会両面を扱った武部健一の研究[29]にもまとめられている。

　また，交通史の範疇からは逸脱するが，文献史学や考古学の研究成果をもとに，河川，用水，古墳，石垣など幅広い土木構造物の歴史を扱った研究書として，『講座日本技術の社会史　第六巻　土木』[30]をあげることができる。これら各基盤施設についてはその後も研究が続けられ，例えば河川については，公共政策史研究に加え[31]，信玄堤などの遺構の考古学的調査による近世河川史の再検証[32]も行われている。また，自然の脅威に対する社会の対応について，歴史，地理，民俗，技術などの分野横断的な視点から分析する災害史研究も，近年の大きなテーマの一つといえる[33]。

（3）　事業・技術の沿革史

　近代の大規模な国土開発は，史跡保存のみならず，事業・技術に関する沿革史作成の機運醸成にも結びついた。工部省廃止に伴う『工部省沿革報告』[34]が早い例だが，本格化するのは『日本鉄道史』[35]が刊行された大正期以降で，『明治工業史』，『日本水道史』[36]など事業者・設計者の視点から編集された事業史に加え，『鹿島組五十年小史』[37]，『日本鉄道請負業史』[38]，『建設業の五十年』[39]といった建設業者による沿革史も刊行される。土木全体の沿革史を扱う『明治以前日本土木史』，『明治工業史』に続く『日本土木史』も，現在までほぼ20，30年おきに刊行されている。

　また，個人がまとめた沿革史としては，金井彦三郎の『本邦土木建築年表』[40]，土木史を全面的に扱ったわが国初の博士論文である久保田敬一の『本邦鉄道橋ノ沿革』[41]，また廣井勇の『日本築港史』[42]を初期の例としてあげることができる。

　これら沿革史には，実際に国土開発に携わった当事者たちが，関連史料の散逸を危惧して，時代の記録として編纂したものが多い。ただなかには，単なる史料編纂ではなく，理論よりも経験に基づくところの多い土木という分野（例えば廣井勇にとっての築港）にとっての基礎資料としてまとめられたものあった。近代以降，土木分野で数理的なアプローチが主流となり，特に大正期から昭和前期にかけてScientific Engineeringに注目が集まる中での貴重な試みといえる。数多くの要素技術を総合してなる鉄道技術についても，個別の技術の発達過程に関する知識が，新技術開発の糸口になることを期待して，『鉄道技術発達史』[43]，『鉄道施設技術発達史』[44]が書かれている。専ら史実の取りまとめに主眼を置く傾向があった初期の沿革史に対して，『鉄道施設技術発達史』では背景となる時代状況，技術思想の整理も行われ，その編集方針は近年刊行された『日本土木史　平成3年〜平成22年』にも見いだすことができる。

　これら沿革史には，（編集の年代が古いものほど）記述の出典が不明確という大きな難点が認められる傾向にあるが，当事者だからこそ入手できたのであろう貴重な情報が含まれていることが多く，今もいくつかは土木史研究の基本文献として利用されている。

（4）　技術者の評伝，技術史研究

　沿革史と同様に，土木の幅広い分野に関連して書かれたものとして技術者の評伝を挙げることができる。それは，『子爵井上勝君小伝』[45]，『伊能忠敬』[46]，『工学博士廣井勇伝』[47]のように，一時代を築いた技術者の没後に刊行されるのが一般的だが，『田辺朔朗博士六十年史』[48]のように本人へのインタビューも踏まえて生前に編まれたも

のもある。特に大正期以降，この種の書籍は継続的に刊行されるが，過去の技術者の功績や生き様を描き出すことを企図し，歴史分析というよりも技術者倫理に主眼を置いたものが多い。

一方，三枝博音が『技術者評伝』[49]で指摘したように，「技術家のゐない技術史はそれが文化なるものとの聯関を失ひ，技術の歴史の成立が困難になる」という認識のもと，技術者の事績を通じて，個々の事業との関連や時代背景を含む文化的側面を考察する研究もある。土木史においては，土木学会日本土木史研究委員会の最初期のテーマであった技術者研究にその萌芽を見ることができ[50]，その後は，大淀昇一の宮本武之輔研究[51]，松浦茂樹を中心とする古市公威，沖野忠雄らの研究に同様の方向性を見いだすことができる[52]。また，過去の技術者の考えと時代状況に迫ることで，橋梁デザインに関する設計思想を浮かび上がらせた中井祐の研究もある[53]。

なお三枝は，評伝執筆を技術史研究，技術哲学研究へと進む一つのステップと捉えていた。彼は，技術を労働手段の体系，または（宮本武之輔が主張したように）科学の応用と捉える当時のいずれの思潮からも距離を置き，自然と人間の媒介としての技術の側面に着目していた[54]。こうした包括的な技術の考えに導かれ，彼の薫陶を受けた金関義則がまとめたのが『日本科学史体系16 土木技術』[55]である。また時代は前後するが，敗戦後の日本の新たな出発点に立って技術史の意義を見直し，「日本歴史における産業の形成に果たしてきた技術の役割を具体的に追求しながら，伝統を尊重し，今日の眼で実証的に見極めることによって，生産技術が自主的な発展を遂げる条件を示唆」（「日本技術史叢書発刊に際して」より）しようとした日本技術史叢書が昭和30年代に編纂され，シリーズの一つとして『日本土木技術の歴史』[56]が刊行されている。

（5） 計画史の研究

昭和20年代に利根川，筑後川で発生した大規模水害を一つの契機として，近代治水技術の問題点を明らかにする研究が行われるようになる。それを担ったのが，安芸皎一が事務局長を務めた経済安定本部資源調査会の地域計画部会で，小出博[57]，栗原東洋[58]，新沢嘉芽統[59]らを中心にして，「日本古来の治水技術を文化遺産として，もう一度評価」（小出博編『日本の水害』より）し，それを一つの拠り所とした新たな技術論の構築が目指された。"土木史研究の系譜（1）伝統技術の研究"で紹介した伝統技術に関する文献の発掘・分析も，当部会に負うところが大きい。彼らは，建設省からの強い反発に遭いながらも，歴史的文献の調査とフィールドワークの中から近世治水事業の計画思想を紡ぎ出し，当時の河川事業に欠如していた川の個性に基づく計画の重要性を説いた。この研究の流れは，その後，高橋裕，宮村忠，大熊孝らに受け継がれている[60]。

これに対し，河川法改正（昭和39年（1964））をめぐる動きを背景として，参議院建設委員会常任委員会専門員の武井篤は，治水の政治的性格に着目し，「わが国における治水の技術と制度の関連に関する研究」[61]を取りまとめ，その技術と制度の矛盾について歴史的に考察している。これは，河川史研究におけるわが国初の学位論文である。

現代的な問題意識をもとに描き出されたこれらの河川史研究は，その後，より広範で厳密な史料分析に基づく検証によって，精緻化がはかられる。それを代表するのが，松浦茂樹，知野泰明らの研究である[62]。

もちろん計画史研究は，河川以外の社会基盤施設も対象として行われた。昭和40

年代以降は，鉄道史において地域別に建設・発展の経緯を紐解く研究が行われ，同じく地域の基盤施設の形成に着目した道路・港湾史[63]，施設の枠組みを乗り越え計画の全体像を公共投資の観点から再検討する研究[64]，また近代国土整備計画史の全貌を把握しようとする研究[65] も，昭和50年代以降行われている。

（6）　土木遺産の研究

　戦後土木史を牽引した高橋裕が，村松貞次郎の助力を得て研究または組織の充実をはかったこともあり，1970年代以降の土木史研究は，それまであまり接点のなかった建築史研究を意識してその方向性が模索された。折しも，昭和32年（1957）の水害後に保存問題が起こった諫早市の眼鏡橋が，神社仏閣とは関係のない土木構造物として初めて重要文化財に指定され，また同33年（1958）には国鉄による鉄道記念物制度が設立されることで，土木遺産への関心が徐々に芽生え始めた時期でもあった。こうして土木学会日本土木史研究委員会は，建築における文化財保護と歴史研究の発展の実績を踏まえ，その設立前後から村松貞次郎とも連携して土木遺産の調査研究を推進した[66]。

　また，産業革命以降の比較的新しい遺構を中心的に扱う産業考古学が英国に誕生し，産業考古学に関わる国際学会 TICCIH（The International Committee for the Conservation of the Industrial Heritage，国際産業遺産保存委員会）が昭和48年（1973）に設立したことも影響して，その4年後には産業考古学会が設立されている。こうした一連の動きは，やがて文化庁による近代化遺産の調査と保護を推進する流れにも結びつき，土木史分野でも橋梁，トンネル，発電所，ダムなど多岐にわたる構造物の歴史的・文化的価値に関する研究が活発に行われた[67]。

　一方，構造物だけでなく，土木の世界を支える無形の知識も土木遺産と捉え，土木の歴史的な名著を近代土木文化遺産として選定する事業も，昭和50年代に実施されている。この事業は，河川史・交通史の分野にほぼ限定されていた従来の文献調査を，土木の他分野にも拡げることに貢献している。

系譜の展開

　土木史研究の歴史を，六つの系譜に分けて紹介した。土木史学の基盤が教育体制の中に築かれず，かつ長い間，土木史全体を包括的に扱う組織が存在しなかったことで，異なる出自をもつこれらの系譜を収斂に向かわせる強い力学が働くことはなかった。そもそも土木史という異種混合型の研究領域の属性かもしれないが，それに加えて以上のような経緯があって，特定の体系に集約されずに混交的な性格を保持し続ける現在の土木史分野が形づくられていったのだと思う。本章も，このことを意識して章構成を行っている。

　まず，土木史研究の中で，比較的多くの研究蓄積がある河川史研究を見てみると，そこには現状の課題を解決するヒントを歴史に求める長い伝統があり，それが時代を先取りする計画論を生み出す原動力となった。本書では，この系譜の延長線上において，歴史研究の精緻化と今後の計画論の模索という異なる方向性をもつ研究者が，それぞれ近世以前と近代を分担して執筆している。

　また，昭和40・50年代以降，幅広い分野に展開した計画史研究の成果を踏まえ，鉄道，街路，港湾，水道・電気など多岐にわたる近代都市基盤施設の基本事項を整理するとともに，自然（特に地形）との関わり中で形成される基盤施設の特質を顕著に示す近世以前の都市基盤施設を個別に扱っている。また，第二次大戦から現代までの

歴史を視野に入れ，国土計画と都市，土木デザインの流れが，計画者，設計者の視点から紹介されている。さらに土木史学の系譜に見る学際性にも留意し，近代技術者と国防基盤に関する項目を，それぞれ史学と防衛史の専門家が執筆している。

　土木史学の基盤が整えられてから40年以上経過した今，研究で扱う時代・対象は拡大し，歴史研究としての精度も徐々に高まっている。史学・地理学のみならず，考古学・建築史学と連携して行う研究も増え，学際的性格も保持し続けている[68]。しかしその一方で，複数の系譜の成り立ちに見られた，現状に対する明快な問題意識に立脚した研究，という特徴は薄れてきているように感じる。かつての土木の世界では，歴史を軽視する側と重視する側の対立が明らかで，その中で後者の問題意識は自然に養われてきた。しかし今や，多くの人が戦後の急進的・画一的な社会基盤整備の問題を認識し，豊かな国土のあり様を歴史や文化の中に求める風潮が一般化しつつある。安易に歴史や伝統の重要性を前提とするのではなく，歴史とともにある社会の問題点や将来像を具体的に追究することが今の土木史研究には求められ，明快な問題意識をもちにくいというのが現状だと思う。

　社会と向き合う中で，弱小ながらも自発的に発展してきた土木史研究の系譜を振り返り，今後の展開を模索する。本章がその契機の一つとなれば幸いである。

参考文献

1) 小川博三『日本土木史概説』共立出版，1975；高橋裕『現代日本土木史』彰国社，1992.
2) 高橋裕，山野跋渉・卒寿を省みる，土木施工，**58**(3)，120-121，2017.
3) 工学会編『明治工業史　鉄道篇』工学会明治工業史発行所，1926.
4) 工学会編『明治工業史　土木篇』工学会明治工業史発行所，1929.
5) 島崎武雄「日本における土木史研究史」（『近代土木技術の黎明期』）pp.223-227，土木学会，1982；武部健一，土木史研究20年，土木史研究，**20**，1-14，2000.
6) 土木学会編『明治以前日本土木史』岩波書店，1936.
7) 土木学会編『明治以後本邦土木と外人』土木学会，1942.
8) 宇野圓三郎『治水本源砂防工大意』申々堂，1886.
9) 土木寮『堤防橋梁積方大概』1871.
10) 内務省土木局編『土木工要録』有隣堂，1881.
11) 尾高惇忠『治水新策』尾高次郎，1891.
12) 西師意『治水論』清明堂，1891.
13) 農業土木学会古典復刻委員会『農業古典選集　明治・大正期8巻　治水論』日本経済評論社，1989.
14) 真田秀吉『日本水制工論』岩波書店，1932.
15) 根岸門蔵『利根川治水考』根岸祐吉，1908；吉田東伍『利根川治水論考』日本歴史地理学会，1910.
16) 河川伝統工法研究会『河川伝統工法』地域開発研究所，1995.
17) 大島延次郎『日本交通史論叢』国際交通文化協会，1939.
18) 農商務省駅逓局『大日本帝国駅逓志稿』1882.
19) 都市史については，『社会経済史学の発達』（昭和16年）において，豊田武が「日本において都市が歴史学の対象になったのは『歴史地理』に掲載された論文が嚆矢である」とし，大正5年（1916）には当雑誌で「都市研究」が特集されたという。（参照：川合一郎，明治・大正期における雑誌『歴史地理』，歴史地理学，**48**(4)，19-42，2006）
20) 日本歴史地理学会編『日本交通史論』日本学術普及会，1916.
21) 川合一郎，明治・大正期における雑誌『歴史地理』，歴史地理学，**48**(4)，19-42，2006.
22) 本庄栄治郎『日本交通史の研究』改造社，1929.
23) 豊田武，児玉幸多編『体系日本史叢書24 交通史』山川出版社，1970；児玉幸多編『日本交通史』吉川弘文館，1992.
24) 高村直助『道と川の近代』山川出版社，1996.
25) 原田勝正，鉄道史研究の課題，技術と文明，**11**(1)，1-11，1998.

26) 日本歴史地理研究会設立趣意書, 1899.

27) 近江俊秀『古代国家と道路』青木書店, 2006.

28) H. シュライバー著, 関楠生訳『道の文化史』岩波書店, 1962.

29) 武部健一『道Ⅰ, Ⅱ』法政大学出版局, 2003.

30) 永原慶二, 山口啓二 (代表編者), 『講座日本技術の社会史 第六巻 土木』, 日本評論社, 1984.

31) 大谷貞夫『江戸幕府治水政策史の研究』雄山閣, 1996；村田路人『近世の淀川治水』山川出版社, 2009.

32) 季刊土木考古学, 第102号, 2008；同, 第108号, 2009.

33) 北原糸子『日本災害史』吉川弘文館, 2006.

34) 大蔵省編『工部省沿革報告』大蔵省, 1889.

35) 鉄道省編『日本鉄道史』鉄道省, 1921.

36) 中島工学博士記念事業会編『日本水道史』中島工学博士記念事業会, 1927.

37) 鹿島建設編『鹿島組五十年小史』鹿島建設, 1929.

38) 土木工業協会編『日本鉄道請負業史 明治篇』土木工業協会, 1944.

39) 東京建設業協会編『建設業の五十年』横書店, 1953.

40) 金井彦三郎『本邦土木建築年表』1912.

41) 久保田敬一, 本邦鉄道橋ノ沿革, 東京帝国大学学位論文, 1933.

42) 広井勇『日本築港史』丸善, 1927.

43) 日本国有鉄道篇『鉄道技術発達史』日本国有鉄道, 1958-1959.

44) 鉄道施設技術発達史編纂委員会『鉄道施設技術発達史』日本鉄道施設協会, 1994.

45) 村井正利撰『子爵井上勝君小伝』井上子爵銅像建設同志會, 1915.

46) 大谷亮吉編『伊能忠敬』岩波書店, 1916.

47) 故廣井工学博士記念事業会『工学博士廣井勇伝』工事画報社, 1930.

48) 西川正治郎編『田辺朔朗博士六十年史』山田忠三, 1924.

49) 三枝博音『技術者評伝』科学主義工業社, 1940.

50) 土木学会日本土木史研究委員会『近代土木技術の黎明期』土木学会, 1982.

51) 大淀昇一『宮本武之輔と科学技術行政』東海大学出版会, 1989.

52) 土木学会土木図書館委員会・土木史研究委員会編, 『古市公威とその時代』土木学会, 2004；土木学会土木図書館委員会沖野忠雄研究資料調査小委員会『沖野忠雄と明治改修』土木学会, 2010.

53) 中井祐『近代日本の橋梁デザイン思想』東京大学出版会, 2005.

54) 飯田賢一『回想の三枝博音』こぶし書房, 1996.

55) 日本科学史学会編『日本科学史体系16 土木技術』第一法規, 1970.

56) 高橋裕, 酒匂敏次『日本土木技術の歴史』地人書館, 1960.

57) 小出博編『日本の水害』東洋経済新報社, 1954.

58) 栗原東洋 (總理府資源調査会地域計画部会編)『治山治水行政史研究の一試論』總理府資源調査会地域計画部会, 1955.

59) 新沢嘉芽統『河川水利調整論』岩波書店, 1962.

60) 高橋裕『国土の変貌と水害』岩波新書, 1971；宮村忠『水害』中公新書, 1985；大熊孝『利根川治水の変遷と水害』東京大学出版会, 1981；大熊孝, 利根川における治水の変遷と水害に関する実証的調査研究, 東京大学学位論文, 1974.

61) 武井篤, わが国における治水の技術と制度の関連に関する研究, 京都大学学位論文, 1961.

62) 松浦茂樹『国土の開発と河川』鹿島出版会, 1989；知野泰明, 治水における近世堰技術の変遷に関する研究, 新潟大学学位論文, 1994.

63) 島崎武雄, 関東地方港湾開発史論, 東京大学学位論文, 1976.

64) 沢本守幸『公共投資100年の歩み』大成出版社, 1981.

65) 松浦茂樹『明治の国土開発史』鹿島出版会, 1992；同『戦前の国土整備政策』日本経済評論社, 2000.

66) 高橋裕ほか, 重要文化財と土木, 土木学会誌, **60**(4) (増刊号), 9-15, 1975；土木学会日本土木史研究委員会『近代土木技術の黎明期』土木学会, 1982.

67) 土木学会土木史研究委員会編『日本の近代土木遺産』土木学会, 2001.

68) 吉田伸之, 伊藤毅編『伝統都市 3 インフラ』東京大学出版会, 2010.

［北河 大次郎］

土地造成と測量

土地造成

　土地造成とは，何らかの土地利用目的のために，未利用もしくは低利用である土地の形質や形状に技術的な加工を施す行為である。可住地面積の少ないわが国では，特に農地や住宅地として利用するため，古来より水面の干拓や埋め立てといった土地造成が行われてきた。

　干拓の歴史は古く，九州北西部の島原湾湾奥に位置する「有明海」では，鎌倉時代末期から干拓が始まったとされる。江戸時代には，新田開発政策により各地で干拓が進められたほか，城下町大坂の町人地をはじめ，低湿地の干拓による城下町の町人地形成も進められた。明治に入ると，西洋の近代技術の導入により，築堤をはじめとする干拓技術も発達し，岡山県南部の「児島湾」の干拓に見られるように干拓規模が大型化した。戦後は，食糧増産の一環で，「八郎潟」をはじめとして国営事業による大規模な干拓が進められた。

　埋め立ての歴史も古く，すでに奈良時代には，僧行基が築いたとされる五泊の一つ「大輪田泊」（現神戸港）において，船瀬と呼ばれる船の停泊地を築造するため，海面の埋め立てを行った様子が窺える。近世に入ると，臨海部における城下町建設に伴い，住宅地を確保するための埋め立てが進展した。その後明治に入ると，港湾関連用地や工業用地としての埋め立てが進み，大正10年（1921）に公有水面埋立法が制定されて以降，臨海部の埋め立てが本格化した。とくに第二次大戦後は，四大工業地帯をはじめ，工業用地としての臨海部の埋め立てが進み，重化学工業が集積することとなった。京浜工業地帯に位置付けられる東京港においては，こうした近世以来の埋め立ての変遷を見て取ることができる。

測　量

　測量とは，地球上の自然または人工物の幾何学的な位置関係を決定するとともに，その形状，面積，体積を決定あるいは作図する作業をいう。

　わが国では，すでに奈良時代から中国伝来の測量法が導入され，それらは平城京をはじめとする古代都城の建設にも用いられたと考えられる。わが国において最古の土地測量および製図が行われたのは，天平10年（738）に聖武天皇の命により作成された国郡図，通称「天平図」とされる。また，8世紀に僧行基が作製した海道図，別名「行基図」が，わが国最古の地図とされる。

　その後，天下統一を成し遂げた豊臣秀吉により，天正10年（1582）から慶長3年（1598）にかけて，全国規模の検地，いわゆる「太閤検地」が行われた。検地とは，租税賦課の基礎条件を明確にするために実施された，田畑の測量に基づく面積，境界，石高などの調査である。文禄3年（1594）には検地条目が制定され，その翌年にかけて太閤検地の中でも最大規模の「文禄検地」が行われ，その結果に基づき「文禄国絵図」が作成された。

　江戸時代に入ると，幕府は，慶長10年（1605），正保元年（1644），元禄10年（1697），天保6年（1835）の4次にわたり，徴税や治政のため，各大名に命じて国単位の行政用地図である「国絵図」を作成させた。正保元年（1644）の「正保国絵図」の頃までは，中国流の測量法に基づくものであったが，寛永年間（1624〜1644）には，現在の平板測量に相当する規矩伝法と呼ばれる西洋流の測量法がオランダから伝えられ，徐々に導入されていった。例えば江戸初期の絵図のうち，規矩伝法をはじめとする西洋流の測量法に基づき作製された最も精度の高い絵図の一つとされるのが，北条安房守氏長により作製された万治年間江戸測量図，通称「明暦実測図」である。その後，1800年代に入ると，伊能忠敬らにより，全国の海岸線および街道筋の測量に基づく日本全図である大日本沿海輿地全図，通称「伊能図」が作製された。

　明治時代に入ると，三角測量や水準測量といった近代測量技術に基づく測量法が導入された。明治4年（1871）に工部省に測量司が設置され，英国人 C. A. マクウェン（Colin Alexander McVean）ほか5名が招聘され，近代測量技術に基づく全国測量が行われた。まず，明治5年（1872）に，東京で初めて13点の三角点による三角測量が開始された。明治6年（1873）に内務省が設置されると，明治7年（1874）にこの測量は内務省地理寮に移管された。その後，明治8年（1875）に関東地方全域において大三角測量が開始され，さらに全国測量へと展開した。これが，のちの一等三角測量である。明治17年（1884）に，一等三角測量は陸軍参謀本部測量局に引き継がれ，大正2年（1913）に測量が終了した。

　明治17年（1884）に開催された万国測地会議において，英国のグリニッジ天文台を通る子午線が経度0度に定められると，わが国においても，三角測量の基準点となる経緯度原点が現在の東京都港区麻布台に定められた。また，経緯度原点から千葉県の鹿野山の一等三角点を望む方向が原方位角として定められ，さらに東京湾霊岸島の潮位観測値の平均を東京湾平均海面（Tokyo Peil：T.P.）として，現在の東京都千代田区永田町に水準測量の基準となる水準原点が設けられた。これらの原点などに基づき，三角網や水準網が全国に整えられ，地形図の作製が進められた。

　第二次世界大戦後は，昭和24年（1949）に測量法，昭和26年（1951）に国土調査法が制定され，測量の枠組みが整えられるとともに，これらの法律に基づいて，新たに三角点や水準点などの基準点が設けられた。また，

明治40年（1907）頃にわが国に伝えられた写真測量が，戦後大幅に普及したほか，測量器材も技術的に発展し，例えば電磁波測距儀の導入により，三角測量に代わり三辺測量や大規模な多角測量が普及した。現代では，地理情報システム（GIS）や衛星リモートセンシング，衛星測位システム（GPS）といった新技術の普及により，測量の精度はよりいっそう向上した。

城下町大坂の町人地形成

天正11年（1583），豊臣秀吉は大坂入りすると，大坂城の築城と城下の建設に着手した。まず，上町台地と呼ばれる南北に延びた洪積台地の北端に大坂城が築かれ，さらに城の西側，つまり上町台地の西側斜面とその西に広がる低平地に町人地が開かれた。

城下町大坂の町人地は，上町，船場，島之内，下船場の4地区に区分される。このうち船場，島之内，下船場は，宅地としては条件の悪い淀川河口部の低平地に築かれた。そのため，これらの町人地の造成にあたっては，宅地にふさわしい土地とすべく，舟運路を兼ねた排水路として堀川が縦横に開削された。なかでも最も河口部に近い下船場では，低湿地を宅地化するため幾本もの堀川が開削された。こうした水路網の張りめぐらされた町人地の都市構造こそ，大坂が水都と呼ばれるゆえんである。

東京港の埋め立て

東京港の埋め立ての歴史は，江戸初期にさかのぼる。征夷大将軍となった徳川家康は，慶長8年（1603）に江戸に幕府を開くと，現在の新橋から，日比谷，丸の内一帯に入り込んでいた「日比谷入江」を埋め立て，そこに大名屋敷を配置した。1600年代の半ば以降は，江戸市中から出るごみや大火後の瓦礫などにより，江東地区や築地周辺の埋め立てが進んだ。

明治時代に入ると，隅田川河口や品川台場の浚渫土砂により，現在の佃島や月島，芝浦などが誕生した。その後，関東大震災の瓦礫処理のため，江東区豊洲などの埋め立てが進んだほか，ごみ処分場などとして埋め立て地は沖合へと展開していった。さらに，昭和6年（1931）から10ヶ年計画として「東京港修築事業計画」が始まり，埋め立てを伴う港湾整備が進展し，昭和16年（1941）に東京港が開港した。

第二次大戦後も，ごみ処分場などとしてさらに沖合へと埋め立てが進んだ。埋め立て後の土地は，港湾用地や工業用地として利用されているほか，夢の島や臨海副都心では，公園や商業地としても利用されている。

万治年間江戸測量図

明暦3年（1657）に江戸で発生した「明暦の大火」の直後，幕府の命を受けた洋式測量術の権威，北条安房守氏長により，はじめて江戸全域の実測図が作製された。これが，縮尺2,600分の1の「万治年間江戸測量図」，通称「明暦実測図」である。この「明暦実測図」には，作図の際に用いられた格子状の縦横線や，江戸城の御門や見附などから方位を示す放射状の直線が記されている。

「明暦実測図」は，その後の江戸絵図に大きな影響を与えたとされ，たとえば寛文10年（1670）に刊行が始まった「新板江戸大絵図」，通称「寛文五枚図」は，「明暦実測図」に新たな実測資料を加えて作成されたといわれている。なお，「寛文五枚図」は，京間5間を1分に表した縮尺3,250分の1の正確な地図である。

万治年間江戸測量図（明暦3年（1657）〜万治元年（1658））
[写真提供：公益財団法人三井文庫]

大日本沿海輿地全図

「大日本沿海輿地全図」は，伊能忠敬と高橋景保により，西洋流の測量法に基づき作製された日本全図である。

伊能らは，寛政12年（1800）から文化13年（1816）にかけて，北海道から九州にいたる全国の海岸線および街道筋を測量した。その測量方法は，道線法と呼ばれる多角測量と，交会法を組み合わせた方法で，精巧な測量機器を用いた綿密な測量に基づき，きわめて正確な実測図が作製された。

伊能らの測量の成果は，縮尺36,000分の1の「大図」214枚，縮尺216,000分の1の「中図」8枚，縮尺432,000分の1の「小図」3枚にまとめられ，伊能の死後の文政4年（1821）に江戸幕府に提出された。

参考文献

飯田龍一，俵元昭『江戸図の歴史』築地書館，1988．
玉井哲雄，近世前期江戸町復元地図の作成過程及びその問題点について，国立歴史民俗博物館研究報告，第23集，1989．
土木学会編『明治以前日本土木史』岩波書店，1936．
中村英夫，清水英範『測量学』技法堂出版，2000．
矢守一彦『都市図の歴史 日本編』講談社，1974．

[阿部 貴弘]

近世街路と生活インフラの形成

古代律令制時代には，中央集権国家を象徴するように，畿内山城国から放射状に，駅路と呼ばれる幹線道路網が全国に整備された。その総延長は，約6,300 kmに及んだとされる。江戸に幕府が開かれると，こうした国土を結ぶ幹線道路網は，江戸を中心とする街道網に再構築された。江戸の日本橋を起点とする五街道をはじめ，支線としての脇街道が全国に張り巡らされた。街道沿いには宿駅が配置され，また一里塚や並木も整えられた。幕府の道中奉行が直轄管理した五街道の総延長は1,500 km余り，これに中国街道や北国街道などの主要な脇街道を加えると，街道網の総延長は約5,000 kmに及んだ。

江戸時代には，河川や海路を使った舟運網の整備も進んだ。河村瑞賢により，東北地方から日本海沿岸を航行して瀬戸内海に回り込む西廻り航路と，太平洋沿岸を航行する東回り航路が開かれると，河川舟運と海運が結ばれ，全国をつなぐ舟運網が整った。

こうした交通体系の拡充を背景として，全国に配置された大名により，領国経営の拠点として各地に城下町が築かれた。近世城下町は一般に，城を中心に二重三重の濠をめぐらせた城郭と，その周囲に，いわば身分制ゾーニングによる武家地や町人地，寺町を配置する都市構造をもつ。中世には，軍事的機能を重視して自然の要害である山城が好まれたが，近世に入ると，都市経営に有利な平野部の平城もしくは平山城が多く築かれた。すなわち近世城下町は，街道と水運の結節点である河川や湖の沿岸，あるいは河口部付近に立地することとなった。そのため城下の市街地は，平野部の低湿地や低平地に開かれることとなり，そこを居住に適した土地とするため，街路をはじめとするさまざまな生活インフラの整備が必要となった。

わが国の古代都城は，風水思想や方位に規定された碁盤目状の街路網をもつが，近世城下町は，方位とは無関係に複雑な街路網をもつ。そうした街路網は，城下町の先行基盤である地形や街道，さらに水路網などの影響を受けて構築された。低湿地や低平地に開かれた城下の市街地では，街路網の構築にあたり，雨水をいかに排水するかが最重要課題の一つであった。当時の街路は土舗装であり，雨水をうまく排水することができなければ，ぬかるみの道を歩かなければならない。そのため，街路網の構築にあたっては，地形勾配の少ない土地において，雨水が自然流下するための排水勾配を確保する必要がある。そこで，例えば街道につながる主要街路を微高地に沿って配置し，その主要街路を基軸として他の街路を配置するなど，排水勾配を確保するための工夫が施され

た。一方，城下には舟運路としての水路網が張り巡らされ，その沿岸には水運と陸運の結節点として，舟運で運ばれてきた物資を陸揚げするための河岸が配置された。こうした水路網は，舟運路であると同時に，雨水排水路としての役割も兼ねていた。つまり街路網の構築にあたっては，交通や排水の観点から，水路網との関係にも配慮しなければならなかった。結果として，街路網と水路網が複雑に入り組む，まさに水都とも称される近世城下町の都市構造が生まれたのである。その代表例の一つが，江戸町人地の街路網と水路網であった。

近世城下町では，街路網の構築に合わせて，雨水などの排水のための下水路網も整えられた。街路の両脇には，沿道の家々の庇から落ちる雨水を受けるための下水路が設けられたほか，背割線と呼ばれる敷地境界や町境にも下水路が設けられた。これらの下水は，いったん大下水などと呼ばれる幹線下水路に集められ，そこから舟運路などに排水された。例えば近世城下町大坂の町人地では，背割下水もしくは太閤下水と呼ばれる背割線を通る下水路網が整えられ，それらは近代以降も使われ続けた。

こうした生活インフラを維持していくためには，日々の手入れが不可欠である。そのため，幕府は修繕方法などに関する町触を出すなどして街路や下水路の維持管理に努めた。

街路や下水路とともに重要な生活インフラの一つに上水道がある。城下町が開かれた低湿地や低平地においては，井戸を掘っても良質な水が得られないことが多く，そのため飲用水の確保が急務であった。開幕以降，江戸をはじめ，近江八幡や赤穂，福山や高松などの各城下町において，飲用を主とした上水道が整備された。特に，近世最大規模の人口を抱える江戸においては，神田上水を嚆矢として，六上水と呼ばれる六つの上水道が整えられた。なかでも，承応2年（1653）に竣工した玉川上水は，幹線水路だけで約43 kmに及ぶ近世最大規模の上水道であった。

江戸町人地の街路網と水路網

東京湾の最奥部，隅田川の河口部付近に開かれた近世城下町江戸では，その建設にあたり河川の付け替えや入り江の埋め立てといった大規模な基盤整備が行われた。五街道の起点である日本橋が架かる日本橋川も，日比谷入江に流れ込む平川の付け替えに伴い，江戸前島の付け根付近に開削された人工河川である。

こうした低地部に建設された江戸の町人地では，町割にあたり雨水の排水勾配を確保するため，日本橋通りをはじめとする主要街路が，周辺よりわずかに標高の高い微高地に沿って通された。そのため，これらの主要街路は，古代都城の朱雀大路のような方位に則った一直線の

大通りとしてではなく，地形に沿って幾度も屈曲して配置された．さらに，これらの主要街路を基軸として隣接する街路が配置されたため，江戸の町人地では，方位とは無関係に一見無秩序な街路網が構成された．

一方水路網も，微低地に開削されたり，埋め立てに際して埋め残しとして整備されたりするなど，地形の影響を強く受けて建設された．また，水路沿いには河岸が設けられ，河岸を接点として街路網と水路網が互いに結ばれた．その結果，街路網と水路網が複雑に入り組む都市構造が生まれたのである．

こうして整えられた街路網と水路網の織り成す町人地の都市構造こそ，江戸が水都と呼ばれる所以といえよう．

太閤下水

淀川河口部付近の低湿地に開かれた近世城下町大坂の町人地では，町割と同時に背割下水もしくは太閤下水と呼ばれる下水路網が整備された．大坂の町人地では，おおむね方位に則り，京間40間四方の正方形街区を基本とする町割が行われた．各街区は東西方向の背割線で二分され，つまり南北辺に間口を向けた奥行20間の宅地が割り付けられた．大坂の町人地の地形勾配は，東から西に向かって緩やかに低くなっていたことから，太閤下水はおもに，こうした東西方向の背割線に沿って整えられた．

太閤下水は，明治27年（1894）着工の下水道改良事業により暗渠化されたものの，昭和5年（1930）着工の第4期下水道事業までそのまま使用され続けた．

街路や下水路の維持管理

江戸時代，幕府は街路や下水路といった重要な生活インフラの維持管理にも気を配っていた．例えば江戸では，街路面の修繕にあたり，粗粒の切込砂利に細粒の海砂を配合して，細粗粒均合の切込砂利を街路の悪所に敷き，街路の横断形状を蒲鉾型に中高に仕上げ，排水に留意して街路面を固めるよう町々に命じている．また，町の両側で高低が生じないよう申し合わせて地形を築くとともに，街道筋においては前後続き合わせの隣町との釣り合いよく築くといった，街路の横断形状と縦断形状に関する維持管理の要諦を指示している．

一方，下水路については，滞りなく下水が流れるよう，ごみを捨てないこと，また芥止めを設けてたまったごみを浚い上げることなどを町々に命じている．

玉川上水

江戸時代最大規模の給水能力を誇った玉川上水は，取水口のある多摩川沿いの羽村から四谷大木戸まで，幹線水路延長約43kmの上水道である．承応2年（1653）4月に着工し，わずか8ヵ月後の11月に竣工した．工事を担ったのは庄右衛門・清右衛門兄弟で，この兄弟には，

図1　武州豊嶋郡江戸庄図（寛永9年（1632））
[東京都立中央図書館特別文庫室所蔵]

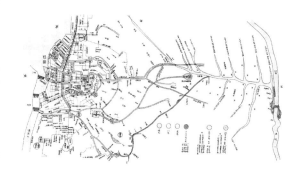

図2　江戸時代の水道
[堀越正雄『日本の上水』巻末付図，新人物往来社，1995]

玉川上水開削の功により玉川姓が与えられ，帯刀も許されたうえ，永代玉川上水役が命じられた．

上水道は，羽村から四谷大木戸までは開渠で築かれ，標高差約92mという武蔵野台地のわずかな勾配を利用しながら尾根筋をたどるように敷設された．四谷大木戸には水番屋が置かれ，羽村の上水取水口と連絡をとりつつ水量調節が行われた．さらに，四谷大木戸から四谷見附までは石樋を用いた暗渠で導かれ，四谷見附からは木樋によって市中の武家屋敷や町々に配水された．

また，玉川上水は，江戸市中への給水だけではなく，水の便の悪かった武蔵野の村々の生活用水や灌漑用水としても利用された．

参考文献

阿部貴弘，篠原修，近世城下町大坂，江戸の町人地における城下町設計の論理，土木学会論文集D2（土木史），68, 69-81, 2012.
土木学会編『明治以前日本土木史』岩波書店，1936.
堀越正雄『日本の上水』新人物往来社，1995.

[阿部　貴弘]

518　第8章　土木史

近世の都市水害と対策

　現代の都市形態の基礎ともなる近世の都市形成は，戦国時代末期から江戸時代初頭の城郭と城下町建設の結果を骨格とするものが多い。都市とは，簡単には人口集中の生活圏といえるが，ここでは主に現代までに大都市として形成された地域を対象とした。

　近世の都市形成は，河川との地理的要因とも密接に関連しており，それは水害のみならず舟運とも関係をもっていた。水害は洪水が要因だが氾濫被害がなければ水害とは呼ばないことに留意されたい。近世の水害の様相を知るには，その時代の治水技術の規模や限界を知ることが手掛かりになる。近世は比較的大きい堤防でも高さ3間（約5.5m）程であり，それを超える洪水は越流氾濫が許容されていた。ゆえに都市でも，地形の高低に従い水害に見舞われた。

　では近世の都市水害と対策を，大規模な治水策の事例により時系列順に見て行きたい。そこには治水に対する考え方や技術の進展をも見ることができる。

　その初めは河川の分離事業で，慶長8年（1603）頃までに加藤清正が熊本平野にて熊本城築城に絡み，付近の白川と坪井川，井芹川の石塘築堤による分離を行い，合流氾濫の予防を目的に河川整理を行った。

　次に新水路開削による分水が愛知県の岡崎平野を流れる矢作川で実施され，慶長10年（1605）の徳川家康の命による事業で完了した。新水路幅は20間（36m）程で，自然流下で分水配分された。旧流路では水害が減り，新水路河口では土砂堆積で新田開発が進む。関東平野では江戸時代初頭からの利根川東遷事業で関宿地点にて開削された赤堀川により江戸湾方向への流れが銚子方向へ向けられた。この結果，銚子への流れが利根川と称される。開削の最古説としては元和7年（1621）だが通水は承応3年（1654）で，川幅10間（約18m）であった。目的は諸説あるが，規模からして洪水対策より舟運路の機能が強いものであった。しかし，天明3年（1783）の浅間山噴火後の河床上昇の影響もあり，文化6年（1809）には幅40間（72.7m）に拡幅されるにいたる。東遷前の江戸初頭の利根川の治水策では，熊谷東北部にて狭窄部を伴う築堤による上流部での洪水湛水が考えられていた。

　徳島平野の吉野川は現在の旧吉野川を下流部としていたが，舟運路開発のために徳島城の北を流れる別宮川と連絡する水路が寛文12年（1672）に掘られた。しかし，その後，連絡水路が自然拡積され，これが本流となり吉野川河口部となる。

　分水量の調整施設を伴う最初の分水事業は岡山平野にある岡山城の東辺を南流する旭川にて行われる。この放水路として貞享3年（1686）または寛文9年（1669）に百間川が設置された。これは岡山藩政に参与した熊沢蕃山が考案し，郡代・津田永忠が設計・計画したもの。放水路呑口幅を冠した百間川は岡山城より上流の旭川から洪水時に分水堰の荒手から越流分水させ，旭川と並行した水路により瀬戸内海へ放流するもの。平水時には耕作が行われ，舟運路としては考えられていなかった。

　大阪平野では宝永4年（1707）に，それまで大坂城より上流の淀川に合流していた大和川を西流させる分離工事が公儀普請と御手伝普請で実施された。奈良盆地から流下する大和川は，付替以前，河内平野へ入ると勾配が緩く，土砂が堆積，河床が田面より2m高い天井川となっていた。このため平野内部の低湿地帯に氾濫湛水した。また淀川や大和川上流部の乱伐による土砂流下も問題とされ，幕府は山間部の管理を指示する山川掟を出すなど，治山治水における対応が顕著となった。

　新潟平野では享保年間の新田開発奨励による紫雲寺潟干拓に伴う流量増加への対策のため阿賀野川が信濃川河口に合流する手前に放水路が享保15年（1730）に開削された。しかし翌年の雪代洪水で分水堰が破壊され，放水路が河口となって今日にいたる。それ以前の近世初頭，信濃川と阿賀野川は河口部で合流し河口港・新潟湊は良港として栄えていた。しかし河口分離による減水によって新潟湊は機能低下し，明治初頭の開港での繁栄は短期に終わる。一方，阿賀野川では洪水疎通が良好となり，新潟平野の治水策・大河津分水も発案されるが通水は大正11年（1922）のこと。これにより河口の流路縮小が可能となり，かつ埠頭の近代化により新潟港の機能が回復する。

　近世における江戸幕府で最大の治水事業は濃尾平野での木曽川，長良川，揖斐川の分水，分離事業であり，幕府主導のもと，薩摩藩の御手伝普請により宝暦4〜5年（1754〜1755）に実施された。尾張藩領と濃尾平野の洪水対策を主眼として，大樽川による長良川から揖斐川への流水連絡，油島地点の木曽川と揖斐川の合流が分離堤と洗堰により分離された。

　河口部の閉塞，中流域での洪水氾濫など近世の因果を引きずりつつ明治を迎えた他河川では明治中期において分水治水事業が実施に移される。

利根川東遷

　徳川家康の江戸入府の後，文禄3年（1594）の会の川締切りに始まり，江戸幕府主導で実施された河川事業で利根川下流部が江戸湾から銚子方面へ向けられたことをさす。流域変更となる東遷の大きな動きは最古説の元和

7 年（1621）に栗橋から関宿の間の赤堀川開削であるが，通水は承応 3 年（1654）の工事にて。これで利根川の主流が常陸川流路へ向かい，銚子で太平洋へ注ぐことになった。東遷の目的は，従来，伊達藩に対する防衛線，洪水対策，舟運などが特にいわれてきたが，赤堀川の開削断面の変遷をたどると，通水時の 10 間（約 18 m）に始まり，その後の自然拡幅で 27 間（約 49 m）となり，文化 6 年（1809）に幅 40 間（約 73 m）となる。最終幅にいたる過程で，天明 3 年（1783）の浅間山噴火による土砂堆積の影響が大きいことが指摘されている。東遷後，元来の利根川下流部は太日川への付替を経て江戸川，常陸川は利根川と呼称される。

熊沢蕃山

江戸前期の儒学者。元和 5 年（1619）に京都に生まれ，元禄 4 年（1691）没。中江藤樹に陽明学を学ぶ。岡山藩主池田光政に仕え承応 3 年（1654）の旱ばつと大洪水，明暦の飢饉対策などで功績を上げたが，明暦 3 年（1657）に病気を理由に隠居する。治山治水論にも造詣が深く，特に著作の『集義和書』，『集義外書』，『大学或問』などで多くを論ずる。蕃山は江戸前期に治水策としての分水を考えている。その計画を基に奉行・津田重二郎永忠による旭川の放水路・百間川の設置開始を伝える史料が寛文 9 年（1669）から残っている。他，築堤，架橋，池溝の整備，治山などの治績も伝わる。

御手伝普請／国役普請

江戸幕府は，城郭，河川，寺社，御所の普請（建設工事）に対し，特定の大名に手伝いを命じた。こうした普請は大名手伝普請と称された。河川の普請では幕府が計画実施する事業において大名へ現場監督などの人や，資金面の協力などが求められた。19 世紀に入ると資金のみ出資するお金手伝いが主流となる。

国役普請は，普請費用を負担する国々が指定されるもので，関東，東海，甲信越，美濃，畿内などの河川と地域に及んだ。享保年間以降は実質的に幕府が 20 万石以下の大名領の治水権を掌握する意図が明確に示された。国役普請では，賃銭が成年男子はもとより，女，子供まで相応に与えられた。また，竹木，空俵などの負担もなく，諸村にとっては自普請（村単位で経費や材料，人足を負担する自発的普請）に比して割がよいものであった。

水制工

堤防や護岸などの前面の河道内に設置される河川施設。機能は主に洪水などの流れを制御し，堤防や護岸などを保護，河川の流れや流路方向などを制御するもの。灌漑取水や舟運のために平常時の流れを制御することのみを目的に設置される場合もあった。種類や形状は多種多様だが，大別すると水制工内の流水の通過を許容する透過性水制と，許容しない不透過性水制に分けられる。構成材料は近世では木材，玉石などを組み合わせたものを基本とし，近代では近世の構造を踏襲したコンクリート構造や鉄線によるものや，形状を異にするものもある。しかし使用目的の大きな変化は見られなかった。

水害防備林

河川の沿川に繁茂し，洪水時に河道からの越流や氾濫流の流速の低減，流下物を捕捉し，水害被害を抑止する効果が期待される樹林。間隔を空け，あるいは群として人為的に植えられる，または自生で機能発揮するもの。樹種は松，柳，竹などが多く，近世の河川施設の構成材料へ転用可能なものでもあった。繁殖密度や樹種などの違いは，流れの緩急や勾配の違いに対する治水効果に影響した。

山川掟と砂留

山川掟は近世初頭の治山治水を目的に寛文 6 年（1666）に幕府法令として出された。貞享元年（1684）には山城，大和，摂津，河内，近江と地域を明示した類似法令も出され，近畿における問題を顕在化させている。特に淀川や大和川では上流山林の乱伐による土砂流下で河床が上昇し，下流部の天井川化や，堤防からの越流氾濫，舟運路確保の浚渫が増加した。その対応として法的措置がなされた。

砂留は，河川上流からの土砂流出を防ぐ施設。今日の砂防堰堤と同様，河川を横断して建設され，その上流部の土砂堆積で流路が階段状となり土砂流下が抑制される。現存例として広島県の福山藩が建設した堂々川砂留，別所砂留などが特筆される。堰堤構成は切石を布積や谷積，玉石を敷き並べるなどが多くみられる。地方書では牛枠を使用する工法を伝えるものもあり，砂留の技術や系譜は未解明にある。

参考文献

北原糸子編『日本災害史』吉川弘文館，2006.
北原糸子，松浦律子，木村玲欧編『日本歴史災害事典』吉川弘文館，2012.

［知野　泰明］

近代技術者と開発思想

欧米で汽車，汽船，馬車の利用に即して，鉄道，港湾，道路関係の土木技術が発達していることは幕末からの欧米渡航者らによって認識されており，これらを整備して国内開発を進めようという発想は明治初年から幅広く見られた。しかし，その具体的計画や施工には近代技術者が必要であり，当面は外国人に依存しつつ，日本人技術者の養成がはかられた。

明治政府が雇用した最初の土木技師は，幕府が約束した燈台の建設のため明治元年（1868）に来日した R. H. ブラントン（Richard Henry Brunton）であった。外国船の利便に関わる範囲では構想から外国人の要望が反映され，彼は英公使 H. S. パークス（Harry Smith Parkes）の紹介で横浜居留地の整備や大阪・新潟港改修の計画も立案した。一方，新政府は，明治元年に「国本を強くし，皇基を培植」すべく治河使を置き，淀川で堤防の修理とともに蒸気船を就航させる構想を示して，各府藩県もこれを参考に「勉励」するよう求めた。また，翌明治2年（1869）7月には北海道の開発に取り組む開拓使を置き，明治3年（1870）に鉄道技師 E. モレル（Edmund Morel）らが来着すると，新橋横浜・大阪神戸間の鉄道建設に着手した。同年に設置された**工部省**は明治6年に H. ダイアー（Henry Dyer）らを招いて大学校の教育を開始した。

治河使の役割を引き継いだ大蔵省土木寮は，明治7年（1874）3月に「運輸の本は治水理路に在り」とし，明治5年（1872）以降に来日した**オランダ人技術者**を擁して，まずは利根川と淀川，次いで木曽川，信濃川，さらには全国的に水運，道路の順で整備を進める構想を上申した。すでに淀川舟運と競合する大阪京都間鉄道が起工されていたが，翌明治8年，大蔵卿大隈重信と土木寮を管下に収めた内務卿大久保利通は，鉄道より容易な海運を中心に国内運輸を整える方針を上申し，それが当時の主流であった。

開拓使は明治4年（1871）に H. ケプロン（Horace Capron）らを招いて函館札幌間の馬車道路建設などを進め，明治9年には W. S. クラーク（William Smith Clark）らを招いて土木工学も講じる農学校を開設した。土木工学は，諸藩からの貢進生を集めた大学南校の流れを汲んで明治10年に発足した東京大学でも，アメリカ人 W. チャプリン（Winfield Chaplin）を招聘して講じられた。日本人としてはじめてマサチューセッツ工科大学を卒業した本間英一郎が明治8年（1875）から京都府に勤務し，明治11年の東京大学理学部土木工学科の初めての卒業生は東京府と神奈川県に就職するなど，大学卒日本人技術者は，まずは府県による都市基盤整備を担った。

西南戦争後の明治11年，政府は「全国中公益の事業を興し，物産繁殖の道を開き，内外の商売を盛んにするため」1,000万円の起業公債を発行して，内務・工部両省に各420万円，開拓使に150万円の事業資金を割り当てた。半額は開墾などの勧業経費と鉱山にあてられたが，交通関係では内務省が野蒜と新潟に築港して海運と北上川・阿武隈川・信濃川の舟運とを接続するとともに岩手秋田・宮城山形・新潟群馬の各県を結ぶ道路を開鑿し，工部省は京都・大津間と敦賀・米原間に鉄道を建設して**三島通庸**はじめ各県令が主導して車両が通行できるように改修されつつあった道路と合わせて全国的な交通網を整備する方向を目指した。野蒜築港はオランダ人技術者，鉄道はイギリス人の R. V. ボイル（Richard Vicars Boyle）と個々の事業計画は外国人の手によったが，幌内炭礦の開発に重点を置いた開拓使が，アメリカやオランダから技術者を招いて計画を立てるとともに，レンセラー工科大学卒の松本荘一郎や札幌農学校一期生の佐藤勇にも実務の一端を担わせるなど，この時期から鉄道や**内務省土木局**が担った河川土木の現場で，日本人大学卒技術者が大きな役割を果たすようになった。

ボイルはすでに明治9年（1876），中山道経由で東京と京都を結ぶ幹線と名古屋や新潟にいたる支線の建設を提案しており，このうち東京高崎間は明治15年に日本鉄道会社によって着工された。この路線は利根川の舟運と競合し，同社が明治24年（1891）に全通させる青森までの路線は阿武隈川・北上川舟運と競合した。明治16年には2,000万円の公債を募り中山道鉄道を建設することが決定され，鉄道に全国的な幹線を担わせる開発思想が明確になった。明治19年には閣議で中山道より工事が容易な東海道鉄道で両京を結ぶ方針に転換されたが，その根拠となった調査は，レンセラー工科大学卒の原口要と工部大学校卒の南清によって行われた。明治17年の水害を契機に野蒜港が放棄されたことや，河川土木の重点が治水に移り，明治18年（1885）に信濃川改修を**古市公威**の計画で実行するよう決定されたことなど含め，1880年代半ばには開発の構想がお雇い外国人ではなく日本人の技術者の知見に基づいて立てられるようになり，明治23年には民間の意見を政策に反映させる帝国議会の開設を迎えた。

工部省

明治3年（1870）閏10月に「百工の褒勧および鉱山，製鉄，燈明台，鉄道，伝信機等を管する」省として創設され，1870年代には伊藤博文，山尾庸三ら長州系欧化主義者が主導して，イギリス人を主とする多数の外国人を雇用して事業を進め，日本人技術者を育成した。構想

段階で意見を求められたモレルは土木も所管すべきとしたが，当初は認められず，後藤象二郎が工部大輔（のちの次官）であった明治4年（1871）7月から10月までの間だけ土木を所管した。明治7年には内務省土木寮から営繕事務を引き継ぎ，明治16年（1883）以降佐佐木高行工部卿が，工場や鉱山を民営化する前提で，土木を工部省の管轄とし，全国的な計画に基づいて道路・運河を改良拡張することを主張したが容れられず，明治18年12月に廃省された。

H. ダイアー（Henry Dyer, 1848−1918）

東京大学工学部の前身である工部大学校の創設と教育にあたったイギリス人。グラスゴー近郊で生まれ，徒弟修業修了後にグラスゴー大学で学び，1872年に工学系で初の学士となる。工学寮のお雇い外国人を統括する都検として明治6年（1873）に来日し，のちに工部大学校と改称される工学寮大学校の教育課程を立案し，同年中に開校させた。同校は予科2年を含む6年制で，土木・機械・電信・造家・実地化学・鉱山・冶金の専門学科を置き，学内での学科教育とともに現場での実習を重視した。一期生は明治12年に卒業し，うち11名は3年ほどイギリスに留学したのちお雇い外国人教師・技師の役割を引き継いだ。ダイアーは明治15年に帰国して日本での経験をイギリスの高等工業教育整備に反映させ，日本研究者としても知られた。

オランダ人技術者

当初は大阪築港のために招かれ，河川・港湾土木の近代化を主導した。明治5年（1872）2月に工師C. J. ファン・ドールン（Cornelis van Doorn）とI. A. リンド（Isaac Lindo）が来日，明治6年にはG. A. エッセル（George Arnold Escher），A. H. T. K. チッセン（Alphonse Thissen），J. デ・レイケ（Johannis de Rijke）と工手2名，明治8年に工手1名が加わった。A. T. L. R. ムルデル（Rouwenhorst Mulder）と工手1名は明治12年に来日した。工師たちは淀川，利根川水系，木曽川の改修や利根運河開鑿，木津川水系の砂防工事，野蒜築港などの計画と監督，そして安積疏水や栗子山隧道など日本人主導の計画の確認や助言を行った。工手たちはケレップ水制など粗朶工法をはじめとする洋式工法を実地で指導した。大半は明治14年までに帰国したが，ムルデルは明治23年，高等技術教育を受けずに現場の経験が豊かであったデ・レイケは明治36年まで勤務した。

三島通庸（1835−1888）

元薩摩藩士，「土木県令」と呼ばれた。明治2年（1869）に鹿児島藩の都城地頭となり，新市街建設，神社整備，道路建設などにより在地領主の支配に慣れていた住民の意識を一新しようとはかる。廃藩後は東京府参事として銀座煉瓦街の建設に関わり，酒田県令であった明治8年以降，車両通行可能な道路や洋風の県庁，学校，警察署，郡役所の建設などにより，新時代の到来を告げるとともに地域の経済発展をはかり，強引な手法から民権家と対立しつつ，山形，福島，栃木の県令を歴任した。明治17年に内務省土木局長となり，翌年に警視総監に転じ，明治19年から1年余り井上馨外務大臣が総裁となって首都の欧化を目指した臨時建築局の副総裁を兼ねた。警視総監在職のまま病没。

内務省土木局

戦後建設省に発展する，戦前期の土木管掌官庁。大蔵省土木寮は明治7年（1874）内務省に移管され，明治10年の官制改革により局に改編された。当初は河川・港湾の土木を中心に行い，近代技術に関してオランダ人技術者に依存したが，明治12年以降，国内外で工学教育を受けた日本人技術者も加わった。明治17年に三島通庸を局長として，国道建設を業務に組み込むことをはかり，明治19年に全国に六つの土木監督署を置いて，日本人技師以下を常駐させる体制を整える。明治23年には技術官として任官した古市公威が局長に就任するが，明治31年の古市の退任後は文官任用令により局長が法科系事務官によって占められ，特に大正期以降，技術官の不満を招いた。昭和16年（1941）に国土局に改組，戦後は建設院を経て建設省となり，国土交通省へ。

古市公威（1854−1934）

明治期を代表する土木技術官僚・教育者。明治3年（1870）姫路藩貢進生として大学南校に入り，文部省留学生としてフランスで民間技術者を養成するエコール・サントラルを土木専攻41名中2位の成績で卒業，パリ大学でも学び明治13年（1880）に帰国，内務省土木局に勤務する。明治19年初代帝国大学工科大学長となり，工部大学校と東京大学工芸学部を統合した工科大学の体制を固める。土木局勤務も兼ね，山県有朋内務卿の欧州視察に随行，明治23年土木局長となり，大学の職も兼ね続けた。明治31年大隈内閣の成立直後に辞職し，同年第二次山県内閣で逓信次官兼鉄道局長心得。京釜鉄道会社総裁として日露戦争中に釜山城間を開通させ，その後も土木学会初代会長，東京地下鉄道初代社長などまとめ役を務めた。

［鈴木　淳］

参考文献

土木学会編『古市公威とその時代』土木学会，2004.
国土政策機構編『国土を創った土木技術者たち』鹿島出版会，2000.
鈴木淳編『工部省とその時代』山川出版社，2002.

都市の防衛

古代から近世

人間は防衛本能をもっており，そのため自分たちの居住地を防衛する手段を講じてきた。古来ヨーロッパや中国などの大陸では，異民族などの外敵による襲撃を防禦するため，石や煉瓦の城壁に囲まれた堅固な城郭都市がつくられた。日本は海に囲まれ，しかも山地が大半を占めているため，大陸のような城郭都市はつくられず，堀や土塁を築き，自然の地形（河川・山）を利用した防衛施設であった。また，ヨーロッパの城郭都市は市民の防衛意志によりつくられたものが多いが，中国や日本では，主として領主の支配権を守るためにつくられていた。

日本では律令制国家となるなかで，中国の都城制にならった平城京・平安京などが建設されたが，都城の外周に中国のような城壁は築かれず，堀と土塁（外周の南面は築地塀の羅城）に囲まれた程度で，外敵防禦の機能よりも，政治・行政的機能を果たすものであった。当時九州を統括していた大宰府は，政庁の周囲に回廊を設けていたが，市民の居住地周囲には防護施設はなかった。政庁・住民居住地区を含めた大宰府という都市を防衛するため，大宰府の北方に大野城，西北方の福岡平野正面に水城（みずき），南方に基肄城（きいじょう）を築いた。これらは城壁ではなく，自然の地形を利用した対外防禦拠点であった。

その後の鎌倉幕府の地も，周囲に城壁は築かれず，東・西・北は極楽寺切通など7ヵ所の切通からなる尾根と，南の相模湾に囲まれた自然の地形を利用した防衛体勢であった。

群雄割拠の戦国時代から一国一城制となる江戸時代初期にかけて，城を中心にして城下町を含むその外周に，堀や土塁・石垣を築き，町を囲い込んだいわゆる惣構（そうがまえ）（総曲輪（そうぐるわ））構造の城下町がつくられた。その先駆をなすのが小田原城であった。小田原城は，南西が早川，北東が山王川，南東が相模湾，北西が箱根連山に囲まれた地域に，周囲約9kmに及ぶ堀と土塁をめぐらし，城下町を囲い込んだ大惣構の城であり，豊臣秀吉の率いる15万の大軍の包囲攻撃に対して善戦し，参戦した諸大名に惣構の効果を認識させ，全国に普及させる端緒となった。

おおむね同時期，南蛮・中国との貿易都市として栄えた堺や，商業・廻船業で栄えた平野（大阪市）の商人は，商業の自由と自治を守る自衛手段として都市の周囲を堀（環濠）で囲い，一種の自由都市をつくりあげた。日本では珍しい例である。また規模は小さいが，戦国期に真宗寺院を中心に周囲に堀などで防禦された寺内町が，畿内や北陸に存在していた。

秀吉は小田原征伐の翌年，禁裏を含む京都市中を囲い込む土塁と堀（御土居（おどい））を建設，その規模は平安京に匹敵するものであり，京都の防衛と治安の役目の他に水害を防ぐ防災の役目をもっていた。

秀吉は，さらに大坂城の周囲を拡張し，小田原城に学んで，城下町を囲い込む惣構の堀を構築し，本丸・二の丸・三の丸・惣構の四重構造からなる2km四方の大城郭を完成させた。後の大坂冬の陣で徳川家康軍は，この惣構に守られた大坂城を陥落させることはできなかった。

江戸に幕府を開いた家康も，江戸城の大拡張を計画し，諸大名を動員し，東は隅田川，北は神田川，西は市ヶ谷・赤坂，南は溜池～浜御殿と東西約5km，南北約4kmにわたる地域の外周に外堀を築き，家光の代に漸く日本一の大規模な惣構の城郭都市が完成した。この時期，全国的に惣構の城郭都市が築かれた。弘前城・会津若松城・水戸城・金沢城・福井城・姫路城・広島城・高松城・熊本城などがその代表例である。

幕末から近代

城と城下町を守ってきた惣構も，兵器の発達と都市の経済的発展により，惣構としての効用が逐次失われていった。また近代国家としての体制が整ってくると，国としての防衛体制が整備され，都市ごとの防衛の必要性が失われていった。幕末のペリー来航は，国防意識を高め，幕府は品川台場などを築き江戸湾の防備を固め，京都・大坂を守るために天保山などに台場を築き大坂湾の防備も固めるなど，海からの外敵侵攻に備えた。さらに経済活動が活発になり，都市周囲の惣構である堀や土塁は，人・物の流通を阻害することになり，逐次埋められたり崩されたりしていった。

明治期になると，全国の城郭は廃止され，国家規模で対外防衛体制を整えることになり，東京など中枢都市を守るため，東京湾要塞などが建造された。当時は，まだ航空機が発達していなかったので，もっぱら海上からの侵攻に備え，主要都市地区，すなわち北から函館・東京湾・大阪湾・広島湾・下関・長崎・佐世保・対馬・舞鶴などに要塞が建造された。また，全国の主要な都市に陸軍部隊が配置され，横須賀・呉・佐世保・舞鶴などに海軍軍港が設置され，国としての防衛体制が整備された。

しかし，その後航空機が発達し，空からの侵攻（空襲）を防ぐ防空対策が緊要になり，軍の行う軍防空と，これに即応した民間による民防空施策が進められていった。

軍防空とは陸海軍の行うもので，聴音機や電波警戒機などの警戒網を設置して敵機を早期に発見し，防空戦闘機を発進させて迎撃するとともに高射砲などの対空火砲で砲撃するものである。民防空とは民間で実施する防空で，防空監視哨での目視監視，灯火管制，消火，避難などを実施する。しかしこれらの対応も，B29の焼夷弾攻撃には効果がなく，東京をはじめ全国の多くの都市が焼

かれ灰燼に帰した。

惣構（総曲輪）

惣構の典型的なものとして大坂城を示す。本丸・二の丸・三の丸・惣構の四重構造で，惣構の内部には城下町としての内町が形成された。

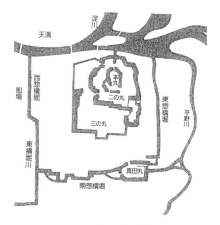

図1　豊臣氏大坂城
［松岡敏郎ほか著『戦略戦術兵器事典6 日本城郭編』学研プラス，1997］

品川台場

嘉永6年（1853），ペリー提督の率いるアメリカ艦隊が来航したのを機に，江戸を守るため幕府が品川沖に6基の台場（砲台）を築いた。各台場に大砲20～30門を据え，諸藩が交代制で防備に就いた。勝海舟は「一時の権道であった」とあまり評価していないが，当時の兵器・築城の技術的水準は世界に劣らず，戦術的にも有効なものであった。現在は第3・第6台場のみが残され史跡に指定されている。

大坂湾防備

安政元年（1854）ロシアのプチャーチン（Yevfimij Putyatin）が軍艦ディアナ号に乗って大坂の天保山沖に来航し，幕府および朝廷に大きな衝撃を与えた。これを機に幕府は，これまで無防備状態であった大坂湾の防備に着手した。紀淡海峡と明石海峡に台場を築造するよう，和歌山・徳島・明石藩に命じ，湾内の海岸守備を有力諸藩に命じた。その後，湾内の海岸警備は多少の変更はあったが，慶応期までに図2のような防備体制すなわち湾入口，湾内の海岸，および淀川筋の三線による防備体制が設けられていた。

東京湾要塞

首都東京・横須賀軍港・横浜港など東京湾内の戦略的

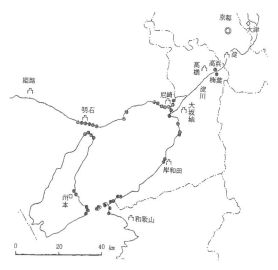

図2　大坂湾防備体制

要地を守るための，東京湾口一帯に築かれた砲台などの永久的営造物を総称して東京湾要塞という。もともとは，「国家の命脈に係る首都東京」を守ることから計画され，湾内の三浦半島側に20ヵ所，房総半島側に1ヵ所，走水と富津の間の海中に3ヵ所の砲台が築かれた。日露戦争時ロシアのウラジオ艦隊が東京湾の入口まで来たが，要塞からの砲撃を恐れ湾内に侵入しなかった。

その後，火砲の発達で射程が伸び，砲台も城ヶ島・剣崎・大房岬・洲崎など湾入口付近に設置され，観音崎以内の砲台は廃止された。後の対米戦争においても各砲台は戦闘配備についたが，戦うことなく終戦を迎えた。

軍防空

日本は島国であり，しかも日露戦争以後陸海軍とも攻勢作戦主義をとっていたため，本土防衛についての関心は低く，本土防空に任ずる部隊が編成されたのは昭和12年（1937）であり，これも地上防空部隊の高射砲部隊であった。防空専任の航空部隊が編成されたのは対米戦開戦直前であり，防空担任の東部軍・中部軍・西部軍に配属され，高射砲部隊と一体になって主要都市の防空に任じたが，米軍の都市爆撃に対応できなかった。

参考文献

児玉幸多，坪井清足監修，平井聖，村井益男，村田修三編『日本城郭大系 全20巻』新人物往来社，1980.
松岡敏郎ほか著『戦略戦術兵器事典6 日本城郭編』学研プラス，1997.
防衛庁防衛研修所戦史室編『戦史叢書 本土防空作戦』朝雲新聞社，1968.

［原　剛］

鉄道駅と近代の都市形成

　日本の鉄道の歴史は，明治5年（1872）に新橋―横浜間が開業してスタートしたが，全国を鉄道で結ぶ国土幹線鉄道の建設が優先され，明治22年（1889）には東海道本線の新橋―神戸間が全通した．日本の主要都市の多くは，旧街道に沿った城下町や宿場町として発達していたので，旧街道が鉄道という新しい交通機関に置き換わったことになるが，すでに市街化している街道筋に鉄道駅を設けることは容易ではなく，また宿場が廃れて田畑が荒れるなどの風評もあって，街道筋からやや離れた場所に駅を設ける例が多かった．このため今日の地方主要都市のほとんどは，鉄道駅が旧市街地からやや離れた位置に立地している．鉄道駅の周辺にはほどなく繁華街や商店街が形成されたが，現在では自動車交通が発達し，航空機や高速バスなど交通機関の選択肢も多様化したため，鉄道駅に往時の求心力はなくなっている．しかし，現在の空港やバスターミナル，高速道路のインターチェンジは交通の結節点として機能することのみに徹しているので，かつての鉄道駅が周辺の都市形成に及ぼしたような波及効果を発揮するには至っていない．鉄道の発達とともに駅はそれぞれの都市の玄関としての役割を果たすようになり，**中央停車場**（東京駅）は国家の玄関口としても機能した．

　都市内あるいは都市近郊を結ぶ都市鉄道は，まず馬車鉄道が実用化されたのち路面電車へと移行したが，これらは都市内の交通機関に限定され，輸送量や速度も限界があった．都市近郊を高速電気鉄道（路面電車に対する「高速」という意味で，新幹線のような「高速鉄道」ではない）で結ぶ都市鉄道は，アメリカで発達した**インターアーバン**（interurban）をモデルとして発達した．インターアーバンは，中距離の大都市間に大型の電車を高速度・高頻度で走らせ，大量輸送を実現した点に大きな特徴があった．こうしたインターアーバンをコンセプトとして登場した初期の事例としては，京浜電気鉄道や阪神電気鉄道などがあったが，これらの私鉄は路面交通を前提とした軌道条例（のち軌道法）によって設立されたため，車両の大きさや速度などさまざまな制約条件が課せられていた．その後，蒸気鉄道として発足した私設鉄道でも既存の路線を電化したり（東武鉄道，南海鉄道など），高規格の路線を新設して高速電車を高頻度で走らせる新しいタイプの都市鉄道（小田急電鉄，東横電鉄，新京阪鉄道など）が普及した．また，都心では道路交通との競合を避けるため，**高架鉄道**や**地下鉄道**が建設された．

　都市に人口が集中して都市内の住環境が悪化すると，より健康で快適な生活環境を求めて郊外に住む人々が増加し，都市はさらに郊外へと広がった．明治40年（1907）にE. ハワード（Ebenezer Howard）の田園都市思想が日本にも紹介されて大きな影響を与えたほか，東京では関東大震災をきっかけとして住宅を含む都市施設の郊外への移転が加速した．都市が郊外へ発展するとともに，人々のライフスタイルも職住近接から職住分離へと変化し，鉄道による通勤・通学輸送の需要が急激に増大した．こうした郊外鉄道の発達を背景として，都心と郊外を結ぶ交通の結節点には**ターミナルビル**が建設され，東京の池袋，渋谷，新宿，大阪の梅田，難波などは，郊外電車と市内交通を連絡し，都市計画に基づいて**駅前広場**が整備され，駅を中心とした繁華街が形成された．また，都市近郊を結ぶ各私鉄は沿線開発にも熱心に取組み，沿線には鉄道資本の主導による住宅地が形成され，さらに学校や遊園地，運動場などが誘致されて，路線ごとに特色のあるいわゆる「沿線文化」を育くむ下地をなした．

坂倉準三による渋谷駅総合開発計画案のモンタージュ
（東急電鉄，1952年頃）

中央停車場

　都市の中心となる中央停車場（中央駅）の概念は，海外のセントラルステーション（central station）やハウプトバンホフ（Hauptbahnhof）にその源流があり，欧米の大都市に建設された巨大なターミナル駅は，それぞれの都市を象徴する存在となった．こうした欧米のターミナル駅に対して，日本の鉄道駅は必要最小限の機能を果たすことが優先され，都市の象徴としての存在はほとんど意識されていなかった．東京駅はのちの私鉄ターミ

ナルや近年名付けられた「○○中央駅」を称する駅とは別格の存在で、当初より「中央停車場」を意識して計画が進められ、「国家の玄関」として辰野葛西事務所の設計によって大正3年（1914）に完成した。

高架鉄道

明治時代の市区改正の頃から都市内に乗入れる鉄道は、路面電車を除いて高架鉄道または地下鉄道として建設することを原則とし、都市内に踏切を設けないことが前提条件となった。こうした背景のもとに、明治22年（1889）の市区改正設計案で新橋と上野を結ぶ高架鉄道が告示され、その中間に中央停車場を設けることとなった。このうち、浜松町付近から東京駅の北端に至る新永間市街線がわが国で2番目の高架鉄道として建設され、明治43年（1910）に東京駅を除く全線が完成した。高架鉄道は、その後も都市内に乗入れる私鉄などでも採用され、戦後は連続立体交差事業として全国各地に高架鉄道が普及した。また、限られた都市空間を有効に利用するため、高架下は商業施設にも利用され、東京（御徒町）のアメ横や神戸（元町）のモトコータウンなどの高架下商店街が出現した。

地下鉄道

地下鉄道は、交通渋滞に影響されず、高架鉄道に比べて都市環境に与える影響が少ない新たな交通機関として注目され、文久3年（1863）にロンドンで開業して以来、欧米各国の主要都市で普及した。日本でも、明治時代末頃から民間資本による地下鉄計画が申請されたが実現には至らず、昭和2年（1927）に日本で最初の地下鉄として上野—浅草間の東京地下鉄道が開業した。さらに、昭和8年（1933）には大阪でも御堂筋線が開業したほか、東京高速鉄道、京阪電気鉄道新京阪線などが地下鉄道として開業した。戦後は、昭和29年（1954）に開業した丸ノ内線を皮切りとして、札幌市、仙台市、横浜市、名古屋市、京都市、神戸市、福岡市で地下鉄が開業し、一部では既存の国鉄線や私鉄線とも相互乗入れを実施したほか、地下通路を利用した商業施設として地下街が発達した。

ターミナルビル

鉄道が発達すると、郊外と都心を結ぶ乗換駅は結節点として機能し、乗降人員が急激に増加した。特にターミナルでは単に交通機関を乗り継ぐだけではなく、駅周辺に発達した商店に立寄って買物や飲食を楽しむようになり、繁華街が形成された。阪急電鉄の小林一三は、駅に百貨店を併設するために昭和4年（1929）、梅田に直営の阪急百貨店を開店して本格的な百貨店事業に乗り出し、鉄道系百貨店は百貨店業界の新興勢力としていくつかの私鉄が追従するとともに、駅に大規模なターミナルビルを併設した。戦後になると、国鉄でも民衆駅と称して民間資本との共同出資による駅ビル事業に進出し、全国規模で事業を展開した。

駅前広場

駅前に設けられる広場を一般に駅前広場と総称するが、駅前広場は初期の鉄道駅から設けられ、人力車や荷役の大八車が出入りし、軍隊や旅行団体が整列する場所として機能した。大正時代の半ばから自動車交通が発達し、駅前広場にはバスやタクシー、トラックが乗り入れるようになったため、交通量や流動にあわせ駅前広場を計画的に整備する必要に迫られた。都市計画東京地方委員会では、昭和9年（1934）に新宿駅前広場計画を告示し、さらに昭和11年（1936）には渋谷駅、池袋駅、大塚駅が追加告示された。戦後も建設省と国鉄の協定に基づいて駅前広場の整備が進められ、歩道橋を兼ねたペデストリアンデッキも昭和48年（1973）の常磐線柏駅で初めて用いられて全国に普及した。

沿線開発

ハワードの田園都市思想の影響を受けて郊外住宅地の開発を手掛ける企業が設立されるようになり、大正7年（1918）に渋沢栄一などによって田園都市会社が設立された。田園都市会社は東京の城南地区と呼ばれる地域に新興住宅地を設け、目黒蒲田電鉄や東京横浜電鉄を設立して、鉄道と一体となった沿線開発を推進した。また、関西では明治43年（1910）頃から箕面有馬電気軌道（のち阪急電鉄）の小林一三により、池田室町住宅地、豊中住宅地などの開発が始まり、さらに郊外には遊園地や動物園、運動場、学校などの施設が私鉄資本の主導によって整備・誘致された。こうした沿線開発は、私鉄の新たなビジネスモデルとしてたちまち大都市近郊の私鉄各社にも広がって、鉄道は都市の範囲を郊外へと拡大させる原動力となり、観光や娯楽、スポーツの大衆化にも貢献した。

参考文献

片木篤、角野幸博、藤谷陽悦『近代日本の郊外住宅地』鹿島出版会、2000.
青木栄一『鉄道忌避伝説の謎』吉川弘文館、2006.
後藤治、小野田滋、二村悟『日本の美術 No.545 交通編』ぎょうせい、2011.

[小野田 滋]

街路ネットワークの近代化

　大正8年（1919）に旧都市計画法が制定され，2019年には100年を迎えようとしている。旧都市計画法以前は，明治21年（1888）に制定された市区改正条例に基づき，道路，河川，橋梁，鉄道，公園などの計画を定め，市区改正事業として整備していた。この計画を具体的に示したものが東京市区改正設計であり，道路構造だけでなく幅員別に道路網が市域全体に示された。しかし，予算上の制約から市区改正事業は遅々として進まなかった。なお，この市区改正条例は東京を対象としたものであったが，横浜，名古屋，京都，大阪，神戸の五大都市にも，大正7年に市区改正条例を改正して準用した。その後，都市計画調査会が設立され，大正8年に旧都市計画法が制定された。この法の骨格には，都市計画として主要な都市施設を決定し，都市計画事業として実現していくことと，用途地域指定，土地区画整理事業が明記され，道路は都市施設として位置付けられた。なお，同年には道路法も制定され，技術基準として道路構造令と街路構造令が示された。昭和27年（1952）の道路法の改正に伴い，昭和33年には道路構造令のみとなり，現在に至っているが，当初は都市内の道路は街路構造令が適用されていた。この街路構造令は，旧都市計画法の道路に関する構造基準であり，東京市区改正設計を引き継ぐものであった。その中には，街路構造とネットワークだけでなく，橋詰広場など滞留空間機能も付与され，幅員構成では歩車が分離され歩道も広く確保されていた。当初，旧都市計画法適用都市は，東京を含む六大都市であったが，昭和8年（1933）に改正され，全国の市および内務大臣が指定する町村まで適用されることとなり，全国で街路網の計画が立案されていった。

　大正12年（1923）に関東大震災が発生し，東京と横浜を中心に甚大な被害を受けた。その震災復興事業推進組織として帝都復興院が設立され，法制度として旧特別都市計画法が制定された。当時，戦前の二大政党である政友会と民政党に距離があった政権下において，復興計画およびそれを掌る組織については帝国議会や特別都市計画委員会で大きな議論となり，計画と予算は大きく縮小していくこととなる。当初，帝都復興計画で立案された街路網計画は，理想形として幅員40間（73m）の道路を軸に東西南北に十文字に配置し，さらに広幅員幹線街路を配置するものであったが，これは計画見直しにより実現化されなかった。見直された街路網の多くを実現化させたのが，土地区画整理事業であった。旧都市計画法にも土地区画整理事業は位置付けられていたが，新

市街地開発が主目的であり，関東大震災復興のような既成市街地には適していなかった。そこで，旧特別都市計画法に土地区画整理事業を位置付け，1割減歩までは無償供出，それ以上は土地補償金を交付した。東京で3,098ha，横浜で345ha実施された土地区画整理事業によって整備された街路空間は現在に継承されており，昭和通り（43m），靖国通り（36m）は震災復興土地区画整理事業により形成されたものである。市区改正条例時には，計画を実現化させる事業制度は不十分であったが，旧都市計画法以降は事業制度も備わり，目に見える形で計画が実現されていくこととなる。

　その後，昭和20年（1945）に終戦を迎えるが，空襲により廃土と化した都市の復興に再び都市計画制度が用いられることとなり，昭和21年に特別都市計画法が制定され，全国112都市（当時の都市数）で戦災復興都市計画が立案され，併せて街路網も樹立され，土地区画整理事業を中心に整備されていくこととなる。戦災復興で構築された街路も歩車分離され，幅の広い歩道が設けられた。

　戦後，大都市に人口と産業が集中し，さらに自動車保有率が拡大し，交通渋滞と交通事故が大きな問題となった。渋滞対策として，都市高速道路の計画が昭和26年（1951）に発足した首都建設委員会において検討されることとなった。その後，建設省，首都建設委員会，東京都において検討が重ねられ，昭和34年に首都高速道路は東京都市計画街路として決定され，その実行組織として同年首都高速道路公団が設立された。一方，集中する人口対策として大都市郊外部にニュータウンが計画され，主に土地区画整理事業によって整備された。この土地区画整理事業は単なる手法ではなく，地区レベルの計画実現手法であり，地区レベルでの街路網が構築されている。その中で，交通事故対策として，自動車と歩行者の分離が検討されるようになり，歩車分離システムが実現化され普及していくことになる。これを契機に歩行者専用道路が位置付けられることとなった。

市区改正事業

　明治22年（1888）に制定された東京市区改正条例は，わが国初の都市計画に関する法制度であった。明治23年には東京市区改正設計が告示され，計画された道路は，幅員20間（36m）以上の第1等第1種から，第1等2種，第2等，第3等，第4等，第5等までの6種類の幅員構成に分類され，市域全体に道路網が張り巡らされた。しかし，あまりにも広大な計画であったため，明治36年（1903）には東京市区改正新設計が公示された。新設計では，幅員構成は6種類維持されたが，道路網は大幅に縮小された。

橋詰広場

橋梁の四隅などに広場が見られ，これが橋詰広場と呼ばれている。橋詰広場は，現在でも確認することができ，特に関東大震災の復興で整備された空間に多く残され，御茶ノ水橋や聖橋で確認することができる。街路構造令第12条で，橋詰における街路幅員は必要に応じて広大にすべしと位置付けられた。震災復興計画における街路設計標準では，「橋詰には広場を設けること」と明記されて積極的に整備された。伊東らの研究によれば131橋で橋詰広場が設置され，巡査派出所や共同便所が設けられ，植栽も施された。橋詰広場から街路は，通過というトラフィック機能だけでなく，滞留空間としての機能の思想が踏まえられていたことを読み取ることができる。

震災復興事業

関東大震災からの復興として，帝都復興計画が立案され，復興事業が展開された。そのなかでも，土木に関しては街路事業，橋梁事業，河川運河事業，公園事業，地下埋設物などの整理が行われた。東京において街路は幹線街路52路線，補助幹線街路122路線，土地区画整理施行地区内の街路492 kmが整備された。この整備にあたって，水道，電力などの地下工作物が無秩序に埋設されている状況に鑑み整理が行われると同時に，美観を踏まえた無電柱化として九段坂には共同溝が設置された。なお，街路の幅員構成を見ると，車道と歩道が分離され歩道空間が豊かであり，これは街路構造令からの流れに起因するところが大きい。橋梁は，新設・改築・修繕補強・仮設を含め576もの橋が整備された。現存する隅田川に架かる言問，蔵前，清州，駒形，相生，永代の六橋を含む復興橋梁群は，今でも復興に対する熱い思いを感じることができる。また当時，物流の観点では陸上より河川・運河が重要であったことから，船舶の航行を主眼に河川・運河も整備改善された。

政友会と民政党

大正12年（1923）8月25日に加藤友三郎首相が死去し，山本権兵衛内閣発足前日の9月1日に関東大震災が発生した。戦前，政友会と民政党（震災当時は憲政会）による二大政党が展開されていたが，山本は，政党出身でないことから議会の多数派工作に課題があり，帝都復興計画と事業推進に大きな問題が生じることとなる。大正12年9月29日は，内閣総理大臣管理下の帝都復興院が発足し，内務大臣後藤新平が総裁に就任するが，大正13年2月25日に内務大臣管理下の復興局へと変更となった。政治的混乱の中でも，復興事業は推進され，昭和5年（1930）3月には帝都復興祭が執り行われた。震災発生後1ヵ月以内に復興推進組織が設立され，約7年で事業が完了したことは，特筆すべきことである。

首都高速道路

モータリゼーションの進展に伴い交通渋滞対策が必要となり，そのなかでも，平面交差点の交通量が飽和状態に達していたことから，連続的な立体交差で，さらに一般の街路と分離した自動車専用道路が必要とされた。この新たな連続的立体交差の自動車専用道路は，首都高速道路と呼ばれることとなるが，この高速とは速度が速いだけではなく，目的地まで早く行くことができるという意味でもあった。昭和34年（1959）8月に，8路線71 kmが都市計画決定され，オリンピック高速関連街路として位置付けられて優先的に整備が進められ，昭和37年12月に1号線京橋－芝浦間の4.5 kmが開通した。なお首都高速道路以前にも，石川栄耀や山田正男，近藤謙三郎の高速道路構想があったが，実現化したのは民間企業が提案したスカイセンター計画であり，東京高速道路株式会社が昭和28年（1953）に外堀などを埋立て，ビルをつくりその上に道路を通した，通称 KK 線が昭和34年6月に暫定開通した。昭和34年の都市計画決定時には，この KK 線2 kmが組み込まれている。

歩車分離システム

高度成長期，大都市圏へ集中する人口の受け入れ先として，ニュータウンと呼ばれる計画的な新市街地開発が行われ，そこにおいて歩車分離システムは導入された。その計画および設計において，交通事故を減少させる観点から，人の移動の安全性が必要とされていた。わが国の戦後のニュータウンは，C. A. ペリー（Clarence Arthur Perry）の近隣住区論を中心に展開していったが，その中で歩行者と自動車交通の扱いについては，アメリカのニュージャージー州のラドバーンでとり入れられ，歩行者と自動車の完全分離のシステムを参考に歩車分離による交通体系を展開することとなった。わが国では，日本住宅公団が施行した東京都の東久留米土地区画整理事業（滝山団地）において，歩車分離の歩行者専用道路が導入された。この地区は，昭和38年（1963）10月に都市計画決定され昭和44年9月に完成し，バス停に向かって歩行者専用道路が展開されている。

参考文献

新谷洋二，歩行者空間整備の考え方と問題点，第31・32交通工学講習会テキスト，1983.

伊東孝祐，秋山哲夫，伊東孝，溝口秀勝，震災復興橋詰広場計画の経緯と成立，土木史研究，第18号，pp. 93-101，1998.

[大沢 昌玄]

築港と都市

　近世の日本の港は，山に囲まれた天然の良港や河川，河口などの地形に立地し，背後の湊町と一体となって，海上・陸上交通の結節点，人流・物流の拠点を形成していた。明治に入ってもしばらくはその関係に変化はなく，近代化の窓口として港湾が整備されると背後の都市と一体となって発展していった。やがて港湾が物流機能に特化し巨大化すると，港と都市は距離を隔ててゆくこととなる。戦後，港湾機能はさらに物流・産業機能への特化を進め，臨海工業地帯を形成したり，近年では沖合に展開したりするようになる。一方，その結果，老朽化したもともとの港では都市と港湾が一体となった再開発が行われるようになった。このように港湾整備の歴史と都市の空間形成の歴史は密接な関係を有している。

築港技術と港

　嘉永7年（1854）3月の日米和親条約により下田と箱館が開港し，安政5年（1858）の日米修好通商条約により箱館・神奈川・新潟・兵庫・長崎の5港が「開港五港」となる。明治初期には，いずれもオランダ人お雇い外国人によって，**三角港**（現・熊本県宇城市），**野蒜港**（現・宮城県東松島市），**三国港**（現・福井県坂井市）の明治3大築港がつくられた。このうち野蒜築港はオランダ人技術者C. J. ファン・ドールン（Cornelis Johannes van Doorn）による港湾，運河，市街地などを含めた総合的，広域的な計画であった。オランダ人技術者L. R. ムルデル（Lubertus Rouwenhorst Mulder）によって計画された三角港も都市と一体となった整備が行われた点で先駆的であった。しかし，野蒜港は台風で破壊され，他の2港も発展はしなかった。オランダ人による築港技術は日本の風土に馴染まなかったという見方もある。日本人独自の手による築港として特筆すべきは，近代港湾の父と呼ばれた廣井勇が日本初となるコンクリート製の防波堤を完成させた小樽港の築港である。

近代港湾の成立

　造船の歴史も，港の形や立地，ひいては，都市の発展にも影響を与えてきた。明治時代当初，船は沖合に停泊し人や貨物は「はしけ」と呼ばれる台船で運ばれる「はしけ運送」が主であった。この時期の港は町の前面に位置する小規模なものであった。やがて，船が大型化し，大量の貨物を効率的に運ぶようになると，大水深の岸壁と埠頭，静穏度を確保するための防波堤を有する大規模な近代的港湾が必要となってくる。さらに鉄道の発達に伴い，港と鉄道が直結されるようになる。明治31年（1899）から始まった横浜港の修築工事によって，このような近代埠頭が完成された。

近代から現代

　明治40年（1907）には，重要港湾が選定され，本格的な港湾修築事業が全国各地で行われるようになり，これらの港が日本の貿易，産業，近代化を支えていくこととなる。戦後，貿易が復興するにつれ，船が込み合い，多くの船が港に入れない滞船が生じるようになった。このため昭和36年（1961），港湾整備緊急措置法が整備され，全国で港湾整備が一層進められるようになる。昭和35年（1960）の「国民所得倍増計画」，昭和37年（1962）の新産業都市建設法，昭和39年（1964）の工業整備特別地域促進法により，日本の高度経済成長を支えた**臨海工業地帯**が形成される。これは，臨海部に交通の結節点，物流・人流の拠点だけでなく，大規模な生産・産業拠点としての役割をもたせる意味があった。

港湾と都市

　コンテナ船など船舶が大型化するにつれて，大水深の岸壁が必要となり，港は沖合に展開するようになる。このため，昭和60年（1985）頃から，老朽化し使われることが少なくなった旧港を再開発するウォーターフロント開発が行われることとなった。そもそも旧港は，港と都市の結節点に立地しており，その再開発にあたっては，港と都市を総合的に考慮したものとなった。例えば，横浜港では，**造船**会社の立地していた跡地が港湾再開発などにより「みなとみらい」として整備された。横浜駅周辺，みなとみらい，新港埠頭，大桟橋，山下公園などの明治以来の近代港湾発祥地付近をつなぐ整備は現在も続けられている。

三角港

　三角港は，野蒜港，三国港とともに明治3大築港の一

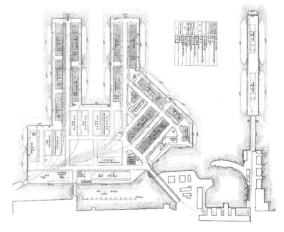

横浜税関新施設図
［大蔵大臣官房臨時建築課編『横浜税関新設備報告』1917］

つであり，オランダ人技術者ムルデルによってつくられた。港湾だけでなく背後の市街地も総合的に計画・整備された点が特徴である。海岸沿いに石造りの岸壁と倉庫，その背後に幅員 9 m の大通りと市街地が配された。市街地は約 5.8 万 m²，うち 3.5 万 m² が倉庫・宅地用地であった。下水道などの施設もあらかじめ計画・整備された。しかし，後背地が狭隘である，熊本市街から遠いなどの理由から港湾としては発展しなかった。これらの施設の多くは現在も残っており，当時の築港技術を今に伝えるとともに，港と都市の一体的な整備の先駆という意味でも示唆を与えてくれている。

小樽港

小樽港は札幌に隣接する天然の良港であり，石炭の積み出し港として発展した。廣井勇によって設計された明治 41 年（1908）完成の小樽港北防波堤は日本国内初となるコンクリート製の防波堤である。廣井は港湾構造物の設計に必要な波圧式を提唱するとともに，防波堤の築造にあたって波浪の観測を行った。また，防波堤に使用するコンクリートも開発した。そこで用いられたコンクリート強度をはかるための試験は 100 年試験と呼ばれ，現代まで続けられている。小樽港はその後，廣井が 100年前に計画した延長 4 km に及ぶ南北の直線防波堤により囲まれた静穏水域のほぼ内部で発展を続けた。

横浜港

安政 5 年（1858）の日米修好通商条約により横浜が開港する。近世の横浜村は，内海と外海を隔てる砂州上にあったが，この地が開港場となった。海岸の中央部に石積みの波止場がつくられ，その西側が外国人居留地，東側が日本人街となった。その後，明治 22 年（1989）に採用された英国人 H. S. パーマー（Henry Spencer Palmer）の計画により桟橋と現在も残る内防波堤がつくられた。明治 31 年（1899）から「はしけ」を用いず，大型の船が直接，係船できる岸壁，貨物倉庫，貨物鉄道が一体的に計画された近代的な埠頭の整備が始まった。大正 12年（1923）の関東大震災で横浜港は壊滅的な被害を受ける。その後，震災復興事業は昭和 5 年（1930）度に竣工する。その際，整備された山下公園は都市と港の結節点として，現在，港町横浜の中心的な空間となっている。

臨海工業地帯

昭和 35 年（1960）の「国民所得倍増計画」作成時，いわゆる「太平洋ベルト地帯」構想が提唱された。さらに昭和 37 年（1962）の新産業都市建設法，昭和 39 年（1964）の工業整備特別地域促進法により，臨海工業地帯が形成される。これは大量の原材料を海外から輸入し工業製品を生産する加工貿易のために，臨海部に重化学工業と関連企業などのコンビナートを立地させ，輸出入と生産を同時に行うものであった。すなわち，臨海部に交通の結節点，物流・人流の拠点だけでなく，大規模な生産・産業拠点のとしての役割を持たせる意味があった。これにより，都市部から離れた地方の海岸部を掘り込み，埋立地をつくり，掘込み港湾と工業用地を整備する開発が行われた。

ウォーターフロント

近年，コンテナ船など船舶が大型化するにつれて，大水深の岸壁が必要となり，港は沖合に展開するようになった。このため，もともとの港（旧港）が老朽化し，使われなくなることとなった。欧米では，1960 年代から治安問題の解決もあり，これら旧港の再開発が行われるようになった。これがウォーターフロント開発である。日本では運輸省港湾局が昭和 60 年（1985）に「21世紀への港湾」を策定し，物流空間である港湾への生活機能の導入をはかることとなり，港湾再開発が全国各地の港で行われるようになった。そもそも旧港は市街地と接した部分に立地しており，その再開発は，港と都市を総合的に考慮したものとなった。

造　船

黒船来航以降，わが国における造船の歴史は一変し，和船から近代造船への歴史が始まる。嘉永 6 年（1853），水戸藩が東京湾奥の石川島に造船所を築造し，西洋式軍艦を建造する。慶応元年（1865）には小栗忠順の命によりフランス人技術者 L. ヴェルニー（Léonce Verny）が横須賀製鉄所を開設する。日本の近代化に伴い，海運業，造船業も発展する。大量で効率的な輸送が求められるにつれ船舶はより大型化し，港もより大水深で大規模な埠頭が求められるようになった。さらに近年では，40 ft（約 12 m）などの標準化されたコンテナを輸送するコンテナ船が主流となっており，ガントリークレーンなどにより大量のコンテナを効率的に荷役できるコンテナ埠頭が整備されている。

参考文献

日本港湾協会編『新版 日本港湾史』成山堂書店，2007.
松江正彦，福井恒明，小栗ひとみ，上島顕司，景観デザイン規範事例集，国総研資料，434 号，2008.

［上島　顕司］

生活インフラの近代化—電気と水道

日本の近代化過程において，電気と水道は国民の生活や産業のあり方を大きく変えた。日本における電気供給事業は，明治20年（1887）11月の東京電燈株式会社による電燈供給をその嚆矢とする。その後3年を待たず六大都市すべての都市で開業した。電力業草創期の電源構成は小規模な火力発電が中心であり，送電距離も短く，電力会社間の競争もほとんど発生しなかった。

一般供給用の水力発電所として日本で最初に開業したのが，京都市が建設した蹴上発電所（明治24年運転開始）である。京都の産業振興策の一環として建設された**琵琶湖疏水**の水を利用して，使用水量5.5 m³/sで約2,000馬力の電力を発生し，電燈の本格的普及を導いた。また豊富な電力は，日本初の営業用電車である京都電気鉄道の開業をもたらした。この京都市営の電気供給事業は，わが国における公営電気供給の先駆けとなり，**電気鉄道**の敷設も含めて，他都市の都市経営および電気事業の推進に大きな影響を与えた。

電気事業は日露戦争後に急激に拡大し，一般家庭の電燈の普及や，工場における動力の蒸気力から電力への転換をもたらすなど，日本の経済成長の重要な一翼を担った。電気事業者数は，明治36年（1903）末に85であったものが，15年後の大正7年（1918）末には556（約7倍）に急増し，同じく7万戸（明治36年）であった電燈需要戸数は486万戸（約70倍，大正7年）となった。電燈需要家戸数の全戸数に対する比率も，明治36年末の1%から大正7年末の46%へと急上昇した。また，各種製造業の工場における電動機の馬力数は大正6年末には蒸気機関の馬力数を越えた。

このような電気事業の規模拡大は，発電力の急増をもたらしたが，明治44年には水力が火力の発電量を超えた。この転換をもたらしたのは，中距離高圧送電と結びついた大容量水力発電の登場であった。中距離高圧送電は，明治30年代から試みられていたが，明治40年末，東京電燈株式会社が桂川（山梨県）の水力を利用し駒橋発電所を建設し，55,000Vの高圧により83km離れた東京まで送電することに成功し，日本における水力発電事業の一大画期をなした。その後も，日本アルプス地帯を水源とする甲信越の各発電所から，京浜，中京，阪神の各工業地帯への超高圧遠距離送電線が相次いで建設された。この送電電圧の飛躍的上昇が，電力の生産コストを著しく低下させ，電気事業の資本はますます増大し，また，日本における巨大な**工業地帯**の形成の基礎となった。第二次世界大戦終了以前，日本の電力体制は生産力

拡充や戦時体制推進を背景に，日本発送電株式会社による発送電事業の一元的な管理統制が進められ，国家管理下に置かれた。戦後，全国9地域の電力会社に分割，再編された。

近代的水道（上水道）は，河川などから水を取り入れ，沈殿・濾過によって浄水して飲料用水となし，有圧の鉄管で給配水するものである。開港後に外国人の往来がさかんになると，開港場を中心にコレラや腸チフスなどの伝染病がたびたび大流行して多数の死亡者を出し，これが近代水道創設の直接的契機となった。

日本で最初の近代的水道は，神奈川県営事業として明治20年（1887）10月横浜に創設された。この水道敷設にあたり，神奈川県は，広東や香港の水道を設計した英国人技術者H. S. パーマー（Henry Spencer Palmer）を招聘し，設計および工事を委嘱した。横浜の開港場としての位置付けや，当時通商条約の改正交渉を前にした国家としての体面や施設整備を急ぐ必要があったことなどから，その工事費は全額国庫支弁によった。政府は明治21年（1888）より三府五港における水道敷設に対して3分の1を標準とする国庫補助金交付を開始し，水道敷設を進めた。

横浜に次いで函館（当時は函館区）（明治22年竣工），長崎（明治24年竣工）において水道が敷設された。明治23年（1890）には水道条例が布告されて，水道敷設の基本方針が示され，このとき，水道は市町村の公費でなければ敷設することができないという市町村公営原則の基本方針が確立された。この適用を受けた最初が大阪市（明治28年竣工）で以後，広島，東京，神戸，岡山，下関と，明治30年代に水道が逐次敷設された。また，政府はこの水道建設草創期の技術的支援として，帝国大学工科大学で衛生工学の講座を担当していた英国人W. K. バルトン（William Kinninmond Burton）を内務省衛生局雇工師とし，各都市の要望に応じて，水道計画の設計調査ならびに実地指導にあたらせた。

明治33年度からは補助金の交付対象範囲を拡大し，普通市も適用されたが補助率は4分の1に下げられた。明治44年（1911）には全国の水道の施設数23，計画給水人口417万人と，その当時の総人口の約8.4%にとどまったが，大正14年（1925）の上水道の施設数106，昭和20年（1945）は357と伸び，日本の主要都市には水道が普及した。

琵琶湖疏水

琵琶湖疏水は，第一疏水（明治18年（1885）起工，明治23年（1890）完成，長さ8.7km）と第二疏水（明治41年（1908）起工，明治45年（1912）完成，長さ7.4km）からなる。産業振興による京都復興が企図された疏水建

設計画の当初は，その目的として工業動力源，舟運，田地灌漑，精米水車，防火，飲料水，衛生があげられていた（明治15年（1883）時点）。またその動力も，建設初期段階では，疏水の水を利用した水車動力が検討されていたが，工事主任の田辺朔郎と区会議員の高木文平が，明治21年（1888）10月から水力利用方法の視察のために渡米し，アスペン（コロラド州）の水力発電所などの視察を経て，疏水の水力利用計画を，水車場から水力発電に切り替えることを決めた。電力利用の方が自由かつ広域的に供給できる点，工場立地の制約が小さい点などではるかに有利であったためである。疏水事業は，水力発電の採用と電力供給によって収益事業としての性格を強め，市街電車の運行，紡績などの大口産業への供給，電燈供給など明治後期からの京都の産業発展を支え，市民に莫大な利益をもたらした。第二疏水は，発電力の増強と水道用水確保などを目的として建設された。

電気鉄道（と軌道）

電気を動力とする鉄道は，蒸気を動力とするものに比べてエネルギー利用が効率的で，速度も速く，運転の時隔も短縮でき，列車の運転が容易で，煤煙なども生じないなどの利点があった。電気鉄道が営利事業として登場したのは，明治28年（1895）1月に京都電気鉄道株式会社が京都市内に開業したのが最初である。琵琶湖疏水による蹴上発電所で発電した電気を利用し，塩小路－伏見油掛間約6.4kmの電気鉄道を走らせた。

京都に次いで明治31年（1898）3月に名古屋市で電気鉄道が開業し，明治36年に東京と大阪で開業した。

明治半ば以降の電気鉄道事業は，都市内における市街路面電車として，また郊外や都市間の連絡鉄道として発展した。さらに大正後期から昭和初期にかけて電気鉄道は非常な発達をなし，線路延長も著しく拡大し，これが市街地改造や都市拡大の一つの契機となった。

東京，横浜，名古屋，神戸のいずれの電気鉄道事業も当初民営で後に市有化されたのに対し，大阪では当初から公営（市営）として開業した。市街電車（軌道）は多くの都市で民間資本として経営が開始されたが，大都市では後に公有化が進んだ。

工業地帯（と送電網）

遠距離送電技術の発達による大電力供給の確保，および重工業を取り巻く中小企業への電力の普及は，巨大工業地帯を出現させる原動力となった。大正3年（1914）には，東京電燈株式会社系の猪苗代水力電気株式会社が，猪苗代－東京間約220kmに及ぶ長距離送電に成功したが，当時東京電燈株式会社の電力の半分以上が猪苗代から送られた。第一次世界大戦以後は，電力需要が増大して電力不足が問題となり，大規模な水力発電事業が各地に計画され，大送電網による長距離送電の本格的建設が進められた。

工場動力の電化により，蒸気機関に代わって，電動機が工場の原動力になった。単一の巨大な蒸気機関から伝達機やトランスミッションを通じて各作業機に動力を配分するシステムに比べて，効率的でかつ自動制御による制御も可能にする電動機のシステムは，機械体系の変革をもたらした。この工場電化は，電力料金の低下と送配電網の整備によって促進された。

四大工業地帯の生産額は大正14年（1925）における対全国比で，阪神30％，京浜18％，中京11％，北九州6％と四地帯で合計65％に達しており，この頃には巨大工業地帯の素地を形成した。この比率は昭和15年（1940）に約72％に増加した。一方で，工場地帯の形成は大都市に人口集中させ，都市問題を発生させた。

伝染病（と水道）

近代水道創設の直接的契機となったのは消化器系伝染病の大流行であった。開港後外国人の往来がさかんになると病原菌が侵入し，都市部においては都市発展と人口増加に伴う飲料水の不足と水の汚染が進んだ。明治元年（1868）から明治20年（1887）までの間，コレラの流行しない年はなく，患者総数41万人余（うち死亡27万余）に達した。また，赤痢，腸チフスの患者総数もそれぞれ16万人弱（うち死亡4万弱），25万人余（うち死亡6万弱）に達した。

コレラをはじめとする水系伝染病頻発の根本原因の一つは飲料水の不良にあった。政府ならびに各市町村は飲料水の取り締まりを強化した。たとえば大阪では，市民が川水を飲料水や雑用水として使用する習慣があり，家々から排泄される下水もそのまま川に放流されることが多かったため，いったんコレラが流行すれば，川水を通じて伝播蔓延する恐れがあった。そこで，大阪府当局は淀川筋の川水を水船で汲み取り，運搬して販売した「水屋」と称する飲料水営業者の取り締まりや，河水汲取場の指定，ろ過の義務づけなど行った。それでも伝染病の蔓延は防げず，水道敷設が必要とされた。

参考文献

日本電気事業史編纂会編『日本電気事業史』電気之友社，1941.
日本科学史学会編『日本科学技術史大系 第3巻 通史3』第一法規，1976.
日本経営史研究所『日本電力業史データベース』
日本水道史編纂委員会編『日本水道史』日本水道協会，1967.
京都新聞社編『琵琶湖疏水の100年 叙述編』京都市水道局，1990.

［山口 敬太］

532 第8章 土木史

近現代の都市水害と対策

近代以降の水害と水害対策の変容

水害は，自然現象である洪水や高潮と，それによって被害を受ける対象（人や家屋，農地など）の暴露量とその脆弱性によって定義される。よって，自然現象である洪水と水害は明確に区分され，水害は洪水の規模のみならず，被害を受ける対象，つまり社会の状態によって変化する。日本では近代以降，急激な人口と資産の増加や都市化といった社会の変化に伴い，水害の規模と形態が近世以前と比べて大きく変容した。

また近代以降は水害を防ぐための対策にも大きな転換が起こった。水害を防ぐための対策は治水と水防の二つに大別され，両者は水害対策の両輪である。治水は堤防やダム貯水池などによって水害を未然に防ぐための対策であり，水防は地域において水害被害を軽減するための対策である。近世以前は，霞堤や輪中堤といった不連続堤防による地域での対策が主体であり，治水と水害は密接な関係にあった。しかし明治期に入り，西洋から近代河川技術がもたらされるとともに，治水方式の主体が連続堤防へと転換し，戦後にはダム貯水池といった大規模治水施設が水害対策の主軸を担うようになった。

本項では，以上のような近代以降の水害とそれを防ぐための対策の変容に着目し，各時代の特徴を記す。

近代河川技術の導入と日本への適用－明治期

明治期に入り，オランダ人技術者によって近代河川技術がもたらされ，それに基づく近代河川事業が開始された。日本で最初の国の直轄による河川事業は，オランダ人技術者 J. デ・レーケ（Johannis de Rijke）によって計画された木曽川下流改修事業である。その内容は舟運路や灌漑用水の安定的確保を目的とした低水事業が主体であったが，住民の強い希望もあって水害防御を目的とする高水事業も一部で実施された。

明治初期はオランダ人技術者の主導によって河川事業が実施されたが，明治20年代後半になると，淀川高水防禦工事を皮切りに，沖野忠雄や古市公威といった海外で学んだ日本人技術者の手によって河川事業が実施されるようになった。さらに明治29年（1896）には，全国での度重なる水害の被害を受けて日本で最初の河川法が制定され，高水事業が本格的に全国で展開された。

大水害の多発とダム貯水池の導入－終戦から高度成長期まで

戦後になり，カスリーン台風（昭和22年（1947）），アイオン台風（昭和23年（1948））そして西日本水害（昭和28年（1953））といった大水害が全国で多発した。カスリーン台風では利根川が破堤し，その氾濫流が東京まで到達するなど，関東地方を中心に甚大な被害が生じた。終戦後10年間の水害による死者・行方不明者数は12,456名に上り，終戦から現在までの死者・行方不明者数の約4割をこの時期が占める。

これらの大水害は明治以降から続く治水技術の在り方を問う契機となり，昭和33年（1958）には河川砂防技術基準が策定された。この中で，ダム貯水池が治水の手段の一つとして本格的に治水計画へと導入されるとともに，ダム貯水池や遊水地などの施設によって調整される前の計画対象流量を基本高水，調整後のものを計画高水と定義する新たな治水計画理論が確立された。

都市の拡大と都市型水害の発生－高度成長期以降

日本では高度成長期以降，激しい都市化に伴い，各地で都市型水害と呼ばれる新たな形態の水害が発生した。なかでも，昭和33年（1958）に東京を襲った狩野川台風は，比較的安全とされてきた山の手地域で甚大な被害をもたらした。その原因は台風による豪雨に合わせて，都市化に伴う流域内の保水，遊水機能の減少があげられ，都市における新たな水害形態とそれへの対策の必要性が強く認識されるようになった。また，昭和57年（1982）に発生した長崎大水害では，住民からの救助要請の電話が役所へ集中し災害対応に混乱をきたしたり，豪雨の中を自動車で移動していた住民が流されるなど，住民の水害への意識や備えの在り方が問われる契機となった。

このような都市型水害の多発を受けて，昭和50年代以降には鶴見川を皮切りに，流域内の保水や遊水機能の確保などを目的とした総合治水対策が始まり，また首都圏外郭放水路（平成18年（2006）完成）や東京の環状七号線地下調節池（平成9年（1997）から一部供用開始）といった，大規模地下治水施設の計画と整備が進んだ。平成13年（2001）からは住民の迅速な避難や対応を支援するために全国での浸水想定区域図の策定が開始され，近年では予警報の精度向上に合わせて，タイムライン（防災行動計画）の策定が進むなど，現在も治水と水防の両面から絶え間ない水害対策が進められている。

基本高水と計画高水

基本高水とは，治水計画を立案する際に設定される計画の目標となる流量（m³/s）である。現在の基本高水は各河川の重要度に応じた降雨の年超過確率をもとに設定されている。基本高水を設定後，その量をダム貯水池や遊水地といった調整施設，そして河道へと分配する。この河道での分担量は計画高水と呼ばれる。目標流量を用いた治水計画の立案手法は，流量の観測・算出手法とともに明治初期にオランダ人技術者によってもたらされた。それ以降，この目標流量は計画対象流量や計画高水流量などと慣習的に呼ばれ，設定と改訂が繰り返されて

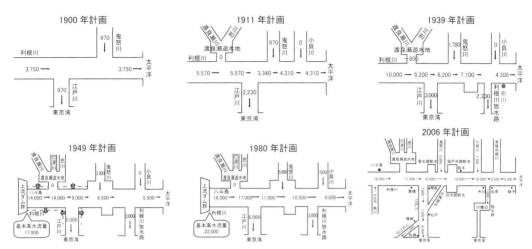

利根川の流量配分と計画対象流量の変遷（単位：m³/s）

［1900年，1911年，1939年，1949年，1980年：国土交通省「第30回河川整備基本方針検討小委員会資料」（参考資料6）］
［2006年：国土交通省「利根川水系河川整備基本方針」］

きた．しかし，昭和33年（1958）に策定された河川砂防技術基準より基本高水と計画高水の概念が導入され，さらには年超過確率による設定手法が提案された．

淀川治水

　淀川の近代治水事業は，明治29年（1896）に沖野忠雄らによって立案された「淀川改良工事」（明治43年（1910）竣工）から始まった．本事業では瀬田川洗堰の設置や巨椋池の分離などを行い，さらには大阪市の水害対策として新淀川の開削を行った．一方，淀川上流域では明治11年（1878）よりオランダ人技術者J. デ・レーケの指導による土砂流出の防止工事など，日本の砂防事業の先駆けとなる事業が実施された．その後，「淀川改修増補工事」（大正7年（1918）着手）「淀川修補工事」（昭和14年（1939）着手）といった事業が洪水発生のたびに実施され治水安全度の向上がはかられたが，昭和28年の大洪水をきっかけに，昭和29年（1954）に「淀川水系改修基本計画」が策定され，基本高水流量の改訂と治水計画へのダム貯水池の導入が行われた．しかし，昭和36年（1961），昭和40年（1965）の洪水や流域内の人口と資産の増大に鑑み，昭和46年（1971）には基本高水の改訂を含む治水計画の全面改訂が行われた．

利根川治水

　利根川の近代治水事業は，明治29年（1896）の大水害を契機に近藤仙太郎によって立案された利根川改修計画に基づき，明治33年（1900）の第1期工事に始まり明治42年（1909）の第3期工事まで実施された．しかし明治43年（1910）に発生した大水害を受けて，計画対象流量を改訂するとともに，渡良瀬川と利根川の合流地点に渡良瀬遊水地が正式に導入され，改修が進められた．さらに，昭和10年（1953），昭和13年（1938）の洪水を受けて，昭和14年（1939）に利根川増補計画に基づく工事が着手された．その後，昭和22年（1947）に発生したカスリーン台風を受けて，昭和24年（1949）に利根川改修改訂計画が決定され，基本高水の設定に合わせて，上流部のダム貯水池群と田中，菅生，稲戸井の各調節池が治水計画へと位置付けられた．昭和55年（1980）には，流域内の人口と資産の増大などの変化に鑑み全面的に計画を改訂し，基本高水を見直すとともに上流ダム貯水池群での貯水量も見直された．

都市型水害

　都市型水害とは，都市化に伴う土地被覆の変化や浸水の危険性のある地域への土地開発の進行によって流域内の保水・遊水機能が低下することで生じる水害である．昭和33年（1958）に発生した狩野川台風による東京・山の手地域の浸水被害以降，その新たな水害形態が注目され始め，昭和30年代後半になると東京以外の大都市でも同様の水害形態が認められるようになった．昭和51年（1976）の台風17号では全国の都市で中小河川の氾濫により甚大な被害が発生し，都市型水害が全国的に顕在化した．こうした状況を受けて，建設省（現国土交通省）は，鶴見川を皮切りに，昭和52年（1977）より流域内の保水・遊水機能の確保や浸水の危険性のある土地の開発規制などを目指す総合治水対策を開始した．

参考文献

高橋裕『新版 河川工学』東京大学出版会，2008．
松浦茂樹『国土の開発と河川―条里制からダム開発まで―』鹿島出版会，1989．

［中村 晋一郎］

全総時代の都市

全国総合開発計画（全総）は，昭和25年（1950）に制定された国土総合開発法（国総法）に基づく国土計画である。平成17年（2005）に国土形成計画法（国形法）が制定されるまでの55年の間に，5次にわたって策定され，時の政権の方針を反映しながら，日本の国土・地域・都市開発に大きな影響を与えてきた。

高度経済成長期の全総と都市

日本の国土計画は，計画によって若干の表現の違いはあるが，一貫して「国土の均衡ある発展」を目標に掲げてきた。昭和37年（1962）に最初の全総（一全総）が閣議決定された当時は高度経済成長の真っ只中であり，地方圏から東京圏，名古屋圏，大阪圏に人口が集中して東海道メガロポリスが形成されつつあった。昭和35年（1960）には国民所得倍増計画と，太平洋ベルト地帯構想が発表されたが，大都市の過密問題に加えて地方から地域間格差が拡大するとの猛反発を受け，一全総では拠点開発方式に基づいて都市を配置することが目指された。すなわち，地方圏に**新産業都市**と工業整備特別地域を指定する一方，首都圏・近畿圏では工場や大学の新規立地を制限することで，工業の地方分散をはかったのである。

所得倍増は予想を超える速さで達成され，人口・産業がさらに大都市に集中するなか，昭和44年（1969）に第2次の全総（新全総）が閣議決定された。新全総では大規模プロジェクト構想に基づき，むつ小川原や苫小牧東などの地区で石油化学や鉄鋼などの工業基地を開発するとともに，その基礎条件として全国に**新幹線，高速道路，空港**を整備し，効果を全国土に波及させて均衡発展をはかるねらいであった。列島改造ブームとともに国土開発が進められたが，地価高騰，乱開発，環境破壊など負の側面が問題となり，オイルショックによる高度成長の終焉と産業構造の転換によって大規模工業開発は頓挫し，国土計画も転換期を迎えることになる。

安定成長期の全総と都市

昭和52年（1977）に閣議決定された第3次全総（三全総）は，開発方式として定住構想を打ち出し，地方圏から大都市圏への人口流出が鈍化した「地方の時代」も背景に，大都市の生活環境の改善，地方都市への人口の定着を目指した。特に地域開発の単位として流域圏を提示したことは，その後の大平首相の田園都市国家構想とも相まって，都市と自然，人間と自然の関係を問い直すものであったといえよう。

しかし，昭和50年代後半に再び日本経済が上向き，人口は東京一極集中の様相を見せ始める。グローバル化が進む中で世界都市論が関心を集め，第4次の全総（四全総）の策定過程では東京を世界都市として位置付け強化する案が提示された。だが，これに地方が猛反発したことで多極分散型国土形成が目標とされ，全国に地方拠点都市地域が指定された。また，欧米では民間による大規模再開発が行われており，日本でもウォーターフロントなどでの再開発が推進された。

この時期には，東京一極集中とバブル経済のもと，都心の地価暴騰が問題となり，遷都問題（首都移転）の議論が活発化した。首都圏では，関東地方を所管する国のブロック機関がさいたま新都心など業務核都市に移転した。平成3年（1991）には国会等の移転に関する法律が制定され，移転の意義や候補地選定の議論が始まった。

人口減少時代へ

バブル経済が崩壊し，人口減少・高齢化時代の到来が予測されると，開発を基調としてきた国土計画もその役割が問われることとなった。平成10年（1998）に閣議決定された第5次の全総である「21世紀の国土のグランドデザイン」（五全総）では，大都市のリノベーションの必要性が示され，都市再生の掛け声のもと，規制緩和や都市再開発が行われた。また，地域の自立的発展のための地方中枢拠点都市の形成も目指された。

そして，日本は人口減少・高齢化の時代を迎える。成熟社会型の国土計画を目指した国形法への改正により，全総は廃止されてその役割を終えた。人口減少時代の都市構造としてコンパクトシティ論が注目され，平成27年（2015）の第2次国土形成計画（全国計画）（二国形）では，コンパクト＋ネットワークが計画概念として位置付けられるに至るのである。

メガロポリス

大都市や巨大都市（メトロポリス）が連なる巨帯都市。地理学者J.ゴットマン（Jean Gottmann）は，アメリカ東部のボストン，ニューヨーク，フィラデルフィア，ボルチモア，ワシントンD.C.にいたる地域において，各々の大都市圏が拡大して連担している地域の構造をメガロポリスと名付けて著書を発表した（1961年）。この概念が日本に入ってくると，東京ー名古屋ー大阪にいたる地域が東海道メガロポリスと呼ばれるようになった。その後，五全総では，共通性に根差したそれぞれに特色のある地域の軸状の連なりからなる四つの国土軸が提唱され，第2次国土形成計画（全国計画）では東京ー大阪間のリニア新幹線を軸としたメガ・リージョンの形成が目指されており，メガロポリスの発展形と見ることができよう。

新産業都市

地域格差是正をはかることを目的として，「産業の立

国土計画と都市政策

年代	国土計画	時代背景	都市開発・整備方針	政　策
1960	一全総 新全総	高度成長 地域間格差の拡大	大都市の過密抑制 地方の工業開発 大規模プロジェクト	新産業都市 工業整備特別地域 全国交通網の整備
1970	三全総	高度成長終焉 環境問題・地方の時代	人間居住環境の整備	定住圏
1980	四全総	東京一極集中 民活　バブル経済	世界都市東京 多極分散型国土	都市再開発 地方拠点都市地域
1990	五全総	バブル崩壊 低成長 地方分権	地域の自立的発展 大都市のリノベーション	首都機能移転論 国土軸 都市再生
2000	一国形	国土計画制度の見直し 人口減少・少子高齢化	集約型都市構造	コンパクトシティ
2010	二国形	巨大災害の切迫	コンパクト＋ネットワーク	国土強靭化

［筆者作成］

地条件および都市施設を整備することにより，その地方の開発発展の中核となるべき」都市であり，新産業都市建設促進法（昭和37年（1962））に基づいて，原則として太平洋ベルト以外の地域で15地区が指定された。指定にあたっては，一全総の開発地域に重点を置くこと，全国でおおむね10ヵ所程度，工業用地1,000 ha以上，住宅用地300 haを確保可能，目標年次における人口が20万人程度などの要件が定められたが，全国39道県44地域から陳情合戦が起こった。太平洋ベルト地帯付近に指定された工業整備特別地域（昭和39年（1964），全国6地区）とともに工業の地方分散をはかる工業拠点として開発されたが，平成13年（2001）に廃止された。

新幹線

全国新幹線鉄道整備法では，「その主たる区間を列車が200キロメートル毎時以上の高速度で走行できる幹線鉄道」であって，その路線は「全国の中核都市を有機的かつ効率的に連結するもの」とされている。高度成長による東海道本線の輸送力逼迫を背景に，昭和39年（1964）に最初の新幹線である東海道新幹線が開通した。新幹線が開業後に沿線に与えた影響は大きく，国土開発計画の中で推進されることとなり，基本計画12路線，整備新幹線が決定されたが，国鉄の赤字問題などから整備新幹線は凍結され，再開したのは国鉄が分割民営化される昭和62年（1987）であった。現在でも北陸新幹線，北海道新幹線，九州新幹線西九州ルートが建設中であり，地域活性化に向けた地元の期待は大きい。

高速道路

高速自動車国道法では，高速自動車国道を「自動車の高速交通の用に供する道路で，全国的な自動車交通網の枢要部分を構成し，かつ，政治・経済・文化上特に重要な地域を連絡するものその他国の利害に特に重大な関係を有するもの」としている。田中清一の構想をもとにした国土開発縦貫自動車道建設法（昭和32年（1957））および国土開発幹線自動車道建設法（昭和41年（1966）），田中角栄による道路特定財源の制度化によって，全国高速道路網の建設が推進された。国幹道法では総延長7,600 kmであった建設計画は，四全総では14,000 kmまで拡大している。その後，公共事業縮小論や，東日本大震災後の国土強靭化など様々な議論があるが，高速道路建設への要望は依然として根強い。

空　港

空港法では「公共の用に供する飛行場」とされている。拠点空港（会社管理空港（成田・関西など4空港），国管理空港（東京国際など19空港），特定地方管理空港（5空港）），地方管理空港（54空港），その他の空港（調布など7空港），共用空港（百里など8空港）に分類される。新全総では，全国の航空網を整備することが明記され，国際空港，地方空港の建設が推進された。また，四全総では，交流ネットワーク構想に基づいて国際線の就航も目指された。国際空港には，他のアジアのハブ空港との競争の中で利便性の向上が期待される一方，夜間の騒音など地元との調整が必要である。また地方空港では，開港したものの搭乗率が伸び悩んでいるところもあり，路線の維持が課題となっている。

首都移転

日本では，国会等の移転に関する法律に基づいて三権の中枢機能を東京圏外の地域へ移転することで，首都機能移転と呼ばれる。バブル期の都心の地価暴騰や阪神・淡路大震災を受けて，東京一極集中の是正，災害対応力の強化などの意義や効果が議論された。平成11年（1999），国会等移転審議会は，移転候補地として栃木・福島，岐阜・愛知，準候補地として三重・畿央の3地域を答申，議論は国会の場に移った。しかし，新都市の建設費用，東京都の反対，国民意識の不足といった問題もあり，中枢機能のバックアップや分散移転も検討することとされたものの，時の政権の政治課題にはならずに停滞したままである。近年では地方創生の一環として中央省庁の地方移転も試みられている。

参考文献

大西隆編著『都市を構想する』鹿島出版会，2004.

［片山　健介］

土木デザイン

　本項では，近代以降の土木デザインの展開について概観する。土木分野においてデザインという語が一般に用いられ始めるのは比較的新しく，1980年代頃からである。しかし戦前からすでに，土木構造物の美観に対する意識の高まりがあり，事実上のデザイン実践が技術者によって多く試みられていた。明治期には，主に橋梁やダムを対象に，煉瓦造や石造の構造躯体に様式的意匠を装飾として付加する方法が一般的であったが，大正期にはいると建築におけるモダニズムの潮流に歩を合わせるかのように，鋼やコンクリートの構造体そのものが美的表現の対象として意識されるようになってゆく。また時代が下るに従ってデザインの対象も広がりを見せ，とくに関東大震災後の帝都復興事業（大正12年（1923）～昭和5年（1930））においては，橋梁だけでなく街路や広場，公園など都市における土木事業全般が，総合的に美観を強く意識して施行されている。戦前においては，土木構造物の設計に建築家が意匠の側面から関与することも珍しくなく，総じてデザインという価値は土木において一定の市民権を得ていたといってよい。

　戦後から高度成長期，標準的な質の構造物を短期間で大量に供給するという時代の要請のもと，標準設計によるルーティン的な土木設計が一般化し，土木デザインという価値はほぼ忘れられた。そして，新幹線や高速道路，ダムなど，戦前の比ではない規模の土木事業による環境の著しい改変が急速に進むようになった。そのような状況に対して，景観という立場から批判的な眼を向けた一人の学者の仕事が，戦後における土木デザインの復権の契機になる。中村良夫による太田川基町環境護岸（昭和58年（1983））のデザインである。当時，「お化粧」という名で標準設計の護岸の表面に模様を付けたり絵を描いたり，という河川整備が広がるなか，護岸整備によって市民のための洗練されたパブリックスペースと河川景観を生み出した太田川の登場は，間違いなく戦後の土木デザイン史におけるエポックである。

　太田川以降，建設省によるシビックデザイン普及の掛け声も手伝って，河川のみならず道路・橋梁，ダム，街路などの土木事業全般において，景観整備の名目でデザインの実践が一定の広がりを見せる。1900～2000年代は，個々の土木構造物や土木空間の質が少しずつ向上し，全体としてデザインの底上げがなされた時期であった。同時に，中核都市の駅周辺における面的な都市整備事業，環境改変が広範囲に及ぶダム事業を対象に，インフラのトータルデザインの試みが見られるようになる。

土木構造物単体のデザインにとどまらず，駅舎，鉄道高架橋，街路・広場・公園などの都市インフラ，あるいはダム，河川構造物，道路・橋梁，関連する建築物などが複合する空間全体を，専門家の協働体制を組むことによって，総合的にデザインコーディネートする方法論の登場であった。インフラのデザインによって都市空間や風景の質を高めていくことを目指して，土木と建築家などの専門家が協働して進めていくスタイルは，帝都復興事業に代表される戦前のデザインマインドを継承する伝統的な流れに位置付けられるともいえよう。

　一方で，平成16年（2004）の景観法成立以降，市民の生活空間の質を支える役割としての土木デザインの重要性が，再認識されるようになってきた。人口減少や高齢化の長期トレンドによって地域の活力の衰退が懸念されるなか，全国各地で市民と行政によるさまざまなまちづくり活動が活発化してきたことが，その背景にある。その目的意識は，近隣の道や広場や公園，川や二次自然などの再生を通じて，持続可能な地域の暮らしを再構築するとともにコミュニティの力を取り戻していこうとするところにある。したがって，公共性の高いインフラに限らず，むしろ市民の日常を構成する身近で小規模なインフラ空間がデザインの対象となり，その性格上，住民参加などボトムアップ的手法を用いてデザインが進められることが一般的である。このような都市・地域再生の土木デザインは，地域やコミュニティが抱える課題の解決に貢献する，換言すれば，地域のまちづくりという文脈において機能する役割が求められるという意味で，伝統的な土木デザインとは性格を異にする，きわめて現代的な土木デザインの形態であるといえるであろう。

［中井　祐］

土木構造物の美観

　明治の開国を機に，煉瓦，鉄，続いてコンクリートといった新素材と，力学などの理論が西欧から導入され，それまでの土や木，石を用い，経験則に基づいて設計されてきたわが国の土木構造物は大きく変容した。明治20年代頃までは，イギリスを主とする多様な国からエンジニア（お雇い外国人）を招き，その指導のもとに設計がなされた。近代都市への転換が求められた時代背景のもと，当時の美的表現は，トラスなどの西洋的意匠の直接的な移植，もしくは様式的な装飾を土木構造物に付加する方法が一般的であった。この時期の主な事例として，吉田橋（横浜市，明治2年（1869）），旧新橋駅（港区，明治4年）などがあげられる。

　その後，海外留学から帰国した日本人エンジニアを中心とした行政内職員（インハウス・エンジニア）が設計を主導する時期を迎える。明治30年代頃以降には周囲

の都市環境との関係性が，大正・昭和初期にはいると構造体そのものが美的表現の対象として捉えられるようになる．前者の主な事例として，鍛冶橋（大正3年(1914)），呉服橋（大正3年）などが，後者としては豊稔池ダム（観音寺市，昭和5年(1930)），白水溜池堰堤（竹田市，昭和13年）などがあげられる．　[尾﨑　信]

太田川基町環境護岸整備と土木デザイン

太田川環境護岸整備（広島市，昭和58年(1983)）は，1970年代，河川整備が河川区域に閉じた標準断面によって進められていた時代に，都市とのつながりを意識した都市施設として河川護岸の空間デザインが行われた，戦後土木デザインの先駆的事業である．東京工業大学の中村良夫研究室（当時）によって，太田川のイメージ調査，ゾーニング，構想，設計という一連の取組みが行われた．その方法論と実現された空間が都市にもたらす豊かさは，現在太田川で展開する多様な水辺活用の様子に見ることができる．

その後，太田川の取組みの他地域への広がりはかなわなかったが，1990年代頃から建設省のシビックデザイン運動の活発化と各種モデル事業の推進ともに，土木デザインの取り組みは多様な土木分野へと展開した．この時期の主な事例として，熊本アートポリスによる牛深ハイヤ橋（天草市，平成9年(1997)）や鮎の瀬大橋（上益城郡，平成11年），周辺施設との一体的な河川空間を実現した津和野川（平成5年），多様な主体の調整により都市の顔となる空間を創出した皇居周辺道路緑地整備事業（平成7年）や，門司港レトロ事業（平成5年）などがあげられる．　[福島　秀哉]

太田川基町環境護岸
［撮影：真田純子］

インフラのトータルデザイン

インフラのトータルデザインとは，面的な広がりをもつ事業が実施される際に，その事業に関連する様々な構造物，建築物，広場・公園，ストリート・ファニチャーなどを，土木技術者，建築家，都市計画家，ランドスケープ・アーキテクト，インダストリアル・デザイナーなどの専門家の協働体制によって総合的にコントロールし，都市空間や風景の質を高めていくことを目指した方法論であり，1990年代より取り組まれ始めた．

全体と個別デザイン双方の質の向上をはかるために，学識経験者や事業関係者からなる委員会を設置して設計対象全体の調整を行い，その下部組織にデザイナーや事業関係者からなるワーキング・グループを設置して個々のデザインを議論する，という体制をとることが一般的である．

苫田ダム（岡山県苫田郡，平成16年(2004)）では，堤体，貯水池の水辺，河畔の公園・広場，橋梁群，ダム管理庁舎などが，旭川駅周辺（平成26年）では，土地区画整理事業，駅舎，鉄道高架，合同庁舎，忠別川の河川環境および新橋架橋などが，日向市駅周辺（日向市，平成22年）では，駅舎，鉄道高架，駅前広場および周辺の公共空間などが総合的なデザインコントロールの対象となっている．　[尾﨑　信]

都市・地域再生の土木デザイン

2000年代前後から地域のあり方・生活のあり方についての議論が深まり，土木デザインに対する要請が多様化してきている．

地方都市のまちづくりにおける土木デザインの事例として，ドブ川を市民の手で魅力的な水辺へと復活させた源兵衛川（三島市，平成7年(1995)）や，豊かな緑と小川をまち中に創出した児ノ口公園再整備（岡崎市，平成8年），第三セクターの鉄道駅を市民に開いた土佐くろしお鉄道中村駅リノベーション（平成22年(2010)）などがあげられる．

また，自然環境と暮らしの再構築に取り組んだ事例として，地域における本来の河川空間の再生を試みた和泉川東山の水辺（横浜市，平成8年）や，地域住民を主体に議論を重ね，伝統工法による海岸の再構築を行った木野部海岸再整備（むつ市，平成15年），文化的景観である棚田の風景保全に取り組んだ通潤用水下井手水路の改修（上益城郡，平成24年），防災事業を新たな地域資源の創出につなげた川内川河川激甚災害対策特別緊急事業（宮崎県，鹿児島県，平成23年）などがある．

このように土木デザインは，公共施設や公共空間のよいデザインを目指した取組みから，より上位の目標に向けた都市・地域戦略を伴ったものとなってきているといえる．　[福島　秀哉]

参考文献

篠原修，景観研究の系譜と展望　風致工学から景観設計へ，土木学会論文集，No.470，Ⅳ 20, 1993.

国土交通省国土技術政策総合研究所「景観デザイン規範事例集（道路・橋梁・街路・公園編）（河川・海岸・港湾編）」国土技術政策総合研究所資料，2008.

中井祐『近代日本の橋梁デザインの思想』東京大学出版会，2005.

第 9 章　歴史地理学

編集委員：藤田裕嗣

歴史地理学の概説……………………………………………………（藤田裕嗣）539

資料としての絵図

古代都城とその変容………………………………………………（門井直哉）548

城絵図と城下町絵図………………………………（渡辺理絵，上島智史）550

絵図に示された港湾都市の世界…………………………………（藤田裕嗣）552

刊行絵図としての大坂図……………………………（小野田一幸，島本多敬）554

町絵図・地籍図………………………………………………………（古関大樹）556

鳥の目から見た都市………………………………………………（小野田一幸）558

都市イメージとアナログデータ

近代都市を描く地図………………………………………………（牛垣雄矢）560

文学の舞台としての都市…………………………………………（安藤哲郎）562

実態としての都市プラン

都市伝説と名所図会………………………………………………（長谷川奨悟）564

経済機能と都市……………………………………………………（藤田裕嗣）566

交通と都市…………………………………………………………（柴田陽一）568

都市の測量図と GIS による精度検証…………………（塚本章宏，鳴海邦匡）570

歴史地理学の概説

　地理学の一分野である「歴史地理学」は，一般にはあまり知られていない。そこで，歴史地理学という研究領域の概論としてここでは，1）字義からの意味，2）地理学の中における位置付け，3）三つの考え方，4）方法論，5）本章の項目立て，について説明する。

字義からの意味

　歴史地理学とは，字義を追えば「歴史」現象に関する「地理」学であり，「地理」と「歴史」は，それぞれ「空間」と「時間」に対応している。

　ここで，「時間」という表現は，無機質な流れをさすのに対して，「歴史」は人々による思惑が具体的に働いた結果によるという違いがある。例えば，ある物質を落下させる場合，1分という「時間」は，どのような質量であれ，一定の距離を進むのが自然の道理である。これに対して，同じ1分でも，重大な事件が起こる場合もあれば，何も考えずにただ漫然と過ぎる場合もあり，それは個人により，場面により違う。後者のような時間の流れを「歴史」と表現する。

　このような「時間」と「歴史」の違いと同様に，「空間」という無機質な入れ物としての概念に対して，「地理」ないしは「地域」，「景観」と表現された場合は，個々の具体性を重視しているといえる。そして，後者を問題にする学問が「地理学」である，といってよいであろう。対象は，海面も含む地球表面全域である。

　「地理学」で「歴史」現象をも扱う分野が「歴史地理学」なのであるが，「地理学」そのものが，実は曲者である。ここでは紙幅の関係上「地理学」自体の解説は必要最小限に留めたい。

地理学の中における位置付け

地理学の様々な分野と分類

　地理学の伝統的分類としては，A）特定の地域のみを限定して特に取り上げ，地理的要素の相互関係を説明しようとする「特殊地理学」（「地誌学」または「地域地理学」）とともに，B）地理学が研究対象とする地表面全体を問題にして，「自然地理学」と「人文地理学」とからなる「一般地理学」（「系統地理学」）とに，まずは大きく二分される。Aの研究対象としての「地域」は，地表面を全体としつつ，いくらでも部分に細分が可能で，高校までの教育で説明するには難しいため，前者のAが復活した時期も何度かあったが，ほぼ一貫して後者が重視されてきた。

　まず「自然地理学」は，気候や地形，土壌，生物など，自然現象に特に注目する一方で，後者の「人文地理学」は，経済（農業，工業，商業など），社会，政治，文化，集落地理学（都市地理学と村落地理学に二分され，詳細については後述）などが主な分野である。自然的現象が，経済や社会など人文的現象の背景をなし，それを説明するための基礎でもあるため，学校教育でも自然から人文への順番で教えられている。この中で歴史地理学は，もう一つの地理学，との定義もあるが，学校教育の中では，都市や村落など集落の歴史の中で説明される程度で，位置付けは残念ながら低い。こ

の点を踏まえて，本概説では流れの把握を重視する。

二大分野の関係

Ａの特殊地理学とＢの一般地理学との関係については，特殊（Ａ）から一般（Ｂ）へという帰納的方法（または系統地理学は地誌学を研究する際の方法，とする論法）が推奨されたり，法則追究を目指す理論地理学が注目され，W. クリスタラー（Walter Christaller）の中心地理論が演繹的方法の先駆者として高く評価された時期もあった。未知の大陸が消滅し，19世紀の探険と結びついた地理学は不振となって，新しい枠組みが必要になっていた，という時代背景もある。そして，地域や場所について個々人による捉え方の違いにまでもっと踏み込もうと，「人文主義的（人間主義的）地理学」が提唱されるなど，さまざまに動いた。その点を踏まえて，ここでは，人文地理学会編『人文地理学事典』における項目を参考までに挙げる（表1）。「人文地理学」の一分野として羅列した中の「文化地理学」でも「セクシュアリティの地理学」など，最近の新しい潮流まで取り入れる努力もされている。

景 観

「地理学」におけるキーワードの一つとしての「景観」の規定としては，"任意の広さの地表面断片であり，内外の位置関係によって一定の性格をもつ空間単元で，別の性格をもつ周囲とは区別して取り出せるもの"となる。このような景観ないしはその構成要素は，地形などのような自然現象から，建造物のようなきわめて人文的現象まで様々である。そして，地理学ではそれらの研究対象が分布する様を「地図」に表現した上で考察を深め，その研究成果を説明する際も，「地図」は重要な表現媒体となる。このように「地図」は，地理学研究で重視される。

そして，「地理学」が問題にする「景観」は，実は，歴史的に形成されてきて，現前に存在している。歴史的な存在である点を問題にするのが，「歴史地理学」だ，とは確実にいえる。

「都市」の規定

そもそも地理学における「都市」の定義も，「村落」と二分され，上位概念としての「集落」の一部として規定される点で，ユニークというべきであろう（図1）[1]。

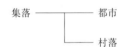

図1　地理学における都市と村落の概念
［藤田裕嗣「地理学からみた都市的な場－絵画史料に「都市」景観を探る－」（中世都市研究会編『中世都市研究 17 都市的な場』山川出版社，2012]

都市か，村落かを判断するメルクマールは，あくまで景観を重視しており，集落の規模と密集度である。大規模で，密集度が高い集落が都市と規定され，それより小規模で，密集度も低い集落は，村落に区分される。このメルクマールに，絶対無比で世界共通の基準がある訳ではもとよりなく，あくまで相対的なものである。対象地域や時代の制約も受けるから，自由自在に伸び縮みする便利な規定で，その点で，やはり無限定であるという批判は，免れられないであろう。

そのことは前提として，まず地理学における都市研究ではスケール別に論点が異なってくるので，その整理をしたことがある。その点を踏まえつつ，近代，現代までをも射程に入れるように心掛けた表2を提示する[2]。表では，城館・武家屋敷地区・町家地区・寺町地区レベル，ブロック（街区）レベル，地割レベルに分け，筆者によるプロジェクトなども例示した。

表1 人文地理学の分類

項目	項目名	執筆項目の例
I	学史と理論の系譜	人文地理学／地理学史と方法論／探検・航海・自然誌・世界図／計量革命
II	基礎概念	地域／空間／スケール／距離／立地／景観／場所／地誌／地図／地名
III	手法・ツール・スキル	
	1. フィールドワーク	フィールドワークと巡検
	2. 地図，カルトグラフィ	世界図の歴史／日本総図と国絵図／伊能図と測量術／外邦図
	3. GIS，地理情報	歴史 GIS ／統計地域・統計地区単位
	4. 計量分析とモデリング	空間分析と空間モデリング／多変量解析とデータ処理
IV	社会・経済・政治・文化と地理学	
	1. 社会に向き合う地理学	社会地理学／マイノリティ／エスニシティ
	2. 経済に向き合う地理学	経済地理学／経済特区／労働力移動
	3. 政治に向き合う地理学	政治地理学／領土問題／難民
	4. 文化に向き合う地理学	文化地理学／空間のジェンダー分析／セクシュアリティの地理学／サブカルチャー・大衆文化
V	地域にアプローチする地理学	
	1. 都市を研究する地理学	都市地理学／スラム・スクォッター
	2. 農山漁村を研究する地理学	村落共同体／中山間地域／離島
VI	歴史にアプローチする地理学	遺跡・遺物と考古地理学／都城と国府／条里制と集村化現象／町場と在郷／城下町／街道と古道／新田開発と集落／近代都市の類型と発展／市町村制と地域の編成
VII	さまざまな事象・課題に取り組む地理学	
	1. 産業を対象とする地理学	農業地理学／工業地理学／商業地理学
	2. 開発・計画を対象とする地理学	開発と地理学／日本の国土計画／過疎地域振興
	3. 交通を対象とする地理学	交通地理学／鉄道交通の地理学
	4. ツーリズム・観光を対象とする地理学	ツーリズムの地理学／余暇の成立
	5. 福祉，社会保障を対象とする地理学	福祉の地理学／高齢者の地理／疾病地理学
	6. 人口問題を対象とする地理学	人口地理学／人口移動
	7. 環境を対象とする地理学	環境史／気候変化と地球温暖化／海水準変動と地形発達史
	8. 災害や復興を対象とする地理学	地震災害／ハザードマップ／活断層
VIII	地理教育	地理教育の理念・目標／地理教育史と地理教育論史／主要国の地理教育／地理教育のカリキュラム／地理学習の指導法／地図学習と地理的技能／情報活用と地理的技能／ GIS 教育／環境教育／防災教育

［人文地理学会編『人文地理学事典』丸善出版，2013］

表2　都市研究におけるスケールと論点

	スケール	論点	筆者によるプロジェクトなどの例
小 ↑ ↓ 大	都市間レベル	都市システム	堺を位置付けるのに，大坂・尼崎・兵庫などとの関係も考察する。
	1都市レベル	影響圏下にある農村との関係，分化した地区（城館・武家屋敷地区・町家地区・寺町地区）の構成，など	城下町絵図の性格として機能が反映されない。拙稿（2010）*
	ブロック（街区）レベル	道路で囲まれた部分をいう。竪町・横町，辻子，など	江戸・伊能の「江戸府内図」プロジェクトにおける検証
	地割（土地区画）レベル	屋敷割など	堺・元禄2年（1689）「元禄堺大絵図」プロジェクト

＊　藤田裕嗣「地籍図を用いた都市空間研究」（千田嘉博，矢田俊文編『都市と城館の中世』）高志書院，2010，［藤田裕嗣，地籍図を用いた景観復原と災害復興，史潮，新76，2014；藤田裕嗣，「市庭と都市のあいだ―地理学からの研究視角―」（中世都市研究会編『都市空間―中世都市研究1』）p.151，新人物往来社，1994参照］

三つの考え方

そもそも歴史地理学については様々な考え方があり，大きく三つに分けられる。

一つ目は，過去のある一時点（ないしは時代）において景観が分布した様を復原する，ことである。景観の復原に当たっては，史料に示されている「景観」や地名などが現在のどこかを突き止める「現地比定」という手法が駆使される。現地比定を重ねることで，「景観」を地図上に落として，景観を復原できる。そこで，現地比定は，地理学的考察をする際の前提と位置付けられる。

日本で「歴史地理学」を確立させた一人，藤岡謙二郎による論考を参考に提示すれば，図2のようなイメージになる。時間は上方に流れるように書いて説明がなされており，横の展開を空間，具体的には地理学の研究対象である地球表面上，としている。後者の空間とは，「地理学」の概念では「地域」ないしは「景観」と表現した方が適切であり，歴史地理学でより重要な概念は景観である。

縦方向，上方に流れていく時間のうち一時点，ないしは，時代に特定して，横の空間，ないしは，「景観」について現地比定の手法を駆使することで，地図上に「復原」する，というのが，歴史地理学の第一の考え方である。

一方，時間が上方に流れるように書かれているのは，藤岡が学部時代に考古学を学んでいたことと無関係ではないだろう。すなわち，時代が進むにつれて，上へ，上へ，と順次積み重なって形成される地層のイメージが背景にある，といえる。

二つ目は地理的変化の検討を重視する考え方である。上記，一つ目の考え方に基づいて，過去のある一時点について景観を復原した地図を同じ場所で2枚重ねれば，その間における地理的変化が辿れ，考察できることになる。いずれにせよ，歴史地理学では地図が

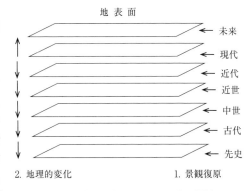

図2　歴史地理学とは：1と2との関係

重視されていることがお分かりいただけよう。高等学校の「地理歴史」科教育では「世界史」や「日本史」の科目で補助教材として歴史地図帳が多く使われており，身近な例といえる。

　地理学研究では地域を単位とした人口など，各種の統計の分析も重視されている。そして，近年におけるコンピュータ技術の発展は，後方支援として大きな力となってきている。例えば，自家用車でも急速に普及しているカーナビゲーションシステムには，Geographic Information System（GIS）の技術も使われている。GISは，データベースとして蓄積された情報の内容を地図（厳密には経緯度のデータ）に表現するシステムで，データベースで検索した結果を瞬時にして地図に示すことができる。これにより，車が走行する道路沿いにある施設（例えば，コンビニエンスストアやガソリンスタンド）を即座に探し出し，画面上で地図の形に表現してみせるのである。さらに高度には，統計を分析した結果を地図として提示することもできる。

　三つ目は，このような技術革新にも促されて地理学研究が進展するに従って，歴史時代に遡って地理学的研究を行うのが，歴史地理学に他ならない，という考え方である。本章のうち，「都市イメージとアナログデータ」でイメージの形成について論じたり，最後の「実態としての都市プラン」でも最後の中項目「都市の測量図とGISによる精度検証」では歴史GIS研究を紹介している（章目次参照）。

　このように，重要な歴史資料とされているのは，地籍図であるが，史料批判の観点が不足している恨みがある。建築史学や文献史学との比較が容易になる本書では，その欠点を補う視座も重視した。

方法論

現地比定と踏査

　上述の現地比定の具体的方法として，史料上の地名を地形図などで探して発見できることもある。このレベルなら，現代はインターネットでの検索が発達してきたから，便利になった。さらに詳細なレベルで，狭い範囲をさす地名であれば，明治初期に全国一斉に作成された地籍図により小字地名を探すことになる。

　ここで「地籍図」とは，固定資産税を徴収する原簿としての土地台帳の附属地図であり，土地の1筆（所有単位）ごとに表裏1枚で小字，地番，地目（宅地・田・畑・荒地・山林・池など），所有者，面積などが記載されている。土地台帳と対照させるために，小字地名や地番が，各々の土地区画ごとに振られている。

　地番（例：芦屋市○町5番地）が土地をさすのに対して，住居表示（例：芦屋市○町1丁目2番3号）は住居をさす。地番は，明治初期まで辿ることができるのに対して，後者は，昭和37年（1962）に施行された「住居表示に関する法律」に基づいている。日本で市域内に住む人口構成比は国民の9割を超えており，この法律は市域について「住居表示」をすべき，と規定している。

　そして，「景観」との関わりで重要なのは，例えば，集落は，「地籍図」で「宅地」の集合体として確認できる点であり，明治初期，地籍図が作成された時点における「畑」が後に「宅地」に地目変換され，現代まで続いている場合も，土地台帳を辿れば，「地目変換」された時点も含めて確認でき，実証できる。さらには，明治初期の「畑」は，逆に，過去の時点（例えば江戸時代）における「宅地」の遺存形態である場合もあり，現地でその土地を踏査することで実証もできる。例えば，建物が建てられた遺構が残っているとか，そこまでは無理であっても，他の土地よりは高く土盛りがなさ

れ，かつて「宅地」であったと推定できる場合が，その例である。

このように歴史地理学では現地の踏査が重要視されている点は，一分野をなす地理学と同様の性格をもっている。そして，おそらく文献史学との大きな違いの一つといえるであろう。

平城京について大和国西大寺の寺領を列挙した永仁6年（1298）の史料によると，正応元年（1288）に寄進された田地について「添上郡左京六条二坊四坪内二段〈字三童子　辰市ニアリ〉」などという表記が認められる。

郡名に続いて記された「条坊制」の地点表示システムによって位置を特定することができる。図3「平城京域図」を見ると，平城京の平面形に見られる特徴は，東側と西北部に拡張部分が見られることである。そして，前者は外京と呼ばれ，東大寺や興福寺など，奈良中心部を形成させた諸寺院が位置し，それに付随して発展したことが分かる。一方，後者は北辺坊と呼ばれる。

平城京の中央北寄りに位置する平城宮には天皇が住まう内裏と政庁が立ち並んでいた。宮の中央南端に朱雀門が聳え，その南側は羅城門まで走る朱雀大路を中心として左右に条坊が配置されていた。中国において，天子（皇帝をさす）は南面するという考え方を日本にも適用し，平城宮の東南側を左京，西南側を右京とまず区別した。すなわち，上記の田地は，その東側に位置していたことになる。そして，朱雀門の南に接して東西に走る大通りは二条大路で，その南側には三条が展開し，南端は三条大路で限られていた。さらに，宮に近い方から一坊から順に四坊まで数えられた。大路で

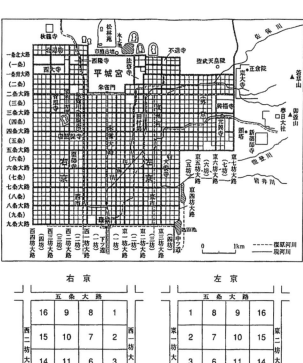

図3　平城京域図と平城京の坪割

囲まれた各々のブロックは，道幅が狭い小路が縦横に3本ずつ通って16区画に細分されていた。そして，その一つひとつは坪と呼ばれ，図3の算用数字のように，宮に近い方から南に下って南端に至ると，宮から遠い隣へ移って北へと振り，という形で1から16までの番号が与えられたのである。以上は，左京・右京とも，朱雀大路を対称軸として同様である。条坊制は，律令政治で中心となる天皇（内裏）との位置関係で貫徹されていることが分かる。

上述した田地，六条二坊四坪は，六条大路の北，朱雀大路に接するブロックとしての一坊の東隣であり，四坪は東一坊大路に東接して南端に当たる。明治期に作成された2万分の1地形図を用いた詳細な考証は，拙著に委ねるが[3]，その後の，例えば村への編成替えなどの変遷にもかかわらず，8世紀頭に設定された条坊制の道路遺構など，景観が，明治期の地図上でもおおよそ確認できることこそが重要なのである。

条坊制は平安京でも取り入れられ，平城京における「坪」呼称が「町」へと変えられるなど，若干の修正も施されたが，都市を区画するシステムとして基本的に踏襲された。なお，近年の平成京域における考古学的発掘調査で注目すべきは，九条より南に位置する下三橋遺跡の発掘が平成17年（2005）以来，進んで，条坊制がさらに南にまで確認され，十条説が唱えられるに至っていることである。平安京への変遷についても新しい問題が提起されており，引き続き，議論の進展を見守りたい。

このように，古代までを含む景観の一部が程度の差こそあれ，現在にまで残存し，現状の景観となっている。歴史地理学ではその点を利用して景観を復原する訳である。文献史学や考古学とは異なる考え方に基づく。

地理的慣性

歴史的に変化することは，文献史学の観点から重視されるが，変化しない場合，重視されず，説明は回避される傾向がある。すなわち，2時点について地理的分布に変化が認められない場合，文献史学では説明の必要性を認めようとはしないであろうが，地理学の観点からは「地理的慣性」として説明でき，それ自体，意味もある。

例えば，水津一朗「地域進化のシステム」の図は，まさしくそういう観点からのモデルだといえる（図4）。「地域の結節システムの歴史的発展について一つのモデルを設定」したもので，時代の変遷に伴い，Vの段階へと「地域進化」は認められるが，Gとされた「基礎地域」は，他の地域との強弱に関して推移も認められるものの，根強く残ることが主張されている。このうち，Ⅱは古代末〜中世前期，Ⅲは中世盛期（近世につながる），Ⅳ段階が近代，Ⅴが現代であり，筆者自身が特に研究の対象としているのは，Ⅲ段階におけるM3，「局地的再生産圏」といえる。最下辺の数字で地域の規模が示され，古今東西で似た規模が認められる点にこそ，注目すべき，との主張が見てとれよう[4]。

文字資料や地図も含め，歴史的な資料があれば，その性格からして，そこに示された事実は，問題にされている当時，存在していた，という積極的な証明が可能でも，当該の事実以外が存在しなかった，という証明は難しい。考古学的な発掘調査によって遺物や遺構が検出されれば，それはその時点で存在した，と証明でき，そこから解釈や説明が生まれ，関心がもたれる。検出されない場合は，意味をなさない。文献史学の観点なり，特有の性格は，このような考古学の立場とも通じている。

さらには，そのような資料が連続して得られる訳では決してないから，史料が欠ける時点における存在については，その前後に存在しているのだから，その間もあったに違いない，と推定しているにすぎない，とも極論できる。とはいえ，歴史地理学か

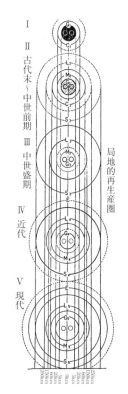

図4　地域進化のシステム

らは,「地理的慣性」,という面からの説明は可能である。それが,歴史地理学の観点の特徴であり,文献史学や考古学にないユニークさだ,といってよいであろう。

土地区画

　歴史地理学で重視される土地区画について説明するのに,大阪府堺市の堺環濠都市を事例に取り上げる。堺の町は,南北を貫く幹線である紀州街道（大道筋）に沿って展開し,やや南北に長い。この南北軸に対して,そのほぼ中央で,東西方向に走る大小路が直交し,これを中心として街区が連なり,その外周を環濠が取り巻いている。その基本的構造は,慶長20年（1615）大坂夏の陣で焼かれた後,江戸幕府の意向により元和期に新しく計画された以後,今でも踏襲されているといえる。堺環濠都市を対象に,元禄2年（1689）に作成され,325分の1という大縮尺の絵図,「堺大絵図」が国立歴史民俗博物館に残されている（本絵図については,「絵図に示された港湾都市の世界」で取り上げる）。

　堺環濠都市の細部について,大縮尺レベルで確認するために,図5を用意した。図5では近代初頭と,戦災復興後の土地区画を比較できるよう,対照的に示した。本図作成の典拠としたのは,堺市役所で参考に供するために今も使われている「戦災復興土地区画整理事業地区内前後対照図」(1959年施行)で,「戦災復興土地区画整理事業」に関わって作成された「対照図」である。典拠の地図で示された昭和34年（1959）時点の土地区画については,地番が与えられた当初の明治初期以降,土地区画が分割された時点で付けられる枝番が付されており,それを整理・統合することで,当初の時点に戻して,土地区画を「復原」して示している。すなわち,地番が与えられた当初の明治初期以降,土地区画が分割されて枝番が付されても,元の地番自体は残るゆえ,それを整理・統合することで,明治初期,という地番が付された当初の時点に戻す「復原」が可能なのである。

　図5の中央やや左手に見えるのが大小路である。下部に見られる突出部が大小路の東端で,堺環濠都市内の中心部分に近く,戦後までを通じ,土地区画の改変も著しい傾向がある。この地区で大小路は,北側に大きく広げられていることが分かる。現在ではその外側にあった環濠が埋められ,上を阪神高速道路堺線が通り,大小路の延長線上に堺市役所が建っている[2]。

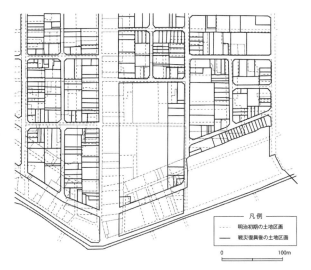

図5　堺環濠都市の細部

絵図の史料批判

　歴史地理学で絵図データは，有用であるとして重視されてきたが，絵図という表現媒体にまとわりつく限界について，矢守による城下町プランの類型論との関わりについて，論を展開したことがある[1]。個別の城下町のプランが，6類型のどれに当たるか，の説明方法について，実は，城下町絵図からの立論に頼っており，矢守城下町プラン論の限界，と指摘できるであろう。町屋地区を復原すると，少なからぬ構成比で武士も住んでいると分かるのに対して，その城下町絵図では町屋地区について同じ色で塗られているにすぎない。個々の土地区画について住民が町人かどうか，という詳細なレベルまで描き分けていない点は，城下町絵図一般に指摘できる。絵図で表現されているのは，景観であるといえるにしても，各地区の住民が果たした職業などによって発揮される地区の機能に関しては，文字注記で補われるか，ないしは景観に反映されるまで，表されていない，と見なされる。さらに，精度（ないしはスケール），作成目的と表現対象に関する問題をも考慮に入れる必要もある，と指摘した通りである。

　歴史地理学で絵図や古地図を研究する際は，その内容を無批判に信じ切ってきたとまでいえるが，そのような研究段階は，もう超える必要があり，すでに克服されつつあるというのが，筆者の基本的な考え方である[1]。

本章における項目立て

　最後に，本章における項目立てについて説明する（章目次参照）。

　「都市」を研究する際に，地籍図のみならず，地図は，地理学研究で重要である点に鑑み，最初の大項目として「資料としての絵図」から始めた。それは，「都市イメージのグラフィック表現」と概括できる。「都市イメージ」は頭の中にだけ存在する場合など，様々にあり得るが，それが具体的に紙の上で面的に表現されたのが，地図（前近代は「絵図」）にほかならない，との考えに基づく。「古代都城とその変容」～「鳥の目から見た都市」まで，おおよそ時代順に並べている。ちなみに，絵図を地理学でイメージの表現と捉えた観点は，葛川絵図研究会による中世の荘園絵図研究に始まっている[5]。地理学研究の中でも歴史地理学が先導した動きである，と評価してよかろう。

　次の「都市イメージとアナログデータ」では，上述したようなイメージの形成は，文学に結実するようなアナログデータも貢献している，と考えられ，それに関わる項目を掲げた。

　最後の「実態としての都市プラン」では都市の実態を探る方向性・都市プランとの関係を論じる。表現された絵図からも検討できるが，実態との関わりをより重視している。特に，最後のGISで議論されるのは，絵図を精密に仕立てる技術としての測量について，実態とのずれを検証する材料としての絵図の側面である。歴史GIS研究では古写真の組み込みも，すでにトライされている。

参考文献

1) 藤田裕嗣「地理学からみた都市的な場—絵画史料に「都市」景観を探る—」（中世都市研究会編『中世都市研究17 都市的な場』山川出版社，2012.
2) 藤田裕嗣，地籍図を用いた景観復原と災害復興，史潮，新76号，2014.
3) 藤田裕嗣『荘園絵図が語る古代・中世』山川出版社，2009.
4) 水津一朗『社会集団の生活空間—その社会地理学的研究—』pp.425-429，大明堂，1969.
5) 葛川絵図研究会，「葛川絵図」に見る空間認識とその表現，日本史研究，244号，1982.

［藤田　裕嗣］

古代都城とその変容

わが国の古代には持統8年（694）に成った藤原京以来，平城京，長岡京，平安京など，中国風の条坊区画を備えた都城が造営されてきた。ただし，これらの都城が存続していた当時の姿を描いた地図は伝存していない。今日私たちが目にするこれらの都城プランを示す地図は，諸史料に見える断片的な記事や当時の条坊に関わる遺称地名・遺存地割，発掘調査により検出された遺構・遺物などを手掛かりとした復原の結果を示したものであり，地図の分類としては考証図に属する。

古代都城に関する著名な考証図の一つに北浦定政が嘉永5年（1852）に作成した「平城宮大内裏跡坪割之図」がある。定政は西大寺が所蔵する「大和国添下郡京北条里図」「西大寺敷地図」をもとに平城京を南北9条×東西8坊の地割を備え，北辺に2町分の張り出しをもつプランとして復原し，当地の景観要素（道路・川・古墳など）を描いた地図上に重ね合わせて表現した。また，「西大寺資材帳」（「西大寺三宝料田畠目録」）や「東大寺要録」に見える京内の地名と現地の村名・字名についても照合し，地図上にそれらの位置を示した。

もっとも北辺坊は現在では右京二坊〜四坊のみに存在したものと考えられており，二条〜五条の東には3坊分の外京が存在したことも明らかとなっている。定政が提示したプランは当時としては最も可能性の高い平城京の姿であったが，その後の研究によって修正も加えられている。

とはいえ，そのことによって同図の価値が損なわれるわけではない。同図は平城京の実像に迫る実証的な研究成果を表した最初の地図であり，後に展開していく平城宮跡保存運動の原点にもなった。また定政が採用した遺存地割や遺称地名を手掛かりとした景観復原の手法は，今日の歴史地理学においても通用する研究手法の先駆けであった。さらに同図に描かれた道路・畔畔や地名には今では消滅しているものもある。そのような意味では，同図自体が平城京が廃棄されて千年以上が経過した後の景観を今に伝える貴重な記録といえるだろう。

一方，平安京については10世紀に完成した『延喜式』左右京職京程条に京内の道路と町の規模に関する記事があり，そこから平安京の全体像を窺い知ることができる。また平安京を描いた地図としては，九条家本『延喜式』の付図に「左京図」「右京図」があり，両図には平安京の大路・小路とそれらの名称，および施設・邸宅などの位置が記されている。ただし，両図に描かれた条坊の区画は，本来それが存在しないはずの大内裏の内側に

まで及んでおり，施設・邸宅なども平安前・中・後期のものが混在している。このことから両図はある特定の時点における平安京の姿を描いたものではなく，『延喜式』の完成後に作成・挿入された図であることが判明する。

もっとも実際の地割の有無にかかわらず，画一的な方格線によって条坊のプランを示す手法は，平安以前の荘園図などに見られる条里の表現とも共通している。両図がそのような古来の表現様式を踏襲しているとすれば，『延喜式』の完成時点ですでに両図の原図というべき図が備わっていた可能性も考えられる。この場合，九条家本『延喜式』の「左京図」「右京図」は，その書写の過程で加筆・修正がなされてできた図ということになる。

ところで平安京は左右対称のプランをもつ都市であったが，慶滋保胤の『池亭記』にはすでに天元5年（982）頃には右京の荒廃が進行し，一方，左京のとりわけ四条以北に人口が集中し，さらに北と東の京外へ市街が拡大していった様子が語られている。律令国家の統制力の衰退により，都市プランの維持は次第に困難となっていった。「左京図」「右京図」でも施設・邸宅が前者に集中しているのは，そうした平安京の変化の反映とみることができよう。

また平安京では1辺40丈（約120 m）四方の区画を「町」と称し，さらに「町」の内部を四行八門，すなわち32の小区画に細分して，これを宅地の最小班給単位としていた。その状況は鎌倉・南北朝頃の『拾芥抄』に見える「四行八門図」に示されている。平安京の「町」は塀などで囲まれた住宅地であり，基本的には閉鎖的な空間であった。しかし，土地の私有化と売買が進むようになると，「町」を囲む塀は消えて，やがて大路・小路に面して商家などが建ち並ぶ中世的な「町」へと姿を変えていった。一方，平安京の中枢である大内裏も安貞元年（1227）に焼失して以降，再建されることはなかった。里内裏を転々とした皇居がようやく現在の京都御所の地に落ち着いたのは元弘元年（1331）のことである。平安京はこのようにして中世都市へと変貌していったのである。

「平城宮大内裏跡坪割之図」

嘉永5年（1852）に北浦定政（文化14年（1817）－明治4年（1871））が作成した平城京の復原考証図。定政は津藩領であった大和国添上郡古市村の生まれ。同藩の城和奉行所に出仕する傍ら，天皇陵の比定や大和国条里の復原研究などを手掛けた。文久3年（1863）には津藩士として登用され，同藩の御陵御用掛を務めた。本図は北浦家所蔵の原図のほかに，いくつかの写本が伝存している。表題にみえる「平城宮大内裏」とは平城京の意である。欄外には櫟翁善寿による奈良の都の由緒書があり，続いて定政の自序と復原に用いた根拠史料が掲載さ

れている。なお本図をもとに文久元年（1861）頃に作成された「平城旧址之図」は，後年，奈良の植木職人・棚田嘉十郎（1860−1921）によって印刷され，平城宮跡保存運動の配布資料として活用された。

「大和国添下郡京北条里図」

東京大学所蔵。「条里図」とあるが，本図に描かれているのは平城京の右京全域と左京一坊までの条坊区画である。大路・小路は大内裏の範囲内にまで及び，大路についてはそれらの名称が記されている。また各坊には坪並を示す数字が記入されており，左京は北西隅，右京は北東隅を起点として千鳥式で数え進んだことが判明する。本図の作成経緯は不明であるが，右京三条三坊十五坪にみえる「菅原寺」（喜光寺）とその周辺に集中する「寺領」の記載から，同寺と西大寺との間に堺争論があった可能性が指摘されている。嘉元元年（1303）以後，西大寺は秋篠寺と深刻な堺争論を展開しており，同様の争いが「菅原寺」との間にもあったとすれば，本図の作成年代は鎌倉末頃と推定される。

なお，「平城宮大内裏跡坪割之図」の自序において，本図は「西大寺ノ蔵大内裏坪割ノ図」と呼ばれている。

「西大寺敷地図」

東京大学所蔵。「西大寺敷地図」，ないしこれに類する名称で呼ばれる絵図は4種類ある（以下，A・B・C・D図と仮称）。いずれも西大寺周辺の条坊区画を描いたもので，図中には坪並が示されている。

A図は弘安3年（1280）の作成とされる絵図であり，東西は西一坊大路付近から西四坊大路まで，南北は北京極路から一条大路の一筋南までの範囲が描かれている。旧堂塔の跡が押紙によって示されるほか，右京四坊には丘陵が絵画風に表現されている。図中には「福益名」の注記が散見されることから，本図は西大寺による福益名の獲得・回復運動のために作成されたものと考えられている。

B図は「西大寺敷地之図」と題された絵図であり，西一坊大路の一筋西から西四坊大路，北京極路から二条大路までの範囲が描かれている。A図の福益名が本図では「寺領」「寺中」と注記されていることから，本図は福益名が西大寺に寄進された永仁5年（1297）直後の作成と推定されている。

C図は西一坊大路から西四坊大路，北京極路から二条大路までの範囲を描いた絵図である。福益名は「福増領」と記されている。本図の作成時期については福益名の寄進以降，B図と前後する頃と推定されている。

D図は「西大寺往古敷地図」と題された絵図であり，西一坊大路の一筋西から西四坊大路，京極路から二条大路までの範囲が描かれている。本図の作成年代は不明であるが，奈良時代の堂舎名が記されていることから，8世紀の西大寺の寺域と伽藍の様子を示すことを主目的に作成されたものと考えられている。

「平城宮大内裏跡坪割之図」の自序に見える西大寺の「古境内敷地ノ図」とは，これらの絵図，あるいはこの中のいずれかの地図をさすものとみられる。

『延喜式』

延喜5年（905）に醍醐天皇の命により藤原時平らが編纂に着手し，延長5年（927）に完成した法典。弘仁式・貞観式以降の律令施行細則の集大成である。全50巻。巻42の左右京職程条からは平安京の規模が南北1,753丈（約4.5 km）・東西1,508丈（約5.3 km）であったこと，朱雀大路を基軸として左京と右京がまったく対称的なプランを有していたこと，また「町」の規模が40丈四方に固定され，道路をこれに付加するかたちで全体プランが構築されていたことなどが窺える。『延喜式』の原本は失われているが，写本が多く残されており，なかでも九条家本は平安後期から鎌倉期にかけて書写された現存最古の写本とされる。九条家本では京程条に続いて「左京図」「宮城図」「内裏図」「八省院図」「豊楽院図」「右京図」が掲載されている。

『拾芥抄』

鎌倉後期・南北朝期の公卿・洞院公賢の撰述と伝えられる百科事典。江戸時代には活字本が刊行され，広く普及した。全3巻。中巻は有職故実となっており，「宮城指図」「八省指図」「四行八門図」「坊保図」「東京図（左京図）」「西京図（右京図）」「大日本国図（行基図）」などが掲載されている。「四行八門図」には「町」の内部に1本の小径が南北に通じる様子が描かれる。なお，14世紀頃の最古の写本の残欠である東京大学史料編纂所本では同図は「京図」と題され，「町」の内部には2本の小径が中央で十字に交差する様子が描かれている。これと同様の図は鎌倉前期に成った百科事典『二中歴』にも見られる。

参考文献

岩本次郎，平城京を紙の上に建つ—北浦定政の絵図—，地図情報，30(2)，7-10，2010．

金田章裕「平安京左・右京図について」（金田章裕編『平安京—京都　都市図と都市構造』京都大学学術出版会，2007．

石上英一，西大寺荘園絵図群の研究—京北班田図研究の前提—，条里制研究，3，1-24，1987．

［門井　直哉］

城絵図と城下町絵図

近世の絵図の中で現存数の比較的多いものとして城絵図と城下町絵図がある。これらは当時の城郭や町の様子を知るために，早くから注目されてきた絵図である。最近では，郷土教育や観光振興の文脈のなかで再評価する動きもある。またなかには，金沢や岡山などインターネット上で閲覧できる例も増えている。

城郭を主に描いた近世絵図は城絵図・城郭図などと呼ばれる。城絵図は全国各地に残され，それらの種類は多岐にわたる。試みに松代城の関係図に関する分類を参考に城絵図の多様性を示せば次のとおりである[1]。①城の縄張を描いた絵図，②いわゆる「正保城絵図」のスタイルをとる絵図，③幕府へ提出の城修理許可申請文書に添付する絵図（城郭修補願絵図），④御殿の間取を表した絵図（指図），⑤城郭の営繕用の絵図（建地割図），⑥主に兵学に供せられた絵図である。

城絵図に関する研究の中で最も進展をみせるのは，③と⑥についてである。③は幕府と藩の城郭に関する手続きに関係するため，両者の関係性や支配制度の変化などのアプローチから研究が進む。また⑥「主に兵学に供せられた絵図」とは江戸時代，諸国の城郭の縄張を描いた絵図のことで，武士の兵学のテキストとして用いられたとされる。尊経閣文庫の「諸国居城之図」などがその代表格であろう。

このほか，①，④，⑤の絵図については個々の絵図についての研究がみられるとともに，城郭の調査・修復などの際の参考として解説が加えられている。また，②は，正保期に各藩が幕府に提出した正保城絵図をさす。城郭を鳥瞰図的に描写し，近世初頭の城の姿を留めている。ただしこの種の絵図は城下町域も描写されているため，城下町絵図に含める場合も少なくない。

次に城下町絵図について述べる。城下町絵図とは，城郭を中心に，武家地・町人地・寺社地など都市域を描いた絵図のことであり，城下絵図と称することもある。矢守一彦によれば幕府用図は，正保城絵図・幕府献上図があり，藩用図には①城下町建設・築城の際の記録・計画図，②作戦用図，③屋敷割り図，④都市改造計画図，⑤町政用図が含まれるという。ただし，②と④はきわめてまれで，城下町絵図の多くは③であると指摘した。

城下町絵図作成の契機についてみれば，城下町建設期においては，城下町設計図あるいは都市計画図がどの大名家でも必要であったに違いない。正保期になると，正保国絵図の作成と並行して正保城絵図の献上という大事業が各藩において行われる。その後，永年支配の大名家

における城下町絵図は，巨視的には藩政用図に特化していく傾向がある。一方，領地替を命じられた大名は，新しい城下町への移動に向けて，移転前から新領地の調査を開始する。城郭内の構造，家臣の屋敷数やその規模は最も高い関心事であったため，転封に伴う引継文書の中には，慣例として城下町絵図も含まれるという。次に，新領主は転地の城下町整備に着手する。絵図が必要となるのは，城下町内に家臣団を配置する際である。すなわち，配置計画図の類が作成される。さらに，城下町の規模が異なる場合は，城郭および城下の再整備が必要となり，各地で城郭修築願の付図として作成された。その後，同大名家による領地統治が長期間続くと，城下町経営が始まり，藩政用図の必要性が高まっていった。

ところで城下町絵図の多くは町人地が空白とされるか，街路のみの記載にとどまる。しかし，町人地でも町絵図が作成された。江戸時代の町人地では土地の所有者と土地の面積を記した水帳と呼ばれる土地台帳が作成された例が多い。これに付随して町絵図がつくられた。江戸の場合「沽券絵図」と称され，江戸時代2度にわたって作成された。そこには屋敷の間口・奥行寸法，地主，沽券金（売買額）が記された。堺には「元禄二年堺大絵図」という巨大な町絵図（全9枚）が残されている[2]。街区内には整然とした短冊形の屋敷地割が見られ，屋敷ごとに所有者，間口，奥行が明記されている。江戸の場合は全町の「沽券絵図」は現存しないが，堺の場合は全容が判明しており，近年，この絵図を用いての堺の都市構造に関する研究も進んでいる。　　　　［渡辺 理絵］

城郭修補願絵図

江戸時代，城郭の普請許可申請に添えられた絵図。城郭修理願に際し，絵図が添付された初見は「武家諸法度」の元和9年（1623）であり，寛永5年（1628）前後には，城郭普請許可申請時に絵図が必要書類として定式化したという[3]。この絵図の一般的な様式は，破損の箇所に実線を引き，その下部に破損の状態を記す。絵図隅には修復の許可を求める旨を記した。この種の絵図の中には，正保城絵図との近似性をもつ例が見られる。幕府は正保期以降，城郭部分については正保城絵図のコピーを修補許可願絵図として使用するよう指導したものとされる[4]。修補願の際に，幕府側で内容の異同を確認する必要が生じ，その際，同一基準で描かれた絵図を求めたのであった。　　　　　　　　　　　　　　　［渡辺 理絵］

正保城絵図

正保元年（1644）12月，徳川家光による幕命として全国の諸大名が作成し，献上した絵図。献上された絵図のうち，大火や明治維新の混乱など，難を逃れた63鋪

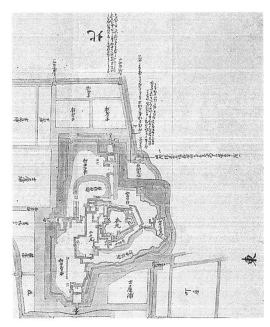

図1 甲斐国府中城修復願書絵図（部分）
[郡山城史跡・柳沢文庫保存会『柳沢文庫収蔵品図録』p.49, 郡山城史跡・柳沢文庫保存会, 2010]

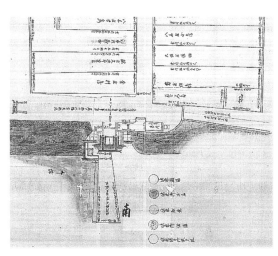

図2 大和郡山の町割図柳四丁目（部分）
[郡山城史跡・柳沢文庫保存会『柳沢文庫収蔵品図録』p.52, 郡山城史跡・柳沢文庫保存会, 2010]

は国立公文書館に伝えられ，国の重要文化財に指定されている．城絵図ではあるが，城郭の縄張，城下の諸口，濠だけでなく，城下の道路，町割も詳細に描いており，縄張の広さ，濠の深さも記されるなど，きわめて情報量に富む絵図である．正保城絵図は，幕命による統一的な描法・図式などを諸藩にもたらしたという点で，城下絵図史上，画期的な意味をもつことが指摘されている[5]．すべての絵図で城郭周辺の自然環境（山・川・沼など），城郭までの距離を明確に示していることから，幕府による軍事情報の掌握だけでなく，諸藩の幕府に対する服従を表明する意図も読み取れる．　　　　[上島　智史]

屋敷割図

各藩における家臣の屋敷配置を示した絵図．藩主は，改易や転封に伴い領地替を命じられることがあり，新しい城下町への移動に向けて，藩主が家臣の屋敷配置を決定する際に必要となる絵図でもあった．屋敷割図は，屋敷の拝領者名を明記するため，領地替の引継ぎ資料としても提供されており，「岡山古図」（岡山大学附属図書館蔵）のように，付箋を用いて新藩主の家臣団配置を示した事例もある．また，領地替以外にも，武家地では転居が多く，米沢のように異なる目的で作成された城下絵図を，屋敷割図として転用した事例もみられる[7]．

[上島　智史]

町絵図

城下町における町人地を描いた絵図で，「沽券図」や「町割図」とも称される．町人地では町屋敷の売買が許可されていたため，町役人は各町における屋敷の所有状況を把握する必要があった．そのため，町絵図は屋敷の所有者を記した帳簿とともに作成されるケースが多く，絵図中にも屋敷地の間口・奥行・面積などの数値も記されている．大和郡山では，寛政10年（1798）の検地をもとに作成された「検地改留帳」と「町割図」が現存し，明治期の加筆と付箋が一部みられるなど，長く使用された形跡が見られる．また，「町割図」にも地子赦免地と御年貢地の凡例が見られることから，課役免除の地を明確化するなど，町政文書としての側面が強い絵図といえる[6]．
[上島　智史]

参考文献

1) 長野市編『松代城絵図集成』長野市, 2006.
2) 堺市博物館編『堺復興：元禄の堺大絵図を読み解く』堺市博物館, 2015.
3) 藤井讓治, 大名城郭普請許可制について, 人文學報, 66, 81-100, 1990.
4) 白峰旬, 城郭修補願絵図データベース, 史学論叢, 35, 53-83, 2005.
5) 矢守一彦『都市図の歴史—日本編』講談社, 1974.
6) 土平博, 和州郡山城下「町割図」の作成年代, 総合研究所所報, 8, 111-128, 2000.
7) 渡辺理絵『近世武家地の住民と屋敷管理』大阪大学出版会, 2008.

絵図に示された港湾都市の世界

　日本列島は狭小ながら，都市形成上，交通の影響はやはり大きい。この点については，後の「交通と都市」の項で概観されるが，交通の拠点に立地する都市の中で，海に囲まれた日本の地理的特徴から港湾都市は発展の可能性を秘めていたといえる。そこで，本項では特に海に開かれた港湾都市を対象として取り上げるのに，「資料としての絵図」に力点を置いて説明する。作成された時代の順に，絵図から判明する特徴に特に注目しよう。

　古代については，そもそも残存史料の点から景観に関して解明は難しく，絵図を重視すれば，中世に下る。ここでは中世の博多浜にとって重要な地位を占めた聖福寺について，その境内中心に描かれた「聖福寺古図」を取り上げる。同寺の開山は栄西で，創建は建久6年（1195）（または一説に元久元年（1204））と伝わる。仁治3年（1242）創建の承天寺とともに，博多を拠点に日宋貿易に携わった南宋貿易商人（博多綱首）により維持され，中世を通して対外交渉においても主要な役割を果たした禅宗寺院である。

　本図で北方の博多湾方面には元寇防塁が見られるが，境内の北・東・南の三方に堀の描出が認められる。日明貿易が興隆を極めた15〜16世紀頃の博多は，息浜が大内氏，博多浜が大友氏の支配下にあった。戦国末期には博多浜の南を限っていた「比恵川」が東に付け替えられて現在の「石堂川」となったが，旧河道近くには「房州堀」が掘られた。東南の角には「辻堂口門」が設置され，夜間には閉鎖された。

　本図で聖福寺の中心部を描いた区画部分と北側の「蓮池」との間には，東西に2本の道路で区切られた中で東西方向に走る4本の小道とそれに間口を向けるように，町家とも思われる建物群が描かれている。古図とほぼ対応するような，天文12年（1543）の年紀をもつ「安山借家牒」が残されている。「中小路」などの通り名のみならず，「魚之町」「魚之町店屋」などの名称も見え，奥書によれば，寺の「関内」すなわち境内に位置した借屋群の書き上げである。現地との対応度は低いが，その間に変遷したことが明らかな意味では，注目される。

　その後，博多では太閤町割が施され，正保福岡城絵図の延長として，東方の博多にも及ぶ絵図に詳しい（福岡市博物館所蔵）。その街区パターンは，現代へとつながっている。

　次に，「堺大絵図」は，大阪湾岸の南東方に位置する堺を土地区画の1片レベルの精密さで活写している。作成年次は，元禄2年（1689）である。堺は，戦国期から近世前期にかけて日明貿易や朱印船貿易の拠点となり，会合衆により自治的に運営されるなど，輝かしい歴史の舞台として知られている。元和元年（1615）の大坂夏の陣で焼かれた後，江戸幕府の直轄地として堺奉行も置かれ，環濠が穿たれた内部は，地割奉行，風間六右衛門により区画し直された。国内市場の中心とされた大坂から西南方，和歌山を目指す紀州街道（大道筋）がほぼ南北に走り，それに直交して，摂津国と和泉国との国境にもなっている大小路が東西を画している。ほぼ南北の長辺で約3kmに対して，東西方向は最大幅で約1km，南北に長いほぼ長方形をなす。このうち，北端部分は，軸線も若干ずれており，別の規格である可能性も考えられる。当時「前田善正氏蔵図」を元にした複製版もあるが，その後，本図を所蔵した国立歴史民俗博物館は，筆者を中心に組織した「共同研究」により修復して高精細画像を作成し，分析も進めた。年次が記されている付箋や貼紙もあり，絵図が貼紙を付加されながら，機能し続けていた時期を推定すると，延享2年（1745）が最後であり，55年以上に及んでいることがわかる。

　その後，宝永元年（1704）に大和川が付け替えられ，堺港は北側から土砂が大量に流入して機能が低下し，都市としての堺も影響を受けるようになった。

　15世紀に首里城の外港として整備された那覇は，19世紀の「琉球貿易図屏風」に描かれ，南北二つの入り江とそれらに挟まれた中央部の半島から構成されていた。北の入り江は安里川の河口で，古くから「泊」と呼ばれたのに対して，国際貿易港の那覇港は，国場川の河口で，南の入り江に位置した。泊の南側には塩田「潟原」の描写も見られる。那覇港から首里城を中心とした城下町にまで至る「長虹堤」も描かれている。本屏風と同様の構図をもつ屏風は他に2点確認されているが，ほぼ完全な形を留めた本絵図は，中国に朝貢する一方で薩摩藩に支配

図1　「聖福寺古図」（「蓮池」を補入）
[聖福寺蔵]

側にほぼ方形の塀で囲まれた3区画が見られるが，そのうち左側の区画は建物が建つ区画を朱で図した平面図で，例えば開口部は「三門」と注記されている。残る2区画は建物を正面から眺める形で描かれ，右端が承天寺である。寺を中心に，付随する町も描かれている。

「堺大絵図」

元禄2年（1689）の作成であり，土地所有の単位としての1筆レベルに至る詳細さが，その特徴として挙げられる。区画の1間を絵図上では1分で表現しており，縮尺は1/325，ということになる。短辺でも4mを優に超す巨大な絵図である。国立歴史民俗博物館が所蔵し，昭和52年（1977）に発行された複製版は，当時に前田善正氏が所蔵していた大絵図に基づき，貼り紙などを一旦すべて外して3分の1に写真縮小する形で，彼が経営する前田書店から出版された。それと同種の大絵図が堺市役所に伝来してきたため，「堺市役所本」などと表現されているが，現在では堺市博物館が所蔵している。それとの比較も，同じ複製版に収められた解説で施されている。さらに，2本とも，北庄と南庄とで別図になっていて，大きく2舗に分かれていた。

「琉球貿易図屏風」

滋賀大学経済学部附属史料館に所蔵され，ほぼ中央に「旨奉帰国」の旗を掲げた進貢船を配し，左側に那覇港を描く。中国に向けて秋に出発し，春に帰港する進貢船を迎える情景である。琉球，薩摩の種々の船も見え，「唐物方」の幟を掲げた和船は薩摩が中国貿易に深く関わっていた事実を示している。

一方，絵図右側上部に首里城をいただき，円覚寺や宗元寺など琉球王府の重要な建物群が点在する城下町が広がる。下部に配された広場は潟原と呼ばれる干潟で，塩づくりの様子も描かれている。着飾った女性が路地に立つ遊郭も見える。

本屏風の関連史料は残されておらず，絵図左上部の水汲み場所が二つ描かれている点から，上限を文化5年（1808）と推測されるのみであったが，平成13年（2001）の修復で，下貼文書を通して制作年代推定への手がかり，薩摩藩が制作に関与していた可能性などが明らかになった。

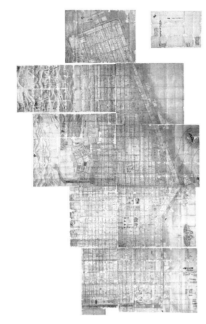

図2　「堺大絵図」
［藤田裕嗣，「堺大絵図」に反映された堺の景観と都市機能，国立歴史民俗博物館研究報告，第204集，2017］

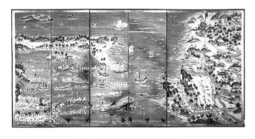

図3「琉球貿易図屏風」
［滋賀大学経済学部附属史料館蔵］

されるという，江戸時代琉球の両属の歴史が象徴的に表現されている。このような表現も，絵図の特徴といえる。

「聖福寺古図」

聖福寺の所蔵で，末尾の奥書に拠れば，永禄6年（1563）の争乱で過半が失われたが，住持玄熊が残余を探し求めて修補したものであり，一部欠落がある。制作・景観年代とも不詳であるが，成立は明らかに永禄6年以前にさかのぼる。『新修福岡市史特別編』の堀本一繁による後者に関する考証に拠れば，14世紀～15世紀初頭とされている。

絵図では何ヵ所かに藍色で塗られた水面が描かれており，その左端は博多湾である。元寇防塁を越えると，松と思われる木が数本描かれ，紙の切れ目に伴う「蓮池」と描かれた水面で聖福寺一帯の北辺が限られる。その右

参考文献

福岡市史編集委員会編『新修福岡市史特別編』p.471, 福岡市, 2013.
藤田裕嗣，「堺大絵図」に反映された堺の景観と都市機能, 国立歴史民俗博物館研究報告，第204集, 2017.
前田書店出版部編『堺大絵図 元禄二己巳歳』前田書店, 1977.

［藤田　裕嗣］

刊行絵図としての大坂図

　江戸時代における都市図の刊行は，京都・江戸では寛永年間（1624〜1644）に始まったが，大坂はそれに遅れ，明暦年間（1655〜1658）から興ることになる。刊行された大坂図は，30系統182種以上に上るが，それは城代や定番，東西町奉行などの在坂役人の変更，度重なる河川改修とそれに伴う新地の造成によって，変遷する都市の様相を表現したものである。もちろん，様変わりする都市の様相を捉えて刊行するのは，大坂に限らず，京都・江戸などの都市図にも関わることである。

　さて，初期の刊行大坂図としては，寺町本能寺前とする明暦元年（1655）の「新撰摂津大坂東西南北町嶋之図」（図版），板本河野道清とする明暦3年の「新板大坂之図」が確認できる。これら2図に共通しているのは，絵画風に描いた大坂城を上部に配し（すなわち東が上），九条島や寺島といった大阪湾に臨む島々を下にする構図を用い，市中の島之内や船場の町屋部分を墨刷りで，実際よりも東西に長く表現していることである。この町屋部分は，平面プランで描かれるのに対し，周辺の村落や前述した島嶼では絵画表現を用いるのも共通した特徴である。また，「新板大坂之図」の刊記部分に記載された高麗橋から各地への道法は，以後の刊行大坂図にも地誌情報の一つとして用いられた。

　「新板大坂之図」は，伏見屋を経て，林吉永によって天和3年（1683）以降，数点の後刷図が刊行された。併せて吉永は，貞享4年（1687）には，大絵図の作成と川普請による市中の変化を反映させた「新撰増補 大坂大絵図」を出している。この図を，前述の2図と比較すると，大坂市中部分が白抜きで，現実の街区に近い状態で表現され，北郊の農村部分も郭内に収録するのが特徴である。

　河野道清にせよ，林吉永もその活動拠点は京都にあったので，当初の大坂図刊行は同地で行われたことになる。これが，地元大坂に移して刊行が始められるのは，北を上にした平面プランの「甲子大坂図（増補大坂図）」（板木や伊右衛門板）や「辰蔵 増補大坂図」と考えられるので，天和4年〜貞享5年（1684〜1688）以降のことになる。以後，絵師長谷川図書・書林万屋彦太郎による宝永4年（1707）の「摂津大坂図鑑綱目大成」や，高麗橋一丁目に店を構えた野村（富士屋）長兵衛による万屋板の後刷図，野村オリジナルの「摂州大坂画図」（初刊は延享元年（1744）頃）が出された。ただ，「新板大坂之図」や「新撰増補 大坂大絵図」は，在坂役人の交替を随時更新し，土地状況の変化を反映させることで，江戸時代中期まで命脈を保たせている。つまり，数十年にわたって地誌情報や構図を異にした複数の大坂図が市井に出回っていたことになる。このことは，当時の地図需要層が寛容であったということにもなろうか。

　「摂州大坂画図」は，図郭に収録された範囲や描法などから判断すると，大坂三郷の惣会所に保管されていた手書きの三郷町絵図をもとにしているとみられるが，城代や定番の名とともに，堂島や中之島の地に多く立地した諸藩の蔵屋敷を，「イロハ…」で示した別刷りの「大坂御蔵屋敷附 合文」によって，図中の合文と対応させるアイデアを導入している。これは，野村改訂版「摂津大坂図鑑綱目大成」にも確認できるが，蔵屋敷などの位置を地図に投影し，"視覚的"な武鑑の役割を担わせたのであろう。

　野村長兵衛の跡を受け継いだ播磨屋九兵衛は，あらたな情報を盛り込んだ「改正 摂津大坂図」（寛政元年（1789））や，「河絵図」との両面刷である寛政9年初兌の「増修 大坂指掌図」によって一時代を築いたが，出版の許可から彫成まで約17年の歳月を費やした「増修改正摂州大阪地図 全」（文化3年（1806））の刊行は，情報量の詳細さなどの点において，それまでの刊行大坂図のイメージを大きく変えるものであった。さらに，播磨屋は「新板大坂之図」「摂津大坂図鑑綱目大成」「新撰増補 大坂大絵図」の板木を入手することによって，文化7年4月以降に歴史地図として世に出し，大坂図出版の寡占状況を創出している。一時代を築いた播磨屋が保有していた板木株の多くは，積典堂（今木屋市太郎）が継承し，河内屋太助と伊丹屋善兵衛の2書林が中心となり，一部改訂を加えながら幕末まで売り広められていくことになる。

　地図に限ったことではないが，出版に関わっては，三郷惣年寄や町奉行所の寺社方与力などの関与が散見される。しかし，一般的には，大坂本屋仲間が，出版や板木株の譲渡などに規制を加え，組織内の維持をはかっていたのである。

［小野田 一幸］

林　吉永

　京寺町二条上ル町に「御絵図所」を構えたカルトグラファー（地図製作者）。寺町周辺は，近世京都における出版の中心地でもあった。都市図としては，『京羽二重』に多くを依拠した豊富な地誌情報を盛り込む貞享3年（1686）「新撰増補 京大絵図」，京都を南北に分割し，乾坤二鋪で構成される寛保元年（1741）「増補 再板京大絵図」といった大型図を刊行したほか，延宝3年（1675）「新板江戸大絵図絵入」などを出している。これ以外の地図では，貞享5年に日本図である「本朝図鑑綱目」，

延宝9年「高野山之図」などがある。これらのことからすると，17世紀後半が吉永の活動時期と考えられる。

［小野田 一幸］

三郷町絵図

江戸時代の大坂市中には600を超える個別町があり，これらは自治組織である北組・南組，のちには天満組を加えた3組に分けられ，東西両奉行所の支配を受けていた。惣会所には，個別町の土地台帳である水帳絵図をはじめ，大坂の町絵図なども，行政文書の一端を担うものとして遺されていた。

三郷町絵図としては，北組惣会所旧蔵図で幸田成友の蔵となった「大坂町絵図」（現慶應義塾大学図書館蔵）や大阪歴史博物館蔵「大坂三郷町絵図」などがある。これ以外にも，大坂城代を勤めた篠山藩青山宗俊の収集図（篠山市教育委員会蔵），大阪天満宮祝部渡邊吉賢旧蔵図（「官正大坂図」大阪歴史博物館蔵）などが確認されている。

［小野田 一幸］

武　鑑

江戸時代の三都には諸大名の蔵屋敷や幕府の役所が置かれ，武家が居住していた。彼らの名鑑が武鑑である（⇨出版文化）。大坂城代など幕府支配機構の役人，蔵屋敷を記述した大坂での武鑑情報の出版は，延宝7年（1679）の『難波雀』から見られ，本格的な武鑑として，享保13年（1728）に『大坂武鑑』が登場した。

刊行大坂図においては，図中に記号を付した「摂津大坂図鑑綱目大成」「摂州大坂画図」のほか，延享2〜4年（1745〜1747）頃刊行の林吉永「新撰増補 大坂大絵図」では，記号を使わずに蔵屋敷の所在地一覧を載せている。武鑑情報の掲出方法や情報の種類にはいくつかのパターンがあった。なお，諸大名の武鑑情報は，17世紀末から18世紀後半にかけて流布した石川流宣作の刊行日本図にも記されており，地図とは深い関わりをもっていたといえる。

［島本 多敬］

播磨屋九兵衛

18世紀末から19世紀中頃にかけて，大坂図をほぼ独占的に出版していた大坂の書肆で，高麗橋一丁目に店を構えた。姓は赤松，号は小雅堂。大坂本屋仲間の記録「出勤帳 三番」には，安永4年（1775）5月の仲間行司として名前を確認でき，この頃には書肆として活動していたことが知られる。

「赤松善応」の名で「増修改正摂州大阪地図 全」の校正を，また，「赤善応」として「増修 大坂指掌図」（「河絵図」）の「校」を担当し，地図の製作にも関与していたとみられる。「改正 摂津大坂図」といった折畳時に和本の中本・小本サイズとなる図に加え，天保7年（1836）にはそれより小型の「改正 懐宝大坂図」を出版している。都市図に対する読者の需要に応じて，大型で詳細な図から都市全体を収めた小型図まで，多様な商品ラインナップを揃えるという販売戦略に注力していた板元といえる。

［島本 多敬］

大坂本屋仲間

三都（のち名古屋も）では，都市ごとに書肆の同業者組合が結成された。その主な業務は，各出版物の板株を管理して書肆間の版権をめぐる紛争を調停し，また，幕府による出版統制の末端を担って，新規出版物の草稿の検閲と，出版許可の上申を行うことであった。

大坂では「本屋仲間」が元禄11年（1698）に結成され，享保8年（1723）に公認された。大坂図の出版もまた本屋仲間の影響下にあり，特定板元の板株独占・寡占の原因となった。例えば，大坂図の大手板元・播磨屋九兵衛は，板株の所持を理由に，他の板元による淀川の水害図や大坂の火災図の出版を差し止めていたことが，大坂本屋仲間記録から確認できる。本屋仲間による出版物・出版組織の管理機能は，都市における地理情報の流布に様々な影響を与えていた。

［島本 多敬］

参考文献

脇田修監修，小野田一幸・上杉和央編『近世刊行大坂図集成』創元社，2015.
島本多敬，近世刊行大坂図の展開と小型図の位置付け，人文地理，65(5)，377-396，2013.

新板摂津大坂東西南北町嶋之図
［ブリティッシュコロンビア大学蔵］

町絵図・地籍図

　江戸時代には，目的や用途に応じて様々な町絵図がつくられた。印刷して出版された刊行図は，江戸・大坂・京都などの大都市を中心につくられたが，個々の目的でつくられた手描きの町絵図も数多く残されている。手描きの町絵図は，町の配置や課税の確認，道路や水路の管理，火災の被災範囲の把握など，目的に応じて主題や表現方法が大きく異なっている。利用にあたっては，描かれた情報を丁寧に観察して地図の性格を捉えることが求められる。

　このうち，比較的多くつくられたのは，街路に沿って屋敷割を詳細に描いた絵図である。屋敷割図は，1筆ごとに間口や奥行，反別（面積）や持ち主などが書き込まれている。町全体を描いた大型図もつくられたが，通りに面した両側町ごとにつくられたものもある。間口や奥行を実際にはかって反別を算出した場合には，計測値をまとめた間数帳が対になってつくられた。また，道幅や水路幅が丁寧にはかられた場合もある。資料が良好に残る地域では，町の構造や変化を詳細に分析することができる。

　街路と敷地の境界の扱いには地域差があり，その様子が町絵図に反映されている場合もある。例えば，大津では，軒下の土地は街路に準じる土地として扱われ，町屋の壁際が境界とされた。これは，軒下が私物化されて街路が占有されるのを防ぐためにとられた措置であるが，元禄期の大津の町絵図では，街路と水路に加えて軒下の幅も丁寧に記されている。一方，京都では，軒下は私有地として扱われ明治期になると私有地による街路の占有が社会的問題となった。町絵図を読む際は，こうした土地慣習にも注意を払う必要がある。

　江戸時代の町絵図は，地域ごとで地図の雛形が示された場合もあったが，明治の地籍図は，新政府の方針に従って約1/600の縮尺を基本につくられた大縮尺地図である。これは，地券発行や地租改正事業などの租税・土地制度改革に伴ってつくられたものであり，国家財政の安定化と近代的土地所有権成立の過渡期の基礎資料として役割が課せられた。

　明治の地籍図には，土地1筆ごとの詳細が描かれており，各筆に地番・反別・等級などが記されている。現在は，法務局や市区町村役場の税務課などで管理されており（公図），近年は博物館や公文書館などへの移管も進んでいる。全国で普遍的に残されており，近代以降の変化を受ける前の様子が詳細に記録されていることから，盛んに学術利用されている。

　明治の地籍図は，一般的な農村を対象とした郡村地券発行地と旧来の町場を主な対象とした市街地券発行地でつくられ方が大きく異なる。町場は，農村に比べて課税額が安く無税地も多かったため，比較的丁寧な方法で測量が行われた場合が多い。各府県の市街地券発行地の一覧と基本的な作製方法については『府県地租改正紀要』で確認することができる。

　公的機関に提出され，正本として伝来した地籍図には，間口や奥行が記されることが少ないが，基本的には測量成果に基づいており，野帳や名寄帳などに計測値が記されている。精密なものは現地とよく合うが，誤差を多く含んだ場合もある。地券や土地台帳などと現地を照合するための役割だけが求められ，土地形状をまったく反映せずに，土地の配列のみを示したものもある（団子図）。

　政府は，できるだけ誤差の少ない地図を要求したが，当時の府県は様々な課題を抱えていた。政府の要求に対応できない府県も多く，測量方法や地図の雛形などの変更が最終的に容認された。政府は6尺竿の利用を奨励したが，旧来の間竿（6尺5寸竿，6尺3寸竿など）が容認された場合も少なくなかった。明治の地籍図と現地を比較する場合は，地域ごとの地図の性格に対する理解が重要である。

　初期の地籍図は，江戸時代の技術に支えられてつくられており，数多くの和算家が関与した。面積の算出は，1筆を四角形に見立てて縦と横を計測した十字法と，複数の三角形に分割して各辺の長さと方位（角度）を計測した三斜法の2通りの方法があった。三斜法の方が土地の形状を丁寧に記録できるので政府はその利用を奨励したが，十字法をとった府県も半分近くあった。二つの方法を組み合わせた場合もあり，直線状の街路は十字法で計測し，屋敷地の面積は三斜法で計測した事例もある。測量は，町の周囲や基軸となる街路を計測して，細部を埋める廻り検地という方法が一般的であった。

　明治の地籍図には，壬申地券地引絵図・地租改正地引絵図・地籍編製地籍地図・地押調査・更正地図という五つの段階がある。つくられた地籍図の種類や性格が府県ごとに異なっており，大きな地域差がある。その理解のためには，地方別の基礎研究の進展が求められる。

元禄期の大津の町絵図

　大津代官は，元禄8年（1695）に100ヵ町に対して間口・奥行・家持人などの詳細を記した絵図の作成を命じた。会所や番小屋など記されており，正本が滋賀県立図書館に，写しが大津市歴史博物館に伝来している。

　この絵図では，道幅と水路幅のほかに軒下の幅も記されている。大津では，軒下は公用地として扱われたが，これは明治の地籍図がつくられた際にも踏襲された。

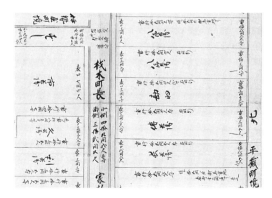

図1 元禄8年の大津材木町絵図の部分
[滋賀県立図書館蔵]

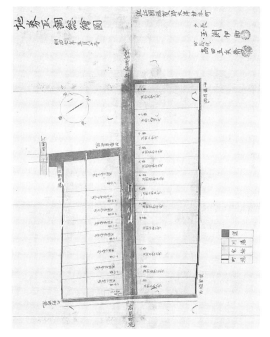

図2 明治7年の大津材木町の壬申地券地引絵図
[大津市歴史博物館蔵]

公 図

 明治政府が行った地租改正事業は，明治14年（1881）6月に一応完了したが，全国で基準が統一されておらず，誤謬地や脱落地が多く含まれるなど，その成果には様々な問題が含まれていた。そのため，明治18年には地租改正事業の成果を修正するための地押調査が行われ，その成果をもとに土地台帳が整備された。

 明治22年（1889）には土地台帳規則が制定され，郡役所（収税部出張所，のちの法務局）と町村役場に土地台帳が設置された。その附属地図として位置付けられたのが旧土地台帳附属地図（公図）である。昭和26年（1951）の国土調査法の施行後に新訂の地籍図の整備が進められているが，全国の約半数の地域で地籍調査が進んでいない。そうした地域では，現在も公図が土地登記の基本資料として使われている。

 明治18年の地押調査は，地租改正地引絵図に修正を加えた場合が多かったが，地籍編製地籍地図が使われた地域もある。所によっては，壬申地券地引絵図がもとになった場合もあり，元図の資料的性格が公図に反映されている。地押調査の結果を既存の地図に反映させるのではなく，模写図をつくってから変更点を反映させた場合もあった。明治21年の「町村地図調整手続」では新しい地図の雛形が提示され，この様式に従った地図を新訂した場合もあった（更正地図）。

地租改正地引絵図・地籍編製地籍地図

 地租改正は，年貢と総称された物納を中心とした税制から地価課税による金納方式の税制への転換をはかった政策である。そのためには，それまで原則的に認められていなかった土地の私有を認め公的に土地所有を証明する必要があり，明治5年（1872）には土地の証書として地券の発行が指示された。地券発行のための土地調査に伴ってつくられたのが壬申地券地引絵図である。地券発行作業は地租改正事業に吸収されたため，壬申地券地引絵図が完成しなかった地域もある。

 明治6年7月の地租改正法を受けて，地租改正事業が進められた。地租改正の着手時期は府県によって異なっており，地租改正地引絵図の雛形も府県によって再調整された。地租改正地引絵図は，明治18年の地押調査によって修正されている場合が多く，詳細な観察が求められる場合は，図の改変や追加情報を丁寧に観察する必要がある。

 これらの事業は大蔵省が主導し，課税対象地である民有地を中心に調査が進められた。これに対して，内務省が主導した地籍編製事業は，非課税地である官有地・道路・水路などを含めたすべての土地の調査を指示した。地籍の編成の指示は，明治7年末に出されていたが，地租改正事業が優先されたため，地籍編製地籍地図の整備は明治10年代半ば以降に進んだ地域が多い。管轄地全域で事業を終えた府県もみられたが，未達成や未着手のまま明治22年の土地台帳制移行を迎えた府県もあった。

参考文献
佐藤甚次郎『明治期作成の地籍図』古今書院，1986．
古関大樹，滋賀県における明治前期地籍図の成立とその機能の変化－佐藤甚次郎説の再検討を通して，歴史地理学，51(1)，21-36，2009．
古関大樹，地籍図類の歴史 (1)，登記情報，56(6)，42-50，2016．

[古関 大樹]

鳥の目から見た都市

　鳥のように空が飛べ，自分の住んでいる町並みを見ることができれば…と，誰もが一度は思ったことがあるのではないだろうか。それは，われわれだけが抱く感覚ではないようだ。洋の東西を問わず，鳥瞰図として，その願いを叶えた図が遺されていることからも傍証できる。例えば，わが国の都市を描いた鳥瞰図の中でも古いものを渉猟するならば，寺社が建ち並ぶ中世の府中を描いた雪舟等楊の「天橋立図」，狩野永徳が描いた「洛中洛外図」，各地の城下町を描いた図などが該当するであろう。一方，ヨーロッパでも早くから都市を素材にした鳥瞰図は描かれている。J.バルバリ（Jacopo de Barbari）の「ヴェネツィア図」，S.ミュンスター（Sebastian Münster）の『コスモグラフィア』収録の都市図が早いものであるが，集大成という点では，『世界都市図帳』を掲げることができる。

　さて，鳥瞰図が日本の巷間に流布するのは，浮世絵師に負うところが大きい。時期的には，18世紀中頃から19世紀中頃である。名所図会類に，都市内部や寺社境内などの様相が挿絵として描かれ，一枚刷の祭礼図や寺社境内図も生み出された。なかでも，都市を一望する鳥瞰図は，名所が点在する三都，開港地横浜において多く製作されている。

　江戸を描いた鳥瞰図としては，鍬形蕙斎の「江戸名所之絵」（享和3年（1803））が知られている。本所・深川を前景に，江戸城を中心とする町並み，さらに富士山を遠景とする画面構成である。となると，視座の中心は隅田川の東上空ということになろう。「江戸名所之絵」は，250を超える江戸各所の地名と寺社などが記されることから，多くの地誌情報が盛り込まれたガイドブックとしてもよいだろう。このような，江東の地からみた江戸の都市景観は以後も，一般的な構図として受容された。蕙斎の孫鍬形惠林による「再刻江戸名所之絵」や，一寶斎国盛の「江戸鳥瞰図」などである。さらに，銅版画家として知られる亜欧堂田善の「東都名所全図」，二代広重の「江戸名所一覧双六」（安政6年（1859））も同様の構図で江戸を描いている。

　京都市中を一望した鳥瞰図には，文化5年（1808）の「華洛一覧図」（図版）がある。同図は，高尾山や愛宕山から嵐山一帯を手前に置き，京都御所から南に連なる洛中の地，さらには鴨川を越えて数々の寺社が並ぶ東山の地を眺望している。このような構図は，山城国と丹波国の国境に位置する愛宕山の上空に視座を置き，京都市中から東山の地を眺めた五雲亭貞秀「京都一覧図画」（元

治元年（1864））に引き継がれた。

　大坂では，大阪湾岸から干拓最中の新田地帯，大坂市中，さらにははるか生駒の山並みを描いた中川山長の「大湊一覧」（天保10年（1839））がある。安治川口や木津川口には停泊する廻舩，市中の河川には茶舩などが描かれ，「出船千艘・入船千艘」といわれた商都大坂の繁栄を印象づけているようでもある。また，貞秀も慶応元年（1865）に「大坂名所一覧」を出しているが，これは大坂城より高い位置に視座を置き，西へと連なる市中の町並み，さらには大阪湾岸を見渡す画面構成となっている。

　横浜では，居留地の様相が鳥瞰図として描かれた。ここで活躍したのが，五雲亭貞秀である。貞秀は，「子安村よりの眺望の真景」と記す「御開港横浜大絵図 完」（万延元年（1860）），その後の変貌を遂げた様相を捉えた「御開港横浜之全図 増補再刻」（慶応3年）などを刊行している。これらは，海からみた新たな都市の姿である。これ以外にも，貞秀は居留地内をクローズアップした「御開港横浜大絵図二編 外国人住宅地」（文久2年頃（1862））で，その様相を詳細に描き切っている。

　この後，鳥瞰図が脚光を浴びるのは，吉田初三郎が活躍した大正から昭和初期にかけてである。時代は，鉄道路線の伸張によって各地に観光ブームが興った時期でもあった。工房「大正名所図絵社」による調査に基づき，都市を詳細に描くだけでなく，横長の紙面一杯に，遠くは富士山までを収録するのが，初三郎鳥瞰図の有り様である。裏面には，その地の名所が列記され，折り畳むとコンパクトなサイズになるのも，案内書としてのアイデアであろう。

鳥瞰図（bird's eye view）

　空を飛ぶ鳥の目から見たように，ある一定の視座から斜めに見下ろした三次元的な図。パノラマ図ともいう。自然景観や建造物などが透視図法によって立体的に描かれるが，製作者の主観により，各種事象をデフォルメして描くことも可能である。

　江戸時代の鳥瞰図（一覧図）を考えた場合，『日本絵類考』の中で，「一覧図は，土地の方位，経緯の度数に拘らず，山川・村市名所・旧蹟等すべて一紙の中に縮めて画きたる地図」と飯島虚心がいったことが正鵠を射ているであろう。都市以外の刊行鳥瞰図としては，葛飾北斎が中国大陸を一望した「唐土名所之絵」，二代広重の「大日本名所一覧」などがある。

『世界都市図帳』（Civitates Orbis Terrarum）

　ケルンの聖職者G.ブラウン（Georg. Braun）と彫刻家F.ホーヘンベルフ（Franz. Hogenberg）の編著によって，1572〜1618年にかけて刊行された都市図アトラス。

全6巻からなる。タイトルや形式などの配列から，同時代の A. オルテリウス (Abraham Ortelius) の『世界の舞台』をモデルとしたとされる。収録された約350の都市は，ヨーロッパを中心とするが，ドイツ語圏，ネーデルランド，イタリアの都市の比率が高い。描かれた都市は，平面プランや鳥瞰図，その両方を用いている場合など，多様である。この都市図帳は，天正遣欧使節がイタリアのパドヴァで土産物として与えられたことで知られている。

鍬形蕙斎（1764－1821）

浮世絵師北尾政美の門人。北尾政美の名で『小鍋立』をはじめとする300を超える黄表紙や絵本などの挿絵を描いたほか，多くの浮世絵なども手掛けた。戯作者としても知られる山東京伝は兄弟子にあたる。寛政6年(1794) 5月には，津山藩の御用絵師となり，鍬形蕙斎と称した(紹真を名乗るのは，寛政9年6月～)。都市鳥瞰図としては，文化6年(1809)に肉筆画「江戸一目図屏風」(⇨都市の自画像)を描いたほか，神田明神額堂にも「江戸の全図」があったという。鳥瞰図としては，日本列島を一望のもとに描く「日本名所の絵」も手掛けている。

「華洛一覧図」

発行風折政香，画工黄華山，洛書林橘仙堂・正栄堂・橘枝堂によって刊行された。黄(横山)崋山(天明4年(1784)～天保8年(1837))は，岸駒に師事した絵師で，人物や山水画などをよくした。

「華洛一覧図」
上は全体図，下は清水寺の部分
［神戸市立博物館蔵］

地名記載は多くはないが，当時の主要な寺社仏閣などが描かれており，失われた景観を知る縁となる。しかし，寛政10年(1798)の落雷によって焼失した方広寺(大仏殿)が見えるなど，資料としての利用は注意を払う必要があろう。この図は，相当な人気を博したのか，書肆名を異にする数点が確認できる。さらには，この図を模した石川児游写「華洛一覧図絵」のほか，P. F. B. フォン・シーボルト (Philipp Franz Balthasar von Siebold) の『日本』(第1冊)では "Panorama van Miako" として活用されている。

五雲亭貞秀（1807－1878頃）

美人画に秀でた初代歌川国貞(1786－1865)の門人。開港後の横浜の風俗を描いた「横浜絵」を多く出している。また，慶応3年(1867)のパリ万博に出品の際には，浮世絵師総代の一人を勤めた。

創作は横浜にとどまらず，自らの取材に基づいた「東海道写真五十三駅勝景」(万延元年(1860))や，各地の一覧図を多く描いた。また，橋本玉蘭斎の名で，「地球万国全図」(嘉永6年(1853))，「武蔵国全図」(安政3年(1856))「常陸国全図」(文久2年(1862))，『大江戸図説収攬』(嘉永6年)などの地図製作にも携わっている。

吉田初三郎（1884－1955）

尋常小学校卒業後，京友禅の図案を描く仕事をしていたが，東京の白馬会洋画研究会に学び，帰京後は鹿子木孟郎に師事する。後に，鹿子木の勧めによって商業美術に転身することになる。

初三郎が注目されるようになったのは，大正2年(1913)に京阪電気鉄道株式会社の依頼で製作した沿線案内の「京阪電車御案内」においてである。後には，「大正の広重」とも呼ばれ，大正10年に鉄道開業50年を記念して刊行された鉄道省『鉄道旅行案内』，大正13年の改訂版の挿絵を担当している。また，日本各地の自治体，商工会議所，電鉄会社などの要請を受け，多くの鳥瞰図や絵葉書を製作している。その範囲は，本州・四国・九州・北海道にとどまらない。南満州鉄道株式会社からの依頼で昭和3年(1928)には旅順や大連などの都市を，昭和4年には朝鮮半島に置かれた府庁からの依頼で平壌や釜山を描いている。

参考文献

矢守一彦『古地図と風景』筑摩書房，1984．
矢守一彦『都市図の歴史（日本編）』講談社，1974．
矢守一彦『都市図の歴史（世界編）』講談社，1975．
佐々木千佳，芳賀京子編『都市を描く－東西文化にみる地図と景観図－』東北大学出版会，2010．

［小野田 一幸］

近代都市を描く地図

　ここでは近代期に発行された，地表面の情報を詳細に描いた大縮尺地図を中心に取り上げる。近代期は測量技術の向上により距離や方位などが正確な地図が数多く作成されており，特に首都である東京では数多く存在する。今日では，これらの地図は様々な学問分野で使用され，近代都市空間の実態・構造の解明において重要な役割を担っている。

　近代期の大縮尺地図やそれに付随する台帳などに描かれている情報は資料により異なるが，大縮尺地図ならではの情報としては，①建物・街区・街路の形状・配置，②建物の用途・店舗の業種，③建物の材質，④敷地割，⑤土地所有者の氏名と住所，⑥地価，などがあげられる。以下，各資料に記載されている情報（①～⑱）を（　）に示す。

　近代期の大縮尺地図のうち，下記の小項目で取り上げるものを除き，比較的利用しやすい地図として，明治16・17年（1883・1884）測図の『参謀本部陸軍部測量局 五千分一東京図 測量原図』（①③）は，建物の配置・規模や道路の形状，皇居や旧大名屋敷の庭園の様子などが把握できる。土地の所有者や地価が記されている土地台帳を集成した資料としては，柏書房から発行されている明治45年（1912）の『東京市及接続郡部地籍台帳』および『同地籍地図』（④⑤⑥）と，内山模型製図社から発行されている昭和初頭の『東京市〇〇区地籍台帳』および『同地籍図』（④⑤⑥）が存在する。明治12年（1879）『大日本改正東京全図』（④⑤⑥）からも当時の地価等級などが把握できる。

　ただし大縮尺といえども，これらの地図から把握できる空間情報は限られている。地図に記されている住所と過去の店舗の名簿資料に記載されている住所を照合して地図化することにより，より価値のある近代都市の空間情報を得ることができる。例えばこれらの名簿資料から得られる情報は，⑪店舗の名称，店主の氏名，⑫住所，⑬業種・販売品目，⑭営業税や所得税，⑮資本金，⑯創業年，開業年，⑰取引地方（販売・仕入別），⑱取引銀行，などである。近代期の名簿資料として主なものをあげると，明治13年（1880）『東京商人録』（⑪⑫⑬），明治31年（1898）『日本全国商工人名録』（⑪⑫⑬⑭），大正13年（1924）『商業部職業別新東京商業便覧』（⑪⑫⑬⑯），昭和4年（1929）『第4回 東京市商工名鑑』（⑪⑫⑬⑯），昭和5年（1930）『大日本商工録』（⑪⑫⑬⑭⑮⑯），昭和16年（1941）『第8回 東京市商工名鑑』（⑪⑫⑬⑭⑮⑰⑱）などがある。

　都市地理学は，都市内部の空間的パターンと変化およびそのメカニズムの解明に努めてきた。その上で，都市空間の実態と変化を把握することは最も基礎的かつ重要な作業の一つである。都市地理学や歴史地理学の分野における近代期の大縮尺地図を用いた詳細な地域研究の視点としては，以下があげられる。A：土地利用の純化・混在の実態と形成過程の把握。a：専門店街（問屋街，料亭街など），b：オフィスビル街，c：住工商混在地域など。B：都市核の変化の把握（鉄道駅の設置や幹線道路の整備に伴う中心地の移転，都市機能の集積に伴う都市の単核から副核構造への変化）。C：都市化・都心化のプロセスの把握（非都市的土地利用から都市的土地利用への変化，都心的土地利用への変化のプロセス）。D：交通インフラの整備（旅客・貨物鉄道の敷設，道路の拡幅など）に伴う地域・地域構造の変化の把握。E：文明開化期に普及した業種の普及実態と地域差の把握。F：証券取引所，市場，百貨店などの近代都市施設の立地・建設と都市生活者や周辺地域への影響。G：明治初期発行の資料による近世都市の実態と構造の把握。

　一方，建築学・建築史学・都市計画学の分野においても，近代期の大縮尺地図が積極的に利用されている。これらの分野では，街路・街区・路地・敷地割りなどの継承性や変化といったことから，まちの履歴や空間構造およびその変化を把握し，これを今後のまちづくり活動のための基礎資料としている。

　過去の住居・店舗や施設などの位置が把握できる大縮尺地図は，後世の人間が過去の地域の実態を把握するのみではなく，過去に生きた人々の記憶を呼び起こし，かつての地域やそこでの生活の様子を思い起こすための道具としても有効である。地域の将来を考え行動するまちづくりにおいては，その地域やそこでの生活の特徴を捉えるとともに，そこに生きる人々がその地域のどのような部分に価値を見いだしてきたのかを把握することは重要な作業であり，近代期の大縮尺地図はそのための有効な資料となりえる。

内務省作成 5,000 分の 1 図

　明治初期において日本の測量・地図作成・地誌編纂などを担っていた内務省地理局が，明治10年代後半と明治20年代後半に発行した縮尺5,000分の1の地図として，『東京実測全図』や『東京実測図』がある。C.A.マクビーン（Colin Alexander McVean）ほか5名のイギリス人を招聘し，彼らの指導のもとに行った三角測量の結果をもとに作成された。近代的測量技術に基づき作成された実測図であるために正確な地図であり，過去の地域を復元して分析する歴史GISなどにおいてベースマップとして利用されることも多い。家屋の形は描かず

に地割と地番が描かれている。昭和37年（1962）以前は地番をもとに住居表示をしていたため，住所表記と照らし合わせることで名簿資料に記載された情報の分布図を作成することもできる。地割の形状が描かれたこの地図は，江戸末期に発行された切絵図との照合も比較的しやすく，江戸切絵図を実測図化する際のベースマップとして用いられることも多い。

商工案内図

都市の中心部において，すべてではないものの商工業者1軒1軒の名称が記載されている地図で，明治末期から昭和初期にかけて全国各地で作成，発行された。民間会社や個人が作成した地図は，地図作成の際の約束事である図式が不統一であり，かつては学術的な価値は低いと考えられていたが，資料によっては過去の情報が詳細に記載されているため，近年はその価値が見直され，近代の歴史地理学研究で使用されている。商工案内図は代表的な民間地図の一つである。日本各地で作成・発行されたために，今日でも駅前や街角において過去の様子を示す看板として使用されている場合も多い。代表的な『大日本職業別明細図』については，南関東一府三県と近畿地方の一部が，『昭和前期日本商工地図集成 第1期・第2期』（柏書房）として発行されている。

国土基本図

かつて国土地理院が行う基本測量の成果の一つに縮尺2,500分の1の国土基本図があり，昭和30年（1955）から昭和50年（1975）頃まで作成されていた。それ以降は各自治体が測量・作成する地図へと引き継がれたが，その名称は不統一で，「都市計画図」「都市計画基本図」「〇〇市地形図」「基本図」「白地図」などの名称が使用されている。建物の形状や道路幅員などが正確に描かれているが，建物の名称の記載は公共施設など主要な施設に限られる。昭和30年頃から今日にかけて存在するため，第二次世界大戦以後の地域を復元する際や，地域調査，地域学習，ワークショップの際のベースマップとして使用できる。現在の地図を入手したい場合，多くの自治体では役所の情報コーナーや担当部署で提供している場合が多い。費用は無料から数百円で提供される場合もあれば，データベース管理になっているために提供は不可という場合もあり，その扱いは自治体によって異なる。

火災保険地図

火災保険地図とは，火災保険の加入を希望する人の居住地を把握するとともに，周辺地区の建物の材質や用途などから火災リスクを把握し，火災保険料率を算定するために火災保険会社によって使用された地図である。個々の建物の用途や材質，店舗名・居住者名や店舗の業種など詳細な情報が記載されている。日本の地理学においては，国内より先にアメリカのサンボーン社などが作成したfire insurance mapが紹介・利用されてきた。国内では，都市整図社が昭和初期や第二次世界大戦後に作成した「火災保険特殊地図」が存在する。東京区部の大部分をカバーしており，その学術的価値は高く，現在では都立中央図書館などで利用できる。東京以外では高崎市・横浜市・京都市など国内18都市の中心部の一部のみが残存し，かつこれらは公的機関での利用が限定的であるため，東京以外の都市での利用には限界がある。

火災保険特殊地図より作成した昭和12年（1937）当時の東京・神楽坂料亭街の土地利用
［牛垣雄矢，地理学における大縮尺地図の利用とその意義―近代期における東京の都市地域を事例に―，日本大学文理学部自然科学研究所研究紀要，45，69-81，2010］

「京都市明細図」

「京都市明細図」は，平成22年（2010）に京都府立総合資料館で発見された資料で，近年はこの地図の特徴や作成・保存の経緯などに関する研究が進められている。原図は昭和2年（1927）に作成され，地割や地番など先の内務省作成5,000分の1図や地籍図に近い情報が描かれている。これをベースとして，昭和26年頃までに建物用途や道路の拡幅などについて手書きや更新図の貼付によって加筆・修正されている。原図が大日本聯合火災保険協会京都地方会によって発行されていることから，前項の火災保険地図として利用する目的で作成されたと考えられるが，後に京都府都市計画課に渡り建物疎開の参考資料にも使われたといわれる。地図上に複数の年代の加筆が混在しており，過去の様子を把握する上でも慎重に使う必要があるが，日本において歴史的・文化的に重要な位置付けにある京都市の過去の様子を詳細に描いた貴重な資料である。

参考文献

牛垣雄矢，地理学における大縮尺地図の利用とその意義―近代期における東京の都市地域を事例に―，日本大学文理学部自然科学研究所研究紀要，45，69-81，2010．
山近博義，京都市明細図の作製および利用過程に関する一考察，大阪教育大学紀要 第Ⅱ部門，64(1)，25-42，2015．

［牛垣 雄矢］

文学の舞台としての都市

文学の生産と消費の舞台

平城京や平安京といった古代都市,特に長く都となった平安京・京都では,様々な文学が花開いた。まず,主な担い手となった貴族社会の人々は,和歌を詠み,また古歌を記憶してそれを活かした和歌も詠んだ。『万葉集』の時代,また『古今和歌集』以降の勅撰和歌集が出されていた時代,和歌は貴族社会の中で盛んに詠まれた。その中に込められる歌枕と名所は貴族のもつイメージと結びついて,貴族たちの目にしたことのない遠くの場所であっても,平安京でその名が口にされ,イメージされた空間が和歌を通じて共有されたのである。

平安中期以降には,歌物語,作り物語,軍記物語などの物語がつくられていくことになる。歌物語を代表する『伊勢物語』には「東下り」で知られる章段に「八橋」「隅田川」,作り物語を代表する『源氏物語』には都の邸宅「六条院」や都から離れた「明石」,軍記物語を代表する『平家物語』には「八島」「大原」など,多くの地名が登場するが,これらの物語が,都の人々が足を運ぶことのない場所を含んでいたとしても,彼らに受け入れられた。ただしここでは,都から離れた場所に「寂しさ」を想起させる側面があり,和歌の歌枕とはややイメージを異にする部分が含まれる可能性も考えられる。

物語には,『平家物語』を琵琶法師が「語っていた」ように,口承によるものという側面がある。この点で共通すると考えられる説話も貴族社会で展開されてきた物語である。また,『平家物語』でいうなら「音楽」を伴って伝えられていたという観点もあり,この点では能との関わる側面もある。その能や能の詞章である謡曲は,観阿弥・世阿弥の親子が新熊野神社で足利義満に能を披露して以降,その庇護を受けるところから隆盛への一歩が始まる。都市は物語を介して人々が「出会う」場でもあった。

平安京・京都は,いわば文学が生み出され消費される舞台であって,これが古代から中世にかけて繰り返されていた。

物語の内容が展開される舞台

一方,平城京や平安京は文学の内容自体が展開される場所,すなわち「物語の舞台」となっている都市でもある。ただし,これらの都市は城壁で囲まれなかったために,京外の空間が京内と一体化する,あるいは都の人々と強く結びつくという状況が生じていたゆえに,文学の舞台としての都市も京内に限らず周辺の京外へ広がりを見せていた。以下の図1には平安京とその周辺の説話の舞台について,物語の内容別に記したが,全体的な分布で見ると,貴族が活動していた空間である左京と東山の寺社に多くが集中していることが分かり,貴族社会と舞台となっている場所は密接に結びついていたと考えられる。

舞台は,文学の中に地名が現れる形で登場し,描かれている内容を通じて,その舞台に関する認識を窺い知ることができる。和歌の中に詠まれた歌枕や名所,歌物語・作り物語や軍記物語などの物語に記された場所,謡曲に含まれた場所などの中にも,平安京やその周辺の都市的空間が登場することがあり,生産・消費の舞台であると同時に内容が展開される舞台でもあった。

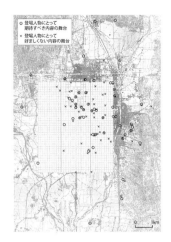

図1　説話の舞台(平安京とその周辺)
[仮製2万分の1地形図「京都」「大津」「伏見」「醍醐村」1889]

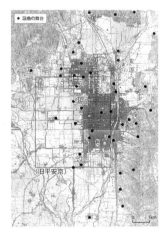

図2　謡曲の舞台(京都とその周辺)
[仮製2万分の1地形図「京都」「大津」「伏見」「醍醐村」1889]

和　歌

『万葉集』や『古今和歌集』以降の勅撰和歌集は,平城京や平安京といった古代都市と密接な関係があると考えられる。和歌の中に「寧楽」や「みやこ」が詠み込まれるということもあるが,和歌集に撰ばれた多くの歌が平城京や平安京で活動する貴族たちによって詠まれたこと,また和歌集自体が古代都市において編まれたこと,など様々な側面がある。

もっとも,『大鏡』で大井川の逍遥の折に,藤原公任が「和歌の船」に乗ったことを,「作文(漢詩)の船」に乗るべきであったとした話があるように,漢詩の方が

高く見られる傾向にあった。それでも和歌は平安京で活動する貴族たちにとって不可欠な教養であったといえるだろう。即興で和歌を詠める力量があることが大切であったことは，小式部内侍の「大江山—」の句が詠まれたときのエピソードを考えれば，理解できるのではないだろうか。

歌枕と名所

和歌に詠み込まれた地名は，歌枕と呼ばれる。歌枕の用語自体は，元々は枕詞や異名などの歌語や歌語を解説した書物を指す言葉であったが，次第によく詠まれる地名の意味になったという[1]。

一方，歌に詠まれた地名を知っている人物はイメージを想起できるが，知らない人々はそうはいかず，歌枕の手引書が出現することとも関係しているのではないかと考えられている[2]。『万葉集』は，地方で詠まれた歌も含まれるほか，天皇（大王）の行幸も遠方に行われていた時代であり，歌に出てくる場所に対する実感が伴っている例も多いと推測されるが，『古今和歌集』が勅撰された平安時代は，貴族は城外の禁制があったこともあり[3]，遠方の地名の多くがイメージの中の空間であったと考えられる。

なお，『万葉集』の歌枕と名所を探究する「万葉地理」の分野が文学研究において盛んに行われてきた点を付け加えておく。

物　語

歌物語・作り物語・軍記物語などには多くの地名が登場する。これらの中にも都市的な空間が地名として登場していることがあり，当時の人々のイメージの分析が可能であるほか，都市構造についても理解できる場合がある[4]。

また，貴族社会で口承されてきた説話にも多くの地名が記されている。これらは，院政期において『今昔物語集』や『宇治拾遺物語』などの説話集に収載されたが，内容は院政期よりも前の話も多く，同時代的なイメージとは限らず，過去から積み重ねられた認識であると考えた方がよい。

図1の説話の舞台は，平安京内には登場人物にとって好ましくない内容（火事・盗難など）が，京外の寺社には登場人物にとって期待すべき内容（現世利益など）が展開される舞台が比較的多いことを示している[5]。舞台によって想起される内容がある程度規定されていることが理解される。

琵琶法師

平家物語はもともと文字で書かれたものであり，琵琶を演奏する盲目の法師が「語る」ものでもあり，琵琶を使用する音曲であったことで語りの固定性を進めたという[6]。したがって，説話などと同様に口承の側面を考慮しなければならないものの，もともと文字で書かれたものであるために，口承されてきたものを記述した説話とは本質的に異なると考えられる。

琵琶法師は京都で『平家物語』を語る盲法師という理解がなされているが，その一方で，その図式には再考の余地があり，中央と地方で『平家物語』は共有されていたと考えるべきだとする指摘もある[7]。

また，後述する謡曲との関係として，世阿弥が『平家物語』を参考にしていたこともあり[8]，能や謡曲に対して，直接的に影響を与えたと考えられる。

謡　曲

中世に大成された能の詞章である謡曲にも，多くの地名が登場する。登場の仕方では，すでに曲名に冠されているもの（「嵐山」「雲林院」など）も多くあるが，曲のはじめに出身地あるいは現在地の説明として出てくる場所や，何らかの目的で移動する途中の宿泊地や旅の目的地などが舞台となっていて，これらに地名が表現され，内容が展開されている。

謡曲の題材として多く用いられているものに，『源氏物語』や『平家物語』があげられるため，平安期の物語をも引き継ぐ要素をもっており，上記の「物語」「琵琶法師」との関連性も考える必要がある。

舞台としては，京都とその周辺（図1と同じ範囲）の謡曲の舞台を示した図2によれば，図1の説話の舞台の分布と似通っていると考えられる。このことは，平安時代以降の物語の舞台が，ある程度引き継がれていた可能性を示唆している。

参考文献

1) 久保田淳編『岩波日本古典文学辞典』岩波書店，2007.
2) 竹尾利夫，万葉集の地名表現—歌枕化への諸相—，名古屋女子大学紀要（人文・社会編），**37**，322-313，1991.
3) 西山良平『都市平安京』京都大学学術出版会，2004.
4) 角田文衛，加納重文編『源氏物語の地理』思文閣出版，1999.
5) 安藤哲郎，説話文学における舞台と内容の関連性—平安時代の都とその周辺を対象に—，人文地理，**60**(1)，41-54，2008.
6) 山下宏明「解説　二　平家琵琶」（『平家物語②（新編日本古典文学全集 46）』）小学館，pp. 536-551，1994.
7) 薦田治子，琵琶法師・座頭・盲僧—中世の盲人音楽家の実態をめぐって—，日本文学，**56**(7)，33-43，2007.
8) 佐成謙太郎『謡曲大観 首巻』明治書院，2004（影印版 6 版，初版は 1931）.

［安藤　哲郎］

都市伝説と名所図会

19世紀に流行した「名所図会」や地誌など，近世日本において編纂された名所地誌本は，蝦夷や琉球も含めた場合，現在，その書名を確認できるものだけでも約700点に及ぶ。「名所図会」など名所地誌本に示される「名所」や「名勝」は，著名な過去の事象（「伝説」や「説話」など）に加え，当時の人々にとって注目すべき「現在の様相」（繁華な場所など）を根拠に不特定多数の読者に向けて公開される場所イメージである。そしてこれらは，編纂者の場所認識を通じて形成された文化的構築物であるといってよいだろう。

名所地誌本編纂の実践を試みた知識人層による名所案内記や地誌の編纂という実践は，旅文化と出版の発展を背景に，その場所を訪れた際の見どころや，伝説・説話の舞台など，その場所のもつ歴史，名産など現在の著名な産業や風俗といった多様な情報を発信し，総体としての都市/場所イメージを再生産している。しかしこれらはみな一様に同じではない。名所地誌本の領域性は作品によって様々に異なっており，どの地域の何をどの程度取り上げるのかなど，作品の領域性は，編纂者や版元の編纂意図のほか，幕藩領主など依頼者の意向など，編纂者の立ち位置や地理思想，彼らを取り巻く種々の社会的環境が複雑な影響下で決定されているといってよい。

このとき，編纂者の場所へのまなざしは，地域外から対象をみる「他所/他者のまなざし」，地域内部から対象をみる「自所/内部のまなざし」，ないし，その両方を併せもっている。米家は，過去遡及的なまなざしをもつ近世地誌のあり方について，官選地誌，民間地誌においても共有する性格であり，その中心には名所や旧跡，歴史的な墳墓や寺社といった「過去」を想起される景観であったという[1]。実際に作品の凡例や序文をみれば，彼らは編纂にあたって，そこに住まう人々に伝承される地域や家の過去，その民俗誌（≒その土地の生活の歴史）を現地見聞と聞き取りによって収集し，旧記による考証を行うといった，場所の「過去」をめぐる実証主義的な調査姿勢が読み取れる。

さて，名所地誌本における伝説の取り上げ方は，青柳や井上がいうように[2,3]，特定の場所にまつわる伝説が複数ある場合，旧記が採用する説を評価した上での再叙述や，自身が新たな説を打ち立てる場合も確認できる。つまり，場所を取り上げるにあたり，何を採用し，どう叙述するのかは編纂者の場所認識に委ねられている。

都市など地域社会において伝承されてきた伝説や過去について考えるとき，柳田によれば[4]，場所の物語について，伝説や口頭伝承という形で特定の地物にまとわりつく段階から，文字化され，考証を受けることを通じて，複雑な形で編成を受け，変質を遂げるという。土居は，伝説や由緒・縁起など場所にまつわる物語から構成される当該地域の「内在的な歴史」（伝承）など，場所と記憶を考える際に扱える資料をめぐって，「トポグラフィー」の概念を提唱する[5]。実に，上方で編纂された「名所図会」や，多くの近世地誌本において叙述される伝説や地域伝承，過去をめぐる場所の記憶は，再編成された当該時期においてトポグラフィーが大半を占めている。その一方で，現在のガイドブックにみられる同時代的な「都市伝説」を叙述するものは少ない。むしろ，「都市伝説」が取りあげられるのは，近代メディアの特徴であるとも推察できよう。

最後に，名所地誌本に添えられる挿絵についても少し触れておこう。長谷川が指摘するように[6]，担当者によって意図的に再構成されたものであり，都市や祭礼の繁華な様相，シンボルマークや寺社の景観など，現在の姿で描かれる場合であっても，眼前に広がる有り様や景観を写した真景ではない。古典的な説話に語られる風景叙述の構造に現行の風景を重ねるもの，既存の絵画/芸術作品がもつ構図を再生産するようにあるべき風景として再構成されることもある。このことは，「摂津名所図会」や「江戸名所図会」の稿本（大倉集古館蔵）に見える挿絵の下書きが，視覚的に表象される場所の構図が再構成されていることをよく物語っている。

では，本項をまとめよう。佐々木が指摘するように[7]，伝説とは，地域固有の〈場所・歴史・人物〉を取り込みながら伝承されるものであれば，場所の事柄を空間的に整理する「名所図会」など名所地誌本は，絵図資料などと同様に，当時の場所の様相や，伝承される伝説や説話の有様，あるいは民俗誌を復原する際の有効な資料の一つである。資料として用いる場合，これまで述べてきたように，文字による叙述や視覚的に表現された場所は，編纂・製作過程において，常に現在の視点から「過去」の物語をめぐる諸情報の取捨選択が行われている。それらは，複合的な事柄が重層的に交差するもので，編纂者が見いだした，あるいは依頼者が思う「都市/場所イメージ」が作品の中で再生産され，不特定多数の読者に向けて発信されたものである。また，編纂者の意図を越えて受け入れられる場合もある。したがって，それぞれの資料がもつ領域性や編纂思想といった作品の背景（当時の社会的，文化的なコンテクストなど）に留意しながら，分析・考察することが肝要となろう。

「名所図会」

「名所図会」とは，近世名所地誌本の編纂方法の一つ

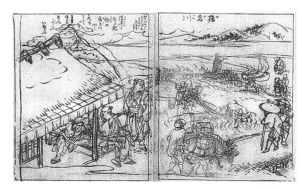

「摂津名所図会」稿本
[国文学研究資料館蔵, CC BY-SA 4.0]

で，安永 8 年（1780）に刊行された秋里籬島「都名所図会」（6 巻 6 冊）を一つの契機とする。これ以降，斉藤月吟ほか「江戸名所図会」など，19 世紀の日本各地において，「都名所図会」に倣った「○○名所（名勝）図会」として編纂・刊行されたものをさす。これらは，秋里籬島が「都名所図会」の凡例において提起したように，卓上において女性や子どもにいたるまで，擬似的な物見遊山を可能にする，その場所のもつ「趣」を図示したリアル（≠実景）な挿絵（図会）を重視したものである。その特徴は，「過去」の可視化，ないし場所や風景をめぐる視覚的イメージの付与に関して，編纂者が挿絵に担わせた役割の大きさにあるといってもよい。

伝　説

伝説とは，民間伝承または口承文芸の一種で，神話と同じように真実性をもちながら，神話のように原古にさかのぼることなく，それ以降の時代と結びつけられ，もともと真実と信じられる事柄について伝えられているものをさす。伝説は，しばしば昔話と比較されたうえで，①ある程度まで信じられるもの，②どこか決まった場所に結びつけられているもの，③定まった形式をもたないという特徴があるという。

これによって，伝説とは，定着しようとする地域固有の具体的な〈場所・歴史・人物〉などを取り込みながら成立し，伝承過程において，各時代の社会的文脈の中で再編成がなされうる，地域社会の人々に共通する〈特定の場所をめぐるイメージ〉の表象であるとみることができる。佐々木は，伝説が伝承される場所，ことに〈怪異の風景〉について，心理学的手法を援用し，隠喩・換喩・提喩の関係性からなる〈風景認識の三角形〉のなかで捉えうることを指摘している[8]。

都市伝説

重信によれば，都市伝説（urban legend）について，1980 年代初頭にアメリカの民俗学者 J. H. ブルヴァン（Jan Harold Brunvand）が使い始めた概念であり，「現代的な状況の中で生み出される，実際にあったこととして語られる話を意味する」という[9]。ブルヴァン自身は，都市伝説の「都市＝urban」について，あくまでも「現代＝modern」を意味し，同時代を意味する言葉として使用している。これに対し，日本では都市民俗学という文脈の中で，「都市」に特定の意味が付与されていく。それによって，都市伝説とは，「私たちの身体的経験を拡張し等身大を越えた日常生活をつくりなしていく企業や市場システム，そしてメディアなど，「都市」という仕組みを日常に流布する噂話的な話を通じて問う概念」として用いられるようになった。近世日本の名所図会などにおいて取り上げられる都市伝説とは，その編纂段階において流布されていた同時代的な噂話とでも位置付けられよう。

参考文献

1) 米家泰作, 歴史と場所, 史林, **88**(1), 126-158, 2005.
2) 青柳周一, 近世の地域は名所図会にどう記録されたか, 国文学解釈と鑑賞, **70**, 71-79, 2005.
3) 井上智勝, 近世大坂における名所の創出と伝説, 国文学解釈と鑑賞, **70**, 80-88, 2005.
4) 柳田國男,『伝説』(『柳田國男全集 7』) pp. 7-155, 筑摩書房, 1990 (初版は 1940).
5) 土居浩,「トポグラフィティの民俗誌」(岩本通弥編『現代民俗誌の地平 3 記憶』) pp. 164-177, 朝倉書店, 2003.
6) 長谷川奨悟, 近世上方における名所と風景, 人文地理, **62**(4), 19-40, 2012.
7) 佐々木高弘『怪異の風景学』古今書院, pp. 1-17, 2014.
8) 佐々木高弘『怪異の風景学』古今書院, pp. 18-34, 2014.
9) 重信幸彦「世間話と都市伝説」(民俗学事典編集員会編『民俗学事典』) pp. 622-623, 丸善出版, 2014.

本項全体の参考文献

小松和彦編『記憶する民俗社会』人文書院, 2000.
岩本通弥編『現代民俗誌の地平 3 記憶』朝倉書店, 2003.

[長谷川　奨悟]

経済機能と都市

地理学の観点から都市の形成を考察する際，経済機能は，重要な契機と位置付けられてきた。市に注目して，不定期市→三斎市→六斎市→毎日市（常設市）→町場→都市，といった発展系列は，よく指摘されてきた。その発展史について筆者は，主に景観に注目する歴史地理学の観点をあくまで重視したい。

まず，中世の市庭の景観に直接アプローチしたい。市庭の景観の visual image を豊かに提供する絵画史料として，従来からよく使われてきたのは，鎌倉末期成立の「一遍上人絵伝」備前国福岡市の場面である。市舎には商人が商品を並べているが，「同上」の信濃国伴野市では消費者も認められないことから，実は恒久的な施設と判断できよう。福岡市に建つ「市舎」に並べられた販売商品が何か，を読み解く研究は積み重ねられてきたが，「一遍上人絵伝」における表現はパッチワークだとする近年の指摘を勘案すると，福岡市の場面に関する以下のようなストーリー展開こそが，重要であろう。すなわち，備前国藤井の政所の邸，吉備津宮の神主の子息の妻女が，一遍に感化されて剃髪した，と聞かされた子息は，一遍をこらしめようとして，彼なら人が多く集まる福岡市におそらくいるだろうと予想して，赴いてみると，やはり一遍はいた，というのである。描かれている商品が当時の福岡市に並べられていた，という史料として使えるのか，実は疑問ともいえる。

常設市が町場化する変化について，実際には，市の形態によるシステムと固定店舗とは混在する時期があっても，史料による確認は難しい。地域により異なるが，具体的には戦国末から近世に掛けて，であった。時間によって違う局面を示すのが市システムの本質的な特徴であり，それが絵図で表現されているか，極限すれば，表現できるのか，という問題は大きい。

歴史地理学の立場から「市庭景観」を問題にして，類型化しようと試みた筆者の結論は，図1であり，それを平面図に展開したのが，図2である。

中世の荘園絵図を参観すると，例えば「越後国奥山荘波月条近傍絵図」の市は建物列として描かれ，あくまで静的な表現に留まる。先の「諸類型」に戻れば，タイプB①b，B②，Cのいずれなのか，不分明である。

時間により違うという市システムの特徴は，絵図という表現媒体でどう表現するのか，あるいは，表現できるのか，という根源的な問題は，中世に特有な訳では決してなく，普遍的な問題である。それゆえ，絵図の数が増える近世絵図について考えると，近世都市を代表する城

図1　市庭景観の諸類型と理念的変化系列

［藤田裕嗣，日本中世における市庭と広場，国立歴史民俗博物館研究報告，第67集，163，1996］

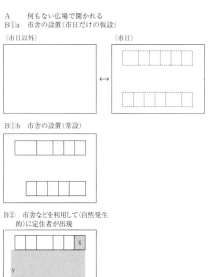

図2　市庭の諸類型（平面図）

［藤田裕嗣「地理学からみた都市的な場―絵画史料に「都市」景観を探る―」（中世都市研究会編『都市的な場』（『中世都市研究17』））p.79，山川出版社，2012］

下町についても，こと市庭が呈していた景観に関しては，城下町全体を描こうとした城下町絵図の類では描かれていない。個別の町を描写範囲とした絵図でさえ，市が具体的にどのような形で開かれたのか，そしてその場所（すなわち市庭）はどこなのか，特段の注記は見られず，不明である。

絵図が作成されるのは，市場争論を三つに大別したうち，市場内争論に限られた。市場内争論は，市立街区争論と売場争論に二分され，絵図作成は，後者とともに，

前者のうち境界が問題になった場合に見られる，との指摘がある。争論絵図研究への発展解消についても言及され，この点では，矢守一彦による研究を典型とする城下町絵図研究と一線を画している。市場自体を描くことを主な作成目的とした絵図は，近世においては争論との関わりで確かにあったことを確認できた。

「一遍上人絵伝」

鎌倉末期成立の「一遍上人絵伝」備前国福岡市の場面は，従来からよく使われてきた（図3）。これは市の場面が描かれているとしても，普段は，「同上」の信濃国伴野市における場面のように，市舎が寂しく建っているだけなのであって，この2場面を対比的に捉える必要がある。すなわち，市日になると商品が並べられ，商人が管理している，と解釈される（図3）。市舎は恒久的な施設と判断できよう。絵巻物は詞書でストーリーが捉えられ，本文でも紹介したように解釈できるにしても，通常はストーリーを伴わない荘園絵図表現では難しい。

図3 「一遍上人絵伝」備前国福岡市の場面
［藤田裕嗣「市庭と都市とのあいだ－地理学からの研究視角－」（中世都市研究会編『都市空間』（『中世都市研究1』））p.161，新人物往来社，1994］

「越後国奥山荘波月条近傍絵図」

同絵図（図4）の描出範囲は，現代の新潟県胎内市に当たる。「高野市」の両側で3軒ずつ，「七日市」は各4軒の建物列として描かれている。荘園絵図ではあくまで静的な表現にとどまっており，この表現から想定できるケースは，①このような建物の下で市が開かれ，市日にはどこからか，商人がやって来て，市のシステムが機能していた，②この建物は固定店舗の類であった，③単に地名にすぎず，商売さえ実はされていない，のような三つの可能性である。論理的にはこの順序で当地の変遷はあり得たであろうが，描かれた時点で三つのうち，どれなのか，多くの場合，判定は難しい。

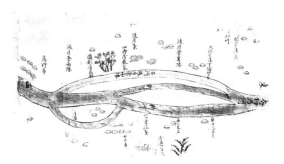

図4 「越後国奥山荘波月条近傍絵図」
［新潟県中条町役場（現胎内市）蔵］

「豊前国小山田社放生殿市場図」

同図は，事書に「八幡宇佐宮 和間浜放生会之時法用場粧厳同仮屋形之事」とある応永20年（1413）の注文に付属し，注文の内容が図化されている。大鳥居の東方に「市場東頭也」と大書され，両側に20間以上もある長い掘立小屋様の図像は，和間浜放生会の際の臨時市に伴って建てられるもので（図5），注文の事書の「仮屋形」に当たる。図1のタイプB①a仮設の市舎といえる。「唐物座」「カラ」との注記がそれぞれ3ヵ所にあり，東に接して，「牛馬市」と記され，「殺生禁断札」も立っている。道路から奥の6ヵ所に屋根状の図像があり，「市目代」，「茶ヤ」（3ヵ所），「酒ヤ」（2ヵ所）の注記が認められ，仮設の市舎とは区別される常設化した市舎（b）または店舗とも考えられる。

図5 「豊前国小山田社放生殿市場図」（部分）
［小山田秋子蔵］

参考文献

藤田裕嗣「市庭と都市とのあいだ－地理学からの研究視角－」（中世都市研究会編『都市空間』（『中世都市研究1』））新人物往来社，1994．

藤田裕嗣，日本中世における市庭と広場，国立歴史民俗博物館研究報告，第67集，1996．

藤田裕嗣，日本中世の市場，文明のクロスロード Museum Kyushu, 18(4), 2001．

藤田裕嗣「地理学からみた都市的な場－絵画史料に「都市」景観を探る－」（中世都市研究会編『都市的な場』（『中世都市研究17』））pp.73-90，山川出版社，2012．

［藤田 裕嗣］

交通と都市

　交通の便利さは都市の形成要因のなかでも重要なものである。都市が形成され，存続していくためには，人やモノが行き来できる経路が不可欠である。したがって交通が便利な場所には，古代以来都市が形成されてきた。ただ，交通システムは人間社会の発達に伴い変化してきたため，交通の便利さの意味は時代により異なっている。本項では交通システムの変化と都市の形成・衰退との関係について述べる。

　もっとも古い陸上の交通手段は徒歩である。水上では早くから船（丸木舟）が利用された。牛馬が大陸から渡来する前は人力による交通しかなく，平野・盆地・谷口・河口・湖岸・渡津・入江・峠のふもと・河川の合流地点など，地形的条件によって規定される交通の結節点に，小規模な都市が形成されていた。こうした場所の優位性は，その後も基本的に変化がなく，都市形成の主要な地点であり続けた。

　4世紀頃に牛馬が渡来すると，新たに乗馬という交通手段が登場した。ただ，牛車は平安時代の貴族の乗り物として広まり，馬車は近代まで利用されなかったことは注意を要する。馬を利用した陸上の交通システムは，7世紀半ばに始まった律令制により整備された。中央集権的な支配体制を形成し維持するために，中央と地方をできるだけ最短距離で結んだ**古代道路**は，そのために建設されたものだった。駅馬を備えた駅を一定間隔に配置することにより，情報伝達を迅速化させた。駅には国府や郡衙を兼ね，都市機能が発達したものも多い。古代道路は地域計画の基準線の役割を果たすこともあり，平野部の**条里地割**はこの道を基準に設定されている場合が少なくない。律令制の衰退とともに古代道路の多くは廃れたが，一部のルートは後世に引き継がれた。

　中世は京と東国を結ぶ東海道・中山道，鎌倉を中心とする鎌倉街道などが発達した。近世は徒歩交通の最盛期であった。徳川幕府は，江戸を中心とした交通網をつくるため，五街道（東海道・中山道・日光街道・奥州街道・甲州街道）を整備した。さらに五街道の付属街道や脇街道が発達し，参勤交代などの公用以外にも，寺社参拝を目的とした庶民の旅に広く利用された。街道沿いには多くの宿場町が形成され賑わいをみせた。

　律令制における交通政策は陸上交通を主としたが，周囲を海に囲まれ，内陸奥深くまで河川や湖沼が入り組んでいる日本では，水上交通も重要な意味をもっていた。船を利用した水運は大量の物資を一度に運べる利点があるし，速度も徒歩よりも速かったからである。海運が早くから盛んだったのは瀬戸内海である。外海である日本海や太平洋の海運は，古代には停滞したままだったが，中世以降は次第に活発になった。沿岸の入江には風待ち潮待ちのため，多くの港町が形成された。内陸水運も早くから存在したが，年貢米の大量輸送が必要となった近世に大きく発展した。河川の合流地点や街道との結節点などに，河岸と呼ばれる港町が数多く形成された。

　近代になると，明治5年（1872）の新橋－横浜間に始まる鉄道網の整備により，陸上交通の重要性が著しく高まった。鉄道は輸送量と速度の双方で従来の陸上交通を大きく凌駕したし，速度という点で水上交通の地位を低下させた。ここで交通システムに大きな変化が生じたのである。近世に栄えた城下町・宿場町・港町・河岸には，この変化により衰退を余儀なくされたものが少なくない。鉄道忌避伝説はこの過程で生まれた。代わりに，鉄道沿線を中心とする交通の便利な場所に，新たな都市が形成された。なかでも私鉄が開発した郊外住宅地は，鉄道で大都市と郊外の間を通勤通学する新たな生活スタイルを確立させた点で注目される。他に，外国貿易のための大規模な港湾建設とともに成長した港湾都市，軍港の立地に伴い形成された**軍港都市**などもある。

　第二次世界大戦後も一般・高速道路網と高速鉄道網の整備により，陸上交通の重要性はさらに高まった。戦後まもない頃は国道でも舗装率が低かったが，高度経済成長期に急速に改善された。高速道路建設は昭和32年（1957）に開始され，その後大型トラック輸送が盛んになった。東京五輪や大阪万博を契機に，新幹線や都市高速道路の整備も進んだ。1970年代以降はマイカーの普及が本格化し，平成5年（1993）にはSA（サービスエリア）に匹敵する機能をもつ「道の駅」の整備が始まった。こうした交通システムの変化は都市域の大幅な拡張をもたらし，郊外に衛星都市やニュータウンと呼ばれる居住区域が形成された。

　2027年にリニア中央新幹線が開通すると，ある場所は新たに都市として成長を遂げるだろうし，またある場所はルートから外れたために従来の求心性を失うかもしれない。今後も交通システムの変化は都市の形成・衰退に影響を与え続けるだろう。

古代道路

　古代の律令制下において，中央政府が計画的に整備した道路。時期や地域により異なるが，少なくとも10m前後の幅があって直線的であり，駅馬を備えた駅を一定間隔（原則16km）で配置していた。国府や郡衙が宿駅の機能を果たした場合が多い。こうした駅路は7世紀後半には全国規模で整備された。東海道・東山道・北陸道・山陰道・山陽道・南海道・西海道の7道である。だが，既存の集落とは無関係に直線的計画路として整備さ

れた駅路は，律令制の衰退とともに廃れた。一方，郡衙間を結ぶ伝路は自然発生的な道を基礎とした場合も多く，駅路よりもルートが後世に引き継がれた。

港　町

陸上交通と水上交通の結節点である港を中心に発達した都市。近代に鉄道や自動車などの陸上交通が登場するまでは，大量輸送が可能であり，徒歩よりも速度が速い水上交通は重要性が高かった。海運の場合，古代から中世までは沿岸航法である地乗りが主流だったが，近世に沖乗りへ移行し，新たな航路沿いにも港町が形成された。総じて近世までの港町は，入江や河口付近など地形を活かしたものであり，規模も概して小さかった。それに対し，近代以降は浚渫や埋立てなどの技術を駆使し，埠頭を中心とする大規模な港が新たに建設され，近世までの港町の多くが衰退した。戦後は水上交通の地位がさらに低下し，近代以降栄えてきた港町でも衰退した例が少なくない。

軍港都市

近代に軍港の設置に伴い形成された都市。鎮守府が置かれた横須賀（明治17年（1884））・呉（明治22年（1889））・佐世保（明治22年）・舞鶴（明治34年（1901）），要港部が置かれた大湊（明治38年（1905））がある。地勢的な条件から艦隊や軍艦の根拠地にふさわしい場所を選んだ結果，静かな農漁村だった地域に最新の技術と巨額の予算が集中的に投じられ，海軍工廠・海軍病院・水道・鉄道などのインフラが急速に整備された。人口も短期間に急増し，一大重工業都市として発展した。そのため，地域に与えた影響は，旧城下町などに置かれた陸軍の軍都よりも，軍港の方が大きい。戦後，軍港は海上自衛隊や在日アメリカ海軍に引き継がれた。

道の駅

各自治体が安全な道路交通環境の提供と地域振興を目的として，主に一般道に設けている複合施設。休憩機能・情報発信機能・地域の連携機能という三つの機能を併せもつ。国土交通省が登録を管理。制度開始は平成5年（1993）。平成28年（2016）10月現在，全国に1,107ヵ所ある。10km程度の間隔を空けて設置され，地域の特産物を活かした農産物直売所・売店・レストランなどのサービスが強みの一つ。北海道では，鉄道の廃止路線の駅跡に設置されている道の駅が9ヵ所ある。この例のように，道の駅にはかつて鉄道の駅が担っていた地域の中心機能を代替することが期待されている。

条里制

古代の律令制下における土地区画制度。6町（654m）

四方の区画を里と呼び，里を東西に連ねたものを条と呼ぶ。基本単位となるのは1町（109m）四方の坪である。条里は行政区画から道路・水路の方向，村落・都市形態に至るまで，それ以降の空間構造全体を規定する作用をなした。近畿の平野部を中心として，沖縄と北海道を除く各地にその分布を確認できる。条里地割の施行にあたっては，古代道路を基準線とした場合が多くみられる。そのため条里施行地において，条里方格地割のなかに1町を超える部分（余剰帯）が発見された場合，その部分が古代道路であった可能性が高い。

河　岸

河川や湖沼の岸に形成され，内陸水運の拠点となった港。古くから存在したが，重要性が高まるのは近世である。年貢米を大量輸送する必要から，幕府や各藩が河川改修工事を盛んに行うようになったことがその背景にある。近代になると，利根川や淀川など一部の大河川では蒸気船の就航により輸送能力が向上し，小河川でも鉄道駅と結んだ水運が発達するなど内陸水運は最盛期を迎えた。だが，明治中期以降は，鉄道輸送の発達やダム建設の影響により急速に衰退し始めた。最終的には，戦後の大型トラック輸送の登場にとどめを刺された。河岸もそれに伴い衰退し，現在では昔の名残をまったくとどめていない場所も少なくない。

参考文献

川名登『河岸に生きる人びと－利根川水運の社会史－』平凡社，1982.

川名登『河岸』法政大学出版局，2007.

木下良『事典日本古代の道と駅』吉川弘文館，2009.

木下良『日本古代道路の復原的研究』吉川弘文館，2013

木本雅康『古代官道の歴史地理』同成社，2011.

金田章裕『条里と村落の歴史地理学研究』大明堂，1985.

坂根嘉弘ほか編『軍港都市史研究』（全7巻）清文堂出版，2010〜2018.

柴垣勇夫編『中世瀬戸内の流通と交流』塙書房，2005.

島方洸一企画・編集統括『地図でみる西日本の古代－律令制下の陸海交通・条里・史跡－』平凡社，2009.

島方洸一企画・編集統括『地図でみる東日本の古代－律令制下の陸海交通・条里・史跡－』平凡社，2012.

関満博，酒本宏編『増補版　道の駅－地域産業振興と交流の拠点－』新評論，2016.

武部健一『道路の日本史－古代駅路から高速道路へ－』中央公論新社，2015.

舘野和己，出田和久編『日本古代の交通・交流・情報』（全3巻）吉川弘文館，2016.

松下孝昭『軍隊を誘致せよ－陸海軍と都市形成－』吉川弘文館，2013.

［柴田　陽一］

都市の測量図と GIS による精度検証

　地理情報システム（Geographic Information System：GIS）が有する空間情報の管理・分析機能を歴史空間の研究に援用する「歴史 GIS」と呼ばれる研究領域が，2000年前後から展開されてきた。デジタル化された過去の統計類とそれに対応する過去の地名・行政界や地形などの空間情報があれば，歴史 GIS の分析対象となりえるため，研究テーマは多岐に渡る。なかでも，過去の空間情報を直接的に入手できる古地図は，歴史 GIS の根幹を支える重要な研究テーマの一つとなっている。さらに，高精細デジタル画像の作成技術や大容量情報記録媒体の向上などを背景に，各地の図書館・博物館に所蔵された古地図・文書類のデジタルアーカイブ化が進み，原物に近いデジタル画像の入手・閲覧が可能となったことも，歴史 GIS における古地図分析の進展を後押ししている。

　近代的な測量技術によって作製されていない古地図に描かれた空間情報を GIS 上で分析する際には，GIS の機能の一つである「ジオリファレンス」を用いるのが一般的である。ジオリファレンスは，リモートセンシングで得られた衛星写真や空中写真などのデジタル画像に含まれた歪みを取り除いて，現在の投影座標系に重なるように幾何補正し，空間参照情報を付与する機能である。リモートセンシングのデジタル画像に含まれる幾何学的歪みは，センサ，プラットフォーム，地形起伏などに起因しているが，これらの画像の歪みと同様に，古地図の歪みについても幾何補正が可能である。その補正過程や結果から古地図作成時の測量・描画精度の検証が行われている。

　ジオリファレンスの方法は，清水らによる TIN（Triangulated Irregular Network）とアフィン変換を用いるものが広く浸透している[1]。具体的な作業手順は，まず国土地理院が整備している「基盤地図情報[2]」や地形図（年代によっては仮製図も可能）などの，近代的な測量技術によって作製された地図の GIS データを基図として準備する。次に古地図と基図とのそれぞれの同一地点（主として拡幅されていない街路の角・交差点や経年的な変化が少ない地物など）を特定・記録するための「コントロールポイント（CP）」を設定する。これらの CP を蓄積した「リンクテーブル」を地点同士の対応関係を表すパラメータとして古地図画像を幾何補正し，空間参照情報を付与する。これにより，古地図を現代の投影座標系の上に表示するとともに，リンクテーブルに蓄積された CP の数値を利用して，古地図の誤差（X 軸方向と Y 軸方向の誤差）を測定・視覚化することができる。

　ただし，この CP から得られた古地図の誤差には，①測量器具の性能や測量方法などの「測量時の誤差」，②製図器具の性能や交会法の測量値の補正計算などの「製図時の誤差」，③経年変化による紙の伸縮・破損などの「史料の物理的誤差」，④撮影・スキャニングおよび GIS での CP 作成時などの「分析過程の誤差」がある。古地図の誤差を分析する際には，どの種類の誤差であるのかを理解しておかなければ，図像や記載情報の解釈を誤る恐れがある。

　そのため，分析対象の古地図について測量の有無や作成過程を理解した上で，分析視角に応じた適切な作業手順を選択する必要がある。GIS を用いて古地図を現代図に重ね合わせて精度検証を実施する際の代表的な分析視角では，CP の二乗平均平方根（Root Mean Square：RMS）で重なりの精度を表した「RMS 誤差」を手がかりに解釈することが多い。この RMS 誤差を正しく解釈するためには，CP を設定した地点自体が地図作成時点で誤って描かれている可能性がある不確実な CP を除外しておく必要がある。また，RMS 誤差は古地図全体の歪みの程度を理解するには有効であるが，各測点や測線に焦点を当てて測量技術や描画技術を詳細に検証・議論する際には，不十分な分析方法である。この課題に対して近年では，測量野帳や図面に記載された測量値から測点・測線・角度を GIS 上で復原し，現代図あるいは古地図に重ね合わせて比較する方法が試みられている。こうした GIS によって測量値や測図を精確に計測し，正しく解釈する研究手法は，前近代の測量図・測量技術を理解するための有力な手段として，その深化が期待されている。

歴史 GIS

　GIS は空間情報（図形情報）と属性情報をコンピュータで系統的に，構築・管理・分析・統合・伝達するシステム群（広義），あるいはソフトウェア群（狭義）で，空間情報に関連する地理学，都市工学，測量学などの研究領域で早くから活用されてきた。2000 年前後から，歴史学や歴史地理学といった歴史空間を主な研究領域とする分野においても，GIS が援用されるようになる。こうした歴史空間で GIS の分析機能を援用するアプローチが「歴史 GIS」である。歴史 GIS のなかでも，古地図に関する研究は重要なテーマであり，デジタル化された過去の統計資料と古地図を GIS で統合して分析する研究と並行して，デジタルアーカイブを場所の情報とリンクさせて整備・公開するシステムの構築が進められてきた。例えば，D. ラムゼイ（David Rumsey）と M. ウィリアム（Meredith Williams）の研究では，ニューヨークの複数の都市図をジオリファレンスし，現在の座標系

に投影することによって，19世紀から20世紀の都市開発の変遷や比較をしている[3]。他にも，標高データと合わせて三次元的に表示することや，地図上にホットリンクを作成して，地図から特定の地物の詳細データを閲覧することが可能であることを示した。

また，古地図コレクターとしても著名なラムゼイのコレクションは，Google Earth上で表示・閲覧することができ，古地図を現代の空間に重ねた形で公開したデジタルアーカイブの先行事例としても評価されている[4]。さらに近年では，世界各地の図書館・博物館に所蔵された複数の古地図コレクションのデジタルアーカイブを横断して検索・表示することが可能なOld Maps Onlineが，GISとの連携による古地図の新しいデジタルアーカイブの形として注目を集めている[5]。

測量

計画的な街区を有している都市を建設し，管理する上で測量は欠かせない技術である。日本の前近代において，測量の基本は，測量地点間の距離と角度をはかることであった。具体的には，平板の上で見通して縮図を描く「量盤術」（現在の平板測量に類似）と，方位磁石盤などで方位角を測って位置づける「盤針術」（現在のトラバース測量）の二つの測量法が知られている。現地で計測した測量値を野帳に記録する盤針術は，遅くとも17世紀中頃には日本で実践されるようになり，18世紀には農村部の百姓らにも普及していくようになる[6]。盤針術の基本は，任意の地点から次の地点へ，測点間の距離と方位角を測定しながら順次測量を進めていく道線法と，すでに位置の確定した2点以上の測点から，遠望できる同一の目標を視準し，視準方向線の交わる点を図上の目標位置として定める交会法が用いられていた。また，交会法は，道線法の補正にも用いられている。よく知られた伊能忠敬らによる測量は，この盤針術に基づく測量であり，前近代的な測量技術であった。明治以降，日本においても三角測量と水準測量に基づく近代的な測量がもたらされるとともに，経緯度座標系に位置づけられるようになる。

しかし，各地の都市建設や管理の場面でどのような測量法が行使されたかを明らかにできる事例をあげるのは乏しいのが実情である。前近代においても，比較的高い精度で測量が実施され，その成果としての測量図が残されていることも事実であり，今後の研究が待たれる。

測量図

「測量図」として残されている多くの都市図は，近世以降に作成されたもので，それらの代表的な事例として，北条氏長・遠近道印や伊能忠敬らによる江戸図，中井家の京都図，そして各地の城下図などがあげられる。

都市部の測量は，国郡絵図などの場合に比べ，作成対象が平坦な地形でさほど広域ではなく，ある程度規則的な街区が続く場所となることが多い。そのため，広域の測量とは求められる測量法が異なってくると考えられるが，国絵図や伊能図に代表される広域の測量図に比べ，都市図における測量の研究蓄積は乏しい。これは，測量や設計論理に関わる資料が残されていないことに起因していると考えられる。そうした状況下において，現地での作業に関わった人々，測量法，道具の精度，製図時の道具，絵師の技術を検証する場合，測量図に描かれた測点や測線などの現在に残された少ない手掛かりから読み解いていくことになる。

測量図の測点や測線の歪みをGISで計測する分析は，測量図を理解するための有効な手段であり，前近代の測量技術で作成された都市図を対象としたGIS分析の成果が蓄積されつつある。例えば，北条氏長による「万治年間江戸測量図」（明暦実測図）や伊能忠敬らの「江戸府内図」を対象として，清水によるGIS分析[7]の結果を踏まえて，江戸の設計理念を検討した阿部ら[8]，中井家の「寛永後萬治前洛中絵図」を対象として，その地図精度を検証しながら編集図の可能性を指摘した塚本・磯田があげられる[9]。また，各地の城下図を対象とした平井らでは，徳島藩の岡崎三蔵，鳥取藩の中村真一，金沢藩の石黒信由などの測量家が作成した測量図を対象に，GISの幾何的分析を通して各地の測量事業や技術水準を明らかにする試みがなされている[10]。

参考文献

1) 清水英範，布施孝志，森地茂，古地図の幾何補正に関する研究，土木学会論文集，625，IV-44，89-98，1999.
2) 基盤地図情報サイト http://www.gsi.go.jp/kiban/index.html.
3) D. Rumsey, M. Williams, "Historical Maps in GIS" (A. K. Knowles, ed., "Past Time, Past Place: GIS for history", pp. 1〜18, ESRI Press, 2002.
4) David Rumsey Map Collection http://www.davidrumsey.com/
5) Old Maps Online http://www.oldmapsonline.org/
6) 鳴海邦匡『近世日本の地図と測量：村と「廻り検地」』九州大学出版会，2007.
7) 清水英範，布施孝志，中田真人，江戸の都市景観の再現に関する研究，土木学会論文集D，64(3)，473-492，2008.
8) 阿部貴弘「江戸の建設と測量」（杉本史子，礒永和貴，小野寺淳，ロナルド・トビ，中野等，平井松午『絵図学入門』）東京大学出版会，2011.
9) 塚本章宏，磯田弦，「寛永後萬治前洛中絵図」の局所的歪みに関する考察，GIS-理論と応用，15(2)，111-121，2007.
10) 平井松午，安里進，渡辺誠『近世測量絵図のGIS分析―その地域的展開―』古今書院，2014.

［塚本　章宏，鳴海　邦匡］

第 10 章　考古学

編集委員：谷川章雄

考古学の概説……………………………………………………（谷川章雄）574

建物の原型………………………………………………………（石井克己）578
縄文・弥生都市論………………………………………………（比田井克仁）580
古墳時代の豪族居館と建物……………………………………（橋本博文）582
古代の交通路……………………………………………………（山路直充）584
中世の城館・居館………………………………………………（萩原三雄）586
中世都市の流通と消費…………………………………………（八重樫忠郎）588
近世都市の流通と消費…………………………………………（堀内秀樹）590
発掘された近世都市……………………………………………（谷川章雄）592
都市環境史・災害史……………………………………………（谷川章雄）594
近代都市の考古学………………………………………………（谷川章雄）596

574　第10章　考古学

考古学の概説

都市考古学の歩み

　考古学は都市をどのように捉えてきたか。ここではまず都市考古学の歩みをたどることにしたい。

　古代の都城を対象にした本格的な考古学的調査は，昭和9年（1934）から10年間にわたる，黒板勝美が創設した日本古文化研究所による藤原宮跡の発掘に始まる。その後，昭和27年（1952）には奈良国立文化財研究所が設置され，昭和34年（1959）には平城宮跡の調査が継続的に行われるようになった。昭和41年（1966）からは奈良県教育委員会が藤原宮跡の調査を行い，昭和45年（1970）には奈良国立文化財研究所がこれを引き継いでいる。また，昭和29年（1954）からは山根徳太郎らによる難波宮跡の調査，中山修一らによる長岡京跡の調査が開始された。

　地方官衙では，常陸国新治郡衙跡が古く昭和16年（1941）に発掘されている。また，昭和38・39年（1963・1964）には近江国府跡の国庁跡が発掘された。昭和38年（1963）から多賀城跡が断続的に調査されるようになり，昭和44年（1969）には宮城県多賀城跡調査研究所が設置される。昭和43年（1968）からは大宰府跡の発掘調査が開始された。このように，古代都市の遺跡の調査は戦前に始まり，1950年代以降に徐々に本格化し，律令制下を中心にした都市の様相が明らかにされてきた。

　中世都市の考古学的調査はこれより遅れ，1960年代以降に本格的な発掘調査が開始されるようになった。昭和36年（1961）には草戸千軒町遺跡の調査が始まり，昭和48年（1973）からは継続して調査が行われた。これは，芦田川の中州に残る中世の港町・市場町の遺跡である。また，昭和42年（1967）には，越前の戦国大名朝倉氏の城下町であった一乗谷朝倉氏遺跡の調査が開始された。1970年代以降は，京都，平泉，鎌倉などの政治都市，博多，堺，十三湊などの交易都市，山科寺内町，根来寺，平泉寺などの宗教都市の発掘調査が行われている。このような中世都市考古学の成果は，都市や網野善彦（中世史）のいう「都市的な場」の実態を示すものであった。

　近世都市の考古学は，さらに遅れて1970年代に本格的な発掘調査が始まった。1969年には，中川成夫・加藤晋平による「近世考古学の提唱」が発表され（『日本考古学協会第三五回総会研究発表要旨』），昭和50年（1975）には江戸の都立一橋高校遺跡の発掘調査が行われた。1980年代以降は，江戸・京都・大坂の三都および仙台・小田原・名古屋・金沢・徳島などの城下町，伊丹郷町，東海道の藤沢宿，京街道の枚方宿，西国街道の四日市宿などの在郷町（在方町，在町ともいう），堺，平戸，長崎などの貿易都市の発掘調査が行われている。こうした近世都市の遺跡の調査成果は，新しい近世像の構築につながるものである。

資料論－資料の特質と限界，思考方法－

　都市の考古学的調査・研究は，古代以降の歴史考古学を中心に進展してきたが，古代以降は文献資料が多く残っているため，都市考古学は必然的に歴史学と密接な関係を有していた。すなわち，都市考古学は，考古学と歴史学の学際的，総合的研究の上に成立しているのである。

その際，まず問題になるのは，考古学の対象である考古資料と歴史学が対象にする文献資料の特質と限界，思考方法などを含む「資料論」であろう。これは，時代によって文献資料のあり方が異なるため，一律に論じることはできないが，資料論は1990年代に網野善彦や石井進などが中心になって主に中世史と考古学を巡る問題として活発に議論されるようになった。

人間の使うモノで，稀少性の高いものは伝世し，逆にありふれた日常の生活用具は簡単に捨てられることが多いという点からいえば，遺跡から捨てられた状態で出土するものの多い考古資料は，安価な日常の生活用具が主体となっているのも当然であろう。そこに考古資料の限界が存在する。一方，文献資料の背後には，記録されにくい考古資料のような，多くの安価な日常の生活用具が存在していたことを考えなければならない。

また，考古学と歴史学では思考方法に違いがある。北原糸子は，歴史学は変容から日常を見がちであり，考古学は日常の中から変容を捉えると指摘している（「近世考古学に望むもの」『江戸のくらし―近世考古学の世界―』新宿歴史博物館，1990）。これは，歴史学が対象とする文献資料が「時間」すなわち年月日のはっきりした変化・変容に関わるものが多いのに対して，考古学が対象とする考古資料には型式学という資料操作を経て幅をもった「時間」が与えられるという，時間認識の差異によると考えられる。また，空間認識においても，考古学では一つの遺跡の考古資料の観察・記載，分析，解釈を核にして面に拡大していく「点からの発想」があり，歴史学にはそれが乏しいように見える。

都市考古学は，とくに近世都市の考古学において民俗学との接点がある。柳田國男は，昭和9年（1934）に発表した『民間伝承論』において「考古学の再吟味」という項を設けて，「我々は此状態（考古学の上代偏重＝引用者）を叩き壊して，広義の歴史の学問を変更させる為に，所謂考古学なるものと民間伝承の学問との提携をさせ，二つの学問の境界を無くして了ひたいと欲して居る」と述べている。

しかしながら，これまでの考古学者は，民俗学の「周圏論」「重出立証法」という民俗資料の分布をもとに変遷を導く方法に対する限界を指摘してきた。また，都市考古学と村落中心の民俗学や民具学の間には対象上の隔たりがある。都市には多様な人々の間で差異化されていた習俗の階層性が存在しており，従来の民俗学では説明のつかない要素があった。こうした両者の間の隔たりを埋めるためには，都市の民俗，民具研究の視点が必要であろう。

都市考古学と歴史学，民俗学などを含めた学際的，総合的調査・研究は，単に異なる分野の研究者が議論する段階を超えて，それぞれの分野が分析対象を共有していく経験を蓄積しつつ，抽象的なテーマに向かって統合を目指していくものであろう。

都市考古学の方法と課題

都市考古学の方法は時代や都市のあり方によって異なるが，ここでは近世都市江戸の遺跡の調査を取り上げる。江戸遺跡の調査報告書では，基本的に遺構・遺物に関する考古学的な記載や分析，解釈とともに，遺跡地の歴史的背景を明らかにするための歴史学による文献調査の成果を収録し，総合的な解釈を試みるスタイルが確立している。

発掘調査と文献調査が協同して調査を行うためには，その前提として「時間」および「空間」の認識を共有することが必要である。具体的には，遺跡の時期区分・空間区分を行う際に，それが文献資料による時期区分・空間区分とどのように対応するか

に留意しなくてはならない。

　遺跡の時期区分を行う際には，次のような手順を踏んでいく。まず，出土遺物の年代から遺構の廃棄年代を推定し，それを踏まえて遺構群を時期区分する。次にこの時期区分が文献資料とどのように対応するかを検討する。発掘された遺構群の時期区分と文献資料に見える火災や武家地の拝領者の交代などの土地利用状況の変化を無理なく対応させることができれば，考古学とともに歴史学にとっても有効な遺跡の時期区分となる。

　また，遺跡の空間区分を考古学と歴史学が共有する際には，発掘された遺構分布と屋敷地の境界などの地割がどのように対応するかを明らかにしなければならない。そのためには，現在から近代の地図，近世の絵図に遡及して屋敷地の境界などの地割や土地利用状況を確定し，遺構分布を重ね合わせる作業を行う必要がある。

　以上のような方法によって得られた遺跡の時期区分・空間区分を踏まえて，考古資料の分析，解釈を行い，その上で文献調査の成果と対比して都市遺跡の地点史に関する総合的な解釈を試みてきたのである。

　こうした都市遺跡の地点史の知見を蓄積して，都市遺跡全体を展望する都市考古学の課題を設定することが必要である。

　田中琢は，都市考古学の課題として「優先されるのは，都市によって違ってくるだろうが，まず都市の起源の解明であり，町割りや防禦施設の発展の追跡が重視されるべきである。つぎに，社会経済的特質と展開を解明すべきであろう」と述べている。

　ここでいう「都市の起源の解明」は都市の歴史の問題であり，「町割りや防禦施設の発展の追跡」は都市の開発や都市施設の問題，「社会経済的特質と展開」は都市生活の問題であろう。

　これを発展させて，以下のような都市考古学の課題が考えられる。
　　① 都市の社会的・文化的特質
　　② 都市の景観・環境と災害
　　③ 都市施設と開発
　　④ 都市の変遷と画期
　　⑤ 都市空間論
「①都市の社会的・文化的特質」は田中のいう「社会経済的特質と展開」とおおむね重なり，「③都市施設と開発」は「町割りや防禦施設の発展の追跡」にほぼ相当する。「②都市の景観・環境と災害」は新たに加えたものである。そして，これらの問題をとりまとめて，「④都市の変遷と画期」や「⑤都市空間論」を考察することによって，考古学による都市像を描くことができるのである。

埋蔵文化財行政と都市遺跡の保存・活用

　田中琢は，都市考古学は「その対象の範囲が広く深い」こと，「現在も都市生活が営まれていることは，考古学の調査や記録をきわめて困難なものとする」と指摘している。これは，都市遺跡の発掘調査が現代の都市開発の一側面であることを示している。都市遺跡の発掘調査は，埋蔵文化財行政の枠組みの中で，現代の都市開発の事前調査として「記録保存」され，調査終了後に発掘調査地点は開発されることが一般的である。都市遺跡の保存の問題は，現状では現代の都市開発とその出発点から矛盾を孕んでいる。

　なお，平成10年（1998）に文化庁は「埋蔵文化財として扱う範囲に関する原則」と

して、「おおむね中世までに属する遺跡は原則として対象と」し、「近世に属する遺跡については、地域において必要なものを対象とすることができる」、「近現代の遺跡については地域において特に必要なものを対象とすることができる」という通知を出した。これによって、近世・近代都市の考古学の調査には一定の制限が加えられることになった。

こうした状況のなかでも、都市遺跡が保存・活用されている事例が存在する。ここでは、何らかの形で保存されている東京の近世都市江戸の遺跡のいくつかの事例をあげることにしたい。

遺跡が現状保存されている事例としては、江戸城関連の江戸城跡、江戸城外堀跡、常盤橋門跡、幕末・近代の品川台場、旧新橋停車場跡、大名庭園である旧浜離宮庭園、旧芝離宮庭園、小石川後楽園、六義園などがあるが、これらはいずれも国指定の特別史跡・名勝、史跡・名勝である。

遺構を移築して保存した事例は、「江戸上水・東京水道四〇〇周年記念事業」のなかで移築された神田上水の石垣樋や、落合下水処理場に移築された松平摂津守上屋敷の下水暗渠がある。保存後、これらの遺構と同種のものは発掘されていない。遺構の一部が転用された事例は、飯田町遺跡で発掘された平川の護岸を再開発した街区の「平川の径」という歩道の石積みに転用したものなどがある。

東京メトロ南北線の市ヶ谷駅の「江戸歴史散歩コーナー」は、地下鉄工事に際して行われた江戸城外堀跡などの発掘調査の成果を展示したものであり、発掘調査に関連する展示施設が設置された事例の一つである。また、遺跡の一部を切り取って展示した事例としては、新宿歴史博物館の江戸城外堀跡四谷土手の地震跡などがある。

このように、都市遺跡の保存には多くの困難を伴うが、これを実現し活用するための様々な方法があることも認識する必要があるだろう。

参考文献

田中　琢、遺跡の保護(1)、考古学研究、76、1973.
谷川章雄、考古学からみた近世都市江戸、史潮、新32号、1993.
谷川章雄「近世都市江戸の考古学の課題」(『発掘が語る千代田の歴史』)千代田区教育委員会・区立四番町歴史民俗資料館、1998.

［谷川　章雄］

図1　移築された神田上水の石垣樋
［筆者撮影］

図2　市ヶ谷駅「江戸歴史散歩コーナー」
［筆者撮影］

建物の原型

建物をつくり出す背景には各時代の社会や生活のあり方などが反映している。人が生活していく空間として最も狭い空間が住居となるが，自然の洞窟や岩陰など利用した住まい，野外で人工的につくり出す住まいがある。後者は材料調達や木材加工，基礎作業など手間暇をかけた人工物で建物の出発点といえる。

大きな流れとして，旧石器時代のように狩猟生活が中心となる生活では短い滞在を行いながら移動を重ね，遊動的な生活と考えられている。このため固定した集落をつくるまでには至っておらず，テント式で一時的な意味合いが強い。

縄文時代より定住化とムラの発生・発達が促され，草創期後半には10棟以上の竪穴建物が集まることが確認される。前期には集落内に通常の大きさから飛び抜けて大型の**竪穴建物**が現れる。大清水上遺跡（岩手県）に見られる大型の竪穴建物のみで構成された環状集落があり特異的なものも同時に発生する。前期後半から大規模に定住する集落が各地に展開してくる。また，この前期の中頃には**掘立柱建物**も現れ，竪穴建物と併存し始めたことが確認される。

続く弥生時代からは青銅や鉄製品，水田稲作技術が伝わり，日本でもその生産が始められ安定した食料確保によって階層分化が進み溝に囲まれた大きな環濠集落へと変わり，ムラからクニの発達を促してゆく。こうした中で，竪穴建物と掘立柱建物の併存から住まい方に変化が現れ，掘立柱建物の中には住居，倉庫，物見櫓，楼閣などが確認されるようになる。古墳時代は鉄器の普及など大陸からの道具，建築技術などがもたらされ変化を促進していく。古墳に葬られる首長や豪族と呼ぶ上位階層は竪穴建物や掘立柱建物の併存する一般集落とは居住域を別にし，濠や塀をめぐらした居館として独立する。

古　代

中国や朝鮮半島の影響を受けて，7世紀には律令国家として政治形態が整えられ集落構造にも変化が与えられていく。また，寺院建築が伝えられて建物構造の大きな変化が生まれ各地に広げられる。一般集落では竪穴建物は小型化し，掘立柱建物が各地へ普及する。古代末には竪穴建物も鎌倉，東北地方一部を除き見られなくなる。

中・近世

京都，鎌倉，博多などの政治都市，寺内町，門前町の宗教都市，港町，宿，市町，さらには戦国時代の城下町など一部の主要都市遺跡が地割，絵図，文献などを用い重点的に発掘対象となっていた。一方でこれら都市を支える農業集落の遺跡調査は昭和40年代後半以降からようやく始まり，その歴史は浅い。建物の多くは掘立柱建物が中心となり，竪穴建物は住まいから手工業などの限定した用いられ方に変化していった。

各時代，全体を見渡せば地域や時代での受容と消長はそれぞれ異なるが，竪穴建物と掘立柱建物は古代およびそれ以前から連綿と受け継がれ，共通した建物と位置付けられる。

建物項目の用語中，かつては「竪穴住居」もしくは「竪穴式住居」と一般的に呼称していたが，住まい以外に玉，ガラス，鉄などの工房や居住施設以外のものも明らかになりつつあり，「竪穴建物」と表記されている。同じように「平地住居」なども「大きくは掘立柱建物の中の平地建物」としている。

竪穴建物

縄文時代から古代にかけて全国的に広くつくられた建物。古代以降もつくられるが居住以外の施設となり，塩・箕づくりの作業小屋，天然の氷を貯蔵する小屋，産小屋などに用いられ作業施設や一時的な仮小屋として存続していた。この少数事例は近・現代まで一部に存続している。定義は，地表から大きく穴を掘り床面とし，半地下式の構造に屋根を被せた建物。生活の空間はこの竪穴内が中心となる。

上部構造は，伏屋式と壁立式の2種。伏屋式は屋根の下端が地面に接し軒下がなく，土饅頭状になだらかになったもの。壁立式は屋根と地面との間に壁を持ち軒下空間がある。建物の平面形は，縄文時代以来，円形や楕円形，方形，長方形，六角形など各時期，地域により千差万別。弥生時代以降は隅丸方形から方形に変化。屋根形式は切妻，寄棟，入母屋，宝形づくりなど。柱は1～4本の柱で屋根構造を支える。屋根材には草葺，樹皮葺，土葺など各種ある。竪穴周囲には掘った際の排土を利用し，土盛りした周堤帯がある。竪穴底を床面と呼び，ベッド状施設，炉もしくはカマド，貯蔵穴，棚状施設などが確認されている。

掘立柱建物

定義は，地面に穴を掘り，建物の軸となる柱を入れ固定した軸組構造の建物。床面とする位置は地表面および上となる。また，平地建物もこの中に含まれる。縄文時代前期には確認することができる。弥生時代以降，一般的に見られるようになる。住居や倉庫として普遍化するのは，近畿地方がもっとも早く7世紀頃となる。存続時期は近世まで住居として用いられた。用途としては住居，釜屋（カマド設置），納屋，さまざまな製作にあたる作業小屋，家畜小屋などに分類される。建物の平面形

図1 復元された竪穴建物3棟
群馬県中筋遺跡（古墳時代）

図2 復元された平地建物
群馬県中筋遺跡（古墳時代）

は方形，長方形，円形，多角形がある。屋根形式は，切妻，寄棟，入母屋，宝形，片屋根など。屋根材料には茅，藁，板，樹皮，瓦などが用いられる。壁は，草壁，網代壁，板壁，土壁がある。床は，土座，平地床，揚床，高床の各種がある。

高床建物

大きな特徴は内部にも規則的に配置される柱穴があり総柱建物として分けられる。定義は地面に穴を掘り，建物の軸となる柱を入れ固定した軸組構造の建物。揚床構造。床の位置は最も小さい建物で50〜60 cm，大きい建物では1 mから上となる。用途としては倉庫，住居がある。床下は開放されるものと網代で囲われるものなどがある。建物の平面形は，方形，長方形がある。屋根は，切妻，寄棟，宝形など。床は板および丸太。

礎石建物

建物の基礎となる部分で，地上に設置された石の上に柱や束柱を立てた建物をさす。上部構造は解体されたりするためこの礎石を通して推定される。礎石は比較的扁平な川原石や平らに加工したものを使う。礎石は一石の場合もあれば，より安定させるため小石をあらかじめ置いて据付ける。礎石建物は6世紀末頃寺院建築として始まり，広く用いられるのは中世以降である。まれな事例として竪穴建物の屋根を支える柱で礎石を伴うものもある。

屋根

屋根は直射日光，雪や雨の湿気，水の浸入を防ぐなかで重要な役割をもつ。さまざまな工夫の積み上げから屋根形式が生まれ，考古学では寄棟，切妻，宝形，入母屋，椀を伏せたように鈍い円錐形，片流れなどが自然の雨垂れ痕跡などの調査から推定される。屋根材には，杉などの樹皮，茅，葦，稲および麦の藁，板などが使われ，草葺や板葺などに区分されている。そのほか，土屋根，土乗せ屋根，土葺屋根という竪穴建物の用例に存在する。これは，単純に土を被せたもの（群馬県 黒井峯遺跡 古墳時代），スサを混ぜ塗り壁のように塗ったもの（岡山県から鳥取県 弥生時代）などが確認されそれぞれに使用されている。これらの屋根断面では，下地となる草葺の上に土をそのまま被せたもの，被せた土の上に茅を葺き加えたものなどがあり，土そのものの厚みは薄くて10〜20 cmとなる。なお，被せた土の存在は焼失建物の調査事例で小さな焼土塊，焼土粒から各時代，全国各地で確認され使われたことは間違いない事実となっている。用語が普及しないのは屋根材の一部であるという解釈か消火時の土かという捉え方による。

壁

屋根と同様にさまざまな工夫がなされた部分で竪穴建物では形を平らに整形したのち何もしないまま土壁としたものや網代で覆う網代壁や板壁としたものがある。そのほか竪穴壁の上半分をひと回り余分に掘り除き，土を入れ替え，浸透水を防止する構造などの特異事例がある。一方で掘立柱建物では茅などを用いた草壁などが大半を占めるが，網代で表面を整えることも行われている。そのほか網代のみの壁，土を用いた塗壁，板壁など時代や地域での受容が異なり推移していく。窓や出入口の形状は家形埴輪などから存在を予想できるものの調査事例ではきわめて少ない。

参考文献

文化庁文化財部記念物課監修，奈良文化財研究所編『定本発掘調査のてびき』同成社，2016.
浅川滋雄『先史日本の住居とその周辺』同成社，1998.
桐生直彦ほか「季刊考古学」第131号 特集古代「竪穴建物」研究の可能性，雄山閣，2015.

［石井 克己］

縄文・弥生都市論

　縄文・弥生時代にはたして「都市」といえる構造があったのだろうか。考古学界における都市論の展開を再確認し，わが国の都市の淵源をたどるために，議論の対象となる遺跡を紹介していくことにする。

　縄文・弥生時代の集落遺跡に対して「都市」という用語が用いられ始めたのは，1980年代後半の吉野ヶ里遺跡の報道をめぐるマスメディアのキャッチフレーズの中から出てきたものといわれている。その後，平成7年（1995）の三内丸山遺跡の新聞報道で「縄文都市」という呼称が全国的に広がった。同年の池上曽根遺跡ではこれに相対するかたちで「弥生都市」と呼ばれ，縄文・弥生都市論に火がついたといえる。

　しかし，この段階ではあくまでも縄文時代の都市，弥生時代の都市といった時代の限定性を示す冠のもとでの議論であり，広義の意味で「都市」とは何かという厳密な検討の上での用語ではなかった。そのため，「都市」の定義にあてはまるのか，あてはまらないのかという後づけの議論の中で生まれた肯定論・否定論といった図式で現在に至っているといえる。

　論点は大きく二つに分かれる，一つは都出比呂志が都市の重要な要素として挙げる「中心機能・集住・商工業発達・外部依存」の中で「外部依存」に対する部分である。これは維持していく上で必要な食糧生産基盤である農耕を外部に依存するため，非農民の集住地であるのが都市という解釈である。

　これとは別に，廣瀬和夫は「人口密度の高さ・異質な職掌の共生・流通・宗教などのセンター機能・首長が中核を占めた政治的な場（首長権力の再生産のために不可決な人的・物的資源ならびに情報を1ヵ所に集積し空間的に識別するための装置）をもった小世界が弥生都市であった」とし，首長権力の発達過程の必要性の中で生まれるものとしている。

　前者の場合，大多数の非農民が自立している前提がなければならないことと，その前に当時の非農民とは何か，その存在を証明することが必要である。現実的にはこの要件に該当する都市は「藤原京」以降の時代にならないと存在しないと思われる。

　後者の場合は，弥生時代の中での首長権力の成長によって生じるという説明である。いずれにしてもこれらの論点の中からは縄文時代は俎上には上らないということが指摘できる。

　ところで，考古学ばかりでなく「都市」の定義には決まった基準があるわけではない。一般的には「一定地域の政治・経済・文化の中核をなす人口の集中地域」（『広辞苑』）という3要素の説明が単純明快である。

　そこで，これに沿う形で検討してみると「政治」については，支配層の存在が明らかな弥生時代はよいとして，縄文時代になじむものかどうかという疑問が生じる。

　その定義については，遺跡を対象とした場合「人間集団における秩序の形成と解体をめぐって，人が他者に対して，また他者と共に行う営み」（『広辞苑』）という説明が実情に沿っており，この点では縄文時代にも適用することが可能である。

　「経済」については，生活の必要物資を需要と供給のために生産し，それを交換するシステムが構築されることと定義できるのであれば，縄文時代には黒耀石・ヒスイといった産地が限られる石器素材を遠方との交易で獲得していることから経済活動は存在すると考えられる。

　「人口の集中地域」については，表面的には住居跡の数など，それに見合う遺跡の規模・面積や，集中した墓の存在などがそれを示すものとなる。

　内面的には多くの人口，共同体を継続的につなぎ止めておく装置としてのマツリゴト，すなわち「祭祀」が必要で，前述の「秩序の形成・他者と共に行う営み」のための「共同体の紐帯」を深めるためには不可欠なものである。それは，遺構として示されるものもあり，遺物あるいは威信財として示されるものもある。

　このように見てくると，①政治的要素，②経済活動，③人口集中に必要な規模・面積，④維持継続に必要な装置としての祭祀といった比較的概念的な要件が根幹になり，それに加えて，遺跡そのものから得られる，交通の要衝・他地域との盛んな交流・機能を分ける計画的な遺構配置・水路など必要な土木工作物といった要素が逐次追加されることによって段階的に「都市」に向かって発達していった姿を追うことができると考えられる。

　そこで，これらをたどるための代表的な遺跡として，縄文時代では青森県三内丸山遺跡，弥生時代では大阪府池上曽根遺跡・佐賀県吉野ヶ里遺跡，弥生時代から古墳時代初頭の奈良県纏向遺跡を挙げてみたい。

三内丸山遺跡（国特別史跡）

　青森市に存在する縄文時代前期中葉から中期末（約5500～4000年前）の35 haに及ぶ大遺跡である。竪穴建物跡・大型竪穴建物跡・成人墓・小人墓・盛土・掘立柱建物跡・大型掘立柱建物跡・貯蔵穴・粘土採掘坑・捨て場・道路跡などで構成されており，最盛期には約100棟の住居が同時存在し約500人が生活していたと推計されている。

　糸魚川産のヒスイ大玉，岩手産のコハク，秋田産のアスファルト，北陸系の縄文土器などから盛んな交易活動

が認められ，約2,000点の土偶と大型掘立柱建物跡は充実した祭祀活動を示している。膨大な量の土器・石器・装身具・木器・袋状編み物・編布・漆器・骨角器も出土している。ヒョウタン・ゴボウ・マメなどの栽培植物やDNA分析によりクリの栽培が明らかになるなど，自給生産体制が認められている。

池上曽根遺跡 (国史跡)

大阪府和泉市にある弥生時代前期から中期まで継続した遺跡で，最盛期の中期中葉では径約320mのほぼ円形の多重環濠（内濠），そこから約130m外側に環濠（外濠）をもつ。内濠の中央東西方向に棟持柱をもつ巨大な掘立柱建物（7×19.3m）を配置し，南側正面に径2mの巨大なクスノキを刳り貫き枠とする井戸が設けられている。その前面には多数の小型の掘立柱建物群が検出され，周辺には，サヌカイト・飯蛸壺・石斧・砥石・集積土坑などが点々と発見され非日常的な場と考えられている。これらの空間を，神殿（祭殿）と井戸を中心とする祭祀場と見る説，共同作業場・共同取水場と見る説がある。外濠内には竪穴建物跡群が広がり，濠の外に方形周溝墓群がある。非日常の場と居住域・墓域がそれを取り巻く円形空間の中に計画的に区別され配置されている。

吉野ヶ里遺跡 (国特別史跡)

佐賀県神埼市に位置する，丘陵全体を覆う弥生時代の全時期に継続した大遺跡である。前期初頭の2haほどの環濠集落から始まり，後期には40ha以上の巨大環濠集落となった。環壕に囲まれた望楼（物見櫓）を伴う区画（北内郭・南内郭）が構築され，北内郭には祭殿と推定される大型建物を含む掘立柱建物跡があり祭祀場と考えられている。北内郭の主軸線は夏至の日の出，冬至の日没点をつなぐラインで高度な測量技術が駆使されている。南内郭は，望楼を伴う首長層の居住空間で，西側には多数の高床倉庫，市と推定される広場が配置されている。青銅器工房や大陸系遺物，南海産の貝輪，畿内・山陰・瀬戸内からの外来土器も確認され交流拠点である。

首長層を頂点とした複数の階層が居住し，機能分化した遺構配置には計画性がある。

纒向遺跡 (国史跡)

奈良県桜井市の三輪山の麓に広がる南北約2.3km，東西約2.8kmの遺跡で，2世紀末に突如出現し4世紀中頃には消滅する。遺跡北寄りに，東西に一直線に並ぶ4棟の掘立柱建物があり，1棟は棟持柱を持ち，1棟は12.4×19.2mという最大級の規模である。3棟は柵列で囲まれ，祭殿と考えられている。推定総延長2.4kmに及ぶ幅5mの大溝（北溝・南溝）は直線で掘削された人工水路で大和川に合流し，大坂方面との物資輸送や交通手段に用いられた。最盛期の3世紀後半には30%の土器が東海・山陽・山陰・北九州など他地域のもので半島系の土器も含め，国を越えた人的・物流センターの役割も考えられている。

遺跡範囲内には纒向石塚古墳・ホケノ山古墳・箸墓古墳といった初期前方後円墳が存在し，纒向遺跡の成立・消滅の背景にはこれらの被葬者の強大な権力が関わっていることは間違いない。まさにわが国における最初の「都市」といってよい遺跡である。

環濠集落

周囲を堀で囲んだ集落遺跡で，空堀の場合は壕，水堀の場合は濠と表記し区別し，断面形状はV字形が一般的である。水稲農耕とともに大陸・半島から波及し，北九州地域から暫時，東進し弥生時代中期には関東地方まで至る。環濠周辺に先を尖らせた杭（逆茂木）を埋め込む例があり防御の役割が考えられている。後期後半から古墳時代初頭（2世紀後～3世紀初）までには消滅する。

全体の形は遺跡の立地にもよるが，楕円形・隅丸形で集落を囲うものが多く，墓域は環濠の外側に展開するのが一般的である。規模は中期後半から後期前半に最大級となり，後述の遺跡のほか複数条の環濠で囲う奈良県唐古鍵遺跡（0.4×0.4km）・愛知県朝日遺跡（0.8×1.2km）が卓越した規模である。このような都市的規模の複数条環濠集落は，尾張平野以東には確認されていない。

参考文献

秋山浩三『弥生実年代と都市論のゆくえ―池上曽根遺跡』新泉社，2006.
石野博信『邪馬台国の候補地・纒向遺跡』新泉社，2008.
岡田康博『三内丸山遺跡』同成社，2014.
七田忠昭『吉野ヶ里遺跡』同成社，2005.
橋本輝彦『桜井市埋蔵文化財発掘調査報告書 第40集 奈良県桜井市纒向遺跡発掘調査概要報告書―トリイノ前地区における発掘調査』桜井市纒向学研究センター・桜井市教育委員会，2013.

[比田井 克仁]

纒向遺跡の想像復元図 (©寺澤薫，加藤愛一)
[橋本輝彦『桜井市埋蔵文化財発掘調査報告書 第40集 奈良県桜井市纒向遺跡発掘調査概要報告書―トリイノ前地区における発掘調査』桜井市纒向学研究センター・桜井市教育委員会，2013]

古墳時代の豪族居館と建物

名　称　　呼称に関しては，「首長居宅」，「首長居館」，「豪族居館」，「豪族居宅」，「豪族屋敷」，「居宅」，「居館」，「館」など様々に呼ばれているが，国立歴史民俗博物館の企画展で阿部義平が使用して以来，「豪族居館」が定着してきたようである。

定　義　　三ツ寺Ⅰ遺跡の発見以来，濠・柵・土塁などの外郭施設を有する，平面方形を基調とした屋敷地をもって定義することが多い。内部は大型の竪穴建物址や，掘立柱建物，倉庫群，祭祀遺構，井戸などから構成される。

出　現　　古墳時代前代の弥生時代の拠点集落である環濠集落の中から方形の内郭部が発達し，それが外に飛び出して，一般集落とは別に隔絶した存在として居館が出現したという説と，その方形という形態や張り出し部に着目して，国外からの影響で現れたという説とがあるが，両者が組み合わさって生まれたというのが実態であろう。

立　地　　河川の合流点など水上交通の要衝に位置するものが多い。陸路に関しては，後の東山道との関わりなどを指摘する意見もあるが，先行する陸路との関係も注目される。

類　型　　濠・柵・土塁などの外郭施設の組み合わせや，張り出し部の有無・位置・数，建物構成，規模などで類型化が可能である。

地域性　　北関東西部の群馬県地域（上毛野）の豪族居館は特に防御性が高く，外郭施設が発達している。また，濠の内壁に石垣を築く（葺石を葺く）ものは，群馬県三ツ寺Ⅰ遺跡，高崎市北谷遺跡，富岡市本宿・郷土遺跡，奈良県布留杣之内遺跡，御所市名柄遺跡などに限られ，相互の技術系譜の影響関係が注目される。

階層性　　対応すると考えられる古墳の墳形や規模から想定される，被葬者の生前の活動拠点である豪族居館にも規模や内部の遺構のランク・数量などから階層性が窺われる。

古墳との対応関係　　古墳の規模と豪族居館の規模とは比例的な対応関係が認められる。

建物配置　　一部に「コ」の字形ないしは「ロ」の字形に近い左右対称の配列をもつものが確認されている。奈良県纏向遺跡のように一直線上に建物群を並べたものは特異で，王宮を彷彿とさせる。

企画性　　三ツ寺Ⅰ遺跡と同一地域圏にある北谷遺跡は規模や形態の上で密接な関連性のもとに造営されたことが知られる。

建物構造

① **独立棟持ち柱建物**　　なかには滋賀県下や福岡県下から弥生時代以来の妻の外側に独立した棟持柱を有する特殊な構造の掘立柱建物の認められる遺跡が発見されている。弥生時代の銅鐸絵画や弥生土器の絵画にも見られ，多くは倉庫兼祭祀の場であったことが想定される。稲魂（穀霊）の宿る神聖な建物で，後の伊勢神宮の御稲御倉に通じるものがある。大阪府尺土遺跡，福島県菅俣B・折返A遺跡などの古墳時代前期の居館関連遺跡で確認されている。いずれも高床式構造で，窓はなく，梯子受け穴を伴って丸木梯子を掛けたようである。

② **大型竪穴建物址**　　一般の竪穴建物址の大きさが一辺4〜5mと小さいのに対し，一辺7〜11.5mと，床面積で3〜4倍の規模を誇る。主柱穴は4本柱を基本とするが，なかには6本のものや8本のものもある。また，4本の主柱穴の他に放射状に補助柱穴をもつものも存在する。なお，壁溝内に壁柱穴を有するものは，壁立ち式の外観をもつものとなる。多く居住性が想定される。

③ **倉　庫**　　倉庫群が単独で確認されている大阪府法円坂遺跡や和歌山県鳴滝遺跡，大阪府蛍池東遺跡などが居館関連遺跡として居館の一角を占める可能性がある。規模は法円坂遺跡の5間×4間の総柱建物16棟を規則的に配する特大のものから，群馬県原之城遺跡の3間×2間と2間×2間の総柱建物まである。

技　術　　居館との関係で大規模な倉庫群の発見された大阪府法円坂遺跡や和歌山県鳴滝遺跡，大阪府蛍池東遺跡などが注目されるが，5世紀の法円坂遺跡は方位に真北を採用している。同様に福島県古屋敷遺跡もその可能性が高い。一方，地方の大型居館でも原之城遺跡の場合は測量技術は未熟な段階といえる。また，土木技術として，濠の内壁の石垣の構築に三ツ寺Ⅰ遺跡では敷き粗朶工法が採用されている。これは朝鮮半島や中国大陸から渡来した技術と考えられる。なお，外郭施設の柵・塀構造にも多くのバリエーションが存在する。

短期性　　継続期間の短い例が多く認められる。ただし，三ツ寺Ⅰ遺跡例は保渡田古墳群の3代の古墳被葬者との対応関係が想定され，例外的に長命である。

変　容　　古墳時代終末期になると外郭施設の濠などは一部の例外を除いて消失するか，縮小する傾向にある。

都市機能　　古墳時代の豪族居館はそれ単独，ないしはそれが中心となって都市景観を構成しているものは現状で認められない。豪族居館は一般集落から隔絶して存在している。奈良県南郷遺跡群のように，広域に都市機能が分散して存在するものを「都市」と呼ぶか問題である。同様に，同県纏向遺跡も王宮を中心に散在する諸機能・諸施設を含めた一定の拡がりをもつエリアを「都市」と呼べば，呼べなくもない。

深田遺跡

福岡県八女市酒井田・緒玉に所在する。古墳時代前期の豪族居館遺跡。四隅および東・西の各辺中央に長さ4～5.5 m、幅6～8 m前後の方形の突出部を設けると推定される。突出部を含めて東西81 m、南北61 mの規模を有する。周囲には幅約4 m、深さ1～1.5 mの断面逆台形の濠がめぐる。濠と同時期と考えられる竪穴建物址は南西寄りに位置する118号住居址の1軒のみであった。3.5×3 mの小型のもので、炉を中央にもつ。出土遺物には土師器の二重口縁壺・高坏・小型丸底坩・手捏ね土器・甕などがあり、祭祀に関わるものを含んでいる。内部に同時期の遺構の検出例が少ないという点で、福島県古屋敷遺跡の居館と類似する。奈良時代の8世紀に大規模な整地がなされたためとされている。

三ツ寺I遺跡

昭和56年（1981）、上越新幹線の開通に先駆けて実施された事前調査により日本列島で初めて確認された古墳時代豪族居館遺跡。群馬県高崎市三ツ寺に所在。猿府川の河道を一部利用し、周りに幅約30 m、深さ3～3.5 mの大規模な濠を囲続させる。濠は有機質遺物の残存状況から湛水していたらしい。濠の内壁には敷き粗朶工法で葺いた石垣（葺石）が認められる。一辺約86 mの平面方形を基調とする。各辺に2個ずつの方形突出部を有する。1コーナーに出入り口施設と考えられる渡りが存在する。内部には3重の柵列に囲まれた中、「日」字状に内部をさらに空間分割し、その北側に鉄滓や銅銹の付着した坩堝、土師器高坏脚部を転用した鞴の羽口が出土した住居兼金属器加工の工房と推定される竪穴遺構が確認されている。居館の西側から水道橋に木樋を載せて内部に水を引き入れている。その延長上の内部には六角形の敷き石が見られ、木槽が設置されていたことを窺わせる。そこで祭祀が執行されていたようである。南側の区画内には西側に庇をもつ大型の掘立柱建物址が存在し、その近くに井戸がある。居館の内部からは子持ち勾玉や石製模造品、琴などの祭祀遺物が出土している。時期は5世紀後半で、至近1 kmに位置する保渡田古墳群の3基の前方後円墳と対応関係にあると考えられる。

北谷遺跡

群馬県高崎市水落所在。三ツ寺I遺跡からは北東に約1 km離れて存在する。同様に平面方形を基調とする。各辺に方形の突出部を二つずつもつと推定される。周囲には幅約30 m、深さ約3 mの濠を巡らす。1コーナーに出入り口施設と考えられる渡り土手が認められる。濠の外側の一部で土塁が確認されている。濠の内壁には三ツ寺I遺跡のような葺石が知られる。内側には柵列がめぐり、その内部には一辺10 mを超える大型竪穴建物址が見られる。濠底近くに堆積している榛名山二ツ岳噴出火山灰層や出土土師器から、三ツ寺I遺跡よりも新しい5世紀末の居館と考えられる。同遺跡との位置関係や時期差から、保渡田古墳群ではなく前橋市総社古墳群との対応関係が注目されている。なお、規模や形態的特徴から三ツ寺I遺跡との間に似た築造企画を共有していた可能性が高い。

赤堀茶臼山古墳

群馬県伊勢崎市赤堀に所在する全長約62 mの帆立貝形の前方後円墳である。埋葬施設は木炭で棺をくるむ木炭槨が認められる。副葬品には三角板革綴短甲1領、曲刃鎌などがある。5世紀中頃の中期古墳で、後円部墳頂から8個の家形埴輪と囲形埴輪が出土した。家形埴輪のうち最大のものは入母屋造式屋根をもつもので、その棟木の上には権威の象徴である堅魚木が載っている。その他脇屋や高床式倉庫、祖廟、納屋などが規則的に配置されていたようである。それらの前面には高坏形埴輪と椅子形埴輪が配されて、儀式空間を構成している。ただし、椅子上の人物像はいまだ表現されていない。一方、前方部の括れ部近くには左右対称に鶏形埴輪が置かれている。赤堀茶臼山古墳の家形埴輪群は、首長の生前の活動拠点である豪族居館か死後のそれを表現していると考えられる。ちなみに、同古墳被葬者の生前経営した居館遺跡は、至近東方に存在する毒島城遺跡と想定される。

家屋文鏡

奈良県北葛城郡河合町所在の佐味田宝塚古墳から出土。同古墳は全長111.5 mの規模を有する前期後半の前方後円墳。家屋文鏡は直径22.9 cmの大型国産鏡である。内区の主文様に4種類の建物が表現されている。竪穴建物（A棟）・平地式住居（B棟）・高床式倉庫（C棟）・高床式建物（D棟）からなり、このうち、対置される竪穴建物と高床式建物に権威の象徴となる蓋が差し掛けられている。C棟の床下は大甕などの収容に備えたものとみられる。屋根型はB・C棟が入母屋式、D棟が切妻式である。なお、竪穴建物のデザインは同じ奈良県の天理市東大寺山古墳出土の国産家形飾り付き環頭大刀にも見ることができる。国の重要文化財に指定されている（宮内庁書陵部蔵）。

参考文献

橋本博文「古墳時代の住居形態群」（『人々の暮らしと社会 古墳時代の考古学』）pp. 181-196, 同成社, 2013.
橋本博文「古墳時代の豪族居館」（『講座 日本の考古学 8 古墳時代（下）』）pp. 324-350, 青木書店, 2012.

［橋本 博文］

古代の交通路

日本列島で道路の痕跡が判明するのは旧石器時代にさかのぼり，硬化した路面が続く「踏み分け道」が確認されている。縄文時代には，踏み分け道に加え，溝を掘って路面をつくる，土砂や石で突き固めて舗装する，木を並べて「木道」をつくるなどの工法で道路をつくるようになる。ただし，それらが確認される範囲は集落やその周辺に限られ，地域を結ぶ道路網として確認されるのは6世紀後半で，ヤマト王権の中心域であった奈良県や大阪府においてであった。

大化改新を経た7世紀後半以降，唐の律令を導入して律令国家の形成が本格化すると，国家は版図を国―郡（表記は評→郡）―郷（表記は五十戸→里→郷）の領域に分けて統治した。道路は運営の要となる人・情報・物資の移動に欠かせない施設であり，国家は宮都―国府―郡家―郷・村などを結ぶ道路網の上に存立した。道路など交通関連の施設が，天武天皇の時代（673～686）以降，発掘調査によって各地で確認されるのも，この動向の反映であり，利用の実態は『風土記』や8世紀の諸国の「正税帳」などから窺える。

国家は公的な使者の宮都と各地の往来や文書の伝達を，駅と伝という制度（駅伝制）で確保し，運用は国ごとに国司に委任した。駅制では，宮都と各国を結ぶ幹線道路（駅路）を敷設し，駅路に沿って原則30里（後の4里相当，約16km）ごとに利用者のための施設（駅家）を設置した。この制度を利用した使者を駅使といい，駅使は駅鈴を授かり，駅家で馬を乗り継ぐたびに駅鈴を示して馬の供給を受けた。

駅路は宮都から畿内の諸国を経由して七道（東海道・東山道・北陸道・山陰道・山陽道・南海道・西海道）の諸国へ放射状に延びていた（西海道は大宰府が起点）。路線は駅制に緊急の移動や連絡手段という役割があり，地形を考慮しながらも直線的に短距離で各国を結んだため，当初の駅路には国府を経由しない路線もあった。

駅家では駅使が乗り継ぐ馬（駅馬）・宿泊・食事などを提供し，地域の有力者であった駅長のもと駅子が業務にあたった。駅子は馬を飼養し，駅使を乗せた駅馬を次の駅家まで引いて次駅の駅子と交替した。駅馬は七道の重要性によって，大路（山陽道駅路）20匹，中路（東海・東山道駅路）10匹，小路（その他の駅路）5匹を原則とし，交通量に則して原則の数を増減した。

駅家の中心施設は駅使が利用する駅館で，山陽道の播磨国の駅家（布施駅家：兵庫県小犬丸遺跡，野磨駅家：同県落地遺跡）で確認されている。これらの駅家では，駅館は塀で囲まれ，隣接して厨など実務を担った雑舎や関連する人びとの住まいが集まる付属地が確認され，駅家の構造がわかる。駅家の周辺には駅長や駅子を出し，駅家の運営を支えた集落が広がり，郷と同様にみなされていたので，駅家郷の郷名が残る。山陽道の駅家は唐や新羅など外国からの使節の利用を前提に，駅館の建物は「瓦葺粉壁」（屋根は瓦葺で，壁は白く，柱が赤く塗られた建物。当時の宮殿や寺院で採用された格の高い建物）であった（『日本後紀』大同元年4月丁丑条）。発掘調査でも瓦が出土し，瓦の出土地が駅家の推定地になっている（広島県下岡田遺跡など）。菅原道真は山城国賀陽（山崎）駅家と播磨国明石駅家で高層の建物（楼）を漢詩に詠み（『菅家文草』），駅館に楼が想定されるが，発掘調査では未確認である。

伝制は郡家が担った制度で，利用者を伝使，駅鈴に代わる証を伝符，郡家で飼養した馬を伝馬といい，伝馬は郡家に5匹が置かれた。駅制が国家の形成とともに導入された制度とすると，伝制はそれ以前のヤマト王権と各地の首長を結んだ交通に起因する。伝制で郡家が拠点となるのも，郡司が国家形成以前からの各地の首長に繋がるからで，8世紀は伝制の利用が主であった。伝制は駅制と異なり令に規定がなく，不明な点が多い。宮都と各国を結んだ路線も，郡家を結ぶ路線を利用したのか，駅路通過郡は駅路に伝馬の施設（通称伝馬所）を置いたのか，諸説ある。

9世紀前半は駅伝制の変革期であり，駅制を主として伝制は補完的な役割となって，伝馬は駅路通過郡にのみ置かれた。「延喜兵部省式」諸国駅伝馬条に記載される諸国の駅家，駅馬・伝馬の数は変革を経た状況を示す。変革の原因には，駅制と伝制という二重の交通体系による矛盾，駅馬の不正利用，駅路の実態にそぐわない不都合な路線などがあり，路線の問題は武蔵国で認められる（東山道武蔵路）。9世紀の変革期を経て，駅路は宮都と各国府を短距離で結ぶ，より利便性の高い路線に変更された。

道路の構造は，7世紀後半以降，縄文時代以来の工法に加え，側溝や切通しで幅員を示すようなる。平地では側溝，台地や丘陵の登坂，丘陵の頂部では切通しになる場合が多く，切通しの場合でも側溝をもつ場合がある。幅員は駅路の場合，地形や場所によってさまざまだが，5m～十数mに及ぶ。兵庫県小犬丸遺跡や同県落地遺跡のように駅家付近で幅員が広がる事例は，国府・国分寺・郡家など国家の施設を通過する場合も同じであり，道路の幅員は国家の威信を表していた。宮都の大路から七道諸国に延びる道路の敷設と維持は，国家の支配が各国に続くことを示したが，このような古代の道路のあり方や制度は10世紀を境に大きく変貌していった。

小犬丸遺跡

山陽道布勢駅家跡（兵庫県たつの市揖西町小犬丸）。駅路（幅員18ｍ）北側に沿って東西300ｍ，南北150ｍの範囲に施設が広がり，西側が駅館，東側が運営に関わる付属地となる。駅館は2時期の変遷があり，1期は概要が不明ながらも2期の下層に掘立柱建物9棟を確認した。造営は7世紀後半に始まる。2期は築地塀で約80ｍ四方を区画し，瓦葺建物7棟を確認した。1棟が双堂で駅路に面した東西棟の正殿，6棟が南北棟（うち4棟は推定）の脇殿などに推定される。造営は8世紀後半に始まり，9世紀中葉を境に補修が不徹底となり，10世紀末に瓦の補修が終わり，11世紀前半に廃絶した。付属地東側の谷では，掘立柱建物・井戸とともに8世紀の「駅」「布勢井辺家」銘の墨書土器，「布勢駅戸主」銘の木簡，鳥形・馬形・斎串などの木製品が出土した。この谷は付属地に含まれ，駅家の東の境界となっていた。

落地遺跡

山陽道野磨駅家跡（兵庫県赤穂郡上郡町落地八反坪，その北東300ｍの落地飯坂）。八反坪の1期から飯坂の2期へ移転。八反坪では駅路（幅員10ｍ。駅館前面は18ｍ）北側に沿って駅館，隣接する東側で付属地の掘立柱建物を確認した。駅館は30ｍ×25ｍの範囲を掘立柱塀が区画し，駅路に面して掘立柱の八脚門が設置された。掘立柱建物3棟を確認し，1棟は駅路に面した正殿，2棟は脇殿となる。時期は7世紀後半～8世紀前半。飯坂では駅館を確認した。東西68ｍ，南北94ｍの範囲を築地塀で区画し，西辺に瓦葺の八脚門，南辺に掘立柱の棟門を設置した。駅路は駅館西方に想定されるので，西門が正門となるが，瓦葺建物4棟は南面を意識し，駅館中央の正殿と北側の後殿は東西棟，正殿と後殿の東側の脇殿は南北棟である。時期は8世紀後半～11世紀。『枕草子』や『今昔物語集』に記載が残る。

下岡田遺跡

山陽道安芸駅家跡推定遺跡（広島県府中町石井城）。周辺は近世まで「早馬立」の地名が残り，西方約30ｍには「大道」の地名があって山陽道駅路が推定されている。遺跡の範囲は東西約170ｍ，南北50ｍで，古墳時代後期から中世までの4時期の変遷のうち，8～9世紀の2～3期が駅家とされる。2期は建物の傾きが不揃いの掘立柱建物3棟と井戸1基，3期は瓦葺建物2棟と溝1条を確認した。とくに3期は地形の起伏を減じる整地を行い，瓦葺建物は駅路に面する西向きの駅館の正殿もしくは後殿とその脇殿に推定される。井戸からは8世紀の須恵器・硯・斎串・曲物とともに「高田郡庸絁□」「久良下六俵入」銘の木簡が出土した。井戸と周辺の建物は

2期とされるが，3期の推定駅館の後方東側に位置するので，付属地の施設の可能性が高い。

東山道武蔵路

東京都・埼玉県・群馬県で確認された初期東山道駅路。『万葉集』では「入間道」と詠まれた。武蔵国は東山道に属したが，駅路が上野国新田駅（群馬県太田市）から南下して武蔵国府（東京都府中市）に至った後，再び北上して下野国足利駅（栃木県足利市）に至る迂遠な路線となったため，武蔵国は宝亀2年（771）に東海道へ所属替えとなり，駅路は武蔵国を経由して相模国と下総国を結ぶようになる（『続日本紀』同年10月己卯条）。この迂遠な路線が武蔵路で，武蔵路は武蔵国府で相模国府（神奈川県平塚市）を結ぶ路線と接続したので，関東地方西側で東山道と東海道の駅路を結ぶ路線となった。駅路停止後も幹線として利用され，天長10年（883）には旅人の救済施設である悲田処が置かれた（『続日本後紀』同年5月丁酉条）。東京都国分寺市日影山遺跡で確認された武蔵路では，7世紀後半～10世紀中葉に至る4時期の変遷と，幅員の12ｍから7.5ｍへの減少が確認された。

駅鈴

駅使が駅馬を利用する際，その証となった鈴。駅馬は駅使の位階によって，親王・一位の10頭を最多に初位以下の2頭に至るまで，利用できる数が決められていた。駅鈴にその数の剋が刻まれ，利用できる駅馬の数を表した。駅鈴の給付は天皇から賜る形をとり，宮都では中務省が管理し，主鈴が出納をおこなった。地方には大宰府に20口，三関と陸奥国に4口，大・上国に3口，中・下国に2口が置かれ，地方からの駅使が利用した。駅鈴は駅馬の首にかけられ，その鈴の音は駅使の象徴であった。隠岐の玉若酢命神社（島根県隠岐の島町）には隠岐国造家に伝わったとされる駅鈴が残るが，剋がなく真贋については諸説ある。

参考文献

近江俊秀『古代国家と道路』青木書店，2006.
河瀬正利「広島県下岡田遺跡の古代建物群をめぐって」（潮見浩先生退官記念事業会編『考古論集－潮見浩先生退官記念論文集』）1993.
岸本道昭『山陽道駅家跡』同成社，2006.
木下良『日本古代道路の復原的研究』吉川弘文館，2013.
島方洸一企画・編集統括『地図でみる西日本の古代』平凡社，2009.
島方洸一企画・編集統括『地図でみる東日本の古代』平凡社，2012.
永田英明『古代駅伝馬制度の研究』吉川弘文館，2004.
奈良文化財研究所編著『駅家と在地社会』同研究所，2004.
領塚正浩，縄文時代の道路跡，史館，33，2004.

[山路 直充]

中世の城館・居館

　城館とは，城郭や居館などを包括した研究用語。城郭と同意語に使う場合もある。『吾妻鏡』や『玉葉』などには「城郭」や「城」の用語が多出しており，研究史上，永くこの用語が定着しているが，近年では特に考古学研究の進展に伴い「城館」の用語が多用されるようになった。居館は，主に支配階級の屋敷，居宅をさし，史料中にも「館」「屋形」などとみえる。「屋敷」という用語も同じ意味で使われる場合が多い。城館に対する近年の研究動向をみると，館内部の建物構造などの究明や周辺の都市との関係性にも広く及んでおり，都市史や建築史と連携した多くの成果が生み出されている。城館は古代から中世，近世に至る時代に北海道から沖縄の日本列島全域に出現し，とくに中世後半の戦国期には急激に増加している。居館，屋敷などを含めるとその数は膨大なものになる。弥生時代の環濠集落や高地性集落，古墳時代の豪族居館などを城館に含める意見もあるが，古代の朝鮮式山城や神籠石系山城，東北地方の城柵などは城館の一種として積極的に扱われている。

　城館の構造，すなわち縄張は多様かつ時代ごとに複雑化する傾向をもつ。占地は山地や平地など目的に応じて選ばれている。激しい戦乱の勃発した南北朝期には特に険しい山系に築かれている。居館は通常方形を呈するものが多いが，地形や目的に応じて矩形になるものもある。居館は単一の郭から複数の郭をもつ居館に発展する傾向がある。ただし，単郭のみで成立し続ける地域もある。これらの城館は複数で構成される場合が多く，例えば甲斐国の武田氏館の場合，居館を造営した翌年には，背後に詰城の要害城が，さらに数年後には湯村山城など一連の城館群が連続して築かれており，これらが機能的に結びついた防御体制がとられている。また，関東を支配した後北条氏の場合，相模の小田原城を本拠として武蔵の八王子城や鉢形城などの一族を配した支城をつくり，広域的な城郭体制を築き上げている。

　織豊期における城館研究は，高石垣や瓦葺建物，天守などの構造物をもつ織豊期城館の特質を明らかにするなど，考古学から織豊政権の性格に迫っている。反面，戦国期の城館に関しては埼玉県に所在する杉山城をめぐり活発な議論が展開されたように，年代観などに多くの課題を残している。城館の防御施設は時代ごとに変化を繰り返すが，竪堀や横堀などの堀や尾根状の地形などを切断する堀切などは時代を通じて使われている。土塁の出現についてはやや遅れるとの説が強い。連続竪堀や障子堀，虎口に対する防御施設の馬出や枡形などは戦国期に

出現し，それぞれの大名が特色ある防御施設をつくり出している。

　城館の内部には「一遍上人聖絵」の筑前の武士の館や「粉河寺縁起絵巻」の豪族館に見られるようなさまざまな建物群が存在していたことがわかるが，近年の発掘調査でも多くの礎石建物や掘立柱建物などを有する城館構造が明らかにされてきた。室町将軍の「花の御所」を模倣した様子が浮き彫りにされ，足利政権を頂点とする政治構造や京文化が確実に地方に浸透していることを見せている。例えば，越後の中条氏の居館である「江上氏館」の発掘調査では床面積300㎡を超えるような大型の建物を含む多くの建造物群が姿を現し，それらに伴って青磁腕梅瓶や高級漆器，鉦鼓などの高級器物を含む膨大な量の遺物が出土するなど，各地の大名権力や国衆などの支配階級の実態が明らかにされた。

　「江馬氏館」「武田氏館」および「江上氏館」に見るように，これらの館には池泉を伴う庭園が存在するなど「ハレ」の空間も用意されている。軍事的要素が強調される山城においても日常的な居住の実態が確認されるなど従来の山城概念の変更を余儀なくし，茶の湯などを嗜むハレの場が設けられていたことも明らかにしている。これら城館に対する新たな視点や研究動向から，城館とは何かという根本を問う議論も展開されている。城館を核にして城下町や都市が発展する例は多い。甲斐武田氏の戦国城下町甲府や越前一乗谷の朝倉氏遺跡など，戦国大名クラスの本拠の大きな特徴となっている。これらはのちに政治・経済・交通の集結した都市へと発展していく。このような中世戦国期の城館はやがて江戸時代の白亜の天守などの華麗な建造物が立ち並ぶ大規模な近世城館へと発展していった。

篠本城
（ささもとじょう）

　千葉県山武郡横芝光町篠本の，標高約36mの舌状台地上に立地している城館である。規模は東西160m，南北約190mあり，縦横に巡らされている堀によっておおむね四つの郭で構成されている。築城主体は不明。発掘調査によって南宋から明代に至る青磁や白磁などの中国製品をはじめ，瀬戸や常滑などの国内産の陶器類のほか，銅鏡，茶臼，硯，板碑や石塔などの多種多様に及ぶ遺物が出土している。これらの遺物類から15世紀代に営まれた城館であり，16世紀初頭には廃絶したものとされる。本城の求心性の乏しい郭配置は主従関係が明確でないことを示している。

大内氏館

　山口県山口市の山口盆地を流れる一の坂川が形成した扇状地の扇央部分に立地する大内氏の館である。大内氏

は古代から戦国期まで連綿と続いた名族で，室町時代には足利将軍の重鎮として活躍している。また，大陸や京都などとの積極的な交易により独自の文化を築いたことでも知られている。館の様相はこれまでの発掘調査によって次第に明らかにされてきた。約160m四方の方形を呈した館は周囲に堀と塀を巡らされ，内部には門や礎石建物2棟，塼列建物2棟，掘立柱建物やそれらに付随する庭園が4ヵ所で確認されている。瓦類の出土から棟瓦を採用した建物も存在していたことがわかる。伴出遺物には大量のかわらけの他，中国，朝鮮産の陶磁器類が発見されている。この館は14世紀末〜15世紀初頭に築造され，16世紀中頃まで営まれていたことが判明している。

江馬氏館

岐阜県飛騨市神岡町を流れる高原川の河岸段丘上に営まれた江馬氏の館である。ここに割拠した江馬氏の出自は不明であるが，室町時代から戦国時代にかけて南飛騨を支配した国衆である。居館の下館と山城の高原諏訪城を中核にして周辺に土城など多くの城館を配し堅固な防御体制を敷いている。これらの城館を一括して「江馬氏城館跡」として国史跡に指定されている。土塁と堀を巡らせた方形を呈す館内には建物遺構のほか100mを超す池をもつ庭園がある。伴出遺物には珠洲・常滑・瀬戸美濃・越前・信楽などの国産品の他，中国や朝鮮からもたらされた多種多様な陶磁器などがある。

江上氏館

新潟県胎内市本郷町に所在する館である。この地に割拠した国衆の中条氏の15世紀代の本拠である。館は，土塁と堀を含めるとほぼ1町四方の規模の方形を呈し，南と北に虎口をもつ。主郭内には掘立柱建物が60棟の他，井戸6基，溝，水溜，池状遺構があり，建物遺構にはコの字を呈し床面積が300m²を超す大型のものがある。この建物の前面には池が設けられている。郭内は塀で南北に区切られ，北側はケの世界，南側はハレの空間になっている。伴出遺物は15世紀代のものが主体で，中国製の陶磁器類などの高級品が多い。館に隣接し家臣屋敷や寺院などが確認されている。

武田氏館

山梨県甲府市北部の北・東・西の三方を山に囲まれた相川扇状地の扇頂部付近に立地する。永正16年（1519）に武田信虎によって築かれた館である。以来，信玄，勝

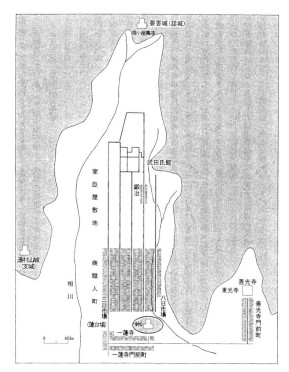

武田氏館と城下町の概念図
[作成：数野雅彦]

頼の三代，およそ63年間にわたり戦国大名甲斐武田氏の本拠となった。館造営の翌17年には北方約2kmの地に詰城の要害城，続く大永3年（1523）には西側前方に湯村山城を築いて堅固な防衛体制を敷いた。館の前方一帯には，整然とした数条の街路を設けて家臣や商職人を集住させ，計画的に寺社を配置するなど，戦国大名の本拠に相応しい城下町をつくり上げた。館は主郭造営ののち，西曲輪，北曲輪と順次郭を増設し，複数の郭が並ぶ大規模な館となった。発掘調査では主郭内部から礎石を伴う建物群や泉池をもつ庭園状遺構の一部が確認されている。主郭と西曲輪には4ヵ所の虎口が設けられ，武田氏特有の築城技術である枡形や丸馬出が設けられている。

参考文献

石井進，萩原三雄編『中世の城と考古学』新人物往来社，1991.
齊藤慎一，向井一雄『日本城郭史』吉川弘文館，2016.

[萩原 三雄]

中世都市の流通と消費

　平城京や平安京などの古代都市に対して，中世前期都市の定義は判然とせず，現在に至っても明確な答えは見いだせない。強いていえば，多くの人々の集住，館と大規模な宗教施設があること，多種の手工業者の存在が必要条件として挙げられる。しかも中世後期になれば堀などに囲まれたものが出現しその範囲は明確になるが，中世前期においては境界もはっきりとしない。

　このように日本の中世都市の定義とは，曖昧模糊としたものなのだが，その要因は，特に中世前期においては，為政者が都市という空間をつくろうとは考えていなかったことによる。当初は，税を集めるために適した交通の要衝地に設けた館と付属する宗教施設だったものが，支配領域の広がりとともに肥大化していく。それに伴い需要が拡大され，供給するために手工業者が集住する，という流れである。そのために境界が明確でないことが多く，さらにはどの段階から中世都市なのかさえわからない。

　例えば，鎌倉を中世都市と認めない研究者はいないが，源頼朝の頃から中世都市であったかは，意見が分かれるところである。さらに藤原氏4代90年にわたって拡大していった平泉においては，最盛期であっても疑問が付せされることが多い。

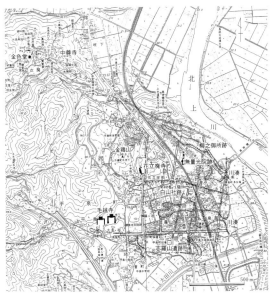

最盛期の平泉

掘立柱建物からみた中世都市

　中世前期の館の姿が明確にわかる北東北において，館には堀と掘立柱四面庇建物（以下四面庇建物）が伴い，かわらけが出土することが多い。これらのうち，四面庇建物は官衙の系譜に連なるもので，律令型建物などとも呼ばれる。この四面庇建物は，平泉内で盛行するものの，平泉の最終時期には総柱建物に取って代わられる。そして後続する鎌倉からの検出例は皆無である。

　総柱建物は，12世紀後半に出現するが，13世紀以降に主体をおく建物である。すなわち掘立柱建物からは，四面庇建物が検出される大量消費を伴う空間は，中世都市への過渡期的な状態であり，総柱建物が検出される同様の空間は，中世都市ということも一側面的には可能である。

流通と消費

　いずれにせよ中世都市の成立には，流通と消費が不可欠であったことだけは，明らかといえる。交通の要衝地に位置したため，多くの物資が集まり，それによって徐々に肥大し，さらに消費が拡大していき，中世都市が生まれるからである。

　そして濃淡はあるが全国的に流通するものが，輸入陶磁器と国産陶器であり，輸入陶磁器は，奈良時代に中国からもたらされ，以後増え続ける。輸入陶磁器の年代決定は，官衙から始まり，その後に大宰府などの大消費遺跡などにより行われてきたが，新安沈没船の調査研究の進展により，より正確なものになっている。

　国産陶器に関しては，渥美と常滑がいち早く興り，瀬戸が続く。他にも越前，信楽，丹波，備前，珠洲なども興るが，渥美は13世紀で壺甕の生産を停止し衰退するし，常滑と瀬戸と越前信楽以外は全国流通しない。

　対して西日本を中心に流通するものが瓦器（がき），まったく流通せずに地場で大量生産大量消費されるものが土器である。瓦器椀に関しては，東日本では鎌倉に一定量を見ることができるが，以北からはほとんど出土しない。

　石鍋は，南は沖縄から北は秋田で発見されているが，主産地が九州地方であるため，北東北ではほとんど見ることがない。つまり東北地方で石鍋が出土する遺跡は，石鍋が紛れるほど大量の物資が運ばれたところということになる。

輸入陶磁器

　主に中国大陸からもたらされた陶磁器をさすが，朝鮮や東南アジア，イスラム圏からのものなども含まれる。陶器と磁器に大別されるが，陶器は釉によって褐釉，緑釉，黄釉など，磁器は白磁，青磁，青白磁に細分される。器種は，陶器は甕，壺類，盤，椀皿類など，磁器は壺類，盤，椀皿類などがある。

　日本に運ばれる輸入陶磁器は，中国浙江省の寧波から黒潮や季節風に乗って沖縄や奄美大島に寄港しながら，

博多を目指したと考えられている。博多で水揚げされた輸入陶磁器は，仕分けされ，全国各地に流通していった。そのため，西日本が多く，東日本が少ないという傾向が顕著に認められる。

輸入陶磁器は，遠隔地からもたらされたものであることから，その地方の交通と経済を掌握していた遺跡からしか出土しないし，それらの中でも希少なものは，床の間飾りなどの威信材的な意味合いを帯びることになる。

国産陶器

中世陶器としていち早く胎動を開始したのは，渥美である。古代猿投からの施釉技術を受け継ぎ，特殊品生産を主体とし，院政期の支配層を魅了した。しかしながら見逃してはならないのが，中世の新器種ともいうべき，大甕と片口鉢の生産を始めたことである。

ここが，古代猿投とは大きく異なる点といえる。結物がない時代大甕は初の大型貯蔵具として，片口鉢は粉食の増加という中世の生活様式に密着したものであったのである。この後，古代的な特殊品生産を残していた渥美は衰退するが，代替りして瀬戸が興り，越前と信楽も開窯する。

各窯ともに当初は装飾を施した壷なども生産するが，中世後期には瀬戸を除いて，甕壷片口鉢という中世の三大器種に特化していくことになる。当時の日本では，中国産磁器に対抗できる磁器を生産できなかったわけであるものの，広域流通品であるこれらは，決して安価な日常雑器ではなく，当然のことながら富裕層のみが使用できる生活用品であった。

新安沈没船

元亨3年（1323），寧波から博多を目指した船があったが，東シナ海で遭難し流され，朝鮮半島南西部で沈没した。この船が，新安沈没船である。大量の積み荷と船体が残り，それらはすべて引き揚げられている。

主要な積荷としては，2万点を超す陶磁器28トン，枚数にして800万枚以上の銅銭，紫檀材，スズのインゴットなどが挙げられ，さらにそれらに伴う荷札木簡が発見されていることにより，様々なことが判明した。陶磁器の中には，箱に詰められた商品と搭乗者の日用品とがあり，前者は龍泉窯の日用品が主であり，後者には日本人が使用したと推定される古瀬戸瓶子などがある。

荷主，商品名，日付などが書かれた荷札からは，中国系貿易商人が多数関わっていたこと，京都の東福寺，さらにその末寺である博多承天寺，博多筥崎宮などが資本を出し合って船を仕立てたことが窺えることから，アジアの交流を解明する重要な資料といえる。

瓦器と土器

瓦器は，基本的には黒色処理椀に暗文が施されたものをさし，金属器の代替品として，畿内を中心に11世紀中葉から14世紀まで生産された。生産地からは楠葉型，大和型，和泉型に大別され，厚手のものから薄手のものへ，椀型から浅い皿型への変化が認められる。

土器は，畿内では土師器や土師質土器，東日本ではかわらけと呼ばれる大小の皿形のものである。墨書されたものや油煙の付くものが少数認められるが，完形で大量廃棄されることが多いことから，一過性の器と考えられている。

瓦器椀は，東日本ではほとんど見られないことから，古代的ともいえる金属器を使用する儀礼が必要なかったと考えられるし，対して土器は，中世前期には逆に東日本に多いことから，中世的な饗宴供食儀礼を必要とした世界が広がっていたことを窺わせる。

瓦器と土器の分布は，東西日本の中世への推進力の差を明確に示している。

石 鍋

石鍋とは，滑石製のものをさしており，その生産地は九州地方，分布は沖縄から秋田まで広がる。生産年代は，11世紀前後から16世紀までに及ぶ。鍋の形態としては，盤状のものから鍔が付くもの，そして鉢状のものへ変化する。

鹿児島や沖縄地方では，生産地に近いにもかかわらず，滑石の粉末を混ぜた土器がつくられている。このことは，やはり石鍋が特殊なものであったことを示しているのであろう。ごく少数しか出土しない東北地方では，そのような使用例はないが，大半が温石に転用されている。やはり加工しやすい特殊な石と考えられていた可能性が高い。

基本的にそれほど広域流通をしない石鍋が出土する関東以北の遺跡は，大量の物資が持ち込まれているところばかりであり，都市遺跡といって過言ではないものと考えている。

参考文献

国立歴史民俗博物館『陶磁器の文化史』大塚功藝社，1998.
中世土器研究会『概説中世の土器・陶磁器』新陽社，1995.
八重樫忠郎『北のつわものの都 平泉』新泉社，2015.
八重樫忠郎，高橋一樹編『中世武士と土器』高志書院，2016.

［八重樫 忠郎］

近世都市の流通と消費

　近世都市は，中世末からの展開を経て，商職能者の集住する場として形成され，都市としての機能から城下町，門前町，鉱山町，在郷町，湊町，市町，宿場町などに分けられる。

　近世都市の中核となる城下町は，平地が選地され，総構えの中に武家地として領主の居城と兵農分離により純消費者となった家臣の居住地が区画される。大坂や甲府などの例外を除き，基本的に大名が居住し，領内の拠点として政治，経済の中心として機能する。

　一方，商工人は城郭近辺あるいは郭内に取り込まれ，武家需要を支えた他，都市民自体も含めた消費需要が存立の基盤となる特徴をもっている。こうした近世的な性格は，城郭・城下町を消費マーケット化し，この消費構造がモノの流通，消費に与えた影響は大きい。こうした点で城郭から出土する資料は，武士階級のみならず多階層の消費が反映されることになる。

　流通とは，生産者から消費者までの販売過程であり，商品が移動するといった視点からは，後述する鍋島，御庭焼は献上，贈答，御用品として生産されるのでその範疇にない。考古学的には，生産者から消費者までの過程で形成された遺跡を，流通遺跡と位置付けるが，その代表例として対外貿易関連の京都（京都市柳池中学校構内遺跡－漆），長崎（長崎市栄町遺跡など－陶磁器輸出），平戸（平戸市和蘭陀商館跡 2474 地区石垣－陶磁器輸入）や国内流通の京都三条界隈（京都市中之町，弁慶石町など－やきもの屋），東京都神津島沖海底遺跡（沈没船－擂鉢）がある。

　また，消費は欲求の直接・間接の充足のために財・サービスを消耗する行為であるが，消費を伴う諸活動は，三都と呼ばれる江戸，大坂，京都などの都市が発信となる点でその様態は重要である。考古学的に都市的な消費痕跡は，酒販売システム（新宿区三栄町遺跡－瀬戸・美濃貧乏徳利，大阪市天満本願寺跡－丹波鉄釉徳利など），武家儀礼道具（港区汐留遺跡，文京区東京大学本郷構内の遺跡など），中国趣味（文京区千駄木三丁目南遺跡），植物の賞玩（豊島区染井遺跡），遊興地（大阪市茶屋町遺跡，新宿区内藤町遺跡）などが確認される。

　近世の施政者である武家の社会は，将軍を頂点として階層化した社会であることから，将軍が定めた規則や活動，嗜好などが規範となって規格化・様式化することになる。したがって，数百を数える地方の領国城下町は江戸の消費活動の縮小版としての性格を有していた。また，三都などの都市は，巨大なマーケットであり，流通

の中央市場としての性格を合わせもっている。

　近世前期は，これまでに蓄積された諸産業基盤と近世の金融構造によって京都，大坂を中心とした畿内の優位性が明確に存在した。後期になると，武家の身分費用の増大や生活の多様化に伴い米安諸色高（しょしきだか）が顕在化し，税制を石高制に依存した武家の消費活動が鈍化する。一方，余剰は次第に町人にも蓄積され，新しい文化の形成やそれに伴う消費活動に変化を与えることになった。特に趣味性の高い輸入陶磁器や御庭焼などは，既存の階級を越えた特定の嗜好や趣味の共有者で形成された文人サロン的グループなどが消費主体となる。

　モノの流通は，こうした中央市場を結節点として展開するが，村落部，中継地の流通ルートの整備とともに広域にシステム化される。こうした動態を復元する際に考古資料は有効な素材となりうる。たとえば群馬県天明浅間災害遺跡群では，各地から流通した陶磁器が多量に出土している一方で，商品作物としての絹，麻，木綿，酒などの生産が確認される。

　陶磁器のほとんどは商品であり，その生産は，中世より飛躍的に量を増加させ，その大部分は不特定多数の市場に向けて行われる。窯業を産業として位置付けた場合，製品を購入する消費地や消費階層（＝市場）の動向を意識して生産器種，量，質などを選択しているはずで，考古学的分布状況（≒商圏）－どのような製品が，いつ，どこから出土するのか？－は，社会的，経済的，文化的活動を背景とした消費需要の所在を表出している。

瀬戸・美濃産陶磁器

　瀬戸・美濃は，愛知県瀬戸市，岐阜県南部に広がる生産地で，中世段階では国内唯一の施釉陶器が生産された。近世では，陶器生産（瀬戸では「本業焼」）に続き，19 世紀には磁器生産（瀬戸では「新製焼」）を開始する。

　近世初期は，茶の湯の確立と展開を背景に，土岐地域（土岐市元屋敷窯，清安寺窯，窯ヶ根窯など）で生産された茶陶（志野，織部など）が消費トレンドとして確立する。上質の製品は近世初期に堺，大坂，京都など畿内の都市部を中心に流通する。

　江戸中期は，肥前陶磁器との競合の中で西国ではすべて，東国では食膳具のシェアを奪われる状況から，調理具，貯蔵具など（擂鉢，こね鉢，甕，徳利など）が生産の中心となる。一方で，生産地では地域間分業による少器種大量生産に向けての効率化が進行した。

　19 世紀初頭に瀬戸で磁器生産が開始されるが（瀬戸市経塚山窯など），都市部から発信された新しい文化需要に対応した中国磁器を模倣した煎茶碗が，特に江戸を中心とした都市部に流通し，拡大を見せる。

輸入陶磁器

　海外で生産され，日本に輸入された陶磁器をさす。遺跡では景徳鎮，福建・広東諸窯など中国磁器製品が大半を占めるが，陶器は前期にベトナム，タイ，ミャンマーなど東南アジア製品と朝鮮，後期に琉球が多く含まれる。これらは，対外貿易都市の他，京都，大坂，江戸などの都市部に偏在する。

　江戸期には，1610年代に国内の磁器生産の開始，中国の王朝交代に伴う遷海令（順治14年（1657）〜康熙23年（1684））によって急激に減少する。反面，国内磁器（肥前磁器）によって日用品需要が充足された中，輸入陶磁器の用途は以下のように明確化する特徴をもつ。

① 肥前磁器普及以前の生活用品
② 上級武士にみられる武家儀礼の道具
③ 18世紀後半以降の煎茶碗など中国趣味アイテムと先取トレンドとして
④ 茶の湯の道具
⑤ 中に入れられたものの需要に伴って，流通容器として持ち込まれたもの

　このうち②，③，④，⑤については都市部を中心に特定の階層やグループが行う行為の道具として捉えられる。

肥前産陶磁器

　肥前地域（佐賀県，長崎県）で生産された陶磁器で，当初の積出港から肥前陶器は唐津焼，肥前磁器は伊万里焼と呼ばれる。

　豊臣秀吉による朝鮮出兵（文禄元年（1592）〜慶長3年（1598））によって渡日した朝鮮人陶工が持っていた連房式登窯，蹴ロクロなどの技術による生産効率化が，窯業製品の普及を加速させた。肥前陶器は朝鮮出兵以前より，唐津市北波多に存在したが，小規模のものであった。大坂では1590年代末から急激に出土量を増やし，その後も，西日本〜日本海側を中心に流通域をもつ。磁器は1610年代に西有田地方を中心に生産が開始された。泉山において磁石が発見されたことによって生産量が増加し，中国製品に代わって全国流通する。特に食膳具はそれまで中国磁器と瀬戸・美濃陶器が価格の垂直構造を形成していたが，17世紀後半には瀬戸・美濃製品，中国製品の市場シェアを奪うに至る。肥前の17世紀中葉の中国技術の移入による質的向上を契機とした城下町の武家の需要拡大は，それ以後の急速な普及にとって重要な意味を有する。

　また，商品流通とは別に，「鍋島」といわれる将軍，幕閣に献上・贈遺する贈遺型威信財とも評価できる磁器があり，将軍・大名の諸活動の中心である江戸に分布の中心がある。

御庭焼

　近世に武家，公家，有力商人などによって主催者が作陶を行う窯で，多くは江戸時代後期に興った中国趣味や陶磁器賞翫の再評価の中で流行する。茶の湯，煎茶道用の趣味的な軟質陶器が多いが，汎用品ではないことから好事的意匠や技術が用いられる。領国城内や江戸藩邸などに小規模に築窯され，製品は自身の調度，接応，贈答に使われた。一般的な需給関係の商品とは異なる点が重要で，個人的な交誼，眷属関係などが反映される。

　発掘調査では，新宿区尾張藩上屋敷跡の楽々園焼（戸山焼），同家家老水野家江戸屋敷で焼かれた三楽園焼（新宿区水野原遺跡），高松藩松平家の理兵衛焼（千代田区飯田町遺跡），高槻藩永井家の高槻焼（高槻市高槻城），紀州徳川家清寧軒焼（和歌山市和歌山城）が生産窯として確認されている。

土　器

　武家儀礼の道具として，かわらけ，焼塩壺がある。かわらけは，本膳料理として確立する武家の近世饗応形式の中で継承され，城下町を中心に17世紀頃まで多く出土する。焼塩壺は，江戸の武家地に多く出土し，武都としての機能が反映される。

　18世紀後半以降，種々の民間信仰が浸透し，これに伴う土人形類が普及する。これと同時期に土製玩具類や箱庭道具などが増加するが，都市民の余剰の増加と民衆の寄集する都市の文化的成熟を顧慮する必要がある。

　一方，日常生活財としての土製品は，暖房具，調理具を中心として近世を通じて需要されるが，移動型火鉢に伴う丸底の焙烙，また，煎茶や植物の賞翫など新しい文化の道具である急須や涼炉などは都市的生活に対応して成立・普及する。こうした土器は，陶磁器と比較して地域的な流通域を有するが，江戸の今戸，京都の伏見の人形，玩具類などは広域に流通域をもっている。

参考文献

吉田伸之『伝統都市江戸』東京大学出版会，2012.
堀内秀樹「近世江戸における貿易陶磁器の消費」（『海の道と考古学』）pp. 248-265，高志書院，2010.

［堀内　秀樹］

発掘された近世都市

近世都市の考古学的調査・研究は，近世考古学の中で中心的な役割を果たしてきた。その対象は，①江戸・京都・大坂の三都，各藩の城下町，②宿場町・門前町などの在郷町，③長崎など海外との貿易都市に大別できる。

三都・各藩の城下町

江戸・京都・大坂の三都および仙台・小田原・名古屋・金沢・徳島をはじめとする各藩の城下町では多くの発掘調査の事例が蓄積され，都市の諸相が明らかにされてきた。

三都および各藩の城下町の考古学的調査・研究の方向性として，第一に土木工事や都市施設の敷設という城下町の開発の問題がある。江戸城，大坂城，仙台城，金沢城などの城郭では，本丸・二の丸・三の丸や門，堀や惣構などの発掘調査によって，石垣普請をはじめとする土木工事の実態が明らかにされている。寛永13年（1636）の江戸城外堀の天下普請で掘削された大量の土は，周辺の低地を埋め立てて城下町の造成に用いられたことが判明した。武家屋敷，町屋や寺院などでは切土・盛土・版築を伴う造成が行われており，大名屋敷では大規模な土木工事の様相が確認されている。また，道路・上水・下水などの都市施設の敷設や整備に関わる技術や資材についても，発掘調査の成果によるところが大きい。

第二には，都市の社会的・文化的特質の問題があげられる。武家屋敷，町屋や寺社などの遺構・遺物は，都市の多様な身分・階層の人々の生活実態を示している。

江戸では，大名屋敷の御殿・長屋などの建物，旗本・御家人屋敷や組屋敷，町屋の表店・裏長屋などの建物，寺院の建物，庭園，井戸，土蔵，地下の収蔵施設である穴蔵（地下室），麹室，ごみ穴，土取り穴，植栽痕，塀，溝などが発掘されている。大名屋敷の御殿は大規模であり，礎石は堅牢な構造を有する。御殿に伴う井戸，土蔵，穴蔵（地下室）などの規模や構造も大型で堅牢なものが多い。また，建物や土蔵の基礎，穴蔵（地下室）の構造は，台地と低地という屋敷の立地上の差異も認められる。大名屋敷の庭園は石組護岸の池をもつものが多く，上級旗本屋敷の庭園には杭柵・乱杭護岸の池が見られる。台地の武家屋敷の庭園の池は埋没谷などの自然地形を利用し，低地の武家屋敷の場合も埋め立てや整地を伴っていた。池水には自然湧水や上水を給水する事例がある。

都市の消費生活を直接示しているのは，都市遺跡から出土する遺構数・遺物量である。江戸では18世紀以降になると，遺構数・遺物量ともに飛躍的に増加する傾向が窺える。このような遺物は遺構に捨てられた状態で出土することがほとんどであるが，遺物の組成や個体数を推定することによって，生活用具を復元する試みが行われている。一方，捨てられた遺物のあり方は，ごみ処理のシステムの外で，引越しや火事などで出た不用品や日常的なごみ，食物残滓を屋敷地などに捨てることが実態としてあったことを物語っている。しかし，そうした遺物の中で鉄製品や銅製品などの金属製品は少ない。おそらく金属製品の多くがリサイクルされたのであろう。

都市の寺院に営まれた墓は，武家や町人など被葬者の身分・階層の表徴であった。江戸では，将軍・大名，幕臣，藩士，町人という4種類の墓制の秩序が認められ，将軍・大名の墓制の秩序が寛永期に先行して確立し，その後，17世紀後葉から18世紀前葉に幕臣などの墓制の秩序が確立したと考えられる。

また，江戸の大名屋敷と城下町や国元，大坂の蔵屋敷と国元との関係などが論じられており，三都と各藩の城下町，国元との関係が明らかになりつつある。

在郷町

宿場町・門前町などの在郷町の発掘調査は，伊丹郷町，東海道の藤沢宿，京街道の枚方宿，西国街道の四日市宿をはじめとして各地で行われている。在郷町の考古学的調査・研究の方向性の一つは，遺構・遺物を通して，三都・各藩の城下町と在郷町，さらに在郷町と村落との関係を究明することであろう。各々の町の成立，発展と拡大の様相を比較すると，土蔵や瓦葺き建物，庭園，墓標などに加えて，髪飾り・化粧道具，煎茶道具，喫煙具，灯火具・暖房具，植木鉢などは三都・各藩の城下町から在郷町にやや遅れて伝播したようである。また，下肥，薪炭，野菜や在地産の焼き物などは，町と村との関係を示すものであった。

海外との貿易都市

海外との貿易都市の発掘調査は，堺，平戸，長崎などで行われている。堺は中世の国際貿易都市，自治都市として発展したが，慶長20年（1615）の大坂夏の陣で焼失し，幕府は堺奉行所を置いて都市を復興した。17世紀初頭から糸割符制度下の貿易拠点の一つとなったが，18世紀以降は擂鉢，鋳物，瓦などの生産地として発展した。発掘調査によって，中世の環濠都市遺跡から近世都市遺跡への変遷過程が明らかにされている。

長崎は，中国に対する琉球（薩摩）口，朝鮮に対する対馬口（釜山も含む），アイヌに対する松前口とともに，「四つの口」の一つ，オランダ・中国に対する長崎口にあたる。発掘された港市長崎の様相は，近世における日本と海外との関係を直接示すものであった。

また，中世から近世への変遷において，中世の寺内町や自治都市と近世都市の成立の関係や，近世から近代への変遷のなかで，江戸湾に築かれた品川台場など，幕末の近世都市における西洋式施設の建設という問題も近世都市の考古学的調査・研究の課題である。

江 戸

江戸の範囲である「御府内」は文政元年（1818）の「江戸朱引図」などに示されるが，江戸遺跡はこれより広く，街道沿いには町が展開し，千住・板橋・内藤新宿・品川の「江戸四宿」に至る。初期江戸は寛永期に一応の完成をみるが，その後も町は外堀の外側や隅田川以東に拡大し，18世紀には人口100万人に達した。

江戸城の発掘調査は，本丸や北の丸の一部および外堀で行われている。大名屋敷は加賀藩本郷邸・尾張藩邸の調査が代表的なものである。加賀藩本郷邸と国元の城下町金沢の関係，尾張藩邸の国元で生産された瓦・陶器などが論じられている。旗本・御家人屋敷，組屋敷の調査は旗本玉虫家屋敷（市谷仲之町遺跡）など事例が多い。町屋の調査は日本橋万町（日本橋一丁目遺跡），四谷塩町一丁目（四谷一丁目遺跡）など，寺院墓地の調査は寛永寺護国院，發昌寺などがある。また，神田上水，玉川上水の石垣樋や木樋，四谷の大下水なども発掘されている。

大 坂

豊臣氏の城下町大坂は天正11年（1853）に始まり，慶長3年（1598）の三の丸造成・船場地域の町人地建設を画期として豊臣前期と後期に区分される。豊臣期の大坂の発掘調査は，大坂城の本丸の中ノ段と下ノ段および詰ノ丸と中ノ段をつなぐ石垣，大名屋敷，町屋や惣構の堀などで行われている。船場地域では豊臣前期の鍛冶・鋳物工房から後期の魚市場への変遷などが確認された。

慶長20年（1615）の大坂夏の陣によって焼失した大坂は復興し，徳川氏の城下町大坂となる。徳川期の大坂は，佐賀鍋島藩，高松藩などの蔵屋敷の調査において，石垣積みの船入，御殿，蔵，長屋，井戸，溝，ごみ穴などが発掘された。船場地域の町屋の発掘調査では，町割は豊臣後期を継承しており，屋敷境の「背割下水」が確認された。また，発掘された遺構・遺物によって，都市生活の様相や銅精錬，鋳造・鍛造，瓦，陶器，硯，墨などの生産の実態が明らかにされている。

長 崎

長崎は，元亀2年（1571）に大村純忠によってポルトガル貿易の拠点として開港し，寛永18（1641）年にオランダ商館が平戸から移転して，元禄2年（1689）には唐人屋敷がつくられた。長崎の町の発掘調査では，慶長6年（1601）の大火の前後で掘立柱建物から蔵など一部の建物が瓦葺きになり，土木・建築技術が発展したことが明らかになった。中国・朝鮮・東南アジア・ヨーロッパ産陶磁器，ガラス製品やメダイ・ロザリオ・クルス，十字を施した花十字瓦などのキリシタン関係の遺物が出

土している。出島のオランダ商館跡からは，中国・東南アジア・ヨーロッパ産陶磁器や連合オランダ東インド会社の注文による「VOC」銘の磁器皿，ジンボトルなどのガラス製品，クレイパイプが大量に出土し，西洋人が食べたウシの骨も見られる。唐人屋敷では多くの中国産陶磁器や食用のブタ・ヤギの骨が発掘されている。

伊丹郷町
（いたみごうちょう）

兵庫県伊丹市の有岡城跡・伊丹郷町遺跡は，中世の伊丹氏が伊丹城を築き，戦国時代末期に摂津守荒木村重がこれを有岡城として城下町を形成したが，織田信長に滅ぼされて有岡城は廃城となった。城下町は江戸時代には幕府領から近衛領の在郷町になり，江戸向けの酒造業の町として栄えた。発掘調査によって，元禄から享保期と，18世紀後半以降とくに文化・文政期という二つの盛期が指摘されている。17世紀初めの町並みは小規模な掘立柱建物で裏は畑であったが，第一の盛期では大きな礎石建物の町屋になり，酒搾りの装置が大きくなって，酒造りが盛んになった。第二の盛期以降には瓦葺きの建物や酒蔵が増え，酒搾りの装置もさらに大規模になり，瓦積みの井戸や甕を埋めた便所，庭園の水琴窟，胞衣壺が普及した。また，化粧道具・髪飾り，煎茶道具，植木鉢が多く出土することが明らかにされている。

品川台場

品川台場は嘉永6年（1853）のペリーの艦隊来航に対して，内湾防備のために築造した西洋式海防施設である。当初は品川沖から深川沖にかけて11基の台場を築造する計画であり，さらに1基が追加されたが，6基が完成した段階で築造は打ち切られた。設計にはヨーロッパの築城書・砲術書が用いられ，工事は在来の土木技術によって行われた。資材は，伊豆・真鶴半島などの安山岩，三浦半島の土丹（泥岩），武蔵国鑓水村（東京都八王子市）・下総国根戸村（千葉県我孫子市・柏市）の木材，泉岳寺外山・八ッ山・御殿山の土が用いられた。第三台場と第六台場は国指定史跡になっている。

発掘調査は，埠頭に埋没した第一台場，第五台場で行われた。第一台場の調査では，海面下の台場の基礎構造とその構築過程が明らかにされている。また，第五台場では，台場内の屯所・堤・下水などと，石垣および海面下の杭列を伴う捨石による埋め立てが確認された。

参考文献
谷川章雄「総城下町・江戸の成立」（『史跡日本史 第9巻』）吉川弘文館，2010.
谷川章雄ほか『近世宿場町の景観と流通』東広島市教育委員会，2005.

[谷川 章雄]

都市環境史・災害史

都市の景観・環境と災害

　都市の景観・環境と災害を巡る問題は，都市の考古学的調査・研究の方向性の一つである。都市遺跡の発掘調査において，川・堀や池などの堆積物の分析による古環境の復元が行われてきた。そこで明らかにされたのは，屋敷などの植栽，庭園，花壇，生け垣，鉢植えなど人為的な都市景観を形成する植生や，川・堀や池の水質，生育している水草，土手や空き地，路傍の雑草など都市環境の一部であった。

　また，都市遺跡では井戸，上水，下水，便所，ごみ穴などが発掘されており，これらの遺構は人口が集中して生活が営まれた都市の開発や環境の維持に必要なものであった。一方，都市生活で使用される土木・建築資材，薪炭や野菜などの多くは都市外部からもたらされ，ごみやし尿などの多くは外部へ排出された。

　すなわち，自然環境を利用し改変して行われた都市の開発の過程と，つくり出された都市の景観・環境，都市生活を維持するための施設やシステムの創出，さらに都市の外部からもたらされ，外部へ排出するものなど，都市における人間とそれを取り巻く環境を総体として捉えるのが都市環境史である。

　また，都市遺跡の発掘調査において確認される災害は，地震・火山噴火・水害など自然現象によるものだけでなく，火災のように人間との関わりが強いものも含まれている。これまで，人類史上人間に何らかの被害をもたらしたものが災害として認定されてきたが，いい換えれば，災害は自然現象と人間社会の間に生起するものであった。

　その意味で，災害史研究は自然史と人類史の相互作用体系を解明する環境史の中に包摂されるべきものであろう。いうまでもなく，災害は人間社会だけでなく，自然の生態系にも影響を与えるものである。この点からも，環境史において災害の問題を考えることが必要であるといえる。

都市環境史の視座

　都市環境史の視座を提示した事例として，ここでは江戸の赤坂にあった溜池の堆積物の自然科学分析と文献資料，発掘された遺構・遺物に基づく分析結果をあげる。

　自然科学分析の結果から，中世の水田の時代以降，堆積物がシルト層に急激に変化した。シルト層からは水田耕作が裏づけられず，珪藻化石群集からは中下流域から最下流性河川種群が優先する短い期間を経て，腐水種群が優先する水質汚染の時代へと移行することが明らかになった。水田が池沼的環境に人為的に改変されたと考えられる。

　これにほぼ対応して，ナス属・メロン仲間・ゴマ・ソバ・キュウリなどの種子のような衣食住に関連するごみや，周辺の植栽林に由来するごみの流入が認められ，多少なりとも栄養化した水質環境へ変化していった。そして，マツ属複維管束亜属とともに多種の針葉樹や広葉樹，カタバミ属・ナデシコ科・アカザ属・ヒユ属など路傍の雑草が現れ，サイカチ属近似種とされるマメ科植物やキリの植栽も認められたという。

　一方，文献資料によれば，慶長11年（1606），浅野幸長が甲州の人夫を使って，虎ノ門で滝になって流れ落ちていたところに堤を築き，溜池としたことが明らかにされている。これは，中世の水田が池沼的環境に人為的に改変されたという自然科学分析の所見と一致すると思われる。

　溜池の水質汚染については，寛永21年（1644）に溜池を水源としていた「赤坂之水道破損」のため，修復に普請奉行2名が指名されたという記録があり（「幕府祐筆日記」），この頃は上水として利用できる水質であった。その後，多摩川の羽村から取水した玉川上水が完成した承応3年（1654）には，溜池の水質汚染が進行し，上水の水源に利用されなくなったと推測される。溜池の水質汚染は，17世紀後半の溜池沿岸の低地の土地利用の活発化と深く関わっていたと考えられる。

　このような溜池の環境変遷は，単なる自然環境の変化ではなく，江戸の開発と環境の相互作用からなる都市環境史の一断面を示すものである。

都市災害史

　都市には人口が集中していたがゆえに，ひとたび災害に遭うと甚大な被害をこうむることになった。近世では，小田原城の元禄16年（1703）の元禄地震などの地震跡，江戸の安政2年（1855）の安政大地震などの地震跡が発掘されており，地震考古学の成果によるところが大きい。

　江戸では，宝永4年（1707）の富士山宝永噴火による降灰と後片づけ，明暦の大火の焼土層などとその後の後片づけの様相が確認されている。これを見ると，その後の復興・再開発への一連の過程が看取される。

　一方，地下の収蔵施設である穴蔵は明暦の大火が契機になって急速に普及したのではなく，大火以降の都市の拡大，人口の増加に伴い徐々に普及していったようであり，享保期の土蔵造，塗屋造，瓦葺の奨励策につながる歴史的動向であったと考えられる。

　このように，災害と防災対策の実態を都市史の中に位置づけるとともに，復興・再開発に伴う消費の拡大や人口流入について，都市の災害復興，再開発による膨大な木材利用が周辺村落の生態系にどのような影響を与えたかなどの問題も含め，周辺村落を含む都市環境史の観点から考えていくべきであろう。

古環境の復元

都市遺跡の発掘調査では，川・堀・下水や池・井戸などの堆積物の自然科学分析によって，古環境の復元が行われている。具体的には，堆積物に含まれる植物化石，すなわち植物の花粉・胞子，イネ科などの植物の細胞に形成される微小鉱物である植物珪酸体（プラントオパール），単細胞の藻類である珪藻の殻，木材，葉・果実・種子などの大型植物遺体の分析によって，都市の自然環境や景観が明らかにされている。

調査にあたっては，堆積物の層序を把握した上で，試料を採取することが必要である。年代は，堆積物に含まれているテフラ（火山噴出物），考古遺物や放射性炭素（¹⁴C）年代測定法，文献資料などによって推定される。

また，庭園の立ち株の樹種同定や池の堆積物の花粉・植物珪酸体・大型植物遺体などの分析による庭園の植栽の復元，ごみとして捨てられた大型植物遺体の分析による都市環境や生活の復元も行われている。

上　水

日本で上水が敷設されるようになるのは，近世城下町からである。水戸の笠原水道，江戸の神田上水，玉川上水，甲府の甲府上水，金沢の辰巳用水，福井の芝原上水，赤穂の赤穂水道，福山の福山水道，高松の高松水道などがあった。近世城下町の上水は，池や河川，湧水などを水源にして，開渠の堀，暗渠の石垣樋・木樋・石樋・竹管・土管などで給水し，水路の分岐には枡を設置して，上水井戸などから利用した。

江戸では，神田上水，玉川上水などの堀や石垣樋，武家屋敷や町屋に給水した木樋・竹樋・継手・枡・上水井戸などの施設が発掘されている。四谷門外町屋跡や東京駅八重洲北口遺跡では，神田上水，玉川上水より古い上水の木樋・石樋が見つかっている。仙台藩伊達家上屋敷などの大名屋敷では，庭園の泉水に上水が利用されていた。また，市谷本村町遺跡では，組屋敷に給水した地域的な上水の木樋が発掘されている。

便　所

発掘された便所の遺構は，古代の藤原京跡や平城京跡のものにさかのぼる。古代の便所には溜め置き（汲み取り）式と条坊街路の側溝から水を引き込んだ水洗式があり，オマル・溲瓶などの移動式もあったとされる。藤原京で最初に発掘された便所の遺構を確定できたのは，寄生虫卵・種実・魚骨・昆虫・花粉の分析結果によっている。鎌倉の政所跡では，上部に板が落ち込み，底近くからウリの種子が大量に出土した楕円形の土坑が発掘されており，便所とみられている。江戸では，甕や桶を埋めた便所が一般的である。溜池遺跡では数寄屋風の意匠をこらした便所の建物が倒壊した状態で発掘され，分析の結果，寄生虫卵やウリ類の種実などが検出されている。

また，都市周辺の農村において下肥が利用されるようになると，都市遺跡における便所の遺構は，都市と周辺村落をつなぐものとなった。

地震考古学

地震考古学は，遺跡における地震の痕跡から，過去の地震の発生時期や被害状況などを研究する分野である。遺跡で確認される地震の痕跡には，活断層跡，地割れ跡，低地の遺跡の液状化現象などがある。液状化現象には砂を含んだ水が地表面に流れ出す噴砂現象を伴うことが多い。

江戸遺跡で確認された地震の痕跡には，江戸城外堀四谷御門外橋詰・町屋跡の事例がある。これは，江戸城外堀の寛永13年（1636）の天下普請以降の盛土から確認されたものである。四谷土橋跡から地割れ1ヵ所，地滑り2ヵ所，噴砂脈3ヵ所，町屋跡からは地割れ1ヵ所，噴砂脈2ヵ所，5時期にわたる地震の痕跡が見つかった。四谷土橋跡の2ヵ所の噴砂脈の給源層は更新世の東京層であった。町屋跡の噴砂脈のうちの一つは安政2年（1855）の江戸地震と推定されており，四谷土橋跡の地割れ上には修復のために盛土が行われた。

明暦の大火

明暦3年（1657）1月18日から19日に起きた江戸の大火である。本郷・小石川・麹町から連続して出火し，北西の季節風によって南東方向に広がり，江戸の町の約6割を焼失した。死者は数万人から10万人といわれる。大火後には江戸城郭内の大名屋敷の移転，火除堤・火除明地・広小路などの設置などが行われた。初期江戸は寛永期に一応の完成を見るが，明暦の大火はそれ以前からあった町の拡大の動きを急激に促進することになった。

発掘調査では多くの明暦の大火の痕跡が確認されている。万町にあたる日本橋一丁目遺跡では，第12面の隅丸長方形・楕円形の焼土整理坑3基，土坑2基に，焼土や二次被熱した遺物が廃棄された明暦の大火の後片づけの遺構があり，その後，盛土して整地が行われていた。江戸城北の丸の天樹院邸と長松邸の境の石組溝からは，焼け落ちた建物に覆われた50〜60歳代の男性の焼死体が発掘された。

参考文献

辻誠一郎「植生史からみた赤坂溜池界隈の環境史」（地下鉄7号線溜池・駒込間遺跡調査会編『溜池遺跡』第Ⅱ分冊）帝都高速度交通営団，1997.

谷川章雄ほか，特集災害の考古学―近世を中心に―，月刊考古学ジャーナル，No. 646，ニューサイエンス社，2013.

[谷川　章雄]

近代都市の考古学

近世考古学と近現代考古学

　近代都市の考古学が含まれる近現代考古学は，近世考古学の延長線上に位置する分野である。昭和44年（1969）に発表された中川成夫・加藤晋平による「近世考古学の提唱」では，「考古学の定義は広義・狭義の差はあっても物質的資料を媒介として研究するとされており，その対象とする時間の限定はされていない。したがって歴史的時代区分の一つである「近世」も当然含まれる。(中略)考古学者は考古学的方法を通して全時代へのアプローチを試みる必要がある」（「日本考古学協会第三五回総会研究発表要旨」）と述べている。この主張は「近世」に限定されるものではなく，「近現代」にもそのままあてはまる。いい換えれば，近現代考古学は近世から近現代の連続性と非連続性を追究するという方向性を内包しており，近代都市の考古学も近世都市の考古学的調査・研究の延長上に位置づけられるのである。

近代遺跡の諸相

　日本の近現代考古学は，主に近現代の産業遺産を対象として技術文化を研究する産業考古学や，戦争遺跡を調査・研究する戦争遺跡考古学（戦跡考古学）が先行した。英国で生まれた産業考古学は，日本では昭和52年(1977)に産業考古学会が設立されたが，技術史・産業史・経済史が基盤となっている。また，戦争遺跡考古学（戦跡考古学）は，1980年代に考古学的調査により戦争の実態を明らかにすることから注目を集めるようになった。

　平成8年度(1996)から，文化庁は「近代遺跡所在調査」を実施したが，その分野は以下のように多岐にわたっている。

　　　①鉱山，②エネルギー産業（鉱山を除く），③重工業，④軽工業，⑤交通・運輸・通信業，⑥商業・金融業，⑦農林水産業，⑧社会，⑨政治，⑩文化，⑪その他

これらの近代遺跡は，①〜⑦の鉱山，エネルギー産業，重工業，軽工業，交通・運輸・通信業，商業・金融業，農林水産業に関する遺跡は産業考古学，⑨の政治，とくに軍事に関する遺跡は戦争遺跡考古学（戦跡考古学）の対象にほぼ相当すると考えられる。また，こうした近代遺跡は，産業遺産・建造物・土木構築物が中心になっているようにみえるが，遺跡，遺構・遺物を含めた近現代考古学を展望する必要があるだろう。

近代都市の考古学

　このような近代遺跡の諸相を踏まえて，改めて近代都市の考古学の方向性を整理すると，以下のようなものが考えられる。

　　①　殖産興業から産業革命，資本主義の発展へ
　　②　近代的軍隊の創設から「帝国」の時代へ
　　③　文明開化と西洋文化の受容
　　④　前近代の社会・文化の伝統と変容

　①，②は明治政府の富国強兵政策に始まる近代国家日本の方向性であり，①は産業考古学，②は戦争遺跡考古学（戦跡考古学）を含むと考えられる。また，③，④は近代の社会史・生活史に関わる問題であるが，単なる西洋化だけではなく，近代以前にさかのぼる日本の社会・文化の伝統と変容を伴う複雑な様相を呈している。

近代都市東京の考古学

　東京は近代日本の首都であり，近代都市の考古学の中心的な役割を果たすべき存在である。ここでは上述の方向性に基づいて，発掘された近代都市東京の調査・研究の成果を簡単に紹介することにしたい。

　①　殖産興業から産業革命，資本主義の発展へ

　明治5年（1872）に開通した新橋・横浜間の鉄道の新橋停車場跡の発掘調査が行われている。また，横川一丁目遺跡からは，三田土ゴム会社の遺構・遺物が発掘された。三田土ゴム会社の前身は明治19年（1886）創業の土谷護謨製作所である。発掘調査によって，明治30年代中頃の工場の溝やスポイト・パッキング・ゴム栓などのゴム製品などが出土した。

　②　近代的軍隊の創設から「帝国」の時代へ

　大橋遺跡では，陸軍騎兵実施学校，近衛輜重兵大隊，陸軍輜重兵学校の煉瓦積みなどの建物跡・防空壕・下水枡・ごみ穴・道路などの遺構や，兵営内で使用されていた食器・ガラス製の薬瓶，馬具・蹄鉄・弾丸・手榴弾などの遺物が発掘されている。陸軍被服廠跡からは，日露戦争のときに全国の篤志家が寄付した毛布などの荷物に付されていたものと推定される木札が出土した。文部科学省構内の防空壕からは，鉄帽・小銃・教練用機関銃・演習用擲弾筒・模擬銃部品・模擬手榴弾・銃剣・軍刀が出土している。これらは丸ノ内青年学校（昭和10年（1935）開校）の教練に使われた銃器類が戦後廃棄されたものとされる。

　③　文明開化と西洋文化の受容

　明治元年（1868）に始まる築地の外国人居留地は，東京における西洋文化の受容の一端を示すものであり，発掘調査が実施されている。信濃町遺跡からは，明治11年（1878）創業の四谷軒のガラス製牛乳瓶が出土した。ガラス瓶は明治19〜20年（1886〜1887）以降とされる。

　④　前近代の社会・文化の伝統と変容

　新橋停車場跡の発掘調査では汽車土瓶が出土しているが，これは江戸時代の伝統をひく容器である。また，百人町三丁目遺跡からは大量の文字徳利が出土し，約2km圏内の酒店の徳利であることが判明した。大正末期のガラス瓶の普及まで，江戸時代と同様に通い徳利が用

いられていたことを示している。

戦争遺跡考古学（戦跡考古学）

戦争遺跡は近代の軍事・戦争に関する遺跡である。遺跡の内容は，兵舎・学校・病院，砲台・陣地・通信所・戦車壕・望楼・監視哨・練兵場，軍需工場，防空壕，戦場など多岐にわたっている。また，出土遺物は，鉄帽・銃砲・弾丸・手榴弾・軍刀，認識票・軍用食器・国民食器などが特徴的であり，戦時統制経済下において生産された陶磁器には，統制番号が記されたものがある。

発掘調査された戦争遺跡としては，南砲台跡（茨城県），歩兵第一五連隊跡（群馬県），国際電気通信株式会社多摩送信所跡（東京都），黒川照空隊陣地跡，大津山砲台跡，猿島砲台跡，千代ヶ崎砲台跡，茅ケ崎城跡戦車壕（神奈川県），豊川海軍工廠跡，笠寺高射砲陣地跡（愛知県），西郷海軍望楼跡，平野高射砲陣地跡，大床防空監視哨跡（島根県），西南戦争遺跡（熊本県），鹿屋航空隊地下壕・掩体壕（鹿児島県），南風原陸軍病院壕（沖縄県）などが知られている。

新橋停車場跡

明治5年（1872）に開通した新橋・横浜間の鉄道の起点となった新橋停車場跡の発掘調査が行われている。

発掘された遺構は，旅客が利用した駅舎・プラットホーム，鉄道運行のための機関車用転車台・機関車庫・石炭庫，修理・組み立てを行う器械場・鍛冶場・鋳物場，発電所，上水木樋・鉄管，圧力式水道管，下水などである。建築資材である煉瓦や下水に用いられた常滑産の土管も出土した。

遺物は，車両のプレート，切符・改札鋏（パンチ）・旅客の手荷物の引換え票（チェッキ），職工長などのバッチ，鉄道で運ばれた郵便袋の錠前，タガネ・ヤスリ・スパナ・ハンマーなどの工具などであった。鉄道建設にあたった外国人技術者の官舎のごみ穴からは，食器・ガラス瓶・クレイパイプなどの西洋の生活用具が出土している。

旧新橋停車場跡の駅舎とプラットホームの一部を含む範囲は，国指定史跡になっている。

煉　瓦

煉瓦には，耐火煉瓦すなわち白煉瓦と赤煉瓦がある。日本での煉瓦の製造は，嘉永3年（1850）に佐賀藩が大砲鋳造のための反射炉に用いる耐火煉瓦を製造したことに始まる。建物に使われる赤煉瓦は，安政4年（1857）に長崎でオランダ人H.ハルデス（Hendrik Hardes）の指導により日本の瓦職人が製造した「蒟蒻煉瓦」が最初である。

東京の煉瓦の使用については，明治5年（1872）の銀座煉瓦街が知られているが，これは小菅の東京集治監の前身である盛煉社に導入されたホフマン輪窯による煉瓦製造によった。この時期の東京の煉瓦製造は，江戸時代に瓦や土器の生産をしていた隅田川沿岸の窯業を基盤としていた。明治19年（1886）の官庁集中計画により，翌年に埼玉県深谷市上敷免に日本煉瓦株式会社が設立された。また，明治21年（1888）には甲武鉄道建設のために日野煉瓦工場がつくられた。このように，煉瓦の製造は都市の近代化の中で行われたのである。

外国人居留地

安政5年（1858），幕府は米国・英国・フランス・ロシア・オランダと安政の五ヵ国条約を結び，箱館・横浜・長崎・新潟・兵庫を開港し，江戸・大坂を開市することになった。これらの都市には外国人居留地が設けられた。

外国人居留地の発掘調査は，横浜・神戸・東京で行われている。

横浜の山下外国人居留地では，英国商館・ドイツ商館などの建物基礎・掘立柱建物跡・地下室・井戸・便所・下水・ごみ穴などの遺構が発掘され，食器・ガラス瓶などの西洋の生活用具が出土した。

神戸外国人居留地では，茶を輸出用に加熱する再製炉の煉瓦造の建物が発掘されている。

東京の築地外国人居留地では，フランス人ア・ハーブル（Fabre, A.）の居住地のごみ穴やキリスト教の修道会であるサン・モール会の建物跡・井戸・ごみ穴などが発掘された。

汽車土瓶

汽車土瓶は，鉄道の旅客が買って飲んだお茶の容器である。新橋停車場跡からは，大量の汽車土瓶と猪口（湯呑み）が出土した。益子焼，信楽焼，常滑焼，瀬戸・美濃焼の陶器製で，明治時代中期から用いられた。

参考文献

メタ・アーケオロジー研究会編『近現代考古学の射程』六一書房，2005.
十菱駿武，菊池実編『しらべる戦争遺跡の事典』柏書房，2002.

［谷川　章雄］

汽車土瓶

［東京都埋蔵文化財センター編『汐留遺跡にみる江戸・東京』1999］

付録 1　日本建築の基礎知識

編集委員：山岸常人

軸　　部··(登谷伸宏)　600
　　　柱間，側・入側，桁行・梁間，棟，平入・妻入，身舎・庇，間面記
　　　法，向拝，基壇，礎石・礎盤，掘立柱，粽，貫，長押，台輪，虹梁，
　　　桁・梁

組物の種類··(登谷伸宏)　602
　　　組物，斗，肘木，水繰（笹繰），尾垂木，実肘木，通肘木，雲斗雲
　　　肘木，舟肘木，大斗肘木，平三斗・出三斗，出組，二手先，三手先，
　　　大仏様組物，遊離尾垂木，禅宗様組物，木鼻，中備，蟇股，双斗

軒··(登谷伸宏)　604
　　　垂木，一軒・二軒，地垂木，飛檐垂木，化粧垂木・野垂木，木負・
　　　茅負，裏甲，隅木，支輪，鼻隠板，平行垂木，扇垂木，繁垂木，疎
　　　垂木・大疎垂木，吹寄垂木

屋　　根··(小岩正樹)　606
　　　切妻造，寄棟造，入母屋造，宝形造，錣葺，破風，唐破風，軒唐破
　　　風・向唐破風，千鳥破風，瓦葺，板葺，柿葺・杮葺，檜皮葺・杉皮
　　　葺，茅葺・葦葺，行基葺，本瓦，桟瓦，平瓦・軒平瓦，丸瓦・軒丸
　　　瓦，鴟尾，鬼瓦・獅子口，熨斗瓦，雁振瓦，鳥衾，妻飾，懸魚

建　　具··(小岩正樹)　608
　　　真壁・大壁，扉，方立，幣軸，蔀，妻戸，桟唐戸，藁座，遣戸・舞
　　　良戸，障子，襖・唐紙障子・明障子，連子窓，火頭窓

塔　婆……………………………………………………（小岩正樹）610
　　層塔，大塔，多宝塔・宝塔・瑜祇塔，四天柱・心柱・心礎，相輪，
　　石塔，瓦塔

門………………………………………………………（岸　泰子）612
　　四脚門・八脚門，薬医門，棟門，二重門・楼門，向唐門・平唐門，
　　高麗門・塀重門・冠木門

神社建築………………………………………………（岸　泰子）614
　　棟持柱・心御柱・宇豆柱，千木・堅魚木，浜床・浜縁・脇障子，拝
　　殿・舞殿・長床，鳥居

民家・住宅……………………………………………（岸　泰子）616
　　上屋・下屋，大引・根太，差物・差鴨居，込栓・鼻栓，京呂・折置，
　　垂木・オダチトリイ・叉首（合掌），せがい，卯建，式台，付書院・
　　平書院・帳台構，鴨居，京間・江戸間・田舎間

軸　部

柱間：柱と柱の間。建物の規模を桁行と梁間の柱間の数で表し，桁行何間・梁間何間と記す。

側・入側：建物の一番外側の柱筋を側といい，そこに立つ柱を側柱と呼ぶ。入側は側から柱間1間分内側に入った柱筋。入側に立つ柱を入側柱という。

桁行・梁間：建物の大棟と平行する方向を桁行，大棟と直交する方向を梁間，あるいは梁行という（図1）。

棟：傾斜をもった二つの屋根面が接した稜線。場所により，大棟・隅棟・降棟などと呼ぶ。また，棟に位置する桁行方向の横架材を棟木という。

平入・妻入：大棟に平行な壁面に主要な入口がある場合は平入といい，それと直交する壁面（＝妻面）にある場合は妻入という。

身舎・庇：柱と大梁により形成される建物の主要部を身舎といい，古代には梁間の柱間が2間であることが一般的である。庇は，身舎の周囲に付属する下屋をさし，屋根は身舎から葺き下ろされる。庇の柱間は通常1間である。その外側にさらに庇が付く場合は孫庇と呼ぶ（図2）。建物外部の軒下に設けられた庇状の部分は裳階という。法隆寺金堂・五重塔の初層，薬師寺東塔の各層の外側に付く構造物がそれにあたる。

間面記法：主に古代において，建物の平面形式を示すために用いられた表現方法。身舎の桁行の柱間間数と，その各面に付属する庇の数で平面形式を表す。身舎の梁間は通常2間であったため省略する。たとえば，桁行5間，梁間2間の身舎に庇が四周に付く場合は，五間四面と記す。構造技術の変化に従って梁間の柱間間数が大きい建物が建てられるようになると，用いられなくなっていった。江戸時代には面が梁間の柱間間数と理解された。

向拝：仏堂・社殿などの正面中央に付く庇状の部分。突き出た屋根は向拝柱で支える。一般的には，階隠の一種で，礼拝者のために設けられたものとされる。

基壇：建物が立つ土壇。古代には粘土と砂を交互に突き固めて盛り上げた版築に，葛石・束石・羽目石などで化粧をする壇上積が正式な形式であった（図3）。仏堂の周囲に縁が廻る場合は，土壇の角を丸めて全体を漆喰塗りとする亀腹が設けられることもある。

礎石・礎盤：礎石は，柱を立てるため柱下に据えた石のこと。自然石，あるいは切石を用いる。加工した礎石には，上面に柱を据え付けるため柄をつくり出したものもある。礎盤は，礎石と柱との間に用いられる部材で，石

製や木製のものがある。もとは禅宗様の建物に使用されたが，のちにそれ以外の建物にも広く用いられた（図4）。

掘立柱：根元を地中に埋めて固定した柱。寺院建築の移入以後，寺社や宮殿の主要な建物には礎石立ての柱が用いられるようになるが，その他の建物や塀などには近世に至るまで広く用いられた。伊勢神宮の正殿などは現在でも掘立柱である。

粽：柱の上端，または下端を丸めた部分。柱の上端をゆるやかな曲線状に加工するのは，奈良時代の建物や大仏様の建物にみられる。一方，禅宗様では上下端ともに円弧状に丸めるのが特徴。

貫：柱と柱を貫通してつなぐ部材。位置により足固貫・腰貫・飛貫・頭貫などという。古代の寺社建築には頭貫のみが用いられ，腰貫・飛貫などは大仏様・禅宗様の移入に伴い伝えられた。その手法は和様の建物にも広く取り入れられ，主要な構造部材の一つとなった。

長押：柱をつなぐため，その側面に釘で打ち付けた横架材。柱との接合部は形状に合わせて切り欠く。とりつける位置により，切目長押・内法長押・蟻壁長押・天井長押などと呼ばれる。元来は建具を吊るための部材であったが，平安時代には柱間をつなぐ構造材としての役割を担うようになった。貫が用いられ構造的な役割が減少すると，断面の形状は次第に長方形からL字形，台形へと変化した。江戸時代には意匠材として用いられ，断面も薄い三角形となった。

台輪：柱頂部に置き柱同士をつなぐ板状の横架材。古代には，塔や校倉の床下にのみ用いられた。禅宗様では広く用いられ，隅部では十文字に組んで木鼻を頭貫木鼻上に出す。

虹梁：寺社建築や宮殿建築などに用いられる上方に反った梁。化粧梁の一つで，通常下端に眉を取り，側面の両端部には袖切を付ける。場所によりよび方が異なり，側柱と入側柱，側柱と向拝柱をつなぐものは繋虹梁，向拝柱間に架かるものは水引虹梁ともよぶ。奈良時代のものは断面が逆台形で反りが大きいが，時代とともに反りは小さくなる。大仏様では円形断面，禅宗様では長方形断面の虹梁を用いる。さらに，禅宗様では，海老のように端部が湾曲した海老虹梁を繋虹梁として使用することがある（図5）。近世になると側面両端に絵様を施すようになる。絵様は袖切から伸びる渦と，その先端に付く若葉からなることが多く，時代的な特徴がよく表れる（図6）。

桁・梁：柱・組物・束などに載る横架材。桁行にあるものを桁といい，場所により軒桁，母屋桁などという。組物の最も先端にある軒桁は，古代には円形断面であったため特に丸桁と呼ぶ。一方，梁行にあるものを梁という。

［登谷　伸宏］

軸　部　601

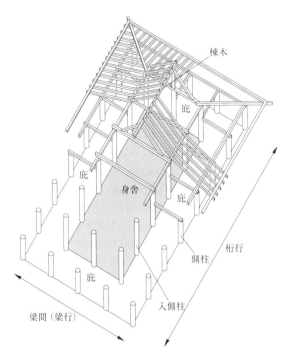

図1　四面庇付建物（五間四面，入母屋造）

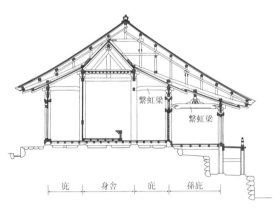

図2　室生寺金堂（奈良県）断面図

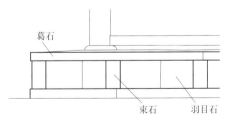

図3　基壇（壇上積）

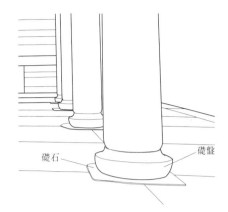

図4　礎石・礎盤（知恩院三門（京都市））

図5　海老虹梁

図6　虹梁絵様

［図1，図3，図4，作図：神田純花］
［図2，作図：岡崎瑠艶］
［図5，図6，撮影：登谷伸宏］

組物の種類

組物：柱，または台輪上に載り，軒を支える部材。斗栱ともいう。斗・肘木からなり，形式によって尾垂木・支輪・木鼻などが加わる。柱筋の直上にある丸桁を受ける形式に，舟肘木・大斗肘木・平三斗・出三斗がある。また，丸桁が柱筋より外側に出る場合に用いる形式に，雲斗雲肘木・出組・二手先・三手先などがある。大仏様，禅宗様では，いずれも和様と異なる形式の組物が使用される。

斗：組物の主要な構成部材の一つ。上部は枡に似た直方体で，下部は曲面に刳られている。この曲面を斗繰と呼ぶ。用いる箇所により呼称が異なる。組物の最下部にあり全体を受ける大きな斗を大斗といい，肘木・桁を一方向に受ける斗を巻斗という。また，枠肘木の中央にある斗を方斗と呼ぶ。

肘木：斗とならび組物を構成する主要な部材の一つで，斗や桁を受ける舟形の水平材である。和様の肘木は両端の曲面に垂直面を残すのに対し，禅宗様の肘木はすべて曲面となる。また，飛鳥・奈良時代のものには下面に舌という繰り出しの付くことがある。使用する箇所により呼称が異なり，一つの斗の上にあり，3個または2個の巻斗を載せるものを秤肘木という。さらに，大斗の上に載り十文字に組んだものは枠肘木と呼ぶ。

水繰（笹繰）：肘木上端の斗と斗の間に施された曲線状の繰形。飛鳥・奈良時代の寺院建築や，禅宗様の寺院建築によくみられる。

尾垂木：組物の構成部材の一つで，通常は二手先以上に用いられる。小屋組内から斜めに延び，丸桁下の秤肘木を支える。禅宗様の組物では，二手先以上にそれぞれ入れる。

実肘木：組物の最も先端にあり，丸桁を直接受ける肘木。

通肘木：組物同士をつなぐ長い水平材。とおりひじきともいう。

雲斗雲肘木：雲形の繰形を施した斗と肘木（図1）。飛鳥時代の寺院建築に用いられ，法隆寺金堂・五重塔・中門，法起寺三重塔にみられる。法隆寺金堂のみ斗・肘木の側面に文様が彫られる。なお，近世の寺社建築には，斗と肘木とを一材からつくり出し，雲斗雲肘木と似た繰形を施した「須浜肘木」が使用されることがある。

舟肘木：柱上に載せた肘木で軒桁を受ける組物の形式（図2）。神社や住宅に用いられることが多い。

大斗肘木：大斗に肘木を載せた組物の形式で，軒桁は肘木が直接受ける。

平三斗・出三斗：平三斗は，大斗上に肘木を載せ，そ

の上に3個の斗を並べた組物の形式。丸桁を三斗，あるいは三斗上に置いた実肘木で受ける。出三斗は，大斗上に枠肘木を組み1個の方斗と4個の巻斗を置いた形式（図3）。柱筋より外側の巻斗で虹梁鼻を受ける。

出組：丸桁が側柱筋より外側にある場合に用いる組物の形式の一つ（図4）。一手先ともいう。出三斗のうち柱筋より外側の巻斗に秤肘木を置き丸桁を受ける。壁付の通肘木と丸桁との間に軒支輪が入る場合もある。

二手先：側柱筋より肘木を二手外側に出し，丸桁を受ける組物の形式。二手目を尾垂木上に置く場合もある。一手目の通肘木と丸桁との間に軒支輪を入れることもある。

三手先：二手先の外側にさらに一手出して丸桁を受ける組物の形式（図5）。通常は三手目を尾垂木上に置く。古代には金堂や塔といった伽藍内でも格の高い建物に主に用いられた。中世以降は本堂に使用されることが少なくなり，塔・楼門・鐘楼などに用いられるようになる。

大仏様組物：柱に挿した挿肘木と斗により構成される組物の形式で，大仏様の建物に用いられる（図6）。すべての斗には斗繰の下に皿斗という皿状の繰形を施す。細部は現存する建物により異なり，浄土寺浄土堂では斗を挿肘木の先端にのみ置く組物を用いるのに対し，東大寺南大門では，斗を挿肘木上に整然と並べている。

遊離尾垂木：軒を支えるための斜材で，大仏様の建物に用いられる。組物と組物の中間に配し，先端で丸桁を受ける。

禅宗様組物：禅宗様の建物に使用される組物の形式（図7）。柱間にも組物が並び，詰組と呼ばれる。組物は，丸桁を受ける秤肘木を除き，二段に重ねた三斗組を手先に置く。上段の三斗組は肘木上に斗を五個並べるため，左右へ一手ずつ広がりをもつ。一手目は枠肘木上の巻斗に載せ，二手目からは大きく湾曲した尾垂木上に置く。

木鼻：貫・台輪などが柱から突出した部分。先端に繰形や絵様を施すことが多く，形状により拳鼻・象鼻などと呼ぶ。大仏様・禅宗様の建物に用いられるものであったが，のちに和様の建物にも広く使用されるようになる。近世にはその意匠が多様化し，獅子・龍のような動物や，籠彫りの植物を彫刻することもある。

中備：柱上の組物と組物の中間にあり，通肘木や桁を支える部材。古代には間斗束を用い，次第に蓑束や蟇股など装飾性の高い部材を使用するようになる。

蟇股：上下の横架材の間にある，輪郭が蟇の足を開いたようなかたちをした部材。1枚の厚板からなる板蟇股と，股の間を刳り抜き彫刻を施した本蟇股がある。前者は奈良時代からみられ，主に虹梁などの上に置いて棟木や天井桁を受ける。後者は平安時代後期に現れ，中備として用いられる。股の間の彫刻は，時代的な特徴をよく表す。

双斗：中備の一つ。大斗の上に肘木を載せ，その上に

2個の巻斗を並べた形式（図8）。もとは大仏様の建物に用いられた。肘木と巻斗を一材でつくり，全体に繰形・彫刻を施したものは花肘木という。

［登谷 伸宏］

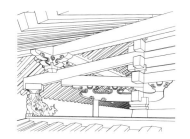

図1　雲斗雲肘木（法隆寺金堂（奈良県））

図2　舟肘木（神田神社本殿（滋賀県））

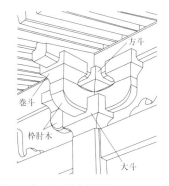

図3　出三斗（若宮神社本殿（滋賀県））

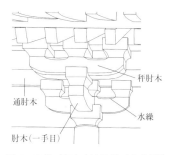

図4　出組（東大寺法華堂（奈良県））

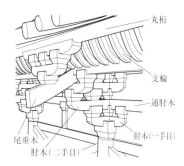

図5　三手先（平等院鳳凰堂（京都府））

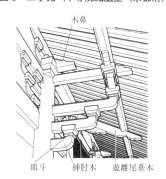

図6　大仏様組物（浄土寺浄土堂（兵庫県））

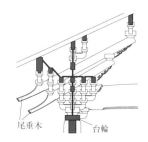

図7　禅宗様組物（功山寺仏殿（山口県））

図8　木鼻・双斗（鶴林寺本堂（兵庫県））

［図1，図3～図5，作図：岡崎瑠艶］
［図2，作図：神田純花］
［図6，図7，作図：登谷伸宏，図8，撮影：登谷伸宏］

軒

　軒は，屋根の先端のうち外壁よりも外側に出た部分をさし，垂木・木負・茅負・裏甲などからなる。垂木は，軒桁上に載るものを地垂木，その先に載るものを飛檐垂木という。飛檐垂木は，地垂木の先端に置いた木負に打ち付ける。さらに，飛檐垂木の先端に木負を載せ，その上に裏甲を取り付ける（図1）。
　垂木：軒を構成する主要な部材の一つで，棟木から軒桁，さらに外側に延びて屋根を支える。断面は四角，あるいは円形。場所や形状により，地垂木・飛檐垂木・打越垂木・支外垂木・茨垂木などさまざまな呼称がある。
　一軒・二軒：上下2段の垂木からなる軒を二軒といい，垂木が1段の場合を一軒という。
　地垂木：二軒の下段の垂木。奈良時代から平安時代にかけては円形断面の垂木を用いることもあった。長方形断面の場合，鼻先に反りと増しを付けるのが一般的であるが，近世には省略するようになる。
　飛檐垂木：二軒の上段の垂木。断面は四角で，先端付近で幅・せいともに細めるのが一般的。
　化粧垂木・野垂木：化粧垂木は，軒下や室内からみえるところにある垂木の総称。野小屋内のみえない部分にある垂木は野垂木という。
　木負・茅負：地垂木の先端に置かれ，飛檐垂木の取り付く横材を木負という。茅負は，一軒の場合は垂木の端部，二軒の場合は飛檐垂木の先に置かれた横材。茅負上に裏甲を置き，その上に瓦を葺く。
　裏甲：茅負上に載る厚板。木口をみせて板を並べる形式を切裏甲，あるいは木口裏甲，長手をみせる形式を布裏甲という。
　隅木：寄棟造・入母屋造などの隅棟の下にあり，建物の隅から45度方向に出る部材。二軒の場合は，地隅木・飛檐隅木が2段に出る。もとは別々の材でつくられたが，南北朝期頃から一材でつくり出すものが現れる。軒桁より外側の隅木に取り付く垂木を配付垂木，木負と隅木の交点に位置する飛檐垂木を諭治垂木という。
　支輪：段差のある2本の通肘木間，あるいは通肘木と丸桁の間にあり，その間を埋めるための部材。曲線状の角材と板とで構成されるものを蛇腹支輪，板のみでつくられたものを板支輪という。
　鼻隠板：軒先において垂木の木口を隠すように設けられる板材。大仏様の建物に使用される。
　平行垂木：垂木を平行に配する形式。垂木を配置する間隔の疎密により，疎垂木・繁垂木に区分される。
　扇垂木：垂木を放射状に配する形式（図2）。飛鳥時代の寺院建築，および大仏様・禅宗様の建物に使用される。軒の中央から垂木を放射状に配するものと，隅のみが放射状となるものがあり，後者を隅扇垂木という。禅宗様では，中心部からほぼすべての垂木を放射状に配するが，中世の遺構には中央部を平行垂木とするものもある。大仏様の建物は隅扇垂木を用いる。
　繁垂木：垂木を密に並べた形式（図3）。垂木の間隔を垂木のせいと同じにするものを本繁垂木，間隙をせいと垂木幅の和と同程度とするものを半繁垂木という。
　疎垂木・大疎垂木：垂木を広い間隔で疎らに並べた形式を疎垂木という（図4）。中世以降は柱真ごとに垂木を載せるのが一般的となる。大疎垂木は太い垂木をごく広く配した形式（図5）。
　吹寄垂木：垂木二本または三本を一対として並べた形式（図6）。

軸部，組物の種類，軒の参考文献

近藤豊『古建築の細部意匠』大河出版，1972.
新建築学大系編集委員会編『歴史的建造物の保存』（『新建築学大系50』）彰国社，1999.
綜芸舎編集部編著『入門 日本古建築細部語彙』綜芸舎，1970.
中村達太郎著（太田博太郎・稲垣栄三編）『日本建築辞彙〔新訂〕』中央公論美術出版，2011.
濱島正士『寺社建築の鑑賞基礎知識』至文堂，1999.
国史大辞典編集委員会編『国史大辞典』（全15巻（17冊）吉川弘文館，1979～1997.
日本国語大辞典第二版編集委員会・小学館国語辞典編集部編『日本国語大辞典 第二版』（全13巻＋別巻）小学館，2000～2002.

［登谷　伸宏］

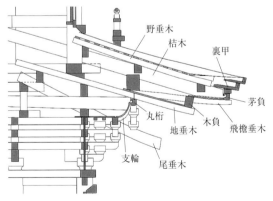

図1　軒廻り（浄瑠璃寺三重塔（京都府））

軒　605

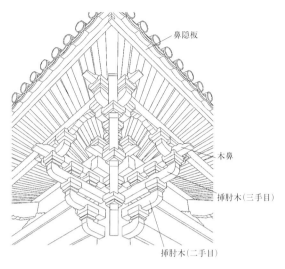

図2　扇垂木（浄土寺浄土堂（兵庫県））

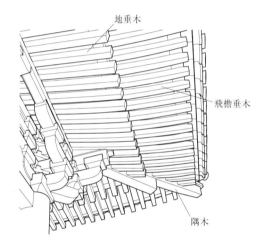

図3　繁垂木（喜光寺本堂（奈良県））

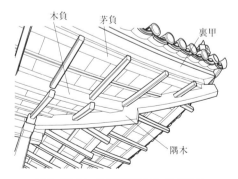

図4　疎垂木（知恩院勢至堂（京都府））

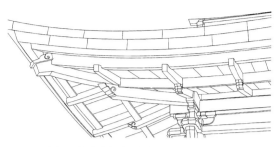

図5　大疎垂木（洞春寺観音堂（山口県））

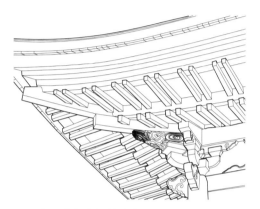

図6　吹寄垂木（南宮神社高舞殿（岐阜県））

［図1，図2，図5，作図：岡崎瑠艶］
［図3，図6，作図：上井佐妃］
［図4，作図：登谷伸宏］

屋　根

伝統的な日本建築の屋根は木造が中心であり架構の自由度が一定程度存在していたため，屋根の大きさ・高さ・勾配・形状・葺材などによってきわめて多様な屋根形式を生み出してきた。屋根は雨水から建物を保護するという機能的な役割以上に建築の全体的な意匠に大きな影響を与える要素であったため，建築に携わる人々にとってどのような屋根をどのような形で架けるかはつねに重要な関心事であった。以下，主要な屋根形式と細部名称を解説する。

切妻造：二方の屋根面で構成される屋根形式であり，頂部に大棟はあるが，隅棟をもたない。妻とは端の意味であり，屋根のかからない面を妻面や妻側という。切妻造は古代には真屋と呼んだ。

寄棟造：四方の屋根面で構成される屋根形式であり，大棟と隅棟がある。古代には東屋・四阿といった。

入母屋造：屋根の上部は切妻造のように二つの屋根面があり，下部は寄棟造のように四方に屋根が広がる屋根形式。切妻部には破風をもつ。

宝形造：屋根が中央部で一点に集まる屋根形式であり，大棟がなく頂部から隅棟が降る。屋根は四面のほか，六面や八面のものもあり，六注・八注と呼ぶこともある。方形造とも書く。

錣葺：入母屋造に似た屋根形式の一つであり，玉虫厨子が有名である。上方の切妻部分と下方の屋根の面が連続せず，途中に段をつくる。名称は兜の錣に類似することにより，切妻造の身舎の四方に庇が付くかたちが由来と考えられるが，切妻の二方に錣がつくケースもありうる。

破風：切妻造および入母屋造などの屋根の妻側端部に，合掌状に付けられた長板状の斜材を指す。また，破風板や懸魚，妻壁や妻飾りなどでつくられる妻側の三角形状の部位一般を指す場合もあり，切妻破風，入母屋破風などの呼称がある。

唐破風・軒唐破風・向唐破風：唐破風とは，中央が起る（そり上がる）反転曲線状の破風を指す。内側に同じく反転曲線状の輪垂木が並び，屋根面も中央が起るため，これら一式の屋根を唐破風と呼ぶ場合もある。また，建物の屋根の軒先のみに設けられたものを軒唐破風という。唐破風の屋根の妻を正面に向けたものを向唐破風と呼ぶ。

千鳥破風：流れ屋根の上面に，独立して設けられた破風を指し，据え破風ともいう。社殿や天守建築に多く見られ，意匠上の効果のほか，通風や採光を目的とするものもある。

瓦葺：瓦を用いて屋根を葺くもの。寺院建築の伝来とともに導入された。瓦の形状には多種あり，丸瓦と平瓦を交互に組み合わせる本瓦葺がもっとも一般的であるが，行基葺や江戸中期に発明された桟瓦などがある（後述）。

板葺：木の平板を用いて屋根を葺くもの。古代の飛鳥板蓋宮などは板葺の例と見られる。法隆寺金堂裳階のように，縦板を重ねるものを大和葺と呼ぶ。鎌倉時代に入ると板葺から柿葺へと移行するが，板葺も徐々に変化し目板打などを生む。

柿葺・栩葺：それぞれ柿板および栩板を積み重ねることで屋根を葺くもの。柿板は厚さ1分ほど，栩板は厚さ3分ほどの木板を指し，樹種に由来する名称ではない。

檜皮葺・杉皮葺：それぞれ檜および杉の樹皮を積み重ねて屋根を葺くもの。樹皮が薄いため，曲面を造り出しやすい。竹釘を打って留める。

茅葺・葦葺：茅や葦の束を重ねて屋根を葺くもの。茅とは屋根葺に用いられるイネ科植物の総称であり，白茅やススキ，スゲ，葦などに相当する。茅の束は雨水を含みやすいため，茅葺屋根は葺厚が大きく，勾配も急となる。この植物性の葺材は手近に入手できる素材を用いるため，きわめて地域性が高く，茅でなく麦や草を使う例もある。

行基葺：末広がり状の元と末の径が異なる丸瓦を用い，下の瓦の細い元口に，上の瓦の太い末口を重ねることで，屋根瓦を葺く方法。上下の瓦が重なるため，継ぎ目に段が生じる。やがて玉縁という接合部分のみを補足した丸瓦が生じ，継ぎ目に段差は生じなくなった。古い形式であり，玉虫厨子や元興寺極楽坊本堂・禅室の屋根葺に残る。

本瓦：平瓦と丸瓦を横方向に交互に並べる瓦葺の方法を本瓦葺といい，これに用いられる瓦を本瓦という。平瓦同士の横の継ぎ目を丸瓦で覆う。

桟瓦：平瓦と丸瓦を一体化した瓦を指し，この瓦を用いた瓦葺を桟瓦葺と呼ぶ。江戸中期（享保期）に発明され，民家の屋根瓦として広く普及した。

平瓦・軒平瓦：平面形状をした瓦を平瓦というが，日本の平瓦はまったくの平坦ではなく，緩やかな曲面であり上を凹状に並べて葺く。雨水の流れる縦方向には，互いに重なるよう葺足を設けて葺き，先端部となる軒先には瓦当面が付いた平瓦である軒平瓦を用いる。女瓦・牝瓦とも呼ばれた。

丸瓦・軒丸瓦：半円筒形の瓦。凹面を下向きに伏せて，平瓦同士の横方向の継ぎ目を覆う。軒先の瓦当面が付いた丸瓦を軒丸瓦という。男瓦や牡瓦，もしくは筒瓦とも呼ばれた。

鴟尾：大棟の端部に置かれる棟飾。棟から立ち上がり，反り状の曲線をもつことから，沓形ともいう。やがて魚形化した鯱となる。熨斗瓦を積み上げてできる大

棟の両端を塞ぐ機能がある。瓦製のみならず，石，金属，木などでつくられた。

鬼瓦・獅子口：棟の端部に置かれる棟飾であり，棟積みの端部を隠す板状の瓦。大棟のほか，隅棟や降棟にも用いられる。鬼瓦は板状の平面に鬼面の文様が施されたものを呼ぶが，鬼面文様でない瓦も含まれる。獅子口は五角形の箱板状の瓦の上部に，経の巻と呼ばれる円筒状の丸瓦をつくり付けたものであり，漆喰を塗る場合もある。

熨斗瓦：大棟や隅棟，降棟などの棟を構成する，緩やかな曲面状の平瓦。上面を凸として積み棟を高くする。棟が堤に似ることから古代には堤瓦と呼んだ。入母屋破風の壁と屋根との水切りにも用いられる。

雁振瓦：大棟の頂部を覆う瓦。丸瓦やそれに近い形状の瓦であり，上を凸に伏せて葺く。衾瓦ともいう。

鳥衾（とりぶすま）：棟の端に置かれる丸瓦が突出したような形状をもつ瓦。衾瓦が変形したもので，棟の頂部を覆いつつ棟の端部を飾る。

妻飾：妻側に施される装飾。主に妻壁に現れる部材の構成を指すが，破風板や懸魚，飾り金物なども含む場合もある。妻壁の構成は，もとは棟木を支える小屋組の架構そのものであったが，やがて小屋組とは別に装飾的に付加されるようになった。扠首（さす）は合掌状の２本の斜材である叉首棹と，中央の叉首束で構成される妻壁の妻飾としてよく用いられる。虹梁大瓶束（たいへいづか）は虹梁の上に大瓶束を置く妻飾。大瓶束とは禅宗様の束であるが，やがてこの妻飾形式は和様にも用いられた。二重虹梁蟇股（かえるまた）は虹梁と蟇股を二段に組む妻壁の妻飾。蟇股は板蟇股を用いる。

懸魚（げぎょ）：屋根の妻において，棟木や桁の木口を隠すために破風の底面に付けられる装飾板。合掌中央の拝み部分にあるものを特に懸魚もしくは主懸魚といい，破風の途中にあるものを降懸魚（くだりげぎょ）もしくは桁隠と呼ぶ。装飾のかたちにより，梅鉢懸魚，猪目懸魚，蕪懸魚，三花懸魚などの種類がある。

［小岩 正樹］

図２　入母屋造・向唐破風造

図１　切妻造

図３　軒唐破風・千鳥破風

［図１～図３，撮影：山岸常人］

建　具

室内外を問わず，柱と柱を横につなぐ材によって囲われた柱間の面に施された構築物のことを柱間装置と呼ぶ。柱間を開放にしたり，そこに壁を入れて閉鎖する場合もある。それ以外は柱間に窓や出入口など開閉可能な装置を設けることになる。そうした開口部材を総称して建具と呼ぶ。以下，まずは壁の簡単な解説を行った後，さまざまな種類の建具と建具に関係する重要な部位について概観しよう。

真壁・大壁：軸組構造において，柱などの軸組材の内側の面に壁をおさめ，柱外面が露出するものを真壁と呼び，軸組材の外面も含めて板や土塗りで被覆し，全体を壁仕上げとするものは大壁と呼ぶ。伝統的な日本建築の壁のほとんどは真壁であり，小舞で下地をつくり土を塗る土壁が多いが，板を嵌めた板壁や，紙を貼って仕上げた貼付壁などもある。

扉：回転軸をもつ開き戸。両開き式が主だが，片開きや両折両開きの扉もある。戸は，古代では1枚板のものや複数の板を矧ぎ合わせたものがあり，これを板唐戸もしくは唐戸と呼ぶ。上下に端喰を嵌めて補強や反りを防いだもの，定規縁をつけて召合せの隙間を塞ぐものもある。戸につくられた軸は，長押や楣，幣軸に軸穴を設けて立て込むか，藁座にて受ける。扉は，中世以降は枠木である框に板を嵌めた桟唐戸も用いられた。

方立：開口部に建具を立て込む際に立てられる縦材で，開口部の枠ともなる。主には両開き扉の左右の軸元側に設けられる角材を指し，小柱や細長い板状の形態をとる。

幣軸：扉の周りに額縁状に組んだ材で，円弧状の繰形のある断面形状を持つ。扉板の軸を釣り込むとともに，柱・壁・鴨居などとの隙間を塞ぐ役割も持つ。幣軸を組んだ部分を幣軸構と呼ぶ。

蔀：蔀戸とも。側廻りに設けられる吊り下げ式の建具。回転軸のある吊り元を長押に設けて外側あるいは内側へはね上げ，軒もしくは天井から吊られたL字状の金物に掛けて留める。戸を上下2枚に分け，下は柱間に嵌め，上のみを吊るものを半蔀と呼ぶ。板を挟んで内外とも格子を組むもの，外を格子とし内が板のものがあるが，古くはこれらを格子と呼び，板だけのものを蔀と呼んだ。内裏や寝殿造などの上流住宅建築の主要な建具であったが，やがて社寺建築にも用いられた。民家では突き上げ式の建具をしとみと呼ぶ。

妻戸：内裏や寝殿造などの上流住宅建築に用いられた両開きの板戸。上流住宅建築では，側廻りの建具は主に蔀が用いられたが，出入りの便を図るため，蔀とは別に開閉の容易な開き戸として設けられた。正殿にあたる寝殿では側面にあたる妻側に設けられたため妻戸の呼称があるが，殿舎によっては妻側以外にも配された。

桟唐戸：扉の形式の一つ。中世の大仏様や禅宗様の導入に伴い用いられ始めた。戸の四周の框と内の竪桟および横桟を組み，その間に薄板や連子などを嵌める。やがて，框間に花狭間や彫刻板などが入る装飾化されたものも見られる。藁座で軸を受ける。

藁座：扉の回転軸を受ける軸穴を設けた小型の木製部材であり，繰型が施される。大仏様や禅宗様の建築では長押や幣軸を用いないため，貫や地覆の外面に藁座を突出して打ち付けて扉を受ける。あるいは，和様の建築を含めて，軸穴の周りを保護するために打たれた繰型付きの金物を指して呼ぶ。

遣戸・舞良戸：鴨居と敷居の溝にて可動する引き戸。框を組み内に綿板を嵌め，表裏もしくは表面のみに横桟を狭い間隔で打った戸。平安時代には遣戸といったが，後世には舞良戸と呼ばれた。寝殿造では，側廻り建具は蔀や妻戸が主であり，遣戸は内向きの箇所に限られたが，やがて普及し，書院造では主たる建具となる。近世に雨戸が普及する以前には，引き違いの舞良戸と明障子を組み合わせた三本溝の形式が側廻り建具として多く用いられた。なお，鴨居と敷居の溝は古くは彫り込むのではなく，樋端を付けることで凹部をつくり出した。

障子：現在では一般的に明障子のことを指すが，もとは仕切りとしての障屏具であり，移動可能な衝立障子，柱間に嵌め込む押障子などの総称であった。仕上げ材として布，紙，板などがあり，描画された。やがて開閉する建具に取り入れられ，開き戸や引き戸となる。

襖・唐紙障子・明障子：いずれも格子状の木製下地の両面もしくは片面に布や紙を貼った引き戸であり，仕上げや意匠により呼称が異なる。襖は襖障子とも呼び，もとは寝具を表す衾の字であった。木組の下地に布や紙を貼るもので，中国渡来の模様刷りの紙である唐紙を貼るものを特に唐紙障子と呼ぶ。明障子は，片面に薄絹や紙を貼り透光性をもつもの。下部が板張りである腰を設けたものを腰障子と呼び，高さにより腰高障子や水腰障子と呼ぶ。また，数寄屋建築の下地窓の室内側に掛けた小型の明障子を掛け障子という。

連子窓：細い材を竪もしくは横に間隔を空けて並べた窓。連子は櫺子ともいい，組子を連子子という。飛鳥時代の仏教寺院の移入に伴い用いられたと考えられ，古くは断面方形の組子の稜角を正面へ向けた。連子子間の間隔がないものを盲連子といい，のちには連子の裏に板を貼るものや，板を連子状に彫る例も現れる。連子窓は竪子が多いが，横に並べた横連子窓も見られる。内裏の建

築や寝殿造にも用いられ，数寄屋建築では組子に竹を用いた竹連子がある．民家，特に町家の正面にも堅子の窓が多く見られるが，これは格子窓と呼ぶ．

火頭窓：花頭窓，火灯窓とも．火頭とは中央頂部が尖頭形となる形状を指し，この形状の窓縁をもつ窓を花頭窓という．枠縁内に縦横の桟を打ち，内側に明障子を立てる例が多い．禅宗様に伴い導入され，仏堂や書院のほか城郭や数寄屋建築にも取り入れられ，やがて琴柱火頭や蕨火頭，富士火頭などの変形を生んだ．なお，禅宗様では火頭型は窓に限らず出入り口の上部にも用いられ，茶室建築では茶道口や給仕口の上部を曲線状としたものを火頭口と呼ぶ．

参考文献
中村達太郎著，太田博太郎・稲垣栄三編『日本建築辞彙』中央公論美術出版，2011．

［小岩　正樹］

図　建具の諸種（本願寺西山別院本堂（京都府））
［撮影：山岸常人］

塔婆

　日本においては，仏教寺院の塔である仏塔をさすことが一般的であり，釈迦を礼拝する対象としての仏舎利を奉納するための建築。古代インドにおける仏舎利を奉納したストゥーパが，中国および韓半島を経て伝わり，その際に卒塔婆と音写され，塔婆と呼ばれた。日本では木塔や石塔，金属塔，瓦塔，土塔があるが，このうち主なものは木塔であり，石塔，金属塔，瓦塔は小規模なものに限られ，土塔の例はごく少数である。木塔の形式は，中国および韓半島からの伝来による多重塔と，平安時代に日本で創建されたと考えられる多宝塔・宝塔とに分けられる。仏舎利は，心礎，相輪，心柱の柱内などに納められた。木塔では初重に須弥壇を設け仏像を安置する例もあるが，いずれの塔婆も二重目以上は内部の造作をせず，上がれないことが一般である。仏塔は，古代では金堂と同様に伽藍の中心的な建築とされたが，やがて金堂が中心となり，塔婆は伽藍の前方や脇，あるいは独立して建てられた。中世の浄土真宗では塔を重視せず，塔婆をつくらない。

　層塔：日本の塔は下層から上層にかけて躯体を重ねる重層建築とすることが一般であるが，このうち三重以上の層をもつものを多重塔と呼ぶ。いずれの層も軸部の高さが高く，柱間装置もしつらえられたものを層塔と呼び，これに対し二重以上の各層軸部の高さが低く，軒と屋根のみが重なるかのように見えるものを簷塔と呼ぶ。日本に現存する塔は三重塔や五重塔といった層塔の形式が多く，かつては七重塔（東大寺東西両塔や国分寺塔など），九重塔（法勝寺八角塔など）の事例も見られた。平面は三間四方の方形が一般的であるが，八角平面や五間四方の層塔も存在した。簷塔の例は談山神社十三重塔や石塔などに限られ，いずれも規模が小さい。

　大塔・多宝塔・宝塔・瑜祇塔：多宝塔は，下層が方形，上層が円形の塔身を持ち，宝形屋根である二層塔をさし，宝塔は一重の円筒形塔身に宝形屋根を掛けたものを呼ぶ。多宝塔はあたかも宝塔に方形の裳階を付加したかたちに見える。もとは多宝塔および宝塔の呼称は建築形式によるものでなかったが，平安時代初期に空海が大日如来を祀るために高野山に建立した毘盧遮那法界体性塔は，下層方五間，上層円形，内部に二重柱列を持ち，多宝塔もしくは大塔と呼ばれたことから，これを原型として広まったと考えられる。この塔に近い形式に根来寺多宝塔（大塔）がある。なお，天台宗寺院では二層とも方形平面とし，これを多宝塔と呼ぶ事例もあったが，普及しなかった。瑜祇塔は密教経典の瑜祇経に由来し，宝塔

形式に類似するが，相輪を屋根中心と四隅の計五基建て，宝輪を五個とする。

　四天柱・心柱・心礎：四天柱は，一般には一間四面の建築の身舎柱を指し，阿弥陀堂や塔に見られる。側柱とともに軸部を構成するが，特に初重の四天柱は中央の身舎部分の荘厳として，図様などが彩色された。四天柱は二重以上では細く，小規模な三重塔や多宝塔では省略されることもある。最上層の屋根小屋内で，露盤を支える四本の柱は左義長柱と呼ぶ。心柱は刹・檫とも呼ばれ，塔の中心を地上から頂部まで貫き，相輪にて覆われる。構造としては四天柱や側柱からなる塔の軸部とは独立しているが，江戸時代後期には鎖で吊り一体化させたものもある。なお，平安時代後期から，心柱は初重天井上すなわち二重目以上に置かれ，初重の室内中央には仏像が安置される例が増す。心礎は刹礎・檫礎とも呼び，心柱の礎石を指し，四天柱や側柱の柱礎石より大きい。飛鳥時代の心礎は地中に埋められた地下式心礎で，心柱は掘立柱式であったが，やがて地上に露出する地上式心礎へと変わる。奈良時代前期までは，心礎に舎利孔が設けられるものがあった。

　相輪：塔婆の最上層屋根の頂部に安置される構造体。古代インドのストゥーパの頂部に置かれた傘蓋を起源とし，仏塔の象徴とされる。上から，宝珠，竜車，水煙，九輪（九つの宝輪），花，伏鉢，露盤，とする構成が一般的で，中央の管は刹管・檫管と呼ばれる。一部が省略されることもあるほか，宝珠と水煙を合わせた水煙宝珠（火炎宝珠），多宝塔では水煙と竜車がなく，石塔では請花宝珠となるなど，差もある。木塔では金属製が多く，石塔や瓦塔では石製，瓦製となる。古代では相輪全体を露盤とも称し，法興寺造営時には渡来した百済工人のなかに露盤博士の名が見える。

　石塔：石造の塔婆一般をさすが，中国の塼塔や韓国の石塔が伽藍の主要建築として配されたことに対し，日本の石塔は多くが中世以後に建てられた供養塔・墓碑塔であり，層塔，宝塔，宝篋印塔，五輪塔，無縫塔（卵塔）などの種類が見られる。基礎石，塔身である軸石，笠もしくは蓋である屋根石，相輪の各部からなり，基礎石は二重や格狭間を刻む例，軸石には月輪のうちに種子を刻む例がある。宝篋印塔は，宝篋印陀羅尼経を納入したとされる，インドの阿育王塔にならって呉越王・銭弘俶が造塔した金銅製八万四千塔を，石造で模したもの。軒付け四隅に耳（隅飾り）を設ける。五輪塔は，地，水，火，風，空の五大を，基礎石もしくは基壇石，軸石，屋根石，請花石，宝珠石に対応させ，方形，球形，三角形，半球形，団形として積み上げたもの。各石に種字を刻むことが多い。木製や金属製，水晶製なども見られる。無縫塔は，僧侶の墓塔であり，屋根石および相輪を持たず，基礎・返花・竿・中台を一体とし，上部が丸い塔身を置く。

瓦塔：奈良時代から平安時代にかけてつくられた，瓦質や須恵器質の塔。五重塔や七重塔といった木造方形の層塔を表現した。基壇，軸部，屋蓋，相輪の部分を組み合わせるが，稀に円筒形塔身や多角形屋蓋片も見られる。屋蓋部の瓦形や二軒の軒表現，組物，柱や横架材といった軸組などの細部も木塔を模倣する。完形が保持されて伝わったものはなく，破片から復元するが，完形に近いものとしては東村山市多摩湖町出土および静岡県三ヶ日町出土の復元五重瓦塔がある。全国から出土するものの，関東地方からの出土事例が多い。仏堂を表した瓦堂とともに出土する事例もあり，用途は実際の木造建築の代用とも，それ自体が礼拝の対象ともいわれる。

［小岩 正樹］

［図1，図3，撮影：小岩正樹］

図3　石山寺多宝塔

図1　醍醐寺五重塔

図2　層塔の軸組

［京都府教育委員会『国宝建造物醍醐寺五重塔修理工事報告書』京都府教育庁文化財保護課，1960に加筆］

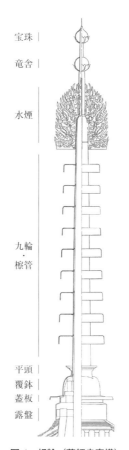

図4　相輪（薬師寺東塔）
［奈良県教育委員会文化財保存課編『薬師寺東塔及び南門修理工事報告書』1956を元に作図］

図5　瓦塔（東京都東村山市多摩湖町出土）
［東京国立博物館蔵，Image：TNM Image Archives］

門

門の名称はその位置（表門など），内部に安置する像の種類（随身門や仁王門など），用途（勅使門など），由緒（陽明門など），形式（棟門など）などによる。門の規模は正面の柱間の数と，そのうちの出入り（通行）できる部分の柱間の数（「戸」）で表記する。正面の柱間が三間で中央の柱間のみが出入りできる場合は「三間一戸」となる。

四脚門・八脚門：四脚門は2本の親柱（扉が付く柱，本柱ともいう）の前後に控柱が2本ずつ立つ形式の門。「脚」は控柱の数を表す。八脚門は親柱が4本で控柱がそれぞれ4本ずつ立つ形式の門（図1，図2）。

薬医門：親柱の後方に控柱が立ち，親柱のやや後ろに棟通りがくる形式の門を薬医門という（図3，図4）。

棟門：棟門は2本の柱の上に切妻造の屋根を載せた門のこと（図5）。

二重門・楼門：二層の門で，屋根が二重にある門を二重門という（図6）。楼門は二層で，下層には屋根は付かず，二層目に縁を廻す形式の門をいう（図7）。

向唐門・平唐門：屋根を唐破風造にした門を唐門といい，妻入のものを向唐門（図8），平入のものを平唐門と呼ぶ。

高麗門・塀重門・冠木門：高麗門は親柱に架かる屋根と親柱と控柱に架かる屋根を直角に別に付けた形式の門（図9）。城郭や宮殿で用いられることが多い。屋根を設けず，親柱に扉を付けただけのものは塀重門という。冠木門は親柱の上に冠木を載せ，扉を付けた門。

参考文献

中村達太郎，太田博太郎・稲垣栄三編『日本建築語彙［新訂］』中央公論美術出版，2011．

近藤豊『古建築の細部意匠』大河出版，1972．

［岸　泰子］

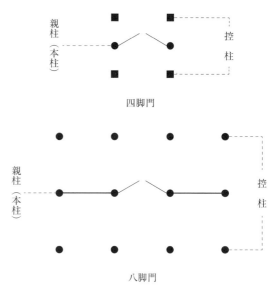

図1　四脚門・八脚門の平面模式図

図2　四脚門（下御霊神社（京都市））

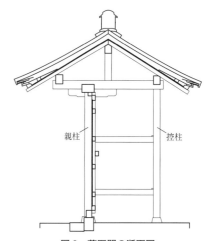

図3　薬医門の断面図
（旧矢掛脇本陣高草家住宅表門（岡山県小田郡））

門 613

図4 薬医門（今宮神社（京都市））

図7 楼門（上御霊神社（京都市））

図5 棟門（今宮神社若宮社（京都市））

図8 向唐門（清浄華院（京都市））

図6 二重門（金戒光明寺（京都市））

図9 高麗門（本満寺（京都市））

[図1, 図3, 作図：岸泰子]
[図2, 図4～図9, 撮影：岸泰子]

神社建築

棟持柱・心御柱・宇豆柱：棟持柱は棟木を直接支える柱をいう。先史時代の建物のほか，大社造や神明造の建物や農家附属屋などにみられる。

心御柱は心柱や忌柱とも呼ばれる。伊勢神宮正殿の心御柱は床下中央付近にある掘立柱である。内宮のものは地中にあり，外宮は地上に突出しているが，いずれも床には達しておらず，柵木で囲ってある。

宇豆柱は大社造において正面・背面の中央，すなわち棟通りに立つ柱。出雲大社本殿や神魂神社本殿の宇豆柱は，隅に立つ柱よりも少し外側（前・後）にずれて立つ。「うづ」は高貴の意味で，「珍柱」と表記されることもある（図1）。

千木・堅魚木：千木は神社本殿の棟の両端にある屋根の上にみえる部材のこと。伊勢神宮正殿のものは破風と同一の部材で，破風の上端を千木としている。一般には破風とは別材で棟上に置いてあり，これを置千木という。

堅魚木は神社本殿の棟の上に直角かつ水平に置かれた棒状の円形断面の部材。千木と並んで神社建築の特徴の一つ（図2）。

浜床・浜縁・脇障子：神社本殿の庇もしくは向拝の柱の足下に付く床状の部材を浜床と呼ぶ。浜縁は，同じく庇もしくは向拝のまわりに付く縁のこと。

脇障子は神社本殿の縁にあって前後を分けるための仕切。彫刻や絵画が施される場合が多い（図3）。

拝殿・舞殿・長床：神社の境内には本殿のほか，拝殿，幣殿，舞殿，長床，鳥居，門，瑞垣，手水舎，神輿や神宝を納める建物（蔵）や社務所などがあり，その構成は神社によって異なる。

拝殿は本殿の前に建つ拝礼を行うための建物。形式は多様で，平面や規模はそれぞれで異なる。内部には床を張るものが多い。一方，中央間を土間にしてその間を人が通ることができるようになっている形式の拝殿は割拝殿という（図4）。

舞殿は，神楽や舞楽を行う建物（図5）。

長床は，拝殿の前にたつ長方形平面の建物。用途は多様で，芸能やおこもりのほか，宮座の集まりに使われることもある。なお，おこもりに使われる建物としては籠堂がある。

鳥居：鳥居は神社の聖域を区切るためのもので，参道や境内の入口に立つ。構造は簡単なものが多く，2本の柱を貫で固め，柱の上に島木や笠木を載せる。木造・石造・銅造のほか，近年ではコンクリート造のものがある。木造は，彩色を施すことが多い。

鳥居の名称は多くあり，神明鳥居，明神鳥居，両部鳥居などがある。神明鳥居は，柱（円柱）のほかは直線状に加工された部材のみからなる。柱に転びはなく，貫は柱の外側に出ない。伊勢神宮の鳥居が代表例である。明神鳥居は転びのある柱に曲線状の島木や笠木が載る。このうち，柱の上に台輪が載るものは台輪（もしくは稲荷）鳥居とも呼ばれる。鳥居の前後に4本の柱を立て鳥居本体の柱と貫でつないだ形式は両部（四脚，権現）鳥居という。

参考文献

中村達太郎，太田博太郎・稲垣栄三編『日本建築語彙［新訂］』中央公論美術出版，2011.
近藤豊『古建築の細部意匠』大河出版，1972.

［岸 泰子］

図1　宇豆柱（神魂神社本殿（松江市））

図2　千木・堅魚木（伊勢神宮正殿（伊勢市））
［写真提供：毎日新聞社，一部加筆］

神社建築　615

図3　浜床・浜縁・脇障子（酒垂神社本殿（豊岡市））

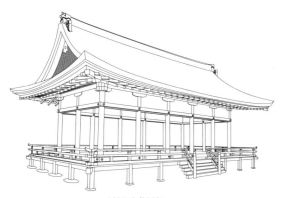

図4　拝殿（賀茂別雷神社拝殿（京都市））

図5　舞殿（賀茂御祖神社舞殿（京都市））

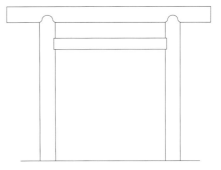

図6　神明鳥居（伊勢神宮鳥居（伊勢市））

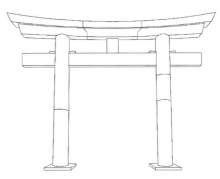

図7　明神鳥居（鶴岡八幡宮鳥居（鎌倉市））

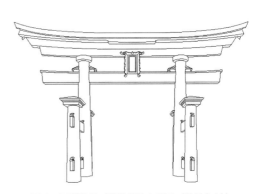

図8　両部鳥居（厳島神社大鳥居（廿日市市））

［図1，図3～図5，図7，図8，図提供：小岩正樹］
［図6，作図：岸泰子］

民家・住宅

上屋・下屋：民家において，屋根を支えるための梁が架かる中央のせいの高い部分のことを上屋とよび，上屋よりもせいが低く上屋の周辺に付く部分のことを下屋とよぶ。下屋を付け足すことで梁行方向の拡張が可能となった。上屋と下屋の区別は，近世前期まではより明確である。

大引・根太：根太は床板を直接に支える部材。大引はその根太を支える横材のこと。

差物・差鴨居：柱と柱をつなぐ内法の部材で，その断面の高さが大きいものを差物（指物）という。部屋の柱間の広さと軸組の高さの変化に伴い18世紀以降に広く用いられるようになった。また，差物の下面に襖などの建具を入れるための溝を彫ったものを差鴨居という。

込栓・鼻栓：込栓は，柱に柄差しで入れた貫や差物などを締め固めるために柱の中心に差し込む楔形の栓もしくはその技法。鼻栓は，同じく横架材の先端に平柄を付けて，その突き出た部分に打つ栓もしくは技法のこと（図1）。

京呂・折置：折置は側柱の上に梁を載せ，その上に桁を架ける構造。一方，京呂は側柱の上に桁を置いて，その上に梁をかける構造をいう。京呂の場合，側柱の柱間が不均等であっても梁をかけることができる。

垂木・オダチトリイ・叉首（合掌）：農家の建物の屋根を支える構造（小屋組）には，垂木や叉首（合掌）などがある。

垂木構造は，梁間方向に架かる梁の上に束踏（中置き）を載せ，その上に棟束（真束，卯建，オダチ）を立てて棟木を支えるもの（図2）。このうち，棟束を鳥居束で固めたものをオダチトリイ(組)という（図3）。

叉首構造は上屋に架かる梁の両端に入れた叉首と呼ばれる材を交叉させて，その上に棟木を置く構造（図4）。叉首は合掌ともいい，岐阜県の白川郷などにある合掌の規模が大きく複数の層からなる茅葺の切妻造の民家のことを合掌造と呼ぶ。

せがい：せがい（船枻）は軒の仕様の一つで，軒の出を深く出すために側柱から腕木を出して出桁を支えるもの。その軒裏には天井を張るものが多い。

卯建：町家において妻壁を屋根より高く塀のように立ち上げ，その上に屋根を架けたものを卯建（卯立）という（図5）。

式台：民家・住宅の正式な出入り口の前に設けられた板敷の部分を式台という。御殿や武家屋敷のほか，庄屋の家にも設けられた。

付書院・平書院・帳台構：近世になると，書院造だけでなく，町家や上層農家の主屋の座敷にも床や違棚が設けられた（図6）。ほかにも床の脇には縁に面して窓を付けた平書院や，その平書院が縁や廊下側に突き出た形式の付書院が付くようになった。

帳台構は書院造の上段の間の脇にある敷居を一段高くし，そこに引き分けの戸を入れた部分をいう。寝殿造の寝所（もしくは食庫）が変化したものとされている。

鴨居：鴨居は襖などの建具を入れるために必要な内法の部材。一般には建具を入れて動かすために鴨居の下面には端から端まで溝が彫ってある。一方，鴨居の中には，溝が通しではなく途中（例えば建具1枚分の長さ（半間分）だけ）で止まっているものがあり，この溝のことを突出溝という。

鴨居，敷居の溝の脇にある縁の部分は樋端という。古い民家や寺社では，鴨居や窓枠に溝を彫らずに付樋端と呼ばれる別木を打ち付けて溝をつくることがある。

京間・江戸間・田舎間：近世の民家の基準尺は地域によって異なる。

京間は長辺が6尺5寸の畳を基準としたもので，京都や大坂で採用された。京間は後に，柱間の心々寸法を6尺5寸とする基準をさすようになり，京都・大坂以外ではこの柱間寸法を基準とした方が普及した。

江戸間は関東で多く採用されたもので，柱間の心々寸法で6尺を基準とした。

田舎間も同じく柱間の心々寸法を6尺とする基準であるが，北陸地域などでは長辺が5尺8寸の畳割を基準とするものをさすことがある。

民家の基準尺としては，ほかにも名古屋や岐阜で用いられた中京間（柱間心々寸法で6尺2寸，畳の長辺で6尺を基準）などもある。

参考文献

吉田靖ほか編，関野克監修，鈴木嘉吉・工藤圭章編集協力『日本の民家 第3巻 農家3』学習研究社，1981.

光井渉『日本の伝統木造建築 その空間と構法』市ヶ谷出版社，2016.

[岸 泰子]

民家・住宅   617

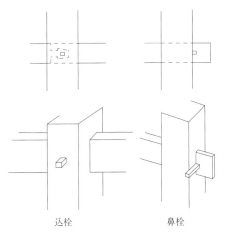

図1　込栓・鼻栓

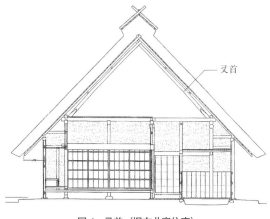

図4　叉首（旧友井家住宅）
[文化財建造物保存技術協会『重要文化財友井家住宅保存修理（移築）工事報告書』山南町教育委員会，1977に加筆]

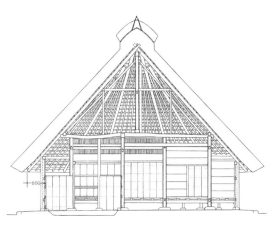

図2　垂木（箱木家住宅）
[吉田靖ほか編，関野克監修，鈴木嘉吉，工藤圭章編集協力『日本の民家　第3巻　農家3　近畿』学習研究社，1981]

図5　卯建（美濃市美濃町重要伝統的建造物群保存地区）

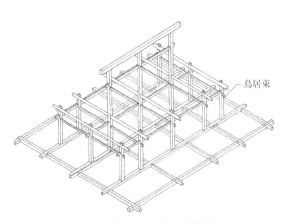

図3　オダチトリイ（石田家住宅）
[京都府教育庁指導部文化財保護課編『重要文化財石田家住宅修理工事報告書』京都府教育委員会，1975に加筆]

図6　付書院・帳台構（二条城二の丸御殿）

[図1，作図：岸泰子]
[図5，撮影：岸泰子]
[図6，図提供：小岩正樹]

付録2　近代洋風建築の基礎知識

編集委員：石田潤一郎

オーダー………………………………………………………………（松下迪生）620
　　　柱，エンタブレチュア

軒廻り…………………………………………………………………（石田潤一郎）622
　　　軒（コーニス），ペディメント（破風），ゲーブル

立面構成要素…………………………………………………………（松下迪生）628
　　　分節，装飾，吹き放し

開口部…………………………………………………………………（石田潤一郎）631
　　　楣構法とアーチ構法，アーチの形状，窓の形式，出入口

屋　　根………………………………………………………………（石川祐一）636
　　　形式，装飾，葺材，小屋組

室　　内………………………………………………………………（松下迪生）640
　　　天井，壁・床

仕上げ…………………………………………………………………（石川祐一）643
　　　石積み技法，煉瓦積み技法，木造技法，スタッコ/モルタル，タイル/
　　　テラコッタ

キリスト教教会堂……………………………………………………（石川祐一）646
　　　平面・断面形式，教会堂内部の名称，薔薇窓/クリアストーリー/トリ
　　　フォリウム，近代日本における教会堂の歴史，教会を手掛けた建築家

オーダー

柱

　古代ギリシア建築およびそれを継承した古代ローマ建築で用いられた古典様式においては，基壇・柱から軒にいたる立面の各要素の造形を決定する比例法則の体系が存在した。これをオーダーという。オーダーには，ギリシア建築のドリス式，イオニア式，コリント式の３種があり，これにローマ建築のトスカナ式，コンポジット式の２種を加え，計５種が存在する（図1）。その種類により，コラム（円柱）の高さ，柱によって支持されるエンタブレチュアの各部位，柱間などの寸法比は異なる。各寸法のモドゥルス（基準単位）としては，多くの場合シャフト（柱身）底部の直径が用いられた。モドゥルスと各寸法の間の数的比例関係をシュムメトリアと呼んだ。

　各々のオーダーの特徴は，とりわけキャピタル（柱頭）に現れる（図2）。ドリス式のキャピタルは，浅い鉢状のエキヌスを挟み，正方形のアバクス（頂板）を介してエンタブレチュアを受ける簡素な構成である。シャフトにはエンタシスが付けられ，また20本のフルート（溝彫り）が刻まれる。フルートの境界は鋭いアリス（稜線）をなしている。シャフト底部はスタイロベート（基壇最上段）から直接立ち上がる。

　イオニア式は，キャピタルの左右にヴォリュート（渦巻き模様）を備え，これが卵簇飾り（⇨軒廻り）の施されたエキヌスを包み込むことが多く，その上で縮小化したアバクスを介して，エンタブレチュアを受ける。シャフト底部には浅い鉢状のベース（礎盤）が挟まれ，スタイロベートに据えられた正方形のプリンス（台座）がこれを受ける。

　イオニア式の変形といえるコリント式では，地中海沿岸地方に自生するアカンサスの葉がキャピタルのモティーフとなり，装飾性が増して華やかな姿となる。キャピタルではエキヌスが失われ，柱脚部はイオニア式の形式を踏襲する。

　ローマ時代になると，上述の３種に加え，エルトリア建築に起源をもつとされるトスカナ式と，寸法比はコリント式に準じ，イオニア式とコリント式を組み合わせたコンポジット式が現れる。トスカナ式はドリス式と似ているが，ベースがある点，またシャフトにフルートが刻まれない点でドリス式とは異なる。

　ローマ時代には門や列柱廊にアーチが多用されることとなる。このアーチの支柱として，ピラー（角柱）が現れる（図3）。これは壁が柱状に残ったもので，オーダーの制約を受けない。また，コラム，ピラーを壁と一体的に築いた半円柱（図4）やピラスター（片蓋柱，図5）

が出現し，柱が構造体としての役割から離れて，装飾的に用いられる端緒となる。

　オーダーの原理が定式化されたのは，ローマ建築の研究が進んだルネサンス時代の建築書においてであった。特にジャコモ・バロッツィ・ダ・ヴィニョーラ（Giacomo Barozzi da Vignola, 1507−1573）の『建築の五つのオーダー』（1562年）は大きな影響を与えた。この時代，オーダーの追究および変奏によって，多様な柱のあり方が考案されていく。すなわち，前後もしくは左右に柱を対にして並べるペアコラム（双柱，図6），二層を貫く大オーダーと各階で完結する小オーダーの併用（⇨立面構成要素）などである。18世紀から19世紀にかけて，参照の対象がギリシア建築のオーダーへと遡及すると，柱のより根源的な役割についての理解が進み，それは新古典主義の潮流となって表れる。

　日本の近代建築における古典主義建築では，明治10年代までは造形が比較的簡素なトスカナ式が多く採用されたが，習熟が進むにつれて各種のオーダーを使い分けていく。なかでも，金融機関は古典主義様式を積極的に採用したため，そのファサードには，さまざまな種類のオーダーを見ることができる。

エンタブレチュア

　柱によって支持される水平の帯状部分をエンタブレチュアといい，その各部位の寸法もオーダーにより決定されていく（前出，図2）。そのうち，柱に直接架け渡される梁ないし桁に相当する水平材をアーキトレイヴという。アーキトレイヴの上にフリーズ（装飾帯）が廻り，コーニス（軒）を介して，ペディメント（破風）もしくは屋根を支える。

　ドリス式は，フリーズにトリグリフとメトープ（浮彫り）が交互に並ぶ点が特徴である。アーキトレイヴの上辺にタエニアを廻し，その下部にトリグリフの位置に合わせて，グッタエ（露玉）が付された長方形の装飾であるレグラを配す。トリグリフは縦溝が施された装飾であるが，これは木造架構における梁の小口の名残であるとされる。

　イオニア式は，アーキトレイヴの上辺に卵簇模様を施し，その上に廻るコーニスには，木造架構の垂木の名残であるデンティル（歯状文）の突起が連続する。また，アーキトレイヴとコーニスの間に，連続するメトープを施したフリーズが挟まれる事例も現れる。

　コリント式は，コーニスではイオニア式を踏襲するが，アーキトレイヴは面が浅くせり出すファッシアとなり，その上辺に卵簇模様が廻るか，タエニアで縁取られる。

参考文献

佐藤達生『（図説）西洋建築の歴史—美と空間の系譜』河出書房新社，2005．

日本建築学会編『西洋建築史図集 三訂版』彰国社，1981．

［松下 迪生］

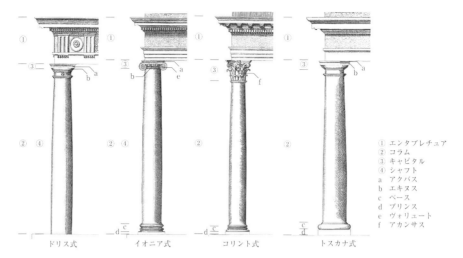

図1 主なオーダー

図2 各オーダーにおけるエンタブレチュアの部位の名称

図3 ピラー
パラッツォ・ティエーネ・ボニン（ヴィツェンツァ）

図4 半円柱
パラッツォ・キエリカーティ（ヴィツェンツァ）

図5 ピラスター
フランス国立図書館リシュリュー館（パリ）

図6 ペアコラム
バジリカ（ヴィツェンツァ）

軒廻り

軒（コーニス）

　西洋建築では概して軒の出は短く，特に古典系様式では本来は屋根を見せないため軒は出ない。日本の洋風建築でも，在来の技法に比べて軒の出は抑えられることが多い。

　古典系様式のオーダーにおいては，円柱に支えられるエンタブレチュア（水平帯）は上部のコーニス（軒蛇腹），中央のフリーズ，下部のアーキトレイヴからなる（⇨オーダー）。コーニスやアーキトレイヴの細部は固有の断面形を持つモールディング（繰形）の組合せによってできており，形状によってシマ・レクタ，シマ・レヴェルサ，オヴォロ，カヴェット，フィレット，ビードなどと称される（図1）。こうした軒下の複雑な繰形は在来の日本建築には見られないため，西洋建築の導入期には目を惹き，擬洋風建築の中心的なモチーフの一つとなった（図2）。

　しばしば，シマ・レクタに獅子の顔を模ったライオンマスク（図3），シマ・レヴェルサにラムズ・タン（図3），カヴェットに直方体を連続させたデンティル（歯状紋）（図4），オヴォロに卵形と鏃形を交互に並べたエッグ・アンド・ダート（卵鏃飾り）（図3）が配される。この他，アーキトレイヴに直線を折り曲げたフレット（雷紋）（図5）がめぐらされることがある。

　また，コリント式やコンポジット式などでは，ときにコーニスの下面（ソフィット）に，水平方向に伸びるモディリオン（持送り）がコーファーと呼ばれるくぼみとともに付される（図3，図6）。

　コーニスから立ち上がる低い壁であるパラペットは，その裏に軒樋を納めるとともに，屋根を隠して壁面がそのまま上方に続くように見せる役割を果たす（図10）。より装飾的な要素として，コーニスの上に立てられるバラストレード（手摺）とそれを支えるバラスター（手摺子）がある（図4，図7）。古典系様式の本格的な洋風建築では，緩勾配の屋根を葺いてパラペットやバラストレードで屋根が隠されることが多いが，技術的理由などから省略される場合もあった。

　ペディメントの頂部や下端に配される彫像であるアクロテリオンは，グリフィン像，あるいはパルメットと呼ばれる扇状に広がった花弁または葉文が多く用いられる（図8）。また，コーニス上縁には，アンテフィクスと呼ばれる扇形の軒先装飾が並べられる（図9）。

　このほか，アーン（飾り壺）やベース（飾り花瓶）と呼ばれる装飾も用いられる。アーンは，古代ギリシャ・ローマ時代に用いられた骨壺がもとになっており，バラストレードやペデスタル（台座）の上，ニッチ（壁龕）の中などに置かれる（図4）。一方，ベースは，ふたのない中空の器を指し，取手のあるものとないものがある（図10）。

　非古典系様式に基づく細部では，ロマネスク様式に起源をもつもので軒先に半円アーチの持送りを連続させるロンバルディア帯（図11）がよく用いられる。また，パラペット全体を壁面より外側に階段状にせり出すマチコレーションと呼ばれる手法（図12）がある。これは中世の城郭建築のモチーフである。

ペディメント

　古典系様式において，水平に伸びるコーニスと勾配のついたレーキング・コーニス（登り蛇腹）とによって形づくられる三角形の破風をペディメント（図8）という。円弧形のものはセグメンタル（櫛形）ペディメントと呼ばれる（図13）。

　16世紀のマニエリスムにおいて水平のコーニスが切れている形式（図14）が出現し，バロック様式では頂部が閉じない形式（図15）が出現する。こうした完全な形をなしていない形式は広くブロークン・ペディメントと呼ばれるが，特にコーニスが切れているものをさすことが多く，頂部が閉じていないものはオープン・ペディメントと呼ばれることが多い。ただ，この呼称は必ずしも一定せず，正確を期す場合には，オープン・トップト・ペディメントなどと部位を表記する。このほか，緩やかな弧を描きつつ頂部が開き，先端が渦巻き状になっているものはスクロールド・ペディメント（図16）といい，とくに反転曲線を描くものはスワンネック・ペディメントとも呼ばれる（図7，図17）。

　擬洋風建築では，ペディメントの両端が閉じることなく，レーキング・コーニスの下端が突出している例，水平のコーニスにも瓦が葺かれており入母屋屋根のようになっている例（図18）などもある。

　ペディメントの中に嵌め込まれたパネル部分はティンパヌムと呼ばれ，エスカチオン（盾飾り）やカルトゥーシュ（装飾枠飾り）などのレリーフで飾られる（図13）。明治期の国家的な建築はしばしば菊花紋章が配された。建物にまつわる故事来歴をもとにした人像を配することも行われた（図19）。

　ペディメント頂部，あるいは両端部に立つ小尖塔をピナクルと称する（図20）。その先端に付けられる装飾をフィニアル（頂華）と呼ぶ（図18，⇨屋根）。

ゲーブル

　ゲーブルは，勾配屋根の妻側端部に位置し，外壁上部をなす山形の部分をさす。段状になっているものをクロウステップ・ゲーブルもしくはコービーステップ・ゲーブル（図21），両側がカーブもしくはスクロールし，し

ばしば頂部にペディメントを頂くものをダッチゲーブル（図22）といい，傾斜して隅棟をなすものはヒップトゲーブル（図23）という。

　木造建築で，破風板の下縁に配される装飾的な板をバージボードという（図24）。上端が懸魚(げぎょ)のようになったもの，鋸葉状のジグザグが連続するものなどさまざまな形状が見いだせる。アメリカ建築のスティックスタイルの影響を受けた建築では破風内にトラスや母屋桁を装飾的に配する（図25）。また，ゲーブルの頂部にもフィニアルが施されることがある。

参考文献

「日本の様式建築」（「新建築1976年6月臨時増刊」）新建築社，1976．
鈴木博之編『図説年表 西洋建築の様式』彰国社，1998．
J. S. Curl, S. Wilson"The Oxford Dictionary of Architecture" 3rd ed., Oxford Univ. Press, 2016.
J. Harris, J. Lever "Illustrated Glossary of Architecture" Faber & Faber, 1969.

［石田 潤一郎］
［図版提供：平井 直樹］

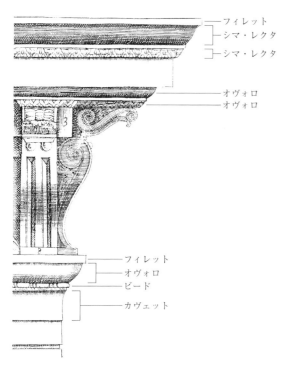

図1　コンポジット式エンタブレチュアに現れる繰形

図2　コーニス（擬洋風建築）
　　　宝山寺獅子閣（生駒市）

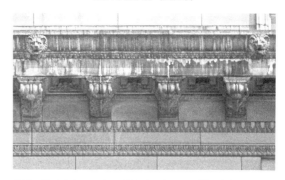

図3　ライオンマスク，ラムズ・タン，モディリオン，エッグ・アンド・ダート
　　　明治生命館（東京）

図4　バラストレード，アーン，デンティル
　　　日本銀行本店2・3号館

図5　雷　紋
旧日本勧業銀行台南支店（台南市）

図6　モディリオン，コーファー
明治生命館（東京）

図7　バラストレード，スワンネック・ペディメント
日本銀行大阪支店

図8　ペディメント，アクロテリオン
京都府庁旧本館

図9　アンテフィクス
大阪府立中ノ島図書館

図10　ベース，パラペット
東京国立博物館表慶館

図11　ロンバルディア帯
一橋大学兼松講堂

軒廻り 625

図12 マチコレーション
京都市蹴上浄水場高区配水池

図13 セグメンタルペディメント，エスカチオン
奈良国立博物館

図14 ブロークン・ペディメント
神戸郵船ビル（神戸市）

図15 オープン・セグメンタルペディメント
旧横浜英国総領事館（横浜市）

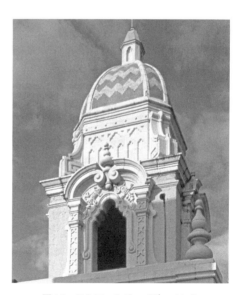

図16 スクロールド・ペディメント
東華菜館（京都市）

図17 スワンネック・ペディメント
旧秋田銀行本館（秋田市）

図20 ピナクル
旧台湾専売局庁舎（台北市）

図18 入母屋型ペディメント，フィニアル
豊平館（札幌市）

図21 クロウステップ・ゲーブル
旧北里研究所本館（明治村（犬山市））

図19 ティンパヌムに神像を配した例
京都国立博物館明治古都館

図22 ダッチゲーブル
平安女学院明治館

図23　ヒップトゲーブル
旧南郷洗堰看守場（大津市）

図25　バージボード
旧札幌農学校演武場

図24　バージボード
大丸ヴィラ（京都市）

立面構成要素

分 節

古代ローマ建築におけるオーダーの研究が進んだルネサンス時代，神殿建築に源を発するオーダーの原理を，当代の建築にいかに適用するかは，建築家の取り組むべき重要な課題であった。すなわち，教会建築だけでなく，公共建築やパラッツォ（都市型の邸館），ヴィラ（田園型の邸館）などの世俗的な建築にオーダーを破綻なく取り入れることが求められたのである。

パラッツォの立面では，古代ローマのコロッセオが参照され，ベースメント（基壇），ピアノ・ノビレ（主要階），アティック（屋階）からなる三層構成の表現が定着する。その手法には，三階建の建物を立面でコーニスによって三層に区切り，各層にレリーフ状のオーダーを配し，オーダーに挟まれた壁面をルスティカ（粗石積み）で仕上げるもの（図1），また，オーダーは用いないものの，上層になるに従って壁面の石の仕上げを平滑にするもの（図2）などがある。これらは，都市型建築における立面構成の規範となった。後期ルネサンスになると，三階建の建物において，ベースメントの上に二層を貫く大オーダーを配し，アティック層を省略して立面を二層で構成するような，オーダーの原理をあえて逸脱する手法が試みられる。20世紀に入って歴史様式の簡略化が進行すると，軒廻りが簡潔な二層構成のほうが広く採用される（図3）。

19世紀後半以降，構造技術の革新によって建築の高層化が可能となる。多層階建築においても，三層構成はピアノ・ノビレ層を引き延ばす手法によって適用されつづけた（図4）。

装 飾

ルネサンス建築では，とりわけ立面の処理において古代ローマ建築の造形語彙が参照された。モジリオン（持ち送り）やブラケット（腕木）は，軒にとどまらず，窓台や庇，ヴェランダなど持ち出し部分の装飾として用いられた（図5）。

立面を水平方向に分節する要素としてストリング・コース（胴蛇腹）がある。通常は壁面からわずかに突出したモールディングとなるが，赤煉瓦の壁面に対して白い帯石をめぐらすなど材質を変えるだけで同一面に納まる手法もある。一方，垂直方向に分節するものとしてバットレスが挙げられる（図6）。本来は壁面補強のために壁体から角柱状に突出した部材である。これ以外の垂直方向の分節要素としては半円柱と片蓋柱が代表的で

あるが，これについては「オーダー」の項で触れる。

ルネサンス期のパラッツォでは，壁面に穿たれる窓廻りをオーダーで枠取り，各々にペディメント（破風）を載せる表現が用いられる。これをエディキュラ（小祠型）と呼ぶ（図7）。また，隅部に石積みの表現を残す隅石も立面上の要素となる（図8）。こうした手法は，特に19世紀のイギリスで興るネオ・ルネサンスの邸館で好まれ，この流れを汲む日本の洋風建築でも見いだせる。

古典的な比例美学に則りながら，装飾性，技巧性を高めたバロック様式では，装飾言語の多様化が進んだ。メダイヨンは円形ないし楕円形のレリーフ状装飾で，壁面上方の要所やペディメントなどに配され，外観のアクセントとなった（図9）。

さらに18世紀後半に至ると，フェストゥーン（花綱装飾），エスカッチョン（楯飾り），カルトゥーシュ（楕円・長円を，巻紙状の枠で縁取った装飾，図10），古代ギリシアや古代エジプトにまで遡る装飾モティーフが細部に取り入れられ，内外観ともに記念性，荘厳性が増す。

吹き放し

都市型建築において，外部と内部の媒介となる空間のデザインもポイントとなった。外壁の一部を吹き放しの開放廊下とするロッジアはその代表である。初期ルネサンスにおいて，広場および中庭に面した下階の壁面を後退させ，コラムが支えるアーチが連続するアーケイド・ロッジア（列拱廊）が用いられた（図11）。この手法は，ルネサンス以降の都市型建築でしばしば参照される。ただし，都市において広場が浸透しなかった日本では，公共空間としての類例は少ない。これに対して，外壁周囲に開放廊下をめぐらせ，外周に柱を立てて屋根を支えるヴェランダは，日本の初期洋風建築の最も特徴的な手法である（図12）。なお，バルコニーは上階の開口部に設けられた張り出しをいい，多くは屋根を持たない。

ロッジアのうち，外周の独立柱がエンタブレチュアを支えるものをコロネード（列柱廊）といい，日本の洋風建築においても，都市型建築で街路に沿って設ける事例や，邸館の庭園側立面において用いる作例が見いだせる（図13）。

日本の洋風建築においてファサードに列柱が現れる手法で最も多いのは，主要な出入口部分をポルティコ（柱廊玄関）とする作例である（「開口部」の項参照）。

参考文献

日本建築学会編『西洋建築史図集 三訂版』彰国社，1981．
桐敷真次郎，明治初期洋風建築におけるヴェランダ・モチーフ，日本建築学会論文報告集，**63**(2)，649-652，1959．

[松下 迪生]

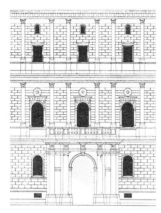

図1　各層にオーダーを配した三層構成
パラッツォ・デッラ・カンチェッレリア（ローマ）

図4　三層構成の高層化
明治生命館（東京）

図2　仕上げの変化による三層構成
パラッツォ・メディチ（フィレンツェ）

図5　ブラケット
岩崎邸（東京）

図3　二層構成
栃木県庁舎

図6　ストリング・コース，バットレス
京都文化博物館

図7　エディキュラ
日本銀行大阪支店

図8 隅 石
中京郵便局（京都市）

図11 アーケイド・ロッジア
捨子保育院（フィレンツェ）

図9 メダイヨン
サン・カルロアッレ・クワトロ・フォンターネ聖堂（ローマ）

図12 ヴェランダ
旧三重県庁舎（明治村（犬山市））

図10 カルトゥーシュ
台湾監察院（台北市）

図13 コロネード
赤坂離宮

開口部

楯構法とアーチ構法

組積造を基本的な構造とする西洋建築では，開口部の構法は重大な課題である。大きく楯構法とアーチ構法に分けられる。前者は，開口部の上端に横長の石を置いてその上の煉瓦を支える（図1）。この横材を楯石＝リンテルとよぶ。木造建築の鴨居にあたる材と考えればよい。また窓の下縁に置かれた横材は窓台（シル）である。古代ギリシアの建造物の開口部は楯構法でつくられている。

一方，アーチ構法は，石・煉瓦を弧状に積んで，荷重を左右に逃がす技術である。円弧の部分を迫縁，頂点に据えられる石（しばしば強調される）をキーストーン（要石）と呼ぶ。また，アーチの外側の壁面で，コーニスと柱（あるいは隣のアーチ）によって区切られる三角形部分をスパンドレルと称する（図2）。

アーチの形状

アーチは古代オリエントで生まれたが，真価を発揮するのは古代ローマ時代で，紀元前2世紀頃から半円アーチの多用が進む。古代ローマのアーチは，14世紀以降，ルネサンス様式，バロック様式に受け継がれ，古典様式の中核的な要素となる。古典系のアーチは基本的に壁面と同一平面に納まり，円弧外周のモールディングだけがいくぶん突出する（図3）。半円を基本とし，円弧の一部だけを用いたセグメンタル（扁円）アーチや楕円アーチも用いられる（図4）。くさび形の煉瓦を直線的に並べたフラットアーチも意外とよく目にする（図5）。

一方，中世系のロマネスク様式も半円アーチを多用する。後世の美術史家は古代ローマ風だというので「ロマネスク」と称した。しかし迫縁が太く，細かな装飾を廻らせて，円弧の内周に向かって奥へ後退する形状を示すので，古典系のアーチとは大きく異なる（図6）。同じく中世系のゴシック様式のアーチは最頂部が尖った尖頭アーチとなり，この様式の最大の特徴である（図7）。半円以上に回り込んだ馬蹄形アーチ，頂部が突出するオジーアーチはビザンチン様式でよく用いられる（図8）。また，イスラム建築のアーチも多彩である。尖頭アーチのほか，小さな円を連ねた多弁アーチが現れる（図9）。1920年代に流行する表現主義は放物線アーチを多用した。

窓の形式

開口部は窓と出入口に大別できる。まず特徴的な窓について見てみよう。半円を縦の方立（マリオン）で三分割したものをディオクレティアヌス・ウィンドウ，あるいはテルマエ窓と呼ぶ（図10）。テルマエとは浴場のことで，ローマ皇帝ディオクレティアヌスが建設した大浴場に設けられたことに由来する。なお，開口部の建具において，戸と欄間を区切る横材をトランザム（無目）という。米語では欄間自体をトランザムと呼ぶ。開口部がアーチ形式の場合，欄間は半円形をなすが，これをファンライトと称する（図11）。

アーチとリンテルを組み合わせた複雑な窓がヴェネチアン・ウィンドウである（図12）。三連窓の一種で，凸の字状に，中央を半円アーチとし，両脇を長方形の窓とする。別名をパラディアン・ウィンドウ，あるいはセルリアーナともいう。どちらも16世紀のイタリア人建築家の名前に由来する。日本では「三尊窓」と訳した。

教会堂の正面や翼廊の壁に開かれた大きな円形窓を薔薇窓，ローズウィンドウという（図13）。放射状に桟＝トレーサリーが配置され，色鮮やかなステンドグラスで埋められる。一方，採光やデザイン上のアクセントのために使われる小さい円窓はブルズ・アイつまり「牛の眼」という（図14）。また洋風建築の意匠の要点の一つとして逸することができないのが，屋根面から立ち上がる屋根窓＝ドーマーである（図15）。

外壁から張り出したものをベイウィンドウという（図16）。この同類で，特に弓状に弧をなして突出したものをボウウィンドウ（図17），空中に浮いているものをオリエルウィンドウ（図18）とそれぞれ別の呼称がある。

窓の開閉方式は2種類に大別できる。開き窓（戸の端を蝶番で支え，ドアのように開く方式（図19））と，2枚のガラス戸を上から紐で吊り，垂直方向にすりあげて開ける上げ下げ窓（図20）の二つである。古くは開き窓しかなかったが，17世紀後半にオランダで上げ下げ窓が開発され，急速に全ヨーロッパを席巻した。「サッシ」とは本来，上げ下げ窓を滑らせる2本溝の付いた窓枠のことである。なお戸を横方向へ引き違いにする窓は欧米ではほとんど使われない。

出入口

雨の少ないヨーロッパでは出入口に屋根や庇を付けないことも多い。屋根付きの入り口，あるいは扉が建物前面から奥まっている入り口をポーチと総称する（図21）。前方に突出した屋根（特にペディメントを備えるもの）を列柱で支える形式をポルティコという（図22）。ポーチあるいはポルティコの中で，馬車が横付けできるほど大規模なものはポルトコーシェルと区別する（図23）。トンネルの出入口を縁取る構えをポータル（図24）というが，これは元来は堂々とした入り口一般を指す言葉である。

参考文献

J. Harris, J. Lever "Illustrated Glossary of Architecture" Faber & Faber, 1969.

三谷康之『事典英文学の背景 住宅・教会・橋』凱風社, 1992.

［石田 潤一郎］［図版提供：平井 直樹］

付録2 近代洋風建築の基礎知識

図1 楣式
旧三高物理学実験場

図4 楕円アーチ
同志社大学クラーク記念館

図2 半円アーチとスパンドレル
赤坂離宮迎賓館

図5 フラットアーチ
大谷大学旧本館

図3 半円アーチ
奈良国立博物館

図6 ロマネスク様式のアーチ
一橋大学兼松講堂

開口部 633

図7 尖頭アーチ
日本基督教団京都御幸町教会

図10 テルマエ窓
大阪市中央公会堂

図8 オジーアーチ
東京復活大聖堂（ニコライ堂）

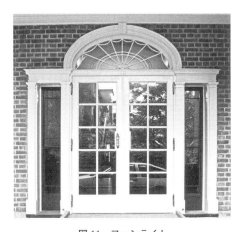

図11 ファンライト
同志社アーモスト館

図9 多弁アーチ
東華菜館（京都市）

図12 ヴェネチアン・ウィンドウ
同志社アーモスト館

図13 薔薇窓
聖ザビエル天主堂（明治村（犬山市））

図16 ベイウィンドウ
旧呉鎮守府司令長官官舎（呉市）

図14 ブルズ・アイ
京都大学文学部陳列館

図17 ボウウィンドウ
長楽館（京都市）

図18 オリエルウィンドウ
平安女学院昭和館

図15 屋根窓
京都文化博物館

図19 開き窓
京都大学文学部陳列館

図20 上げ下げ窓
京都大学建築学教室本館

図21　ポーチ
早稲田大学大隈記念講堂

図23　ポルトコーシェル
京都府庁旧本館

図22　ポルティコ
日本銀行大阪支店

図24　ポータル
琵琶湖疏水第三トンネル西口（京都市）

屋　根

形　式

　洋風建築の屋根形式には，切妻造や寄棟造など在来の日本建築と共通するものがある一方，西洋建築独特のものとして新たに導入されたマンサード屋根，ドームなどの形式がある。マンサード屋根は，17世紀のフランスの建築家，F.マンサール（François Mansart）が考案したと伝えられる屋根で，寄棟屋根の四方の稜線が二段階に勾配を変える形式である（図1）。同様の形式で切妻となる屋根をギャンブレル屋根と呼ぶ（図2）。ドームは半球形の形状をした屋根（図3）で，イタリア語ではドーム状屋根をクーポラと呼ぶ。正方形平面で稜線を持つものは角形ドームと呼ぶ（図4）。明治前期の擬洋風建築では，屋根の破風部分をペディメント的に扱うなど，日本建築の屋根意匠を再構成して洋風外観を表現することがしばしば見られた（⇨軒廻り）。

　ドームのような形式は，雨の多い日本では雨仕舞いに問題が生じた。同様に，浅い軒の出や，パラペットを立ち上げて屋根面を隠して屋根内部に樋を通す内樋形式といった西洋建築の技法も雨仕舞いにおける不具合の要因となった。このため，外観表現を犠牲にして，軒の出を深くしたり，外樋を用いる作例もしばしば見られる。

　大正期以降，鉄筋コンクリート造が次第に普及してくると，陸屋根（フラットルーフ）が主流となっていった。一方で，外観表現として勾配屋根を採用する事例も見られ，昭和初期に流行する「日本趣味建築」では，鉄筋コンクリート造や鉄骨鉄筋コンクリート造の構造体の上に，鉄骨造の小屋組によって勾配屋根が架けられている（図5）。

装　飾

　洋風建築の屋根にはしばしば付加的な装飾が施される。

　フィニアルは，破風の上部や屋根の頂部に設ける装飾で，日本語では頂華と呼ばれる（図6）。意匠は様々で，風見鶏の形状のものもフィニアルの一種である。ランタンは，ドーム屋根の上部に設けられた小塔部分で，採光や通風の機能も有する。パラペットは，建物の屋上やテラスの縁などに立ち上げた小壁や手摺壁であるが，装飾を施すことで外観表現の一つともなる。屋根上に設けられるドーマー窓も同様である（⇨軒廻り）。

葺　材

　近代洋風建築の屋根葺材としては，スレート，金属板，洋瓦などがある。

　スレートは，日本では硯に用いてきた玄昌石を層状に割って，おおよそ幅20cm，長さ40cmほどの板に整形したもので，野地板に釘止めする。主要な産地として宮城県雄勝が知られる（現石巻市）。スレート葺には，長方形の材を用いる一文字形，先を丸くした魚鱗形，菱型の材を用いる網目形などの葺き方がある（図7，図8）。人造スレートは明治末から輸入が開始され，大正期後半から洋風小住宅が一般化する中で急速に普及する（図9）。

　葺材としての金属板には銅板，鉄板，鉛板，亜鉛めっき鋼板（トタン）などがある。銅板は日本でも近世以来使用されており，近代以降も馴染み深い材料と使用された。銅板葺には，平葺の他，木材を心木として継ぎ目を立ち上げる瓦棒葺がある（図10）。亜鉛めっき鋼板（トタン）は価格が安く，明治30年代以降の市街地の不燃化政策などにより住宅建築に広く普及した。

　一方，葺材として主流であった瓦については，スペイン瓦，フランス瓦などの洋風瓦が導入された。スペイン瓦は，日本の本瓦のように丸と平を組み合わせるものが正式であるが，両者を一体化した製品も生産された。大正末期から昭和初期にかけてのスパニッシュ様式の流行によって広く流布した（図11）。平たいフランス瓦も同時期の洋風住宅にしばしば採用されている（図12）。

　日本在来の葺材が踏襲されたものとして桟瓦葺があり，実際には洋風建築の屋根葺材としても最もポピュラーなものであった。

小屋組

　屋根の構造体を小屋組という。

　日本の伝統的な工法である和小屋は，水平の梁材で屋根の荷重を受ける構造である。和小屋では長く太い材を入手することが制約となり，長いスパンを実現するには柱を建てる必要があった。これに対して，西洋から導入されたトラスは，三角形を構成することで力を逃す構造であるため，細い部材を用いて長スパンを支えることが可能であった。主要な洋式トラスとして，棟木の下に真束がたつキングポスト・トラス（図13），対束を用いたクイーンポスト・トラス（図14）がある。また，特殊なものとしては，屋内の壁面上部から張り出した短い梁で小屋組を受けるハンマービーム・トラス（図15），鋏の形をしたシザーズ・トラス（図16）などが見られる。いずれも，小屋組の位置を上げて天井を開放的にしたり，装飾的な効果を意図して用いられる。

　トラス技法の受容は，官庁建築では明治10年（1877）前後から進むが，民間での普及は明治20年代以降のこととなる。そのため，擬洋風建築などの明治初期の洋風建築には和小屋が使用されることが通常であった。

参考文献

石田潤一郎『INAX ALBUM 5　スレートと金属屋根』図書出版社，1992.

長尾充『太政官公文録中の建築仕様書からみた明治初期の建築技術』私家版，1993.

［石川　祐一］

図1　マンサード屋根
台湾総督官邸（台北市）

図4　角形ドーム
京都国立博物館明治古都館

図2　ギャンブレル屋根
京都大学農学部倉庫

図5　「日本趣味」建築における和風屋根
愛知県庁舎

図3　ドーム
東京国立博物館表慶館

図6　フィニアル
宇治山田郵便局

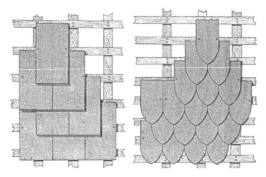

図7 屋根スレートの葺き方

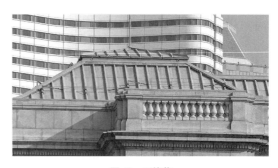

図10 瓦棒葺
旧東宮御所（赤坂離宮迎賓館）

図8 スレート葺の技法
日本銀行京都支店

図11 スペイン瓦
京都大学楽友会館

図9 人造スレート
ウィリアムス神学館（京都市）

図12 フランス瓦
正司邸（宝塚市雲雀丘）

屋 根　639

図 13　キングポスト・トラス
　　　京都大学高槻農場

図 15　ハンマービーム・トラス
　　　平安女学院明治館

図 14　クイーンポスト・トラス
　　　旧台北専売局樟脳廠（台北市）

図 16　シザーズ・トラス
　　　同志社礼拝堂

室　内

天井

　ヴォールトは，基本的には半円筒形に構築された天井をいう。一方向のみに架けられるヴォールトはトンネル・ヴォールト（あるいはバレル・ヴォールト）と呼ばれる。これに対して，矩形平面の対角線上に二つの半円筒ヴォールトを互いに交差させる天井を交差ヴォールトという。古代ローマの交差ヴォールトでは，矩形の四辺上部に位置するアーチと，対角線上に交差する稜線のアーチとは，その迫り高を等しくするため，対角線上のアーチは楕円になる（図1）。一方，ロマネスクでは対角線上のアーチを正半円にするため，アーチが交差する頂点は四辺のアーチの頂点より高くなる（図2）。

　ゴシック期の教会堂においては，アーチの頂点を尖らせる尖頭アーチの採用によって，交差ヴォールトの頂点をより高くできるようになった。その築き方は，矩形の四辺上部と対角線の上部とに，定規となるアーチを切石で積み上げ，残りの空隙には比較的小さな切石を充填するというものである。定規となるアーチは完成後も残り，これがリブ（肋骨）となって内部空間に表れる。こうした造形の天井を交差リブ・ヴォールトと呼ぶ（図3）。また，アーチの交差部の頂点に位置する共通の要石をボスと呼ぶ。

　ゴシック期初期の教会堂では，身廊上部のヴォールトは6本の支柱を1単位として架けられたため，1区画の天井をリブが6分割する六分ヴォールトとなった（図4）。その後，支柱4本を1単位とする四分ヴォールトに変化する（図5）。イギリスやドイツでは，主肋骨に枝肋骨が添えられて，星形あるいは扇型ヴォールトへと発展する。ここにおいて，リブは構造的な力の流れの表現から離れて，造形的性格が色濃くなる（図6）。

　ドームは，円形や正方形平面を覆う半球状の架構である。一方の縁辺から対辺に中心上を通るように幾筋も架けられるアーチと，同心円状に水平に渡される繋ぎの桁材が屋根を支える構造で，天井面に格間が並ぶ意匠となって表れる（図7）。格間が並ぶ天井は，ルネサンス期には教会堂，またパラッツォやヴィラにおける水平の天井にも現れる。縦横に渡された木製の格縁の間に生ずる正方形の格間には，格縁の裏から鏡板が張られるか，天井紙などが貼られる。

　一方，水平な天井面は，木製の長板を平らに並べる打ち上げ天井とするか，石灰・水・砂を混練してつくるプラスター塗り仕上げとすることが多い。天井面には多くの場合，シャンデリアの吊り元を円形や矩形に縁取る中心飾り，あるいは花綱や玉縁などのモールディングといった装飾が配された。また天井と周囲の壁との取り合いには，下向き4分の1曲線の断面とするコーヴを設けることがある。あるいはエンタブレチュアとしてデンティルが刻まれ，モールディングで分節された（図8）。

壁・床

　組積造による西洋建築では，隙間風を内側から防ぎ，断熱と気密を確保するため，壁面に掛けるタペストリーが発達した。タペストリーは東洋の手織絨毯に由来し，非常に高価であったため，その代用品として壁布が用いられるようになる。

　16世紀末以降のバロック時代，コルドバレザー（金唐革）が登場する。これは，なめされた子牛の皮にニカワを接着剤として銀箔を張り，ワニスを塗装した上に打ち出しにより模様を施し，その表面に彩色してつくられる。これを壁面に貼付することで，内装は格段に絢爛豪華なものとなった。

　18世紀初期のイギリスにおいて，ダマスク織，大理石，打ち出し細工，羽毛飾りなどを模倣した壁布が登場する。また，花模様の中国産壁紙が輸入されるようになり，シノワズリ（中国趣味）の流行の端緒となる。18世紀中頃には，印刷で模様を施した紙壁紙が浸透してくる。フランスでも，18世紀後期のルイ16世時代には王室御用達の壁紙作家が現れ，古代ローマ壁画や古典様式に範を求めた模様や草花のパタン，シノワズリなど多彩な意匠の紙壁紙が登場する。

　日本では，江戸時代に金唐革がもたらされると，のちに革の代わりに和紙を用いる金唐革紙が生まれた。明治時代には，雁皮と楮を混ぜた高品質の和紙を使用した金唐革紙が開発され，西欧にも輸出されて人気を博した（図9）。

　壁紙や漆喰で仕上げた壁面を家具や靴との接触から保護するために，木製の造作が取り付くことがある。床から30インチ（＝約76cm）ほどの高さに貼られる腰長押は，元来椅子の笠木から壁を保護する目的がある。これより下の部分に板を張り込み，腰羽目とする場合もある（図10）。壁が床と接する部分には巾木がめぐらされるのが一般的である。

　室内意匠の重要な要素として，暖炉の炉口を枠取るマントルピースがある。マントルピースは木，煉瓦，タイル，大理石などでつくられ，その上辺の炉棚には陶器の置物や時計などを置き，さらにその上の壁面には絵画や鏡などを飾る（図11）。

　床の仕上げは，木の板張りとする場合，サクラ，ケヤキ，シタンなどの堅木の樹種の細木を，幾何学的なパタンに組み合わせて張る寄木張りが用いられる（図12）。沓摺は，出入口における木または石でつくられる下枠で，上面は床面より若干高くなり，開き戸の戸当たりになる（図13）。

参考文献

森田慶一『西洋建築入門』東海大学出版会, 1971.
M. M. Pegler 著, 光藤俊夫訳『インテリア・家具辞典』丸善, 1990.

［松下 迪生］

図1 古代ローマ風の交差ヴォールト
ウィーン楽友協会

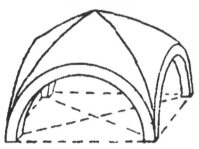

図2 ロマネスク様式の交差ヴォールト

図3 リブ・ヴォールト
フィレンツェ大聖堂

図4 六分ヴォールト
パリ大聖堂

図5 四分ヴォールト
聖ザビエル天主堂（明治村（犬山市））

図6 星形ヴォールト
フラウエン教会（ミュンヘン）

図7　ドーム天井面
パンテオン（ローマ）

図8　天井廻りのコーヴとモールディング
京都国立博物館

図9　金唐革紙
入船山記念館（呉市）

図10　腰長押
京都国立博物館

図11　マントルピース
京都府庁舎

図12　寄木張りの床
東京都庭園美術館

図13　沓摺
長楽館（京都市）

仕上げ

石積み技法

一定の形に整えた石材を用いる積み方を切石積みと呼ぶ。規則正しく積む整層切石積みや、ランダムに積む乱層切石積みがある。角が直角になる切石に対して、隅部分を45度に削って面取りをする技法をチャンファー仕上げと呼ぶ（図1）。一方、不整形の石を組み合わせて積む方法を乱石積みという（図2）。表面仕上げの技法としては、在来のものとして江戸切りがある。これは積み石の表面に瘤状の凹凸を付け、四方の縁部分を平面に仕上げる技法である（図3）。西洋伝来の表面仕上げ技法としては、積み石の表面を粗く仕上げ目地よりも突き出すルスティカ仕上げがあげられる（図4）。古典系様式のベースメント層をルスティカ仕上げとする場合が多い（⇨立面構成要素）。

煉瓦積み技法

組積造の最も一般的な構造材である。欧米では外壁面を石材あるいはスタッコ（後出）で被覆することも多いが、日本の洋風建築では英国建築の影響で煉瓦を露出する手法が定着した。壁面に現れる煉瓦は一般に焼き上げの上等な化粧煉瓦を用いる。

煉瓦の最も広い面を平、細長い面を長手、最も狭い面を小口と呼ぶ。長手面を並べる段と小口面を並べる段を交互に積むのがイギリス積みで、日本では最も一般的に用いられた技法である（図5）。同じ段に長手面と小口面を交互に並べるものをフランス積みと呼び、主に幕末から明治10年代までの建築物に見られる他、鉄道、海軍施設に使用される事例が多い（図6）。小口面を各段で半分ずらしながら積む技法が小口積みで、ドイツ積みとも呼ばれる（図7）。小口面1段と長手面5〜6段を交互に積む技法はアメリカ積みと呼ばれ、アメリカからのミッション建築家によって用いられた事例が多い（図8）。なお、煉瓦造の壁の厚さは、「2枚半積み」のように、長手で何枚分あるかで示される。

木造技法

木造軸組構造の木骨の間に煉瓦壁を充填したり、木骨の外側に煉瓦壁を積むものを木骨煉瓦造と呼ぶ。同様に石積みとする工法を木骨石造という。富岡製糸場は日本における木骨煉瓦造の早い時期の遺構である（図9）。木骨の間に煉瓦や石、土などを充填して、柱や梁、筋違などの木部を外観に表す手法をハーフティンバーと呼び、ヨーロッパの民家建築で広く用いられる。日本では特に英国17世紀のチューダー様式に則った邸宅建築において見ることが多い（図10）。

同じ幅の板を水平方向に張った壁仕上げを下見板張りという。洋風の下見板張りの技法には板を羽重ねにして釘打ちするイギリス下見（南京下見とも）、切り欠きによって上下の板を継ぐドイツ下見がある（図11）。米国コロニアル建築の外壁仕上げの技法として発達し、日本に伝来したとされる。なお、下見板張りは在来の日本建築にも見られ、幅の広い板を羽重ねに張り、垂直方向に押縁で押さえる方法である。ささら子下見と呼ばれる。

スタッコ/モルタル

スタッコ仕上げは本来、消石灰に大理石粉などを混ぜて大理石に似せた仕上げとするものであったが、日本の洋風建築ではセメントに砂を混ぜたセメントモルタルを用いて粗面仕上げとすることをさす。スパニッシュ様式のアイテムの一つであり、大正末から昭和初期に流行した。モルタル仕上げの技法としては、他にささらによってモルタルを飛ばし凹凸を付ける掃き付け仕上げがあり、ドイツ壁とも呼ばれる（図12）。擬石表現としては、乾燥した後に表面を叩いて凹凸を付ける人造石塗叩き仕上げ、また小さな砕石などを混ぜたモルタルを塗り、完全に乾燥する前に表面を水で洗い流す人造石塗洗出し仕上げがある。同様に骨材を混ぜたモルタルを乾燥後に表面を磨いたものを人造塗石研ぎ出し（人研ぎ）と呼び、内装材にしばしば用いられた。

タイル/テラコッタ

明治末期以降、化粧煉瓦は次第にタイルへと置き替えられていく。タイルのサイズは煉瓦の長手と小口を基にしている。色は煉瓦と同色のもの以外に、白色、黄色、焦茶色なども登場し、新しさの象徴ともなった。大正後期以降、帝国ホテルで用いられたスクラッチ煉瓦（すだれ煉瓦）を基に、表面を櫛目状に引っ掻くスクラッチタイルが考案され、ライト風の外観意匠の手法として流行した（図13）。以降、表面に凹凸を付けた型押しタイル（筋面タイルとも）、布目を付けたタイルも普及した。タイルは鉄筋コンクリート造建築の外装材として多用された。

タイルの普及とほぼ並行して、明治30年代後半からテラコッタの日本での製造が始まる。テラコッタは、本来は素焼きの陶製装飾の意であるが、日本の洋風建築では、石材に彫刻を施して制作していた装飾細部を陶板によって製造したものをさすことが通例である。複雑な装飾が安価に製作でき、かつ軽量であるため、大正期以降、急速に普及する（図14）。

なお大正末より、コンクリートを外装の素材とする試みが見られる。A.レーモンド（Antonin Raymond）は自邸（大正12年（1923））で外壁にコンクリート打ち放しを採用し、日本初の事例となった。また、本野精吾は、自邸（大正13年）において建築家・中村鎮の考案した中村式コンクリートブロック（鎮ブロック）の肌面をそのまま

外観に現している。昭和初期にはモダニズム建築の外観意匠としてのコンクリート表現が見られるようになるが，その普及は戦後を待たねばならなかった。

参考文献
『日本のタイル工業史』株式会社 INAX，1991.

［石川　祐一］

図1　チャンファー仕上げ
旧三井銀行小樽支店

図4　ルスティカ仕上げ
旧安田銀行横浜支店

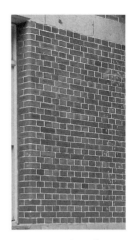

図5　イギリス積み
熊本大学

図2　乱石積み
旧芝川又右衛門邸（西宮市より明治村（犬山市）へ移築）

図6　フランス積み
九州鉄道記念館本館（旧九州鉄道本社）（北九州市）

図7　小口積み
東京駅丸の内本屋

図3　江戸切り
旧札幌電話交換局（札幌市より明治村（犬山市）へ移築）

図8　アメリカ積み
同志社礼拝堂

仕上げ 645

図9 木 骨
富岡製糸場（富岡市）

図12 掃き付け仕上げ
旧舟岡邸（京都市）

図10 ハーフティンバー
大丸ヴィラ（京都市）

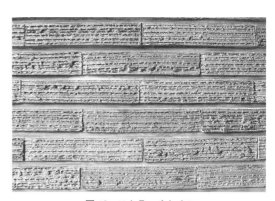

図13 スクラッチタイル
対岳文庫（京都市）

図11 ドイツ下見板張り
京都大学学生集会所

図14 テラコッタ
東華菜館（京都市）

キリスト教教会堂

平面・断面形式

キリスト教教会堂の形態はバシリカ形式と集中形式の2種に大別できる。

バシリカ形式は、古代ローマ時代に裁判所や取引所に用いられた施設に由来し、教会堂建築に用いられるようになった。細長い長方形の平面が列柱（アーケード）によって三つの空間に分かれる。天井の高い中央部分を身廊、その両側を側廊と呼ぶ（図1）。バシリカ形式と平面形は共通するが、身廊、側廊によって空間を分割せず、同じ天井高で構成されるものをハレンキルヘ（ホール形式とも）と呼び、プロテスタント教会堂に多くみられる（図2）。

バシリカの内陣寄りの両側が突出して十字形平面を成すものをラテン十字形と呼ぶ（図3）。一方、ビザンチン（ギリシア正教）の教会堂では横木と縦木が同じ長さで中央に集中するギリシア十字形が用いられる。これによる教会堂を集中形式（集中堂形式とも）と呼ぶ（図4）。ルネサンス期には、カトリック聖堂においてもギリシア十字型平面の中心にドームを架け、集中形式とする例が多く現れた。

教会堂内部の名称

会堂内部の重要な部位として、祭壇（altar）、内陣（chancel）、後陣（aps）、玄関廊（narthex）があげられる（図3参照）。

内陣とは祭壇が祀られ聖職者が儀礼を執り行う空間をさす。教会堂は東西方向に配置し、内陣を東に向けるのが通常である。カトリックでは、内陣にキリスト像などが置かれた祭壇、司祭などの座が置かれた至聖所などが配されている。バシリカ式の教会堂では、内陣は後陣（アプス）と呼ばれる半ドーム状に張り出した空間に設けられることが多い。プロテスタント教会は説教を聞くための会堂であるとされており、内陣に祭壇は置かれず、説教壇のみが設けられる。また、身廊と入口との間に設けられた空間を玄関廊と呼ぶ。

薔薇窓／クリアストーリー／トリフォリウム

身廊と側廊を隔てるアーケード上部には、身廊と側廊の高さの差を利用してクリアストーリーと呼ばれる採光用の窓が設けられる。アーチ窓が連続する意匠をとることが多い。また天井の高い場合にはアーケードとクリアストーリーの間にトリフォリウムというアーチが連続するギャラリー状の層が加わる（図5）。

薔薇窓は、主にゴシック様式に用いられる円窓で、トレーサリーやステンドグラスによって薔薇の花弁状に装飾されたものをいう。聖堂の内外観のポイントになる重要な意匠である（⇨開口部、図13）。

近代日本における教会堂の歴史

幕末から明治に日本に伝道したキリスト教団はカトリック、英国国教会を含むプロテスタント諸派、ロシア正教がある。明治6年（1873）にキリスト教の禁教が解かれると各派のミッション教団が伝道活動を始めるが、依然布教には制約があった。このため活動は居留地を中心としたもので、居留地以外での教会の建築は小規模なものにとどまっていた。全国的な展開を見せるのは、明治22年（1889）に大日本帝国憲法が発布され、布教活動の自由が認められたのちのこととなる。

以下、宗派別にその展開を述べる。カトリック教団は開国後すぐに外国人居留地に教会堂を建設した。文久元年（1862）に横浜天主堂、元治2年（1865）に長崎に大浦天主堂が建設され、後者は現存する。

幕末から大正期までの日本のカトリック教会堂の多くは、意匠的にはゴシック様式を用い、内部は三廊式のバシリカ平面を採用してリブ・ヴォールト天井が架けられた。内陣には一段高い至聖所を配し、奥にはキリスト像等を安置する祭壇が設けられる。

現存する明治前期の旧五輪教会堂（明治14年、長崎県五島市）、出津教会（明治15年、長崎市）は小規模な木造教会ながらバシリカ式でリブ・ヴォールト天井を有する。明治22年以降、全国各地に木造や煉瓦像の本格的なカトリック教会堂が建築される。煉瓦造と木造の混構造による聖ザビエル天主堂（明治23年、京都市、現・明治村）の遺構はこの時期の様相をよく示す（⇨開口部、図13）。昭和初期には鉄筋コンクリート造の教会が多く建てられるが、工法の変化に対応して天井をヴォールト天井や格天井とする事例が多い。

一方、プロテスタントは本来、その教義上、偶像を否定しており、簡素な内部空間を呈する。また、儀式ではなく説教を基本とすることから、内陣は祭壇を廃して説教壇のみを設ける。平面形においては、信者の会堂として機能的なホール式を採用することが一般的である（図6）。天井もトラス架構を表し（天井板で隠さず、露出する手法）にする場合が多い。代表的なものとして同志社礼拝堂（明治19年）があげられる。

プロテスタントの中でも、英国国教会による日本聖公会は、教義的にはカトリックに近く、内陣奥には祭壇、その手前に聖歌隊席を設けることが多い。天井はトラスを表し、三廊式とはしない平面が一般的である（図7）。聖ヨハネ教会（明治40年（1907）、京都市、現・明治村）が代表的である。聖アグネス教会（明治31年、京都市）などのように赤煉瓦で簡素なチューダー風のゴシックを用いたものもしばしば見られる。一方、奈良基督教会（昭和5年（1930））や彦根スミス記念堂（昭和6年）な

どの和風外観を採用した教会堂（図8）が見られることも日本聖公会の特徴といえる。

ビザンチン帝国で成立したロシア正教会によるハリストス正教会の布教は，函館のロシア領事館によって建てられた教会堂に始まる。明治前半には石巻正教会（明治13年（1880））など小規模な木造教会にとどまった。本格的な聖堂としては，明治24年（1891）の復活大聖堂（ニコライ堂）（東京）の建立を待たねばならない（⇨開口部，図8）。京都の生神女福音聖堂（明治36年（1903））や豊橋の聖使徒福音者馬太聖堂（大正2年（1913））などは，ニコライ主教がロシアから持参した図面集を基に設計されたことが確認されている。正教会の聖堂は集中式の平面を有し，入口から奥に向かって啓蒙所（洗礼前の者の場所），聖所（信者の立つ場所），至聖所（司祭らのみが入る場所）が配される。聖所と至聖所は，様々なイコンの描かれた聖障（イコノスタス）によって隔てられている（図9）。

教会を手掛けた建築家

初期の教会堂は宣教師が設計し，日本人大工が施工することが一般的であった。明治10年代後半以降，各教団本部から派遣された建築的素養を有する宣教師がミッション建築家として活躍した。米国聖公会から派遣されたJ.M.ガーディナー（James McDonald Gardiner）は，日本聖公会の建築家として京都の聖ヨハネ教会（明治40年（1907））などの教会堂や校長を務めた立教学校校舎などを手掛けた後，建築事務所を設立して外国人建築家として活躍した。同様にJ. W. バーガミニー（John van Wie Bergamini）も日本聖公会の建築を多数手掛けている。米国から来日したW. M. ヴォーリズ（William Merrell Vories）は明治44年に近江ミッションを設立し，教会堂，学校建築にとどまらず，住宅，オフィスビルまでおびただしい作品を残し，ミッション建築家の代表といえる活動を行った。

一方，日本人の教会建築家としては，鉄川与助があげられる。鉄川は大工棟梁の家に生まれ，フランス人神父との仕事から教会建築を学んだ。明治40年代より30棟ほどの作品の設計施工を行い，長崎県を中心に煉瓦造の青砂ケ浦天主堂（明治43年，長崎県上五島町），木造の江上天主堂（大正7年（1918），長崎県五島市），石造の頭ケ島天主堂（大正8年，長崎県上五島町）などが残る。いずれも木造でリブ・ヴォールトの天井をつくる。また，ガーディナー事務所で技師を勤めた上林敬吉は，東北や北関東の日本聖公会の教会堂を手掛け，宇都宮聖ヨハネ教会（昭和8年（1933））などの作品がある。

［石川 祐一］

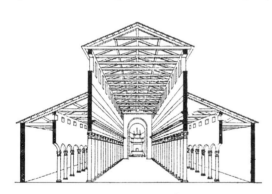

図1 バシリカ形式

図2 ハレンキルヘ
フラウエン教会（ミュンヘン）

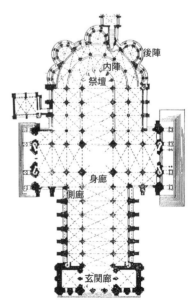

図3 ラテン十字形平面
シャルトル大聖堂（シャルトル）

648　付録2　近代洋風建築の基礎知識

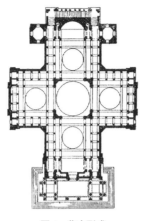

図4　集中形式
パンテオン（パリ）

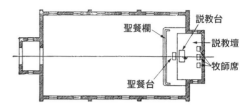

図6　プロテスタント教会の模式図

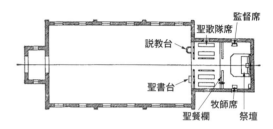

図7　日本聖公会の教会模式図

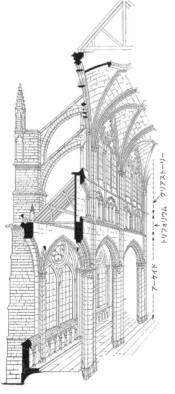

図5　クリアストーリー，トリフォリウム
アミアン大聖堂（アミアン）

図8　彦根スミス記念堂（彦根市）

図9　ギリシア正教会の平面形式
京都ハリストス教会生神女福音聖堂（京都市）

索　引

ページ数の太字：中項目見出し（中項目：巻頭の凡例参照）

数　字

2 DK	379
20 世紀の装飾	**328**
51 C 型	379
1950 年代の公共建築	380
──のリアリズム	**382**
1960 年代の建築メディア	397
1970 年代の建築メディア	405
1980 年代から 1990 年代の都市	**406**
5000 分の 1 地図	560

略　語

CASBEE	416
CIAM	393, 396
DOCOMOMO	419
GHQ の政策	370
GIS	543, 570
HOPE	406
MID	377
NAU	373, 383, 399
──以降の建築運動	376
NEXT21	416
ODA とゼネコン	401
RIA	377, 399
SANAA	420
TMO	428

和　文

あ

アイコン建築	420
相対替	198
青木遺跡	63, 66
阿賀野川（治水）	518
赤堀茶臼山古墳	583

明障子	608
アーキスター	366, 420
秋田城	40
アーキトレイヴ	620
空地利用（戦後復興期）	369
アクロテリオン	622
アーケイド・ロッジア	628
上げ下げ窓	631
朝倉氏館	117
旭川（治水）	518
足　軽	143
葦　葺	606
飛　鳥	4, 5, **12**
飛鳥池遺跡	17
飛鳥板蓋宮	15
飛鳥川原宮	15
飛鳥京苑池遺構	17
飛鳥浄御原宮	15
飛鳥時代様式	**56**
飛鳥寺	57
──西方遺跡	16
飛鳥宮遺構	14
飛鳥水落遺跡	16
東　孝光	401
東屋（四阿）	606
校　倉	55
アーチ	631
熱　田	205
安土城天主閣	231
渥美焼	589
アートイベント	366
アトキンソン，デービッド	418
穴　蔵	594
アナプチ	31
穴太衆（あのうしゅう）	139, 231
安濃津（あのつ・あののつ）	105
アパートメント・ハウス	333
アーバニズム	**392**
アーバンルネサンス	406
──計画	468
安倍氏	39
尼　崎	122

尼崎城下寺町	200
阿弥陀信仰	154
阿弥陀堂	154
網　戸	500
アメリカ積み	643
荒井猫田遺跡	107
荒川放水路	344
アール・デコ	277, 329
アール・ヌーボー	328
アルミサッシ	486
アレクザンダー，クリストファー	399
阿波勝瑞	117
アーン	623
安国寺・利生塔	163
アンテフィクス	622
安藤忠雄	401
安楽寺八角三重塔	161
安楽寿院	153

い

飯田八幡	207
家形埴輪	8, 91
家　持	187, 202
イオニア式キャピタル	620
伊香型民家	264
五十嵐太郎	414
斑　鳩	**20**
斑鳩寺	20
斑鳩宮	20
粋	188
イギリス積み	643
池上曽根遺跡	67, 581
池田　宏	433
井　桁	86
池田室町住宅地	303
胆沢城	41
石　垣	230
石神遺跡	16
石川栄耀	440
──と名古屋の都市計画	**440**
石田頼房	464, 468

石積み技法	643
石 鍋	589
石 巻	204
石巻市大須浜漁家集落	266
出雲大社	11, 65
伊勢遺跡	67
遺 跡	
——の空間区分	576
——の時期区分	576
伊勢神宮	11, 65, 180
——内宮神苑図	350
伊勢神道	176
伊勢山田 ⇨山田	
磯崎 新	397, 400, 404, 410
板唐戸	608
板 葺	606
伊丹郷町	593
市	94, 106
市座 (いちくら)	134
市 舎	567
市 場	187, 208, 237
——社会	187
市 庭	106, 566
——景観	566
市 町	49, 94, **208**
一条院	47
一条京極邸	175
一乗谷	110, 117
一 宮	177
厳島神社	179
一等三角測量	514
一服一銭	137
一遍聖絵	125, 567
伊藤 毅	408
伊東忠太	319
伊東豊雄	410, 411, 420
井戸端会議	503
伊那街道の小宿場町群	209
田舎間	616
稲荷鳥居	614
稲荷祭 (いなりのまつり)	49
伊能図	514
豕叉首 (いのこさす)	607
イノベーション	326
衣のモダニゼーション	**482**
伊場遺跡	39
井原西鶴	188
居 間	486
今小路西遺跡	173
今西家住宅	263
鋳物師	137
居屋敷	199
入 側	600

入母屋造	606, 622
入間路	585
岩 国	197
石清水	118
磐余 (いわれ)	12
院 家	120, 144, 148, 174
インセンティブゾーニング	469
インターアーバン	524
インフラストラクチャー	
——と環境	**214**
——の形成	**516**
——のトータルデザイン	537

う

ヴァナキュラー	479
——建築	398
ヴェネチアン・ウィンドウ	631
ヴェニス憲章	394
ヴェランダ	628
ウォーターフロント	529
ヴォーリズ, ウィリアム	353
月池 (ウォルチ)	31
ヴォールト	640
右 京	544
浮世草子	188, 226
請 負	240, 315
宇 治	111
宇治陵	51
失われた20年	**412**
後 戸	98, 147
卯建 (うだつ)	616
歌 枕	229, 563
歌物語	562
内井昭蔵	405
打込ハギ	230
打ちこわし	217
内田祥文	371, 372
ウチツクニ	27
内出居	80
内増 (うちまし)	221
宇豆柱	614
有徳税	140
有徳人	140
畝傍山山麓の神苑化	351
馬継場	209
駅家 (うまや)	584
埋め立て	514
裏 甲	604
裏店層	187
浦辺鎮太郎	399

え

映画館	327
栄山寺八角堂	57
衛 生	501
——組合	274, 276, 293, 499
——・美容・害虫	**500**
衛星都市	455
叡 尊	166
永寧寺	60
永保寺開山堂	161
江上氏館	587
駅 使	584
駅 子	584
駅 舎	339
駅 制	584
駅 馬	584
駅前広場	525
駅 鈴	585
駅 路	516, 584
絵 図	547
——としての大坂図	**554**
——に示された港湾都市の世界	**552**
エスノグラフィー	479, 480
え た	213, 223, 293
越後国奥山荘波月条近傍絵図	567
エッグ・アンド・ダート	622
エディキュラ	628
江 戸	184, 188, 195, 198, 202, **218**, 593
——のインフラの整備	214
——の寺社地	200
——の大寺院	**246**
——の町人地の街路網と水路網	516
——の都市域の拡大	210
——の武家地	198
——の武士	218
——の町屋	235
——の町割	202
江戸川	186
江戸切り	643
江戸四宿	593
江戸七輪	484
江戸城	522
——内を目指す行列	219
江戸図屏風	228
江戸町鑑 (えどちょうかん)	226
江戸ツ子	188
江戸東京学	409
江戸一目図屏風	229
江戸復原図	185

江戸間	616
江戸名所図会	227
江戸名所之絵	558
江戸屋敷	233
江の島	207
海老虹梁	600
江間氏館	587
蝦夷（えみし）	40
エリアマネジメント	469
円覚寺	
——舎利殿	161
——仏殿造営図	161
延喜式	549
円勝寺	115
沿線開発	525
エンタブレチュア	620, 622
苑池の展開	30
エンデ，ヘルマン	314
簷塔（えんとう）	610
円　堂	55
円　仁	70
円密一致	70, 72

お

追い廻し敷き	171
オイルショック	364
——と都市・建築	400
扇垂木	604
応急復興住宅	369
王権と寺院	150
王城鎮守	177
近江商人	221
近江遷都と東アジアの都市	22
大　内	84, 115
大内氏館	116, 586
大　壁	608
大倉喜八郎	297
大郡（おおごおり）	18
大　坂	123, 184, 188, 195, 593
——の町人地形成	515
——の町屋	234
大坂三郷町絵図	555
大坂城	522
大坂図	554
大坂建	235
大坂本屋仲間	555
大坂湾防備	523
大　阪	
——駅付近都市計画事業	439
——の都市計画	438
大阪市区改正設計	439
大阪市街改良法案	433

大阪万博	364, 393
大崎八幡神社	245
大　路	45
太田川基町環境護岸整備	537
大　店	187
大知波峠廃寺	149
大　津	18
——町絵図	556
大津宮	23
——錦織遺跡	22
大殿祭	35
大友氏館	117
大縄崩	199
大縄地	199
大縄屋敷	199
大野城	24
大　引	616
大疎垂木（おおまばらだるき）	605
大　道	106
大神神社（おおみわじんじゃ）	66
大物主神	13
大山崎神人	140
大　鋸	101, 241
岡倉天心	319
岡山後楽園	259, 341
小川治兵衛	323
男瓦（牡瓦）	606
小木新造	409
置き竈	484
押し上げ屋根	265
オジーアーチ	631
押　板	171
押障子	168
オーダー	620
織田有楽	256
オダチトリイ	616
御旅所（おたびしょ）祭祀	48
尾垂木	602
小樽港	529
小田原	117
小田原城	522
小千谷	209
御手伝普請	519
御土居	230
鬼　瓦	607
御庭焼	591
小野宮邸	46
小　浜	105
小墾田宮（おはりだのみや）	4, 15
オフィスビル	317
——市場	407
小布施	209
オープン・ビルディング	416

オープン・ペディメント	622
オープン・トップト・	
ペディメント	622
表屋造	234
親子心中	494
お雇い外国人	273, 307
オランダ人技術者	521
オリエルウィンドウ	631
折　置	616
折下吉延	426
オリンピック	392
落地（おろち）遺跡	585
遠国奉行	194
御　師	207
園城寺（おんじょうじ）	73
御大工	138
女髪結	222

か

街衢（がいく）	489
——と路地裏の文化	488
介　護	497
——殺人	497
——心中	497
——問題	496
開口部	631
外国人居留地	273, 281, 306, 597
開墾地移住家屋	337
会　所	100, 169, 172
外　食	485
改正地券	290
凱旋門	285
開拓移民住宅	335
開拓使	301
外地の都市計画	446
外地法令	446
害　虫	500, 501
開　帳	188, 225, 249
貝　塚	123
街　道	106, 516, 568
街　灯	343
垣外番（かいとばん）	213
開発思想	520
開発独裁	363, 364, 366
開発誘導と都心の再構成	468
解放令	293
回遊式庭園	258
戒律復興	166
街　路	516, 517
——空間	342
——建築	343
——構造令	526

──樹	343
──取締規則	342
──ネットワークの近代化	526
回　廊	53
蟇股	242, 602, 607
家屋税	289
家屋文鏡	583
抱　地	210
抱屋敷	210
篝屋（かがりや）	133
瓦器（がき）	589
下級武士の住宅	233
学園紛争	390
核家族	
──神話	375
──普遍説	497
──率	497
角形ドーム	636
革新自治体	462
──のまちづくり	**462**
学　制	287
学制改革	391
拡大家族	497
角　柱	620
学　侶	145
鶴林寺	165
懸　造	149
掛見世	246
水主（かこ）	108
火　災	216
──と防災	133
──保険地図	561
笠原敏郎	426
錺金具（かざりかなぐ）	242
河　岸	237, 569
河岸地	211
梶　取	108
橿原神宮	350
鹿島論争	385
膳氏（かしわでし）	20
春日大社	35, 65
春日造	64, 100
霞が関ビルディング	384
仮設住宅	470
家　族	
──団欒	487, **496**
──の孤立化	**496**
──の独立化	**494**
──類型	497
過大都市化への対処と	
ニュータウン	**454**
片岡　安	432
堅　田	109

鰹魚木	614
学　区	282
学校建築設計大要	316
合　掌	616
桂　女	134
桂離宮	191, 255
家　庭	495
ガーデン・シティ	357
瓦塔（がとう）	611
火頭窓	608
葛野川（かどのがわ）	50
門　松	489
蚊取り線香	501
カトリック教会	352
金貝遺跡	66
神奈川	185, 209
神奈川県立近代美術館	373
金　沢	184
金沢市伝統環境保存条例	395
金沢21世紀美術館	421
要　石	631
金田城	24
狩野川台風	532
カフェ	327
歌舞伎	188, 224, 225
かぶと造	265
株仲間	221
冠木門	612
壁	579
壁立式	90
壁　塗	139
構	128
鎌　倉	94, 95, 96, 113
鎌倉街道	106
鎌倉新仏教	98
上　方	188
上賀茂神社	65
上　京	114
上神主（かみこうぬし）・茂原遺跡	
	38
上ツ道（かみつみち）	13
雷　紋	622
上屋敷	199
髪　結	222
亀岡末吉	321
鴨　居	616
鴨　川	50
賀茂祭	49
茅　負	604
萱津宿	106
茅　葺	606
華洛一覧図	559
唐紙障子	608

唐　戸	608
唐破風	606
唐　物	102
唐　様　⇨禅宗様	
伽藍僧坊	120
伽藍配置	9, 52, 56
仮山水	163
カルトゥーシュ	628
側	600
川　浚	214
川添　登	397
かわた　⇨えた	
──町村	184
川西遺跡	109
川　湊	108
河原院	47
かわらけ	591
川原寺	9, 15, 57
瓦　版	227
瓦　葺	606
瓦棒葺	636
河原者	139
寛永寺	201
雁鴨池（がんおうち）	31
歓喜院貴惣門	243
環境史	594
観　光	**294**
元興寺	164
──極楽坊禅室	55, 57
──極楽坊禅室復元図	74
環濠集落	581
勧工場	327
監　獄	317
官　寺	59
官　社	348
官社制	62
灌　頂	68
灌頂堂	10
観心寺	165
勧進場	223
官大寺	34
干　拓	514
神田明神祭礼	225
官　庁	
──営繕	360, 363
──街	338
──集中計画	338
関東州州計画令	447
関東大震災	312, 344, 436, 444
関東都督府	300, 334
看板建築	343
玩物喪志	487
雁振瓦	607

索　引　653

寛文五枚図	515
官幣社	348
緩和型地区計画制度	469

き

基肄城（きいじょう）	24
議院建築	276
木　負	604
喜翁閣	267
祇園寺	49
祇園社	179
祇園祭	127, 488
企画院	336, 361
危機と都市・地域	414
企業城下町	346
企業都市	347
帰去来情緒	477, 493
規　矩	241
鞠智城（きくちじょう）	25
木子清敬	321
汽車土瓶	597
寄　宿	131
技術者教育	309
キーストーン	631
規制緩和	412
——・開発誘導と都心の再構成	
	468
既成市街地	458
基層文化論	477
貴族邸宅	46
木曽三川（治水）	518
基礎地域（歴史地理学）	545
北浦定政	548
北野社	118
北野天満宮	244
北村捨次郎	323
北谷（きたやつ）遺跡	583
北山殿	174
基　壇	600
基　地	370
几　帳	81
杵築大社	65
木戸（門）	129, 187, 235, 273
紀伊國屋書店	369
鬼ノ城	25
木　鼻	99, 602
黄表紙	188
岐　阜	117
基本高水	532
木村兼葭堂	188
鬼門忌避	357
キャピタル	620

キャラクター人形	489
ギャンブレル屋根	636
救護法	304
旧高野家住宅	265
宮中真言院	10, 68
旧都市計画法の特徴	434
窮　民	304
教育機関の近代化	286
教育基本法	390
饗宴・苑池・生産	16
狂　歌	188
教会建築	646
行基図	514
行基葺	606
京　戸	45
恐　慌	336
行幸道路	343
京　職	44
行　商	134
経　蔵	54
境　致	163
京　都	94, 95, 96, 114, 184, 188, 195
——の町屋	234
京都改造	211
京都議定書と建築	417
京都御所	85, 115, 351
京都市明細図	561
京　間	616
京武者	112
京　呂	616
擬洋風建築	273, 306
経　楼	55
居　館	586
漁業権解放	371
巨　戸	235
巨大建築論争	391
巨大城下町	184
清水寺	51, 148, 249
居留地　⇒外国人居留地	
キリスト教会堂	646
キリスト教の布教	352
切妻造	606
キリンプラザ大阪	410
騎　楼	335
木　割	11
木割書	193, 241
金唐革	640
金唐革紙	640
キングポスト・トラス	636
近現代考古学	596
銀座煉瓦街	281
金城（新羅）	23

近　世	
——街路と生活インフラの形成	
	516
——空間の再編	280
——初期の住宅	262
近世建築史	189
近世考古学	596
近世都市	574, 592
——の水害と対策	518
——の流通と消費	590
近世都市史	184
近　代	
——技術者と開発思想	520
——主義への異議申し立て	
	396, 398
——の公園と思想	340
近代遺跡	596
近代建築	361, 363
近代建築運動	330
近代建築史	272
近代建築論争	373
近代数寄屋	322
近代都市	
——の考古学	596
——を描く地図	560
近代都市史	272
近代長屋	302
近代復興	415
近代部落	293
近代洋風建築の基礎知識	619
近隣コミュニティと商店街	502
近隣住区論	443

く

クィーン・アン様式	310
クィーンポスト・トラス	636
空　海	68
郡家（ぐうけ）	6
空　港	565
区画整理	441
釘　貫	129
傀儡子	137
公家住宅	174
公家町	115, 184, 253
供御人	108, 130, 141
供祭人	108
草　戸	109
——千軒町遺跡	104, 109
孔雀型飾金物	152
九体阿弥陀堂	154
百　済	22
百済大寺	56, 59

口入れ商人	223
杏 形	606
杏 摺	640
国絵図	514
恭仁京	30
国役普請	519
公 人	142, 184
弘福寺 ⇨川原寺	
区分所有	403, 453
久保田敬一	509
熊沢蕃山	519
熊 野	124
——三山	178
くまもとアートポリス	406, 410
組合施行土地区画整理事業	441
組合橋	214
組 物	8, 9, 602
組屋敷	199
雲斗雲肘木	602
倉敷アイビースクエア	399
倉田康男	405
蔵屋敷	184, 189, 199, 233
クリアストーリー	646
九 輪	610
グリーンベルト	455
曲輪（くるわ）	218
郭（くるわ）	230
呉 市	345
黒井峯遺跡	91
クロウステップ・ゲーブル	622
グローバル化	412
鍬形蕙斎	559
郡衙（ぐんが）	6, 38
軍記物語	562
軍港都市	346, 569
郡司と郡家	38
軍需省	361
軍忠状	106
軍 都	277
——と産業都市	346
軍防空	523

け

計画高水	532
計画標準	442
景 観	536, 540, 542, 543
——と観光	294
景観訴訟	465
景観法	467
経済安定本部	361
経済企画庁	361
経済機能と都市	566

境 内	118, 188, 246
境内町	118
系統地理学	539
劇 場	237
懸魚（げぎょ）	607
外京（げきょう）	544
化 粧	500
化粧垂木	156, 604
外 陣	98, 146
下 水	517
——路	516
気仙大工	266
桁	600
桁 隠	607
桁 行	600
下駄履きアパート	451
結縁灌頂	68
結 核	498
結婚式場	491
下 殿	178
検非違使	133
ゲーブル	622
下 屋	616
懸崖造	149
兼 学	144
健 康	
——身体	284
——美人	500
——・病気・長寿	498
——保険	499
——論争	405
源氏物語の邸宅	47
賢聖障子（けんじょうのそうじ）	168
県人会	493
建設会社設計部	315
建設省	375
建造物保存	394
現代建築史	360
現代民俗学	478
検 地	514
建 築	
——意匠の展開	310
——技術の変貌	384
——工学の進展	312
——の解体	397
——の戦後体制	374
——の滅亡（成書）	397
建築家	
——像の1970年代	404
——の海外進出	401
建築家国際認証	421
建築学会	311
建築関係学科	390

建築基準法	375
建築教育	308
——と高度成長	390
建築協定	465
建築研究団体連絡会	376
建築士法	375
——案	315
建築ジャーナリズム	311
建築図面	241
建築生産	193, 238
——の工業化	416
——の変貌	384
建築積算	240
建築設計	
——・施工	240
——と民主主義	376
建築線	435
建築造営組織	88, 180
建築装飾	242
建築彫刻	243
建築デザイン	
——の隘路と可能性	420
——の謳歌	410
建築統制	336
建築評論家	397
現地比定	542, 543
建長寺伽藍	162
県庁建坪規制	274
原爆堂	382
原発再稼働	415
健兵健民政策	499
顕 密	148
顕密兼学	98
顕密体制	72
——論	98
顕密仏教	72
間面記法	600
権門体制論	98
権門の住宅	174
県 令	299
兼六園	259

こ

小石川後楽園	258
小出 博	510
子犬丸遺跡	585
後 院	43
コーヴ	640
興亜式	337
高圧送電	530
公営住宅	379
公 園	340

郊 外	356	行 楽	188	腰 弁	485
郊外住宅地	333	後楽園	258	古社寺保存	
交会法	571	合理主義	331	——金制度	319
公害問題	387	皇龍寺	61	——則制度	275
高架鉄道	525	虹 梁	600	——法	319
合 巻	188	虹梁大瓶束	607	個 食	485
後期難波宮	29	高 炉	269	御所野遺跡	91
——復元配置図	29	鴻臚館	37	小寝殿	169
公儀橋	214	港湾都市	552	戸数割	289
興 行	224	五雲亭貞秀	559	五大監獄	317
公共施設と空間	338	御開港横浜大絵図	558	古 代	
工業地帯	389, 531	古環境の復元	595	——の建築造営組織	88
講義録（建築学）	309	五期会	377	——の交通路	584
高句麗	22	古器旧物保存方	318	——の東北地図	41
考現学	325, 357, 480	五畿七道	27	——の道路	568
神籠石（こうごいし）	24	国 衙	108	古代建築史	8
考古学	574	国産陶器	588	古代建築の技術的特徴	86
交差ヴォールト	640	国 庁	36	古代山城（こだいさんじょう）	24
格 子	608	国土基本図	561	古代寺院	
格子窓	608	国土計画	534	——の伽藍配置	52
小路（こうじ）	45	——と都市政策	535	——の源流	60
綱 首	102	国土形成計画法	634	古代都市史	4
公衆衛生	292	国土の開発と都市構造の変革	456	古代都城とその変容	548
工手学校	309	国 府	6, 36	御大典記念事業	284
巷所（こうしょ）	128	国分寺	59	戸 長	274
公娼街	327	国幣社	348	戸長役場	282
工場建築	301, 317	国宝保存法	319	国家神道	348
工場法	293	国民住宅	372	国家戦略特別区域	469
考証図	548	国民体育大会	392	滑稽本	188
口承文芸	565	国民病	498	後藤慶二	331
公 図	557	国民服	483	五島慶太	302
洪 水	532	国民保健体操	501	後藤新平	355, 437
上野国交替実録帳	39	極楽寺	167	——と帝都復興	436
厚生省	361	——ヒビキ遺跡	66	孤独死	496, 497
構造材	86	国立屋内総合競技場	393	古都保存法	394
高蔵寺ニュータウン	388	国立公園	341	子ども食堂	485
豪族居館	582	国立国会図書館とコンペ問題	381	ゴードン，アンドルー	482
高速道路	565	国立代々木競技場	393	小鍋立て	485
交代寄合	184	御家人屋敷	199	コーニス	622
公団住宅	363, 374	柿葺（こけらぶき）	606	向拝（ごはい）	600
——の成熟と多様化	403	沽券図	551	小林一三	302, 449, 525
交通と都市	568	護国寺	247	コービーステップ・ゲーブル	622
講 堂	52, 54, 58	護国神社	349	コーファー	622
公同組合	283	——制度	349	小普請	238
高等中学校	287	九間（ここのま）	172	古墳時代の豪族居館と建物	582
公取問題	405	御斎会	72	小堀遠州	257
広幅員道路	444	後嵯峨上皇弘御所	169	高麗尺	55
興福寺	34, 58	五 山	163	ゴミ処理	214
工部省	520	五 師	144	込 栓	616
工部大学校	309, 521	護持院	247	コミッショナー制	411
高野山	121	後七日御修法	68, 70, 72	コミュニティカルテ	461
——根本大塔	68	腰長押	640	小向買い	492
高麗門	612	腰長押	640	籠 堂	614

小屋組	636
御霊会	7, 48
五輪塔	610
コリント式キャピタル	620, 622
コルドバレザー	640
コルビュジエ	331
コレラ	293, 498, 531
コロネード	628
木幡（こはた）	50
今　和次郎	325, 357, 479
婚姻儀礼	490
権現造	190, 244
金剛界曼荼羅	68
金剛寺	61
コンストラクション・マネジメント方式	384
コンテクチュアリズム	399
金堂	52, 54, 56, 58
コンドル，ジョサイア	308, 314
コンパクトシティ	473
コンバージョン	417
コンビニ	407
コンピューテーショナル・デザイン	421
コンポジット式キャピタル	620, 622
根本大塔	69

さ

座	134
災　害	
——からの復興都市計画	**444**
——と都市問題	**216**
——と復興	**342**
災害史	594
災害復興公営住宅	471
再開発コンサルタント	453
再開発三法	452
在方町	185, 230, 592
在京武士	**114**
斎宮（さいぐう）	35
在郷町 ⇨在方町	
斎　場	491
最小限住宅	373
西大寺	59, 166
——敷地図	549
——末寺帳	166
在地社会と神社・寺院	**250**
在地人	120
在地霊場	125
最澄	70
財閥解体	371
財閥企業の成立と役割	**296**

割符（さいふ）	221
在　町 ⇨在方町	
西明寺本堂	147
細　民	
——街	305
——対策	**304**
——調査	304
祭　礼	489
——と経済	**48**
——と興行	**224**
三枝博音	510
嵯　峨	119
堺	103, 522, 592
——大絵図	553
堺環濠都市	546
——遺跡	103
坂出人工土地	387
座臥具	81
坂倉準三	363
坂上田村麻呂	40, 51
酒船石遺跡	17
坂　本	120
酒　屋	141
左義長柱	610
左　京	544
柵　戸	40
作事奉行	238
作　所	180
作庭記	81
桜台コートビレジ	403
栄螺堂	249
笹　繰	602
篠本城	586
差鴨居	616
座　敷	170, 172
座敷飾	171
差　物	616
叉首（さす）	616
雑居ビル	386
サッシ	486
里　売	135
里内裏（里第）	45
里　山	478, 493
真田秀吉	508
実肘木	602
佐野利器	308, 313
ザハ・ハディド	420
侍（場所）	168
侍　廊	80
ざるふり	220
サルリムサリ	480
佐　原	205
三　会	73

参加型まちづくり	**460**
桟唐戸	608
桟　瓦	606
産業考古学	596
産業考古学会	511
産業施設	301, 317
産業都市	277, **346**
参勤交代	184
参詣曼荼羅	125
三間梁規制	190, 241, 248
三　綱	144
三郷町絵図	555
参事会	288, 299, 354
三斜法	556
三十三間堂	153
三条白川房	175
散所非人	137
三津七湊（さんしんしちそう）	104
三　助	492
山川掟	519
三層構成	628
三　都	184, 272
——と直轄都市	**194**
三内丸山遺跡	580
山王権現祭礼	224
三部経済制	289
産物廻し	221
三昧耶形（さんまやぎょう）	69
三面僧坊	55, 120
山林寺院	98, 148
山林都市	356

し

仕上げ	**643**
地上げ	407
仕合証文	221
市域拡大	299
子　院	120
寺　院	190, 246, 248, 250
寺院社会	184
死因別死亡率	498, 499
シェアハウス	416
四円寺	50
ジオリファレンス	570
慈恩寺大雁塔	61
寺　家	98, 174
市　会	288
市街化	
——区域	458
——地域	458
市街地	
——改造法	453

索　引　657

——建築物法 362, 432, 434
——調整区域 458
——調整地域 458
市街電車 504
紫香楽宮（しがらきのみや） 29
地　借 291
止観業 70
仕着別家制 495
式　台 616
食堂（じきどう） 53, 54
式年遷宮 63
式年造替 63
四行八門制 44, 128, 548
市区改正 273, 430, 431
——事業 526
仕　口 86
地口銭 131
軸　部 600
寺　家 144
繁垂木 605
市公民 354
仕事師 501
錣葺（しころぶき） 606
シザーズ・トラス 636
市参事会 288, 298, 354
地　子 131
獅子口 607
寺社境内 118
寺社地 200
寺社の造営 138
四種三昧 71
自主ルール 465
慈照寺東求堂 173
地　震 216
——考古学 595
——売買 290
紫宸殿 85
自身番 213
静岡大火 445
市制改正 288, 355
市制特例 272, 289
自然災害 414
事前復興まちづくり 471
四大寺 34, 59
志太郡衙跡 39
下三奉行 193, 238
地垂木 156, 604
師　団 346
寺壇制度 190, 248
七城町型墓地 114
七　湊 104
七大寺 34, 58
七堂伽藍 120

七分積金 216
市町村制 355
市町村都市計画マスタープラン 467
四丁町 128
七　輪 484
地鎮祭 241
実験集合住宅 NEXT21 416
室　内 640
室　礼 81
私鉄沿線（郊外）開発 302, 389
市　電 504
四天王寺 9
——式 52
四天柱 610
自動車 504
自動販売機 489
指導要綱 463
蔀（しとみ） 608
寺　内 118
——惣構 118
——町 122
品川台場 523, 593
神人（じにん） 130, 135, 141
——集団 108
篠原一男 396
シノワズリ 640
芝　居 225
——興行 327
——小屋 237
芝原上水 215
師範学校 287
鴟尾（しび） 606
泗沘城（百済） 23
シビルミニマム論 463
渋沢栄一 297
四分ヴォールト 640
寺　辺 118
死亡率 498
シボレー 505
島大臣（しまのおおおみ） 12, 15, 30
島　宮 15
地廻り経済 186
市民参加 463
事務所建築 317
下岡田遺跡 585
下鴨神社 65
下　京 114
下　肥 214
下　田 185
下野国府 36
下ツ道（しもつみち） 13
下三橋（しもみつはし）遺跡 545
下屋敷 199, 210

寺門七郷 119
社会主義リアリズム 383
借地法 290
——・借家法 378
車　借 137
社寺領上知 349
社　宅 347
鯱 606
借家法 291
遮那業 70
洒落本 188
舟　運 516
拾芥抄 549
住環境保全と参加型まちづくり 460
宗教者 223
住居表示 543
周圏論 476
柔剛論争 313
十字法 556
住　宅 616
——の近代化 332
——の工業化 385
——問題の解消 402
住宅営団 337, 364, 498
住宅改良運動 333
住宅供給公社 379
住宅供給の転換 402
住宅金融 402
住宅金融公庫 378
——中高層店舗付き住宅融資 451
住宅組合法 333
住宅建設計画法 378
住宅公団 364
住宅産業 402
住宅事情 369
住宅政策 378, 402
住宅地区改良法 453
住宅展覧会 303
集団就職 493
集中形式（教会建築） 646
住のモダニゼーション 486
住民主体のまちづくりと都市計画
　　関連法制度・ルール 464
重要伝統的建造物群保存地区 428
集　落 540
宿 106
——の長者 141
塾 237
祝祭日 491
祝祭とハレの時空間 490
宿場町 208, 592
修　験 98, 148
守護所 95, 113, 116

修造司	180
出世証文	220
出世払い	220
出版文化	**226**
首都移転	565
首都圏整備	454
——基本計画	455
——計画	388
首都建設委員会	454
首都高速道路	527
修法	68, 70
聚楽第	252
修理職（しゅりしき）	89
修理所	180
順興寺	123
俊芿（しゅんじょう）	166
巡礼	124
如庵	191, 257
書院	101
書院造	100, 101, 191
——の形態	**172**
——の成立	**170**
——の成立と展開	**252**
帖（じょう）	81
省エネ義務化	417
省エネと建築	400
荘園絵図	566
城郭	189, 586
——と陣屋	**230**
城郭修補願絵図	550
城郭図	550
城郭都市	522
小学校校舎	316
小学校設備準則	274
正月大饗	78
城下寺町	200
城下町　94, 95, 116, 184, **196**, 230, 592	
——の絵図	547, **550**
——の祭礼	224
——の発展序列	185
——の類型	230
城館	**586**
常行堂	10, 71
将軍家菩提寺	201
小戸	235
商工案内図	561
小公園	437
勝光明院	153
——経蔵	153
相国寺七重塔	151
城柵	6, **40**
障子	81, 171, 608
小尺	55
小住宅	373
小住宅ばんざい（論文）	383
仕様書	241
勝瑞	117
上水	517, 595
上水道	214, 236
正倉	39
正倉神火	39
装束（寝殿造）	81
上知令	281
商店街	502, 503
焦土	
——と復興	**368**
——の様相	368
上棟	241
浄土教伽藍	154
浄土寺	159, 165
——浄土堂	158
浄土思想	**154**
浄土宗本堂	100
城内	218
商人	**220**
商人頭	135
消費と空間	**326**
障屏具	81
商品陳列所	339
聖福寺古図	553
正保城絵図	550
条坊制	28, 32, 42, 128, 544
称名寺	167
声聞師	137
縄文都市論	**580**
上屋	616
条里制	569
松林苑	31
浄瑠璃	188
青蓮院門跡	175
鐘楼	54
昭和恐慌	336
昭和三陸地震・津波	345
——と高所移転	445
諸学校令	286
初期洋風建築	**306**
食寝分離論	372
職人	136
職人歌合	136
職能民	136
食のモダニゼーション	**484**
植民地	
——の経営	**300**
——の建築	**334**
植民地神社	335
諸司厨町	43
諸社	348
女中	495
ショッピングモール	413
白河	114
新羅	22
白拍子	137
白水阿弥陀堂	87
寺領	246
資料論	574
支輪	604
城	125, 184
——絵図と城下町絵図	**550**
白の家	396
枝割	157
新安沈没船	589
神位	63
神階	63
心学	188
真壁	608
新幹線	535
清規	163
神祇院	348
神祇信仰	34, 176
新京	447
神宮	65
新建築（雑誌）	372
人口減少時代の都市計画の 初動	**472**
新興工業都市計画	279, 442
新交通と行動半径	**504**
人工土地	386
新国立競技場問題	421
真言密教	**68**
震災復興事業	527
震災予防調査会	312
新産業都市	534
進止権	118
神社	200, 250
——と信仰	**178**
——の成立と制度	**62**
神社局	348
神社建築	190, **614**
——成立に先立つ関連建築遺構	66
——の形成	**64**
神社制限図	321, 349
神社整理	349
新自由主義	364, 365
新住宅市街地開発事業	455
真宗道場	248
真宗本堂	100
新宿マーケット	368
神職	184
壬申地券	290

索　引　659

——地引絵図	557
神泉苑	43
心礎	610
身代限り	220
新耐震基準	415
寝殿	76,80
寝殿造	99,100,168
——住宅の形態	76
——と儀式	78
——の形成とその変遷	74
——の生活	80
神道	176
——とその思想	176
——の再編	348
新都市計画法の制定	458
陣内秀信	408
新日本建築家集団	373,376,383
心御柱	614
心柱	610
新橋停車場跡	597
新板大坂之図	554
神仏混淆	63
神仏習合	63,100,178
神仏判然令	349
神仏分離	348
人文地理学	539,540
——の分類	541
神武天皇陵の造営	351
神明造	64
神明鳥居	614
陣屋	184,**230**
陣屋元村	184,231
新益京（しんやくのみやこ）	26
新吉原遊女	222
人力車	504
森林美	340
新和様	99,**164**

す

素足	483
水煙	610
水害	133,**518**,532
——防備林	519
水上交通	108
水制工	519
水道	**530**
水防	532
水力発電	530
水路	236
スカイハウス	379
杉皮葺	606
数寄者	323

数寄屋	**322**
数寄屋造	191,**322**
——と庭園	**254**
スクラッチタイル	643
スクロールド・ペディメント	622
須佐	197
朱雀大路	5,7,32
朱雀門	83
辻子（ずし）	129
スター建築家	366
捨て子	217,494
ストゥーパ	610
ストリング・コース	628
砂留	519
角南隆	321
スパンドレル	631
スプロール	387,454
スペイン瓦	636
隅木	604
スミッソン夫妻	393
墨壺	241
住吉大社	65
住吉造	64
住吉の長屋	401
スラム街	305
スレート葺	636
スワンネック・ペディメント	624
駿府	184,195

せ

生活インフラの近代化	**530**
生活改善運動	491
生活再建支援法	470
生活財生態学	479
生活史	480
清岩里廃寺	61
清潔	500
制限図（官社造営）	321,349
生産都市再建整備事業	449
成熟時代の都市・建築	**416**
聖地	**124**
政庁と都市	**110**
製鉄所	269
政友会	527
清涼殿	85
せがい	616
世界遺産	419
世界デザイン会議	393
世界都市図帳	558
関一	355
——と大阪の都市計画	**438**
積算技術	240

赤十字病院	317
関所	106
石人像	16
石塔	610
関野貞	319
関宿（せきやど）	186
セグメンタル・ペディメント	622
施行	217
施主	240
世帯数	496
ゼツェッション	277,279,329
設計競技	311
設計事務所	315,390
設計施工	
——と職能	**314**
——分離一貫論争	385
設計と参加	399
接収（占領期）	370
摂州大坂画図	554
摂丹型民家	264
折衷主義	310,361
折衷様	99,**164**
摂津職	19
摂津名所図会	565
説話	562
瀬戸・美濃産陶磁器	590
ゼネコン	315,365,385
ODAと——	401
セーラー服	483
セルリアーナ	631
背割下水	516
禅院の伽藍	**162**
戦間期	361
前期難波宮	18,19
——の配置	83
宣教師	352
浅間造	64
善光寺	119
善光寺町	206
戦国城下町	**116**,185
全国総合開発計画	361,457,**534**
全国都市計画協議会	443
全国都市問題会議	425
戦後	
——の建築史の展開	395
——の建築論	**372**
——の住宅政策の枠組	**378**
——の住宅論	**372**
戦災都市	448
戦災復興	
——期の都市計画	**448**
——計画基本方針	448
——事業	448

660　　索　引

（第1列）

──土地区画整理事業 449
戦災復興院 374,449
戦時下
　──の建築 **336**
　──の建築造形 337
禅宗様 99,**160**,164
禅宗様組物 602
禅定院 175
戦勝凱旋門 285
全　総　⇨全国総合開発計画
戦争遺跡考古学 597
浅草寺 185,201,206,246
せんだいメディアワーク 421
銭　湯 492
尖頭アーチ 631
泉涌寺 166
千　宗旦 256
千　利休 256
船場後退建築線 439
船場小学校 316
線引き制度 459
洗面化粧台 487
専門学校 287
川　柳 188
占領期
　──の建築 **370**
　──の首都 **370**
　──の土地政策 **370**

そ

造営組織 180
惣　掟 282
造家学科 308
惣　構 128,523
造宮省 88
総曲輪 523
総合施工土地区画整理事業 441
葬祭場 491
造作材 86
宗　氏 103
惣持院 71
雑　色 142
造寺司 59,89,180
惣　社 177
蔵春閣 267
増上寺 201
造　船 529
造船所 269
惣　中 118
惣　町 126,282
　──一揆 217
　──結合 217

（第2列）

双　柱 620
送電網 531
層　塔 610
層塔型天守 189
惣　堂 251
総督府 301
　──庁舎 334
総評会館 376
僧　坊 55,120
　──都市 95,96,**120**
僧　侶 184
相　輪 610
葬　列 490
租　界 306,335
蘇我馬子 12,15,30
即位灌頂 150
測　量 **514**,571
　──図 **570**,571
組織設計事務所 365,391
礎　石 8,600
　──建物 579
外出居 80
外増（そとまし） 221
礎　盤 600
尊勝寺 114
　──阿弥陀堂 155
村　落 540

た

対 77
待　庵　⇨妙喜庵待庵
大安寺 9
第一次大極殿 29
大大阪 357
対外交易 **102**
対外施設 **268**
大学町 287
耐火建築 450
　──促進法 451
耐火煉瓦 597
大勧進 159
大官大寺 57
台　鉋 101,241
大規模小売店舗立地法 412
大　工 89,138
　──頭 238
　──組 239
　──集団 266
　──組織 238,239
太閤下水 517
太閤検地 514
大興城 22

（第3列）

大極殿 26,29
　──と朝堂院 **82**
醍醐寺 73
　──経蔵 158
第三空間 503
大　寺 59
大　尺 55
大社造 64
大縮尺地図 560
大乗院 175
耐震改修促進法 470
耐震偽装事件 415
耐震構造 312
大　葬 284
胎蔵界曼荼羅 68
大宋諸山図 162
大内裏 42
　──図考証 85
大店法の緩和 407
大　斗 602
大斗肘木 602
大　塔 610
大　道 106
大名古屋都市計画 302
第二次大極殿 29
大日本沿海輿地全図 515
ダイニング・キッチン 379
ダイニング・テーブル 487
台盤所 80
大　仏 34
大仏様 98,99,**158**,164
大仏様組物 602
大宝律令 27
台北市区改正 446
当麻寺曼荼羅堂 146
当麻寺本堂 156
大名行列 219
大名庭園 **258**,341
大名手伝普請 518
大名火消 213
大名屋敷 199,592
　──跡地 302
大目構え 256
対面儀礼 168
対面所 169
ダイアー, ヘンリー 521
平良敬一 396
内　裏 84,115
タイル 643
大　礼 284
大ロンドン計画 427
台　輪 600
台輪鳥居 614

索　引　661

台湾総督府	300, 334		茶　碗	485
台湾都市計画令	447	**ち**	チャンファー仕上げ	643
タウト，ブルーノ	325		中央停車場	524
楕円アーチ	631	治安維持	中級武士の住宅	233
多賀城	40, 111	近世の—— 212	中京間	616
高橋　裕	507, 511	中世の—— 132	中　戸	235
高塀造	265	地　域	中心市街活性化法	467
高山英華	371	——の諸問題 386, 388	中心市街地の衰退	413
高山建築学校	405	——の進化 545	中心地理論	540
高山陣屋	231	地域主義 399	中　世	
高　床	8	地域地理学 539	——寺院の特質 144
——建物	579	地域公共交通再編実施計画 473	——初期の技術革新 156
タクシー	504	地域公共交通網形成計画 473	——の建築造営組織 180
——業態調査	505	知恩院 249	——の城館・居館 586
宅　地	543	違　棚 171, 173	——の民家 260
——開発規制	459	地下鉄道 525	中世建築史 98
宅地班給	27, 74	近松門左衛門 188	中世主義 365
武井　篤	510	地価問題 387	中世都市 574
武田五一	322, 328, 343	千　木 614	——の流通と消費 588
武田氏館	587	地区計画 465	中世都市史 94
大宰府	37, 111	——制度 466, 469	中世仏堂 146
——鴻臚館	37	築　港 299	——形式 10
太政官公園	340	——と都市 528	中世和様仏堂 146
助　舟	216	筑後国府 36	中尊寺金堂 155
立　売	135	地　誌 229, 564	中　馬 209
龍田道	20	地誌学 539	中　門 53
ダッチ・ゲーブル	623	地　図 540	中門造 264
塔　頭	120, 162	治　水 133, 532	中門廊 77
辰野金吾	308, 311, 312	地籍図 543, 556	町　96, **126**, 187, 202, **234**, 545, 548
辰野建築事務所	315	地籍編製地籍地図 557	——と町屋 234
脱法ハウス	417	地租改正 291	——のかたち 128
竪　穴	8	——地引絵図 557	町　会 283
——建物	11, **90**, 578	秩父セメント第2工場 381	町会所 187
建　具	**608**	池亭記 50	町共同体 127
縦町型城下町	230	千鳥破風 606	町　組 127, 282
建物の原型	**578**	地　番 543	町　衆 127
棚	101, 171	地方官衙 574	町内会 283, 501
店（たな）	**134**	地方行政制度の確立 **288**	町入用 127, 187, 202
店　借	291	地方計画論 442	町　人 127, 184
多弁アーチ	631	地方新三法 288	町人地 **202**, 515, 516
多宝塔	610	地方制度と市長 289	町　法 202, 212
玉川上水	517	地方分権一括法 466	町用人 213
ターミナルビル	525	地方分権の推進と都市計画	長　安 5, 23
田村　剛	340	関連法制度 **466**	長安城 22
田村　明	463	粽（ちまき） 600	頂　華 622, 636
溜池（赤坂）	594	衢（ちまた） 13	鳥瞰図 558
田　屋	197	巷（ちまた） 489	長弓寺 164
垂　木	604, 616	地目変換 543	重　源 99, 159
タワー	389	茶　室 191, **256**	銚　子 186
タワーマンション	413	茶　陶 590	長　寿 **498**
丹下健三	362, 374, 383, 392, 400	茶の間 322, 487	朝集堂 83
団子図	556	ちゃぶ台 487, 495	長上工 89
団欒信仰	487	茶　屋 137	朝鮮市街地計画令 447

朝鮮式山城	24
朝鮮戦争	380
朝鮮総督府	300, 334
朝鮮通信使	219
帳台構	171, 616
長 府	196
長 吏	213
直轄都市	**194**
直系家族	497
地理学	539, 540
地理情報システム	570
地理的慣性	545
沈降文化論	476
鎮守府	346
鎮 台	346
陳 和卿	159

つ

津	**104**
通	188
通勤給与制	495
通産省	361
築 地	214
継 手	86
突止溝	616
継 場	186
つくばセンタービル	411
作り物語	562
付書院	171, 616
付樋端	616
辻 番	213
対 馬	103
土御門東洞院殿	115
筒 瓦	606
堤 瓦	607
繋虹梁	600
常御殿	169
坪	28, 544
妻 入	600
妻 飾	607
妻木頼黄	309, 312
妻籠宿	395
妻 戸	608
吊り天井	171
釣 殿	81
兵の家	113

て

デ イ	172
出 居	80
庭 園	7, 254, 258

ディオクレティアヌス・ウィンドウ	631
帝冠形式	337
帝国大学	287
ディコンストラクティビズム	411
亭子脚	335
ディズニーランダゼイション	406
邸宅の造営	**138**
帝都復興	**436**
——計画	526
——事業	436
帝都復興院	436
帝都復興ノ儀	425, 436
ディベロッパー	458
——の住宅供給	403
出入り口	631
低利資金融通策	278
碇聯鉄構法	312
ティンパヌム	622
テクニカル・アプローチ	377
出 組	602
デコン	411
デザイン・サーヴェイ	398
出 島	195, 268
鉄筋コンクリート造	313
鉄骨煉瓦造	313
鉄 道	568
——駅と近代の都市形成	**524**
デパート	327
出三斗	602
テラコッタ	643
寺子屋	237
寺 町	200, 210
——型	248
テルマエ窓	631
デ・レーケ, ヨハニス	532
テ ロ	414
田園憧憬	**492**
田園都市	333, 443, 525
田園都市論	357
天下祭	224
電 気	**530**
電気鉄道	531
天守閣	189, 231
天 井	640
天正地割	211
伝 制	584
伝 説	565
伝染病	
——と水道	531
——予防法	499
天台教学	**70**

電柱広告	343
デンティル	623
伝統的建造物群保存地区制度	395
伝統の継承	**320**
伝統論争	383, 398
天王寺（谷中）	247
天皇制の聖地の形成	**350**
天平図	514
伝法灌頂	68
店舗併存住宅	451
伝 馬	584
天明大火	216

と

問	105
土 居	230
ドイツ壁	643
ドイツ下見張り	643
問 丸	105
唐	22
塔	54, 58
堂	10
東 院	83
十日町	209
等級選挙	355
東京駅	524
東京オリンピック	364, 392
——と都市改造	457
東京市建築条例案	431
東京市市政調査会	425
東京市区改正	341
——計画	431
——改正条例	431, 434
東京実測全図	560
東京中央市区画定之問題	430
東京ディズニーランド	409
東京緑地計画	442
東京湾の埋め立て	515
東京湾要塞	523
同郷集団	493
踏 査	543
堂 座	251
東山道武蔵路	585
東 寺	68
——灌頂院	69
——五重塔	68
堂 舎	**54**
堂 衆	145
同潤会	278, 332, 337, 437
東照宮	244
唐招提寺	9, 10, 59
——講堂	83

──金堂	87	──の風景	294	都市専門官僚制	277
唐人屋敷	269	──の防衛	522	都市創作	441
堂 蔵	147	都市域の拡大と変容	210	都市デザイン	463
同族家族	497	都市遺跡	576	都市づくり	462
東大寺	34, 99, 180	都市イデア	408	都市伝説	477, 565
──開山堂	158	都市イベントとメディア	248	──と名所図会	564
──鐘楼	159, 161	都市イメージ	547	都市美運動	295
──大工	138	都市ガス	485	都市美協会	437
──大仏殿	58	都市環境史・災害史	594	都市復興と公共空間	380
──南大門	158	都市間競争	299, 357, 412	都市不燃化委員会	450
──法華堂礼堂	158	都市経営の制度と事業	298	都市不燃化運動と町並みの近代化	
東大殿	61	都市区画整理事業	342		450
塔の家	401	都市計画		都市不燃化同盟	450
塔 婆	54, 610	──技術の発展と地方展開	442	都市法	131
東福寺	162	──前史としての市区改正	430	都市名望家	283
唐 坊	103	──の制定過程	432	都市問題	386, 388
東北農山漁村住宅改善調査	333	人口減少時代の──	472	災害と──	216
頭 屋	251	都市計画関連法制度	466	都市民	
堂山下遺跡	107	──・ルール	464	──と富	140
東洋拓殖株式会社	301	都市計画区域	435	──の主従関係	142
登録文化財	418	都市計画公園	341	──の負担	130
道路構造令	526	都市計画コンサルタント	457	都市民俗学	467
道路舗装	483	都市計画史	424	都市論の興隆	408
通肘木	602	都市計画地方委員会	435	都心の再構成	468
土 器	589, 591	都市計画調査会	433	都 城	
土岐氏館	117	都市計画法	278, 288, 362, 363	古代の──	5, 7, 34, 548, 574
言継卿記（ときつぐきょうき）	126	──改正	442	中世の──	94, 95
斗 栱 ⇨組物		──の制定	458	トスカナ式キャピタル	620
特殊条里	21	旧──	442, 526	土 倉	141
特殊地理学	539, 540	旧──の特徴	434	土蔵造	235
得長寿院	115	都市研究	540	土地区画	546
特定街区	459	──におけるスケールと論点	542	土地区画整理（事業）	
──制度	363	都市研究会	433	279, 302, 434, 440, 444, 448, 526	
徳冨蘆花	504	都市考古学	574, 575	──研究会	441
特別都市計画法	449	──の課題	575	土地経営	302
特別都市建設法	449	都市工学科	457	土地造成と測量	514
読 本	188	都市構造の変革	456	土地台帳	543
徳 山	197	都市公論	433	土地建物処分規制	291
斗 繰	602	都市災害史	594	土地の高度利用	468
床の間	171	都市再開発	412, 452	土地問題	387
ドコモモ	419	都市再開発法	453	杮葺（とちぶき）	606
十三湊	105	都市再生特別措置法	366, 469	利根川	186, 533
都 市		都市祭典	392	──東遷	518
──が目指すもの	356	都市祭礼	224	鳥海柵（とのみのさく）	41
──からの撤退	401	都市史学	409	鳥 羽	115
──における神祇と仏教	34	都市史の興隆	408	鳥羽殿	115, 152
──と政庁	110	都市施設	236	鳶	187
──の自画像	228	都市自治組織の再編	282	都鄙間交通	108
──の諸職	136	都市祝祭	477	扉	608
──の測量図と GIS による		都市水害	518, 533	土木遺産	511
精度検証	570	──と対策	532	土木学会	507, 511
──のドラマトゥルギー（成書）		都市図屏風	228	土木構造物の美観	536
	408	都市政策大綱	456	土木史	507

土木デザイン	**536**
ドーマー	631
泊	**104**
ドーム	636, 640
留 役	218
鳥 居	614
ドリス式キャピタル	620
鳥の目から見た都市	**558**
鳥羽（とりば）遺跡	67
トリフォリウム	646
鳥 衾	607
鳥辺野	50
登呂遺跡	90
トンネル・ヴォールト	640
問 屋	187

な

内国勧業博覧会	275
内 陣	98, 146
内的植民地	300
内務省土木局	521
中井家	239
中井役所	239
長岡京	7, 42
仲 買	187
長 崎	195, 205, 593
流し営業	505
流しタクシー	**504**
中 備	602
中ツ道	13
長 床	614
仲 間	220
中村家住宅	262
長屋王邸	33, 74
長屋建築規則	278
中屋敷	199
中山法華経寺	249
長与専斎	292, 501
流 造	64, 100
中廊下形住宅	278, 332
長 押	86, 99, 600
名護市庁舎	399, 407
名古屋の都市計画	**440**
那智参詣曼荼羅	124
難 波	**18**
難波津	18
難波館（なにわのむろつみ）	19
難波堀江	19
名 主	202
南無(无)阿弥陀仏作善集	159
奈 良	119, 185
奈良監獄	317

奈良時代の建築	58
成田山新勝寺	249
縄 張	230
南 苑	31
南大殿	85
南大門	53
南 殿	85
南都七郷	119

に

新 潟	204
新潟県中越地震	414
丹生都比売（にうつひめ）	
神社本殿	243
錦 絵	226
西ノ京	51
西京七保	119
西宮（源高明邸）	47
西本願寺	248
西村伊作	325
西山夘三	372, 383, 393
二重虹梁蟇股	607
二十二社	177
二重門	612
20世紀の装飾	**328**
二条城二の丸御殿	253
二層構成	628
二段階都市計画決定	471
日元貿易	103
日 常	478, 479
日明貿易	102
日 光	121, 185
日光東照宮	245
日照権運動	464
日宋貿易	103
日本建築の基礎知識	**598**
日本三公園	258
日本住宅公団	379, 455
日本趣味建築	311, 636
日本人町	335
日本聖公会	353, 646
日本パノラマ館	285
日本ハリストス正教会	353
日本風景論	294
日本歴史地理研究会	508
入 札	240
ニュータウン	388, 527, **454**
如法一町家	75
韮山反射炉	269
庭 者	139
忍 性	167
人情本	188

任大臣大饗	78
仁和寺	50, 73

ぬ

貫	99, 600
塗 籠	77

ね

根来寺	120
——大塔	69
根 太	616
年行事	213
年中行事絵巻	85
年 預	145

の

農村舞台	251
農地解放	371
濃尾地震	312, 344
軒	
日本建築の——	**604**
洋風建築の——	**622**
軒唐破風	606
軒 下	235
軒平瓦	606
軒丸瓦	606
のこぎり商い	221
野小屋	99, 146, 156
熨斗瓦	607
能勢型民家	264
野 田	186
野田俊彦	330
野垂木	604
野蒜築港	520
野武士（建築家）	
——とその作品	404
——の世代	400

は

ハイテック	411
拝 殿	614
廃藩置県	289
拝領屋敷	198, 210
バウジンガー, ヘルマン	478
ハウスメーカー	403
バウハウス	331
墓	125
博 多	102
秤肘木	602

萩	196
萩藩	
——の江戸上屋敷	232
——の城下町	196
掃き付け仕上げ	643
白山神社	121, 148
白山平泉寺 ⇨平泉寺	
白村江の戦	22
博覧会	284, 338, 392
箱木家住宅	101, 260
箱膳	500
箱館	185
函館大火	445
橋	106, 236
土師器	589
橋詰広場	527
半蔀（はじとみ）	608
ハージボード	623
馬借	137
柱	
日本建築の——	608
洋風建築の——	620
柱間	600, 608
バシリカ形式	646
裸貸	235
畑	543
旗竿遺構	82
裸足	483
旗本	184
旗本住宅	233
旗本屋敷	199
八角堂	55
八幡神	64
八幡造	64
八宗兼学	98, 145
八田利也	383
バットレス	628
鼻隠板	604
鼻栓	616
花の御所	114, 175
花嫁行列	490
桔木（はねぎ）	157
パノラマ館	285
パノラマ図	558
破風	
日本建築の——	606
洋風建築の——	622
ハーフティンバー	643
バブル景気	406
バブル経済	365
浜縁	614
浜口・図師論争	373
浜床	614

林吉永	554
原広司	396
パラストレード	622
バラック装飾社	357
バラック装飾論争	328
パラディアン・ウィンドウ	631
パラペット	622
薔薇窓	631, 646
梁	600
梁間	600
貼付壁	171
播磨屋九兵衛	555
パレスサイド・ビルディング	391
晴と藝	169
ハレの時空間	**490**
バレル・ヴォールト	640
ハワード，エベネザー	356, 455
半円アーチ	631
半円柱	620
班給	27
藩校	237
坂茂（ばんしげる）	415
反射炉	269
反住器	405
番匠	138
番上工	89
繁盛灯	343
阪神・淡路大震災	365, 366, 414
——と復興まちづくり	**470**
阪神大水害	445
盤針術	571
藩邸社会	184
鑁阿寺（ばんなじ）	167
番人	213
班幣	34
ハンマービーム・トラス	636
番屋	187

ひ

比叡山	120
——根本中堂	70
——東塔絵図	71
飛檐垂木	156, 604
東三条殿	75
——移徙寝殿	80
東日本大震災	366, 414, 472
東本願寺	248
東山殿	169
被官	143
美観地区	294, 439
火消	213
被災家屋の公費解体	471

被災マンション法	470
ヒサギメ	134
庇	600
庇地制限	272, 342
肘木	602
美術館	421
備前国分寺	148
肥前産陶磁器	591
飛騨工	89
火付盗賊改	212
ピップトゲーブル	623
一軒	604
人宿	223
雛形本	241, 307
ピナクル	622
非人	213, 223, 293
日比谷公園	275, 341
姫路城	231
百済寺	148
百尺規制	362
百塔参り	153
日用	187
美容	**500**
——の日常化	501
病院建築	317
病気	**498**
表現主義	279
兵庫	185
兵庫北関入船納帳	104
兵庫津	105
標準設計の模索	**316**
標準文化論	476
評定所	184, 218
——留役	218
平等院	10
——鳳凰堂	155
屏風	81
火除地	188
日吉大社	178
日吉造	178
ピラー	620
平泉	111, 155, 588
平入	600
枚方	123
平唐門	612
平瓦	606
開き窓	631
平書院	616
ピラスター	620
平三斗	602
毘盧遮那法界体性塔	68
毘盧遮那仏	150
ビルビーム	381

廣井 勇	509, 529
広小路	211
弘御所	168
広島平和記念資料館	374
琵琶湖疏水	530
檜皮師	139
檜皮葺	606
琵琶法師	563
貧 民	304
貧民窟	305

ふ

ファンライト	631
フィットネスクラブ	503
フィニアル	622, 636
風 景	294
風水害	217
風致地区	295
フォード	505
フォークロリズム	478, 493
不快害虫	500
付加税	288
深田遺跡	583
武 鑑	227, 555
葺 材	636
吹寄垂木	605
復 元	419
——建物	419
復 原	419
複合家族	497
複合城下町	184
福島第一原子力発電所事故	415
福徳一致思想	140
副都心	389
伏鉢（ふくばち）	610
福 原	110
武 家	184
武家住宅	174
武家奉公人	184
武家屋敷	189, 233
武家地	**198**
——開発	281
府県庁舎	289, 339
不在地主	291
武 士	
——と江戸	**218**
——と都市	**112**
——の住宅	189, **232**
——の成立契機	112
伏 見	184, 195
藤原京	5, 26, 74
——と律令国家	**26**

藤原宮の配置	83
藤原定家邸	174
藤原豊成板殿	75
襖	171, 608
衾	81
衾 瓦	607
伏屋式	90
豊前国小山田社放生殿市場図	567
舞台造	149
札 所	124, 249
双斗（ふたつど）	603
二手先	602
二 軒	604
二棟廊	77
不断念仏	71
府 中	95, 111, 116
仏 教	34
——の再編	**348**
仏教建築	156
仏光寺大殿	61
仏国寺	61
仏舎利	54
仏 殿	52, 60
仏 塔	54
仏法領	122
復興区画整理事業	437
復興事業	345
復興小学校	437
復興天守	381
復興都市計画	**444**, 470
復興都市デザイン	371
復興まちづくり	**470**
不動産制度の確立	**290**
不動堂遺跡	91
府 内	116
船 所	108
舟肘木	602
部 落	293
豊楽殿	83
ブラケット	628
フラットアーチ	631
フランス瓦	636
フランス積み	643
振 売	135
不良住宅地区改良事業	305
古井家住宅	261
古市公威	521
ふるさとと田園憧憬	**492**
ブルズ・アイ	631
古田織部	257
ブルータリズム	364, 393
フレット	622
ブロークン・ペディメント	622

プロテスタント各派	353
プロテスタント教会堂	646
文化アパートメント	333
文化遺産	418
文化的景観	419
文化財	418
——の成立と展開	**318**
文化財保護法	394
文学の舞台としての都市	**562**
豊後府内	117
分 散	220
文 人	223
分離派	329, 363
分離派建築会	279, 331

へ

ペアコラム	620
平安宮内裏	84
平安宮大極殿	82
平安宮の配置	83
平安宮豊楽殿	83
平安京	7, 545, 548
——の貴族邸宅	46
——の郊外への展開	**50**
——の構造	**42**
——の全体図	43
——の町のかたち	128
——の変質	**44**
平安京右京	
——一条三坊九町遺跡	75
——三条三坊四・五条遺構	46
平安京遷都	48
平安京東三条殿	75
ベイウィンドウ	631
平家物語	562
平行垂木	604
米国プロテスタント・	
ミッション各派	353
幣 軸	608
塀重門	612
平城宮	
——の配置	83
——の変遷	84
平城宮第一次大極殿	29
平城宮大内裏跡坪割之図	548
平城宮内裏	85
平城宮朝堂院	82
平城宮東院	83
——庭園	30
平城京	5, 7, 29, 34, 74, 544, 548
——と奈良時代の諸京	**29**
——の住宅	74

——の小規模住宅	33	法成寺	150	彫物大工	243
——の東西市	33	紡績工場	317	ポルティコ	631
——の内部空間	**32**	方立	608	ポルトコーシェル	631
平壌城（高句麗）	22	法定再開発事業の生成	**452**	ホワイト，ウィリアム	454
平成の市町村合併	467	法定伝染病	499	ホワイトカラー	326
平泉寺	121, 148	法定都市計画	442	本瓦	606
平内家（へいのうちけ）	240	方斗	602	本願寺	122
兵農分離	184	宝塔	610	——書院	253
米飯	485	坊津	105	——飛雲閣	255
ベース	622	望楼型天守	189	本興寺	200
ペスト	293	方面委員	305	本郷西片町	303
ベックマン，ヴィルヘルム	314	——制度	277	盆栽	493
ベックマン貸費留学生	314	法隆寺	9, 11, 20	本寺	200
別所	159	——五重塔	87	本地垂迹	63, 100, 177
別当	145	——金堂	87	本多静六	340
ペディメント	622	——西院	56	本堂	147
ヘテロピア	480	——再建非再建論争	56	本邦鉄道ノ沿革（成書）	509
戸主（へぬし）	44	——式	52	本棟造	265
ペリー，クラレンス	443	——東院	20		
ヘリテージの現在	**418**	——大講堂	157	**ま**	
ヘリテージマネージャー制度	418	——夢殿	157		
便所	595	法輪寺	20	埋蔵文化財行政	576
弁当	485	北但地震	444	舞殿	614
		北辺坊	544	舞良戸	608
ほ		法華経寺	249	前川國男	377
		星形ヴォールト	640	曲屋造	264
保	45, 96, 133	歩車分離システム	527	槇文彦	404
ボイル，リチャード	520	墓所	125	巻斗	602
坊	28, 32	保勝地	295	纏向遺跡	4, 5, 12, 67, 581
奉安殿	284	ポストモダン	405	楣石（まぐさいし）	631
ボウウィンドウ	631	保存	**394**	楣構法	631
法会	145, 146	保存地域	458	マーケット（戦後復興期）	369
貿易都市	592	ポータル	631	斗（ます）	602
法円坂倉庫群	19	墓地	125, 339	マスターアーキテクト性	411
望覚庵	257	ポーチ	631	町絵図	551, **556**
防火建築帯	451	法起寺式	52	町座	134
防火帯	444	ポックリ信仰	497	町衆	127
防火路線並ニ屋上制限規則	430	法華衆	141	町寺型	248
防鴨河使（ぼうかし）	50, 132, 133	法華八講	151	町年寄	202, 274
宝篋印塔	610	法勝寺	114, 150	町鳶	503
宝形造	606	法身院	173	町中	489
防御性集落	6, 41	払田柵跡（ほったのさくあと）	41	町並	234
防空都市計画	443	掘立柱	9, 600	町並近代化	**450**
傍系家族	497	——四面庇建物	588	町並地	211
法興寺	57	——建物	**90**, 578	町並保存運動	395
彷徨の五年	28	棒手振り	220	町奉行	202
豊国廟	244	保刀禰（ほとね）	45, 132	町奉行所	184, 212
亡国病	498	保良宮	28	町屋	97, 129, 190, **234**
防災	132	堀	230	——割図	551
防災建築街区造成法	452	堀内家住宅	265	町屋敷	187, 234
宝珠	610	堀江	19	——経営	211
法住寺殿	**152**	堀家住宅	261	マチコレーション	622
方丈	162	堀之内	209	まちづくり	**424**, 460

まちづくり協議会	460, 471	ミッションスクール	352	迎　講	154
まちづくり三法	413	三ツ寺Ⅰ遺跡	583	武蔵野（成書）	294
まちづくり条例	467	御綱引神人	109	武蔵国府	37
まちづくりセンター	461	三津浜	120	筵	81
まちづくりファンド	461	三菱一号館	419	棟　木	600
松田道之	424	三菱財閥	296	棟　札	241
松野遺跡	67	三手先	602	棟持柱	9, 11, 614
窓	631	御堂筋	439	棟（むね）	600
万之瀬川（まのせがわ）	109	港	104	棟門（むねかど）	612
疎垂木（まばらだるき）	605	港　町	204, 569	棟別銭	130
真屋（まや）	606	湊	104	村　座	250
丸	230	南満州鉄道株式会社　⇨満鉄		村　堂	251
丸　瓦	606	美濃産陶磁器	590	村野藤吾	331
丸　桁	600	身分的周縁	184, 222	村松貞次郎	511
丸の内	297	みみずのたわごと（成書）	504	無量光院	155
マルクス主義	361, 363	御諸山	13	無隣庵	322
マンサード屋根	636	宮跡庭園	31	室戸台風	345
万治年間江戸測量図	515	宮内嘉久	396	室町殿	175
満州開拓移民住宅	335	宮城県沖地震	366		
満州国都邑計画法	447	宮　籠	178	**め**	
満州式	337	宮　座	250		
満　鉄	279, 301	宮　寺	63	明治以前日本土木史（成書）	507
――付属地	447	宮嶋圀夫	396	明治宮殿	275, 320
曼荼羅	68	宮田　登	477	明治工業史（成書）	507
マントルピース	640	宮の造営	14	明治神宮	275, 321
万葉集	563	宮の平遺跡	66	明治大正史 世相編（成書）	479
		明王院	165	明治地方自治	298
み		妙喜庵待庵	191, 257	名　所	229, 563
		明神鳥居	614	――図会	227, 564
ミアレ神事	64	三輪山	13	名望家	283, 355
三井寺	21	民　家	190, 260, 616	名誉職	354
御上神社	179	――の技術的成熟	266	明暦実測図	515
神坂峠（みさかとうげ）	35	――の研究	324, 383	明暦大火	216, 595
三島通庸	521	――の採集	324	迷　惑	495
ミシン	483	――の新解釈	324	メガロポリス	534
御　簾	81	――の評価	324	女瓦（牝瓦）	606
水　城	25	――の類型と地域性	264	メダイヨン	628
水　繰	602	民間ディベロッパー	458	メタボリズム	364, 393
水　帳	550	民間伝承	565	目　付	219
水引虹梁	600	民藝運動	325	メディア・イベント	491
三角港	528	民衆運動	217		
店	134	民衆駅	381	**も**	
ミセダナ	134	民衆信仰と寺院	248		
ミセノマ	134	民衆論争	383	毛越寺	155
見世物	225	民政党	527	木工（もく）	138
三田寺町	210	民俗学	575	木工寮（もくりょう）	88
道	236	民族住居の近代化	335	木質構造の新展開	417
――の駅	569	民力涵養運動	491	木賃ベルト	386
――の文化	488			裳階（もこし）	600
道饗祭（みちあえのまつり）	34	**む**		モダニズム	382
三井財閥	297			モダン都市	409
密　教	68, 70, 72	向唐破風	606	持ち家政策	375
――本堂	146	向唐門	612	木骨（もっこつ）	643

持躰松遺跡	109	ヤミ市	369	読　本	226
毛綱毅曠	405	家　守	187	寄親	492
モディリオン	622	弥生都市論	**580**	寄子	492
物　語	563	遣　戸	76, 168, 608		
身舎（もや）	600				

ゆ

モールディング	640	維摩会	35, 73		
門	**612**	又隠（ゆういん）	256	**ら**	
門　番	212	遊　郭	237, 327	ライオンマスク	622
門前と境内	**118**	遊　女	137, 222	礼　堂	146
門前町	206, 592	遊離尾垂木	602	——付仏堂	146
門前町屋	201	床	101, 171	ライト式	329
文武朝大官大寺	57	床下祭祀	179	ライフヒストリー	480
モンペ	482	瑜祇塔	610	楽　市	135
		由義宮（ゆげのみや）	28	落　語	225
や		ユーゲント・シュティール	329	洛中洛外図屏風	115, 126〜129, 228
館と都市	**110**	ユニット派	411	洛　陽	23
焼塩壺	591	輸入陶磁器	588, 591	洛陽城	22
役	202			ラジオ体操	501
薬医門	612	**よ**		羅　城	18, 33
薬師寺	9, 57	洋学者	269	羅城門	33
——式	52	謡　曲	563	羅針術	571
櫓　造	265	栄　西	159	ラテン十字形	646
夜　景	285	洋式工場	307	ラムズ・タン	622
八坂神社	179	容積地区制度	363	蘭学者	269
屋　敷	586	容積率制度	459	乱石積み	643
——割図	551, 556	洋装化	482		
屋地子	131	用途地域	435	**り**	
屋代遺跡群	39	洋風建築	**306**	陸軍特別大演習	285
安田財閥	296	近代——の基礎知識	**619**	陸上交通と宿	**196**
八脚門	612	洋風長屋	303	六勝寺	150, 152
駅館（やっかん）	584	余呉型民家	264	リージョナリズム	399
谷中感応寺	247	横浜港	529	律宗とその建築活動	**166**
柳　宗悦	325	横町型城下町	230	立地適正化計画	473
柳酒屋	140	吉　崎	122	立面構成要素	**628**
柳田國男	476, 493	吉田五十八	323	律令と京	27
屋　根	579	吉田初三郎	559	栗林公園	259
日本建築の——	**606**	吉野ヶ里遺跡	581	リノベーション	366, 417
洋風建築の——	**636**	吉野川（治水）	518	リビング	486
屋根窓	631	吉原家住宅	263	リブ・ヴォールト	640, 646
矢作川（治水）	518	吉水神社書院	173	留学（建築家）	309
山　口	116	吉村家住宅	263	龍岩寺	149
山　科	123	吉原細見	226	琉　球	103
山科本願寺	123	寄木張り	640	琉球貿易図屏風	553
山　城	24, 586	寄棟造	606	流通遺跡	590
山　田	206	予選体制	272	両界曼荼羅	68, 150
山田寺	9, 11, 57	——から専門官僚制へ	**354**	両側町	96, 187, 203
——式	52	四脚門	612	料　亭	237
大和川（治水）	518	四谷鮫河橋	305	臨海工業地帯	529
大和古道	13	淀　川	109	臨時客（宴会）	78
大和国添下郡京北条里図	549	——治水	533	リンテル	631
大和棟	265			輪王寺大猷院	245
大和郷（やまとむら）	303				

る

類聚雑要抄	79
流記資財帳	52
ル・コルビュジエ	331
ルスティカ仕上げ	643
ルドフスキー，バーナード	398

れ

霊 場	125
冷泉家住宅	253
冷蔵庫	484
冷凍食品	484
歴史学と考古学	575
歴史地図帳	543
歴史 GIS	571
——研究	543
歴史地理	508, 509
歴史地理学	**539**, 542
歴代遷宮	4, 13
レーキング・コーニス	622
煉 瓦	597
蓮華王院	153
連子窓	608
練 炭	484

蓮 如	122

ろ

ロウ，コリン	399
老中役宅	219
牢 人	143
浪 人	143
楼 門	612
牢 籠	143
六枝掛	157
六勝寺	150, 152
六上水	503, 516
六大事業（横浜市）	463
六大都市	425
六波羅	113
六波羅泉殿復元図	77
六分ヴォールト	640
ロシア正教会	646
路地裏の文化	**488**
路上観察学会	408
路上文化	488
ローズウィンドウ	631
六角堂	55
六箇条	120
六本木ヒルズ	413
露 店	369

露 盤	610
ロマネスクアーチ	631
ロングハウス	91
ロンバルディア帯	622

わ

わ（土間）	234
和 歌	562
若い根っこの会	493
脇往還	186
脇障子	614
脇 陣	146
ワークショップ	461
枠肘木	602
倭 寇	102
渡	106
渡辺財閥	296
渡辺津	19
移徙（わたまし）	78, 80
侘 茶	256
和 様	10, 11, 99
和様改良大建築学	309
和様館並列型住宅	332
藁 座	608

日本都市史・建築史事典

平成 30 年 11 月 20 日　発　行

編　者　都　市　史　学　会

発行者　池　田　和　博

発行所　丸善出版株式会社

〒101-0051　東京都千代田区神田神保町二丁目17番
編集：電話 (03) 3512-3266／FAX (03) 3512-3272
営業：電話 (03) 3512-3256／FAX (03) 3512-3270
https://www.maruzen-publishing.co.jp

© Society of Urban & Territorial History, 2018

組版印刷・中央印刷株式会社／製本・株式会社 松岳社

ISBN 978-4-621-30246-0　C 3552　　　　　Printed in Japan

JCOPY　〈(社)出版者著作権管理機構　委託出版物〉
本書の無断複写は著作権法上での例外を除き禁じられています．複写
される場合は，そのつど事前に，(社)出版者著作権管理機構(電話
03-3513-6969, FAX 03-3513-6979, e-mail：info@jcopy.or.jp)の許諾
を得てください．